LOIS, DÉCRETS,

ORDONNANCES, RÉGLEMENS,

AVIS DU CONSEIL-D'ÉTAT.

TOME SEIZIÈME.

DE L'IMPRIMERIE DE A. GUYOT,

IMPRIMEUR DU ROI, DE LA MAISON D'ORLÉANS,

ET DE L'ORDRE DES AVOCATS AUX CONSEILS ET A LA COUR DE CASSATION,

Rue Neuve-des-Petits-Champs, N° 37.

COLLECTION COMPLETE

DES

LOIS,

Décrets, Ordonnances, Réglemens;

AVIS DU CONSEIL-D'ÉTAT,

PUBLIÉE SUR LES ÉDITIONS OFFICIELLES DU LOUVRE; DE L'IMPRIMERIE NATIONALE,
PAR BAUDOUIN; ET DU BULLETIN DES LOIS;

(Depuis 1788, par ordre chronologique),

Avec un choix d'*Actes inédits*, d'*Instructions ministérielles*, et des Notes sur chaque Loi,
indiquant: 1° les Lois analogues; 2° les *Décisions* et *Arrêts* des Tribunaux et du Conseil-
d'État; 3° les *Discussions* rappotrées au Moniteur;

SUIVIE D'UNE TABLE ANALYTIQUE ET RAISONNÉE DES MATIÈRES,

Par J. B DUVERGIER,

Avocat à la Cour royale de Paris.

TOME SEIZIÈME.

Deuxième Edition.

PARIS

CHEZ A. GUYOT ET SCRIBE, LIBRAIRES-ÉDITEURS,

RUE NEUVE-DES-PETITS-CHAMPS, N° 37.

1836.

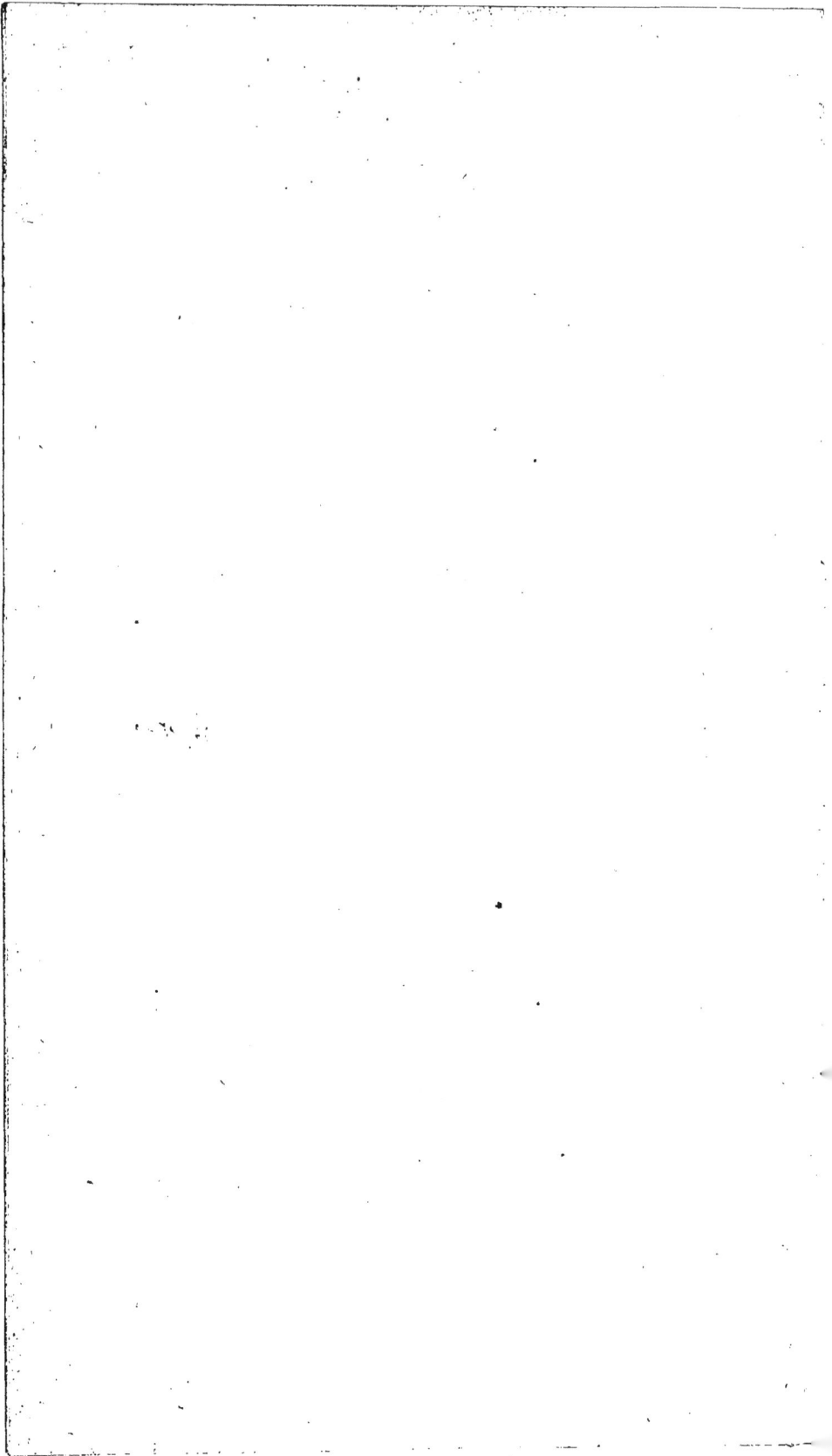

COLLECTION COMPLÈTE

DES

LOIS, DÉCRETS,

ORDONNANCES, RÉGLEMENS,

ET

AVIS DU CONSEIL-D'ÉTAT,

DEPUIS 1788 JUSQU'A 1830.

•◆•◆•◆•◆•◆◆ ◆◆•◆•◆•◆ ◆◆◆◆◆◆◆◆◆◆•◆•◆◆ •◆◆◆•◆◆◆◆◆◆◆◆ ◆◆◆◆◆◆◆◆◆◆◆•◆◆ ◆◆ ◆◆ ◆◆◆◆◆◆◆◆◆◆◆◆•◆◆◆◆ ◆◆◆◆

GOUVERNEMENT IMPÉRIAL.

JUILLET 1806. — Décret qui lève le séquestre existant sur un corps de biens appartenant à M. le baron de Zwierlein. (4, Bull. 103, n° 1736.)

JUILLET 1806. — Décret qui ordonne le paiement de pensions accordées à des veuves de militaires. (4, Bull. 105, n° 1775.)

JUILLET 1806. — Décret contenant réglement sur le mode de nomination des membres destinés à composer le conseil de prud'hommes de la ville de Lyon. (4, Bull. 104, n° 1742.)

Voy loi du 18 MARS 1806.

TRE Iᵉʳ. Mode de nomination et d'installation des prud'hommes.

Art. 1ᵉʳ. Les cinq membres du conseil que rticle 1ᵉʳ de la loi du 18 mars autorise les archands-fabricans à nommer seront élus ns une assemblée générale tenue à cet ef-:: cette assemblée sera convoquée par le éfet du Rhône, huit jours à l'avance, et ésidée par lui, ou, à son défaut, par celui s conseillers de préfecture qu'il indiquera.

2. L'assemblée dans laquelle les chefs d'atelier nommeront les quatre membres qu'ils doivent élire se tiendra après celle des marchands-fabricans : elle sera pareillement convoquée huit jours à l'avance, à l'époque que le préfet jugera convenable, et présidée par lui.

3. Tous marchands-fabricans, tous chefs qui voudront voter dans l'assemblée, seront tenus de se faire inscrire d'avance sur un registre à ce destiné, et qui sera ouvert à la municipalité.

Nul ne sera inscrit que sur la représentation de sa patente.

Les faillis seront exclus.

4. Pour cette année seulement, le maire dressera la liste des votans, qui seront admis seuls à l'assemblée.

5. En cas de contestation sur le droit d'assistance à l'assemblée, soit cette année, soit les années suivantes, il y sera statué par le préfet, sauf le recours à notre Conseil-d'Etat.

6. Il sera nommé par le préfet, pour chaque assemblée, un secrétaire et deux scrutateurs : l'élection des prud'hommes sera faite au scrutin individuel, à la majorité ab-

16.

1

solue des suffrages. Nul ne pourra être élu s'il n'a trente ans accomplis.

7. L'élection terminée, il en sera dressé procès-verbal, qui sera déposé à la municipalité.

8. Les prud'hommes prêteront, entre les mains du préfet, serment d'obéissance à la constitution, de fidélité à l'empereur, et de remplir leurs devoirs avec zèle et intégrité.

TITRE II. Du bureau général et particulier des prud'hommes.

9. Il sera nommé, par le conseil général des prud'hommes, un président et un vice-président; ce président et ce vice-président ne seront en exercice que pendant une année, à l'expiration de laquelle il sera procédé à une nouvelle élection. L'un et l'autre seront toujours rééligibles.

Le secrétaire et le commis attachés au conseil des prud'hommes par l'article 31, tit. IV, de la loi du 18 mars, seront nommés à la majorité absolue des suffrages : ils pourront être révoqués à volonté; mais, dans ce cas, la délibération devra être signée par six prud'hommes au moins.

10. Tout marchand-fabricant, tout chef d'atelier, tout ouvrier cité devant les prud'-hommes, sera tenu de s'y rendre en personne au jour et à l'heure fixés, sans pouvoir se faire remplacer, hors le cas d'absence ou de maladie : alors seulement il sera admis à se faire représenter par un de ses parens, un négociant ou marchand exclusivement porteur de sa procuration.

11. Tout particulier qui sera dans le cas d'être appelé au bureau général ou particulier des prud'hommes sera cité par l'huissier attaché à ce bureau; et, dans le cas où il ne comparaîtrait pas, il sera passé outre au jugement.

12. Les jugemens rendus par le conseil général des prud'hommes, lorsque les parties n'auront pu être conciliées par le bureau particulier, seront mis à exécution vingt-quatre heures après la signification, et provisoirement; sauf l'appel devant le tribunal de commerce ou tout autre tribunal compétent. Ces jugemens seront signés par le président ou le vice-président, et contre-signés par le secrétaire; ils seront signifiés à la partie condamnée, par l'huissier attaché au conseil de prud'hommes.

TITRE III. De la tenue du conseil des prud'hommes.

13. Le conseil des prud'hommes tiendra à l'hôtel-de-ville.

14. Les dépenses de premier établissement du conseil seront acquittées sur les fonds provenant de la condition des soies ; il en sera de même de celles ayant pour objet le traite ment du secrétaire et du commis, le chauf fage, l'éclairage et autres menus frais.

15. Le président des prud'hommes présentera, chaque année, au maire, l'état de dépenses désignées dans l'article ci-dessus celui-ci les comprendra dans son budget; et lorsque ces dépenses auront été autorisées le maire en ordonnera le paiement d'aprè les demandes particulières qui lui seron faites.

16. Notre ministre de l'intérieur est chargé de l'exécution du présent décret.

3 JUILLET 1806.— Décret concernant les examen. prescrits aux étudians en droit. (4, Bull. 104 n° 1743.)

Art. 1er. Le premier examen prescrit aux étudians en droit par le § 1er de l'article 4 de la loi du 22 ventose an 12, et par l'art. 38 de notre décret du 4e jour complémentaire suivant, sur les écoles de droit, pourra être subi aussitôt après l'ouverture du quatrième trimestre de leur première année d'étude.

2. Le second examen prescrit auxdits étudians par le même paragraphe de l'article 4 de la loi et par l'article 39 du décret pourra être subi aussitôt après l'ouverture du huitième trimestre.

3. L'un des deux examens prescrits pour la troisième année par le § 2 du même article 4 de la loi et l'article 42 du décret, pourra être subi dans le cours du dixième trimestre, le second dans le cours du onzième, et l'acte public dans le cours du douzième.

4. Le premier des deux examens prescrits pour la quatrième année par le § 3 du même article de la loi et l'article 46 du décret pourra être subi dans le cours du quatorzième trimestre, le second dans le cours du quinzième, et l'acte public dans le cours du seizième.

5. Néanmoins aucun diplôme ne sera délivré qu'autant que, par certificats d'assiduité des professeurs de l'impétrant, il sera justifié qu'il a entièrement rempli le temps d'étude prescrit par la loi.

6. Le grand-juge, ministre de la justice, est chargé de l'exécution du présent décret.

3 JUILLET 1806. — Décret concernant le modèle de rédaction de l'acte par lequel l'officier de l'état civil constate qu'il lui a été présenté un enfant sans vie. (4, Bull. 104, n° 1744.)

Voy. Code civil, art. 63 et suivans.

Art. 1er. Lorsque le cadavre d'un enfant dont la naissance n'a pas été enregistrée sera présenté à l'officier de l'état civil, cet officier n'exprimera pas qu'un tel enfant est déjà cédé, mais seulement qu'il lui a été présenté

vie. Il recevra de plus la déclaration des
)ins, touchant les noms, prénoms, qua-
et demeures des père et mère de l'en-
, et la désignation des an, jour et heure
[uels l'enfant est sorti du sein de sa mère.

Cet acte sera inscrit à sa date sur les
itres des décès, sans qu'il en résulte au-
préjugé sur la question de savoir si l'en-
a eu vie ou non.

Le grand-juge, ministre de la justice, et
iinistre de l'intérieur, sont chargés de
:cution du présent décret.

___

ILLET 1806. — Avis du Conseil-d'Etat sur les
tions à intenter contre les communes (1).

___

ILLET 1806. — Décret concernant les haras.
, Bull. 105, n° 1776.)
Voy. ordonnances du 28 MAI 1822 et du
JANVIER 1825.

'ITRE Ier. Des haras et dépôts d'étalons.

rt. 1er. Il y aura six haras,
rente dépôts d'étalons,
eux écoles d'expériences.

Les haras contiendront particulièrement
italons étrangers et les étalons des plus
s races françaises.

s haras et dépôts seront divisés :

En six arrondissemens, selon le tableau
. au présent décret ;

En trois classes, d'après un réglement
otre ministre de l'intérieur.

Quatre des haras désignés par le mi-
e auront des jumens, au nombre de cent
lus, réparties entre eux.

Les deux tiers des étalons seront fran-
, et seront pris spécialement parmi ceux
aux foires, auront mérité des primes à
i propriétaires.

Pendant le temps de la monte, il sera
rti dans les arrondissemens de chaque
s ou dépôt un nombre d'étalons propor-
ié aux besoins.

Ils seront placés, sur l'indication des
:ts, chez les propriétaires ou cultivateurs
lus distingués par leur zèle et leurs con-
ances dans l'art d'élever ou soigner les
aux.

'ITRE II. De l'administration des haras.

ION Ire. *Des inspecteurs généraux et employés.*

Il y aura six inspecteurs généraux des
s et dépôts d'étalons.

8. Ils seront habituellement en tournée
pour faire les inspections qui leur seront confiées ; et tous les haras et dépôts seront inspectés au moins une fois l'an.

9. Le ministre assignera, chaque année,
l'arrondissement ou inspection que chaque
inspecteur devra visiter, et pourra en appeler un ou plusieurs pour travailler près de
lui, à l'époque et pour le temps qu'il jugera
convenables.

10. Il y aura, dans chaque haras, un directeur, un inspecteur, un régisseur garde-
magasin, un vétérinaire.

11. Il y aura, dans chaque dépôt, un chef
de dépôt, un agent comptable garde-maga-
sin, un vétérinaire.

12. Les inspecteurs généraux, directeurs
des haras, et chefs de dépôt, seront nommés
par nous, sur la présentation de notre ministre de l'intérieur.

13. Les autres employés seront nommés
par notre ministre de l'intérieur.

14. Tous seront pris parmi les individus
actuellement employés en cette partie, et
parmi les militaires retirés qui, ayant servi
dans nos troupes à cheval, se trouveront
avoir les connaissances requises.

SECTION II. Des dépenses et de la comptabilité.

15. Il sera affecté annuellement, à compter de 1807, une somme de deux millions
pour la dépense des haras.

16. Sur cette somme sera prise celle qu'il
sera jugé convenable d'accorder pour primes
aux cultivateurs de tous les arrondissemens
de haras qui auront fait et présenté les plus
beaux élèves, et pour prix aux courses qui
auront lieu.

Le propriétaire de tout cheval ayant obtenu une prime ne pourra le faire hongrer
sans permission de l'inspecteur général de
son arrondissement, sous peine de rembourser la prime à lui payée.

17. Les traitemens sont fixés ainsi qu'il
suit :

Inspecteurs généraux. . . . . . 8,000 ^f

	1er classe.	2e cl.	3e cl.
Directeurs de haras.	6,000 ^f	5,000 ^f	4,000^f
Inspecteurs.	3,000	2,700	2,400
Régisseurs	3,000	2,700	2,400
Vétérinaires	2,000	1,800	1,500
Chefs de dépôt. . . .	3,000	2,700	2,400
Agens comptables . .	1,800	1,500	1,200
Artistes vétérinaires.	1,200	1,000	900

___

) Il paraît que la véritable date de cet acte
a 3 juillet 1808. *Voy.* cette date (Répertoire
t. Favard de Langlade, v° *Conseil de pré-*
re, n° 19; M. de Cormenin, v° *Communes*,
(et 83).

Toutefois, comme il a été indiqué dans plusieurs ordonnances et recueils, sous la date de
1806; nous avons cru devoir le rappeler ici. Il est
même à la date de 1806 dans le Recueil officiel
du ministère de l'intérieur, t. 1, p. 457.

1.

Les inspecteurs généraux auront, en outre, des frais de route qui ne pourront excéder quatre mille francs pour chacun.

18. La forme des livres de compte en argent, denrées, matières et animaux, sera réglée par notre ministre, ainsi que celles des tableaux de comptabilité.

19. Les livres seront cotés et paraphés par les préfets ou sous-préfets.

20. Les directeurs ou chefs de dépôts enverront, chaque mois, chaque trimestre, chaque année, des états de situation au préfet de leur département et à notre ministre de l'intérieur.

21. Le compte général de la dépense des haras, et le tableau de leur situation présenté par notre ministre de l'intérieur, seront imprimés chaque année.

Il présentera séparément le tableau des primes et prix de courses qu'il aura accordés, avec désignation des individus propriétaires et des espèces de chevaux qui les auront obtenus.

Titre III. Des étalons approuvés.

22. Les propriétaires qui auront des étalons qu'ils destineront à la monte des jumens pourront les présenter aux inspecteurs généraux, par qui ils seront approuvés quand il en seront trouvés susceptibles.

23. Les étalons seront inspectés, chaque année, avant la monte : l'inspecteur général prononcera la réforme de ceux qu'il trouve défectueux, et les marquera.

24. Les propriétaires d'étalons approuvés recevront, pour chaque année d'entretien d'un étalon, une prime de cent à trois cent francs, suivant la qualité des étalons.

Titre IV. Dispositions générales.

25. Notre ministre de l'intérieur publie des réglemens et des instructions sur le régime des haras, dépôts d'étalons, écoles d'expériences, et étalons approuvés.

26. Il en publiera également pour la distribution des primes et des prix de courses.

27. Il publiera des réglemens particuliers pour la police des courses.

28. La connaissance de toutes les difficultés qui pourront naître à cet égard entre les concurrens est réservée exclusivement aux maires des lieux pour le provisoire, et aux préfets pour la décision définitive, sauf recours à notre Conseil-d'Etat.

29. Notre ministre de l'intérieur est chargé de l'exécution du présent décret.

Désignation des Haras et Dépôts, avec le nombre des étalons et jumens qui peuvent y être entretenus.

HARAS.	ÉTALONS.		DÉPOTS.	ÉTALONS.	
	Min.	Max.		Min.	Max.
			Arrondissement du Nord.		
			Somme, à Abbeville.	50	600
			Seine-et-Marne, à Meaux.	30	400
Au Pin.	100	100	Haute-Marne, non encore désigné.	30	400
			Eure, au Bec	40	500
			Manche, à Saint-Lô.	40	500
			Arrondissement de l'Ouest.		
			Mayenne, à Craon	50	600
			Maine-et-Loire, à Angers.	25	300
			Deux-Sèvres, à Saint-Maixent	40	500
A Langonnet. .	80	80	Côtes-du-Nord, non encore désigné; de préférence à Dinan ou sur les limites d'Ille-et-Vilaine.	30	400
			Charente-Inférieure, non encore désigné.	30	400
			Arrondissement du Centre.		
			Loir-et-Cher, non encore désigné.	40	500
			Saône-et-Loire, à Cluny	40	500
A Pompadour .	60	60	Yonne, non encore désigné.	25	300
			Cantal, à Aurillac.	30	400
			Allier, non encore désigné.	30	400

HARAS.	ÉTALONS.		DÉPOTS.	ÉTALONS.	
	Min.	Max.		Min.	Max.
			Arrondissement du Midi.		
'au	40	50	Hautes-Pyrénées, à Tarbe.	3o	4o
			Pyrénées-Orientales, non encore désigné .	3o	4o
			Aveyron, à Rhodez	3o	4o
			Lot-et-Garonne, non encore désigné. . . .	3o	4o
			Hérault, non encore désigné	3o	4o
			Arrondissement de l'Est.		
Mandrie de Vénerie. . .	50	6o	Doubs, à Besançon.	6o	8o
			Isère, à Grenoble	6o	8o
			Bouches-du-Rhône, à la Camargue	10	15
			Un dans le Piémont, non encore désigné.	4o	5o
			Arrondissement du Nord-Est.		
'eux-Ponts.	50	60	Dyle, à Tervueren.	5o	8o
			Ardennes, à Grandpré.	3o	4o
			Bas-Rhin, à Strasbourg	4o	5o
			Roër, non encore désigné.	4o	5o
			Lys, *idem.*	3o	4o
			Meurthe, à Rosières	3o	4o
expériences.					
:cole d'Al-	10	10	Total. . . .	1070	1395
c. de Lyon.	10	10			
Total. . . .	400	430			
: des che- c dans les 3ts.	1070	1395			
général. .	1470	1825			

ɛт 1806.—Décret sur les pensions de re- de l'intérieur. (Recueil officiel du mi- ·e de l'intérieur, t. 1, p. 454.)

.. sur le rapport du ministre de l'inté-

.onseil-d'Etat entendu :

TITRE Ier. Dispositions générales.

1er. A compter du 1er juillet 1806, il it, chaque mois, sur tous les traite- ɔs employés du ministère de l'intérieur, :enue de deux centimes et demi par pour former un fonds de pensions de : et de secours en faveur de ceux qui ·nt susceptibles, ou de leurs veuves et ns.

: montant net des traitemens pendant ances d'emploi qui n'excéderont pas s, sera ajouté au fonds de retraites.

3. Le ministre de l'intérieur est autorisé à prélever, à dater de la même époque 1er juil- let 1806, sur les fonds affectés dans son bud- get aux frais de bureaux, impressions, etc., de son ministère, une somme de 6,000 fr. chaque année, pendant dix ans seulement, pour former le premier fonds des retraites et pensions, et représenter les services passés sur lesquels il n'y a point eu de retenue.

TITRE II. Des conditions pour pouvoir obtenir une pension.

4. Les demandes à fin de pensions seront adressées, avec les pièces justificatives, au ministre de l'intérieur.

5. Il sera tenu un registre de ces de- mandes, où elles seront portées par ordre de dates et de numéros.

6. Le ministre fera examiner ces demandes et vérifier les titres à l'appui ; et chaque année, sur son rapport, les pensions seront fixées par nous en Conseil-d'Etat.

7. Il ne sera accordé de pensions que jusqu'à concurrence des fonds libres, sur le montant des retenues et sur ceux ajoutés par l'article 3 du présent décret.

8. Les employés du ministère de l'intérieur pourront obtenir une pension de retraite après trente ans de service effectif, pour lesquels on comptera tout le temps d'activité dans d'autres administrations publiques qui ressortissaient au Gouvernement, quoique étrangères à celle dans laquelle les employés se sont placés, et sous la condition qu'ils auront au moins dix ans de service dans le ministère de l'intérieur, ou dans les comités du Gouvernement et les commissions exécutives qui représentaient ce ministère.

La pension pourra cependant être accordée avant trente ans de service, à ceux que des accidens ou des infirmités rendraient incapables de continuer les fonctions de leur place, ou qui se trouveraient réformés, après dix ans de service et au-dessus, par le fait de la suppression de leur emploi (1).

9. Pour déterminer la fixation de la pension, il sera fait une année moyenne du traitement fixe dont les réclamans auront joui pendant les trois dernières années de leur service.

Les gratifications qui leur auraient été accordées pendant ces trois ans ne feront point partie de ce calcul.

10. La pension accordée après trente ans de service ne pourra excéder la moitié de la somme réglée par l'article précédent.

Elle s'accroîtra du vingtième de cette moitié, pour chaque année de service au-dessus de trente ans.

Le *maximum* de la retraite ne pourra excéder les deux tiers du traitement annuel de l'employé réclamant, calculé comme il est dit article 9.

11. La pension accordée avant trente ans de service, dans le cas prévu par le second paragraphe de l'article 8, sera du sixième du traitement pour dix ans de service et au-dessous.

Elle s'accroîtra d'un soixantième de ce traitement pour chaque année de service au-dessus de dix ans, sans pouvoir excéder la moitié du traitement.

12. Les pensions et secours aux veuves orphelins ne pourront excéder la moitié celle à laquelle le décédé aurait eu droit.

Ces pensions ne seront accordées qu'a veuves et orphelins des employés décédés activité de service, ou ayant eu pension retraite.

Les veuves n'y auront droit qu'aut qu'elles auraient été mariées depuis c ans, et non divorcées, et qu'elles n'aurai pas contracté de nouveau mariage.

Dans le cas où le décédé n'aurait pas quis de droit à une pension, la veuve pourra y prétendre.

13. Si l'employé laisse une veuve sans a cun enfant au-dessous de l'âge de quinze a la pension sera du quart de la retraite aurait été accordée à son époux, si elle été fixée à l'époque de son décès.

Dans le cas où le décédé aurait laissé à charge de sa veuve un ou plusieurs enf au-dessous de quinze ans, la pension pou être augmentée, pour chacun de ces enfa de cinq pour cent de la retraite qui au été réglée pour le décédé, et sans toute que la totalité de la somme à accorder à veuve, tant pour elle que pour ses enfa puisse jamais excéder le double de c qu'elle eût obtenue dans la première hy thèse.

14. Si la veuve décède avant que les fans provenant de son mariage avec l'e ployé, son défunt mari, aient atteint l'âge quinze ans, sa pension sera réversible à enfans, qui en jouiront, comme les au orphelins jouiront de la leur, par égale p tion, jusqu'à l'âge de quinze ans accomp mais sans réversibilité des uns aux autres fans.

15. Si les employés ne laissent pas veuves, mais seulement des orphelins pourra leur être accordé des pensions de cours, jusqu'à ce qu'ils aient atteint l'âge quinze ans ; la quotité sera fixée, pour c cun, à la moitié de ce qu'aurait eu leur m si elle avait survécu à son mari, et ne pou excéder, pour tous les enfans ensemble moitié de la pension à laquelle leur père rait eu droit, ou dont il jouissait.

La pension qui pourrait revenir, d'ap les précédentes dispositions, à un ou p sieurs de ces enfans, leur sera conser pendant toute leur vie, s'ils sont infirn et, par l'effet de ces infirmités, hors d' de travailler pour subvenir à leurs besc

---

(1) Les services militaires ont été comptés, jusqu'en 1814, comme tous les autres services publics rétribués par l'Etat, dans les liquidations de pensions sur les fonds de retenue des divers ministères.

Cette règle n'a été modifiée que pour les employés des administrations financières où les services civils et militaires sont liquidés sépa ment.

Elle est restée intacte pour les administrati civiles ressortissant au ministère de l'intérii et dès lors les services militaires doivent êtré mis en liquidation (10 janvier 1827, ord. li 9, 38).

:6. En cas de concurrence entre plusieurs
ployés réclamant la pension, l'ancienneté
service d'abord, et ensuite l'âge et les in-
iités, décideront de la préférence.

7. Les dispositions du présent décret ne
)nt applicables qu'au bénéfice des em-
yés actuels du ministère, ou de ceux qui y
)nt admis.

₨E III. Des cas de suspension et de privation
du droit à la pension de retraite.

8. Nul employé démissionnaire n'a droit
irétendre au remboursement des retenues
rcées sur son traitement, ni à aucune in-
₁nité en conséquence; mais si, par la
₂, il était admis à rentrer dans le minis-
, le temps de son premier service comp-
it pour la pension.

). Tout employé destitué perd ses droits
pension, quand il aurait le temps néces-
₂ pour l'obtenir; il ne peut prétendre ni
₁mboursement des sommes retenues sur
traitement pour les pensions, ni à au-
₂ indemnité équivalente.

TRE IV. Dispositions relatives à un cas
particulier.

'. Les employés du ministère dont les
emens sont payés tant par la caisse du
stère que sur des fonds particuliers, se-
traités à l'instar des autres employés du
₁e ministère, ainsi que leurs veuves et
ns, et, à cet effet, la retenue réglée par
₁cle 1ᵉʳ du présent décret, sera faite
ortionnellement et sur la totalité du
₂ment que chacun d'eux reçoit sur ces
·ses caisses, à moins que ladite retenue
iit faite aussi sur lesdites caisses, pour
ions.

₂s employés justifieront qu'aucune dispo-
₁ particulière, relative à des pensions,
₂té faite en leur faveur sur une autre
₂e que celle du ministère de l'intérieur qui
'ibue à les salarier; et s'il y a une rete-
₁our pensions auxdites caisses, on ne liqui-
leur pension au ministère de l'intérieur
sur la base du traitement payé sur les
₂ du ministère.

E V. Du mode de paiement des pensions,
₂ versemens et de la comptabilité des fonds
retenue.

. Les pensions accordées sur les fonds de
₁ue et sur ceux ajoutés par l'article 3 du
₂nt décret, seront payées comme les trai-
₁s.

. Au commencement de chaque semes-
il sera formé un bordereau général, con-
₁t:

L'état des retenues faites pendant le
₂stre échu, et de celles présumées dans le

semestre suivant : au total de cet état sera
ajouté le montant du prélèvement autorisé
par l'article 3 du présent décret;

2° L'état des pensions accordées et de
celles éteintes;

3° L'état des nouvelles pensions et des
sommes nécessaires pour les acquitter.

23. Si le produit des fonds destinés aux
pensions a excédé le montant des paiemens à
faire aux pensionnaires, l'excédant sera
versé à la caisse d'amortissement, qui en accumulera les intérêts à cinq pour cent par
an, au profit desdits fonds.

24. Les produits des retenues, des versemens à la caisse d'amortissement et des intérêts qui en proviendront, seront uniquement
et privativement affectés à la destination
prescrite par le présent décret.

25. Une expédition du bordereau général
ordonné par l'article 22, sera remise tant au
ministre de l'intérieur qu'au directeur général de la caisse d'amortissement.

26. La caisse d'amortissement rendra,
chaque année, au ministre de l'intérieur,
compte par écrit des sommes qu'elle aura
reçues, payées ou employées, et des extinctions de pensions qui seront survenues. Ce
compte arrêté sera mis sous nos yeux, chaque année, par le ministre.

27. Le ministre de l'intérieur et du Trésor
public sont chargés, chacun en ce qui le concerne, de l'exécution du présent décret.

---

6 JUILLET 1806. — Décret concernant la masse
d'habillement des troupes à cheval. (4, Bull.
104, n° 1745.)

Art. 1ᵉʳ. La masse d'habillement des
troupes à cheval, fixée par notre décret du
25 avril dernier, et qui, suivant l'article 1ᵉʳ
dudit décret, doit être mise à la disposition
des corps, à compter du 1ᵉʳ octobre 1806,
sera distinguée, à partir de la même époque,
en deux portions.

2. La première portion prendra le nom de
masse d'habillement, la seconde celui de
masse de harnachement et ferrage.

3. La masse d'habillement est destinée à
l'achat et à la confection des habits, pelisses,
dolmans, vestes, gilets, surtouts, culottes de
peau, culottes à la hongroise, pantalons d'é-
curie, caleçons, manteaux, porte-manteaux,
casques, chapeaux, schakos, bonnets à poil,
bonnets de police, écharpes, sabretachés,
ceinturons, gibernes, porte-gibernes, porte-
carabines, bretelles de fusils ou de mous-
quetons, cordons de sabres, gants, bottes et
trompettes; comme aussi à subvenir aux frais
des réparations de l'habillement, de l'équi-
pement et de l'armement des hommes; à la
fourniture des épaulettes, et galons des sous-
officiers; à celle des plumets; aux gratifica-

tions accordées aux sous-officiers promus au grade d'officier ; à l'habillement des hommes condamnés; aux dépenses de l'infirmerie, et généralement à tous les frais de bureau, registres, passe de sacs et ports de lettres de chaque corps.

4. La masse d'habillement sera payée sur les ordonnances de notre ministre-directeur de l'administration de la guerre, à raison du nombre des hommes calculé d'après l'effectif.

5. Le tarif de la masse d'habillement est fixé ainsi :

Carabiniers	65^f	91^e
Cuirassiers	67	10
Dragons	55	95
Chasseurs	70	30
Hussards	80	41
Artillerie à cheval	68	55
Train d'artillerie	56	84

6. La masse de harnachement et de ferrage est destinée à pourvoir à l'achat et à la confection des selles, surfaix, brides et bridons, étriers, fontes et porte-crosses, couvertures de cheval, housses et chaperons ou sabretaches ; comme aussi à la réparation du harnachement, à la fourniture et à tous les frais des médicamens et du ferrage dans les régimens de carabiniers, cuirassiers, dragons, chasseurs, hussards et d'artillerie à cheval.

7. Dans les bataillons du train d'artillerie, la masse de harnachement ne sera destinée à fournir que les selles complètes, porte-crosses, et couvertures de chevaux.

8. La masse de harnachement et de ferrage sera payée sur ordonnances de notre ministre-directeur de l'administration de la guerre, à raison du nombre des chevaux calculé à l'effectif pour chaque corps.

9. Le tarif de la masse de harnachement et de ferrage est fixé ainsi qu'il suit :

Carabiniers	20^f	8^e
Cuirassiers	20	8
Dragons	20	63
Chasseurs	21	00
Hussards	21	00
Artillerie à cheval	21	00
Train d'artillerie	5	90

10. Notre ministre-directeur de l'administration de la guerre est chargé de l'exécution du présent décret.

6 JUILLET 1806. — Décret concernant le droit à payer par les entrepreneurs de voitures publiques qui s'écartent de la ligne de poste pour parcourir une route de traverse. (4, Bull. 104, n° 1746.)

Voy. loi du 15 VENTOSE an 13.

Art. 1er. Les entrepreneurs de voitures publiques qui, dans le trajet desdites voitures d'un lieu de départ à un lieu d'arrivée, et depuis la loi du 15 ventose an 13, leur ont fait quitter en partie la ligne de poste pour parcourir des routes de traverse pendant une portion de ce trajet, seront assujétis à payer le droit de vingt-cinq centimes aux maîtres de poste qui s'en trouveront frustrés par cette déviation.

2. La direction générale des postes fera déterminer l'étendue précise de la déviation réelle desdites voitures, telle qu'elle est définie par l'article précédent. Lorsque cette déviation s'élèvera à plus de trois postes, les entrepreneurs de ces voitures ne seront pas tenus de payer le droit pour une étendue plus considérable ; et, dans ce cas, le montant du droit payé pour ce *maximum* de trois postes sera réparti entre tous les maîtres de poste qu'on évite par la déviation : le partage en sera fait entre eux proportionnellement aux distances qu'ils ont à desservir.

3. Sont particulièrement assujétis au paiement dudit droit, aux termes des articles précédens, les entrepreneurs de voitures publiques qui, dans le moment actuel, se rendent, en partie par des chemins de traverse : 1° de Vermanton à Rouvray, 2° de Montauban à Toulouse, 3° de Castel-Sarrasin à Grisolles, 4° de Saverne à Strasbourg, 5° de Bourg-l'Ain à Meximieux, 6° de Maestricht à Ruremonde, 7° de Maestricht à Bois-le-Duc.

4. Ceux desdits entrepreneurs qui parcourent des routes sur lesquelles il existe une ligne de poste, mais dont les relais sont démontés, paieront le droit de vingt-cinq centimes jusqu'au premier relais vacant, seulement ; à moins que la communication ne soit maintenue entre les relais placés des deux côtés de ceux démontés, conformément à l'article 9 du réglement des postes.

5. Les entrepreneurs de voitures publiques qui ne relaient pas, mais qui, à certaines distances, et sans attendre au moins six heures, se versent réciproquement les voyageurs qu'ils conduisent, sont assujétis au paiement du droit (1).

---

(1) Encore qu'une voiture publique ne se serve pas de relais, elle doit l'indemnité aux maîtres de poste, si elle verse ses voyageurs dans une autre voiture, c'est-à-dire si le versement des voyageurs se fait moins de six heures après l'arrivée de la voiture ; c'est au propriétaire de la voiture prouver qu'elle n'est pas suspendue (9 juin 1815. Cass. S. 15, 1, 196).

6. Seront considérées comme voitures donnant ouverture au droit de vingt-cinq centimes, celles qui ont des siéges à ressort dans l'intérieur.

7. Notre ministre des finances est chargé de l'exécution du présent décret.

6 JUILLET 1806. — Décret relatif au paiement des fourrages fournis à l'armée, en exécution des réquisitions, par plusieurs départemens pendant le mois de fructidor an 13, et les premiers mois de l'exercice suivant. (Mon. n° 189.)

8 JUILLET 1806. — Décret qui permet la sortie des osiers pour la Hollande. (4, Bull. 104, n° 1747.)

Art. 1er. A compter de la publication du présent décret, la sortie des osiers est permise pour la Hollande, par le seul port d'Anvers, moyennant un droit de cinq pour cent de la valeur.

2. Les ministres de l'intérieur et des finances sont chargés de l'exécution du présent décret.

8 JUILLET 1806. — Décret qui remplace le comité des inspecteurs en chef aux revues par un conseiller d'Etat, directeur général des revues et de la conscription militaire. (4, Bull. 104, n° 1748.)

TITRE Ier.

Art. 1er. Le comité des inspecteurs en chef aux revues est supprimé.

2. Il est remplacé par un conseiller d'Etat, directeur général des revues et de la conscription militaire, sous l'autorité de notre ministre de la guerre.

3. Le directeur général aura sous ses ordres, pour chaque exercice, six inspecteurs ou sous-inspecteurs aux revues, qui seront, sur sa proposition, nommés par le ministre de la guerre, pour être chargés de suivre le travail relatif à cette partie de l'administration, pendant un exercice.

4. Les inspecteurs ou sous-inspecteurs employés près le directeur général, ne seront jamais chargés du travail de deux exercices consécutifs, et ne seront susceptibles d'être appelés une seconde fois à seconder le directeur général que lorsqu'ils auront complété, dans le délai de six mois, la comptabilité de l'exercice qui leur aura été confié.

TITRE II. Des fonctions du directeur général relativement à la conscription.

5. Le directeur général sera chargé, sous les ordres immédiats du ministre de la guerre, de tout ce qui est relatif à la levée de la conscription.

6. Il surveillera tous les actes et opérations relatifs à la poursuite, translation, jugement et punition des conscrits réfractaires, et des sous-officiers et soldats déserteurs, ainsi que de leurs fauteurs et complices.

TITRE III. Des recettes et dépenses sur les produits de la conscription.

7. Le directeur général administrera, sous les ordres du ministre, tout ce qui est relatif à la recette et à la dépense de la conscription, les amendes encourues à raison du fait de la conscription, celles des sous-officiers et soldats déserteurs; les indemnités des conscrits réformés, ainsi que les sommes que doivent verser au Trésor public les conscrits qui ont obtenu la faculté de se faire remplacer, excepté dans les compagnies de réserve, entreront au Trésor public pour y former un fonds spécial.

8. Les fonds provenant des amendes prononcées par les lois relativement au fait de la conscription et de la désertion, seront affectés aux dépenses du recrutement.

9. Aucune dépense sur les produits de la conscription ne pourra être faite qu'en vertu d'une ordonnance du ministre de la guerre, à lui présentée par le directeur général, et que pour les objets déterminés ci-après:

1° Indemnités qui devront être payées aux officiers de santé pour la visite des conscrits;

2° Frais d'administration des bataillons de réserve;

3° Dépenses générales d'administration pour la conscription;

4° Paiement des gratifications accordées par les lois aux gendarmes, gardes-forestiers des domaines, gardes-champêtres des communes, qui auront arrêté des conscrits et déserteurs;

5° Dépenses des jugemens des déserteurs condamnés.

Nulle autre dépense sur les produits de la conscription ne pourra être faite qu'en exécution d'un décret impérial.

10. Les ministres sont chargés de l'exécution du présent décret.

8 JUILLET 1806. — Décret qui ordonne la publication d'un décret du cardinal légat à latere du 26 mai dernier, concernant la juridiction métropolitaine des églises épiscopales et des évêques de Saint-Donnin, de Parme, etc. (4, Bull. 105, n° 1777.)

8 JUILLET 1806. — Décret qui réunit au département de Vaucluse, et à l'administration de la ville et canton d'Avignon, une portion de terrain appartenant à la commune des Anglès, département du Gard. (4, Bull. 105, n° 1778.)

8 JUILLET 1806. — Décrets qui autorisent l'acceptation de dons et legs faits aux pauvres et hospices de Trèves, Montereu, Bessenay, Chassagne, Cadenet, Dax, Agen, Tartas, Pignerol, Dunkerque et Blois. (4, Bull. 105, n°ˢ 1779 à 1789.)

8 JUILLET 1806. — Décret relatif à l'administration du prytanée militaire. (Mon. n° 197.)

12 JUILLET 1806. — Décrets qui nomment MM. Guillemardet préfet de l'Allier, et Richard préfet de la Charente-Inférieure. (4, Bull. 105, n°ˢ 1790 et 1791.)

26 JUILLET 1806. — Décret qui établit au Trésor public une caisse de service. (Mon. n° 216.)

Art. 1er. Une nouvelle caisse sera immédiatement établie au Trésor public, sous le nom de caisse de service.

2. Elle sera principalement chargée d'opérer avec célérité, dans les départemens, l'application locale des recettes aux dépenses; elle dirigera les excédans de recettes vers les lieux où les recettes seraient insuffisantes pour les dépenses.

3. La caisse de service se prévaudra sur les receveurs généraux, pour les paiemens auxquels elle les chargera de pourvoir, soit en ses mandats tirés sur eux, soit dans les valeurs du Trésor public, payables par eux, et qui lui auront été remises.

4. Elle ouvrira des comptes courans à tous les receveurs généraux; ces comptes seront crédités des avances qu'ils pourraient lui avoir faites, soit par les paiemens auxquels ils auraient pourvu, d'après ses ordres, dans les départemens, soit par les versemens qu'ils lui auront faits à Paris, et ils jouiront, sur ces avances, d'une bonification d'intérêt, dont le taux sera réglé chaque trimestre.

5. La caisse de service acceptera les mandats tirés sur elle par les receveurs généraux, jusqu'à concurrence du montant du crédit de leurs comptes courans, en principal et intérêts.

6. La situation du compte courant de chaque receveur général à la caisse de service sera mise, tous les mois, sous les yeux de l'empereur.

17 JUILLET 1806. — Décret qui fixe l'époque du renouvellement des chambres des avoués. (4, Bull. 108, n° 1794.)

Art. 1er. A l'avenir, les chambres des avoués seront renouvelées le 1er septembre de chaque année; les membres nouvellement élus entreront en fonctions, le 15 du même mois.

2. Notre grand-juge, ministre de la justice, est chargé de l'exécution du présent décret.

17 JUILLET 1806. — Décret concernant les forçats libérés. (4, Bull. 132, n° 2164.)

Art. 1er. A compter du 1er janvier 1807, les forçats libérés, après avoir subi dans les bagnes les peines portées par les jugemens prononcés contre eux, seront, en conséquence des ordres du ministre de la police générale, dirigés sur les lieux déterminés pour leur résidence.

2. A leur sortie des bagnes, les forçats libérés seront remis, par l'administration de la marine, aux autorités civiles.

3. Dès le 1er octobre de la présente année, et successivement au commencement de chaque trimestre, le ministre de la marine transmettra à celui de la police générale des états nominatifs des forçats susceptibles d'être libérés pendant le trimestre précédent.

Ces états présenteront, pour chaque individu, l'indication du lieu de sa naissance, de son âge, du crime qu'il a commis, de la peine infligée, de la date de la condamnation, du tribunal qui a prononcé le jugement, du jour où le forçat doit être libéré, et du lieu dans lequel chaque individu aura déclaré devoir fixer sa résidence.

4. Des extraits desdits états seront adressés, par le ministre de la police générale, aux préfets de département, afin que les autorités locales exercent la surveillance nécessaire sur les forçats libérés.

5. Conformément au décret impérial du 19 ventose an 13, aucun forçat libéré, à moins d'une autorisation spéciale du ministre de la police générale, ne pourra fixer sa résidence dans les villes de Paris, Versailles, Fontainebleau, et autres lieux où il existe des palais impériaux, dans les ports où des bagnes sont établis, dans les places de guerre, ni à moins de trois myriamètres de la frontière et des côtes. L'article 3 dudit décret, qui oblige les forçats libérés à se présenter au chef-lieu du département dans lequel ils doivent se retirer, lors même que leur résidence n'est pas fixée dans ce chef-lieu, est révoqué.

6. Outre les résidences interdites par l'article précédent aux forçats libérés, le ministre de la police générale pourra, lorsque des motifs d'ordre et de sûreté publics l'exigeront, leur en interdire d'autres, les déplacer des lieux mêmes qu'il leur aura été permis d'habiter, et charger les autorités locales de les diriger sur d'autres lieux.

Les forçats originaires de pays étrangers seront, après leur libération, dirigés sur la frontière la moins éloignée de leur pays.

7. L'administration de la marine continuera de délivrer, pour chaque forçat libéré, un congé portant le signalement de l'individu, et sur lequel seront relatés l'ordre en vertu duquel il est libéré, et le numéro sous lequel il était détenu au bagne.

8. Le forçat libéré sera remis, avec son congé, à la disposition du commissaire général de police du lieu. Ce fonctionnaire en donnera une décharge à l'administration de la marine, laquelle sera notée sur les matricules de la chiourme.

9. Le congé du forçat libéré sera transmis directement, par le fonctionnaire qui l'aura reçu, au ministre de la police générale, qui l'adressera au préfet du département dans lequel le forçat doit résider; et le préfet le fera tenir, sans délai, au commissaire de police ou au maire du lieu où le forçat doit établir son domicile, pour être remis par lui au forçat, à son arrivée, en échange de sa feuille de route, qui lui sera retirée.

10. Aucun forçat libéré ne pourra quitter le lieu de sa résidence sans l'autorisation du préfet du département, qui sera tenu d'en donner avis au conseiller d'Etat chargé de la police administrative dans l'arrondissement duquel le département sera compris, et au préfet du département dans lequel le forçat libéré se rendra.

11. Il est alloué trente centimes par myriamètre à chaque forçat libéré, pour ses frais de route; il ne lui sera payé à son départ que la somme nécessaire pour se rendre à la première, seconde ou troisième couchée. L'officier public du lieu, auquel il sera tenu de se présenter, visera la feuille de route, et notera la somme qu'il aura remise au forçat pour se rendre à la nouvelle couchée qu'il lui aura indiquée. Le même ordre sera successivement observé sur toute la route à suivre par le forçat libéré.

12. Arrivé à sa destination, le forçat libéré se présentera au commissaire de police ou au maire du lieu, qui lui délivrera son congé, en échange de sa feuille de route, qu'il lui retirera.

13. Les fonds nécessaires à la direction des forçats libérés seront compris dans le crédit qui sera ouvert au ministre de la police générale, pour l'année 1807.

14. Les ministres de la marine et de la police générale sont chargés de l'exécution du présent décret.

17 JUILLET 1806. — Décrets qui ordonnent le paiement de diverses sommes pour pensions accordées à des veuves de militaires. (4, Bull. 108, nos 1795 et 1796.)

18 JUILLET 1806. — Décret qui règle la composition de deux arrondissemens de justices de paix établis dans la ville de Mondovi. (4, Bull. 108, n° 1798.)

18 JUILLET 1806. — Décret qui porte à dix le nombre des juges du tribunal de première instance de Gênes, et à cinq celui des suppléans. (4, Bull. 108, n° 1799.)

18 JUILLET 1806. — Décret qui ordonne la translation du siége de la justice du canton de Launstroff dans la commune de Sierck. (4, Bull. 108, n° 1797.)

18 JUILLET 1806. — Décrets qui autorisent l'acceptation de dons et legs faits aux pauvres et hospices de Mortagne, Ypres, Genevrières, Belfond, Montdidier, Maestricht, Sierck, St.-Jean-du-Gard, Miallet, Nîmes, Sens, Keisberg, Mauves, Clermont-Ferrand, Cheylard et Lyon. (4, Bull. 111, nos 1807 et 1819.)

22 JUILLET 1806. — Décret contenant réglement sur les affaires contentieuses portées au Conseil-d'Etat. (4, Bull. 107, n° 1793.)

Voy. réglement du 28 JUIN 1738; décret du 11 JUIN 1806. *Voy.* le Conseil-d'Etat selon la Charte, par M. Sirey, chap. VI, p. 379, et l'Appendice placé par M. de Cormenin à la suite de ses Questions de droit administratif.

TITRE Ier. De l'introduction et de l'instruction des instances.

SECTION Ire. *Des instances introduites au Conseil-d'Etat, à la requête des parties.*

Art. 1er. Le recours des parties au Conseil-d'Etat en matière contentieuse sera formé par requête signée d'un avocat au Conseil, elle contiendra l'exposé sommaire des faits et des moyens, les conclusions, les noms et demeures des parties, l'énonciation des pièces dont on entend se servir, et qui y seront jointes (1).

---

(1) Le recours direct au Conseil-d'Etat n'est ouvert aux parties que pour les contestations relatives aux marchés passés avec le ministre ou l'intendant général de la couronne; dans toutes autres contestations, les parties doivent suivre les divers degrés de l'autorité administrative (*voy.* l'art. 14 du décret du 11 juin 1806; — 12 mars 1811; J. C. 1, 478).

Lorsque les conclusions ne sont pas dirigées contre la véritable décision, la requête doit être rejetée, sauf à se pourvoir contre cette décision, c'est-à-dire, en d'autres termes, à rectifier les conclusions (14 novembre 1811, ord. M. de Cormenin, t. 2, Appendice, p. 476):

Lorsque deux requêtes tendent aux mêmes fins et s'appuient sur les mêmes moyens, il y a lieu de les joindre et de prononcer par un seul et même arrêt (21 décembre 1825, ord. Mac. 7, 740. — 16 mai 1827, ord. Mac. 9, 275. — 16 janvier 1828, ord. Mac. 10, 65. — 14 juillet 1831, ord. Mac. 13, 262).

Lorsqu'un pourvoi et un conflit dont le Conseil-d'Etat se trouve en même temps saisi présentent la même question de compétence, il y a

2. Les requêtes, et en général toutes les productions des parties, seront déposées au secrétariat du Conseil-d'Etat; elles y seront inscrites sur un registre suivant leur ordre de dates, ainsi que la remise qui en sera faite à l'auditeur nommé par le grand-juge pour préparer l'instruction (1).

3. Le recours au Conseil-d'Etat n'aura point d'effet suspensif, s'il n'en est autrement ordonné.

Lorsque l'avis de la commission établie par notre décret du 11 juin dernier sera d'accorder le sursis, il en sera fait rapport au Conseil-d'Etat, qui prononcera (2).

4. Lorsque la communication aux parties intéressées aura été ordonnée par le grand-juge, elles seront tenues de répondre et de fournir leurs défenses dans les délais suivans:

Dans quinze jours, si leur demeure est à Paris, ou n'en est pas éloignée de plus de cinq myriamètres;

Dans le mois, si elles demeurent à une distance plus éloignée dans le ressort de la cour d'appel de Paris, ou dans l'un des ressorts des cours d'appel d'Orléans, Rouen, Amiens, Douai, Nancy, Metz, Dijon et Bourges;

Dans deux mois, pour les ressorts des autres cours d'appel en France;

Et à l'égard des colonies et des pays étrangers, les délais seront réglés ainsi qu'il appartiendra par l'ordonnance de *soit communiqué*.

Ces délais commenceront à courir du jour de la signification de la requête à personne ou domicile par le ministère d'un huissier.

Dans les matières provisoires ou urgentes, les délais pourront être abrégés par le grand-juge (3).

5. La signature de l'avocat au pied de la requête, soit en demande, soit en défense, vaudra constitution et élection de domicile chez lui.

6. Le demandeur pourra, dans la quinzaine après les défenses fournies, donner une seconde requête, et le défendeur répondre dans la quinzaine suivante (4).

Il ne pourra y avoir plus de deux requêtes de la part de chaque partie, y compris la requête introductive.

7. Lorsque le jugement sera poursuivi con-

---

lieu de les joindre et de statuer par une seule et même ordonnance (6 février 1828, ord. Mac. 10, 140).

Lorsque dans l'intervalle qui s'est écoulé depuis le pourvoi formé contre un arrêté du préfet, argué d'incompétence, jusqu'à la décision du Conseil, l'arrêté attaqué reçoit l'approbation ministérielle, le recours contre cette dernière peut être joint au premier et jugé simultanément (28 novembre 1821, ord. Mac. 2, 540).

Une partie n'est pas recevable à demander au Conseil-d'Etat qu'il statue sur des points non jugés en première instance (20 juin 1821, ord. Mac. 1, 130. — 28 novembre 1821, ord. Mac. 2, 517. — 15 mars 1826, ord. Mac. 8, 156. — 28 août 1827, ord. Mac. 9, 459).

Lorsqu'une partie est dans le délai utile pour former opposition à un arrêté de conseil de préfecture, rendu par défaut contre elle, son recours au Conseil-d'Etat est prématuré et non-recevable (15 juin 1825, ord. Mac. 7, 269. — 31 août 1830, ord. Mac. 12, 393).

Le ministre de l'intérieur n'a pas qualité pour se pourvoir, au nom de la ville de Paris, contre un arrêté du conseil de préfecture qui a réglé l'indemnité due à un propriétaire pour cession de terrain à la voie publique.

Ce pourvoi ne peut être introduit que par la ville elle-même, et par le ministère d'un avocat aux conseils (22 novembre 1829, ord. Mac. 11, 434).

L'indication de la profession des parties n'est pas nécessaire. Il n'y a pas nullité des actes, en cas d'omission de l'indication exigée de leur demeure (10 septembre 1823, ord. Mac. 5, 681).

Une requête en pourvoi, qui ne présente aucun moyen d'annulation de l'arrêté attaqué, est inadmissible, tant au fond que pour un sursis demandé (15 décembre 1824, ord. Mac. 6, 668).

Voy. l'avis du comité du contentieux du 14 avril 1821.

(1) Le défaut de production de pièces, après les sommations d'usage, peut amener le rejet de la requête; le défaut de production de la décision attaquée n'est pas surtout excusable (M. de Cormenin, t. 2, Appendice, p. 477).

Les étrangers qui plaident devant le Conseil-d'Etat doivent fournir caution *judicatum solvi* (26 août 1824, ord. Mac. 6, 562).

(2) Le sursis peut être accordé, selon les circonstances, après ou sans communication à l'adversaire (M. de Cormenin, t. 2, Appendice, p. 478 et 479).

Les arrêtés ordonnant des démolitions sont du nombre de ceux auxquels il peut être sursis, en ce que leur exécution causerait un préjudice irréparable (23 avril 1818, ord. J. C. 4, 299. — 31 mars 1819, ord. S. 21, 2, 268. — 3 juin 1820, ord. J. C. 5, 387. — 14 novembre 1821, ord. Mac. 2, 504).

Il peut être sursis à l'exécution d'un arrêté interdisant l'exercice d'une machine à vapeur et de presses mécaniques, par le motif que, dans le cas où l'arrêté attaqué ne serait pas maintenu, il en résulterait des dommages-intérêts contre les parties (4 mars 1829, ord. Mac. 11, 77).

Voy. avis du Conseil-d'Etat du 11 janvier 1808.

(3) *Voy.* article 29 du décret du 11 juin 1806.

(4) Lorsque le ministre n'a pas été entendu, ni été mis à portée de l'être, sur de nouvelles conclusions, il y a lieu de surseoir à statuer jusqu'à ce que ces conclusions aient été communiquées au ministre, et donné lieu, s'il y échet, à un supplément d'instruction (15 septembre 1831, ord. Mac. 13, 375).

tre plusieurs parties, dont les unes auraient fourni leurs défenses, et les autres seraient en défaut de les fournir, il sera statué à l'égard de toutes par la même décision.

8. Les avocats des parties pourront prendre communication des productions de l'instance au secrétariat, sans frais.

Les pièces ne pourront en être déplacées, si ce n'est qu'il y en ait minute, ou que la partie y consente.

9. Lorsqu'il y aura déplacement de pièces, le récépissé, signé de l'avocat, portera son obligation de les rendre dans un délai qui ne

pourra excéder huit jours ; et, après ce délai expiré, le grand-juge pourra condamner personnellement l'avocat en dix francs au moins de dommages et intérêts par chaque jour de retard, et même ordonner qu'il sera contraint par corps.

10. Dans aucun cas, les délais pour fournir ou signifier requêtes ne seront prolongés par l'effet des communications.

11. Le recours au Conseil contre la décision d'une autorité qui y ressortit ne sera pas recevable après trois mois du jour où cette décision aura été notifiée (1).

---

(1) L'expiration du délai ne peut être opposée aux parties qui exercent leur recours contre des actes de l'autorité administrative antérieurs à la publication de ce décret (16 mai 1810; J. C. 1, 372.—Jugé en sens contraire, 11 décembre 1813; J. C. 2, 471).

La signification d'un arrêté du conseil de préfecture ne fait courir le délai, pour le pourvoi au Conseil-d'Etat, qu'autant qu'elle a été faite postérieurement au décret. Au cas contraire, le mérite du pourvoi peut être examiné, surtout s'il y a lieu à rejet (1er février 1813; J. C. 2, 264).

La déchéance établie par ce décret est applicable aux décisions rendues antérieurement au décret : en ce cas, ce délai court du jour de la publication du décret (24 mars 1818, ord. S. 21, 2, 267. — 24 mars 1819; J. C. 5, 92).

Le délai a utilement couru à l'égard d'un arrêté antérieur à la publication du règlement, s'il est constant que cet arrêté a été parfaitement connu de la partie qui veut aujourd'hui se pourvoir. Le principe est applicable à un déporté dont les biens ont été abandonnés à ses héritiers présomptifs, par l'autorité administrative (30 juillet 1817, ord. J. C. 4, 100).

Le pourvoi au Conseil-d'Etat fait après l'expiration du délai n'est pas recevable, bien qu'il s'agisse de décider si un comptable est ou n'est pas débiteur envers l'Etat, sans aucun mélange du droit des tiers (18 août 1807, décret; J. C. 1, 114).

Les arrêtés du conseil de préfecture qui autorisent un bureau de bienfaisance à ester en jugement doivent être attaqués dans les formes et les délais voulus pour les autres actes administratifs; s'ils ne sont pas attaqués en temps utile, ils acquièrent l'autorité de chose jugée, du moins en ce qui concerne l'autorisation donnée (20 septembre 1809, décret; S. 17, 2, 189, et J. C. 1, 317).

Les arrêtés des conseils de préfecture, en matière de travaux publics, rendus contradictoirement avec les entrepreneurs et à eux notifiés, ne peuvent être attaqués au nom de l'administration que dans les trois mois du jour de la signification (21 avril 1830, ord. Mac. 12, 190).

Le délai de trois mois est de rigueur pour se pourvoir contre l'indue homologation d'un procès-verbal de bornage. Passé ce délai, les parties ne sont plus recevables à réclamer (15 janvier 1809, décret; J. C. 1, 240).

Les décisions du ministre de la justice rendues contre un greffier, pour excès dans ses états de frais, bien qu'elles tiennent à l'action administrative, ont cependant le caractère contentieux, en sorte que le recours au Conseil-d'Etat n'est pas recevable après trois mois du jour où cette décision a été notifiée (6 septembre 1813, décret; J. C. 2, 418).

Ce délai est applicable à une décision rendue par le conseil général de la liquidation de la dette publique (23 novembre 1813; J. C. 2, 454).

..... Aux décisions du ministre des finances, en matière d'indemnité d'émigrés (11 février 1829, ord. Mac. 11, 48).

Le délai dans lequel un comptable doit se pourvoir contre une décision et une contrainte du ministre des finances ne court que du jour de la signification (21 mai 1807; J. C. 4, 26).

Les affaires précédemment portées au département des domaines nationaux du ministère des finances ayant été attribuées à la commission du contentieux, à partir du 23 février 1811, ce décret est devenu applicable à ces sortes d'affaires, à compter de cette époque, et, faute de pourvoi dans le délai de trois mois, la déchéance a été encourue, même pour les décisions antérieures (28 juillet 1819; J. C. 5, 171).

Une lettre ministérielle signée par un premier commis ne peut être considérée comme une décision ministérielle. Le particulier doit, s'il veut se pourvoir contre cette décision devant le Conseil, la faire confirmer par le ministre lui-même (20 octobre 1819, ord. S. 20, 2, 239).

Aucun délai n'est fixé pour le recours contre un arrêté du préfet. Il n'en est pas comme du recours contre une décision du ministre (28 juillet 1820; J. C. 5, 419).

Un décret spécial lésant le droit privé est passible de recours devant le chef du Gouvernement, en Conseil-d'Etat, par la voie contentieuse; il faut d'ailleurs qu'il soit exercé dans le délai (1er novembre 1820; J. C. 5, 469).

La déchéance prononcée faute de pourvoi dans le délai est applicable au recours exercé contre une décision de commission départementale (6 septembre 1820, ord. J. C. 5, 450).

Lorsqu'un arrêté du ministre prononçant sur le droit privé d'un particulier n'a pas le caractère de décision, lorsque ce n'est qu'un règlement d'économie intérieure, le particulier lésé par cet arrêté est-il tenu de se pourvoir dans les délais, à peine de déchéance, contre ce règlement, tout aussi bien que s'il était lésé par une véritable décision ministérielle? (1er décembre 1819, ord. J. C. 5, 261).

12. Lorsque, sur un semblable pourvoi fait dans le délai ci-dessus prescrit, il aura été rendu une ordonnance de *soit communiqué*, cette ordonnance devra être signifiée

---

Le délai est applicable aux décisions du ministre du Trésor, encore que l'appelant n'ait pour adversaire aucun particulier, mais seulement l'État, dans la personne de l'agent judiciaire du Trésor.

Peu importerait qu'il y eût eut immédiatement après la signification, une opposition à un pourvoi devant les tribunaux, pour faire annuler la contrainte par corps rendue en exécution de la décision ministérielle. Une erreur dans le choix des moyens de pourvoi ne conserve pas les délais.

Contre une décision signifiée le 7 décembre 1815, le pourvoi au Conseil-d'État ne peut être admis, s'il n'a été déposé, au plus tard, le 7 mars suivant (17 juin 1818; J. C. 4, 360).

Décidé en sens contraire, que le jour de la signification ni celui de l'échéance ne sont pas compris dans le délai de trois mois. Ainsi le pourvoi contre une décision signifiée le 12 mai est valablement formé le 13 août suivant (15 juillet 1832, ord. S. 32, 2, 505; D. 32, 3, 146. — 16 août 1832, ord. S. 32, 2, 615).

N. B. En Cour de cassation, le pourvoi serait valablement déposé même le 8 mars, d'après la règle *dies termini non computantur* (17 juin 1818; J. C. 4, 360).

Le délai est de rigueur, et l'expiration emporte déchéance insurmontable (6 février 1811; J. C. 1, 455).

Le Conseil-d'État a accordé relief de laps de temps pour se pourvoir contre les arrêtés qui n'avaient point acquis la force de chose jugée avant les évènemens du 20 mars 1815 (6 mars 1816, ord. J. C. 3, 238).

Le délai pour se pourvoir en Conseil-d'État contre un arrêté signifié, et sur l'exécution duquel il a été accordé un sursis, ne commence à courir que du jour de la notification de l'arrêté qui lève le sursis (15 janvier 1813; J. C. 2, 209).

L'obligation de se pourvoir devant le Conseil-d'État dans le délai de trois mois s'applique à une décision interlocutoire, contenant un chef définitif et un chef préparatoire, tout aussi bien que si la décision était définitive (3 décembre 1817; J. C. 4, 198).

Le délai de trois mois ne court, à l'égard des décisions interlocutoires, qu'à dater de la décision définitive (23 juin 1819; J. C. 5, 142).

Lorsqu'une décision ministérielle est purement confirmative de décisions antérieures officiellement notifiées depuis plus de trois mois, la dernière décision est inattaquable comme la première; il y a chose jugée et déchéance pour défaut de recours dans le délai (23 février 1820; J. C. 5, 327. — 17 avril 1822, ord. S. 25, 2, 5. — 28 octobre 1829, ord. Mac. 11, 419.

M. de Cormenin pense que, sur la question de savoir quelle est l'espèce de signification propre à faire courir les délais du pourvoi, la jurisprudence présente le résultat suivant : que, dans les décisions rendues entre particuliers ou entre particuliers et corporations, communes, fabriques, établissemens publics, le Trésor et le domaine, une signification *par le ministère d'un huissier*

est indispensable; mais que, relativement aux décisions rendues par les ministres au profit de l'État, la notification administrative par lettres des ministres eux-mêmes, ou directeurs généraux, premiers commis et autres agens à ce délégués, à Paris, et par les préfets, intendans militaires, et autres agens dans les départemens, suffit pour faire courir les délais contre les parties que ces décisions condamnent.

Il est possible que cette distinction ne soit pas en harmonie parfaite avec les décisions que nous avons recueillies; mais on doit reconnaître que l'ensemble des décisions paraît la confirmer.

On se forclôt soi-même par un pourvoi au Conseil-d'État, c'est-à-dire que le délai pour se pourvoir court du jour où, soi-même, on a reconnu l'existence d'une signification de l'arrêté contre lequel on veut se pourvoir (17 juillet 1816; J. C. 3, 339).

Le délai court lorsqu'il est constant, d'après les pièces du dossier, que la partie a connu la décision attaquée (24 mars 1819, ord. S. 21, 2, 267).

La partie qui se pourvoit en révision devant un ministre prouve, par cela même, qu'elle a connaissance et qu'elle a reçu notification de la décision attaquée : elle est passible de déchéance comme s'il y avait eu notification réelle, s'il n'y a point de recours au Conseil-d'État dans les délais (2 juin 1819; J. C. 5, 136).

Un pourvoi est déclaré non-recevable contre une décision du ministre de l'intérieur, lorsque le pourvu reconnaît lui-même que la décision attaquée lui a été notifiée dans le temps par copie textuelle (1er décembre 1819; J. C. 5, 271).

Un arrêté rendu en 1811 est réputé légalement notifié, s'il est constant qu'à cette époque le préfet en a donné connaissance par voie de correspondance (18 mars 1813; J. C. 2, 287).

La demande d'un commissaire-ordonnateur en annulation de décisions rendues par le ministre de la guerre, en ce qu'elles lui refusent une indemnité pour tout le temps qu'il a administré en chef un corps de la grande armée; tendante, par suite, à obtenir liquidation de la somme qui lui est due, aux termes de l'art. 34 de l'arrêté du 9 pluviose an 8, est repoussée par fin de non-recevoir, si elle n'a pas été formée dans les trois mois à dater du jour où ces décisions lui ont été notifiées par lettres ministérielles (3 juin 1818, ord. J. C. 4, 344).

Un percepteur à qui le maire de sa commune a notifié l'arrêté rendu par le conseil de préfecture, et qui a reconnu le fait de cette notification dans un acte extrajudiciaire, est tenu de se pourvoir dans les délais de la notification, et n'est pas recevable à exciper de ce qu'il n'y a pas eu de signification par huissier (21 mai 1817; J. C. 4, 30).

L'envoi officiel à une commune d'un arrêté de conseil de préfecture, en matière contentieuse, n'équivaut pas à une notification : il ne fait pas courir le délai de l'opposition (17 avril 1812; J. C. 2, 58).

Les délais du pourvoi au Conseil-d'État ne commencent à courir que du jour de la signification par huissier; la notification administrative n'est pas suffisante pour faire courir ces délais (1er février 1813; J. C. 2, 259.—26 février 1817; J. C. 3, 520).

Le délai de trois mois pour se pourvoir au Conseil-d'État court à dater du jour de la notification par huissier; bien que la décision à attaquer soit émanée d'un ministre, et soit réputée appartenir à l'action administrative plus qu'au contentieux de l'administration (13 juillet 1813, décret; J. C. 2, 396).

Le délai pour se pourvoir contre un arrêté du conseil de préfecture ne court point si l'arrêté n'a pas été notifié par un officier public légalement investi du pouvoir de faire cette notification: est nulle la notification faite par le porteur de contrainte ou huissier aux contributions (6 mars 1816, ord. J. C. 3, 241).

Pour faire courir le délai prescrit pour un recours au Conseil-d'État, il faut une notification régulière de la décision administrative. Il ne suffit pas d'une notification ou communication officielle; l'administration des ponts-et-chaussées peut opposer le défaut de signification tout aussi bien que les particuliers (18 mars 1816; J. C. 3, 254).

Une décision du préfet, en matière de voirie, doit être notifiée par huissier, pour que la notification soit légale, et puisse faire courir le délai pour le recours; il ne suffirait pas de l'envoi fait à la partie par un appariteur ou valet de ville (18 novembre 1818; J. C. 5, 13, et S. 20, 2, 208).

Ni la transmission des arrêts de la cour des comptes par le procureur général au ministre des finances, en exécution de l'article 13 de la loi du 16 septembre 1807, ni les lettres d'avis écrites par le greffier aux comptables, ni la délivrance qui leur est faite gratuitement de l'expédition d'un arrêt qui les concerne, ainsi qu'il est prescrit par les articles 51 et 54 du décret du 28 septembre 1807, ne peuvent tenir lieu de notification et faire courir les délais du recours (28 juillet 1819, ord. J. C. 5, 173).

On ne peut opposer des fins de non-recevoir contre un pourvoi, si l'on ne justifie pas d'une signification régulière des décisions attaquées, qui ait pu faire courir les délais, ni d'aucune exécution de la part du particulier ou de l'établissement qui a formé le pourvoi (28 juillet 1820; J. C. 5, 422).

Un particulier qui veut faire courir, contre un particulier, les délais de l'art. 11 du règlement, doit manifester son intention de voir exécuter la décision qu'il a obtenue, en la faisant signifier par acte d'huissier; la notification par voie administrative, n'ayant pas lieu dans l'intérêt des particuliers, ne peut être invoquée par eux (28 juillet 1820; J. C. 5, 426).

Le délai pour se pourvoir contre une décision administrative ne court pas même après une signification par huissier, si la notification n'a pas été faite à la personne ou au domicile, conformément à l'article 445 du Code de procédure civile (27 novembre 1814; J. C. 3, 46).

Le pourvoi au Conseil-d'État n'est point recevable contre un arrêté en partie exécuté, et principalement encore lorsque le pourvoi n'a pas été fait dans les trois mois, à dater de la signification de l'arrêté (11 septembre 1813; J. C. 2, 431).

Celui qui signifie une décision de justice administrative, sans exprimer aucune réserve de pourvoi, fait un acte d'acquiescement. Celui qui laisse passer les trois mois sans se pourvoir exciperait vainement de ce que les pièces de la procédure auraient été retenues par son adversaire, le fait allégué n'empêchant pas le dépôt d'un pourvoi avec copie signifiée de l'arrêté dénoncé (16 juillet 1817, ord. J. C. 4, 82).

Le pourvoi contre les décisions, dans les affaires contentieuses, porté au Conseil-d'État, doit être fait dans les délais accordés par cet article. Des protestations faites contre la décision rendue et contre l'irrégularité de la signification ne préservent pas de la déchéance (6 juillet 1810; J. C. 1, 387. — 6 février 1811; J. C. 1, 455).

Celui qui néglige de se pourvoir contre une décision administrative, à cause de cette circonstance, que le même litige a été porté ultérieurement devant un tribunal, encourt néanmoins la déchéance; et, si l'autorité judiciaire prononce contre lui, il n'est plus recevable à se pourvoir au Conseil-d'État contre la décision administrative (21 août 1816; J. C. 3, 370).

Le pourvoi au Conseil-d'État doit être fait par requête à peine de nullité; toute déclaration de pourvoi faite par acte signifié à domicile serait sans effet, elle ne conserverait aucunement le délai utile pour le pourvoi (25 juin 1817, ord. J. C. 4, 63).

Le pourvoi qui serait adressé contre un arrêté du conseil de préfecture, à l'un des ministres, dans le délai prescrit, serait nul, et ne pourrait plus être rectifié après l'expiration du délai (28 septembre 1813, décret; J. C. 2, 437).

La partie condamnée par décision ministérielle doit se pourvoir en Conseil-d'État dans les trois mois, à peine de déchéance; vainement elle pourvoirait en révision devant le ministre; ce pourvoi ne conserve pas les délais (2 juin 1819, ord. J. C. 5, 136).

La déchéance est applicable aux communes comme aux particuliers (25 février 1818, ord. J. C. 4, 257. — 20 mars 1811, décret; J. C. 1, 479).

La déchéance s'applique aux hospices à qui une signification a été faite dans la personne de leur receveur (3 juillet 1816, ord. J. C. 3, 335).

La déchéance pour défaut de pourvoi, dans le délai de trois mois, est opposable par l'administration des domaines, comme par les particuliers (30 septembre 1814, ord. J. C. 3, 21).

Voy. décret du 7 février 1809.

Une notification administrative est insuffisante pour faire courir les délais du pourvoi entre parties (30 avril 1821, ord. Mac. 1, 608.— 22 avril 1831, ord. Mac. 13, 158).

La notification des arrêtés de conseil de préfecture, faite par un adjoint de maire, ne fait pas courir les délais du pourvoi au Conseil-d'État,

dans le délai de trois mois, sous peine de déchéance (1).

13. Ceux qui demeureront hors de la
France continentale auront, outre le délai de
trois mois énoncé dans les deux articles ci-
dessus, celui qui est réglé par l'art. 72 du
Code de procédure civile.

14. Si, d'après l'examen d'une affaire, il y
a lieu d'ordonner que des faits ou des écritures soient vérifiés, ou qu'une partie soit in-
terrogée, le grand-juge désignera un maître
des requêtes, ou commettra sur les lieux : il
réglera la forme dans laquelle il sera procédé
à ces actes d'instruction (2).

15. Dans tous les cas où les délais ne sont
pas fixés par le présent décret, ils seront
déterminés par ordonnance du grand-juge.

SECTION II. Dispositions particulières aux affaires
contentieuses introduites sur le rapport d'un
ministre.

16. Dans les affaires contentieuses introduites au Conseil sur le rapport d'un ministre, il sera donné, dans la forme administrative ordinaire, avis à la partie intéressée de
la remise faite au grand-juge des mémoires et
et pièces fournis par les agens du Gouvernement, afin qu'elle puisse prendre communication dans la forme prescrite aux art. 8 et 9,
et fournir ses réponses dans le délai du règle-

Il faut nécessairement une signification par huissier (13 juin 1821, ord. Mac. 1, 60).

Lorsqu'il s'agit d'une contestation entre une
commune et des particuliers, la notification administrative, faite aux particuliers par le préfet,
n'est pas suffisante pour faire courir le délai du
recours (25 novembre 1831, ord. Mac. 13, 455).

Lorsqu'il résulte d'une signification faite par
l'appelant, qu'il a eu connaissance pleine et entière de la décision ministérielle qu'il attaque,
il y a lieu de rejeter son pourvoi, s'il a été formé
tardivement (10 août 1828, ord. Mac. 10, 626).

On peut faire résulter la preuve de la notification de la décision, des diligences faites auprès de
l'administration par les propriétaires déchargés
de la patente, afin d'obtenir restitution des sommes payées (8 janvier 1831, ord. Mac. 13, 9).

Lorsqu'un arrêté de préfet et les actes d'exécution qui l'ont suivi ont été signifiés réguliere-
ment à la caution du débiteur principal, sans
qu'elle ait exercé un pourvoi contre ces actes,
dans les délais du règlement, un tiers qui se
trouve lui-même fidéjusseur de la caution n'est
pas recevable à les attaquer (29 février 1829,
ord. Mac. 11, 69).

Lorsque la partie qui se pourvoit a payé le
montant des condamnations prononcées contre
elle par l'arrêté qu'elle attaque, sous la réserve
de se pourvoir, et qu'elle ne s'est pas pourvue
dans les délais du règlement, son recours n'est
pas admissible (10 juin 1829, ord. Mac. 11, 190).

On n'est pas recevable à se pourvoir, devant
le Conseil-d'État, contre un arrêté du conseil de
préfecture, sous le prétexte que cet arrêté n'a
pas été notifié, lorsque d'ailleurs il a été rendu
contradictoirement avec les auteurs du requérant
et qu'il a été par eux exécuté (28 novembre 1821,
ord. Mac. 2, 517).

La preuve de la notification peut être tirée
d'une lettre contenant accusé de réception, dont
copie est produite par l'appelant lui-même (27
août 1828, ord. Mac. 10, 675).

Lorsque la direction générale des ponts-et-
chaussées a eu connaissance officielle d'un arrêté
du conseil de préfecture, le pourvoi du ministre
de l'intérieur, exercé trois mois après dans l'intérêt de cette administration, est non-recevable
(10 juin 1829, ord. Mac. 11, 198).

L'expiration des délais de recours ne peut être
opposée à la régie des contributions indirectes,
lorsque l'arrêté qu'elle attaque ne lui a pas été
signifié par la partie adverse, quoiqu'elle en ait
eu connaissance par une autre voie.

En d'autres termes, la signification est de rigueur, tant vis-à-vis des régies financières que
vis-à-vis des particuliers (6 juillet 1825, ord.
Mac. 7, 361).

Lorsque la signification d'un arrêté fait à une
commune n'énonce pas à la requête et dans l'intérêt de qui elle est faite, l'adversaire de celle-
ci peut s'en prévaloir (28 février 1828, ord. Mac.
10, 198).

Lorsqu'une décision ministérielle n'a pas été
notifiée régulièrement par le défendeur, celui-ci
ne peut élever une fin de non-recevoir contre le
pourvoi (14 juillet 1831, ord. Mac. 13, 278).

Lorsque la notification d'une décision attaquée a
été faite à l'appelant par le préfet, le défendeur ne
peut invoquer cette notification pour faire courir
les délais du pourvoi à l'égard de l'appelant.

L'intimé ne peut invoquer qu'une signification
par huissier faite à sa requête (30 janvier 1828,
ord. Mac. 10, 111).

(1) L'expiration du délai fixé pour signifier
l'ordonnance de soit communiqué, rendue sur
le pourvoi d'un particulier au Conseil-d'État,
emporte la déchéance de ce pourvoi (18 août
1811, décret; J. C. 1, 527).

L'obligation imposée par cet article, de signifier une ordonnance de soit communiqué dans le
délai de trois mois, doit être entendue en ce
sens, que le demandeur doit signifier à toutes les
personnes qu'il a reconnues comme ses adversaires (21 mai 1817, ord. J. C. 4, 20).

Le révélateur de biens célés (décrets des 29 juillet et 12 décembre 1811) qui a obtenu une ordonnance de soit communiqué, est en déchéance
s'il ne l'a notifiée dans les trois mois (14 juillet
1819, ord. J. C. 5, 159).

(2) M. de Cormenin donne, dans son Appendice, les formules de divers actes d'instruction
qui peuvent être ordonnés par le comité du contentieux.

Lorsque le Conseil-d'État a ordonné une expertise et que les experts ne se sont pas renfer-
més dans l'appréciation des objets en litige, leur
expertise ne peut servir de base à la décision du
Conseil-d'État (5 mai 1830, ord. Mac. 12, 229).

ment. Le rapport du ministre ne sera pas
communiqué.

17. Lorsque, dans les affaires où le Gouvernement a des intérêts opposés à ceux d'une
partie, l'instance est introduite à la requête
de cette partie, le dépôt qui sera fait au secrétariat du Conseil, de la requête et des pièces,
vaudra notification aux agens du Gouvernement: il en sera de même pour la suite de
l'instruction.

TITRE II. Des incidens qui peuvent survenir
pendant l'instruction d'une affaire.

§ Ier. Des demandes incidentes.

18. Les demandes incidentes seront formées par une requête sommaire déposée au
secrétariat du Conseil ; le grand-juge en ordonnera, s'il y a lieu, la communication à la
partie intéressée, pour y répondre dans les
trois jours de la signification, ou autre bref
délai qui sera déterminé.

19. Les demandes incidentes seront jointes
au principal, pour y être statué par la même
décision.

S'il y avait lieu néanmoins à quelque disposition provisoire et urgente, le rapport en
sera fait par l'auditeur à la prochaine séance
de la commission, pour y être pourvu par le
Conseil ainsi qu'il appartiendra.

§ II. De l'inscription de faux.

20. Dans le cas de demande en inscription
de faux contre une pièce produite, le grand-
juge fixera le délai dans lequel la partie qui
l'a produite sera tenue de déclarer si elle entend s'en servir.

Si la partie ne satisfait pas à cette ordonnance, ou si elle déclare qu'elle n'entend pas
se servir de la pièce, cette pièce sera rejetée.
Si la partie fait la déclaration qu'elle entend se servir de la pièce, le Conseil d'Etat
statuera sur l'avis de la commission, soit en
ordonnant qu'il sera sursis à la décision de
l'instance principale jusqu'après le jugement
du faux par le tribunal compétent, soit en
prononçant la décision définitive, si elle ne
dépend pas de la pièce arguée de faux (1).

§ III. De l'intervention.

21. L'intervention sera formée par requête ;
le grand-juge ordonnera, s'il y a lieu, que
cette requête soit communiquée aux parties,
pour y répondre dans le délai qui sera fixé
par l'ordonnance : néanmoins la décision
de l'affaire principale qui serait instruite ne
pourra être retardée par une intervention (2).

§ IV. Des reprises d'instance, et constitution de
nouvel avocat.

22. Dans les affaires qui ne seront point
en état d'être jugées, la procédure sera suspendue par la notification du décès de l'une
des parties, ou par le seul fait du décès, de
la démission, de l'interdiction ou de la destitution de son avocat.

Cette suspension durera jusqu'à la mise
en demeure pour reprendre l'instance ou
constituer avocat.

23. Dans aucun des cas énoncés en l'article précédent, la décision d'une affaire en
état ne sera différée (3).

24. L'acte de révocation d'un avocat par
sa partie est sans effet pour la partie adverse,
s'il ne contient pas la constitution d'un autre
avocat.

§ V. Du désaveu.

25. Si une partie veut former un désaveu
relativement à des actes ou procédures faits
en son nom ailleurs qu'au Conseil-d'Etat, et
qui peuvent influer sur la décision de la
cause qui y est portée, sa demande devra
être communiquée aux autres parties. Si le
grand-juge estime que le désaveu mérite
d'être instruit, il renverra l'instruction et le
jugement devant les juges compétens, pour y
être statué dans le délai qui sera réglé.

A l'expiration de ce délai, il sera passé
outre au rapport de l'affaire principale, sur le
vu du jugement du désaveu, ou faute de le
rapporter.

26. Si le désaveu est relatif à des actes ou
procédures faits au Conseil-d'Etat, il sera
procédé contre l'avocat sommairement, et
dans les délais fixés par le grand-juge (4).

---

1) Le moyen de faux dont une partie argue
être un acte ne doit pas être pris en considération, lorsque l'adversaire consent à être jugé
sur la copie de cet acte produite par le plaignant
(février 1821, ord. Mac. 1, 153).

2) Les bailleurs de fonds sont sans qualité pour
intervenir, en leur nom, dans le pourvoi formé
par un entrepreneur de travaux publics contre
des arrêtés administratifs qui règlent ses comptes
(février 1821, ord. J. C. 5, 543).
Il en est de même : 1° des sous-traitans avec
lesquels la décision attaquée n'a pas été rendue ;

2° des sous-acquéreurs qui n'ont d'autres droits
que ceux des acquéreurs (18 avril 1821 et 31
décembre 1821, ord. M. de Cormenin, Appendice, p. 499).

(3) Le décès d'une partie ne suspend pas la
procédure au Conseil-d'Etat, lorsqu'il ne s'agit
que de statuer sur une question de compétence,
et que les pièces sont produites : l'affaire est
suffisamment en état (13 janvier 1816, ord. J. C.
3, 217).

(4) Le désaveu proposé aujourd'hui contre
l'avocat qui, en 1783, aurait obtenu un arrêt du

16.

2

TITRE III.

§ Iᵉʳ. *Des décisions du Conseil-d'Etat.*

27. Les décisions du Conseil contiendront les noms et qualités des parties, leurs conclusions et le vu des pièces principales.

28. Elles ne seront mises à exécution contre une partie qu'après avoir été préalablement signifiées à l'avocat au Conseil qui aura occupé pour elle.

§ II. De l'opposition aux décisions rendues par défaut.

29. Les décisions du Conseil-d'Etat rendues par défaut sont susceptibles d'opposition. Cette opposition ne sera point suspensive, à moins qu'il n'en soit autrement ordonné (1).

Elle devra être formée dans le délai de trois mois, à compter du jour où la décision par défaut aura été notifiée : après ce délai, l'opposition ne sera plus recevable.

30. Si la commission est d'avis que l'opposition doive être reçue, elle fera son rapport au Conseil, qui remettra, s'il y a lieu, les parties dans le même état où elles étaient auparavant.

La décision qui aura admis l'opposition sera signifiée dans la huitaine, à compter du jour de cette décision, à l'avocat de l'autre partie.

31. L'opposition d'une partie défaillante à une décision rendue contradictoirement avec une autre partie ayant le même intérêt, ne sera pas recevable (2).

§ III. Du recours contre les décisions contradictoires.

32. Défenses sont faites, sous peine d'amende et même, en cas de récidive (3), sous peine de suspension ou de destitution, aux avocats en notre Conseil-d'Etat, de présenter requête en recours contre une décision contradictoire, si ce n'est en ces deux cas :

Si elle a été rendue sur pièces fausses;

Si la partie a été condamnée faute de représenter une pièce décisive qui était retenue par son adversaire (4).

Conseil, est tardif et non-recevable, surtout s'il existe des traces d'exécution de l'arrêt querellé (13 février 1815; J. C. 3, 76).

(1) La voie de l'opposition n'est pas recevable contre les décisions contradictoires (26 mars 1814, décret; J. C. 2, 535); ni contre les décisions par défaut qui ne sont que la suite de l'exécution d'une autre décision contradictoire (26 février 1817, ord. J. C. 3, 522).

L'opposition contre un décret qui statue sur un conflit d'attributions n'est pas recevable; en cette matière, le décret, ne portant que sur le point de compétence, ne préjudicie point aux droits des parties (24 avril 1808, décret; J. C. 1, 158).

Jugé au contraire que la voie de l'opposition contre les décrets rendus par défaut, en matière contentieuse, est admissible dans tous les cas, même lorsqu'il s'agit de prononcer sur un conflit d'attributions entre l'autorité judiciaire et l'autorité administrative (4 novembre 1811; J. C. 1, 550).

Un décret rendu sur la question de savoir si un marais sera joui par feux ou *pro modo jugerum* est un jugement rendu sur un objet contentieux plus qu'un acte d'administration réglant le mode de jouissance des biens communaux. Sous ce rapport, s'il est susceptible d'opposition comme non contradictoire, cette opposition doit être formée dans les trois mois de sa date (27 septembre 1807, décret; J. C. 1, 15, et S. 14, 2, 425).

L'acquiescement à une ordonnance par défaut ne peut pas résulter du simple payement de frais, en vertu d'une ordonnance royale rendue en la forme contentieuse (14 novembre 1821, ord. Mac. 2, 495).

(2) La signification d'une ordonnance royale rendue par défaut, faite au domicile des héritiers d'une partie décédée, avant que le décès ait été signifié, ne fait pas courir le délai contre ces héritiers; en conséquence, l'opposition est recevable, soit dans leur intérêt, soit dans l'intérêt de leurs consorts (23 décembre 1815, ord. J. C. 3, 201).

Une ordonnance qui statue sur une difficulté dans laquelle une commune est intéressée, doit être considérée comme rendue par défaut, lorsqu'aucune communication ou signification n'a été faite à l'avocat constitué par la commune, et que le Conseil-d'Etat a statué seulement sur le vu des requêtes de son adversaire et des renseignemens donnés par le préfet et le sous-préfet (14 novembre 1821, ord. Mac. 2, 495).

(3) La récidive ne doit s'entendre que d'un recours successif dans la même affaire (M. de Cormenin, Appendice, p. 507).

(4) Aucune révision ni opposition n'est admise contre un arrêt contradictoire, hors les cas prévus par cet article (23 décembre 1815, ord. J. C. 3, 204).

La requête civile n'est admissible qu'autant que les requérans présentent une pièce décisive qui a été retenue par leurs adversaires (2 février 1821, ord. Mac. 1, 153. — 24 février 1830, ord. Mac. 12, 99).

Toute demande en révision d'une ordonnance contradictoire doit être, à peine de rejet, appuyée de la pièce décisive, prétendue recouvrée (14 novembre 1821, ord. Mac. 2, 468).

Un avis du conseil général des ponts-et-chaussées ne constitue point une pièce que l'administration soit obligée de produire; et cet avis ne peut, dans aucun cas, être assimilé à une pièce décisive dans le sens de cet article (28 mai 1820, ord. Mac. 11, 178).

On ne peut attaquer devant le Conseil-d'Etat

33. Ce recours devra être formé dans le même délai, et admis de la même manière que l'opposition à une décision par défaut.

34. Lorsque le recours contre une décision contradictoire aura été admis dans le cours de l'année où elle avait été rendue, la communication sera faite soit au défendeur, soit au domicile de l'avocat qui a occupé pour lui, et qui sera tenu d'occuper sur ce recours, ans qu'il soit besoin d'un nouveau pouvoir.

35. Si le recours n'a été admis qu'après l'année depuis la décision, la communication sera faite aux parties à personne ou domicile, pour y fournir réponse dans le délai du règlement.

36. Lorsqu'il aura été statué sur un premier recours contre une décision contradictoire, un second recours contre la même décision ne sera pas recevable ; l'avocat qui aurait présenté la requête sera puni de l'une des peines énoncées en l'article 32.

§ IV. De la tierce-opposition.

37. Ceux qui voudront s'opposer à des décisions du Conseil-d'Etat rendues en matière contentieuse, et lors desquelles ni eux ni ceux qu'ils représentent n'ont été appelés, ne pourront former leur opposition que par requête en la forme ordinaire ; et, sur le dépôt qui en sera fait au secrétariat du Conseil, il sera procédé conformément aux dispositions du titre 1er (1).

38. La partie qui succombera dans sa

---

le décision ministérielle passée en force de chose gée, à défaut de recours en temps utile, même us prétexte de la découverte d'une pièce décisive qui aurait été retenue par la partie adverse. i l'article est inapplicable : il ne peut être invoqué que dans les cas où il s'agit de décisions ndues par ledit Conseil-d'Etat (24 décembre 31, ord. S. 32, 2, 105).
Cet article est applicable aux décrets de la Convention et aux décrets consulaires rendus sur intérêt privé (20 novembre 1815; J. C. 3, 143 et 2. — 6 mars 1816, ord. J. C. 3, 236. — 8 vier 1817, ord. J. C. 3, 470).
Une lettre du chancelier de France à l'ordre avocats aux Conseils du roi, en date du 8 octobre 1814, porte que les décisions du précédent chef de l'Etat, rendues contradictoirement, it irréfragables, et ont l'effet de la *chose jugée*, s aucun égard aux changemens politiques, et les avocats aux Conseils qui enfreindraient le règle, à l'égard des décrets impériaux, seront passibles d'une amende, aux termes de cet cle, et de destitution en cas de récidive (S. 2, 424).
On ne peut se pourvoir au Conseil-d'Etat par d'interprétation, lorsque de fait il s'agit de sion, contre une décision contradictoire, si elle été rendue sur pièces fausses, ou si une partie été condamnée faute de représenter une pièce isive retenue par son adversaire (6 décembre 3, décret; J. C. 2, 466).
Ine partie dont les conclusions ont été visées un arrêt du Conseil ne peut se pourvoir contre arrêt, pour en demander l'interprétation, sous rétexte qu'il a été omis de statuer catégoriquement sur ces conclusions, lorsque l'arrêt avait té d'une manière générale, sans restriction réserve (23 mars 1830, ord. Mac. 12, 161).
a voie d'opposition formée par requête civile, tre une décision du Conseil-d'Etat sur une testation avec l'agent du Trésor public, n'est erte, pour rétention de pièces, que dans le cours de ces deux circonstances :
° Lorsque la pièce est décisive;
° Lorsqu'elle a été retenue par le ministre lors la décision contradictoire attaquée (4 juin 6; J. C. 3, 301).

Une ordonnance du roi, rendue sur le rapport d'un ministre, touchant la réclamation d'une partie, et qui n'a pas été précédée des formes prescrites pour l'instruction et le jugement des affaires contentieuses, peut être attaquée devant le Conseil-d'Etat en la forme ordinaire, et comme s'il s'agissait d'une simple décision ministérielle. On ne peut craindre l'application de l'article 32, et l'on n'est pas réduit à prendre la voie prescrite par l'article 40 (8 mai 1821, ord. S. 22, 2, 191. — *Voy.* art. 40).
(1) Des tiers intéressés ne sont pas recevables à se pourvoir par opposition contre un décret, s'ils ont laissé écouler un délai de trois mois depuis que le décret a été exécuté notoirement (31 janvier 1817, ord. J. C. 3, 503).
Lorsqu'on arrêté a été pris contradictoirement avec les parties, la tierce-opposition, formée par l'une d'elles n'est pas recevable (15 avril 1828, ord. Mac. 10, 359).
Elle est recevable, si elle présente à juger une question sur laquelle il n'a pas été statué par l'ordonnance attaquée (8 avril 1829, ord. Mac. 11, 115).
L'ordonnance royale contenant approbation de l'adjudication d'un bien communal, n'est qu'un acte de tutelle administrative ; le tiers dont un droit de propriété ou de servitude, se trouverait lésé par l'adjudication ou par l'ordonnance approbative, n'a pas besoin de se pourvoir au Conseil-d'Etat par tierce-opposition; il peut s'adresser aux tribunaux *de plano*, comme s'il n'existait pas d'ordonnance royale (5 juillet 1826, ord. S. 28, 2, 27).
La tierce-opposition peut être exercée, soit par des communes, soit par des particuliers, contre des ordonnances royales rendues sans qu'ils aient été appelés ni entendus (28 mars 1821, ord. Mac. 1, 452).
Un acquéreur est représenté par son vendeur, dans un procès, sur l'objet vendu ; il ne peut donc former tierce-opposition à la décision intervenue.
Ne faudrait-il pas excepter le cas où le jugement et même le procès ont eu lieu après la vente durant la possession de l'acquéreur, si la bonne foi de l'acquéreur est non suspecte? (18 avril 1816; J. C. 3, 271).

2.

tierce-opposition sera condamnée en cent cinquante francs d'amende, sans préjudice des dommages-intérêts de la partie, s'il y a lieu (1).

39. Les articles 34 et 35 ci-dessus, concernant les recours contre les décisions contradictoires, sont communs à la tierce-opposition.

40. Lorsqu'une partie se croira lésée dans ses droits ou sa propriété, par l'effet d'une décision de notre Conseil-d'Etat rendue en matière non contentieuse, elle pourra nous présenter une requête, pour, sur le rapport qui nous en sera fait, être l'affaire envoyée, s'il y a lieu, soit à une section du Conseil-d'Etat, soit à une commission (2).

§ V. Des dépens (3).

41. En attendant qu'il soit fait un nouveau tarif des dépens, et statué sur la manière dont il sera procédé à leur liquidation, on suivra provisoirement les réglemens antérieurs relatifs aux avocats au Conseil, et qui sont applicables aux procédures ci-dessus.

42. Il ne sera employé, dans la liquidation des dépens, aucuns frais de voyages, séjour ou retour des parties, ni aucuns frais du voyage d'huissier au-delà d'une journée.

43. La liquidation et la taxe des dépens seront faites à la commission du contentieux par un maître des requêtes, et sauf révision par le grand-juge (4).

L'ordonnance du roi, relative à la répartition d'un impôt entre les habitans d'une commune, pour satisfaire à une condamnation, envers un particulier, si elle préjudicie aux droits de celui qui a obtenu la condamnation, est susceptible de tierce-opposition (21 août 1816, ord. J. C, 3, 382).

L'épouse d'un émigré réintégré ne peut attaquer par voie de la tierce-opposition (pour sûreté de son hypothèque dotale sur les biens donnés à son époux par leur contrat de mariage) le décret qui déclare valable la soumission de les acquérir, quoiqu'il ne soit rendu que postérieurement à son contrat de mariage et hors sa présence, lorsque ce décret a été rendu contradictoirement avec son mari (31 janvier 1817, ord. J.C. 3, 495).

Une décision rendue avec le cédant ne peut être attaquée par le cessionnaire comme tiers-opposant (17 juin 1818, ord. J. C. 4, 374. — 18 août 1807, ord. J. C. 1, 120).

Les héritiers sont des ayans-cause du défunt; ce qui est jugé avec lui est jugé avec eux; et ils ne sont pas recevables à former tierce-opposition (9 avril 1817, ord. J. C. 3, 545).

Les décisions du Conseil-d'Etat ont l'effet de la chose jugée, non-seulement à l'égard des parties, mais encore à l'égard de tous autres ayant le même intérêt (11 décembre 1816, ord. J. C. 3, 445).

La tierce-opposition n'est pas soumise au même délai que la simple opposition (28 mars 1821; J. C. 5, 585).

(1) Le Conseil-d'Etat peut statuer sur les dommages-intérêts réclamés (31 octobre 1821, ord. Mac. 2, 412).

Lorsqu'un tiers est sans intérêt à attaquer une ordonnance royale, son opposition doit être rejetée, et il doit être condamné à l'amende (9 janvier 1828, ord. Mac. 10, 32).

(2) La demande en annulation d'arrêtés de l'administration supérieure ne peut être introduite au Conseil-d'Etat que par le renvoi ordonné par S. M., d'après un rapport du ministre, lorsque cette réclamation attaque un réglement d'administration publique, notamment en matière d'abonnement pour droit d'octroi (31 mai 1807, décret; J. C. 1, 91).

Les arrêtés des préfets, pris dans les limites de leur compétence, doivent être préalablement déférés au ministre, avant de pouvoir s'adresser au Conseil-d'Etat (25 novembre 1829, ord. Mac. 11, 440).

Les entrepreneurs qui se prévaudraient d'un marché passé avec le Gouvernement pour réclamer contre les bases de la liquidation du montant de leurs fournitures, fixées par un décret, ne peuvent se rendre opposans à ce décret que dans la forme prescrite par cet article (6 juin 1807, décret; S. 16, 2, 272, et J. C. 1, 104).

Un décret qui détermine le mode de paiement de fournitures faites au Gouvernement est une mesure d'administration publique, contre laquelle les parties qui se prétendraient lésées ne peuvent se pourvoir que conformément à cet article (11 mai 1807, décret; J. C. 1, 87, et S. 16, 2, 280).

Le recours autorisé par cet article ne s'étend pas aux décisions contentieuses, notamment au litige entre les intéressés d'une tontine (11 février 1818, ord. J. C. 4, 251).

Lorsqu'une ordonnance a le caractère de réglement d'administration publique, elle ne peut être déférée au roi que dans les formes prescrites par l'article 40, et nullement par la voie du comité contentieux dans les formes voulues par les articles 1 et 2 (28 juillet 1819, ord. J. C. 5, 281. — Voy. art. 32).

(3) Il n'y a pas de réglement qui autorise à prononcer des dépens au profit ou à la charge des administrations publiques qui procèdent au Conseil-d'Etat, sans ministère d'avocat.

Le ministre de la guerre est fondé à refuser de payer les frais et dépens auxquels il n'a pas été condamné (5 novembre 1828, ord. Mac. 10, 767).

Lorsque les parties succombent respectivement sur certains chefs de demande, les dépens doivent être compensés entre elles (5 septembre 1821, ord. Mac. 2, 343. — 28 novembre 1821; ord. Mac. 2, 526 et 540).

Lorsqu'une ordonnance rendue par défaut est révoquée sur opposition, il y a lieu de condamner le demandeur primitif à la restitution des dépens à lui payés, en vertu de cette ordonnance (14 novembre 1821, ord. Mac. 2, 495).

(4) La partie qui a introduit un recours au Conseil-d'Etat contre un arrêté du préfet, vicié d'excès de pouvoir ou d'incompétence, doit ob-

TITRE IV.

§ Ier. Des avocats au Conseil.

44. Les avocats en notre Conseil-d'Etat auront, conformément à notre décret du 11 juin dernier, le droit exclusif de faire tous actes d'instruction et de procédure devant la commission du contentieux.

45. L'impression d'aucun mémoire ne passera en taxe.

Les écritures seront réduites au nombre de rôles qui sera réputé suffisant pour l'instruction de l'instance.

46. Les requêtes et mémoires seront écrits correctement et lisiblement en demi-grosse seulement; chaque rôle contiendra au moins cinquante lignes, et chaque ligne douze syllabes au moins : sinon, chaque rôle où il se trouvera moins de lignes et de syllabes sera payé en entier; et l'avocat sera tenu de restituer ce qui lui aurait été payé à raison de ces rôles.

47. Les copies signifiées des requêtes et mémoires ou autres actes, seront écrites lisiblement et correctement; elles seront conformes aux originaux, et l'avocat en sera responsable.

48. Les écritures des parties, signées par les avocats au Conseil, seront sur papier timbré.

Les pièces par elles produites ne seront point sujettes au droit d'enregistrement, à l'exception des exploits d'huissier, pour chacun desquels il sera perçu un droit fixe d'un franc.

N'entendons néanmoins dispenser les pièces produites devant notre Conseil-d'Etat, des droits d'enregistrement auxquels l'usage qui en serait fait ailleurs pourrait donner ouverture.

N'entendons pareillement dispenser du droit d'enregistrement les pièces produites devant notre Conseil-d'Etat, qui, par leur nature, sont soumises à l'enregistrement dans un délai fixe.

49. Les avocats au Conseil seront, suivant les circonstances, punis de l'une des peines ci-dessus, dans le cas de contravention aux réglemens, et notamment s'ils présentent comme contentieuses des affaires qui ne le seraient pas, ou s'ils portent en notre Conseil-d'Etat des affaires qui seraient de la compétence d'une autre autorité (1).

50. Les avocats au Conseil prêteront serment entre les mains de notre grand-juge, ministre de la justice.

§ II. Des huissiers au Conseil.

51. Les significations d'avocat à avocat, et celles aux parties ayant leur demeure à Paris, seront faites par des huissiers au Conseil.

52. Nos ministres sont chargés de l'exécution du présent décret.

22 JUILLET 1806. — Décret relatif aux actes concernant l'état civil des Français professant le culte luthérien. (4, Bull. 108, n° 1800.)

Art. 1er. Il sera fait, par un commissaire interprète de notre ministère des relations extérieures, un extrait général des actes concernant l'état civil des Français professant le culte luthérien, dont les naissances, les mariages et les décès ont été enregistrés antérieurement à la loi du 20 septembre 1792, par des chapelains étrangers à ce autorisés.

2. La traduction desdits registres, certifiée par le commissaire interprète de notre ministère des relations extérieures, sera remise, après légalisation de la signature dudit interprète, par notre ministre des relations extérieures, à notre procureur impérial près le tribunal civil du département de la Seine,

---

nir une condamnation aux dépens, si le recours est fondé, encore que l'arrêté dénoncé ait été rapporté depuis l'instance au Conseil-d'Etat, et que cette rétractation du préfet ne laisse plus lieu à une annulation par le Conseil-d'Etat (18 novembre 1818, ord. J. C. 5, 10).

Lorsque, par une simple omission de prononcer, il n'y a pas eu de condamnation aux dépens contre la partie qui a succombé en Conseil-d'Etat, on peut obtenir la condamnation aux dépens, sur requête, par voie de disposition additionnelle 8 novembre 1818; J. C. 5, 22. — 31 août 1828; d. Mac. 10, 699).

Le minimum des dépens est de cent cinquante francs et le maximum de trois cent cinquante francs environ (M. de Cormenin, Appendice, 515).

Voy. décret du 4 décembre 1809; ordonnance du 18 janvier 1826.

(1) En matière d'expropriation, une ordonnance royale déclarative d'utilité publique n'est pas susceptible d'être attaquée par les tiers par la voie contentieuse (30 novembre 1830, ord. Mac. 12, 515).

Un officier de l'armée n'est pas recevable à demander au Conseil-d'Etat, par la voie contentieuse, sa réintégration dans un grade militaire dont il a été dépouillé, ou sa proposition à un grade plus élevé auquel il prétend avoir un droit acquis par ses services.

L'avocat qui se charge d'engager un tel pourvoi s'expose à être condamné à l'amende (13 mars 1822, ord. Mac. 3, 255).

Les actes du Gouvernement relatifs à l'établissement et au nombre des théâtres sont des mesures de police et d'administration qui ne peuvent être déférées au Roi par la voie contentieuse (31 décembre 1832, ord. Mac. 13, 492).

pour par lui être requis du tribunal la réunion au dépôt général des actes civils de notre bonne ville de Paris, dont le garde délivrera ultérieurement les extraits à qui de droit.

3. Jusqu'au temps où ce dépôt sera effectué, notre ministre des relations extérieures est autorisé à légaliser la signature des chapelains actuellement en exercice, à la suite des extraits délivrés par eux des actes de leurs registres.

4. Il sera fait par notre ministre des cultes un rapport et un projet de décret pour l'établissement d'une église consistoriale ou d'une succursale luthérienne à Paris.

5. Nos ministres des cultes et des relations extérieures sont chargés de l'exécution du présent décret.

22 JUILLET 1806. — Décret relatif à l'organisation des conseils de marine, et à l'exercice de la justice à bord des vaisseaux. (4, Bull. 110, n° 1804.)

Voy. lois du 20 SEPTEMBRE = 12 OCTOBRE 1791, du 4 FRUCTIDOR an 6, du 12 THERMIDOR an 7 ; arrêté du 5 GERMINAL an 12 ; décret du 12 NOVEMBRE 1806.

TITRE Ier. Du conseil de marine.

Art. 1er. Lorsque nous estimerons du bien de notre service de faire examiner la conduite des officiers généraux, capitaines de vaisseau et autres officiers que nous aurons chargés du commandement de nos escadres, divisions ou vaisseaux particuliers, relativement aux missions que nous leur aurons confiées, à l'économie dans les dépenses et consommations, nous ferons assembler à cet effet un conseil de marine, dans tel port que nous jugerons à propos, pour procéder audit examen.

2. Le conseil de marine sera composé du nombre d'officiers généraux ou capitaines de vaisseau que nous jugerons à propos, lesquels prendront séance suivant leur ancienneté dans leurs grades respectifs.

3. Lorsqu'il sera question d'examiner la conduite d'un officier général, le conseil de marine ne sera composé, autant que possible, que d'officiers généraux.

4. Le chef d'administration et l'inspecteur devront assister au conseil, lorsque, d'après nos ordres, le conseil sera chargé d'un examen extraordinaire des objets relatifs à l'économie dans les dépenses et consommations. L'inspecteur n'aura pas voix délibérative.

5. Le commandant en chef d'une escadre, ainsi que les officiers généraux employés sous ses ordres, et le commandant d'un bâtiment particulier, au retour de la mer, enverront leurs journaux au ministre de la marine, pour nous être soumis; et si nous jugeons à propos de faire tenir un conseil de marine en même temps que nous nommerons les officiers qui devront le composer, nous ferons adresser au plus ancien, qui en sera le président, lesdits journaux, et une copie des instructions que nous aurons données au commandant.

6. Le président du conseil, ayant assemblé les officiers qui devront le composer, dans le lieu destiné à cet effet, leur dira qu'ils sont tenus envers nous et envers leur propre honneur et conscience d'écarter tout préjugé et toute partialité dans l'examen que nous leur envoyons, en sorte qu'aucune considération étrangère à notre service ne détermine l'avis qui leur est demandé.

7. Il leur ajoutera qu'ils sont tenus, ainsi que nous l'exigeons d'eux, au secret le plus inviolable sur tout ce qui aura été agité et délibéré dans les assemblées, hors desquelles ils ne s'entretiendront pas de ce qui aura fait le sujet de leurs délibérations.

8. Le président du conseil en nommera ensuite un des membres pour être le rapporteur.

9. Celui qui devra être examiné au conseil, ou qui y sera appelé, s'y rendra lorsque le président l'en aura fait avertir : il répondra à toutes les interrogations qui lui seront faites, après avoir préalablement fait serment de dire vérité, et fournira tous les mémoires qui lui seront demandés.

10. Le conseil de marine verra si les commandans ont rempli, dans toute leur étendue, les instructions qui leur ont été données par nous, s'ils n'ont pas usé, sans nécessité reconnue, du droit qui leur est conféré par l'article 34, et s'ils se sont conformés à tout ce qui leur est prescrit par les lois et réglemens.

11. Le commandant d'une escadre rendra compte au conseil de la conduite de chacun des officiers généraux embarqués sous ses ordres, et de celle des capitaines commandant les vaisseaux et autres bâtimens qui la composaient ; et ceux-ci, lorsqu'ils seront appelés au conseil, de celle des officiers qui auront servi sous eux; et lesdits capitaines et officiers subalternes remettront leurs journaux au président du conseil, ainsi que les casernets du vaisseau.

12. A l'égard des dépenses et consommations, les fonctions du conseil de marine, si des ordres particuliers de nous l'ont chargé de leur examen, seront de vérifier celles qui auront été faites ; et, pour cet effet, il nommera deux de ses membres qui seront chargés de lui en faire le rapport.

13. Les délibérations du conseil de marine seront signées de tous les membres et à la pluralité des voix : si les voix sont égales, l'avis dont sera le président sera prépondérant; mais, en ce cas, nous ordonnons à ceux qui auront un avis différent, d'en exposer les

notifs, et de le signer au bas de la délibéra-ion, qui sera adressée par le président à notre ministre de la marine, pour nous être présentée, nous réservant ensuite de faire connaître nos intentions.

14. Le rapporteur du conseil portera sur un registre le résultat de l'examen qui aura été fait à chaque assemblée, et les délibéra-ions.

15. Seront envoyés au ministre de la marine, les journaux, plans et mémoires des officiers dont la conduite aura été examinée au conseil de marine; et nos ordres, en conséquence desquels il aura été procédé audit examen, ainsi que le registre où seront portés les ré-sultats et délibérations dudit conseil, reste-ront en dépôt dans les ports.

TITRE II. De la police et discipline.

16. La police, sur nos vaisseaux et sur nos autres bâtimens, sera exercée par les capi-taines qui les commanderont, sous l'autorité des commandans des armées navales, escadres ou divisions.

17. Les officiers et autres embarqués sont tenus d'avertir les capitaines, et ceux-ci leur commandant supérieur, des faits qui seront venus à leur connaissance, et qui seront de nature à être dénoncés.

18. Les commandans de nos bâtimens, et officiers commandant le quart ou la garde, pourront prononcer contre les délinquans les peines de discipline portées au Code pénal maritime: le commandant de la garni-son d'un bâtiment peut aussi prononcer la peine de discipline contre ceux qui la compo-sent; à la charge par eux d'en rendre compte immédiatement au commandant du vaisseau, qui seul pourra prononcer sur la durée de la peine.

19. Aucune peine plus grave que celle des fers ne pourra être infligée dans l'absence du capitaine et par d'autres que par lui.

20. Tout officier commandant une escadre ou division peut suspendre de leur comman-dement et faire remplacer provisoirement les officiers commandant sous ses ordres, à la charge d'en rendre compte au ministre de la marine et des colonies.

Il en sera de même pour les commandans particuliers de nos bâtimens, à l'égard des of-ficiers employés sous leurs ordres; à la charge, par lesdits commandans, d'en rendre compte, soit au commandant de l'escadre ou division dont ils font partie, soit, s'ils ne font pas partie d'une escadre ou division, au préfet maritime de l'arrondissement dans lequel ils se trouveront, soit enfin au ministre de la marine, s'ils se trouvent dans un port étran-ger ou à la mer.

TITRE III. De la justice.

SECTION Ire. Du conseil de justice.

21. Tout délit emportant peine de la cale ou de la bouline sera jugé par un conseil de justice.

22. Le conseil de justice sera assemblé et présidé par le capitaine du vaisseau ou autre bâtiment sur lequel est embarqué le pré-venu.

23. Le conseil de justice sera composé de cinq officiers, y compris le président, nom-més, autant qu'il se pourra, parmi ceux em-barqués à bord du bâtiment auquel appar-tient le prévenu.

24. L'affaire sera instruite oralement, le jugement sera porté à la pluralité des voix.

Pourra le capitaine, suivant les circonstan-ces, commuer la peine prononcée par le con-seil de justice, en une peine plus légère d'un degré seulement.

25. L'agent comptable du bâtiment rédi-gera le jugement; il y sera fait mention du délit, de ses circonstances, et du nombre des voix qui auront déterminé le jugement.

26. Le jugement sera signé par tous les juges, quel qu'ait été leur avis.

27. Le capitaine ordonnera l'exécution du jugement, en écrivant au bas: *Soit exécuté selon sa forme et teneur*, ou bien, *Soit com-muée la peine portée au présent en celle de...... conformément à l'article...... du décret impé-rial du......*

28. Dans tous les cas où le capitaine ne se-rait pas commandant supérieur, il prendra les ordres de l'officier qui commandera en chef, soit en rade, soit à la mer, pour la tenue du conseil de justice et l'exécution du jugement.

29. Avant et au moment de l'exécution du jugement, il sera lu sur le pont, au condamné, par l'agent comptable du bâtiment, la garde sous les armes et l'équipage assemblé et en silence.

30. Il sera tenu à bord de chaque bâtiment un registre particulier des jugemens rendus par les conseils de justice.

31. S'il est résulté de l'examen d'une affaire portée devant le conseil de justice, que la peine encourue par le prévenu paraît au con-seil devoir être plus grave que celle de la cale ou de la bouline, le conseil déclarera que l'objet passe sa compétence: cette décla-ration exprimera les motifs sur lesquels elle est fondée. Le prévenu sera détenu jusqu'à ce qu'il soit remis, avec ladite déclaration, à qui de droit, pour statuer, s'il y a lieu, à le traduire par-devant un conseil de guerre, qui le jugera définitivement, quel que soit le mérite de la déclaration du conseil de justice.

Section II. Des conseils de guerre.

32. Les crimes de désertion seront jugés par les conseils de guerre maritimes spéciaux, conformément aux décrets des 5 germinal et 1er floréal an 12 (1).

33. Tous délits commis par les personnes embarquées sur nos vaisseaux et autres de nos bâtimens, sur le jugement desquels il n'est pas pourvu par les dispositions ci-dessus, seront jugés par un conseil de guerre.

34. Dans le cas de crimes de lâcheté devant l'ennemi, de rébellion ou de sédition, ou tous autres crimes commis dans quelque danger pressant, le commandant, sous sa responsabilité, pourra punir ou faire punir, sans formalités, les coupables, suivant l'exigence des cas.

Toutefois ledit commandant sera tenu de dresser procès-verbal de l'évènement, et de justifier devant le conseil de marine, conformément aux dispositions de l'article 10 du titre Ier, de la nécessité où il s'est trouvé de faire usage de la faculté à lui donnée par le présent article.

35. Aucun officier, ou autre ayant rang d'officier, ne sera traduit au conseil de guerre sans nos ordres. Devront cependant les préfets maritimes, ou tout commandant en chef de nos forces navales, ou commandant supérieur dans un port, faire arrêter les officiers qui auront commis un délit, faire entendre les témoins, dans les cas qui exigent célérité, pour constater la vérité des faits; à la charge d'en informer aussitôt le ministre de la marine et des colonies, pour recevoir nos ordres.

36. Si l'accusé n'est pas officier, ou n'a pas rang d'officier, le conseil de guerre sera convoqué, soit par le commandant de l'armée navale, escadre ou la division dont il fera partie, soit par le préfet maritime de l'arrondissement, si ledit accusé est embarqué sur un bâtiment soumis à l'autorité du préfet.

37. Si un de nos bâtimens navigue isolément, ou s'il ne se trouve pas dans l'escadre ou division dont il ferait partie un nombre suffisant d'officiers du grade requis pour former un conseil de guerre, le commandant fera arrêter et détenir le prévenu : il sera dressé

procès-verbal du délit, et de la déposition des témoins ; toutes les pièces de conviction seront recueillies : le tout sera remis, à la première occasion, ainsi que le prévenu, à la disposition d'un préfet maritime ou d'un commandant de nos forces navales, pour être procédé, s'il y a lieu, ainsi qu'il sera dit ci-après.

38. Les attributions concernant les conseils de guerre, conférées par le présent décret à nos préfets maritimes, le sont également à nos capitaines généraux dans les colonies.

Section III. De la composition des conseils de guerre (2).

39. Le conseil de guerre sera composé de huit juges au moins, y compris le président ; ils seront âgés de vingt-cinq ans accomplis, et nommés parmi les officiers généraux et les plus anciens capitaines de vaisseau ou de frégate.

40. Si c'est un officier, ou tout autre ayant rang d'officier, qui est traduit au conseil de guerre, les juges seront nommés par nous.

Si le prévenu est tout autre qu'un officier, ils seront nommés, soit par le préfet maritime, soit par le commandant en chef de nos forces navales, selon que le conseil aura dû être convoqué par l'un ou par l'autre.

41. Il y aura près chaque conseil de guerre, un rapporteur qui remplira les fonctions de notre procureur ; il devra être âgé de vingt-cinq ans accomplis.

Ce rapporteur sera nommé par nous, si c'est un officier qui est traduit au conseil de guerre.

Si le prévenu est autre qu'un officier, le rapporteur sera nommé, soit par le préfet maritime, soit par le commandant en chef de nos forces navales, selon que le conseil, conformément à l'article 36, aura dû être convoqué par l'un ou par l'autre.

42. Les fonctions de greffier seront remplies par le greffier du tribunal maritime de l'arrondissement, et, à défaut, par un greffier nommé d'office.

---

(1) Ces conseils de guerre doivent être réputés des *tribunaux ordinaires*, maintenus par l'art 59 de la Charte, puisque les crimes et délits qu'ils sont chargés de juger ne rentrent dans les attributions d'aucun autre tribunal existant. Ce ne sont pas là des *commissions* ou des *tribunaux extraordinaires*, dans le sens de l'art. 63 de la Charte constitutionnelle, abolitive des tribunaux extraordinaires et des commissions (18 avril 1828 ; Cass. S. 28, 1, 382 ; D. 28, 1, 217).

Le fait seul d'admission dans un corps militaire soumet l'individu qui l'a consentie aux lois de discipline et à la juridiction militaire. Ainsi un

apprenti marin qui sert dans un équipage de marine, sans avoir l'âge requis pour contracter un engagement valable, est néanmoins justiciable d'un conseil de guerre maritime (7 janvier 1826 ; Cass. S. 26, 1, 331 ; D. 26, 1, 185 ; P. 36, 255).

Ainsi, un individu faisant partie des troupes de la marine, quand même son incorporation ne serait pas régulière, n'en est pas moins justiciable des tribunaux maritimes, à raison des crimes qu'il aurait pu commettre étant en activité de service (30 avril et 15 septembre 1825 ; Cass. S. 26, 1, 449 ; D. 25, 1, 431).

(2) *Voy.* décret du 23 avril 1807.

SECTION IV. De la forme de procéder dans les conseils de guerre.

43. Le rapporteur, après avoir reçu la plainte, recevra la déposition des témoins : s'il y a des preuves matérielles du délit, il les constatera. Les témoins signeront leurs déclarations : s'ils ne savent signer, il en sera fait mention.

Dans le cas où des témoins refuseraient de déposer, ou de signer leur déposition, il sera passé outre à l'interrogatoire du prévenu.

44. Pour l'information, comme pour le reste de la procédure jusqu'au jugement définitif, le rapporteur se fera aider du greffier.

Le greffier rédigera le procès-verbal de chaque séance.

45. Après avoir constaté le corps et les circonstances du délit, et reçu la déposition des témoins, le rapporteur interrogera le prévenu sur ses nom, prénoms, âge, lieu de naissance, profession et domicile, et sur les circonstances du délit : s'il y a des preuves matérielles du délit, elles seront représentées au prévenu pour qu'il ait à déclarer s'il les reconnaît.

46. S'il y a plusieurs prévenus du même délit, chacun d'eux sera interrogé séparément.

47. L'interrogatoire fini, il en sera donné lecture au prévenu, afin qu'il déclare si ses réponses ont été fidèlement transcrites, si elles contiennent vérité, et s'il y persiste, auquel cas il signera : s'il ne peut ou ne veut signer, il en sera fait mention ; et l'interrogatoire sera clos par la signature du rapporteur et celle du greffier. Il sera pareillement donné lecture au prévenu, du procès-verbal d'information.

48. Les interrogatoires et réponses de prévenus du même délit seront inscrits de suite sur un seul et même procès-verbal, et séparés seulement par leurs signatures et celles du rapporteur et du greffier.

49. Après avoir clos l'interrogatoire, le rapporteur dira au prévenu de faire choix d'un défenseur.

Le prévenu aura la faculté de choisir ce défenseur dans toutes les classes de citoyens présens sur les lieux : s'il déclare qu'il ne peut faire ce choix, le rapporteur le fera pour lui.

50. Dans aucun cas, le défenseur ne pourra retarder la convocation du conseil de guerre.

51. Il sera donné au défenseur communication du procès-verbal d'information, de l'interrogatoire subi par le prévenu, et de toutes les pièces tant à charge qu'à décharge envers ledit prévenu.

52. Le rapporteur rendra, sans délai, compte de la procédure à l'officier général commandant l'armée navale, l'escadre ou division, ou au préfet maritime, si c'est ce dernier qui a donné ordre d'assembler le conseil de guerre.

Le conseil de guerre sera aussitôt convoqué.

53. Les juges qui devront composer le conseil de guerre se rendront au lieu destiné à cet effet, à l'heure de la matinée qui aura été prescrite la veille par le président ; ils devront être en grand uniforme.

54. Les séances du conseil de guerre seront publiques ; mais le nombre des spectateurs ne pourra excéder le triple de celui des juges : ils ne pourront entrer avec armes, cannes ni bâtons ; ils s'y tiendront chapeau bas et en silence, et si quelqu'un d'entre eux s'écartait du respect dû au tribunal, le président pourra le reprendre, et le condamner à garder prison jusqu'au terme de quinze jours, suivant la gravité du fait.

55. Le conseil étant assemblé, le président fera apporter et déposer devant lui, sur le bureau, un exemplaire de la loi : le procès-verbal fera mention de cette formalité indispensable. Il demandera ensuite au rapporteur la lecture du procès-verbal d'information, et celles des pièces à charge comme à décharge envers le prévenu.

56. Lecture faite du procès-verbal et des pièces, le président ordonnera que l'accusé soit amené devant le conseil : l'accusé paraîtra devant ses juges, libre et sans fers, accompagné de son défenseur ; l'escorte restera en dehors de la salle du conseil, ou elle y sera introduite, selon que le président en ordonnera.

57. Le président interrogera l'accusé, lequel répondra par lui ou par son défenseur, excepté sur les questions auxquelles il sera interpellé de répondre personnellement.

Les membres du conseil pourront faire des questions à l'accusé.

58. Si la partie plaignante se présente au conseil, elle y sera admise et entendue ; elle pourra faire ses observations, auxquelles l'accusé répondra, ou son défenseur pour lui.

59. Les témoins seront introduits ; ils seront nommés et désignés l'un après l'autre par leurs nom, prénoms, âge, état, profession et domicile. Le président leur ordonnera de prêter le serment de dire la vérité ; ce qu'ils seront tenus de faire, en levant la main, et en disant : *Je le jure.*

60. Il sera libre aux accusés ou à leur conseil, non-seulement de proposer les motifs de récusation qu'ils peuvent avoir contre le témoin, mais encore de faire telles observations qu'ils jugeront à propos sur son témoignage, même de demander au président de proposer, pour l'éclaircissement des faits, telles questions qu'ils voudront, et auxquelles le témoin sera tenu de répondre, si le président juge convenable de l'interpeller.

61. Le rapporteur et les juges pourront ensuite demander successivement au témoin les explications dont ils croiront sa déposition susceptible.

62. Les témoins ayant été tous entendus et examinés l'un après l'autre, dans une ou plusieurs séances, suivant l'exigence des cas, le rapporteur établira le mérite de la plainte par les divers témoignages qu'il résumera. Il conclura, s'il y a lieu, à ce que l'accusé soit déclaré coupable et condamné à la peine que la loi prononce pour son délit.

63. L'accusé ou les accusés pourront, soit par eux-mêmes, soit par l'organe de leur conseil, proposer leurs moyens de justification, de défense ou d'atténuation. Il sera libre au rapporteur de reprendre la parole après les accusés, et ceux-ci seront les maîtres de lui répondre à leur tour ; mais les plaidoiries ne s'étendront pas plus loin, et il ne sera jamais accordé de duplique.

64. Lorsque l'accusé ou les accusés produiront des témoins présens sur les lieux soit à l'appui des moyens de récusation qu'ils auront proposés contre les témoins du plaignant, soit pour établir des faits tendant à leur justification ou à leur décharge, on ne pourra pas leur refuser d'entendre les témoins.

65. Les mêmes formalités seront observées, tant pour l'audition et l'examen des témoins produits par les accusés, que pour l'audition et l'examen des témoins produits par le plaignant.

66. Toutes les dispositions prescrites ci-dessus étant remplies, le président demandera à l'accusé s'il n'a rien à ajouter à sa défense ; il fera la même question au défenseur ; et, après les avoir entendus, il demandera aux membres du conseil s'ils ont des observations à faire : s'ils déclarent, à la majorité des voix, que la cause est instruite, il ordonnera que le défenseur se retire, et que l'accusé soit reconduit en prison.

67. Les membres du conseil opineront à huis clos, et sans désemparer. Le président recueillera les voix, en commençant par le grade inférieur ; il émettra son opinion le dernier.

68. Celui qui opinera ôtera son chapeau, et dira, à voix haute, que, trouvant l'accusé convaincu, il le condamne à telle peine ordonnée pour tel crime ; ou que, le jugeant innocent, il le renvoie absous.

69. Les jugemens seront rendus à la majorité absolue des voix.

En cas de partage, l'avis le plus doux prévaudra.

A mesure que chaque juge donnera son avis, il l'écrira au bas des conclusions, et signera.

70. L'accusé étant jugé, le président fera dresser le jugement : tous les juges signeront au bas, quand bien même ils auraient été d'avis différent de celui qui aura prévalu ; et il en sera envoyé une expédition au ministre de la marine et des colonies.

71. Après que les juges auront signé le jugement : les portes du conseil s'ouvriront, et le président prononcera le jugement en présence de l'auditoire.

72. Le jugement ainsi prononcé, le président ordonnera au rapporteur de faire ses diligences pour qu'il soit mis de suite à exécution.

73. Le greffier se transportera immédiatement à la prison, où il donnera lecture du jugement aux accusés. Le procès-verbal de la lecture sera écrit au bas du jugement, et signé seulement du greffier.

74. Les jugemens rendus par un conseil de guerre seront exécutés dans les vingt-quatre heures, à moins d'un ordre contraire émané de nous ; et le greffier assistera et veillera aux exécutions, dont il dressera procès-verbal au bas du jugement.

75. Sont toutefois autorisés les capitaines généraux de nos colonies, et les commandans en chef de nos forces navales, à la mer seulement, dans les pays étrangers ou dans les colonies, à surseoir, lorsqu'ils le jugeront à propos, à l'exécution des jugemens entraînant la mort civile ou naturelle. Il leur est prescrit de ne faire usage de cette faculté que dans des circonstances qui leur paraîtraient de nature à appeler notre clémence sur les condamnés ; et, dans tous les cas, ils en rendront compte immédiatement au ministre de la marine et des colonies, qui prendra nos ordres.

76. La connaissance des crimes et délits commis contre les habitans par les officiers, matelots et soldats, appartiendra aux juges des lieux ; et les conseils de guerre ne connaîtront que de ceux qui seront commis contre notre service ou entre les officiers, matelots et soldats ; même, en ce cas, si aucuns des coupables sont emprisonnés de l'autorité des juges, nous défendons aux préfets maritimes et commandans de nos forces navales de les retirer ou faire retirer de prison : ils pourront cependant requérir les juges de les leur remettre ; et, en cas de refus, ils se pourvoiront par-devers nous.

77. Toutes dispositions contraires au présent décret sont et demeurent abrogées.

78. Notre ministre de la marine et des colonies est chargé de l'exécution du présent décret.

24 JUILLET 1806. — Décret qui ordonne le paiement de cinq cent quarante-huit francs pour pensions accordées à des veuves de militaires (4, Bull. 113, n° 1830.)

24 JUILLET 1806.—Décret concernant le nouvel uniforme de l'infanterie de ligne. (Mon. n° 216).

24 JUILLET 1806. — Décret qui change le jour de la tenue des trois foires annuelles de Montagnac et de celle de Pouget. (4, Bull. 113, n° 1831.)

24 JUILLET 1806. — Décret qui autorise l'acceptation d'un legs de mille livres tournois, fait par le sieur Delannoy aux pauvres de Clarques. (4, Bull. 113, n° 1833.)

24 JUILLET 1806.— Décret qui approuve l'arrêté par lequel le préfet de la Moselle a fixé le mode de distribution et l'application des revenus d'une fondation du sieur Wolter et d'Elisabeth Adrian son épouse, en faveur des pauvres de Cattenon et de Sentzith. (4, Bull. 113, n° 1833.)

25 JUILLET 1806. — Décret qui annule les renonciations faites par le duc régnant d'Aremberg. (4, Bull. 108, n° 1801.)

28 JUILLET 1806. — Décret qui annule tous les passeports accordés aux habitans des départemens au-delà des Alpes, qui ont envoyé leurs enfans dans les pays étrangers pour y recevoir leur éducation. (4, Bull. 108, n° 1802.)

28 JUILLET 1806. — Décrets qui autorisent l'acceptation de dons et legs faits aux pauvres et hospices de plusieurs communes. (4, Bull. 113, n°ᵉ 1834 à 1845, et Bull. 114, n°ˢ 1852 à 1862.)

31 JUILLET 1806.— Décret concernant la fixation des amendes dans les lieux où il n'est pas imposé de contribution mobilière. (4 Bull. 110, n° 1805.)

Art. 1ᵉʳ. Dans les lieux où il n'est point imposé de contribution mobilière, les amendes déterminées par les lois d'après la contribution mobilière sont réglées ainsi qu'il suit :

·2. Lorsque les lois prononcent une amende du quart, du tiers, de la moitié ou de la totalité de la contribution mobilière des délinquans, les juges les condamneront à une amende, depuis trois francs jusqu'à deux cents francs.

3. Lorsque les lois prononcent une amende plus forte que la contribution mobilière des délinquans, les juges les condamneront à une amende, depuis cinquante jusqu'à cinq cents francs.

4. Dans la prononciation de ces amendes, les juges se conformeront, autant que les circonstances le leur permettront, aux proportions indiquées par les lois qui ont réglé les amendes d'après la contribution mobilière.

5. Le grand-juge, ministre de la justice, est chargé de l'exécution du présent décret.

31 JUILLET 1806. — Décret contenant des changemens dans les arrondissemens de plusieurs justices de paix du département de l'Yonne. (4, Bull. 111, n° 1818.)

Art. 1ᵉʳ. Il sera fait aux cantons formant les arrondissemens des justices de paix du département de l'Yonne les rectifications suivantes, savoir :

Arrondissement d'Auxerre.

Il sera formé un nouveau canton, qui aura pour chef-lieu la commune de Ligny : il sera composé des communes de Bligny-le-Carreau, Montigny et Villeneuve - Saint-Salve, distraites du canton d'Auxerre (Est) ; de celles de la Chapelle-Vaupeltaigne, Lignerolles ; Ligny, Maligny, Méré, Varennes et Villy, distraites de celui de Chablis ; et de celles de Pontigny, Rouvray et Venouse, distraites de celui de Seignelay.

Les communes de Chitry et Saint-Cyr-les-Colons seront distraites du canton d'Auxerre (Est) et réunies à celui de Chablis ; et la commune de Bazarnes sera distraite du canton de Coulange-la-Vineuse et réunie à celui de Vermanton.

2. Notre grand-juge, ministre de la justice, et le ministre de l'intérieur, sont chargés de l'exécution du présent décret.

31 JUILLET 1806. — Décret concernant les biens des fabriques des églises supprimées. (4, Bull. 111, n° 1819.)

Voy. arrêté du 7 THERMIDOR an 11 ; avis du Conseil-d'Etat du 30 AVRIL 1807 ; décret du 30 DÉCEMBRE 1809 ; avis du Conseil-d'Etat du 22 FÉVRIER 1813.

N..... vu l'article 2 de l'arrêté du Gouvernement du 7 thermidor an 11, portant que les biens des fabriques des églises supprimées sont réunis à ceux des églises conservées et dans l'arrondissement desquelles ils se trouvent ;

Considérant que la réunion des églises est le seul motif de la concession des biens des fabriques de ces églises ; que c'est une mesure de justice que le Gouvernement a adoptée pour que le service des églises supprimées fût continué dans les églises conservées, et pour que les intentions des donateurs ou des fondateurs fussent remplies ; que, par conséquent, il ne suffit pas qu'un bien de fabrique soit situé dans le territoire d'une paroisse ou succursale pour qu'il appartienne à celle-ci, qu'il faut encore que l'église à laquelle ce bien a appartenu soit réunie à cette paroisse ou succursale ;

Notre Conseil-d'Etat entendu,

Nous avons décrété et décrétons ce qui suit :

Art. 1er. Les biens des fabriques des églises supprimées appartiennent aux fabriques des églises auxquelles les églises supprimées sont réunies, quand même ces biens seraient situés dans des communes étrangères (1).

2. Le ministre de l'intérieur est chargé de l'exécution du présent décret.

———

31 JUILLET 1806. — Décret relatif aux fondateurs d'hospices et autres établissemens de charité. (Recueil officiel de l'intérieur, t. 1, p. 468.)

Art. 1er. Les fondateurs d'hospices et autres établissemens de charité qui se sont réservé, par leurs actes de libéralité, le droit de concourir à la direction des établissemens qu'ils ont dotés, et d'assister, avec voix délibérative, aux séances de leurs administrations, ou à l'examen et vérification des comptes, seront rétablis dans l'exercice de ces droits, pour en jouir concurremment avec les commissions instituées par la loi du 16 vendémiaire et par celle du 7 frimaire an 5, d'après les règles qui en seront fixées par le ministre de l'intérieur, sur une proposition spéciale des préfets et l'avis des commissions instituées par les lois précitées, et à la charge de se conformer aux lois et réglemens qui dirigent l'administration actuelle des pauvres et des hospices.

2. Les dispositions de l'article précédent seront appliquées aux héritiers des fondateurs décédés qui seraient appelés par les actes de fondation à jouir des droits mentionnés audit article.

———

31 JUILLET 1806. — Avis du Conseil-d'Etat relatif aux procurations données par les tuteurs ou curateurs, à l'effet de transférer des inscriptions ou promesses d'inscriptions de cinquante francs et au-dessous, appartenant à des mineurs ou interdits. (Mon. n° 124.)

Voy. loi du 24 MARS 1806.

Le Conseil-d'Etat..... est d'avis que les procurations données par les tuteurs ou curateurs, à l'effet de transférer des inscriptions ou promesses d'inscriptions de cinquante francs et au-dessous, appartenant à des mineurs ou interdits, opération qui se fait suivant les nouvelles formes établies par la loi du 24 mars 1806, peuvent être admises, quoique d'une date antérieure à la promulgation de cette loi.

———

31 JUILLET 1806. — Décret portant que le produit de divers impôts dans les 27e et 28e divisions militaires sera employé sur les lieux mêmes en dépenses publiques. (4, Bull. 111, n° 1817.)

31 JUILLET 1806. — Décret portant que toutes les charges de la succession du sieur Gauvain, ainsi que celles résultant de legs particuliers, seront supportées par les pauvres de l'hospice de charité de Beaune, etc. (4, Bull. 115, n° 1863.)

31 JUILLET 1806. — Décret qui change le jour de la foire de Dixmude. (4, Bull. 115, n° 1864.)

31 JUILLET 1806. — Décret contenant le tableau des foires du département de la Manche. (4, Bull. 115, n° 1865.)

31 JUILLET 1806. — Décret qui établit à Alexandrie un intendant du Trésor public et un trésorier pour tous les services des 27e et 28e divisions militaires. (Mon. n° 216.)

31 JUILLET 1806. — Décret portant fixation du nombre et de la solde des officiers et sous-officiers de recrutement. (Mon. n° 224.)

3 AOUT 1806. — Décret qui ordonne la levée de la conscription de 1806. (4, Bull. 109 et 111, n°s 1803 et 1820.)

4 AOUT 1806. — Décret relatif au temps de nuit pendant lequel la gendarmerie ne peut entrer dans les maisons des citoyens. (4, Bull. 110, n° 1806.)

Voy. loi du 28 GERMINAL an 6, art. 131; ordonnance du 29 OCTOBRE 1820.

Art. 1er. Le temps de nuit où l'article 131 de la loi du 28 germinal an 6 défend à la gendarmerie d'entrer dans les maisons des citoyens sera réglé par les dispositions de l'article 1037 du Code de procédure civile. En conséquence, la gendarmerie ne pourra, sauf les exceptions établies par ladite loi du 28 germinal, entrer dans les maisons, savoir, depuis le 1er octobre jusqu'au 31 mars, avant six heures du matin et après six heures du soir, et depuis le 1er avril jusqu'au 30 septembre, avant quatre heures du matin et après neuf heures du soir.

2. Quand il s'agira de recherches à faire dans les maisons de particuliers prévenus de recéler des conscrits ou déserteurs, le mandat spécial de perquisition prescrit par le même article 131 de la loi du 28 germi-

———

(1) Les fabriques nouvellement créées sont aux droits, mais non aux charges des anciennes fabriques (28 juillet 1820, ord. J. C. 5, 418).

nal au 6 pourra être suppléé par l'assistance du maire ou de son adjoint, ou du commissaire de police.

3. Le grand-juge, ministre de la justice, est chargé de l'exécution du présent décret.

---

4 AOUT 1806. — Décret qui ordonne le remplacement du receveur de la ville de Marseille, pour des paiemens illégalement faits. (4, Bull. 111, n° 1821.)

Art. 1er. Le receveur de la ville de Marseille, département des Bouches-du-Rhône, qui a payé des dépenses non-autorisées par nos décrets, ou payé, pour des dépenses autorisées, des sommes plus fortes que celles portées en nos décrets, et qui a violé les dispositions de notre décret du 4 thermidor an 10, article 34, cessera ses fonctions.

2. Notre ministre de l'intérieur fera pourvoir à son remplacement, sans délai, dans la forme prescrite par les réglemens.

3. Il sera nommé un commissaire pour recevoir le compte dudit receveur, dans lequel compte toutes les sommes par lui payées en l'an 12 et en l'an 13, sans autorisation portée aux budgets décrétés par nous, ne seront allouées que provisoirement, et sauf à le forcer en recette desdites sommes, si les dépenses ne sont pas définitivement autorisées par nous.

4. Notre ministre de l'intérieur est chargé de l'exécution du présent décret.

---

4 AOUT 1806. — Décret qui concède pour cinquante années, aux sieurs Warocqué, le droit d'exploiter les mines de houille de Morlanwelz et Bellecourt, connues sous le nom de charbonnage de l'Olive, dans une étendue de surface de deux kilomètres cinq décimètres. (4, Bull. 115, n° 1866.)

---

4 AOUT 1806. — Décret qui ordonne d'imprimer aux frais du Gouvernement la relation du voyage de découvertes fait aux terres australes pendant les ans 1800, 1801, 1803 et 1804. (Mon. n° 224.)

---

4 AOUT 1806. — Décrets qui établissent des foires à Speicher et à Menton. (4, Bull. 115, n°s 1873 et 1874.)

AOUT 1806. — Décrets qui autorisent l'acceptation de dons et legs faits aux pauvres et hospices d'Auxerre, Rodez, Vobles, Chavagnac, Mongesfond, Quillebœuf, Berengeville-la-Campagne, Criquebœuf-sur-Seine, et autres. (4, Bull. 115, n°s 1867 à 1872.)

7 AOUT 1806. — Décret qui ordonne le paiement de deux mille huit cent francs pour pensions accordées à six veuves de militaires. (4, Bull. 115, n° 1875.)

7 AOUT 1806. — Décret qui établit dans l'hospice des malades de la ville de Besançon, des cours pratiques de médecine, de chirurgie et de pharmacie, destinés spécialement à l'instruction des officiers de santé. (Mon. n° 224.)

---

9 AOUT 1806. — Décret relatif aux formalités à observer pour la mise en jugement des agens du Gouvernement. (4, Bull. 111, n° 1822.)

Voy. constitution du 22 FRIMAIRE an 8, art. 75.

Art. 1er. Lorsque, sur la demande d'autorités locales ou de parties, à nous transmise par nos ministres, il écherra d'autoriser ou non la mise en jugement d'aucuns de nos agens inculpés dans l'exercice de leurs fonctions, il y sera pourvu comme avant notre décret du 11 juin 1806, que nous déclarons non applicable au cas où la poursuite n'émanera point de nos ordres exprès.

2. Si la demande mentionnée en l'article précédent nous est transmise par notre grand-juge, et qu'elle soit dirigée contre un agent ou fonctionnaire étranger à son département, il en donnera avis au ministre du département de l'agent inculpé, en même temps qu'il nous remettra son rapport.

3. La disposition de l'article 75 de l'acte constitutionnel de l'an 8 ne fait point obstacle à ce que les magistrats chargés de la poursuite des délits informent et recueillent tous les renseignemens relatifs aux délits commis par nos agens dans l'exercice de leurs fonctions; mais il ne peut être, en ce cas, décerné aucun mandat ni subi aucun interrogatoire juridique sans l'autorisation préalable du Gouvernement (1).

4. Nos ministres sont chargés de l'exécution du présent décret.

---

(1) *Voy.* ord. du 2 février 1821, qui rejette une requête tendante à obtenir la mise en jugement d'un fonctionnaire, par le motif que le demandeur ne justifiait d'aucune plainte devant les tribunaux (J. C. 5, 540).

Même décision en date du 9 juillet 1820; J. C. 5, 415.

L'autorisation du Conseil-d'État pour mettre en jugement un fonctionnaire administratif inculpé de faits qualifiés crimes ou délits, ne devient nécessaire qu'à l'instant où il y a lieu de citer le fonctionnaire inculpé; l'article 75 de la loi du 22 frimaire an 8 ne fait point obstacle à ce que l'autorité judiciaire fasse préalablement constater les faits dénoncés, lorsqu'elle juge la plainte admissible (12 mai 1820, ord. J. C. 5, 373. — 2 février 1821, ord. S. 21, 2, 367).

9 AOUT 1806. — Décret impérial concernant la notulation des actes et contrats, et leur notification et dépôt aux archives dans les Etats de Parme et de Plaisance. (4 , Bull. 113, n° 1846.)

N....... sur le rapport de notre ministre des finances ;

Vu, 1° les édits des ducs de Parme et de Plaisance des 26 août et 17 décembre 1757, et 4 mai 1793, relatifs à la notulation des actes et contrats, et à leur notification et dépôt aux archives, en conformité du réglement de 1678, ensemble le tarif des droits de notulation du 21 mars 1758 ;

2° Nos décrets impériaux du 15 messidor an 13, sur l'organisation des finances dans le nouveau département au-delà des Alpes, et sur la publication des lois françaises dans les trois départemens composant la ci-devant république ligurienne ;

Notre Conseil-d'Etat entendu,

Nous avons décrété et décrétons ce qui suit :

Art. 1er. Les héritiers et représentans des notaires, et autres officiers publics qui n'ont point remplacé ces officiers dans leurs fonctions, seront tenus de déposer aux archives, dans l'arrondissement desquelles lesdits officiers résidaient, les minutes des actes et notes ou bastardelli qui se sont trouvées à leur décès; il leur en sera délivré une reconnaissance par un officier des archives, au pied d'un des doubles de l'inventaire sommaire qui en sera rédigé, après qu'ils auront rapporté leur double revêtu de la déclaration qu'ils auront passée, avec serment, devant le juge-de-paix, de n'avoir retenu ni soustrait, directement ou indirectement, aucunes minutes d'actes ni bastardelli. Ce double sera ensuite remis par l'archiviste au receveur de l'enregistrement.

2. Les notaires et autres officiers publics actuellement en fonctions, qui sont détenteurs soit de minutes d'actes reçus par eux ou par leurs prédécesseurs, qui n'ont point été notariés ainsi qu'il était prescrit par les ducs de Parme et de Plaisance, soit des bastardelles, seront tenus d'en fournir aussi un état sommaire au même receveur, après l'avoir affirmé devant le juge-de-paix, ainsi qu'il est prescrit par l'article précédent.

3. Les notaires et autres officiers publics rédigeront des minutes d'actes des conventions pour lesquelles eux ou leurs prédécesseurs se sont contentés de tenir des bastardelles.

4. L'archiviste rédigera de même les minutes des conventions dont les bastardelli sont déposés aux archives, ou lui auront été remis par les héritiers et représentans des notaires et autres officiers, conformément à l'article 1er de notre présent décret.

5. Il est accordé un délai de quatre mois, à compter de ce jour, tant pour remplir les obligations imposées par les quatre articles précédens que pour soumettre à l'enregistrement tous les actes reçus par les notaires et autres officiers publics qui étaient sujets à la notulation, conformément aux lois de Parme et de Plaisance des 26 août, 17 décembre 1757, 21 mars 1758 et 4 mars 1793, et qui n'ont pas été revêtus de cette formalité.

Les parties intéressées pourront requérir elles-mêmes cet enregistrement, si les officiers publics négligeaient de le redemander.

6. Le droit des enregistremens qui seront faits dans ces quatre mois ne sera perçu que sur le pied fixé par l'édit du 21 mars 1758, dont le tarif est annexé à notre présent décret.

7. Ces enregistremens donneront aux actes qui en seront revêtus le même effet qu'ils auraient eu si leur notulation avait été faite dans les délais réglés par les lois relatives à cette formalité, à la charge néanmoins, par les notaires et autres officiers publics en fonction, d'en remettre une copie aux archives avant l'expiration du délai de quatre mois accordé par l'article 5.

8. Passé ce délai, les actes non notulés ou enregistrés ne seront considérés que comme des actes sous seing privé, et seront assujétis aux droits fixés par les lois des 22 frimaire an 7 et 27 ventose an 9.

A l'égard de ceux desdits actes qui contiendraient des mutations de propriétés immobilières, et, quelle que soit leur date, passé le délai fixé par l'article 6, les receveurs de l'enregistrement poursuivront contre les parties le paiement des droits et des amendes, conformément aux deux lois susdatées, et, sauf le recours des parties, s'il y a lieu, contre les notaires et autres officiers publics.

9. Les notaires et autres officiers publics qui auront fait enregistrer leurs actes, conformément aux articles 6 et 7 du présent, sans avoir reçu des parties le montant des droits, pourront les répéter sur elles.

10. Les particuliers détenteurs de minutes ou bastardelli d'officiers publics, qui ne se seraient pas conformés aux dispositions de l'article 1er, ou auraient soustrait quelques minutes ou bastardelli, seront poursuivis par nos procureurs impériaux comme rétentionnaires de minutes, et punis comme tels, en conformité de l'article 57 de la loi du 25 ventose an 11, sur l'organisation du notariat, sans préjudice de l'action des parties pour les dommages et intérêts.

11. Les notaires et officiers publics qui n'auront pas satisfait aux articles 2, 3, 5, 6 et 7, seront interdits de leurs fonctions, et déclarés incapables d'exercer aucun emploi ou

fonction publique, sans préjudice de l'action des parties pour les dommages et intérêts.

12. Les archivistes remettront aux receveurs de l'enregistrement l'état des actes non notulés, qui seront déposés conformément à l'article 1er, ainsi que de ceux qu'ils rédigeront aux termes de l'article 4, à l'effet de poursuivre contre les parties le recouvrement des droits, en conformité des art. 5, 6 et 7.

13. Il est fait défense à tous notaires et officiers publics de tenir à l'avenir des notes ou bastardelli des conventions qui seront passées devant eux, à peine de destitution, sans préjudice des dommages et intérêts des parties.

14. Notre grand-juge, ministre de la justice, et notre ministre des finances, sont chargés de l'exécution du présent décret.

---

9 AOUT 1806. — Décrets qui autorisent l'acceptation de legs faits à l'hospice de Loudun et aux pauvres d'Aarem. (4, Bull. 115, n° 1876, et Bull. 116, n° 1883.)

9 AOUT 1806. — Décret qui change le jour de la tenue de la foire de la commune d'Oust. (4, Bull. 116, n° 1884.)

12 AOUT 1806. — Décret qui fixe le prix des salpêtres et poudres. (4, Bull. 113, n° 1847).

Art. 1er. Le prix du salpêtre livré par les salpêtriers dans les magasins du Gouvernement sera fixé, à dater du 1er vendémiaire an 14, savoir :

Dans les commissariats de Paris, Tours, Saumur, Châtellerault, Rouen, Marseille et Bordeaux, à deux francs cinquante centimes le kilogramme ;

Dans les autres commissariats de l'empire, à deux francs quarante centimes.

Au moyen de cette nouvelle fixation, toute gratification en potasse demeure supprimée.

2. Les prix des salpêtres et poudres vendus par l'administration sont fixés ainsi qu'il suit :

Le salpêtre pour les fabricans, pur, non raffiné, trois francs le kilogramme ;

Idem raffiné, trois francs vingt centimes ;

La poudre de mine pour les travaux publics, deux francs soixante-dix centimes ;

Idem pour les particuliers, trois francs vingt centimes ;

La poudre de traite, deux francs soixante centimes ;

La poudre de guerre, pour les armateurs, trois francs quarante centimes ;

La poudre de chasse, pour les débitans, six francs ;

Idem pour les particuliers, six francs cinquante centimes ;

La poudre superfine, huit francs ;

La poudre livrée à la guerre et à la marine, à dater du 1er vendémiaire an 14, barillage compris, trois francs.

3. Les dispositions des arrêtés des 10 prairial an 11 et 5 germinal an 12, et du décret du 25 prairial an 13, contraires à celles ci-dessus, sont rapportées.

4. Le ministre de la guerre est chargé de l'exécution du présent décret.

---

12 AOUT 1806. — Décret qui fixe l'époque à laquelle doivent être envoyés les budgets des communes ayant plus de vingt mille francs de revenu. (4, Bull. 114, n° 1856.)

Voy. décret du 4 THERMIDOR an 10, du 6 FRIMAIRE an 13.

N...... vu nos décrets des 4 thermidor an 10 et 6 frimaire an 13 ;

Nous étant fait rendre compte de l'état de la comptabilité et de l'administration des communes, pour lesquelles nous avons fixé des règles particulières qui sont portées au titre IV de notre décret du 4 thermidor an 10, et ayant reconnu que l'envoi des budgets de plusieurs communes est retardé, ou que ces budgets sont envoyés avec des omissions ou des défectuosités qui empêchent notre ministre de l'intérieur de nous les présenter avant l'époque où les dépenses doivent commencer, malgré ce qui est prescrit par notre décret du 6 frimaire an 13 ;

Ayant reconnu qu'il importe à l'intérêt des villes que les receveurs se conforment rigoureusement à l'article 34 de notre décret du 4 thermidor et à l'article 4 de celui du 6 frimaire, et ne paient jamais de plus fortes sommes que celles par nous autorisées pour chaque nature de dépense, ou des sommes pour des dépenses que nous n'avons pas approuvées en notre Conseil ; ce qui est contraire aux principes d'ordre, d'économie et de bonne comptabilité que nous voulons établir dans l'administration communale ; à quoi voulant pourvoir,

Notre Conseil-d'Etat entendu,

Nous avons décrété et décrétons ce qui suit :

Art. 1er. Les budgets des communes ayant plus de vingt mille francs de revenu seront envoyés avant le 1er novembre de chaque année, pour l'année suivante, à notre ministre de l'intérieur, et nous seront soumis par lui, pour être approuvés en notre Conseil avant le 31 décembre.

2. A défaut d'observation des dispositions de l'article précédent, il est défendu aux receveurs des communes, sous les peines portées en nos précédens décrets, et en outre de

destitution de leurs fonctions, de payer aucune somme, pour quelques dépenses que ce soit, pour l'année dont le budget ne leur aura pas été remis.

Lesdites peines seront encourues nonobstant toute délivrance d'ordonnance, autorisation ou injonction donnée par les maires, préfets ou sous-préfets.

3. Il pourra seulement être payé par lesdits receveurs, pour les dépenses des hospices, à la fin de chaque mois, jusqu'à l'arrivée du budget, un quinzième de la somme allouée par nous, pour secours auxdits hospices, l'année précédente.

4. Toutes les dépenses et tous les traitemens dont le paiement aura été suspendu d'après les dispositions de l'article 2 du présent décret seront mis à l'arriéré, à compter du premier jour de l'année jusqu'à celui où le budget de ladite ville sera par nous approuvé, et ne pourront plus être acquittés qu'en vertu d'une autorisation spéciale donnée par nous.

5. Lesdites recettes et dépenses, tant des villes que des hospices, seront présentées dans la forme du tableau joint au présent décret; et les dépenses seront toujours séparées en deux titres, dont l'un contiendra les dépenses ordinaires ou annuelles, l'autre les dépenses extraordinaires ou imprévues.

Chaque titre sera en outre divisé par chapitres, selon le nombre et la nature des dépenses.

6. Le ministre de l'intérieur est chargé de l'exécution du présent décret.

(Suit le tableau.)

---

12 AOUT 1806. — Décret concernant la liquidation des dettes des anciennes corporations supprimées et des émigrés, susceptibles d'être inscrites au grand-livre. (4, Bull. 179, n° 3030.)

Art. 1er. Les préfets des départemens adresseront désormais au conseiller d'Etat directeur général de la liquidation de la dette publique, les états de liquidation des dettes des anciennes corporations supprimées et des émigrés, susceptibles d'être inscrites au grand-livre : les demandes en recours contre leurs arrêtés de liquidation seront également portées devant le conseil de la liquidation générale.

2. L'exécution des dispositions de la loi du 16 thermidor an 7, sur les dettes des successions des parens d'émigrés, ouvertes postérieurement au 9 floréal an 3, demeure dans les attributions du département des domaines.

3. Le conseiller d'Etat chargé de ce département continuera aussi de faire le rapport au conseil, des conflits nés et à naître entre les autorités administratives et judiciaires, relativement aux dettes des émigrés et aux biens nationaux.

---

12 AOUT 1806. — Décret qui rend celui du 4 juin 1806, sur le transport des procédures, commun au ci-devant Piémont et à la Ligurie. (4, Bull. 113, n° 1848.)

---

12 AOUT 1806. — Décrets qui autorisent un échange en faveur de l'hospice de Nogent-le-Rotrou, et une concession à titre de bail à rente en faveur de l'hospice de Montmorillon. (4, Bull. 116, n°s 1885 et 1886.)

---

14 AOUT 1806. — Sénatus-consulte relatif à la principauté de Guastalla. (4, Bull. 112, n° 1823.)

Voy. décret du 30 MARS 1806.

Art. 1er. La principauté de Guastalla ayant été, avec l'autorisation de sa majesté l'empereur et roi, cédée au royaume d'Italie, il sera acquis, du produit de cette cession, et en remplacement, des biens dans le territoire de l'empire français.

2. Ces biens seront possédés par son altesse impériale la princesse Pauline, le prince Borghèse, son époux, et les descendans nés de leur mariage, de mâle en mâle, quant à l'hérédité et la réversibilité, quittes de toutes charges, de la même manière que devait l'être ladite principauté, et aux mêmes charges et conditions, conformément à l'acte du 30 mars dernier.

3. Dans le cas où sa majesté viendrait à autoriser l'échange ou l'aliénation des biens composant la dotation des duchés relevant de l'empire français, érigés par les actes du même jour 30 mars dernier, ou de la dotation de tous nouveaux duchés ou autres titres que sa majesté pourra ériger à l'avenir, il sera acquis des biens en remplacement sur le territoire de l'empire français, avec le prix des aliénations.

4. Les biens pris en échange ou acquis seront possédés, quant à l'hérédité et la réversibilité, quittes de toutes charges conformément aux actes de création desdits duchés ou autres titres, et aux charges et conditions y énoncées.

5. Quand sa majesté le jugera convenable, soit pour récompenser de grands services, soit pour exciter une utile émulation, soit pour concourir à l'éclat du trône, elle pourra autoriser un chef de famille à substituer ses biens libres pour former la dotation d'un titre héréditaire que sa majesté érigerait en sa faveur, réversible à son fils aîné, né ou à naître, et à ses descendans en ligne directe,

de mâle en mâle, par ordre de primogéniture (1).

6. Les propriétés ainsi possédées sur le territoire français, conformément aux articles précédens, n'auront et ne conféreront aucun droit ou privilége relativement aux autres sujets français de sa majesté, et à leurs propriétés.

7. Les actes par lesquels sa majesté autoriserait un chef de famille à substituer ses biens libres, ainsi qu'il est dit à l'article précédent, ou permettrait le remplacement en France des dotations des duchés relevant de l'empire ou autres titres que sa majesté érigerait à l'avenir, seront donnés en communication au Sénat, et transcrits sur ses registres.

8. Il sera pourvu, par des réglemens d'administration publique, à l'exécution du présent sénatus-consulte, et notamment en ce qui touche la jouissance et conservation tant les propriétés réversibles à la couronne que les propriétés substituées en vertu de l'article 5.

———

4 AOUT 1806. — Sénatus-consulte relatif au théâtre de l'Odéon. (4, Bull. 112, n° 1825.)

Le théâtre de l'Odéon, avec ses appartenances et dépendances, est cédé au Sénat en ute propriété, et franc et quitte de toutes barges ou hypothèques.

———

AOUT 1806. — Sénatus-consulte portant création d'une sénatorerie pour l'arrondissement du tribunal d'appel de Gênes. (4, Bull. 112, n° 1824.)

———

AOUT 1806. — Avis du Conseil-d'Etat. (Magistrats.) *Voy.* 26 AOUT 1806.

———

AOUT 1806. — Décret portant que les certificats de vie nécessaires pour le paiement des rentes viagères et pensions sur l'Etat seront délivrés par les notaires. (4, Bull. 113, n° 1849.)

Voy. décret du 23 SEPTEMBRE 1806; ordonnances du 30 JUIN 1814, du 24 JANVIER 1816.

Art. 1er. Les certificats de vie nécessaires ur le paiement des rentes viagères et pens sur l'Etat, qui seront réclamés à l'ourfure du second semestre de l'année 1806, ont exclusivement délivrés par les notaires i seront nommés par nous à cet effet, sur présentation de notre ministre des finans (2).

2. Quarante des notaires de Paris y exerceront les fonctions de certificateurs. Les rentiers viagers domiciliés à Paris seront distribués entre ces notaires, par série de numéros, et en nombre à peu près égal.

3. Ceux des pensionnaires qui sont domiciliés à Paris pourront s'adresser indistinctement à ceux des quarante notaires certificateurs qu'ils voudront choisir.

4. Il y aura dans chaque sous-préfecture un ou plusieurs notaires certificateurs également nommés par nous, auxquels devront s'adresser les rentiers et pensionnaires domiciliés dans l'arrondissement.

5. Les notaires certificateurs devront tenir registre des têtes viagères et des pensionnaires auxquels ils auront délivré des certificats de vie. Ce registre énoncera, outre les noms, prénoms et la date de naissance des rentiers ou pensionnaires, le montant de la rente ou de la pension, et le domicile.

6. Les notaires certificateurs, tant de Paris que des départemens, donneront connaissance au ministre des finances des décès qui surviendront parmi les rentiers et pensionnaires inscrits sur leur registre.

7. Ils adresseront en outre au même ministre, le 1er mars de chaque année, la liste des rentiers et pensionnaires qui, dans le cours de l'année qui aura précédé, n'auraient pas réclamé un certificat de vie.

8. Le ministre des finances communiquera au ministre du Trésor public les extinctions qui lui seront notifiées, tant sur la dette viagère que sur les pensions.

9. Les notaires certificateurs seront garans et responsables envers le Trésor public de la vérité des certificats de vie par eux délivrés, soit qu'ils aient ou non exigé des parties requérantes l'intervention de témoins pour attester l'individualité; sauf, dans tous les cas, leur recours contre qui de droit.

10. Les certificats de vie délivrés aux rentiers et pensionnaires seront conformes aux modèles annexés au présent décret : ils ne seront point sujets à enregistrement, et seront expédiés sur papier du timbre de vingt-cinq centimes. La rétribution des notaires certificateurs sera, outre la valeur du papier, de cinquante centimes pour les rentes et pensions de cent francs et au-dessous;

De soixante-quinze centimes pour celles de cent un francs à trois cents francs;

D'un franc pour celles de trois cent un francs à six cents francs;

Et de deux francs pour celles au-dessus.

———

1) *Voy.* décret du 1er mars 1808, et la note la loi du 3 septembre 1807, contenant une velle rédaction du Code civil.

2) Le certificat de vie délivré par un notaire tificateur, seul et sans témoins, n'est pas va-

lable; les notaires certificateurs peuvent délivrer seuls des certificats, que lorsqu'il s'agit de rentes sur l'Etat (19 novembre 1817; Cass. S. 18, 1, 85).

16.

3

11. Les certificats de vie des rentiers et pensionnaires résidant hors de l'empire seront délivrés par les chancelleries de nos légations et consulats, qui se conformeront aux dispositions du présent décret pour la formation et l'envoi des listes, et la notification des décès des rentiers et pensionnaires.

12. Dans le cas où le domicile desdits rentiers et pensionnaires, en pays étranger, serait éloigné de plus de six lieues de la résidence de nos envoyés ou consuls, les certificats de vie pourront, comme par le passé, être délivrés par les magistrats du lieu; mais ils ne seront admis au Trésor public que revêtus de la légalisation de nosdits envoyés ou consuls, faisant mention de cet éloignement.

13. Les ministres des relations extérieures, des finances, de l'intérieur et du Trésor public, sont chargés de l'exécution du présent décret.

Modèle de certificat de vie à délivrer par les notaires.

Je soussigné, notaire à
l'un des certificateurs nommés par sa majesté l'empereur et roi, certifie que (*mettre les nom, prénoms, profession et domicile*), né le
      suivant son acte de naissance qu'il m'a représenté, jouissant d'une pension sur l'Etat, de   ou sur la tête duquel existe une rente viagère de
est vivant, pour s'être présenté cejourd'hui devant moi; en foi de quoi j'ai délivré le présent, qu'il a signé avec moi.

Fait à   le

Nota. Faire légaliser par le préfet ou sous-préfet la signature des notaires certificateurs des départemens.

Modèle de certificat de vie à délivrer par les ambassadeurs.

Nous (*ambassadeur, envoyé, consul, ou autre chargé des affaires de sa majesté l'empereur et roi*), certifions et attestons que (*mettre les nom, prénoms, profession et domicile*), né le
suivant son acte de naissance qu'il nous a représenté, jouissant d'une pension de   ou sur la tête duquel existe une rente viagère de
est vivant, pour s'être présenté aujourd'hui devant nous; en foi de quoi nous lui avons délivré le présent, qu'il a signé avec nous.

Fait à   le

---

21 AOUT 1806. — Décret relatif aux cautionnemens que les comptables étaient tenus de fournir en immeubles. (4, Bull. 113, n° 1850.)

Voy. arrêté du 4 THERMIDOR an 10.

N....... vu l'article 23 de l'arrêté du 4 thermidor an 10, d'après lequel les receveurs municipaux sont assujétis à fournir, comme les percepteurs des contributions directes, un cautionnement en immeubles du quart au moins du montant présumé de leurs recettes;

Le décret du 30 frimaire an 13, qui astreint les receveurs municipaux à fournir un cautionnement en numéraire du douzième du montant de ces mêmes recettes;

Les dispositions de la loi du budget de l'an 13, portant que les cautionnemens en immeubles précédemment fournis par les receveurs généraux, sont remplacés par le supplément que doivent fournir les mêmes receveurs pour porter la totalité de leur cautionnement en numéraire au douzième de la recette;

Considérant que, sous ces rapports, les règles concernant les receveurs municipaux et les percepteurs des recettes publiques, doivent être les mêmes;

Notre Conseil-d'Etat entendu,

Nous avons décrété et décrétons ce qui suit :

Art. 1er. Les dispositions de l'article 23 de l'arrêté du 4 thermidor an 10, en ce qui concerne le cautionnement en immeubles à fournir par les receveurs municipaux, sont rapportées.

2. Il ne sera plus en conséquence fourni, par les comptables, de cautionnement en immeubles, que dans le cas où la réduction du cautionnement en numéraire, prévu par l'article 8 du décret du 30 frimaire, aurait été ordonnée par un décret impérial.

3. Les ministres de l'intérieur et du Trésor public sont chargés de l'exécution du présent décret.

---

21 AOUT 1806. — Décret qui proroge, pour l'année 1809, la perception des droits sur les spectacles, etc. (4, Bull. 113, n° 1851.)

Voy. décrets du 8 FRUCTIDOR an 13, du 9 DÉCEMBRE 1809.

Art. 1er. Les administrations charitables des pauvres et des hospices sont autorisées à percevoir comme par le passé, pendant le cours de l'année 1807 et des trois mois dix jours antérieurs à ladite année, le droit d'un décime par franc en sus du prix de chaque billet d'entrée et d'abonnement dans tous les spectacles où il se donne des pièces de théâtre.

2. Les administrations de charité sont pareillement autorisées à percevoir, pendant le même espace de temps, le droit d'un quart de la recette brute pour les bals, les feux d'artifice, les concerts, les courses, les exercices de chevaux, et généralement pour toutes les danses et fêtes publiques où l'on est admis en payant les rétributions exigées, ou

par la voie des cachets, ou par billets, ou par abonnement.

3. Les dispositions de l'arrêté du 10 thermidor an 11, en ce qui concerne la perception des droits mentionnés aux articles qui précèdent et les contestations auxquelles les recettes et les droits à percevoir pourraient donner lieu, ensemble les articles 2 et 3 du décret du 8 fructidor an 13, continueront de recevoir leur exécution.

4. Le ministre de l'intérieur est chargé de l'exécution du présent décret.

---

1 AOUT 1806. — Décret portant création d'un bureau de garantie pour le département du Léman. (4, Bull. 115, n° 1877.)

Art. 1er. Il y aura pour le département du Léman un bureau de garantie qui sera établi dans la ville de Genève. Ce bureau sera organisé avant le 1er janvier prochain.

2. Il est accordé à la fabrique d'horlogerie de bijouterie du département du Léman, une exemption du droit de garantie sur tous les ouvrages d'or ou d'argent destinés pour l'étranger.

3. Les ouvrages d'or ou d'argent destinés pour l'étranger seront soumis au seul droit d'essai, et devront être aux titres prescrits par la loi du 19 brumaire an 6. Ils seront dispensés du poinçonnement, lorsque le fabricant le demandera : dans ce cas, ils seront, sa présence, mis sous le cachet du bureau ; le fabricant sera tenu de justifier de leur sortie du territoire de l'empire, par un certificat de l'administration des douanes, sous peines portées par l'article 80 de la loi citée.

4. L'exemption du droit de garantie accordée par l'arrêté du 3 vendémiaire an 8 à l'horlogerie des départemens du Doubs et du Mont-Terrible est supprimée. Cette exemption est restreinte aux seuls objets destinés pour l'étranger, pour l'exportation desquels les fabricans desdits départemens devront se conformer à ce qui est prescrit par l'art. 3 du présent décret.

5. Lorsqu'il sera procédé, en exécution de ce décret du 12 prairial an 13, à la recense générale des ouvrages d'or et d'argent, ceux d'horlogerie qui seront trouvés chez les fabricans de Besançon et du territoire qui composoit le département du Mont-Terrible, ainsi que ceux d'orfévrerie, de bijouterie et d'horlogerie qui existeront chez les fabricans de Genève à l'époque de cette recense, seront marqués des poinçons E. T.

6. Le ministre des finances est chargé de l'exécution du présent décret.

---

21 AOUT 1806. — Décret contenant rectification de plusieurs cantons dont sont composées les justices de paix du département du Loiret. (4, Bull. 115, n° 1878.)

---

21 AOUT 1806. — Décret contenant proclamation des brevets d'invention délivrés pendant le deuxième trimestre de l'année 1806. (4, Bull. 115, n° 1879.)

---

21 AOUT 1806. — Décret qui fait concession, pour cinquante années, au sieur L.-C.-F. Mallevaut, du droit d'exploiter les mines de houille de Décize. (4, Bull. 116, n° 1888.)

---

21 AOUT 1806. — Décret portant établissement d'une nouvelle foire à Saint-Quentin. (4, Bull. 116, n° 1889.)

---

21 AOUT 1806. — Décrets qui autorisent l'acceptation de dons et legs faits aux pauvres et hospices de Verdun, Lyon, Bruxelles, Etrœungt, Lauzerte, Saint-Nicolas, Vernon, Aix, Metz et Pleurs. (4, Bull. 116, n°s 1890 à 1899.)

---

26 AOUT 1806. — Avis du Conseil-d'État sur la correspondance des magistrats de l'ordre judiciaire avec les maires et les commissaires de police. (4, Bull. 114, n° 1857.)

Le Conseil-d'État, qui, d'après le renvoi à lui fait par sa majesté, a pris connaissance d'un rapport du grand-juge, ministre de la justice, et de plusieurs pièces relatives aux difficultés qui, à l'occasion de contraventions aux lois de la conscription, se sont élevées entre le préfet du département des Forêts et le procureur général impérial près la cour de justice criminelle du même département, touchant le droit réclamé par celui-ci, tant pour lui que pour ses substituts, de correspondre directement, et même par circulaire, avec les maires et commissaires de police, pour tout ce qui touche à la police et à la répression des délits y relatifs ;

Considérant que ce droit résulte évidemment des dispositions combinées du Code des délits et des peines (article 21, 22 et 283), de l'arrêté du 4 frimaire an 5 (articles 4, 5 et 6), et de la loi du 7 pluviose an 9 (article 4) ;

Que l'interdiction aux magistrats de l'ordre judiciaire de correspondre en matière de délits de police, et notamment de ceux relatifs à la conscription, avec les maires et commissaires, autrement que par l'intermédiaire des préfets, serait très-contraire à l'ordre public ;

Que si les municipaux, comme administrateurs, ne sont comptables de leurs faits qu'à l'administration supérieure, ils sont, comme officiers de police, sous la surveillance

3.

et l'autorité immédiates des magistrats des cours de justice criminelles, et qu'en admettant cette distinction nécessaire, toutes choses restent à leur place,

Est d'avis que ces principes, développés par le grand-juge dans son rapport, et même appliqués par le conseiller d'État chargé du premier arrondissement de la police générale, dans sa correspondance avec le préfet du département des Forêts, sont les seuls d'après lesquels l'administration générale puisse et doive se diriger.

---

26 AOUT 1806. — Décret relatif à la présidence des bureaux d'administration des lycées établis dans les villes où ne réside point le préfet du département. (Mon. n° 246.)

Art. 1er. Dans les villes où sont établis des lycées, mais où ne réside point le préfet du département, le sous-préfet sera membre du bureau d'administration du lycée.

2. La présidence du bureau appartenant au préfet, le sous-préfet sera entièrement assimilé aux autres membres, et, aux termes de la loi, remplira, à son tour, les fonctions de vice-président.

---

26 AOUT 1806. — Décret qui rétablit les deux foires supprimées de la commune de Périnaldo, et en établit une nouvelle à Puget-Thénières. (4, Bull. 116, n° 1900.)

---

26 AOUT 1806. — Décret qui autorisent l'acceptation de legs faits aux pauvres d'Anvers, Montgautier et Mons-en-Puèle. (4, Bull. 116, n°s 1904 à 1906.)

---

26 AOUT 1806. — Décrets qui approuvent: 1° un projet de transaction arrêté entre le bureau de bienfaisance du quatrième arrondissement de Lyon et le sieur Montaniet; 2° des transactions entre l'administration des hospices de Paris et le sieur Vincent, entre la commission administrative des hospices et le bureau de bienfaisance de Bayeux et le sieur Moussard. (4, Bull. 116, n°s 1901 à 1903.)

---

31 AOUT 1806. — Décret qui ordonne le dépôt des empreintes du timbre des congés et passavans délivrés par la régie des droits réunis. (4, Bull. 115, n° 1881.)

La régie des droits réunis fera déposer au greffe de la cour criminelle et spéciale du département de la Seine, des empreintes du timbre dont elle se sert pour les congés, passavans et autres actes de son administration. Ces empreintes seront apposées sur papier à son filigrane, pour servir, au besoin, aux vérifications qu'il pourrait être nécessaire d'en faire.

31 AOUT 1806. — Décret qui nomme le sieur Garnier commissaire de la comptabilité de l'empire. (4, Bull. 115, n° 1880.)

---

31 AOUT 1806. — Décret qui met le local de la ci-devant église des Cordeliers de Dax à la disposition de l'administration civile, pour y transférer la cour de justice criminelle et les prisons de cette ville. (4, Bull. 116, n° 1907.)

---

31 AOUT 1806. — Décrets qui autorisent l'acceptation de donations faites aux pauvres d'Adeghem et aux hospices de Maestrich et d'Aramon. (4, Bull. 116, n°s 1908 à 1910.)

---

31 AOUT 1806. — Décrets qui ordonnent le paiement de diverses sommes pour pensions accordées à des veuves de militaires. (4, Bull 116, n°s 1914 et 1915.)

---

31 AOUT 1806. — Décret qui autorise l'acceptation de l'offre faite au bureau de bienfaisance de Bruxelles, d'une rente célée au domaine (4, Bull. 116, n° 1911.)

---

31 AOUT 1806. — Décrets relatifs à la tenue de foires d'Agde et de Wacken. (4, Bull. 116 n° 1913.)

---

5 SEPTEMBRE 1806. — Avis du Conseil-d'État relatif aux délégations sur les traitemens des officiers de l'armée de terre et des employés militaires payés sur revues, embarqués pour le service de l'État. (Mon. n° 259.)

Le Conseil-d'État, en exécution du renvoi qui lui a été fait par sa majesté l'empereur et roi, ayant entendu la section de la guerre sur un rapport du ministre de ce département, tendant à ce que les délégations d'une partie de leur traitement, faites par les officiers de l'armée de terre et employés militaires, en vertu de l'arrêté du 16 brumaire an 10, lesquelles ont été prorogées pendant deux années consécutives, par arrêté du 22 brumaire an 12 et par décret du 29 floréal an 13, et dont l'effet n'a point cessé par décès ou démission, soient payées pour une quatrième année, à dater du jour où la troisième est expirée;

Considérant, 1° qu'aux termes de l'article précité, en date du 16 brumaire an 10, les délégans ont pu être dans l'intention de ne s'engager que pour une année;

2° Qu'on ne peut leur faire contracter un nouvel engagement, et disposer de leur propriété sans leur participation;

3° Que les sommes qui seraient consacrées par le Gouvernement au paiement de nouvelles délégations, courraient risque d'être compromises, parce que ces militaires pour raient être décédés, ou avoir quitté le service, ou avoir touché la totalité de leur traitement ;

4° Que l'article 5 précité détermine les formes dans lesquelles ces délégations pourront être renouvelées pour une autre année, par les militaires dont le séjour dans les colonies aura été prolongé ;

5° Que cet article leur laisse la faculté de faire chaque année ce renouvellement, sans qu'il soit besoin d'un nouveau décret pour les y autoriser ;

6° Que ces militaires ont pu, depuis trois ou quatre ans, manifester leurs intentions,

Est d'avis :

1° Que les individus jouissant ou ayant joui de pareilles délégations, et qui désireront en obtenir le renouvellement d'une année à l'autre, devront s'adresser directement aux délégans ;

2° Que les ministres de la guerre et de la marine doivent faire en sorte de notifier, pour cette fois, aux délégans les nouvelles demandes qui ont été formées par les parties prenantes, et la faculté que leur donne l'article 5 de l'arrêté du 16 brumaire an 10, de déclarer, chaque année, aux agens de la marine sur les lieux, ou aux agens commerciaux, à défaut d'inspecteurs aux revues ou de commissaires des guerres, l'intention où ils sont de renouveler leur délégation ;

3° Que le Gouvernement ne doit proroger pour une autre année ces délégations, qu'en faveur des femmes et enfans de ces militaires qui justifieront en quelque manière, soit de l'approbation donnée par les délégans à une ou plusieurs des prorogations précédentes, soit de l'intention où ils ont été de proroger et renouveler leur délégation.

———

5 SEPTEMBRE 1806. — Décret qui ordonne l'établissement de deux nouvelles foires dans la commune de Queven. (4, Bull. 116, n° 1916.)

———

5 SEPTEMBRE 1806. — Décret qui fait concession pour cinquante années, aux sieurs Guillaume-Cathalan et Raphael Fabre, du droit d'exploiter les mines de houille existant sur le territoire de la commune d'Estavar. (4, Bull. 116, n° 1917.)

———

5 SEPTEMBRE 1806. — Décret qui fixe les justices de paix des départemens des Alpes-Maritimes, des Apennins, de Gênes, de Marengo, de Montenotte et de la Stura. (4, Bull. 119, n° 1979.)

———

5 SEPTEMBRE 1806. — Décret portant que l'école des arts et métiers de Compiègne sera transférée à Châlons-sur-Marne. (Mon. n° 259.)

———

9 SEPTEMBRE 1806. — Décret sur le mode de partage des prises faites concurremment par plusieurs corsaires. (4, Bull. 115, n° 1882.)

Voy. décret du 2 PRAIRIAL an 11.

N...... considérant qu'il importe de pourvoir au silence du règlement du 27 janvier 1706, relatif au partage des prises faites par les corsaires, qui, en statuant sur celles faites par deux ou plusieurs corsaires réunis qui, sans être liés par la même société, ont néanmoins fait concurremment une ou plusieurs prises, ordonne que leur produit sera partagé en proportion du calibre de leurs canons et du nombre de leur équipage, sans parler des caronades et des obus qui n'étaient pas alors en usage, et sans exprimer qu'il n'y aurait que les bouches à feu montées sur affûts, en batterie et prêtes à tirer, qui pourraient entrer dans la supputation du partage,

Notre Conseil-d'État entendu,

Nous avons décrété et décrétons ce qui suit :

Art. 1er. Lorsque deux ou plusieurs corsaires, sans être unis par aucune société, auront fait concurremment une prise, son produit sera partagé entre eux en proportion du calibre des canons, caronades et obus montés sur affûts, en batteries, et prêts à tirer, dont chaque corsaire sera armé, et du nombre d'hommes composant l'équipage de chacun d'eux.

2. Les caronades dont chaque corsaire se trouvera armé seront évaluées ainsi qu'il suit :

Une caronade de douze livres de balle sera considérée comme un canon de six ;

Une caronade de vingt-quatre, comme un canon de douze, et ainsi de suite.

3. Trois pierriers d'une livre de balle chacun seront évalués comme un canon de trois.

4. Le surplus du règlement du 27 janvier 1706 continuera à avoir sa pleine et entière exécution.

———

9 SEPTEMBRE 1806. — Décrets qui autorisent l'acceptation de dons et legs faits aux pauvres et hospices de plusieurs communes. (4, Bull. 116, n°s 1918 à 1929.)

———

13 SEPTEMBRE 1806. — Décret contenant règlement sur les pensions. (4, Bull. 117, n° 1947.)

Voy. lois du 3 = 22 AOUT 1790 et 18 = 22 AOUT 1791, du 15 GERMINAL an 11 ; avis du Conseil-d'État du 25 JANVIER 1807.

Art. 1er. En exécution de la loi du 15 germinal an 11, tout prétendant à pension adressera sa demande et les pièces justificatives au chef de l'administration à laquelle il appartient, et celui-ci adressera le tout, avec son avis, au ministre de son département.

2. Il sera tenu, dans chaque ministère, un registre de ces demandes, où elles seront portées par ordre de dates et de numéros; et chaque année, dans le courant de février, les ministres nous en feront les rapports.

3. La pension ne pourra être liquidée s'il n'y a trente ans de service effectif et soixante ans d'âge, à moins que ce ne soit pour cause d'infirmités. Elle sera liquidée au sixième du traitement dont le pétitionnaire aura joui pendant les quatre dernières années de son service (1).

4. Chaque année de service ajoutée aux trente ans effectifs produira une augmentation à la pension. Cette augmentation sera du trentième des cinq sixièmes restans.

5. La pension ne pourra être liquidée au-dessus soit de douze cents francs pour les traitemens qui n'excéderont pas dix-huit cents francs, soit des deux tiers des traitemens qui seront au-dessus de dix-huit cents francs, soit enfin de six mille francs, à quelque somme que monte le traitement.

6. Les dispositions ci-dessus ne sont point applicables aux employés des ministères et des administrations dont les pensions sont acquittées au moyen des retenues, et conformément à des réglemens particuliers arrêtés par nous, à l'exception néanmoins de ceux qui auraient pris leur retraite avant que lesdits réglemens eussent été rendus.

7. Nos ministres sont chargés de l'exécution du présent décret.

———

13 SEPTEMBRE 1806. — Avis du Conseil-d'État. (Pensions civiles.) *Voy*. 25 JANVIER 1807.

———

16 SEPTEMBRE 1806. — Décrets qui autorisent l'acceptation de dons et legs faits aux pauvres et hospices de plusieurs communes. (4, Bull. 116, n°^s 1930 à 1936.)

———

16 SEPTEMBRE 1806. — Décret contenant le tableau des foires du département des Hautes-Pyrénées. (4, Bull. 118, n° 1955.)

———

18 SEPTEMBRE 1806. — Décret sur le mode de remboursement des cautionnemens des titulaires décédés ou interdits. (4, Bull. 122, n° 1990.)

Voy. lois des 25 NIVOSE et 6 VENTOSE an 13; décrets du 28 AOUT 1808, du 24 MARS 1809, du 22 DÉCEMBRE 1812, du 10 FÉVRIER 1815; loi du 28 AVRIL 1816, tit. IX.

Art. 1er. La caisse d'amortissement est autorisée à rembourser les cautionnemens des titulaires décédés ou interdits, aux héritiers et ayans-droit, sur simple rapport:

1° Du certificat d'inscription ou des titres constatant le paiement du cautionnement;
2° des certificats de *quitus*, d'affiche et de non-opposition, prescrits par les lois des 25 nivose et 6 ventose an 13; 3° et d'un certificat ou d'un acte de notoriété, contenant les noms, prénoms et domiciles des héritiers et ayans-droit, la qualité en laquelle ils procèdent et possèdent, l'indication de leurs portions dans le cautionnement à rembourser, et l'époque de leur jouissance.

Ce certificat devra être délivré par le notaire détenteur de la minute, lorsqu'il y aura eu inventaire ou partage par acte public, ou transmission gratuite à titre entre-vifs ou par testament;

Il le sera par le juge-de-paix du domicile du décédé, sur l'attestation de deux témoins, lorsqu'il n'existera aucun desdits actes en forme authentique.

Si la propriété est constatée par jugement, le greffier dépositaire de la minute délivrera le certificat.

2. Ces certificats seront assujétis au simple droit d'enregistrement d'un franc, devront être légalisés par le président du tribunal de première instance, et conformes aux modèles annexés au présent décret.

3. Le ministre des finances est chargé de l'exécution du présent décret.

———

Modèle du certificat à délivrer par un greffier.

Je soussigné (nom et prénoms), greffier du tribunal de   département de certifie, conformément au décret impérial du   que par jugement dudit tribunal en date du   tel *ou* tels (noms, prénoms *ou* qualités), a *ou* ont été déclarés propriétaires du cautionnement fourni par le sieur (nom, prénoms et qualités), et que ledit   *ou* lesdits   a *ou* ont seuls droit de recevoir le remboursement dudit cautionnement, en capital ou intérêts.

Fait à

Nota. Ce certificat énoncera la portion afférente à chacun des ayans-droit; la qualité dans laquelle cette portion lui est dévolue; si c'est comme héritier, donataire, légataire ou créancier. Il contiendra les noms des tuteurs, des mineurs, s'il en existe; et enfin il devra être légalisé par le président.

———

(1) Tout fonctionnaire public prétendant à une pension de retraite doit justifier de trente ans de service effectif, et en outre de soixante ans d'âge au *moment de la cessation de ses fonctions*. Il ne suffirait pas qu'il eût soixante ans au moment de la réclamation (13 août 1823, ord. Mac. 5, 621).

Modèle du certificat à délivrer par un juge-de-paix.

Je soussigné (nom, prénoms), juge-de-paix du canton de   arrondissement de   département de   certifie, conformément au décret impérial du 18 septembre 1806, et sur l'attestation de [noms, prénoms, qualités et résidence des deux témoins), que le sieur (nom, prénoms, et qualité du titulaire) est décédé à le   *ab intestat ;* qu'après son décès il n'a pas été fait d'inventaire, et que dame   sa veuve, demeurant à   *ou* que tels *ou* tels (mettre les noms, prénoms, qualités et résidences), son seul héritier *ou* ses seuls héritiers, est propriétaire *ou* sont propriétaires du capital et des intérêts du cautionnement que ledit sieur   a fourni en sadite qualité, et qu'il a *ou* qu'ils ont droit d'en recevoir le remboursement.

(Ce certificat énoncera la portion afférente à chacun des ayans-droit , et, s'il y a des mineurs, les noms des tuteurs qui ont droit de toucher pour eux.)

Fait à

Nota. Ces sortes de certificats de propriété ne doivent et ne peuvent être délivrés par un juge-le-paix qu'autant qu'il n'existe aucun acte de transmission de propriété passé devant notaires. S'il en existe, ils doivent être délivrés par les notaires détenteurs des minutes desdits actes.
Ce certificat doit être légalisé.

Modèle de certificat de propriété à délivrer par un notaire.

Je soussigné (nom, prénoms), notaire à (résidence, arrondissement et département), certifie, conformément aux dispositions du décret impérial du (la date), que N. *ou* NN. (mettre les noms, prénoms, qualités, résidences, arrondissemens et départemens de tous les ayans-droit), a *ou* ont seuls le droit de recevoir le capital et les intérêts du cautionnement de (noms, prénoms, qualités, résidence, arrondissement et département).

· *Nota.* Il faudra aussi indiquer, lorsqu'il y aura plusieurs ayans-droit, la portion revenant à chacun ; à quel titre il en est propriétaire, soit comme héritier, comme donataire ou légataire, comme cessionnaire, soit enfin en vertu d'abandon fait par le partage de la succession du titulaire décédé : il sera également nécessaire de relater les différens actes de transmission de propriété, tels qu'inventaire, partage, transport, donation et testament, soit olographe, soit devant notaires. S'il s'agit d'un testament olographe, on énoncera que le légataire s'est fait envoyer en possession de son legs, et on relatera l'ordonnance rendue par le président du tribunal , à l'effet dudit envoi en possession.

Si le titulaire décédé a laissé une veuve commune ou non commune, le certificat en fera mention, ainsi que de son droit de propriété, si elle est commune.

Si le titulaire est décédé célibataire, il en sera fait mention.

Si, dans le nombre des ayans-droit, il y a des tuteurs, soit naturels, soit judiciaires, il faudra les dénommer, et énoncer leurs résidences, arrondissemens et départemens, ensemble les noms et titres des mineurs qu'ils représentent. Il en sera de même des interdits.

Le notaire terminera son certificat de la manière suivante :

Le tout ainsi qu'il résulte des actes susénoncés, soit inventaire, soit partage, transport, donation ou testament.

Le tout étant en ma possession.

Fait à

Ce certificat devra être légalisé par le président du tribunal.

18 SEPTEMBRE 1806. — Décret concernant l'administration des parcs et jardins clos de murs, et faisant partie des chefs-lieux de cohorte de la Légion-d'Honneur. (4, Bull. 147, n° 2432.)

Les parcs et jardins clos de murs, et qui font partie des chefs-lieux de cohorte de la Légion-d'Honneur, sont exceptés des dispositions de l'arrêté du Gouvernement du 28 ventose an 12 : en conséquence, ils seront soumis au même régime que les bois des particuliers, conformément à l'article 5 de la Ire section du titre Ier de la loi du 9 floréal an 11, et aux articles 7, 8 et 9, section II, de la même loi.

18 SEPTEMBRE 1806. — Décret qui nomme M. le maréchal Périgon gouverneur général des États de Parme et de Plaisance.(4, Bull. 116, n° 1945.)

18 SEPTEMBRE 1806. — Décret qui ordonne le paiement de pensions accordées à des veuves de militaires. (4, Bull. 116, n° 1937.)

18 SEPTEMBRE 1806. — Décrets qui autorisent l'acceptation de dons et legs faits aux pauvres et hospices de plusieurs communes. (4, Bull. 116, nos 1938 à 1944, et Bull. 117, n° 1948.)

18 SEPTEMBRE 1806. — Décret qui fait concession, pour cinquante années, au sieur Trembley, du droit d'exploiter les mines de houille de Bethoux, etc. (4, Bull. 118, n° 1956.

18 SEPTEMBRE 1806. — Décret qui ordonne le paiement de pensions à des veuves de militaires. (4, Bull. 118, n° 1957.)

19 SEPTEMBRE 1806. — Décret relatif à la formation d'un régiment sous le nom de régiment

des vélites de la garde, et d'un autre sous le nom de régiment de fusiliers de la garde. (Mon. n° 266.)

19 SEPTEMBRE 1806. — Décret concernant la taxe des lettres et paquets pour les royaumes d'Etrurie, de Naples, etc. (4, Bull. 116, n° 1946.)

19 SEPTEMBRE 1806. — Décret concernant le dépôt des titres domaniaux dans le ci-devant Piémont. (4, Bull. 117, n° 1949.)

19 SEPTEMBRE 1806. — Décrets qui autorisent l'acceptation de legs faits aux pauvres et hospices de plusieurs communes. (4, Bull. 117, n°s 1950 à 1952, et Bull. 118, n°s 1960, 1961, 1963 à 1970.)

19 SEPTEMBRE 1806. — Décret qui ordonne le paiement d'une somme de mille cent vingt-cinq francs, pour pensions accordées à quatre veuves de militaires morts de la fièvre jaune épidémique dans les colonies. (4, Bull. 118, n° 1958.)

19 SEPTEMBRE 1806. — Décret portant établissement d'une foire à Dolce-Acqua. (4, Bull. 118, n° 1959.)

19 SEPTEMBRE 1806. — Décret qui concède au sieur Leclerc de Blamont la faculté d'exploiter, pendant cinquante années, les mines de plomb et argent de la Croix, sans avoir égard au titre de 1784, qui est annulé. (4, Bull. 118, n° 1962.)

19 SEPTEMBRE 1806. — Décret contenant le tableau des foires du département de la Charente-Inférieure. (4, Bull. 121, n° 1981.)

20 SEPTEMBRE 1806. — Décret portant établissement d'une commission des pétitions. (4, Bull. 118, n° 1971.)

Art. 1er. Il y aura une commission des pétitions, composée de deux conseillers en notre Conseil-d'Etat, quatre maitres des requêtes et quatre auditeurs.

2. Cette commission sera renouvelée tous les trois mois.

3. Son service sera réglé de manière qu'il y ait trois fois par semaine, depuis dix heures du matin jusqu'à midi, en notre palais impérial des Tuileries, l'un desdits conseillers-d'Etat, deux maitres des requêtes et deux auditeurs, lesquels seront chargés de recevoir les pétitions, et d'entendre les pétitionnaires.

4. Une fois par semaine, la commission se réunira dans la salle des séances de notre Conseil-d'Etat, pour procéder à l'examen des pétitions.

5. Une fois par semaine, l'un des deux conseillers d'Etat nous apportera les pétitions qui seront de nature à être mises sous nos yeux, et pour lesquelles la commission pensera qu'il serait besoin d'une décision spéciale de nous.

Pendant la durée de nos voyages, ces pétitions seront adressées, avec l'avis de la commission, à notre ministre secrétaire d'Etat.

6. Nos ministres sont chargés de l'exécution du présent décret.

23 SEPTEMBRE 1806. — Décret concernant les attestations à délivrer aux rentiers viagers et pensionnaires de l'Etat, qui ne peuvent se transporter au domicile du notaire certificateur. (4, Bull. 117, n° 1953.)

Voy. décret du 21 AOUT 1806.

Art. 1er. Les rentiers viagers et pensionnaires de l'Etat qui, par cause de maladie ou d'infirmités, ne pourront se transporter au domicile du notaire certificateur de leur arrondissement, lui adresseront une attestation du maire de leur commune, visée du sous-préfet ou du juge-de-paix, constatant leur existence, leur maladie ou infirmité.

2. Les notaires certificateurs sont autorisés à délivrer, sur le vu de cette attestation, le certificat exigé par l'article 1er de notre décret du 21 août 1806 pour le paiement des rentes viagères et pensions, dans lequel ils feront mention détaillée de ladite attestation, qui restera déposée entre leurs mains, et ne pourra servir pour un autre semestre.

3. Les dispositions des deux articles précédens sont applicables aux rentiers viagers et pensionnaires de l'Etat domiciliés dans les îles françaises d'Europe où il n'existera pas de notaires certificateurs.

23 SEPTEMBRE 1806. — Décret concernant les dépenses relatives aux chambres de commerce. (4, Bull. 297, n° 5650.)

Voy. arrêté du 3 NIVOSE an 11; ordonnance du 21 DÉCEMBRE 1815.

Art. 1er. Les dépenses relatives aux chambres de commerce seront assimilées à celles des bourses de commerce, et acquittées comme elles, conformément à l'article 4 de la loi du 28 ventose an 9.

2. Les chambres de commerce auxquelles il a déjà été alloué, d'après notre autorisation, des revenus particuliers continueront à en jouir comme par le passé.

3. Dans tous les cas, les dépenses des chambres de commerce seront réglées chaque année par notre ministre de l'intérieur, et il en sera rendu compte conformément aux dispositions prescrites par l'arrêté du 3 nivose an 11.

4. Nos ministres des finances et de l'intérieur sont chargés de l'exécution du présent décret.

23 SEPTEMBRE 1806. — Avis du Conseil-dEtat. (Pensions civiles.) *Voy*. 25 JANVIER 1807.

---

23 SEPTEMBRE 1806. — Décret qui fait main-levée du séquestre existant sur les biens de M. le baron de Gudenus. (4, Bull. 118, n° 1972.)

---

23 SEPTEMBRE 1806. — Décrets qui autorisent l'acceptation de legs faits aux pauvres et hospices de Bruxelles, Avignon, Mussidan et Airvault. (4, Bull. 118, n°s 1973, 1974, 1975 et 1978.)

---

23 SEPTEMBRE 1806. — Décrets qui ordonnent le paiement de diverses sommes pour pensions accordées à des veuves de militaires. (4, Bull. 118, n°s 1976 et 1977.)

---

27 SEPTEMBRE 1806. — Sénatus-consulte qui proroge la suspension des fonctions du jury dans plusieurs départemens. (4, Bull. 117, n° 1954.)

---

6 OCTOBRE 1806. — Décret qui prescrit de courre sus aux bâtimens appartenant au roi de Prusse et à ses sujets. (4, Bull. 124, n° 1999.)

Art. 1er. Il est prescrit à tous comman-dans de nos escadres, divisions navales, ca-pitaines de nos vaisseaux, et autres bâtimens de guerre, et à tous bâtimens particuliers armés en course, de courre sus à ceux appar-tenant au roi de Prusse et à ses sujets, et de s'en emparer.

2. A compter du 6 octobre 1806, ceux des bâtimens de mer appartenant au roi de Prusse et à ses sujets, qui auront pu être ou qui seront arrêtés à la mer, soit par les com-mandans de nos forces navales, soit par les corsaires français, ou qui se trouvent actuel-lement dans les ports de l'empire, seront déclarés de bonne prise. Tous les sujets prus-siens qui seront à bord desdits bâtimens se-ront prisonniers de guerre, et devront être traités comme tels.

3. Ceux qui auraient des réclamations fondées à faire sur les jugemens prononcés contre ceux des bâtimens armés sous pavil-lon prussien, condamnés en raison des dis-positions ci-dessus, seront admis à les porter par-devant notre conseil des prises, dans le délai de vingt jours, pour être, par ledit conseil, statué ainsi que de droit.

4. Toute personne convaincue d'avoir pro-duit de faux titres, et d'avoir tenté de se faire reconnaître comme propriétaire de na-vires ou cargaisons ennemis ou de créances simulées, sera dénoncée à nos procureurs impériaux près nos cours de justice crimi-nelle, pour être poursuivie selon la gravité du cas.

6 OCTOBRE 1806. — Décret concernant les na-vires prussiens arrêtés dans les ports de France. (4, Bull. 127, n° 2052.)

Art. 1er. Tous navires prussiens arrêtés dans nos ports seront vendus à la diligence de nos administrations de la marine et des domaines; et le produit des ventes sera versé au Trésor public, sauf les droits attribués à la caisse des invalides de la marine par les arrêtés des 27 nivose et 9 ventose an 11.

2. Sont exceptés de la disposition ci-dessus les navires prussiens du port de cent quatre-vingt-dix tonneaux et au-dessus, qui seront reconnus propres au service de notre ma-rine, lesquels seront, après estimation préa-lable, affectés à ce service, avec leurs agrès, apparaux et rechanges, et tous objets de leur armement.

---

7 OCTOBRE 1806. — Décret qui rappelle tous les Français au service militaire de la Prusse. (4, Bull. 120, n° 1980.)

Art. 1er. Tous les Français au service mi-litaire de la Prusse sont rappelés.

2. Ceux qui, avec ou sans autorisation, sont dans ce service en qualité d'officiers, et qui, en exécution de l'article 1er, ne seront pas rentrés sur le territoire de l'empire français dans le mois de la date du présent, perdront, conformément à l'article 21 du Code civil, leur qualité de Français, ne pourront rentrer en France qu'avec notre permission, et recou-vrer la qualité de Français qu'en remplissant les conditions imposées à l'étranger pour de-venir citoyen.

3. Ceux desdits officiers qui seraient pris les armes à la main seront punis de mort.

4. Ceux desdits officiers qui seraient pris sur le territoire étranger, même sans avoir les armes à la main, seront punis de mort, s'il est prouvé qu'ils ont continué de servir après le délai d'un mois accordé par l'ar-ticle 2.

5. Tout sous-officier et soldat qui profitera de la première occasion pour obéir au rappel fait par l'article 1er sera censé avoir été jus-que là retenu par la force, et ne sera soumis à aucune peine.

6. Tout Français qui rentrera se présen-tera aux avant-postes, et déclarera s'il veut ou non prendre du service; et, dans le cas où il n'en demanderait pas, il lui sera délivré un passeport pour l'intérieur.

7. Nos ministres sont chargés de l'exécu-tion du présent décret.

---

19 OCTOBRE 1806. — Décret qui établit à Poi-tiers des cours gratuits de médecine et de chirurgie destinés spécialement à l'instruction des officiers de santé. (Mon. n° 307.)

19 OCTOBRE 1806. — Décret portant établissement à Toulouse d'une foire pour les laines provenant de moutons espagnols. (4, Bull. 121, n° 1984.)

19 OCTOBRE 1806. — Décret qui autorise la publication de la bulle canonique de M. Grimaldi, évêque d'Ivrée. (4, Bull. 121, n° 1982.)

19 OCTOBRE 1806. — Décret qui autorise l'aliénation de capitaux de rentes concédées à la ville de Toulouse. (4, Bull. 121, n° 1983.)

19 OCTOBRE 1806. — Décret qui autorise l'acceptation de l'offre faite aux pauvres et hospices de Bruxelles, d'une somme considérable célée au domaine. (4, Bull. 121, n° 1985.)

19 OCTOBRE 1806. — Décret contenant des établissemens et des changemens de foires dans le département de la Loire. (4, Bull. 121, n° 1986.)

19 OCTOBRE 1806. — Décrets qui autorisent l'acceptation de legs faits aux pauvres de diverses communes du département de la Gironde et des communes de Svveghem, Chapelle-Basse-Mer, Anvers, Montpellier et Busca. (4, Bull. 121, n° 1987 à 1992, et Bull. 124, n° 2001.)

19 OCTOBRE 1806. — Décret qui autorise l'acceptation de l'offre faite par un particulier qui veut rester inconnu, de mettre à la disposition des hospices d'Ain, une rente annuelle non découverte par le domaine. (4, Bull. 124, n° 2000.)

25 OCTOBRE 1806. — Décret portant que les capitaines commandans des navires ou barques faisant le petit cabotage ou la pêche ne sont pas assujétis au droit de patente. (4, Bull. 122, n° 1993.)

Voy. loi du 1er BRUMAIRE an 7.

N...... vu les lois des 9 frimaire an 5 et 1er brumaire an 7;

Considérant, 1° que les capitaines de bâtimens naviguant au petit cabotage, ou les patrons de barques faisant la pêche, ne sont portés dans aucune des classes du tarif des patentes, quoique les propriétaires des bâtimens faisant le petit cabotage soient assujétis au droit de patente, et compris dans la troisième classe du tableau annexé à la loi du 6 fructidor an 4;

2° Que les marins auxquels est confié le commandement de ces bâtimens, n'étant employés que temporairement, ne peuvent et ne doivent être regardés que comme des agens qui reçoivent des salaires; notre Conseil-d'État entendu, nous avons décrété et décrétons ce qui suit :

Art. 1er. Les marins qui commandent des navires ou barques faisant le petit cabotage ou la pêche ne sont pas assujétis au droit de patente pour le fait de ce commandement.

2. Les ministres des finances et de la marine et des colonies sont chargés de l'exécution du présent décret.

25 OCTOBRE 1806. — Décret concernant les militaires admis à la solde de retraite qui auraient accepté des emplois civils ou militaires dans les royaumes de Naples, de Hollande, etc. (4, Bull. 122, n° 1994.)

Art. 1er. Les militaires français admis à la solde de retraite ne pourront conserver leurs droits à cette solde en acceptant des emplois civils dans les royaumes de Naples, de Hollande, dans le grand-duché de Berg et de Clèves, la principauté de Lucques, la principauté de Neufchâtel, et même notre royaume d'Italie, qu'autant qu'ils auront obtenu de nous une permission spéciale pour accepter lesdites fonctions.

2. Ceux de ces militaires qui n'auront obtenu leur solde que pour infirmités non provenant de blessures seront assujétis, conformément à l'article 38 de la loi du 28 fructidor an 7, à produire, chaque année, un certificat d'officier de santé, qui constatera que les infirmités qui ont motivé leur retraite subsistent toujours: à défaut de ce certificat, ils cesseront de jouir de la solde de retraite.

3. Ceux à qui la solde de retraite a été accordée pour blessures qui les mettent hors d'état de servir seront affranchis de la formalité exigée par l'article précédent.

4. Les uns et les autres perdront leurs droits à la solde de retraite par l'acceptation de fonctions militaires dans les États ci-dessus nommés, à moins qu'il n'en ait été autrement ordonné par les lois.

5. Notre ministre de la guerre est chargé de l'exécution du présent décret.

25 OCTOBRE 1806. — Décret qui ordonne la publication du décret par lequel les principauté et duché de Neufchâtel et de Vallengin sont unis au diocèse de Besançon. (4, Bull. 122, n° 1995.)

25 OCTOBRE 1806. — Décret qui maintient le bureau de bienfaisance de Putte en possession de cinq parties de prairies, provenant de corps religieux supprimés, et inconnues à la régie du domaine. (4, Bull. 122, n° 1997, et Bull. 124, n°s 2102 et 2103.)

25 OCTOBRE 1806. — Décrets qui autorisent l'acceptation d'offres faites au profit des pauvres et hospices de plusieurs communes. (4, Bull.

122, n° 1997; Bull. 124, n°ˢ 1202 et 1203; Bull. 124, n°ˢ 2004, 2027, et Bull. 125, n°ˢ 2030 à 2035.)

---

25 OCTOBRE 1806. — Avis du Conseil-d'Etat. (Appel.) *Voy.* 12 NOVEMBRE 1806.

---

27 OCTOBRE 1806. — Décret qui ordonne la publication de la loi relative à l'exercice de la médecine dans le ressort de la cour d'appel de Gênes. (4, Bull. 124, n° 2028.)

---

27 OCTOBRE 1806. — Décret portant que l'île Buderich fait partie du département de la Roër. (4, Bull. 124, n° 2029.)

---

27 OCTOBRE 1806. — Décrets qui autorisent l'acceptation de dons et legs faits aux pauvres et hospices de plusieurs communes. (4, Bull. 125, n°ˢ 2036 à 2043, et Bull. 127, n°ˢ 2053 à 2056.)

---

27 OCTOBRE 1806. — Décrets qui ordonnent le paiement de diverses sommes pour pensions accordées à des veuves de militaires. (4, Bull. 227, n°ˢ 2057 et 2058.)

---

27 OCTOBRE 1806. — Décret qui ordonne la publication des mémoires, cartes, plans et vues relatifs à la partie nautique et géographique de l'expédition des découvertes confiée au capitaine de vaisseau Baudin. (Mon. n° 320.)

---

7 OCTOBRE 1806. — Décret qui accorde un corps-de-garde à chaque commandant d'armes, tant pour le chauffage de ses bureaux que pour celui de la salle où se tiennent les conseils de guerre. (Mon. n° 320.)

---

28 OCTOBRE 1806. — Avis du Conseil-d'Etat. (Délits sur les vaisseaux neutres.) *Voy.* 20 NOVEMBRE 1806.

---

4 NOVEMBRE 1806. — Avis du Conseil-d'Etat. (Dispense de tutelle.) *Voy.* 20 NOVEMBRE 1806.

---

12 NOVEMBRE 1806. — Décret relatif à l'organisation des gardes nationales. (Dépôt des Lois, n° 226.)

Voy. loi du 29 SEPTEMBRE ≡ 14 OCTOBRE 1791; décrets du 29 AOUT 1809, du 5 AVRIL 1813; ordonnance du 17 JUILLET 1816.

CHAPITRE I⁰ʳ. Composition des gardes nationales.

Art. 1ᵉʳ. Les Français valides, depuis l'âge de vingt ans révolus jusqu'à celui de soixante ans, sont susceptibles d'être appelés pour le service de la garde nationale (article 1ᵉʳ du décret du 8 vendémiaire an 14).

2. Le service de la garde nationale est incompatible avec l'exercice des fonctions publiques, administratives, judiciaires et ecclésiastiques; à l'égard des autres individus, le conseil d'organisation décidera, conformément à l'article 14 du réglement du 8 vendémiaire, selon les circonstances, les cas et les besoins du service.

3. Les gardes nationales des départemens du Nord, de la Somme, du Pas-de-Calais et de la Lys, sont formées en légions.

Chaque légion est composée de quatre cohortes, excepté celle du Quesnoy, département du Nord, qui n'est composée que de trois cohortes.

Chaque cohorte est divisée en dix compagnies, dont une de grenadiers, une de chasseurs, et huit de fusiliers.

Chaque compagnie est composée de cent hommes, non compris les officiers.

4. La garde nationale du département du Nord est composée de quatorze légions, dont l'ordre a été réglé par le sort de la manière suivante :

1ʳᵉ légion, Lille; 2ᵉ Tourcoing; 3ᵉ Douai; 4ᵉ Dunkerque; 5ᵉ Bergues; 6ᵉ Cambray; 7ᵉ Le Quesnoy; 8ᵉ Hazebrouck; 9ᵉ Seclin; 10ᵉ Avesnes; 11ᵉ Armentières; 12ᵉ Saint-Amand; 13ᵉ Le Cateau; 14ᵉ Valenciennes.

5. La garde nationale du département du Pas-de-Calais forme huit légions, dont l'ordre a été réglé par le sort ainsi qu'il suit :

1ʳᵉ légion, Arras; 2ᵉ Béthune; 3ᵉ Boulogne; 4ᵉ Saint-Omer; 5ᵉ Montreuil; 6ᵉ Aire; 7ᵉ Bapaume; 8ᵉ Saint-Pol.

6. La garde nationale du département de la Somme est divisée en 6 légions, dans l'ordre suivant réglé par le sort :

1ʳᵉ légion, Amiens; 2ᵉ Abbeville; 3ᵉ Péronne; 4ᵉ Montdidier; 5ᵉ Doulens; 6ᵉ Molliens Vidame.

7. La garde nationale du département de la Lys est composée de trois légions, dont l'ordre a été réglé par le sort ainsi qu'il suit :

1ʳᵉ légion, Bruges; 2ᵉ Bruges; 3ᵉ Ypres.

8. Le tableau nominatif des chefs et adjudans-majors de légion, des commandans et adjudans de cohorte, des capitaines, lieutenans et sous-lieutenans de compagnies indiquant les légions, cohortes et compagnies respectives, ainsi que la date de leurs brevets provisoires de nomination délivrés par le ministre de l'intérieur, sera annexé à une expédition du présent réglement, et publié où besoin sera.

9. Le contrôle nominatif des gardes nationaux divisés en légions, cohortes et compagnies, est annexé aux registres des délibérations du conseil d'organisation.

10. Lorsqu'une place d'officier deviendra vacante, le chef de légion en donnera de suite avis au préfet.

11. Pendant la durée de la vacance, la place sera remplie par l'officier du grade immédiatement inférieur; en conséquence, le plus ancien commandant de cohorte remplacera le chef de légion; le plus ancien capitaine remplacera le commandant de cohorte.

Le plus ancien adjudant de cohorte exercera les fonctions d'adjudant de légion.

Les fonctions d'adjudant de cohorte seront provisoirement remplies par le plus ancien capitaine.

A ordre égal de promotion, le plus âgé aura la préférence.

Si la place de sous-lieutenant est vacante, elle sera remplie par le sergent-major.

12. Il sera ouvert, dans chaque commune, un registre sur lequel seront inscrits les citoyens susceptibles d'être appelés, conformément à l'art. 1er du chapitre 1er, à faire partie de la garde nationale.

13. Les gardes nationaux seront inscrits en tête dans le rang de leurs compagnies et de leurs cohortes.

Les autres citoyens non portés sur les contrôles de la garde nationale seront inscrits séparément à la suite des compagnies de leurs quartiers.

14. Tout citoyen qui devient habitant d'une commune doit être porté sur les registres de la garde nationale de cette commune, si d'ailleurs il en est susceptible.

Seront pareillement inscrits les jeunes gens du dépôt de la conscription, lorsque le contingent de leur classe sera fourni, et qu'ils n'en feront point partie.

15. Ce registre sera représenté, à toute réquisition, aux commandans de cohortes, lorsqu'il y aura lieu de compléter leurs compagnies.

Ils choisiront, avec le maire, les citoyens qui devront entrer dans ces compagnies, soit qu'ils soient inscrits sur ces registres, ou qu'ils y aient été omis. Ces citoyens seront pris parmi les plus aisés et les moins nécessaires à leurs travaux.

Les compagnies de grenadiers et de chasseurs seront toujours tenues au grand complet, en choisissant les hommes les plus valides, et, autant que faire se peut, depuis vingt ans jusqu'à quarante.

CHAPITRE II. Du service de la garde nationale.

16. La garde nationale est destinée à faire ou un service intérieur, ou un service d'activité militaire.

17. Le service intérieur aura lieu, pour les habitans de toutes communes, lorsque, sur la réquisition du préfet, des sous-préfets ou des maires, dans les communes au-dessus de

cinq mille ames, les chefs de légion ordonneront la mise en activité d'une portion quelconque des gardes nationaux sous leurs ordres, pour un service habituel ou momentané, qui sera déterminé de concert avec les maires.

Le service d'activité militaire aura lieu lorsque le général commandant en chef les gardes nationales aura ordonné leur réunion dans un lieu déterminé, ou leur mise en activité pour le service d'une place.

18. Le service d'activité militaire requis selon l'article ci-dessus, que fait la garde nationale, l'assimile à la troupe de ligne pour le traitement, les honneurs et les récompenses, ainsi que pour la discipline (1).

19. Les officiers, sous-officiers et gardes nationaux requis ou commandés, soit pour un service intérieur, soit pour un service d'activité militaire, sont assujétis à la discipline militaire depuis l'instant qu'ils sont requis ou commandés, jusqu'à la cessation de ce service.

Pour le service intérieur, les peines de discipline seront les arrêts, ou la prison pour un mois ou plus, suivant l'exigence des cas; ces punitions seront appliquées par le conseil de discipline qui sera établi dans chaque cohorte.

20. En service militaire actif, les punitions pour les fautes de discipline ou de service seront toutes appliquées comme dans la ligne.

21. Les peines contre ceux des officiers, sous-officiers et gardes nationaux qui n'auront pas obtempéré à la réquisition qui leur aura été faite, seront : l'exclusion des collèges électoraux et des assemblées de canton; l'inhabilité à toutes fonctions ou emplois publics, la privation de l'exercice du droit de port d'armes, le tout pendant quatre années; et enfin la condamnation à un emprisonnement qui ne pourra excéder une année. Cette punition sera prononcée par un conseil de guerre formé d'après la loi du 3 brumaire an 5 et selon les réglemens existans, et dont les membres seront pris dans les troupes de ligne et la garde nationale indistinctement.

La condamnation à l'emprisonnement emportera l'application des peines ci-dessus détaillées. Il y aura lieu à révision, dans le cas et de la même manière réglés pour les troupes de ligne.

22. Toutes les fois qu'une partie seulement de la garde nationale sera requise pour un service d'activité militaire, les détachemens seront fournis par escouades ou pelotons dans chaque compagnie appelée. La réquisition indiquera la durée du service de chaque détachement et l'époque à laquelle il sera relevé.

---

(1) La garde nationale n'est réputée militaire et justiciable des conseils de guerre qu'autant qu'elle est mise légalement en activité pour un service militaire (2 avril 1819; Cass S. 19, 1, 231).

CHAPITRE III. Ordre du service.

23. Les légions conserveront le rang qui leur a été fixé par le sort, et qui est déterminé par le chapitre 1ᵉʳ du présent réglement.

24. Le rang des cohortes sera tiré au sort, une fois pour toutes, dans chaque légion, par le chef de légion, en présence des commandans de cohortes.

25. Le rang des compagnies de chaque cohorte le sera de même par le chef de cohorte, en présence des capitaines des compagnies, la compagnie des grenadiers étant toujours la première, et celle des chasseurs la seconde.

Le rang des pelotons, des sections et des escouades, sera déterminé et fixé par le capitaine.

L'ordre du service sera déterminé sur cette base, qui servira pendant un an, toutes les fois qu'il faudra rassembler et mettre en marche des cohortes.

26. Le tour, pour tout service, commence toujours par la première escouade de la première compagnie de la première cohorte, et continue par la première escouade de la deuxième compagnie jusqu'à la première escouade de la dernière compagnie de la dernière cohorte.

Dans les communes dont la garde nationale ne forme pas une cohorte, le tour pour tout service sera réglé de même, depuis la première escouade de la première compagnie, jusqu'à la première escouade de la dernière compagnie, et reprendra à la deuxième escouade de la première compagnie, de manière que chaque compagnie fournisse concurremment un nombre égal d'escouades ou demi-escouades.

Dans les communes rurales, le service sera réglé sur le même ordre, et suivant le rang des escouades, s'il n'y a qu'une compagnie.

Il y aura pour le service particulier aux officiers de chaque grade, un tour de service réglé par grade et par numéro de compagnie, comme pour les compagnies.

CHAPITRE IV. Des ordres de service de la garde nationale, du service personnel et des cas où le remplacement est permis.

27. Les gardes nationaux sont commandés pour le service par le sergent-major de la compagnie.

L'ordre doit relater le numéro de l'escouade désignée en tour de service par le capitaine.

28. Nul citoyen ne peut faire le service de la garde nationale, ni en porter l'uniforme, s'il n'est inscrit sur les contrôles de la garde nationale.

29. Les gardes nationaux, lorsqu'ils seront commandés pour un service intérieur et pour le service d'activité militaire, pourront, en cas d'empêchement légitime, se faire remplacer, pour le service intérieur, par un garde national de la même compagnie; et pour le service d'activité militaire, par un garde national de la même cohorte, pourvu que le remplaçant soit reconnu, par les officiers, propre à entrer dans les compagnies d'élite.

30. Le garde national, appelé pour tout service, qui ne se présente pas en personne, ou dont le remplaçant n'est pas présent à l'appel, et accepté nominativement par le capitaine, sera puni conformément aux dispositions pénales déterminées par l'article 19, chapitre II du présent, et suivant la nature du service auquel il aura été appelé.

31. Le général commandant pourra déterminer les circonstances et les lieux où le service devra être fait par le garde national en personne.

CHAPITRE V. Discipline pour le service intérieur.

32. Il y a un conseil de discipline par cohorte, composé du chef de cohorte, qui le préside, d'un capitaine, d'un lieutenant, d'un sous-lieutenant, d'un sergent, d'un caporal, et d'un garde national.

Ces membres seront choisis et désignés par le chef de légion.

33. Le conseil s'assemblera par ordre du chef de cohorte, chaque fois qu'il sera nécessaire.

Il ne délibérera que sur l'application des punitions portées en l'article 19, chapitre II, contre le refus de service et faute de discipline, pour ce qui concerne le service intérieur, et sur les fautes énoncées ci-après.

34. Ceux des gardes nationaux, tant qu'ils sont en état de service intérieur, qui manqueraient soit à l'obéissance, soit au respect dû à la personne des chefs, soit aux règles du service, seront punis des peines de discipline, comme il est dit article 19.

35. Les décisions du conseil de discipline seront, en cas de besoin, exécutées par l'intervention de l'autorité administrative.

CHAPITRE VI. De la comptabilité.

36. Les préfets sont chargés de la comptabilité de tous les frais de garde nationale en service intérieur. Ils ordonnanceront ces frais, soit sur les états de dépense dressés par les sous-préfets, pour les dépenses d'administration, soit sur ceux dressés par les commandans de cohorte, et visés par les chefs de la légion, pour la solde.

Les dépenses pour l'administration seront: l'entretien des armes, l'achat des drapeaux, les frais de registres, papiers, contrôles et billets de garde, et tous frais extraordinaires, de bureau, occasionés par l'organisation, les levées et les détails de la garde nationale.

37. Le traitement des adjudans-majors de légion, quand ils seront en activité de service militaire, sera le même que celui des majors.

Celui des adjudans de cohorte, le même que celui des adjudans-majors d'infanterie.

38. L'indemnité en service intérieur sera, pour l'adjudant-major de légion, de douze cent francs par an, y compris les menus frais de son bureau; pour l'adjudant de cohorte, de huit cents francs, y compris également les menus frais de son bureau.

39. La solde des tambours est fixée à cent quarante-six francs quarante centimes par an; elle n'est payée habituellement qu'aux tambours des compagnies des grenadiers et des chasseurs des villes, mais elle l'est aussi aux tambours de toutes les autres compagnies, du moment où elles seront requises. Il sera établi des tambours-majors là où le général en chef l'ordonnera; leur solde sera double de celle des tambours.

40. Les différens traitemens et autres déterminés par l'article 23 du décret du 8 vendémiaire dernier seront acquittés sur les ordonnances des préfets, pour le service intérieur, et sur les fonds de la guerre pour le service militaire, d'après les revues des inspecteurs et sous-inspecteurs, et en suivant les formes prescrites par les réglemens pour la troupe de ligne.

Chapitre VII. Armement.

41. Les gardes nationales seront armées sur l'ordre du général commandant en chef: les fusils seront remis au chef de légion, qui en donnera un reçu: ils seront distribués par le chef de légion aux commandans des cohortes, par ceux-ci aux capitaines, et par les capitaines aux hommes de leurs compagnies.

42. Le capitaine fera signer, sur un registre, le reçu des armes: ceux qui les auront reçues seront obligés de les tenir en bon état, de les représenter à toute réquisition de leur capitaine, ou d'en payer la valeur.

Chapitre VIII. De l'instruction.

43. La garde nationale se rassemble toutes les fois qu'elle en est requise par le chef de légion, pour s'exercer aux marches et évolutions militaires.

44. Le chef de légion la réunit, à cet effet, une fois au moins par mois, pendant les mois de mai, juin, juillet, septembre et octobre; il choisira de préférence les jours de dimanche.

45. Tous les premiers dimanches du mois, les officiers de la garde nationale des villes de guerre sont tenus de se présenter à la parade à la garde montante.

———

12 NOVEMBRE 1806.—Décret contenant création et organisation de tribunaux maritimes. (4, Bull. 125, n° 2040.)

Voy. loi du 20 SEPTEMBRE = 12 OCTOBRE 1791; du 4 FRUCTIDOR an 6, du 13 THERMIDOR an 7; arrêté du 5 GERMINAL an 12; décret du 22 JUILLET 1806. *Voy.* ordonnance du 2 JANVIER 1817; loi du 10 AVRIL 1825.

TITRE Ier. Organisation des tribunaux maritimes.

Art. 1er. Les cours martiales maritimes établies dans les ports de Brest, Toulon, Rochefort et Lorient, sont supprimées: elles seront remplacées par des tribunaux maritimes.

2. Les tribunaux maritimes seront composés de huit juges, y compris le président, d'un commissaire rapporteur et d'un greffier. Nul ne pourra être membre de ces tribunaux, s'il n'est âgé de vingt-cinq ans accomplis.

3. Le président sera un des contre-amiraux présens dans le corps, et, à défaut de contre-amiraux, l'officier le plus élevé en grade et le plus ancien. Dans l'un et l'autre cas, il sera désigné par le préfet maritime.

4. Les juges seront deux capitaines de vaisseau, deux commissaires de marine, un ingénieur de la marine, et deux membres du tribunal de première instance de l'arrondissement.

5. Les capitaines de vaisseau, commissaires et ingénieurs de marine présens dans le port, siégeront à tour de rôle, et par rang d'ancienneté, dans le tribunal: ils seront convoqués, à cet effet, par le préfet maritime; en son absence, par celui qui le remplace dans ses fonctions. À défaut de capitaine de vaisseau, il sera pris des capitaines de frégate; à défaut de commissaires de marine, des sous-commissaires, et à défaut d'ingénieur, des sous-ingénieurs: le tout dans le même ordre et d'après la même convocation réglés ci-dessus.

Les juges des tribunaux de première instance, à leur défaut les suppléans, suivant l'ordre du tableau, et, à défaut de ceux-ci, des gradués, suivant le même ordre, seront appelés à prendre séance au tribunal maritime, d'après la demande officielle qui en sera faite au président par le chef du service de la marine.

6. Le commissaire-rapporteur est nommé par l'empereur: les conditions de son éligibilité seront les mêmes que celles exigées pour les procureurs-généraux impériaux près les cours de justice criminelle.

7. Le greffier est à la nomination de l'empereur; les commissaires-auditeurs actuellement en exercice continueront, près les tribunaux maritimes, les fonctions de commissaire-rapporteur; il en sera de même des greffiers actuels.

8. Les fonctions du commissaire-rapporteur et du greffier sont permanentes.

9. Les tribunaux maritimes seront dissous dès qu'ils auront prononcé sur le délit pour jugement duquel ils auront été convoqués.

TITRE II. Compétence des tribunaux maritimes.

10. Ces tribunaux connaîtront de tous les délits commis dans les ports et arsenaux, qui seront relatifs soit à leur police ou sûreté, soit au service maritime (1).

11. Ils connaîtront de ces délits à l'égard de tous ceux qui en seraient auteurs, fauteurs ou complices, encore qu'ils ne fussent pas gens de guerre ou attachés au service de la marine.

12. Les équipages des bâtimens en armement seront de même soumis à leur juridiction, pour les délits relatifs au service maritime, commis jusqu'au moment de la mise en rade, et, au désarmement, depuis la rentrée dans le port jusqu'au licenciement de l'équipage.

13. Dans le cas où les délits commis dans les ports et arsenaux ne seront relatifs ni à la police, ni à la sûreté desdits ports et arsenaux, ni au service maritime, les prévenus seront renvoyés devant les tribunaux qui en doivent connaître.

TITRE III. De la forme de procéder.

14. Lorsqu'un délit de la compétence du tribunal maritime aura été commis, le commissaire-rapporteur, soit sur la plainte qui lui en sera portée, soit d'office, dressera procès-verbal du corps du délit, s'il y a lieu; il entendra les témoins qui lui seront indiqués comme ayant ou qu'il jugera avoir connaissance des faits. Les témoins signeront leurs déclarations; s'ils ne savent ou ne veulent signer, il en sera fait mention.

Si les témoins présentent des pièces de conviction, il les paraphera, et les fera parapher par les témoins; et s'ils ne le savent ou ne le veulent, il en fera mention.

Si les pièces de conviction ne sont pas susceptibles de recevoir des caractères d'écritures, le commissaire-rapporteur y attachera une bande de papier qu'il scellera de son sceau, et qu'il paraphera et fera parapher, ainsi qu'il vient d'être dit.

Si les témoins qu'il aura fait citer refusent de comparaître, il décernera contre eux un mandat d'amener, en vertu duquel ils seront conduits devant lui par la force publique.

Si, comparaissant ou amenés devant lui, les témoins refusent de déposer, il décernera contre eux un mandat d'arrêt, en vertu duquel ils seront traduits devant le tribunal maritime, et condamnés aux peines portées par la loi du 11 prairial an 4.

15. Pour l'information, comme pour le reste de la procédure jusqu'au jugement définitif, le rapporteur se fera aider du greffier.

16. Après avoir constaté le corps et les circonstances du délit, et reçu la déposition des témoins, le rapporteur interrogera le prévenu sur ses nom, prénoms, âge, lieu de naissance, profession et domicile, et sur les circonstances du délit: s'il y a des preuves matérielles du délit, elles seront représentées au prévenu, pour qu'il ait à déclarer s'il les reconnaît, et qu'il les paraphe, ainsi qu'il est expliqué par l'article 14.

17. S'il y a plusieurs prévenus du même délit, chacun d'eux sera interrogé séparément.

18. L'interrogatoire fini, il en sera donné lecture au prévenu, afin qu'il déclare si ses réponses ont été fidèlement transcrites, si elles contiennent vérité, et s'il y persiste, auquel cas il signera: s'il ne peut ou ne veut signer, il en sera fait mention; et l'interrogatoire sera clos par la signature du rapporteur et celle du greffier: il sera pareillement donné lecture au prévenu du procès-verbal d'information.

19. Les interrogatoires et réponses des prévenus du même délit seront inscrits de suite sur un seul et même procès-verbal, et séparés seulement par leurs signatures et celles du rapporteur et du greffier.

20. Après avoir clos l'interrogatoire, le rapporteur dira au prévenu de faire choix d'un défenseur.

Le prévenu aura la faculté de choisir ce défenseur dans toutes les classes des citoyens présens sur les lieux: s'il déclare qu'il ne peut faire ce choix, le rapporteur le fera pour lui.

21. Dans aucun cas le défenseur ne pourra retarder la convocation du tribunal maritime.

22. Il sera donné au défenseur communication du procès-verbal d'information, de l'interrogatoire subi par le prévenu, et de toutes les pièces tant à charge qu'à décharge envers ledit prévenu.

---

(1) Les injures proférées dans un arsenal de marine, par un ouvrier, contre son supérieur, sont un délit de la compétence des tribunaux maritimes (28 octobre 1819; Cass. S. 20, 1, 87).

L'insubordination d'un soldat attaché à un équipage de ligne est un délit militaire qui doit être jugé par un conseil de guerre maritime, encore que le délit ait été commis non en rade ou en mer, mais dans le port. Les faits de service maritime, pour lesquels les conseils de guerre ont juridiction, sont des faits de service du port ou de l'arsenal, indépendans de la discipline militaire (18 août 1826; Cass. S. 27, 1, 544; D. 27, 1, 337).

23. Le rapporteur rendra, sans délai, compte de la procédure au préfet maritime, qui ordonnera aussitôt la convocation du tribunal.

24. Les juges qui devront composer le tribunal se rendront au lieu destiné à cet effet, à l'heure de la matinée qui aura été prescrite la veille par le président.

25. Les séances du tribunal seront publiques; mais le nombre des spectateurs ne pourra excéder le triple de celui des juges; ils ne pourront entrer avec armes, cannes ni bâtons : il s'y tiendront chapeau bas et en silence; et si quelqu'un d'entre eux s'écartait du respect dû au tribunal, le président pourra le reprendre, et le condamner à garder prison jusqu'au terme de quinze jours, suivant la gravité du fait.

26. Le tribunal étant assemblé, le président fera apporter et déposer devant lui, sur le bureau, un exemplaire de la loi : le procès-verbal fera mention de cette formalité indispensable. Il demandera ensuite au rapporteur la lecture du procès-verbal d'information, et celle des pièces à charge comme à décharge envers le prévenu.

27. Lecture faite du procès-verbal et des pièces, le président ordonnera que l'accusé soit amené devant le tribunal : l'accusé paraîtra devant ses juges, libre et sans fers, accompagné de son défenseur; l'escorte restera en dehors de la salle du tribunal, ou elle y sera introduite, selon que le président en ordonnera.

28. Le président interrogera l'accusé, lequel répondra par lui ou par son défenseur, excepté sur les questions auxquelles il sera interpellé de répondre personnellement.

Les membres du tribunal pourront faire des questions à l'accusé.

29. Les témoins seront introduits; ils seront nommés et désignés l'un après l'autre par leurs noms, prénoms, âge, état, profession et domicile. Le président leur ordonnera de prêter le serment de dire la vérité : ce qu'ils seront tenus de faire, en levant la main, et en disant : *Je le jure.*

30. Il sera libre aux accusés, ou à leur conseil, non-seulement de proposer les motifs de reproches qu'ils peuvent avoir contre le témoin, mais encore de faire telles observations qu'ils jugeront à propos sur son témoignage, même de demander au président de proposer, pour l'éclaircissement des faits, telles questions qu'ils voudront, et auxquelles le témoin sera tenu de répondre, si le président juge convenable de l'interpeller.

31. Le rapporteur et les juges pourront ensuite demander successivement au témoin les explications dont ils croiront sa déposition susceptible.

32. Les témoins ayant été tous entendus et examinés l'un après l'autre, dans une ou

plusieurs séances, suivant l'exigence des cas, le rapporteur établira le mérite de l'accusation par les divers témoignages et autres preuves, qu'il résumera. Il conclura, s'il y a lieu, à ce que l'accusé soit déclaré coupable, et condamné à la peine que la loi prononce pour son délit.

33. L'accusé ou les accusés pourront, soit par eux-mêmes, soit par l'organe de leur conseil, proposer leurs moyens de justification, de défense ou d'atténuation. Il sera libre au rapporteur de reprendre la parole après les accusés, et ceux-ci seront les maîtres de lui répondre à leur tour; mais les plaidoiries ne s'étendront pas plus loin, et il ne sera jamais accordé de duplique.

34. Lorsque l'accusé ou les accusés produiront des témoins présens, soit à l'appui des moyens de reproches qu'ils auront proposés contre les témoins à charge, soit pour établir des faits tendant à leur justification ou à leur décharge, on ne pourra pas leur refuser d'entendre ces témoins.

35. Les mêmes formalités seront observées, tant pour l'audition et l'examen des témoins produits par les accusés, que pour l'audition et l'examen des témoins produits par le plaignant, ou d'office par le commissaire-rapporteur.

36. Si la partie plaignante se présente au conseil, elle y sera admise; elle pourra faire ses observations, auxquelles l'accusé répondra, ou son défenseur pour lui.

37. Le greffier rédigera le procès-verbal de chaque séance, de manière qu'il puisse servir à constater l'accomplissement ou l'inobservation de chacune des formalités qui doivent avoir lieu dans le cours de l'instruction, pour assurer la régularité du jugement.

38. Toutes les formalités prescrites ci-dessus étant remplies, le président demandera à l'accusé s'il n'a rien à ajouter à sa défense; il fera la même question au défenseur : et, après les avoir entendus, il demandera aux membres du tribunal s'ils ont des observations à faire; s'ils déclarent, à la majorité des voix, que la cause est instruite, il ordonnera que le défenseur se retire, et que l'accusé soit reconduit en prison.

39. Les membres du tribunal pourront, s'ils le jugent à propos, se retirer dans une salle voisine pour délibérer. Le président recueillera les voix, en commençant par le grade inférieur : il émettra son opinion le dernier.

40. Les jugemens seront rendus à la majorité absolue des voix.

En cas de partage, l'avis le plus doux prévaudra.

41. L'accusé étant jugé, le président fera dresser le jugement : tous les juges signeront au bas, quand bien même ils auraient été d'avis différent de celui qui aura prévalu; et

Il en sera envoyé une expédition au ministre de la marine et des colonies.

42. Après que les juges auront signé le jugement, les portes du tribunal s'ouvriront, et le président prononcera le jugement en présence de l'auditoire.

43. Le jugement ainsi prononcé, le président ordonnera au rapporteur de faire ses diligences pour qu'il soit mis de suite à exécution.

44. Le greffier se transportera immédiatement à la prison, où il donnera lecture du jugement aux accusés, et les préviendra qu'ils ont vingt-quatre heures pour se pourvoir en révision. Le procès-verbal de la lecture sera écrit au bas du jugement, et signé seulement au greffier.

45. Les jugemens rendus par les tribunaux maritimes seront exécutés dans les vingt-quatre heures, à moins du recours en révision, ainsi qu'il sera dit au titre VI, ci-après, ou d'un ordre contraire émané de nous.

Le greffier assistera et veillera aux exécutions, dont il dressera procès-verbal au bas du jugement.

46. Les pièces de toutes les procédures instruites, et les minutes des jugemens rendus en conséquence, seront remises par le commissaire-rapporteur au greffe de la marine.

47. Les minutes des jugemens seront inscrites sur un registre qui sera déposé, à la fin de chaque année, au bureau de l'inspection de la marine, pour y avoir recours en cas de besoin.

48. Le commissaire-rapporteur sera tenu d'adresser au ministre de la marine les copies certifiées de tous les jugemens rendus par le tribunal.

Titre IV. Des contumaces.

49. Lorsqu'un accusé n'aura pu être arrêté et constitué prisonnier, il sera déclaré contumax; et la procédure sera instruite contre lui, à la diligence du commissaire-rapporteur, conformément aux dispositions du titre IX du Code des délits et des peines, du 3 brumaire an 4.

Titre V. Des délits et des peines.

50. Les tribunaux maritimes se conformeront, quant aux délits et aux peines, aux dispositions des titres II et III de la loi du 20

septembre 1791, sur l'organisation des cours martiales maritimes.

Les délits non prévus par cette loi seront punis conformément aux lois pénales suivies par les tribunaux criminels ordinaires (1).

Titre VI. De la récision.

51. Les jugemens rendus par les tribunaux maritimes peuvent être soumis à la révision.

52. La révision ne doit être ordonnée que lorsqu'il y a violation des formes prescrites, ou fausse application des lois pénales.

53. Le recours en révision peut être exercé, soit par le commissaire-rapporteur, soit par l'accusé ou son défenseur. Il doit avoir lieu dans les vingt-quatre heures qui suivront la prononciation du jugement.

54. Pour décider s'il y a lieu d'admettre ou de rejeter le recours en révision, il sera formé un conseil composé du préfet maritime, du chef militaire, du chef d'administration, du président et du procureur impérial près le tribunal de première instance; et, en leur absence, par ceux qui les remplacent dans leurs fonctions.

Ils se réuniront à la préfecture maritime.

Les pièces de la procédure leur seront remises; ils examineront, dans les vingt-quatre heures, si le jugement est conforme aux lois, tant pour la forme que pour l'application de la peine.

55. Si ces officiers et magistrats décident que le jugement a été rendu dans les formes déterminées par la loi, et que la peine est conforme aux dispositions qu'elle prescrit, ils approuveront le jugement, le signeront, et il sera exécuté dans les vingt-quatre heures.

56. S'ils prononcent à la majorité des voix que le jugement a été illégalement rendu, ils en ordonneront la révision, fondée sur l'article de la loi dont ils rapporteront le texte dans le procès-verbal.

57. Dans ce cas, le préfet maritime sera tenu de convoquer sur-le-champ un autre tribunal.

Ce tribunal sera composé d'un nouveau président et de nouveaux juges, en se conformant aux articles 2, 3, 4 et 5 du titre Ier.

Le commissaire-rapporteur et le greffier seront les mêmes que près le tribunal maritime.

58. Il sera procédé, sans délai, au nouveau jugement (2).

---

(1) *Voy.* avis du Conseil-d'Etat du 25 mars 11.
(2) Si le nouveau jugement est frappé de recours en révision, on se conformera aux articles 52, 53, 54, 55, 56 et 57.
Néanmoins, si le nouveau recours en révision est fondé sur les mêmes moyens qui ont déjà déterminé l'annulation du premier, la question ne pourra plus être agitée devant les officiers et magistrats désignés par l'article 54, sans nous avoir été préalablement soumise en Conseil-d'Etat; et lesdits officiers et magistrats seront tenus de se conformer à la décision que nous aurons donnée en conséquence.

16.

TITRE VII. Dispositions relatives aux autres ports de l'empire non compris dans l'article 1er.

59. Dans les ports et arsenaux de marine non désignés dans l'article 1er, il sera, lorsque le cas le requerra, établi un tribunal maritime. Ce tribunal sera composé conformément aux dispositions du titre Ier du présent décret.

60. Dans ceux desdits ports où il n'y aurait pas de préfet maritime, les fonctions qui lui sont attribuées par le présent décret seront remplies par le chef du service de la marine.

61. Il désignera le président parmi les officiers militaires les plus élevés en grade présens dans le port.

62. Dans le cas où le nombre de juges à prendre parmi les officiers militaires et d'administration ne pourra être rempli conformément aux dispositions de l'article 4, il sera pourvu à leur remplacement par des officiers militaires et d'administration d'un grade inférieur à celui désigné dans ledit article, mais néanmoins supérieur ou au moins égal à celui du prévenu ; et, à défaut de ces officiers, par des gradués pris dans l'ordre du tableau, dans le lieu où se tiendra le tribunal.

63. Les fonctions de commissaire-rapporteur seront remplies par le procureur impérial du tribunal de première instance de l'arrondissement, ou, s'il en est empêché, par le substitut magistrat de sûreté du même arrondissement.

64. Un commis de la marine, nommé par le chef du service, remplira les fonctions du greffier.

65. Les dispositions des articles 51, 52, 53, 54, 55, 56, 57 et 58, du titre VI, seront applicables aux jugemens rendus par ces tribunaux ; en conséquence, pour prononcer sur l'admission ou le rejet du recours en révision, il sera formé un conseil composé du chef du service de la marine, des deux officiers militaires et civils les plus élevés en grade, du président, et du procureur impérial près le tribunal de première instance de l'arrondissement.

TITRE VIII. Dispositions relatives aux chiourmes et bagnes.

66. Les infractions aux ordonnances et réglemens concernant la police des chiourmes et bagnes, et tous les délits y relatifs, seront portés devant les tribunaux maritimes spéciaux, lesquels seront composés :
Du préfet maritime, président, et, en son absence, de celui qui le remplace dans ses fonctions ;
De deux capitaines de vaisseau ou de frégate ;
D'un commissaire ou sous-commissaire de marine ;
D'un ingénieur ou sous-ingénieur de la marine ; les uns et les autres nommés par le préfet maritime ;
Du commissaire-rapporteur et du greffier, institués par les articles 6 et 7 du présent décret.

67. Dans les ports où il n'existerait pas de préfet maritime, et dans lesquels il serait établi des bagnes, les fonctions attribuées au préfet maritime seront remplies par le chef du service de la marine.
Dans le cas où le nombre des juges ne pourrait pas être complété comme il est prescrit par l'article précédent, il y sera pourvu, conformément aux dispositions de l'art. 62 du titre VII, par des gradués pris dans l'ordre du tableau, dans le lieu où se tiendra le tribunal.
Il sera de même pourvu, d'après les dispositions des articles 63 et 64 du même titre, aux fonctions du commissaire-rapporteur et du greffier.

68. Il n'est rien changé à la forme de procéder dans les jugemens concernant la police des chiourmes et bagnes.
Ces jugemens ne pourront, dans aucun cas, être soumis au recours en révision.

69. Les lois concernant les délits des forçats et les peines relatives à ces délits continueront à être exécutées, avec cette exception, que tout forçat qui s'évadera sera condamné à vingt-quatre années de fers ; et, s'il est déjà condamné à cette peine, il sera mis à la double chaîne pendant trois ans.

70. Tous délits commis par les individus employés au service des bagnes et à la garde des forçats seront punis en conformité des réglemens rendus pour la police et la justice des chiourmes.

71. Tous fauteurs et complices d'évasion de forçat seront justiciables des tribunaux maritimes spéciaux, et jugés conformément aux ordonnances précédemment rendues sur le fait des chiourmes (1).

72. Le grand-juge, ministre de la justice, et le ministre de la marine et des colonies, sont chargés seulement du présent décret.

12 NOVEMBRE 1806. — Avis du Conseil-d'État sur la question de savoir si, sur l'appel émis par la partie civile, les cours criminelles peuvent réformer les dispositions non attaquées.

---

(1) Dans le cas où ces fauteurs et complices seraient étrangers au département de la marine, deux juges du tribunal de première instance, et,

à leur défaut, deux suppléans ou gradués, suivant l'ordre du tableau, seront appelés à prendre séance au tribunal.

de jugemens rendus en matière correctionnelle. (4, Bull. 126, n° 2044.)

Le Conseil-d'Etat, qui, d'après le renvoi
donné par sa majesté, a entendu le rapport
la section de législation sur celui du grand-
ge, ministre de la justice, tendant à savoir,

Si, sur l'appel en matière correctionnelle
nis par la partie civile, la cour criminelle
ut connaître du bien ou mal jugé de l'en-
r jugement, et réformer les dispositions
n attaquées,

Est d'avis,

Que la jurisprudence de la Cour de cassa-
m, constante pour la négative de cette
estion, est fondée sur deux principes in-
ntestables ;

Le premier, qu'un tribunal d'appel ne
ut réformer un jugement de première ins-
ice qu'autant qu'il y a eu appel; que par
nséquent, s'il n'y a appel que d'une seule
position, le tribunal ne peut pas réformer
autres, et n'a pas même la faculté de les
cuter ; il n'en est pas saisi.

Le second principe est qu'un tribunal,
t d'appel, soit de première iustance, ne
nt adjuger ce qu'on ne lui demande pas, et
e tout jugement qui prononce *ultra petita*
essentiellement vicieux.

Ces deux principes seraient violés, si, sur
seul appel d'une partie civile qui se plaint
n'avoir pas assez obtenu de réparations,
aggravait la peine, dont la poursuite n'ap-
tient qu'au ministère public qui n'a pas
lamé.

En vain dit-on que la cour criminelle ne
naît qu'accessoirement des intérêts civils,
elle ne saurait donc en être saisie qu'elle
le soit en même temps de l'action publique.
La règle réclamée n'est applicable que
ns ce sens, que si la cour criminelle a pro-
ncé sur l'action publique sans qu'on ait
té devant elle l'action des intérêts civils,
ne peut plus connaître de cette action ;
a rempli ses fonctions, et fait tout ce qui
de sa juridiction. Toutes les fois que les
érêts civils ne sont pas incidemment de-
ndés, et qu'ils forment une action princi-
e, ils doivent être portés aux juges des
ions civiles.

l n'en est point ainsi dans l'hypothèse dis-
ée : les intérêts civils étaient poursuivis
première instance autant que l'action pu-
que; il a été prononcé sur les deux actions;
a acquiescement au jugement de l'une ; la
ur criminelle n'en reste pas moins compé-
te sur l'autre : ce n'est point une action
ile principale qu'on lui apporte, c'est l'ap-
d'un chef du jugement qu'il n'appartient
à elle de confirmer ou de réformer. Mais,
nme le ferait un tribunal civil auquel on
·terait la question des dommages et inté-
s, elle doit tenir pour constans les faits et

les motifs qui ont déterminé le chef du jugement relatif au délit , parce que ce jugement
ayant passé en force de chose jugée, il a tous
les droits d'une vérité incontestable. *Res judi-
cata pro veritate habetur.*

On dit, en second lieu, que de la discussion que fait l'appelant pour obtenir de plus
grands dommages et intérêts, il peut résulter , ou que le prévenu condamné ne devait
pas l'être, ou ne pouvait l'être qu'à une peine
moindre, ou que le prévenu absous devait
être condamné, ou que la peine devait être
plus forte. Il n'y a qu'à suivre ces divers cas
pour se convaincre qu'ils ne fournissent aucun argument solide.

1° Qu'importe que le prévenu ne dût pas
être condamné, ou dût l'être à une moindre
peine, s'il a voulu la subir, s'il l'a subie, s'il
a acquiescé, s'il ne profite pas de la faculté
d'appeler incidemment que lui donne l'appel
de la partie civile ? La cour criminelle ne
peut être pour lui plus difficile et plus déli-
cate qu'il ne l'est lui-même.

2° S'il y a absolution d'un prévenu qui aurait dû être condamné, c'est son bonheur :
il est jugé, il est jugé sans appel ni réclamation , puisque le vengeur public ne se plaint
pas.

3° A plus forte raison, s'il y a eu une peine
trop légère, la cour criminelle ne devra pas
d'office l'aggraver; elle ne le fait même pas
en matière criminelle, où il s'agit de crimes
offensant directement la société, au lieu
qu'en matière correctionnelle il ne s'agit que
de délits légers.

On dit, en troisième lieu, que la cour criminelle serait obligée de dissimuler un vice
d'incompétence qui la frapperait dans le jugement dont l'appel ne lui serait déféré que
relativement aux intérêts civils.

Ce cas est presque impossible, vu que
trois personnes ont pu se rendre appelantes,
la partie condamnée, le procureur impérial
et le procureur général ; mais, en le supposant, il présenterait encore un bien petit
inconvenient. L'incompétence est à considérer dans les matières graves, et même dans
celles qui sont légères, lorsqu'elle est relevée ;
mais, lorsque personne ne s'en plaint, on ne
doit point y faire attention : les fins de non-
recevoir couvrent beaucoup de vices de procédure ; elles ont été instituées pour l'expédition des affaires, qui est communément
plus importante que la compétence.

Ce n'est que par une exception introduite
dans les matières criminelles, que les tribunaux peuvent annuler d'office, soit pour incompétence, soit pour tout autre vice, une
procédure irrégulière qui deviendrait la base
d'une condamnation à peine afflictive ou in-
famante. Dans tous les autres cas, ils ne
peuvent prononcer sans conclusions.

Le procureur général en la Cour de cassa-

4.

tion peut aussi, pour l'intérêt des règles et pour leur observation à l'avenir, requérir l'annulation d'un jugement incompétent ou irrégulier; mais le jugement reste exécutoire entre les parties.

On dit enfin que si le plaignant a pu saisir, par son action toute civile, le tribunal correctionnel de l'action publique, il peut aussi, par son appel, saisir la cour criminelle de l'une et de l'autre action.

Cette parité n'est point exacte, parce qu'une fois que l'action du plaignant a été introduite, le ministère public est saisi de l'action publique. Il n'appartient point au plaignant d'instruire sur cette action; sa plainte l'a fait naître, mais ne lui en donne pas la poursuite. Son appel, qu'il n'a pu émettre que pour son intérêt, ne lui donne pas devant la cour criminelle une action qu'il n'avait pas en première instance; et, comme le premier tribunal n'aurait pu prononcer aucune peine si le ministère public ne l'avait pas requise, la cour d'appel n'en pourra prononcer aucune si le procureur général reste muet et ne réclame pas pour la vindicte publique.

Pour établir le contraire, il faudrait donner aux cours criminelles les fonctions qui appartiennent au ministère public; et ce serait confondre avec le pouvoir de poursuivre et de requérir, celui de juger : ou il faudrait donner au procureur général la faculté d'appeler jusqu'à l'arrêt définitif, tandis que le Code des délits et des peines ne lui accorde qu'un mois à compter du premier jugement.

Cette innovation, qui pourrait être utile, ne peut être introduite que par une loi (1).

12 NOVEMBRE 1806. — Décret qui réunit les communes de Niella et de Salmour aux cantons de Mondovi et de Fossano. (4, Bull. 126, n° 2045.)

12 NOVEMBRE 1806. — Décret qui ordonne le paiement de diverses sommes pour pensions accordées à des veuves de militaires. (4, Bull. 127, n°s 2059 et 2062.)

12 NOVEMBRE 1806. — Décret qui autorise l'administration des pauvres de l'arrondissement de Nivelles, à accepter l'offre faite par des ci-devant religieux de dénoncer une ferme e d'autres terres inconnues à la régie du domaine, au profit des pauvres des lieux où ces biens sont situés. (4, Bull. 127, n° 2060.)

12 NOVEMBRE 1806. — Décret qui autorise l'acceptation d'une offre de dénoncer, en faveur des pauvres secourus à domicile à Bruxelles, une rente célée au domaine. (4, Bull. 127, n° 2061.)

12 NOVEMBRE 1806. — Décrets qui autorisent l'acceptation de dons et legs faits aux pauvres et hospices de Paris, Hervé, Auxerre, Blerancourt, Courtray, Toulouse, Ostende, Dubusur-Rouvres, Clermont-Ferrand, Berchem, Barjac, Rivalba, Soignies, Mens, Illiers. (4, Bull. 127, n°s 2063 à 2069, et Bull. 130, n°s 2077 à 2084.)

12 NOVEMBRE 1806. — Décrets contenant des changemens et établissemens de foires dans les communes de Waveren, Balesfeld, Mehzen et Waxveiler. (4, Bull. 130, n°s 2085 et 2086).

---

(1) Lorsqu'un tribunal correctionnel a connu d'un fait qui aurait dû être poursuivi au grand criminel, il ne peut y avoir lieu d'annuler ce jugement, sur l'appel interjeté par le prévenu, si le ministère public n'a pas appelé de son côté (19 janvier 1816; Cass. S. 17, 1, 57. — 30 juin 1827; Cass. S. 28, 1, 53 ; D. 27, 1, 423.—12 mars 1829; Cass. S. 29, 1, 244 ; D. 29, 1, 176.—22 juillet 1830; Cass. S. 30, 1, 406; D. 30, 1, 332).

Quand un prévenu poursuivi correctionnellement a seul interjeté appel du jugement rendu contre lui, les juges saisis de cet appel ne peuvent se déclarer incompétens, sous le prétexte que le fait objet des poursuites constitue un *crime* et non un *délit*.

Mais il en est autrement, et les juges peuvent et doivent même se déclarer incompétens dans le cas où, à raison de sa nature particulière, le délit est de la compétence de la Cour d'assises.

Au premier cas, il y aurait aggravation de la condition du prévenu par son renvoi devant la cour d'assises; au second, il ne s'élève qu'une question d'attribution spéciale de juridiction, laquelle est d'ordre public, et que les juges peuvent décider sans aggraver la condition du prévenu (31 mai 1832; Cass. 32, 1, 864; D. 32, 1, 365).

Lorsqu'il n'y a appel, en matière correctionnelle, que de la part du prévenu, la simple réquisition du ministère public à l'audience, et dans les délais de l'appel, tendant à ce que les juges saisis se déclarent incompétens, ne peut être considérée comme tenant lieu d'un appel de la part du ministère public, et ne peut en conséquence autoriser les juges saisis à se déclarer incompétens (22 juillet 1830; Cass. S. 30, 1, 406; D. 30, 1. 332).

Lorsqu'un jugement de simple police a été rendu à l'occasion d'un fait qualifié contravention, s'il n'y a d'appel que de la part du contrevenant, le fait ne peut plus changer de nature, et être réputé délit. Ce serait aggraver la position de l'appelant et attenter à ce qui est à son égard chose jugée (3 janvier 1822; Cass. S. 22, 1, 190).

Lorsqu'il n'y a appel que de la part du condamné, il ne peut être appliqué une peine plus forte. La peine plus douce lui est acquise, par cela seul qu'il n'y a pas eu appel du ministère public. Le juge d'appel ne peut donc annuler pour incompétence, sur le motif qu'il y avait délit plus grave, et lieu à application d'une peine plus forte (25 mars 1825; Cass. S. 26, 1, 82; D. 26, 1, 320).

2 NOVEMBRE 1806. — Décret qui fait concession, pour cinquante années, à la société charbonnière dite Bonnefin, du droit d'exploiter les mines de houille existantes sur le territoire des communes de Liége et Dans, dans une étendue de surface de deux kilomètres soixante-sept centimètres carrés. (4, Bull. 130, n° 2087.)

5 NOVEMBRE 1806. — Avis du Conseil-d'État sur la compétence en matière de délits commis, à bord des vaisseaux neutres, dans les ports et rades de France. (4, Bull. 126, n° 2046.)

Le Conseil-d'État, qui, d'après le renvoi à lui fait par sa majesté, a entendu le rapport de la section de législation sur celui du grand-juge, ministre de la justice, tendant à régler les limites de la juridiction que les consuls des États-Unis d'Amérique, aux ports de Marseille et d'Anvers, réclament, par rapport aux délits commis à bord des vaisseaux de leur nation, étant dans les ports et rades de France;

Considérant qu'un vaisseau neutre ne peut être indéfiniment considéré comme lieu neutre, et que la protection qui lui est accordée dans les ports français ne saurait dessaisir la juridiction territoriale, pour tout ce qui touche aux intérêts de l'État;

Qu'ainsi le vaisseau neutre admis dans un port de l'État est de plein droit soumis aux lois de police qui régissent le lieu où il est reçu;

Que les gens de son équipage sont également justiciables des tribunaux du pays pour les délits qu'ils y commettraient, même à bord, envers des personnes étrangères à l'équipage, ainsi que pour les conventions civiles qu'ils pourraient faire avec elles;

Mais que, si jusque-là la juridiction territoriale est hors de doute, il n'en est pas ainsi à l'égard des délits qui se commettent à bord d'un vaisseau neutre de la part d'un homme de l'équipage neutre envers un autre homme du même équipage;

Qu'en ce cas, les droits de la puissance neutre doivent être respectés, comme s'agissant de la discipline intérieure du vaisseau, dans laquelle l'autorité locale ne doit pas s'ingérer, toutes les fois que son secours n'est pas réclamé ou que la tranquilité du port n'est pas compromise,

Est d'avis que cette distinction, indiquée par le rapport du grand-juge, et conforme à l'usage, est la seule règle qu'il convienne de suivre en cette matière;

Et appliquant cette doctrine aux deux espèces particulières pour lesquelles ont réclamé les consuls des États-Unis,

Considérant que, dans l'une de ces affaires, il s'agit d'une rixe passée dans le canot du navire américain le Newton, entre deux matelots du même navire; et dans l'autre,

d'une blessure grave faite par le capitaine en second du navire la Sally, à l'un de ses matelots, pour avoir disposé du canot sans son ordre,

Est d'avis qu'il y a lieu d'accueillir la réclamation, et d'interdire aux tribunaux français la connaissance des deux affaires précitées.

20 NOVEMBRE 1806. — Avis du Conseil-d'État sur la dispense de tutelle en faveur des ecclésiastiques desservant des cures, etc. (4, Bull. 126, n° 2047.)

Le Conseil-d'État, qui, d'après le renvoi ordonné par sa majesté, a entendu le rapport de la section de législation sur celui du ministre des cultes, tendant à savoir si les ecclésiastiques desservant des cures ou des succursales peuvent réclamer l'application de l'article 427 du Code civil,

Est d'avis que la dispense accordée par cet article à tout citoyen exerçant une fonction publique dans un département autre que celui où la tutelle s'établit, est applicable non-seulement aux ecclésiastiques desservant des cures ou des succursales, mais à toutes personnes exerçant pour les cultes des fonctions qui exigent résidence, dans lesquelles ils sont agréés par sa majesté, et pour lesquelles ils prêtent serment.

20 NOVEMBRE 1806. — Décret qui fixe le droit à percevoir sur les fromages venant de l'étranger. (4, Bull. 125, n° 2041.)

Les fromages venant de l'étranger paieront six francs par quintal décimal.

20 NOVEMBRE 1806. — Décret concernant la vente des chevaux, mulets, etc., saisis pour contravention à la loi sur le sel. (4, Bull. 126, n° 2048.)

Art. 1er. En cas de saisie de chevaux, mulets et autres moyens quelconques de transport de sel, en contravention à la loi, dont la remise sous caution aura été offerte par procès-verbal et refusée par la partie, il sera procédé à la vente par enchère desdits objets, à la diligence de l'administration des douanes, en vertu de la permission du juge-de-paix le plus voisin.

2. L'ordonnance du juge-de-paix portant permis de vendre sera signifiée dans le jour à la partie saisie, si elle a un domicile réel ou élu dans le lieu de l'établissement du bureau de la douane; et, à défaut de domicile connu, au maire de la commune, avec déclaration qu'il sera procédé immédiatement à la vente, tant en absence qu'en présence, attendu le péril de la demeure.

3. Il n'est pas dérogé, pour le jugement du fond, à l'article 57 de la loi du 24 avril 1806, qui en attribue la connaissance aux tribunaux de police correctionnelle.

4. Notre grand-juge, ministre de la justice, et notre ministre des finances, sont chargés de l'exécution du présent décret.

---

20 NOVEMBRE 1806. — Décret qui fait concession, pour cinquante années, aux sieurs Montgolfier, Desorme et Clément, du droit d'exploiter les terres noires vitrioliques existantes sur le territoire des Essertis et de la Bacôte. (, Bull. 130, n° 2088.)

---

20 NOVEMBRE 1806. — Décret qui autorise l'acceptation aux conditions prescrites de l'offre faite par le titulaire d'un bénéfice simple, auquel étaient attachées des terres soustraites à la connaissance du domaine, de dénoncer ces terres au profit des hospices de Bruxelles. (4, Bull. 130, n° 2089.)

---

20 NOVEMBRE 1806. — Décret qui autorise l'acceptation d'un legs fait par la dame de Benczet, veuve Thierry, à l'hospice de Dunkerque. (4, Bull. 130, n° 2090.)

---

21 NOVEMBRE 1806. — Décret qui déclare les îles britanniques en état de blocus. (4, Bull. 123, n° 1998.)

Voy. décrets du 23 NOVEMBRE 1807, du 17 DÉCEMBRE 1807, du 11 JANVIER 1808.

N....... considérant,

1° Que l'Angleterre n'admet point le droit des gens suivi universellement par tous les peuples policés;

2° Qu'elle répute ennemi tout individu appartenant à l'Etat ennemi, et fait en conséquence prisonniers de guerre non-seulement les équipages des vaisseaux armés en guerre, mais encore les équipages des vaisseaux de commerce et des navires marchands, et même les facteurs de commerce et les négocians qui voyagent pour les affaires de leur négoce;

3° Qu'elle étend aux bâtimens et marchandises du commerce et aux propriétés des particuliers le droit de conquête, qui ne peut s'appliquer qu'à ce qui appartient à l'Etat ennemi;

4° Qu'elle étend aux villes et ports de commerce non fortifiés, aux hâvres et aux embouchures des rivières, le droit de blocus, qui, d'après la raison et l'usage de tous les peuples policés, n'est applicable qu'aux places fortes;

Qu'elle déclare bloquées les places devant lesquelles elle n'a pas même un seul bâtiment de guerre, quoiqu'une place ne soit bloquée que quand elle est tellement investie, qu'on ne puisse tenter de s'en approcher sans u danger imminent;

Qu'elle déclare même en état de blocus de lieux que toutes ses forces réunies seraiei incapables de bloquer, des côtes entières (tout un empire;

5° Que cet abus monstrueux du droit d blocus n'a d'autre but que d'empêcher le communications entre les peuples, et d'éle ver le commerce et l'industrie de l'Angl terre sur la ruine de l'industrie et du con merce du continent;

6° Que, tel étant le but évident de l'Angl terre, quiconque fait sur le continent le con merce des marchandises anglaises favoris par là ses desseins, et s'en rend le complice

7° Que cette conduite de l'Angleterre, d gne en tout des premiers âges de la barbarie a profité à cette puissance au détriment d toutes les autres;

8° Qu'il est de droit naturel d'opposer l'ennemi les armes dont il se sert, et de l combattre de la même manière qu'il combat lorsqu'il méconnaît toutes les idées de justic et tous les sentimens libéraux, résultat de l civilisation parmi les hommes,

Nous avons résolu d'appliquer à l'Angle terre les usages qu'elle a consacrés dans s législation maritime.

Les dispositions du présent décret seron constamment considérées comme princip fondamental de l'empire, jusqu'à ce qu l'Angleterre ait reconnu que le droit de l guerre est un, et le même sur terre que su mer; qu'il ne peut s'étendre ni aux propriété privées, quelles qu'elles soient, ni à la per sonne des individus étrangers à la professio des armes, et que le droit de blocus doit êtr restreint aux places fortes réellement inves ties par des forces suffisantes;

Nous avons en conséquence décrété e décrétons ce qui suit:

Art. 1er. Les îles britanniques sont décla rées en état de blocus.

2. Tout commerce et toute correspondanc avec les îles britanniques sont interdits.

En conséquence, les lettres ou paquets adressés en Angleterre, ou à un Anglais ou écrits en langue anglaise, n'auront pas cours aux postes, et seront saisis.

3. Tout individu sujet de l'Angleterre, de quelque état ou condition qu'il soit, qui sera trouvé dans les pays occupés par nos troupes ou par celles de nos alliés, sera fait prisonnier de guerre.

4. Tout magasin, toute marchandise, tout propriété, de quelque nature qu'elle puisse être, appartenant à un sujet de l'Angleterre sera déclaré de bonne prise (1).

---

(1) Le conseil des prises est compétent pour prononcer la confiscation de toute propriété appartenant à un Anglais, même d'une créance sur un Français; mais il est tenu de renvoyer aux

5. Le commerce des marchandises anglaises est défendu ; et toute marchandise appartenant à l'Angleterre, ou provenant de ses fabriques ou de ses colonies, est déclarée de bonne prise.

6. La moitié du produit de la confiscation des marchandises et propriétés déclarées de bonne prise par les articles précédens sera employée à indemniser les négocians, des pertes qu'ils ont éprouvées par la prise des bâtimens de commerce qui ont été enlevés par des croisières anglaises.

7. Aucun bâtiment venant directement de l'Angleterre ou des colonies anglaises, ou y ayant été depuis la publication du présent décret, ne sera reçu dans aucun port.

8. Tout bâtiment qui, au moyen d'une fausse déclaration, contreviendrait à la disposition ci-dessus, sera saisi ; et le navire et la cargaison seront confisqués comme s'ils étaient propriété anglaise.

9. Notre tribunal des prises de Paris est chargé du jugement définitif de toutes contestations qui pourront survenir dans notre empire ou dans les pays occupés par l'armée française, relativement à l'exécution du présent décret. Notre tribunal des prises à Milan sera chargé du jugement définitif desdites contestations qui pourront survenir dans l'étendue de notre royaume d'Italie (1).

10. Communication du présent décret sera donnée, par notre ministre des relations extérieures, aux rois d'Espagne, de Naples, de Hollande et d'Etrurie, et à nos autres alliés, dont les sujets sont victimes, comme les nôtres, de l'injustice et de la barbarie de la législation maritime anglaise.

10. Nos ministres des relations extérieures, de la guerre, de la marine, des finances, de la police, et les directeurs généraux des postes, sont chargés de l'exécution du présent décret.

---

24 NOVEMBRE 1806. — Décret concernant les sous-officiers ou soldats sortant des hospices de l'intérieur, et dont les corps seront au-delà des Alpes ou hors du continent de l'empire. . (4, Bull. 126, n° 2049.)

Art. 1er. Tous les sous-officiers ou soldats qui sont actuellement dans l'un des hôpitaux de l'intérieur, ou qui y entreront pendant le cours de la présente guerre, dont les corps et les dépôts seront au-delà des Alpes ou dans les colonies, ou dans la 23e division, ou en Hollande, au-delà du Rhin, seront dirigés, dès qu'ils pourront se mettre en route, savoir :

Ceux qui paraîtront avoir droit à une solde de retraite, ou à être admis aux Invalides, sur les hôtels ou succursales d'invalides de Paris, Louvain ou Avignon ;

Ceux qui n'auront droit qu'à la réforme, sur le chef-lieu de la division où ils se trouveront ;

Ceux qui seront en état de reprendre leur service, sur leurs corps ou dépôts, lorsque lesdits corps ou dépôts ne seront pas éloignés de plus de cent lieues.

Si leur corps ou dépôt est à plus de cent lieues au-delà du Rhin, et que lesdits sous-officiers et soldats soient eux-mêmes à moins de cent lieues de Strasbourg ou Mayence, ils seront dirigés sur l'un de ces dépôts de convalescence.

Si leur corps ou dépôt est au-delà des Alpes, et qu'ils soient eux-mêmes à moins de cent lieues de Chambéry, ils seront dirigés sur le dépôt de convalescence de Chambéry.

---

juges naturels toutes autres branches de contestation indépendantes de la confiscation (29 décembre 1813 ; décision du conseil des prises ; S. 14, 2, 143).

Les décisions souveraines rendues en exécution de ce décret ne peuvent être attaquées devant le Roi, en son Conseil-d'Etat, par la voie contentieuse (1er mars 1826, ord. Mac. 8, 135).

Ce décret n'a pas, comme les lois des 22 avril 1790 et 25 juillet 1793 l'ont fait pour d'autres biens réunis au domaine de l'Etat, prononcé que les biens confisqués seraient affranchis de toutes hypothèques, et que les créanciers sont créanciers de l'Etat, à la charge de se pourvoir en liquidation (14 mai 1828, ord. Mac. Fo, 443).

Si le bien hypothéqué est incorporé à un majorat par suite d'une donation faite par l'ancien gouvernement, l'action en garantie exercée contre l'administration des domaines, par le titulaire du majorat, doit être portée devant l'autorité administrative (14 mai 1828, ord. Mac. 10, 443.)

(1) Le comité du contentieux du Conseil-d'Etat ayant été substitué par l'ordonnance du 9 janvier 1815 au conseil des prises, si une propriété confisquée en vertu de ce décret sur un anglais, et affectée à la dotation d'un majorat, se trouvait grevée, au moment de la confiscation, d'un privilège en faveur d'un Français, la question de savoir si ce privilège doit toujours subsister, ou si la propriété est passée au donataire, libre de toutes charges, est de la compétence du Conseil - d'Etat (18 juin 1823, ord. Mac. 5, 453).

On ne doit pas considérer comme décisions en matière de prises, les arrêts du conseil des prises, rendus par suite de la délégation spéciale à lui attribuée par ce décret.

Les effets de la confiscation ont été pleinement anéantis par les dispositions du traité du 30 mai 1814.

Il y a lieu d'accorder à la partie intéressée la main-levée du séquestre qui aurait été apposé entre les mains d'un tiers, par suite du décret de 1806, sur des sommes dues par eux à des sujets britanniques (13 juin 1821, ord. Mac. 1, 64).

Dans tout autre cas, ils seront dirigés sur le corps de la même arme le plus voisin du lieu où ils se trouveront.

Les dispositions du présent article seront communes aux sous-officiers et soldats porteurs de congé de convalescence.

2. Cette direction ci-dessus prescrite sera donnée auxdits sous-officiers et soldats par les commissaires des guerres ayant la police des hôpitaux dans lesquels ils se trouvent actuellement, ou par ceux à qui lesdits sous-officiers et soldats se présenteront en vertu du présent décret.

3. Notre ministre de la guerre adressera à tous les commissaires des guerres une instruction destinée à leur faire distinguer aisément les sous-officiers et soldats qui, en vertu des lois et de nos décrets, ont droit à l'Hôtel des invalides ou à la retraite, d'avec ceux qui n'ont droit qu'à la réforme.

4. Pour déterminer la destination à donner à un militaire dans le cas de l'article précédent, le commissaire des guerres fera constater sa situation physique par les officiers de santé militaires de l'hôpital, ou autres officiers de santé militaires. Le commissaire des guerres sera présent à l'examen.

5. Les commissaires des guerres dirigeront ceux des sous-officiers et soldats à qui ils auront reconnu des droits pour obtenir la solde de retraite ou être admis aux Invalides, sur l'Hôtel ou sur celle des succursales qui sera la plus voisine. Ils leur remettront une feuille de route. Ils donneront au ministre de la guerre avis de leur ordre, et adresseront au commandant de l'Hôtel des invalides ou de ses succursales, avec leur avis motivé, les pièces qui constateront les services, infirmités et blessures, et le procès-verbal de la visite qu'ils auront fait faire par des officiers de santé.

Lorsqu'il s'agira d'un sous-officier ou soldat qu'ils jugeront devoir être réformé, ils adresseront les pièces ci-dessus mentionnées, avec leur avis, au général commandant la division.

6. Les sous-officiers et soldats désignés pour les Invalides ou pour la retraite seront logés dans l'Hôtel ou la succursale, y seront nourris comme des soldats à la caserne, par les soins du conseil d'administration. Le prix de la nourriture et du logement sera remboursé au conseil, sur le pied de soixante centimes par jour.

7. Dans les vingt-quatre heures de leur arrivée, le commandant de l'Hôtel ou de la succursale fera faire, en sa présence, une vérification des blessures ou infirmités. Il dressera procès-verbal de la vérification; et dans les trois jours de l'arrivée, il transmettra au ministre de la guerre:

1° Le certificat des officiers de santé qui auront visité le militaire au point de son départ;

2° Le procès-verbal de la vérification faite à l'Hôtel;

3° Un mémoire de proposition, conforme au modèle ci-joint, soit pour l'Hôtel des invalides, soit pour la pension.

8. Le ministre de la guerre prononcera le plus tôt possible sur les propositions du commandant de l'Hôtel ou des succursales, et ordonnera ou l'admission dans l'Hôtel ou la succursale, ou fixera la quotité de la solde de retraite, ou accordera la réforme pure et simple, ou indiquera si le sous-officier ou soldat doit être dirigé sur un corps de vétérans ou sur tout autre, pour y continuer ses services.

9. Si le ministre de la guerre ne trouve pas suffisans les renseignemens à lui adressés, il prendra les mesures les plus promptes pour se les procurer près des corps, afin de statuer, dans tous les cas, sous le plus bref délai.

10. Dans les vingt-quatre heures de leur arrivée au chef-lieu de la division, les sous-officiers et soldats qui y auront été dirigés en vertu de l'article 5 ci-dessus seront visités en présence du commandant de la division, ainsi qu'il est prescrit ci-dessus.

Dans les trois jours, si le sous-officier ou soldat peut reprendre ses services, il sera dirigé par le commandant de la division, ainsi qu'il est prescrit article 1er : si l'homme ne peut reprendre du service, le commandant de la division le mettra en subsistance dans la compagnie de réserve, et en usera ainsi qu'il est prescrit par les articles 7 et 8.

11. Les sous-officiers et soldats seront dirigés sur des corps autres que celui auquel ils appartenaient seront censés faire partie dudit corps depuis le jour où ils auront quitté le premier : avis en sera donné à ce corps, afin que le sous-officier ou soldat soit rayé des contrôles à dater dudit jour. Lesdits sous-officiers et soldats prendront dans leur nouveau corps le rang que leur ancienneté leur donnera, et les sous-officiers y seront promus au premier emploi de leur grade qui deviendra vacant après leur arrivée. En attendant, ils jouiront de la haute-paie dudit grade.

12. Les dépenses occasionées aux compagnies de réserve ou aux Hôtels et succursales, en vertu du présent décret, leur seront remboursées par des ordonnances spéciales du ministre de la guerre, d'après des extraits de revue qui leur seront délivrés par les inspecteurs ou sous-inspecteurs aux revues chargés de la police desdites compagnies, de l'Hôtel ou de ses succursales.

13. Les ministres de la guerre, de l'administration de la guerre et du Trésor public, sont chargés de l'exécution du présent décret.

———

Hôtel impérial des militaires invalides, ou succursales de l'Hôtel impérial des invalides à Louvain ou Avignon.

Mémoire de proposition pour (la solde de retraite ou l'admission définitive à l'Hôtel), rédigé sur la déclaration du sieur (mettre les nom et prénoms), né le   à   département d   (son grade) au régiment d   (désigner le numéro et l'arme)   bataillon, compagnie reçu en subsistance, en exécution du décret impérial du 24 novembre 1806.
Blessures ou infirmités qui ont motivé sa réception à l'Hôtel (en indiquer succinctement la nature).
Leur cause (dire si les blessures résultent du fer ou du feu de l'ennemi, à quelle affaire, quel jour elles ont été reçues; spécifier l'origine des infirmités).

Service effectif.

L'époque de l'entrée au service, les différens grades, la désignation des régimens, avec mention des congés, des interruptions, la date de l'absence du militaire de son corps.

Campagnes.

Leurs époques, leur durée, et les armées auxquelles il les a faites.

Récapitulation des services et compagnies.

	Ans.	Mois.	Jours.
Total général.			

Lieu où il demande à se retirer. (Les seuls militaires privés d'un membre au moins peuvent demander leur admission définitive à l'Hôtel).
Le certificat d'officier de santé d'après lequel le sieur   a été dirigé sur l'Hôtel, et le procès-verbal de vérification, sont ci-annexés.
Certifié à   le

———

25 NOVEMBRE 1806. — Décret qui abroge une disposition de la loi du 25 mai 1791, sur la propriété des auteurs de découvertes. (4, Bull. 116, n° 2050.)

Art. 1er. La disposition de l'article 14 du titre 11 de la loi du 14 = 25 mai 1791, portant règlement sur la propriété des auteurs de découvertes en tout genre d'industrie, est abrogée en ce qui concerne la défense d'exploiter les brevets d'invention par *actions.*
Ceux qui voudraient exploiter leurs titres de cette manière seront tenus de se pourvoir de l'autorisation du Gouvernement.
2. Le ministre de l'intérieur est chargé de l'exécution du présent décret.

———

25 NOVEMBRE 1806. — Décret relatif au changement de cantons des communes de Saint-Christophe et de Capriata, départemens de Marengo et de Montenotte. (4, Bull. 126, n° 2051.)

25 NOVEMBRE 1806. — Décret qui ordonne la publication des bulles d'institution canonique de M. Fournier et de M. Jauffret, évêques. (4, Bull. 127, n°s 2070 et 2071.)

25 NOVEMBRE 1806. — Décrets qui autorisent l'acceptation de dons et legs faits aux pauvres et hospices de plusieurs communes. (4, Bull. 130, n°s 2091 à 2095.)

25 NOVEMBRE 1806. — Décrets qui ordonnent le paiement de diverses sommes pour pensions accordées à des veuves de militaires. (4, Bull. 130, n°s 2096 à 2098.)

10 DÉCEMBRE 1806. — Réglement délibéré dans l'assemblée générale des juifs. *Voy.* décret du 17 MARS 1808.

10 DÉCEMBRE 1806. — Décret qui nomme M. Wischer de Cellier préfet de la Loire-Inférieure. (4, Bull. 133, n° 2168.)

12 DÉCEMBRE 1806. — Décret concernant réglement sur le service du pilotage. (4, Bull. 129, n° 2074.)
Voy. lois du 21 = 22 AOUT 1790, du 29 AVRIL = 15 MAI 1791, art. 10 et 11; 30 JUILLET = 10 AOUT 1791, tit. V; du 20 JUIN = 15 AOUT 1792, du 17 = 22 MAI 1793, du 3 BRUMAIRE an 4, art. 15 et suiv.

CHAPITRE Ier. Conditions pour l'admission des pilotes-lamaneurs; leur examen, leurs fonctions, et les marques distinctives de leur état.

Art. 1er. Le ministre de la marine et des colonies fixera le nombre des pilotes-lamaneurs dans chaque port où il en existe et dans ceux où il sera jugé nécessaire d'en établir, sur les propositions des chefs d'administration de la marine et de l'avis des chambres du commerce.
2. Nul ne pourra être reçu pilote-lamaneur ou locman, s'il n'est âgé de vingt-quatre ans; s'il n'a au moins six ans de naviga-

tion, pendant lesquels il aura fait deux campagnes de trois mois au mois au service de l'Etat; et s'il n'a satisfait, à un examen sur la manœuvre, la connaissance des marées, des bancs, courans, écueils et autres empêchemens qui peuvent rendre difficiles l'entrée et la sortie des rivières, ports et hâvres du lieu de son établissement.

Les services sur les bâtimens de l'Etat, comme ceux sur les navires du commerce, devront être extraits des rôles d'armement, et certifiés par les administrateurs de la marine.

3. L'examen des pilotes sera fait, en présence de l'administrateur du quartier des classes, par un officier de vaisseau ou du port, deux anciens pilotes-lamaneurs et deux capitaines du commerce, qui seront nommés par l'officier commandant du port.

Cet examen sera gratuit, et il est défendu à ceux qui se feront recevoir pilotes-lamaneurs de payer aucun droit ni rétribution aux examinateurs, et à ceux-ci d'en recevoir, sous peine de destitution.

4. Lorsque plusieurs marins concourront pour une place de pilote-lamaneur, celui qui sera jugé avoir subi l'examen prescrit de la manière la plus satisfaisante sera admis de préférence.

5. Le ministre de la marine fera expédier une lettre d'admission à chacun des pilotes-lamaneurs admis : cette lettre sera enregistrée au bureau de l'inscription maritime de leur résidence.

6. Pour être reconnus en leur qualité, les pilotes porteront une petite ancre d'argent de cinquante millimètres (deux pouces), à la boutonnière de leur habit ou gilet.

7. Les fonctions des pilotes-lamaneurs exigeant un service continuel, et qu'il serait dangereux d'interrompre, ils seront exempts d'être levés et commandés pour le service de l'Etat, et pour tout autre service personnel.

CHAPITRE II. Remplacement des pilotes.

8. Il y aura des aspirans pilotes, dont le nombre ne pourra excéder le quart des pilotes-lamaneurs, et qui seront destinés à les seconder et à les remplacer. Les marins admis à servir en qualité d'aspirans devront avoir subi le même examen que celui des pilotes.

9. Tout pilote qui, par son grand âge ou ses infirmités, sera hors d'état de remplir complètement son service, sera obligé de prévenir l'administrateur préposé à l'inscription maritime, qui l'autorisera à s'adjoindre, s'il y a lieu, l'aspirant examiné le plus ancien, lequel sera tenu de faire le service et de donner audit pilote le tiers des bénéfices ; et, à défaut de sa déclaration, l'administra-

teur du quartier maritime nommera un aspirant adjoint, sous les mêmes conditions.

10. Toute place vacante, par mort ou par démission, sera donnée à l'aspirant admis en cette qualité, et le plus ancien au service, lorsque sa conduite sera sans reproche.

11. L'aspirant qui aura servi d'adjoint conservera ses droits à la première place vacante, et sera remplacé auprès du pilote infirme par l'aspirant admis qui viendra immédiatement après lui.

CHAPITRE III. Inspection et police des pilotes-lamaneurs.

12. L'inspection du service des pilotes est exercée par les officiers militaires chefs des mouvemens maritimes, par les officiers préposés à la direction du pilotage, et, en l'absence de ceux-ci, par les officiers des ports du commerce. Ces derniers rendront compte du résultat de leur inspection à l'administrateur de la marine en résidence dans les ports.

13. Lorsqu'il y aura plusieurs stations, les pilotes devront porter, dans la partie supérieure de leurs voiles et sur les deux côtés au-dessus de la bande du premier ris, la lettre initiale du nom de leur station, et les numéros qui leur seront indiqués par l'officier d'administration chargé de l'inscription maritime au lieu de leur résidence. La même lettre et le même numéro seront inscrits à l'arrière de leur chaloupe.

14. Les pilotes-lamaneurs ne pourront, sous peine de huit jours de prison, s'écarter du lieu de leur domicile ou arrondissement, sans un congé par écrit de l'officier d'administration préposé à l'inscription maritime, qui ne devra en accorder que pour des causes absolument nécessaires. En cas de récidive, il en sera rendu compte au ministre de la marine ; il en sera de même si leur absence a excédé la durée de huit jours.

15. Les pilotes qui abandonneront leurs fonctions pour naviguer au petit cabotage, ou pour pratiquer les pêches lointaines, seront, par décision du ministre, déchus de leur qualité de pilotes-lamaneurs, et, en conséquence, inscrits de nouveau sur la matricule des gens de mer de service. Alors ils seront commandés à leur tour pour servir sur les bâtimens de l'Etat.

16. Il sera tenu, au bureau de l'inscription maritime de chaque port, une matricule particulière, où seront enregistrés les pilotes-lamaneurs, leur âge, la date de leur admission comme aspirans et comme pilotes, les services signalés qu'ils auront rendus, les récompenses qui en auront été la suite, leurs manquemens, leurs fautes graves, et les punitions qu'ils auront subies ; enfin la cessation de leur service, soit par mort, démission ou infirmités.

17. Le service de pilote dans chaque station sera fait à tour de rôle pour la sortie. Néanmoins tout capitaine qui voudra prendre un pilote à son choix en aura la faculté; alors il paiera le pilotage en entier au pilote à qui revenait la conduite du navire; et, audit cas, ce dernier perdra son tour.

18. Tout pilote, à quelque station qu'il appartienne, est tenu de faire la manœuvre convenable pour faciliter l'abordage de la chaloupe du pilote de la prochaine station par lequel il va être relevé; il sera même tenu, lorsque le navire ne devra pas mouiller à la station où il le conduit, de faire le signal indiqué à l'article 20 du présent réglement, dès qu'il sera en vue de cette station, afin que le pilote de tour se prépare et ne retarde pas le navire.

19. Tout pilote de tour qui ne se présentera pas vis-à-vis la station à bord du navire qui aura fait le signal aura perdu son tour, et le premier pilote de la même station pourra le remplacer; à défaut, le pilote qui se trouvera à bord pourra conduire le navire à la station suivante, sans crainte d'être démonté, et il gagnera le pilotage.

20. Le signal qui annoncera le besoin d'un pilote sera le pavillon français à la tête du grand mât, pour les bâtimens de l'Etat; à la tête du mât de misaine, pour ceux du commerce; et, pour l'un et l'autre, le pavillon en berne à la poupe.

21. Aussitôt que le pilote sera à bord d'un navire, il fera amener les pavillons; faute de quoi il sera tenu de payer douze francs en dédommagement à chaque pilote qui se présenterait pour aborder le navire.

22. Si un bâtiment amené par un pilote dans un port provient de pays suspect de contagion, et que ledit bâtiment ne puisse conséquemment être admis à la libre pratique, le pilote conduira le bâtiment à l'endroit fixé pour les visites et précautions salutaires, sans communiquer avec lui, s'il est possible. Le pavillon de quarantaine sera arboré à la tête du mât d'artimon; et si le navire n'a qu'un mât, le pavillon sera frappé sur l'étai de beaupré, et d'une manière visible.

23. Lorsqu'un pilote aura abordé un bâtiment destiné à entrer dans le port, il lui fera arborer de suite le pavillon de sa nation, et il préviendra le capitaine qu'il doit faire éteindre tous les feux avant d'être en-dedans du port. Il sera puni de huit jours de prison si, avant de mettre un navire à quai, il ne lui a pas fait décharger ses fusils et canons, et transporter ses poudres à terre.

24. Les pilotes-lamaneurs seront obligés de tenir toujours leurs chaloupes garnies d'avirons, voiles et ancres, et d'être en état d'aller au secours des bâtimens au premier ordre ou signal, ou lorsqu'ils les verront en danger, à peine, contre ceux qui s'y refuseraient, d'être poursuivis sur la dénonciation qui en sera faite, et d'être condamnés à un mois de prison, ou à la peine d'interdiction, et même à une punition plus grave, si le cas y échet; sauf à faire taxer particulièrement, par le tribunal de commerce, leurs salaires, en cas de tempête, eu égard au travail qu'ils auront fait et aux risques qu'ils auront courus.

Tout pilote qui refuserait de marcher quand il en sera requis sera puni de quinze jours de prison, et interdit, en cas de récidive.

25. Le pilote-lamaneur qui entreprendra, étant ivre, de piloter un bâtiment, sera condamné à la perte de son salaire, à un mois de prison, et destitué en cas de récidive. Il en serait de même s'il manquait au respect que tout individu doit au capitaine qui commande.

Si le manque de respect, de la part du pilote, était accompagné de menaces ou de voies de fait, le pilote serait arrêté, et traduit devant le tribunal compétent, pour être jugé et puni suivant la gravité des faits.

26. Les lamaneurs doivent piloter les bâtimens qui se présentent les premiers; et il leur est, en conséquence, défendu de préférer les plus éloignés aux plus proches, à peine de vingt-cinq francs d'amende.

Cependant, si l'un des bâtimens en vue était en danger, les pilotes seraient tenus alors de l'aborder le premier, tout bâtiment en péril devant être secouru de préférence à tout autre.

27. Si le pilote se présente au bâtiment qui aura un pêcheur à bord, avant que les lieux dangereux soient passés, il sera reçu, et le salaire du pêcheur sera déduit sur celui du lamaneur, eu égard à la distance du lieu que le pêcheur aura parcourue à bord du bâtiment.

28. Tout pilote convaincu d'avoir fait quelque manœuvre tendant à blesser les intérêts des autres pilotes, ou d'avoir négligé celles dont l'omission aura produit le même effet, sera tenu de restituer ce qu'il aura perçu, et, en cas de récidive, sera puni d'un mois d'interdiction.

29. Il est défendu à tout marin qui ne serait pas reçu pilote-lamaneur de se présenter pour conduire les navires à l'entrée et sortie des ports et rivières. Les contrevenans seront punis, la première fois, d'une amende qui ne pourra excéder cinquante francs, et de trois mois de prison; la peine sera double en cas de récidive.

30. Tout pilote est tenu de donner la préférence à un bâtiment de l'Etat, sous peine d'un mois de prison. La même peine sera infligée à celui qui aura évité de conduire un bâtiment de l'Etat, lorsqu'il en aura été requis : en cas de récidive, il sera interdit, et

levé comme matelot de classe inférieure pour le service de l'armée navale.

31. Tout pilote qui, s'étant chargé de conduire un bâtiment de l'État ou du commerce, et ayant déclaré en répondre, l'aura échoué ou perdu par négligence, ou par ignorance, ou volontairement, sera jugé conformément à l'article 40 de la loi du 22 août 1790.

32. Le capitaine du bâtiment est tenu, aussitôt que le pilote-lamaneur est à son bord, de lui déclarer combien son navire tire d'eau, sous peine de répondre des évènemens, s'il a célé plus de trois décimètres (dix pouces). Le capitaine doit aussi faire connaître la marche du navire, et ses qualités et défauts, afin qu'il puisse se régler pour la manœuvre.

33. Il sera libre aux capitaines et maîtres de navires français et étrangers de prendre les pilotes-lamaneurs que bon leur semblera pour entrer dans les ports et rivières, sans que, pour sortir, ils puissent être contraints de se servir de ceux qui les auront fait entrer.

34. Tout bâtiment entrant ou sortant d'un port devant avoir un pilote, si un capitaine refusait d'en prendre un, il serait tenu de le payer comme s'il s'en était servi : dans ce cas, il demeurera responsable des évènemens ; et s'il perd le bâtiment, il sera jugé suivant l'article 31 du présent réglement.

Sont exceptés de l'obligation de prendre un pilote, les maîtres au grand et petit cabotage, commandant des bâtimens français au-dessous de quatre-vingts tonneaux, lorsqu'ils font habituellement la navigation de port en port, et qu'ils pratiquent l'embouchure de rivières.

Mais les propriétaires des navires, chargeurs, ou tout autres intéressés, pourront contraindre les capitaines, maîtres et patrons, à prendre des pilotes; et ils auront la faculté de les poursuivre devant les tribunaux, en cas d'avaries, échouemens et naufrages occasionés par le refus de prendre un pilote (1).

35. Il est expressément défendu aux pilotes de quitter les navires qu'ils conduiront, avant qu'ils soient ancrés dans les rades, ou amarrés dans les ports, ainsi que d'abandonner ceux qu'ils sortiront avant qu'ils soient en pleine mer, au-delà des dangers, à peine de la perte de leurs salaires, de trente francs d'amende, d'interdiction pendant quinze jours, et de plus forte punition, s'il y a lieu.

Il est défendu aux capitaines de retenir les pilotes au-delà du passage des dangers, et aux pilotes de monter à bord contre le gré des capitaines.

36. Tout pilote qui conduira un navire entrant sur son lest ne souffrira pas qu'il soit mis du lest sur le pont ni à portée d'être jeté à l'eau ; il s'opposera formellement à ce qu'il en soit versé dans les passes, rades, ports et rivières; et s'il s'apercevait que, malgré sa défense, il en aurait été jeté à l'eau, il en rendra compte, aussitôt sa mission remplie, à l'officier militaire chef des mouvemens maritimes, à l'officier chef du pilotage, ou à l'officier de port du commerce.

Les pilotes qui négligeraient de faire de suite leurs rapports de cette contravention de la part des capitaines seront punis de huit jours de prison : les capitaines délinquans seront condamnés, conformément à l'article 6, titre IV, liv. IV, de l'ordonnance de 1681, à une amende de cinq cents francs pour la première fois; et, en cas de récidive, leurs bâtimens seront saisis et confisqués.

37. Il est expressément enjoint aux pilotes-lamaneurs de visiter journellement les rivières, rades et entrées des ports où ils sont établis, de lever les ancres qui y auront été laissées sans bouées, d'en faire dans les vingt-quatre heures leur déclaration à l'officier militaire des mouvemens maritimes, au bureau du pilotage, et au capitaine de port du commerce.

38. S'ils reconnaissent quelques changemens dans les fonds et passages ordinaires des bâtimens, et que les bouées, tonnes ou balises ne soient pas bien placées, ils seront tenus d'en faire les déclarations prescrites par les articles 36 et 37.

39. Les maîtres et capitaines de navires et les pilotes qui auront été forcés, par la tempête ou autre accident, de couper leurs câbles et de laisser leurs ancres en rade, seront tenus d'y attacher si faire se peut des orins et bouées en bon état et capables de lever lesdites ancres, et d'en faire la déclaration prescrite par les articles 36 et 37.

Les ancres et câbles seront levés au premier temps opportun par les pilotes, et conduits à bord des bâtimens auxquels ils appartiennent, dans le cas où il n'y aurait pas déjà été pourvu par les équipages mêmes desdits bâtimens ou par d'autres bâtimens.

Lorsque lesdites ancres seront trouvées sans bouées, il sera payé, si le bâtiment est français, pour droit de sauvetage, le quart de la valeur desdits ancres et câbles ; le sixième, si elles sont avec des bouées. Pour un bâtiment étranger, il sera payé la moitié si l'ancre est trouvée sans bouée, et le tiers si elle a une bouée : le tout au dire d'experts qui seront nommés, l'un par le chef de pilotes,

***

(1) L'armateur d'un navire sur lequel se trouvait un pilote-lamaneur ou côtier, chargé de la conduite du navire, est responsable des dommages causés par l'abordage du navire au moment où le bâtiment était conduit par le pilote. Vainement l'armateur opposerait que le ministère des pilotes-lamaneurs est forcé (3 août 1832, Rennes; S. 32, 2, 524).

et l'autre par le capitaine ou maître du bâtiment.

Si l'ancre appartient à un bâtiment de l'Etat, elle sera levée par les soins de l'administrateur de la marine ou du capitaine du port, et les frais de sauvetage seront payés en proportion des travaux qui auront eu lieu.

CHAPITRE IV. Des salaires des pilotes.

40. Les pilotes ne pourront exiger une plus forte somme que celle portée au tarif dressé dans chaque port, sous peine de la restitution de la totalité du pilotage qu'ils auront reçu, d'être interdits pendant un mois; et en cas de récidive, ils le seront à perpétuité.

41. Il sera dressé, dans chaque port où ce travail n'a pas encore été fait, et pour chaque station, un tarif des droits de pilotage pour les bâtimens nationaux et étrangers, conformément à la loi du 15 août 1792.

L'administration de la marine et le tribunal de commerce du lieu concourront à la rédaction de ce tarif, qui, avant d'être soumis par le ministre de la marine et des colonies à notre approbation en notre Conseil d'Etat, devra être préalablement examiné et discuté par le conseil d'administration de la marine établi dans le chef-lieu de la préfecture maritime.

Lorsqu'il y aura lieu à modifier ces tarifs, il sera procédé de la même manière à leur révision.

Le même mode sera suivi, lorsque les préfets maritimes reconnaîtront que, pour faciliter et assurer le service du pilotage dans les ports de leur arrondissement, il est nécessaire de déterminer, par des réglemens particuliers et appropriés aux localités, les dispositions auxquelles les pilotes et les capitaines de navire devront être assujétis.

42. Lorsque, dans un port de commerce, les armateurs et négocians voudront se réunir pour entreprendre le service du pilotage, et que les pilotes attachés à ce port consentiront à l'arrangement qui leur sera proposé, les préfets maritimes détermineront, conformément à la loi du 15 août 1792, les conditions d'après lesquelles le service du pilotage sera réglé, le nombre des chaloupes qui devra être constamment entretenu, la nature de leur armement, les salaires des pilotes, le mode de la recette des droits perçus sur les navires nationaux et étrangers, et l'inspection à laquelle le service sera soumis.

Dans ce cas, les négocians et armateurs éliront annuellement trois d'entre eux, lesquels, réunis à l'officier d'administration préposé à l'inscription maritime et à l'officier de marine chef des mouvemens maritimes, ou à l'officier chef du pilotage, formeront une commission administrative pour maintenir le bon ordre et la régularité dans le service du pilotage.

Tous les arrêtés de cette commission, avant d'être exécutoires, devront être soumis à l'examen de l'administrateur supérieur de la marine, lequel, lorsqu'il y aura lieu, prendra les ordres du ministre.

Cet administrateur et les trois négocians désignés par la chambre du commerce, se réuniront pour examiner et arrêter, dans le cours du mois de janvier, les comptes des recettes et dépenses faites pendant l'année précédente par la commission administrative.

Dans les ports où le service du pilotage sera établi suivant le mode indiqué ci-dessus, il sera accordé, sur les fonds du pilotage, une solde de retraite aux pilotes que leur âge et leurs infirmités empêcheraient de continuer leurs fonctions, et qui auraient donné leur démission.

Cette solde sera réglée par la commission administrative, suivant la nature et la durée de leurs services : tout ou partie de cette solde sera réversible à la veuve, à titre de pension alimentaire.

43. En cas de tempête et de péril évident, une indemnité particulière, fixée par le tribunal de commerce, sera payée par le capitaine au pilote; elle sera réglée sur le travail et les dangers qu'il aura courus.

44. Toutes promesses faites aux pilotes-lamaneurs et autres mariniers dans le danger du naufrage, sont nulles.

45. Les pilotes rendus à bord du navire pourront renvoyer de suite leurs chaloupes, à moins que le capitaine ne leur remette sur-le-champ une demande par écrit de les laisser pour le service du navire; et, en ce cas, il sera alloué au pilote la somme portée par le tarif arrêté dans le port pour chaque jour que la chaloupe aura été employée à ce service.

46. Lors d'un gros temps, si la chaloupe d'un pilote, en abordant un navire à la mer, reçoit quelques avaries, elle sera réparée aux frais du navire et de la cargaison; et il en sera de même si la chaloupe se perd en totalité.

47. Dans tous les cas, pour que les pilotes puissent réclamer une indemnité, ils seront tenus de produire un certificat du capitaine, qui constatera la perte des chaloupes ou leurs avaries; et si le capitaine s'y refusait, le fait sera constaté par l'enquête faite dans l'équipage du navire et celui de ladite chaloupe.

48. Les courtiers et consignataires des navires étrangers sont responsables du paiement des droits de pilotage d'entrée et de sortie.

49. Pour assurer la perception des frais de pilotage, tout consignataire de navire sera tenu, dans les vingt-quatre heures de l'arrivée du navire à lui adressé, ou dont il

aura la consignation, de faire, au bureau du pilotage, ou au bureau du capitaine de port s'il n'y a pas de bureau de pilotage, une déclaration par écrit, et signée de lui, contenant les nom, espèce, pavillon et tonnage du navire, son tirant d'eau sous charge ou lége; le nom du capitaine, maître ou patron; le lieu d'où il a été expédié; la date de son arrivée; le nombre de tonneaux chargés, et s'il est arrivé en relâche, ou s'il est destiné pour le port.

Les consignataires seront tenus de faire pareille déclaration à la sortie.

CHAPITRE V. Des tribunaux compétens pour les affaires du pilotage, en matière civile, correctionnelle et criminelle.

50. Les contestations relatives aux droits de pilotage, indemnités et salaires des pilotes, seront jugées par le tribunal de commerce du port.

Les pilotes-lamaneurs qui devront être punis par des peines correctionnelles, telles que la prison ou l'interdiction pendant moins d'un mois, seront jugés par l'officier chef des mouvemens maritimes, ou par celui préposé à la direction du pilotage; et en l'absence de ceux-ci, par l'officier du port de commerce, sous l'autorisation de l'administrateur supérieur de la marine; ou de celui préposé à l'inscription matitime.

Les délits qui devront donner lieu à des peines plus graves, à des amendes, et à des peines afflictives, seront jugés par les tribunaux de police correctionnelle et les cours de justice criminelle (1).

51. Lorsque les délits auront été commis à bord d'un bâtiment de l'Etat, ou que les faits seront, par leur nature, de la compétence de l'autorité maritime, et qu'ils intéresseront le service de la marine, ils seront jugés suivant les lois et réglemens de la marine.

52. Dans tous les cas comportant punition, la peine sera double, lorsqu'un bâtiment de l'Etat aura été l'objet du délit.

53. Le montant des amendes prononcées contre les pilotes, par quelque tribunal que ce soit, sera versé dans la caisse des invali-des de la marine du port où les délits ou contraventions auront eu lieu.

54. Une expédition de tous les jugemens prononcés contre les pilotes sera adressée à l'administrateur de la marine dans le quartier sur les registres duquel le pilote sera inscrit, afin qu'il en soit pris note sur la matricule des pilotes.

55. Chaque pilote ou aspirant admis sera muni d'un exemplaire du présent réglement, lequel, dans chaque port, sera placardé dans le bureau de l'administrateur préposé à l'inscription maritime, dans celui du chef du pilotage et du capitaine de port.

56. Notre grand-juge, ministre de la justice, et notre ministre de la marine et des colonies, sont chargés de l'exécution du présent décret.

12 DÉCEMBRE 1806. — Décret additionnel à celui du 13 juin 1806, sur la remise des pièces à l'appui des réclamations concernant le service de la guerre. (4, Bull. 129, n° 2076.)

Voy. décret du 13 JUIN 1806; loi du 26 PLUVIOSE an 2; avis du Conseil-d'Etat du 11 JUIN 1810.

Art. 1er. Tout sous-traitant, préposé ou agent d'une entreprise soumise aux dispositions de notre décret du 13 juin 1806, qui, à dater de la publication du présent, se croirait fondé à ne pas remettre les pièces justificatives de ses fournitures à l'entrepreneur principal, dans les délais fixés par ce décret, pour n'avoir pas été payé de son service par le traitant, devra les déposer, dans les mêmes délais, entre les mains du commissaire-ordonnateur de la division militaire, qui lui donnera en échange un bordereau certifié, constatant le nombre et la nature des pièces versées, ainsi que l'époque et la quotité des fournitures dont elles justifient (2).

2. Les bordereaux délivrés en exécution de l'article ci-dessus, par les commissaires-ordonnateurs, aux sous-traitans, préposés ou agens, auront pour ceux-ci, lorsqu'ils les présenteront aux tribunaux, la même valeur que les pièces dont la remise aura été faite; et lorsqu'ils les présenteront au Trésor public, ils leurs tiendront lieu d'opposition,

---

(1) La question de savoir si un pilote-lamaneur est passible de dommages-intérêts envers un tiers, pour fausse manœuvre, contraire aux instructions et réglemens sur le lamanage, est de la compétence de l'autorité administrative (6 septembre 1826, ord. Mac. 8, 574).

(2) Ce décret n'est applicable qu'au cas de traités relatifs au service de la *guerre.*

Ce privilége qu'il établit ne peut être réclamé par un sous-traitant relativement à un marché avec la *régie des contributions indirectes* (18 mai 1831; Cass. S. 31, 1, 221; P. 51, 24).

Le privilége des sous-traitans sur les fonds dus par l'Etat à l'entrepreneur, n'est pas subordonné, pour sa conservation, à la remise des pièces dans les mains du commissaire-ordonnateur : c'est là seulement une faculté accordée au sous-traitant, pour faire parvenir ses pièces à l'administration. Ainsi, il peut conserver son privilége, en remettant ses pièces dans le délai voulu par l'intermédiaire de l'entrepreneur lui-même (12 mars 1822; Cass. S. 22, 1, 230).

taut sur tous les fonds que le Gouvernement pourrait redevoir aux entrepreneurs pour leurs fournitures, que sur le cautionnement que le ministre aurait exigé desdits entrepreneurs, sauf les droits du Gouvernement (1) : et ce, nonobstant toute cession ou transfert qui aurait été fait par les entrepreneurs. Le Trésor public recevra les oppositions des sous-traitans, porteurs des bordereaux arrêtés par les ordonnateurs. Ils auront un privilége spécial sur les sommes à payer aux entrepreneurs jusqu'à concurrence du montant de ce qui leur sera dû pour les fournitures comprises auxdits bordereaux (2).

3. Les sous-traitans, préposés ou agens qui ne se seront point conformés aux dispositions des articles précédens, encourront la déchéance voulue par notre décret du 13 juin : en conséquence, les pièces justificatives des fournitures qu'ils auraient faites en cette qualité ne pourront leur servir de titre à aucune réclamation contre qui que ce soit.

4. Notre grand-juge, ministre de la justice, et nos ministres de la guerre et de l'administration de la guerre, sont chargés de l'exécution du présent décret.

12 DÉCEMBRE 1806. — Décret contenant proclamation de brevets d'invention délivrés pendant le troisième trimestre de 1806. (4, Bull. 130, n° 2099.)

12 DÉCEMBRE 1806. — Décret qui ordonne la publication de la bulle d'institution canonique de M. Imberti, évêque d'Autun. (4, Bull. 130, n° 2100.)

12 DÉCEMBRE 1806. — Décrets qui autorisent l'acceptation de dons et legs faits aux pauvres et hospices de Vendeuil, Namur, Campoussy, Wesembeke, Valence, Toulon, Aix, Conches, Saint-Jean-en-Royans, Lyon, Saint-Jean-d'Angely, Villefranche, Saint-Gervais, Beauvoir, Damazan, Vracène, Chiavari, Saint-Germain-des-Prés, Ecoche, Besse, Tournus, Rivoli, Stopeldyck, Bocsh-Capelle, Lisieux, Aoste, Gand, Janville, Conques, Turcoing, Montréal, Agen et Verneuil. (4, Bull. 130, nos 2107 à 2139.)

12 DÉCEMBRE 1806. — Décret qui proroge, pour les départemens de Gênes, etc. le délai fixé pour la transcription des titres emportant droit de privilége et hypothèque. (4, Bull. 129, n° 2075.)

12 DÉCEMBRE 1806. — Décret qui autorise l'offre de mettre à la disposition du bureau de bienfaisance de Voroux-Lesliers, deux rentes en grains célées à la régie. (4, Bull. 130, n° 2101.)

12 DÉCEMBRE 1806. — Décret qui ordonne l'établissement de tribunaux spéciaux dans les départemens de l'Escaut et des Deux-Nèthes. (4, Bull. 134, n° 2171.)

12 DÉCEMBRE 1806. — Décret qui approuve une transaction, passée le 22 pluviose an 13, entre la commission administrative de l'hospice civil de Roanne et le chargé de pouvoirs du sieur Nompere. (4, Bull. 130, n° 2102.)

12 DÉCEMBRE 1806. — Décrets contenant les tableaux des foires des départemens des Ardennes, du Doubs, de Jemmape et des Vosges. (4, Bull. 130, nos 2103 à 2106.)

12 DÉCEMBRE 1806. — Décret qui distrait le hameau de Weissenthurn de la mairie et du canton d'Andernach, et le réunit en totalité à la commune de Kellig. (4, Bull. 130, n° 2140.)

(1) La restriction établie par ces mots : sauf les droits du Gouvernement, attribue préférence à l'Etat, seulement pour les créances qu'il a de son propre chef, et non pour celles qu'il a acquises de tiers. A l'égard de ces dernières, il ne peut avoir plus de droits que ceux qu'il représente (10 mars 1818; Cass. S. 18, 1, 218).

Lorsque l'entrepreneur n'a pas fourni entièrement le cautionnement qu'il était obligé de donner d'après les termes de son marché, le ministre de la guerre peut compléter ce cautionnement par un prélèvement sur la créance résultant de la liquidation de ses fournitures.

Les sous-traitans de l'entrepreneur ne peuvent contester cette mesure conservatoire, qui, par la liquidation définitive, cesse d'intéresser l'Etat.

Ils peuvent faire valoir, devant les tribunaux, leurs droits à la somme prélevée pour compléter le cautionnement (24 juin 1829, ord. Mac. 11, 218).

(2) Le privilége accordé par cet article aux sous-traitans n'est point restreint uniquement aux sommes représentatives de fournitures faites par les sous-traitans, il s'étend généralement sur toutes les sommes dues aux traitans par l'Etat (10 mars 1818; Cass. S. 18, 1, 218).

Il s'étend sur toutes les sommes dues à l'entrepreneur par l'Etat, même à titre d'indemnité. Ce privilége existe aussi bien à l'égard des fournitures faites pour un corps stationnaire (tel que l'hôtel des Invalides), et dans un temps de paix, qu'à l'égard des fournitures faites pour le service de l'armée active, et dans un temps de guerre (26 mai 1826, Paris; S. 28, 2, 45).

Il s'étend même aux sommes dues à l'entrepreneur pour raison d'une entreprise autre que celle à laquelle les sous-traitans ont pris part (20 février 1828; Cass. S. 28, 1, 308).

Les sous-traitans ne peuvent exercer le droit d'opposition et de privilége spécial que sur les sommes qui pourraient être dues à l'entrepreneur principal, ainsi que sur son cautionnement, après la liquidation de ses fournitures, et sauf les droits du Gouvernement (18 août 1825, ord. Mac. 7, 496).

15 DÉCEMBRE 1806. — Sénatus-consulte relatif à la conscription de 1807. (4 , Bull. 127, n° 2072.)

Quatre vingt-mille conscrits seront levés en 1807.

L'appel en sera fait aux époques qui seront fixées par les décrets. Ils seront pris parmi les Français nés depuis et compris le 1er janvier 1787, jusques et compris le 31 décembre de la même année.

———

16 DÉCEMBRE 1806. — Avis du Conseil-d'État. (Votes dans les collèges électoraux.) *Voy.* 25 JANVIER 1807.)

———

18 DÉCEMBRE 1806. — Décret relatif à la levée de la conscription de 1807. (4 , Bull. 128 et 128 *bis*, n° 2073.)

TITRE Ier. Répartition entre les départemens.

Art. 1er. Soixante mille conscrits, pris sur les quatre-vingt mille dont la mise en activité est autorisée par le sénatus-consulte du 4 de ce mois, sont appelés, et seront répartis entre les départemens, conformément au tableau annexé au présent décret sous le n° 1er.

2. Vingt mille conscrits formeront la réserve.

TITRE II. Des opérations relatives à la levée.

3. Toutes les opérations relatives à la levée ci-dessus prescrite seront exécutées conformément aux dispositions de notre décret du 8 fructidor an 13.

4. Il sera prélevé sur le contingent de chaque département, pour les carabiniers, les cuirassiers et l'artillerie à pied et à cheval, un nombre d'hommes d'élite déterminé par le tableau de répartition entre les corps, joint au présent décret sous le n° 3.

Les conscrits choisis pour les carabiniers et les cuirassiers ne pourront pas avoir moins de cinq pieds cinq pouces : ceux de l'artillerie devront avoir cinq pieds trois pouces six lignes et au-dessus.

TITRE III. Des époques auxquelles les opérations ci-dessus prescrites doivent être exécutées.

4. Toutes les opérations qui doivent précéder la convocation du conseil de recrutement seront terminées avant le 15 janvier.

Les conseils de recrutement s'assembleront le 15 janvier.

Le premier détachement de chaque département sera mis en route le 25 du même mois.

Les autres départs se succéderont de jour en jour.

TITRE IV. De la répartition des soixante mille conscrits de l'an 1807, entre les différens corps de l'armée.

6. Les soixante mille conscrits de 1807 appelés par notre présent décret seront répartis entre les différens corps de l'armée, conformément aux tableaux annexé au présent décret sous les n°s 2 et 3.

7. Les vingt mille hommes restant des quatre-vingt mille dont la mise en activité est autorisée par le sénatus-consulte du 4 de ce mois, formeront la réserve de 1807. On continuera à observer, à l'égard des conscrits de la réserve, les arrêtés des 18 thermidor an 10 et 29 fructidor an 11, et notre décret du 8 nivose an 13.

On se conformera, pour les conscrits en dépôt, aux arrêtés et décrets ci-dessus relatés, et notamment à notre décret du 8 fructidor an 13.

Si, parmi les conscrits appelés, il s'en trouve qui appartiennent à la garde nationale mise en activité, ils seront remplacés dans cette garde suivant le mode prescrit par notre décret du 8 vendémiaire de cette année.

———

3 JANVIER 1807. — Avis du Conseil - d'État. (Protêts.) *Voy.* 25 JANVIER 1807.

———

6 JANVIER 1807. — Décret sur le remplacement des conscrits réformés, etc. (4 , Bull. 131, n° 2141.)

Art. 1er. Tout conscrit qui sera réformé par l'inspecteur général pour des vices d'organisation ou de conformation, ou pour des infirmités reconnues et constatées à son arrivée au corps, sera remplacé par son département, si ces vices ou ces infirmités existaient antérieurement au départ du conscrit de son département.

Le conscrit qui sera ainsi réformé sera, comme s'il eût été réformé dans son département, passible de l'indemnité, s'il y est soumis par ses contributions.

2. Tout remplaçant accepté dans les départemens qui sera réformé par l'inspecteur général pour des vices de conformation ou d'organisation, ou pour des infirmités reconnues et constatées à son arrivée au corps, sera remplacé aux frais de celui qui l'aura fourni, si ces vices ou ces infirmités existaient antérieurement à l'admission du remplaçant.

3. Tout remplaçant accepté au corps qui sera réformé par l'inspecteur général sera remplacé aux dépens du chef du corps qui l'aura admis. Il sera dressé un état particulier des réformes de remplaçans.

4. Tout conscrit qui se sera volontairement mutilé avant ou après son arrivée au corps, et rendu incapable de servir dans la ligne par l'effet de sa mutilation, sera envoyé par

'inspecteur général à un corps de pionniers, jour y travailler pendant cinq ans. Si la muïlation est antérieure à son arrivée au corps, l sera remplacé ainsi qu'il est dit à l'article 1er.

5. Tout conscrit qui, après son arrivée au orps, aura feint, pour se faire réformer, ne infirmité ou une maladie, ou qui aura montré une volonté ferme de ne pas bien servir, era envoyé, par l'inspecteur général, à un orps de pionniers, pour y travailler pendant inq ans.

6. Nos ministres sont chargés de l'exéculion du présent décret.

JANVIER 1807. — Décret concernant le droit de sortie du tuf en pierre, provenant des carrières d'Andernach. (4, Bull. 131, n° 2143.)

Le tuf en pierre provenant des carrières 'Andernach paiera, à sa sortie de France, a droit de cinquante centimes par cinq myagrammes.

Le ministre des finances est chargé de exécution du présent décret.

JANVIER 1807. — Décret qui ordonne la publication de la loi du 6 octobre 1791, sur les biens dépendant des fondations dans les départemens de Gênes, de Montenotte et des Apennins. (4, Bull. 131, n° 2142.)

JANVIER 1807. — Décret qui réintègre Louis Jouenne dans les qualités et dans les droits de citoyen français. (4, Bull. 131, n° 2144.)

JANVIER 1807. — Décret qui autorise l'acceptation d'une offre de mettre à la disposition de l'hospice des orphelins de Bruxelles six parties de rentes dues à des corporations supprimées. (4, Bull. 131, n° 2145.)

JANVIER 1807. — Décrets qui autorisent l'acceptation de dons et legs faits aux pauvres et hospices de Ledeberg, Châlons-sur-Saône, Morez, l'Aigle, Poligny, Beziers, Gex, Bouxwiller, Broni, Mondovi, Rennes, Saint-Malo, Mordelles, Betton, Bourg-Barré, Guerche, Ile-Jourdain, Auxerre, Châteauneuf, Parme, Juigné, Avoise, Gleize, Tournon, Pammatone, Gênes et Saint-Girons. (4, Bull. 131, n°s 2146 à 2163, et Bull. 134, n°s 2172 et 2173.)

JANVIER 1807. — Décret qui établit une seconde foire dans la commune d'Habsheim. (4, Bull. 134, n° 2175.)

---

6 JANVIER 1807. — Décret qui ordonne le paiement de six cent cinquante-huit francs pour pensions accordées à quatre veuves de militaires. (4, Bull. 134, n° 2174.)

---

6 JANVIER 1807. — Décret contenant le tableau des foires du département du Gard. (4, Bull. 134, n° 2176.)

---

6 JANVIER 1807. — Décret qui distrait la commune de Wittes du canton de Norrent-Fontes, et la réunit au canton d'Aire. (4, Bull. 134, n° 2177.)

---

6 JANVIER 1807. — Avis du Conseil-d'État. (Instruction des procès.) Voy. 16 FÉVRIER 1807.

---

10 JANVIER 1807. — Avis du Conseil-d'État. (Translation des prisonniers.) Voy. 16 FÉVRIER 1807.

---

24 JANVIER 1807. — Décret concernant les monnaies fabriquées à l'effigie de l'Empereur dans le royaume d'Italie. (4, Bull. 132, n° 2165.)

Art. 1er. Les monnaies d'or et d'argent fabriquées à notre effigie dans les hôtels des monnaies de notre royaume d'Italie, avec le titre et le poids prescrit par notre décret du 21 mars 1806, auront cours, pour leur valeur nominale, en France [1].

2. Notre ministre des finances est chargé de l'exécution du présent décret.

---

25 JANVIER 1807. — Décret impérial concernant le flottage des bois sur les ruisseaux et canaux qui coulent dans la vallée de Neustadt. (4, Bull. 136, n° 2187.)

Napoléon, etc.

TITRE Ier. Ordre et police du flottage.

Art. 1er. Le flottage des bois domaniaux, communaux et des particuliers, continuera d'avoir lieu sur les ruisseaux et canaux de la vallée de Neustadt, pour les bois de chauffage seulement; ceux de charpente, madriers, planches, etc. ne pourront être flottés que sur une permission de l'inspecteur ou sous-inspecteur des forêts, laquelle ne pourra être donnée qu'avec l'autorisation expresse du préfet.

2. Il se fera toute l'année sur le ruisseau dit *Speierbach*, ou le *Spire*, et seulement depuis le 20 septembre jusqu'à la fin d'avril, sur ceux dit *Hochspeier* et *Lembach*.

---

[1] Ce décret n'a pas été abrogé: ainsi, confaire ces monnaies d'or et d'argent, c'est confaire une monnaie ayant cours légal en France. question de la légalité du cours est une question non de fait mais de droit: elle doit être résolue non par le jury, mais par la cour d'assises (10 août 1826; Cass. S. 28, 1, 54).

3. La police du flottage est confiée, sous la surveillance du préfet, aux agens de l'administration forestière.

4. Les marchands, adjudicataires ou propriétaires de bois seront tenus, avant de mettre à flot, de présenter au sous-inspecteur des forêts à la résidence de Neustadt, ou, en son absence, au garde général, une déclaration en double minute, qui contiendra la quantité de bois destinée à être mise à flot, le nom de la forêt dont elle provient, et le lieu de sa destination.

Le sous-inspecteur remettra au flotteur l'un des doubles, au bas duquel sera inscrite la permission de flotter ; il retiendra par devers lui le second, pour y avoir recours en cas de contestation.

5. La priorité de flottage sera déterminée entre les flotteurs par l'époque de l'arrivée des bois sur les bords des ruisseaux, et, dans le cas de parité à cet égard entre les marchands, par la date des permis.

6. Aucun flotteur ne pourra occuper le ruisseau plus d'un mois de suite ; passé ce terme, le flottage sera accordé successivement à d'autres.

7. Les flottes des bois ne pourront séjourner dans les endroits garnis d'arrêts plus de trois jours au-dessus de Neustadt, et plus de vingt-quatre heures au-dessous de cette ville jusques au Rhin ; à peine, par les flotteurs, d'être privés de toute permission de flotter pendant le temps qui sera déterminé par l'administration.

8. Tout flotteur sera tenu de faire accompagner sa flotte par un nombre d'hommes proportionné à la quantité de bois mis à flot ; il sera personnellement responsable de tous dommages occasionés par son flottage.

9. Le dommage pourra être constaté par tout officier de police judiciaire ou agent de l'administration forestière.

10. Le chômage des moulins ci-après désignés, occasioné par le passage des flottes, sera payé aux propriétaires ou à leurs fermiers, à raison de deux francs vingt-cinq centimes par vingt-quatre heures.

11. Ces moulins sont l'Obermühl, ou moulin supérieur, l'Outermülh, ou moulin inférieur, la papeterie de Saint-Roser et Knockel, le Weithsmuhl, l'Obermühl, ou second moulin supérieur, le moulin de la ville à Neustadt, le Portmuhl, ou second moulin supérieur (le moulin de la poste), le moulin près Winzingen, l'Obermühl, le Mittelmühl, l'Untermühl (moulins supérieur, intermédiaire, inférieur), l'Ygelheisnermülh, ou moulin d'Egelheim, le Schifferstaldermühl, ou moulin de Schifferstald, et le Rebutermühl, ou moulin de la Rehutte.

Il ne sera payé aucun chômage pour les moulins à huile et à scier.

12. Il est expressément défendu à tout propriétaire ou fermier d'exiger pour le chômage une indemnité plus considérable que celle ci-dessus fixée, à peine de restitution du triple, et d'une amende qui ne pourra excéder cent francs.

13. Nul ne pourra s'approprier les bûches qui resteraient arrêtées aux radeaux, à peine d'être poursuivi comme pour vol de bois.

14. Les marchands de bois sont tenus d'établir à chaque réservoir, dont les écluses sont fermées (zuern flulluer booz), un homme de garde qui ne pourra quitter l'écluse, principalement pendant la nuit, afin de l'ouvrir si la violence des eaux fait craindre quelque dommage.

15. Il sera accordé à chaque marchand après le passage de sa flotte, un délai de deux jours, pour retirer les bûches qui auraient été à fond ; passé lequel temps il ne pourra empêcher un autre marchand de mettre son bois à flot.

16. Il est expressément défendu aux flotteurs d'établir des écluses à la Specerbach au-dessous de Winzingen, afin d'en détourner l'ean dans le Rhebach, à peine d'une amende qui ne pourra excéder cent francs sans préjudice des dommages-intérêts envers les parties intéressées.

17. Les gardes-forestiers et du flottage veilleront à ce que l'élévation des écluses nécessaires pour accumuler les eaux et la retenue des mêmes eaux dans les réservoirs n'occasionent pas de dommages aux terres, aux chaussées et aux moulins.

18. Les gardes constateront par des procès-verbaux les vols de bois flottant ; ils en suivront la perquisition dans les maisons des prévenus et de tous autres ; dans ce cas, il requerront l'assistance d'un officier municipal du lieu, qui ne pourra refuser de le accompagner et de signer les procès-verbaux sans préjudice du droit attribué par les lois aux autres officiers de police judiciaire.

TITRE II. De la conservation et du curement des canaux.

19. Conformément aux anciennes dimensions, le ruisseau de Speierbach depuis le Speier Brommenn jusqu'à Etenstem, et ceux de Hochspeier et Lembach, depuis la première écluse jusques à Wendenthal ou jusqu'à leur confluent au pont dit Kreutzbruck, auront quatre mètres cinq décimètres de largeur, et, depuis ce pont jusques au Rhin et Frankenthal, cinq mètres deux décimètres.

20. Le préfet est chargé de faire constater la largeur actuelle des ruisseaux, et d'obliger les riverains à se conformer aux dimensions qui seront indiquées, et à faire enlever les terres et autres objets qui se trouveront

hors de la ligne de démarcation, dans le délai qui leur sera fixé, passé lequel il y sera pourvu à leurs frais.

21. Il ne pourra être construit sur lesdits ruisseaux d'usines nouvelles, ni établi ou fait des bâtardeaux, écluses, gares, pertuis, plants d'arbres, amas de terre, pierres, fascines, ni autres édifices ou travaux, sans l'autorisation requise par les lois et réglemens, laquelle ne pourra être donnée que d'après l'avis d'un ingénieur des ponts-et-chaussées.

Il est défendu de jeter dans les ruisseaux aucunes ordures et immondices, ou d'en masser sur les quais et rivages; les amas actuels, s'il en existe, seront enlevés dans le délai de trois mois; le tout à peine, par les contrevenans, d'être tenus de rétablir les choses dans l'ancien état, et d'une amende qui ne pourra excéder cent francs, sans préjudice des dommages et intérêts envers les parties intéressées.

22. Il est défendu, sous les peines portées par l'article précédent, de fermer les écluses ou de détourner l'eau pour la facilité de la pêche, ou tout autre motif, et de ne rien entreprendre qui puisse préjudicier au flottage.

23. Le préfet du département fera procéder tous les ans, pendant le chômage des flottages, et même plus souvent s'il en est besoin, par un ingénieur des ponts-et-chaussées, à la visite des ruisseaux et canaux, à l'effet de constater les réparations qu'il y aura lieu d'y faire; il en ordonnera la confection, et fera acquitter les dépenses par le receveur des domaines sur les fonds provenant des droits imposés sur les bois flottés.

TITRE III. Des droits de flottage et de leur comptabilité.

24. Il sera payé par chaque stère de bois flotté aux chantiers de Neustadt, seize centimes, depuis le jet à l'eau jusques à cet endroit; et depuis Neustadt jusqu'à Frankental sur les bords du Rhin du côté de Manheim, douze centimes.

25. Le produit de ce droit sera versé dans la caisse du receveur de l'enregistrement et des domaines de l'arrondissement des chantiers du lieu de l'arrivée.

26. Le flotteur sera tenu, à l'arrivée des bois, de se rendre au bureau du préposé à la recette, pour y représenter son permis de flotter et acquitter les droits. Le préposé aura la faculté de vérifier la déclaration du flotteur, en faisant faire le comptage des bois par le garde établi au flottage.

27. Nul marchand ne pourra vendre ses bois, en tout ou partie, avant le paiement des droits.

28. Le directeur des domaines remettra au garde du flottage un registre à talon, coté et paraphé, sur lequel seront inscrits, dans leur ordre de dates et de numéros, les flottages qui s'opéreront.

L'enregistrement du comptage y sera fait en double et à mi-marge. Il indiquera le nom du marchand, le nombre des stères, et le montant des droits à percevoir : un de ces doubles sera détaché du registre, et remis au propriétaire du bois, qui est tenu de se transporter au bureau du receveur, pour y acquitter les droits, et lui remettre son bulletin ou permis de flottage, en l'échange duquel il recevra une quittance qui contiendra les indications ci-dessus désignées, et, en outre, la date et le numéro du bulletin.

29. Tout propriétaire de bois qui ne se sera pas conformé aux dispositions ci-dessus, dans les trois jours, sera poursuivi pour recouvrement de deniers domaniaux, à la diligence du receveur, qui pourra même, en vertu de la permission du juge-de-paix, faire procéder, par provision, à la saisie de sa flotte.

30. Le garde du flottage sera tenu chaque mois de faire viser son registre par l'inspecteur forestier, et de lui donner un extrait indicatif de tous les flottages effectués dans le cours du mois. Cet extrait sera adressé au conservateur, qui le transmettra au directeur des domaines.

31. Il sera procédé, comme en matière forestière, sur les procès-verbaux des délits et contraventions, en exécution du présent décret.

TITRE IV. Suppression de l'inspecteur du flottage.

32. Au moyen du présent réglement, la place d'inspecteur du flottage actuellement établie à Neustadt est supprimée. Il rendra, dans un bref délai, les comptes de sa gestion, par-devant le sous-préfet de l'arrondissement, en présence du sous-inspecteur forestier, ou du garde général à la résidence de Neustadt, et du receveur de l'enregistrement.

33. Les comptes seront adressés avec les pièces au préfet du département, qui les arrêtera définitivement. Le reliquat en sera versé dans la caisse du receveur de l'enregistrement. Dans le cas d'avance de la part du comptable, il sera remboursé sur le produit des droits de flottage, en vertu du mandat du préfet.

34. Notre ministre des finances est chargé de l'exécution du présent décret.

25 JANVIER 1807. — Avis du Conseil-d'Etat sur la manière de compter les votes pour établir la majorité absolue dans un collége électoral. (4, Bull. 134, n° 2178.)

Le Conseil-d'Etat, qui, d'après le renvoi

5.

ordonné par sa majesté l'empereur et roi, a entendu le rapport de la section de l'intérieur sur celui du ministre de ce département, établissant la question suivante :

Pour établir la majorité absolue dans un collége électoral, faut-il compter le nombre entier des individus qui ont voté, ou seulement le nombre des votes valables qui ont été émis par les votans ?

Par exemple, lorsque le nombre des membres du collége électoral est de deux cent quarante en tout, qu'il y a cent trente présens inscrits sur la liste des votans, mais que sur les cent trente votes il y en a douze blancs ou nuls, la majorité doit-elle être établie sur les cent trente, et être de soixante-six, ou sur les cent dix-huit restans après les douze votes nuls, et être de soixante ?

Est d'avis que la majorité doit être établie sur le nombre des votes valables d'après la décision du bureau, et non sur le nombre des votans, pourvu que le nombre des votes soit toujours au-dessus de la moitié de celui des membres du collége électoral, faute de quoi il n'y aurait pas d'élection.

25 JANVIER 1807. — Décret concernant la surveillance des douanes sur la circulation intérieure des sels. (4, Bull. 135, n° 2179.)

Voy. décret du 6 JUIN 1807.

Art. 1er. La surveillance des douanes s'exercera sur la circulation intérieure des sels, jusqu'à la distance de trois lieues des côtes de tout l'empire, soit qu'il y existe ou non des marais salans, salines et fabriques de sels.

2. Les sels transportés dans le rayon de trois lieues des côtes, sans déclaration préalable au bureau le plus prochain du lieu de l'enlèvement, et sans être accompagnés des congés ou acquits-à-caution prescrits par les articles 2, 4, 5 et 7 de notre décret du 11 juin dernier seront saisis et confisqués, ainsi que les chevaux, ânes, mulets et voitures employés au transport, et les conducteurs seront en outre condamnés à une amende de cent francs, conformément à l'article 57 de la loi du 24 avril 1806.

3. Le grand-juge, ministre de la justice, et le ministre des finances sont chargés de l'exécution du présent décret.

25 JANVIER 1807.—Décret portant création d'un substitut du procureur général impérial près le conseil des prises. (4, Bull. 135, n° 2180.)

Art. 1er. Notre procureur général près le conseil des prises aura un substitut qui jouira d'un traitement de dix mille francs à compter du jour de son installation.

Ce traitement sera payé sur les mêmes fonds et de la même manière que celui du procureur général.

2. Le grand-juge ministre de la justice, e le ministre de la marine et des colonies son chargés de l'exécution du présent décret.

25 JANVIER 1807. — Décret qui fixe l'époque : laquelle commencent à courir les années d jouissance des brevets d'invention, de per fectionnement et d'importation. (4, Bull. 136 n° 2188.)

Voy. loi du 31 DÉCEMBRE 1790 = 7 JAN VIER 1791.

Art. 1er. Les années de jouissance d'ur brevet d'invention, de perfectionnement ou d'importation, commencent à courir de la dat du certificat de demande, délivré par notr ministre de l'intérieur: ce certificat établit er faveur du demandeur une jouissance provi soire, qui devient définitive par l'expéditio du décret qui doit suivre ce certificat.

2. La priorité d'invention, dans le cas d contestation entre deux brevetés pour le mêm objet, est acquise à celui qui le premier fait, au secrétariat de la préfecture du dé partement de son domicile, le dépôt de pièce exigé par l'article 4 de la loi du 31 décem bre 1790 = 7 janvier 1791 (1).

3. Le ministre de l'intérieur est chargé d l'exécution du présent décret.

25 JANVIER 1807. — Décret concernant les fi de professeurs aux écoles de droits, etc. (4 Bull. 136, n° 2189.)

Voy. décret du 4e JOUR COMPLÉMENTAIR an 12.

Art. 1er. Les fils de professeurs et sup pléans de professeurs des écoles de droit pen dant tout le temps que ceux-ci seront e exercice de leurs fonctions, ou lorsqu'il seront morts durant le même exercice son admis gratuitement, ainsi que les élèves na tionaux dont est mention en l'article 67 d décret du 4e complémentaire an 12, aux étude et à la réception de tous les degrés dans le mêmes écoles, à la charge de se conformer tout ce qui est prescrit par les lois et régle mens concernant l'étude du droit.

2. Le grand-juge ministre de la justice e chargé de l'exécution du présent décret.

(1) En matière de contrefaçon, le fait de possession du procédé, antérieurement au brevet d'invention, peut être établi par la preuve testimoniale. Il n'est pas nécessaire que ce fait de possession soit constaté par des actes ou écri (8 février 1827; Cass. S. 27, 1, 107; D. 27, 135; P. 39, 92).

15 JANVIER 1807. — Avis du Conseil-d'Etat sur les formes à observer pour les protêts des lettres-de-change et des billets de commerce. (4, Bull. 136, n° 2190.)

Le Conseil-d'Etat, qui, d'après le renvoi ordonné par sa majesté l'empereur et roi, a entendu le rapport des sections de législation et de l'intérieur sur celui du ministre du Trésor public sur la question de savoir si de l'article 68 du titre des ajournemens au Code de procédure civile, il résulte qu'il y ait des changemens dans le régime actuel des protêts, lettres-de-change et billets de commerce;

Vu ledit article 68, conçu en ces termes: Tous exploits seront faits à personne ou domicile; mais si l'huissier ne trouve au domicile, ni la partie, ni aucun de ses parens ou serviteurs, il remettra de suite la copie à un voisin, qui signera l'original; si ce voisin ne peut ou ne veut signer, l'huissier remettra la copie au maire ou adjoint de la commune, lequel visera l'original sans frais: l'huissier fera mention du tout, tant sur l'original que sur la copie. »

Est d'avis que, par l'article 68 du Code de procédure civile, on n'a point entendu déroger aux lois du commerce concernant les protêts des lettres-de-change et billets de commerce, sans néanmoins qu'on puisse arguer de nullité contre les protêts qui, avant la publication de cet avis, auraient pu être faits dans les formes indiquées par ledit article.

___

5 JANVIER 1807. — Avis du Conseil-d'Etat sur la remise de l'amende en faveur des déserteurs condamnés, et qui ont obtenu leur grace avant de l'avoir acquittée. (4, Bull. 136, n° 2191.)

Voy. décret du 19 VENDÉMIAIRE an 12.

Le Conseil-d'Etat, qui, d'après le renvoi ordonné par sa majesté, a entendu le rapport de la section de législation sur celui du grand-juge, ministre de la justice, duquel il résulte que sa majesté, en exécution de l'article 53 du décret du 19 vendémiaire an 12, ayant accordé, le 16 frimaire an 14, au camp d'Austerlitz, grace à trois cent quatre-vingt-six condamnés aux travaux publics, et ordonné leur incorporation dans divers régimens, la question se présente si ceux qui ont payé l'amende de quinze cents francs doivent la recouvrer, et si ceux qui en sont débiteurs doivent en être déchargés,

Est d'avis, sur la première partie de la question, que la grace ne saurait emporter un effet rétroactif; elle fait cesser la peine, mais elle prend le condamné dans l'état où il est; elle ne lui rend point ce qu'il a perdu ou payé; elle ne doit point être onéreuse au Trésor public en le soumettant à des restitutions.

Quant à la seconde partie de la question, il est à considérer que si la grace n'a pas d'effet rétroactif, elle doit avoir un effet présent, qui fasse cesser toute peine et toute poursuite de la part de la partie publique;

Que si la grace ne remet pas les amendes acquises à des parties civiles, ou à des tiers auxquels elle tient lieu d'indemnités, il n'en est point ainsi à l'égard du prince, dont les graces, à moins qu'il ne les restreigne, sont, de plein droit, entières et absolues;

Que l'amende de quinze cents francs étant destinée, par l'article 12 de la loi du 17 ventose an 8, à remplacer par des enrôlemens volontaires les déserteurs condamnés, les déserteurs qui ont obtenu leur grace, et qui sont incorporés pour huit ans dans la ligne, acquittent de leur personne cette destination;

Que le non-recouvrement de l'amende pendant leur détention prouve qu'elle est d'une exécution difficile, et peut-être impossible; en sorte qu'en donnant à la grace toute l'étendue dont elle est susceptible, on fera cesser, d'une part, des poursuites vraisemblablement frustratoires, et, d'autre part, on ne distraira pas de leur devoir, par des inquiétudes sur leurs biens ou sur ceux de leurs parens, des soldats que sa majesté a jugés dignes, d'après leur meilleure conduite, de rentrer au service: comme on les rappelle à l'inviolable fidélité qu'ils doivent à leurs drapeaux, il paraît convenable qu'ils y trouvent un entier oubli de leur faute (1);

Par ces motifs,

Le Conseil-d'Etat est d'avis que la grace accordée en exécution de l'article 53 du décret du 19 vendémiaire an 12 aux déserteurs condamnés, leur remet l'amende de quinze cents francs, si elle n'a pas été acquittée.

___

25 JANVIER 1807. — Avis du Conseil-d'Etat sur la liquidation des pensions civiles.

Le Conseil-d'Etat, qui, d'après le renvoi ordonné par sa majesté, a entendu le rapport de la section des finances sur celui du ministre de ce département, tendant à faire interpréter à quelle classe des demandes de pensions civiles sont applicables les dispositions contenues dans le décret impérial du 13 décembre 1806, lesquelles diffèrent de

___

(1) Les actes de clémence du prince ne peuvent préjudicier aux droits acquis à des tiers; ainsi la désertion d'un remplaçant entraîne la résolution du contrat de remplacement, lorsque telle était la convention des parties, bien que le déserteur ait été amnistié (25 novembre 1817; Cass. S. 18, 1, 195).

celles renfermées dans l'arrêté du 15 floréal an 11,

Est d'avis, 1° que l'arrêté du 15 floréal n'est infirmé dans aucune de ses parties par le décret du 13 septembre 1806;

2° Que les dispositions du décret impérial du 13 septembre 1806 sont applicables à toutes les demandes de pensions civiles postérieures à la date de ce décret;

3° Que les demandes de pensions civiles formées aux termes de l'arrêté du 15 floréal an 11, et antérieurement au décret du 13 septembre 1806 par d'anciens employés, doivent continuer d'être examinées d'après les dispositions renfermées dans l'arrêté du 15 floréal an 11.

---

25 JANVIER 1807. — Avis du Conseil-d'État relatif aux fabriques. (Collection du ministère des cultes.)

Le Conseil-d'État qui, d'après le renvoi ordonné par Sa Majesté, a entendu le rapport de la section des finances sur celui du ministre de ce département, relatif à des abus qui se seraient introduits dans plusieurs départemens de l'empire : 1° à l'occasion de la restitution ordonnée par divers arrêtés du Gouvernement et décrets impériaux, de biens et rentes non aliénés ayant appartenu aux fabriques; 2° en ce que des curés et desservans se sont mis en possession de biens provenant originairement des anciennes dotations des cures, en sorte qu'ils cumulent les revenus de ces biens avec le traitement qui leur est accordé par l'Etat;

Considérant : 1° que les arrêtés du Gouvernement n'ont restitué aux fabriques que leurs biens et revenus non aliénés;

2° Que ce n'est que par exception que les curés et desservans de certains lieux ont été autorisés à rester ou à se mettre en possession des objets qui anciennement faisaient partie de la dotation des cures ou autres bénéfices;

3° Que la proposition du ministre, qui a pour objet d'obliger les marguilliers et les curés et desservans à fournir des états détaillés des biens dont ils jouissent, tend à la conservation non seulement des intérêts du Trésor public, mais même de ceux desdites fabriques, curés ou desservans;

4° Qu'il est également nécesssaire de s'occuper du mode à suivre pour les envois en possession qui pourront avoir lieu à l'avenir;

5° Que les moyens ordinaires d'administration sont suffisans pour remplir les vues du ministre,

Est d'avis :

1° Que les préfets doivent être chargés de transmettre au ministre des finances des états détaillés des biens et revenus dont les fa-

briques, ainsi que les curés et desservans, jouissent, à quelque titre que ce soit, et d'y joindre leurs observations;

2° Que soit les fabriques, soit les curés et desservans qui par exception, sont autorisés à posséder des immeubles, ne doivent se mettre en possession à l'avenir d'aucun objet, qu'en vertu d'arrêtés spéciaux des préfets, rendus par eux, après avoir pris l'avis des directeurs des domaines, et après qu'ils auront été revêtus de l'approbation du ministre des finances;

3° Qu'un double desdits états et arrêtés doit être envoyé par les préfets au ministre des cultes.

---

25 JANVIER 1807. — Décret qui autorise les anciennes sœurs de l'instruction chrétienne de Dourdan, à se réunir en communauté dans cette ville. (4, Bull. 135, n° 2183.)

---

25 JANVIER 1807. — Décret qui nomme le sieur Florent-Guyot substitut du procureur général impérial près le conseil des prises. (4, Bull. 135, n° 2181.)

---

25 JANVIER 1807. — Décret portant que l'île de Bislich fera partie du département de la Roër. (4, Bull. 135, n° 2186.)

---

25 JANVIER 1807. — Décret portant que la ville de Cassel et le bourg de Kosheim, ainsi que leur territoire, seront régis et administrés conformément aux lois de l'empire français. (4, Bull. 135, n° 2182.)

---

25 JANVIER 1807. — Décrets qui ordonnent le paiement de pensions accordées à des veuves de militaires. (4, Bull. 135, n°s 2184 et 2185.)

---

25 JANVIER 1807. — Décrets contenant le tableau des foires du département du Gers, et rectification du tableau général des foires du département de la Charente-Inférieure. (4, Bull. 136, n°s 2192 et 2193.)

---

25 JANVIER 1807. — Décrets qui autorisent l'acceptation de dons et legs faits aux pauvres et hospices du Buis, d'Issoudun, de Remiremont, Verviers, Svveveghem, Sable, Bajouges, Fontenay, Bernay, Sedan, Metz, Saint-Etienne, Rion, Gap, Mainsac, Tours, Coulommiers, Verdun, Verceil, Rochefort et Saint-Denis. (4, Bull. 136, n°s 2194 à 2196, et 2198 à 2214.)

---

25 JANVIER 1807. — Décret qui autorise l'acceptation des offres faites aux hospices de Gand, de dénoncer à leur profit plusieurs rentes, terres et prairies soustraites à la connaissance du domaine. (4, Bull. 136, n° 2197.)

5 JANVIER 1807.—Décret qui concède en toute propriété à l'hospice civil de Schelestadt le ci-devant couvent de Stylo, aux conditions prescrites. (4, Bull. 137, n° 2215.)

9 JANVIER 1807. — Traité de paix et d'alliance conclu entre sa majesté l'empereur des Français, roi d'Italie, et le roi de Saxe. (4, Bull. 133, n° 2166.)

N..... nous avons proclamé et proclamons loi de l'Etat le traité de paix et d'alliance conclu entre nous et le roi de Saxe, à Posen, le 11 décembre 1806, ratifié par nous à Posen le 12 décembre 1806, et dont il a été donné connaissance au Sénat le 17 février 1807, duquel traité la teneur suit :

Sa majesté l'empereur des Français, roi d'Italie, protecteur de la confédération du Rhin, et son altesse sérénissime électorale électeur de Saxe, voulant pourvoir au rétablissement définitif de la paix entre leurs états, ont nommé pour leurs plénipotentiaires respectifs, savoir : sa majesté l'empereur des Français, roi d'Italie, le général de division Michel Duroc, grand-maréchal de son palais, grand-cordon de la Légion-d'Honneur, chevalier des ordres de l'aigle noire et de l'aigle rouge de Prusse, et de la fidélité de Bade; et son altesse sérénissime électorale électeur de Saxe, le comte Charles de Boze, son grand-chambellan, et chevalier commandeur de l'ordre de l'étoile polaire; lesquels, après avoir échangé leurs pleins-pouvoirs, sont convenus de ce qui suit :

Art. 1er. A compter de la signature du présent traité, il y aura paix et amitié parfaite entre sa majesté l'empereur des Français, roi d'Italie, et la confédération du Rhin, d'une part, et de l'autre part, son altesse sérénissime électorale l'électeur de Saxe.

2. Son altesse sérénissime électorale accède au traité de confédération et d'alliance conclu à Paris le 12 juillet de la présente année, et, par son accession, elle entre dans tous ses droits et dans toutes les obligations de l'alliance, de la même manière que si elle eût été partie principale contractante audit traité.

3. Son altesse sérénissime électorale prendra le titre de roi, et siégera dans le collège des rois, suivant l'ordre de son introduction.

4. Il ne pourra, sans le consentement préalable de la confédération du Rhin, être, dans aucun cas et pour quelque cause que ce soit, donné passage par le royaume de Saxe, à aucune troupe, à aucun corps ou détachement de troupes d'aucune puissance étrangère à ladite confédération.

5. Les lois et actes qui déterminaient les droits réciproques des divers cultes établis en Allemagne, ayant été abolis par le fait de la dissolution de l'ancien corps germanique et n'étant pas d'ailleurs compatibles avec les principes sur lesquels la confédération a été formée, l'exercice du culte catholique sera, dans la totalité du royaume de Saxe, pleinement assimilé à l'exercice du culte luthérien, et les sujets des deux religions jouiront, sans restriction, des mêmes droits civils et politiques; sa majesté l'empereur et roi faisant une condition particulière de cet objet.

6. Sa majesté l'empereur des Français, roi d'Italie, s'engage à faire céder à sa majesté le roi de Saxe, par le futur traité de paix avec la Prusse, le Cotbuser-Kreis ou cercle de Cotbus.

7. Sa majesté le roi de Saxe cède au prince qui sera désigné par sa majesté l'empereur des Français, roi d'Italie, et dans la partie de la Thuringe située entre les principautés d'Eichfeld et d'Erfurth, un territoire égal en rapport et en population à celui du cercle de Cotbus, lequel territoire, servant à lier lesdites deux principautés, sera possédé par ledit prince en toute propriété et souveraineté.

Les limites de ce territoire seront fixées par des commissaires respectivement nommés à cet effet immédiatement après l'échange des ratifications.

8. Le contingent du royaume de Saxe pour le cas de guerre sera de vingt mille hommes de toutes armes, présens sous les armes.

9. Pour la présente campagne, et vu les évènemens qui ont eu lieu, le contingent du royaume de Saxe sera de quinze cents hommes de cavalerie, quatre mille deux cents d'infanterie, trois cents d'artillerie, et douze pièces de canon.

10. Toute contribution cessera au moment même de la signature du présent traité.

11. Le présent traité sera ratifié, et les ratifications en seront échangées à Dresde, dans le délai de dix jours.

Fait à Posen, le 11 du mois de décembre de l'année 1806.

———

29 JANVIER 1807. — Traité conclu entre sa majesté l'empereur des Français, roi d'Italie, et les ducs de Saxe-Weymar, Saxe-Gotha, Saxe-Meinungen, Saxe-Hildbourghausen et Saxe-Cobourg. (4, Bull. 133, n° 2167.)

N......, nous avons proclamé et proclamons loi de l'Etat le traité conclu entre nous et les ducs de Saxe-Weymar, Saxe-Gotha, Saxe-Meinungen, et Saxe-Hildbourghausen et Saxe-Cobourg, à Posen, le 15 décembre 1806, ratifié par nous à Posen le 16 décembre, et dont il a été donné connaissance au Sénat le 17 février 1807, duquel traité la teneur suit:

Sa majesté l'empereur des Français, roi d'Italie, protecteur de la confédération du

Rhin, et leurs altesses sérénissimes les ducs de Saxe-Weymar, Saxe-Gotha, Saxe-Meinungen, Saxe-Hildbourghausen et Saxe-Cobourg, voulant régler ce qui concerne l'admission de leurs altesses sérénissimes dans la confédération du Rhin, ont nommé pour leurs ministres plénipotentiaires, savoir :

Sa majesté l'empereur des Français, roi d'Italie, le général de division Michel Duroc, grand-maréchal de son palais, grand-cordon de la Légion-d'Honneur, chevalier des ordres de l'aigle rouge et de l'aigle noir de Prusse, et de celui de la fidélité de Bade ;

Et son altesse sérénissime le duc de Saxe-Weymar et Eisenath, son conseiller intime de régence Frédéric de Muller ;

Son altesse sérénissime le duc de Saxe-Gotha et Altembourg, son chambellan et ministre plénipotentiaire Auguste baron de Stüdnitz ;

Son altesse sérénissime madame la duchesse douairière régente de Saxe-Meinungen, son grand-écuyer le baron d'Erffa ;

Son altesse sérénissime le duc de Saxe-Hildbourghausen, le baron Charles-Auguste de Lichtenstein ;

Et son altesse sérénissime le duc de Saxe-Cobourg, son conseiller de collége suprême des mines, le baron Adolphe de Dankelmann ;

Lesquels, après avoir échangé leurs pleins-pouvoirs respectifs, sont convenus de ce qui suit :

Art. 1er. Leurs altesses sérénissimes les ducs de Saxe-Weymar, Saxe-Gotha, Saxe-Meinungen, Saxe-Hildbourghausen et Saxe-Cobourg, accèdent au traité de confédération et d'alliance conclu à Paris le 12 juillet de la présente année, et, par cette accession, ils entrent dans tous les droits et dans toutes les obligations de la confédération et de l'alliance, de la même manière que s'ils eussent été parties contractantes audit traité.

2. Leurs altesses sérénissimes siégeront dans le collége des princes : leur rang dans ce collége sera déterminé par la diète.

3. Il ne pourra, sans le consentement préalable de ladite confédération du Rhin, être, dans aucun cas, et pour quelque raison que ce puisse être, donné passage par les Etats de leurs altesses sérénissimes à aucune troupe, à aucun corps ou détachement de troupes d'aucune puissance étrangère à ladite confédération.

4. L'exercice du culte catholique sera, dans toutes les possessions de leurs altesses sérénissimes, pleinement assimilé à l'exercice du culte luthérien ; et les sujets des deux réligions jouiront, sans restriction, des mêmes droits civils et politiques, sans cependant déroger à la possession et jouissance actuelle des biens de l'église.

5. Le contingent que les duchés de Saxe-Weymar, Saxe-Gotha, Saxe-Meinungen, Saxe-Hildbourghausen et Saxe-Cobourg fourniront pour le cas de guerre, sera de deux mille huit cents hommes d'infanterie, répartis de manière que Saxe-Weymar fournira huit cents hommes, Saxe-Gotha onze cents, Saxe-Meinungen trois cents, Saxe-Hildbourghausen deux cents, et Saxe-Cobourg quatre cents. Ces deux mille huit cents hommes seront organisés en un régiment de trois bataillons, dont le commandement et l'inspection alterneront entre les deux premières branches de la maison.

6. Le présent traité sera ratifié, et les ratifications en seront échangées à Berlin, dans le délai de quinze jours, à dater de la signature du présent traité, ou plus tôt, si faire se peut.

---

14 FÉVRIER 1807. — Avis du Conseil-d'Etat. (Baux.) Voy. 10 MARS 1807.

---

14 FÉVRIER 1807. — Décret contenant proclamation des brevets d'invention délivrés pendant le dernier trimestre de l'année 1806, aux sieurs Bochm, Jobert, Lucas et compagnie, Vivien, Bontoux, Bérard, Dalmas, Gattey, Bellemere, Mazelline, Alexandre, Laurent, Led'hury, Coupat, Heutert et Hoselt, Bouvier, Boffe, Auger, Lafille et Eberhard. (4, Bull. 137, n° 2116.)

---

16 FÉVRIER 1807. — Décret qui ordonne la remise à la régie des droits réunis d'un état nominatif des salpêtriers travaillant pour le compte de l'administration des poudres et salpêtres. (4, Bull. 137, n° 2217.)

Art. 1er. L'administration des poudres et salpêtres fera remettre à la régie des droits réunis, dans le mois de la publication du présent décret, l'état nominatif de tous les salpêtriers travaillant pour son compte dans chacun des départemens de l'empire, et, à l'expiration de chaque mois, un bordereau énonciatif des quantités de salpêtre brut fabriquées par chaque salpêtrier, et du sel marin qui a dû en provenir, sur le pied de deux kilogrammes et demi de sel par chaque cent kilogrammes de salpêtre brut fabriqué.

2. Les salpêtriers seront chargés par ces bordereaux, et tenus d'acquitter, dans le cours du mois suivant, le droit fixé par la loi du 24 avril 1806.

3. L'administration des poudres remettra également à la régie, à la fin de chaque mois, l'état du salpêtre brut provenant de sa fabrication et du salpêtre pur provenant de son exploitation et raffinage, et sera chargée d'après cet état, d'acquitter le même droit fixé par la loi du 24 avril 1806, à raison de deux kilogrammes et demi de sel par cent kilo-

grammes de salpêtre brut, et de quinze kilogrammes de sel par cent kilogrammes de salpêtre raffiné.

4. Les administrateurs des poudres seront tenus d'acquitter le droit tous les trois mois, en numéraire ou obligations, selon que la somme à payer sera au-dessus ou au-dessous de six cents francs.

5. Les salpêtriers qui s'établiront à l'avenir seront tenus d'en faire la déclaration à la régie, conformément à l'article 51 de la loi du 24 avril.

6. Si les sels provenant de la fabrication ou raffinage du salpêtre sont de mauvaise qualité et hors d'état d'entrer dans le commerce, les administrateurs des poudres et les salpêtriers pourront obtenir la décharge du droit, en les faisant submerger, après en avoir constaté le poids, le tout en présence des préposés de la régie, qui en dresseront procès-verbal.

7. Toute contravention au présent décret sera punie des peines prononcées par la loi du 24 avril 1806 et le réglement impérial du 11 juin.

8. Nos ministres de la guerre et des finances sont chargés de l'exécution du présent décret.

16 FÉVRIER 1807. — Décret contenant le tarif des frais et dépens pour le ressort de la cour d'appel de Paris. (4, Bull. 138, n° 2240.)

Voy. décrets du même jour 16 FÉVRIER 1807, du 12 JUILLET 1808, du 7 AVRIL 1813. *Voy.* aussi le tarif en matière criminelle ou décret du 18 JUIN 1811; loi du 28 AVRIL 1816, tit. VII (1).

LIVRE Ier Des justices de paix.

CHAPITRE Ier. *Taxes des actes et vacations des juges-de-paix.*

Art. 1er. (Code de procédure civile, articles 909, 933). Il est accordé au juge-de-paix, pour chaque vacation d'apposition, reconnaissance et levée de scellés, qui sera de trois heures au moins,

À Paris, 5 francs.

Dans les villes où il y a tribunal de 1re instance, 3 francs 75 centimes.

Dans les autres villes et cantons ruraux, 2 francs 50 centimes.

Dans la première vacation seront compris les temps du transport et du retour du juge-de-paix: s'il n'y a qu'une seule vacation, elle sera payée comme complète, encore qu'elle n'ait pas été de trois heures.

Si le nombre des vacations d'apposition, reconnaissance et levée de scellés paraît excessif, le président du tribunal de 1re instance, en procédant à la taxe, pourra la réduire.

2. (Code de procédure civile, art. 921, 935, 916). S'il y a lieu à référé, lors de l'apposition des scellés,

Ou dans le cours de leur levée,

Ou pour présenter un testament, ou autre papier cacheté, au président du tribunal de première instance,

Les vacations du juge-de-paix lui seront allouées comme celles pour l'apposition, la reconnaissance et la levée de ses scellés.

3. En cas de transport du juge-de-paix devant le président du tribunal de première instance, il lui est accordé par chaque myriamètre, 2 francs.

Autant pour le retour, 2 francs.

Et par journée de cinq myriamètres, 10 fr.

Il ne lui est accordé qu'une seule journée quand la distance ne sera pas de plus de deux myriamètres et demi, y compris sa vacation devant le président du tribunal.

Si la distance est de plus de deux myriamètres et demi, il lui sera payé deux journées pour l'aller, le retour et la vacation devant le président du tribunal.

4. (Code civil, art. 406). Pour l'assistance du juge-de-paix à tout conseil de famille,

À Paris, 5 francs.

Dans les villes où il y a tribunal de 1re instance, 3 francs 75 centimes.

Dans les autres villes et cantons ruraux, 2 francs 50 centimes.

Nota. Le juge-de-paix ne pourra jamais prendre plus de deux vacations.

5. (Code civil, art. 70 et 71). Pour l'acte de notoriété sur la déclaration de sept témoins, pour constater, autant que possible, l'époque de la naissance d'un individu de l'un ou de l'autre sexe qui se propose de contracter mariage, et les causes qui empêchent de représenter son acte de naissance.

À Paris, 5 francs.

Dans les villes où il y a tribunal de première instance, 3 francs 75 centimes.

Dans les autres villes et cantons ruraux, 2 francs 50 centimes.

Et pour la délivrance de tout autre acte de notoriété qui doit être donné par le juge-de-paix,

À Paris, 1 franc.

Dans les villes où il y a tribunal de première instance, 75 centimes.

(1) Le tarif des frais et dépens n'est pas applicable aux frais de justice en matière de délit; et, jusqu'à la publication de nouveaux réglemens, on doit se conformer aux réglemens existans (décision du ministre de la justice; S. 7, 2, 120).

Dans les autres villes et cantons ruraux, 5o centimes.

6. (Code de procédure civile, articles 587, 781). Pour le transport du juge-de-paix, à l'effet d'être présent à l'ouverture de portes en cas de saisie-exécution, pour chaque vacation de trois heures,

A Paris, 5 francs.

Dans les villes où il y a tribunal de première instance, 3 francs 75 centimes.

Dans les autres villes et cantons ruraux, 2 francs 5o centimes.

Et à l'arrestation d'un débiteur condamné par corps, dans le domicile où ce dernier se trouve,

A Paris, 10 francs.

Dans les villes où il y a tribunal de première instance, 7 francs 5o centimes.

Dans les autres villes et cantons ruraux, 5 francs.

7. (Code de procédure civile, articles 4, 6, 29). Il n'est rien alloué au juge-de-paix, 1° pour toute cédule qu'il pourra délivrer;

(Art. 14). 2° Pour le paraphe des pièces, en cas de dénégation d'écriture, et de déclaration qu'on entend s'inscrire en faux incident.

8. (Code de procédure civile, art. 38). Il lui est alloué pour transport, soit à l'effet de visiter des lieux contentieux, soit à l'effet d'entendre des témoins; lorsque le transport aura été expressément requis par l'une des parties, et que le juge l'aura trouvé nécessaire, par chaque vacation,

A Paris, 5 francs.

Dans les villes où il y a tribunal de première instance, 3 francs 75 centimes.

Dans les autres villes et cantons ruraux, 2 francs 5o centimes.

Nota. Le procès-verbal du juge doit faire mention de la réquisition de la partie, et il n'est rien alloué à défaut de cette mention.

CHAPITRE II. Taxes des greffiers des juges-de-paix.

9. (Code de procédure civile, art. 8). Il sera taxé aux greffiers des justices de paix, par chaque rôle d'expédition qu'ils délivreront, et qui contiendra vingt lignes à la page et dix syllabes à la ligne,

A Paris, 5o centimes.

Dans les villes où il y a tribunal de première instance, 40 centimes.

Dans les autres villes et cantons ruraux, 40 centimes.

10. (Code de procédure civile, article 54). Pour l'expédition du procès-verbal qui constatera que les parties n'ont pu être conciliées, et qui ne doit contenir qu'une mention sommaire qu'elles n'ont pu s'accorder, il sera alloué,

A Paris, 1 franc.

Dans les villes et cantons ruraux, 8o cent.

11. (Code de procédure civile, art. 7). La déclaration des parties qui demandent à être jugées par le juge-de-paix sera insérée dans le jugement; et il ne sera rien taxé au greffier pour l'avoir reçue, non plus que pour tout autre acte du greffe.

12. (Code de procédure civile, article 3o). Pour transport sur les lieux contentieux, quand il sera ordonné, il sera alloué au greffier les deux tiers de la taxe du juge-de-paix.

13. (Code de procédure civile, art. 58). Il n'est rien alloué pour la mention sur le registre du greffe et sur l'original, ou la copie de la citation en conciliation, quand l'une des parties ne comparaît pas.

14. (Code de procédure civile, art. 45 et 47). Pour la transmission au procureur impérial de la récusation et de la réponse du juge, tous frais de port compris,

A Paris, 5 fr.

Dans les villes où il y a tribunal de première instance, 5 fr.

Dans les autres villes ou cantons ruraux, 5 francs.

15. (Code de procédure civile, art. 317). Il sera taxé au greffier du juge-de-paix qui aura assisté aux opérations des experts, et qui aura écrit la minute de leur rapport, dans le cas où tous, ou l'un d'eux, ne sauraient écrire, les deux tiers des vacations allouées à un expert.

16. Il lui est alloué les deux tiers des vacations du juge-de-paix pour assistance,

(Code civil, art. 406). Aux conseils de famille;

(Code de procédure civile, art. 909). Aux appositions de scellés;

(Art. 932). Aux reconnaissances et levées de scellés;

(Art. 921 et 935). Aux référés;

(Code civil, art. 70 et 71). Aux actes de notoriété.

Il est encore alloué au greffier les deux tiers des frais de transport dans les mêmes cas où ils sont alloués aux juges-de-paix.

Les greffiers des juges-de-paix ne pourront délivrer d'expéditions entières des procès-verbaux d'apposition, reconnaissances et levées de scellés, qu'autant qu'ils en seront expressément requis par écrit.

Ils seront tenus de délivrer les extraits qui leur seront demandés, quoique l'expédition entière n'ait été ni demandée, ni délivrée.

17. (Code de procédure civile, article 925). Il sera taxé au greffier du juge-de-paix,

Pour sa vacation, à l'effet de faire la déclaration de l'apposition des scellés sur le registre du greffe du tribunal de première instance, dans les villes où elle est prescrite, les deux tiers d'une vacation du juge-de-paix.

18. (Code de procédure civile, art. 926). Il lui sera alloué pour chaque opposition aux scellés qui sera formée par déclaration sur le procès-verbal de scellés,

A Paris, 5o centimes.

Dans les villes où il y a tribunal de première instance, 4o centimes.

Dans les autres villes et cantons ruraux, 4o centimes.

19. (Code de procédure civile, art. 1039). Il ne lui sera rien alloué pour les oppositions formées par le ministère des huissiers, et visées par lui.

20. (Code de procédure civile, art. 926). Il est alloué pour chaque extrait des oppositions aux scellés, à raison, par chaque opposition, de,

A Paris, 5o centimes.

Dans les villes où il y a tribunal de première instance, 4o centimes.

Dans les autres villes et cantons ruraux, 4o centimes.

CHAPITRE III. Taxe des huissiers des juges-de-paix.

21. Pour l'original,

De chaque citation contenant demande,

A Paris, 1 franc 5o centimes.

Dans les villes où il y a tribunal de première instance, 1 franc 25 centimes.

Dans les autres villes et cantons ruraux, 1 franc 25 centimes.

(Code de procédure civile, art. 16 et 19). De signification de jugement, 1 fr. 25 cent.

(Art. 17). De sommation de fournir caution ou d'être présent à la réception et soumission de la caution ordonnée, 1 fr. 25 cent.

(Art. 20). D'opposition au jugement par défaut, contenant assignation à la prochaine audience, 1 franc 5o centimes.

(Art. 32). De demande en garantie, 1 fr. 5o centimes.

(Art. 34). De citations aux témoins, 1 fr. 5o centimes.

(Art. 42). De citation aux gens de l'art et experts, 1 franc 5o centimes.

(Art. 52). De citation en conciliation, 1 fr. 5o centimes.

(Code civil, article 406). De citation aux membres qui doivent composer le conseil de famille, 1 franc 5o centimes.

De notification de l'avis du conseil de famille, 1 franc 5o centimes.

(Art. 926). D'opposition aux scellés, 1 fr. 5o centimes.

De sommation à la levée de scellés, 1 franc 5o centimes.

Et pour chaque copie des actes ci-dessus énoncés, le quart de l'original.

22. Pour la copie des pièces qui pourra être donnée avec les actes, par chaque rôle d'expédition de vingt lignes à la page et de dix syllabes à la ligne,

A Paris, 25 centimes.

Dans les villes où il y a tribunal de première instance, 20 centimes.

Dans les autres villes et cantons ruraux, 20 centimes.

23. Pour transport qui ne pourra être alloué qu'autant qu'il y aura plus d'un demi-myriamètre (une lieue ancienne) de distance entre la demeure de l'huissier et le lieu où l'exploit devra être posé, aller et retour, par myriamètre, 2 francs.

Il ne sera rien alloué aux huissiers des juges-de-paix pour *visa* par le greffier de la justice de paix ou par les maire et adjoints des communes du canton, dans les différens cas prévus par le Code de précédure.

CHAPITRE IV. Taxe des témoins, experts et gardiens des scellés.

24. (Code de procédure civile, art. 29 et 34). Il sera taxé au témoin entendu par le juge-de-paix, une somme équivalente à une journée de travail, et même à une double journée si le témoin a été obligé de se faire remplacer dans sa profession, ce qui est laissé à la prudence du juge.

Il sera taxé au témoin qui n'a pas de profession, 2 francs.

Il ne sera point passé de frais de voyage, si le témoin est domicilié dans le canton où il est entendu.

S'il est domicilié hors du canton et à une distance de plus de deux myriamètres et demi du lieu où il fera sa déposition, il lui sera alloué autant de fois une somme double de journée de travail, ou une somme de 4 fr., qu'il y aura de fois cinq myriamètres de distance entre son domicile et le lieu où il aura déposé.

25. (Code de procédure civile, art. 29 et 42). La taxe des experts en justice de paix sera la même que celle des témoins, et il ne leur sera alloué de frais de voyage que dans les mêmes cas.

26. Les frais de garde seront taxés par chaque jour, pendant les douze premiers jours,

A Paris, 2 francs 5o centimes.

Dans les villes où il y a tribunal de première instance, 2 francs.

Dans les autres villes et cantons ruraux, 1 franc 5o centimes.

Ensuite seulement à raison de,

A Paris, 1 franc.

Dans les villes où il y a tribunal de première instance, 8o centimes.

Dans les autres villes et cantons ruraux, 6o centimes.

Livre II. De la taxe des frais dans les tribunaux inférieurs et dans les cours.

Titre Iᵉʳ. *De la taxe des actes des huissiers ordinaires.*

§ Iᵉʳ. Actes de première classe.

27. (Code de procédure civile, art. 16 ; 59, 61 et 69, n° 8). Pour l'original d'un exploit d'appel du jugement de la justice de paix,

D'un exploit d'ajournement, même en cas de domicile inconnu en France, et d'affiche à la porte de l'auditoire,

A Paris, 2 francs.

Partout ailleurs, 1 franc 50 centimes.

28. (Code de procédure civile, art. 65). Pour les copies de pièces qui doivent être données avec l'exploit d'ajournement et autres actes, par rôle contenant vingt lignes à la page, et dix syllabes à la ligne, ou évalué sur ce pied,

A Paris, 25 centimes.

Partout ailleurs, 20 centimes.

Le droit de copie de toute espèce de pièces et de jugemens appartiendra à l'avoué, quand les copies de pièces seront faites par lui ; l'avoué sera tenu de signer les copies de pièces et de jugemens, et sera garant de leur exactitude.

Les copies seront correctes et lisibles, à peine de rejet de la taxe.

29. (Code de procédure civile, art. 121). Pour l'original d'une sommation d'être présent à la prestation d'un serment ordonné.

(Art. 147). D'une signification de jugement à domicile.

(Art. 153). De signification d'un jugement de jonction par un huissier commis.

(Art. 156). De signification d'un jugement par défaut contre partie, par un huissier commis.

(Art. 162). D'opposition au jugement par défaut rendu contre partie.

(Art. 204). De sommation aux experts et aux dépositaires des pièces de comparaison, en vérification d'écritures.

(Art. 223). De signification aux dépositaires de l'ordonnance ou du jugement qui porte que la minute de la pièce sera apportée au greffe.

(Art. 260 et 261). D'assignation aux témoins dans les enquêtes.

D'assignation à la partie contre laquelle se fait l'enquête.

(Art. 307). De signification de l'ordonnance du juge-commissaire pour faire prêter serment aux experts.

(Art. 329). De la signification de la requête et des ordonnances, pour faire subir interrogatoires sur faits et articles.

(Art. 350). De la signification du jugement rendu par défaut contre partie, sur demande en reprise d'instance, ou en constitution de nouvel avoué, par un huissier commis.

(Art. 355). De signification du désaveu.

(Art. 365). De signification du jugement portant permission d'assigner en réglement de juges, contenant assignation.

(Art. 415). Pour l'original d'une demande formée au tribunal de commerce.

(Art. 429). D'une sommation de comparaître devant les arbitres, ou experts nommés par le tribunal de commerce.

(Art. 435). De signification de jugement par défaut du tribunal de commerce par un huissier commis.

(Art. 436 et 437). Pour l'original d'opposition au jugement par défaut rendu par le tribunal de commerce, contenant les moyens d'opposition et assignation.

(Art. 439). De signification des jugemens contradictoires.

(Code de procéd. civ. art. 440 et 441). De l'acte de présentation de caution avec sommation à jour et heure fixes, de se présenter au greffe pour prendre communication des titres de la caution, et assignation à l'audience, en cas de contestation, pour y être statué.

(Art. 456). Original d'un acte d'appel de jugement des tribunaux de première instance et de commerce, contenant assignation et constitution d'avoué.

(Art. 447). De signification de jugement à des héritiers collectivement, au domicile du défunt.

(Art. 507). D'une réquisition aux tribunaux de juger en la personne du greffier.

(Art. 514). De signification de la requête et du jugement qui admet une prise à partie.

(Art. 518) (1). De signification de la présentation de caution, avec copie de l'acte de dépôt au greffe des titres de solvabilité de la caution.

(Art. 534). De signification de l'ordonnance du juge commis, pour entendre un compte, et sommation de se trouver devant lui, aux jour et heure indiqués pour être présent à la présentation et affirmation.

(Art. 557, 558 et 559). D'un exploit de saisie-d'arrêt ou opposition contenant énonciation de la somme pour laquelle elle est faite, et des titres, ou de l'ordonnance du juge.

(Art. 563). De la dénonciation au saisi de la saisie-arrêt, ou opposition, avec assignation en validité.

---

(1) Il y a dans le Bulletin, art. 418, mais c'est une erreur.

(Art. 564). De la dénonciation au tiers-saisi de la demande en validité formée contre le débiteur saisi.

(Art. 570). De l'assignation au tiers-saisi pour faire sa déclaration.

(Art. 583 et 584). D'un commandement, pour parvenir à une saisie-exécution.

(Art. 602). De la notification de la saisie-exécution faite hors du domicile du saisi, et en son absence.

(Art. 606). D'une assignation en référé à la requête du gardien qui demande sa décharge.

D'une sommation à la partie saisie, pour être présente au récolement des effets saisis, quand le gardien a obtenu sa décharge.

(Art. 608). D'une opposition à vente, à la requête de celui qui se prétendra propriétaire des objets saisis entre les mains du gardien.

De dénonciation de cette opposition au saisissant et au saisi, avec assignation libellée et l'énonciation des preuves de propriété.

Le gardien ne pourra être assigné.

(Code de procéd. civ., art 609). D'une opposition sur le prix de la vente, qui en contiendra les causes.

(Art. 612). D'une sommation au premier saisissant de faire vendre.

(Art. 614). D'une sommation à la partie saisie, pour être présente à la vente qui ne serait pas faite au jour indiqué par le procès-verbal de saisie-exécution.

(Art. 626). Pour l'original du commandement qui doit précéder la saisie-brandon.

(Art. 628). De dénonciation de la saisie-brandon au garde-champêtre, gardien de droit à ladite saisie, et qui ne sera pas présent au procès-verbal.

(Art. 636). Pour l'original du commandement qui doit procéder la saisie de rentes constituées sur particuliers.

(Art. 641). De dénonciation à la partie saisie de l'exploit de saisie de rentes constituées sur particuliers.

(Art. 659 et 660). D'une sommation aux créanciers de produire dans les contributions, et à la partie saisie de prendre communication des pièces produites, et de contredire s'il y échet.

(Art. 661). D'une sommation à la partie saisie qui n'a point d'avoué constitué, à la requête du propriétaire, de comparaître en référé devant le juge-commissaire, pour faire statuer préliminairement sur son privilège pour raison des loyers à lui dus.

(Art. 663). De dénonciation à la partie saisie, qui n'a point d'avoué constitué, de la clôture du procès-verbal du juge-commissaire, en contribution avec sommation d'en prendre communication, et de contredire sur le procès-verbal dans la quinzaine.

(Art. 673). Pour l'original d'un commandement tendant à saisie immobilière.

(Art. 687). De la notification à la partie saisie de l'acte d'apposition de placards en saisie immobilière.

(Art. 693). De la signification aux créanciers inscrits de l'acte de consignation faite par l'acquéreur, en cas d'aliénation, qui peut avoir lieu après la saisie immobilière, sous la condition de consigner.

(Art. 695). De la notification d'un exemplaire du placard aux créanciers inscrits.

(Code de procéd. civile, art. 727). De la demande en distraction d'objets saisis immobilièrement contre la partie qui n'a pas avoué en cause.

(Art. 734 et 736). De la notification au greffier de l'appel du jugement qui aura statué sur les nullités proposées en saisie immobilière.

(Art. 753). De sommation aux créanciers inscrits de produire dans les ordres.

(Art. 807). D'assignation en référé, dans le cas d'urgence, ou lorsqu'il s'agit de statuer sur les difficultés relatives à l'exécution d'un titre exécutoire ou d'un jugement.

(Art. 809). De signification d'une ordonnance sur référé.

(Code civil, art. 1259). D'une sommation d'être présent à la consignation de la somme offerte.

De dénonciation du procès-verbal de dépôt de la chose ou de la somme consignée, au créancier qui n'était pas présent à la consignation.

(Art. 1264). De sommation aux créanciers d'enlever le corps certain, qui doit être livré au lieu où il se trouve.

(Code de procéd. civile, art. 819). D'un commandement à la requête des propriétaires et principaux locataires de maisons ou biens ruraux, à leurs locataires, sous-locataires et fermiers, pour paiement de loyers ou fermages échus.

(Code civil, art. 2183). De la notification aux créanciers inscrits de l'extrait du titre du nouveau propriétaire, de la transcription et du tableau prescrit par l'article 2183 du Code civil.

(Code de procéd. civile, art. 829). D'une assignation et sommation à un notaire, et aux parties intéressées, s'il y a lieu, pour avoir expédition d'un acte parfait.

(Art. 841). D'un acte non enregistré ou resté imparfait.

(Art. 844). Ou une seconde grosse.

(Art. 861). D'une sommation à la requête de la femme à son mari, de l'autoriser.

(Art. 856). D'une demande à domicile, à fin de rectification d'un acte de l'état civil.

(Art. 876). D'une demande en séparation de corps.

(Code civ., art. 241). D'une demande en divorce pour cause déterminée.

(Code de procéd. civ., art. 883). D'ajournement, pour demander la réformation d'un avis du conseil de famille qui n'a pas été unanime.

(Code de procédure civile, article 888). De l'opposition formée, à la requête des membres d'un conseil de famille, à l'homologation de la délibération.

(Article 947). De sommation aux parties qui doivent être appelées à la vente des meubles dépendant d'une succession.

(Article 976). De sommation aux copartageans de comparaître devant le juge-commissaire.

(Article 980). De sommation aux parties pour assister à la clôture du procès-verbal de partage chez le notaire.

(Article 992). De sommation à la requête d'un créancier, à l'héritier bénéficiaire de donner caution.

(Article 1018). De sommation aux arbitres de se réunir au tiers-arbitre pour vider le partage.

De tout exploit contenant sommation de faire une chose, ou opposition à ce qu'une chose soit faite, protestation de nullité, et généralement de tous actes simples du ministère des huissiers non compris dans la seconde partie du présent tarif,

A Paris, 2 francs.

Partout ailleurs, 1 franc 50 centimes.

Pour chaque copie, le quart de l'original.

Indépendamment des copies de pièces qui n'auront pas été faites par les avoués, et qui seront taxées comme il a été dit ci-dessus.

§ II. Actes de seconde classe et procès-verbaux.

30. (Code de procédure civile, article 45. Pour l'original de la récusation du juge-de-paix qui en contiendra les motifs, et qui sera signé par la partie ou son fondé de pouvoir spécial, ainsi que la copie,

A Paris, 3 francs.

Dans les villes où il y a tribunal de première instance, 2 francs 25 centimes.

Dans les autres villes et cantons ruraux, 2 francs 25 centimes.

Et pour la copie, le quart.

31. (Code de procédure civile, articles 585, 586, 587, 588, 589, 590 et 601). Pour un procès-verbal de saisie-exécution, qui durera trois heures, y compris le temps nécessaire pour requérir, soit le juge-de-paix, soit le commissaire de police ou les maire et adjoints, en cas de refus d'ouverture de porte,

A Paris, y compris 1 franc 50 centimes pour chaque témoin, 8 francs.

Dans les villes où il y a tribunal de première instance,

Et dans les autres villes et cantons ruraux, y compris 1 franc par chaque témoin, six francs.

Si la saisie dure plus de trois heures, par chacune des vacations subséquentes aussi de trois heures.

A Paris, y compris 80 centimes pour chaque témoin, 5 francs.

Dans les villes où il y a tribunal de première instance,

Et dans les autres villes et cantons ruraux, y compris 60 centimes pour chaque témoin, 3 francs 75 centimes.

Dans les taxes ci-dessus se trouvent comprises les copies pour la partie saisie et pour le gardien.

32. (Code de procédure civile, article 587). Vacation du commissaire de police qui aura été requis pour être présent à l'ouverture des portes et des meubles fermant à clef, ou aux maires et adjoints, si ces derniers le requièrent,

A Paris, 5 francs.

Dans les villes où il y a tribunal de première instance, 3 francs 75 centimes.

Dans les autres villes et cantons ruraux, 2 francs 50 centimes.

33. (Code de procédure civile, article 590). Vacation de l'huissier pour déposer au lieu établi pour les consignations, ou entre les mains du dépositaire qui sera convenu, les deniers comptans qui pourraient avoir été trouvés,

A Paris, 2 francs.

Dans les villes où il y a tribunal de première instance, 1 franc 50 centimes.

Dans les autres villes et cantons ruraux, 1 franc 50 centimes.

34. (Code de procédure civile, article 596). Les frais de garde seront taxés par chaque jour, pendant les douze premiers jours,

A Paris 2 francs 50 centimes.

Dans les villes où il y a tribunal de première instance, 2 francs.

Dans les autres villes et cantons ruraux, 1 franc 50 centimes.

Ensuite seulement à raison de,

A Paris, 1 franc.

Dans les villes où il y a tribunal de première instance, 80 centimes.

Dans les autres villes et cantons ruraux, 60 centimes (1).

35. (Code de procédure civile, article 606). Pour un procès-verbal de récolement des effets saisis, quand le gardien a obtenu sa décharge,

---

(1) Les frais de garde doivent être alloués au gardien jusqu'à sa décharge. Ils ne peuvent être modérés par les juges, sous prétexte que la garde effective a cessé avant cette époque (19 août 1825, Bourges; S. 27, 2, 215; D. 27, 2, 121).

A Paris, 3 francs.

Dans les villes où il y a tribunal de première instance, 2 francs 25 centimes.

Dans les autres villes et cantons ruraux, 2 francs 25 centimes.

Ce procès-verbal ne contiendra aucun détail, si ce n'est pour constater les effets qui pourraient se trouver en déficit; et l'huissier ne sera point assisté de témoins.

Il sera laissé copie du procès-verbal de récolement au gardien qui aura obtenu sa décharge : il remettra la copie de la saisie qu'il avait entre les mains au nouveau gardien, qui se chargera du contenu sur le procès-verbal de récolement.

Pour chacune des copies à donner du procès-verbal de récolement, le quart de l'original.

36. (Code de procédure civile, article 611). Dans le cas de saisie antérieure et d'établissement de gardien pour le procès-verbal de récolement sur le premier procès-verbal que le gardien sera tenu de représenter, et qui, sans entrer dans aucun détail, et contenant seulement la saisie des effets omis, et sommation au premier saisissant de vendre, témoins compris et deux copies, sera taxé,

A Paris, 6 francs.

Dans les villes où il y a tribunal de première instance, 4 francs 50 centimes.

Dans les autres villes et cantons ruraux, 4 francs 50 centimes.

Et pour une troisième copie, s'il y a lieu, le quart de l'original.

37. (Code de procédure civile, article 616). Pour le procès-verbal de récolement qui précédera la vente, et qui ne contiendra aucune énonciation des effets saisis, mais seulement de ceux en déficit, s'il y en a, y compris les témoins,

A Paris, 6 francs.

Dans les villes où il y a tribunal de première instance, 4 francs cinquante centimes.

Dans les autres villes et cantons ruraux, 4 francs cinquante centimes.

Il n'en sera point donné de copie.

38. (Code de procédure civile, article 617). S'il y a lieu au transport des effets saisis, l'huissier sera remboursé de ses frais sur les quittances qu'il en présentera, ou sur sa simple déclaration, si les voituriers et gens de peine ne savent écrire ; ce qu'il constatera par son procès-verbal de vente.

Il sera alloué à l'huissier ou autre officier qui procédera à la vente, pour la rédaction de l'original du placard qui doit être affiché,

A Paris, 1 franc.

Dans les villes où il y a tribunal de première instance, 1 franc.

Dans les autres villes et cantons ruraux ; 1 franc.

Pour chacun des placards, s'ils sont manuscrits,

A Paris, cinquante centimes.

Dans les villes où il y a tribunal de première instance, cinquante centimes.

Dans les autres villes et cantons ruraux, cinquante centimes.

Et s'ils sont imprimés, l'officier qui procédera à la vente en sera remboursé sur les quittances de l'imprimeur et de l'afficheur.

39. Pour l'original de l'exploit qui constatera l'apposition des placards, dont il ne sera point donné de copie,

A Paris, 3 francs.

Dans les villes où il y a tribunal de première instance, 2 francs vingt-cinq centimes.

Dans les autres villes et cantons ruraux, 2 francs vingt-cinq centimes.

Il sera passé en outre la somme qui aura été payée pour l'insertion de l'annonce de la vente dans un journal, si la vente est faite dans une ville où il s'en imprime.

Pour chaque vacation de trois heures à la vente, le procès-verbal compris, il sera taxé à l'huissier dans les lieux où ils sont autorisés à la faire.

A Paris, huit francs.

Dans les villes où il y a tribunal de première instance, cinq francs.

Dans les autres villes et cantons ruraux, 4 francs.

Et à Paris, où les ventes sont faites par les commissaires-priseurs, il sera alloué à l'huissier, pour requérir le commissaire-priseur, une vacation de 2 francs.

40. (Code de procédure civile, article 623). En cas d'absence de la partie saisie, son absence sera constatée, et il ne sera nommé aucun officier pour la représenter.

41. (Code de procédure civile, article 620 et 621). Dans le cas de publication sur les lieux où se trouvent les barques, chaloupes et autres bâtimens, prescrite par l'article 620 du Code, et dans le cas d'exposition de la vaisselle d'argent, bagues et joyaux, ordonnée par l'article 621, il sera alloué à l'huissier, pour chacune des deux premières publications ou expositions,

A Paris, 6 francs.

Dans les villes où il y a tribunal de première instance, 4 francs.

Dans les autres villes et cantons ruraux, 3 francs.

La troisième publication ou exposition est comprise dans la vacation de vente.

A Paris, et dans les villes où il s'imprime des journaux, les vacations, pour publications et expositions, ne pourront être allouées aux huissiers, attendu qu'il doit y être suppléé par l'insertion dans un journal.

Si l'expédition du procès-verbal de vente est requise par l'une des parties, il sera alloué à l'huissier ou autre officier qui aura procédé à la vente, par chaque rôle d'expédition, contenant vingt-cinq lignes à la page, et dix à douze syllabes à la ligne,

A Paris, 1 franc.

Dans les villes où il y a tribunal de première instance, 5o centimes.

Dans les autres villes et cantons ruraux, 4o centimes.

42. (Code de procéd. civile, article 657). Pour la vacation de l'huissier ou autre officier qui aura procédé à la vente, pour faire taxer ses frais par le juge, sur la minute de son procès-verbal,

A Paris, 3 francs.

Dans les villes où il y a tribunal de première instance, 2 francs.

Dans les autres villes et cantons ruraux, 1 franc 5o centimes.

Et pour consigner les deniers provenant de la vente,

A Paris, 3 francs.

Dans les villes où il y a tribunal de première instance, 2 francs.

Dans les autres villes et cantons ruraux, 1 franc 5o centimes.

43. (Code de procéd. civile, article 627). Pour un procès-verbal de saisie-brandon, contenant l'indication de chaque pièce, sa contenance et sa situation, deux au moins de ses tenans et aboutissans, et la nature des fruits, quand il n'y sera pas employé plus de trois heures,

A Paris, 6 francs.

Dans les villes où il y a tribunal de première instance, 5 francs.

Dans les autres villes et cantons ruraux, 4 francs.

Et quand il y sera employé plus de trois heures pour chacune des autres vacations aussi de trois heures,

A Paris, 5 francs.

Dans les villes où il y a tribunal de première instance, 4 francs.

Dans les autres villes et cantons ruraux, 3 francs.

L'huissier ne sera point assisté de témoins.

44. (Code de procéd. civile, article 628). Pour les copies à délivrer à la partie saisie, au maire de la commune et au garde-champêtre, ou autre gardien, par chacune, le quart de l'original.

Nota. Le surplus des actes sera taxé comme en saisie-exécution (1).

45. Il sera alloué pour frais de garde, soit au garde-champêtre, soit à tout autre gardien qui pourrait être établi, aux termes de l'art. 628, par chaque jour, savoir,

Au garde-champêtre,

A Paris, 75 centimes.

Dans les villes où il y a tribunal de première instance, 75 centimes.

Dans les autres villes et cantons ruraux, 75 centimes.

Et à tout autre que le garde-champêtre,

A Paris, 1 franc 25 centimes.

Dans les villes où il y a tribunal de première instance, 1 franc 25 centimes.

Dans les autres villes et cantons ruraux, 1 franc 25 centimes.

46. (Code de procéd. civile, article, 637). Pour un exploit de saisie du fonds d'une rente constituée sur particulier, contenant assignation au tiers-saisi en déclaration affirmative devant le tribunal,

A Paris, 4 francs.

Dans les villes où il y a tribunal de première instance, 3 francs.

Dans les autres villes et cantons ruraux, 3 francs.

Pour la copie, le quart.

Nota. La dénonciation des placards et tous les autres actes seront taxés comme en saisie immobilière (2).

47. (Code de procéd. civile, article 675). Pour un procès-verbal de saisie immobilière auquel il n'aura été employé que trois heures,

A Paris, 6 francs.

Dans les villes où il y a tribunal de première instance, 5 francs.

Dans les autres villes et cantons ruraux, 5 francs.

Et cette somme sera augmentée, par chacune des vacations subséquentes qui auront pu être employées, de,

A Paris, 5 francs.

Dans les villes où il y a tribunal de première instance, 4 francs.

Dans les autres villes et cantons ruraux, 4 francs.

L'huissier ne se fera point assister de témoins.

48. (Code de procéd. civile, article 676). Pour chaque copie de ladite saisie qui sera laissée au greffier des juges-de-paix et aux maire ou adjoint des communes de la situation, le quart de l'original.

49. (Code de procéd. civile, article 681). Pour la dénonciation de la saisie immobilière et des enregistremens à la partie saisie,

A Paris, 2 francs 5o centimes.

Dans les villes où il y a tribunal de première instance, 2 francs.

Dans les autres villes et cantons ruraux, 2 francs.

Pour la copie de ladite dénonciation, le quart.

---

(1) *Voy.* art. 38 et suivans.

(2) *Voy.* art. 49 et 5o.

5o. (Code de procéd. civ., art. 685 et 686).
ur l'original de l'acte d'apposition de pla-
rds en saisie immobilière, lequel ne con-
·ndra pas la désignation des lieux où ils
.t été apposés ,
A Paris, 4 francs.
Dans les villes où il y a tribunal de pre-
.ère instance, 3 francs.
Dans les autres villes et cantons ruraux,
·rancs.

51. (Code de procéd. civile, article 780).
ur l'original de la signification du juge-
·nt qui prononce la contrainte par corps ,
·c commandement ,
A Paris, 3 francs.
Dans les villes où il y a tribunal de pre-
ère instance, 2 francs.
Dans les autres villes et cantons ruraux,
·ranc 25 centimes.
Et pour la copie, le quart.

·2. (Code de procéd. civile, article 781).
cation pour obtenir l'ordonnance du juge-
paix, à l'effet, par ce dernier, de se trans-
·ter dans le lieu où se trouve le débiteur
idamné par corps, et requérir son trans-
·t,
l Paris, 2 francs 5o centimes.
)ans les villes où il y a tribunal de pre-
·re instance, 2 francs.
)ans les autres villes et cantons ruraux,
·ancs.

3. (Code de procéd. civ. art. 783 et 789).
ir le procès-verbal d'emprisonnement d'un
iteur, y compris l'assistance de deux re-
· et l'écrou,
l Paris, 6o francs 25 centimes.
)ans les villes où il y a tribunal de pre-
·re instance, 4o francs.
)ans les autres villes et cantons ruraux,
francs.
l ne pourra être passé aucun procès-ver-
de perquisition, pour lequel l'huissier
ira point de recours, même contre sa
·tie, la somme ci-dessus lui étant allouée
·considération de toutes les démarches
·l pourrait faire.

4. (Code de procéd. civile, article 786).
·ation de l'huissier en référé, si le débi-
· arrêté le requiert,
l Paris, 8 francs.
)ans les villes où il y a tribunal de pre-
·re instance, 6 francs.
)ans les autres villes et cantons ruraux,
·ancs.

5. (Code de procéd. civile, article 789).
·r la copie du procès-verbal d'emprison-
·ient et de l'écrou, le tout ensemble,
l Paris, 3 francs.
)ans les villes où il y a tribunal de pre-
·re instance, 2 francs 25 centimes.

·6.

Dans les autres villes et cantons ruraux,
2 francs 25 centimes.

56. (Code de procéd. civile, article 790).
Il sera taxé au gardien ou geôlier qui transcrira sur son registre le jugement portant la
contrainte par corps, par chaque rôle d'expédition,
A Paris, 25 centimes.
Dans les villes où il y a tribunal de première instance, 20 centimes.
Dans les autres villes et cantons ruraux,
20 centimes.

57. (Code de procéd. civile, articles 792 et
793). Pour un acte de recommandation d'un
débiteur emprisonné sans assistance de recors,
A Paris, 4 francs.
Dans les villes où il y a tribunal de première instance, 3 francs.
Dans les autres villes et cantons ruraux,
3 francs.
Pour chaque copie à donner au débiteur
et au geôlier, le quart.

58. (Code de procédure civile, art. 796).
Pour la signification du jugement qui déclare un emprisonnement nul et la mise en
liberté du débiteur,
A Paris, 4 francs.
Dans les villes où il y a tribunal de première instance, 3 francs.
Dans les autres villes et cantons ruraux,
3 francs.
Pour la copie à laisser au gardien ou geôlier, le quart.

59. (Code de procédure civile, art. 813).
Pour l'original d'un procès-verbal d'offres
contenant le refus ou l'acceptation du créan-
cier,
A Paris, 3 francs.
Dans les villes où il y a tribunal de pre-
mière instance, 2 francs 25 centimes.
Dans les autres villes et cantons ruraux,
2 francs 25 centimes.
Pour la copie, le quart.

6o. (Code civil, article 1259). D'un procès-verbal de consignation de la somme ou
de la chose offerte,
A Paris, 5 francs.
Dans les villes où il y a tribunal de première instance, 4 francs.
Dans les autres villes et cantons ruraux,
4 francs.
Pour chaque copie à laisser au créancier,
s'il est présent, et au dépositaire, le quart.

61. (Code de procédure civile, art. 819,
822, 825). Les procès-verbaux de saisie-ga-
gerie sur locataires et fermiers,
Et ceux de saisie des effets du débiteur
forain,
Seront taxés comme ceux de saisie-exécu-

tion, ainsi que tout le reste de la poursuite (1).

62. Code de procédure civile, art. 829).
Pour un procès-verbal tendant à saisie-revendication, s'il y a refus de portes, ou opposition à la saisie, contenant assignation en référé devant le juge, y compris les témoins,

A Paris, 5 francs.

Dans les villes où il y a tribunal de première instance, 4 francs.

Dans les autres villes et cantons ruraux, 4 francs.

Pour la copie, le quart.

Le procès-verbal de saisie-revendication sera taxé comme celui de saisie-exécution (2).

63. (Code de procédure civile, art. 822; Code civil, art. 2185). Pour l'original de l'acte, contenant réquisition d'un créancier inscrit, à fin de mises aux enchères et adjudications publiques de l'immeuble aliéné par son débiteur,

A Paris, 5 francs.

Dans les villes où il y a tribunal de première instance, 4 francs.

Dans les autres villes et cantons ruraux, 4 francs.

Et pour la copie, le quart.

L'original et la copie de cette réquisition seront signés par le requérant ou par son fondé de procuration spéciale.

Il contiendra la soumission de porter ou faire porter le prix à un dixième en sus de celui qui aura été stipulé dans le contrat, et l'offre d'une caution avec assignation devant le tribunal pour la réception de la caution.

64. (Code de procédure civile, art. 901). Pour un procès-verbal de réitération de cession par le débiteur failli à la maison commune, s'il n'y a pas de tribunal de commerce,

A Paris, 4 francs.

Dans les villes où il y a tribunal de première instance, 3 francs.

Dans les autres villes et cantons ruraux, 3 francs.

65. (Code de procédure civile, art. 902). Pour un procès-verbal d'extraction de la prison du débiteur failli, à l'effet de faire la réitération de sa cession de biens, indépendamment du procès-verbal de ladite réitération,

A Paris, 6 francs.

Dans les villes où il y a tribunal de première instance, 5 francs.

Dans les autres villes et cantons ruraux, 5 francs.

Le procès-verbal d'apposition de placards, en vente de biens-immeubles de mineurs, ou dépendans d'une succession bénéficiaire ou vacante, ou abandonnés par un débit[eur] failli, sera taxé comme en saisie imm[obi]lière (3).

Par chaque original de protêt, interv[en]tion à protêt, et sommation d'intervenir, sistans et copie compris,

A Paris, 2 francs.

Dans les villes où il y a tribunal de p[re]mière instance, 1 franc 50 centimes.

Dans les autres villes et cantons rura[ux,] 1 franc 50 centimes.

Pour l'original d'un protêt avec perqu[isi]tion, assistans et copie compris,

A Paris, 5 francs.

Dans les villes où il y a tribunal de p[re]mière instance, 4 francs.

Dans les autres villes et cantons rura[ux,] 4 francs.

§ III. Dispositions générales relatives a[ux] huissiers.

66. (Code de procédure civile, article [ ]
Il ne sera rien alloué aux huissiers p[our] transport jusqu'à un demi-myriamètre.

Il leur sera alloué au-delà d'un demi-myriamètre, pour frais de voyage qui ne po[urra] excéder une journée de cinq myriamè[tres] (dix lieues anciennes), savoir : au-delà [du] demi-myriamètre et jusqu'à un myriamè[tre,] pour aller et retour,

A Paris, 4 francs.

Dans les villes et cantons ruraux, 4 fra[ncs.]

Au-delà d'un myriamètre, il sera al[loué] par chaque demi-myriamètre, sans dist[inc]tion, 2 francs.

Il sera taxé, pour *visa* de chacun des a[ctes] qui y sont assujétis,

A Paris, 1 franc.

Dans les villes où il y a tribunal de p[re]mière instance, 75 centimes.

Dans les autres villes et cantons rura[ux,] 75 centimes.

En cas de refus de la part du foncti[on]naire public qui doit donner le *visa*, et [dans] le cas où l'huissier sera obligé, à raison [de] ce refus, de requérir le *visa* du procu[reur] impérial, le droit sera double.

Les huissiers qui seront commis pour [don]ner des ajournemens, faire des significat[ions] de jugemens, et tous autres actes, ou pr[océ]der à des opérations, ne pourront pren[dre] de plus forts droits que ceux énoncés au [pré]sent tarif, à peine de restitution et d'in[ter]diction, quels que soient la cour et le tri[bu]nal auxquels ils sont attachés.

Les huissiers qui auront omis de me[ttre] au bas de l'original et de chaque copie [des] actes de leur ministère la mention du [coût] d'icelui pourront, indépendamment de [ ]

---

mde portée par l'article 67 du Code de bcédure, être interdits de leurs fonctions ' la réquisition d'office des procureurs iéraux et impériaux.

ITRE II. Des avoués de première instance.

CHAPITRE Ier. Matières sommaires.

7. Les dépens, dans ces matières, seront idés tant en demandant qu'en défendant, oir :

'our l'obtention d'un jugement par défaut tre partie ou avoués, y compris les qua- s et la signification à avoué, s'il y a lieu, nd la demande n'excédera pas 1,000 fr.

Paris, 7 francs 50 centimes.

)ans le ressort, les trois quarts.

t quand elle excédera 1,000 francs, jus- 5,000 francs, 10 francs.

t quand elle excédera 5,000 francs, 15 fr.

t pour l'obtention d'un jugement contra-)ire ou définitif, quand la demande n'ex- ra pas 1,000 francs, 15 francs.

t quand elle excédera 1,000 francs, jus- 5,000 francs, 20 francs.

uand elle excédera 5,000 francs, 30 fr.

ota Si la valeur de l'objet de la contestation ndéterminée, le juge allouera l'une des som- ci-dessus indiquées.

il y a lieu à enquête ou à visite et esti- on d'experts, ordonnée contradictoire- t, et s'il est intervenu aussi jugement radictoire sur l'enquête ou le rapport perts, il sera alloué un demi-droit.

:, en outre, pour copie des procès-ver- : d'enquête et d'expertise, par chaque

Paris, 15 centimes.

ins le ressort, les trois quarts.

l y a plus de deux parties en cause, et les ont des intérêts contraires, il sera é un quart en sus des droits ci-dessus à ué qui aura suivi contre chacune des s parties.

l y a lieu à interrogatoire sur faits et

articles, il sera passé, à l'avoué de la partie à la requête de laquelle il aura été subi, un demi-droit; et, en outre, pour copie du pro- cès-verbal d'interrogatoire, par chaque rôle d'expédition,

A Paris, 15 centimes.

Dans le ressort, les trois quarts.

Il sera passé à l'avoué qui lèvera le juge- ment rendu contradictoirement, pour dressé des qualités et de signification de jugement à avoué, le quart du droit accordé pour l'ob- tention du jugement contradictoire.

Il ne sera alloué aucun honoraire aux avocats dans ces sortes de causes.

Si l'avoué est révoqué, ou si les pièces lui sont retirées, il lui sera alloué, savoir :

S'il y a eu constitution d'avoué avant l'ob- tention d'un jugement par défaut, moitié du droit accordé pour faire rendre un juge- ment par défaut ;

Et, s'il a été obtenu un premier jugement par défaut ou un jugement interlocutoire, indépendamment de l'émolument pour ces jugemens, moitié du droit accordé pour ob- tenir un jugement contradictoire.

Mais ces droits ne seront acquis, et ils ne pourront être exigés que lorsqu'il y aura eu constitution d'avoué dans le premier cas, ou qu'il aura été formé opposition au premier jugement par défaut, et que l'avoué qui aura obtenu le premier jugement aura suivi l'au- dience sur le débouté d'opposition.

Au moyen de la fixation ci-dessus, il ne sera passé aucun autre honoraire pour au- cun acte et sous aucun prétexte. Il ne sera alloué en outre que les simples déboursés (1).

CHAPITRE II. Matières ordinaires.

§ Ier. Droits de consultation.

68. (Code de procédure civile, article 59, 61, 75, etc.). Pour la consultation sur toute demande principale, intervention, tierce- opposition et requête civile, tant en deman- dant qu'en défendant, sans qu'il puisse être passé plus d'un droit par chaque avoué et

---

Les dépens d'une affaire sommaire de sa e ne peuvent être liquidés que comme en re sommaire, encore qu'à raison de sa gra- t de la multiplicité des questions, l'affaire :, du consentement des parties, instruite et comme en matière ordinaire (2 août 1831; S. 32, 1, 231; D. 31, 1, 254; P. 50, 67). . tribunaux ne peuvent adjuger aux avoués pplément de taxe à titre de gratification ou inité, quelque usage abusif qui se soit in- it à cet égard; ce serait contrevenir aux itions prohibitives du décret réglementaire ais et dépens (25 janvier 1813; Cass. S. 319).

un avoué est chargé par son client, tout à la 'affaires à instruire devant les tribunaux, et

de mandats étrangers à sa profession, dont l'ac- complissement ne donne lieu à aucune poursuite judiciaire, il peut réclamer, outre les droits alloués par le tarif, un salaire pour l'exécution des man- dats étrangers à sa profession d'avoué; ce n'est pas là le cas d'appliquer la loi qui défend d'al- louer aux avoués aucune somme, à titre de va- cations extraordinaires ou de supplément de taxe (16 décembre 1818; Cass. S. 19, 1, 72).

La partie qui a promis à son avoué de l'in- demniser des travaux et soins extraordinaires que nécessitait l'affaire dont elle l'a chargé, ne peut plus invoquer contre cet avoué les dispositions restrictives de ce décret (10 août 1831; Cass. S. 32, 1, 374; D. 32, 1, 412). Voy. l'art. 151.

par cause, et sans que l'intervention d'un appelé en garantie puisse y donner lieu, le droit ne pourra être exigé qu'autant qu'il aura été obtenu un jugement par défaut contre partie, ou qu'il y aura eu constitution d'avoué, et y compris la procuration sous signature privée ou par-devant notaire, indépendamment des déboursés,

A Paris, 10 francs.

Dans le ressort, 7 francs 50 centimes.

69. Il ne sera alloué aucun émolument à l'avoué dans le cas où il comparaîtrait au bureau de conciliation pour sa partie.

§ II. Actes de première classe.

70. (Code de procédure civile, article 75). Pour l'original d'une constitution d'avoué.

(Art. 79, 82 et passim). Pour un acte d'avoué à avoué pour suivre l'audience, sans qu'il puisse en être passé plus d'un seul pour chaque jugement par défaut, interlocutoire ou contradictoire.

(Art. 452). Les avoués seront tenus de se représenter au jour indiqué par les jugemens préparatoires ou de remise, sans qu'il soit besoin d'aucune sommation.

(Code de procédure civile, art. 96, 104).

Pour l'original d'un acte de déclaration de production par le demandeur en instruction par écrit, contenant le nombre des rôles dont la requête est composée.

(Art. 97). Idem de la part du défendeur.

(Art. 110). De la signification de l'ordonnance du président, portant nomination d'un autre rapporteur, en cas de décès, démission ou impossibilité de faire le rapport en délibéré ou instruction par écrit.

(Art. 115, résultat de l'article). D'une sommation d'être présent au retrait des pièces, après les jugemens sur délibéré ou en instruction par écrit.

(Art. 121). D'une sommation d'avoué à avoué, pour être présent à la prestation d'un serment ordonné.

(Art. 145). D'une sommation d'avoué à avoué, pour être réglé sur une opposition aux qualités.

(Art. 170). De la déclaration au demandeur originaire, de la part du défendeur, qu'il a formé une demande en garantie.

(Art. 179). De la dénonciation au demandeur originaire de la demande en garantie.

(Art. 188). De la sommation de communiquer les pièces signifiées ou employées dans la cause.

(Art. 191). De la signification de la requête et de l'ordonnance portant que l'avoué qui retient des pièces sera tenu de les remettre.

De la signification de l'acte de dépôt au greffe de la pièce dont l'écriture est déniée.

(Art. 204). De la sommation de comraître devant le juge commis en vérificat d'écritures, pour être présent au serm des experts et à la représentation des piè de comparaison.

(Art. 206). De la sommation pour ê présent à la confection d'un corps d'é ture.

(Art. 219). De la signification de l'a de dépôt au greffe d'une pièce arguée faux.

(Art. 221). De la sommation pour ê présent à la réquisition d'apport au greffe la minute de la pièce arguée de faux.

(Art. 224). De la signification de l'ord nance portant que la minute de la pièce guée de faux sera apportée au greffe.

(Code de procédure civile, art. 225). la signification de l'acte de dépôt au gr de la pièce arguée de faux, avec somma d'être présent au procès-verbal qui s dressé de son état.

(Art. 286). De la signification des pro verbaux d'enquête.

(Art. 297). De la signification de l'orc nance du juge commis pour faire une ceute sur les lieux, contenant la désigna des jour, lieu et heure, et sommation d'y présent.

(Art. 299). De la signification du pro verbal du juge-commissaire qui a fait descente sur les lieux.

(Art. 315). De la sommation conte indication des jour et heure choisis par experts, si la partie n'était pas présente prestation de leur serment.

(Art. 321). De la signification du rap des experts.

(Art. 335). De la signification de l'inte gatoire sur faits et articles.

(Art. 344). De la notification du d d'une partie.

(Art. 354, 355). De la signification désaveu.

(Art. 372). De la signification de l'ac fin de renvoi d'un tribunal à un autre pièces y annexées et du jugement interv

(Art. 396). De la signification de l'a intervenu sur l'appel d'un jugement qui a rejeté une récusation, ou du certificat greffier de la Cour d'appel, contenant l'appel n'est pas jugé et indication du où il doit l'être.

(Art. 403). De la sommation de se tro devant le président, et voir déclarer la des frais exécutoire, en cas de désister de la demande.

(Art. 534). De la sommation d'être sent à la présentation et affirmation compte.

(Art. 574). De la signification de la d ration affirmative et du dépôt des p. contenant constitution d'avoué.

(Art. 575). D'un acte contenant dénon-
tion d'opposition formée sur le débiteur
tre les mains d'un tiers saisi.

(Art. 578). De la signification de l'état
taillé des effets mobiliers saisis et arrêtés
tre les mains d'un tiers saisi.

(Code de procédure civile, art. 871). De
sommation à la requête des créanciers du
ri, à l'avoué de la femme poursuivant sa
paration de biens, de leur communiquer
demande et les pièces justificatives.

(Art. 972). De l'acte de signification du
lier des charges en licitation aux avoués
s colicitans.

(Titre des partages). De l'acte de somma-
n aux avoués des copartageans de se
uver soit devant le juge-commissaire, soit
vant le notaire, pour procéder aux opéra-
ns du partage,

A Paris, 1 franc.

Dans le ressort, 75 centimes.

Pour les copies de chacun des actes ci-
ssus énoncés, indépendamment des copies
pièces, le quart.

§ III. Actes de deuxième classe.

71. (Code de procédure civile, art. 102).
te de production nouvelle en instruction
r écrit contenant l'état des pièces.

(Art. 215). Sommation à la partie adverse
déclarer si elle veut ou non se servir
ine pièce produite, avec déclaration que,
ns le cas où elle s'en servirait, le deman-
ur s'inscrira en faux.

(Art. 216). Déclaration de la partie, som-
ie, signée d'elle ou du fondé de sa procu-
tion spéciale et authentique, dont il sera
ainé copie, qu'elle entend ou non se servir
la pièce arguée de faux.

(Art. 252). Acte contenant articulation
ncte des faits dont une partie demandera
aire preuve.

Acte contenant réponse au précédent et
négation ou reconnaissance des faits.

(Art. 282). Acte contenant la justification
reproches par écrit.

Acte en réponse.

(Art. 289). Acte contenant offre de prou-
r les reproches contre les témoins non jus-
iés par écrit, et désignation des témoins à
tendre sur les reproches.

Acte en réponse.

(Art. 309). Acte contenant les moyens de
récusation contre les experts.

(Code de procéd. civile, art. 311). Acte
contenant réponse aux moyens de récusation.

(Art. 337). Acte contenant les moyens et
conclusions des demandes incidentes.

Acte servant de réponse aux demandes
incidentes.

(Art. 347). Acte de reprise d'instance.

(Art. 402). Acte de désistement et d'acceptation de désistement.

(Art. 548). Acte de présentation de caution.

(Art. 519). Acte de déclaration d'acceptation de caution.

(Art. 520). Acte de contestation de la
caution offerte.

(Art. 524). Acte d'offres sur la déclaration
des dommages et intérêts.

(Art. 856). Acte contenant demande en
rectification d'un acte de l'état civil.

Acte servant de réponse.

Tous ces actes seront taxés pour l'original,
A Paris, 5 francs.

Dans le ressort, 3 francs 75 centimes.

Et pour chaque copie, indépendamment
des copies de pièces, le quart.

§ IV. Des requêtes et défenses qui peuvent être grossoyées, et des copies de pièces.

72. (Code de procéd. civile, art. 77). Pour
l'original ou grosse des requêtes servant de
défenses aux demandes, contenant vingt-cinq
lignes à la page et douze syllabes à la ligne:
A Paris, 2 francs.

Dans le ressort, 1 franc 50 centimes.

Les copies de pièces qui seront données
avec les défenses, ou qui pourront être signifiées dans les causes, seront taxées, à raison
du rôle, de vingt-cinq lignes à la page et de
douze syllabes à la ligne, ou évaluées sur ce
pied,

A Paris, 30 centimes.

Dans le ressort, 25 centimes.

Les copies de tous actes ou jugemens, qui
seront signifiées avec les exploits des huissiers, appartiendront à l'avoué, si elles ont
été faites par lui, à la charge de les certifier
véritables, et de les signer (1).

73. Pour l'original ou grosse des requêtes,

---

(1) Les avoués n'ont droit de faire, concurremment avec les huissiers, les copies de pièces
ignifier en tête des exploits, et en conséquence
:n percevoir les émolumens, qu'autant que les
ifications se rattachent à un procès dans le-
iel les avoués sont constitués. Ainsi il appar-
nt exclusivement aux huissiers de dresser la

copie des titres en vertu desquels est fait un
commandement à fin de saisie immobilière (24
août 1831; Cass. S. 31, 1, 313; — 23 novembre 1830, Metz; S. 31, 2, 188; P. 51,
204. — 22 mai 1832; Cass. S. 32, 1, 630; D.
32, 1. 230).

Ainsi, à l'égard de toutes les significations ex-

contenant réponse aux défenses dans la forme ci-dessus, pour chaque rôle,

A Paris, 2 francs.

Dans le ressort, 1 franc 50 centimes.

(Code de procéd. civ., art. 96). Des requêtes en instruction par écrit, terminées par l'état des pièces, *idem*.

(Art. 97). *Idem* servant de réponse à celles en instruction par écrit, avec état des pièces au soutien, *idem*.

(Art. 103). *Idem* en réponse. aux productions de nouvelles pièces qui ne pourront excéder six rôles.

74. (Code de procéd. civile, art. 104). Dans les instructions par écrit, les grosses et les copies de toutes les requêtes porteront la déclaration du nombre de rôles dont elles sont composées, à peine de rejet de la taxe.

75. (Code de procéd. civile, art. 161). Pour la grosse de la requête d'opposition au jugement par défaut contenant les moyens, par chaque rôle,

A Paris, 2 francs.

Dans le ressort, 1 franc 50 centimes.

Si les moyens ont été fournis avant le jugement par défaut, la requête d'opposition, sans les moyens, ne sera passée que pour un rôle, *idem*.

(Art. 166). *Idem* pour la grosse de la requête, qui ne pourra excéder deux rôles, tendeant à ce que l'étranger demandeur soit tenu de fournir caution.

Idem de celle en réponse qui ne pourra non plus excéder deux rôles.

(Art. 168). *Idem* de la requête pour proposer un déclinatoire, qui ne pourra excéder six rôles.

Idem de la réponse.

(Art. 173). *Idem* de la requête en nullité de la demande ou du jugement, qui ne pourra non plus excéder six rôles.

Idem de la réponse.

(Art. 174). *Idem* de la requête pour demander délai pour délibérer et faire inventaire, qui ne pourra aussi excéder six rôles.

Idem de la réponse.

(Art. 180). *Idem* de la requête pour soutenir qu'il n'y a lieu d'appeler garant, qui ne pourra excéder six rôles.

Idem de la réponse.

(Art. 192). *Idem* de la requête d'opposition à l'ordonnance portant contrainte de remettre des pièces, qui ne pourra excéder deux rôles.

Idem de la réponse.

(Art. 229). *Idem* de la requête contenant les moyens de faux.

(Art. 230). *Idem* de la requête contenant réponse aux moyens de faux.

(Art. 339). *Idem* de la requête d'intervention.

Idem de la requête en réponse à l'intervention.

(Art. 348). *Idem* de la requête contenant contestation sur la demande en reprise d'instance, qui ne pourra excéder six rôles.

Idem de la réponse.

(Art. 354). *Idem* de la requête servant de moyens contre un désaveu.

Et réponse.

(Art. 373). *Idem* de la requête contre demande à fin de renvoi d'un tribunal à un autre, pour cause de parenté ou alliance.

Et pour la réponse.

(Art. 400). *Idem* de la requête en péremption d'instance, qui ne pourra excéder six rôles.

Idem de la réponse.

(Art. 475). *Idem* de la requête de tierce opposition.

Et réponse.

(Art. 493). *Idem* de la requête civile incidente.

Et réponse.

(Art. 514). *Idem* de la requête contenant défense du juge pris à partie.

Et réponse,

(Art. 531). *Idem* pour la grosse d'un compte dont le préambule ne pourra excéder six rôles.

Il ne sera fait qu'une seule grosse.

(Art. 570). *Idem* pour la grosse de la requête du tiers-saisi, qui demandera son renvoi devant son juge, en cas que sa déclaration affirmative soit contestée : cette requête ne pourra excéder deux rôles.

(Art. 815). *Idem* de la requête pour demander incidemment la validité ou la nullité d'offres réelles.

Et réponse.

(Art. 847). *Idem* de la requête à fin de se faire autoriser à compulser un acte qui ne pourra excéder six rôles.

Et réponse.

(Code de procéd. civile, art. 871). *Idem* de la requête d'intervention des créanciers du mari dans les demandes en séparation des biens.

Et réponse.

(Art. 972). *Idem* de la requête de conclu-

---

tra-judiciaires, ou procédant de juridictions, près desquelles il n'y a point d'avoués en titre, les huissiers seuls ont le droit de faire et notifier les copies de pièces à signifier ; et par suite les émolumens résultant de ces copies leur appar-

tiennent exclusivement. — Peu importe que, dans la réalité les copies aient été faites par un avoué (20 janvier 1830, Rouen; S. 30, 2, 179; D. 30, 2, 92; P. 49, 46).

us motivées, contenant demande en entéri-
nent du rapport des experts, en partage
licitation.
Et réponse.
1 sera taxé pour chacun des rôles des re-
tes ci-dessus énoncées,
A Paris, 2 francs.
Dans le ressort, 1 franc 50 centimes.
Et pour chaque copie, par rôle, le quart.
Le nombre des rôles de requête en réponse
pourra jamais excéder celui fixé pour la
uête en demande.

Nota. Il ne sera passé aucun frais d'impression
requêtes et défenses même autorisées.

. Requêtes qui ne peuvent être grossoyées, et
copies d'actes.

6. (Code de procéd. civile, art. 110). Re-
te pour faire nommer un autre rappor-
r en instruction par écrit ou sur délibéré.

Art. 156). Pour faire commettre un huis-
· à l'effet de signifier un jugement par dé-
t contre partie.

Art. 191). Pour faire contraindre un
ué à remettre les pièces qu'il a prises en
amunication.

Art. 199). Pour obtenir l'ordonnance du
e-commissaire en vérification d'écritures, à
fet de sommer la partie adverse de compa-
tre à jour et heure certains, pour con-
ir de pièces de comparaison.

Art. 204). A fin d'obtenir l'ordonnance
commissaire en vérification d'écritures
ur sommer les experts de prêter serment,
les dépositaires de représenter les pièces
comparaison.

Art. 221). Au juge-commissaire en ins-
ption de faux incident pour faire ordon-
r l'apport de la minute de la pièce arguée
· le dépositaire.

Art. 259). Au juge commis pour procéder
ine enquête, à l'effet d'obtenir son ordon-
nce, indiquant le jour et l'heure pour
quels les témoins seront assignés.

(Code de procédure civile, article 297).
i juge commis pour faire une descente sur
lieux, à l'effet d'obtenir son ordonnance,
rtant l'indication des jour, lieu et heure.

(Article 307). Au juge-commissaire pour
mander son ordonnance à l'effet de faire
êter serment aux experts convenus ou
mmés d'office.

(Article 403). En cas de désistement de la
mande pour obtenir l'ordonnance du pré-
lent, à fin de rendre la taxe de frais exécu-
ire.

(Art. 354). Au juge commis pour entendre
i compte, à l'effet d'obtenir l'ordonnance
tant le jour et l'heure de la présentation.

(Article 617). A fin de permission de
ndre les meubles saisis-exécutés, dans un

lieu plus avantageux que celui indiqué par
la loi.

(Article 780). Pour faire commettre un
huissier, à l'effet de signifier le jugement
portant contrainte par corps.

(Article 808). A fin d'assigner extraordinairement en référé, si le cas requiert célérité.

(Art. 819). A fin de saisir-gager à l'instant
les meubles et effets garnissant les maisons
et fermes.

(Article 822). A fin de permission de
saisir les effets de son débiteur forain, trouvés en la commune qu'habite le créancier.

(Art. 832). A fin de faire commettre un
huissier pour notifier le titre du nouveau
propriétaire aux créanciers inscrits.

A fin de faire commettre un huissier, à
l'effet de notifier la réquisition de surenchère.

(Article 976). Au juge-commissaire en
partage et licitation, à l'effet d'obtenir son
ordonnance pour citer les autres parties à
comparaître par-devant lui.

(Code civil, article 467). Au procureur
impérial pour faire désigner trois jurisconsultes, sans l'avis desquels le tuteur du mineur ne pourra transiger.

Les requêtes ci-dessus énoncées ne seront
point grossoyées, et seront taxées,
A Paris deux francs.
Dans le ressort, 1 franc 50 centimes.
La vacation pour demander l'ordonnance
du président ou du juge-commissaire, et se la
faire délivrer, est comprise dans la taxe.

77. (Code de procédure civile, article 72).
Requête contenant demande pour abréger
les délais dans les cas qui requièrent célérité

(Code de procédure civil, article 558).
Pour obtenir permission de saisir et arrêter, entre les mains d'un tiers, ce qu'il doit
au débiteur quand il n'y a pas de titre.

(Article 582). Pour avoir permission de
saisir et arrêter la portion que le juge déterminera dans des sommes ou pensions données ou léguées pour alimens, et ce, pour
créances postérieures aux dons et legs.

(Code civil, art. 783). A l'effet d'obtenir,
pour le témoin assigné, un sauf-conduit, qui
ne pourra être accordé que sur les conclusions du ministère public, et qui réglera sa
durée.

(Code de procédure civile, article 795). A
l'effet de demander la nullité de l'emprisonnement d'un débiteur détenu pour dettes.

(Article 800). Pour demander la liberté
d'un débiteur détenu pour dettes, dans tous
les cas prévus par l'article 800.

(Article 802). Pour assigner le geôlier qui
refuse de recevoir la consignation de la dette.

(Article 803). Pour demander la liberté
faute de consignation d'alimens.

(Article 826, 827). Pour demander la

permission de saisir-revendiquer, contenant la désignation des effets.

(Code civil, article 113; Code de procéd. civile, art, 928, 931). *Idem* pour faire commettre un notaire à l'effet de représenter les absens présumés, dans les inventaires, comptes, partages et liquidations dans lesquels ils sont intéressés.

(Code de procédure civile, art. 946). Pour faire autoriser la vente du mobilier d'une succession.

(Article 986). A fin d'être autorisé, sans attribution de qualité, à faire procéder à la vente d'effets mobiliers dépendans d'une succession.

(Art. 996). Pour faire nommer un curateur au bénéfice d'inventaire.

(Art. 998). Pour faire nommer un curateur à une succession vacante.

(Article 1017). *Idem* à l'effet de faire nommer un tiers-arbitre.

Elles seront taxées,

A Paris, 3 francs.

Dans le ressort, 2 francs 25 centimes.

Les requêtes ci-dessus ne seront point grossoyées.

Et la vacation pour prendre l'ordonnance est comprise dans la taxe.

78. (Code de procédure civile, article 364). Requête à fin d'obtenir permission d'assigner en réglement de juges.

(Code de procédure civile, articles 483 et 492). Requête civile principale.

(Articles 839, 841, 844, 854). A fin de permission de se faire délivrer expédition ou copie d'un acte parfait, non enregistré, ou même resté imparfait, ou pour se faire délivrer une seconde grosse.

(Article 855). A fin de réformation d'un acte de l'état civil.

(Article 859). A l'effet de faire pourvoir à l'administration des biens d'une personne présumée absente.

(Code civil, article 113). Pour avoir permission de faire enquête pour constater l'absence.

(Code de procédure civile, article 860). A fin d'envoi en possession provisoire des biens d'un absent.

(Article 861). De la femme, à l'effet de citer son mari à la chambre du conseil pour déduire les causes de son refus de l'autoriser.

(Articles 863 et 864). De la femme, en cas d'absence présumée ou déclarée du mari, ou en cas d'interdiction, pour se faire autoriser.

(Art. 865). De la femme qui se pourvoit en séparation de biens.

(Code de procédure civile, article 885; Code civil, article 467). A fin d'homologation de l'avis d'un conseil de famille.

(Code civil, art. 1008). Pour demander l'envoi en possession du legs universel.

(Code de procédure civile, article 909). Du créancier pour obtenir la permission de faire apposer un scellé.

(Art. 955 et 964). A fin d'homologation d'un avis du conseil de famille pour aliéner les immeubles des mineurs, ou pour être autorisé à vendre au-dessous de l'estimation.

(Article 987). De l'héritier bénéficiaire, à l'effet d'être autorisé à vendre les immeubles dépendans d'une succession bénéficiaire.

(Article 988). Pour demander l'entérinement du rapport d'experts qui ont fait l'estimation des immeubles dépendans d'une succession bénéficiaire.

Idem d'un curateur à une succession vacante.

(Articles 70, 71). *Idem* pour demander l'homologation d'un acte de notoriété délivré par le juge-de-paix sur la déposition de sept témoins, pour suppléer à un acte de naissance.

Ces requêtes ne peuvent être grossoyées et l'émolument pour prendre les ordonnances et communiquer au ministère public est compris dans la taxe qui sera de,

A Paris, 7 francs 50 centimes.

Dans le ressort, 5 francs 50 centimes.

79. (Code de procédure civile, article 325). Requête pour avoir permission de faire interroger sur faits et articles, contenant les faits.

Cette requête ne sera point signifiée ni la partie appelée avant le jugement qui admettra ou rejettera la demande à fin de faire interroger : elle ne sera notifiée qu'avec le jugement et l'ordonnance du juge commis pour faire subir l'interrogatoire.

(Article 875). De l'époux qui se pourvoit en séparation de corps, contenant sommairement les faits.

(Code civil, article 236). De l'époux qui se pourvoit en divorce pour cause déterminée, contenant le détail des faits.

(Code de procédure civile, article 890). Contenant demande à fin d'interdiction, le détail des faits et l'indication des témoins.

Ces requêtes ne peuvent être grossoyées et l'émolument pour prendre les ordonnances et communiquer au ministère public est compris dans la taxe;

A Paris, 15 francs.

Dans le ressort, 12 francs.

§. VI. Plaidoiries et assistance aux jugemens.

80. (Code de procédure civile, article 76 et suivans). Pour honoraires de l'avocat qui aura plaidé la cause contradictoirement,

A Paris, 15 francs.

Dans le ressort, 10 francs.

81. Pour assistance de l'avoué à l'audience, à l'effet de demander acte de sa constitution, en cas d'abréviation des délais,

A Paris, 1 franc 50 centimes.

Dans le ressort, 1 franc.

82. (Code de procédure civile, article 149). Assistance et plaidoirie aux jugemens par défaut.

A Paris, 3 francs.

Dans le ressort, 2 francs 45 centimes.

Pour l'honoraire de l'avocat qui aura pris le jugement par défaut,

A Paris, 5 francs.

Dans le ressort, 4 francs.

Quand le jugement par défaut aura été pris par un avocat, le droit d'assistance de l'avoué ne sera,

A Paris, que de 1 franc.

Dans le ressort, 75 centimes.

83. (Code de procédure civile, article 87). Pour assistance de chaque avoué à tout jugement portant remise de cause ou indication de jour, sans que les jugemens puissent être levés, ni qu'il soit signifié de qualités, ou donné d'avenir,

A Paris, 3 francs.

Dans le ressort, 2 francs 25 centimes.

84. (Code de procédure civile, article 93 et 95). Pour assistance et observations des avoués aux jugemens qui ordonneront une instruction par écrit,

A Paris, 5 francs.

Dans le ressort, 4 francs.

85. (Code de procédure civile, art. 113). Pour assistance aux jugemens sur délibéré ou instruction par écrit, y compris les notes qu'ils pourront fournir,

A Paris, 5 francs.

Dans le ressort, 4 francs.

86. (Code de procédure civile, art. 116). Pour assistance des avoués à chaque journée de plaidoirie qui précède les jugemens interlocutoires et définitifs contradictoires, quand les causes sont plaidées par les parties elles-mêmes ou par des avocats (1),

A Paris, 3 francs.

Dans le ressort, 2 francs 25 centimes.

Et quand les avoués plaideront eux-mêmes,

A Paris, 10 francs.

Dans le ressort, 6 francs.

§ VII. Qualités et significations des jugemens

87. (Code de procédure civile, art. 142).

Pour l'original des qualités contenant les noms, profession et demeure des parties, leurs conclusions et les points de fait et de droit, sans que les motifs des conclusions puissent

y être insérés, ni qu'on puisse rappeler, dans les points de fait et de droit, les moyens des parties, savoir : pour celle d'un jugement par défaut,

A Paris, 3 francs 75 centimes.

Dans le ressort, 2 francs 80 centimes.

Pour celle d'un jugement contradictoire sur plaidoirie ou délibéré,

A Paris, 7 francs 50 centimes.

Dans le ressort, 5 francs 50 centimes.

Et celle d'un jugement en instruction par écrit,

A Paris, 10 francs.

Dans le ressort, 7 francs 50 centimes.

88. (Code de procédure civile, art. 142). Pour chaque copie qui ne pourra être signifiée que dans le cas où le jugement serait contradictoire, le quart.

89. (Code de procédure civile, article 157 et 156). Pour signification de tout jugement à avoué ou à domicile, par chaque rôle d'expédition,

A Paris, 30 centimes.

Dans le ressort, 25 centimes.

§ VIII. Des vacations.

90. Vacation pour mettre la cause au rôle. (Code de procédure civile, article 83).

Pour communiquer les pièces de la cause au ministère public, et les retirer, le tout ensemble.

(Art. 94). Pour produire et retirer les pièces dans les causes où il a été ordonné un délibéré.

(Art. 102). Pour produire au greffe des pièces nouvelles en instruction par écrit.

(Art. 103). Pour prendre en communication les pièces nouvelles produites en instruction par écrit.

(Art. 107). Pour prendre le certificat du greffier, constatant que la partie adverse n'a pas produit en instruction par écrit dans les délais fixés.

(Art. 109). Pour requérir le greffier, après que toutes les parties ont produit en instruction par écrit ou après l'expiration des délais, de remettre les pièces au rapporteur.

(Art. 144). Pour former opposition à des qualités, le droit ne sera passé qu'autant que le président aura ordonné une réformation.

(Art. 145). Pour faire régler les qualités des jugemens en cas d'opposition.

(Code de procédure civile, articles 163, 164 et 549). Pour faire la mention, sur le registre tenu au greffe, de l'opposition au jugement par défaut; ou de l'appel de tout

---

(1) Les avoués ne peuvent réclamer aucun droit pour assistance à la prononciation du jugement, lorsque les plaidoiries ayant été closes à une audience précédente, l'affaire ne revient que pour le prononcé du jugement. Ni pour assistance aux conclusions du ministère public dans la même hypothèse (25 août 1828, Caen; S. 31, 2, 46; D. 31, 2, 21; P. 48, 222).

jugement, quand il y aura dans les jugemens des dispositions qui doivent être exécutées par des tiers.

(Art. 471 et 494). Pour consigner l'amende en requête civile ou sur appel dans toutes les causes, à l'exception des matières sommaires.

(Art. 501). Pour la retirer.

(Art. 548). Pour donner certificat contenant la date de la signification, au domicile de la partie condamnée, du jugement qui prouonce une main-levée, la radiation d'inscription hypothécaire, un paiement ou autre chose à faire par un tiers ou contre lui.

Pour requérir du greffier le certificat qu'il n'existe contre le jugement énoncé ci-dessus, ni opposition ni appel portés sur le registre tenu au greffe.

(Art. 967). Pour faire viser par le greffier la demande en partage et licitation.

A Paris, 1 franc 50 centimes.

Dans le ressort, 1 franc 15 centimes.

91. (Code de procédure civile, article 77 et 189). Vacation pour donner et prendre communication des pièces de la cause à l'amiable, sur récépissé ou par la voie du greffe, et le rétablissement entre les mains de l'avoué, ou le retrait du greffe, le tout ensemble.

(Art. 96). Pour produire au greffe dans les causes où il a été ordonné une instruction par écrit.

(Art. 97). Pour prendre communication au greffe de la production du demandeur en instruction par écrit, et le rétablissement de cette production, le tout ensemble.

(Art. 115). Pour retirer les pièces du greffe dans les instructions par écrit.

(Art. 219 et 220). Pour déposer au greffe les pièces arguées de faux.

(Art. 259). Pour requérir l'ordonnance du juge commis à l'effet de procéder à une enquête, et signer le procès-verbal d'ouverture.

(Art. 306). Pour faire la déclaration au greffe des experts convenus.

(Art. 307, 315). Pour être présent à la prestation du serment des experts devant le juge-commissaire.

(Code de procédure civile, article 361). Pour faire faire la mention, en marge de l'acte de désaveu, du jugement qui l'aura rejeté.

(Art. 518). Pour déposer au greffe les titres de solvabilité de la caution présentée.

(Art. 519). Pour prendre communication au greffe des titres de solvabilité de la caution.

(Art. 519 et 522). Pour faire faire au greffe la soumission d'une caution.

(Art. 523). Pour déposer au greffe ou donner en communication sur récépissé à l'amiable les pièces justificatives de la déclaration des dommages et intérêts, et les retirer, le tout ensemble.

Pour prendre communication à l'amiable sur récépissé, ou au greffe, des pièces justificatives de la déclaration de dommages et intérêts, et les rétablir, le tout ensemble.

(Art. 569). Pour requérir des fonctionnaires publics tiers-saisis, le certificat du montant de ce qu'ils doivent à la partie saisie.

(Art. 874). Pour assister au greffe la femme qui fait sa renonciation à la communauté en cas de séparation de biens.

(Code civil, article 240). Pour prendre l'ordonnance du tribunal qui permet de citer l'époux défendeur en divorce.

(Code de procédure civile, article 997; Code civil, article 793 et 794). Pour assister au greffe la femme qui renonce à la communauté après décès, ou l'héritier qui renonce à la succession, ou qui ne l'accepte que sous bénéfice d'inventaire.

(Code de procédure civile, article 1020). Pour demander l'ordonnance d'*exequatur* d'une décision arbitrale,

A Paris, 3 francs.

Dans le ressort, 2 francs 25 centimes.

92. (Code de procédure civile, article 196). Vacation pour déposer au greffe une pièce dont l'écriture est déniée, et assistance au procès-verbal dressé par le greffier de l'état de ladite pièce.

(Art. 198). *Idem* pour prendre communication de ladite pièce, et assistance au procès-verbal dressé par le greffier.

(Art. 199). *Idem* devant le juge-commissaire, pour convenir de pièces de comparaison.

(Art. 284, 207). Pour être présent au serment des experts à la représentation des pièces de comparaison, et faire les réquisitions et observations, par chaque vacation.

(Code de procédure civile, article 206). A la confection du corps d'écriture fait par le défendeur, s'il est ainsi ordonné.

(Art. 218). Pour former une inscription de faux incident au greffe.

(Art. 221). Pour requérir du juge-commissaire son ordonnance à l'effet de faire apporter au greffe la pièce arguée de faux, dont il y a minute.

(Art. 226). Au procès-verbal de l'état des pièces arguées de faux.

(Art. 228). De l'avoué du demandeur, pour prendre, en tout état de cause, communication de la pièce arguée de faux.

(Art. 270). A l'audition des témoins, par trois heures.

(Art. 297). En cas de descente sur les lieux, par trois heures.

(Art. 317). Des avoués aux rapports d'experts, s'ils en sont expressément requis par leurs parties, pour ne les répéter que contre elles, et sans qu'elles puissent entrer en taxe.

(Art. 353). Pour former un désaveu au

greffe, contenant les moyens, conclusions et constitutions d'avoués.

(Art. 360). Pour former par acte au greffe la demande à fin de renvoi d'un tribunal à un autre pour parenté et alliance.

(Art. 384). Pour faire au greffe l'acte contenant les moyens de récusation contre un juge.

Pour interjeter appel au greffe du jugement qui aura rejeté la récusation, avec énonciation des moyens et dépôt des pièces au soutien.

(Art. 532, 536). Pour mettre en ordre les pièces d'un compte à rendre, les coter et les parapher.

Il sera passé une vacation pour cinquante pièces; deux pour cent, et ainsi de suite.

(Art. 534). A la présentation et affirmation du compte.

(Art. 535). Pour requérir du juge-commissaire exécutoire de l'excédant de la recette sur la dépense dans les comptes présentés.

(Art. 536). Pour prendre en communication les pièces justificatives du compte, et les rétablir, le tout ensemble.

(Art. 538). Pour fournir des débats sur le procès-verbal du juge-commissaire.

Par chaque vacation de trois heures, dont le nombre sera fixé et arbitré par le juge-commissaire.

(Code de procédure civile, art. 538). *Idem* pour fournir soutenances et réponses.

Par chaque vacation de trois heures, dont le nombre sera fixé et arbitré par le juge-commissaire.

(Art. 573 et 574). Pour faire au greffe une déclaration affirmative sur saisie-arrêt, contenant les causes et le montant de la dette, les paiemens à-compte, si aucuns ont été faits, l'acte ou les causes de libération, et les saisies-arrêts formées entre les mains du tiers-saisi, et le dépôt au greffe des pièces justificatives, le tout ensemble.

(Art. 850). Pour assistance au compulsoire, et dires au procès-verbal, par chaque vacation.

(Art. 866, 867 et 868). Pour faire et remettre l'extrait de la demande en séparation de biens qui doit être inséré dans les tableaux de l'auditoire du tribunal où se poursuit la séparation et du tribunal de commerce, des chambres des avoués de première instance et des notaires, et le faire insérer dans un journal, le tout ensemble.

(Art. 872). Pour faire insérer l'extrait du jugement qui aura prononcé la séparation de biens, dans les mêmes tableaux et dans un journal, le tout ensemble.

(Art. 880). Pour faire insérer l'extrait du jugement qui prononcera la séparation de corps, dans les mêmes tableaux et dans un journal, le tout ensemble.

(Code civil, art. 242, 243). Pour assister à huis-clos les époux dans le cas de demande en divorce, représenter les pièces, faire les observations, et indiquer les témoins.

(Code de procéd. civ., art. 892). Pour assister à la délibération du conseil de famille qui suit la demande en interdiction et avant l'interrogatoire.

(Art. 501). *Idem* pour faire l'extrait du jugement qui prononcera une interdiction ou une nomination de conseil, le faire insérer dans le tableau de l'auditoire et des études des notaires de l'arrondissement et dans un journal, le tout ensemble (1).

Le jugement d'interdiction ou de nomination de conseil ne sera point signifié aux notaires de l'arrondissement; l'extrait en sera remis au secrétaire de leur chambre, qui en donnera récépissé, et qui le communiquera à ses collègues, qui seront tenus d'en prendre note, et de l'afficher dans leurs études.

(Art. 898). Pour déposer au greffe le bilan, les livres et les titres actifs, s'il y en a, du débiteur qui demande à être admis au bénéfice de cession.

(Code de procéd. civ., art. 903). Pour faire l'extrait du jugement qui admet à la cession de biens, et le faire insérer au tableau du tribunal du commerce, ou du tribunal de première instance, qui en fait les fonctions, dans le lieu des séances de la maison commune et dans un journal, le tout ensemble.

(Art. 976, 967 et 982). Vacation au partage, soit devant le juge-commissaire, soit devant le notaire commis par lui, par trois heures.

(Art. 977). Les vacations devant le notaire n'entreront point en frais de partage; elles ne pourront être répétées que contre la partie qui aura requis l'assistance de l'avoué,

A Paris, 6 francs.

Dans le ressort, 4 francs 50 centimes.

93. (Code de procéd. civ., art. 806). Vacation en référé contradictoire,

A Paris, 5 francs.

Dans le ressort, 3 francs 75 centimes.

Et par défaut,

A Paris, 3 francs.

Dans le ressort 2 francs 25 centimes.

94. (Code de procéd. civ., art. 929). Vacation pour requérir une apposition de scellés.

(Art. 911). *Idem* à l'apposition de scellés, par trois heures.

(1) La disposition de cet article qui parle de l'insertion du jugement dans le journal n'impose aucune *obligation*; son observation est purement *facultative* (17 février 1829, Nancy; S. 29, 2; 222).

(Art. 916, 918, 920, 921, 922). En référé lors de l'approbation, ou dans le cours de la levée.

(Art. 931). Pour en requérir la levée.

(Art. 932, 933, etc.). A chaque vacation de trois heures à la reconnaisance et levée.

(Art. 940). Pour requérir la levée des scellés sans description.

A la reconnaissauce et levée sans description,

A Paris, 6 francs.

Dans le ressort, 4 francs 50 centimes.

§ IX. Poursuite de contribution.

95. (Code procéd. civ., art. 658). Vacation pour requérir sur le registre tenu au greffe la nomination d'un juge-commissaire devant lequel il sera procédé à une contribution.

A Paris, 5 francs.

Dans le ressort, 3 francs 75 centimes.

S'il se présente deux ou plusieurs requérans en même temps au greffe, ils se retireront devant le président du tribunal, qui décidera sur-le-champ celui dont la réquisition sera reçue. Il n'y aura ni appel, ni opposition contre la décision; il n'en sera point dressé procès-verbal, et il ne sera alloué aucune vacation aux avoués pour s'être transportés devant le président.

96. (Code de procéd. civ., art. 659). Pour la requète au juge-commissaire à l'effet d'obtenir son ordonnance pour sommer les opposans de produire, et la partie saisie de prendre communication des pièces produites, et de contredire, s'il y échet, et la vacation pour obteuir l'ordonnance du commissaire, le tout ensemble,

A Paris, 3 francs.

Dans le ressort, 2 francs 25 centimes.

97. (Code de procéd. civ., art. 660 et 661). Pour l'acte de production des titres coutenant demande en collocation, et même à fin de privilége et constitution d'avoué, y compris la vacation pour produire,

A Paris, 10 francs.

Dans le ressort, 7 francs 50 centimes.

Il ne sera point signifié.

98. (Code de procéd. civ., art. 661). Pour la sommation, à la requète du propriétaire, à l'avoué de la partie saisie, si elle en a coustitué un, et au plus ancien de ceux des opposans, pour comparaître en référé par-devant le juge-commissaire à l'effet de faire statuer préliminairement sur son privilége, pour raison des loyers à lui dus,

A Paris, 1 franc.

Dans le ressort, 75 centimes.

Et pour chaque copie, le quart.

Vacation en référé devant le juge-commissaire, qui statuera sur le privilége réclamé pour loyers dus, par défaut,

A Paris, 3 francs.

Dans le ressort, 2 francs 25 centimes.

Et contradictoirement,

A Paris, 5 francs.

Dans le ressort, 3 francs 75 centimes.

99. (Code de procéd. civ., art. 663). Pour l'acte de dénonciation de la clôture du procès-verbal de contribution du juge-commissaire aux avoués des créanciers produisans et de la partie saisie, si elle en a un, avec sommation d'en prendre communication et de contredire sur le procès-verbal dans la quinzaine,

A Paris, 1 franc.

Dans le ressort, 75 centimes.

Et pour chaque copie, le quart.

Le procès-verbal du juge-commissaire ne sera ni levé ni signifié, et il ne sera enregistré que lors de la délivrance des mandemens aux créanciers.

100. (Code de procéd. civ., art 663). Vacation pour prendre communication de l'état de contribution, et contredire sur le procès-verbal du juge-commissaire, sans qu'il puisse en être passé plus d'une, sous quelque prétexte que ce soit,

A Paris, 5 francs.

Dans le ressort, 3 francs 75 centimes.

Il ne sera fait aucun dire, s'il n'y a lieu à contredire.

Il sera alloué à l'avoué du poursuivant autant de demi droits de vacation pour prendre communication de l'état de contribution, et contredire, qu'il y aura eu de créanciers produisans.

A Paris, 2 francs 50 centimes,

Dans le ressort, 1 franc 88 centimes.

101. (Code de procédure civile, article 665, 671). Vacation pour requérir la délivrance du mandement au créancier utilement colloqué, et être présent à l'affirmation de la créance devant le greffier; l'avoué signera le procès-verbal,

A Paris, 2 francs.

Dans le ressort, 1 franc 50 centimes.

Nota. Les mandemens collectivement contiendront la totalité du procès verbal du juge commissaire. Si on délivrait, indépendamment des mandemens, une expédition entière, ce serait un double emploi.

En cas de contestations, les dépens de ces contestations seront taxés comme dans les autres matières, suivant leur nature sommaire ou ordinaire.

§ X. Poursuite de saisie immobilière.

102. (Code de procédure civile, art. 677 et 680). Vacation pour faire transcrire le procès-verbal de saisie immobilière au bureau de la conservation des hypothèques et au greffe du tribunal où doit se faire la vente, par chacune,

A Paris, 6 francs.

Dans le ressort, 4 francs 50 centimes.

103. (Code de procédure civile, art. 681).
Pour faire enregistrer au bureau de la conservation des hypothèques, la dénonciation faite à la partie saisie, de la saisie immobilière,

A Paris, 6 francs.

Dans le ressort, 4 francs 50 centimes.

104. (Code de procédure civile, art. 682).
Pour l'extrait de la saisie immobilière, qui doit être inséré dans un tableau placé à cet effet dans l'auditoire,

A Paris, 6 francs.

Dans le ressort, 4 francs 50 centimes.

105. (Code de procédure civile, art. 683).
Pour l'extrait pareil à celui prescrit par l'article 682, qui doit être inséré dans un journal.

Il sera passé autant de droits à l'avoué qu'il y aura eu d'insertions prescrites par le Code,

A Paris, 2 francs.

Dans le ressort, 1 franc 50 centimes.

Pour faire légaliser la signature de l'imprimeur par le maire, s'il a lieu,

A Paris, 2 francs.

Dans le ressort, 1 franc 50 centimes.

106. (Code de procédure civile, art. 684, 686). Pour l'extrait de la saisie immobilière, qui doit être imprimé et placardé, et qui servira d'original, et ne pourra être grossoyé,

A Paris, 6 francs.

Dans le ressort, 4 francs 50 centimes.

Il ne sera passé qu'un droit à l'avoué, attendu qu'aux termes de l'art. 703, il ne doit entrer en taxe qu'une seule impression de placards, et que les additions, lors des appositions subséquentes, doivent être manuscrites.

107. (Code de procédure civile, art. 695).
Vacation pour se faire délivrer l'extrait des inscriptions,

A Paris, six francs.

Dans le ressort, 4 francs 50 centimes.

108. (Code de procédure civile, art 686).
Vacation pour faire enregistrer, à la conservation des hypotèques, la notification du placard faite aux créanciers inscrits,

A Paris, 6 francs.

Dans le ressort, 4 franc 50 centimes.

109. (Code de procéd. civ., art. 697). Pour la grosse du cahier des charges, contenant vingt-cinq lignes à la page, et douze syllabes à la ligne,

A Paris, 2 francs.

Dans le ressort, 1 franc 50 centimes.

Il ne sera signifié de copie, ni à la partie saisie, ni aux créanciers inscrits, attendu que cette grosse doit être déposée au greffe, quinzaine avant la première publication, et que toute partie intéressée a la faculté d'en prendre communication.

110. Il ne sera fait qu'une seule grosse, et il n'en sera point remis à l'huissier audiencier pour les publications; l'huissier publiera sur la note qui lui sera remise par le greffier, et le greffier constatera les publications, qui seront d'ailleurs signées par le juge.

Vacation pour déposer au greffe le cahier des charges,

A Paris, 3 francs.

Dans le ressort, 2 francs 45 centimes.

111. (Code de procédure civile, art. 699 et 700). A chaque publication des charges, avec les dires qui pourront avoir lieu,

A Paris, 3 francs.

Dans le ressort, 2 francs 45 centimes.

Il ne sera point signifié d'acte de remise de la publication du cahier des charges, attendu que les parties intéressées peuvent se présenter à la première publication, et connaître les jours auxquels les publications subséquentes auront lieu; que d'ailleurs l'apposition des placards et l'insertion dans un journal, annonçant les adjudications, préparatoires et définitives, les instruiront suffisamment (1).

112. (Code de procédure civile, art. 702). Vacation à l'adjudication préparatoire,

A Paris, 6 francs.

Dans le ressort, 4 francs 50 centimes.

113. (Code de procédure civile, article 706). Vacation à l'adjudication définitive,

A Paris, 15 francs.

Dans le ressort, 12 francs.

Indépendamment des émolumens ci-dessus fixés, il sera alloué à l'avoué poursuivant, sur le prix des biens dont l'adjudication sera faite au-dessus de deux mille francs; savoir : depuis deux mille francs jusqu'à dix mille francs, un pour cent; sur la somme excédant dix mille francs jusqu'à cinquante mille francs, demi pour cent; sur la somme excédant cinquante mille francs jusqu'à cent mille francs, un quart pour cent, et sur l'excédant de cent mille francs, indéfiniment, un huitième d'un pour cent. En cas d'adjudication par lots de biens compris dans la même poursuite, en l'état où elle se trouvera lors des adjudications, la totalité des prix des lots sera réunie pour fixer le montant de la remise.

Il ne sera passé que trois quarts de la remise aux avoués des tribunaux de département.

114. (Code de procédure civile, art. 707). Vacation pour enchérir,

A Paris, 7 francs.

Dans le ressort, 5 francs 63 centimes.

Pour enchérir, et se rendre adjudicataire,

A Paris, 15 francs.

Dans le ressort 11 francs 25 centimes.

---

(1) Un jugement d'adjudication définitive n'est pas nul, par défaut de signification du jugement d'adjudication préparatoire (15 novembre 1824, Nîmes, S. 25, 2, 21; D. 25, 2, 99).

Pour faire la déclaration de command,
A Paris, 6 francs.
Dans le ressort, 4 francs 50 centimes.

Nota. Les vacations pour enchérir ou pour la déclaration de command sont à la charge de l'enchérisseur ou de l'adjudicataire.

115. (Code de procédure civile, art. 710).
Vacation pour faire au greffe la surenchère du quart au moins du prix principal de l'adjudication en saisie immobilière,
A Paris, 15 francs.
Dans le ressort, 11 francs 25 centimes.

116. (Code de procédure civile, art. 711). Pour l'acte de dénontiation de la sur-enchère aux avoués de l'adjudicataire, du poursuivant et de la partie saisie, si elle en a constitué, contenant à venir à la prochaine audience,
A Paris, 1 franc.
Dans le ressort, 75 centimes.
Pour chaque copie, le quart.

117. (Code de procédure civile, art. 719).
Pour la requête d'avoué à avoué, contenant demande à fin de réunion de poursuites de saisies immobilières de biens différens portées devant le même tribunal, par chaque rôle,
A Paris, 2 francs.
Dans le ressort, un franc 50 centimes.
Pour la copie, le quart.
Pour la requête en défense à cette même demande,
A Paris, 2 francs.
Dans le ressort, 1 franc 50 centimes.
Pour la copie, le quart.

118. (Code de procédure civile, art. 720).
Pour l'acte de dénonciation de la plus ample saisie au premier saisissant, à la requête du plus ample saisissant, avec sommation de se mettre en état,
A Paris, 3 francs.
Dans le ressort, 2 francs 25 centimes.
Pour la copie, le quart.

119. (Code de procédure civile, articles 721 et 722). Pour l'acte contenant demande en subrogation à la poursuite, soit faute par le premier saisissant de s'être mis en état sur la plus ample saisie, soit en cas de collusion, faute ou négligence de la part du poursuivant,
A Paris, 5 francs.
Dans le ressort, 3 francs 75 centimes.
Pour la copie, le quart.
Pour l'acte en réponse,
A Paris, 5 francs.
Dans le ressort, 3 francs 75 centimes.
Pour la copie, le quart.

120. (Code de procédure civile, art. 726).
Vacation pour faire viser par le greffier l'exploit d'intimation sur l'appel du jugement, en vertu duquel il a été procédé à la saisie immobilière,

A Paris, 2 francs.
Dans le ressort, 1 franc 50 centimes.

121. (Code de procédure civile, art. 728).
Idem pour déposer au greffe les titres justificatifs d'une demande en distraction d'objets immobiliers saisis,
A Paris, 3 francs.
Dans le ressort, 2 francs 45 centimes.

122. (Code de procédure civile, art. 727).
Pour la requête d'avoué à avoué contenant demande en distraction, par chaque rôle,
A Paris, 2 francs.
Dans le ressort, 1 franc 50 centimes.
Pour la copie, le quart.
Requête en réponse par chaque rôle,
A Paris, 2 francs.
Dans le ressort, 1 franc 50 centimes.
Pour la copie, le quart.

123. (Code de procéd. civile, art. 729).
Pour la requête d'avoué à avoué contenant demande en décharge de l'adjudication préparatoire de la part de l'adjudicataire, en cas de demande en distraction de tout ou partie de l'objet saisi immobilièrement, par chaque rôle, sans cependant qu'elle puisse excéder le nombre de trois rôles.
A Paris, 2 francs.
Dans le ressort, 1 franc.
Pour la copie, le quart.
Pour la réponse,
A Paris, 2 francs.
Dans le ressort, 1 franc 50 centimes.
Pour la copie, le quart.

124. (Code de procéd. civile, art. 733).
Requête d'avoué à avoué de la part de la partie saisie, contenant moyen de nullité contre la procédure antérieure à l'adjudication préparatoire, par chaque rôle,
A Paris, 2 francs.
Dans le ressort, 1 franc 50 centimes.
Pour la copie, le quart.
Pour la réponse,
A Paris, 2 francs.
Dans le ressort, 1 franc 50 centimes.
Pour la copie, le quart.

125. (Code de procéd. civile, art. 735).
Requête d'avoué à avoué de la part de la partie saisie, contenant ses moyens contre les procédures postérieures à l'adjudication préparatoire,
A Paris, 2 francs.
Dans le ressort, 1 franc 50 centimes.
Pour la copie, le quart.
Pour la requête en réponse,
A Paris, 2 franc.
Dans le ressort, 1 franc 50 centimes.
Pour la copie, le quart.

126. (Code de procéd. civile, art. 738).
Vacation pour requérir le certificat du greffier, constatant que l'adjudicaire n'a point justifié de l'acquit des conditions exigibles de l'adjudication.

A Paris, trois francs.

Dans le ressort, 2 francs 25 centimes.

127. (Code de procéd. civile, art. 747).
Requête non grossoyée et non signifiée sur le
consentement de toutes les parties intéressées, pour demander, après saisie immobilière, que l'immeuble saisi soit vendu aux
enchères par-devant notaires ou en justice,

A Paris, 6 francs.

Dans le ressort, 4 francs 50 centimes.

128. Les émolumens des avoués pour dresser le cahier des charges, en faire le dépôt au
greffe, et pour les publications, les extraits
à placarder et à insérer dans les journaux,
les adjudications préparatoires et définitives,
seront réglés et taxés comme en saisie immobilière, lorsqu'il s'agira,

(Code de procéd. civ., art. 636). 1° De
saisie de rentes constituées sur particuliers ;

(Art. 832). 2° De sur-enchère sur aliénation volontaire ;

(Art. 954). 3° De ventes d'immeubles de
mineurs, et de biens dotaux dans le régime
dotal ;

(Art. 972). 4° De vente sur licitation ;

(Art. 988 et 1001). 5° Et de vente d'immeubles dépendant d'une cession bénéficiaire
ou vacante, ou provenant d'un débiteur failli
ou qui a fait cession.

129. La remise proportionnelle sur le prix
de l'adjudication sera divisée en licitation,
ainsi qu'il suit :

Moitié appartiendra à l'avoué poursuivant ;

La seconde moitié sera partagée par égales
portions entre tous les avoués qui ont occupé
dans la licitation, y compris l'avoué poursuivant, qui aura sa part comme les autres
dans cette seconde moitié.

L'article 972 prescrivant en licitation la
signification du cahier des charges par un
simple acte aux avoués des colicitans, cet
acte sera taxé comme un acte simple; et la
copie du cahier des charges, comme celle de
requête d'avoué à avoué.

Dans tous les cahiers des charges, il est
expressément défendu d'y stipuler d'autres
et plus grands droits au profit des avoués, que
ceux énoncés au présent tarif; et s'il y est
inséré quelque clause pour les exhausser, elle
sera réputée non écrite.

§ XI. Poursuite d'ordre.

130. (Code de procéd. civile, art. 750).
Vacation pour requérir sur le registre tenu
au greffe, la nomination, par le président du
tribunal, d'un juge-commissaire devant lequel
il sera procédé à l'ordre,

A Paris, 6 francs.

Dans le ressort, 4 francs 50 centimes.

Si deux ou plusieurs avoués se présentent
en même temps au greffe pour faire la même
réquisition, ils se retireront sur-le-champ,

sans sommation, devant le président du tribunal, qui décidera quelle est la réquisition
qui doit être admise sans dresser aucun procès-verbal; il ne sera reçu ni appel, ni opposition contre la décision du président, et
il ne sera alloué aucune vacation aux avoués.

131. (Code de procéd. civile, art. 752).
Requête au juge-commissaire, à l'effet d'obtenir son ordonnance portant que les créanciers inscrits seront tenus de produire, et
vacation pour se faire délivrer l'ordonnance,
le tout ensemble,

A Paris, 3 francs.

Dans le ressort, 2 francs 25 centimes.

Vacation pour se faire délivrer, par le conservateur des hypothèques, l'extrait des inscriptions,

A Paris, 6 francs.

Dans le ressort, 4 francs 50 centimes.

132. (Code de procéd. civile, art. 753).
Sommation d'avoué à avoué aux créanciers
inscrits qui en ont constitué, de produire dans
le mois,

A Paris, 1 franc.

Dans le ressort, 75 centimes.

Et pour chaque copie, le quart.

133. (Code de procéd. civile, art. 754).
Acte de production des titres, contenant
demande en collocation et constitution d'a-
voué, y compris la vacation pour produire,

A Paris, 20 francs.

Dans le ressort, 15 francs.

Il ne sera point signifié.

134. (Code de procéd. civile, art. 755).
Dénonciation, par acte d'avoué à avoué,
aux créanciers produisans et à la partie saisie, de la confection de l'état de collocation,
avec sommation d'en prendre communication, et de contredire, s'il y échet, sur le
procès-verbal du commissaire dans le délai
d'un mois : le procès-verbal ne sera ni levé,
ni signifié, et il ne sera enregistré que lors de
la délivrance des mandemens,

A Paris, 3 francs.

Dans le ressort, 2 francs 25 centimes.

Et pour chaque copie, le quart.

135. Vacation pour prendre communication des productions, et contredire sur le
procès-verbal du commissaire, sans qu'il puisse
être passé plus d'une vacation dans le même
ordre, sous quelque prétexte que ce soit,

A Paris, 11 francs.

Dans le ressort, 7 francs 50 centimes.

Il sera passé à l'avoué poursuivant une
demi-vacation par chaque production, pour
en prendre communication et contredire s'il
y a lieu,

A Paris, 5 francs.

Dans le ressort, 3 francs 75 centimes.

136. (Code de procéd. civile, art. 757).

Pour la dénonciation aux créanciers inscrits et à la partie saisie, des productions faites après les délais dans les ordres, et sommation d'en prendre communication, et de contredire, s'il y a lieu,

A Paris, 3 francs.

Dans le ressort, 2 francs 25 centimes.

Pour chaque copie, le quart.

137. (Code de procéd. civile, art. 759). Vacation pour faire rayer une ou plusieurs inscriptions en vertu du même jugement,

A Paris, 6 francs.

Dans le ressort, 4 francs 50 centimes.

Vacation pour requérir et se faire délivrer le mandement ou bordereau de collocation,

A Paris, 5 centimes.

Dans le ressort, 3 francs 75 centimes.

Nota. Les bordereaux de collocation, et l'ordonnance de main-levée des inscriptions non-utilement colloquées, contenant nécessairement la totalité du procès-verbal du juge-commissaire, l'expédition entière serait un double emploi: elle ne sera ni levée, ni signifiée.

138. (Code de procéd. civile, art. 779). Requête pour demander la subrogation à la poursuite d'ordre; elle ne sera point grossoyée,

A Paris, 3 francs.

Dans le ressort, 2 francs 25 centimes.

139. Vacation pour la faire insérer au procès-verbal du juge-commissaire.

A Paris, 1 franc 50 centimes.

Dans le ressort un franc 15 centimes.

Signification de la requête au poursuivant par acte d'avoué à avoué,

A Paris, 1 franc.

Dans le ressort, 75 centimes.

Pour la copie, le quart.

Acte servant de réponse,

A Paris, 1 franc.

Dans le ressort, 75 centimes.

Pour la copie, le quart.

§ XII. Actes particuliers.

140. (Code de procédure civile, art. 495). Pour la consultation de trois avocats exerçant depuis dix ans, qui doit précéder la requête civile principale ou incidente,

A Paris, 72 francs.

Dans le ressort, 72 francs.

141. (Code de procédure civile, art. 523). Pour la déclaration de dommages et intérêts, par article,

A Paris, 60 centimes.

Dans le ressort, 45 centimes.

Pour la copie signifiée, par chaque article,

A Paris, 15 centimes.

Dans le ressort, 12 centimes.

142. (Code de procédure civile, argument de l'article 524). Pour chaque apostille de l'avoué défendeur sur la déclaration de dommages et intérêts,

A Paris, 60 centimes.

Dans le ressort, 45 centimes.

143. (Code civil, article 2183). Composition de l'extrait de l'acte de vente, ou donation, qui doit être dénoncé aux créanciers inscrits par l'acquéreur ou donataire,

A Paris, 15 francs.

Dans le ressort, 11 francs 75 centimes.

Et, en outre, par chaque inscription extraite,

A Paris, 1 franc.

Dans le ressort, 75 centimes.

Les copies de cet extrait et des inscriptions seront taxées comme les copies des pièces.

144. Il sera taxé aux avoués par chaque journée de campagne, à raison de cinq myriamètres pour un jour, lorsque leur présence sera autorisée par la loi, ou requise par leurs parties, y compris leurs frais de transport ou de nourriture,

A Paris, 30 francs.

Dans le ressort, 22 francs 50 centimes.

145. Quand les parties seront domiciliées hors de l'arrondissement du tribunal, il sera passé à leurs avoués, pour frais de port de pièces et de correspondances, par chaque jugement définitif,

A Paris, 10 francs.

Dans le ressort, 7 francs 50 centimes.

Et par chaque interlocutoire,

A Paris, 5 francs.

Dans le ressort, 3 francs 75 centimes.

146. Lorsque les parties feront un voyage, et qu'elles se seront présentées au greffe, assistées de leur avoué, pour y affirmer que le voyage a été fait dans la seule vue du procès, il leur sera alloué, quels que soient leur état et leur profession, pour frais de voyage, séjour et retour, trois francs par chaque myriamètre de distance entre leur domicile et le tribunal où le procès sera pendant, et à l'avoué pour vacation au greffe,

A Paris, 1 franc 50 centimes.

Dans le ressort, 1 franc 15 centimes.

Il ne sera passé en taxe qu'un seul voyage en première instance et un seul en cause d'appel. La taxe pour la partie sera la même en l'un et l'autre cas.

Cependant, si la comparution d'une partie avait été ordonnée par jugement, et qu'en définitive les dépens lui fussent adjugés, il lui sera alloué pour cet objet une taxe égale à celle d'un témoin.

CHAPITRE III. Avoués de la cour d'appel de Paris.

147. Les émolumens des avoués de la cour d'appel seront taxés au même prix et dans la même forme que ceux des avoués du tribu-

al de première instance de Paris, avec une augmentation sur chaque espèce de droits, avoir, dans les matières sommaires ; du double, et dans les matières ordinaires, du double pour le droit de consultation, ainsi que pour le port des pièces, lorsque les parties seront domiciliées hors de l'arrondissement du tribunal de première instance de Paris ; pour les autres droits, d'une moitié seulement de ceux attribués aux avoués de première instance.

Néanmoins, dans les demandes de condamnation de frais d'un avoué contre sa partie, ne sera alloué que moitié du droit ci-dessus fixé pour les matières sommaires.

458. (Code de procédure civile, art. 457, 458, 459). Les frais des demandes à fin de défenses contre les jugemens mal à-propos qualifiés en dernier ressort, ou dont l'exécution provisoire a été mal à propos ordonnée, hors les cas prévus par la loi, ainsi que ceux des demandes à fin d'exécution provisoire des jugemens non qualifiés ou mal à propos qualifiés en premier ressort, et de ceux qui n'auraient pas prononcé l'exécution provisoire dans les cas où elle devait l'être, seront liquidés comme en matière sommaire.

149. (Code de procédure civile, art. 809). En sera de même des frais faits sur les appels d'ordonnances des référés.

150. (Code de procédure civile, art. 858). Les requêtes en prise à partie, et celles de pourvoi contre un jugement qui a statué sur une demande en rectification d'un acte de l'état civil, quand il n'y a d'autre partie que le demandeur en rectification, seront taxées ... francs.

CHAPITRE IV. Dispositions communes aux avoués des cours et des tribunaux.

151. Tous les avoués seront tenus d'avoir un registre, qui sera coté et paraphé par le président du tribunal auquel ils sont attachés, ou par un des juges du siége, qui sera par lui commis, sur lequel registre ils inscriront eux-mêmes, par ordre de dates et sans aucun blanc, toutes les sommes qu'ils recevront de leurs parties.

Ils représenteront ce registre toutes les fois qu'ils en seront requis, et qu'ils formeront des demandes en condamnation de frais ; faute de représentation ou de tenue régulière, ils seront déclarés non-recevables dans leurs demandes.

Le tarif ne comprend que l'émolument net

des avoués et autres officiers ; les déboursés seront payés en outre.

Les officiers ne pourront exiger de plus forts droits que ceux énoncés au présent tarif, à peine de restitution, dommages et intérêts, et d'interdiction, s'il y a lieu.

Il ne sera passé aux juges-de-paix, aux experts, aux avoués, aux notaires, et à tous officiers ministériels, que trois vacations par jour quand ils opéreront dans le lieu de leur résidence ; deux par matinée, et une seule l'après-dîner (1).

CHAPITRE V. Des huissiers audienciers.

§ Ier. Des tribunaux de première instance.

152. Pour chaque appel de cause sur le rôle et lors des jugemens par défaut, interlocutoires et définitifs, sans qu'il soit alloué aucun droit pour les jugemens préparatoires et de simples remises,

A Paris, 30 centimes.

Dans les tribunaux du ressort, vingt-cinq centimes.

153. Pour chaque publication du cahier des charges dans toutes espèces de ventes,

A Paris, 1 franc.

Dans les tribunaux du ressort, 75 centimes.

154. Pour la même publication lors de l'adjudication préparatoire,

A Paris, 3 francs.

Dans les tribunaux du ressort, 2 francs 25 centimes.

155. Pour la publication, lors de l'adjudication définitive, y compris les frais de bougies, que les huissiers disposeront et allumeront eux-mêmes,

A Paris, 5 francs.

Dans les tribunaux du ressort, 3 francs 75 centimes.

156. Pour significations de toute espèce, d'avoué à avoué, sans aucune distinction, à l'ordinaire,

A Paris, 30 centimes.

Dans les tribunaux du ressort, 25 centimes.

Pour significations extraordinaires, c'est-à-dire à une autre heure que celle où se font les significations ordinaires, suivant l'usage du tribunal,

A Paris, 1 franc.

Nota. Ces significations doivent être faites à heure datée ; et, à défaut de date, elles ne seront taxées que comme significations ordinaires : elles ne sont passées en taxe, comme extraordinaires, qu'à Paris seulement.

---

1) La partie qui a été défendue devant le tribunal de commerce, par avoué, ne peut lui refuser le salaire promis, sous prétexte qu'il l'a commis comme simple fondé de pouvoirs, et qu'il y a lieu d'appliquer l'article 12 de la loi du 3 bru-

maire an 2. — L'avoué, en ce cas, peut réclamer son salaire, sans être tenu de représenter le registre exigé par cet article (13 janvier 1819 ; Cass. S. 19, 1, 379). *Voy.* l'article 67.

Les huissiers audienciers, quoiqu'ils soient commis pour faire des significations ou autres opérations, ne pourront exiger autres ni plus forts droits que les huissiers ordinaires ; et ils seront obligés de se conformer à toutes les dispositions du Code, comme tous les autres huissiers : mais les frais de transport des huissiers de la cour d'appel, commis par elle, seront, dans ce cas, alloués suivant la taxe, quelle que soit la distance.

§. II. Des huissiers audienciers de la cour d'appel de Paris.

157. Pour l'appel des causes sur le rôle, ou lors des arrêts par défaut, interlocutoires et définitifs, à la charge d'envoyer des bulletins aux avoués pour toutes les remises de causes qui seront ordonnées, 1 franc 25 centimes.

Il ne sera passé aucun droit d'appel pour les simples remises de causes et les jugemens préparatoires.

158. Pour significations de toute espèce, d'avoué à avoué, sans aucune distinction, à l'ordinaire, 75 centimes.

A l'extraordinaire ou à heure datée, 1 fr. 50 centimes.

CHAPITRE VI. Des experts, des dépositaires de pièces, et des témoins.

159. (Code de procédure civile, art. 320). Il sera taxé aux experts, par chaque vacation de trois heures, quand ils opéreront dans les lieux où ils sont domiciliés ou dans la distance de deux myriamètres, savoir : dans le département de la Seine,

Pour les artisans ou laboureurs, 4 francs.
Pour les architectes et autres artistes, 8 fr.
Dans les autres départemens,
Aux artisans et laboureurs, 3 francs.
Aux architectes et autres artistes, 6 fr.

160. Au-delà de deux myriamètres, il sera alloué par chaque myriamètre, pour frais de voyage et nourriture, aux architectes et autres artistes, soit pour aller, soit pour revenir,

A ceux de Paris, 6 francs.
A ceux des départemens, 4 francs 50 cent.

161. Il leur sera alloué pendant leur séjour, à la charge de faire quatre vacations par jour, savoir :

A ceux de Paris, 32 francs.
A ceux des départemens, 24 francs.

Nota. La taxe sera réduite, dans le cas où le nombre de quatre vacations n'aurait pas été employé.

S'il y a lieu à transport d'un laboureur au-delà de deux myriamètres, il sera alloué trois francs par myriamètre, pour aller, et autant pour le retour, sans néanmoins qu'il puisse rien être alloué au-delà de cinq myriamètres.

162. Il sera encore alloué aux experts deux vacations, l'une pour leur prestation de serment, l'autre pour le dépôt de leur rapport, indépendamment de leurs frais de transport s'ils sont domiciliés à plus de deux myriamètres de distance du lieu où siége le tribunal ; il leur sera accordé par myriamètre, en ce cas, le cinquième de leur journée de campagne.

Au moyen de cette taxe, les experts ne pourront rien réclamer ni pour frais de voyage et de nourriture, ni pour s'être fait aider par des écrivains ou par des toiseurs et porte-chaînes, ni sous quelque autre prétexte que ce soit ; ces frais, s'ils ont lieu, restent à leur charge.

Le président, en procédant à la taxe de leurs vacations, en réduira le nombre, s'il lui paraît excessif (1).

163. Il sera taxé aux experts en vérification d'écritures, et en cas d'inscription de faux incident, par chaque vacation de trois heures, indépendamment de leurs frais de voyage, s'il y a lieu,

A Paris, 8 francs.
Dans les tribunaux du ressort, 6 francs.

164. (Code de procédure civile, art. 208 et 232). Il ne leur sera rien alloué pour prestation de serment ni pour dépôt de leur procès-verbal, attendu qu'ils doivent opérer en présence du juge ou du greffier, et que le tout est compris dans leurs vacations.

165. Il leur sera alloué pour frais de voyage, s'ils sont domiciliés à plus de deux myriamètres du lieu où se fait la vérification,

A Paris, 32 francs.
Dans les tribunaux du ressort, 24 francs.

A raison de cinq myriamètres par journée ; et au moyen de cette taxe, ils ne pourront rien réclamer pour frais de transport et de nourriture.

166. (Code de procédure civile, art. 201, 204, 205, 221, 225). Il sera taxé aux dépositaires qui devront représenter les pièces de

---

(1) L'ordonnance du président qui taxe les vacations dues à des experts est susceptible d'opposition. — L'art. 6 du décret de 1807, portant qu'il ne pourra être interjeté appel du jugement qui statue sur l'opposition à la liquidation des dépens que lorsqu'il y aura appel de quelques dispositions sur le fond, n'est pas applicable en matière de taxe de frais d'expertise. — Le délai fixé par

cet article pour former opposition à la liquidation des dépens est également inapplicable en ce cas.

C'est en audience publique, selon la règle générale, et non en chambre du conseil, qu'il doit être statué sur l'opposition formée à la taxe des experts (1er décembre 1829, Nancy ; S. 30, 2 ; 182 ; D. 30, 2, 49, P. 47, 356).

mparaison en vérification d'écritures ou ar-
iées de faux, en inscription de faux inci-
ent, indépendamment de leurs frais de
iyage, par chaque vacation de trois heures
ivant le juge-commissaire ou le greffier,
voir :

1° Aux greffiers :

1° des cours d'appel 12f 00c
2° de justice criminelle 12 00
3° des tribunaux de 1re instance. 10 00

2° Aux notaires :

1° de Paris 9 00
1° des départemens 6 75

3° Aux avoués :

.° des cours d'appel 8 00
1° des tribunaux de 1re instance. 6 00

4° Aux huissiers :

° de Paris 5 00
° des départemens. 4 00

° Aux autres fonctionnaires publics ou
·es particuliers, s'ils le requièrent, 6 fr.

67. Il sera taxé au témoin, à raison de
état et de sa profession, une journée pour
éposition ; et, s'il n'a pas été entendu le
nier jour pour lequel il aura été cité, dans
s prévu par l'article 267, il lui sera passé
· journées, indépendamment des frais de
ige, si le témoin est domicilié à plus de
· myriamètres du lieu où se fait l'enquête.
e *maximum* de la taxe du témoin sera de
francs ; et le *minimum*, 2 francs.
es frais de voyage sont fixés à trois francs
myriamètre pour l'aller et le retour.

CHAPITRE VII. Des notaires.

I.

8. Il sera taxé aux notaires, pour tous
:tes indiqués par le Code civil et par le
judiciaire,
ur chaque vacation de trois heures,
ode de procédure civ., art. 849). 1° Aux
ulsoires faits en leur étude ;
.rt. 852). Devant le juge, en cas que
·ransport devant lui ait été requis ;
ode civil, art. 151, 152, 153 et 154).
tout acte respectueux et formel pour
nder le conseil du père et de la mère,
.lui des aïeuls ou aïeules, à l'effet de
icter mariage ;
·t. 279). 4° Aux inventaires contenant
ition des biens meubles et immeubles
ioux qui veulent demander le divorce
insentement mutuel ;
·t. 281, 284 et 285). Aux procès-ver-
qu'ils doivent dresser de tout ce qui

aura été dit et fait devant le juge, en cas de
demande en divorce par consentement mutuel ;
(Code de procédure civile, art. 941 et suivans). 6° Aux inventaires après décès ;
(Art. 944). 7° En référé devant le président du tribunal, s'il s'élève des difficultés,
ou s'il est formé des réquisitions pour l'administration de la communauté ou de la succession, ou pour tous autres objets ;
(Art. 977, 978, etc.). 8° A tous les procès-
verbaux qu'ils dresseront en tous autres cas
et dans lesquels ils seront tenus de constater
le temps qu'ils y auront employé ;
(Code de procéd. civ., art. 977). 9° Au
greffe, pour y déposer la minute du procès-
verbal des difficultés élevées dans les partages,
contenant les dires des parties,
A Paris, 9 francs.
Dans les villes où il y a tribunal de première instance, 6 francs.
Partout ailleurs, 4 francs.

169. Dans tous les cas où il est alloué des
vacations aux notaires, il ne leur sera rien
passé pour les minutes de leurs procès-verbaux.

II.

170. Quand les notaires seront obligés de
se transporter à plus d'un myriamètre de leur
résidence, indépendamment de leur journée,
il leur sera alloué pour tous frais de voyage
et nourriture, par chaque myriamètre, un
cinquième de leurs vacations et autant pour
le retour ;
Et par journée, qui sera comptée à raison
de cinq myriamètres, aussi pour l'aller et le
retour, quatre vacations.

III.

171. Il sera passé aux notaires pour la formation des comptes que les copartageans
peuvent se devoir de la masse générale de la
succession, des lots et des fournissemens à
faire à chacun des copartageans, une somme
correspondante au nombre des vacations que
le juge arbitrera avoir été employée à la confection de l'opération.

IV.

172. Les remises accordées aux avoués sur
les prix des ventes d'immeubles seront allouées
aux notaires, dans les cas où les tribunaux ren-
verront des ventes d'immeubles par-devant
eux, mais sans distinction de celles dont le
prix n'excédera pas deux mille francs ; et au
moyen de cette remise, ils ne pourront rien
exiger pour les minutes de leurs procès-verbaux de publication et d'adjudication (1).

Lorsque le cahier des charges dressé pour
ir à une adjudication devant notaire fixe ce

qui devra être payé au notaire pour ses déboursés
et honoraires, l'adjudicataire ne peut pas ré-

V.

173. Tous les autres actes du ministère des notaires, notamment les partages et ventes volontaires qui auront lieu par-devant eux, seront taxés par le président du tribunal de première instance de leur arrondissement, suivant leur nature et les difficultés que leur rédaction aura présentées, et sur les renseignemens qui lui seront fournis par les notaires et les parties (1).

VI.

174. Les expéditions de tous les actes reçus par les notaires, y compris celles des inventaires et de tous procès-verbaux, contiendront vingt-cinq lignes à la page et quinze syllabes à la ligne, et leur seront payées, par chaque rôle.

À Paris, 3 francs.

Dans les villes où il y a tribunal de première instance, 2 francs.

Partout ailleurs, 1 franc 50 centimes.

VII.

175. (Code civil, article 501). Les notaires seront tenus de prendre à leur chambre de discipline, et de faire afficher dans leurs études, l'extrait des jugemens qui auront prononcé des interdictions contre des particuliers, ou qui leur auront nommé des conseils, sans qu'il soit besoin de leur signifier les jugemens.

---

16 FÉVRIER 1807. — Décret relatif à la liquidation des dépens. (4, Bull. 139, n° 2241.)

Art. 1er. La liquidation des dépens en ma-
tières sommaires sera faite par les arrêts e[t] jugemens qui les auront adjugés; à cet effet l'avoué qui aura obtenu la condamnatior remettra, dans le jour, au greffier tenant la plume à l'audience, l'état des dépens adjugés; et la liquidation en sera insérée dans le dispositif de l'arrêt ou jugement (2).

2. Les dépens dans les matières ordinaire[s] seront liquidés par un des juges qui aura assisté au jugement, mais le jugement pourra être expédié et délivré avant que la liquida[-]tion soit faite.

3. L'avoué qui requerra la taxe remettra au greffier l'état des dépens adjugés avec le[s] pièces justificatives.

4. Le juge chargé de liquider taxer[a] chaque article en marge de l'état, somme[ra] le total au bas, le signera, mettra le *tax[é]* sur chaque pièce justificative, et paraphera l'état demeurera annexé aux qualités.

5. Le montant de la taxe sera porté au ba[s] de l'état des dépens adjugés; il sera signé d[u] juge qui y aura procédé et du greffier. Lors[-]que ce montant n'aura pas été compris dan[s] l'expédition de l'arrêt ou jugement, il e[n] sera délivré exécutoire par le greffier.

6. L'exécutoire ou le jugement au chef d[e] la liquidation seront susceptibles d'opposi[-]tion. L'opposition sera formée dans les tro[is] jours de la signification à avoué avec cit[a-]tion (3); il y sera statué sommairement, et ne pourra être interjeté appel de ce jugemen[t] que lorsqu'il y aura appel de quelques dispo[-]sitions sur le fond (4).

7. Si la partie qui a obtenu l'arrêt ou le ju[-]gement néglige de le lever, l'autre parti[e]

---

clamer taxe de ces mêmes déboursés et honoraires; il est obligé de payer la somme portée au cahier des charges, encore que cette somme excède celle qui serait allouée au notaire par le tarif.

En serait-il de même si la réclamation était élevée par le propriétaire? (27 mai 1829; Cass. S. 29, 1, 35; D. 29, 1, 256) *Voy.* art. 129.

(1) Cet article ne s'applique pas au cas où les parties se pourvoient en restitution de sommes excessives qu'elles prétendent avoir payées pour honoraires. Les tribunaux saisis dans ce cas des demandes en restitution, sont compétens pour régler eux-mêmes le taux des honoraires dus (11 avril 1827; Cass. S. 27, 1, 455; D. 27, 1, 195).

(2) Le défaut de liquidation des dépens dans un arrêt ou jugement qui a prononcé en *matière sommaire*, ne donne pas *de plano* ouverture à cassation. — La partie condamnée doit auparavant se pourvoir par voie d'opposition (27 avril 1825; Cass. S. 26, 1, 422; D. 25, 1, 330. — 20 juin 1826; Cass. S. 26, 1, 430; D. 26, 1, 308; P. 36, 359).

Ce qui vient d'être dit du défaut de liquidation s'applique à l'erreur dans la liquidation des
dépens portée dans un arrêt rendu en matiè[re] sommaire (25 avril 1827; Cass. S. 28, 1, 8[3] D. 27, 1, 217).

(3) Cette disposition emporte déchéance. L'o[p-] position formée après le délai est[non-recevab[le]. (13 février 1826, Amiens; S. 27, 2, 166; [D.] 27, 2, 149; P. 40, 284).

(4) L'opposition à la taxe des dépens, lo[rs] même que distraction de ces dépens a été pro[-] noncée au profit de l'avoué, doit être formé[e] non contre l'avoué, mais bien contre la part[ie] qui a obtenu le jugement de condamnation (2[1] août 1828, Bordeaux; S. 29, 2, 132). *Vó[y.]* notes sur l'article 162 du tarif du 16 février 1807

Le jugement qui statue sur l'opposition à u[ne] taxe de dépens est en dernier ressort, quo[i-] qu'il ait pour objet une valeur de plus de 1,000 f[r.] il ne peut être attaqué que par la voie de la ca[s-] sation (28 novembre 1826; Cass. S. 27, 1, 20[9] D. 27, 1, 69).

C'est à la chambre du conseil, et non [en] audience publique, que doit être prononcé l'a[r-] rêt qui statue sur une opposition à un exécutoi[re] de dépens (2 février 1826; Cass. S. 26, 1, 28[0] D. 26, 1, 135).

ra une sommation de le lever dans les trois
jurs.

8. Faute de satisfaire à cette sommation,
la partie qui aura succombé pourra lever une
xpédition du jugement, sans que les frais
jient taxés; sauf à l'autre partie à les faire
ixer dans la forme ci-dessus prescrite.

9. Les demandes des avoués et autres offi-
iers ministériels en paiement de frais contre
es parties pour lesquelles ils auront occupé
u instrumenté seront portées à l'audience,
ins qu'il soit besoin de citer en conciliation :
sera donné, en tête des assignations, copie
u mémoire des frais réclamés (1).

10. Le grand-juge, ministre de la justice, est
hargé de l'exécution du présent décret.

Tarif des frais de taxe.

Il ne sera rien alloué aux avoués pour l'état
es dépens adjugés en matière sommaire
u'ils doivent remettre aux greffiers, à l'ef-
et d'en faire insérer la liquidation dans l'ar-
êt ou le jugement.

Pour chaque article entrant en taxe des
épens adjugés en matière ordinaire, il sera
lloué dix centimes.

Au moyen de cette taxe, il ne sera alloué
l'avoué aucune vacation à l'effet de remet-
re et retirer les pièces justificatives.

Nota. Il ne pourra être fait qu'un article pour
haque pièce de la procédure, tant pour l'avoir
ressée que pour l'original, copie et significa-
ion, et tous les droits qui en résultent.

Chaque article sera divisé en deux parties; la
remière comprendra les déboursés, y compris
e salaire des huissiers, et la seconde, l'émolu-
nent net de l'avoué: en conséquence, les états,
eront formés sur deux colonnes, l'une des dé-
oursés, l'autre de l'émolument de l'avoué.

Pour la sommation à l'avoué de la partie
qui a obtenu la condamnation de dépens, de
lever le jugement,

A Paris, 1 franc.

Dans le ressort, 75 centimes.

Et pour la copie, le quart.

Pour l'original de l'acte contenant opposition, soit à un exécutoire de dépens, soit au
chef du jugement qui les a liquidés, avec
sommation de comparaître à la chambre du
conseil pour être statué sur ladite opposition,

A Paris, 1 franc.

Dans le ressort, 75 centimes.

Et pour chaque copie, le quart.

Pour assistance et plaidoirie à la chambre
du conseil,

A Paris, 7 francs 50 centimes.

Dans le ressort, les trois quarts.

Pour les qualités et signification à avoué
du jugement qui interviendra, s'il n'y a
qu'une partie, le tout ensemble,

A Paris, 5 francs.

Dans le ressort, 4 francs.

S'il y a plusieurs avoués, pour chacune
des autres copies tant des qualités que du jugement,

A Paris, 1 franc.

Dans le ressort, 75 centimes.

Il ne sera passé aucun autre droit pour la
taxe des frais.

----

16 FÉVRIER 1807. — Décret qui rend commun
à plusieurs cours d'appel et tribunaux, le tarif des frais et dépens de ceux de Paris, et
en fixe la réduction pour les autres. (4, Bull.
139, n° 2242.)

Art. 1er. Le tarif des frais et dépens en la
cour d'appel de Paris, décrété cejourd'hui,
est rendu commun aux cours d'appel de
Lyon, Bordeaux, Rouen et Bruxelles.

Toutes les sommes portées en ce tarif
seront réduites *d'un dixième* pour la taxe
des frais et dépens dans les autres cours
d'appel.

2. Le tarif des frais et dépens décrété pour
le tribunal de première instance et pour les
justices de paix établis à Paris est rendu commun aux tribunaux de première instance et
aux justices de paix établis à Lyon, Bordeaux, Rouen et Bruxelles.

Toutes les sommes portées en ce tarif seront réduites *d'un dixième* dans la taxe des
frais et dépens pour les tribunaux de première instance et pour les justices de paix
établis dans les villes dont la population excède trente mille ames.

3. Dans tous les autres tribunaux de première instance et justices de paix de l'empire,
le tarif des frais et dépens sera le même que

----

(1) L'assignation donnée par un officier ministériel en paiement de ses avances ou honoraires n'est pas nulle pour défaut de signification,
en tête de la demande, du mémoire des frais
réclamés. Cette omission peut toujours être réparée dans le cours de l'instance, à la charge
par l'officier ministériel de supporter les frais
de signification.

Encore qu'un officier ministériel n'ait signifié,
ni en tête de l'assignation, ni pendant l'instance,

copie de l'état des frais par lui réclamés, il ne
peut être repoussé par une fin de non-recevoir,
s'il prouve que son adversaire l'a mis, par son
fait, dans l'impossibilité de fournir son compte,
en retenant les pièces du dossier qui lui sont
nécessaires pour l'établir (11 et 29 juin 1826,
Amiens; S. 27, 2, 19; D. 27, 2, 27; P. 38,
213. — 17 juillet 1826, Lyon; S. 27, 2, 20;
D. 27, 2, 28).

celui décrété pour les tribunaux de première instance et les justices de paix du ressort de la cour d'appel de Paris, autre que ceux établis dans cette capitale.

4. Le tarif des frais de taxe, décrété également cejourd'hui pour le ressort de la cour d'appel de Paris, est aussi déclaré commun à tout l'empire : en conséquence, dans tous les chefs-lieux de cours d'appel, les droits de taxe seront perçus comme à Paris; et partout ailleurs, ils seront perçus comme dans le ressort de la cour d'appel de Paris.

5. Notre grand-juge, ministre de la justice, est chargé de l'exécution du présent décret.

———

16 FÉVRIER 1807. — Avis du Conseil-d'État sur l'instruction des procès intentés avant et depuis le 1er janvier 1807. (4, Bull. 139, n° 2243.)

Le Conseil-d'État, qui, d'après le renvoi ordonné par sa majesté, a entendu le rapport de la section de législation sur celui du grand-juge, ministre de la justice, concernant l'exécution de l'article 1041 du Code de procédure civile;

Vu ledit article, ainsi conçu :

« Le présent Code sera exécuté à dater du « 1er janvier 1807 ; en conséquence, tous « procès qui seront intentés depuis cette « époque seront instruits conformément à « ces dispositions ; toutes lois, coutumes, « usages et réglemens relatifs à la procédure « civile seront abrogés. »

Est d'avis que les seuls procès intentés depuis le 1er janvier 1807 doivent être instruits conformément aux dispositions du Code; mais que l'on ne doit comprendre dans la classe des affaires antérieurement intentées, ni les appels interjetés depuis l'époque du 1er janvier 1807, ni les saisies faites depuis, ni les ordres et contributions, lorsque la réquisition d'ouverture du procès-verbal est postérieure, ni les expropriations forcées, lorsque la procédure réglée par la loi du 11 brumaire an 7 a été entamée par l'apposition des affiches avant le 1er janvier 1807. Ces appels, saisies, contributions et affiches sont, dans le fait, le principe d'une nouvelle procédure qui s'introduit à la suite d'une précédente. Dans tous les autres cas, l'instruction des affaires entamées avant le 1er janvier 1807 doit être continuée conformément aux réglemens antérieurs au Code de procédure (1).

16 FÉVRIER 1807. — Avis du Conseil-d'État sur le paiement des dépenses de prisonniers ou accusés transférés. (4, Bull. 140, n° 2244.)

Le Conseil-d'État, qui, en exécution du renvoi ordonné par sa majesté, a entendu le rapport de la section de l'intérieur sur celui du ministre de ce département, contenant diverses questions relatives au paiement des dépenses de certains prisonniers ou accusés transférés,

Est d'avis,

1° Que les dépenses de prison et conduite, relatives aux marins ou militaires condamnés aux travaux publics ou au boulet, sont à la charge des ministres respectifs de la marine et de la guerre ;

2° Que les dépenses des condamnés aux fers, pour leur séjour ou conduite, par les tribunaux militaires, maritimes ou civils, et même des militaires ou marins, sont à la charge du ministre de l'intérieur ;

3° Enfin que les dépenses de route ou séjour momentané, pendant la translation des prisonniers transférés par ordre des tribunaux ou cours, procureurs généraux impériaux ou procureurs impériaux, doivent être acquittées, comme frais généraux de justice, par le domaine, et allouées sur les ordonnances du grand-juge, ministre de la justice, et non sur les centimes variables des départemens, affectés aux dépenses des prisons, lesquelles n'ont été fixées que comme dépenses locales et particulières à chaque département.

16 FÉVRIER 1807. — Décret portant que l'île de Buderich, département de la Roër, fait partie du canton de Neuss. (4, Bull. 144, n° 2304.)

16 FÉVRIER 1807. — Décrets qui ordonnent le paiement de pensions à des veuves de militaires. (4, Bull. 140, n°s 2245 et 2246.)

17 et 18 FÉVRIER 1807. — Acte du Sénat-Conservateur qui nomme les membres du Corps-Législatif pour les départemens de l'Aisne, de l'Allier, des Hautes-Alpes, des Ardennes, de l'Aude, de l'Aveyron, du Cantal, du Cher, de la Corrèze, de la Creuse, de l'Eure, d'Indre-et-Loire, de Loir-et-Cher, de la Lozère, de la Lys, de la Haute-Marne, des Pyrénées-Orientales, de la Haute-Saône, et des Deux-Sèvres. (4, Bull. 143, n° 2278.)

———

(1) La reprise d'une instance commencée sous l'ordonnance de 1667 doit être formée conformément aux anciens réglemens, et non d'après le Code de procédure. — En conséquence, si la reprise d'instance n'a pas été dirigée contre toutes les parties originairement en cause, elle est nulle. Du moins l'arrêt qui le décide ainsi échappe à la censure de la cour suprême (11 juillet 1826; Cass. S. 27, 1, 56; D. 26, 1, 405).

FÉVRIER 1807. — Avis du Conseil-d'Etat.
(Comptables). *Voy.* 16 MARS 1807.

MARS 1807. — Décision du grand-sanhédrin.
(Sirey, 7, 2, 196.)

PRÉAMBULE.

Béni soit à jamais le Seigneur Dieu d'Is-
ël, qui a placé sur le trône de France et du
yaume d'Italie un prince selon son cœur.
eu a vu l'abaissement des descendans de
ntique Jacob, et a choisi Napoléon - le-
·and pour être l'instrument de sa miséri-
rde. Le Seigneur juge les pensées, lui seul
mmande aux consciences, et son soin chéri
permis que chacun adorât le Seigneur selon
croyance et sa foi.
A l'ombre de son nom, la sécurité est
trée dans nos cœurs et dans nos demeures,
ious pouvons désormais bâtir, ensemencer,
issonner, cultiver les sciences humaines,
partenir à la grande famille de l'Etat, le
vir, et nous glorifier de ses nobles desti-
es.
Sa haute sagesse a permis que cette assem-
·e, célèbre dans nos annales, et dont l'ex-
rience et la vertu dictaient les décisions,
parût après quinze siècles, et concourût à
·bienfaits sur Israël.
Réunis aujourd'hui sous sa puissante pro-
·tion, dans sa bonne ville de Paris, au
unbre de soixante-onze docteurs de la loi et
tables d'Israël, nous nous constituons en
und-sanhédrin, afin de trouver en nous le
ıyen et la force de rendre les ordonnances
igieuses conformes aux principes de nos
ntes lois, et qui servent de règles et
xemples à tous les Israélites. Ces ordon-
nces apprendront aux nations que nos
gmes se concilient avec les lois civiles sous
quelles nous vivons, et ne nous séparent pas
la société des hommes.
En conséquence, déclarons que la loi di-
ne, ce pieux héritage de nos ancêtres, con-
·nt des dispositions religieuses et des dispo-
·ions politiques.
Que ses dispositions religieuses sont, par
ur nature, absolues et indépendantes des
rconstances et des temps;
Qu'il n'en est pas de même des dispositions
olitiques, c'est-à-dire de celles qui constituent
gouvernement, et qui étaient destinées à
·gir le peuple d'Israël dans la Palestine,
·rsqu'il avait ses rois, ses pontifes et ses
iagistrats;
Que ces dispositions politiques ne sauraient
·re applicables, depuis qu'il ne forme plus
n corps de nation;
Qu'en consacrant cette distinction déjà
tablie par la tradition, le grand-sanhédrin
éclare un fait incontestable, qu'une assem-
·lée des docteurs de la loi, réunis en grand-

sanhédrin, pouvait seule déterminer les conséquences qui en dérivent;
Que si les anciens sanhédrins ne l'ont pas
fait, c'est que les circonstances politiques ne
l'exigeaient point, et que depuis l'entière
dispersion d'Israël, aucun sanhédrin n'avait
été réuni avant celui-ci.
Engagés aujourd'hui dans ce pieux dessin,
nous invoquons sa lumière divine, de laquelle
émanent tous les biens, et nous nous reconnaissons obligés de concourir, autant qu'il
dépendra de nous, à l'achèvement de la régé-
nération morale d'Israël.
Ainsi, en vertu du droit que nous confèrent nos usages et nos lois sacrés, et qui déterminent que dans l'assemblée des docteurs
du siècle réside essentiellement la faculté de
statuer selon l'urgence des cas, et que requiert l'observance desdites lois, soit écrites,
soit traditionnelles, nous procéderons dans
l'objet de prescrire religieusement l'obéissance aux lois de l'Etat, en matière civile ou
politique.
Pénétrés de cette sainte maxime, que la
crainte de Dieu est le principe de toute sagesse, nous élevons nos regards vers le ciel,
nous étendons nos mains vers son sanctuaire,
et nous l'implorons pour qu'il daigne nous
éclairer de sa lumière, nous diriger dans le
sentier de la vertu et de la vérité, afin que
nous puissions y conduire nos frères pour
leur félicité et celle de leurs descendans.
Partant, nous enjoignons, au nom du Seigneur notre Dieu, à tous nos coréligionnaires de tout sexe, d'observer fidèlement nos
déclarations, statuts et ordonnances, regardant d'avance tous ceux de France et du
royaume d'Italie qui les violeraient ou en
négligeraient l'observation, comme péchant
notoirement contre la volonté du Seigneur
Dieu d'Israël.

ARTICLE Iᵉʳ. Polygamie.

Le grand-sanhédrin, légalement assemblé
ce jour, 9 février 1807, et en vertu des pouvoirs qui lui sont inhérens, examinant s'il
est licite aux Hébreux d'épouser plus d'une
femme, et pénétré du principe généralement
consacré dans Israël que la soumission aux
lois de l'Etat, en matière civile et politique,
est un devoir religieux,
Reconnaît et déclare que la polygamie,
permise par la loi de Moïse, n'est qu'une
simple faculté; que nos docteurs l'ont sub-
ordonnée à la condition d'avoir une fortune
suffisante pour subvenir aux besoins de plus
d'une épouse;
Que, dès le premier temps de notre dispersion, les Israélites répandus dans l'Occident,
pénétrés de la nécessité de mettre leurs usages en harmonie avec les lois civiles des Etats
dans lesquels ils s'étaient établis, avaient

généralement renoncé à la polygamie, comme à une pratique non conforme aux mœurs des nations;

Que ce fut aussi pour rendre hommage à ce principe de conformité en matière civile, que le synode convoqué à Vorms en l'an 470 de notre ère, et présidé par le rabbin Guerson, avait prononcé anathème contre tout Israélite de leur pays qui épouserait plus d'une femme;

Que cet usage s'est entièrement perdu en France, en Italie, et presque dans tous les États du continent européen, où il est extrêmement rare de trouver un Israélite qui ose enfreindre à cet égard les lois des nations contre la polygamie;

En conséquence, le grand-sanhédrin, pesant dans sa sagesse combien il importe de maintenir l'usage adopté par les Israélites répandus dans l'Europe, et pour confirmer en tant que besoin ladite décision du synode de Vorms, statue et ordonne comme précepte religieux,

Qu'il est défendu à tous les Israélites de tous les États où la polygamie est défendue par les lois civiles, et en particulier à ceux de l'empire de France et du royaume d'Italie, d'épouser une seconde femme du vivant de la première, à moins qu'un divorce avec celle-ci, prononcé conformément aux dispositions du Code civil, et suivi du divorce religieux, ne l'ait affranchi des liens du mariage.

Article II. Répudiation.

Le grand-sanhérin ayant considéré combien il importe aujourd'hui d'établir des rapports d'harmonie entre les usages des Hébreux, relativement au mariage, et le Code civil de France et du royaume d'Italie, sur le même sujet, et considérant qu'il est de principe religieux de se soumettre aux lois civiles de l'État, reconnaît et déclare:

Que la répudiation permise par la loi de Moïse n'est valable qu'autant qu'elle opère la dissolution absolue de tous les liens entre les conjoints, même sous le rapport civil;

Que, d'après les dispositions du Code civil, qui régit les Israélites comme Français et Italiens, le divorce n'étant consommé qu'après que les tribunaux l'ont ainsi décidé par un jugement définitif, il suit que la répudiation mosaïque n'aurait pas le plein et entier effet qu'elle doit avoir, puisque l'un des conjoints pourrait se prévaloir contre l'autre du défaut de l'intervention de l'autorité civile dans la dissolution du lien conjugal;

C'est pourquoi, en vertu du pouvoir dont il est revêtu, le grand-sanhédrin statue et ordonne comme point religieux:

Que, dorénavant, nulle répudiation ou divorce ne pourra être fait selon les formes établies par la loi de Moïse, qu'après que le mariage aura été dissous par les tribunaux compétens, et dans les formes voulues par le Code civil.

En conséquence, il est expressément défendu à tout rabbin, dans les États de France et du royaume d'Italie, de prêter son ministère dans aucun acte de répudiation ou de divorce, sans que le jugement civil qui le prononce lui ait été exhibé en bonne forme, déclarant que tout rabbin qui se permettrait d'enfreindre le présent statut religieux sera regardé comme indigne d'en exercer à l'avenir les fonctions.

Article III. Mariage.

Le grand-sanhédrin, considérant que, dans l'empire français et le royaume d'Italie, aucun mariage n'est valable qu'autant qu'il est précédé d'un contrat civil devant l'officier public,

En vertu du pouvoir qui lui est dévolu, statue et ordonne qu'il est d'obligation religieuse pour tout Israélite français et du royaume d'Italie, de regarder désormais, dans les deux États, les mariages civilement contractés comme emportant obligation civile; défend, en conséquence, à tout rabbin ou autre personne, dans les deux États, de prêter son ministère à l'acte religieux du mariage sans qu'il leur ait apparu auparavant de l'acte des conjoints devant l'officier civil, conformément à la loi.

Le grand-sanhédrin déclare, en outre, que les mariages entre Israélites et chrétiens, contractés conformément aux lois du Code civil, sont obligatoires et valables civilement, et que, bien qu'ils ne soient pas susceptibles d'être revêtus des formes religieuses, ils n'entraîneront aucun anathème.

Article IV. Fraternité.

Le grand-sanhédrin ayant considéré que l'opinion des nations parmi lesquelles les Israélites ont fixé leur résidence depuis plusieurs générations, les laissaient dans le doute sur les sentimens de fraternité et de sociabilité qui les animent à leur égard, en telle sorte que ni en France, ni dans le royaume d'Italie, l'on ne paraissait pas fixé sur la question de savoir si les Israélites de ces deux États regardaient leurs concitoyens chrétiens comme frères, ou seulement comme étrangers,

Afin de dissiper tous les doutes à ce sujet, le grand-sanhédrin déclare,

Qu'en vertu de la loi donnée par Moïse aux enfans d'Israël, ceux-ci sont obligés de regarder comme leurs frères les individus des nations qui reconnaissent Dieu, créateur du ciel et de la terre, et parmi lesquelles ils jouissent des avantages de la société civile, ou seulement d'une bienveillante hospitalité;

Que la Sainte-Écriture nous ordonne d'aimer notre semblable comme nous-mêmes, et que reconnaissant comme conforme à la volonté de Dieu, qui est la justice même, de ne faire à autrui que ce que nous voudrions qui nous fût fait, il serait contraire à ces maximes sacrées de ne point regarder nos concitoyens français et italiens comme nos frères ;

Que, d'après cette doctrine universellement reçue et par les docteurs qui ont le plus d'autorité dans Israël, et par tout Israélite qui n'ignore point sa religion, il est du devoir de tous d'aider, de protéger, d'aimer leurs concitoyens, et de les traiter sous tous les rapports civils et moraux à l'égard de leurs coréligionnaires ;

Que, puisque la religion mosaïque ordonne aux Israélites d'accueillir avec tant de charité et d'égard les étrangers qui allaient résider dans leurs villes, à plus forte raison leur commande-t-elle les mêmes sentimens envers les individus des nations qui les ont accueillis dans leur sein, qui les protégent par leurs lois, les défendent par leurs armes, leur permettent d'adorer l'Éternel selon leur culte, et les admettent, comme en France et dans le royaume d'Italie, à la participation de tous les droits civils et politiques ;

D'après ces diverses considérations, le grand-sanhédrin ordonne à tout Israélite de l'empire français, du royaume d'Italie et de tous autres lieux, de vivre avec les sujets de chacun des États dans lesquels ils habitent, comme avec leurs concitoyens et leurs frères, puisqu'ils reconnaissent Dieu, créateur du ciel et de la terre, parce qu'ainsi le veut la lettre et l'esprit de nos saintes lois.

Article V. Rapports moraux.

Le grand-sanhédrin, voulant déterminer quels sont les rapports que la loi de Moïse prescrit aux Hébreux envers les individus des nations parmi lesquelles ils habitent, et qui, professant une autre religion, reconnaissent Dieu, créateur du ciel et de la terre,

Déclare que tout individu professant la religion de Moïse, qui ne pratique point la justice et la charité envers tous les hommes adorant l'Éternel, indépendamment de leur croyance particulière, pèche notoirement contre sa loi ;

Qu'à l'égard de la justice, tout ce que prohibe l'Écriture-Sainte, comme lui étant contraire, est absolu et sans exception de personne ;

Que le Décalogue et les Livres sacrés qui renferment les commandemens de Dieu, à cet égard, n'établissent aucune relation particulière, et n'indiquent ni qualité, ni condition, ni religion auxquels ils s'appliquent exclusivement ; en sorte qu'ils sont communs

aux rapports des Hébreux avec tous les hommes en général, et que tout Israélite qui les enfreint envers qui que ce soit, est également criminel et répréhensible aux yeux du Seigneur ;

Que cette doctrine est aussi enseignée par les docteurs de la loi, qui ne cessent de prêcher l'amour du Créateur et de sa créature (Traité d'Abot, chap. 6, f. 9), et qui déclarent formellement que les récompenses de la vie éternelle sont réservées aux hommes vertueux de toutes les nations ; que l'on trouve dans les prophètes des preuves multipliées qui établissent qu'Israël n'est pas l'ennemi de ceux qui professent une autre religion que la sienne ; qu'à l'égard de la charité, Moïse, comme il a déjà été rapporté, la prescrit au nom de Dieu comme une obligation : « Aime ton prochain comme toi-même, car je suis le Seigneur. »

« L'étranger qui habite dans votre sein sera « comme celui qui est né parmi vous : vous « l'aimerez comme vous-même, car vous avez « été aussi étranger en Égypte : je suis l'É- « ternel, votre Dieu (Lévit. chap. 19, v. 34). « David dit, la miséricorde de Dieu s'étend « sur ses œuvres (§ page 145, v. 9). Qu'exige « de vous le Seigneur, dit Michée ? rien de « plus que d'être juste, exercer la charité « (chapitre 6, v. 8). Nos docteurs déclarent « que l'homme compatissant aux maux de « son semblable est, à nos yeux, comme s'il « était issu du sang d'Abraham. » (Rubens, « chap. 7.)

Que tout Israélite est obligé, envers ceux qui observent les noachides, quelle que soit d'ailleurs leur religion, de les aimer comme ses frères, de visiter leurs malades, d'enterrer leurs morts, d'assister leurs pauvres comme ceux d'Israël, et qu'il n'y a point d'acte de charité ni d'œuvre de miséricorde dont il puisse se dispenser envers eux.

D'après ces motifs, puisés dans la lettre et l'esprit de l'Écriture-Sainte,

Le grand-sanhédrin prescrit à tous les Israélites, comme devoir essentiellement religieux et inhérent à leur croyance, la pratique habituelle et constante, envers tous les hommes reconnaissant Dieu, créateur du ciel et de la terre, quelque religion qu'ils professent, des actes de justice et de charité dont les livres saints leur prescrivent l'accomplissement.

Article VI. Rapports civils et politiques.

Le grand-sanhédrin, pénétré de l'utilité qui doit résulter pour les Israélites d'une déclaration authentique qui fixe et détermine leurs obligations comme membres de l'État auquel ils appartiennent, et voulant que nul n'ignore quels sont, à cet égard, les principes que les docteurs de la loi et les notables professent et prescrivent à leurs coréligionnaires dans les pays où ils ne sont point exclus de tous les avantages de la société civile, spécialement en France et dans le royaume d'Italie,

Déclare qu'il est de devoir religieux pour tout Israélite né et élevé dans un Etat, ou qui en devient citoyen par résidence ou autrement, conformément aux lois qui en déterminent les conditions, de regarder ledit Etat comme sa patrie;

Que ces devoirs, qui dérivent de la nature des choses, qui sont conformes à la destination des hommes en société, s'accordent par cela même avec la parole de Dieu.

Daniel dit à Darius qu'il n'a été sauvé de la fureur des lions que pour avoir été également fidèle à son Dieu et à son roi (chap. 6, v. 23).

Jérémie recommande à tous les Hébreux de regarder Babylone comme leur patrie: Concourez de tout votre pouvoir, dit-il, à son bonheur (Jér., chap. 5). On lit, dans le même livre, le serment que fit prêter Guedalva aux Israélites : « Ne craignez point, leur dit-il, « de servir les Chaldéens, demeurez dans « le pays, soyez fidèles au roi de Babylone, « et vous vivrez heureusement. » (Ibid., chap. 24, v. 9.)

Crains Dieu et ton souverain, a dit Salomon (Prov., chap. 24, v. 21).

Qu'ainsi, tout prescrit à l'Israélite d'avoir pour son prince et ses lois le respect, l'attachement et la fidélité dont tous les sujets lui doivent le tribut;

Que tout l'oblige à ne point isoler son intérêt de l'intérêt public, ni sa destinée, non plus que celle de sa famille, de la destinée de la grande famille de l'Etat; qu'il doit s'affliger de ses revers, s'applaudir de ses triomphes, et concourir, par toutes ses facultés, au bonheur de ses concitoyens.

En conséquence, le grand-sanhédrin statue que tout Israélite né et élevé en France et dans le royaume d'Italie, et traité par les lois des deux Etats comme citoyen, est obligé religieusement de les regarder comme sa patrie, de les servir, de les défendre, d'obéir aux lois, et de se conformer dans toutes ses transactions aux dispositions du Code civil.

Déclare en outre, le grand-sanhédrin, que tout Israélite, appelé au service militaire, est dispensé par la loi, pendant la durée de ce service, de toutes les observances religieuses qui ne peuvent se concilier avec lui.

ARTICLE VII. Professions utiles.

Le grand-sanhédrin voulant éclairer les Israélites, et en particulier ceux de France et du royaume d'Italie, sur la nécessité où ils sont, et les avantages qui résulteront pour eux de s'adonner à l'agriculture, de posséder

des propriétés foncières, d'exercer les arts et métiers, de cultiver les sciences qui permettent d'embrasser des professions libérales; et considérant que si, depuis long-temps, les Israélites des deux Etats se sont vus dans la nécessité de renoncer en partie aux travaux mécaniques, et principalement à la culture des terres, qui avait été dans l'ancien temps leur occupation favorite, il ne faut attribuer ce funeste abandon qu'aux vicissitudes de leur état, à l'incertitude où ils avaient été, soit à l'égard de leur sûreté personnelle, soit à l'égard de leurs propriétés, ainsi qu'aux obstacles de tout genre que les réglemens et les lois des nations opposent au libre développement de leur industrie et de leur activité;

Que cet abandon n'est aucunement le résultat des principes de leur obligation, ni des interprétations qu'en ont pu donner leurs docteurs tant anciens que modernes, mais bien un effet malheureux des habitudes que la privation du libre exercice de leurs facultés industrielle leur avait fait contracter;

Qu'il résulte, au contraire, de la lettre et de l'esprit de la législation mosaïque, que les travaux corporels étaient en honneur parmi les enfans d'Israël, et qu'il n'est aucun art mécanique qui leur soit nominativement interdit, puisque la Sainte-Ecriture les invite et leur recommande de s'y livrer;

Que cette vérité est démontrée par l'ensemble des lois de Moïse et de plusieurs textes particuliers, tels entre autres que ceux-ci :

Psaume n° 117 : « Lorsque tu jouiras du labeur de tes mains, tu seras bien heureux, et tu auras l'abondance.

Prov. chap. 28 et 29 : « Celui qui laboure ses terres aura l'abondance, mais celui qui vit dans l'oisiveté est dans la disette.

Ibid. chap. 24 et 27 : « Laboure diligemment ton champ, et tu pourras après édifier ton manoir. »

Misna, traité d'Abot, chap. 1er : « Aime le travail, et fuis la paresse. »

Qu'il suit évidemment de ces textes, non-seulement qu'il n'est point de métier honnête interdit aux Israélites, mais que la religion attache du mérite à leur exercice, et qu'il est agréable aux yeux du Très-Haut que chacun s'y livre, et en fasse autant qu'il dépend de lui l'objet de ses occupations;

Que cette doctrine est confirmée par le Talmud, qui, regardant l'oisiveté comme la source des vices, déclare positivement que le père qui n'enseigne pas une profession à son enfant l'élève pour la vie des brigands (voyez Kidnschem, chapitre 1er).

En conséquence, le grand-sanhédrin, en vertu des pouvoirs dont il est revêtu,

Ordonne à tous les Israélites, et en particulier à ceux de France et du royaume d'Italie, qui jouissent maintenant des droits civils et politiques, de rechercher et d'adopter les moyens les plus propres à inspirer à la jeunesse l'amour du travail, et à la diriger vers l'exercice des arts et métiers ainsi que des professions libérales, attendu que ce louable exercice est conforme à notre sainte religion, favorable aux bonnes mœurs, essentiellement utile à la patrie, qui ne saurait voir dans des hommes désœuvrés et sans état que le dangereux citoyens;

Invite, en outre, le grand-sanhédrin, les sraélites des deux Etats de France et d'Italie l'acquérir des propriétés foncières, comme un moyen de s'attacher davantage à leur parie, de renoncer à des occupations qui rendent les hommes odieux ou méprisables aux yeux de leurs concitoyens, et de faire tout ce qui dépendra de nous pour acquérir leur estime et leur bienveillance.

ARTICLE VIII. Prêt entre Israélites.

Le grand-sanhédrin, pénétré des inconvéniens attachés aux interprétations erronées qui ont été données au verset 19, chap. 3, du Deutéronome et autres de l'Ecriture-sainte sur le même sujet, et voulant dissiper les doutes que ces interprétations ont fait naire, et n'ont que trop accrédités sur la sûreté de notre morale religieuse relativement au prêt,

Déclare que le mot hébreu *néchech*, que l'on a traduit par celui d'*usure*, a été mal interprété; qu'il n'exprime dans la langue hébraïque qu'un intérêt quelconque, et non un intérêt usuraire; que nous ne pouvons entendre par l'expression française d'usure qu'un intérêt au-dessus de l'intérêt légal, là où la loi a fixé un taux à ce dernier; que de cela seul que la loi de Moïse n'a pas fixé ce taux, l'on ne peut pas dire que le mot hébreux *néchech* gnifie un intérêt illégitime; qu'ainsi pour qu'il y eût lieu de croire que ce mot eût la même acception que celui d'*usure*, il faurait qu'il en existât un autre qui signifiât intérêt légal; que, ce mot n'existant pas, il suit nécessairement que l'expression hébraïque néchech ne peut point signifier *usure*;

Que le but de la loi divine, en défendant à un Hébreu le prêt à intérêt envers un autre Hébreu, était de resserrer entre eux les liens de la fraternité; de leur prescrire une bienveillance réciproque, et de les engager à s'aider les uns les autres avec désintéressement;

Qu'ainsi il ne faut considérer la défense du législateur divin que comme un précepte de bienfaisance et de charité fraternelle;

Que la loi divine et ses interprètes ont permis ou défendu l'intérêt, selon les divers usages que l'on fait de l'argent. Est-ce pour soutenir une famille? l'intérêt est défendu. Est-ce pour entreprendre une spéculation de commerce qui fait courir un risque aux capitaux du prêteur? l'intérêt est permis quand il est légal, ou qu'on peut le regarder comme un juste dédommagement. Prêtez au pauvre, dit Moïse : ici le tribut de la reconnaissance, l'idée d'être agréable aux yeux de l'Eternel, est le seul intérêt; le salaire du service rendu est dans la satisfaction que donne la conscience d'une bonne action. Il n'en est pas de même de celui qui emploie des capitaux dans l'exploitation de son commerce; là il est permis au prêteur de s'associer au profit de l'emprunteur.

En conséquence, le grand-sanhédrin déclare, statue et ordonne, comme devoir religieux, à tous Israélites, et particulièrement à ceux de France et du royaume d'Italie, de n'exiger aucun intérêt de leurs coréligionnaires, toutes les fois qu'il s'agira d'aider le père de famille dans le besoin, par un prêt officieux.

Statue, en outre, que le profit légitime de prêt entre coréligionnaires n'est religieusement permis que dans le cas de spéculations commerciales qui font courir un risque au prêteur, ou, en cas de lucre cessant, selon le taux fixé par la loi de l'Etat.

ARTICLE IX. Sur les Israélites et non Israélites.

Le grand-sanhédrin, voulant dissiper l'erreur qui attribue aux Israélites la faculté de faire l'usure avec ceux qui ne sont pas de leur religion, comme leur étant laissée par cette religion même et confirmée par leurs docteurs talmudistes,

Considérant que cette imputation a été, dans différens temps et dans différens pays, l'une des causes des préventions qui se sont élevées contre eux, et voulant faire cesser dorénavant tout faux jugement à cet égard, en fixant le sens du texte sacré sur cette matière,

Déclare que le texte qui autorise le prêt à intérêt avec l'étranger ne peut et ne doit s'entendre que des nations étrangères, avec lesquelles on faisait le commerce, et qui prêtaient elles-mêmes aux Israélites, cette faculté étant basée sur un droit naturel de réciprocité;

Que le mot *nochrec* ne s'applique qu'aux individus des nations étrangères, et non à des concitoyens que nous regardons comme des frères;

Que même, à l'égard des nations étrangères, l'Ecriture-Sainte, en permettant de prendre d'elles un intérêt, n'entend point parler d'un profit excessif et ruineux pour celui qui le paie, puisqu'elle nous déclare ailleurs que toute iniquité est abominable aux yeux du Seigneur;

En conséquence de ces principes, le grand-sanhédrin, en vertu du pouvoir dont il est revêtu, et afin qu'aucun Hébreu ne puisse à l'avenir alléguer l'ignorance de ses devoirs religieux en matière de prêt à intérêt envers ses compatriotes, sans distinction de religion,

Déclare à tout Israélite, et particulièrement à ceux de France et du royaume d'Italie, que les dispositions prescrites par la décision précédente sur le prêt officieux ou à intérêt d'Hébreu à Hébreu, ainsi que les principes rappelés par les textes de l'Ecriture-Sainte sur cette matière, s'étendent tant à nos compatriotes, sans distinction de religion, qu'à nos coréligionnaires,

Ordonne à tous, comme précepte religieux, et en particulier à ceux de France et du royaume d'Italie, de ne faire aucune distinction à l'avenir en matière de prêt, entre citoyen et coréligionnaires, le tout conformément au statut précédent;

Déclare, en outre, que quiconque transgressera la présente ordonnance viole un devoir religieux, et pèche notoirement contre la loi de Dieu;

Déclare, enfin, que toute usure est indistinctement défendue, non-seulement d'Hébreu à Hébreu et d'Hébreu à concitoyen d'une autre religion, mais encore avec les étrangers de toutes les nations, regardant cette pratique comme une iniquité abominable aux yeux du Seigneur;

Ordonne également le grand-sanhédrin à tous les rabbins, dans leurs prédications et leurs instructions, de ne rien négliger auprès de leurs coréligionnaires pour accréditer dans leur esprit les maximes contenues dans la présente décision.

———

3 MARS 1807. — Avis du Conseil-d'Etat. (Pavé des villes.) *Voy.* 25 MARS 1807.

———

6 MARS 1807. — Décret qui nomme M. Maurice préfet du département de la Creuse. (4, Bull. 144, n° 2305.)

———

7 MARS 1807. — Acte du Sénat conservateur qui nomme les membres du Corps-Législatif pour les départemens de l'Ain, du Gard, du Gers, de la Manche, de la Meuse-Inférieure et du Mont-Tonnerre. (4, Bull. 141, n° 2279)

———

10 MARS 1807. — Avis du Conseil-d'Etat qui déclare la loi du 18 = 27 avril 1791, sur les baux faits par les corps, communautés et bénéficiers, non applicable à ceux des biens appartenant aux hospices. (4, Bull. 137, n° 2218.)

Le Conseil-d'Etat, qui, d'après le renvoi ordonné par sa majesté, a entendu le rapport de la section de l'intérieur sur celui du ministre de ce département, qui demande qu'il soit statué sur la question de savoir « si « la loi du 18 = 27 avril 1791, relative aux « baux emphytéotiques et autres, faits par

« les corps, communautés et bénéficiers, et « aux traités faits entre des ci-devant béné- « ficiers et des particuliers, est applicable à « de pareils baux faits par les commissions « administratives des hospices, et autres trai- « tés faits entre les administrateurs de ces « établissemens et des particuliers, »

Est d'avis que la loi du 18 = 27 avril 1791 n'est applicable qu'aux baux des biens ci-devant ecclésiastiques et aux traités faits entre des chapitres, corps, communautés ou bénéficiers supprimés et des particuliers, et ne peut être opposée à des hospices, qui n'ont jamais été classés parmi les établissemens ecclésiastiques, ni traités comme tels;

En conséquence, qu'il y a eu fausse application de cette loi par le tribunal de Château-Thierry, à la demande en nullité d'un bail emphytéotique, intentée par la commission administrative de l'hospice de Neuilly-Saint-Front, sur le fondement que le bail n'était revêtu d'aucune des solennités requises pour l'aliénation des biens des gens de main-morte;

Mais, attendu, 1° que l'objet de ce bail était d'une valeur très-mince, puisque la redevance stipulée n'excède pas dix francs; 2° que sa date remonte à quarante-sept ans; 3° qu'il paraît avoir été passé de bonne foi; 4° que les administrations qui se sont succédées jusqu'alors n'avaient pas réclamé, et que ces motifs ont toujours été regardés comme des exceptions aux règles générales sur les formalités prescrites pour les baux à longues années des biens des gens de main-morte,

Est d'avis que la commission administrative de l'hospice de Neuilly-Saint-Front doit souscrire au jugement du tribunal de Château-Thierry, en date du 9 nivose an 14, en ce qu'il a rejeté la demande en nullité du bail dont il s'agit, et que l'arrêté du conseil de préfecture du département de l'Aisne du 15 juillet dernier, qui a refusé à cette commission l'autorisation d'en interjeter l'appel, doit être exécuté.

———

10 MARS 1807. — Décret sur l'organisation des officiers de port. (Recueil officiel du ministère de l'intérieur, t. 2, p. 43.)

TITRE Ier.

Art. 1er. Les officiers de port créés par la loi du 9 août 1791 seront distribués de la manière suivante.

2. Il y aura, dans les principaux ports maritimes, des capitaines et des lieutenans de port, dont le nombre sera déterminé suivant les besoins du service.

Chacun de ces grades sera divisé en deux classes.

3. Dans les ports, criques et hâvres d'un

ordre inférieur, il sera établi des maîtres de port, qui seront divisés en trois classes.

4. Nul ne pourra être nommé capitaine ou lieutenant de port s'il n'est âgé de trente ans, s'il n'a dix ans de navigation effective, dont quatre dans la marine de l'Etat.

5. Nul ne pourra être nommé maître de port s'il n'est pareillement âgé de trente ans, s'il n'a dix ans de navigation effective, et si d'ailleurs il n'est porteur d'un certificat d'aptitude, visé par la préfecture maritime.

6. Les capitaines et lieutenans de port seront nommés par nous, sur le rapport du ministre de l'intérieur.

7. Les maîtres de port seront nommés par le ministre de l'intérieur.

8. Il pourra y avoir, dans l'étendue de l'empire, savoir :

Capitaines de 1re classe. 10
Capitaines de 2e *id.* 10
Lieutenans de 1re classe. 15
Lieutenans de 2e *id.* 15
Maîtres de port de 1re classe. 32
Maîtres de port de 2e *id.* 27
Maîtres de port de 3e *id.* 43

_____

152

9. Ils seront employés et classés conformément au tableau annexé au présent décret, et susceptibles d'avancement, même sans changement de domicile.

TITRE II. Fonctions des officiers de port de commerce.

10. Les officiers de port seront tenus d'entretenir la sûreté et la propreté dans les ports et rades où ils sont préposés, et de maintenir l'ordre, à l'entrée, au départ et dans le mouvement des bâtimens de commerce.

11. A cet effet, ils assigneront à chaque bâtiment la place qui convient à ses opérations, l'y feront amarrer solidement, et surveilleront les lestages et délestages de manière qu'ils soient faits avec les précautions prescrites, pour empêcher les encombremens ou les dépôts hors des lieux à ce destinés.

12. Ils veilleront à la sûreté de tous les bâtimens flottans, prescriront les mesures qui peuvent la garantir, et dirigeront les secours à porter aux navires naufragés ou en danger.

13. Ils feront observer, sur les quais, places ou chantiers aboutissant ou attenant aux ports, les réglemens établis pour y entretenir la propreté et assurer la liberté et la facilité des mouvemens du commerce.

14. Ils exerceront une surveillance assidue sur tous les faits tendant à compromettre l'entretien et la conservation des quais, cales,

bassins, jetées, écluses, hâvres, et en général de tous les établissemens maritimes.

15. Ils dresseront des procès-verbaux contre tous ceux qui, dans les différentes circonstances ci-dessus exprimées, se seraient rendus coupables de quelques délits ; et l'application des peines et amendes prononcées par les réglemens sera poursuivie, à leur diligence, soit auprès des conseils de préfecture, soit auprès des tribunaux.

16. Les capitaines, lieutenans et maîtres de port, seront pareillement tenus de maintenir la police parmi les pilotes dans les ports où il n'existe pas d'officiers spécialement préposés à la direction du pilotage ; et, dans ce cas, ils requerront les pilotes-lamaneurs pour la conduite des bâtimens à la mer, les dragueurs, gabariens, et autres dont le service serait nécessaire au port, et assigneront entre eux les tours de service.

17. Ils feront sonder, suivant l'exigence des localités, et autant de fois qu'il sera nécessaire, les rivières navigables près de l'embouchure desquelles ils se trouveront placés, et tiendront registre des sondes.

18. Ils assisteront au lancement à la mer des bâtimens de commerce, feront toutes les dispositions nécessaires pour que ces manœuvres ne causent aucun accident, et ne soient point gênées par les objets environnans.

19. Ils seront tenus d'obtempérer aux réquisitions qui leur seront adressées par les ingénieurs civils et militaires, pour la conservation des ouvrages qui se font dans les ports, ou pour la police des travaux de la mer ; ils se conformeront, pour le surplus de leurs fonctions, à ce qui est prescrit au livre IV, titre II de l'ordonnance de 1681.

TITRE III. Rapports des officiers de police des ports avec les autorités supérieures.

20. Les officiers de port seront soumis à l'autorité respective des ministres des départemens de la marine et de l'intérieur.

21. Ils sont soumis à l'administration de la marine et placés sous les ordres des préfets maritimes, commandans des ports et hâvres et commissaires de la marine, pour tout ce qui touche la conservation des bâtimens de l'Etat, la liberté de leurs mouvemens, l'arrivée, départ ou séjour dans les ports, de tous les objets d'approvisionnemens ou d'armement destinés à la marine militaire.

22. Ils seront tenus, en conséquence, de faire immédiatement à l'administration de la marine le rapport des évènemens de mer, des mouvemens des bâtimens de guerre, et de tous les faits survenus à leur connaissance et qui pourraient intéresser la marine de l'Etat.

23. Pour toutes les autres fonctions qui

leur sont attribuées par le présent décret, ils sont soumis à l'administration de l'intérieur, et placés sous les ordres des maires, sous-préfets ou préfets.

TITRE IV. Traitement des officiers de port.

24. Les traitemens sont fixés ainsi qu'il suit :

Capitaine de 1re classe. . . . . . 2,400^l

Capitaine de 1re classe.	2,400^l
Capitaine de 2e id.	1,800
Lieutenant de 1re classe.	1,500
Lieutenant de 2e id.	1,200
Maître de port de 1re classe. . . .	900
Maître de port de 2e id. . . .	600

Maître de port de 3e id. { depuis. 100 / jusqu'à 500

25. Les officiers de port seront payés sur le produit du demi-droit de tonnage, sur les ordonnances du ministre de l'intérieur.

26. Ceux qui sont en ce moment en activité pourront être maintenus, quoiqu'ils n'aient pas rempli les conditions prescrites par les articles 4 et 5 du titre Ier.

27. Leurs traitemens seront liquidés à partir du 1er messidor an 10 (20 juin 1802) jusqu'au moment où la nouvelle organisation sera en activité, et acquittés, quant à ce qui resterait encore dû, sur le produit du demi-droit de tonnage.

28. Les ministres de l'intérieur et de la marine sont chargés de l'exécution du présent décret.

10 MARS 1807. — Décret qui ordonne la clôture des maisons de prêt à Marseille. (4, Bull. 143, n° 2281.)

10 MARS 1807. — Décret portant que la ci-devant Chartreuse de Pierre-Châtel, située dans le département de l'Ain, servira de dépôt provisoire pour les condamnés à la déportation. (4, Bull. 140, n° 2280.)

10 MARS 1807. — Décret contenant réglement sur l'administration du mont-de-piété de Marseille. (4, Bull. 143, n° 2245.)

10 MARS 1807.—Décrets et statuts qui autorisent les dames charitables connues dans le diocèse de Strasbourg sous le nom de Sœurs de la Providence ou sœurs Vatelottes à se réunir en communauté. (4, Bull. 145, n° 2339, et Bull. 144, page 360.)

10 MARS 1807. — Décrets qui autorisent l'acceptation de dons et legs faits aux pauvres et hospices de Saint-Gilles, Marjevols, etc. (4, Bull. 137, n°s 2219 à 2235; Bull. 140, n°s 2248 à 2253, 2258 à 2265; Bull. 143, n°s 2282 à 2301; Bull. 144, n°s 2306 à 2319 et 2324.)

10 MARS 1807. — Décrets contenant les tableaux des foires des départemens du Jura et de la Haute-Saône. (4, Bull. 140, n°s 2255 et 2256.)

10 MARS 1807. — Décret qui ordonne le paiement de pensions à quatre veuves de militaires. (4, Bull. 140, n° 2257.)

10 MARS 1807. —Décret qui établit une foire dans la commune de Saint-Heand, et relatif à la tenue de la deuxième foire de Boen et de celles du département de la Loire. (4, Bull. 149, n° 2254.)

10 MARS 1807. — Décret qui approuve les conventions faites entre les administrateurs de l'Hôtel-Dieu de Vernon et les dames Cassegrain et Alphand, veuve Hue-de-Miroménil. (4, Bul. 144, n° 2320.)

10 MARS 1807. — Décrets qui autorisent des baux et concessions en faveur des hospices de Crecy, Roubaix et Vernon. (4, Bull. 144, n°s 2321 à 2323.)

10 MARS 1807. — Décret qui autorise le sieur Desorgues à construire à ses frais, et dans le délai de cinq ans, à peine de déchéance, le canal d'arrosage anciennement projeté et commencé sous le nom de canal de la Brillane, dans l'arrondissement de Forcalquier. (Mon. n° 108).

16 MARS 1807. — Décret concernant les militaires détenus dans les bagnes de Cherbourg et de Nice, pour cause de désertion et d'insubordination. (4, Bull. 140, n° 2268.)

Art. 1er. Les dispositions contenues dans les articles 49 et 53 de l'arrêté du 19 vendémiaire an 12, concernant les déserteurs de l'armée de terre, sont rendues applicables aux militaires détenus dans les bagnes de Cherbourg et de Nice pour cause de désertion et d'insubordination.

2. Notre ministre de la marine et des colonies est chargé de l'exécution du présent décret.

16 MARS 1807. — Avis du Conseil-d'Etat sur les comptables destitués par ordre de sa majesté. (4, Bull. 140, n° 2269.)

Voy. les notes sur l'art. 75 de la constitution du 22 frimaire an 8.

Le Conseil-d'Etat, qui, d'après le renvoi ordonné par sa majesté l'empereur et roi, a entendu le rapport de la section des finances sur celui du ministre du Trésor public, tendant à faire décider que l'article 75 de l'acte constitutionnel du 22 frimaire an 8, n'est point applicable aux comptables destitués par ordre de sa majesté ;

Considérant, que ce n'est pas aux comptables infidèles et destitués, que la constitution a voulu donner contre leur mise en jugement, si la vindicte publique la réclame, une sauve-garde que l'autorité suprême pourrait seule leur ôter; que toutes les lois anciennes et nouvelles assimilent les comptables rétentionnaires de deniers publics aux banqueroutiers frauduleux, et qu'il n'est pas moins contraire à l'esprit de la constitution qu'à l'intérêt du Gouvernement de supposer que des ex-comptables sans fonctions, devenus étrangers à l'action administrative, puissent, même encore après qu'ils ont été frappés d'une destitution, réclamer un privilége qui n'a été accordé qu'aux agens publics dont la cessation des fonctions et de la coopération au mouvement administratif pourrait en paralyser l'action,

Est d'avis, 1° que les comptables destitués par ordre de sa majesté ne peuvent pas être admis à se prévaloir de la prérogative constitutionnelle d'après laquelle les agens publics ne peuvent être mis en jugement qu'en vertu d'une décision du Conseil-d'Etat;

2° Que les ex-comptables rétentionnaires de deniers publics peuvent être traduits devant les tribunaux criminels, sur la simple dénonciation du ministre du Trésor public, au grand-juge, ministre de la justice, qui se fera rendre compte de l'instruction et des suites de la procédure.

16 MARS 1807. — Décret qui ordonne la publication, dans les départemens au-delà des Alpes et dans les Etats de Parme et de Plaisance, de trois lois relatives aux militaires absens. (4, Bull. 140, n° 2266.)

16 MARS 1807. — Décret qui ordonne la publication de dispositions de lois relatives à la dette publique dans les départemens au-delà des Alpes. (4, Bull. 140, n° 2267.)

16 MARS 1807. — Décret contenant le tableau des foires du département du Bas-Rhin. (4, Bull. 144, n° 2325.)

16 MARS 1807. — Décret qui rétablit la première foire de Saverdun. (Ariége). (4, Bull. 144, n° 2326).

16 MARS 1807. — Décret qui établit une nouvelle foire à Châlons-sur-Marne. (4, Bull. 145, n° 2345.)

16 MARS 1807. — Décret qui permet au sieur de Marcieu de tenir en activité, pendant cinquante années, le haut-fourneau dont il est propriétaire en la commune de Saint-Vincent-de-Marcuse. (4, Bull. 144, n° 2327.)

16 MARS 1807.— Décrets qui autorisent l'acceptation de dons et legs faits aux pauvres et hospices de Roccabillière, Sablé, Aurillac, Paris, Villefort, Romans, Mâcon. (4, Bull. 144, n°s 2328, 2329, 2330; et Bull. 145, n°s 2340 à 2344.)

16 MARS 1807. — Décrets qui autorisent l'acceptation d'offres de mettre à la disposition des pauvres et hospices de Mons et de Bruxelles, des biens et rentes celés au domaine. (4, Bull. 145, n°s 2346 à 2349.)

17 MARS 1807. — Avis du Conseil-d'Etat. (Parenté des membres d'un tribunal.) *Voy.* 23 AVRIL 1807.

20 MARS 1807. — Décret qui ordonne la formation de cinq légions de réserve de l'intérieur. (4, Bull. 137, n° 2236.)

Formation des légions de réserve de l'intérieur.

Art. 1er. Il sera formé cinq légions de réserve de l'intérieur, destinées à la défense des frontières et des côtes de l'empire.

2. Chaque légion sera composée de six bataillons;

Chaque bataillon de huit compagnies;

Chaque compagnie de cent soixante hommes, dont cent quarante soldats et vingt officiers et sous-officiers, savoir : un capitaine, un lieutenant, un sous-lieutenant, un sergent-major, un caporal-fourrier, quatre sergens, huit caporaux, deux tambours, un sapeur pour les compagnies pair, un musicien pour les compagnies impair. Total, vingt.

3. Chaque légion sera commandée par un sénateur faisant fonctions de chef de corps et d'inspecteur.

4. La première légion se réunira à Lille; la seconde, à Metz; la troisième, à Rennes; la quatrième, à Versailles; la cinquième, à Grenoble.

5. L'état-major de chaque légion sera composé : 1° du sénateur, général de division, chef de légion; 2° d'un major général de brigade ou adjudant-commandant; 3° de deux majors qui seront attachés chacun à l'instruction et au commandement de trois bataillons; 4° d'un commissaire des guerres, chargé de l'administration de la légion, et d'un quartier-maître; 5° d'un porte-aigle du grade de capitaine, qui sera choisi parmi les capitaines ou lieutenans des demi-brigades de vétérans; 6° des chefs d'ouvriers comme dans les régimens ordinaires.

Deux généraux de brigade, sans faire partie de la légion, seront désignés pour commander chacun trois bataillons au moment de l'entrée en campagne.

6. Il n'y aura par légion qu'un drapeau ou

aigle, et pour chaque légion qu'un seul conseil d'administration.

Ce conseil sera composé du major-général, président ; des deux majors ; du commissaire des guerres, secrétaire du conseil ; du quartier-maître et du premier capitaine de chaque bataillon.

Les délibérations seront soumises au chef de légion, qui présidera le conseil quand il le jugera à propos.

7. Chaque bataillon sera commandé par un chef de bataillon, et aura un état-major conforme à celui des autres bataillons de l'armée.

8. Les majors généraux seront pris parmi les généraux de brigade ou adjudans commandans ayant actuellement ce grade ; les majors, parmi les majors de l'armée active, et les chefs de bataillon, parmi les chefs des troisième et quatrième bataillons qui sont au dépôt. Ces majors et chefs de bataillon seront remplacés par des avancemens qui auront lieu dans la ligne.

9. Les capitaines et lieutenans nécessaires à la formation des cadres des compagnies seront fournis par les corps, conformément au tableau ci-joint. Les sous-lieutenans seront pris parmi les élèves de l'école militaire et de l'école polytechnique, et parmi les vélites de la garde. Les sous-officiers manquans seront choisis par le chef de légion, parmi les meilleurs sujets des compagnies et les anciens soldats ayant leur congé.

10. Il y aura dans chaque légion une compagnie d'artillerie de ligne, fournie par les 1er, 3e, 5e, 6e et 7e régimens d'artillerie à pied. Cette compagnie sera complétée à cent vingt hommes, et servira huit pièces de canon.

11. Les cinq légions de réserve de l'intérieur seront recrutées par la conscription de 1808.

12. L'uniforme de ces légions sera le même que celui de l'infanterie de ligne.

13. Il sera pris des mesures pour que les vestes, les culottes, les schakos, les fusils et les gibernes soient fournis sans délai aux conscrits de cinq légions.

14. Notre ministre de l'administration de la guerre fera un règlement qui sera soumis à notre Conseil-d'Etat, pour tout ce qui serait à statuer, et ne se trouverait pas suffisamment détaillé par notre présent décret.

15. Nos ministres de l'intérieur, de la guerre, de l'administration de la guerre et du Trésor public, sont chargés de l'exécution du présent décret.

(*Suit le tableau des 3e et 4e bataillons qui fournissent des officiers et sous-officiers aux légions de réserve de l'intérieur.*

Observations.

Chaque bataillon fournit un capitaine, un lieutenant ayant deux ans de grade, deux sous-lieutenans *idem*, deux sergens-majors, six sergens, douze caporaux.

Les légions se réuniront dans les places ci-après désignées : la première à Lille, la deuxième à Metz, la troisième à Rennes, la quatrième à Versailles, la cinquième à Grenoble.

20 MARS 1807. — Décret impérial qui nomme les commandans des cinq légions de réserve de l'intérieur. (4, Bull. 137, n° 227.)

25 MARS 1807. — Avis du Conseil-d'Etat sur l'entretien du pavé des villes dans les rues non grandes routes. (4, Bull. 140, n° 2270.)

Voy. loi du 11 FRIMAIRE an 7, art. 4, et ordonnance du 10 FÉVRIER 1821.

Le Conseil-d'Etat, qui, d'après le renvoi ordonné par sa majesté l'empereur et roi, a entendu le rapport de la section de l'intérieur sur celui du ministre de ce département, en date du 21 janvier dernier, par lequel le ministre demande qu'il soit statué sur la question de savoir «si, dans toutes les communes, « le pavé des rues *non grandes routes* doit « être mis à la charge des propriétaires des « maisons qui les bordent, lorsque l'usage « l'a ainsi établi, et si l'article 4 de la loi du « 11 frimaire an 7 n'y apporte pas d'obsta- « cle, »

Estime que la loi du 11 frimaire an 7, en distinguant la partie du pavé des villes à la charge de l'Etat de celle à la charge des villes, n'a point entendu régler de quelle manière cette dépense serait acquittée dans chaque ville, et qu'on doit continuer à suivre à ce sujet l'usage établi pour chaque localité, jusqu'à ce qu'il ait été statué par un règlement général sur cette partie de la police publique ;

En conséquence, que, dans les villes où les revenus ordinaires ne suffisent pas à l'établissement, restauration ou entretien du pavé, les préfets peuvent en autoriser la dépense à la charge des propriétaires, ainsi qu'il s'est pratiqué avant la loi du 11 frimaire an 7.

25 MARS 1807. — Décret qui fixe l'âge de la consécration au ministère évangélique des cultes protestans. (4, Bull. 140, n° 2271.)

Art. 1er. L'âge de la consécration au ministère évangélique des cultes protestans de l'une et de l'autre communion est fixé à vingt-cinq ans.

2. Nul ne pourra désormais être admis à exercer les fonctions de pasteur, qu'il n'ait

atteint cet âge, et qu'il n'en ait justifié à notre ministre des cultes.

3. Notre ministre des cultes est chargé de l'exécution du présent décret.

25 MARS 1807. — Décret sur le mode de liquidation des dettes de la ci-devant communauté des juifs du Montferrat. (4, Bull. 140, n° 2272.)

N...... vu la pétition des commissaires de la ci-devant communauté des juifs de Montferrat, département de Marengo, par laquelle ils demandent que nous veuillons bien appliquer à la liquidation et au paiement des dettes de ladite communauté, le mode adopté pour l'extinction des dettes des juifs de la ci-devant généralité de Metz ;

Vu les arrêtés pris à cet effet, les 9 nivose et 29 germinal an 11, par le préfet du département de Marengo, en vertu de l'autorisation donnée par l'administrateur général du ci-devant Piémont ;

L'état des dettes passives de ladite communauté, montant à cent soixante-onze mille deux cent vingt-deux francs cinquante-un centimes, dressé en exécution desdits arrêtés ;

L'arrêté du préfet du 20 nivose an 12, duquel il résulte que ladite communauté devait, en outre, vingt-neuf mille quatre-vingt-quatre francs seize centimes d'intérêts échus le 31 août 1803, inclusivement, et pour le paiement desquels il a été fait et recouvré un rôle de répartition de trente mille francs sur les membres composant ladite communauté ;

Considérant que la répartition et le recouvrement du capital et des arrérages ont été suspendus par la suppression de l'administration générale des départemens au-delà des Alpes; mais qu'il est autant de l'intérêt des créanciers que de la justice qui leur est due, de rendre aux juifs du ci-devant Montferrat la faculté de les rembourser successivement des sommes qu'ils leur doivent ;

Notre Conseil-d'Etat entendu,

Nous avons décrété et décrétons ce qui suit :

Art. 1er. Les arrêtés du préfet du département de Marengo, des 9 nivose et 29 germinal an 11, portant nomination de cinq commissaires chargés de procéder à la vérification à la liquidation des dettes de la ci-devant communauté des juifs du Montferrat, de la répartition du capital et des arrérages sur les individus qui la composaient, du recouvrement des sommes réparties et du remboursement des créanciers, sont approuvés.

2. Le capital de cent soixante-onze mille deux cent vingt-deux francs cinquante-un centimes, dus par ladite ci-devant communauté des juifs du Montferrat, et les arrérages échus et à échoir depuis le 1er septembre 1803, jusqu'à l'époque du parfait paiement, seront remboursés, en cinq années, par portions égales.

3. Il sera, en conséquence, sursis, pendant ledit temps, à toutes poursuites judiciaires de la part des créanciers pour raison desdites sommes, soit contre les membres de la ci-devant communauté, soit contre leurs cautions.

4. Dans les trois mois qui suivront la publication du présent décret, les créances exigibles, ensemble les intérêts dus et à échoir successivement, seront distribués en cinq paiemens égaux par les commissaires-liquidateurs, et l'état général présenté au préfet, pour être arrêté par lui définitivement dans les trois mois suivans.

5. Extrait dudit classement des créanciers et des époques de leur remboursement sera adressé par le préfet à chacun d'eux.

6. La commission fera, chaque année, au mois de janvier, la répartition du cinquième dû, y compris les intérêts et les frais de perception, sur tous les juifs ou leurs représentans, qui composaient la communauté du ci-devant Monferrat.

7. Le rôle de répartition sera rendu exécutoire par le préfet, et publié ; et le recouvrement en sera poursuivi par le mode prescrit pour celui des deniers publics.

8. Les réclamations des contribuables seront adressées au préfet, dans le délai de quarante jours après la publication des rôles. Elles seront jugées par le conseil de préfecture, qui prononcera après avoir entendu la commission.

9. La commission nommera, sous la responsabilité de tous et de chacun de ses membres, un receveur et les percepteurs jugés par elle nécessaires.

10. Les salaires du receveur et des percepteurs, les frais de perception, de bureau et autres, seront arrêtés par le préfet, et supportés par la ci-devant communauté des juifs du Montferrat.

11. La répartition du cinquième annuel aura lieu à compter du 1er janvier de la présente année.

12. Le remboursement du cinquième des capitaux et intérêts dus, d'après l'état arrêté en exécution de l'article 4, sera effectué dans les trois premiers mois de chaque année, et la commission en justifiera devant le préfet.

13. Le remplacement des commissaires actuels qui cesseraient leurs fonctions pour raison de mort, démission ou toute autre cause, sera fait par le préfet, sur la présentation de trois candidats par les membres restans.

14. Les fonctions desdits commissaires seront gratuites.

15. Notre grand-juge, ministre de la justice, et notre ministre de l'intérieur, sont chargés de l'exécution du présent décret.

25 MARS 1807. — Décret qui établit une nouvelle foire dans la commune de Crécy-sur-Seres. (4, Bull. 145, n° 2350.)

25 MARS 1807. — Décret qui fait concession, pour cinquante années, à la dame Treil, veuve du sieur Planque, du droit d'exploiter les mines de houille existantes sur le territoire de la Cannette, dans une étendue de surface de trente kilomètres trente-un hectomètres carrés. (4, Bull. 145, n° 2351.)

25 MARS 1807. — Décrets qui autorisent l'acceptation de dons et legs faits aux pauvres et hospices de Saint-Étienne, Cannes, Reims, Paris, Bourg, Bordeaux, Molsheim, Saint-Génois, Nevers, Ixelles, Rochefort et Rhode-Sainte-Agathe. (4, Bull. 145, n°ᵒˢ 2352 à 2360, et 2362 à 2365.)

25 MARS 1807. — Décret qui autorise l'acceptation de l'offre de dénoncer au profit des pauvres de Bruxelles un bien célé à la régie du domaine. (4, Bull. 145, n° 2361.)

26 MARS 1807. — Décret qui déclare la place de Brest en état de siége, et qui nomme le sénateur d'Aboville gouverneur de cette ville. (4, Bull. 137, n° 2238.)

26 MARS 1807. — Décret qui met la place d'Anvers en état de siége, et qui nomme le sénateur Férino gouverneur de cette ville. (4, Bull. 137, n° 2239.)

27 MARS 1807. — Décret qui autorise la caisse d'amortissement à disposer d'une somme de six millions en faveur des manufactures qui auraient besoin de secours. (Dépôt des Lois, n° 441.)

Voy. décret du 11 MAI 1807.

Art. 1ᵉʳ. Notre caisse d'amortissement disposera d'une somme de six millions, qui sera employée à faire des prêts sur consignation aux manufactures qui, ayant en magasin des marchandises fabriquées dont elles ne trouvent pas de débit, aura besoin de secours.

2. Notre Trésor public prendra, avec la caisse d'amortissement, les arrangemens nécessaires pour assurer la disposition de ladite somme, pendant le cours de la présente année, à raison de cinq cent mille francs par mois.

Et, attendu qu'il était dans notre intention d'accorder un secours aux manufactures pendant les mois de janvier, février et mars, les prêts sur consignation pourront s'élever à un million pendant les mois d'avril, mai et juin.

3. Lesdits prêts seront faits par notre directeur de la caisse d'amortissement, en conséquence d'un arrêté de notre ministre de l'intérieur, sur le reçu du manufacturier, et sur un dépôt de marchandises fabriquées, d'une valeur qui excède d'un tiers le montant de la somme prêtée.

4. Notre ministre de l'intérieur n'autorisera par arrêté lesdits prêts sur consignation que sur l'avis des préfets, et qu'en faveur de ceux des manufacturiers dont les magasins sont encombrés, et qui, faute de secours, se trouveraient exposés à suspendre les travaux de leurs fabriques.

5. Lesdits prêts seront faits pour un an et sans autre intérêt que celui qui sera réglé par la caisse d'amortissement pour l'indemniser de ses frais d'écriture et d'administration. Cet intérêt ne pourra, dans aucun cas, excéder deux pour cent par an.

6. Le manufacturier à qui un prêt aura été fait comme il vient d'être dit ci-dessus sera chargé de la conservation et de l'entretien des marchandises consignées, lesquelles seront à cet effet déposées dans les salles distinctes de ses propres magasins.

7. Notre directeur de la caisse d'amortissement nommera, pour une ou plusieurs manufactures, un préposé chargé de veiller à l'existence des marchandises consignées.

Il prendra d'ailleurs toutes les mesures convenables pour la sûreté et la rentrée des sommes prêtées.

28 MARS 1807. — Décret relatif à la sortie des bois de pin et de sapin des rives de la Meuse. (4, Bull. 140, n° 2273.)

L'exception portée par l'article 13 de la loi du 22 ventose an 12, relative aux bois de pin et de sapin, sera étendue aux rives de la Meuse.

2. Notre ministre des finances est chargé de l'exécution du présent décret.

28 MARS 1807. — Décret concernant l'exportation du houblon pour la Hollande et l'Allemagne. (4, Bull. 140, n° 2274.)

Art. 1ᵉʳ. L'exportation du houblon est permise pour la Hollande et l'Allemagne, par les ports d'Anvers et de Weel sur la Meuse, en payant, à la sortie, un droit de cinq francs par quintal métrique.

2. L'exportation cessera du moment que le prix du houblon sera monté à cent vingt francs le quintal métrique, dans les marchés d'Alost et de Liége, d'après les mercuriales de ces deux marchés.

La prohibition sera ordonnée provisoirement par les préfets des départemens du l'Ourte et de l'Escaut, et confirmée par nous, sur le rapport de notre ministre de l'intérieur.

3. Nos ministres de l'intérieur et des finances sont chargés de l'exécution du présent décret.

28 MARS 1807. — Décret concernant le budget des villes dont les revenus auront été, pendant trois années, au-dessous de vingt mille francs. (4, Bull. 141, n° 2275.)

Voy. arrêté du 4 THERMIDOR an 10; ordonnance du 16 MARS 1816.

N....... vu l'arrêté du Gouvernement, en date du 4 thermidor an 10, portant réglement pour la comptabilité communale;

Considérant que les articles 14 à 30 de cet arrêté, en statuant que les dépenses des communes dont les recettes s'élèveraient à plus de vingt mille francs seraient réglées à l'avenir par le Gouvernement, n'ont point déterminé la marche qui devrait être suivie, lorsqu'après une ou plusieurs années, les revenus d'une commune se trouveraient réduits au-dessous de la somme déterminée; et qu'il importe de fixer à cet égard l'incertitude des comptables et des autorités locales; notre Conseil-d'Etat entendu, nous avons décrété et décrétons ce qui suit :

Art. 1er. Les budgets des villes dont les dépenses auront été une première fois arrêtées par nous continueront à l'être jusqu'à ce que, pendant trois années consécutives, les revenus aient été au-dessous de vingt mille francs; auquel cas le ministre de l'intérieur nous proposera, par un article spécial du budget de la troisième année, de comprendre désormais la commune dans la classe inférieure, et d'en renvoyer la comptabilité au réglement définitif du préfet.

2. Dans toutes les villes qui se trouveraient dans le cas ci-dessus indiqué, le *préposé spécial* aux recettes communales, nommé par le conseil municipal en vertu de l'article 32 de l'arrêté du 4 thermidor, continuera l'exercice de ses fonctions, sans que le receveur des *contributions directes* puisse invoquer, au détriment du premier, l'exécution des dispositions de la loi du 11 frimaire an 7 et du décret du 30 frimaire an 13.

3. Notre ministre de l'intérieur est chargé de l'exécution du présent décret.

28 MARS 1807. — Décrets qui ordonnent le paiement de pensions accordées à des veuves de militaires. (4, Bull. 145, n°s 2366 et 2367.)

28 MARS 1807. — Décret qui établit deux foires dans la commune de Schmitthachenbach. (4, Bull. 145, n° 2368.)

28 MARS 1807. — Décret qui permet aux sieurs Farrare et Beghin d'établir à Mons une fonderie de fer, dite vulgairement galbasserie, dans le bâtiment qu'ils tiennent à location des hospices de cette ville. (4, Bull. 145, n° 2369.)

28 MARS 1807. — Décret qui concède pour cinquante années au sieur Bierdel le droit d'exploiter la mine de manganèse existante sur le banc de la commune de Crettenich, dans une étendue de surface de dix-sept kilomètres carrés. (4, Bull. 145, n° 2370.)

28 MARS 1807. — Décrets qui autorisent l'acceptation de dons et legs faits aux pauvres et hospices de Beaune, Montrenault, Lussan, Paillan, Joyeuse, Rouen, Gimont et Cintegabelle. (4, Bull. 145, n°s 2371 à 2374, 2376 à 2378.)

28 MARS 1807. — Décret qui autorise l'acceptation de l'offre faite au profit des pauvres de Huy, d'une rente célée au domaine. (4, Bull. 145, n° 2375.)

3 AVRIL 1807. — Décret qui nomme M. Ducolombier préfet du département de la Loire. (4, Bull. 144, n° 2331.)

7 AVRIL 1807. — Sénatus-consulte qui met à la disposition du Gouvernement quatre-vingt mille conscrits de 1808. (4, Bull. 141, n° 2276.)

Art. 1er. Quatre-vingt mille conscrits de la conscription de 1808 sont mis à la disposition du Gouvernement.

2. Ils seront pris parmi les jeunes gens qui sont nés du 1er janvier 1788 au 1er janvier 1789.

3. Ils seront levés aux époques qui seront fixées par le Gouvernement.

4. Ils seront employés à compléter les cadres des corps affectés à la défense des côtes et des frontières, et à former les nouvelles légions qui seront créées pour cet objet.

5. Les conscrits de la conscription de 1808 ne pourront être classés dans les cadres destinés aux armées employées hors des frontières qu'à dater du 1er janvier prochain.

14 AVRIL 1806. — Acte du Sénat conservateur qui nomme les membres du Corps-Législatif pour le département du Pô. (4, Bull. 144, n° 2332.)

14 AVRIL 1807. — Avis du Conseil-d'Etat. (Octroi.) *Voy.* 11 MAI 1807.

18 AVRIL 1807. — Décret sur la levée et la répartition des conscrits de 1808. (4, Bull. 142 et 142 *bis*, n° 2277.)

TITRE Ier. Répartition entre les départemens.

Art. 1er. Soixante-mille conscrits, pris sur les quatre-vingt mille dont la mise en activité est autorisée par le sénatus-consulte du 7 avril, sont appelés, et seront répartis entre les départemens, conformément au tableau annexé au présent décret.

2. Vingt mille conscrits formeront la réserve.

TITRE II. Des opérations relatives à la levée.

3. Toutes les opérations relatives à la levée ci-dessus prescrite seront exécutées conformément aux dispositions de notre décret du 8 fructidor an 13.

4. Il sera prélevé sur le contingent de chaque département, pour les carabiniers, les cuirassiers, etc., et l'artillerie à pied et à cheval, un nombre d'hommes d'élite déterminé par les tableaux de répartition joints au présent décret.

TITRE III. Epoques auxquelles les opérations ci-dessus prescrites doivent être exécutées.

5. Toutes les opérations qui doivent précéder la convocation du conseil de recrutement seront terminées le 15 mai.

Les conseils de recrutement s'assembleront le 20 mai.

Le premier détachement de chaque département sera mis en route le 5 juin.

TITRE IV. De la répartition des soixante mille conscrits de 1808 entre les différens corps de l'armée.

6. Les soixante mille conscrits de 1808 appelés par notre présent décret seront répartis entre les légions et les différens corps de l'armée, conformément aux tableaux qui seront annexés au présent décret.

7. Les vingt mille hommes restant des quatre-vingt mille dont la mise en activité est autorisée par le sénatus-consulte du 7 avril, formeront la réserve de 1808. On continuera à observer, à l'égard des conscrits de la réserve, les arrêtés des 18 thermidor an 10 et 29 fructidor an 11, et notre décret du 8 nivose an 13.

On se conformera, pour les conscrits en dépôt, à notre décret du 8 fructidor an 13.

8. Si parmi les conscrits appelés il s'en trouve qui appartiennent à la garde nationale mise en activité, ils seront remplacés dans cette garde suivant le mode prescrit par notre décret du 8 vendémiaire an 14.

9. Nos ministres sont chargés de l'exécution du présent décret.

---

23 AVRIL 1807. — Décret relatif aux Français prévenus d'avoir été employés sur les vaisseaux ennemis. (4, Bull. 143, n° 2302.)

Voy. décret du 22 JUILLET 1806.

Art. 1er. Tout Français prévenu d'avoir été employé sur les vaisseaux ou autres bâtimens de nos ennemis sera traduit devant un conseil de guerre, composé conformément aux dispositions de la IIIe section, titre III, de notre décret du 22 juillet 1806, qui suivra, pour l'instruction et le jugement, les formes établies par la section IV du même titre.

2. Seront jugés de la manière prescrite en l'article précédent, ceux qui, à l'époque de la publication de notre présent décret, se trouveraient prévenus du délit y énoncé.

3. Notre ministre de la marine est chargé de l'exécution du présent décret.

---

23 AVRIL 1807. — Décret qui désigne les officiers admissibles comme suppléans dans la formation des conseils de guerre maritimes spéciaux. (4, Bull. 143, n° 2303.)

Voy. arrêté du 5 GERMINAL an 12.

Art. 1er. Lorsqu'il ne se trouvera pas dans un port, pour former le conseil de guerre maritime spécial, le nombre d'officiers de vaisseau de chaque grade, en conformité de l'article 2 de l'arrêté du Gouvernement du 5 germinal an 12, ou qu'il pourra résulter des dispositions de l'arrêté additionnel du 1er floréal suivant, des retards qu'il importe de prévenir, les lieutenans de vaisseau pourront être remplacés par des capitaines de frégate; les enseignes par des lieutenans; et réciproquement, les lieutenans par des enseignes.

2. Dans le cas où le nombre des capitaines de frégate, lieutenans et enseignes présens dans le port, serait insuffisant pour former ledit conseil de guerre, les officiers de vaisseau de chaque grade (le président excepté) pourront être suppléés, dans la composition de ce conseil, par des officiers d'artillerie de marine, du génie maritime, ou l'administration de la marine.

3. Notre ministre de la marine et des colonies est chargé de l'exécution du présent décret.

---

23 AVRIL 1807. — Avis du Conseil-d'État relatif aux parentés et alliances entre les membres de l'ordre judiciaire dans un même tribunal. (4, Bull. 144, n° 2333.)

Voy. lois du 2 = 11 SEPTEMBRE 1790, art. 9; du 20 AVRIL 1810, art. 7 et 63.

Le Conseil-d'État, sur le renvoi qui lui a été fait par ordre de sa majesté l'empereur et roi, d'un rapport du grand-juge, ministre de la justice, tendant à ce qu'il soit donné un avis interprétatif des lois relatives aux parentés et alliances entre les membres de l'ordre judiciaire dans un même tribunal ;

Considérant que la loi du 27 ventose an 8, qui a donné à sa majesté la nomination des membres des tribunaux, n'a rappelé aucune des dispositions des lois précédentes sur l'incompatibilité résultant des parentés ou alliances : d'où il suit qu'elle n'a point limité les pouvoirs de sa majesté; qu'elle a laissé à sa sagesse le soin d'appeler les plus capables, sans égard, s'il en était besoin, à leurs parentés, et qu'elle a supposé qu'en tous cas sa nomination emporterait de plein droit dispense ;

Que cette opinion est fondée, 1° sur ce que l'incompatibilité établie par la loi du 11 septembre 1790, et étendue jusqu'au degré de cousin issu de germain, avait été restreinte, par l'article 207 de la constitution de l'an 3, au degré de cousin-germain; qu'il aurait fallu choisir entre ces deux prohibitions, et déclarer si la dernière, à laquelle l'exécution aurait appartenu de droit commun, pouvait avoir force, étant contenue dans une constitution qui ne nous régissait plus ;

2° Sur ce que les dispositions de la loi du 11 septembre 1790 et de l'article 207 de la constitution de l'an 3, étant relatives à l'élection des juges par des assemblées électorales, on avait pu prescrire à ces assemblées des règles qui demeuraient étrangères aux nominations à faire par sa majesté, et que la loi n'aurait pas manqué de rappeler si elles avaient dû être encore observées ;

3° Sur ce que, quoique dans le ministère de la justice on ait regardé la prohibition de parenté comme utile en général, on ne l'a point considérée comme une règle, puisqu'on s'en est écarté plusieurs fois : d'où il suit qu'il n'y a de loi sur cette matière que celle du 27 ventose an 8, laquelle est muette sur les incompatibilités ;

Considérant que sa majesté peut, sans diminuer la prérogative qu'elle tient de cette loi, en régler l'usage de manière à prévenir les inconvéniens ou les suspicions qui peuvent résulter des parentés et alliances entre les membres d'un même tribunal, et passer cependant sur ces inconvéniens lorsque la nature des circonstances et la qualité des sujets l'exigeront; qu'elle userait en cela du droit des rois, qui étaient en possession d'accorder des dispenses de parenté ;

Est d'avis que sa majesté pourrait prescrire au grand-juge, ministre de la justice, de ne lui présenter aucun candidat, pour les places de juge, suppléant, procureur général, procureur impérial ou substitut, greffier ou commis-greffier, dans les cours et tribunaux de justice civile, criminelle ou spéciale, qu'il ne se soit assuré, par certificats des présidens des cours ou tribunaux dans lesquels il s'agira de nommer, ou par toute autre voie qui paraîtra convenable, si les candidats sont ou non parens ou alliés des membres exerçant déjà dans lesdites cours ou tribunaux, jusqu'au degré de cousin germain inclusivement : ainsi, le choix de sa majesté serait éclairé sur ce fait, ou elle s'abstiendrait de nommer le candidat qui aurait un parent dans le tribunal, ou, si elle le nommait, ce serait par des considérations qui emporteraient implicitement une dispense donnée en connaissance de cause.

Le Conseil pense, au surplus, que, dans le cas où des parens ou alliés au degré de cousin-germain inclusivement opinent dans la même cause, l'ancienne règle que leurs voix ne comptent que pour une, s'ils sont du même avis, doit être observée (1).

23 AVRIL 1807. — Décret relatif aux étudians en droit. (4, Bull. 144, n° 2334.)

Art. 1er. Les étudians en droit qui, appelés au tirage pour la conscription militaire, justifieront, par des certificats en bonne forme donnés par les autorités administratives, qu'ils se sont rendus au lieu de la convocation, et que, par cette cause, il leur a été impossible de prendre leur inscription dans les quinze premiers jours du trimestre, ainsi qu'il est ordonné par l'article 29 du décret impérial du 4e jour complémentaire an 12, pourront être admis par l'inspecteur général, s'il est sur les lieux, et, à défaut, par le doyen d'honneur du conseil de discipline, à cette inscription, qui vaudra comme si elle avait été prise dans le délai prescrit.

2. Notre grand-juge, ministre de la justice, et notre ministre de l'intérieur, sont chargés de l'exécution du présent décret.

23 AVRIL 1807. — Décret qui ordonne l'établissement de magasins de sels près les côtes de la ci-devant Ligurie. (4, Bull. 144, n° 2335.)

Art. 1er. La régie des sels et tabacs, dans les départemens au-delà des Alpes, établira, à portée des différens points des côtes de la ci-devant Ligurie, les magasins de sels nécessaires aux approvisionnemens des pêches

(1) Lorsque huit juges sont nécessaires pour rendre un jugement, s'il s'en trouve deux qui soient parens au degré prohibé, leurs voix ne comptant que pour un, les juges sont réputés n'être que sept; en ce cas, le nombre des juges est insuffisant (16 juin 1814; Cass. S. 14, 1, 240).

et salaisons maritimes, ainsi que pour les salaisons destinées aux approvisionnemens de la marine et des colonies.

2. Ces sels jouiront de l'entrepôt, sous la surveillance des agens des douanes, et ne seront soumis à aucun droit.

3. Les pêcheurs et saleurs de ces départemens, ainsi que les entrepreneurs des salaisons destinées aux approvisionnemens de la marine et des colonies, recevront auxdits entrepôts, les sels qui seront reconnus nécessaires à leur commerce, et les paieront au prix auquel ils reviendront à la régie, tant en principal qu'en accessoires, en conformité de la fixation qui en sera faite tous les trois mois par le préfet de Gênes, sur la proposition de la régie.

4. Toutes les dispositions des titres III et IV de notre décret impérial du 11 juin 1806 auxquelles il n'est pas dérogé par le présent seront suivies en ce qui concerne l'emploi des sels délivrés, et la surveillance des douanes et des droits réunis, ainsi que les peines à encourir par les contrevenans.

5. Notre grand-juge, ministre de la justice, et nos ministres de la marine et des finances, sont chargés de l'exécution du présent décret.

———————

23 AVRIL 1807. — Décret qui supprime sans indemnité des redevances provenant de concessions faites à titre féodal par une abbaye de Dijon. (4, Bull. 144, n° 2338.)

Voy. loi du 17 JUILLET 1793.

N....... sur le rapport de notre ministre des finances, expositif qu'il était dû aux religieux de la ci-devant abbaye de Sainte-Bénigne de Dijon diverses redevances provenant de concessions faites par eux de terrains plantés en vignes ; que ces concessions ont été faites à titre de *cens annuel et perpétuel, emportant lods et ventes, retenues, et tous autres droits censaux et seigneuriaux,* quoique l'abbaye de Sainte-Bénigne ne possédât pas lesdits terrains à titre de fief, et qu'elle n'y eût aucun droit de seigneurie ; que les préposés de l'administration des domaines, qui représente lesdits religieux, ont réclamé, entre autres, des héritiers Philippon, le paiement des arrérages de ces redevances ; que lesdits héritiers Philippon, sans contester la rente en elle-même, ont demandé seulement une réduction, sur quoi l'administration des domaines a cru devoir en référer au ministre, d'après le motif que l'avis de notre Conseil-d'Etat du 13 messidor an 13, approuvé par nous, a décidé que, lorsque le titre constitutif de la redevance ne présentait aucune ambiguïté, celui auquel ce titre est opposé ne pouvait pas être admis à soutenir qu'il n'avait pas de seigneurie ;

Vu les lois relatives à la suppression des droits féodaux, et l'avis du 13 messidor an 13, approuvé par nous ; ensemble les observations du conseiller d'Etat directeur général de l'administration des domaines et de l'enregistrement, et les pièces y jointes ;

Considérant que les redevances dont il s'agit sont entachées de féodalité par leur mélange avec les droits de lods et ventes et autres supprimés par les lois ;

Que, d'après l'avis du 13 messidor an 13, approuvé par nous, il n'y a pas lieu à examiner si lesdits religieux possédaient les fonds à titre de seigneurie ;

Notre Conseil-d'Etat entendu,

Nous avons décrété et décrétons ce qui suit :

Art. 1er. La redevance due par les héritiers de Jean et Jacques Philippon aux ci-devant religieux de l'abbaye de Sainte-Bénigne de Dijon, en vertu d'un bail à cens, consenti au profit de leur auteur le 30 avril 1664, de quatre ouvrées deux tiers de vignes, sises au lieu de Gevrey, est déclarée supprimée sans indemnité, ainsi que toutes celles de même nature qui auraient pu être stipulées en faveur de ladite abbaye.

2. Notre ministre des finances est chargé de l'exécution du présent décret.

———————

23 AVRIL 1807. — Décret portant que l'exercice des fonctions de directeur du jury, dans les départemens du Pô, de la Sésia, de la Stura et de la Doire, seront exercées par tous les tribunaux de première instance. (4, Bull. 144, n° 2336.)

23 AVRIL 1807. — Décret qui proroge les délais accordés pour la rédaction des actes publics en langue française dans les Etats de Parme et de Plaisance. (4, Bull. 144, n° 2337.)

23 AVRIL 1807. — Décret qui autorise les dames charitables connues dans le diocèse d'Aix, sous le nom de sœurs hospitalières ou de sœurs de Notre-Dame de grace, à se réunir en communauté. (4, Bull. 145, n° 2382.)

23 AVRIL 1807. — Décrets qui ordonnent le paiement de pensions à des veuves de militaires tués à Austerlitz. (4, Bull. 145, n°s 2379 et 2380.)

23 AVRIL 1807. — Décrets relatifs à l'établissement et à la tenue des foires de Saint-Loup, Bergen et Pignerol. (4, Bull. 146, n°s 2385 à 2387.)

23 AVRIL 1807. — Décret relatif à l'exploitation des mines de houille existantes sur les territoires de Châtelineau, Gilly et Pont-de-Loup. (4, Bull. 145, n° 2381.)

23 AVRIL 1807. — Décret qui fait concession, pour cinquante années, aux sieurs Trimbon, Hall et Guesmersdorff, du droit d'exploiter les mines de plomb existant sur le Petersheydt, le Sittard et Mechernicherberg, dans une étendue de surface de trois cent vingt-neuf hectares carrés. (4, Bull. 146, n° 2384.)

23 AVRIL 1807. — Décrets qui autorisent l'acceptation de dons et legs faits aux pauvres et hospices de La Flèche, Issoudun, etc. (4, Bull. 146, n°ˢ 2388 à 2411 et 2415 à 2433.)

23 AVRIL 1807. — Décrets qui autorisent l'acceptation d'offres de dénoncer au profit des pauvres et hospices de Liège, Pery et Douai, des rentes et biens célés à la régie du domaine. (4, Bull. 146, n°ˢ 2412 à 2414.)

25 AVRIL 1807. — Arrêté portant réglement pour les théâtres de la capitale et des départemens, en exécution du décret du 8 juin 1806. (Recueil off. de l'intérieur, t. 2, p. 25.)

Voy. décrets du 8 JUIN 1806, du 29 JUILLET 1807, du 13 AOUT 1811; avis du Conseil-d'Etat du 23 AOUT 1811, du 15 OCTOBRE 1812; ordonnance du 25 MARS 1818.

TITRE Iᵉʳ. Des théâtres de Paris.

Art. 1ᵉʳ. Les théâtres dont les noms suivent sont considérés comme *grands théâtres*, et jouiront des prérogatives attachées à ce titre par le décret du 8 juin 1806 :

1° Le *Théâtre-Français* (théâtre de S. M. l'empereur).

Ce théâtre est spécialement consacré à la *tragédie* et à la *comédie*.

Son répertoire est composé : 1° de toutes les pièces (tragédies, comédies et drames) jouées sur l'ancien théâtre de l'hôtel de Bourgogne, sur celui que dirigeait *Molière*, et sur le théâtre qui s'est formé de la réunion de ces deux établissemens, et qui a existé sous diverses dénominations jusqu'à ce jour; 2° des comédies jouées sur les théâtres dits *Italiens* jusqu'à l'établissement de l'Opéra-Comique.

Le *théâtre de l'Impératrice* sera considéré comme une annexe du Théâtre-Français, pour la comédie seulement.

Son répertoire contient : 1° les comédies et drames spécialement composés pour ce théâtre; 2° les comédies jouées sur les théâtres dits *Italiens*, jusqu'à l'établissement de l'Opéra-Comique; ces dernières pourront être représentées par le Théâtre de l'impératrice, concurremment avec le Théâtre-Français.

2° Le *théâtre de l'Opéra* (Académie impériale de musique).

Ce théâtre est spécialement consacré au chant et à la danse; son répertoire est composé de tous les ouvrages, tant opéras que ballets, qui ont paru depuis son établissement en 1646.

1° Il peut seul représenter les pièces qui sont entièrement en musique, et les ballets du genre noble et gracieux : tels sont tous ceux dont les sujets ont été puisés dans la mythologie et dans l'histoire, et dont les principaux personnages sont des dieux, des rois ou des héros.

2° Il pourra aussi donner (mais non exclusivement à tout autre théâtre) des ballets représentant des scènes champêtres ou des actions ordinaires de la vie.

3° Le *théâtre de l'Opéra-Comique* (théâtre de S. M. l'empereur).

Ce théâtre est spécialement destiné à la représentation de toute espèce de comédies ou drames mêlés de couplets, d'ariettes et de morceaux d'ensemble.

Son répertoire est composé de toutes les pièces jouées sur le théâtre de l'Opéra-Comique, avant et après sa réunion à la Comédie Italienne, pourvu que le dialogue de ces pièces soit coupé par du chant.

L'*Opéra-Buffa* doit être considéré comme une annexe de l'Opéra-Comique. Il ne peut représenter que des pièces écrites en italien.

2. Aucun des airs, romances et morceaux de musique qui auront été exécutés sur les théâtres de l'Opéra et l'Opéra-Comique, ne pourra, sans l'autorisation des auteurs ou propriétaires, être transporté sur un autre théâtre de la capitale, même avec des modifications dans les accompagnemens, que cinq ans après la première représentation de l'ouvrage dont ces morceaux font partie.

3. Seront considérés comme *théâtres secondaires* :

1° Le *théâtre du Vaudeville*.

Son répertoire ne doit contenir que de petites pièces mêlées de couplets sur des airs connus, et des parodies.

2° Le *théâtre des Variétés*, boulevard Montmartre.

Son répertoire est composé de petites pièces dans le genre *grivois*, *poissard* ou *villageois*, quelquefois mêlées de couplets également sur des airs connus.

3° Le *théâtre de la Porte-Saint-Martin*.

Il est spécialement destiné au genre appelé *mélodrame*, aux pièces à grand spectacle. Mais dans les pièces du répertoire de ce théâtre, comme dans toutes les pièces des théâtres secondaires, on ne pourra employer pour les morceaux de chant, que des airs connus.

On ne pourra donner sur ce théâtre des ballets dans le genre historique et noble; ce genre, tel qu'il est indiqué plus haut, étant exclusivement réservé au grand Opéra.

3° *Le théâtre* dit *de la Gaîté.*

Il est spécialement destiné aux *pantomimes* de tout genre, mais sans ballets; aux *arlequinades* et autres *farces*, dans le goût de celles données autrefois par *Nicolet* sur ce théâtre.

5° *Le théâtre des Variétés étrangères.*

Le répertoire de ce théâtre ne pourra être composé que de pièces traduites des *théâtres étrangers.*

4. Les autres théâtres actuellement existans à Paris, et autorisés par la police antérieurement au décret du 8 juin 1806, seront considérés comme annexes ou doubles des *théâtres secondaires* : chacun des directeurs de ces établissemens est tenu de choisir parmi les genres qui appartiennent aux théâtres secondaires, le genre qui paraîtra convenir à son théâtre.

Ils pourront jouer, ainsi que les théâtres secondaires, quelques pièces des répertoires des grands théâtres, mais seulement avec l'autorisation des administrations de ces spectacles, et après qu'une rétribution due aux grands théâtres aura été réglée de gré à gré, conformément à l'article 4 du décret du 8 juin, et autorisée par le ministre de l'intérieur.

5. Aucun des théâtres de Paris ne pourra jouer des pièces qui sortiraient du genre qui lui a été assigné.

Mais, lorsqu'une pièce aura été refusée à l'un des trois grands théâtres, elle pourra être jouée sur l'un ou sur l'autre des théâtres de Paris, pourvu toutefois que la pièce se rapproche du genre assigné à ce théâtre.

6. Lorsque les directeurs et entrepreneurs de spectacles voudront s'assurer que les pièces qu'ils ont reçues ne sortent point du genre de celles qu'ils sont autorisés à représenter, et éviter l'interdiction inattendue d'une pièce dont la mise en scène aurait pu leur occasioner des frais, ils pourront déposer un exemplaire de ces pièces dans les bureaux du ministère de l'intérieur.

Lorsqu'une pièce ne paraîtra pas être du genre qui convient au théâtre qui l'aura reçue, les entrepreneurs ou directeurs de ce théâtre en seront prévenus par le ministre.

L'examen des pièces dans les bureaux du ministère de l'intérieur, et l'approbation donnée à leur représentation, ne dispenseront nullement les directeurs de recourir au ministère de la police, où les pièces doivent être examinées sous d'autres rapports.

7. Pour que les théâtres n'aient pas à souffrir de cette détermination et distribution de genres, le ministre leur permet de conserver en entier leurs anciens répertoires, quand même il s'y trouverait quelques pièces qui ne fussent pas du genre qui leur est assigné;

mais ces anciens répertoires devront rester rigoureusement tels qu'ils ont été déposés dans les bureaux du ministère de l'intérieur, et arrêtés par le ministre.

Par cet article toutefois il n'est nullement contrevenu à l'article 4 du décret du 8 juin, qui ne permet à aucun théâtre de Paris de jouer les pièces des grands théâtres, sans leur payer une rétribution.

TITRE II. Répertoires des théâtres dans les départemens.

8. Dans les départemens, les troupes *permanentes* ou *ambulantes* pourront jouer, soit les pièces des répertoires des grands théâtres, soit celles des théâtres secondaires et de leurs doubles (sauf les droits des auteurs ou des propriétaires de ces pièces).

9. Dans les villes où il y a deux théâtres, le *principal théâtre* jouira spécialement du droit de représenter les pièces comprises dans les répertoires des grands théâtres; il pourra aussi, mais avec l'autorisation du préfet, choisir et jouer quelques pièces des théâtres secondaires, sans que pour cela l'autre théâtre soit privé du droit de jouer ces mêmes pièces.

Le *second théâtre* jouira spécialement du droit de représenter les pièces des répertoires des théâtres secondaires, il ne pourra jouer les pièces des trois grands théâtres, que dans les suppositions suivantes :

1° Si les auteurs mêmes lui ont vendu ou donné leurs pièces ;

2° Si le premier théâtre n'a point joué telle ou telle pièce depuis plus d'un an, à compter du jour de sa première représentation, à Paris, sur un des grands théâtres : dans ce cas, le second théâtre pourra jouer cette pièce pendant une année entière, et même plus long-temps, si, pendant le cours de cette année, la pièce n'a point été représentée par le principal théâtre.

Au reste, le préfet, dans les villes où il y a deux théâtres, peut en outre autoriser le second théâtre à représenter des pièces des grands répertoires, toutes les fois qu'il le jugera convenable.

Lorsque le second théâtre, dans ces villes, sera préparé à la représentation d'une pièce du genre de celles qui forment son répertoire, le grand théâtre ne pourra empêcher ni retarder cette représentation, sous aucun prétexte, et quand même il prouverait qu'il a obtenu du préfet l'autorisation de jouer la même pièce.

TITRE III. Désignation des arrondissemens destinés aux troupes de comédiens ambulantes.

10. Les villes qui ne peuvent avoir de spectacle que pendant une partie de l'année,

out été classées de manière à former vingt-cinq *arrondissemens.*

Le tableau de ces arrondissemens, et celui du nombre de troupes qui paraîtrait nécessaire pour chacun d'eux, est joint au présent réglement.

11. Aucun entrepreneur de spectacles ne pourra envoyer de troupes ambulantes dans l'un ou l'autre de ces arrondissemens : 1° s'il n'y a été formellement autorisé par le ministre de l'intérieur, devant lequel il devra faire preuve des moyens qu'il peut avoir de remplir ses engagemens; 2° s'il n'est, en outre, muni de l'approbation du ministre de la police générale.

12. Les entrepreneurs de spectacles qui se présenteront pour tel ou tel arrondissement, devront, *avant le 1ᵉʳ août prochain*, et dans les années subséquentes, toujours avant la même époque :

1° Désigner le nombre de sujets dont seront composées la troupe ou les troupes qu'ils se proposent d'employer ;

2° Indiquer à quelle époque leurs troupes se rendront, et combien de temps ils s'engageront à les faire rester dans chaque ville de l'arrondissement postulé par eux.

13. Chaque autorisation ne sera accordée que pour trois années au plus. Les conditions auxquelles ces concessions seront faites seront communiquées aux préfets, qui en surveilleront l'exécution.

L'inexécution de ces conditions sera dénoncée au ministre par les préfets, et punie par la révocation des autorisations, et, s'il y a lieu, par des indemnités qui seront versées dans la caisse des pauvres.

14. Des doubles de chacune des autorisations accordées aux entrepreneurs de spectacles par le ministre de l'intérieur seront envoyés au ministre de la police générale, pour qu'il donne, de son côté, à ces entrepreneurs, une approbation particulière, s'il n'y trouve aucun inconvénient. Il lui sera donné connaissance de toutes les mutations qui pourront survenir parmi les entrepreneurs de spectacles.

15. Dans les villes où un spectacle peut subsister pendant toute l'année, l'autorisation d'y établir une troupe sera accordée par les préfets, conformément à l'article 7 du décret du 8 juin. Ce seront également les préfets qui accorderont ces autorisations dans les villes où il y a deux théâtres.

16. Les autorisations pour les troupes ambulantes seront délivrées aux entrepreneurs de spectacles dans le courant de l'année 1807. La nouvelle organisation des spectacles, en cette partie, devra être en pleine activité au renouvellement de *l'année théâtrale* (en avril 1807). En attendant, les préfets sont autorisés à suivre, à l'égard des troupes ambulantes, les dispositions qui ont été en vigueur jusqu'à ce jour, s'ils n'y ont déjà dérogé.

TITRE IV. Dispositions générales.

17. Les spectacles n'étant point au nombre des jeux publics auxquels assistent les fonctionnaires en leur qualité, mais des amusemens préparés et dirigés par des particuliers qui ont spéculé sur le bénéfice qu'ils doivent en retirer, personne n'a le droit de jouir gratuitement d'un amusement que l'entrepreneur vend à tout le monde. Les autorités n'exigeront donc d'entrées gratuites des entrepreneurs que pour le nombre d'individus jugé indispensable pour le maintien de l'ordre et de la sûreté publique.

18. Il est fait défense aux entrepreneurs, directeurs ou régisseurs de spectacles et concerts, d'engager aucun élève des écoles de chant ou de déclamation du Conservatoire, sans l'autorisation spéciale du ministre de l'intérieur.

19. L'autorité chargée de la police des spectacles prononcera provisoirement sur toutes contestations, soit entre les directeurs et les acteurs, soit entre les directeurs et les auteurs ou leurs agens, qui tendraient à interrompre le cours ordinaire des représentations ; et la décision provisoire pourra être exécutée, nonobstant le recours vers l'autorité à laquelle il appartiendra de juger le fond de la contestation.

Fait à Paris, le 25 avril 1807.

Signé *le ministre de l'intérieur,*
CHAMPAGNY.

TABLEAU

DES DIVERS THÉÂTRES DE LA FRANCE,

et fixation des arrondissemens pour les troupes ambulantes.

Villes qui peuvent avoir plusieurs théâtres.

Paris, trois grands théâtres et deux annexes, cinq théâtres secondaires et neuf annexes ou doubles.

Lyon, Bordeaux, Marseille, Nantes, Turin, deux troupes.

Villes qui peuvent avoir une troupe stationnaire.

Rouen, Brest, Bruxelles, Toulouse, Montpellier, Nice, Gênes, Alexandrie, Gand, Anvers, Lille, Dunkerque, Metz, Strasbourg.

Fixation des arrondissemens pour les troupes ambulantes.

1ᵉʳ ARRONDISSEMENT. — *Une troupe.*

Meurthe. — Nancy, Lunéville, Toul, Pont-à-Mousson, Phalsbourg.

Meuse. — Bar-sur-Ornain, Verdun.
Moselle. — Sarre-Libre, Thionville, Longwy.

2ᵉ ARRONDISSEMENT. — *Une troupe.*

Côte - d'Or. — Dijon, Beaune, Nuits, Auxonne.
Saône-et-Loire. — Châlons, Mâcon, Autun.
Ain. — Bourg.
Jura. — Poligny, Dôle, Lons-le-Saulnier.
Léman. — Genève.

3ᵉ ARRONDISSEMENT. — *Une troupe.*

Isère. — Grenoble, Vienne.
Drôme. — Valence, Montélimart, Romans.
Mont-Blanc. — Chambéry.

4ᵉ ARRONDISSEMENT. — *Une troupe.*

Gard. — Nîmes, Beaucaire, le Pont-Saint-Esprit, Uzès.
Vaucluse. — Avignon, Carpentras, Orange.

5ᵉ ARRONDISSEMENT. — *Deux troupes.*

Var. — Toulon, Grasse, Fréjus, Draguignan, Antibes, Brignolles, Saint-Tropès.
Bouches-du-Rhône. — Aix, Arles, la Ciotat, Tarascon.
Hautes et Basses-Alpes. — Gap, Briançon.
Basses-Alpes. — Digne.

6ᵉ ARRONDISSEMENT. — *Une troupe forte.*

Hérault. — Beziers, Pézénas, Agde, Lodève, Frontignan, Lunel, Ganges.
Aude. — Carcassonne, Narbonne, Castelnaudary.
Pyrénées-Orientales. — Perpignan.

7ᵉ ARRONDISSEMENT. — *Une troupe forte.*

Tarn. — Montauban, Albi, Castres, Sorèze.
Lot-et-Garonne. — Agen, Marmande.
Lot. — Cahors, Figeac, Moissac.
Gers. — Auch.
Landes. — Mont-de-Marsan, Dax.

8ᵉ ARRONDISSEMENT. — *Deux troupes.*

Basses-Pyrénées. — Bayonne, Pau, Lescars, Navarreins.
Hautes-Pyrénées. — Tarbes, Bagnères, Baréges.
Ariége. — Foix, Mirepoix, Saint-Girons.

9ᵉ ARRONDISSEMENT. — *Deux troupes.*

Haute-Vienne. — Limoges, Tulles.
Correze. — Uzerches, Brives-la-Gaillarde.
Vienne. — Poitiers, Lusignan.
Dordogne. — Périgueux, Bergerac.
Charente. — Angoulême, Cognac.

10ᵉ ARRONDISSEMENT. — *Deux troupes.*

Charente-Inférieure. — La Rochelle, Saintes, Rochefort, Saint-Jean-d'Angely, Royan.
Deux-Sèvres. — Niort, Saint-Maixent.
Vendée. — Fontenay, la Chateigneraye, Mortagne.

11ᵉ ARRONDISSEMENT. — *Deux troupes.*

Puy-de-Dôme. — Clermont, Riom.
Cantal. — Saint-Flour, Aurillac.
Haute-Loire. — Le Puy.
Lozère. — Mende.
Aveyron. — Rodez, Milhau, Villefranche.
Ardèche. — Privas, Tournon, Aubenas.

12ᵉ ARRONDISSEMENT. — *Deux troupes.*

Allier. — Moulins.
Nièvre. — Nevers.
Loire. — Montbrison, Saint-Etienne, Roanne.
Cher. — Bourges.
Creuse. — Guéret.
Indre. — Châteauroux.

13ᵉ ARRONDISSEMENT. — *Deux troupes.*

Loiret. — Orléans, Beaugency, Montargis, Courtenay.
Indre-et-Loire. — Tours, Amboise.
Loir-et-Cher. — Blois.
Maine-et-Loire. — Angers, Saumur.

14ᵉ ARRONDISSEMENT. — *Une troupe.*

Marne. — Reims, Châlons, Vitry, Epernay.
Seine-et-Marne. — Melun, Fontainebleau, Nemours, Provins.
Haute-Marne. — Chaumont, Langres, Joinville.

15ᵉ ARRONDISSEMENT. — *Une troupe.*

Yonne. — Auxerre, Sens, Joigny, Avallon, Vermanton, Tonnerre.
Aube. — Troyes, Bar-sur-Aube, Bar-sur-Seine.

16ᵉ ARRONDISSEMENT. — *Deux troupes.*

Doubs. — Besançon, Pontarlier, Montbéliard.
Haute-Saône. — Vesoul, Gray.
Haut-Rhin. — Colmar, Béfort, Huningue, Neuf-Brisach, Porentrui.

17ᵉ ARRONDISSEMENT. — *Deux troupes.*

Ille-et-Vilaine. — Rennes, Vitré, Dol, Saint-Malo, Cancale.
Mayenne. — Laval, Mayenne.
Sarthe. — Le Mans, La Flèche, La Ferté-Bernard.

18ᵉ ARRONDISSEMENT. — *Une troupe.*

Finistère. — Quimper, Morlaix.
Côtes-du-Nord. — Saint-Brieuc, Lamballe, Dinan.
Morbihan. — Vannes, Lorient.

19ᵉ ARRONDISSEMENT. — *Une troupe.*

Calvados. — Caen, Bayeux, Lizieux, Falaise, Honfleur.
Manche. — Coutances, Cherbourg, Avranches.
Orne. — Alençon, l'Aigle.

20ᵉ ARRONDISSEMENT. — *Deux troupes.*

Somme. — Amiens, Abbeville, Péronne.
Seine-Inférieure. — Le Havre, Dieppe, Caudebec.
Eure. — Evreux, Louviers.
Eure-et-Loir. — Chartres, Dreux.
Seine-et-Oise. — Pontoise, Etampes, Mantes, Versailles, Saint-Germain.

21ᵉ ARRONDISSEMENT. — *Deux troupes fortes.*

Pas-de-Calais. — Calais, Arras, Saint-Omer, Boulogne.
Nord. — Douai, Gravelines, Valenciennes, Cambray.
Oise. — Beauvais, Noyon, Compiègne, Senlis, Chantilly.
Aisne. — Laon, Soissons, Saint-Quentin.

22ᵉ ARRONDISSEMENT. — *Deux troupes.*

Ourte. — Liége, Spa.
Roër. — Aix-la-Chapelle, Clèves, Cologne.
Meuse-Inférieure. — Maestricht, Saint-Tron.
Jemmapes. — Mons, Tournai.

23ᵉ ARRONDISSEMENT. — *Une troupe.*

Lys. — Bruges, Ostende, Courtrai, Ypres.
Dyle. — Louvain, Tirlemont.
Deux-Nèthes. — Malines.
Sambre-et-Meuse. — Namur, Bouvines, Fleurus.

24ᵉ ARRONDISSEMENT. — *Une troupe.*

Mont-Tonnerre. — Mayence, Worms, Neustadt, Deux-Ponts.
Rhin-et-Moselle. — Coblentz.
Sarre. — Sarrebourg, Sarebruck.
Forêts. — Luxembourg.
Ardennes. — Mézières, Sedan, Givet.

25ᵉ ARRONDISSEMENT. — *Une troupe.*

Bas-Rhin. — Saverne, Schelestadt, Haguenau, Fort-Libre, Wissembourg.
Vosges. — Epinal.

———

28 AVRIL 1807. — Sénatus-consulte qui proroge les pouvoirs des députés au Corps-Législatif pour les départemens des Apennins, de Gênes et de Montenotte. (4, Bull. 145, n° 2383.)

30 AVRIL 1807. — Avis du Conseil-d'Etat sur plusieurs questions relatives aux biens et rentes sur lesquels les fabriques et les hospices peuvent respectivement prétendre des droits. (4, Bull. 148, n° 2453.)

Voy. arrêté du 7 THERMIDOR an 11 ; décret du 30 DÉCEMBRE 1809.

Le Conseil-d'Etat, qui, sur le renvoi ordonné par sa majesté l'empereur et roi, a pris connaissance, 1° d'un rapport du ministre de l'intérieur, en date du 8 avril 1806 ; 2° de celui du ministre des cultes, du 18 juin 1806; 3° de celui du ministre des finances, du 4 mars 1807, par lesquels les ministres proposent ou discutent les quatre questions suivantes :

1° Les biens des fabriques que les hospices ont découverts depuis la loi du 13 brumaire an 2, qui les déclare nationaux, jusqu'à l'arrêté du 7 thermidor an 11, qui les rend aux fabriques, appartiennent-ils aux hospices par le fait seul de la découverte, et sans qu'ils en aient été envoyés en possession ?

2° Peut-on ranger parmi les domaines usurpés, et, en conséquence, appliquer les dispositions de la loi du 4 ventose an 9 à des biens de fabriques dont la rente a cessé, à la vérité, d'être servie à la régie, mais dont le bail ne remonte pas plus haut qu'à l'année 1786 ?

3° L'arrêté du 7 thermidor an 11, lequel met en réserve *les rentes destinées aux hospices qui, à cette époque, ne leur auront pas été transportées par un transfert légal,* est-il applicable à toute espèce de rentes attribuées aux hospices, soit en paiement de leurs créances sur le Gouvernement, en vertu de l'arrêté du 15 brumaire an 9, soit à titre de découverte, en vertu de la loi du 4 ventose an 9 ?

4° La décision du Gouvernement, du 7 nivose an 12, qui restreint l'attribution des hospices aux rentes que leurs propres agens découvriraient, peut-elle s'appliquer aux rentes découvertes *antérieurement* par les préposés de la régie, et lorsque l'arrêté du 15 brumaire an 9 imposait à ces préposés le devoir de poursuivre la restitution de ces rentes au profit des hospices (1) ?

———

(1) Lorsque la priorité de découverte d'une rente est établie en faveur du domaine, un hospice n'est pas fondé à réclamer ladite rente, aux termes de cet avis du Conseil-d'Etat.

C'est par l'inscription au registre sommier du domaine que cette priorité doit être constatée.

La preuve de la date de cette inscription peut résulter : 1° de ce que ladite inscription a été faite sur le sommier par un receveur qui a cessé ses fonctions antérieurement à la sommation faite

par l'hospice au débiteur de la rente en litige ;

2° De ce que cet article est suivi, sur le même sommier, de l'énonciation d'une autre rente, avec l'émargement d'un paiement effectué aussi avant l'époque de ladite sommation ;

3° De ce que la rente en litige est comprise sur un état certifié par le successeur immédiat du receveur qui a fait l'inscription à une date antérieure à ladite sommation (18 juillet 1821, ord. Mac. 2, 176).

Estime que la première question est clairement résolue par l'article 1er de l'arrêté du 7 thermidor an 11, où on lit que « les biens « des fabriques non aliénés, ainsi que les « rentes dont elles jouissaient et dont le transfert n'a pas été fait, seront rendus à leur « destination ; » d'où il suit que tout immeuble ou rente provenant des fabriques, de confréries, de fondations, ou de *fabriques d'anciens chapitres*, dont l'aliénation ou le transfert n'avait pas été consommé antérieurement à la promulgation des arrêtés des 7 thermidor an 11, 25 frimaire an 12, 15 ventose et 28 messidor an 13, retourne aux fabriques, et doit leur être restitué, quelles qu'aient été les démarches préliminaires des hospices pour en obtenir la jouissance, et que ces démarches leur donnent seulement le droit de répéter contre les fabriques le remboursement des frais faits pour parvenir à la découverte et à l'envoi en possession desdits biens ;

Sur la seconde question, que la loi du 4 ventose an 9 a affecté aux hospices les rentes célées et les domaines usurpés ; que l'arrêté du 27 frimaire an 11 a défini ce qu'on devait entendre par *rentes célées ;* et que, s'il restait quelque doute sur l'expression de *domaines usurpés*, il serait levé par l'article 6 de l'arrêté du 7 messidor an 9, qui autorise les hospices à poursuivre tous fermiers, locataires, concessionnaires, et autres jouissant, *à quelque titre que ce soit*, s'ils n'ont pas déclaré, conformément à l'article 37 des décrets des 7 et 11 = 24 août 1790, comment et en vertu de quoi ils jouissent, s'ils n'ont pas représenté et fait parapher leurs titres ; que la date et la nature du titre sont ici indifférentes, puisque, *quel qu'il soit*, il suffit qu'il n'ait point été déclaré en exécution de la loi de 1790, qu'il ne soit pas rappelé aux registres de la régie, et que le service de la rente ait été interrompu pendant les délais déterminés, pour caractériser l'espèce d'usurpation qui donne ouverture aux droits des hospices ;

Sur la troisième, que l'arrêté du 7 thermidor an 11, lorsqu'il a suspendu le transfert des rentes au profit des hospices, n'a frappé que sur les capitaux de rentes servies à la régie et bien connues, qui avaient été affectées au paiement de leur dette arriérée par l'arrêté du 15 brumaire an 9, suspension motivée par la circonstance où ces rentes avaient été précédemment, et par arrêté du 27 prairial an 8, affectées au rachat des rescriptions émises par la Trésorerie, et qu'on avait de justes raisons de craindre que ces rentes ne suffisent pas à l'une et à l'autre destination ; mais qu'on ne doit pas confondre ces rentes servies à la régie des domaines, connues, et qui avaient une affectation précédente, avec des rentes inconnues et souvent douteuses, auxquelles il était bien impossible de donner une affectation, et qui appartiennent aux hospices par le fait seul de la découverte constatée, à moins qu'elles né proviennent de fabriques ;

Sur la quatrième question, que l'on ne ne peut, dans aucun cas, attribuer aux hospices une rente dont le service aurait été interrompu, mais qui aurait été découverte par un agent du domaine, puisque la découverte a dû être constatée sur-le-champ par une inscription aux registres de la régie, et que l'une des conditions essentielles de l'abandon d'une rente aux hospices, c'est qu'il ne s'en trouve aucune mention sur ces registres. Les préposés de la régie ne se trouvent point compris parmi les fonctionnaires publics prévus par l'article 5 de l'arrêté du 15 brumaire an 9 ; jamais on n'a entendu leur imposer le devoir de rechercher des rentes au profit des hospices, ni les dispenser de celui d'en rechercher au profit de la régie (1).

───────

3 MAI 1807.—Décret relatif aux chambres de commerce de Gênes et de Marseille. (4, Bull. 146, n° 2425.)

Art. 1er. Les dispositions de l'arrêté du 4 messidor an 11, relatif aux établissemens des maisons de commerce dans les échelles du Levant, de la Barbarie et de la mer Noire, sont communes à la chambre de commerce de Gênes et à celle de Marseille.

2. Nos ministres de l'intérieur et des relations extérieures sont chargés de l'exécution du présent décret.

───────

3 MAI 1807. — Décret qui ordonne le paiement de dix-huit cents francs, pour pensions accordées à quatre veuves de militaires tués à la bataille d'Austerlitz. (4, Bull. 147, n° 2434.)

───────

9 MAI 1807. — Avis du Conseil-d'État. (Hypothèques légales.) *Voy.* 1er JUIN 1807.

───────

11 MAI 1807. — Décret qui permet la réexportation à l'étranger des laines non filées venant d'Espagne à Bayonne. (4, Bull. 146, n° 2427.)

Art. 1er. Les laines non filées arrivant d'Espagne à Bayonne, tant par mer que par les bureaux de Béhobie et d'Ainhoa, pourront,

───────

(1) La loi du 4 ventose an 9 et l'arrêté du 27 frimaire an 11 n'affectent pas aux hospices, des rentes domaniales qui se trouvent inscrites sur les registres des agens du domaine (18 avril 1816 ; J. C. 3, 262).

à leur sortie de l'entrepôt, être réexportées à l'étranger en *transit* sur le territoire français.

2. Nos ministres de l'intérieur et des finances sont chargés de l'exécution du présent décret.

___

11 MAI 1807. — Décret qui prohibe l'introduction des monnaies de cuivre et de billon de fabrique étrangère. (4, Bull. 146, n° 2429.)

Art. 1er. L'introduction des monnaies de cuivre et de billon de fabrique étrangère est prohibée, sous les peines portées par les lois concernant les marchandises prohibées à l'entrée du territoire de l'empire.

2. Elles ne pourront être admises dans les caisses publiques en paiement de tous droits et contributions, de quelques natures qu'ils soient, payables en numéraire.

3. Nos ministres des finances et du Trésor public sont chargés de l'exécution du présent décret.

___

11 MAI 1807. — Avis du Conseil-d'Etat sur les tarifs d'octroi. (4, Bull. 146, n° 2430.)

Voy. arrêté du 13 thermidor an 8.

Le Conseil-d'Etat, sur le renvoi qui lui a été fait par sa majesté, d'un rapport du ministre des finances,

Considérant que les tarifs d'octroi ne peuvent être mis à exécution que lorsqu'ils ont été approuvés par l'autorité supérieure, et que conséquemment ils ne peuvent recevoir aucune modification qu'en vertu des arrêtés de la même autorité; que néanmoins quelques maires ont fait exécuter des modifications apportées aux tarifs, et qui étaient uniquement fondées sur le vote des conseils municipaux; qu'un pareil abus peut entraîner les plus graves inconvéniens,

Est d'avis que les ministres des finances et de l'intérieur doivent être chargés de rappeler spécialement les maires à l'exécution des lois et réglemens sur cette matière, et de faire connaître à l'avenir à sa majesté toutes les contraventions qui pourraient avoir lieu.

___

11 MAI 1807. — Décret concernant les marchandises destinées à la garantie des prêts faits par la caisse d'amortissement aux manufactures en souffrance. (4, Bull. 147, n° 2435.)

Voy. décret du 27 MARS 1807.

Art. 1er. Les marchandises dont le dépôt est ordonné par l'art. 3 de notre décret du 27 mars dernier, à raison du prêt fait à un manufacturier par la caisse d'amortissement, serviront, exclusivement à tous créanciers, de gage pour le remboursement dudit prêt.

2. Notre ministre de l'intérieur déléguera, ou fera déléguer par le préfet, des commissaires experts qui vérifieront la qualité et la quantité des marchandises au moment du dépôt, et l'état des lieux où il sera placé. Les frais d'expertise seront acquittés par le directeur général de la caisse d'amortissement, sur un bordereau envoyé par le préfet, arrêté par lui, et visé par notre ministre de l'intérieur.

3. Pendant toute la durée de l'avance faite par la caisse d'amortissement, le fabricant sera libre de retirer les marchandises qu'il aura déposées, en tout ou en partie, en remboursant la quantité proportionnelle des avances qu'il aurait reçues.

4. Si le fabricant, un mois après l'expiration du terme fixé pour le prêt, n'avait point remboursé la totalité de l'avance reçue, et que notre ministre de l'intérieur n'eût pas prorogé le temps du remboursement, notre directeur de la caisse d'amortissement fera procéder d'office à la vente des marchandises formant le gage, jusqu'à concurrence de la somme que le fabricant resterait devoir, et encaissera le montant de ladite vente, par privilége sur toute autre espèce de créanciers, conformément à l'article 1er du présent décret.

5. Les ventes ci-dessus indiquées seront faites par le ministère de courtiers ; elles seront exemptes de tout droit de timbre et d'enregistrement.

6. En cas d'insuffisance du gage, le négociant sera considéré comme débiteur du Trésor public, et les poursuites en remboursement ou les actes conservatoires seront faits contre lui, comme contre les comptables, par voie administrative.

7. Pourra toutefois notre directeur de la caisse d'amortissement recevoir et faire vendre des marchandises de la fabrique du négociant jusqu'à concurrence de la somme due au Trésor public, ou se contenter, au lieu de ladite hypothèque, d'une bonne et valable caution, si le fabricant peut la fournir et si elle présente les sûretés convenables.

8. Le grand-juge, ministre de la justice, et le ministre des finances, sont chargés de l'exécution du présent décret.

___

11 MAI 1807. — Décret qui proroge les délais pour la rédaction des actes publics en langue française dans la ci-devant Ligurie. (4, Bull. 146, n° 2426.)

___

11 MAI 1807. — Décret qui permet aux dames charitables connues à Bergerac, sous le nom de *sœurs de la Miséricorde*, de se réunir de nouveau en communauté. (4, Bull. 146, n° 2431.)

11 MAI 1807.—Décret qui déclare commune à tout le territoire ligurien l'exécution de la loi du 16 octobre 1791, concernant la réunion au domaine national des biens des fondations en faveur d'ordres, corps et corporations supprimés. (4, Bull. 146, n° 2428.)

11 MAI 1807.— Décrets qui autorisent l'acceptation de dons et legs faits aux pauvres et hospices de Saint-Nicolas-de-Port, Bruxelles, Aix, Chasselay, Vouzières, Durtal, Blamont, Toulon, Vracène, Herbiers, Petit-Bourg, Domme, Saint-Marcelin, Carcassonne, Nevers, Valence, Fanjeaux, Saint-Saturnin, Hoogstracten, Castres, Beaucaire, Niort, Nogaro et Riberac. (4, Bull. 147, n°s 2436, 2443, 2444 et 2446; Bull. 147, n°s 2454 à 2468; Bull. 149, n°s 2474 à 2479.)

11 MAI 1807.— Décret qui autorise le sieur Carlhian à conserver en activité le martinet construit sur le domaine qui lui appartient, situé commune de Gap, sur la rive de Luye. (4, Bull. 147, n°s 2437.)

11 MAI 1807.—Décrets relatif à l'établissement de foires à Thoissel, Arbre-Fontaine et Pontvallain. (4, Bull. 147, n°s 2438, 2439 et 2442.)

11 MAI 1807.—Décrets qui concèdent l'exploitation de terres vitrioliques et autres substances pyriteuses propres à donner des sels minéraux, 1° sur le territoire d'Urcel, etc., au sieur Moreau Dolibon, à la dame veuve Moreau de la Rochette et à ses trois enfans; 2° sur le territoire de Chailleret, etc., au sieur Carpentier. (4, Bull. 147, n°s 2440 et 2441.)

11 MAI 1807.—Décret qui autorise l'acceptation de l'offre de dénoncer au profit des pauvres de Bruxelles des terres labourables célées à la régie du domaine. (4, Bull. 147, n° 2444.)

12 MAI 1807. — Avis du Conseil-d'État. (Procédure dans les affaires de l'enregistrement.) Voy. 1er JUIN 1807.

16 MAI 1807.— Avis du Conseil-d'État sur les significations d'exploits que peuvent faire les gardes généraux et particuliers des forêts. (4, Bull. 148, n° 2469.)

Voy. loi du 15=29 SEPTEMBRE 1791, tit. XV, art. 4; avis du Conseil-d'État du 1er AVRIL 1808; Code forestier, art. 172 et 173.

Le Conseil-d'État, qui, d'après le renvoi ordonné par sa majesté l'empereur et roi, a entendu le rapport des sections de législation et des finances sur celui du grand-juge, ministre de la justice, tendant à faire décider si les gardes généraux et particuliers des forêts ont le droit de faire les significations de leurs procès-verbaux, de citer et assigner en justice, et de signifier les jugemens intervenus en matière de bois et forêts;

Considérant que l'article 4 du titre XV de la loi du 29 septembre 1791, sur l'organisation forestière, porte que l'ordonnance de 1669 et les autres réglemens en vigueur continueront à être exécutés en tout ce à quoi il n'est pas dérogé;

Que l'article 4 du titre X de cette ordonnance porte que les gardes généraux des eaux et forêts feront tous actes et exploits, pour raison desdites eaux et forêts;

Que l'article 15, en déclarant que les sergens généraux et gardes, c'est-à-dire les gardes généraux et particuliers, ne pourront faire aucun exploit que ceux des eaux et forêts et chasse, leur donne le droit de faire les exploits relatifs à leurs fonctions;

Que ces dispositions ne sont abrogées par aucune loi nouvelle;

Que la faculté laissée aux gardes généraux et particuliers des forêts nationales et domaniales de signifier leurs procès-verbaux, d'ajourner et de signifier les jugemens, est propre à accélérer la répression des délits, en facilitant les poursuites, et que, d'un autre côté, elle concourt au but de la loi du 5 pluviose an 13, qui est de diminuer les frais,

Est d'avis que les gardes généraux et particuliers des forêts peuvent, conformément aux articles 4 et 15 du titre X de l'ordonnance de 1669, faire toute signification d'exploits en matière de bois et forêts, sans pouvoir néanmoins procéder aux saisies et exécutions à faire en force des jugemens, lesquelles doivent appartenir exclusivement aux huissiers des tribunaux.

28 MAI 1807.—Message de sa majesté au Sénat, et lettres-patentes qui confèrent au maréchal et sénateur Lefebre le titre de duc de Dantzig. (4, Bull. 149, n° 2480.)

31 MAI 1807.—Décret qui fixe les droits d'enregistrement des actes de prestation de serment des avocats, avoués et défenseurs officieux. (4, Bull. 147, n° 2448.)

Voy. loi du 22 FRIMAIRE an 7, art. 68, § 6, n° 4.

Art. 1er. Les droits d'enregistrement des actes de prestation de serment des avocats, avoués et défenseurs officieux, seront, conformément à l'article 68 de la loi du 22 frimaire an 7, de quinze francs; la formalité aura lieu sur la minute.

2. Le grand-juge, ministre de la justice, et le ministre des finances, sont chargés de l'exécution du présent décret.

31 MAI 1807.—Décret qui ordonne la publication d'une bulle par laquelle l'église métropolitaine de Paris est érigée en basilique mineure. (4, Bull. 148, n° 2470.)

31 MAI 1807. — Décret contenant proclamation des brevets d'invention délivrés, pendant le premier trimestre de 1807, aux sieurs Bonnard père et fils, Fougerolle, Olivier, Messance, Colmant, Holtzappffel, Isaac de Rivaz, Vallois, Colson, Fentil, Révol et Rigondel, Crépus, Labbe, John-Walker, Isaac-Bérard, Riare, Leroy fils, Chassaigne, Girard frères et Ricci. (4, Bull. 147, n° 2447.)

31 MAI 1807. — Décret qui lève le séquestre apposé sur les biens des comtes de Linange. (4, Bull. 147, n° 2449.)

31 MAI 1807. — Décret qui ordonne le paiement de quatre cents francs, pour pensions accordées à deux veuves de militaires morts des suites de blessures reçues à la bataille d'Austerlitz. (4, Bull. 148, n° 2471.)

31 MAI 1807. — Décrets qui autorisent l'acceptation de dons et legs faits aux pauvres et hospices d'Accous, Jouers. (4, Bull. 148, n° 2472; Bull. 149, n°s 2474 à 2481, 2484 à 2495, 2498 à 2501, 2503 à 2508.)

31 MAI 1807. — Décret qui approuve la transaction passée, le 20 frimaire an 14, entre le bureau consultatif de l'arrondissement de Blois, et le sieur Bourguignon-Bergevin. (4, Bull. 149, n° 2483.)

31 MAI 1807.—Décret qui autorise l'acceptation d'une donation faite par la dame Faber, veuve Bilieux, en faveur des pauvres. (4, Bull. 149, n° 2482.)

31 MAI 1807. — Décret qui ordonne le paiement d'une somme de cinq cent quarante-huit francs, pour pensions accordées à trois veuves de militaires tués dans les combats, ou morts dans les six mois de blessures qu'ils y ont reçues. (4, Bull. 149, n° 2496.)

31 MAI 1807. — Décret qui établit deux foires annuelles dans la commune de Vertolaye. (4, Bull. 149, n° 2497.)

31 MAI 1807.—Décret qui autorise l'acceptation des offres de dénoncer au profit des pauvres et hospices de Huy et de Bas-Oha, des rentes célées à la régie. (4, Bull. 149, n° 2502.)

31 MAI 1807.—Décret qui autorise les dames de la congrégation séculière des nouvelles catholiques à se réunir à Vitry, et à se vouer à l'instruction des jeunes filles. (Mon. n° 179.)

31 MAI 1807. — Avis du Conseil-d'Etat. (Biens et rentes des fabriques.) Voy. 30 AVRIL 1807 (1).

1er JUIN 1807. — Avis du Conseil-d'État sur les moyens de prévenir les difficultés en matières d'hypothèques légales indépendantes de l'inscription. (4, Bull. 147, n° 2451.)

Le Conseil-d'Etat, qui, d'après le renvoi ordonné par sa majesté, a entendu le rapport des sections des finances et de législation sur celui du ministre du Trésor public, concernant les moyens de prévenir les difficultés qui s'élèvent en matière d'hypothèques légales existantes indépendamment de l'inscription;

Considérant que les articles 2193, 2194 et 2195 du Code civil ont tracé les règles à suivre pour purger les hypothèques légales des femmes et des mineurs et interdits, existantes indépendamment de l'inscription;

Que l'article 2194 exige que l'acte de dépôt au greffe du contrat translatif de propriété soit signifié tant à la femme et au subrogé tuteur qu'au procureur impérial près le tribunal de l'arrondissement où les biens sont situés;

Que l'exécution de cette disposition est possible toutes les fois que le subrogé tuteur et la femme, ou ceux qui la représentent, sont connus;

Mais qu'il arrive souvent qu'ils ne le sont pas, et que les acquéreurs sont alors forcés de se borner à faire la signification au procureur impérial seulement;

Qu'il convient, dans cet état de choses, de recourir pour l'avenir aux moyens indiqués par le Code civil et par le Code de procédure, lorsqu'il s'agit d'avertir les parties qui peuvent avoir des intérêts,

Est d'avis,

Premièrement, que lorsque, soit la femme ou ceux qui la représentent, soit le subrogé tuteur, ne seront pas connus de l'acquéreur, il sera nécessaire et il suffira, pour remplacer la signification qui doit leur être faite, aux termes dudit article 2194, en premier lieu, que, dans la signification à faire au procureur impérial, l'acquéreur déclare que, ceux du chef desquels il pourrait être formé des inscriptions pour raison d'hypothèques

(1) Le Bulletin ne dit pas que le 31 mai soit l'époque de l'approbation; il l'indique seulement comme la date du jour où l'avis a été cer- tifié conforme; en conséquence, nous avons cru devoir le placer au 30 avril.

légales existantes indépendamment de l'ins-cription, n'étant pas connus, il fera publier la susdite signification dans les formes pres-crites par l'article 683 du Code de procé-dure civile; en second lieu, que le susdit acquéreur fasse cette publication dans les-dites formes de l'article 683 du Code de procédure civile, ou que, s'il n'y avait pas de journal dans le département, l'acquéreur se fasse délivrer par le procureur impérial un certificat portant qu'il n'en existe pas;

Secondement, que le délai de deux mois fixé par l'article 2194 du Code civil, pour prendre inscription du chef des femmes et des mineurs et interdits, ne devra courir que du jour de la publication faite, aux termes du susdit article 683 du Code de procédure civile, ou du jour de la délivrance du certi-ficat du procureur impérial, portant qu'il n'existe pas de journal dans le département.

1er JUIN 1807. — Avis du Conseil-d'Etat sur la forme de procéder dans les affaires concer-nant la régie de l'enregistrement et des do-maines. (4 , Bull. 147, n° 2452.)

Voy. loi du 22 FRIMAIRE an 7, art. 63.

Le Conseil-d'Etat, après avoir entendu la section de législation sur un rapport fait à sa majesté par le grand-juge, ministre de la justice, ayant pour objet la question de sa-voir si l'article 1041 du Code de procédure civile, portant abrogation de toutes lois, usages et réglemens antérieurs relatifs à la procédure, doit faire cesser la forme de pro-céder qui a été précédemment réglée concer-nant la régie de l'enregistrement et des do-maines;

Vu ledit article 1041 du Code de procé-dure civile,

Est d'avis que l'abrogation prononcée par cet article ne s'applique point aux lois et réglemens concernant la forme de procéder relativement à la régie des domaines et de l'enregistrement.

Le nouveau Code de procédure sera dé-sormais la loi commune. Ainsi, les lois et

réglemens généraux qui étaient en vigueur dans les diverses contrées dont l'empire fran-çais se compose ont été et ont dû être abro-gés; mais, dans les affaires qui intéressent le Gouvernement, il a toujours été regardé com-me nécessaire de s'écarter de la loi commune par des lois spéciales, soit en simplifiant la procédure, soit en prescrivant des formes dif-férentes. Or, on ne trouve dans le nouveau Code aucune disposition qui puisse suppléer ou remplacer ces réglemens spéciaux; il y aurait cependant même nécessité de les ré-tablir et de leur rendre la force de loi, si on pouvait supposer qu'ils l'eussent perdue. Mais il ne peut y avoir de doute sur ce que l'abrogation prononcée par l'article 1041 n'a eu pour objet que de déclarer qu'il n'y au-rait désormais qu'une seule loi commune pour la procédure, et que l'on n'a entendu porter aucune atteinte aux formes de procé-der, soit dans les affaires de l'enregistrement et des domaines, soit en toute autre matière pour laquelle il aurait été fait, par une loi spéciale, exception aux lois générales (1).

1er JUIN 1807. — Décret concernant les entre-poseurs et magasiniers de sels. (4, Bull. 148, n° 2473.)

Art. 1er. Sont réputés entreposeurs et ma-gasiniers les particuliers chez lesquels il a été inventorié des quantités de sel excédant les approvisionnemens de famille exceptés par l'article 5 du décret du 27 mars 1806.

2. La disposition de l'article 59 du régle-ment impérial du 11 juin dernier, qui dé-termine le taux des approvisionnemens de famille pour les marchands et débitans de sel, est déclarée applicable aux entreposeurs et magasiniers.

3. Le ministre des finances est chargé de l'exécution du présent décret.

1er JUIN 1807. — Décret qui ordonne la publi-cation dans les quatre départemens de la rive gauche du Rhin, de trois articles de la loi du

---

(1) Les droits d'enregistrement à recouvrer contre une faillite doivent être poursuivis par la voie de contrainte, de même que contre des par-ticuliers (10 mai 1815 ; Cass. S. 15, 1, 281).

La voie de contrainte pour amendes, de la part de la régie de l'enregistrement, est autorisée dans le cas où l'amende est due après condamnation, pour dénégation de signature, comme dans le cas où l'amende est due pour contravention en matière d'enregistrement (16 juin 1823; Cass. S. 24, 1, 93).

Est nul, faute de constitution d'avoué, un exploit fait à la requête d'un préfet agissant dans l'intérêt de l'Etat en matière de *propriété*,

lorsqu'il s'agit du domaine et de droits doma-niaux, espèce de litige où l'Etat doit être l'égal des particuliers. — En supposant que les lois ou réglemens antérieurs au Code de procédure eus-sent dispensé les préfets d'employer le ministère des avoués, ces lois et réglemens ont été abro-gés par l'art. 1041 du Code de proc. (24 janvier 1827, Toulouse ; S. 27, 2, 123.)

L'art. 584 du Code de procédure civ., qui veut que le commandement fait par un créancier à son débiteur contienne élection de domicile dans le lieu où doit se faire l'exécution, n'est pas applicable aux contraintes avec commandement décernées par la régie de l'enregistrement (Cass. 16 février 1831 ; S. 31, 1, 288 ; D. 31, 1, 87).

24 août 1790, concernant les possessions de maisons canoniales. (4, Bull. 147, n° 2440.)

1ᵉʳ JUIN 1807. — Décret qui autorise la réunion des sœurs de la congrégation de Saint-Roch à Felletin, département de la Creuse. (4, Bull. 149, n° 2509.)

1ᵉʳ JUIN 1807. — Décret qui autorisent l'acceptation de dons et legs faits aux pauvres et hospices d'Anvers, Lodève, Aoste, Saint-Jean-de-la-Ruelle, Mirepoix et Nice. (4, Bull. 149, n°ˢ 2510, 2513 à 2516; et Bull. 150, n° 2518.)

1ᵉʳ JUIN 1807. — Décret qui fait concession, pour trente années, au sieur Vopelins, du droit d'exploiter les minerais de sulfate d'alumine et de fer de Douttweiller (Sarre), dans un arrondissement de trois kilomètres trente-six hectomètres carrés. (4, Bull. 149, n° 2511.)

1ᵉʳ JUIN 1807. — Décret relatif à la tenue de la foire d'Isigny. (4, Bull. 149, n° 2512.)

1ᵉʳ JUIN 1807. — Décret qui autorise l'acceptation de l'offre faite de mettre à la disposition du bureau central de bienfaisance de Tongres, des biens célés à la régie du domaine. (4, Bull. 150, n° 2519.)

4 JUIN 1807. — Avis du Conseil-d'État contre la perception du droit imposé aux étrangers pour acquérir domicile dans les communes des départemens de la rive gauche du Rhin. (Sirey, 7, 2, 255.)

Le Conseil-d'État, qui, sur le renvoi qui lui en a été fait par sa majesté, a entendu le rapport de la section de l'intérieur sur celui du ministre de ce département, qui demande que le Conseil-d'État décide si, en exécution de l'article 12 du décret du 9 vendémiaire an 13, les communes des départemens de la rive gauche du Rhin peuvent exiger des nouveaux habitans le droit connu sous le nom de *droit de bourgeoisie*; — vu ledit article 12, portant. « Les communes des dé- « partemens du Mont-Tonnerre, de Rhin-et- « Moselle, de la Roër et de la Sarre, seront « tenus, sous la surveillance et l'approbation « du préfet, de pourvoir à l'acquittement de « leurs dettes par l'emploi des moyens qui « étaient usités dans ces départemens avant « la première entrée qu'y ont faite les armées « françaises, lors de la dernière guerre; » — vu les articles 2 et 6 des constitutions de l'empire du 22 frimaire an 8, et les articles 102 et 103 du Code Napoléon; — considérant que les constitutions de l'empire ont déterminé les conditions requises pour acquérir le domicile dans une commune; — que, suivant leurs dispositions, tout individu regnicole qui, après avoir déclaré à la municipalité l'intention de s'établir dans une commune, y

a depuis demeuré pendant un an, et a été imposé aux rôles des contributions, a acquis domicile dans ladite commune; — que ce serait également enfreindre ces lois que d'en retrancher ou y ajouter quelque chose; que le décret du 9 vendémiaire an 13 n'a point été rendu dans l'intention d'assujétir l'acquisition du domicile dans les départemens de la rive gauche du Rhin, et à des conditions particulières et plus étendues que dans les autres départemens de l'empire; — que, s'il porte que les dettes des communes de ces départemens seront acquittées par les moyens usités avant la première entrée qu'y ont faite les Français durant la dernière guerre, il faut nécessairement entendre que ces moyens ne seront point en opposition avec les lois constitutionnelles; — et qu'enfin aucune distinction n'est admissible entre le nouveau et l'ancien habitant, qui doivent, dans toutes les communes de l'empire, supporter les mêmes charges et participer aux mêmes avantages, — est d'avis que les communes des départemens de la rive gauche du Rhin, comme les autres communes de l'empire, ne peuvent pas exiger des nouveaux habitans le droit anciennement connu sous le nom de *droit de bourgeoisie*, pour les admettre au partage des droits et revenus communaux; que le décret du 9 vendémiaire an 13 ne conserve aucun droit de cette nature, et que les arrêtés, soit du commissaire du Gouvernement, soit des préfets qui en ont autorisé la perception, doivent cesser dès à présent de recevoir leur exécution.

6 JUIN 1807. — Décret additionnel à celui du 25 janvier 1807, concernant la surveillance des proposés des douanes sur la circulation des sels. (4, Bull. 148, n° 2473.)

Art. 1ᵉʳ. Les dispositions de notre décret du 25 janvier 1807, concernant la surveillance à exercer par les préposés des douanes sur la circulation des sels dans le rayon de trois lieues des côtes de tout l'empire, sont applicables à chaque bord des rivières affluentes à la mer, en remontant ces mêmes rivières jusqu'au dernier bureau des douanes où se peuvent payer les droits d'importation ou d'exportation; et la distance de trois lieues dans le rayon desquelles les sels doivent être accompagnés de congés ou acquits-à-caution, sous les peines portées par ledit décret, se mesurera, 1° du rivage de la mer vers l'intérieur; 2° pour les rivières affluentes à la mer, de chaque point du bord de ces mêmes rivières, en rentrant vers l'intérieur des terres, jusqu'au dernier bureau des douanes.

2. Le grand-juge, ministre de la justice, et le ministre des finances sont chargés de l'exécution du présent décret.

16.

6 JUIN 1807. — Décrets qui autorisent l'acceptation de dons et legs faits aux pauvres et hospices de Frevent, Abbeville, Biervlier, Croissy, Bonnétable, Paris, Pointre, Saint-Rambino, Auterive, Nantes, Cette, Alais, Anvers, Monpazier, Avignon, Noyen, Vervier, Orange, Thervay, Chartres, Etichove, Marseille et Château-du-Loir. (4, Bull. 150, n°s 2520 à 2526, 2530 à 2543, 2546 et 2547.)

6 JUIN 1807. — Décrets relatifs à l'établissement et à la tenue des foires de Villeneuve, Saint-Ghislain, Condom et Lagraulet. (4, Bull. 150, n°s 2527 à 2529.)

6 JUIN 1807. — Décrets qui autorisent l'acceptation d'offres de mettre à la disposition des bureaux de bienfaisance de Grez et de Welryck, des biens célés à la régie du domaine. (4, Bull. 150, n°s 2544 et 2545.)

6 JUIN 1807. — Avis du Conseil-d'Etat. (Gardes-généraux des forêts.) Voy. 16 MAI 1807 (1). (Extraits des registres de l'état civil.) Voy. 2 JUILLET 1807. (Mont-de-piété.) Voy. 12 JUILLET 1807.

15 JUIN 1807. — Décret qui ordonne le paiement d'une somme de huit cent quarante-quatre francs, pour pensions accordées à cinq veuves de militaires tués dans les combats. (4, Bull. 150, n° 2548.)

15 JUIN 1807. — Décrets qui autorisent l'acceptation de dons et legs faits aux pauvres et hospices de Châlons-sur-Marne, Mirepoix, Ax et Saint-Ellier. (4, Bull. 150, n° 2549; Bull. 152, n°s 2559, 2560 et 2562.)

15 JUIN 1807. — Décret qui autorise l'acceptation de l'offre de déclarer, au profit des hospices de Bruxelles, un bien célé au domaine. (4, Bull. 152, n° 2561.)

15 JUIN 1807. — Décret portant que la transmission faite au sieur Jean-Théodore-François Paquo, du droit accordé à son oncle, d'exploiter des mines d'alun, sortira son plein et entier effet. (4, Bull. 152, n° 2563.)

20 JUIN 1807. — Décret qui fixe l'époque jusqu'à laquelle il sera sursis à toutes poursuites pour le paiement de créances antérieures à 1792, et relatives à Saint-Domingue. (4, Bull. 150, n° 2551.)

Voy. arrêté du 23 GERMINAL an 11; décret du 24 JUIN 1808; loi du 2 DÉCEMBRE 1814.

Art. 1er. Jusqu'à l'expiration des six mois qui suivront la promulgation de la paix maritime, il continuera à être sursis, tant envers les débiteurs principaux qu'envers leurs cautions, à toutes poursuites pour le paiement des créances antérieures au 1er janvier 1792, causées pour ventes d'habitations, de maisons et de negres à Saint-Domingue, ainsi que pour avances faites à la culture dans ladite colonie (2).

2. Les arrêtés des 19 fructidor an 10 et 23 germinal an 11 continueront d'être exécutés sauf en ce qui concerne l'obligation imposée aux colons (par l'article 2 du dernier de ces deux arrêtés) de justifier que les capitaux qu'ils auront reçus ont été employés à l'exploitation ou amélioration d'une habitation dans la colonie, laquelle disposition restera provisoirement suspendue.

3. Le grand-juge, ministre de la justice, et le ministre de la marine et des colonies, sont chargés de l'exécution du présent décret.

20 JUIN 1807. — Décret relatif à l'amnistie accordée aux sous-officiers et soldats en état de désertion. (Dépôt des Lois, n° 461.)

Art. 1er. Amnistie est accordée à tout sous-officier ou soldat en état de désertion, non jugé définitivement, qui, dans le délai de deux mois à compter de la publication du présent décret, se présentera devant l'une des autorités désignées dans l'article 3, s'y déclarera coupable de désertion, réclamera son pardon, demandera une feuille de route pour rejoindre un corps, et y sera rendu dans le délai qui lui aura été fixé.

2. Amnistie est accordée également à tout sous-officier ou soldat en état de désertion non jugé définitivement, et détenu lors de la publication du présent décret.

3. Les individus désignés dans l'article 1er pourront faire leur déclaration devant les autorités ci-après, savoir:
1° Les généraux commandant les divisions ou les départemens;
2° Les préfets ou sous-préfets;
3° Les inspecteurs ou sous-inspecteurs aux revues;
4° Les commissaires des guerres.

4. Celui de ces fonctionnaires qui aura reçu d'un sous-officier ou soldat déserteur la déclaration prescrite par l'article 1er délivrera

(1) Le Bulletin ne dit pas que le 6 juin soit l'époque de l'approbation; il l'indique seulement comme la date du jour où l'avis a été certifié conforme; en conséquence, nous avons cru devoir le placer au 16 mai 1807.

(2) Cette disposition est applicable même aux acquéreurs qui ont abandonné cette colonie, et revendu leur habitation (30 juillet 1811; Cass. S. 11, 1, 345).

de suite une feuille de route au réclamant, le dirigera sur un des corps le plus voisin du lieu où cette déclaration aura été faite, en observant de ne faire entrer un militaire que dans l'arme d'où il sortait; indiquera sur la feuille de route l'époque à laquelle l'amnistié devra être rendu à son nouveau corps, et exécutera les autres dispositions prescrites par l'article 7.

5. Tout individu compris dans l'article 2 du présent décret sera de suite, s'il n'est détenu pour une autre cause que pour la désertion, remis à la disposition du commandant de la gendarmerie du lieu de sa détention.

S'il est détenu à son corps, il rentrera comme recrue.

6. Le commandant de gendarmerie qui aura reçu un de ces déserteurs détenus le dirigera sur l'un des corps le plus voisin du lieu de sa détention, en se conformant, pour le surplus, aux dispositions de l'article 4 du présent décret.

7. Celui des fonctionnaires désignés dans les articles 3 et 6 ci-dessus qui aura dirigé un déserteur sur un corps, en donnera de suite avis au commandant de ce corps, lui transmettra le signalement du déserteur, fera connaître l'époque à laquelle il doit y arriver, et tiendra un contrôle de tous individus ainsi dirigés.

Ce contrôle fera mention des nom, prénoms, signalement de l'amnistié, de son lieu de naissance et de domicile, de l'arme et du corps où il servait avant l'amnistie, de l'époque de sa désertion, de celle de sa condamnation, si elle est connue; enfin du nom du corps sur lequel il a été dirigé, et de l'époque à laquelle il a dû y être rendu.

Le contrôle de ceux des hommes en état de désertion maintenant détenus à leur corps, et qui y rentreront en exécution de l'art. 5 du présent décret, sera formé par le major ou commandant du corps.

8. A l'expiration du délai prescrit par l'article 1er, le contrôle à former en exécution de l'article 7 ci-dessus sera clos et arrêté, et un double, signé du fonctionnaire qui l'aura formé, sera adressé au directeur général des revues et de la conscription militaire.

9. Tout individu qui ne sera pas rendu à sa destination dans le délai fixé par sa feuille de route sera, huit jours après l'expiration de ce délai, dénoncé comme prévenu de désertion avec récidive, par le chef de son nouveau corps, qui joindra à l'appui de sa plainte la lettre d'avis et le signalement à lui transmis, d'après l'article 7 du présent décret.

Le conseil de guerre spécial jugera au vu de ces pièces, et condamnera le coupable à la peine du boulet, conformément à l'art. 69 de l'arrêté du 19 vendémiaire an 12.

10. Les hommes entrés dans un corps par suite du présent décret seront, s'ils en désertent, jugés comme déserteurs avec récidive, et punis comme tels.

11. A l'expiration du troisième mois qui suivra la publication du présent décret, les chefs des corps sur lesquels les hommes susceptibles d'être amnistiés auront été dirigés en exécution des articles 4 et 6, ou dans lesquels ils seront rentrés en exécution de l'article 5, formeront les deux états ci-après ordonnés, et les adresseront au directeur général des revues et de la conscription militaire.

Le premier comprendra ceux de ces hommes présens au régiment;

Le second, ceux qui auraient négligé de s'y rendre, ou qui auraient déserté depuis leur rentrée.

L'un et l'autre indiqueront l'autorité qui avait dirigé le militaire sur ce corps, ou s'il y est rentré parce qu'il était détenu à ce corps au moment de l'amnistie.

12. Au reçu des états et des contrôles mentionnés dans les articles 7 et 11 du présent décret, le directeur général des revues et de la conscription militaire fera rayer les hommes y compris, du contrôle général de la désertion tenu dans ses bureaux; il fera cesser les poursuites résultant du premier jugement prononcé contre eux; mais, en exécution du nouveau jugement qui aura dû être rendu conformément à l'article 9 du présent décret, il fera poursuivre et rechercher ceux des amnistiés qui n'auraient pas rejoint après leur déclaration, ou qui auraient déserté depuis, et informera de ces dispositions les chefs de leurs anciens corps.

13. L'arrêté du 1er frimaire an 12 ayant accordé amnistie entière et absolue aux conscrits de l'an 7 et années antérieures alors en état de désertion, ceux de ces hommes qui n'ont pas rejoint un corps depuis l'époque de cet arrêté seront dispensés de toute déclaration; ceux qui ont rejoint depuis, et qui sont actuellement en état de désertion, sont soumis aux dispositions du présent décret.

20 JUIN 1807. — Décret qui autorise le préfet du département de l'Allier à concéder à la ville de Moulins les bâtimens du ci-devant collége des ex-jésuites de cette ville, et ses dépendances, pour le placement des tribunaux civil, criminel, correctionnel et de commerce, et pour le logement des professeurs du lycée. (4, Bull. 153, n° 2570.)

20 JUIN 1807. — Décret qui fait concession, pour cinquante années, au sieur Jérémie Hirsch, du droit d'exploiter la houille de Woshoeck, commune de Brietenbach (Sarre), dans une étendue de surface de quatre-vingt-quatre hectares et demi-carrés. (4, Bull. 153, n° 2571.)

20 JUIN 1807. — Décret qui autorise l'acceptation de l'offre de dénoncer, au profit du bureau de bienfaisance d'Anvers, deux rentes célées à la régie du domaine. (4, Bull. 153, n° 2572.)

20 JUIN 1807. — Décrets qui autorisent l'acceptation de dons et legs faits aux pauvres et hospices de Paris, Rully, Chambéry, Lyon, Fiorenzola, Cassagnes, Saint-Martin, Casal, Tarascon, Bergerac, Besançon, Saint-Denis-de-Gastines, Calais, Strasbourg, Beziers, Orange et Aigue-Perse. (4, Bull. 143, n°s 2573 à 2590.)

1er JUILLET 1807. — Décret qui nomme M. Lacepède président du Sénat. (4, Bull. 150, n° 2553.)

1er JUILLET 1807. — Décret qui fixe au 16 août l'ouverture de la session du Corps-Législatif. (4, Bull. 149, n° 2517.)

2 JUILLET 1807. — Avis du Conseil-d'Etat sur les extraits des registres de l'état civil délivrés par des employés des mairies qualifiés de secrétaires. (4, Bull. 150, n° 2554.)

Voy. décrets du 12 JUILLET 1807, et du 20 JUILLET 1807.

Le Conseil-d'Etat, qui a pris connaissance d'un rapport fait à sa majesté l'empereur et roi par le ministre de l'intérieur, et par lequel ce ministre demande que le Conseil-d'Etat prononce sur la validité des extraits des registres de l'état civil et des actes de mairie délivrés et certifiés par des employés des mairies qualifiés de *secrétaires*;

Considérant, 1° que la loi du 28 pluviose an 8 n'a point recréé les secrétaires des administrations municipales supprimées, ni donné de signature publique à aucun des employés des mairies actuelles, et que, conséquemment, ces employés ne peuvent rendre authentiques aucun acte, aucune expédition ni aucun extrait des actes des autorités, parce qu'il est de principe que personne n'a de caractère public qu'autant que la loi le lui a conféré;

2° Que néanmoins, et depuis la loi du 28 pluviose, il a été délivré un grand nombre d'extraits des registres de l'état civil, sous le certificat et la signature d'employés qui se qualifient de *secrétaires* ou de *secrétaires généraux* de mairie; que plusieurs de ces actes ont été reçus en justice, et ont servi de base ou de pièces justificatives à des jugemens, ou à des procédures non terminées, qui seraient dans le cas d'être recommencées, si ces extraits n'étaient pas admis comme authentiques;

3° Que ces extraits ont été délivrés par ces employés, et reçus par les parties avec bonne foi de part et d'autre : de la part des employés qui ont pu conclure de quelques actes du Gouvernement qu'on leur reconnaissait un caractère public; de la part des parties, qui pouvaient d'autant moins reconnaître l'erreur commune, que la très-grande majorité de ces extraits ont été légalisés, soit par les présidens des tribunaux de première instance depuis la loi du 20 ventose an 11, soit antérieurement par les préfets des départemens, ou les autres fonctionnaires qui les remplaçaient en cas d'absence ou d'empêchement;

4° Et qu'enfin de tout temps, et dans toutes les législations, l'erreur commune et la bonne foi ont suffi pour couvrir, dans les actes et même dans les jugemens, des irrégularités que les parties n'avaient pu ni prévoir ni empêcher,

Est d'avis,

1° Que tous les extraits des registres des actes de l'état civil délivrés depuis la loi du 28 pluviose an 8, sous le certificat et la signature des employés dits *secrétaires* ou *secrétaires généraux* de mairie, jusqu'au jour de la publication du présent avis, doivent être considérés comme authentiques, si cette signature a été, avant cette dernière époque, légalisée soit par les maires et les préfets de département avant la loi du 20 ventose an 11, soit depuis, par les présidens des tribunaux de première instance, ou par les fonctionnaires publics qui remplissaient momentanément les fonctions des uns et des autres, sauf les inscriptions en faux en cas de droit;

2° Que le ministre de l'intérieur doit rappeler de nouveau, par une instruction, que les employés de mairies qui se qualifient de *secrétaires* et de *secrétaires généraux*, n'ont point de caractère public; qu'ils ne peuvent rendre authentiques aucun acte, aucune expédition ni aucun extrait des actes des autorités; que notamment les extraits des actes de l'état civil ne peuvent être délivrés que par le fonctionnaire public dépositaire des registres;

3° Et qu'en général, et pour prévenir toute équivoque à l'avenir, le ministre doit rappeler aux maires que, dans les actes où l'administrateur est le seul responsable, sa signature seule est nécessaire, et qu'il ne doit point y en être apposé d'autres.

---

2 JUILLET 1807. — Décret qui ordonne la publication des lois relatives au dépôt de minutes des actes des juges-de-paix dans les États de Parme et de Plaisance. (4, Bull, 150, n° 2555.)

---

2 JUILLET 1807. — Décrets portant suppression de l'ancienne foire aux bestiaux de la commune de Contestura et établissement de deux foires à Saint-Chinian. (4, Bull. 153, n°ˢ 2591 et 2592.)

---

4 JUILLET 1807. — Avis du Conseil-d'Etat. (Biens communaux.) Voy. 20 JUILLET 1807.

---

7 JUILLET 1807. — Traité de paix conclu entre l'empereur des Français, roi d'Italie, protecteur de la confédération du Rhin, et l'empereur de toutes les Russies. (4, Bull. 151, n° 2556.)

Sa majesté l'empereur des Français, roi d'Italie, protecteur de la confédération du Rhin, et sa majesté l'empereur de toutes les Russies, étant animés d'un égal désir de mettre fin aux calamités de la guerre, ont à cet effet nommé pour leurs plénipotentiaires, savoir : sa majesté l'empereur des Français, roi d'Italie, protecteur de la confédération du Rhin, M. Charles-Maurice Talleyrand, prince de Bénévent, son grand-chambellan et ministre des relations extérieures, grand cordon de la Légion-d'Honneur, chevalier grand'croix des ordres de l'aigle noir et de l'aigle rouge de Prusse et de Saint-Hubert, Et sa majesté l'empereur de toutes les Russies, M. le prince Alexandre Kourakin, son conseiller privé actuel, membre du Conseil-d'Etat, sénateur, chancelier de tous les ordres de l'empire, chambellan actuel, ambassadeur extraordinaire et ministre des relations extérieures de sa majesté l'empereur de toutes les Russies près sa majesté l'empereur d'Autriche, et chevalier des ordres de Russie, de Saint-André, de Saint-Alexandre, de Sainte-Anne de première classe, et de Saint-Wladimir de la première classe, de l'aigle noir et de l'aigle rouge de Prusse, de Saint-Hubert de Bavière, de Dambrog et de l'union parfaite de Danemark, et bailli grand'croix de l'ordre souverain de Saint-Jean de Jérusalem;

Et M. le prince Dinitry Labanoff de Rostoff, lieutenant général des armées de sa majesté l'empereur de toutes les Russies, chevalier des ordres de Sainte-Anne de la première classe, de l'ordre militaire de Saint-

Georges, et de l'ordre de Wladimir de la troisième classe;

Lesquels, après avoir échangé leurs pleins pouvoirs respectifs, sont convenus des articles suivans :

Art. 1er. Il y aura, à compter du jour de l'échange des ratifications du présent traité, paix et amitié parfaite entre sa majesté l'empereur des Français, roi d'Italie, et sa majesté l'empereur de toutes les Russies.

2. Toutes les hostilités cesseront immédiatement, de part et d'autre, sur terre et sur mer, dans tous les points où la nouvelle de la signature du présent traité sera officiellement parvenue.

Les hautes parties contractantes la feront porter, sans délai, par des courriers extraordinaires, à leurs généraux et commandans respectifs.

3. Tous les bâtimens de guerre ou autres appartenant à l'une des parties contractantes ou à leurs sujets respectifs qui auraient été pris postérieurement à la signature du présent traité seront restitués, ou, en cas de vente, le prix en sera restitué.

4. Sa majesté l'empereur Napoléon, par égard pour sa majesté l'empereur de toutes les Russies, et voulant donner une preuve du désir sincère qu'il a d'unir les deux nations par les liens d'une confiance et d'une amitié inaltérables, consent à restituer à sa majesté le roi de Prusse, allié de sa majesté l'empereur de toutes les Russies, tous les pays, villes et territoires conquis, et dénommés ci-après, savoir :

La partie du duché de Magdebourg située à la droite de l'Elbe;

La Marche de Prignitz, l'Uker-Marck, la Moyenne et la Nouvelle Marche de Brandebourg; à l'exception de Kotbuser-Kreis, ou Cercle de Cotbus, dans la Basse-Lusace, lequel devra appartenir à sa majesté le roi de Saxe;

Le duché de Poméranie;

La Haute, la Basse et la Nouvelle Silésie, avec le comté de Glatz;

La partie du district de la Netze située au nord de la chaussée allant de Driessen à Schneidemühl, et d'une ligne allant de Schneidemühl à la Vistule, par Waldau, en suivant les limites du Cercle de Bromberg, la navigation par la rivière de Netze et le canal de Bromberg, depuis Driessen jusqu'à la Vistule, et réciproquement, devant être libre et franche de tout péage; la Pomérélie, l'île de Nogat, les pays à la droite du Nogat et de la Vistule, à l'ouest de l'ancienne Prusse, et au nord du Cercle de Culm, l'Ermeland, et enfin le royaume de Prusse, tel qu'il était au 1er janvier 1772, avec les places de Spandau, Stettin, Custrin, Glogau, Breslau, Scheweidnitz, Neiss, Brieg, Kosel et Glatz, et généralement toutes les places, citadelles, châteaux et forts des pays ci-dessus dénommés, dans l'état où lesdits plans, citadelles, châteaux et forts se trouvent maintenant, et en outre la ville et citadelle de Graudentz.

5. Les provinces qui, au 1er janvier 1772, faisaient partie de l'ancien royaume de Pologne, et qui ont passé depuis, à diverses époques, sous la domination prussienne, seront, à l'exception des pays qui sont nommés ou désignés au précédent article, et de ceux qui sont spécifiés en l'article 9 ci-après, possédés en toute propriété et souveraineté par sa majesté le roi de Saxe, sous le titre de duché de Varsovie, et régies par des constitutions qui, en assurant les libertés et les priviléges des peuples de ce duché, se concilient avec la tranquillité des Etats voisins.

6. La ville de Dantzig, avec un territoire de deux lieues de rayon autour de son enceinte, sera rétablie dans son indépendance, sous la protection de sa majesté le roi de Prusse et de sa majesté le roi de Saxe ; et gouvernée par les lois qui la régissaient à l'époque où elle cessa de se gouverner elle-même.

7. Pour les communications entre le royaume de Saxe et le duché de Varsovie, sa majesté le roi de Saxe aura le libre exercice d'une route militaire à travers les possessions de sa majesté le roi de Prusse. Ladite route, le nombre des troupes qui pourront y passer à la fois, et les lieux d'étape, seront déterminés par une convention spéciale faite entre leurs susdites majestés, sous la médiation de la France.

8. Sa majesté le roi de Prusse, sa majesté le roi de Saxe, ni la ville de Dantzig, ne pourront empêcher par aucune prohibition, ni entraver par l'établissement d'aucun péage, droit ou impôt, de quelque nature qu'il puisse être, la navigation de la Vistule.

9. Afin d'établir, autant qu'il est possible, des limites naturelles entre la Russie et le duché de Varsovie, le territoire circonscrit par la partie des frontières russes actuelles qui s'étend depuis le Bug jusqu'à l'embouchure de la Lossosna, et par une ligne partant de ladite embouchure, et suivant le thalweg de cette rivière, le thalweg de la Bobra jusqu'à son embouchure, le thalweg de la Narew depuis le point susdit jusqu'à Suratz, de la Lisa jusqu'à sa source, près le village de Mien, de l'affluent de la Nurzeck, prenant sa source près le même village de la Nurzeck jusqu'à son embouchure au-dessus de Nurr, et enfin le thalweg du Bug, en le remontant jusqu'aux frontières russes actuelles, sera réuni, à perpétuité, à l'empire de Russie.

10. Aucun individu de quelque classe et condition qu'il soit, ayant son domicile ou des propriétés dans le territoire spécifié en

l'article précédent, ne pourra, non plus qu'aucun individu domicilié, soit dans les provinces de l'ancien royaume de Pologne qui doivent être restituées à sa majesté le roi de Prusse, soit dans le duché de Varsovie, mais ayant en Russie des biens-fonds, rentes, pensions ou revenus, de quelque nature qu'ils soient, être frappé dans sa personne, dans ses biens, rentes, pensions et revenus, de tout genre, dans son rang et ses dignités, ni poursuivi, ni recherché en aucune façon quelconque, pour aucune part, ou politique ou militaire, qu'il ait pu prendre aux évènemens de la guerre présente.

11. Tous les engagemens et toutes les obligations de sa majesté le roi de Prusse, tant envers les anciens possesseurs, soit de charges publiques, soit de bénéfices ecclésiastiques, militaires ou civils, qu'à l'égard des créanciers et des pensionnaires de l'ancien gouvernement de Pologne, restent à la charge de sa majesté l'empereur de toutes les Russies et de sa majesté le roi de Saxe, dans la proportion de ce que chacune de leursdites majestés acquiert par les articles 5 et 9, et seront acquittés pleinement, sans restriction, exceptions ni réserve aucune.

12. Leurs altesses sérénissimes les ducs de Saxe-Cobourg, d'Oldenbourg et de Mecklenbourg-Schewerin, seront remis chacun dans la pleine et paisible possession de ses Etats ; mais les ports des duchés d'Oldembourg, et de Mecklenbourg continueront d'être occupés par des garnisons françaises, jusqu'à l'échange des ratifications du futur traité de paix définitif entre la France et l'Angleterre.

13. Sa majesté l'empereur Napoléon accepte la médiation de sa majesté l'empereur de toutes les Russies, à l'effet de négocier et conclure un traité de paix définitif entre la France et l'Angleterre, dans la supposition que cette médiation sera aussi acceptée par l'Angleterre, un mois après l'échange des ratifications du présent traité.

14. De son côté, sa majesté l'empereur de toutes les Russies, voulant prouver combien il désire d'établir entre les deux empires les rapports les plus intimes et les plus durables, reconnaît sa majesté le roi de Naples, Joseph Napoléon, et sa majesté le roi de Hollande, Louis Napoléon.

15. Sa majesté l'empereur de toutes les Russies reconnaît pareillement la confédération du Rhin, l'état actuel de possession de chacun des souverains qui la composent, et les titres donnés à plusieurs d'entre eux, soit par l'acte de confédération, soit par les traités d'accessions subséquens.

Sadite majesté promet de reconnaître, sur les notifications qui lui seront faites de la part de sa majesté l'empereur Napoléon, les souverains qui deviendront ultérieurement membres de la confédération, en la qualité qui leur sera donnée par les actes qui les y feront entrer.

16. Sa majesté l'empereur de toutes les Russies cède, en toute propriété et souveraineté, à sa majesté le roi de Hollande, la seigneurie de Gever dans l'Ost frise.

17. Le présent traité de paix et d'amitié est déclaré commun à leurs majestés les rois de Naples et de Hollande, et aux souverains confédérés du Rhin, alliés de sa majesté l'empereur Napoléon.

18. Sa majesté l'empereur de toutes les Russies reconnaît aussi son altesse impériale le prince Jérôme Napoléon comme roi de Westphalie.

19. Le royaume de Westphalie sera composé des provinces cédées par sa majesté le roi de Prusse à la gauche de l'Elbe, et d'autres États actuellement possédés par sa majesté l'empereur Napoléon.

20. Sa majesté l'empereur de toutes les Russies promet de reconnaître la disposition qui, en conséquence de l'article 19 ci-dessus et des cessions de sa majesté le roi de Prusse, sera faite par sa majesté l'empereur Napoléon (laquelle devra être notifiée à sa majesté l'empereur de toutes les Russies), et l'état de possession en résultant pour les souverains au profit desquels elle aura été faite.

21. Toutes les hostilités cesseront immédiatement, sur terre et sur mer, entre les forces de sa majesté l'empereur de toutes les Russies et celles de sa hautesse, dans tous les points où la nouvelle de la signature du présent traité sera officiellement parvenue.

Les hautes parties contractantes la feront porter, sans délai, par des courriers extraordinaires, pour qu'elle parvienne, le plus promptement possible, aux généraux et commandans respectifs.

22. Les troupes russes se retireront des provinces de Valachie et de Moldavie; mais lesdites provinces ne pourront être occupées par les troupes de sa hautesse jusqu'à l'échange des ratifications du futur traité de paix définitif entre la Russie et la Porte-Ottomane.

23. Sa majesté l'empereur de toutes les Russies accepte la médiation de sa majesté l'empereur des Français, roi d'Italie, à l'effet de négocier et conclure une paix avantageuse et honorable aux deux empires.

Les plénipotentiaires respectifs se rendront dans le lieu dont les deux parties intéressées conviendront, pour y ouvrir et suivre les négociations.

24. Les délais dans lesquels les hautes parties contractantes devront retirer leurs troupes des lieux qu'elles doivent quitter en conséquence des stipulations ci-dessus, ainsi que le mode d'exécution des diverses clauses que contient le présent traité, seront fixés par une convention spéciale.

25. Sa majesté l'empereur des Français, roi d'Italie, et sa majesté l'empereur de toutes les Russies, se garantissent mutuellement l'intégrité de leurs possessions et de celles des puissances comprises au présent traité de paix, telles qu'elles sont maintenant ou seront en conséquence des stipulations ci-dessus.

26. Les prisonniers du guerre faits par les parties contractantes ou comprises au présent traité de paix seront rendus réciproquement sans échange, et en masse.

27. Les relations de commerce entre l'empire français, le royaume d'Italie, les royaumes de Naples et de Hollande, et les États confédérés du Rhin, d'une part; et, d'autre part, l'empire de Russie, seront rétablies sur le même pied qu'avant la guerre.

28. Le cérémonial des deux cours des Tuileries et de Saint-Pétersbourg entre elles, et à l'égard des ambassadeurs, ministres et envoyés qu'elles accréditeront l'une près de l'autre, sera établi sur le principe d'une réciprocité et d'une égalité parfaites.

29. Le présent traité sera ratifié par sa majesté l'empereur des Français, roi d'Italie, et par sa majesté l'empereur de toutes les Russies.

L'échange des ratifications aura lieu dans cette ville dans le délai de quatre jours.

Fait à Tilsit, le 7 juillet (25 juin) 1807.

___

7 JUILLET 1807. — Avis du Conseil-d'État. (Loi du 19 juillet 1793.) *Voy.* 12 AOUT 1807.

___

8 JUILLET 1807. — Décret qui autorise une acquisition de huit parties de rentes en faveur des hospices d'Orange. (4, Bull. 153, n° 2593.)

___

8 JUILLET 1807. — Décret qui confirme un arrêté du préfet des Deux-Nèthes, pour l'envoi du bureau de bienfaisance d'Anvers, en possession d'une ferme et d'un bois provenant de la communauté supprimée d'Ostmalle. (4, Bull. 153, n° 2594.)

___

8 JUILLET 1807. — Décrets qui autorisent l'acceptation de dons et legs faits aux pauvres et hospices de Pamiers, Clermont-Ferrand, Courthezon et Roanne. (4, Bull. 153, n°s 2595 à 2598.)

___

9 JUILLET 1807. — Traité de paix conclu entre S. M. l'empereur des Français, roi d'Italie, protecteur de la confédération du Rhin, et le roi de Prusse. (4, Bull. 151, n° 2557.)

Sa majesté l'empereur des Français, roi d'Italie, protecteur de la confédération du

Rhin, et sa majesté le roi de Prusse, étant animés d'un égal désir de mettre fin aux calamités de la guerre, ont, à cet effet, nommé pour leurs plénipotentiaires, savoir :

Sa majesté l'empereur des Français, roi d'Italie, protecteur de la confédération du Rhin, M. Charles-Maurice Talleyrand, prince de Bénévent, son grand-chambellan et ministre des relations extérieures, grand cordon de la Légion-d'Honneur, chevalier des ordres de l'aigle noir et de l'aigle rouge de Prusse, et de l'ordre de Saint-Hubert ;

Et sa majesté le roi de Prusse, M. le feldmaréchal comte de Kalkreuth, chevalier des ordres de l'aigle noir et de l'aigle rouge de Prusse, et M. le comte Goltz, son conseiller privé et envoyé extraordinaire et ministre plénipotentiaire près sa majesté l'empereur de toutes les Russies, chevalier de l'ordre de l'aigle rouge de Prusse ;

Lesquels, après avoir échangé leurs pleins pouvoirs respectifs, sont convenus des articles suivants :

Art. 1er. Il y aura, à compter du jour de l'échange des ratifications du présent traité, paix et amitié parfaite entre sa majesté l'empereur des Français, roi d'Italie, et sa majesté le roi de Prusse.

2. La partie du duché de Magdebourg située à la droite de l'Elbe ;

La Marche de Prignitz, l'Uker-Marck, la Moyenne et la Nouvelle Marche de Brandebourg, à l'exception du Kotbuser Kreis, ou Cercle de Cotbus, dans la Basse-Lusace ;

Le duché de Poméranie ;

La Haute, la Basse et la Nouvelle Silésie, avec le comté de Glatz ;

La partie du district de la Netze, située au nord de la chaussée allant de Driessen à Schneidemühl, et d'une ligne allant de Schneidemühl à la Vistule par Waldau, en suivant les limites du Cercle de Bromberg, la Pomérélie, l'île de Nogat, les pays à la droite du Nogat et de la Vistule; à l'ouest de la vieille Prusse et nord du Cercle de Culm, l'Ermelan, et enfin le royaume de Prusse, tel qu'il était au 1er janvier 1772, seront restitués à sa majesté le roi de Prusse, avec les places de Spandau, Stettin, Custrin, Glogau, Breslau, Schweidnitz, Neiss, Brieg, Kossel et Glatz, et généralement toutes les places, citadelles, châteaux et forts des pays ci-dessus dénommés, dans l'état où lesdites places, citadelles, châteaux et forts se trouvent maintenant.

Les ville et citadelle de Graudentz, avec les villages de Neudorff, Garschken et Swierkorzy, seront aussi restitués à sa majesté le roi de Prusse.

3. Sa majesté le roi de Prusse reconnaît sa majesté le roi de Naples, Joseph Napoléon, et sa majesté le roi de Hollande, Louis Napoléon.

4. Sa majesté le roi de Prusse reconnaît pareillement la confédération du Rhin, l'état actuel de possession de chacun des souverains qui la composent, et les titres donnés à plusieurs d'entre eux, soit par l'acte de confédération, soit par les traités d'accessions subséquens.

Promet sadite majesté de reconnaître les souverains qui deviendront ultérieurement membres de ladite confédération, en la qualité qui leur sera donnée par les actes qui les y feront entrer.

5. Le présent traité de paix et d'amitié est déclaré commun à sa majesté le roi de Naples, Joseph Napoléon, à sa majesté le roi de Hollande, et aux souverains confédérés du Rhin, alliés de sa majesté l'empereur Napoléon.

6. Sa majesté le roi de Prusse reconnaît pareillement son altesse impériale le prince Jérôme Napoléon comme roi de Westphalie.

7. Sa majesté le roi de Prusse cède en toute propriété et souveraineté aux rois, grands ducs, ducs ou princes qui seront désignés par sa majesté l'empereur des Français, roi d'Italie, tous les duchés, marquisats, principautés, comtés, seigneuries, et généralement tous les territoires ou partie de territoire quelconque, ainsi que tous les domaines et biens-fonds de toute nature que sa majesté le roi de Prusse possédait, à quelque titre que ce fût, entre le Rhin et l'Elbe, au commencement de la guerre présente.

8. Le royaume de Westphalie sera composé de provinces cédées par sa majesté le roi de Prusse, et d'autres États actuellement possédés par sa majesté l'empereur Napoléon.

9. La disposition qui sera faite par sa majesté l'empereur Napoléon des pays désignés dans les deux articles précédens, et l'État de possession en résultant pour les souverains au profit desquels elle aura été faite, sera reconnue par sa majesté le roi de Prusse, de la même manière que si elle était déjà effectuée et contenue au présent traité.

10. Sa majesté le roi de Prusse, pour lui, ses héritiers et successeurs, renonce à tout droit actuel ou éventuel qu'il pourrait avoir ou prétendre :

1° Sur tous les territoires, sans exception, situés entre le Rhin et l'Elbe, et autres que ceux désignés en l'article 7 ;

2° Sur celles des possessions de sa majesté le roi de Saxe et de la maison d'Anhalt, qui se trouvent à la droite de l'Elbe.

Réciproquement, tout droit actuel ou éventuel, et toute prétention des États compris entre l'Elbe et le Rhin sur les possessions de sa majesté le roi de Prusse, telles qu'elles seront en conséquence du présent traité, sont et demeureront éteints à perpétuité.

11. Tous pactes, conventions ou traités d'alliance patens ou secrets qui auraient pu

être conclus entre la Prusse et aucun des États situés à la gauche de l'Elbe, et que la guerre présente n'aurait pas rompus, demeureront sans effet, et seront réputés nuls et non avenus.

12. Sa majesté le roi de Prusse cède en toute propriété et souveraineté, à sa majesté le roi de Saxe, le Kotbuser-Kreis, ou Cercle de Cotbus, dans la Basse-Lusace.

13. Sa majesté le roi de Prusse renonce à perpétuité à la possession de toutes les provinces qui, ayant appartenu au royaume de Pologne, ont, postérieurement au 1er janvier 1772, passé à diverses époques sous la domination de la Prusse, à l'exception de l'Ermeland et des pays situés à l'ouest de la vieille Prusse, à l'est de la Poméranie et de la Nouvelle-Marche; au nord du Cercle de Culm, d'une ligne allant de la Vistule à Schneidemühl par Waldau, en suivant les limites du Cercle de Bromberg et de la chaussée allant de Schneidemühl à Driessen, lesquels, avec les ville et citadelle de Graudentz et les villages de Neudorff, Garschken et Swierkorzy, continueront d'être possédés en toute propriété et souveraineté par sa majesté le roi de Prusse.

14. Sa majesté le roi de Prusse renonce pareillement à perpétuité à la possession de Dantzig.

15. Les provinces auxquelles sa majesté le roi de Prusse renonce par l'article 13 ci-dessus seront (à l'exception du territoire spécifié en l'article 18 ci-après) possédées en toute propriété et souveraineté par sa majesté le roi de Saxe, sous le titre de duché de Varsovie, et régies par des constitutions qui, en assurant les libertés et les priviléges des peuples de ce duché, se concilient avec la tranquillité des États voisins.

16. Pour les communications entre le royaume de Saxe et le duché de Varsovie, sa majesté le roi de Saxe aura le libre usage d'une route militaire à travers les États de sa majesté le roi de Prusse. Ladite route, le nombre des troupes qui pourront y passer à la fois, et les lieux d'étape, seront déterminés par une convention spéciale faite entre leursdites majestés, sous la médiation de la France.

17. La navigation par la rivière de Netze et le canal de Bromberg, depuis Driessen jusqu'à la Vistule, et réciproquement, sera libre et franche de tout péage.

18. Afin d'établir, autant qu'il est possible, des limites naturelles entre la Russie et le duché de Varsovie, le territoire circonscrit par la partie des frontières russes actuelles, qui s'étend depuis le Bug jusqu'à l'embouchure de la Lossosna, et par une ligne partant de ladite embouchure, et suivant le thalweg de cette rivière, le thalweg de la Bobra jusqu'à son embouchure, le thalweg de

la Narew depuis le point susdit jusqu'à Suratz, de la Lisa jusqu'à sa source près le village de Mien, de l'affluent de la Nurzeck, prenant sa source près le même village, de la Nurzeck, jusqu'à son embouchure au-dessus de Nurr, et enfin le thalweg du Bug, en le remontant jusqu'aux frontières russes actuelles, sera réuni, à perpétuité, à l'empire de Russie.

19. La ville de Dantzig, avec un territoire de deux lieues de rayon autour de son enceinte, sera rétablie dans son indépendance, sous la protection de sa majesté le roi de Prusse et de sa majesté le roi de Saxe, et gouvernée par les lois qui la régissaient à l'époque où elle cessa de se gouverner elle-même.

20. Sa majesté le roi de Prusse, sa majesté le roi de Saxe, ni la ville de Dantzig, ne pourront empêcher par aucune prohibition, ni entraver par l'établissement d'aucun péage, droit ou impôt de quelque nature qu'il puisse être, la navigation de la Vistule.

21. Les villes, port et territoire de Dantzig seront fermés, pendant la durée de la présente guerre maritime, au commerce et à la navigation des Anglais.

22. Aucun individu, de quelque classe et condition qu'il soit, ayant son domicile ou des propriétés dans les provinces ayant appartenu au royaume de Pologne, et que sa majesté le roi de Prusse doit continuer de posséder, ne pourra, non plus qu'aucun individu domicilié, soit dans le duché de Varsovie, soit dans le territoire qui doit être réuni à l'empire de Russie, mais ayant en Prusse des biens-fonds, rentes, pensions ou revenus de quelque nature qu'ils soient, être frappé dans sa personne, dans ses biens, rentes, pensions et revenus de tout genre, dans son rang et ses dignités, ni poursuivi ni recherché en aucune façon quelconque, pour aucune part qu'il ait pu, politiquement ou militairement, prendre aux évènemens de la guerre présente.

23. Pareillement, aucun individu, né, demeurant ou propriétaire dans les pays ayant appartenu à la Prusse antérieurement au 1er janvier 1772, et qui doivent être restitués à sa majesté le roi de Prusse, aux termes de l'article 2 ci-dessus, et notamment aucun individu, soit de la garde bourgeoise de Berlin, soit de la gendarmerie, lesquelles ont pris les armes pour le maintien de la tranquillité publique, ne pourra être frappé dans sa personne, dans ses biens, rentes, pensions et revenus de tout genre, dans son rang et dans son grade, ni poursuivi ni recherché en aucune façon quelconque, pour aucune part qu'il ait prise ou pu prendre, de quelque manière que ce soit, aux évènemens de la guerre présente.

24. Les engagemens, dette et obligations

de toute nature que sa majesté le roi de Prusse a pu avoir, prendre et contracter antérieurement à la présente guerre, comme possesseur de pays, territoires, domaines, biens et revenus que sadite majesté cède ou auxquels elle renonce par le présent traité, seront à la charge des nouveaux possesseurs, et par eux acquittés, sans exception, restriction ni réserve aucune.

25. Les fonds et capitaux appartenant, soit à des particuliers, soit à des établissemens publics, religieux, civils ou militaires des pays que sa majesté le roi de Prusse cède, ou auxquels elle renonce par le présent traité, et qui auraient été placés, soit à la banque de Berlin, soit à la caisse de la société maritime, soit de toute autre manière quelconque, dans les États de sa majesté le roi de Prusse, ne pourront être ni confisqués, ni saisis; mais les propriétaires desdits fonds et capitaux seront libres d'en disposer, et continueront d'en jouir, ainsi que des intérêts échus ou à échoir, aux termes des contrats ou obligations passés à cet effet.

Réciproquement, il en sera usé de la même manière pour tous les fonds et capitaux que des sujets ou des établissemens publics quelconques de la monarchie prussienne auraient placés dans les pays que sa majesté le roi de Prusse cède, ou auxquels elle renonce par le présent traité.

26. Les archives contenant les titres de propriété, documens et papiers généralement quelconques relatifs aux pays, territoires, domaines et biens que sa majesté le roi de Prusse cède, ou auxquels elle renonce par le présent traité, ainsi que les cartes et plans des villes fortifiées, citadelles, châteaux et forteresses situés dans lesdits pays, seront remises par des commissaires de sadite majesté, dans le délai de trois mois, à compter de l'échange des ratifications, savoir:

A des commissaires de sa majesté l'empereur Napoléon, pour ce qui concerne les pays cédés à la gauche de l'Elbe;

Et à des commissaires de sa majesté l'empereur de toutes les Russies, de sa majesté le roi de Saxe et de la ville de Dantzig, pour ce qui concerne les pays que leursdites majestés et la ville de Dantzig doivent posséder en conséquence du présent traité.

27. Jusqu'au jour de l'échange des ratifications du futur traité de paix définitif entre la France et l'Angleterre, tous les pays de la domination de sa majesté le roi de Prusse seront, sans exception, fermés à la navigation et au commerce des Anglais.

Aucune expédition ne pourra être faite des ports prussiens pour les îles britanniques, ni aucun bâtiment venant de l'Angleterre ou de ses colonies être reçu dans lesdits ports.

28. Il sera fait immédiatement une convention ayant pour objet de régler tout ce qui est relatif au mode et à l'époque de la remise des places qui doivent être restituées à sa majesté le roi de Prusse, ainsi que les détails qui regardent l'administration civile et militaire des pays qui doivent être aussi restitués.

29. Les prisonniers de guerre seront rendus de part et d'autre sans échange, et en masse, le plus tôt que faire se pourra.

30. Le présent traité sera ratifié par sa majesté l'empereur des Français, roi d'Italie, et par sa majesté le roi de Prusse, et les ratifications en seront échangées à Kœnisberg, dans le délai de six jours, à compter de la signature, ou plus tôt, si faire se peut.

Fait et signé à Tilsit, le 9 juillet 1807.

12 JUILLET 1807.— Avis du Conseil-d'Etat sur les établissemens de monts-de-piété. (4, Bull. 152, n° 2565.)

Voy. loi du 6 PLUVIOSE an 12, et décret du 24 MESSIDOR an 12.

Le Conseil-d'Etat, qui a pris connaissance d'un rapport fait à sa majesté l'empereur et roi par le ministre de l'intérieur, et par lequel il propose l'établissement d'un mont-de-piété dans la ville de Caen, chef-lieu du département du Calvados, dont le capital serait en partie composé d'actions aliénées à des particuliers,

Est d'avis que l'on doit essentiellement se proposer, par l'établissement des monts-de-piété et par leur direction, de venir au secours de la classe la plus pauvre de la société, de faire baisser l'intérêt du prêt sur gage, et à la charge de faire tourner exclusivement au profit des hospices l'espèce de bénéfice qui en résulte;

Qu'il ne peut, par conséquent, être accordé des monts-de-piété qu'aux villes où la caisse municipale et celle des hospices, ou l'une des deux, fournissent un capital suffisant à la mise en action de l'établissement, sans qu'on puisse, en aucun cas, recourir à la voie des actions, qui appellerait les étrangers au partage des bénéfices, et ferait ainsi tourner en spéculations privées des établissemens qui ne doivent se proposer que la bienfaisance publique;

Et, attendu que le projet présenté par le ministre de l'intérieur, pour l'établissement d'un mont-de-piété dans la ville de Caen, fait concourir la voie des actions avec les capitaux qui sont fournis par la caisse municipale et par celle des hospices,

Déclare qu'il n'y a pas lieu à délibérer.

12 JUILLET 1807. — Décret sur l'instruction des affaires concernant la liste civile. (4, Bull. 152, n° 2566.)

Art. 1er. L'intendant général de notre maison remettra au grand-juge le rapport et les pièces à l'appui dans les affaires concernant notre liste civile, que nous aurons renvoyées à notre Conseil-d'Etat, et sur lesquelles il sera statué suivant les formes prescrites dans le titre IV du décret du 11 juin 1806.

2. Le grand-juge fera donner, dans la forme administrative, avis aux parties intéressées, de la remise à lui faite des mémoires et pièces fournis par l'intendant général de notre maison, afin qu'elles puissent en prendre communication dans la forme prescrite aux art. 8 et 9 du décret du 22 juillet 1806.

3. Lorsque, dans les affaires où la liste civile a des intérêts opposés à ceux d'une partie, l'instance est introduite à la requête de cette partie, ses requêtes et les pièces à l'appui seront déposées au secrétariat général du Conseil-d'Etat, avec un inventaire dont il sera fait registre. Le dépôt qui en sera fait au secrétariat du Conseil vaudra notification aux agens de notre liste civile. Il en sera de même pour la suite de l'instruction.

4. Soit qu'une affaire contentieuse relative à la liste civile soit portée au Conseil-d'Etat, d'après notre renvoi, par l'intendant général de notre maison, soit qu'elle y soit introduite à la requête d'une partie, le grand-juge nommera pour cette affaire un auditeur, lequel prendra les pièces et préparera l'instruction.

5. Toutes les autres dispositions des décrets des 11 juin et 22 juillet 1806, qui concernent l'instruction des affaires relatives aux départemens des ministres, sont déclarées communes aux affaires concernant le département de l'intendant général de notre maison.

6. Notre grand-juge, ministre de la justice, et notre intendant général de notre maison, sont chargés de l'exécution du présent décret.

---

12 JUILLET 1807. — Décret concernant les droits à percevoir par les officiers publics de l'état civil. (4, Bull. 152, n° 2567.)

Voy. décret du 20 JUILLET 1807.

Vu les lois des 20 septembre et 19 décembre 1792, et celle du 3 ventose an 3.

Art. 1er. Conformément aux lois précitées, il continuera à être perçu, par les officiers publics de l'état civil,

Pour chaque expédition d'un acte de naissance, de décès, ou de publication de mariage, trente centimes, ci. . . . . . o^f30^c

Plus, pour le remboursement du droit de timbre et le dixième en sus pour la taxe de guerre, quatre-vingt-trois centimes, ci. . . . . o 83

—————

1 13

Pour celles des actes de mariage, d'adoption et de divorce, soixante centimes, ci. . . . . o^f60^c

Plus, le droit de timbre et la taxe de guerre, quatre-vingt-trois centimes, ci. . . . . o 83

—————

1 43

2. Dans les villes de cinquante mille ames et au-dessus, pour chaque expédition d'acte de naissance, de décès, et de publication de mariage, cinquante centimes, ci. . . . . . o 50

Plus, pour le droit de timbre et la taxe de guerre, quatre-vingt-trois centimes, ci. . . . . o 83

—————

1 33

Pour celles des actes de mariage, d'adoption et de divorce, un franc, ci. 1 00

Plus, le droit de timbre et la taxe de guerre, quatre-vingt-trois centimes, ci. . . . . o 83

—————

1 83

3. A Paris, pour chaque expédition d'acte de naissance, de décès, et de publication de mariage, soixante-quinze centimes, ci. . . . . o 75

Plus, pour le droit de timbre et la taxe de guerre, quatre-vingt-trois centimes, ci. . . . . o 83

—————

1 58

Pour celles des actes de mariage, de divorce et d'adoption, un franc cinquante centimes, ci. 1 50

Plus, pour le droit de timbre et la taxe de guerre, quatre-vingt-trois centimes, ci. . . . . o 83

—————

2 33

4. Il est défendu d'exiger d'autres taxes et droits, à peine de concussion.

Il n'est rien dû pour la confection desdits actes et leur inscription dans les registres.

5. Le présent décret sera constamment affiché en placard, et en gros caractères, dans chacun des bureaux ou lieux où les déclarations relatives à l'état civil sont reçues, et dans tous les dépôts des registres.

6. Nos ministres de la justice et de l'intérieur sont chargés de l'exécution du présent décret.

12 JUILLET 1807. — Décret qui met à la disposition des bureaux de bienfaisance les biens et revenus qui ont appartenu à ces établissemens sous le nom de *Caisse de Secours de Charité d'Epargne*. (4, Bull. 153, n° 2599.)

N...... sur le rapport de notre ministre de l'intérieur; vu l'acte de constitution d'une rente au capital de mille trois cents florins, passé, le 2 janvier 1785, au profit de la caisse ou bourse des pauvres garçons cordonniers de la ville de Maestricht;

Le mémoire de la régie du domaine, tendant à faire verser dans la caisse de cette administration, comme bien national, le montant du remboursement qui a été fait de ladite rente, entre les mains de ceux qui dirigeaient ladite caisse ou bourse en qualité de corégens;

Les jugemens du tribunal de première instance de Maestricht, du 9 fructidor an 9, et du tribunal d'appel séant à Liége, du 27 frimaire an 11;

Celui du tribunal de cassation du 29 thermidor de la même année, qui renvoie les parties à se pourvoir par-devant l'autorité administrative;

Considérant que le capital revendiqué par le domaine provient d'une caisse de bienfaisance, dont l'objet était de venir au secours des pauvres garçons cordonniers, et ne faisait point partie des fonds appartenant à la caisse de la maîtrise ou jurande de ce nom, qui a été supprimée par les lois; qu'il fait essentiellement partie du domaine des pauvres, et qu'il doit y être réuni, de même que les biens et revenus provenant d'autres établissemens qui, sous différens noms, avaient un but quelconque de bienfaisance;

Notre Conseil-d'Etat entendu,

Nous avons décrété et décrétons ce qui suit:

Art. 1er. Conformément au décret du 27 prairial an 9, les biens et revenus qui ont appartenu à des établissemens de bienfaisance, sous le nom de *Caisses de Secours*, *de Charité* ou *d'Epargne*, ayant en général pour but le soulagement de la classe indigente, sous quelque dénomination qu'ils aient existé, sont mis à la disposition des bureaux de bienfaisance dans l'arrondissement desquels ils sont situés; à la charge par ces administrations, de se conformer, dans l'emploi de ces biens, au but institutif de chaque établissement.

2. En conformité de l'article précédent, le capital de mille trois cents florins remboursé aux corégens de la caisse ou bourse des pauvres garçons cordonniers de la ville de Maestricht, sera versé dans la caisse du bureau de bienfaisance de cette ville, et les biens et

revenus qui peuvent en dépendre seront réunis à la même administration, pour les diriger selon le vœu de cette institution, sans néanmoins en rien préjudicier au droit que le bureau de bienfaisance aurait à faire valoir contre le remboursement dont il s'agit.

3. Nos ministres de l'intérieur et des finances sont chargés de l'exécution du présent décret.

12 JUILLET 1807. — Décret qui concède pour cinquante années aux sieurs Goffinier et Douvillé, le droit d'exploiter les terres noires vitrioliques renfermées tant dans leur propriété à Guiscard que dans celles de cette commune et autres voisines, sur une étendue de surface de quinze kilomètres dix-sept cent trente-huit décamètres carrés. (4, Bull. 153, n° 2600.)

12 JUILLET 1807. — Décrets qui autorisent l'acceptation de dons et legs faits aux pauvres et hospices de Levante, la Torre, Noisay, Gbell, Gand, Mayence, Brantôme, Pontarlier, Mauber et Saint-Gervais. (4, Bull. 153, n°s 2601 à 2609.)

12 JUILLET 1807. — Décret qui ordonne le paiement de six cent seize francs, pour pensions accordées à quatre veuves de militaires morts de la maladie épidémique dans la colonie de Saint-Domingue. (4, Bull. 153, n° 2610.)

16 JUILLET 1807. — Avis du Conseil-d'Etat. (Préfets maritimes.) *Voy.* 12 AOUT 1807.

18 JUILLET 1807. — Avis du Conseil-d'Etat. (Mandats.) *Voy.* 12 AOUT 1807.

20 JUILLET 1807. — Avis du Conseil-d'Etat sur le mode de partage de biens communaux dont deux communes sont propriétaires par indivis. (4, Bull. 154, n° 2612.)

Voy. lois du 10 JUIN 1793; avis du Conseil-d'Etat du 26 AVRIL 1808, du 29 MAI 1808.

Le Conseil-d'Etat, qui, d'après le renvoi ordonné par sa majesté, a entendu le rapport de la section de l'intérieur, sur celui du ministre de ce département sur la question de savoir quelle sera la base d'après laquelle deux communes propriétaires par indivis d'un bien communal, et qui veulent faire cesser cet indivis, doivent le partager entre elles,

Est d'avis, 1° que ce partage doit être fait en raison du nombre des feux par chaque commune, et sans avoir égard à l'étendue du territoire de chacune d'elles (1);

2° Que le présent avis soit inséré au Bulletin des Lois.

_____

(1) Ce décret, qui ordonne le partage égal, et par feu, des biens indivis entre plusieurs communes, n'a d'effet que pour le cas où il n'existerait pas de réglemens conventionnels antérieurs,

20 JUILLET 1807. — Décret concernant les tables alphabétiques de l'état civil. (4 , Bull. 154 , n° 2613.)

Àrt. 1er. Les tables alphabétiques des actes de l'état civil continueront à être faites annuellement, et refondues tous les dix ans pour n'en faire qu'une seule par commune, à compter du dernier jour complémentaire an 10 (21 septembre 1802) jusqu'au 1er janvier 1813, et ainsi successivement de dix ans en dix ans.

2. Les tables annuelles seront faites par les officiers de l'état civil, dans le mois qui suivra la clôture du registre de l'année précédente : elles seront annexées à chacun des doubles registres; et, à cet effet, nos procureurs impériaux veilleront à ce qu'une double expédition soit adressée par les maires au greffe du tribunal, dans les trois mois de délai.

3. Les tables décennales seront faites dans les six premiers mois de la onzième année, par les greffiers des tribunaux de première instance.

4. Les tables annuelles et décennales seront faites sur papier timbré, et certifiées par les dépositaires respectifs.

5. Les tables décennales seront faites en triple expédition pour chaque commune : l'une restera au greffe; la seconde sera adressée au préfet du département, et la troisième à chaque mairie du ressort du tribunal.

6. Les expéditions faites pour la préfecture seront payées aux greffiers des tribunaux sur les fonds destinés aux dépenses administratives du département, à raison d'un centime par nom, non compris le prix du timbre. Chaque feuille contiendra quatre-vingt-seize noms ou lignes.

7. Les expéditions destinées aux communes seront payées par chacune d'elles, et seront conformes aux autres.

8. Pour l'expédition de celle qui doit rester au tribunal, il ne sera remboursé au greffier, à titre de frais judiciaires, que le prix du papier timbré.

9. La table décennale sera faite dans la forme qui suit :

DÉPARTEMENT
d
———
ARRONDISSEMENT
d

Commune
d

An 1803 à l'an 1813.

Table décennale des Actes de Mariage de la commune d du 21 septembre 1802 au 1er janvier 1813, dressée en exécution du décret du 20 juillet 1807.

NOMS ET PRÉNOMS DES MARIÉS.	DATES DES ACTES OU DES REGISTRES.
AUBERT (Claude), marié à Françoise CHALAIS.	Le 2 vendémiaire an 11 , ou le 3 janvier 1806, etc.

10. Il sera fait des tables distinctives, mais à la suite les unes des autres, des actes de naissance, de mariage, de divorce et de décès, soit annuelles, soit décennales.

11. Le grand-juge, ministre de la justice, et celui de l'intérieur, sont chargés de l'exécution du présent décret.

20 JUILLET 1807. — Décret qui prononce l'extinction des rentes constituées par un hospice au profit de corporations supprimées , et inconnues à la régie des domaines. (4 , Bull. 154 , n° 2614.)

Voy. loi du 4 VENTOSE an 9.

N....... sur le rapport de notre ministre de l'intérieur;

attribuant des droits inégaux à chaque commune (19 juillet 1820; Cass. S. 21, 1, 145).

Les dispositions qui ordonnent le partage, par feu, des biens communaux dont plusieurs communes sont copropriétaires, s'appliquent aux bois comme aux autres natures de biens. Elles s'entendent du partage de la propriété comme du partage des coupes : peu importe, à cet égard, que dès auparavant les communes copropriétaires aient été dans l'usage de se partager entre elles le produit et les charges par égale part (1er février 1814; Cass. S. 14, 1, 163).

Le partage des biens communaux indivis entre deux ou plusieurs communes ne peut avoir lieu qu'en raison du nombre de feux de chacune des communes ; le droit de statuer sur le mode de partage appartient exclusivement à l'autorité administrative (21 décembre 1808 , décret; J. C. 1, 231).

Vu l'état des rentes, au nombre de quinze, constituées par l'administration des hospices d'Anvers au profit des divers corps, confréries et communautés d'arts et métiers supprimés, montant ensemble au capital de trois mille vingt-cinq livres, argent de change, ou six mille quatre cent deux francs onze centimes ;

Le procès-verbal de vérification dressé le 11 mars 1807, et signé par le receveur du domaine, duquel il résulte que la régie a ignoré jusqu'à présent l'existence de ces rentes ;

L'arrêté du préfet des Deux-Nèthes, du 15 avril suivant, qui envoie la commission administrative en possession desdites rentes ;

La loi du 4 ventose an 9, et les arrêtés des 7 messidor et 9 fructidor de la même année ;

Considérant que l'administration des hospices, qui est débitrice desdites rentes, ne peut se les servir à elle-même, et que leur extinction procure à ces établissemens le même avantage qu'un envoi en possession;

Notre Conseil d'Etat entendu,

Nous avons décrété et décrétons ce qui suit :

Art. 1er. Les quinze parties de rentes constituées par l'administration des hospices de la ville d'Anvers au profit de corps et corporations supprimés, et inconnues à la régie du domaine, en possession desquelles la commission administrative desdits hospices a été envoyée par arrêté du préfet du département des Deux-Nèthes, du 15 avril 1807, sont, avec les capitaux dont elles dérivent, et les arrérages qui peuvent en être dus, déclarées éteintes et supprimées, sans préjudice toutefois des droits à exercer par le domaine, dans le cas où il justifierait qu'il avait eu connaissance desdites rentes avant la demande de leur extinction.

2. Nos ministres de l'intérieur et des finances sont chargés de l'exécution du présent décret.

20 JUILLET 1807. — Décret contenant promulgation des brevets d'invention délivrés, pendant le second semestre de 1807, aux sieurs Niepce frères, Amarette, Manoury-Declot, Vivien, Gentil, Roussel et Eberhard, Cointereaux, Gilly père, Langé, Dalimas, Humblot-Conté, Guillaume, Griebel, Boiscervoise et Berolla. (4, Bull. 153, n° 2611.)

20 JUILLET 1807. — Décret qui autorise la réunion de dames hospitalières du diocèse de Poitiers. (4, Bull. 154, n° 2615.)

20 JUILLET 1807. — Décret qui établit, dans la commune de Bessé, quatre foires annuelles. (4, Bull. 154, n° 2627.)

20 JUILLET 1807. — Décret qui autorise l'acceptation de dons et legs faits aux pauvres et hospices de Roquebrune, Saint-Trivier-de-Courtes, Saint-Ouen-l'Aumône, Chassagne, Toulouse, Beaumont, Paris, Tarascon, Alais, Carcassonne, Beauvais, Boulogne, Miramont, Mons, Gand, Castellane, Joyeuse, la Neuville-aux-Tourneurs et Uzerche. (4, Bull. 154, n°s 2616 à 2626, 2632 à 2642 et 2647.)

20 JUILLET 1807. — Décret qui autorise le sieur Rougé de Prades, propriétaire de la forge de Balcera, commune des Angles, à construire, aux conditions prescrites, une nouvelle forge à Puyvalador. (4, Bull. 154, n° 2631.)

20 JUILLET 1807. — Décret qui permet au sieur Raymond de construire un martinet sur un biez qui lui appartient en la commune de Samson, près sa forge dite *Brûlée*. (4, Bull. 154, n° 2628.)

20 JUILLET 1807. — Décret relatif à l'exploitation des veines de houille existantes dans le bois l'Evêque, dit *Colfontaine*, commune d'Engies. (4, Bull. 154, n° 2629.)

20 JUILLET 1807. — Décrets qui concèdent le droit d'exploitation, 1° des mines de houille de la commune de Pialène, aux sieurs Meynard, Volant, Dalbert, Bernard et Perrier; 2° des mines de houille du territoire de Wurselen aux sieurs Schirbach, Schott, Foveaux et Hausen; 3° des mines de plomb existantes dans les montagnes de Girossé et de l'Orsière, commune de la Grave, aux sieurs Mathonne et Rome; du minerai de fer dans l'un des cinq arrondissemens des forêts nationales et communales du ci-devant pays de Nassau aux sieurs Stumm frères. (4, Bull. 154, n° 2630, et 2646 à 2649.)

20 JUILLET 1807. — Décrets qui autorisent l'acceptation d'offres de biens et rentes célés au domaine, faites au profit des pauvres et hospices d'Ecouis, Tobouriennes et Liége. (4, Bull. 154, n°s 2643, 2651 et 2652.)

20 JUILLET 1807. — Décret portant, 1° que le bureau de bienfaisance de Bouchout est envoyé en possession d'une rente célée au domaine, et provenant de la ci-devant confrérie de Saint-Sébastien; 2° que la rente provenant de la ci-devant abbaye de Saint-Bernard, au capital de trois cents florins, étant inscrite sur les sommiers du domaine, restera dans le domaine public. (4, Bull. 154, n° 2644.)

20 JUILLET 1807. — Décret qui approuve la cession faite par le sieur Chanletto au sieur Grandis du droit d'exploiter la mine de plomb tenant argent, située au quartier de Valoria, commune de Tende. (4, Bull. 154, n° 2650.)

20 JUILLET 1807. — Décret qui approuve la cession faite par le sieur Gianoli aux sieurs Aimone, Molino et della Bianca, du droit d'exploiter les mines de fer de la montagne d'Olenga, commune d'Alagna. (4, Bull. 154, n° 2645.)

20 JUILLET 1807. — Décret qui envoie la commission administrative des hospices de Duffel en possession d'une rente dont elle a fait la découverte. (4, Bull. 154, n° 2653.)

25 JUILLET = Pr. 12 AOUT 1807. — Avis du Conseil-d'Etat sur les baux des biens des hospices. (Recueil officiel du ministère de l'intérieur, t. 2, p. 52.)

Le Conseil-d'Etat, qui, d'après le renvoi ordonné par le Gouvernement, a entendu le rapport de la section de l'intérieur sur celui du ministre de ce département, relatif à la conservation des droits et actions hypothécaires des hospices et autres établissemens publics,

Est d'avis que les baux précédemment passés aux enchères, soit devant les autorités administratives, soit devant les commissions des hospices, étant faits en vertu des lois existantes, à l'observation desquelles ces établissemens sont sujets, et dans les formes prescrites, emportent voie parée, sont exécutoires sur les propriétés mobilières, et donnent hypothèque sur les immeubles;

Qu'en conséquence, tous actes conservatoires ou exécutoires, ou toutes inscriptions, faits ou qui se feront en vertu des expéditions desdits baux, doivent avoir leur effet contre les débiteurs des hospices ou autres établissemens publics, comme si les actes avaient été faits par-devant notaire.

29 JUILLET 1807. — Décret sur les théâtres. (4, Bull. 157, n° 2685.)

Voy. arrêté du 25 AVRIL 1807.

TITRE Ier. Dispositions générales.

Art. 1er. Aucune représentation à bénéfice ne pourra avoir lieu que sur le théâtre même dont l'administration ou les entrepreneurs auront accordé le bénéfice de ladite représentation.

Les acteurs de nos théâtres impériaux ne pourront jamais paraître dans ces représentations que sur le théâtre auquel ils appartiennent.

2. Les préfets, sous-préfets et maires sont tenus de ne pas souffrir que, sous aucun prétexte, les acteurs desdits quatre grands théâtres qui auront obtenu un congé pour aller dans les départemens, y prolongent leur séjour au-delà du temps fixé par leur congé : en cas de contravention, les directeurs de spectacles seront condamnés à verser à la caisse des pauvres le montant de la recette des représentations qui auront eu lieu après l'expiration du congé.

3. Aucune nouvelle salle de spectacle ne pourra être construite, aucun déplacement d'une troupe d'une salle dans une autre ne pourra avoir lieu dans notre bonne ville de Paris, sans une autorisation donnée par nous, sur le rapport de notre ministre de l'intérieur (1).

TITRE II. Du nombre des théâtres, et des règles auxquelles ils sont assujétis.

4. Le *maximum* du nombre des théâtres de notre bonne ville de Paris est fixé à huit : en conséquence, sont seuls autorisés à ouvrir, afficher et représenter, indépendamment des quatre grands théâtres mentionnés en l'article premier du réglement de notre ministre de l'intérieur, en date du 25 avril dernier, les entrepreneurs ou administrateurs des quatre théâtres suivans :

1° Le théâtre de la Gaîté, établi en 1760; celui de l'Ambigu-Comique, établi en 1772, boulevard du Temple, lesquels joueront concurremment des pièces du même genre, désignées aux paragraphes 3 et 4 de l'article 3 du réglement de notre ministre de l'intérieur;

2° Le théâtre des Variétés, boulevart Montmartre, établi en 1777, et le théâtre du Vaudeville, établi en 1792, lesquels joueront concurremment des pièces du même genre, désignées aux paragraphes 3 et 4 de l'article 3 du réglement de notre ministre de l'intérieur.

5. Tous les théâtres non autorisés par l'article précédent seront fermés avant le 15 août.

En conséquence, on ne pourra représenter aucune pièce sur d'autres théâtres de notre bonne ville de Paris, que ceux ci-dessus désignés, sous aucun prétexte, ni y admettre le public, même gratuitement; faire aucune affiche, distribuer aucun billet imprimé ou à la main, sous les peines portées par les lois et réglemens de police.

(1) Les tribunaux sont compétens pour statuer sur les conventions privées intervenues entre les actionnaires d'un théâtre et le directeur.

Mais ils ne le sont pas pour ordonner qu'il sera présenté à l'autorité administrative, un directeur autre que celui nommé et institué par le ministre de l'intérieur.

Cette révocation ne peut avoir lieu que par le ministre qui l'a nommé, indépendamment de tous actes passés entre lui et les actionnaires (1er septembre 1825; ord. Mac 7, 547).

6. Le réglement susdaté, fait par notre ministre de l'intérieur, est approuvé, pour être exécuté dans toutes les dispositions auxquelles il n'est pas dérogé par le présent décret.

7. Les ministres de l'intérieur et de la police générale sont chargés de l'exécution du présent décret.

1er AOUT 1807. — Avis du Conseil-d'Etat. (Exécution de l'art. 545, Code civil.) *Voy.* 18 AOUT 1807.

4 = Pr. 18 AOUT 1807. — Avis du Conseil-d'Etat sur les perceptions additionnelles à l'octroi. (Recueil officiel du ministère de l'intérieur, t. 2, p. 55.)

Le Conseil-d'Etat, qui, d'après le renvoi ordonné par le Gouvernement, a entendu le rapport de la section de l'intérieur sur celui du ministre de l'intérieur, relatif à la question de savoir si la retenue de 10 et 5 pour 100 sur les revenus des villes, doit avoir lieu sur les perceptions additionnelles à l'octroi pour le remplacement des contributions personnelle, mobilière et somptuaire;

Considérant,

1° Que plusieurs avis du Conseil, approuvés, ont prononcé négativement sur cette question;

2° Que ces avis sont fondés sur un principe de justice, qui ne veut pas que, lorsque les villes adoptent un moyen pour éviter des non-valeurs et procurer des avantages au Trésor public, elles éprouvent une surcharge nouvelle;

3° Que les y assujétir, ce serait éloigner les villes et leurs conseils municipaux d'une mesure utile à l'Etat,

Est d'avis que les 10 et 5 pour 100 ne doivent pas être perçus sur la partie des revenus des villes qui est versée au Trésor en remplacement des contributions personnelle, mobilière et somptuaire.

4 AOUT 1807. — Décret qui ordonne la publication de la loi du 29 avril 1803 (9 floréal an 11), relative au régime des bois appartenant aux communes, aux établissemens publics et aux particuliers, dans les trois départemens du ci-devant Etat de Gênes. (4, Bull. 155, n° 2654.)

4 AOUT 1807. — Avis du Conseil-d'Etat. *Voy.* 18 AOUT 1807.

9 AOUT 1807. — Décret qui détermine l'emploi des bons de la caisse d'amortissement, 3e et 4e séries. (4, Bull. 157, n° 2686.)

Voy. décret du 27 SEPTEMBRE 1807.

Art. 1er. Les six millions restant sur la troisième série des bons de la caisse d'amortissement, créés par la loi du 24 avril 1806, et les dix millions de bons formant la quatrième série, seront, dans le courant du présent mois d'août, versés par la caisse d'amortissement au Trésor public.

2. Il sera disposé, sur lesdits bons, de la somme totale de treize millions cinq cent quarante-quatre mille cent francs, conformément au tableau annexé au présent décret. La somme restant libre de deux millions quatre cent quarante-cinq mille neuf cents francs formera un fonds de réserve.

3. Nos ministres sont chargés de l'exécution du présent décret.

9 AOUT 1807. — Décret qui nomme le prince de Bénévent, vice-grand-électeur; le prince de Neuchâtel, vice-connétable; M. Champagny, ministre des relations extérieures; le conseiller d'Etat Crétet, ministre de l'intérieur; le général Clarke, ministre de la guerre; le conseiller d'Etat Jaubert, gouverneur de la Banque, et le conseiller d'Etat Regnaud, secrétaire de la famille impériale. (4, Bull. 156, n° 2667.)

12 AOUT 1807. — Décret concernant les baux à ferme des hospices et des établissemens d'instruction publique. (4, Bull. 155, n° 2655.)

Voy. loi du 5 = 11 FÉVRIER 1791; arrêté du 7 GERMINAL an 9; ordonnance du 7 OCTOBRE 1818.

Art. 1er. A compter de la publication du présent décret, les baux à ferme des hospices et autres établissemens publics de bienfaisance ou d'instruction publique, pour la durée ordinaire, seront faits aux enchères, pardevant un notaire qui sera désigné par le préfet du département, et le droit d'hypothèque sur tous les biens du preneur y sera stipulé par la désignation, conformément au Code civil.

2. Le cahier des charges de l'adjudication et de la jouissance sera préalablement dressé par la commission administrative, le bureau de bienfaisance ou le bureau d'administration, selon la nature de l'établissement.

Le sous-préfet donnera son avis, et le préfet approuvera ou modifiera ledit cahier des charges.

3. Les affiches, pour l'adjudication, seront apposées dans les formes et aux termes déjà indiqués par les lois et réglemens; et, en outre, leur extrait sera inséré dans le journal du lieu de la situation de l'établissement, ou, à défaut, dans celui du département, selon qu'il est prescrit à l'article 683 du Code de procédure civile. Il sera fait mention du tout dans l'acte d'adjudication.

4. Un membre de la commission des hospices, du bureau de bienfaisance ou du bu-

reau d'administration, assistera aux enchères et à l'adjudication.

5. Elle ne sera définitive qu'après l'approbation du préfet du département ; et le délai pour l'enregistrement sera de quinze jours après celui où elle aura été donnée (1).

6. Il sera dressé un tarif des droits des notaires pour la passation des baux dont il est question au présent décret, lequel sera approuvé par nous, sur le rapport de notre ministre de l'intérieur.

7. Le ministre de l'intérieur est chargé de l'exécution du présent décret.

_____

12 AOUT 1807.—Décret relatif aux valeurs fausses et aux assignats et mandats versés à la Trésorerie par les comptables. (4 , Bull. 155 , n° 2656.)

Art. 1er. Tout comptable dans les versemens duquel la Trésorerie nationale aura reconnu des valeurs fausses sera déclaré débiteur de leur montant.

2. A l'égard des assignats et mandats, leur valeur nominale sera réduite en numéraire,

Pour les assignats, aux cours de six sous dix deniers pour cent francs ;

Et pour les mandats, au cours de deux livres quatre deniers pour cent francs ;

Valeur moyenne en numéraire de ces papiers-monnaies, pendant le dernier mois de leur cours, conformément au tableau de dépréciation dressé par le ministre des finances, en exécution des articles 10 et 12 de la loi du 24 frimaire an 6.

3. Les ministres des finances et du Trésor public sont chargés de l'exécution du présent décret.

_____

12 AOUT 1807.—Avis du Conseil-d'Etat sur l'exécution de la loi du 19 juillet 1793, concernant les propriétés littéraires. (4, Bull. 155, n° 2660.)

Le Conseil-d'Etat, qui, d'après le renvoi ordonné par sa majesté, a entendu le rapport de la section de l'intérieur sur celui du ministre de ce département, relatif à la pétition de quelques libraires de Bruxelles, qui tend à faire modifier en leur faveur les dispositions de la loi du 19 juillet 1793, sur la garantie des propriétés littéraires ;

Vu la publication de ladite loi dans les départemens réunis de la ci-devant Belgique, le 4 nivose an 4,

Est d'avis qu'il n'y a pas lieu à modifier aucune disposition de la loi, et que c'est aux tribunaux chargés de son application à apprécier les circonstances particulières et les cas divers, et à prononcer en conséquence.

12 AOUT 1807. — Avis du Conseil-d'Etat sur la libération des mandats délivrés par la caisse d'amortissement , et sur les effets des oppositions relatives aux cautionnemens des fonctionnaires publics. (4 , Bull. 155 , n° 2661.)

Voy. lois du 25 NIVOSE et 6 VENTOSE an 13.

Le Conseil-d'Etat, qui a entendu la section des finances sur un renvoi qui lui a été fait par sa majesté, d'un rapport du ministre des finances, dans lequel le ministre propose les questions suivantes :

1° La caisse d'amortissement doit-elle être considérée comme régulièrement libérée des intérêts de cautionnemens payés aux titulaires, d'après ses ordonnances ou mandats ; lors même qu'il surviendrait à sa connaissance des oppositions dans l'intervalle du jour de l'ordonnance à celui où le paiement aura été effectué ?

2° Toutes les oppositions formées à la caisse d'amortissement seront-elles censées affecter le capital et les intérêts échus et à échoir, à moins que mention expresse ne soit faite pour les restreindre au capital seulement ?

3° Les oppositions faites aux greffes des tribunaux ne pourront-elles valoir que pour les capitaux, tant qu'elles n'auront pas été notifiées à la caisse d'amortissement ?

Vu les lois des 25 nivose et 6 ventose an 13, qui ont réglé les droits et privilèges des créanciers de fonctionnaires publics et comptables sur les cautionnemens en numéraire auxquels ils sont assujétis, et qui les autorisent à former sur ces cautionnemens des oppositions motivées, soit directement à la caisse d'amortissement, soit aux greffes des tribunaux dans le ressort desquels les titulaires exercent leurs fonctions,

Est d'avis, sur la première question, que la caisse d'amortissement est libérée du moment qu'elle a délivré ses mandats ;

Sur la seconde question, que les oppositions formées à la caisse d'amortissement affectent le capital et les intérêts échus et à échoir, à moins que mention expresse ne soit faite pour les restreindre au capital seulement ;

Sur la troisième question, que les oppositions faites aux greffes des tribunaux ne peuvent valoir que pour les capitaux, tant qu'elles n'ont pas été notifiées à la caisse d'amortissement.

_____

12 AOUT 1807. — Décret sur le mode d'acceptation des dons et legs faits aux fabriques, aux établissemens d'instruction publique , et aux communes. (4 , Bull. 155 , n° 2658.)

_____

général pour l'enregistrement de tous les actes passés pour les communes, un délai de vingt jours.

Voy. arrêté du 4 PLUVIOSE an 12; ordonnance du 2 AVRIL 1817.

N...... sur le rapport de notre ministre de l'intérieur,

Vu l'arrêté du 4 pluviose an 12 qui porte,
« art. 1er : Les commissions administratives
« des hôpitaux, et les administrateurs des bu-
« reaux de bienfaisance pourront accepter et
« employer à leurs besoins, comme recettes
« ordinaires, sur la simple autorisation des
« sous-préfets, et sans qu'il soit besoin dé-
« sormais d'un arrêté spécial du Gouverne-
« ment, les dons et legs qui leur seront faits
« par actes entre-vifs ou de dernière volonté,
« soit en argent, soit en meubles, soit en
« denrées, lorsque leur valeur n'excédera pas
« trois cents francs en capital ; »

L'article 73 de la loi du 18 germinal an 10;

Considérant que les fabriques, les établissemens d'instruction publique et les communes réclament la même faculté; qu'il est sans inconvénient de la leur accorder, et qu'on y trouvera même l'avantage d'épargner le travail minutieux et multiplié qui a été jusqu'à ce jour, sur cette matière, soumis à notre sanction;

Notre Conseil-d'Etat entendu,

Nous avons décrété et décrétons ce qui suit :

Art. 1er. L'arrêté du 4 pluviose an 12, sur les dons et legs faits aux hôpitaux, et qui n'excèdent pas la somme de trois cents francs est déclaré commun aux fabriques, aux établissemens d'instruction publique et aux communes (1).

2. En conséquence, les administrateurs des établissemens d'instruction publique et les maires des communes, tant pour les communes que pour les fabriques, sont autorisés à accepter lesdits legs et dons, sur la simple autorisation des sous-préfets, sans préjudice de l'approbation préalable de l'évêque diocésain, dans le cas où ils seraient faits à la charge de service religieux,

3. Chaque année, le tableau de ces dons et legs sera envoyé, par les préfets, à notre ministre de l'intérieur, qui en formera un tableau général, lequel nous sera soumis dans le cours du mois de janvier, et sera publié.

4. Nos ministres de l'intérieur et des cultes sont chargés de l'exécution du présent décret.

12 AOUT 1807. — Avis du Conseil-d'Etat sur le rang que les préfets maritimes doivent avoir dans les cérémonies publiques. (4 , Bull. 156, nº 2670.)

Voy. décret du 24 MESSIDOR an 12.

Le Conseil-d'Etat, qui a entendu la section de l'intérieur sur le rapport du ministre des cultes, dont l'objet est de provoquer une décision sur une contestation élevée entre le préfet de Gênes et le préfet maritime du même port, relativement au rang que ce dernier doit avoir dans les cérémonies publiques;

Considérant que dans le décret du 24 messidor an 12 il n'est pas fait mention des préfets maritimes, et que cependant il est convenable que le rang de ces fonctionnaires publics soit réglé;

Considérant que l'esprit du décret précité veut que les rangs soient réglés suivant l'étendue du territoire sur lequel les divers fonctionnaires publics exercent leur juridiction,

Est d'avis que les préfets maritimes doivent être compris dans les dispositions de l'article 1er du décret du 24 messidor an 12, et que leur rang doit être fixé immédiatement après les généraux de division, et avant les préfets, mais qu'ils ne peuvent jouir de ce rang que dans le lieu de leur résidence.

12 AOUT 1807. — Avis du Conseil-d'Etat, portant que l'on ne peut former opposition sur les fonds des communes déposés dans la caisse d'amortissement. (4, Bull. 155, nº 2662.)

Voy. arrêté du 19 VENTOSE an 10.

Le Conseil-d'Etat, qui, d'après le renvoi ordonné par sa majesté, a entendu le rapport des sections des finances et de l'intérieur sur celui du ministre des finances, sur la question de savoir si la caisse d'amortissement doit admettre des oppositions de la part des particuliers sur les fonds des communes dont elle est dépositaire ;

Considérant que, dans l'exercice des droits des créanciers des communes, il faut distinguer la faculté qu'ils ont d'obtenir contre elles une condamnation en justice, et les actes qui ont pour but de mettre leur titre à exécution;

Que, pour l'obtention du titre, il est hors de doute que tout créancier d'une commune peut s'adresser aux tribunaux dans tous les cas qui ne sont pas spécialement attribués à l'administration; mais que, pour obtenir un paiement forcé, le créancier d'une commune ne peut jamais s'adresser qu'à l'administra-

---

(1) La disposition testamentaire ordonnant que tous les biens du défunt soient vendus, pour le prix être employé à faire dire des messes..., avec nomination d'un exécuteur testamentaire, « tout le caractère d'un *legs;* il est réputé fait au profit de l'église ou de la fabrique, et ne peut par conséquent être exigé sans l'autorisation préalable du Gouvernement (26 novembre 1828; Cass. S. 29, 1, 17; D. 29, 1, 34, P. ; 43, 67.)

lion; que cette distinction, constamment suivie par le Conseil-d'Etat, est fondée sur ce que, d'une part, les communes ne peuvent faire aucune dépense sans y être autorisées par l'administration; que, de l'autre, les communes n'ont que la disposition des fonds qui leur sont attribués par leur budget, et qui tous ont une destination dont l'ordre ne peut être interverti;

Considérant, en outre, que, d'après l'arrêté du Gouvernement du 19 ventose an 10, qui a constitué la caisse d'amortissement dépositaire des fonds appartenant aux communes, elle ne peut les mettre à leur disposition sans une décision du ministre de l'intérieur;

Que cette précaution a pour but de prévenir tout abus dans l'emploi des fonds, et d'en régler la disposition de la manière la plus avantageuse aux communes;

Considérant enfin que la caisse d'amortissement doit être regardée non comme débitrice des communes, mais seulement comme dépositaire de leurs fonds, et comme leur caisse particulière destinée à conserver une partie désignée de leur actif,

Est d'avis que la caisse d'amortissement ne doit point recevoir des oppositions de la part des particuliers sur les fonds appartenant aux communes; sauf aux créanciers à se pourvoir auprès de l'administration pour obtenir, s'il y a lieu, la décision exigée par l'arrêté du 19 ventose an 10.

12 AOUT 1807. — Décret qui ordonne la publication dans les nouveaux départemens, de la loi du 18 août 1791, sur le paiement des sommes séquestrées et déposées. (4, Bull. 155, n° 2657.)

12 AOUT 1807. — Décret qui ordonne l'exécution de plusieurs lois, arrêtés et décrets sur les hospices, etc. dans les départemens de Gênes, de Montenotte, des Apennins et dans l'arrondissement de San-Remo. (4, Bull. 155, n° 2659.)

12 AOUT 1807. — Décret qui autorise les dames charitables connues dans le diocèse de Metz sous le nom de *Sœurs de l'enfance de Jésus et de Marie*, à se réunir en communauté. (4, Bull. 156, n° 2668.)

12 AOUT 1807. — Décret qui autorise la réunion des dames charitables connues sous le nom de *Sœurs hospitalières d'Aix*. (4, Bull. 156, n° 2669.)

12 AOUT 1807. — Décret contenant le tableau des foires du département de la Dyle. (4, Bull. 156, n° 2674.)

(1) *Voy*. l'*eratum* placé à la fin du Bulletin 182.

12 AOUT 1807. — Décrets qui ordonnent le paiement de pensions accordées à des veuves de militaires. (4, Bull. 156, n°s 2671 à 2673.)

18 AOUT 1807. — Décret qui prescrit les formes à suivre pour les saisies-arrêts ou oppositions entre les mains des receveurs ou administrateurs de caisses ou de deniers publics. (4, Bull. 155, n° 2663.)

Voy. lois du 14 = 19 FÉVRIER 1792, 30 MAI = 8 JUIN 1793; ordonnance du 1er MAI 1825.

N.... sur le rapport de notre ministre du Trésor public;

Vu l'avis de notre Conseil-d'Etat du 12 mai 1807, approuvé par nous le 1er juin suivant;

Vu le titre VII du livre V du Code de procédure civile, ensemble lés lois des 14 = 19 février 1792 et 30 mai 1793 (1);

Considérant que les lois des 14 = 19 février 1792 et 30 mai 1793 avaient établi les formes à suivre pour les saisies-arrêts ou oppositions signifiées au Trésor public;

Que, d'après le susdit avis de notre Conseil-d'Etat, approuvé par nous, l'abrogation prononcée par l'article 1041 du Code de procédure civile ne s'étend point aux affaires qui intéressent le Gouvernement, pour lesquelles il a toujours été regardé comme nécessaire de se régir par des lois spéciales, soit en simplifiant la procédure, soit en produisant des formes différentes;

Qu'ainsi les lois des 14 = 19 février 1792 et 30 mai 1793 continuent d'être les règles de la matière, à l'exception des dispositions du Code de procédure civile qui portent nominativement sur les saisies-arrêts ou oppositions signifiées aux administrations publiques, et qui se bornent aux deux articles 561 et 569;

Voulant, pour le bien de notre service et pour celui des parties intéressées, réunir toutes les dispositions relatives à cet objet, et faciliter la connaissance des règles à observer;

Notre Conseil-d'Etat entendu,

Nous avons décrété et décrétons ce qui suit :

Art. 1er. Indépendamment des formalités communes à tous les exploits, tout exploit de saisie-arrêt ou opposition entre les mains des receveurs, dépositaires ou administrateurs de caisses ou de deniers publics, en cette qualité, exprimera clairement les noms et qualités de la partie saisie; il contiendra, en outre, la désignation de l'objet saisi (2).

(2) Il n'est pas nécessaire, à peine du nullité, que l'opposition ou saisie-arrêt faite au Tré-

2. L'exploit énoncera pareillement la somme pour laquelle la saisie-arrêt ou opposition est faite, et il sera fourni, avec copie de l'exploit, auxdits receveurs, caissiers ou administrateurs, copie ou extrait en forme du titre du saisissant.

3. A défaut par le saisissant de remplir les formalités prescrites par les articles 1 et 2 ci-dessus, la saisie-arrêt ou opposition sera regardée comme non-avenue.

4. La saisie arrêt ou opposition n'aura d'effet que jusqu'à concurrence de la somme portée en l'exploit.

5. La saisie-arrêt ou opposition formée entre les mains des receveurs, dépositaires ou administrateurs de caisses ou de deniers publics, en cette qualité, ne sera point valable si l'exploit n'est fait à la personne préposée pour le recevoir, et s'il n'est visé par elle sur l'original, ou, en cas de refus, par le procureur impérial près le tribunal de première instance de leur résidence, lequel en donnera de suite avis aux chefs des administrations respectives (1).

6. Les receveurs, dépositaires ou administrateurs seront tenus de délivrer, sur la demande du saisissant, un certificat qui tiendra lieu, en ce qui les concerne, de tous autres actes et formalités prescrits à l'égard des tiers-saisis par le titre VII du livre V du Code de procédure civile.

S'il n'est rien dû au saisi, le certificat l'énoncera.

Si la somme due au saisi est liquide, le certificat en déclarera le montant;

Si elle n'est pas liquide, le certificat l'exprimera.

7. Dans le cas où il serait survenu des saisies arrêts ou oppositions sur la même partie et pour le même objet, les receveurs, dépositaires ou administrateurs seront tenus, dans les certificats qui leur seront demandés, de faire mention desdites saisies-arrêts ou oppositions, et de désigner les noms et élection de domicile des saisissans et les causes desdites saisies-arrêts ou oppositions.

8. S'il survient de nouvelles saisies-arrêts ou oppositions depuis la délivrance d'un certificat, les receveurs, dépositaires ou administrateurs seront tenus, sur la demande qui leur en sera faite, d'en fournir un extrait contenant pareillement les noms et élection

de domicile des saisissans et les causes desdites saisies-arrêts ou oppositions.

9. Tout receveur, dépositaire ou administrateur de caisses ou de deniers publics, entre les mains duquel il existera une saisie-arrêt ou opposition sur une partie prenante, ne pourra vider ses mains sans le consentement des parties intéressées, ou sans y être autorisé par justice.

10. Le grand-juge ministre de la justice, les ministres des finances et du Trésor public, sont chargés de l'exécution du présent décret.

---

18 AOUT 1807. — Avis du Conseil-d'Etat sur l'exécution de l'article 545 du Code civil. (4, Bull. 156, n° 2675.)

Voy. loi du 8 MARS 1810, et du 7 JUILLET 1833.

Le Conseil-d'Etat, après avoir entendu la section de législation sur le renvoi qui lui a été fait par sa majesté de l'examen de la question de savoir si le concours de l'autorité législative est nécessaire lorsqu'il s'agit de l'exécution de l'article 545 du Code civil, portant que « nul ne peut être contraint de « céder sa propriété, si ce n'est pour cause « d'utilité publique et moyennant une juste « et préalable indemnité, »

Est d'avis que, dans ce cas, le concours de l'autorité législative n'est pas nécessaire, et que la nature même des choses s'oppose à ce qu'elle puisse intervenir avec la sûreté et la dignité qui lui conviennent.

La loi n'est autre chose qu'une règle commune aux citoyens : elle établit les principes généraux sur lesquels reposent leurs droits politiques et civils. Le point de savoir si la règle a été violée dans l'application au droit d'un particulier est une simple question de fait; il s'agit alors d'exécuter la règle, et non d'en créer une nouvelle.

La société a intérêt à ce que le principe ne soit changé que par la même autorité qui l'a établi : l'intérêt social n'est point blessé par l'erreur, ni même par l'injustice, dans la décision du fait particulier; c'est un préjudice individuel. Les lois les plus sages et les plus claires n'empêcheront jamais qu'il n'y ait des erreurs ou des injustices dans leur application. On a toujours regardé comme une garantie politique que la même autorité

---

sor mentionne l'heure à laquelle elle a eu lieu, ni que l'original soit visé dans les vingt-quatre heures de la notification (15 juin 1827, Bordeaux, S. 27, 2, 249) *Voy.* art. 5.

(1) Un exploit de saisie-arrêt sur un cautionnement au Trésor peut être valablement fait en parlant à la personne d'un *commis*; le visa peut y être apposé par un *sous-chef* du bureau des

oppositions, aux lieu et place du *chef* lui-même, et *un autre jour* que celui de la notification de l'exploit. — Dans tous les cas, la formalité du visa n'étant exigée que dans l'intérêt de l'administration, elle seule aurait droit d'exciper de son irrégularité (25 janvier 1825; Cass. S. 25, 1, 381; D. 25, 1, 174).

qui fait la loi ne soit pas chargée de l'exécuter.

Il est d'ailleurs impossible que la loi intervienne alors avec sûreté et avec dignité.

Avec sûreté, parce que la question de fait dépend le plus souvent de connaissances locales, et que le Corps-Législatif n'est point organisé pour éclaircir et pour juger des questions de fait.

La dignité de ce corps en est blessée, parce qu'on transforme les législateurs en simples juges, et le plus souvent encore l'objet du jugement est-il du plus médiocre intérêt.

Si on remonte aux diverses constitutions qui ont régi la France, aucune d'elles n'a exigé l'intervention de la loi. Si on s'en rapporte à l'usage, jamais on n'a soumis au Corps-Législatif les expropriations ayant pour cause la voirie et les alignemens; et on trouve à peine quelques exemples pour des expropriations déterminées par d'autres causes d'utilité publique.

Le droit de propriété doit être regardé comme pleinement garanti par le principe général que la loi a établi, que la loi seule pourrait changer, et par la régularité des formes, soit pour constater que l'utilité publique est réelle, soit pour fixer la valeur de l'objet consacré à cette utilité.

---

18 AOUT 1807. — Avis du Conseil-d'État sur les rentes pour concession de bancs sous les halles. (4, Bull. 156, n° 2676.)

Voy. loi du 15 = 28 MARS 1790, art. 13, 15 et 19.

Le Conseil-d'État, en exécution du renvoi ordonné par sa majesté;

Vu les articles 13, 15 et 19 de la loi du 15 = 28 mars 1790, portant que les droits de hallage sont supprimés sans indemnité; que cependant ceux desdits droits qui auraient été concédés pour dédommagement de frais de construction sont exceptés de cette suppression, et que les bâtimens des halles continueront d'appartenir à leurs propriétaires;

Vu la loi du 25 août 1792, qui a supprimé tous les droits seigneuriaux tant féodaux que censuels, ainsi que tous les abonnemens, pensions ou prestations quelconques qui les représentaient, à moins qu'ils ne fussent justifiés avoir eu pour cause une concession primitive de fonds, et a déclaré, par l'article 8, ces derniers droits rachetables;

Vu la loi du 17 juillet 1793, qui a supprimé toutes redevances et tous droits, même ceux qui avaient été conservés par le décret du 25 août 1792, à l'exception des rentes ou prestations purement foncières et non féodales;

Vu un mémoire du préfet du département de la Charente, dans lequel il est dit que les bancs des halles de la plupart des communes avaient été aliénés par les propriétaires du bâtiment à des particuliers, moyennant une redevance annuelle, et que les preneurs ont cessé de servir cette rente, sous prétexte qu'elle a été supprimée par la loi du 15 = 28 mars 1790;

Considérant que cette loi n'a prononcé cette suppression que des droits féodaux et de ceux de hallage qui étaient perçus à raison de l'apport ou du dépôt de marchandises dans les halles; qu'elle a maintenu ceux mentionnés dans l'article 13, qui, dans l'origine, avaient été établis pour frais de construction, et qu'il n'a point été dérogé à cette disposition par les lois subséquentes,

Est d'avis que les rentes pour concession de bancs sous les halles ne sont pas féodales par elles-mêmes;

Que la question de savoir si elles sont dues dans les cas particuliers est du ressort des tribunaux, qui jugeront sur le vu des titres et le dire des parties, et que les communes doivent être autorisées à poursuivre les débiteurs.

---

18 AOUT 1807. — Avis du Conseil-d'État sur les expéditions d'actes émanés des autorités administratives. (4, Bull. 156, n° 2677.)

Voy. loi du 7 MESSIDOR an 2; notes sur l'art. 37.

Le Conseil-d'État, d'après le renvoi qui lui a été fait d'un rapport du ministre de l'intérieur, proposant de régler le droit d'expédition des actes déposés dans les archives ou faits par les administrations publiques;

Vu l'article 37 de la loi du 7 messidor an 2, portant : « Tout citoyen pourra demander, « dans tous les dépôts, aux jours et heures qui « seront fixés, communication des pièces qu'ils « renferment : elle lui sera donnée sans frais « et sans déplacement, et avec les précautions « convenables de surveillance.

« Les expéditions ou extraits qui en seront « demandés seront délivrés à raison de quinze « sous du rôle. »

Considérant que les administrations publiques expliquent diversement le vœu de la loi, en ce qui doit constituer les archives publiques, ainsi que relativement à la nature des actes dont les expéditions ou extraits doivent être passibles de la taxe, et qu'il convient de fixer à cet égard les droits des citoyens et des administrations de préfectures, sous-préfectures et municipalités,

Est d'avis, 1° que toutes les premières expéditions des décisions des autorités administratives de préfectures, de sous-préfectures ou de municipalités, doivent être, aux termes des lois, délivrées gratuitement;

2° Que les secondes ou ultérieures expéditions desdites décisions, ou les expéditions de titres, pièces ou renseignemens déposés dans les bureaux des administrations, doivent être payées au taux fixé par l'article 37 de la loi du 7 messidor an 2.

18 AOUT 1807. — Décret sur la manière de constater les enlèvemens d'eaux salées dans les départemens de la Meurthe, etc. (4, Bull. 156, n° 2679.)

Art. 1er. Tous enlèvemens d'eaux salées dans les puits, sources, réservoirs, conduites et magasins des salines comprises dans le bail de la compagnie des salines de l'est, dans les départemens de la Meurthe, Moselle, Rhin-et-Moselle, Bas-Rhin, Mont-Tonnerre, Haute-Saône, Doubs, Jura et Mont-Blanc, pourront être constatés dans les formes prescrites par l'article 57 de la loi du 24 avril 1806, et punis des peines portées par l'article 51 de la même loi.

2. Notre grand-juge, ministre de la justice, notre ministre des finances, sont chargés de l'exécution du présent décret.

18 AOUT 1807. — Avis du Conseil-d'Etat relatif aux redevances dues sur les biens-fonds concédés originairement à titre de leibgewin, dans les départemens de la rive gauche du Rhin. (S. 8, 2, 190.)

Le Conseil-d'Etat, qui, d'après le renvoi ordonné par sa majesté, a entendu le rapport de la section des finances sur celui du ministre de ce département, relatif aux redevances dues sur des biens-fonds concédés originairement à titre de leibgewin, dans les départemens de la rive gauche du Rhin, et sur la question de savoir si ces sortes de redevances sont comprises dans celles présumées foncières par l'article 1er du décret impérial du 9 vendémiaire an 13.

Vu le décret susdaté, ensemble les observations de l'administration des domaines et des autres pièces jointes au rapport;

Considérant, que la concession de fonds à titre de leibgewin est usitée depuis un temps immémorial dans le pays de la rive gauche du Rhin, et principalement dans les ci-devant provinces de Clèves, de Meur et de la Marck;

Que ces fonds ayant toujours été considérés dans l'origine comme biens allodiaux ou propres, que les bailleurs concédaient pour la vie seulement des preneurs, ainsi qu'il résulte de la définition même de ce mot, donnée par les auteurs qui ont écrit le droit germanique, et notamment par le glossaire de Scherz, qui s'exprime ainsi:

Leibgewin, usufructus ad dies vitæ prædia rustica, sic plerumque, conceduntur ut leibgewin eâ ratione, ut de mortuo agricolâ ab

ejus liberis nova domini concessio impetrar debeat;

Qu'en outre cette allodialité est attestée par deux certificats de la régence royale prussienne de Munster et de l'université de Duisbourg des 26 février et 27 mars 1805;

Que les détenteurs ou possesseurs desdits biens ne pourraient les vendre ou échanger, ni même les grever d'hypothèques, sans le consentement des bailleurs; que ces biens n'entreraient pas dans l'ordre ordinaire des successions, puisque, pour la transmission du père aux enfans, le même consentement du bailleur était absolument nécessaire;

Que, de plus, ces mêmes biens ont toujours été considérés comme restant dans le domaine direct et utile du bailleur, et que les redevances provenant de leur concession étaient souvent désignées sous les dénominations de fermages;

Qu'on ne peut considérer les redevances dont il s'agit comme dérivant généralement de la puissance féodale, puisqu'il est prouvé que tous les propriétaires indistinctement ont concédé leurs biens aux mêmes titres et conditions;

Enfin, que lesdites redevances ont été souvent confondues sous la dénomination d'erbpfacht ou de zinus; que ces dernières, qui provenaient de concession à titre héréditaire, ayant été réputées foncières, et non seigneuriales, par l'article 1er du décret impérial du 9 vendémiaire an 13, celles provenant de concession à titre de leibgewin ou bail à vie doivent, à plus forte raison, être rangées dans la même classe, puisque, indépendamment de la similitude qui existe entre elles, ces dernières ont conservé d'une manière plus marquée la nature de leur origine, et le signe de la propriété en faveur des bailleurs de fonds;

Est d'avis, 1° que les redevances fixes, soit en argent, soit en nature, dues par les détenteurs actuels de biens concédés originairement à titre de leibgewin, doivent être comprises dans la classe des redevances présumées foncières par l'article 1er du décret impérial du 9 vendémiaire an 13;

2° Que, vu les circonstances et les doutes qui ont pu s'élever sur la nature de ces redevances, les redevables qui se conformeront dans le délai de six mois, à compter de la publication du présent avis, aux dispositions de l'article 9 du décret impérial du 9 vendémiaire an 13, doivent jouir de la faveur accordée par cet article pour le paiement des arrérages échus;

3° Et que le présent avis doit être imprimé et publié dans les quatre départemens de la rive gauche du Rhin.

18 Aout 1807. — Décret qui ordonne la publication de la loi du 26 novembre 1798 (6 frimaire an 7), relative aux bacs, dans les Etats de Parme et de Plaisance. (4 , Bull. 155 , n° 2664.)

18 Aout 1807. — Décret qui établit huit courtiers près la bourse de Lorient. (4, Bull. 156, n° 2678.)

18 Aout 1807. — Décrets qui autorisent l'acceptation de dons et legs faits aux pauvres et hospices de Lons-le-Saulnier , Orléans, etc. (4 , Bull. 156, n°* 2680 à 2684 ; et Bull. 157, n°* 2687 à 2723, 2731, 2733 et 2734.)

18 Aout 1807. — Décrets qui autorisent l'acceptation d'offres de rentes et biens célés à la régie du domaine, faites au profit des pauvres et hospices de Strasbourg, Berthem, Enghin, Rocour, Voroux-les-Liers , Paris et Nivelles. (4 , Bull. 157, n°s 2724 à 2729 et 2732.)

18 Aout 1807. — Décret qui autorise le bureau de bienfaisance de Saint-Trivier-sur-Moignan à faire un échange avec les héritiers du sieur Bellet-Tavernost. (4, Bull. 157, n° 2730.)

18. Aout 1807. — Décrets qui autorisent : 1° le sieur Wautier à faire construire dans la commune et sur la rivière de Consolrs une grosse forge destinée à remplacer la fonderie qui y existait autrefois; 2° le sieur Theyssière de Miremont à construire une fonderie à Vizille, pour le traitement des minerais de plomb et de cuivre; 3° le sieur Defleury à établir dans sa forge située à Thomance-les-Moulins une usine dite martinet, qu'il a acquise des propriétaires de la forge de Saint-Dizier. (4, Bull. 157, n°s 2735 à 2737.)

18 Aout 1807. — Décret relatif aux limites de la concession des mines de houille de Montrelais (4, Bull. 158, n° 2745.)

18 Aout 1807. — Décrets portant établissement à Nervi de deux foires pour la vente des bestiaux; et rétablissement de sept foires omises dans le tableau général de celles du département du Bas-Rhin pour les communes de Ratzviller, Bergzabern , Hatten et de Soulz-sous-Forêt. (4, Bull. 158, n°s 2746 et 2747.)

19 Aout 1807. — Sénatus-consulte concernant l'organisation du Corps-Législatif (1). (4, Bull. 160, n° 2785.)

Art. 1er. A l'avenir, et à compter de la fin de la session qui va s'ouvrir, la discussion préalable des lois qui est faite par les sections du Tribunat le sera , pendant la durée de chaque session, par trois commissions du Corps-Législatif, sous le titre :

La première, de commission de législation civile et criminelle ;

La deuxième, de commission d'administration intérieure ;

La troisième, de commission des finances.

2. Chacune de ces commissions délibérera séparément et sans assistans ; elle sera composée de sept membres nommés par le Corps-Législatif, au scrutin secret, et à la majorité absolue des voix. Le président sera nommé par l'empereur, soit parmi les membres de la commission, soit parmi les autres membres du Corps-Législatif.

3. La forme du scrutin sera dirigée de manière qu'il y ait, autant qu'il sera possible , quatre jurisconsultes dans la commission de législation.

4. En cas de discordance d'opinions entre la section du Conseil-d'Etat qui aura rédigé le projet de loi et la commission compétente du Corps-Législatif, l'une et l'autre se réuniront en conférences, sous la présidence de l'archi-chancelier de l'empire ou de l'archi-trésorier, suivant la nature des objets à examiner.

5. Si les conseillers-d'Etat et les membres de la commission du Corps-Législatif sont du même avis, le président de la commission sera entendu, après que l'orateur du Conseil-d'Etat aura exposé devant le Corps-Législatif les motifs de la loi.

6. Lorsque la commission se décidera contre le projet de loi , tous les membres de la commission auront la faculté d'exposer, devant le Corps-Législatif, les motifs de leur opinion.

7. Les membres de la commission qui auront discuté un projet de loi seront admis , comme les autres membres du Corps-Législatif, à voter sur le projet.

8. Lorsque les circonstances donneront lieu à l'examen de quelque projet d'une importance particulière, il sera loisible à l'empereur d'appeler, dans l'intervalle de deux sessions, les membres du Corps-Législatif nécessaires pour former les commissions, lesquelles procéderont de suite à la discussion préalable du projet : ces commissions se trouveront nommées pour la session prochaine.

9. Les membres du Tribunat qui, aux termes de l'acte du Sénat conservateur, en date du 17 fructidor an 10 devaient rester jus-

(1) Le Tribunat s'est trouvé supprimé par ce sénatus-consulte. Voy. constitution du 22 frimaire an 8, titre III.

Voyez , sur les effets de cet acte , ce qui est dit pages 7 et 8 de l'introduction placée en tête du tome I.er de cette Collection.

qu'en l'an 19, et dont les pouvoirs avaient été, par l'article 89 de l'acte des constitutions de l'empire du 28 floréal an 12, prorogés jusqu'en l'an 21, correspondant à l'année 1812 du calendrier grégorien, entreront au Corps-Législatif, et feront partie de ce corps jusqu'à l'époque où leurs fonctions auraient dû cesser au Tribunat.

10. A l'avenir, nul ne pourra être nommé membre du Corps-Législatif, à moins qu'il ait quarante ans accomplis.

___

19 AOUT 1807. — Acte du Sénat conservateur qui nomme MM. Léjeas, Cossé-de-Brissac et Soulès, membres du Sénat. (4, Bull. 155, n° 2665.)

___

19 AOUT 1807. — Acte du Sénat conservateur qui nomme M. Guieu membre de la Cour de cassation. (4, Bull. 155, n° 2666.)

___

29 AOUT 1807. — Décret qui accorde à M. de Kattahousky main-levée du sequestre apposé sur des biens situés dans le département du Mont-Tonnerre. (4, Bull. 157, n° 2738.)

___

1er SEPTEMBRE 1807. — Décrets qui autorisent l'acceptation de dons et legs faits aux pauvres et hospices, etc. de Toulouse, Montpellier. (4, Bull. 158, n°s 2748 à 2765, 2771, 2774, et 2777 à 2783, et Bull. 159, n° 2784.)

___

1er SEPTEMBRE 1807. — Décrets qui autorisent l'acceptation d'offres de déclarer au profit des pauvres et hospices de Lille, Tourneppe et Bruxelles, des rentes et biens célés à la régie du domaine. (4, Bull. 158, n°s 2767 à 2769.)

___

1er SEPTEMBRE 1807. — Décrets concernant l'établissement et la tenue des foires de Carru, Bedarrieux, Lieser et Kester. (4, Bull. 158, n°s 2770, 2772 et 2773.)

___

2 SEPTEMBRE 1807. — Décret qui règle l'ordre à observer pour les paiemens qui s'effectueront avec les bons de la caisse d'amortissement, formant le complément de la 3e série et toute la 4e. (4, Bull. 157, n° 2739.)

Art. 1er. Les bons de la caisse d'amortissement qui composent les six millions formant le complément de la troisième série, et les dix millions formant la quatrième série, dont la distribution entre les ministres a été faite par notre décret du 9 août seront remis en paiement par le Trésor public, suivant l'ordre de leurs numéros et échéances, et l'ordre de la date et l'arrivée des ordonnances des ministres au Trésor public, de telle sorte que les bons des premières échéances sont remis en paiement des ordonnances des premières dates.

2. Notre ministre du Trésor public est autorisé à faire payer en numéraire les créances au-dessous de dix mille francs, et à faire remettre à la caisse de service, en échange des sommes employées à ces paiemens une somme égale de bons de la caisse d'amortissement des dernières échéances de la quatrième série.

3. Tous les ministres sont chargés de l'exécution du présent décret.

___

3 = Pr. 13 SEPTEMBRE 1807. — Loi sur le taux de l'intérêt de l'argent. (4, Bull. 158, n° 2740; Mon. du 5 septembre 1807. — Motifs de la loi. S. 8, 2, 18.)

Art. 1er. L'intérêt conventionnel ne pourra excéder, en matière civile, cinq pour cent, ni en matière de commerce, six pour cent, le tout sans retenue.

2. L'intérêt légal sera, en matière civile, de cinq pour cent; et en matière de commerce, de six pour cent (1) aussi sans rete-

___

(1) Anciennement, le taux de l'intérêt était au denier *dix*. — L'édit du mois de mars 1576 le fixe au denier *douze*. — Edit du mois de juillet 1601, au denier *seize*. — Edit du mois de mars 1634, au denier *dix-huit*. — Edit de décembre 1665, au denier *vingt*. — Edit de mars 1720, au denier *cinquante*; cet édit n'a été enregistré dans aucun parlement. — Edit de juin 1724, au denier *trente*. — Enfin édit de juin 1725, qui rétablit au denier *vingt*. — Edit de juin 1766 portant qu'on ne peut stipuler au-delà du denier *vingt cinq*. — Edit de février 1770, qui rétablit au denier *vingt*.

Voy. lois du 3 = 12 octobre 1789; du 11 avril 1793; du 6 floréal an 2; Code civil, article 1907; décret du 6 fructidor an 13.

Les sommes dont l'Etat se trouve redevable par suite de l'exécution de marchés administratifs, ne sont productives d'intérêt qu'au taux de cinq pour cent. Ces marchés n'ont pas un caractère commercial.

Les créances sur le département de la guerre sont productives d'intérêt seulement à partir du jour de leur liquidation (6 février 1831, ord. S. 31, 2, 349; Mac. 13, 79).

Une stipulation d'intérêts à un taux exorbitant (un pour cent par mois), contenue dans une obligation souscrite en pays étranger, en faveur d'un étranger, conformément à la loi du pays, peut avoir effet en France, en ce qui touche les intérêts échus avant la demande judiciaire. — Quant aux intérêts courus depuis cette demande, ils ne doivent être accordés qu'au taux légal de 5 pour cent (14 janvier 1825, Aix; S. 26, 2, 66; D. 25, 2, 145).

Lorsque deux Français sont convenus, en pays étrangers où ils étaient domiciliés, d'un intérêt

nue (1).

3. Lorsqu'il sera prouvé que le prêt conventionnel a été fait à un taux excédant celui qui est fixé par l'article 1er, le prêteur sera condamné, par le tribunal saisi de la contestation, à restituer cet excédant, s'il l'a reçu, ou à souffrir la réduction sur le principal de la créance, et pourra même être renvoyé, s'il y a lieu, devant le tribunal correctionnel, pour y être jugé conformément à l'article suivant (2).

4. Tout individu qui sera prévenu de se li-

---

au-dessus de 5 pour cent; si la loi du lieu du contrat le permettait, la convention est exécutoire en France. Ce n'est pas la loi du lieu de l'exécution qui doit régler la stipulation des intérêts conventionnels (Bordeaux, 26 janvier 1831, S. 31, 2, 178; D. 31, 2, 89; P. 50, 515.)

(1) *Voy.* lois du 23 (20, 22 et) novembre 1er décembre 1790, art. 6 et suiv.; du 3 frimaire an 7, art. 98 et 99.

Les tribunaux civils saisis d'une contestation en matière commerciale peuvent adjuger l'intérêt à six pour cent (16 juillet 1817; Cass. S. 19, 1, 15).

Cet article, en fixant l'intérêt légal à cinq pour cent sans retenue, n'a point d'effet rétroactif, ainsi il ne s'applique ni aux rentes créées avec stipulation de retenue, ni aux rentes créées sous l'empire d'une loi ordonnant la retenue; il ne s'applique même pas aux rentes créées sous l'empire d'une loi qui n'ordonnait pas la retenue, mais qui ont été soumises à cette retenue par une loi survenue depuis leur création (25 février 1818; Cass. S. 18, 1, 171).

Voy. dans le même sens, et relativement à des intérêts, arrêt de Riom du 23 août 1813; S. 15, 2, 236; et de Limoges du 2 juillet 1817; S. 17, 2, 282.

Cependant il a été jugé que les intérêts d'un capital légué avant la présente loi, mais qui sont échus seulement depuis cette loi, ne sont pas sujets à la retenue du vingtième autorisée par l'édit du mois de mai 1749, et lois subséquentes (22 mars 1820; Cass. S. 20, 1, 351).

Il y a cette différence entre l'intérêt *moratoire* et l'intérêt *conventionnel*, que le premier est régi par la loi sous laquelle a eu lieu le retard de paiement; tandis que l'intérêt conventionnel est régi par la loi sous laquelle le contrat s'est formé.

Ainsi il n'y a pas lieu à *retenue* sur des intérêts courus depuis 1807, bien que ces intérêts aient été *conventionnels* dans le principe, si plus tard, et par de nouvelles conventions ou de nouveaux événemens, ils ont pris le caractère d'intérêts moratoires (3 avril 1824, Caen; S. 26, 2, 9.)

Les intérêts peuvent être réduits au-dessous du taux légal, par le moyen de la retenue des impositions, lorsqu'ils sont adjugés à titre de dommages-intérêts (18 mars 1817; Cass. S 18, 1, 72).

Les rentes perpétuelles ou viagères créées depuis la présente loi sont, de plein droit, exemptes de la retenue à raison des contributions (19 janvier 1825; Cass. S. 26, 1 204; D. 26, 1, 144; 22 avril 1825, Rouen; S. 26, 2, 8).

(2) Bien qu'il ait été stipulé dans un bail à antichrèse que les fruits se compenseraient totalement avec les intérêts, le créancier ne peut retenir les fruits par lui perçus que jusqu'à concurrence d'une valeur à peu près égale à l'intérêt à cinq pour cent de sa créance. L'excédant, à moins qu'il ne soit minime doit être imputé sur le capital de la créance, conformément à l'art. 2085, C. civ. — L'art. 2089 a été modifié par la loi de 1807, en tout ce qu'il offre de contraire à ses dispositions. (21 novembre 1829, Montpellier, S. 30; 2, 88; D. 30, 2, 156).

Depuis la loi de 1807, on doit considérer comme *contrat pignoratif* la vente faite à *vil prix* avec *relocation* au vendeur et *pacte de rachat.*— Peu importe au surplus que le bail soit renfermé dans un autre acte que l'acte même de vente; il suffit qu'ils concourent ensemble. En un tel cas, l'acquéreur n'a réellement droit qu'au remboursement de son capital avec intérêts au taux de la loi. (25 août 1829, Montpellier, S. 30, 2; D 30. 2, 83, 153. — Colmar, 12 février 1831; S. 31, 2, 304.) *Voyez* ce que j'ai dit du *Contrat pignoratif* dans ma continuation de Toullier, tome 17, 2e de ma continuation, n° 11.

Le débiteur d'une obligation usuraire est recevable à demander la restitution des intérêts illégalement perçus, encore que le paiement de cette obligation ait été ordonné par des jugemens intervenus sur les poursuites exercées par le créancier contre le débiteur, mais sans avoir eu à prononcer sur la question d'usure.

L'action en restitution de sommes payées en vertu d'une obligation usuraire ne se prescrit pas par dix ans, à partir de l'acte. Une telle action ne peut être assimilée à une action en nullité de l'obligation (2 juin 1831, Bourges; S. 32, 2, 120; D. 32, 2, 131; P. 52, 488).

Lorsqu'un *emprunt* est suivi d'une *donation* qualifiée rémunératoire, de la part de l'emprunteur en faveur du prêteur, s'il paraît, par les circonstances, que cette donation a été une *condition du prêt*, elle se réunit à ce premier contrat pour former un tout indivisible ; et s'il en résulte que le prêteur a trouvé dans cette convention un avantage supérieur à l'intérêt légal de la somme prêtée, elle est nulle pour le surplus (17 janvier 1824, Pau ; S. 28 , 2, 66. — 17 décembre 1827, Bordeaux; S. 28, 2, 65; D. 27, 2, 215).

Il n'y a pas usure de la part de celui qui ayant déposé l'inscription d'une rente sur l'État pour servir de cautionnement à un individu, exige de celui-ci l'intérêt à cinq pour cent du prix d'achat de la rente, tout en se réservant de percevoir les intérêts que paie le Trésor royal — Cette opération ne peut être assimilée à un prêt (4 décembre 1827, Rouen; S. 28, 2, 91; D. 28, 2, 37).

Les intérêts des dots peuvent, sans qu'il y ait usure, être stipulés au-dessus du taux légal établi pour les créances ordinaires; à dix pour cent

vrer habituellement à l'usure (1) sera traduit devant le tribunal correctionnel, et, en cas de conviction (2), condamné à une amende qui ne pourra excéder la moitié des capitaux qu'il aura prêtés à usure (3).

S'il résulte de la procédure qu'il y a eu escroquerie (4) de la part du prêteur, il sera condamné, outre l'amende ci-dessus, à un emprisonnement qui ne pourra excéder deux ans (5).

5. Il n'est rien innové aux stipulations d'intérêts par contrats ou autres actes faits

---

par exemple (12 mars 1828, Riom; S. 32, 2, 16; D. 32, 2, 50; P. 51, 553).

(1) Plusieurs faits d'usure exercés envers la même personne ne constituent pas l'habitude d'usure (25 avril 1812, Paris; S. 12, 2, 316).

La loi ne qualifie usure que l'habitude d'exiger des intérêts au-dessus du taux légal; ainsi, un individu ne peut être condamné comme coupable d'usure par cela seul qu'il est convaincu d'avoir exigé des intérêts excessifs de l'un de ses débiteurs (22 novembre 1811, Cass. S. 12, 1, 88; et S. 17, 1, 24).

Si la perception successive des intérêts usuraires d'un seul prêt ne constitue pas l'habitude d'usure, il en est autrement d'une succession de prêts usuraires faits à la même personne (4 mars 1826; Cass. S. 26, 1, 361; D. 26, 1, 243; P. 36, 214).

Pour qu'il y ait habitude d'usure, il suffit qu'il y ait un seul prêt usuraire et plusieurs renouvellemens usuraires (21 juillet 1826, Paris; S. 27, 2, 189).

Les tribunaux peuvent considérer des ventes de marchandises comme n'étant que des prêts à usure et comme caractérisant le délit d'habitude d'usure (21 août 1829; Cass. S. 30, 1, 152; D. 30, 1, 362).

Il n'y a pas usure dans le fait de celui qui escompte des billets à un taux excédant celui de la loi, comme dans les perceptions d'intérêt excédant le taux légal faites en vertu de prêts conventionnels. — Peu importe même que le taux de l'escompte excède le taux fixé par l'usage local du commerce.

Toutefois, si l'escompte n'était employé que pour déguiser des perceptions d'intérêts usuraires, faites en vertu de prêts conventionnels, il y aurait usure (8 avril 1825; Cass. S. 25, 1, 358, et 26 août 1825; Cass. S. 25, 1, 360. — 4 février 1828; Cass. S. 28, 1, 100; D. 28, 1, 119; P. 41, 410. — 16 août 1828; Cass. S. 29, 1, 37. — 25 juin 1829, Toulouse; S. 30, 2, 320).

Ne sont pas réputés usure les frais de change et rechange excédant l'intérêt légal, payés au preneur de lettres de change simulées par le souscripteur pour leur négociation, alors qu'il est constant que cette négociation a eu lieu dans l'intérêt et au profit du souscripteur (8 novembre 1825; Cass. S. 27, 1, 84; D. 27, 1, 455).

Y a-t-il usure lorsque l'intérêt excédant le taux légal n'est stipulé que pour indemniser le prêteur d'une perte certaine (damnum emergens) ou de la privation d'un gain certain (lucrum cessans) que lui cause le prêt.

Voy. dissertation (S 22, 2, 41, et 23, 2, 129).

(2) La preuve testimoniale est admissible pour établir qu'un contrat est vicié d'usure. Il n'est pas nécessaire de recourir à l'inscription de faux, bien que le contrat soit authentique, à moins que les faits constitutifs d'usure ne soient en contradiction directe avec les énonciations de l'acte (28 juin 1821; Cass. S. 22, 1, 269. — 25 juillet 1827, Caen; S. 30, 2, 204; D. 30, 2, 234).

Voy. observations en sens contraire (S. 25, 1, 46).

Encore qu'une obligation mentionne que les espèces ont été comptées en présence du notaire, le débiteur peut être admis à prouver par témoins, et sans être tenu de prendre la voie de l'inscription de faux, que l'obligation est usuraire (2 juin 1831, Bourges; S. 32, 2, 120; D. 32, 2, 131; P. 53, 488).

Le fait d'usure a le caractère du dol et de la fraude, et peut, dès lors, être prouvé par témoin (18 février 1829; Cass. S. 29, 1, 96; D. 29, 1, 375; P. 45, 30).

La femme qui aide son mari dans des faits d'usure habituelle peut être réputée sa complice (quoiqu'elle soit en sa puissance), surtout s'il est constant qu'elle ait pris aux faits d'usure une part active et personnelle, en pleine connaissance de cause, et à l'instar d'un auteur principal (14 octobre 1826; Cass. S. 27, 1, 143; D. 27, 1, 31; P. 39, 306).

(3) Le maximum de l'amende étant fixé à la moitié des sommes prêtées à usure, la condamnation d'un usurier à l'amende ne peut être légale qu'autant que le jugement constate la quotité des capitaux prêtés à usure, afin qu'il soit possible de vérifier si l'amende n'excède pas le rapport établi par la loi entre cette même amende et les sommes prêtées à usure (7 mai 1824; Cass. S. 24, 1, 306. — 12 novembre 1819; Cass. S. 20, 1, 86).

(4) Voy. notes sur l'art. 35 de la loi du 19 = 22 juillet 1791, in fine.

(5) Nul n'est recevable à intervenir, comme partie civile, dans un procès correctionnel pour délit d'habitude d'usure, sauf le recours devant les tribunaux civils, aux termes de l'article 3 (19 février 1830; Cass. S. 30, 1, 273; D. 30, 1, 130).

Les juges correctionnels peuvent, dans l'appréciation des faits qui caractérisent le délit d'usure, déclarer la simulation de certains actes, tels que des effets de commerce négociables, et y reconnaître des prêts usuraires dont l'ensemble constitue le délit d'usure habituelle (4 août 1820; Cass. S. 21, 1, 39. — 24 décembre 1825; Cass. S. 26, 1, 371; P. 35, 119).

Lorsqu'une opération financière a la forme extérieure d'opérations de banque, si les juges décident que cette apparence est simulée; qu'en

jusqu'au jour de la publication de la présente loi (1).

---

3 SEPTEMBRE 1807. — Loi relative aux inscriptions hypothécaires, en vertu de jugemens rendus sur des demandes en reconnaissance d'o-

bligations sous seing privé. (4, Bull. 158, n.° 2741.)

Art. 1er. Lorsqu'il aura été rendu un jugement sur une demande en reconnaissance d'obligation sous seing privé, formée avant l'échéance ou l'exigibilité de ladite obliga-

---

réalité il n'y a que prêt *conventionnel* à un taux usuraire; une telle décision est à l'abri de la censure de la Cour de cassation : l'erreur des juges à cet égard ne donnerait pas ouverture à cassation (19 février 1830; Cass. S. 30, 1, 273; D. 30, 1, 130.)

De simples présomptions sont admissibles pour établir qu'une obligation notariée est infectée de dol, de fraude et d'usure, alors surtout que le créancier a été condamné comme usurier. Les juges peuvent, en un tel cas, déférer d'office au débiteur le serment sur le montant de la créance (16 janvier 1827, Riom; S. 27, 2, 57).

Le souscripteur d'une lettre de change, condamné à en payer le montant par un jugement passé en force de chose jugée, n'est pas recevable à prétendre ultérieurement que la lettre de change masquait des opérations usuraires (31 juillet 1829, Toulouse; S. 30, 2, 132; D. 30, 2, 182.)

Le prévenu qui a commis des faits d'usure dans divers arrondissemens, en nombre suffisant dans chacun pour constituer l'habitude d'usure, peut être traduit indifféremment devant le juge de chaque arrondissement (15 octobre 1818; Cass. S. 19, 1, 262).

La prescription de trois ans établie pour les délits correctionnels, et par conséquent applicable au délit d'usure habituelle, n'est pas applicable à chaque fait particulier d'usure qui concourt à constituer le délit; ainsi l'amende peut être calculée en prenant pour base même les sommes prêtées antérieurement aux trois ans qui ont précédé les poursuites (15 juin 1821; Cass. S. 21, 1, 407).

Jugé dans le même sens par arrêt du 4 août 1820 (S. 21, 1, 59), et par arrêt du 23 juillet 1825 (S. 25, 1, 430).

Il paraît toutefois incontestable que, si, après un ou plusieurs faits d'usure, il s'était écoulé un laps de trois ans, ces faits seraient couverts par la prescription; en sorte que de nouveaux faits d'usure survenus après cet intervalle ne pourraient pas faire revivre les faits anciens : ainsi la règle devrait être entendue en ce sens, que tous faits d'usure peuvent être poursuivis plus de trois ans après qu'ils ont eu lieu, s'ils se lient à d'autres faits d'usure, et si l'intervalle qui sépare les uns des autres n'est pas de trois ans.

L'usure ne consiste pas seulement dans la stipulation de l'intérêt usuraire; il y a aussi usure dans chaque fait de perception d'intérêts usuraires précédemment stipulés. — Ainsi, la prescription n'est pas acquise par cela seul que la stipulation d'intérêts usuraires remonte à plus de trois ans, lorsqu'il y a eu des perceptions d'intérêts, en vertu de cette stipulation, depuis moins de trois

ans (25 février 1826; Cass. S. 26, 1, 138. — 24 décembre 1825; Cass. S. 26, 1, 371, P. 35, 119).

Le coupable d'*escroquerie* et d'*usure* peut être puni d'amende comme *usurier*, et d'emprisonnement comme escroc, si, en somme, les deux peines infligées n'excèdent pas l'emprisonnement et l'amende que comporte le seul délit d'usure habituelle : ce n'est pas là cumuler des peines dans un sens opposé à l'art. 365, Cod. inst. crim. (9 septembre 1826; Cass. S. 27, 1, 536; D. 27, 1, 342).

(1) Avant la présente loi, l'intérêt pouvait être stipulé à un taux quelconque, suivant la volonté des parties; même à vingt-cinq et cinquante pour cent (20 février 1810, et 11 avril 1810; Cass. S. 10, 1, 205. — 3 mai 1809; Cass. S. 9, 1, 257). — Il en était de même dans les Pays-Bas, quoiqu'il y eût existé un statut local réglant le taux de l'intérêt; ce statut avait été abrogé par la survenance du Code civil (10 janvier 1810, Bruxelles; S. 10, 2, 343).

L'anatocisme même n'était pas prohibé (20 février 1810; Cass. S. 10, 1, 205. — 5 octobre 1813; Cass. 15, 1, 76).

Il y a arrêt contraire du 8 frimaire an 12 (Cass. S. 4, 1, 120).

Cette loi est applicable aux intérêts commerciaux échus depuis sa promulgation, bien qu'ils résultent d'un quasi-contrat antérieur (13 mai 1817; Cass. S. 18, 1, 225).

Un arrêt a jugé en sens contraire pour les intérêts en matière civile (24 mai 1809; Bruxelles; S. 10, 2, 567).

Des intérêts peuvent être alloués en justice au-dessus du taux fixé par la loi de 1807, bien que ces intérêts aient couru depuis la loi, s'ils se rattachent à des négociations et traités antérieurs à la loi (21 juin 1825; Cass. S. 26, 1, 301; D. 26, 1, 304).

Une stipulation d'intérêts à dix pour cent, faite dans un contrat de prêt antérieur à la présente loi, avec la convention que cet intérêt sera servi jusqu'à parfait remboursement du capital, doit produire son effet, même depuis la promulgation de la loi, peu importe que le prêt n'eût été fait que pour une année (8 février 1825, Poitiers; S. 25, 2, 415).

Décidé en sens contraire, que les intérêts perçus depuis la loi de 1807, au-delà du taux fixé par cette loi, doivent, bien qu'ils dérivent d'un contrat antérieur, être restitués au débiteur ou imputés sur le capital, si les termes stipulés pour le paiement de ce capital étaient échus avant ladite loi. En un tel cas, on doit considérer que les intérêts ont continué d'être payés, moins en vertu de la première convention, qu'en vertu d'une prorogation de délai accordée chaque antion, il ne pourra être pris aucune inscription hypothécaire en vertu de ce jugement, qu'à défaut de paiement de l'obligation après son échéance ou son exigibilité, à moins qu'il n'y ait eu stipulation contraire (1).

2. Les frais relatifs à ce jugement ne pourront être répétés contre le débiteur, que dans le cas où il aura dénié sa signature.

Les frais d'enregistrement seront à la charge du débiteur, tant dans le cas dont il vient d'être parlé, que lorsqu'il aura refusé de se libérer après l'échéance ou l'exigibilité de la dette.

3 SEPTEMBRE 1807. — Code Napoléon (2). (4, Bull. 154 *bis*, n° 2633 *bis*: motifs; S. 7, 2, 350.)

4 = Pr. 14 SEPTEMBRE 1807. — Loi qui détermine le sens et les effets de l'article 2148 du Code civil, sur l'inscription des créances hypothécaires (4, Bull. 158, n° 2742; Mon. du 6 septembre; motifs de la loi; S. 8, 2, 17.)

Art. 1er. Dans le délai de six mois, à dater de la promulgation de la présente loi, tout créancier qui aurait, depuis la loi du 11 brumaire an 7 jusqu'au jour de ladite promulgation, obtenu une inscription *sans indication de l'époque de l'exigibilité de sa créance*, soit que cette époque doive avoir lieu à jour fixe ou après un évènement quelconque, est autorisé à représenter au bureau de la conservation où son inscription a été faite, son bordereau rectifié, à la vue duquel le conservateur indiquera, tant sur son registre que sur le bordereau resté entre ses mains, l'époque de l'exigibilité de la créance ; le tout en se conformant à la disposition de l'article 2200 du Code civil, et sans perception d'aucun nouveau droit.

2. Au moyen de cette rectification, l'inscription primitive sera considérée comme complète et valable, si d'ailleurs on y a observé les autres formalités prescrites (3).

3. La présente loi ne s'applique point aux inscriptions qui auraient été annulées par jugemens passés en force de chose jugée.

née et réglée en conséquence par la loi sous l'empire de laquelle elle a eu lieu (30 janvier 1832, Montpellier; S. 32, 2, 523; D. 32, 2, 142).

Lorsqu'un contrat de vente antérieur à la loi de 1807 fixe l'époque des échéances du prix et qu'il stipule que ces intérêts seront à 10 pour 100 à compter du jour de la vente, le vendeur ne peut réclamer les intérêts ainsi fixés que jusqu'à l'époque des échéances déterminées par le contrat. Les intérêts résultant du non-paiement aux échéances doivent être réglés d'après la loi en vigueur à l'époque où ils ont commencé à courir (13 juillet 1829; Cass. S. 29, 1, 256; D. 29, 1, 298; P. 45, 557, — 13 août 1829, Bordeaux; S. 31, 2, 47; D. 31, 2, 108).

(1) Ainsi l'inscription prise par un propriétaire sur les biens de son locataire ou fermier, ne vaut que pour les *termes échus* ; elle est nulle pour les *termes à échoir* (23 février 1829, Nîmes; S. 30, 2, 42; D. 30, 2, 182; P. 43, 451).

(2) Les modifications que présente cette nouvelle rédaction sont presque toutes relatives aux dénominations qu'une nouvelle forme de gouvernement avait introduites. La plus importante de toutes est celle qu'a subie l'article 896. On lisait dans la première édition :

« Les substitutions sont prohibées.

« Toute disposition par laquelle le donataire, « l'héritier institué ou le légataire sera chargé de « conserver et de rendre à un tiers, sera nulle, « même à l'égard du donataire, de l'héritier « institué ou du légataire. »

On ajouta dans la seconde édition :

« Néanmoins les biens libres formant la dota-« tion d'un titre héréditaire que l'empereur au-« rait érigé en faveur d'un prince ou d'un chef « de famille pourront être transmis hérédilaire-« ment, ainsi qu'il est réglé par l'acte impérial « du 30 mars 1806 et par le sénatus-consulte « du 14 août suivant. »

C'est ainsi, et, en apparence, par un simple changement de rédaction, qu'a été introduite une institution qui exigeait certainement le concours du législateur.

Voy. décret du 1er mars 1808.

L'article 17 a également éprouvé un changement notable.

Dans la première rédaction, on lisait, après le n° 2 : « 3° par l'affiliation à toute corporation « étrangère, qui exigera des distinctions de nais-« sance ; 4° enfin, par tout établissement fait « en pays étranger sans esprit de retour. »

Dans la rédaction nouvelle, le troisième paragraphe a été supprimé ; le quatrième est devenu le troisième.

(3) L'inscription hypothécaire qui portait une époque d'exigibilité erronée a pu, comme celle qui n'en portait pas du tout, être rectifiée en vertu de cette loi (9 avril 1811; Cass. S. 11, 1, 204).

La rectification a dû être faite sur le bordereau lui-même; si elle a été faite par une inscription séparée, elle n'a pu rétroagir sur la première inscription. Cette nouvelle inscription n'a d'effet qu'à partir de sa date (16 mars 1811, Turin; S. 11, 2, 423).

Il résulte des *considérans* d'un arrêt de la Cour de cassation du 5 mai 1813, que la rectification ordonnée par la présente loi couvre bien le vice de l'inscription, mais que, si un tiers avait acquis des droits, par exemple, si un acquéreur avait transmis son titre avant la rectification, cette rectification ne pourrait enlever les droits acquis (5 mai 1813; Cass. S. 13, 1, 304).

La mention (expresse ou virtuelle) de l'époque de l'exigibilité de la créance, est une formalité *substantielle* de l'inscription hypothécaire dont l'inobservation emporte nullité (9 août 1832; Cass. S. 32, 1, 481; D. 32, 1, 352; P. 54, 226).

5 = Pr. 15 SEPTEMBRE 1807. — Loi relative au mode de recouvrement des frais de justice au profit du Trésor public, en matière criminelle, correctionnelle et de police. (4, Bull. 158, n° 2743; motifs; S. 8, 2, 33.)

Voy. Code civil, art. 2098, 2101 et 2102.

Art. 1er. En conséquence de l'article 2098 du Code civil, le privilége du Trésor public est réglé de la manière suivante, en ce qui concerne le remboursement des frais dont la condamnation est prononcée à son profit, en matière criminelle, correctionnelle et de police.

2. Le privilége du Trésor public sur les meubles et effets mobiliers des condamnés ne s'exercera qu'après les autres priviléges et droits ci-après mentionnés, savoir :

1° Les priviléges désignés aux articles 2101 et 2102 du Code civil ;

2° Les sommes dues pour la défense personnelle du condamné, lesquelles, en cas de contestation de la part de l'administration des domaines, seront réglées d'après la nature de l'affaire par le tribunal qui aura prononcé la condamnation (1).

3. Le privilége du Trésor public sur les biens immeubles des condamnés n'aura lieu qu'à la charge de l'inscription dans les deux mois, à dater du jour du jugement de condamnation ; passé lequel délai les droits du Trésor public ne pourront s'exercer qu'en conformité de l'article 2113 du Code civil (2).

4. Le privilége mentionné dans l'article 3 ci-dessus ne s'exercera qu'après les autres priviléges et droits suivans :

1° Les priviléges désignés en l'article 2101 du Code civil, dans le cas prévu par l'article 2105 ;

2° Les priviléges désignés en l'article 2103 du Code civil, pourvu que les conditions prescrites pour leur conservation aient été accomplies ;

3° Les hypothèques légales existantes indépendamment de l'inscription, pourvu toutefois qu'elles soient antérieures au mandat d'arrêt, dans le cas où il en aurait été décerné contre le condamné ; et, dans les autres cas, au jugement de condamnation ;

4° Les autres hypothèques, pourvu que les créances aient été inscrites au bureau des hypothèques avant le privilége du Trésor public, et qu'elles résultent d'actes qui aient une date certaine antérieure auxdits mandat d'arrêt ou jugement de condamnation ;

5° Les sommes dues pour la défense personnelle du condamné, sauf le réglement, ainsi qu'il est dit en l'article 2 ci-dessus.

5. Toutes dispositions contraires à la présente loi sont abrogées.

---

5 = Pr. 15 SEPTEMBRE 1807. — Loi qui réunit les cantons de justice de paix de Castel-Jaloux et de Damazan à l'arrondissement de Nérac. (4, Bull. 158, n° 2744.)

Les cantons de justice de paix de Castel-Jaloux et de Damazan sont distraits de l'arrondissement de Marmande, département de Lot-et-Garonne, et réunis à l'arrondissement de Nérac, même département.

---

5 = Pr. 15 SEPTEMBRE 1807. — Loi relative aux droits du Trésor public sur les biens des comptables (3). (4, Bull. 159, n° 2775; motifs. S. 8, 2, 22.)

Voy. Code civil, art. 2098 et 2121. *Voy.* avis du Conseil-d'État du 25 FÉVRIER 1808.

Art. 1er. Le privilége et l'hypothèque maintenus par les articles 2098 et 2121 du Code civil, au profit du Trésor public, sur les biens meubles et immeubles de tous les comptables chargés de la recette ou du paiement de ses deniers, sont réglés ainsi qu'il suit.

2. Le privilége du Trésor public a lieu sur tous les biens meubles des comptables, même à l'égard des femmes séparées de biens, pour les meubles trouvés dans les maisons d'habitation du mari, à moins qu'elles ne justifient légalement que lesdits meubles leur sont échus de leur chef, ou que les deniers employés à l'acquisition leur appartenaient.

Ce privilége ne s'exerce néaumoins qu'après les priviléges généraux et particuliers énoncés aux articles 2101 et 2102 du Code civil.

3. Le privilége du Trésor public sur les fonds de cautionnement des comptables, continuera d'être régi par les lois existantes.

---

(1) Le privilége accordé par la loi au Trésor public pour le recouvrement des frais de poursuite criminelle, correctionnelle et de police, peut, quand il s'agit des meubles du condamné, être opposé aux tiers-créanciers dont les titres sont antérieurs à la loi, et même à celui du Trésor public (6 juin 1809; Cass. S. 9, 1, 271).

Le privilége du Trésor sur le cautionnement d'un agent de change, pour le recouvrement des amendes prononcées contre lui, ne doit s'exercer qu'après celui résultant du dommage éprouvé par ceux qui ont traité avec l'agent de change (7 mai 1816; Cass. S. 17, 1, 53).

(2) *Voy.* Instruction de la régie, du 14 avril 1809, S. 10, 2, 332.

(3) *Voy.* Instruction de la régie, du 22 juillet 1809, S. 10, 2, 236.

4. Le privilége du Trésor public a lieu:

1° Sur les immeubles acquis à titre oné-reux par les comptables, postérieurement à leur nomination ;

2° Sur ceux acquis au même titre, et de-puis cette nomination, par leurs femmes, même séparées de biens.

Sont exceptées néanmoins les acquisitions à titre onéreux faites par les femmes, lors-qu'il sera légalement justifié que les deniers employés à l'acquisition leur appartenaient.

5. Le privilége du Trésor public mentionné en l'article 4 ci-dessus, a lieu conformément aux articles 2106 et 2113 du Code civil, à la charge d'une inscription qui doit être faite dans les deux mois de l'enregistrement de l'acte translatif de propriété.

En aucun cas il ne peut préjudicier:

1° Aux créanciers privilégiés désignés dans l'article 2103 du Code civil, lorsqu'ils ont rempli les conditions prescrites pour ob-tenir privilége ;

2° Aux créanciers désignés aux art. 2101, 2104 et 2105 du Code civil, dans le cas prévu par le dernier de ces articles;

3° Aux créanciers du précédent proprié-taire qui auraient, sur le bien acquis, des hy-pothèques légales, existantes indépendam-ment de l'inscription, ou toute autre hypo-thèque valablement inscrite.

6. A l'égard des immeubles des comptables qui leur appartenaient avant leur nomina-tion, le Trésor public a une hypothèque lé-gale, à la charge de l'inscription, conformé-ment aux articles 2121 et 2134 du Code civil.

Le Trésor public a une hypothèque sem-blable, et à la même charge, sur les biens ac-quis par le comptable autrement qu'à titre onéreux, postérieurement à sa nomination.

7. A compter de la publication de la pré-sente loi, tous receveurs généraux de dépar-tement, tous receveurs particuliers d'arron-dissement, tous payeurs généraux et divi-sionnaires, ainsi que les payeurs de départe-ment, des ports et des armées, seront tenus d'énoncer leurs titres et qualités dans les actes de vente, d'acquisition, de partage, d'é-change, et autres translatifs de propriété qu'ils passeront; et ce, à peine de destitution; en cas d'insolvabilité envers le Trésor public, d'être poursuivis comme banqueroutiers frau-duleux.

Les receveurs de l'enregistrement et les conservateurs des hypothèques seront tenus, aussi à peine de destitution, et en outre de tous dommages et intérêts, de requérir ou de faire, au vu desdits actes, l'inscription, au nom du Trésor public, pour la conservation de ses droits, et d'envoyer, tant au procureur impérial du tribunal de première instance de l'arrondissement des biens, qu'à l'agent du Trésor public à Paris, le bordereau prescrit par les articles 2148 et suivans du Code civil.

Demeurent néanmoins exceptés les cas où, lorsqu'il s'agira d'une aliénation à faire, le comptable aura obtenu un certificat du Tré-sor public, portant que cette aliénation n'est pas sujette à l'inscription de la part du Tré-sor. Ce certificat sera énoncé et daté dans l'acte d'aliénation.

8. En cas d'aliénation, par tout comptable, de biens affectés aux droits du Trésor public par privilége ou par hypothèque, les agens du Gouvernement poursuivront, par voie de droit, le recouvrement des sommes dont le comptable aura été constitué redevable.

9. Dans le cas où le comptable ne serait pas actuellement constitué redevable, le Tré-sor public sera tenu, dans trois mois, à comp-ter de la notification qui lui sera faite, aux termes de l'article 2183 du Code civil, de fournir et de déposer au greffe du tribunal de l'arrondissement des biens vendus, un certi-ficat constatant la situation du comptable; à défaut de quoi, ledit délai expiré, la main-levée de l'inscription aura lieu de droit, et sans qu'il soit besoin de jugement.

La main-levée aura également lieu de droit dans le cas où le certificat constatera que le comptable n'est pas débiteur envers le Trésor public.

10. La prescription des droits du Trésor public, établie par l'article 2227 du Code civil, court, au profit des comptables, du jour où leur gestion a cessé.

11. Toutes dispositions contraires à la pré-sente loi sont abrogées.

---

7 = Pr. 17 SEPTEMBRE 1807 —. Loi sur les douanes (4, Bull. 160, n° 2786; Mon. du 8 sep-tembre 1807.)

Voy. lois du 30 AVRIL 1806, du 12 JAN-VIER 1810.

TITRE Ier. Des importations.

Art. 1er. Les crêpes de soie de toute sorte, venant du royaume d'Italie, avec des certifi-cats du fabricant, visés par le préfet ou le sous-préfet, ne paieront, à leur entrée en France, qu'un droit de trois francs par pièce de ..ze mètres quatre-vingt-huit cen-timètres.

Ils ne pourront entrer que par les bureaux de Verceil et de Casatine.

2. Les fromages paieront, à l'entrée en France, six francs par quintal décimal.

TITRE II. Des exportations.

3. L'exportation du houblon est permise pour la Hollande et l'Allemagne, par les

ports d'Anvers et de Weel sur la Meuse, en payant un droit de cinq francs par quintal.

4. L'exportation du houblon cessera quand le prix en sera monté à cent vingt francs le quintal, dans les marchés d'Alost et de Liége, d'après les mercuriales.

5. Le tuf en pierre provenant des carrières d'Andernach paiera, à la sortie, cinquante centimes par quintal.

6. La sortie des osiers est permise pour la Hollande, par les ports d'Anvers et du Sas-de-Gand, moyennant un droit de cinq pour cent de la valeur.

Titre III. Du transit.

7. Les laines non filées arrivant d'Espagne à Bayonne, tant par mer que par les bureaux de Béhobie et d'Ainhoa, pourront à leur sortie de l'entrepôt être réexportées à l'étranger en transit sur le territoire français.

Titre IV. Des marchandises de l'Inde.

8. Les nankins existans dans les entrepôts des douanes, qu'on justifiera provenir du commerce français dans l'Inde, ne paieront que le droit de vingt-cinq centimes par mètre, imposé par l'article 12 de la loi du 9 floréal an 7, au lieu de celui de cinquante centimes, fixé par le décret du 17 pluviose an 13.

Titre V. Dispositions diverses.

9. L'île de Capraja est, pour ses relations avec l'étranger, soumise aux droits de douanes et aux prohibitions.

10. Les réglemens de cette partie seront exécutés dans l'île de Capraja, de la même manière que dans celle de Corse, avec laquelle elle aura une libre communication, en observant les formalités nécessaires.

11. Les produits de la pêche du thon, faite sur les côtes de la Sardaigne par ceux des sujets de la ci-devant Ligurie qui voudront s'y livrer, sont assimilés aux produits des autres pêches françaises, aux mêmes conditions.

12. Les capitaines ou armateurs seront tenus de faire, à la douane du lieu de leur départ, ou à la plus prochaine, la déclaration de leurs navires, de leur contenance, de leur avitaillement, et de la destination pour la pêche du thon, avec soumission de revenir au port qu'ils indiqueront.

13. Au retour, ils déclareront les produits de leur pêche: ils en justifieront par le certificat, soit des autorités françaises, soit, à leur défaut, des magistrats du lieu où les bâtimens ont abordé en Sardaigne; et les déclarations seront vérifiées sur les journaux de bord présentés à l'appui, relatant les événemens et les opérations de la pêche.

---

7 = Pr. 17 SEPTEMBRE 1807. — Loi qui autorise des aliénations, acquisitions, concessions à rentes, échanges et impositions extraordinaires (4, Bull. 173, n° 2916; Mon. du 8 septembre 1807.)

Titre VII. Dispositions générales.

Art. 151. Les impositions accordées aux communes auront lieu sur les contributions foncière, mobilière, personnelle et somptuaire, au centime le franc.

Art. 152. Toutes les fois qu'un des preneurs à rente voudra l'amortir, il en aura la faculté, en payant vingt années du montant de la rente.

Art. 153. Si la somme que chaque commune ou hospice aura à sa disposition, provenant de remboursement, aliénation ou soulte d'échange par suite de la présente loi, n'a pas d'affectation spéciale, et peut suffire à acquérir cinquante francs de rente sur l'Etat, cette acquisition sera faite sous la surveillance du préfet, à moins qu'il n'y ait autorisation contraire et spéciale. Si elle n'est pas suffisante pour acheter cinquante francs de rente, le préfet en réglera l'emploi.

Art. 154. Tous les travaux qu'une commune ou un département aura à faire en vertu de la présente loi, seront, si fait n'a déjà été, évalués par devis, adjugés au rabais, et ensuite faits, reçus et payés comme les travaux publics nationaux, sous l'inspection gratuite d'un ingénieur du département, et sous la surveillance du préfet (1).

---

7 SEPTEMBRE 1807. — Loi qui envoie en possession définitive des biens désignés aux états de concessions provisoires annexés au décret du 1er jour complémentaire an 13, divers hospices et établissemens de charité des départemens de l'Aisne, de l'Allier, des Alpes-Maritimes, de l'Ardèche, du Calvados, de la Charente, de la Charente-Inférieure, du Cher, des Côtes-du-Nord, du Gard, des Landes, de Loir-et-Cher, de la Meurthe, de la Moselle, du Nord, de l'Oise, du Pas-de-Calais, du Pô, de la Sarre, de la Sarthe, de Seine-et-Oise, de la Somme, du Tarn, de la Vienne, des Vosges et de l'Yonne. (4, Bull. 173, n° 2923.)

8 SEPTEMBRE 1807. — Loi qui autorise des aliénations, acquisitions, concessions à rente, échanges et impositions extraordinaires.

---

(1) Les autres articles contiennent les noms des communes, hospices, etc., autorisés.

Communes : Molandier, Lurs, etc. (4, Bull. 173, n° 2717.)

---

8 SEPTEMBRE 1807. — Loi qui autorise des aliénations, acquisitions, concessions à rente, échanges et impositions extraordinaires.

Départemens: Manche.— Communes : Crest, Béon, etc.

Hospices et établissemens de bienfaisance: Picquigny, Nogent-le-Rotrou. (4, Bull. 173, n° 2918.)

---

8 SEPTEMBRE 1807. — Loi qui autorise des aliénations, acquisitions, concessions à rente, échanges et impositions extraordinaires.

Département : Eure, Ourte, Seine-et-Oise. — Communes: Argenton, Besançon, etc.

Hospices et établissemens de bienfaisance: Ferrières, Tulle.

Écoles secondaires: Cologne et Manosque. (4, Bull. 173, n° 2919.)

---

9 = Pr. 19 SEPTEMBRE 1807. — Loi relative à la construction d'un bâtiment pour y placer la condition des soies de la ville de Lyon. (4, Bull. 161, n° 2787 ; Mon. du 10 septembre 1807.)

Art. 1er. Le préfet du département du Rhône est autorisé à faire, pour la somme de quarante-six mille cinq cent soixante-six francs soixante-douze centimes, l'acquisition de différentes parties de terrain dépendant de l'enclos des ci-devant Capucins de Lyon, et appartenant aux sieurs Jean Devarenne, Philippe Billion, Etienne Ganin et Louis Flacheron : le prix de cette acquisition sera payé par les fonds provenant de l'exploitation de la condition publique pour les soies de la ville, aux époques et de la manière qu'indique le compromis passé, le 4 mai dernier, entre les sieurs Devarenne, Billion, Ganin et Flacheron, d'une part; le préfet du Rhône, et les sieurs Joyard, Piquet, Banniols et Mollet, commissaires de la chambre de commerce, d'autre part.

2. Il sera construit, sur le terrain, un bâtiment dans lequel sera placée la condition. Le préfet est autorisé à accepter l'offre faite par différens capitalistes de Lyon, de prêter la somme de cent cinquante mille francs jugée nécessaire pour effectuer cette construction.

3. Les conditions de l'emprunt seront les suivantes :

La somme de cent cinquante mille francs, à laquelle cet emprunt demeure fixé, sera divisée en soixante-quinze actions de deux mille francs chacune ; ces actions, numérotées depuis le numéro un jusques et compris le numéro soixante-quinze, seront négociables et transmissibles à ordre, par endossement, comme un effet de commerce.

Les actionnaires verseront en deux paiemens égaux, fixés, l'un au 1er avril 1808, et le dernier au 31 décembre de la même année, le montant de leur souscription dans la caisse qui leur sera indiquée par le préfet du département du Rhône; ils toucheront un intérêt annuel de six pour cent, qui leur sera payé, à la fin de chaque année, par la caisse de la condition.

En l'an 1812, et chaque année qui suivra, jusques et compris 1821, il sera remboursé un certain nombre d'actions, jusqu'au complément des soixante-quinze actions. L'ordre de ces remboursemens sera déterminé par un tirage au sort, qui sera fait six mois après le versement du second terme de l'emprunt.

Indépendamment de l'intérêt annuel, il sera attribué une prime au remboursement de chaque action ; cette prime sera croissante d'année en année. Les sommes auxquelles les primes sont fixées à chaque année de remboursement, ainsi que le nombre des actions remboursables à chaque époque, sont déterminées ainsi qu'il suit :

1812	Il sera remboursé	5 actions		10,000f	et payé	5 primes à	80f			400f
1813		id.	5	10,000		id.	5		100	500
1814		id.	8	16,000		id.	8		130	1,040
1815		id.	9	18,000		id.	9		170	1,530
1816		id.	8	16,000		id.	8		240	1,920
1817		id.	9	18,000		id.	9		320	2,880
1818		id.	9	18,000		id.	9		420	3,780
1819		id.	8	16,000		id.	8		560	4,480
1820		id.	9	1,8000		id.	9		700	6,300
1821		id.	5	10,000		id.	5		860	4,300
Totaux.		75 actions		150,000f		75 primes				27,130f

4. La portion libre du produit de la condition publique pour les soies est spécialement affectée au remboursement de l'emprunt, en capital et intérêts; et surabondamment chaque action est hypothéquée sur la valeur du bâtiment et du sol dont l'acquisition aura donné lieu à cet emprunt.

9 SEPTEMBRE 1807. — Loi qui envoie en possession définitive des biens désignés aux états de concession provisoire annexés au décret du premier jour complémentaire an 13, divers hospices et établissemens de charité des départemens de l'Ain, des Bouches-du-Rhône, de la Dordogne, de l'Eure, du Finistère, des Forêts, du Gers, de la Gironde, d'Illeet-Vilaine, d'Indre-et-Loire, de l'Isère, de Maine-et-Loire, de la Manche, de la Marne, de la Meuse, du Bas-Rhin, de Saône-et-Loire, de la Seine, de la Seine-Inférieure, des Deux-Sèvres, du Var et de la Haute-Vienne. (4, Bull. 173, n° 2924.)

10 = Pr. 20 SEPTEMBRE 1807. — Loi relative à la contrainte par corps contre les étrangers non domiciliés en France. (4, Bull. 161, n° 2788; Mon. du 1er septembre; motifs, S. 8, 2, 2.)

Voy. lois du 15 GERMINAL an 6, du 4 FLORÉAL an 6 (1).

Art. 1er. Tout jugement de condamnation qui interviendra au profit d'un Français contre un étranger non domicilié en France, emportera la contrainte par corps (2).

2. Avant le jugement de condamnation, mais après l'échéance ou l'exigibilité de la dette (3), le président du tribunal de première instance dans l'arrondissement duquel se trouvera l'étranger (4) non domicilié pourra, s'il y a de suffisans motifs (5), ordonner (6) son arrestation provisoire (7) sur la

---

(1) Cette loi a été abrogée par celle du 17 avril 1832, qui, dans son titre III, en a reproduit les principales dispositions.

Mais la nouvelle législation a laissé indécises quelques-unes des questions qu'avait soulevées l'application de la loi de 1807, et qui sont ci-après analysées sous chacune de ses dispositions.

(2) Pour qu'un étranger soit à l'abri de la contrainte par corps, il suffit qu'il soit domicilié en France (6 février 1826; Cass. S. 26, 1, 341; D. 26, 1, 164; P. 38, 159).

Mais si l'étranger, même autorisé par une ordonnance royale à établir son domicile en France, ne s'y fixe pas réellement, et s'il ne s'y crée qu'un domicile fictif, il reste soumis à l'arrestation provisoire (9 décembre 1829, Douai; S. 32, 2, 648; D. 32, 2, 56).

Les jugemens rendus au profit de Français, contre des étrangers non domiciliés en France, sont exécutoires avec contrainte par corps, alors même qu'ils n'autorisent pas expressément cette voie (16 février 1830, Bordeaux; S. 30, 2, 212; D. 30, 2, 130).

(3) L'étranger qui a souscrit un billet à ordre au profit d'un étranger ne peut être arrêté provisoirement à la requête d'un Français devenu, par suite d'endossement, porteur de ce billet (25 août 1828, Aix; S. 29, 2, 80; D. 29, 2, 123).

... Si le Français n'est que cessionnaire de la créance (27 février 1828, Douai; S. 28, 2, 284; D. 28, 2, 181; P. 41, 553).

... Encore que le Français porteur de l'obligation prétende que l'étranger au profit de qui elle a été souscrite n'était que son mandataire (27 mai 1830, Pau; S. 31, 2, 54; D. 30, 2, 266).

Décidé en sens contraire, que l'étranger débiteur d'un billet à ordre souscrit par lui au profit d'un autre étranger, et endossé depuis en faveur d'un Français, devient, par cet endossement, *directement* obligé envers le Français 7 mai 1828, Douai; S. 29, 2, 79; D. 29, 2, 23. — 29 novembre 1831, Paris; S. 32, 2, 54; D. 32, 2, 53; P. 52, 5. — 12 janvier 1832, Caen; S. 32, 2, 202).

Le Français porteur, même en vertu d'un simple endossement en blanc, d'une lettre de change souscrite par un étranger, peut demander l'arrestation provisoire de son débiteur. La lettre de change, quoique transmise par un endossement en blanc, constitue un *titre apparent* dans le sens de la loi de 1807 (29 novembre 1831, Paris; S. 32, 2, 54; D. 32, 2, 53; P. 52, 5).

(4) L'arrestation provisoire peut être exercée aussi bien contre l'étranger mineur que contre l'étranger majeur (23 décembre 1828, Bordeaux; S. 29, 2, 152. — 19 mai 1830; S. 30, 2, 222; P. 47, 274).

(5) Pour qu'un Français puisse obtenir la permission de faire arrêter provisoirement un étranger qu'il dit être son débiteur, il n'est pas nécessaire qu'il soit porteur d'un titre incontesté ou même incontestable; c'est au président à qui la permission est demandée, à décider s'il y a titre suffisant. La loi ne prescrit aucune borne à son pouvoir sur ce point (25 septembre 1829; Cass. S. 30, 1, 151; P. 48, 92).

(6) L'appel de l'ordonnance qui autorise l'arrestation provisoire d'un débiteur étranger est recevable pendant trois mois; cette ordonnance ne peut être assimilée aux jugemens de *référé* dont l'appel n'est recevable que durant quinzaine (22 avril 1818; Cass. S. 19, 1, 194. — 12 janvier 1832, Caen; S. 32, 2, 202; D. 32, 2, 55).

Il n'est pas nécessaire, pour la validité de l'ordonnance, que le président, en rendant cette ordonnance, soit assisté du greffier, ni que l'ordonnance soit signée de ce greffier.

Cette ordonnance ne peut être attaquée par voie d'action principale devant le tribunal; elle ne peut l'être que par voie d'appel devant la cour royale (27 mai 1830, Pau; S. 30, 2, 54; P. 48, 546).

(7) L'emprisonnement d'un étranger, en vertu de cette loi, doit avoir lieu dans les formes prescrites par le Code de procédure. Cet emprisonnement peut être suivi de recommandation, comme celui de tout autre débiteur (22 juin 1813, Nancy; S. 16, 2, 95).

Jugé en sens contraire, que l'arrestation provisoire autorisée contre les étrangers, n'étant

requête du créancier français (1).

3. L'arrestation provisoire n'aura pas lieu, ou cessera, si l'étranger justifie qu'il possède sur le territoire français un établissement de commerce, ou des immeubles, le tout d'une valeur suffisante pour assurer le paiement de la dette, ou s'il fournit pour caution une personne domiciliée en France, et reconnue solvable.

10 SEPTEMBRE 1807. — Code de commerce (2). (4, Bull. 164, n° 2804.) *Voy.* loi du 15 SEPTEMBRE 1807.

10 SEPTEMBRE 1807. — Loi qui autorise des aliénations, acquisitions, concessions à rente, échanges et impositions extraordinaires. — Départemens : Calvados, Meurthe, Nord, Seine, Haut-Rhin, Var, Indre, Ourte, Mont-Tonnerre. — Communes : Cruis, etc. (4, Bull. 173, n° 2920.)

11 = Pr. 21 SEPTEMBRE 1807. — Loi relative aux pensions des grands fonctionnaires de l'empire. (4, Bull. 161, n° 2789.)

Lorsque, par des services distingués, de grands fonctionnaires de l'empire, tels que ministres, maréchaux et autres grands officiers, auront droit à une récompense extraordinaire, et que la situation de leur fortune le rendra nécessaire, le *maximum* de leurs pensions, de celles de leurs veuves et enfans, pourra être élevé jusqu'à vingt mille francs.

12 SEPTEMBRE 1807. — Avis du Conseil-d'Etat. (Arbres pour la marine.) *Voy.* 18 SEPTEMBRE 1807.

15 = Pr. 25 SEPTEMBRE 1807. — Loi relative au budget de l'Etat (4, Bull. 161, n° 2790; Mon. du 9 septembre.)

Voy. lois du 24 AVRIL 1806 et du 25 NOVEMBRE 1808.

---

qu'une mesure de police, n'est point assujétie aux formalités prescrites par le Code de procédure, pour l'exercice de la contrainte par corps; ainsi l'étranger incarcéré ne peut réclamer son élargissement, sous prétexte que l'arrestation n'a pas été précédée d'un commandement fait par un huissier commis; que l'arrestation a eu lieu dans son domicile, sans assistance du juge-de-paix, et que le procès-verbal n'est pas daté (17 mai 1816, Metz; S. 19, 2, 51. — 23 décembre 1828, Bordeaux; S. 29, 2, 152; S. 29, 2, 170).

Ainsi, il n'est pas nécessaire que, selon la règle générale prescrite par l'art. 556 du Code de procédure, l'huissier soit porteur d'un pouvoir spécial : l'ordonnance du président du tribunal de première instance suffit (10 février 1827 ; Cass. S. 27, 1, 134; D. 27, 1, 144; P. 39, 398. — 24 mai 1826, Bordeaux ; S. 26, 2, 296).

Ainsi, la mention de la demeure du poursuivant, dans un procès-verbal d'emprisonnement, peut être considérée comme tenant lieu de la mention du domicile exigé par la loi (Pau, 27 mai 1830; S. 31, 2, 54; D 30, 2, 266; P. 48, 546).

Ainsi l'arrestation n'est pas nulle par cela seul que l'huissier aurait refusé de conduire l'étranger arrêté, en référé devant le président du tribunal... Surtout, il n'y a pas nullité, si la demande du référé n'a été formée qu'après l'emprisonnement et au moment de la signature du procès-verbal d'écrou (12 janvier 1832, Caen; S. 32, 2, 202; D. 32, 2, 55).

Mais on doit observer les dispositions générales sur l'exécution des actes; ainsi l'emprisonnement est nul, s'il a été fait au mois de novembre avant six heures du matin, contrairement à l'art. 1037 du Code de procédure. En outre, l'étranger peut réclamer les égards et les procédés fondés sur le droit des gens et l'équité, et demander des dommages-intérêts, si son arrestation est accompagnée de faits de vexation et de rigueurs illégales (11 février 1820, Metz; S. 21, 2, 18).

La durée de la détention pendant cinq ans ne peut être invoquée comme cause d'élargissement par l'étranger arrêté provisoirement.

La loi de 1807 ayant seule autorisé l'arrestation provisoire contre l'étranger, ce n'est que dans cette loi qu'on doit chercher les causes de l'élargissement (31 août 1819 ; Cass. S. 20, 1, 96). — Jugé dans le même sens, même à l'égard des femmes (1819, Nancy; S. 19, 2, 258). — Jugé en sens contraire (4 juillet 1816, Paris ; S. 17, 2, 70).

Les étrangers ne peuvent se prévaloir de la règle générale de notre droit commun, portant que la contrainte par corps n'a pas lieu pour de simples dépens (11 février 1820, Metz; S. 21, 2, 18).

(1) L'arrestation provisoire d'un étranger poursuivi pour dettes ne peut, avant le jugement de condamnation, être ordonnée que sur la requête d'un créancier français (27 août 1817, Rouen; S. 18, 2, 7).

L'étranger qui a été admis à établir son domicile en France, bien qu'il y jouisse de tous les droits civils tant qu'il continue d'y résider (Code civil, 13), ne peut cependant invoquer le bénéfice de cette disposition, et faire arrêter provisoirement ses débiteurs étrangers non domiciliés en France (7 mai 1828, Douai ; S. 29, 2, 79; D. 29, 2, 123. — Paris, 8 janvier 1831 ; S. 31, 2, 172; D. 31, 2, 100 ; P. 49, 353).

Cette loi s'applique même aux créances antérieures à sa publication (2 août 1808, Paris; S. 8, 2, 265. — 22 mars 1809 ; Cass. S. 9, 1, 202).

(2) *Voy.* la note sur la première loi du Code civil, 14 ventose an 11.

TITRE Ier. Des exercices ans 9, 10, 11, 12 et 13.

Art. 1er. Les sommes qui restaient à recouvrer au 1er janvier sur les exercices 9, 10, 11, 12 et 13, seront portées en recette au compte de l'exercice courant.

2. Les crédits appartenant à ces divers exercices seront communs entre eux. Il en sera de même du fonds de soixante millions de bons de la caisse d'amortissement, affectés à les solder.

3. Les douze millions cent vingt-trois mille quatre cent vingt-six francs qui restaient à recouvrer au 1er janvier 1807, sur le crédit en domaines affectés à l'an 13 seront, en cas d'insuffisance du produit des ventes, complétés au compte de cet exercice par celui des écomptes d'acquéreurs de ces mêmes domaines.

La somme de trois millions deux cent vingt-deux mille cinq cent quinze francs, restant à recouvrer au 1er janvier 1807, pour compléter celle de six cent quatre-vingt-quatre millions, à laquelle les recettes, pour l'exercice an 13, avaient été évaluées par le budget, sera remplacée au fonds de cet exercice sur les recettes desdits décomptes.

4. Le fonds commun des exercices expirés pourra, s'il est nécessaire, être augmenté jusqu'à concurrence de dix millions, par l'émission d'une septième série de bons de la caisse d'amortissement, conformes à la loi de 1806 sur les finances, mais portant seulement intérêt de quatre pour cent.

TITRE II.

5. Le reliquat des crédits ouverts par les lois des 30 ventose an 9, 20 floréal an 10 et 4 germinal an 11, pour la consolidation des anciennes rentes constituées perpétuelles, le retirement des bons de deux tiers, le remboursement de la dette exigible antérieure à l'an 5, et de l'arriéré des services des années 5, 6, 7 et 8, est augmenté de la somme de deux millions, pour être appliqués à la consolidation de ces diverses dettes indistinctement.

TITRE III. Dépenses du service de 1807.

6. La somme de deux cent vingt millions, formant, avec celle des cinq cents millions, portée en l'article 71 de la loi du 24 avril 1806, la somme totale de sept cent vingt millions, est mise à la disposition du Gouvernement.

7. Cette somme sera prise sur le produit des contributions décrétées par les lois, et sur les autres ressources de 1807.

8. Elle sera employée au paiement d'abord de la dette publique, et ensuite aux dépenses générales du service, comme il suit:

Dette publique.

Dette perpétuelle	54,340,000f	
em viagère	17,500.000	
em perpétuelle du ci-devant Piémont	1,900,000	75,159,000f
em viagère	485,000	
em perpétuelle de la ci-devant Ligurie	860,000	
em de Parme et Plaisance	74,000	
Liste civile, y compris trois millions aux princes	28,000,000	

Dépenses générales du service.

Grand-juge		22,191,000	
Relations extérieures		8,655,000	
Intérieur	Service ordinaire 17,150,100f	53,000,000	
	Idem extraordinaire des travaux publics et des ponts-et-chaussées 35,849,900		
Finances	Caisse d'amortissement 10,000,000	65,000,000	616,841,000
	Pensions civiles 5,000,000		
	Idem ecclésiastiques 24,000,000		
	Service ordinaire 26,000,000		
Trésor public		8,100,000	
Guerre		192,000,000	
Administration de la guerre		129,400,000	
Marine		106,000,000	
Postes		12,500,000	
Police générale		1,000,000	
Frais de négociations		10,000,000	
Fonds de réserve		9,000,000	

Total général 720,000,000

TITRE IV. Fixation des contributions de 1808.

9. La contribution foncière et la contribution personnelle et mobilière seront perçues en principal, pour l'année 1808, sur le même pied qu'en 1807.

10. Les dix centimes imposés en sus du principal de la contribution foncière de 1807 pour la guerre sont supprimés pour 1808.

11. Il sera imposé en 1808, tant pour les dépenses fixes que pour les dépenses variables, administratives et judiciaires, le nombre de centimes déterminé par les tableaux 1 et 2 annexés à la présente loi.

12. La répartition du principal desdites contributions entre les arrondissemens et les communes, pour 1808, demeurera la même qu'en 1807.

13. Les centimes additionnels imposés en 1807, d'après l'autorisation de l'art. 68 de la loi de 1806, sur les finances, et ceux autorisés par des lois spéciales, seront perçus pour 1808.

14. La contribution des portes et fenêtres et celle des patentes, ainsi que les contributions indirectes perçues en 1807, seront prorogées pour l'an 1808.

TITRE V. Crédit provisoire pour l'année 1808.

15. La somme de six cents millions est mise à la disposition du Gouvernement, à compte des dépenses du service de l'année 1808.

16. Cette somme sera prise sur le produit des contributions directes et sur les autres ressources de l'année 1808.

TITRE VI. Contribution personnelle et mobilière des villes de Marseille, Bordeaux, Nantes, Versailles, Strasbourg, Orléans et Turin.

17. Le contingent des villes ci-après dans la contribution personnelle et mobilière, montant, savoir :

Pour la ville de Marseille, à   440,000 f 00 c
Pour celle de Bordeaux, à. .   373,076 63
Pour celle de Nantes, à. . .   179,153 82
Pour celle de Versailles, à. .   81,017 30
Pour celle de Strasbourg, à. .   74,833 20
Pour celle d'Orléans, à. . . . 144,852 00
Pour celle de Turin, à. . . .   136,447 90
                              ─────────────
                              1,429,380 85

sera définitivement payé au Trésor public, par le produit de la perception et du remplacement déterminés par les décrets des 19 février et 12 novembre 1806, 6 janvier, 12 février et 10 mars 1807, rendus en exécution des lois des 27 pluviose an 12 et 24 avril 1806.

TITRE VII. Fabrication des pièces de monnaies de dix centimes (1).

18. Il sera fabriqué des pièces de dix centimes, en billon, au titre de deux cents millièmes de fin, et du poids de deux grammes.

19. La tolérance de titre et celle de poids sont fixées à sept millièmes en dedans et sept millièmes en dehors.

20. Ces pièces auront pour type une N, surmontée d'une couronne impériale; deux branches de laurier tiendront lieu de légendes.

Sur le revers seront gravés, la valeur de la pièce, l'année de la fabrication, les signes indicatifs de l'atelier monétaire, du graveur et du directeur, avec la légende, Napoléon empereur.

TITRE VIII. Fixation de l'intérêt des cautionnemens, à compter de 1808.

21. Les intérêts des cautionnemens en numéraire qui avaient été précédemment fixés à cinq et à six pour cent sont réduits, les premiers à quatre, et les deuxièmes à cinq pour cent, à compter du 1er janvier 1808 (2).

TITRE IX. Fonds communs pour les besoins du culte.

22. Il sera fait un prélèvement de dix pour cent sur les revenus de toutes les propriétés foncières des communes, telles que maisons, bois et biens ruraux, pour former un fonds commun de subvention :

1° Pour les acquisitions, reconstructions ou réparations d'églises ou édifices pour les cultes ;

2° Pour acquisitions, reconstructions ou réparations des séminaires et maisons pour loger les curés ou desservans et les ministres protestans.

TITRE X. Dispositions concernant le cadastre.

23. Les différentes pièces relatives à l'expertise de chaque commune, l'état de classement et la matrice de rôle continueront d'être envoyés au maire de la commune, pour rester déposés pendant un mois au bureau de la mairie : les propriétaires seront invités à en prendre communication, par un avis qui sera affiché dans la commune, et lu à la porte de l'église, à l'issue de la messe paroissiale ou à chacun des dimanches du mois de la communication.

_____

(1) Voy. décret du 21 février 1808.

(2) Voy. ordonnance du 31 octobre 1824.

24. Les propriétaires, leurs régisseurs, fermiers, locataires ou autres représentans seront tenus de fournir leurs réclamations, s'ils en ont à former, avant l'expiration du mois.

25. Ce délai expiré, le maire renverra au directeur des contributions les diverses pièces données en communication, avec les réclamations qui lui seraient parvenues : il y joindra un certificat attestant que toutes les formalités de la communication ont été remplies.

26. Le préfet, sur un rapport du directeur, et après avoir pris l'avis du conseil de préfecture, statuera sur toutes les réclamations (1).

27. Les conseils d'arrondissement ne pourront faire aucune augmentation aux contingens actuels des communes cadastrées.

28. Lorsque toutes les communes du ressort d'une justice de paix auront été cadastrées, chaque conseil municipal nommera un propriétaire qui se rendra, au jour fixé par le préfet, au chef-lieu de la sous-préfecture, pour y prendre connaissance des évaluations des diverses communes du même ressort.

29. Ces évaluations seront examinées et discutées dans une assemblée composée de ces divers délégués, et présidée par le sous-préfet.

30. Un contrôleur des contributions remplira dans cette assemblée les fonctions de secrétaire; il n'aura pas voix délibérative.

Cette assemblée ne pourra durer plus de huit jours.

31. Les pièces des diverses expertises seront remises à l'assemblée, qui pourra appeler ceux des experts qu'elle désirera consulter.

32. Cette assemblée donnera, à la pluralité des voix, ses conclusions positives et motivées sur les changemens qu'elle estimerait devoir être faits aux estimations, ou son adhésion formelle au travail. Il en sera dressé procès-verbal, signé des délibérans.

33. Le sous-préfet enverra ce procès-verbal, avec ses observations, au préfet, qui, sur un rapport du directeur des contributions, et après avoir pris l'avis du conseil de préfecture, statuera sur les réclamations par un arrêté qui fixera définitivement l'allivrement cadastral de chacune des communes intéressées, et répartira entre elles la masse de leurs contingens actuels, au prorata de leur allivrement cadastral (2).

34. Les matrices des rôles des communes cadastrées seront divisées en deux cahiers : le premier contiendra les propriétés non bâties, et la superficie seulement des propriétés bâties; le second contiendra l'estimation des maisons et des bâtimens autres que ceux servant à l'exploitation rurale des moulins, forges, usines, fabriques, manufactures et autres propriétés bâties, déduction faite de la valeur estimative de la superficie qu'ils occupent.

35. Le revenu des propriétés bâties, tel qu'il aura été établi par l'expertise, distraction faite du terrain qu'elles occupent, et des déductions accordées par la loi pour les réparations, déterminera le montant de leur contingent, d'après le taux de l'allivrement général des propriétés foncières de la commune.

36. Le contingent des propriétés bâties, une fois réglé, sera réparti chaque année, d'après les recensemens, comme il en est usé aujourd'hui.

Les répartiteurs continueront, à cet égard, leurs fonctions, de même que pour la répartition de la contribution personnelle et mobilière.

37. Les propriétaires compris dans le rôle cadastral pour des propriétés non bâties ne seront plus dans le cas de se pourvoir en surtaxe, à moins que, par un évènement extraordinaire, leurs propriétés ne vinssent à disparaître : il y serait pourvu alors par une remise extraordinaire; mais ceux d'entre eux qui, par des grêles, gelées, inondations ou autres intempéries, perdraient la totalité ou une partie de leur revenu, pourront se pourvoir, comme par le passé, en remise totale ou en modération partielle de leur cote de l'année dans laquelle ils auront éprouvé cette perte : le montant de ces remises ou modérations sera pris sur le fonds de non-valeur.

38. Les propriétaires des propriétés bâties

(1) Le pourvoi contre les décisions du préfet ne peut être porté directement devant le Conseil-d'État; il doit être préalablement déféré au ministre (8 novembre 1829, ord. Mac. 11, 415).

(2) Le Conseil-d'État est compétent pour prononcer, par voie contentieuse, sur les réclamations formées par des communes et des particuliers, contre des opérations du cadastre.

Ces communes et ces particuliers ne sont pas recevables à attaquer les opérations dont il s'agit, lorsqu'elles ont été approuvées par le ministre des finances, et consommées par un arrêté définitif et régulier d'allivrement, rendu par le préfet (29 août 1821, ord. Mac. 2, 334).

Lorsqu'il s'agit de fixer l'évaluation du revenu imposable d'une propriété foncière, l'estimation doit en être assujétie aux principes et aux formalités pour le cadastre, lorsque l'application en a déjà été faite aux autres propriétés de la commune. Dans ce cas, le conseil de préfecture doit se borner à donner un avis. C'est au préfet seul qu'il appartient de statuer sur le fond de la réclamation (18 décembre 1822, ord. Mac. 4, 471).

continueront d'être admis à se pourvoir en décharge ou réduction, dans le cas de surtaxe ou de destruction totale ou partielle de leurs bâtimens, et en remise ou modération, dans le cas de la perte totale ou partielle de leur revenu d'une année. Le montant des décharges et réductions continuera d'être réimposé pour la partie qui ne se trouverait pas couverte par la portion du fonds de non-valeur qui n'aurait pas été consommée en remises et modérations (1).

39. Les directeurs des contributions directes sont spécialement chargés de la tenue des livres de mutations des propriétés cadastrées.

Ils continueront de faire faire, chaque année, les recensemens et autres opérations relatives aux rôles des propriétés bâties, et à ceux de la contribution personnelle et mobilière, des portes et feuêtres et des patentes.

Tableau du nombre de centimes destinés, dans chaque département, aux dépenses fixes, pour les préfets, les secrétaires généraux, les membres des conseils de préfecture, les sous-préfets, l'instruction publique, les tribunaux de première instance, d'appel, criminels, de commerce, spéciaux, de paix, de police, les traitemens et remises des receveurs généraux et particuliers.

Ain, sept centimes soixante-sept centièmes; Aisne, dix centimes quarante-un centièmes; Allier, cinq centimes vingt centièmes; Basses-Alpes, trois centimes; Hautes-Alpes, un centime soixante-six centièmes; Alpes-Maritimes, un centime; Apennins, cinq centimes cinquante-trois centièmes; Ardèche, cinq centimes vingt-trois centièmes, Ardennes, dix centimes vingt-sept centièmes; Ariége, cinq centimes soixante-quatre centièmes; Aube, neuf centimes quatre-vingt-seize centièmes; Aude, dix centimes quatre-vingt-douze centièmes; Aveyron, neuf centimes dix-neuf centièmes; Bouches-du-Rhône, deux centimes trente-trois centièmes; Calvados, neuf centimes quatre-vingt-douze centièmes; Cantal, six centimes soixante-seize centièmes; Charente, onze centimes dix-neuf centièmes; Charente-Inférieure, neuf centimes dix-huit centièmes; Cher, cinq centimes soixante-dix centièmes; Corrèze, huit centimes cinquante-trois centièmes; Côte-d'Or, onze centimes trente centièmes; Côte-du-Nord, huit centimes quarante-cinq centièmes; Creuse, trois centimes quatre-vingt-trois centièmes; Doire, deux centimes cinquante-cinq centièmes; Dordogne, dix centimes cinquante centièmes; Doubs, quatre centimes trente-cinq centièmes; Drôme, six

centimes soixante-dix-sept centièmes; Dyle, un centime; Escaut, onze centimes trente centièmes; Eure, douze centimes quatre-vingt-neuf centièmes; Eure-et-Loir, douze centimes trente-cinq centièmes; Finistère, cinq centimes cinquante-cinq centièmes; Forêts, cinq centimes soixante-treize centièmes; Gard, huit centimes quatre-vingt-six centièmes; Haute-Garonne, neuf centimes soixante-trois centièmes; Gênes, neuf centimes quatre-vingt-dix-sept centièmes; Gers, huit centimes cinquante-six centièmes; Gironde, huit centimes quatre-vingt-sept centièmes; Golo, un centime; Hérault, onze centimes deux centièmes; Ille-et-Vilaine, cinq centimes soixante-quatre centièmes; Indre, huit centimes cinquante centièmes; Indre-et-Loire, dix centimes trente-neuf centièmes; Isère, huit centimes trente-sept centièmes; Jemmape, dix centimes quatre-vingt-dix-sept centièmes; Jura, neuf centimes vingt-cinq centièmes; Landes, un centime quatre-vingt-dix centièmes; Léman, un centime; Liamone, un centime; Loir-et-Cher, dix centimes trente centièmes; Loire, dix centimes quatre-vingt-seize centièmes; Haute-Loire, sept centimes trente-cinq centièmes; Loire-Inférieure, neuf centimes vingt-trois centièmes; Loiret, neuf centimes vingt-six centièmes; Lot, onze centimes quatorze centièmes; Lot-et-Garonne, onze centimes soixante-sept centièmes; Lozère, deux centimes soixante-dix-huit centièmes; Lys, onze centimes quatre-vingt-dix-huit centièmes; Maine-et-Loire, onze centimes neuf centièmes; Manche, neuf centimes quarante-cinq centièmes; Marengo, sept centimes soixante-trois centièmes; Marne, neuf centimes vingt-sept centièmes; Haute-Marne, neuf centimes quarante centièmes; Mayenne, deux centimes huit centièmes; Meurthe, cinq centimes dix-neuf centièmes; Meuse, sept centimes vingt-trois centièmes; Meuse-Inférieure, sept centimes dix centièmes; Mont-Blanc, un centime quatre-vingt-treize centièmes; Montenotte, seize centimes vingt centièmes; Mont-Tonnerre, neuf centimes vingt-un centièmes; Morbihan, six centimes trente-deux centièmes; Moselle, huit centimes quatre-vingt-six centièmes; Deux-Nèthes, sept centimes quatre-vingt-quatre centièmes; Nièvre, neuf centimes quarante-trois centièmes; Nord, neuf centimes dix centièmes; Oise, onze centimes cinquante-quatre centièmes; Orne, neuf centimes deux centièmes; Ourte, huit centimes neuf centièmes; Pas-de-Calais, dix centimes vingt-neuf centièmes; Pô, quatre centimes dix-sept centièmes; Puy-de-Dôme, neuf centimes vingt-cinq centièmes; Basses-Pyrénées, un centime;

---

(1) Les possesseurs de propriétés bâties et *cadastrées* sont admis à se pourvoir en décharge ou réduction, dans le cas de surtaxe (23 juin 1830, ord. Mac. 12, 342).

Hautes-Pyrénées, trois centimes quatre-vingt-un centièmes; Pyrénées-Orientales, quatre centimes vingt-deux centièmes; Bas Rhin, sept centimes quatre-vingt-treize centièmes; Haut-Rhin, sept centimes quatre-vingt-quinze centièmes; Rhin-et-Moselle, sept centimes trois centièmes; Rhône, trois centimes quatre-vingt-seize centièmes; Roër, onze centimes soixante-douze centièmes; Sambre-et-Meuse, cinq centimes trente-sept centièmes; Haute-Saône, neuf centimes soixante-deux centièmes; Saône-et-Loire, onze centimes quatre-vingt-douze centièmes; Sarre, cinq centimes soixante-quatorze centièmes; Sarthe, dix centimes cinquante centièmes; Seine, trois centimes quatre-vingt-sept centièmes; Seine-Inférieure, neuf centimes quarante-cinq centièmes; Seine-et-Marne, onze centimes soixante-dix-huit centièmes; Seine-et-Oise, onze centimes quatre-vingt-dix-neuf centièmes; Sésia, sept centimes soixante-treize centièmes; Deux-Sèvres, onze centimes vingt-trois centièmes; Somme, dix centimes vingt-trois centièmes; Stura, neuf centimes dix-sept centièmes; Tarn, onze centimes soixante-seize centièmes; Var, trois centimes cinquante-cinq centièmes; Vaucluse, quatre centimes, un centième; Vendée, dix centimes soixante centièmes; Vienne, six centimes quatre-vingt-un centièmes; Haute-Vienne, six centimes vingt-sept centièmes; Vosges, huit centimes soixante-dix-neuf centièmes; Yonne, neuf centimes trente-cinq centièmes.

Tableau du *maximum* des centimes destinés, dans chaque département, aux dépenses variables, pour les préfectures et sous-préfectures, l'instruction publique, les enfans-trouvés, les prisons, et réparations extraordinaires; les menues dépenses des tribunaux, et les dépenses imprévues.

Ain, neuf centimes trente-trois centièmes; Aisne, six centimes cinquante-neuf centièmes; Allier, onze centimes quatre-vingts centièmes; Basses-Alpes, quatorze centimes; Hautes-Alpes, quinze centimes trente-quatre centièmes; Alpes-Maritimes, seize centimes; Apennins, vingt-quatre centimes quarante-sept centièmes; Ardèche, onze centimes soixante-dix-sept centièmes; Ardennes, six centimes soixante-treize centièmes; Ariége, onze centimes trente-six centièmes; Aube, sept centimes quatre centièmes; Aude, six centimes huit centièmes; Aveyron, sept centimes quatre-vingt-un centièmes, Bouches-du-Rhône, quatorze centimes soixante-sept centièmes; Calvados, sept centimes huit centièmes; Cantal, dix centimes vingt-quatre centièmes; Charente, cinq centimes quatre-vingt-un centièmes; Charente-Inférieure, sept centimes quatre-vingt-deux centièmes; Cher, onze centimes trente centièmes; Cor-

rèze, huit centimes quarante-sept centièmes; Côte-d'Or, cinq centimes soixante-dix centièmes; Côtes-du-Nord, huit centimes cinquante-cinq centièmes; Creuse, treize centimes dix-sept centièmes; Doire, quatorze centimes quarante-cinq centièmes; Dordogne, six centimes cinquante centièmes; Doubs, douze centimes soixante-cinq centièmes; Drôme, dix centimes vingt-trois centièmes; Dyle, seize centimes; Escaut, cinq centimes soixante-dix centièmes; Eure, quatre centimes onze centièmes; Eure-et-Loir, quatre centimes soixante cinq centièmes; Finistère, onze centimes quarante-cinq centièmes; Forêts, onze centimes vingt-sept centièmes; Gard, huit centimes quatorze centièmes; Haute-Garonne, sept centimes trente-sept centièmes; Gênes, seize centimes vingt-huit centièmes; Gers, huit centimes quarante-quatre centièmes; Gironde, huit centimes treize centièmes; Golo, vingt-neuf centimes; Hérault, cinq centimes quatre-vingt-dix-huit centièmes; Ille-et-Vilaine, onze centimes trente-six centièmes; Indre, huit centimes cinquante centièmes; Indre-et-Loire, six centimes soixante-un centièmes; Isère, huit centimes soixante-trois centièmes; Jemmape, six centimes trois centièmes; Jura, sept centimes soixante-quinze centièmes; Landes, quinze centimes dix centièmes; Léman, seize centimes; Liamone, vingt-neuf centimes; Loir-et-Cher, six centimes soixante-dix centièmes; Loire, six centimes quatre centièmes; Haute-Loire, neuf centimes soixante-cinq centièmes; Loire-Inférieure, sept centimes soixante-dix-sept centièmes; Loiret, sept centimes soixante-quatorze centièmes; Lot, cinq centimes quatre-vingt-six centièmes; Lot-et-Garonne, cinq centimes trente-trois centièmes; Lozère, quatorze centimes vingt-deux centièmes; Lys, cinq centimes deux centièmes; Maine-et-Loire, cinq centimes quatre-vingt-onze centièmes; Manche, sept centimes cinquante-cinq centièmes; Marengo, neuf centimes trente-sept centièmes; Marne, sept centimes soixante-treize centièmes; Haute-Marne, sept centimes soixante centièmes; Mayenne, cinq centimes quatre-vingt-douze centièmes; Meurthe, onze centimes quatre-vingt-un centièmes; Meuse, neuf centimes soixante-dix-sept centièmes, Meuse-Inférieure, neuf centimes quatre-vingt-dix centièmes; Mont-Blanc, quinze centimes sept centièmes; Moutenotte, treize centimes quatre-vingts centièmes; Mont-Tonnerre, sept centimes soixante-dix-neuf centièmes; Morbihan, dix centimes soixante-huit centièmes; Moselle, huit centimes quatorze centièmes; Deux-Nèthes, neuf centimes seize centièmes; Nièvre, sept centimes cinquante-sept centièmes; Nord, sept centimes quatre-vingt-dix centièmes; Oise, cinq centimes quarante-six centièmes; Orne, sept centimes quatre-vingt-dix-huit centièmes; Ourte, huit centièmes quatre-vingt-onze centièmes; Pas-de-Calais, six centimes soixante-onze centièmes; Pô, douze centimes quatre-vingt-trois centièmes; Puy-de-Dôme, sept centimes soixante-quinze centièmes; Basses-Pyrénées, seize centimes; Hautes-Pyrénées, treize centimes dix-neuf centièmes; Pyrénées-Orientales, douze centimes soixante-dix-huit centièmes; Bas-Rhin, neuf centimes sept centièmes; Haut-Rhin, neuf centimes cinq centièmes; Rhin-et-Moselle, neuf centimes quatre-vingt-dix-sept centièmes; Rhône, treize centimes quatre centièmes; Roër, cinq centimes vingt-huit centièmes; Sambre-et-Meuse, onze centimes soixante-trois centièmes; Haute-Saône, sept centimes trente-huit centièmes; Saône-et-Loire, cinq centimes huit centièmes; Sarre, onze centimes vingt-six centièmes; Sarthe, six centimes cinquante centièmes; Seine, treize centimes treize centièmes; Seine-Inférieure, sept centimes cinquante-cinq centièmes; Seine-et-Marne, cinq centimes vingt-deux centièmes; Seine-et-Oise, cinq centimes un centième; Sésia, neuf centimes vingt-sept centièmes; Deux-Sèvres, cinq centimes soixante-dix-sept centièmes; Somme, six centimes soixante-dix-sept centièmes; Stura, sept centimes quatre-vingt-trois centièmes; Tarn, cinq centimes vingt-quatre centièmes; Var, treize centimes, quarante-cinq centièmes; Vaucluse, douze centimes quatre-vingt-dix-neuf centièmes; Vendée, six centimes quarante centièmes; Vienne, dix centimes dix-neuf centièmes; Haute-Vienne, dix centimes soixante-treize centièmes; Vosges, huit centimes vingt-un centièmes; Yonne, sept centimes soixante-cinq centièmes.

———

15 SEPTEMBRE 1807. — Loi qui fixe au 1er janvier 1808 l'époque à laquelle le Code de commerce sera exécutoire. (4, Bull. 164, n° 2805.)

Art. 1er. Les dispositions du Code de com-

merce ne seront exécutées qu'à compter du 1er janvier 1808.

2. A compter dudit jour, 1er janvier 1808, toutes les anciennes lois touchant les matières commerciales sur lesquelles il est statué par ledit Code sont abrogées (1).

———

15 SEPTEMBRE 1807.— Décret qui fixe au 18 septembre la clôture de la session du Corps-Législatif. (4, Bull. 159, n° 2776.)

———

16 = Pr. 26 SEPTEMBRE 1807. — Loi qui détermine le cas où deux arrêts de la Cour de cassation peuvent donner lieu à l'interprétation de la loi. (4, Bull. 161, n° 2791 ; Mon. du 12 septembre 1807 ; motifs, S. 8, 2, 37).

Voy. lois du 16 = 24 AOUT 1790, tit. II, art. 12 ; du 27 NOVEMBRE = 1er DÉCEMBRE 1790, art. 21 ; constitution du 5 FRUCTIDOR an 3, art. 256 ; avis du Conseil-d'Etat du 27 NOVEMBRE = 17 DÉCEMBRE 1823 ; loi du 30 JUILLET 1828.

Art. 1er. Il y a lieu à interprétation de la loi, si la Cour de cassation annule deux arrêts ou jugemens en dernier ressort, rendus dans la même affaire, entre les mêmes parties, et qui ont été attaqués par les mêmes moyens.

2. Cette interprétation est donnée dans la forme des réglemens d'administration publique.

3. Elle peut être demandée par la Cour de cassation avant de prononcer le second arrêt.

4. Si elle n'est pas demandée, la Cour de cassation ne peut rendre le second arrêt que les sections réunies, et sous la présidence du grand-juge.

5. Dans le cas déterminé en l'article précédent, si le troisième arrêt est attaqué, l'interprétation est de droit, et il sera procédé comme il est dit à l'article 2 (2).

———

(1) L'assuré qui veut délaisser pour cause d'innavigabilité pour fortune de mer n'est pas tenu aujourd'hui de rapporter un procès-verbal de visite du bâtiment, fait avant son départ, à l'effet de constater l'état dans lequel le bâtiment se trouvait. Les dispositions de la déclaration de 1779 qui prescrivaient cette formalité ont été abrogées par le Code de commerce et la loi présente (27 février 1826, Bordeaux ; S. 26, 2, 261 ; D. 26, 2, 233).

(2) Les sections réunies de la Cour de cassation ne connaissent d'un pourvoi, après cassation, qu'autant que le second arrêt, conforme au premier dans le dispositif, est aussi fondé sur les mêmes motifs. Si l'arrêt n'est pas fondé sur les mêmes motifs, il y a lieu de renvoyer à la section civile. Que si, par erreur, il y a renvoi

aux sections réunies, lors de l'admission par la section des requêtes, le défendeur doit se pourvoir, non par opposition devant la section des requêtes, mais par déclinatoire devant les sections réunies. Et cet arrêt d'incompétence est rendu sans que le ministre de la justice doive présider les sections réunies (7 août 1813 ; Cass. S. 16, 1, 20).

Pour qu'il y ait lieu à porter devant les Chambres réunies un pourvoi en cassation, et pour que le deuxième arrêt soit réputé *attaqué par les mêmes moyens que le premier*, il ne suffit pas que le demandeur en cassation propose avec identité, dans son second pourvoi, les mêmes moyens qu'il avait proposés et fait accueillir dans un premier pourvoi. Il faut encore que le deuxième arrêt dénoncé ait décidé comme le pre-

16 = Pr. 26 SEPTEMBRE 1807. — Loi relative à l'organisation de la cour des comptes. (4, Bull. 161, n° 2792; Mon. du 7 septembre; motifs, S. 7, 2, 212.)

Voy. lois du 4 JUILLET = 25 AOUT 1791, du 17 = 29 SEPTEMBRE 1792; décret du 28 SEPTEMBRE 1807; ordonnance du 25 JUILLET 1814, du 27 FÉVRIER 1815, du 30 SEPTEMBRE 1815, du 3 JUILLET 1816.

TITRE Ier. Organisation de la cour des comptes.

Art. 1er. Les fonctions de la comptabilité nationale seront exercées par une cour des comptes.

2. La cour des comptes sera composée d'un premier président, trois présidens, dix-huit maîtres des comptes, de référendaires au nombre qui sera déterminé par le Gouvernement, un procureur général et un greffier en chef (1).

3. Il sera formé trois chambres, chacune composée d'un président, six maîtres aux comptes: le premier président peut présider chacune des chambres.

4. Les référendaires sont chargés de faire les rapports; ils n'ont point voix délibérative. Les décisions seront prises, dans chaque chambre, à la majorité des voix; et, en cas de partage, la voix du président est prépondérante.

5. Chaque chambre ne pourra juger qu'à cinq membres au moins.

6. Les membres de la cour des comptes sont nommés à vie par l'empereur. Les présidens pourront être changés chaque année.

7. La cour des comptes prend rang immédiatement après la Cour de cassation, et jouit des mêmes prérogatives.

8. Le premier président, les présidens et procureur général, prêtent serment entre les mains de l'empereur.

9. Le prince archi-trésorier reçoit le serment des autres membres.

10. Le premier président a la police et la surveillance générale.

TITRE II. De la compétence de la cour des comptes (2).

11. La cour sera chargée du jugement des comptes, des recettes du Trésor, des receveurs généraux de département et des régie et administration des contributions indirectes; des dépenses du Trésor, des payeurs généraux, des payeurs d'armées, des divisions militaires, des arrondissemens maritimes et des départemens;

Des recettes et dépenses; des fonds et revenus spécialement affectés aux dépenses des départemens et des communes, dont les budgets sont arrêtés par l'empereur.

12. Les comptables des deniers publics en recettes et dépenses seront tenus de fournir et déposer leurs comptes au greffe de la cour, dans les délais prescrits par les lois et réglemens; et, en cas de défaut ou de retard des comptables, la cour pourra les condamner aux amendes et aux peines prononcées par les lois et réglemens.

13. La cour réglera et apurera les comptes qui lui seront présentés; elle établira par ses arrêts définitifs si les comptables sont quittes, ou en avance, ou en débet.

Dans les deux premiers cas, elle prononcera leur décharge définitive, et ordonnera main-levée et radiation des oppositions et inscriptions hypothécaires mises sur leurs biens à raison de la gestion dont le compte est jugé.

Dans le troisième cas; elle les condamnera à solder leur débet au Trésor dans le délai prescrit par la loi.

Dans tous les cas, une expédition de ses arrêts sera adressée au ministre du Trésor, pour en faire suivre l'exécution par l'agent établi près de lui.

---

mier, et par les mêmes motifs, c'est-à-dire qu'il y ait identité de doctrine dans l'arrêt déjà cassé et dans l'arrêt sur renvoi, dont la cassation est demandée (18 juillet 1827; Cass. S. 28, 1, 34; D. 28, 1, 208).

Il est à remarquer que, lorsqu'il a été nécessaire, en 1817, d'interpréter le sens des art. 115 et 116 du Code de commerce, l'interprétation a été donnée par une loi, et non par un avis du Conseil-d'Etat; ainsi le principe que l'interprétation des lois appartient essentiellement au pouvoir législatif a paru prévaloir. *Voy.* le rapport de M. le comte Desèze; S. 17, 2, p. 382, 1re colonne, *in fine.* — Cependant, plus tard, l'avis du Conseil-d'Etat du 27 novembre = 17 décembre 1823 a rendu au Conseil-d'Etat, pour certains cas, le droit d'interprétation. *Voy.* les observations qui concilient les deux systèmes, S. 24, 2, 18; et la loi du 30 juillet 1828.

(1) Un *référendaire* à la cour des comptes peut être juré, en ce qu'il n'est pas juge proprement dit.

Un *conseiller-maître* peut-il être juré tout aussi bien que le peut un conseiller-référendaire? (Cass. 18 mars 1825 et 10 février 1831; S. 31, 1, 112; P. 49, 160.)

(2) La cour des comptes ne peut annuler ni réformer les décisions ministérielles.

Elle n'a pu juger et régler la comptabilité des fermiers des salines de l'Est, déjà définitivement jugée par arrêt du conseil de liquidation générale (28 juillet 1819; Cass. S. 21, 2, 27, et J. C. 5, 173).

La loi de 1807 ayant conféré à la cour des comptes les attributions qui appartenaient à la comptabilité nationale, c'est devant elle que les comptables ou leurs ayans-cause doivent se pourvoir (18 juillet 1827, ord. Mac. 9, 390).

14. La cour, nonobstant l'arrêt qui aurait jugé définitivement un compte, pourra procéder à sa révision, soit sur la demande du comptable, appuyée de pièces justificatives recouvrées depuis l'arrêt, soit d'office, soit à la réquisition du procureur général, pour erreur, omission, faux ou double emploi reconnus par la vérification d'autres comptes (1).

15. La cour prononcera sur les demandes en réduction, en translation d'hypothèques, formées par des comptables encore en exercice, ou par ceux hors d'exercice dont les comptes ne sont pas définitivement apurés, en exigeant les sûretés suffisantes pour la conservation des droits du Trésor.

16. Si, dans l'examen des comptes, la cour trouve des faux ou des concussions, il en sera rendu compte au ministre des finances, et référé au grand-juge, ministre de la justice, qui fera poursuivre les auteurs devant les tribunaux ordinaires.

17. Les arrêts de la cour contre les comptables sont exécutoires; et, dans le cas où un comptable se croirait fondé à attaquer un arrêt pour violation des formes ou de la loi, il se pourvoira, dans les trois mois pour tout délai, à compter de la notification de l'arrêt, au Conseil-d'État, conformément au réglement sur le contentieux (2).

Le ministre des finances, et tout autre ministre, pour ce qui concerne son département, pourront faire, dans le même délai, leur rapport à l'empereur, et lui proposer le renvoi au Conseil-d'État de leurs demandes en cassation des arrêts qu'ils croiront devoir être cassés pour violation des formes ou de la loi (3).

18. La cour ne pourra, en aucun cas, s'attribuer de juridiction sur les ordonnateurs, ni refuser aux payeurs l'allocation des paiemens par eux faits, sur des ordonnances revêtues des formalités prescrites, et accompagnées des acquits des parties prenantes et des pièces que l'ordonnateur aura prescrit d'y joindre.

TITRE III. Des formes de la vérification et du jugement des comptes.

19. Les référendaires seront tenus de vérifier par eux-mêmes tous les comptes qui leur seront distribués.

20. Ils formeront sur chaque compte deux cahiers d'observations : les premières, relatives à la ligne de compte seulement, c'est-à-dire aux charges et souffrances dont chaque article du compte leur aura paru susceptible, relativement au comptable qui le présente ;

Les deuxièmes, celles qui peuvent résulter de la nature des recettes avec les lois et de la nature des dépenses avec les crédits.

21. La minute des arrêts sera rédigée par le référendaire rapporteur, et signée de lui et du président de la chambre; elle est remise avec les pièces au greffier en chef; celui-ci la présente à la signature du premier président, et ensuite en fait et signe les expéditions.

22. Au mois de janvier de chaque année, le prince archi-trésorier proposera à l'empereur le choix de quatre commissaires, qui formeront, avec le premier président, un comité particulier chargé d'examiner les observations faites, pendant le cours de l'année précédente, par les référendaires. Ce comité discute ces observations, écarte celles qu'il ne juge pas fondées, en forme des autres l'objet d'un rapport, qui est remis par le président au prince archi-trésorier, lequel le porte à la connaissance de l'empereur.

TITRE IV. Dispositions transitoires.

23. Il pourra être formé une quatrième chambre temporaire, composée d'un président et six maîtres aux comptes pour les jugemens des comptes arriérés.

Il sera pourvu, par des réglemens d'administration publique, à l'ordre du service de la cour des comptes et à toutes les mesures d'exécution de la présente.

(1) Lorsqu'un payeur militaire a reçu sa décharge définitive, par suite d'un arrêt de la cour des comptes, à raison des paiemens par lui faits pendant sa gestion, le ministre des finances ne peut pas, sous prétexte que quelques pièces de sa comptabilité sont irrégulières et constituent un double emploi, décerner une contrainte contre lui.

Il doit dénoncer seulement au procureur général près la cour des comptes le double emploi qui pourrait résulter de la comptabilité, pour être statué, s'il y a lieu, dans la forme prescrite par le présent article (19 mars 1823, ord. Mac. 5, 174).

Lorsque des articles d'un compte de clerc à maître rendu par un receveur général à son successeur sont entrés dans les élémens d'un compte final, sur lequel est intervenu un arrêt définitif de la cour des comptes, le ministre des finances ne peut pas, sur le prétexte que ces articles sont le résultat d'une erreur, prendre une décision en partie contraire à l'arrêt.

Cet arrêt ne pourrait être revisé, s'il y avait lieu, que par la cour des comptes, dans les formes prescrites par le présent article (31 juillet 1822, ord. Mac. 4, 122).

(2) Il n'y a de recours au Conseil-d'État contre les arrêts de la cour des comptes que dans le cas de contravention à la loi ou de violation de formes (18 avril 1821, ord. Mac. 1, 489).

(3) Voy. décret du 27 mars 1809.

16 = **Pr.** 26 SEPTEMBRE 1807. — Loi relative au desséchement des marais, etc. (1). (4 , Bull. 162, n° 2797 ; Mon. du 10 septembre 1807.)

TITRE Iᵉʳ. *Desséchement des marais* (2).

Art. 1ᵉʳ. La propriété des marais est soumise à des règles particulières.

Le Gouvernement ordonnera les desséchemens qu'il jugera utiles ou nécessaires.

2. Les desséchemens seront exécutés par l'Etat ou par des concessionnaires.

3. Lorsqu'un marais appartiendra à un seul propriétaire, ou lorsque tous les propriétaires seront réunis, la concession du desséchement leur sera toujours accordée, s'ils se soumettent à l'exécuter dans les délais fixés, et conformément aux plans adoptés par le Gouvernement.

4. Lorsqu'un marais appartiendra à un propriétaire ou à une réunion de propriétaires qui ne se soumettront pas à dessécher dans les délais et selon les plans adoptés, ou qui n'exécuteront pas les conditions auxquelles ils se seront soumis; lorsque les propriétaires ne seront pas tous réunis; lorsque, parmi lesdits propriétaires, il y aura une ou plusieurs communes, la concession du desséchement aura lieu en faveur des concessionnaires dont la soumission sera jugée la plus avantageuse par le Gouvernement : celles qui seraient faites par des communes propriétaires, ou par un certain nombre de propriétaires réunis, seront préférées à conditions égales (3).

5. Les concessions seront faites par des décrets rendus en Conseil-d'Etat, sur des plans levés ou sur des plans vérifiés et approuvés par les ingénieurs des ponts-et-chaussées, aux conditions prescrites par la présente loi, aux conditions qui seront établies par les réglemens généraux à intervenir, et aux charges qui seront fixées à raison des circonstances locales.

6. Les plans seront levés, vérifiés et approuvés aux frais des entrepreneurs du desséchement : si ceux qui auront fait la première soumission et fait lever ou vérifier les plans ne demeurent pas concessionnaires, ils seront remboursés par ceux auxquels la concession sera définitivement accordée.

Le plan général du marais comprendra tous les terrains qui seront présumés devoir profiter du desséchement. Chaque propriété y sera distinguée, et son étendue exactement circonscrite.

Au plan général seront joints tous les profils et nivellemens nécessaires; ils seront, le plus possible, exprimés sur le plan des cotes particulières.

TITRE II. *Fixation de l'étendue, de l'espèce et de la valeur estimative des marais avant le desséchement.*

7. Lorsque le Gouvernement fera un desséchement, ou lorsque la concession aura été accordée, il sera formé entre les propriétaires un syndicat, à l'effet de nommer les experts qui devront procéder aux estimations statuées par la présente loi.

Les syndics seront nommés par le préfet; ils seront pris parmi les propriétaires les plus imposés, à raison des marais à dessécher. Les syndics seront au moins au nombre de trois, et au plus au nombre de neuf, ce qui sera déterminé dans l'acte de concession.

8. Les syndics réunis nommeront et présenteront un expert au préfet du département.

Les concessionnaires en présenteront un autre; le préfet nommera un tiers-expert.

Si le desséchement est fait par l'Etat, le préfet nommera le second expert, et le tiers-expert sera nommé par le ministre de l'intérieur (4).

9. Les terrains des marais seront divisés en plusieurs classes, dont le nombre n'excédera

(1) Tel est l'intitulé dans le Bulletin des lois, mais il est loin d'indiquer toutes les matières sur lesquelles la loi contient des dispositions. *Voy.* les énonciations des différens titres.

(2) *Voy.* loi du 26 décembre 1790 = 5 janvier 1791; décrets du 15 février 1811 et du 30 septembre 1811; lois du 8 mars 1810, du 7 juillet 1833.

(3) Lorsque l'acte de concession a laissé aux propriétaires la préférence sur le concessionnaire, celui-ci n'est pas fondé à réclamer la déclaration de leur déchéance, lorsqu'il ne peut leur être imputé aucune négligence, et que d'ailleurs le concessionnaire ne justifie d'aucun acte extrajudiciaire par lequel il ait mis ces propriétaires en demeure.

C'est toutefois le cas de fixer les délais dans lesquels ces propriétaires auront à déclarer qu'ils entendent opérer le desséchement par eux-mêmes, et devront justifier de leurs moyens d'exécution.

C'est devant le ministre de l'intérieur que ces déclarations et justifications doivent être faites.

Après que le ministre aura statué ce qu'il appartiendra, l'appel de sa décision pourra être porté devant le Conseil-d'Etat.

La qualité de propriétaire d'une portion des marais à dessécher motive suffisamment l'intervention de ce tiers dans ces débats (8 août 1821, ord. Mac. 2, 236).

(4) *Voy.* article 26.

pas dix et ne pourra être au-dessous de cinq : ces classes seront formées d'après les divers degrés d'inondation. Lorsque la valeur des différentes parties du marais éprouvera d'autres variations que celles provenant des divers degrés de submersion, et dans ce cas seulement, les classes seront formées sans égard à ces divers degrés, et toujours de manière à ce que toutes les terres de même valeur présumée soient dans la même classe.

10. Le périmètre des diverses classes sera tracé sur le plan cadastral qui aura servi de base à l'entreprise.

Ce tracé sera fait par les ingénieurs et les experts réunis.

11. Le plan, ainsi préparé, sera soumis à l'approbation du préfet ; il restera déposé au secrétariat de la préfecture pendant un mois ; les parties intéressées seront invitées, par affiches, à prendre connaissance du plan, à fournir leurs observations sur son exactitude, sur l'étendue donnée aux limites jusques auxquelles se feront sentir les effets du desséchement, et enfin sur le classement des terres.

12. Le préfet, après avoir reçu ces observations, celles en réponse des entrepreneurs du desséchement, celles des ingénieurs et des experts, pourra ordonner les vérifications qu'il jugera convenables.

Dans le cas où, après vérification, les parties intéressées persisteraient dans leurs plaintes, les questions seront portées devant la commission constituée par le titre X de la présente loi.

13. Lorsque les plans auront été définitivement arrêtés, les deux experts nommés par les propriétaires et les entrepreneurs du desséchement se rendront sur les lieux ; et, après avoir recueilli tous les renseignemens nécessaires, ils procéderont à l'appréciation de chacune des classes composant le marais, eu égard à sa valeur réelle au moment de l'estimation considérée dans son état de marais, et sans pouvoir s'occuper d'une estimation détaillée par propriété.

Les experts procéderont en présence du tiers-expert, qui les départagera, s'ils ne peuvent s'accorder.

14. Le procès-verbal d'estimation par classe sera déposé pendant un mois à la préfecture. Les intéressés en seront prévenus par affiches ; et, s'il survient des réclamations, elles seront jugées par la commission.

Dans tous les cas, l'estimation sera soumise à ladite commission pour être jugée et homologuée par elle ; elle pourra décider outre et contre l'avis des experts.

15. Dès que l'estimation aura été définitivement arrêtée, les travaux de desséchement seront commencés ; ils seront poursuivis et terminés dans les délais fixés par l'acte de concession, sous les peines portées audit acte.

TITRE III. Des marais pendant le cours des travaux de desséchement.

16. Lorsque, d'après l'étendue des marais, ou la difficulté des travaux, le desséchement ne pourra être opéré dans trois ans, l'acte de concession pourra attribuer aux entrepreneurs du desséchement une portion, en deniers, du produit des fonds qui auront les premiers profité des travaux de desséchement.

Les contestations relatives à l'exécution de cette clause de l'acte de concession seront portées devant la commission (1).

TITRE IV. Des marais après le desséchement, et de l'estimation de leur valeur.

17. Lorsque les travaux prescrits par l'Etat ou par l'acte de concession seront terminés, il sera procédé à leur vérification et réception.

En cas de réclamations, elles seront portées devant la commission, qui les jugera.

18. Dès que la reconnaissance des travaux aura été approuvée, les experts respectivement nommés par les propriétaires et par les entrepreneurs de desséchement, et accompagnés du tiers-expert, procéderont, de concert avec les ingénieurs, à une classification des fonds desséchés, suivant leur valeur nouvelle et l'espèce de culture dont ils seront devenus susceptibles.

Cette classification sera vérifiée, arrêtée, suivie d'une estimation, le tout dans les mêmes formes ci-dessus prescrites pour la classification et l'estimation des marais avant le desséchement (2).

---

(1) La plus-value provisoire à déterminer pendant le cours des travaux de desséchement consiste dans une portion en deniers du produit des fonds qui ont les premiers profité du desséchement.

Cette indemnité, qui doit être fixée par la commission, étant accordée chaque année, doit être réglée d'après le revenu réel de ladite année.

Si la commission s'est écartée de ce mode de procéder, il y a lieu d'ordonner une nouvelle expertise (2 septembre 1829, ord. Mac. 11, 362).

(2) Cette estimation doit avoir lieu, non-seulement eu égard à l'espèce de culture, mais encore d'après tout produit qui peut en être obtenu, comme la tourbe, par exemple (15 mars 1829, ord. Mac. 11, 89).

La loi veut que les terrains des marais soient divisés en plusieurs classes, avant et après le

TITRE V. Règles pour le paiement des indemnités dues par les propriétaires, en cas de dépossession.

19. Dès que l'estimation des fonds desséchés aura été arrêtée, les entrepreneurs du desséchement présenteront à la commission un rôle contenant :

1° Le nom des propriétaires;

2° L'étendue de leur propriété;

3° Les classes dans lesquelles elle se trouve placée, le tout relevé sur le plan cadastral;

4° L'énonciation de la première estimation, calculée à raison de l'étendue et des classes;

5° Le montant de la valeur nouvelle de la propriété depuis le desséchement, réglée par la seconde estimation et le second classement;

6° Enfin la différence entre les deux estimations.

S'il reste dans le marais des portions qui n'auront pu être desséchées, elles ne donneront lieu à aucune prétention de la part des entrepreneurs du desséchement.

20. Le montant de la plus-value obtenue par le desséchement sera divisé entre le propriétaire et le concessionnaire, dans les proportions qui auront été fixées par l'acte de concession.

Lorsqu'un desséchement serait fait par l'Etat, sa portion dans la plus-value sera fixée de manière à le rembourser de toutes ses dépenses. Le rôle des indemnités sur la plus-value sera arrêté par la commission et rendu exécutoire par le préfet (1).

21. Les propriétaires auront la faculté de se libérer de l'indemnité par eux due, en délaissant une portion relative de fonds calculée sur le pied de la dernière estimation; dans ce cas, il n'y aura lieu qu'au droit fixe d'un franc, pour l'enregistrement de l'acte de mutation de propriété.

22. Si les propriétaires ne veulent pas dé-

laisser des fonds en nature, ils constitueront une rente sur le pied de quatre pour cent, sans retenue; le capital de cette rente sera toujours remboursable, même par portions, qui cependant ne pourront être moindres d'un dixième, et moyennant vingt-cinq capitaux.

23. Les indemnités dues aux concessionnaires ou au Gouvernement, à raison de la plus-value résultant des desséchemens, auront privilège sur toute la plus-value, à la charge seulement de faire transcrire l'acte de concession, ou le décret qui ordonnera le desséchement au compte de l'Etat dans le bureau ou dans les bureaux des hypothèques de l'arrondissement ou des arrondissemens de la situation des marais desséchés.

L'hypothèque de tout individu inscrit avant le desséchement sera restreinte au moyen de la transcription ci-dessus ordonnée, sur une portion de propriété égale en valeur à sa première valeur estimative des terrains desséchés.

24. Dans le cas où le desséchement d'un marais ne pourrait être opéré par les moyens ci-dessus organisés, et où, soit par les obstacles de la nature, soit par des oppositions persévérantes des propriétaires, on ne pourrait parvenir au desséchement, le propriétaire ou les propriétaires de la totalité des marais pourront être contraints à délaisser leur propriété, sur estimation faite dans les formes déjà prescrites.

Cette estimation sera soumise au jugement et à l'homologation d'une commission formée à cet effet; et la cession sera ordonnée sur le rapport du ministre de l'intérieur, par un réglement d'administration publique.

TITRE VI. De la conservation des travaux de desséchement.

25. Durant le cours des travaux de desséchement, les canaux, fossés, rigoles, digues et autres ouvrages, seront entretenus et gar-

---

desséchement; que la valeur moyenne des terrains compris dans chaque classe soit déterminée à ces deux époques, sans qu'on puisse s'occuper d'une estimation détaillée par propriété, et en comparant à l'état primitif des terres l'espèce de culture dont ils sont devenus susceptibles.

Lorsque les experts ont procédé par classe, d'après le tableau indicatif de la nouvelle classification des terrains compris dans le desséchement; qu'ils se sont conformés dans leur estimation, à l'art. 18 de la loi, en fixant une valeur moyenne de l'hectare pour tous les terrains compris dans une même classe, d'après l'espèce de culture dont ils sont susceptibles, la commission, en refusant de statuer sur le procès-verbal d'estimation des experts jusqu'à ce qu'elle fût nantie d'estimations ultérieures,

notamment sur les dommages résultant du défaut de communication dans les propriétés morcelées par les canaux et rigoles, a fait une fausse application de l'art. 18 (20 mai 1831, ord. Mac. 13, 197).

(1) Cette loi n'a pas déterminé le montant de l'indemnité à prélever, en faveur des concessionnaires, sur le produit du desséchement.

Le montant de la plus-value, obtenu par le desséchement, doit être divisé entre les propriétaires et les concessionnaires, dans les proportions qui auront été fixées par l'acte de concession.

On doit dès lors s'en tenir, à l'égard du montant de l'indemnité, à d'anciens actes de concession, lorsque ces actes n'ont pas été modifiés ultérieurement (13 juillet 1828, ord. Mac. 5, 552).

dés aux frais des entrepreneurs du desséchement (1).

26. A compter de la réception des travaux,
l'entretien et la garde seront à la charge des
propriétaires, tant anciens que nouveaux.
Les syndics déjà nommés, auxquels le préfet pourra en adjoindre deux ou quatre pris
parmi les nouveaux propriétaires, proposeront au préfet des réglemens d'administration
publique qui fixeront le genre et l'étendue
des contributions nécessaires pour subvenir
aux dépenses.

La commission donnera son avis sur ces
projets de réglement, et, en les adressant au
ministre, proposera aussi la création d'une
administration composée de propriétaires qui
devra faire exécuter les travaux ; il sera statué sur le tout en Conseil-d'Etat (2).

27. La conservation des travaux de desséchement, celle des digues contre les torrens,
rivières et fleuves, et sur les bords des lacs et
de la mer, est commise à l'administration
publique. Toutes réparations et dommages
seront poursuivis par voie administrative
comme pour les objets de grande voirie. Les
délits seront poursuivis par les voies ordinaires, soit devant les tribunaux de police
correctionnelle, soit devant les cours criminelles, en raison des cas (3).

TITRE VII. Des travaux de navigation, des routes, des ponts, des rues, places et quais dans
les villes, des digues, des travaux de salubrité dans les communes (4).

28. Lorsque, par l'ouverture d'un canal de
navigation, par le perfectionnement de la
navigation d'une rivière, par l'ouverture
d'une grande route, par la construction d'un
pont, un ou plusieurs départemens, un ou
plusieurs arrondissemens, seront jugés devoir recueillir une amélioration à la valeur
de leur territoire, ils seront susceptibles de

---

(1) Les entrepreneurs doivent donc être maintenus en jouissance de ces digues et berges jusqu'à la réception des travaux (2 septembre 1829,
ord. Mac. 11, 364).

(2) La commission spéciale doit s'abstenir de
statuer sur la question de savoir si, à l'époque
de la réception des travaux, les digues et berges
devront être remises, par les concessionnaires,
aux propriétaires ou à leurs représentans.

Les propriétaires limitrophes n'ont point un
droit personnel sur les digues qui font partie des
travaux de desséchement.

Ils sont non-recevables à former tierce-opposition à une ordonnance royale qui autorise les
concessionnaires à faire ces ouvrages (2 septembre 1829, ord. Mac. 11, 364).

Bien que les digues ou chaussées, ainsi
que les canaux des marais desséchés, appartiennent aux propriétaires de ces marais, ceux-
ci ne peuvent s'opposer à ce que les propriétaires des marais voisins se servent de ces constructions pour l'écoulement de leurs eaux, en
se soumettant au paiement d'une indemnité et
d'une contribution pour l'entretien de ces mêmes
digues et canaux (24 janvier 1811 ; J.C. 1, 457).

Toute demande en dégrèvement de cotisation
par un membre d'association de travaux de desséchement doit être soumise au conseil de préfecture. Un membre de l'association peut faire
modifier l'ancien réglement, et obtenir un dégrèvement, sans attendre qu'un nouveau réglement soit fait par le Gouvernement, notamment
lorsque les travaux lui sont devenus moins utiles, et qu'il est obligé, pour la conservation de
la propriété, de faire personnellement des travaux défensifs (29 mai 1822, ord. S. 23, 2, 201).

Lorsque des propriétaires intéressés aux travaux relatifs au desséchement d'un marais ont
des contestations avec le concessionnaire, ils
doivent les soutenir individuellement, et non en
tant que communauté, ou par le ministère d'un
syndic ; le syndic ne représente la masse que re-

lativement aux experts à nommer et aux contributions d'entretien ; hors des cas où doit s'exercer sa mission de syndic, toute action appartient
aux individus (8 septembre 1819, ord. S. 20,
2, 257, et J. C. 5, 214. — Voy. articles 7 et 8).

(3) Les conseils de préfecture sont compétens
pour décider la question de savoir si les entreprises d'un particulier ont porté atteinte à des
travaux de desséchement. Au fond, ces entreprises sont condamnables, lorsqu'il est constaté
qu'elles ont empêché l'effet de ces travaux
(14 août 1822, ord. Mac. 4, 229).

Le préfet est compétent pour ordonner la
destruction des vannes d'irrigation indûment
placées, et contraires au système de dessèchement.

Son arrêté ne peut être attaqué directement
devant le Conseil-d'Etat ; il doit d'abord être
déféré au ministre de l'intérieur (2 septembre
1829, ord. Mac. 11, 367).

Toute question relative à l'entretien et à la
conservation des travaux de desséchement de
marais est de la compétence de l'autorité administrative.

Celle, au contraire, qui est relative à des baux
et partages relatifs à des marais desséchés, est
entièrement dans les attributions de l'autorité
judiciaire (19 octobre 1825, ord. Mac. 7, 599 ;
S. 26, 2, 348).

A l'autorité administrative appartient le droit
de régler, par mesure d'intérêt public, les travaux d'art nécessaires à l'écoulement des eaux
pluviales des terrains desséchés sur les bords de
la mer. Mais c'est aux tribunaux seuls que doit
être néanmoins soumise la question de servitude
à laquelle donnerait lieu l'entreprise d'un particulier, pour préserver son terrain de l'écoulement des eaux des propriétés supérieures, et
dont la solution n'exigerait que l'examen des
lieux et l'application des titres (12 novembre
1811, décret; J. C. 1, 557).

(4) Voy. lois du 29 floréal an 10 et 9 ventose an 13.

contribuer aux dépenses des travaux, par voie de centimes additionnels aux contributions, et ce dans les proportions qui seront déterminées par des lois spéciales.

Ces contributions ne pourront s'élever au-delà de la moitié de la dépense; le Gouvernement fournira l'excédant.

29. Lorsqu'il y aura lieu à l'établissement ou au perfectionnement d'une petite navigation, d'un canal de flottage; à l'ouverture ou à l'entretien de grandes routes d'un intérêt local; à la construction ou à l'entretien de ponts sur lesdites routes ou sur des chemins vicinaux, les départemens contribueront dans une proportion; les arrondissemens les plus intéressés, dans une autre; les communes les plus intéressées, d'une manière encore différente : le tout selon les degrés d'utilité respective.

Le Gouvernement ne fournira de fonds, dans ce cas, que lorsqu'il le jugera convenable; les proportions des diverses contributions seront réglées par des lois spéciales.

30. Lorsque par suite des travaux déjà énoncés dans la présente loi, lorsque par l'ouverture de nouvelles rues, par la formation de places nouvelles, par la construction de quais, ou par tous autres travaux publics généraux, départementaux ou communaux, ordonnés ou approuvés par le Gouvernement, des propriétés privées auront acquis une notable augmentation de valeur, ces propriétés pourront être chargées de payer une indemnité qui pourra s'élever jusqu'à la valeur de la moitié des avantages qu'elles auront acquis : le tout sera réglé par estimation dans les formes déjà établies par la présente loi, jugé et homologué par la commission qui aura été nommée à cet effet.

31. Les indemnités pour paiement de plus-value seront acquittées au choix des débiteurs, en argent ou en rentes constituées à quatre pour cent net, ou en délaissement d'une partie de la propriété si elle est divisible : ils pourront aussi délaisser en entier les fonds, terrains ou bâtimens dont la plus-value donne lieu à l'indemnité, et ce sur l'estimation réglée d'après la valeur qu'avait l'objet avant l'exécution des travaux desquels la plus-value aura résulté.

Les articles 21 et 23, relatifs aux droits d'enregistrement et aux hypothèques, sont applicables aux cas spécifiés dans le présent article.

32. Les indemnités ne seront dues par les propriétaires des fonds voisins des travaux effectués que lorsqu'il aura été décidé, par un règlement d'administration publique rendu sur le rapport du ministre de l'intérieur, et après avoir entendu les parties intéressées, qu'il y a lieu à l'application des deux articles précédens (1).

33. Lorsqu'il s'agira de construire des digues à la mer, ou contre les fleuves, rivières et torrens navigables ou non navigables, la nécessité en sera constatée par le Gouvernement, et la dépense supportée par les propriétés protégées, dans la proportion de leur intérêt aux travaux, sauf les cas où le Gouvernement croirait utile et juste d'accorder des secours sur les fonds publics.

34. Les formes précédemment établies et l'intervention d'une commission seront appliquées à l'exécution du précédent article.

Lorsqu'il y aura lieu de pourvoir aux dépenses d'entretien ou de réparation des mêmes travaux, ou curage des canaux qui sont en même temps de navigation et de desséchement, il sera fait des réglemens d'administration publique qui fixeront la part contributive du Gouvernement et des propriétaires. Il en sera de même lorsqu'il s'agira de levées, de barrages, de pertuis, d'écluses, auxquels des propriétaires de moulins ou d'usines seraient intéressés (2).

---

(1) Les articles 32 et 58, qui exigent qu'un réglement d'administration publique décide s'il y a lieu ou non d'appliquer à chaque cas particulier les articles 30 et 31, relatifs aux demandes en indemnités de plus-value, sont réputés exécutés lorsqu'une ordonnance royale nomme les membres de la commission chargée de statuer sur les demandes en plus-value après avoir visé ces demandes et les observations des propriétaires intéressés (5 août 1831, ord. Mac. 13, 302).

(2) Lorsqu'un déversoir est nécessaire à l'exploitation d'un moulin comme à la navigation de la rivière qui l'alimente, le Gouvernement et le propriétaire de l'usine doivent supporter les frais de réparation dudit déversoir, dans la proportion de leurs intérêts (25 novembre 1831, ord. Mac. 13, 444).

Lorsqu'il a été convenu entre l'administration des ponts-et-chaussées et les propriétaires de moulins situés sur une rivière navigable, que ceux-ci contribueraient pour un quart dans la réparation et l'entretien du déversoir desdits moulins, et renonceraient, en outre, à toute indemnité de chômage pendant le temps des réparations successives que pourrait nécessiter le déversoir, cette convention, qui devait servir de base à un réglement d'administration publique, doit être considérée comme une mesure préparatoire.

La décision du ministre de l'intérieur qui a maintenu cette mesure, sur la réclamation du tiers-acquéreur des moulins, ne fait pas obstacle à ce que ce nouvel acquéreur s'adresse au ministre pour obtenir le réglement en question, ou qu'il fasse valoir, devant les tribunaux, les exceptions préjudicielles qu'il croirait devoir résulter, soit de l'interprétation des titres an-

35. Tous les travaux de salubrité qui inté-ressent les villes et les communes seront or-donnés par le Gouvernement, et les dépenses supportées par les communes intéressées.

36. Tout ce qui est relatif aux travaux de salubrité sera réglé par l'administration pu-blique ; elle aura égard', lors de la rédaction du rôle de la contribution spéciale destinée à faire face aux dépenses de ce genre de travaux, aux avantages immédiats qu'acquer-raient telles ou telles propriétés privées, pour les faire contribuer à la décharge de la com-mune dans des proportions variées, et justi-fiées par les circonstances.

37. L'exécution des deux articles précédens restera dans les attributions des préfets et des conseils de préfecture.

TITRE VIII. Des travaux de route et de naviga-tion relatifs à l'exploitation des forêts et mi-nières.

38. Lorsqu'il y aura lieu d'ouvrir ou de perfectionner une route ou des moyens de navigation dont l'objet sera d'exploiter avec économie des forêts ou bois, des mines ou minières, ou de leur fournir un débouché, toutes les propriétés de cette espèce, géné-rales, communales ou privées, qui devront en profiter, seront appelées à contribuer pour la totalité de la dépense, dans les pro-portions variées des avantages qu'elles devront en recueillir.

Le Gouvernement pourra néanmoins ac-corder sur les fonds publics les secours qu'il croira nécessaires (1).

39. Les propriétaires se libéreront dans les formes énoncées aux articles 21, 22 et 23 de la présente loi.

40. Les formes d'estimation et l'interven-tion de la commission organisée par la pré-sente loi seront appliquées à l'exécution des deux précédens articles.

TITRE IX. De la concession de divers objets dépendant du domaine.

41. Le Gouvernement concédera, aux con-ditions qu'il aura réglées, les marais, lais, relais de la mer, le droit d'endiguage, les accrues, attérissemens et alluvions des fleu-ves, rivières et torrens, quant à ceux de ces objets qui forment propriété publique ou do-maniale (2).

TITRE X. De l'organisation et des attributions des commissions spéciales (3).

42. Lorsqu'il s'agira d'un desséchement de marais ou d'autres ouvrages déjà énoncés en la présente loi, et pour lesquels l'intervention d'une commission spéciale est indiquée, cette commission sera établie ainsi qu'il suit :

43. Elle sera composée de sept commissai-res : leur avis ou leurs décisions seront moti-vés ; ils devront, pour les prononcer, être au moins au nombre de cinq (4).

44. Les commissaires seront pris parmi les personnes qui seront présumées avoir le plus de connaissances relatives soit aux localités, soit aux divers objets sur lesquels ils auront à prononcer.

Ils seront nommés par l'empereur.

45. Les formes de la réunion des membres de la commission, la fixation des époques de ses séances et des lieux où elles seront tenues, les règles pour la présidence, le secrétariat et la garde des papiers, les frais qu'entraîne-ront ses opérations, et enfin tout ce qui con-

---

ciens, soit de la non-validité du mandat en vertu duquel les représentans des anciens pro-priétaires des moulins auraient figuré dans la convention (30 décembre 1829, ord. Mac. 11, 499).

(1) Il suffit que des travaux publics soient faits sur une rivière flottable, au profit du commerce de flottaison et de quelques riverains, pour que l'administration soit autorisée, 1° à diriger elle-même les travaux ; 2° à en faire payer les frais aux intéressés ; 3° à régler la portion contribu-tive de chacun (12 mai 1819, ord. J. C. 5, 119).

Les avances faites ou à faire, sur les fonds de la navigation, pour les travaux à exécuter d'ur-gence, ne peuvent porter préjudice au recours que l'administration a le droit d'exercer contre les propriétaires d'usines qui en profitent (10 jan-vier 1821, ord. Mac. 1, 33).

(2) Par cela seul que les lais et relais de la mer sont aliénables par l'Etat, et qu'ils sont par conséquent prescriptibles, ils sont susceptibles de possession autorisant une action possessoire 3 novembre 1824 ; Cass. S. 25, 1, 64).

(3) Les commissions spéciales exercent les mêmes fonctions que les conseils de préfecture pour tout le contentieux relatif à ces entreprises ; elles doivent se conformer au mode de procéder établi pour lesdits conseils (9 septembre 1819, ord. J. C. 5, 214, et S. 20, 2, 257. — 2 avril 1828, ord. Mac. 10, 284).

Les appels des décisions prises par ces com-missions sont portés devant le Conseil-d'Etat (2 avril 1828, ord. Mac. 10, 284).

Lorsque deux pourvois ont pour objet la même décision de la commission spéciale, il y a lieu de les joindre et de prononcer par une seule et même ordonnance (2 septembre 1829, ord. Mac. 11, 361).

(4) Lorsque la commission, dans sa décision, ne s'est pas référée au rapport des experts, mais qu'elle l'a modifié en procédant elle-même aux évaluations, sans donner les motifs qui l'ont dé-terminée, elle a contrevenu à la disposition de la loi qui exige que les décisions soient moti-vées (5 août 1831, ord. Mac. 13, 302).

cerne son organisation, seront déterminés, dans chaque cas, par un règlement d'administration publique.

46. Les commissions spéciales connaîtront de tout ce qui est relatif au classement des diverses propriétés avant ou après le dessèchement des marais, à leur estimation, à la vérification de l'exactitude des plans cadastraux, à l'exécution des clauses des actes de concession relatifs à la jouissance par les concessionnaires d'une portion des produits, à la vérification et à la réception des travaux de dessèchement, à la formation et à la vérification du rôle de plus-value des terres après le dessèchement; elles donneront leur avis sur l'organisation du mode d'entretien des travaux de dessèchement; elles arrêteront les estimations dans le cas prévu par l'art. 24, où le Gouvernement aurait à déposséder tous les propriétaires d'un marais; elles connaîtront des mêmes objets, lorsqu'il s'agira de fixer la valeur des propriétés, avant l'exécution de travaux d'un autre genre, comme routes, canaux, quais, digues, ponts, rues, etc., et après l'exécution desdits travaux, et lorsqu'il sera question de fixer la plus-value.

47. Elles ne pourront, en aucun cas, juger les questions de propriété, sur lesquelles il sera prononcé par les tribunaux ordinaires, sans que, dans aucun cas, les opérations relatives aux travaux, ou l'exécution des décisions de la commission, puissent être retardées ou suspendues (1).

TITRE XI. Des indemnités aux propriétaires pour occupation de terrains (2).

48. Lorsque, pour exécuter un dessèchement, l'ouverture d'une nouvelle navigation,

(1) Toutes les contestations (à l'exception des questions de propriété) qui s'élèvent à l'occasion des travaux de dessèchement des marais, entre les propriétaires des terrains compris dans l'opération du dessèchement, et les concessionnaires qui font exécuter ces travaux, doivent être portées devant la commission spéciale : les tribunaux sont incompétens pour connaître de ces contestations, notamment d'une action possessoire intentée à raison de troubles ou dommages causés à un propriétaire par les travaux de dessèchement (4 juillet 1832 ; Cass. S. 32, 1, 648 ; D. 32, 1, 294).

Si les syndics n'articulent aucun grief en leur propre et privé nom, la commission doit les déclarer non-recevables, et s'abstenir de prononcer sur les réclamations par eux formées (6 août 1823, ord. Mac. 5, 578).

En général, toute demande qui a pour but, non pas de faire juger une question de propriété, mais de faire suspendre des travaux de canalisation et de dessèchement prescrits par une ordonnance royale, ne peut pas être portée devant les tribunaux ordinaires (20 février 1828, ord. Mac. 10, 175).

Les commissions spéciales sont compétentes pour connaître des contestations relatives, soit à l'étendue donnée aux limites des travaux d'endiguement, soit au classement des terrains compris dans les limites, soit à la répartition des dépenses entre les différentes classes.

Lorsque les décisions prises par ces commissions ont été rendues en l'absence de toutes réclamations ou contradictions de la part de quelques intéressés, l'opposition reste ouverte aux appelans pour attaquer la décision (31 août 1830, ord. Mac. 12, 391).

L'estimation des terrains qui peuvent être enlevés par des travaux de canalisation et dessèchement doit être faite par voie administrative.

Les contestations qui peuvent s'élever entre les propriétaires et les concessionnaires, relativement à cette estimation, doivent être portées devant la commission administrative (22 mars

1827, ord. Mac. 9, 194. — 20 février 1828, ord. Mac. 10, 175).

Lorsqu'il s'agit de décider si les indemnités dues aux dessécheurs par les propriétaires desséchés doivent être réglées d'après les anciens actes de concession ou d'après les dispositions de la présente loi, la commission n'est pas compétente pour prononcer.

Cette question ne peut être résolue que par l'interprétation des ordonnances relatives à la nouvelle concession, et cette interprétation ne peut être donnée que par le Conseil-d'État (24 octobre 1827, ord. Mac. 9, 544).

La présente loi, en laissant aux tribunaux à juger toute question de propriété relative aux marais à dessécher, réserve à l'administration toute question d'indemnité due, soit aux concessionnaires, soit aux propriétaires, même pour suppression d'usine ou cession de terrain (23 août 1826, ord. S. 28, 2, 28).

Lorsque, dans une cession de biens pour cause d'utilité publique, un droit de passage a été stipulé en faveur du cédant, et que, momentanément, l'administration ne peut pas tenir son engagement, l'indemnité relative à la privation de ce passage doit être réglée par le conseil de préfecture (13 juillet 1828, ord. Mac. 10, 559).

Les entrepreneurs publics sont justiciables de l'autorité administrative, et non des tribunaux, à raison du dommage qu'un particulier prétendrait avoir éprouvé sur sa propriété, par l'extraction et l'enlèvement des matériaux nécessaires à la confection ou à l'entretien d'une route (22 novembre 1810, decret ; J. C. 1, 437).

Lorsque les travaux d'utilité communale n'ont été approuvés, adjugés ni exécutés dans les formes prescrites pour les travaux publics, les conseils de préfecture ne sont pas compétens pour connaître des actions en dommages intentées contre les entrepreneurs (19 juin 1828, ord. Mac. 10, 516).

(2) Voy. loi du 8 mars 1810 ; décret du 28 août 1810.

Un pépiniériste dont la pépinière est endommagée par suite du passage de l'aqueduc de

un pont, il sera question de supprimer des moulins et autres usines, de les déplacer, modifier, ou de réduire l'élévation de leurs eaux, la nécessité en sera constatée par les ingénieurs des ponts-et-chaussées. Le prix de l'estimation sera payé par l'Etat, lorsqu'il entreprend les travaux; lorsqu'ils sont entrepris par des concessionnaires, le prix de l'estimation sera payé avant qu'ils puissent faire cesser le travail des moulins et usines.

Il sera d'abord examiné si l'établissement des moulins et usines est légal, ou si le titre d'établissement ne soumet pas les propriétaires à voir démolir leurs établissemens sans indemnité, si l'utilité publique le requiert.

49. Les terrains nécessaires pour l'ouverture des canaux et rigoles de desséchement, des canaux de navigation, de routes, de rues, la formation de places et autres travaux reconnus d'une utilité générale, seront payés à leurs propriétaires, et à dire d'experts, d'après leur valeur avant l'entreprise des travaux, et sans nulle augmentation du prix d'estimation (1).

---

ceinture pratiqué par la ville de Paris, a droit à une indemnité équivalente au dommage, aux termes de la loi du 16 septembre 1807. Cette indemnité est fixée contradictoirement par des experts, et arrêtée par le conseil de préfecture, sauf recours au Conseil-d'Etat.

En règle générale, est-il vrai que l'utilité d'une commune soit utilité publique, dans le sens de la loi du 16 septembre 1807, ou bien l'assimilation n'a-t-elle lieu que lorsqu'elle a été établie spécialement par une loi, comme dans l'espèce où l'aqueduc se trouve une suite de la construction du canal de l'Ourcq, ordonnée par la loi du 29 floréal an 10? (10 décembre 1807, ord. J. C. 4, 230).

(1) L'indemnité due au cas d'expropriation pour cause d'utilité publique n'est pas seulement de la valeur matérielle des biens expropriés; elle est de la valeur vénale que, d'après leur situation et les circonstances locales, ces biens auraient eue entre particuliers (Toulouse, 8 juillet 1830; S. 31, 2, 51; D. 31, 2, 67; P. 49, 101).

En cas d'expropriation forcée pour cause d'utilité publique, le propriétaire dépossédé a droit aux intérêts du prix de l'immeuble, courus depuis le jour de la dépossession jusqu'à celui de la contestation; et il peut toujours exiger que l'on procède à une liquidation régulière et distincte, tant de l'indemnité qui pourrait lui être accordée pour moins-value de loyers, que des intérêts qui lui sont dus (28 juillet 1820, ord. J. C. 5, 421).

Lorsqu'on alloue une indemnité à un particulier pour dommages causés à son fonds par un dépôt de terres et de déblais, les intérêts de l'indemnité doivent remonter à l'époque du dommage, pour tenir lieu au propriétaire des fruits qu'il a perdus (31 décembre 1828, ord. Mac. 10, 847).

Lorsque, par suite d'un alignement arrêté par l'autorité municipale, un terrain particulier est destiné à faire un jour partie de la voie publique, et qu'ainsi ce terrain se trouve voué d'avance à une expropriation future, et, dès à présent, grevé d'une sorte de servitude non ædificandi, le propriétaire ainsi asservi n'a pas droit néanmoins à une indemnité actuelle pour asservissement.

Et s'il arrive que ce propriétaire ait construit sur la voie publique, sur son terrain, sans permission du maire et hors de l'alignement, il

doit nécessairement être condamné à démolir, bien qu'aucune indemnité ne lui soit offerte, ni pour expropriation, ni pour asservissement de son terrain (7 août 1829; Cass. S. 29, 1, 394; D. 29. 1, 326; P. 46, 309).

Voy. mes notes sur la loi du 7 juillet 1833.

Un terrain a tous les caractères et est soumis à toutes les charges de *la voie publique* par cela seul qu'il a été compris, par une ordonnance royale, dans un plan d'alignement qui affecte ce terrain à la prolongation d'un marché ou à l'élargissement d'une rue.

Le propriétaire qui construit sur une portion de ce terrain, distante de la voie publique (dans l'état antérieur aux élargissemens projetés), commet par cela seul une contravention, et il peut être condamné à démolir, faute par lui d'avoir négligé de demander un *alignement* (2 août 1828; Cass. S. 28, 1, 396; D. 28, 1, 369).

Mais, par suite d'un second pourvoi dans la même affaire, la Cour de cassation, changeant sa jurisprudence, a décidé, en sens contraire, que le réglement de voirie qui défend de faire des constructions ou réparations aux édifices destinés à reculement, par l'effet d'un alignement administratif, ne s'étend qu'aux murs de face sur rue, surtout qu'il ne s'étend pas à des terrains qui sont séparés de la rue par une maison intermédiaire. Ainsi le propriétaire dont la maison et l'enclos doivent être plus tard affectés à une place publique peut provisoirement construire dans son enclos, si cet enclos n'est pas attenant à la rue. En un tel cas, il n'a pas besoin d'autorisation administrative (25 juillet 1829; Cass. S. 29, 1, 302; D. 29, 1, 310).

C'est à l'administration qu'il appartient de déterminer l'alignement.

Cet alignement réunit de plein droit à la voie publique le terrain qui en fait partie, et résout les droits de propriété en un droit à une indemnité.

En cas de contestation, les tribunaux doivent fixer, dans les formes prescrites par l'art. 16 et suivans de la loi du 8 mars 1810, les indemnités déterminées par la présente loi et d'après les bases qu'elle prescrit (31 août 1828, ord. Mac. 10, 704).

L'expropriation ne peut pas être prononcée pour cause d'utilité privée.

Elle ne peut jamais l'être par l'autorité des conseils de préfecture (7 mars 1821, ord. Mac. 1, 375).

50. Lorsqu'un propriétaire fait volontairement démolir sa maison, lorsqu'il est forcé
à la démolir pour cause de vétusté, il n'a
droit à indemnité que pour la valeur du terrain délaissé, si l'alignement qui lui est donné
par les autorités compétentes le force à reculer sa construction (1).

51. Les maisons et bâtimens dont il serait
nécessaire de faire démolir et d'enlever une
portion pour cause d'utilité publique légalement reconnue seront acquis en entier, si le
propriétaire l'exige; sauf à l'administration
publique ou aux communes à revendre les
portions de bâtimens ainsi acquises, et qui
ne seront pas nécessaires pour l'exécution du
plan. La cession par le propriétaire à l'administration publique ou à la commune, et la

revente, seront effectuées d'après un décret
rendu en Conseil-d'Etat sur le rapport du
ministre de l'intérieur, dans les formes prescrites par la loi.

52. Dans les villes, les alignemens pour
l'ouverture des nouvelles rues, pour l'élargissement des anciennes qui ne font point
partie d'une grande route, ou pour tout autre
objet d'utilité publique, seront donnés par
les maires, conformément au plan dont les
projets auront été adressés aux préfets, transmis avec leur avis au ministre de l'intérieur,
et arrêtés en Conseil-d'Etat.

En cas de réclamation de tiers intéressés,
il sera de même statué en Conseil-d'Etat sur
le rapport du ministre de l'intérieur (2).

53. Au cas où, par les alignemens arrêtés,

---

(1) Le propriétaire dont la maison est située
à la voie publique, et soumise à un alignement, ne peut, au cas de démolition du mur de
rant, le rééditifier sans autorisation. S'il viole
règle, l'autorité administrative peut le con-
indre à démolir.
Toutefois sauf indemnité, si l'alignement ne
at avoir lieu qu'aux dépens de sa propriété
(avril 1806 ; J. C. 1, 167).

(2) Le percement et l'élargissement d'une rue
ivent être ordonnés selon des vues générales
tilité et d'économie : les particuliers intéressés
peuvent se dispenser de s'y soumettre (3 jan-
r 1809 ; J. C. 1, 225).
Les alignemens, en matière de voirie urbaine,
ivent être donnés par l'autorité municipale,
f recours aux préfets (3 mars 1825 , ord.
tc. 7, 132. — 4 septembre 1822 , ord. Mac. 4,
6. — 13 juillet 1828 , ord. Mac. 10, 563).
Un maire est compétent, soit pour donner un
gnement demandé dans une rue qui n'est ni
te royale ni départementale, soit pour faire
écuter la démolition d'un bâtiment menaçant
ne , sauf le recours au préfet (16 juin 1824 ,
l. Mac. 6, 331. — 13 juillet 1828, ord. Mac.
, 563).
Les alignemens de rues de village doivent être
nnés par les maires, sauf recours au préfet
(juillet 1825, ord. Mac. 7, 415).
Les alignemens sur les places qui longent les
es royales doivent être donnés par les maires,
non par les préfets (16 janvier 1828, ord. Mac.
, 80).
Lorsqu'il s'agit d'apprécier le mérite et les
ets d'un arrêté de maire qui prescrit à un
ticulier de se conformer à un plan d'aligne-
nt et de façade rédigé en exécution d'une
tienne délibération du corps municipal de la
le, cet arrêté ne peut être soumis à l'autorité
liciaire ; le préfet est seul compétent pour en
nnaître (14 juillet 1830, ord. Mac. 12, 380).
Lorsqu'il s'élève, entre des particuliers , des
ficultés sur un alignement dans une ville , à
casion de sa rectification dans une partie du
in , il doit être statué par le roi en son Con-
l-d'Etat , sur le rapport du ministre de l'inté-
ur (4 mars 1830, ord. Mac. 12, 131).

Les rues des villes qui font partie des routes
royales sont placées sous le régime de la grande
voirie.
L'art. 52 ne concerne que les plans généraux
d'alignement des rues qui ne sont pas grandes
routes (26 août 1829, ord. Mac. 11, 349).
Lorsqu'un préfet se borne à statuer sur une
question d'alignement, résultant de l'application
d'un plan régulier et authentique , homologué
par un arrêt d'ancien parlement, il n'excède pas
les bornes de sa compétence.
Son arrêté ne peut, dès lors, être déféré directement au roi en son Conseil-d'Etat (22 novembre 1829, ord. Mac. 11, 437. — 4 mai 1830,
ord. Mac. 12, 133).
L'administration est compétente pour recevoir ou rejeter les plans faits par un architecte
pour servir de base aux alignemens d'une ville
(3 août 1828, ord. Mac. 10, 595).
La loi, en soumettant les maires à ne donner
des alignemens dans les villes que conformément
aux plans généraux dressés et arrêtés en exécution de cette loi, n'a pas par là dépouillé l'autorité municipale du droit de fixer elle-même,
par des réglemens, les alignemens dans les villes
dont les plans n'ont pas encore été arrêtés. Ces
réglemens, pris dans les limites des pouvoirs conférés par les lois anciennes à l'autorité municipale, sont obligatoires : à cet égard, ces lois
anciennes ont conservé tout leur effet (18 juin
1831; Cass. S. 31, 1, 252; D. 31, 1, 245).
Les alignemens à donner par les maires pour
les constructions sur les rues, places et autres
dépendances de la voie publique, font une partie
essentielle de la *petite voirie*, qui est confiée à
leurs soins. En conséquence , les arrêtés qu'ils
prennent à cet égard sont exécutoires provisoirement, et doivent être appliqués par les tribunaux de police à tout contrevenant, bien qu'il
y ait recours à l'autorité supérieure pour les
faire rapporter (26 juillet 1827 ; Cass. S. 27, 1,
502 ; D. 27, 1, 325).
Le ministre seul peut statuer sur les réclamations des tiers intéressés contre les projets d'ou-
vertures nouvelles ; les conseils de préfecture
sont incompétens pour faire droit à ces opposi-

12.

un propriétaire pourrait recevoir la faculté de s'avancer sur la voie publique, il sera tenu de payer la valeur du terrain qui lui sera cédé.

Dans la fixation de cette valeur, les expert auront égard à ce que le plus ou le moins d profondeur du terrain cédé, la nature de l

tions (3 décembre 1817 ; J. C. 4, 217. — 21 mai 1823 ; Mac. 5, 370. — 16 juin 1824, ord. Mac. 6, 33t. — 13 juillet 1828, ord. Mac. 10, 563).

Aux préfets seuls appartient le droit de prononcer sur les difficultés élevées au sujet d'alignemens donnés aux rues par les maires, sauf recours au ministre de l'intérieur. En conséquence, est non-recevable le recours direct au Conseil-d'Etat contre l'arrêté d'un préfet rendu en cette matière (1er novembre 1820, ord. J. C. 5, 469).

Les tribunaux sont seuls compétens pour juger les contestations relatives soit à la question de propriété, soit aux infractions aux lois et réglemens de petite voirie (urbaine) (4 septembre 1822, ord. Mac. 6, 326. — 3 mars 1825, ord. Mac. 7, 132. — 30 juillet 1828, ord. Mac. 10, 577).

Ils sont seuls compétens pour statuer sur les amendes encourues et sur les frais de démolitions ordonnées d'office par l'administration (13 juillet 1828, ord. Mac. 10, 563).

Lorsqu'un arrêté de préfet a autorisé des constructions sur un alignement déterminé par ordonnance royale, un tribunal civil, saisi de la question de propriété du terrain où s'élèvent ces constructions, doit s'abstenir de statuer, tant que l'arrêté préfectoral n'a pas été réformé par l'autorité supérieure (30 juillet 1828, ord. Mac. 10, 577).

Les tribunaux empiètent sur les attributions de l'autorité administrative, en ordonnant la démolition de constructions élevées par un particulier dans les limites d'un alignement qui lui a été donné en vertu de la présente loi, et en modifiant ainsi cet alignement.

Si un voisin se croit fondé à attaquer cet alignement, il doit se pourvoir dans la forme prescrite par cet article ; s'il prétend qu'il lui est dû des dommages-intérêts, il ne peut être statué sur ce point par l'autorité judiciaire avant que l'administration ait prononcé sur la réclamation de ce particulier, relative à l'alignement (24 février 1825, ord. Mac. 7, 116).

Lorsqu'il arrive qu'une maison se trouve à la fois située et sur une rue dépendant de grande voirie, et sur une autre rue dépendant de la voirie urbaine, et que des réparations non autorisées ont été faites sur cette dernière rue, le conseil de préfecture est compétent pour prononcer sur la contravention.

Si les réparations faites ont été nécessitées par suite de l'ouverture d'une nouvelle rue et de la démolition d'une maison voisine, et si elles ne sont pas de nature à augmenter la solidité de la maison subsistante, ce n'est pas le cas d'ordonner la démolition des ouvrages décrits au procès-verbal de contravention.

Quoique la contravention se trouve ainsi réduite au seul défaut de la demande préalable en autorisation de faire ces ouvrages, la con-

damnation à l'amende n'en est pas moins encourue (7 mars 1821, ord. Mac. 1, 369).

Toutes les questions concernant les alignemens, les ventes et cessions de terrains et les droits de tiers, relativement auxdits alignemens doivent être résolues par le Roi, en Conseill d'Etat, sur le rapport du ministre de l'intérieur.

Lorsque l'ordonnance a été rendue, après l'accomplissement de toutes les formalités prescrites, elle ne peut pas être attaquée par la voie contentieuse (4 juillet 1827, ord. Mac. 9, 388. — 9 juin 1824, ord. Mac. 6, 299. — 2 août 1826, ord. Mac. 8, 498).

*En cette matière, la réclamation formée contre un ancien décret ne peut être soumise au Conseil-d'Etat par la voie contentieuse, et doit être présentée au Roi sur le rapport du ministre de l'intérieur (16 janvier 1828, ord. Mac. 10, 80).

Les anticipations sur la voie publique, dans les rues ou places qui ne font pas partie des routes royales ou départementales, appartiennent à la voirie urbaine (3 mars 1825, ord. Mac. 7, 132. — 27 avril 1825, ord. Mac. 7, 223)(

Lorsque, d'après la réunion de certains faits, les passages peuvent être assimilés à des rues, c'est le cas d'appliquer les dispositions de la présente loi, et de déclarer en conséquence que ces passages ne pouvaient être entrepris que sur les plans d'alignement approuvés par l'administration publique (19 juin 1828, ord. Mac. 10, 511).

Lorsqu'un propriétaire a bâti hors des limites du terrain soumis aux réglemens de grande voirie, il n'y a pas pour lui nécessité de demander un alignement ou une autorisation de bâtir (2 avril 1828, ord. Mac. 10, 248).

Un propriétaire qui a contrevenu à l'autorisation de bâtir en excédant la hauteur fixée doit être condamné à démolir.

S'il croit avoir droit, en vertu des réglemens, à donner une plus grande élévation à son bâtiment, il peut se pourvoir, soit devant le préfet pour obtenir une autorisation nouvelle, soit devant le ministre de l'intérieur pour faire réformer la première permission (28 février 1828, ord. Mac. 10, 209. — 26 octobre 1828, ord. Mac. 10, 736).

Lorsqu'un propriétaire fait construire une maison avant d'avoir obtenu l'alignement qu'il avait demandé, il y a contravention aux réglemens de la voirie.

Toutefois, si le projet de plan d'alignement n'est pas encore adopté, et qu'il résulte de l'instruction de l'affaire que le propriétaire s'est conformé au plan d'alignement existant, il n'y a pas lieu de prononcer la démolition des constructions (8 avril 1829, ord. Mac. 11, 122).

Lorsque le propriétaire n'a point excédé l'autorisation qui lui avait été accordée, et que cette autorisation n'est point contraire aux instructions données sur la nature des réparations qui peu-

ropriété, le reculement du reste du terrain
âti ou non bâti loin de la nouvelle voie, peu-
ent ajouter ou diminuer de valeur relative
our le propriétaire.

Au cas où le propriétaire ne voudrait point
:quérir, l'administration publique est au-
risée à le déposséder de l'ensemble de sa
·opriété, en lui payant la valeur telle qu'elle
ait avant l'entreprise des travaux. La ces-
on et la revente seront faites comme il a
é dit en l'art. 51 ci-dessus.

54. Lorsqu'il y aura lieu en même temps à
yer une indemnité à un propriétaire pour
rrains occupés, et à recevoir de lui une
us-value pour des avantages acquis à ses
opiiétés restantes, il y aura compensation
qu'à concurrence, et le surplus seulement,
lon les résultats, sera payé au propriétaire
i acquitté par lui.

55. Les terrains occupés pour prendre les
tériaux nécessaires aux routes ou aux cons-
ctions publiques pourront être payés aux
opriétaires comme s'ils eussent été pris pour
route même.

Il n'y aura lieu à faire entrer dans l'estimation la valeur des matériaux à extraire,
que dans les cas où l'on s'emparerait d'une
carrière déjà en exploitation; alors lesdits matériaux seront évalués d'après leur prix courant, abstraction faite de l'existence et des
besoins de la route pour laquelle ils seraient
pris, ou des constructions auxquelles on les
destine (1).

56. Les experts, pour l'évaluation des indemnités relatives à une occupation de terrain, dans les cas prévus au présent titre, seront nommés, pour les objets de travaux de
grande voirie, l'un par le propriétaire, l'autre par le préfet; et le tiers-expert, s'il en est
besoin, sera de droit l'ingénieur en chef du
département : lorsqu'il y aura des concessionnaires, un expert sera nommé par le propriétaire, un par le concessionnaire, et le
tiers-expert par le préfet.

Quant aux travaux des villes, un expert
sera nommé par le propriétaire; un par le
maire de la ville, ou de l'arrondissement pour
Paris, et le tiers-expert par le préfet (2).

---

t être faites aux maisons soumises à l'aligne-
nt, un voisin qui se trouve en dedans de l'a-
iement ne peut le dépasser par la construc-
t d'une terrasse (15 juillet 1829, ord. Mac.
260).

.orsqu'un propriétaire a été autorisé à faire
lains travaux à sa maison, et qu'il a outre-
sé l'autorisation en édifiant plusieurs berceaux
caves qui reconfortent les fondations du mur
face soumis à l'alignement, il y a lieu d'or-
ner la démolition des travaux (2 septembre
9. ord. Mac. 11, 378).

orsque les travaux faits à la façade d'une
son sujette à reculement ne sont pas confor-
·, il y a lieu de les maintenir (10 août 1828,
Mac. 10, 632. — 14 juillet 1831, ord. Mac.
283).

orsqu'un particulier a fait recrépir et répa-
la façade de sa maison située sur une grande
le, sans en avoir obtenu la permission, il doit
condamné à l'amende, d'après l'arrêt du
seil du 27 février 1765.

n conseil de préfecture fait une fausse appli-
on de cet arrêt en ordonnant la démolition
mur recrépi, au lieu de se borner à la des-
tion du recrépissage fait sans autorisation.
il est reconnu en fait, par l'administration,
le recrépissage n'est pas de nature à conso-
r la façade de la maison, il y a lieu de le
ntenir (26 octobre 1828, ord. Mac. 10, 740).

e simple abaissement d'un mur sujet à recu-
ent, en ce qu'il est hors de l'alignement de
oie publique, doit être considéré comme
consolidation de ce mur, en contravention
réglemens de la voirie, et par suite les tri-
aux sont obligés d'ordonner la démolition du
, s'il y a poursuite de la part du ministère
lic (8 janvier 1830; Cass. S. 31, 1, 326).

n ne peut pas contraindre le propriétaire
ie maison à prendre alignement lorsque sa

propriété n'est pas contiguë à la route, et qu'il
a construit en arrière de l'alignement précédemment fixé (4 février 1824, ord. Mac. 6, 86).

Voy. décret du 3 septembre 1811, et ordonnance du 29 février 1816.

(1) Les travaux communaux ne peuvent être
assimilés aux travaux publics, en ce sens, qu'on
ne peut appliquer au propriétaire dans le fonds
duquel on aurait extrait des matériaux destinés
à la construction d'un pont, les dispositions de
cet article (17 décembre 1809 ; **J. C.** 1, 342).

On ne peut réputer carrière en exploitation
que celle qui offre au propriétaire un revenu
assuré, soit qu'il l'exploite régulièrement pour
lui-même et pour ses besoins, soit qu'il en fasse
un objet de commerce, en l'exploitant régulièrement par lui-même ou par autrui (6 septembre
1813, décret; S. 14, 2, 345)

Une carrière est *déjà en exploitation* par cela
seul qu'elle a été ouverte et exploitée.

Il suffit donc qu'un entrepreneur de travaux
publics ait pris des matériaux dans la carrière
ouverte et exploitée d'un particulier, pour qu'il
lui soit dû indemnité, encore que l'exploitation
n'ait pas été régulière et habituelle (13 juillet
1825, ord S. 26, 2, 344; Mac. 7, 408. — 4 mai
1826, ord. Mac. 8, 248. — 12 août 1829, ord.
Mac. 11, 327).

(2) En administration, le mode de nomination
des experts n'est pas réglé par le Code civil et le
Code de procédure ; on suit les règles tracées par
la présente loi, et par l'ordonnance du 25 juin
1817 ; notamment, il est de règle et d'usage de
laisser aux parties le soin de choisir leurs experts ; il n'en est nommé qu'à leur refus, et
lorsqu'elles ont été mises en demeure (17 novembre 1819, ord. J. C. 5, 251).

Un conducteur des ponts-et-chaussées peut
être nommé expert à l'effet de procéder à l'esti-

57. Le contrôleur et le directeur des contributions donneront leur avis sur le procès-verbal d'expertise, qui sera soumis, par le préfet, à la délibération du conseil de préfecture, le préfet pourra, dans tous les cas, faire faire une nouvelle expertise.

TITRE XII. Dispositions générales.

58. Les indemnités pour plus-value, dues à raison des travaux déjà entrepris, et spécialement à raison des travaux de dessèchement, seront réglées d'après les dispositions de la présente loi. Des réglemens d'administration publique statueront sur la possibilité et le mode d'application à chaque cas ou entreprise particulière, et alors l'organisation et l'intervention de la commission spéciale seront toujours nécessaires (1).

---

mation de l'indemnité due à un particulier pour cause d'expropriation d'utilité publique. La qualité d'agent de l'administration n'élève à cet égard aucune incapacité contre le conducteur des ponts-et-chaussées.

L'ingénieur en chef chargé des travaux publics qui donnent lieu à l'expropriation pour utilité publique, peut être désigné comme tiers-expert, aussi bien que l'ingénieur en chef du département proprement dit (12 avril 1829, ord. S. 29, 2, 560 ; Mac. 11, 135).

On doit regarder comme irrégulière l'expertise dans laquelle l'ingénieur des ponts-et-chaussées n'a pas été appelé à concourir aux discussions de l'expertise, mais seulement *invité à donner son avis*.

Cependant le Conseil-d'État peut se dispenser d'ordonner une expertise nouvelle, lorsque les avis donnés dans la cause et l'opinion du tiers-expert, irrégulièrement appelé, offrent des élémens suffisans pour servir de base à la décision souveraine à intervenir (11 mars 1830, ord. Mac. 12, 147).

(1) La loi du 16 septembre 1807 attribue à la justice administrative toutes contestations relatives aux travaux publics pour le dessèchement de marais, et aux indemnités dues à des tiers par suite de l'exécution des travaux ordonnés par l'administration active (23 décembre 1815 ; J. C. 3, 190).

D'après le décret interprétatif du 18 août 1810, les contestations relatives aux expropriations, pour cause d'utilité publique, antérieures à la loi du 18 mars 1810, doivent être portées devant l'autorité administrative, conformément à la loi du 16 septembre 1807 (25 février 1818 ; J. C. 4, 263. — 12 avril 1829, ord. S. 29, 2, 560 ; Mac. 11, 135).

Lorsque les travaux d'un canal ont été repris en vertu d'un décret spécial et sur les plans anciennement approuvés, toutes les indemnités auxquelles peuvent donner lieu les travaux dudit canal doivent être réglées administrativement.

Lorsque les moulins à raison desquels on demande une indemnité ont une existence légale provenant d'une vente nationale, la demande en indemnité est fondée.

Toutefois, si la force motrice de ces moulins a été augmentée par le propriétaire, sans en avoir reçu l'autorisation, l'indemnité doit être restreinte à l'état ancien tel qu'il existait à l'époque de la vente nationale (22 novembre 1829, ord. Mac. 11, 435. — 11 mars 1830, ord. Mac. 12, 147).

Bien qu'en matière d'expropriation pour cause d'utilité publique, le propriétaire ne puisse être dépossédé sans une préalable indemnité, néanmoins l'inobservation de cette formalité tutélaire n'entache pas de nullité l'expropriation qui serait nécessitée par des circonstances impérieuses, surtout si les intérêts du propriétaire ont été mis à couvert par une estimation faite en la forme prescrite par cette loi (31 décembre 1808 ; J. 1, 226, et S. 17, 2, 39).

La demande en indemnité pour dommages causés à une propriété privée, par des travaux d'utilité publique, doit être portée devant l'autorité administrative, en la forme prescrite par cette loi. Il n'y a lieu d'appliquer la loi du 8 mars 1810 que dans le cas d'expropriation (22 janvier 1823, ord. S. 24, 2, 109).

Le tracé d'une route ne peut être considéré comme une expropriation de terrain ; dès lors les dommages occasionés doivent être appréciés et réglés par le conseil de préfecture (20 mai 1828, ord. Mac. 10, 259).

Lorsque l'administration s'empare d'une partie des eaux d'un moulin pour alimenter un canal nouvellement établi, on doit considérer cette prise d'eau comme une expropriation pour cause d'utilité publique dont l'indemnité doit être fixée par les tribunaux ordinaires, aux termes de la loi de 1810 (28 février 1832, Bourges ; S. 2, 667 ; D. 32, 2, 186).

Décidé en sens contraire, que ce fait ne constitue qu'un *dommage* temporaire et variable qui ne peut être apprécié que par le conseil de préfecture, dans les formes prescrites par la présente loi (8 juin 1832, ord. S. 32, 2, 667).

L'indemnité due pour chômage d'usine par suite de travaux publics doit être réglée par le conseil de préfecture, et non par les tribunaux ; il ne s'agit pas là d'expropriation soumise aux formalités de la loi du 8 mars 1810, mais d'une indemnité annuelle (3 juin 1831, ord. S. 31, 347. — 19 décembre 1827, ord. Mac. 9, 6. — 8 novembre 1829, ord. Mac. 11, 427. — 5 mai 1830, ord. Mac. 12, 208. — 14 juillet 1830, ord. Mac. 12, 360. — 3 juin 1831, ord. Mac. 13, 218).

Dans l'évaluation de l'indemnité due pour chômage des usines, on doit tenir compte de divers articles de dépense, tels que l'entretien des machines, le coût de la patente, les frais d'exploitation, qui ne cessent pas immédiatement avec la cessation du travail de l'usine, l'intérêt du capital nécessaire à l'exercice de l'industrie. On ne peut considérer comme rendu par défaut un arrêté pris sur le vu d'un procès-verbal d'...

59. Toutes les lois antérieures cesseront d'avoir leur exécution en ce qui serait contraire à la présente.

---

16 SEPTEMBRE 1807.— Loi relative à des impositions pour confection de routes, de canaux, etc., dans divers départemens. (4, Bull. 162, n° 2796.)

---

16 SEPTEMBRE 1807. — Loi qui autorise des aliénations, acquisitions, concessions à rente, échanges et impositions extraordinaires.—Départemens : Hautes-Pyrénées, Doubs, etc. — Communes : Asque, Olonzac, etc. — Hospices et établissemens de bienfaisance : Doullens, etc. (4, Bull. 173, n° 2921.)

---

17 SEPTEMBRE 1807. — Loi qui proroge l'exécution des lois par lesquelles la connaissance du crime de faux avait été attribuée au tribunal criminel et à la cour de justice criminelle spéciale du département de la Seine. (4, Bull. 163, n° 2799 ; motifs, S. 7, 2, 227.)

La loi du 2 floréal an 11, qui attribue, pendant cinq ans, à la cour de justice criminelle spéciale du département de la Seine, la connaissance de tous les crimes de faux, soit en effets nationaux, soit sur des pièces de comptabilité qui intéressent le Trésor public,

Et la loi du 23 ventose an 12, qui attribue exclusivement au tribunal criminel du département de la Seine la connaissance des crimes de contrefaçon du timbre national et de fabrication de faux billets de banque, sont prorogées pendant trois ans à compter de l'expiration du délai fixé par la loi du 2 floréal an 11.

---

17 SEPTEMBRE 1807. — Loi qui autorise des aliénations, acquisitions, concessions à rente, échanges et impositions extraordinaires.—Départemens : Aisne, Eure-et-Loir. — Communes : Mirapeix, etc. — Hospices et établissemens de bienfaisance : Creutznach, Stambino, etc. (4, Bull. 173, n° 2922.)

---

17 SEPTEMBRE 1807. — Loi qui maintient les hospices de Perpignan, de Saint-Paul-Vinca et de Vitry-le-Français, dans la possession définitive des biens et rentes dont ils sont en jouissance provisoire, à titre de remplacement de leurs biens aliénés en exécution de la loi du 23 messidor an 2. (4, Bull. 173, n° 2925.)

---

18 SEPTEMBRE 1807. — Décret qui défend la mendicité dans le département de la Côte-d'Or. (4, Bull. 161, n° 2793.)

Art. 1er. La mendicité est défendue dans le département de la Côte-d'Or.

---

perts nommés contradictoirement (6 février 1831, ord. Mac. 13, 72).

Lorsque, aux termes d'une ordonnance royale, le propriétaire d'une usine a été renvoyé devant les tribunaux pour y faire procéder au réglement d'indemnités pour l'expropriation d'une chute d'eau qui servait de moteur à son usine, et que l'autorité judiciaire a prononcé, le conseil de préfecture est incompétent pour statuer ensuite sur une question d'indemnité relative au chômage.

C'est à l'autorité judiciaire qu'il appartient d'apprécier tous les élémens de l'indemnité (31 août 1830, ord. Mac. 12, 387).

Bien que l'alignement donné par un maire pour une rue oblige un propriétaire à reculer sa maison, et le prive, par suite, d'une partie de son terrain, ce n'est pas là une expropriation pour cause d'utilité publique, donnant lieu à l'application de la loi du 8 mars 1810. Dans le cas où le particulier se plaindrait de ce que l'alignement a été donné irrégulièrement, par exemple, de ce que l'arrêté fixant l'alignement n'est pas approuvé en Conseil-d'Etat, conformément à l'article 52, il ne peut que s'adresser au supérieur administratif : les tribunaux commettraient un excès de pouvoir en dispensant le particulier de suivre l'alignement (21 octobre 1824 ; Cass. S. 25, 1, 128).

Les conseils de préfecture ne sont pas compétens pour ordonner des ouvrages intéressant à la fois le desséchement des marais et la navigation,

cela n'appartient qu'aux préfets ; mais les conseils de préfecture sont compétens pour constater l'existence des dommages résultant des travaux de desséchement, et fixer l'indemnité due aux propriétaires (4 mars 1818, J. C. 5, 74).

Les conseils de préfecture qui, avant de prononcer sur une indemnité due à un propriétaire exproprié, ont ordonné une expertise qui a été mal faite, doivent ordonner une nouvelle expertise, et non arbitrer eux-mêmes d'après leurs propres données (3 juin 1818, ord. J. C. 4, 347).

Lorsqu'il est demandé une indemnité pour dommages attribués à des constructions publiques, le conseil de préfecture ne peut que donner son avis sur l'évaluation de l'indemnité, sauf le droit du ministre de l'intérieur de le confirmer ou de l'infirmer, et sauf même l'expropriation suivant les formes voulues par la loi du 8 mars 1810, si l'offre faite n'est pas acceptée (23 juin 1819, ord. J. C. 5, 151).

Lorsque le terrain d'un particulier est exigé pour agrandir la voie publique, si le préfet ordonne que ce particulier sera indemnisé sans tenir compte de la moins-value en résultant pour la maison voisine, cette disposition, relative à l'indemnité, n'a pas l'autorité de la chose jugée, en sorte que la partie lésée n'ait que la voie du recours administratif. Elle peut s'adresser aux tribunaux, pour faire fixer l'indemnité, aux termes de la loi du 8 mars 1810 (23 août 1820, ord. J. C. 5, 445).

2. Tout individu mendiant, de quelque âge et de quelque sexe qu'il soit, sera arrêté, et conduit dans un dépôt de mendicité, pour y être entretenu et nourri, et assujéti au travail, conformément au réglement qui sera fait à cet égard.

3. Notre grand-juge, ministre de la justice, et nos ministres de l'intérieur, des finances et de la police générale, sont chargés de l'exécution du présent décret.

18 SEPTEMBRE 1807. — Décret qui proroge le délai fixé pour le dépôt des actes et bastardelli reçus, dans les Etats de Parme et de Plaisance, avant la publication de l'édit du 4 mars 1793. (4, Bull. 161, n° 2794.)

Art. 1er. Le délai qui avait été fixé par l'article 5 de notre décret du 9 août 1806 est prorogé de six mois, à compter de la publication du présent.

2. Pendant ces six mois, le dépôt de tous les actes et bastardelli reçus antérieurement à la publication de l'édit du 4 mars 1793 pourra se faire aux archives purement et simplement, sans que les notaires et autres officiers publics, leurs héritiers ou représentans, soient tenus de les faire enregistrer.

3. Dans le cas où les particuliers requerraient cette formalité dans le même délai pour les actes mentionnés au précédent article, les droits seront payés suivant le tarif du 21 mars 1758; et, passé ce délai, ils seront acquittés suivant la loi de l'enregistrement.

4. Il ne sera formé aucune demande pour obliger les notaires et autres officiers publics, leurs héritiers ou représentans, ou les parties, à faire enregistrer les actes antérieurs au 4 mars 1793, même ceux contenant des mutations immobilières.

5. A l'égard des actes passés depuis la publication de l'édit du 4 mars 1793 jusqu'au dernier jour de l'an 13, ou 22 septembre 1805, les notaires et autres officiers publics qui les ont reçus, leurs héritiers ou représentans, ainsi que les parties contractantes, seront tenus de les faire enregistrer dans le délai fixé par l'article 1er, en payant les droits du tarif de 1758; à défaut de quoi, passé ce délai, le recouvrement des droits d'enregistrement sera poursuivi sur le pied actuel, soit contre les notaires et autres officiers publics, leurs héritiers ou représentans, soit contre les parties.

6. Il ne pourra être fait aucun usage des actes mentionnés aux articles 2 et 4 du présent, ni en être délivré des expéditions, avant leur enregistrement, sous les peines portées par les lois relatives à cette formalité.

7. Tous actes non notulés qui seront dans le cas d'être enregistrés devront, s'ils n'ont pas été rédigés sur papier timbré, être visés pour timbre ou timbrés à l'extraordinaire, en payant, s'ils sont présentés dans les six mois accordés par l'article 1er du présent décret, le droit de l'ancien timbre, et, après ce délai, le droit réglé par la loi du 13 brumaire an 7.

8. Les archivistes ne pourront délivrer d'expéditions des actes qu'ils auront reçus en dépôt, ni de ceux qu'ils auront rédigés sur d'anciens bastardelli, que lorsque les minutes de ces actes auront été timbrées et enregistrées, sous les peines portées par les lois sur le timbre et l'enregistrement.

9. Notre décret du 9 août 1806 sera exécuté dans toutes les dispositions qui ne sont pas contraires au présent.

10. Notre grand-juge, ministre de la justice, et notre ministre des finances, sont chargés de l'exécution du présent décret.

18 SEPTEMBRE 1807. — Décret concernant les passeports. (4, Bull. 163, n° 2800.)

Voy. lois du 30 JUILLET = 6 AOUT 1791, du 1er FÉVRIER = 28 MARS 1792, du 28 VENDÉMIAIRE an 6; décret du 11 JUILLET 1810.

Art. 1er. Les passeports accordés pour voyager dans l'intérieur de l'empire, ou pour en sortir, tant aux Français qu'aux étrangers, ne pourront être délivrés que sur un papier fabriqué spécialement à cet effet et sur un modèle uniforme.

2. La feuille disposée pour le passeport se composera de deux parties :
La première, qui se détachera de la seconde par une coupure ondulée, sera remise au porteur, et constituera le passeport;
La seconde partie, par forme de *souche* ou *talon*, sera la minute du passeport délivré, contiendra les mêmes désignations que le passeport, et restera entre les mains de l'autorité qui aura délivré le passeport.

3. Le ministre de la police générale de l'empire est spécialement chargé de faire fabriquer et imprimer les exemplaires desdits passeports, et les distribuera à toutes les autorités compétentes, qui s'en chargeront sur récépissés.

4. Il ne pourra être payé pour chaque passeport, pour tous frais, y compris ceux de fabrication et de timbre, que la somme de deux francs.

5. Les *visa* ordonnés par les lois et réglemens sur les passeports accordés seront donnés gratuitement, soit aux frontières, soit dans l'intérieur.

6. Au 31 décembre, tous ceux qui, étant en France, seront porteurs de passeports délivrés sous une formule autre que celle adoptée par le présent, seront tenus de se pourvoir de passeports délivrés dans la nouvelle forme.

7. Les contrevenans à ces dispositions seront soumis aux peines prononcées contre les individus qui voyagent sans passeport, par les lois des 28 mars 1792 et 10 vendémiaire an 4.

8. Notre grand-juge, ministre de la justice, et notre ministre de la police générale, sont chargés de l'exécution du présent décret.

18 SEPTEMBRE 1807. — Avis du Conseil-d'Etat sur le rejet d'une demande en remise ou modération d'une amende prononcée pour contravention aux lois concernant les arbres destinés au service de la marine. (4, Bull. 165, n° 2806.)

Voy. loi du 9 FLORÉAL an 11.

Le Conseil d'Etat, qui a entendu la section des finances sur le renvoi qui lui a été fait par sa majesté, d'un rapport du ministre de ce département, concernant la demande faite par le sieur d'Haudouin-Deuilly, marchand de bois, de la remise ou au moins de la modération d'une amende de trois mille francs, à laquelle il a été condamné par arrêt de la cour criminelle de la Haute-Marne, du 22 juin 1806, confirmé par la Cour de cassation le 27 novembre suivant, pour avoir disposé de plusieurs arbres marqués pour le service de la marine, dans une coupe de bois qu'il avait achetée du sieur Goutaud; exposant qu'il n'a disposé de ces arbres que dix-huit mois après la marque faite, et que la loi du 9 floréal an 11 permet d'en disposer au bout d'un an, si les fournisseurs de la marine n'ont pas fait procéder à leur enlèvement;

Vu la loi du 9 floréal an 11 et l'arrêté du Gouvernement du 28 du même mois;

Considérant que la loi n'a entendu mettre à la disposition des propriétaires que les arbres coupés et non enlevés au bout de l'année; que l'arrêté du 28 floréal rappelle les dispositions de l'arrêt du Conseil du 23 juillet 1748, contenant expresses défenses aux particuliers propriétaires de bois de faire abattre à l'avenir, sous quelque prétexte que ce soit, aucuns des arbres marqués pour la marine, à peine de confiscation et de trois mille livres d'amende; que le sieur d'Audouin a été condamné, comme étant en contravention à cet arrêt,

Est d'avis que la demande du sieur d'Haudouin-Deuilly doit être rejetée, et que le présent avis doit être inséré au Bulletin des Lois.

18 SEPTEMBRE 1807. — Décret qui ordonne le prélèvement de diverses sommes sur les fonds provenant des quarts de réserve que différentes communes du département de la Côte-d'Or ont dans la caisse d'amortissement. (Mon. n° 264.)

18 SEPTEMBRE 1827. — Décret qui ordonne aux personnes qui, domiciliées dans les départemens au-delà des Alpes, les ont quittés depuis l'époque où l'administration française a commencé, de retourner à leur domicile, s'ils ne sont absens pour cause légitime. (4, Bull. 161, n° 2795.)

18 SEPTEMBRE 1807. — Décrets contenant les tableaux des foires et des départemens de l'Aisne et du Cher. (4, Bull. 165, n°s 2815 et 2816.)

18 SEPTEMBRE 1807. — Décret qui établit trois nouvelles foires à Camors. (4, Bull. 165, n° 2817.)

18 SEPTEMBRE 1807. — Décrets qui autorisent l'acceptation de dons et legs faits aux pauvres et hospices de Beaucaire, Sospello, Lyon, Verceil, Marseillon, Valence, Crescentino, Paris, Villemur et Bayeux. (4, Bull. 165, n°s 2818, 2820 à 2826, 2831, et Bull. 166, n°s 2833 et 2834.)

18 SEPTEMBRE 1807. — Décrets qui autorisent l'acceptation d'offres de déclarer au profit des pauvres et hospices de Strasbourg, Gand, Bruxelles et Lautremange, des biens célés à la régie du domaine. (4, Bull. 165, n°s 2727 à 2750.)

18 SEPTEMBRE 1807. — Décret qui fait concession pour cinquante années, au sieur Dartigue, du droit d'exploiter les mines de plomb existant sur la montagne de Commeren (Ruër), dans une étendue de surface de quatre cent vingt hectares carrés. (4, Bull. 165, n° 2825.)

18 SEPTEMBRE 1807. — Décret qui approuve le projet du canal latéral de la Haisne. (Mon. n° 264.)

21 SEPTEMBRE 1807. — Décret contenant réglement pour la fabrication des draps destinés au commerce du Levant. (4, Bull. 165, n° 2807.)

Voy. décret du 9 DÉCEMBRE 1810.

TITRE Ier. De l'estampille impériale, et des conditions auxquelles les draps destinés pour le Levant seront assujétis pour en être revêtus.

Art. 1er. Les draps destinés pour le Levant pourront être marqués d'une estampille, qui en garantira la bonne qualité, les dimensions, et la nature de la fabrication.

2. Tous les draps destinés à recevoir l'estampille impériale devront réunir les conditions indiquées pour chaque lieu de fabrication.

3. Pour la fabrique des départemens de l'Ardèche, de l'Aude, du Gard, de la Haute-

Garonne, de l'Hérault, de la Lozère, du Tarn, les draps fabriqués dans les espèces et les qualités ci-après désignées devront porter au moins le nombre de fils déterminé dans le tableau ci-annexé, sur les dimensions et avec les lisières qui y sont fixées :

GENRES.	QUALITÉS.	NOMBRE de fils.	LARGEUR sur le métier entre les lisières.	LARGEUR après les apprêts entre les lisières.	COULEUR DES LISIÈRES.
			mètr. c.	mètr. c.	
Mahoux.	Chaly. . .	3,600	2 48	1 59	Blanche : conserver à la toile un fil blanc entre le drap.
Idem	Premiers.	3,400	2 48	1 59	Cerise fonc. brun, noir et blanc.
Idem.	Seconds..	3,000	2 38	1 59	Noire et blanche.
Londrin premier.	1ʳᵉ qualité	3,200	2 38	1 49	Verte , rose et blanche.
Idem.	2ᵉ idem. .	2,800	2 38	1 49	Verte et blanche.
Londrin second. .	1ʳᵉ idem. .	2,600	2 30	1 39	Bleu foncé et blanche.
Idem.	2ᵉ idem. .	2,400	2 30	1 39	Bleue et blanche.
Idem.	3ᵉ idem. .	2,000	2 30	1 39	Bleu clair et blanche.
Londres large. . .	"	2,600	2 53	1 49	Blanche.
Londres.	"	2,000	2 38	1 39	Noire.
Nims	"	2,200	2 38	1 56	Brune et blanche.
Seizains	"	1,600	2 23	1 19	Blanche et noire.
Abouchouchon . .	"	1,600	2 38	1 26	Idem.

Le susdit tableau pourra être modifié d'après les connaissances que procurera le commerce du Levant. Il sera dressé pareil tableau pour chaque fabrique travaillant pour le Levant.

4. Lesdits draps devront être bon teint.

Ils devront être bien conditionnés, et exempts de tous défauts, comme taches, trous, barres, etc.

S'il se trouvait cependant qu'une pièce de drap ne renfermât que deux ou trois défauts au plus, elle pourrait être admise à l'estampille, en indiquant le défaut par un fil blanc à la lisière.

5. Les draps seront uniformes en force et en bonté dans toute l'étendue de la pièce; et ne pourront les tisserands employer des laines d'autre qualité dans une partie de la pièce que dans le reste.

6. La pièce de drap devra porter le nom du fabricant, le lieu de la fabrique et la désignation de la qualité de fabrication.

7. Des matrices de toutes les espèces et qualités de tissus destinés au commerce du Levant, portant un mètre de long sur toute la largeur de l'étoffe, seront adressées par le ministre de l'intérieur au bureau de vérification et de contrôle indiqués dans le titre suivant, pour servir aux fabricans de modèles auxquels ils seront tenus de se conformer dans la confection des susdits tissus, et de terme de comparaison aux vérificateurs.

Les vérificateurs ne jugeront que d'après la matrice, dans les lieux de fabrique pour lesquels les réglemens portant fixation du nombre des fils n'auront pas encore été arrêtés.

8. Le nombre des pièces contenues dans un ballot, la largeur et la longueur de chacune d'elles, seront énoncés dans la facture annexée audit ballot.

9. La carte d'échantillon contenue dans la facture et annexée sous le même numéro et la même marque au ballot expédié devra être rigoureusement conforme aux espèces et qualités qui composeront ce ballot, et faire mention des fils qui peuvent se trouver dans la lisière de quelques pièces.

TITRE II. Des formes suivant lesquelles l'estampille sera apposée.

10. Il sera établi, dans chaque ville où se fabriquent des draps destinés pour le Levant, un vérificateur dépositaire du poinçon de l'estampille impériale, et chargé d'examiner si les draps destinés à la recevoir réunissent les conditions prescrites par les articles précédens.

11. Ledit vérificateur sera assisté de quatre jurés pris parmi les fabricans les plus anciens et les mieux réputés, lesquels seront, à cet effet, désignés par le préfet, sur la présentation de la chambre de commerce.

Les prud'hommes seront chargés de ces

fonctions dans les villes où cette institution aura été autorisée.

12. Les draps seront présentés aux vérificateurs et aux jurés, après le foulage et les autres apprêts.

On procédera à cette vérification par l'examen détaillé de toutes les conditions désignées dans le titre premier, par l'épreuve des couleurs et par la comparaison des tissus avec les matrices.

Les draps ne pourront être retenus plus de trois jours pour cette visite.

13. Si la pièce de drap a été reconnue réunir les conditions exigées, il lui sera apposé un plomb portant l'estampille impériale.

Si la carte d'échantillon a été reconnue fidèle, elle recevra un sceau avec la signature du vérificateur.

14. La marque, les plombs et sceaux, porteront ces mots : ESTAMPILLE IMPÉRIALE.

Ils indiqueront aussi l'espèce et la qualité du tissu.

Les susdites désignations seront exprimées en français et en arabe.

15. Le vérificateur sera nommé par le ministre de l'intérieur; il ne pourra, dans aucun cas, être pris parmi les fabricans en activité.

Il jouira d'un traitement de dix-huit cents à trois mille francs.

16. Il sera établi dans les villes et ports de Marseille, Gênes, Anvers, Turin et Mayence, des bureaux de contrôle pour la vérification des draps destinés pour le Levant et revêtus de l'estampille impériale.

Le bureau de contrôle sera porté auprès du bureau de la douane.

17. Le contrôleur examinera :

1° Si l'estampille n'aurait point été contrefaite;

2° La composition du ballot, et vérifiera s'il renferme bien le nombre des pièces annoncées, et dans les dimensions indiquées par la facture.

Dans le cas de doute sur le premier point, le contrôleur en écrira aux vérificateurs respectifs, pour faire procéder, s'il y a lieu, à un nouvel examen et rapport.

Le ballot vérifié sera revêtu d'un plomb adhérent à la toile d'emballage.

18. Le contrôle terminé, et s'il a donné le résultat prescrit par l'article précédent, le contrôleur en délivrera un certificat, qui sera transmis avec le ballot au bureau des douanes près duquel sera placé le bureau du contrôleur.

Défenses très-expresses sont faites aux employés des douanes de laisser expédier pour le Levant aucun des susdits ballots estampillés, s'ils ne sont accompagnés du certificat désigné ci-dessus.

19. Les contrôleurs seront nommés comme les vérificateurs, et jouiront du même traitement.

20. Les vérificateurs et contrôleurs tiendront un registre, lequel contiendra la date du jour où le drap aura été apporté à la visite, et le résultat de la vérification et du contrôle.

Les prud'hommes ou les jurés signeront à chaque séance le registre du vérificateur.

Le registre du vérificateur indiquera le bureau d'expédition par lequel les draps devront être exportés à la sortie.

Les vérificateurs adresseront, chaque semaine, aux contrôleurs respectifs, un état certifié, portant le relevé de leur registre pour les draps qui doivent être envoyés à leurs contrôles.

Les vérificateurs et contrôleurs adresseront chaque mois, au ministre de l'intérieur, le relevé de leurs opérations.

21. Les types et modèles de l'estampille impériale, les plombs, les sceaux et les matrices, seront adressés à tous les ambassadeurs et consuls de sa majesté en Turquie, en Egypte et dans les échelles du Levant.

22. Les contrôleurs et vérificateurs seront tenus de verser à la caisse d'amortissement un cautionnement égal au double de leur traitement annuel.

23. Les types et modèles de l'estampille impériale, les plombs, les sceaux, les matrices, seront adressés aux bureaux des douanes des villes et ports indiqués à l'article 1.

24. Le fabricant ou négociant qui sera convaincu d'avoir contrefait, falsifié l'estampille impériale, de l'avoir dérobée ou transportée sur une pièce différente de celle vérifiée, sera puni conformément à l'article 5 de la loi du 22 germinal an 11.

25. Dans les cas où l'estampille impériale aurait été falsifiée dans l'étranger, les ministres et consuls de sa majesté feront poursuivre les auteurs de la contrefaçon, comme coupables de crime de faux, devant les autorités locales, et d'après la législation établie dans le pays où le délit aurait été commis; le tout sans préjudice de la juridiction consulaire exercée sur les Français d'après les lois et les conventions établies.

26. Notre grand-juge, ministre de la justice, nos ministres de l'intérieur, des relations extérieures et des finances, sont chargés de l'exécution du présent décret.

27 SEPTEMBRE 1807. — Décret concernant le magasin de sauvetage des navires existant au Havre. (4, Bull. 165, n° 2808)

Art. 1er. Le magasin du sauvetage des navires existant sur la jetée dans le port du Havre, département de la Seine-Inférieure, sera remis en état, et muni des ustensiles nécessaires pour secourir au besoin les navires entrant dans ce port ou en sortant.

2. L'administration de ce magasin sera confiée à la chambre de commerce du Havre.

3. Les dépenses extraordinaires d'établissement sont fixées à 8,300 francs.
Les frais annuels ne pourront excéder 3,600 francs.

4. La perception de l'imposition ordonnée par l'article 58 de la loi du 16 septembre dernier (1), sera faite par le receveur des douanes, qui en versera le produit, mois par mois, entre les mains de l'un des membres de la chambre de commerce, qui sera par elle élu et désigné à cet effet.

5. Les dépenses seront acquittées sur le mandat du président, d'après une délibération de la chambre, prise dans la forme ordinaire de ses délibérations.

6. Nos ministres de l'intérieur et des finances sont chargés de l'exécution du présent décret.

7 SEPTEMBRE 1807. — Décret qui ordonne l'exécution des lois et réglemens des douanes, depuis les bouches de la navigation jusqu'au Var, et l'établissement d'un bureau de douanes à Novi. (3, Bull. 162, n° 2798.)

SEPTEMBRE 1807. — Décret qui ordonne l'établissement d'un conseil de prud'hommes à Nîmes. (4, Bull. 165, n° 2809.)

SEPTEMBRE 1807. — Décrets qui autorisent l'acceptation de dons et legs faits aux pauvres et hospices de Vire, Bourg-Saint-Andéol, Mugron, Guebwiller, la Ciotat, Turin, Salers, Paris, Parthenay, Paray et Angers. (4, Bull. 166, n°s 2835 à 2845.)

2 SEPTEMBRE 1807. — Décret qui autorise l'acceptation d'une offre de dénoncer au profit des hospices de Bruxelles une somme de douze mille florins courans de Brabant célée la régie. (4, Bull. 166, n° 2846.)

28 SEPTEMBRE 1807. — Décret contenant organisation de la cour des comptes. (4, Bull. 163, 2801.)

Voy. loi du 16 SEPTEMBRE 1807.

TITRE Ier. De la nomination et de l'installation des membres de la cour.

Art. 1er. Notre cousin le prince archi-trésorier de l'empire installera la cour des comptes, au lieu où la comptabilité tenait ses séances.

2. Les maîtres des comptes et les référendaires qui seront nommés pour la première organisation exerceront leurs fonctions pendant cinq ans, après lesquels ils recevront nos lettres de nomination à vie, si, d'après cette épreuve, nous jugeons qu'ils aient justifié nos espérances.

TITRE II. Divisions des chambres.

3. La première chambre sera chargée du jugement des comptes relatifs aux recettes publiques;
La deuxième, du jugement des comptes relatifs aux dépenses publiques;
La troisième, de juger les comptes des recettes et dépenses des communes dont les budgets sont arrêtés par nous.

4. Les dix-huit maîtres des comptes seront distribués entre les trois chambres par le premier président.

5. S'il survient, au jugement d'un compte, des difficultés qui présentent une question générale, le président de la chambre en informera le premier président, qui en référera au ministre des finances, pour y être pourvu, s'il y a lieu.

6. Chaque chambre se formera en bureau.

7. Un référendaire ne pourra être chargé deux fois de suite de la vérification de comptes du même comptable.
De même, un maître des comptes ne pourra être nommé deux fois de suite rapporteur de comptes du même comptable.

8. Le premier président présidera chaque chambre toutes les fois qu'il le jugera convenable.

9. S'il se trouve dans le cas d'être suppléé pour des fonctions qui lui sont spécialement attribuées, il sera remplacé par le plus ancien des présidens.

10. Les présidens seront, en cas d'empêchement, remplacés, pour le service des séances, par le doyen de la chambre.

11. En cas d'empêchement d'un maître des comptes, il sera, pour compléter le nombre indispensable, remplacé par un maître d'une autre chambre qui ne tiendrait pas séance, ou qui se trouverait avoir plus que le nombre nécessaire.

12. En cas de vacance d'une place de maître des comptes, le premier président en donnera avis à notre ministre des finances, qui

(1) Voy. erratum au Bull. 183.

joindra à sa présentation une liste de dix référendaires distingués par leur talent et leur zèle.

13. Nul ne pourra être président, maître des comptes ou procureur général, s'il n'est âgé de trente ans accomplis.

Titre III. Des référendaires.

14. Le nombre des référendaires est provisoirement fixé à quatre-vingts; ils seront divisés en deux classes, savoir, dix-huit de la première, et soixante-deux de la seconde.

On ne pourra être de la première classe, si l'on n'a été de la seconde au moins deux ans.

On passera de la deuxième classe à la première, moitié par ancienneté et moitié par le choix du Gouvernement.

15. Nul ne pourra être référendaire, s'il n'est âgé de vingt-cinq ans accomplis.

16. L'ordre des nominations dans chaque classe établira le rang entre eux.

17. Les référendaires ne seront spécialement attachés à aucune chambre.

18. Les référendaires de première classe assisteront, à tour de rôle, et en nombre égal à celui des maîtres, aux cérémonies publiques et aux députations.

19. Le premier président fera entre les référendaires la distribution des comptes, et indiquera la chambre à laquelle le rapport devra être fait.

20. Les réclamations sur l'attribution ou sur les retards des rapports seront portées devant le premier président qui y statuera.

Les attributions générales déterminées par l'article 3 n'empêcheront pas que le président ne puisse, suivant que l'exigera l'expédition des affaires, renvoyer à une chambre des rapports qui ne seraient pas dans ses attributions spéciales.

21. Les référendaires pourront entendre les comptables, ou leurs fondés de pouvoirs, pour l'instruction des comptes; la correspondance sera préparée par eux, et remise au président de la chambre où devra être fait le rapport, qui, s'il l'approuve, le fera expédier par le greffier.

22. Lorsqu'un compte exigera que plusieurs référendaires concourent à sa vérification, le premier président désignera un référendaire de première classe qui sera chargé de présider à ce travail, de recueillir les cahiers d'observations de chaque référendaire, et de faire le rapport à la chambre. Tous les référendaires qui auront pris part au travail des vérifications seront tenus d'assister aux séances de la chambre pendant le rapport.

23. Il sera disposé des salles de travail, où se réuniront, pour la vérification des comptes qui l'exigeront, les référendaires chargés d'en faire en commun la vérification.

24. Après la vérification terminée, les référendaires rédigeront, pour chaque compte, un rapport raisonné, dans lequel ils présenteront la composition des recettes et des dépenses; ils relèveront toutes les difficultés relatives à la ligne de compte seulement, proposeront les forcemens de recettes, les radiations de dépenses, et les charges qu'ils jugeront devoir être établies contre les comptables; ils formeront la balance des comptes, ils présenteront le résultat final de leur opération; ils remettront particulièrement le deuxième cahier d'observations prescrit par l'article 20 de la loi du 16 septembre, au maître auquel, conformément à l'article 28 ci-après, le rapport du référendaire aura été distribué.

25. Les référendaires, aussitôt qu'ils auront préparé un rapport, en remettront note au greffe, qui tiendra un registre particulier pour chaque chambre, par ordre de numéros.

26. Les référendaires sont appelés à faire leur rapport suivant le tour de rôle: pourra néanmoins le président de la chambre donner la préférence au rapport d'une affaire urgente.

27. Le compte, les bordereaux dressés de recettes et de dépenses, et le rapport et les pièces, seront mis sur le bureau pour y avoir recours au besoin.

28. Le rapport du référendaire terminé, le président de la chambre en fera la distribution à un maître, qui sera tenu:

1° De vérifier si le référendaire a fait lui-même le travail auquel il était tenu;

2° Si les difficultés élevées par les référendaires sont fondées;

3° Enfin d'examiner par lui-même les pièces au soutien de quelques chapitres du compte, pour s'assurer que le référendaire en a soigneusement vérifié toutes les parties.

Le président de la chambre nommera, en même temps que le maître rapporteur, deux ou un plus grand nombre de référendaires, s'il est nécessaire, lesquels seront chargés de vérifier si les cahiers établis par le référendaire rapporteur l'ont été exactement, et d'en rendre compte au maître rapporteur.

29. Le maître fera à la chambre un rapport motivé, sur tout ce qui sera relatif à la ligne de compte seulement, et il remettra particulièrement au premier président le deuxième cahier des observations du référendaire, avec ses observations personnelles, s'il y a lieu, pour en être par le premier président fait l'usage prescrit par la loi du 16 septembre; les référendaires qui auront concouru à la première vérification y assisteront.

30. Nul ne prendra la parole dans les dis-

cussions et délibérations, sans l'avoir obtenue du président.

31. Le référendaire rapporteur donnera son avis, qui ne sera que consultatif; le maître rapporteur opinera, et chaque maître successivement dans l'ordre de sa nomination.

Si différens avis sont ouverts, on ira une deuxième fois aux opinions; et les maîtres qui voudraient auparavant faire des observations nouvelles pourront être autorisés par le président : il recueillera les opinions après que la discussion sera terminée, et prononcera l'arrêt.

32. Le président de la chambre tiendra ou fera tenir, pendant le rapport, par l'un des maîtres, la minute du compte soumis au jugement de la chambre; et chaque décision sera portée sommairement à la marge de l'article du compte auquel elle se rapporte.

33. Après que les arrêts définitifs sur chaque compte seront rendus, et les minutes signées, le compte et les pièces seront remis par le rapporteur au greffier en chef, qui fera mention des arrêts sur la minute du compte, et déposera le tout aux archives.

34. Il sera dressé, le dernier jour de chaque mois, par le greffier en chef, un relevé de tous les comptes qui avaient été distribués avant le mois aux référendaires, et dont ils n'ont pas fait le rapport. Cet état sera présenté au premier président, et communiqué au procureur général, pour y être pourvu suivant l'exigence des cas.

35. Le premier président pourra appeler ceux des référendaires qui ne rempliront pas leur devoir, et leur donner les avertissemens nécessaires.

Il pourra même, en cas de récidive, après avoir entendu le référendaire en présence des présidens et du procureur général, le censurer.

Enfin si, par la gravité des circonstances, il y a lieu à la privation temporaire de traitemens ou à la suspension de fonctions, il en fera son rapport au ministre des finances.

TITRE IV. Ministère public.

36. Le procureur général ne peut exercer son ministère que par voie de réquisition.

37. Il fera dresser un état général de tous ceux qui doivent présenter leurs comptes à la cour. Il s'assurera si ou non ils sont exacts à les présenter dans les délais fixés par les lois et réglemens, et requerra, contre ceux en retard, l'application des peines.

38. Il s'assurera si les chambres tiennent régulièrement leurs séances, si les référendaires font exactement leur service; et, en cas de négligence, il adressera au premier président les réquisitions nécessaires pour y pourvoir.

39. Il adressera au ministre du Trésor public les expéditions des arrêts de la cour, et suivra devant elle l'instruction et le jugement des demandes à fin de révision pour cause d'erreurs, omissions, faux ou doubles emplois reconnus à la charge du Trésor public, des départemens ou des communes.

40. Toutes les demandes en main-levée, réduction et translation d'hypothèques, seront communiquées au procureur général, avant d'y être statué.

41. Toutes les fois qu'un référendaire élèvera contre un comptable une prévention de faux ou de concussion, le procureur général sera appelé en la chambre, et entendu dans ses conclusions avant d'y être statué.

42. Notre procureur général pourra prendre communication de tous les comptes dans l'examen desquels il croira son ministère nécessaire, et la chambre pourra même l'ordonner d'office.

43. En cas d'empêchement du procureur général, les fonctions du ministère public seront momentanément remplies par celui des maîtres des comptes que le ministre des finances désignera.

44. Le procureur général est tenu de correspondre avec les ministres sur les demandes qu'ils pourront lui faire de renseignemens pour l'exécution des arrêts, les mains-levées, radiations ou restrictions des séquestres, saisies, oppositions et inscriptions hypothécaires, et remboursemens d'avances des comptables.

TITRE V. Du greffe, des archives, et des huissiers.

45. Le greffier en chef doit être âgé de trente ans accomplis.

46. Il assistera aux assemblées générales, et y tiendra la plume.

47. Il est chargé de tenir les différens registres et celui des délibérations de la cour.

48. Il est chargé de veiller à la garde et conservation des minutes des arrêts, d'en faire faire les expéditions, et de la garde des pièces qui lui sont confiées et de tous les papiers du greffe.

49. Les comptes déposés par les comptables seront enregistrés par ordre de dates et de numéros, du jour qu'ils seront présentés.

50. Le greffe de la cour sera ouvert tous les jours, excepté les dimanches et les fêtes, aux heures fixées par le premier président.

51. Les premières expéditions des actes et des arrêts de la cour seront délivrées gratuitement aux parties. Les autres seront soumises à un droit d'expédition de soixante-quinze centimes par rôle (*art. 37 de la loi du 7 messidor an 2; décret du 18 août 1807*).

52. Le président de la chambre fera porter en marge des minutes des arrêts, les noms de tous les maîtres présens à la séance.

53. Les expéditions exécutoires de la cour seront rédigées ainsi qu'il suit:

« N..... (le prénom de l'empereur), par la « grace de Dieu et les constitutions de l'em- « pire, à tous présens et à venir, salut.

« La cour des comptes a rendu l'arrêt sui- « vant:

(Ici copie de l'arrêt.)

« Mandons et ordonnons à tous huissiers « sur ce requis de mettre ledit arrêt à exécu- « tion, et à tous commandans et officiers de « la force publique, de prêter main-forte, « lorsqu'ils en seront légalement requis.

« En foi de quoi, le présent arrêt a été « signé par le premier président de la cour « et par le greffier. »

54. Le greffier signera et délivrera les certificats, collationnés et extrait de tous les actes émanant du greffe, des archives et dépôts, et la correspondance avec les comptables.

En cas d'empêchement, le président commettra un commis-greffier.

55. Il sera nommé, sur la présentation du greffier en chef, le nombre de commis nécessaire à son service.

56. Il y aura, près la cour, des huissiers au nombre nécessaire pour son service.

TITRE VI. Des traitemens.

57. Les traitemens des membres de la cour sont fixés comme il suit:

Au premier président	30,000 f
Au procureur général	20,000
A chacun des présidens	20,000
A chacun des maîtres des comptes	15,000
A chaque référendaire de 1re classe	6,000
Idem de 2e classe	2,400
Au greffier en chef	12,000

58. La moitié des traitemens ci-dessus fixés pour le président de chaque chambre et les maîtres des comptes sera réservée, mise en masse, et distribuée en droits d'assistance entre les maîtres présens, d'après le registre des pointes qui sera tenu pour chaque chambre.

59. Tous les jours de séance, chaque président de chambre et chaque maître seront tenus, avant l'heure fixée pour commencer la séance, de s'inscrire sur le registre de pointes, qui sera arrêté et signé, avant l'ouverture, par le président de la chambre, ou par le maître qui le remplacera.

60. Les droits d'assistance n'appartiendront qu'aux membres présens: néanmoins les absens pour cause de maladie dûment attestée ne perdront point leur droit d'assis-

tance ; mais ils ne participeront à aucun accroissement.

61. Les absens, pour quelque autre cause que ce soit, même par congé, ne jouiront point, pendant leur absence, des droits d'assistance, et ne participeront point à ceux qui seront distribués en raison de l'absence des autres.

L'absent ne pourra s'excuser sur ce que les maîtres se seraient trouvés en nombre suffisant.

Celui qui ne sera pas inscrit à l'heure prescrite perdra son droit d'assistance à cette séance, lors même qu'il y aurait assisté.

62. Le président de chaque chambre ne pourra s'excuser par aucun motif, lorsque l'ouverture des séances n'aura pas été faite à l'heure prescrite; et si alors le nombre des maîtres est incomplet, il devra sur-le-champ s'occuper de les remplacer.

63. Il sera dressé, au commencement de chaque mois, par le greffier, un procès-verbal de répartition des sommes qui, pour défaut d'assistance, seront à distribuer entre ceux qui y auront droit: ce procès-verbal sera communiqué au procureur général, et, sur ses conclusions, arrêté par le premier président.

64. Une somme de quatre cent mille francs sera employée en distributions, à titre de préciput et de récompense de travaux, à ceux des référendaires qui l'auront mérité.

65. A cet effet, il sera rédigé par la cour un projet de réglement, qui sera présenté au ministre des finances, et par lui soumis à notre approbation.

TITRE VII. Des costumes.

66. Les présidens et le procureur général, porteront, aux assemblées des chambres et cérémonies, la robe de velours noir avec hermine;

Les maîtres des comptes, la robe de satin noir;

Les référendaires et les greffiers, la robe de soie noire.

TITRE VIII. Des congés.

67. Les membres de la cour seront tenus de résider à Paris; le défaut de résidence sera considéré comme absence.

68. Le premier président n'accordera pas de congés de plus de huitaine; les demandes de congés plus longs seront faites au ministre des finances.

69. Le premier président n'accordera de congés que pour cause nécessaire, et qu'autant que l'absence de celui qui en demandera un ne fera point manquer le service. Dans le cas où le congé doit être demandé au ministre, on devra attacher à la demande les conclusions du procureur général, et l'avis

du premier président, que le service ne souf-frira point de l'absence.

70. Celui qui aurait été nommé membre de la cour, et qui ne s'y rendra pas dans le délai de deux mois après la date de sa nomi-nation, et celui qui s'absentera de la cour pendant plus de deux mois, seront considé-rés comme démissionnaires, à moins qu'ils n'aient obtenu une permission ou congé.

71. Les congés ne pourront être accordés s'il n'y a plus des deux tiers des membres de la cour présens.

TITRE IX. Dispositions générales.

72. Les dépenses de la cour des comptes seront ordonnancées par notre ministre des finances.

73. Le premier président, après avoir pris l'avis des présidens, et entendu les conclu-sions du procureur général, arrêtera l'état des menues dépenses de la cour et du greffe; il le remettra à notre ministre des finances pour être soumis à notre approbation.

74. Lorsqu'une nouvelle nomination sera faite, le pourvu présentera nos lettres de no-mination au premier président de la cour, qui en donnera communication à notre pro-cureur général: et celui-ci prendra les ordres du prince archi-trésorier, sur les jour et heure pour son admission au serment.

75. Après le serment prêté, le nouveau pourvu sera reçu à la cour, chambres assem-blées.

76. Les registres et papiers de l'ancienne commission de comptabilité seront remis et déposés par état et bref inventaire au greffier en chef de la cour.

77. Tous les commis et employés qui ne seront pas appelés à de nouvelles fonctions salariées recevront leur traitement ordinaire, à titre d'indemnité, au moins pendant trois mois.

78. Les huissiers du Tribunat passeront au service de la Cour des comptes, aux trai-temens dont ils jouissent.

79. Le grand-juge, ministre de la justice, et les ministres des finances et du Trésor pu-blic, sont chargés de l'exécution du présent décret.

---

30 SEPTEMBRE 1807. — Décret qui augmente le nombre des succursales. (4, Bull. 165, n° 2810.)

Voy. décrets du 11 PRAIRIAL an 12, 5 NI-vose et 3 VENTOSE an 13, du 15 MARS 1814; ordonnance du 6 NOVEMBRE 1814.

TITRE Ier. Des succursales.

Art. 1er. L'état des succursales à la charge du Trésor public, tel qu'il a été fixé en vertu du décret du 5 nivose an 13, sera porté de vingt-quatre mille à trente mille.

2. A cet effet, le nombre des succursales sera augmenté dans chaque département, conformément à l'état annexé au présent dé-cret. La répartition en sera faite de manière que le nombre des succursales mis à la charge du Trésor public par notre décret du 5 ni-vose an 13, et celui qui est accordé par no-tre présent décret, comprennent la totalité des communes des départemens.

3. Cette répartition aura lieu à la diligence des évêques, de concert avec les préfets, dans le mois qui suivra la publication du présent décret.

4. Les évêques et les préfets enverront sur-le-champ au ministère des cultes les états qui seront dressés, pour être définitivement approuvés par nous et déposés ensuite aux ar-chives impériales.

5. Les desservans des succursales nouvelle-ment dotées par le Trésor public seront payés, à dater du jour de l'approbation de l'état de ces succursales, pour leur diocèse, s'ils exerçaient antérieurement les fonctions de desservant dans les succursales nouvelle-ment dotées, et à dater du jour de leur nomi-nation, s'ils sont nommés postérieurement à l'exécution du présent décret.

6. Les traitemens des desservans continue-ront à être payés dans les formes prescrites par les articles 4, 5 et 6 de notre décret du 11 prairial an 12.

7. Les titres des succursales, tels qu'ils sont désignés dans les états approuvés par nous, conformément à l'article 4 ci-dessus, ne pour-ront être changés ni transférés d'un lieu dans un autre.

TITRE II. Des chapelles ou annexes (1).

8. Dans les paroisses ou succursales trop étendues, et lorsque la difficulté des com-munications l'exigera, il pourra être établi des chapelles.

9. L'établissement de ces chapelles devra être préalablement provoqué par une délibé-ration du conseil général de la commune, dûment autorisé à s'assembler à cet effet, et qui contiendra l'engagement de doter le cha-pelain.

10. La somme qui sera proposée pour ser-vir de traitement à ce chapelain sera énon-cée dans la délibération; et, après que nous aurons autorisé l'établissement de la chapelle, le préfet arrêtera et rendra exécutoire le rôle de répartition de ladite somme.

11. Il pourra également être érigé une an-nexe, sur la demande des principaux contri-buables d'une commune, et sur l'obligation personnelle qu'ils souscriront de payer le vi-

---

(1) *Voy.* décret du 14 décembre 1810.

caire; laquelle sera rendue exécutoire par l'homologation et à la diligence du préfet, après l'érection de l'annexe.

12. Expéditions desdites délibérations, demandes, engagemens, obligations, seront adressées au préfet du département et à l'évêque diocésain, lesquels après s'être concertés, adresseront chacun leur avis sur l'érection de l'annexe à notre ministre des cultes, qui nous en fera rapport.

13. Les chapelles ou annexes dépendront des cures ou succursales dans l'arrondissement dysquelles elles seront placées. Elles seront sous la surveillance des curés ou desservans, et le prêtre qui y sera attaché n'exercera qu'en qualité de vicaire ou de chapelain.

14. Nos ministres de l'intérieur et du Trésor public sont chargés de l'exécution du présent décret.

Etat de Répartition, par département et par diocèse, des 30,000 succursales mises à la charge du Trésor public par les décrets des 11 prairial an 12, 5 nivose et 3 ventose an 13, et par le décret de ce jour 30 septembre 1807.

NOMS des DIOCÈSES.	NOMS DES DÉPARTEMENS dont ils se composent.	Nombre des Succursales créées par les décrets des 11 prairial an 12, 5 nivose et 3 ventose an 13.	Nombre des Succursales créées par le décret de ce jour 30 septembre 1807.	Total, par diocèse, des succursales créées par les décrets des 11 prairial an 12, 5 nivose et 3 ventose an 13, et par le décret de ce jour 30 septembre 1807.
Agen.	Lot-et-Garonne	320	80	800
	Gers	320	80	
Aix	Bouches-du-Rhône . . .	111	28	313
	Var.	139	35	
Aix-la-Chapelle.	Roër.	402	101	753
	Rhin-et-Moselle.	200	50	
Ajaccio	Golo	144	36	290
	Liamone.	88	22	
Amiens	Somme.	414	104	959
	Oise	353	88	
Angers.	Maine-et-Loire	271	68	339
Angoulême . . .	Charente.	200	50	625
	Dordogne	300	75	
Arras.	Pas-de-Calais	453	113	566
Autun	Saône-et-Loire	275	69	571
	Nièvre	182	45	
Avignon	Gard.	108	27	239
	Vaucluse.	83	21	
Bayeux.	Calvados.	451	114	565
	Landes.	175	44	
Bayonne	Pyrénées (Basses)	275	68	765
	Pyrénées (Hautes). . . .	162	41	
	Doubs.	280	70	
Besançon	Jura	234	59	930
	Saône (Haute).	229	58	
Bordeaux	Gironde	243	61	304
Bourges	Cher	136	34	321
	Indre	121	30	
Brieuc (Saint). .	Côtes-du-Nord	230	58	288
Cahors.	Lot.	453	113	1,081
	Aveyron	412	103	
Cambrai	Nord.	400	100	500
Carcassonne. . .	Aude.	238	60	404
	Pyrénées-Orientales. . .	85	21	
Chambéri	Mont-Blanc	243	61	487
	Léman	146	37	
Clermont	Allier	168	42	561
	Puy-de-Dôme	281	70	
Coutances	Manche	409	102	511
Digne	Alpes (Hautes)	140	30	450
	Alpes (Basses).	224	56	
Dijon	Marne (Haute)	290	73	741
	Côte-d'Or	302	76	

NOMS des DIOCÈSES.	NOMS DES DÉPARTEMENS dont ils se composent.	NOMBRE DES SUCCURSALES créées par les décrets des 13 prairial an 12, 5 nivose et 5 ventose an 13.	NOMBRE DES SUCCURSALES créées par le décret de ce jour 3o septembre 1807.	TOTAL, par diocèse, des succursales créées par les décrets des 13 prairial an 12, 5 nivose et 5 ventose an 13, et par le décret de ce jour 3o septembre 1807.
Evreux.	Eure	394	98	492
Flour (Saint) . .	Loire (Haute)	149	37	375
	Cantal	151	38	
Gand	Escaut	226	57	478
	Lys.	156	39	
Grenoble. . . .	Isère.	282	70	352
Liége	Ourte.	219	55	486
	Meuse-Inférieure . . .	170	42	
Limoges	Creuse	135	33	536
	Corrèze.	168	42	
	Vienne (Haute)	126	32	
Lyon	Rhône	167	42	719
	Loire.	188	47	
	Ain.	220	55	
Malines	Nethes (Deux).	97	24	379
	Dyle	206	52	
Mans (le) . . .	Sarthe..	238	60	524
	Mayenne.	181	45	
Mayence.	Mont-Tonnerre	152	38	190
Meaux.	Seine-et-Marne	283	71	748
	Marne	315	79	
Mende.	Ardeche.	206	51	385
	Lozère	102	26	
Metz.	Ardennes.	343	86	1,261
	Forêts	366	91	
	Moselle.	300	75	
Montpellier . . .	Hérault	204	51	630
	Tarn	300	75	
Namur.	Sambre-et-Meuse . . .	194	48	242
Nancy	Meuse	312	78	1,150
	Meurthe	373	93 .	
	Vosges	235	59	
Nantes.	Loire-Inférieure. . . .	123	31	154
Nice	Alpes-Maritimes. . . .	95	24	119
Orléans	Loiret.	200	50	490
	Loir-et-Cher	192	48	
Paris.	Seine.	73	18	91
Poitiers	Sèvres (Deux).	203	51	459
	Vienne.	164	41	
Quimper.	Finistère.	182	45	227
Rennes.	Ille-et-Vilaine.	217	54	271
Rochelle (La). .	Charente-Inférieure. . .	183	46	430
	Vendée.	161	40	
Rouen.	Seine-Inférieure. . . .	322	80	402
Séez	Orne	327	82	409
Soissons	Aisne.	389	97	486
Strasbourg. . . .	Rhin (Haut)	283	71	644
	Rhin (Bas).	232	58	
Toulouse.	Garonne (Haute)	365	91	716
	Ariége	208	52	
Tournay.	Jemmape	299	75	374
Tours	Indre-et-Loire.	166	42	208
Trèves	Sarre.	196	49	245
Troyes	Aube.	303	75	796
	Yonne	334	84	
Valence	Drôme	127	32	159
Vannes.	Morbihan	147	37	184
Versailles	Seine-et-Oise	405	101	826
	Eure-et-Loir.	256	64	
		24,000	6,000	30,000

3o septembre 1807. — Décret portant établissement de bourses et demi-bourses dans les séminaires diocésains. (4, Bull. 165, n° 2811.)

Voy. loi du 18 GERMINAL an 10, art. 16; ord. du 5 juin 1816.

Art. 1er. A dater du 1er janvier prochain, il sera entretenu, à nos frais, dans chaque séminaire diocésain, un nombre de bourses et demi-bourses, conformément au tableau ci-joint.

2. Ces bourses et demi-bourses seront accordées par nous, sur la présentation des évêques.

3. Notre Trésor public paiera annuellement, pour cet objet, quatre cents francs par bourse, et deux cents francs par demi-bourse.

4. Notre ministre du Trésor est chargé de l'exécution du présent décret.

État de Répartition, entre les évéchés, des deux mille quatre cents Bourses et Demi-Bourses, créées par le décret de ce jour.

ÉVÊCHÉS.	NOMBRE DE BOURSES ET DEMI-BOURSES affectées à chaque évêché.			ÉVÊCHÉS.	NOMBRE DE BOURSES ET DEMI-BOURSES affectées à chaque évêché.		
	Entières.	Demi.	Totaux.		Entières.	Demi.	Totaux.
Paris	34	68	102	Digne	4	8	12
Troyes	12	24	36	Vintimille . . .	"	"	"
Amiens	14	28	42	Toulouse . . .	15	3o	45
Soissons . . .	11	22	33	Cahors	14	28	42
Arras	10	20	3o	Montpellier . .	10	20	3o
Cambrai	14	28	42	Carcassonne . .	9	18	27
Versailles . . .	20	4o	6o	Agen	16	32	48
Meaux	14	28	42	Bayonne . . .	19	38	57
Orléans	12	24	36	Bordeaux . . .	13	26	39
Malines	16	32	48	Poitiers	14	28	42
Namur	4	8	12	La Rochelle . .	15	3o	45
Tournai	11	22	33	Angoulême . .	18	36	54
Aix-la-Chapelle	14	28	42	Bourges	11	22	33
Trèves	7	14	21	Clermont . . .	18	36	54
Gand	25	5o	75	Saint-Flour . .	12	24	36
Liége	14	28	42	Limoges	17	34	51
Mayence . . .	8	16	24	Tours	7	14	21
Besançon . . .	14	28	42	Le Mans . . .	17	34	51
Autun	14	28	42	Angers	9	18	27
Metz	20	4o	6o	Nantes	9	18	27
Strasbourg . .	14	28	42	Rennes	12	24	36
Nancy	22	44	66	Vannes	10	20	3o
Dijon	14	28	42	Saint-Brieuc . .	12	24	36
Lyon	21	42	63	Quimper . . .	12	24	36
Mende	11	22	33	Rouen	15	3o	45
Grenoble . . .	11	22	33	Coutances . . .	14	28	42
Valence	6	12	18	Bayeux	12	24	36
Chambéri . . .	14	28	42	Séez	1o	2o	3o
Aix	14	28	42	Evreux	10	20	3o
Nice	7	14	21				
Avignon . . .	14	28	42				
Ajaccio	10	20	3o	Totaux, . . .	8oo	1,600	2,400

30 SEPTEMBRE 1807. — Décret qui autorise l'association religieuse des dames charitables dites *du Refuge de Saint-Michel.* (4 , Bull. 165 , n° 2812.)

Voy. loi du 8 août 1792 ; décret du 18 février 1809 ; loi du 24 mai 1825.

Art. 1er. L'association religieuse des dames charitables, connues sous le nom de *Sœurs de la Charité* dites *du Refuge de Saint-Michel,* est définitivement autorisée.

2. Ses statuts sont approuvés, et seront transcrits sur les registres de notre Conseil-d'Etat.

3. Les dames de Saint-Michel ne pourront recevoir dans leurs maisons que les personnes soumises à l'autorité de la police, et qui y seront envoyées par ses ordres, ou qui seront envoyées par les pères ou conseils de famille, dans les formes établies par le Code Napoléon. Toutes les fois qu'une personne qui sera dans la maison voudra adresser une pétition à l'autorité administrative ou judiciaire, la supérieure sera tenue de laisser passer librement ladite pétition, sans en prendre connaissance, et même de tenir la main à ce qu'elle soit envoyée à son adresse.

4. Le sous-préfet, ou le préfet dans les villes où il n'y a pas de sous-préfet, ou à son défaut le maire, d'une part, et notre procureur impérial près le tribunal civil, ou son substitut, de l'autre, seront tenus de faire chacun, tous les trois mois, une visite dans les maisons des dames du Refuge, de se faire représenter les registres, d'entendre même en particulier, si elles le demandent, toutes les personnes qui y sont, de recevoir les réclamations, et de veiller à ce qu'il y soit fait droit, conformément aux lois; sans préjudice des visites que pourront faire nos procureurs généraux, toutes les fois qu'ils le jugeront convenable.

5. La maison chef-lieu sera le noviciat général et la maison de retraite de l'association. Elle est placée sous la direction d'une supérieure générale, qui, après avoir été élue conformément aux statuts, sera agréée par nous. Cette supérieure générale nommera les supérieures des maisons particulières, et désignera les sœurs qui seront envoyées dans ces maisons ou employées à divers services publics, sur la demande de l'administration civile.

6. Quand elles seront appelées par l'administration civile à remplir, soit dans les maisons de détention et de réclusion, soit dans les hospices, leur ministère de charité, elles se conformeront aux réglemens intérieurs de ces établissemens : néanmoins, elles ne cesseront pas de dépendre individuellement de leur supérieure.

7. Les dames de Saint-Michel sont placées,

pour le spirituel, sous la surveillance des évêques diocésains; et pour le temporel, sous l'autorité des préfets, sous-préfets, maires, et des tribunaux. Notre ministre des cultes est chargé de veiller à l'exécution de leurs statuts, et à tout ce qui concerne leur organisation intérieure.

8. Il sera tenu, dans chacune des maisons occupées par cette association, un registre, où seront inscrits, l'un après l'autre et de suite, les noms de toutes les sœurs qui seront dans chacune desdites maisons, avec leurs prénoms, âge, lieu de naissance, leur dernier domicile; les noms, prénoms et domicile de leurs pères et mères, s'ils sont vivans, ou mention de leur décès, s'ils sont décédés. Ce registre sera coté et paraphé par le préfet ou le sous-préfet. Chaque sœur signera l'article qui la concerne, avec la supérieure. Il sera tenu double, et l'un des deux restera déposé à la mairie du lieu. Une expédition en bonne forme sera envoyée et déposée à la maison du chef-lieu.

9. Chaque fois qu'une femme sera agrégée à l'association, les engagemens qu'elle prendra seront inscrits sur le même registre, de la même manière et avec les mêmes formalités.

10. Il sera tenu, dans chacune des maisons de l'association, un second registre, coté et paraphé de même, où seront inscrits, par la supérieure, les noms, prénoms, âge, domicile des personnes qui y seront reçues, avec les noms, prénoms, âge et domicile des pères et des personnes composant les conseils de famille qui les y auront fait placer.

11. Les dames de Saint-Michel pourront recevoir, avec notre autorisation donnée en Conseil-d'Etat, d'après l'avis de l'évêque, et sur le rapport de notre ministre des cultes, les legs, donations, fondations et constitutions de rentes qui leur seront faits, de la même manière et en se conformant aux mêmes règles que les établissemens de charité ou de bienfaisance.

12. Toutes réclamations d'une ou de plusieurs sœurs de l'institution ci-dessus désignée, contre des actes d'autorité de la supérieure ou du conseil, ou contre des élections ou autres actes capitulaires, seront portées devant l'évêque, lequel décidera.

13. Il y aura recours, contre les décisions de l'évêque, devant le Conseil-d'Etat, en la forme prescrite pour le règlement sur les affaires contentieuses; et la commission du contentieux en fera le rapport, après que notre ministre de la justice aura pris l'avis de notre ministre des cultes.

14. Notre grand-juge, ministre de la justice, et notre ministre de l'intérieur, sont chargés de l'exécution du présent décret.

Statuts des sœurs de Notre-Dame de la Charité du Refuge, dites *Dames de Saint-Michel.*

Art. 1ᵉʳ. Les sœurs de Notre-Dame de la Charité du Refuge ont pour fin de ramener aux bonnes mœurs, aux vertus chrétiennes et à l'amour d'une vie laborieuse, les personnes de leur sexe qui s'en seraient écartées.

2. Leur maison de Paris, faubourg et rue Saint-Jacques, est désormais le chef-lieu de tous les établissemens acceptés ou fondés par les sœurs de cette ville, qui n'admettent plus pour elles d'autres maisons de probation.

3. Leur maison chef-lieu est gouvernée par une supérieure, une assistante et quatre conseillères.

4. La supérieure est nommée tous les trois ans, à la majorité absolue des voix des religieuses de la maison de Paris et de celles des maisons affiliées.

Le vote des religieuses des maisons affiliées sera recueilli par leur supérieure et l'assistante, et envoyé, cacheté, à Paris, où il sera ouvert en présence de l'assistante et de quatre conseillères.

La supérieure élue peut être réélue pour un second triennal seulement.

5. La supérieure élue propose celles qu'elle juge les plus propres à remplir les charges d'assistantes et de conseillères; et, au cas où celles-ci ne réunissent pas la majorité absolue des suffrages, elle en propose d'autres.

6. La supérieure seule, de l'avis de son conseil, est chargée du placement et déplacement des sujets des diverses maisons comprises dans l'art. 2.

7. Les sœurs du Refuge ont des sœurs domestiques, qui n'ont point de part au gouvernement de leurs maisons, et qu'elles s'assimilent pour l'entretien et la nourriture.

8. Le temps de probation pour être reçue est au moins deux ans.

9. Chaque sœur conserve la propriété des fonds qui lui appartiennent, et qui peuvent lui survenir par succession; elle peut en disposer à son gré: mais quant à l'usufruit, lorsqu'elle en jouit, elle le remet au commun de la maison où elle se trouve. A son décès, la propriété entière retourne à ses héritiers.

10. L'association renvoie tout sujet qui provoquerait, par son exemple, l'inobservance des réglemens, qui mènerait une vie dissipée, qui scandaliserait ses sœurs, et ne voudrait pas changer de conduite, sauf le pourvoi, de la part du sujet renvoyé, selon les lois et réglemens.

11. Une sœur qui, sans être coupable d'aucun de ces torts, voudrait rompre néanmoins ses engagemens avec l'association, peut le faire librement; mais, quelle que soit la nature des motifs qui la portent à se retirer, l'association ne lui doit aucun dédommagement pour ses services passés, ni reddition de compte pour l'usufruit de ses biens perçus jusqu'au jour de sa sortie; elle emporte seulement ses habits, hardes, linge, et en général les vêtemens à son usage, et les meubles encore existans qu'elle aurait portés dans la maison.

Les dispositions ci-dessus s'appliquent à tout sujet qui serait dans le cas de l'article précédent.

12. Les sœurs de Notre-Dame de la Charité du Refuge sont soumises, pour tout ce qui concerne le spirituel, à l'évêque diocésain, et, pour tout ce qui regarde le civil, aux magistrats du lieu qu'elles habitent.

Nous, sœurs de Notre-Dame de la Charité du Refuge de la maison de Paris, soussignées, avons admis les présens statuts rédigés en douze articles, comme les seuls qui doivent à l'avenir former les liens religieux et civils de notre association.

Fait à Paris, le 6 septembre 1806.

Signé DUQUESNE, *Supérieure.*

———

30 SEPTEMBRE 1807. — Décret relatif à la tenue de la foire de Cessenon. (4, Bull. 166, n° 2847.)

———

30 SEPTEMBRE 1807. — Décret qui ordonne le paiement de six cent quarante-sept francs, pour pensions accordées à trois veuves de militaires morts dans les six mois des blessures qu'ils ont reçues au champ de bataille. (4, Bull. 166, n° 2848.)

———

30 SEPTEMBRE 1807. — Décrets qui autorisent l'acceptation de dons et legs faits aux pauvres et hospices de Fécamp, Bruges, Saint-Martin-de-Hinx, Aiguillon, Preuilly, Saint-Lambert, Montdidier, Souvignargues, Puy, Saint-Léger, Alize, Andelau, Sceaux, Bellevue-les-Bains, Nemours, Toulouse, Grand Saint-Trivier-sur-Maignan, Quimper, Saint-Germain-en-Laye et Agen. (4, Bull. 166, n°ˢ 2849 à 2855 ; Bull. 167, n°ˢ 2859 et 2860, et Bull. 168, n°ˢ 2865 à 2878.)

———

30 SEPTEMBRE 1807. — Décrets qui autorisent l'acceptation d'offres de déclarer, au profit des pauvres de Tourinnes et des hospices de Bruxelles, des rentes et biens célés à la régie du domaine. (4, Bull. 168, n°ˢ 2879 et 2880.)

———

1ᵉʳ OCTOBRE 1807. — Décret portant que les diocèses des États de Parme et de Plaisance font partie de l'église gallicane. (4, Bull. 170, n° 2901.)

———

2 OCTOBRE 1807. — Décret concernant les officiers de justice auxquels des infirmités donnent droit à une pension de retraite. (4, Bull. 165, n° 2813.)

Voy. loi du 16 JUIN 1824.

Art. 1er. Ceux de nos officiers, dans nos cours de cassation, d'appel, de justice criminelle, ou dans nos tribunaux de première instance, que la cécité, la surdité ou d'autres infirmités graves mettraient hors d'état d'exercer leurs fonctions, seront admis à prendre leur retraite.

2. Lorsque ceux qui se trouveront dans l'un des cas ci-dessus déterminés négligeront de demander leur retraite, nos présidens et nos procureurs généraux en donneront avis à notre grand-juge ministre de la justice, qui, après avoir demandé les observations de celui auquel on propose d'accorder une retraite, nous en fera son rapport, pour être par nous statué ainsi qu'il appartiendra.

3. Les officiers de nos cours et tribunaux, en retraite, conserveront leur titre, leur rang et leurs prérogatives honorifiques, sans néanmoins pouvoir exercer leurs fonctions: ils continueront d'être portés sur le tableau, et d'assister aux cérémonies publiques (1).

4. Lesdits officiers jouiront, en outre, d'une pension qui sera fixée par nos ordres pour chaque cas particulier.

5. Notre grand-juge, ministre de la justice, et notre ministre du Trésor public, sont chargés de l'exécution du présent décret.

————

2 OCTOBRE 1807. — Décret concernant le mode de jugement sur appel en matière de police correctionnelle, dans les départemens de Gênes, de Montenotte et des Apennins. (4, Bull. 163, n° 2803.)

————

7 OCTOBRE 1807. — Décret qui casse, pour excès de pouvoir, un arrêté par lequel le préfet du département de l'Aube avait fixé la répartition de dépenses relatives aux réparations d'un pont. (4, Bull. 167, n° 2856.)

N..... sur le rapport de notre ministre de l'intérieur; vu l'arrêté du 15 avril 1806, par lequel le préfet du département de l'Aube a ordonné que les réparations à faire au pont de la Pielle, situé sur un bras de la Seine, et qui forme, dans cette partie, la communication de la ville de Troyes avec les hameaux de Pré-l'Évêque, la Vacherie, Haute et Basse-Moline, dépendant de la commune de Troyes, seront supportées, un tiers par la ville, un tiers par les acquéreurs des biens

du chapitre Saint-Pierre, et un tiers par les propriétaires habitans de ces hameaux;

Considérant que, dans le cas ci-dessus, le préfet n'avait pas le droit de faire aucun rôle d'imposition ou de répartition sur les particuliers des communes,

Notre Conseil-d'État entendu,

Nous avons décrété et décrétons ce qui suit:

Art. 1er. L'arrêté du préfet du département de l'Aube est cassé pour excès de pouvoir.

2. Les réparations dont il s'agit sont mises à la charge de la commune de Troyes.

3. Notre ministre de l'intérieur est chargé de l'exécution du présent décret.

————

7 OCTOBRE 1807. — Décret qui nomme M. Poujard du Limbert préfet du département de l'Allier. (4, Bull. 165, n° 2814.)

————

7 OCTOBRE 1807. — Décret qui établit quatre foires dans la commune de Vieille-Salm. (4, Bull. 168, n° 2881.)

————

7 OCTOBRE 1807. — Décrets qui autorisent l'acceptation de dons faits aux pauvres et hospices de Paris, Bar-sur-Seine, Bordeaux, Sainville, Saint-Malo, Noloy et Cavaller-Maggiore. (4, Bull. 168, n°s 2882 à 2888.)

————

12 OCTOBRE 1807. — Sénatus-consulte concernant l'ordre judiciaire. (4, Bull. 166, n° 2832.)

Voy. Charte constitutionnelle, art. 58.

Le Sénat-Conservateur, etc. considérant que, par l'article 68 de l'acte des constitutions du 22 frimaire an 8, les juges ne conservent leurs fonctions à vie qu'autant qu'ils sont maintenus sur les listes d'éligibles;

Qu'il importe de suppléer, pour le passé, à cette prévoyance de la loi, et que, pour l'avenir, il est nécessaire qu'avant d'instituer les juges d'une manière irrévocable, la justice de sa majesté l'empereur et roi soit parfaitement éclairée sur leurs talens, leur savoir et leur moralité, afin qu'aucune partie de leur conduite ne puisse altérer, dans l'esprit des justiciables, la confiance et le respect dus au ministère auguste dont ils sont investis,

Décrète ce qui suit:

Art. 1er. A l'avenir, les provisions qui instituent les juges à vie, ne leur seront délivrées qu'après cinq années d'exercice de leurs fonctions, si, à l'expiration de ce délai,

————

(1) Est nul l'arrêt rendu avec le concours de magistrats honoraires qui n'auraient pas reçu du roi la prérogative spéciale de remplir, dans certains cas, les fonctions de juges (10 janvier 1821; Cass. S. 21, 1, 175). — *Voy*. art. 77 du décret du 6 juillet 1810.

sa majesté l'empereur et roi reconnaît qu'ils méritent d'être maintenus dans leurs places.

. 2. Dans le courant de décembre 1807; il sera procédé, dans la forme ci-après déterminée, à l'examen des juges qui seraient signalés par leur incapacité, leur inconduite, et des déportemens dérogeant à la dignité de leurs fonctions.

3. Cet examen sera fait, sur un rapport du grand-juge, ministre de la justice, renvoyé par ordre de sa majesté à une commission de six sénateurs nommés par elle.

4. La commission pésera les faits, et pourra demander au grand-juge, ministre de la justice, des éclaircissemens sur ceux qui ne lui paraîtraient pas suffisamment établis. Elle pourra même demander au grand-juge d'appeler devant elle les juges dont la conduite aurait paru susceptible d'examen.

5. D'après le résultat de ses recherches, et avant le 1er mars 1808, la commission présentera à sa majesté un avis motivé, dans lequel seront désignés les juges dont elle estime que la nomination doit être révoquée.

6. Il est réservé à sa majesté de prononcer définitivement sur le maintien ou la révocation des juges désignés dans le rapport de la commission.

7. Il n'est pas dérogé à l'article 82 de l'acte des constitutions du 16 thermidor an 10.

———

12 OCTOBRE 1807. — Décret relatif aux biens provenant de la succession du duc Guillaume de Looz-Corswaren. (4, Bull. 167, n° 2857.)

———

17 OCTOBRE 1807. — Décret contenant proclamation de brevets d'invention délivrés pendant le troisième trimestre de l'année 1807, aux sieurs Malhé, Girard frères, Heydweiller, Huyg., Kuetgens, Dupont, Girard frères, Goury frères, Meunier et John Madden, Nebel-Crépus, Dieudonné Forio, Alexandre, Dodé et Duverne, Tissot et Foullon, Delaville, Labbe, Girard frères, Guillaume, Boileau et Duplat, Roumieu frères et Dedréé. (4, Bull. 167, n° 2858.)

———

17 OCTOBRE 1807. — Décrets qui ordonnent le paiement de pensions accordées à des veuves de militaires. (4, Bull. 168, n° 2889, et Bull. 169, n° 2891.)

———

9 OCTOBRE 1807. — Décret qui accorde divers crédits aux ministres de l'administration de la guerre et de la marine. (Mon. n° 299.)

———

9 OCTOBRE 1807. — Décret qui nomme M. Mallarmé préfet du département de la Vienne. (4, Bull. 168, n° 2862.)

———

2 NOVEMBRE 1807. — Décret sur les droits en faveur des pauvres sur les spectacles, bals et fêtes. (Recueil officiel du ministère de l'intérieur, t. 2, p. 59.)

Sur le rapport du ministre de l'intérieur.

Art. 1er. Conformément à l'article 14, titre IV, de la loi du 15 septembre 1807, le droit d'un décime par franc, en sus du prix des billets d'entrée et d'abonnement dans les spectacles où se donnent des pièces de théâtre, ainsi que le droit du quart de la recette brute des bals, feux d'artifice, concerts, courses et exercices de chevaux, et généralement de toutes les danses et fêtes publiques où l'on n'est admis qu'en payant les rétributions exigées, ou par la voie des cachets, ou par billets, ou par abonnement, seront perçus, en 1808, dans les formes et d'après les dispositions prescrites par les décrets antérieurs.

2. A l'avenir, et à compter de 1808, le préfet de police ne délivrera aucune permission de donner à danser dans les établissemens connus sous le titre de guinguettes, qu'à la charge de verser comptant dans la caisse des pauvres et des hospices de la ville de Paris, pour tenir lieu du quart de la recette qu'ils sont tenus de payer en faveur des pauvres, une rétribution qu'il fixera dans la proportion des abonnemens consentis par quelques-uns de ces établissemens, dans le cours des années précédentes.

3. Le ministre de l'intérieur est chargé de l'exécution du présent décret.

———

3 NOVEMBRE 1807. — Décret sur la composition des conseils de guerre pour le jugement des majors. (4, Bull. 168, n° 2861.)

Voy. loi du 4 FRUCTIDOR an 5.

Les dispositions de la loi du 4 fructidor an 5, relatives à la composition des conseils de guerre devant lesquels doivent être traduits, en cas de délit, les officiers supérieurs, et à la manière de procéder au jugement de ces officiers, sont applicables aux majors.

2. Notre grand-juge, ministre de la justice, et notre ministre de la guerre, sont chargés de l'exécution du présent décret.

———

10 NOVEMBRE 1807. — Décret qui nomme M. Molé préfet du département de la Côte-d'Or. (4, Bull. 168, n° 2863.)

———

10 NOVEMBRE 1807. — Décret qui ordonne la publication de la bulle d'institution canonique de M. Rousseau, nommé à l'évêché d'Orléans. (4, Bull. 168, n° 2864.)

———

13 NOVEMBRE 1807. — Décret qui autorise le remboursement des capitaux de rentes per-

pétuelles hypothéquées sur les propriétés aliénées par l'administration des hospices de Paris. (4, Bull. 169, n° 2895.)

Art. 1er. L'administration des hospices de
Paris est autorisée à rembourser, sur le produit des aliénations de maisons ordonnées par
nos décrets des 18 mai et 12 décembre 1806,
les capitaux de rentes perpétuelles hypothéquées sur les propriétés des hospices auxquels ces maisons appartiennent, si toutefois
les créanciers de ces hospices qui ont pris des
inscriptions exigent le remboursement de leurs
créances; à la charge par l'administration,
de se conformer aux règles de comptabilité
prescrites par les réglemens et aux dispositions
ci-après.

2. Il sera fait par l'administration des hospices auxquels appartiennent les maisons
aliénées ou à aliéner en exécution des décrets
susdatés, un état de liquidation des créances
qui seront dans le cas d'être remboursées. Cet
état sera soumis à l'approbation du préfet, et
par le préfet à la confirmation de notre ministre de l'intérieur.

3. Le montant des remboursemens à faire
pour les capitaux des créances dues à des fabriques, hôpitaux et autres établissemens
publics, sera versé dans la caisse du mont-de-
piété, qui en paiera l'intérêt à ces établissemens au taux actuel des emprunts, jusqu'à
ce qu'il en soit par nous autrement ordonné;
au moyen de quoi, ces établissemens seront
tenus de consentir à la radiation des inscriptions qu'ils pourraient avoir prises.

4. L'emploi de l'excédant du produit des
aliénations autorisées sera fait conformément
aux dispositions de la loi du 24 pluviose an
12 et du décret du 18 mai 1806.

5. Dans le cas où l'aliénation d'autres maisons serait requise par les hospices, l'état des
créances dont elles sont grevées sera joint à
la proposition, pour être statué sur le tout
ce qu'il appartiendra.

6. Les dispositions qui précèdent, tant à
l'égard des aliénations autorisées qu'à l'égard
de celles qui pourront l'être à l'avenir,
sont rendues communes aux autres hospices
et établissemens de charité de l'empire.

7. Notre ministre de l'intérieur est chargé
de l'exécution du présent décret.

———

13 NOVEMBRE 1807. — Décret qui ordonne la
publication du décret d'union de l'île de Buderich au diocèse d'Aix-la-Chapelle. (4, Bull.
169, n° 2892.)

———

13 NOVEMBRE 1807. — Décret qui ordonne la
publication de la bulle d'institution canonique de M. Dupont de Poursat, nommé à l'é-
vêché de Coutances. (4, Bull. 169, n° 2894.)

———

13 NOVEMBRE 1807. — Décret qui autorise le
sieur Wendel à construire une platinerie dans
l'île de Monminon, située sur le cours de la
rivière de Fench. (4, Bull. 169, n° 2896.)

———

13 NOVEMBRE 1807. — Décret qui ordonne le
paiement de pensions accordées à des veuves
de militaires. (4, Bull. 169, n°s 2897 et
2898.)

———

13 NOVEMBRE 1807. — Décret contenant le tableau des foires du département de la Meurthe. (4, Bull. 169, n° 2899.)

———

13 NOVEMBRE 1807. — Décrets relatifs à l'établissement d'une foire à Cauderville, et à la
tenue des foires de La Rochelle. (4, Bull.
169 et 171, n°s 2900 et 2905.)

———

13 NOVEMBRE 1807. — Décrets qui autorisent
l'acceptation de dons et legs faits aux pauvres
et hospices de Marseille, Lombez, Turin,
Poitiers et Bruges. (4, Bull. 171, n°s 2906 à
2909 et 2911.)

———

13 NOVEMBRE 1807. — Décret qui confirme les
délibérations prises par la commission administrative des hospices de Chambéry, pour
l'admission de divers individus dans ces hospices, moyennant l'abandon de divers capitaux ou immeubles. (4, Bull. 171, n° 2910.)

———

13 NOVEMBRE 1807. — Décret qui ordonne la
publication de la bulle d'institution canonique
de M. de Broglio, nommé à l'évêché de Gand.
(4, Bull. 169, n° 2893.)

———

17 NOVEMBRE 1807. — Avis du Conseil-d'État
(Inscriptions de rentes.) *Voy.* 11 JANVIER
1808.

———

23 NOVEMBRE 1807. — Décret portant saisie et
confiscation des bâtimens qui, après avoir touché en Angleterre, entreront dans les ports
de France. (4, Bull. 172, n° 2912.)

Voy. décrets du 17 DÉCEMBRE 1807, du
11 JANVIER 1808, du 11 AOUT 1808.

Art. 1er. Tous les bâtimens qui, après avoir
touché en Angleterre, par quelque motif que
ce soit, entreront dans les ports de France,
seront saisis et confisqués, ainsi que les cargaisons, sans exception ni distinction de denrées et marchandises.

2. Les capitaines des bâtimens qui entreront dans les ports de France devront, dans
le jour de leur arrivée, faire au bureau des
douanes impériales, une déclaration du lieu
de leur départ, de ceux où ils ont relâché,
et lui présenter leurs manifestes, connaissemens, papiers de mer et livres de bord.

Lorsque le capitaine aura signé et remis sa déclaration, et communiqué ses papiers, le chef des douanes interrogera séparément les matelots, en présence des deux principaux préposés. S'il résulte de cet interrogatoire que le bâtiment a touché en Angleterre, indépendamment de la saisie et confiscation dudit bâtiment et de sa cargaison, le capitaine sera, ainsi que ceux des matelots qui, dans leur interrogatoire, auraient fait une fausse déclaration, constitué prisonnier, et ne sera mis en liberté qu'après avoir payé une somme de six mille francs pour son amende personnelle, et celle de cinq cents francs pour chacun des matelots arrêtés, sans préjudice des peines encourues par ceux qui falsifient leurs papiers de mer et livres de bord.

3. Si des avis et renseignemens donnés aux directeurs de nos douanes élèvent des soupçons sur l'origine des cargaisons, elles seront mises provisoirement en entrepôt, jusqu'à ce qu'il ait été reconnu et décidé qu'elles ne proviennent ni d'Angleterre ni de ses colonies.

4. Nos commissaires des relations commerciales qui délivreront des certificats d'origine pour les marchandises qui seront chargées dans les ports de leur résidence, à destination de ceux de France, ne se borneront pas à attester que les marchandises ou denrées ne viennent ni d'Angleterre ni de ses colonies et de son commerce; ils indiqueront le lieu de l'origine, les pièces qui leur ont été représentées à l'appui de la déclaration qui leur a été faite, et le nom du bâtiment à bord duquel elles ont été transportées primitivement du lieu de l'origine dans celui de leur résidence.

Ils adresseront un duplicata de leur certificat à notre conseiller d'État directeur général de nos douanes.

5. Nos ministres des relations extérieures, de la guerre et des finances, sont chargés de l'exécution du présent décret.

1ᵉʳ DÉCEMBRE 1807 — Avis du Conseil-d'État. (Mendians et vagabonds.) *Voy.* 11 JANVIER 1808.

8 DÉCEMBRE 1807. — Avis du Conseil-d'État. (Ville de Maçon.) *Voy.* 11 JANVIER 1808.

15 DÉCEMBRE 1807. — Avis du Conseil-d'État (Inscriptions hypothécaires.) *Voy.* 22 JANVIER 1808.

17 DÉCEMBRE 1807. — Décret contenant de nouvelles mesures contre le système maritime de l'Angleterre. (4, Bull. 169, n° 2890.)

Voy. décrets du 21 NOVEMBRE 1806 et du 11 JANVIER 1808.

N....... vu les dispositions arrêtées par le Gouvernement britannique, en date du 11 novembre dernier, qui assujétissent les bâtimens des puissances neutres, amies et même alliées de l'Angleterre, non-seulement à une visite par les croiseurs anglais, mais encore à une station obligée en Angleterre, et à une imposition arbitraire de tant pour cent sur leur chargement, qui doit être réglée par la législation anglaise;

Considérant que, par ces actes, le Gouvernement anglais a dénationalisé les bâtimens de toutes les nations de l'Europe; qu'il n'est au pouvoir d'aucun Gouvernement de transiger sur son indépendance et sur ses droits, tous les souverains de l'Europe étant solidaires de la souveraineté et de l'indépendance de leur pavillon; que si, par une faiblesse inexcusable et qui serait une tache ineffaçable aux yeux de la postérité, on laissait passer en principe et consacrer par l'usage une pareille tyrannie, les Anglais en prendraient acte pour l'établir en droit, comme ils ont profité de la tolérance des Gouvernemens pour établir l'infâme principe que le pavillon ne couvre pas la marchandise, et pour donner à leur droit de *blocus* une extension arbitraire et attentatoire à la souveraineté de tous les États,

Nous avons décrété et décrétons ce qui suit :

Art. 1ᵉʳ. Tout bâtiment, de quelque nation qu'il soit, qui aura souffert la visite d'un vaisseau anglais, ou se sera soumis à un voyage en Angleterre, ou aura payé une imposition quelconque au Gouvernement anglais, est par cela seul déclaré dénationalisé, et a perdu la garantie de son pavillon, et est devenu propriété anglaise.

2. Soit que lesdits bâtimens, ainsi dénationalisés par les mesures arbitraires du Gouvernement anglais, entrent dans nos ports ou dans ceux de nos alliés, soit qu'ils tombent au pouvoir de nos vaisseaux de guerre ou de nos corsaires ils seront déclarés de bonne et valable prise.

3. Les îles britanniques sont déclarées en état de blocus, sur mer comme sur terre.

Tout bâtiment de quelque nation qu'il soit, quel que soit son chargement expédié des ports d'Angleterre ou des colonies anglaises, ou de pays occupés par les troupes anglaises, ou allant en Angleterre ou dans les colonies anglaises, ou dans des pays occupés par les troupes anglaises, est de bonne prise, comme contrevenant au présent décret; il sera capturé par nos vaisseaux de guerre ou par nos corsaires, et adjugé au capteur.

4. Ces mesures, qui ne sont qu'une juste réciprocité pour le système barbare adopté par le Gouvernement anglais, qui assimile sa législation à celle d'Alger, cesseront d'avoir leur effet pour toutes les nations qui sauraient

obliger le Gouvernement anglais à respecter leur pavillon.

Elles continueront d'être en vigueur pendant tout le temps que ce Gouvernement ne reviendra pas aux principes du droit des gens, qui règle les relations des États civilisés dans l'état de guerre. Les dispositions du présent décret seront abrogées et nulles par le fait, dès que le Gouvernement anglais sera revenu aux principes du droit des gens, qui sont aussi ceux de la justice et de l'honneur.

5. Tous nos ministres sont chargés de l'exécution du présent décret.

22 DÉCEMBRE 1807. — Avis du Conseil-d'État. (Conseil des prises.) — (Pensions des militaires.) Voy. 11 JANVIER 1808.

23 DÉCEMBRE 1807. — Règlement sur l'exécution de l'art. 37 du Code de commerce. (Recueil officiel de l'intérieur, t. 2, p. 64.)

Art. 1er. Les individus qui voudront former une société anonyme seront tenus de se conformer au Code de commerce; et, pour obtenir l'autorisation du Gouvernement, ils adresseront au préfet de leur département, et, à Paris, au préfet de police, une pétition signée de ceux qui veulent former la société.

2. La pétition contiendra la désignation de l'affaire ou des affaires que la société veut entreprendre, le temps de sa durée, le domicile des pétitionnaires, le montant du capital que la société devra posséder, la manière dont ils entendent former ce capital, soit par souscriptions simples ou par actions, les délais dans lesquels le capital devra être réalisé, le domicile choisi où sera placée l'administration, le mode d'administration, et enfin l'acte ou les actes d'association passés entre les intéressés.

3. Si les souscripteurs de la pétition ne complètent pas, à eux seuls, la société qui doit être formée; s'ils déclarent avoir l'intention de la compléter lorsque seulement ils auront reçu l'approbation du Gouvernement, ils devront, dans ce cas, composer au moins le quart en somme du capital, et s'obliger de payer leur contingent aussitôt après l'autorisation donnée.

4. Les préfets des départemens, et le préfet de police à Paris, feront, sur la pétition à eux adressée, toutes les informations nécessaires pour vérifier les qualités et la moralité, soit des auteurs du projet, soit des pétitionnaires; ils donneront leur avis sur l'utilité de l'affaire, sur la probabilité du succès qu'elle pourra obtenir; ils déclareront si l'entreprise ne paraît point contraire aux mœurs, à la bonne foi du commerce, et au bon ordre des affaires en général; ils feront des recherches sur les facultés des pétition-

naires, de manière à s'assurer qu'ils sont en état de réaliser la mise pour laquelle ils entendent s'intéresser.

Les pièces et l'avis du préfet seront adressés au ministre.

5. Le ministre, après avoir examiné la proposition, la soumettra au Gouvernement en Conseil-d'État, qui statuera sur son admission ou son rejet.

6. Il ne pourra être rien changé aux bases et au but de la société anonyme, après l'approbation reçue, sans avoir obtenu, dans les formes prescrites dans la présente instruction, une nouvelle autorisation du Gouvernement; et ce, à peine de l'interdiction de la société.

7. Les sociétés anonymes actuellement existantes seront tenues, à peine d'interdiction, de demander l'autorisation du Gouvernement, dans les mêmes formes prescrites par la présente instruction; et ce, dans le délai de six mois, à compter du 1er janvier 1808.

27 DÉCEMBRE 1807. — Décret qui ordonne l'établissement d'un conseil extraordinaire de liquidation à Turin pendant l'année 1808. (4, Bull. 170, n° 2902.)

4 JANVIER 1808. — Décret qui nomme M. Bigot de Préameneu ministre des cultes. (4, Bull. 170, n° 2903.)

7 JANVIER 1808. — Décret portant que l'autorisation de sa majesté est nécessaire à tout ecclésiastique français pour poursuivre la collation d'un évêché in partibus. (4, Bull. 172, n° 2913.)

Art. 1er. En exécution de l'article 17 du Code civil, nul ecclésiastique français ne pourra poursuivre ni accepter la collation d'un évêché in partibus, faite par le pape, s'il n'y a été préalablement autorisé par nous, sur le rapport de notre ministre des cultes.

2. Nul ecclésiastique français, nommé à un évêché in partibus, conformément aux dispositions de l'article précédent, ne pourra recevoir la consécration avant que ses bulles aient été examinées en Conseil-d'État, et que nous en ayons permis la publication.

7 JANVIER 1808. — Décrets qui ordonnent le paiement de différentes sommes pour pensions accordées à des veuves de militaires. (4, Bull. 174, n°s 2939 à 2942.)

11 JANVIER 1808. — Décret additionnel aux décrets contenant des mesures contre le système maritime de l'Angleterre. (4, Bull. 171, n° 2904.)

Voy. décrets du 21 NOVEMBRE 1806, du 23 NOVEMBRE 1807, du 17 DÉCEMBRE 1807.

Art. 1er. Lorsqu'un bâtiment entrera dans

un port de France ou des pays occupés par nos armées, tout homme de l'équipage ou passager qui déclarera au chef de la douane que ledit bâtiment vient d'Angleterre ou des colonies anglaises, ou des pays occupés par les troupes anglaises, ou qu'il a été visité par des vaisseaux anglais, recevra le tiers du produit net de la vente du navire et de sa cargaison, s'il est reconnu que sa déclaration est exacte.

2. Le chef de la douane qui aura reçu la déclaration indiquée dans l'article précédent fera, conjointement avec le commissaire de police, qui sera requis à cet effet, et les deux principaux préposés des douanes du port, subir séparément, à chacun des hommes de l'équipage et passagers, l'interrogatoire prescrit par l'article 2 de notre décret du 23 novembre 1807.

3. Tout fonctionnaire ou agent du Gouvernement qui sera convaincu d'avoir favorisé des contraventions à nos décrets des 23 novembre et 17 décembre 1807 sera traduit devant la cour criminelle du département de la Seine, qui se formera, à cet effet, en tribunal spécial, et poursuivi et puni comme coupable de haute trahison.

4. Nos ministres sont chargés de l'exécution du présent décret.

11 JANVIER 1808. — Décret qui assimile aux lettres-de-change de commerce les traites du caissier général du Trésor public. (4, Bull. 172, n° 2914.)

Vu les arrêtés des 19 messidor et 3 thermidor an 11, les articles 155, 187 et 189 du Code de commerce.

Art. 1er. Les traites du caissier général du Trésor public sur lui-même, transmissibles à un tiers en paiement, par un agent du Trésor public, spécialement autorisé à cet effet, sont assimilées aux lettres-de-change de commerce tant pour le délai après lequel elles sont frappées de péremption, que pour la durée du cautionnement qui pourrait être exigé du propriétaire, lequel aurait, en vertu de jugement, obtenu le paiement sans la présentation des originaux desdites traites, en cas que ces originaux fussent adirés.

2. Les dispositions des articles 155, 187 et 189 du Code de commerce, leur sont, en conséquence, déclarées applicables.

Néanmoins, les cinq années qui acquièrent la prescription ne courront que de la date de la transmission faite par le payeur du Trésor à la partie prenante.

3. Notre grand-juge, ministre de la justice, et notre ministre du Trésor public, sont chargés de l'exécution du présent décret.

11 JANVIER 1808. — Décret portant que nul canonnier garde-côte sédentaire ne peut, sous prétexte de changement de domicile, se soustraire à son service. (4, Bull. 172, n° 2915.)

Art. 1er. Nul canonnier garde-côte sédentaire ne pourra, sous prétexte de changement de domicile, se soustraire au service qu'il est tenu de faire en exécution de l'arrêté du Gouvernement en date du 8 prairial an 11, à moins que le maire de la commune où sa compagnie est établie, après avoir obtenu l'agrément du commandant d'armes, ne l'y ait formellement autorisé, et n'ait pourvu à son remplacement.

2. Tout canonnier garde-côte sédentaire qui contreviendra aux dispositions ci-dessus sera réputé déserteur, et jugé conformément à l'arrêté du 19 vendémiaire an 12.

3. Notre grand juge, ministre de la justice, et notre ministre de la guerre, sont chargés de l'exécution du présent décret.

11 JANVIER 1808. — Décret concernant les réglemens à observer pour les constructions autour de Paris. (4, Bull. 174, n° 2926.)

Voy. loi du 19 OCTOBRE 1790, ordonnance du 1er MAI 1822.

Art. 1er. Les déclarations et réglemens touchant les constructions autour de notre bonne ville de Paris, et hors l'enceinte de sa clôture, seront exécutés.

En conséquence, nul ne pourra y faire aucune construction sans avoir demandé et obtenu la permission, et reçu un alignement, comme il est réglé pour les cas de grande voirie.

2. Les permissions ne pourront, conformément à l'ordonnance du bureau des finances, du 16 janvier 1789, autoriser à bâtir à moins de cinquante toises (quatre-vingt-dix-huit mètres environ) de distance du mur de clôture de notre bonne ville.

3. Il y a lieu à autoriser la ville de Paris à acquérir, comme pour cause d'utilité publique, et à la charge d'une juste et préalable indemnité, les maisons construites à moins de cinquante toises de la distance de la clôture.

Les propriétaires desdites maisons ne pourront en augmenter la hauteur ou l'étendue sans en avoir demandé et obtenu l'autorisation, comme il est dit en l'article 1er.

4. Toutes constructions faites dans l'étendue indiquée aux articles ci-dessus, malgré les défenses qui leur auront été faites par les agens de la voirie, seront démolies sans délai (1).

5. Notre ministre de l'intérieur est chargé de l'exécution du présent décret.

_____

(1) Un propriétaire peut être condamné à démolir un édifice construit sur son propre terrain, à une distance moindre de cinquante toises du mur d'enceinte de la ville de Paris, lorsque,

11 JANVIER 1808. — Décret concernant les honneurs militaires à rendre au colonel général des Suisses. (4, Bull. 174, n° 2927.)

Art. 1er. Le colonel général des Suisses remplira les fonctions qui lui sont attribuées par la capitulation du 4 vendémiaire an 12.

2. Lorsque le colonel général des Suisses aura été annoncé par le ministre de la guerre, il recevra, dans les places et dans les armées où se trouveront les corps qu'il devra inspecter, les honneurs militaires et civils qui doivent être rendus aux grands officiers de l'empire, colonels ou inspecteurs généraux, conformément aux articles 3 et 6 du titre VIII du décret du 24 messidor an 12. Une compagnie tirée des régimens suisses devra l'attendre en bataille à la porte de la ville.

3. Lorsque le colonel général des Suisses sera maréchal de l'empire, les honneurs militaires et civils de son grade devront lui être rendus conformément aux articles 2 et 7 du titre VIII du même décret, concernant les maréchaux de l'empire voyageant hors de leur commandement, et deux compagnies tirées des régimens suisses devront être rangées en bataille à la porte de la ville, lors de son arrivée.

4. Notre ministre de la guerre est chargé de l'exécution du présent décret.

———

11 JANVIER 1808. — Décret concernant les sels levés sous acquit-à-caution, et destinés aux départemens au-delà des Alpes. (4, Bull. 174, n° 2928.)

Art. 1er. Tout fournisseur ou capitaine qui aura levé dans les marais salans, sous acquit-à-caution, des sels destinés pour l'un des ports situés dans les départemens soûmis au privilége de la régie impériale au-delà des Alpes, et qui ne représentera pas, à l'arrivée, la quantité de sel portée dans l'acquit-à-caution, déduction faite du déchet de cinq pour cent accordé par l'article 12 de notre décret du 11 juin 1806, sera condamné au paiement du double droit sur les quantités manquantes, et, en outre, à une amende qui ne pourra être au-dessous de cinquante francs ni excéder cinq cents francs.

Néanmoins il n'est pas dérogé à l'art. 13 de notre décret du 11 juin 1806, portant que, dans le cas où les bâtimens employés au transport par mer auraient éprouvé des avaries légalement constatées, le droit de deux décimes par kilogramme ne sera perçu que sur les quantités reconnues par le résultat de la vérification.

2. Notre grand-juge, ministre de la justice, et le ministre des finances, sont chargés de l'exécution du présent décret.

———

11 JANVIER 1808. — Décret sur les délais prescrits pour l'enregistrement des actes dans les départemens de Gênes, de Montenotte et des Apennins. (4, Bull. 174, n° 2929.)

N...... sur le rapport de notre ministre des finances, vu le décret rendu par notre cousin l'archi-trésorier de l'empire, le 11 thermidor an 13, en vertu des pouvoirs que nous lui avions conférés pour l'organisation des contributions indirectes dans la ci-devant Ligurie;

Notre Conseil-d'Etat entendu,

Nous avons décrété et décrétons ce qui suit :

Art. 1er. La fixation des délais pour l'enregistrement des actes civils, judiciaires et administratifs, établis par l'article 20 de la loi du 22 frimaire an 7, sera suivie dans les trois départemens de Gênes, des Apennins et de Montenotte, à partir de la publication du présent décret.

2. Notre grand-juge, ministre de la justice, et le ministre des finances, sont chargés de l'exécution du présent décret.

———

11 JANVIER 1808. — Décret concernant l'amende encourue pour fausses déclarations de poids ou espèces des ouvrages de coton exportés à l'étranger. (4, Bull. 174, n° 2931.)

Art. 1er. En cas de fausses déclarations de poids ou espèces des ouvrages de coton provenant des fabriques françaises, exportés à l'étranger, elles seront punies d'une amende double de la prime qu'on aurait reçue.

———

n'ayant pas été autorisé, il se trouve en contravention au décret du 11 janvier 1808 (6 mars 1816, ord. J. C. 3, 242. — 17 avril 1822, ord. Mac. 3, 546).

Tout particulier dont la propriété borde le chemin de ronde de l'enceinte intérieure de Paris, qui relève un mur sur ses anciens fondemens sans avoir demandé et obtenu un alignement est, passible de démolition et d'amende, surtout lorsque le mur était sujet à retranchement (14 mai 1817 ; J. C. 4, 8).

Un propriétaire ne peut, sans autorisation, exhausser sa maison située dans le rayon de cinquante toises du mur d'enceinte de la ville de Paris (17 août 1825, ord Mac. 7, 517).

Des reglemens touchant les constructions autour de la ville de Paris ne se rapportent qu'aux travaux extérieurs, aux travaux intérieurs de confortation, et aux augmentations, accroissemens, ou changement de constructions existantes, ils ne concernent point de simples arrangemens de distributions intérieures : ces dispositions ne sont point comprises dans les prohibitions mentionnées par ce décret, ni sujettes à une autorisation préalable (1er septembre 1819, ord. J. C. 5, 194).

2. Notre grand-juge, ministre de la justice, et notre ministre des finances, sont chargés de l'exécution du présent décret.

---

11 JANVIER 1808. — Avis du Conseil-d'Etat sur les frais de translation et séjour des mendians et vagabonds, etc. (4, Bull. 174, n° 2934.)

Le Conseil-d'Etat, vu son avis du 10 janvier dernier, approuvé le 16 février par sa majesté;

La demande du ministre de l'intérieur, tendant à faire régler par quel département du ministère et sur quels fonds doivent être payés les frais de translation et séjour des mendians, des vagabonds, reconduits à leurs municipalités, ou conduits par ordre de la police municipale à des lieux de détention, des étrangers expulsés, ou des individus déportés hors de l'empire par mesure de haute police,

Est d'avis, 1° que, lorsque des mendians et vagabonds sont reconduits, par ordre de la police municipale, dans le lieu de leur naissance ou domicile, ou dans des maisons de détention, les frais de voyage, nourriture, conduite et séjour, doivent être acquittés par le ministre de l'intérieur, sur des fonds généraux alloués à cet effet;

2° Que lorsque des individus sont reconduits à la frontiere, expulsés ou déportés hors du territoire de l'empire, ou transférés d'un lieu à un autre, par mesure de haute police, les frais de voyage, nourriture, conduite et séjour doivent être acquittés par le ministre de la police générale, et sur les fonds généraux alloués à cet effet;

3° Que le présent avis, et celui approuvé par sa majesté le 16 février dernier, doivent être insérés au Bulletin des Lois.

---

11 JANVIER 1808. — Avis du Conseil-d'Etat portant que le recours au Conseil-d'Etat contre une décision du conseil des prises n'a pas d'effet suspensif. (4, Bull. 174, n° 2926.)

Le Conseil-d'Etat, qui, en exécution du renvoi ordonné par sa majesté l'empereur et roi, a entendu le rapport des sections réunies de législation et de la marine sur celui du ministre de la marine ayant pour objet la question de savoir si, lorsqu'il a été prononcé au conseil des prises une décision contre laquelle il y a recours au Conseil-d'Etat, il est nécessaire, pour que cette décision puisse, nonobstant le recours, recevoir son exécution provisoire, qu'il soit fourni caution,

Vu l'article 3 du décret du 22 juillet 1806, contenant réglement sur les affaires contentieuses portées au Conseil-d'Etat, ledit article portant que « le recours au Conseil-d'E-« tat n'aura point d'effet suspensif, s'il n'en « est autrement ordonné, et lorsque l'avis de « la commission du contentieux sera d'accor-« der le sursis, il en sera fait rapport au « Conseil-d'Etat, qui prononcera, »

Est d'avis que la question proposée se trouve résolue par cet article, puisqu'il est formellement déclaré que le recours au Conseil-d'Etat n'est pas suspensif. Cependant, il y aurait une suspension réelle de l'exécution de la décision, si la partie au profit de qui elle a été prononcée ne pouvait procéder à cette exécution sans avoir préalablement donné caution, puisque alors ce ne serait qu'au moyen de la caution que cette suspension serait levée.

On doit même observer que le conseil des prises avait reçu de l'arrêté consulaire qui l'a établi le pouvoir de juger sans qu'il y eût aucun recours ouvert, d'où il résulte que l'on avait dès lors regardé comme juste et convenable qu'en cette matière il n'y eût aucun obstacle à l'exécution des décisions, et que les mêmes motifs ont dû déterminer à déclarer, par le réglement du 22 juillet 1806, que le recours au Conseil-d'Etat ne serait pas' suspensif, à moins qu'il n'en fût autrement ordonné.

---

11 JANVIER 1808. — Avis du Conseil-d'Etat sur la retenue dont la pension d'un militaire peut être susceptible en faveur de sa femme et de ses enfans (1). (4, Bull. 174, n° 2937.)

Voy. avis du Conseil-d'Etat du 2 FÉVRIER 1808.

Le Conseil-d'Etat, qui, en exécution d'un renvoi qui lui a été fait par sa majesté l'empereur et roi, a entendu la section de la guerre, sur un rapport du ministre de ce département, ayant pour objet de déroger à l'arrêté du 7 thermidor an 10, en faveur des femmes et enfans des militaires jouissant d'une pension ou solde de retraite;

Considérant que, par l'arrêté précité, le Gouvernement a eu pour objet, non-seulement d'assurer leur subsistance aux militaires pensionnés ou jouissant d'une solde de retraite, mais encore d'assurer des alimens à leurs femmes et enfans,

Est d'avis que le ministre de la guerre peut ordonner une retenue du tiers au plus sur la pension ou solde de retraite de tout militaire qui ne remplirait pas, à l'égard de sa femme ou de ses enfans, les obligations qui lui sont imposées par les chapitres V et VI

---

(1) Voy. Journal des Avoués par Chauveau, t. 44, p. 70.

du titre V du livre Ier du Code civil; sauf le recours du mari au Conseil-d'État, commission du contentieux, dans le cas où il se croirait lésé par la décision du ministre.

11 JANVIER 1808. — Décret qui annule un arrêté et un jugement par lesquels les hospices de Château-Thierry avaient été envoyés en possession d'une rente pour le paiement de laquelle l'administration des domaines avait décerné une contrainte. (4, Bull. 177, n° 2956.)

N...... sur le rapport de notre ministre des finances, vu la réclamation de l'administration des domaines contre un arrêté du conseil de préfecture de l'Aisne, du 7 messidor an 12, qui a autorisé la commission des hospices de Château-Thierry, à poursuivre devant les tribunaux les détenteurs de la maison dite la Galère, sise en cette ville, en paiement d'une rente de trois cents francs, créée sur cette maison par les ci-devant religieuses trinitaires de Cerfroid, et pour laquelle l'administration avait décerné une contrainte, et contre le jugement du tribunal de première instance de l'arrondissement de Château-Thierry, du 2 floréal an 13, qui a condamné les détenteurs à passer titre-nouvel de la rente dont il s'agit à ladite commission des hospices, et à lui payer cinq années d'arrérages de ladite rente;

Considérant que lesdits arrêté et jugement sont contraires aux dispositions de la loi du 4 ventose an 9, et aux arrêtés et décrets du Gouvernement relatifs à l'abandon aux hospices des rentes par eux découvertes et inconnues à l'administration des domaines;

Notre Conseil-d'État entendu,

Nous avons décrété et décrétons ce qui suit:

Art. 1er. L'arrêté du conseil de préfecture de l'Aisne du 7 messidor an 12 est annulé, et le jugement précité du 2 floréal an 13 est déclaré comme non-avenu; en conséquence, l'administration des domaines reprendra la possession de ladite rente de trois cents francs, néanmoins sans restitution des arrérages.

2. Notre grand-juge, ministre de la justice, et nos ministres des finances, et de l'intérieur sont chargés de l'exécution du présent décret.

11 JANVIER 1808. — Avis du Conseil-d'État sur la question de savoir si les héritiers bénéficiaires peuvent transférer sans autorisation les inscriptions au-dessus de cinquante francs de rente. (4, Bull. 175, n° 2946.)

Voy. loi du 28 FLORÉAL an 7.

Le Conseil-d'État, qui, d'après le renvoi ordonné par sa majesté, a entendu le rapport de la section de législation sur celui du ministre du Trésor public, concernant la question de savoir si les héritiers bénéficiaires peuvent transférer, sans autorisation, les inscriptions au-dessus de cinquante francs de rente,

Est d'avis que l'héritier bénéficiaire ne peut pas faire le transfert des rentes au-dessus de cinquante francs, sans être préalablement autorisé.

Qu'est-ce qu'un héritier bénéficiaire? On en trouve la définition dans l'article 803 du Code: « C'est un homme chargé d'administrer les biens d'une succession, et qui doit rendre compte de son administration aux créanciers et aux légataires. »

La qualité d'administrateur ne donne certainement pas le droit de vendre; aussi a-t-il fallu une disposition particulière de la loi pour autoriser l'héritier bénéficiaire à vendre certains objets de la succession, et pour régler le mode de la vente.

C'est l'objet de l'article 805 du Code:

« L'héritier bénéficiaire ne peut vendre les meubles de la succession que par le ministère d'un officier public, aux enchères, et après les affiches et publications accoutumées. »

La seule lecture de cet article suffit pour convaincre que le législateur s'occupait, en ce moment, des choses qui sont meubles par leur nature, et non pas de celles qui sont meubles par la détermination de la loi, comme les rentes; en effet, la faculté de vendre les meubles sous des conditions et avec des formes qui préviennent les abus, ne peut pas s'étendre aux rentes sur l'État, qui ne sont nullement susceptibles de ces conditions et de ces formes.

C'est ainsi que l'article du Code a été entendu et exécuté jusqu'à ce jour; aussi le ministre du Trésor public reconnaît, dans son rapport, que l'autorisation a été nécessaire pour la vente d'inscriptions par l'héritier bénéficiaire.

Ce n'est pas, comme le suppose le rapport, parce que l'héritier bénéficiaire est tenu, aux termes de l'article 807, de donner caution de la valeur du mobilier si les créanciers l'exigent; ce n'est pas, disons-nous, par ce motif que l'autorisation pour vendre les rentes est nécessaire à l'héritier bénéficiaire: cette nécessité dérive de sa qualité, qui ne le constitue qu'un administrateur; on a dû prendre, à son égard, les mesures adoptées pour tous les autres administrateurs, sous quelque dénomination qu'ils soient connus.

En vain observe-t-on que les rentes sont vendues par l'agent-de-change, qui est un officier public, et au cours du jour, ce qui, dit-on, supplée suffisamment les enchères, affiches et publications exigées par l'art. 805 du Code pour la validité des ventes de meubles d'une succession bénéficiaire.

D'abord, il serait dangereux de substituer à des formalités voulues par la loi, des équivalens qui pourraient ne pas donner toujours la même garantie.

D'ailleurs, il se présente ici une considération d'une autre nature : la vente au cours du jour peut donner connaissance du véritable prix de la vente; on le suppose, quoique souvent le taux varie beaucoup dans la même journée.

Mais la nécessité de vendre dans un moment de défaveur serait-elle constatée? l'héritier aura-t-il toujours les notions suffisantes pour vendre dans un temps opportun?

On dira peut-être qu'il n'a aucun intérêt à vendre à contre-temps; cela est possible; mais aura-t-il toujours autant de prudence que de droiture?

Il ne faut jamais perdre de vue sa qualité; il n'est qu'un administrateur comptable, et l'on ne peut l'affranchir des précautions indiquées par les lois contre ses erreurs ou ses fautes.

Il ne paraît pas, au reste, que des considérations supérieures, d'un intérêt général, sollicitent ici une dérogation à la loi et à l'usage : le taux actuel des rentes, quoique les héritiers bénéficiaires n'aient vendu jusqu'ici qu'avec autorisation, en fournit une preuve sans réplique.

Enfin la loi du 24 mars 1806 a fait tout ce qui pouvait être convenable pour faciliter la disponibilité des rentes; elle a affranchi les tuteurs et curateurs des mineurs ou interdits de la nécessité d'une autorisation spéciale pour le transfert des inscriptions au-dessous de cinquante francs.

La modicité de l'objet et une raison d'économie ont motivé cette dérogation; mais la même loi, article 3, exige toujours l'autorisation pour les ventes d'inscriptions au-dessus de cinquante francs.

Il est sensible que ces dispositions s'appliquent à tous les autres administrateurs comptables et aux héritiers bénéficiaires, qui ne doivent, par conséquent, transférer les rentes au-dessus de cinquante francs qu'après une autorisation préalable.

---

1 JANVIER 1808. — Avis du Conseil-d'État sur un arrêté par lequel le préfet de Saône-et-Loire avait autorisé la réunion de la partie haute du faubourg de la Barre à la ville de Mâcon. (4, Bull. 174, n° 2935.)

Le Conseil-d'État, qui, d'après le renvoi ordonné par sa majesté, a entendu le rapport de la section de l'intérieur sur celui du ministre de ce département, tendant à la réunion de la partie haute du faubourg de la Barre à la ville et commune de Mâcon,

Considérant, 1° qu'il n'est pas dans les principes d'une sage administration de permettre aux villes de s'agrandir aux dépens des communes de villages, à moins que de très-fortes raisons ne se présentent pour en démontrer l'urgence;

2° Que la raison alléguée par le préfet de l'impossibilité où se trouve la commune de Charnay d'exercer la surveillance de la police sur la partie haute du faubourg de la Barre, avec la même activité que pourrait le faire celle de Mâcon, à cause de sa proximité, peut être détruite en accordant à la police de cette ville les facultés nécessaires pour veiller à la partie haute du faubourg, quoiqu'elle ne soit pas réunie à Mâcon,

Est d'avis de rejeter l'arrêté du préfet, du 13 avril, confirmatif de cette réunion, sauf la délégation au maire de Mâcon des pouvoirs nécessaires pour administrer la police au-delà des barrières de la ville jusqu'à l'extrémité du faubourg de la Barre, laquelle délégation peut lui être faite par le ministre de l'intérieur, après l'insertion du présent avis au Bulletin des Lois.

---

11 JANVIER 1808. — Décret contenant proclamation des brevets d'invention délivrés pendant le dernier trimestre de 1807, aux sieurs Rooy, Monnet et Fayt, Monteloux-la-Villeneuve et Heudry de Janvry, Dubois, Débart-Teolyre et Dutillieu, le Louis, Brochant, Despian et Hegdeveiller. (4, Bull. 174, n° 2932.)

---

11 JANVIER 1808. — Décret qui ordonne la publication de la bulle d'institution canonique de M. Arrighi, nommé à l'évêché d'Acqui. (4, Bull. 174, n° 2933.)

---

11 JANVIER 1808. — Décret qui sépare le bourg de Tarantasca de la commune de Busca, et ordonne qu'il sera régi par une administration particulière. (4, Bull. 174, n° 2943.)

---

11 JANVIER 1808. — Décret qui distrait la commune de Lomontot du canton de Villersexet, et la réunit à la commune de Lomont, canton d'Héricourt. ((4, Bull. 175, n° 2947.)

---

11 JANVIER 1808. — Décrets contenant des changemens et établissemens de foires dans les communes de Saint-Pierre, Chalantre-la-Grande, Chimay, Bosco, Saint-Sauveur, Liesse, Marigny-en-Orxois, Charly, Nogent-l'Artaut, Bobain, Coucy-le-Château, La Fère, Laon, Moncornet, Soissons, Harlènes et St-Paul. (4, Bull. 175, n° 2948 à 2951, et Bull. 176 et 177, n° 2955 et 2961.)

---

11 JANVIER 1808. — Décret qui confirme un arrêté par lequel le préfet du département des Deux-Nèthes a envoyé les hospices de

Malines en possession d'une rente de cent quarante-cinq francs douze centimes, dépendant de la ci-devant prévôté du chapitre de cette ville, et célée jusqu'à ce jour à l'administration du domaine. (4, Bull. 177, n° 2962.)

11 JANVIER 1808. — Décret qui autorise la commission administrative de l'hospice de Lectoure à faire construire la seconde aile du bâtiment de cet hospice, et à accepter diverses donations pour les employer aux dépenses des constructions projetées. (4 , Bull. 177, n° 2963.)

11 JANVIER 1808. — Décrets qui autorisent l'acceptation de dons et legs faits aux pauvres et hospices d'Auch, Pignerol, etc. (4 , Bull. 177, n°s 2963 à 2974 ; Bull. 179, n°s 2985 à 3029 ; Bull. 180, n°s 3032 à 3050, 3055 à 3057 , et Bull. 182, n° 3074.)

11 JANVIER 1808. — Décrets qui autorisent l'acceptation d'offres de livrer ou de dénoncer au profit des pauvres et hospices de Bruxelles, Lufdael, Gras-Avernas et Mons, des rentes et biens celés au domaine. (4 , Bull. 180, n°s 3051 à 3054.)

11 JANVIER 1808. — Décret qui approuve la cession faite par le sieur Colson père ou sieur Colson son fils, du droit d'exploiter les mines de houille existant sur le territoire des communes d'Oupeyre, Viveguis et autres lieux circonvoisins du département de l'Ourte. (4 , Bull. 180, n° 3059.)

11 JANVIER 1808. — Décrets qui concèdent les droits d'exploitation, 1° des mines de houille existant sur le territoire des communes de Liége , Tilleur et Saint-Nicolas, au sieur Demet ; 2° des mines de houille qui peuvent se trouver sur le territoire de Courcelles , et connues sous le nom de Falnuée, aux sieurs Teys , Lejuste et compagnie (4 , Bull. 180, n° 3060, et Bull. 182, n° 3073.)

15 JANVIER 1808. — Décret portant que les sieurs Collin , Heurteur, Corallet et Pavy, sont déchus du droit d'exploiter des mines de plomb et argent de la Thuile. (4 , Bull. 180, n° 3061.)

11 JANVIER 1808. — Décret qui ordonne la publication de deux arrêtés sur les matières d'or et d'argent dans les départemens du ci-devant Piémont, de l'ancienne Ligurie, et dans les États de Parme et de Plaisance. (4 , Bull. 174, n° 2930.)

15 JANVIER 1808. — Décret portant qu'il n'y aura, dans la ville de Saint-Etienne, qu'une seule condition pour la dessication des soies. (4, Bull. 181, n° 2952.)

TITRE Ier. Organisation de la condition.

Art. 1er. A dater du 1er mars prochain, il n'y aura, dans la ville de Saint-Etienne, qu'une condition unique pour la dessication des soies.

2. La condition sera régie par un directeur nommé de la manière suivante :

Il sera présenté, pour la place, cinq candidats, dont trois par la chambre consultative de manufactures de Saint-Etienne, et deux par le préfet du département de la Loire; notre ministre de l'intérieur choisira parmi ces candidats le directeur, qui ne pourra entrer en exercice qu'après avoir fourni un cautionnement en immeubles de la valeur de vingt mille francs au moins.

3. Le nombre des préposés de la condition sera déterminé par le préfet, après avoir pris l'avis du sous-préfet et du maire de Saint-Etienne; ils seront nommés par le directeur, qui sera libre de les destituer s'ils ne remplissent pas leurs devoirs avec zèle et probité : il devra, dans ce cas, instruire le maire et le sous-préfet des motifs qui l'auront porté à prononcer cette destitution.

Le traitement du directeur et de ses préposés sera fixé par notre ministre de l'intérieur, sur la proposition que lui fera le préfet, qui prendra l'avis particulier du sous-préfet et du maire.

4. Il sera construit dans les salles de la condition, des cages grillées en fil de fer , d'une capacité suffisante pour contenir cinquante kilogrammes de soie au moins. Ces cages seront établies à dix-sept centimètres au-dessus de l'aire de l'appartement; on y ménagera, pour la condition des organsins, des tiroirs espacés d'environ onze centimètres : chacune de ces cages portera le numéro de la série dans laquelle elle se trouvera placée.

TITRE II. Police de la condition.

5. Tout acheteur, tout vendeur pourra exiger que la soie qu'il aura achetée ou vendue soit mise à la condition; tout particulier qui recevra du dehors, pour son compte, un ballot de soie, sera libre de le faire conditionner à son arrivée. Les frais de condition seront supportés moitié par le vendeur et moitié par l'acheteur.

6. La chaleur des salles de la condition sera constamment maintenue entre dix-huit et vingt degrés du thermomètre de Réaumur, quelle que soit la situation du baromètre.

7. La soie mise à la condition sera rangée dans les caisses en présence de celui qui en aura fait le dépôt; les matteaux ne pourront être placés que les uns à côté des autres. Le déposant apposera son cachet sur la fermeture des caisses qui contiendront la soie, de

laquelle le directeur ou ses préposés lui délivreront une reconnaissance.

8. La durée de la condition sera de vingt-quatre heures, à l'expiration desquelles le déposant est tenu de retirer la soie, et d'en donner décharge : si, une heure après cette condition, le déposant ne se présente pas, ou n'envoie personne, le directeur sera libre de rompre le cachet de la caisse, et d'en retirer la soie, qu'il pèsera, et dont il consignera le poids sur un registre.

9. Tout ballot de soie qui, dans une première condition aura perdu quatre à cinq pour cent de son poids, subira une seconde condition de quarante-huit heures, aux frais du vendeur.

10. Tout acheteur pourra exiger que les masses de trames du pays ou étrangères mises à la condition soient dénouées et dépliées avant d'être placées dans les caisses; alors, les frais de l'opération seront à sa charge.

11. Il sera tenu à la condition un registre coté et paraphé par le président du tribunal de commerce : on inscrira sur ce registre la date et l'heure du dépôt des soies, les noms de l'acheteur et du vendeur, celui du courtier par l'entremise duquel la négociation aura eu lieu, s'il en a été employé un ; la marque et le numéro du ballot déposé, la qualité des soies et leur espèce, le numéro des caisses dans lesquelles on les mettra pour être conditionnées, et enfin le poids des soies après le conditionnement. Il sera réservé une colonne pour y consigner, au regard de chaque article, la décharge des soies retirées.

12. Une reconnaissance parfaitement conforme au registre, et signée par le directeur ou par l'un de ses préposés, sera délivrée à ceux qui déposeront les soies. Elles ne pourront être rendues qu'au porteur de cette reconnaissance, dans laquelle on fera mention du poids de la soie conditionnée, au moment où la remise s'en effectuera, et l'on donnera quittance des droits payés pour les frais de condition.

13. Nul, excepté le directeur et ses préposés, ne pourra toucher les soies mises à la condition, depuis le moment de leur entrée jusqu'au moment de leur sortie. Nul ne pourra pareillement les retirer, sans avoir préalablement acquitté les droits dus pour les différentes opérations qu'elles auront subies.

14. En cas de contestation entre les vendeurs et les acheteurs, le registre et la reconnaissance mentionnés dans les articles 11 et 12 feront foi en justice.

TITRE III. Droits à payer pour les soies mises à la condition ; destination des fonds qui en proviendront.

15. Il sera perçu, pour chaque condition,

16.

un droit de dix centimes par kilogramme de soie, il sera de moitié de plus pour pour l'opération du dénouage et dépliage des masses du pays ou étrangères.

Les ballots ou parties de ballots d'un poids inférieur à vingt-cinq kilogrammes paieront un droit fixe de deux francs cinquante centimes pour la condition.

16. Les produits de la condition formeront l'une des branches du revenu municipal de la ville de Saint-Etienne ; ils seront portés dans le budget annuel de cette commune, qui demeure chargée des dépenses de l'établissement et de celles relatives à la chambre consultative de manufactures.

17. Le directeur tiendra un journal coté et paraphé par le maire, sur lequel seront inscrites les recettes de la condition et les dépenses qu'il aura été autorisé à faire. Ce journal sera arrêté chaque mois par le maire ; et si les recettes offrent un excédant, elles seront versées à l'instant dans la caisse de la ville.

TITRE IV. Dispositions générales.

18. Les conditions particulières actuellement existant à Saint-Etienne sont supprimées. Il est défendu à tout individu de former à l'avenir des établissemens de cette nature, et de conditionner, sous quelque prétexte que ce soit, à peine de confiscation des outils et ustensiles, et des soies qui y seraient trouvées. Cette confiscation sera prononcée par le tribunal de police correctionnelle, sauf le recours des propriétaires contre les conditionneurs pour le paiement de la valeur des soies confisquées.

19. Les objets dont la confiscation aura été prononcée seront vendus à la diligence du maire, en présence des agens de la régie des domaines. Le prix, déduction faite des frais de vente, sera versé moitié dans la caisse de la régie, moitié dans celle de la condition.

20. Il sera accordé à chaque entrepreneur de condition dont l'établissement a été supprimé, une indemnité de six mille francs, payable dans six ans, par somme annuelle de mille francs. Cette indemnité sera acquittée par les produits de la condition.

21. Notre ministre de l'intérieur est chargé de l'exécution du présent décret.

15 JANVIER 1808. — Décret qui nomme M. Vincent préfet du département du Pô. (4, Bull. 174, n° 2938.)

15 JANVIER 1808. — Décret relatif à l'organisation des ouvriers militaires de la marine. (Mon. n° 18.)

14

16 JANVIER 1808. — Décret qui arrête définitivement les statuts de la Banque de France.
(4, Bull. 176, n° 2953.)

Voy. lois du 24 GERMINAL an 11, du
22 AVRIL 1806 ; décret du 18 MAI 1808.

Les statuts de la banque sont et demeurent
définitivement arrêtés ainsi qu'il suit :

TITRE 1er. De la banque de France.

Art. 1er. Le capital de la banque de France
se compose de quatre-vingt dix mille actions,
chaque action étant de mille francs en fonds
primitif, et, de plus, d'un droit d'un quatre-
vingt-dix-millième sur les fonds de réserve.

Chaque action est représentée sur les registres de la banque par une inscription nominale de mille francs.

2. Les actionnaires de la banque ne sont
responsables de ses engagemens que jusqu'à
la concurrence du montant de leurs actions.

3. Les actions de la banque peuvent être
acquises par des étrangers.

4. La transmission des actions s'opère par
de simples transferts sur des registres doubles tenus à cet effet.

Elles sont valablement transférées par la
déclaration du propriétaire ou de son fondé
de pouvoir, signée sur les registres, et certifiée par un agent de change, s'il n'y a opposition signifiée et visée à la banque.

5. Les actions de la banque, pourront faire
partie des biens formant la dotation d'un titre héréditaire qui serait érigé par sa majesté, conformément au sénatus-consulte du
14 août 1806.

6. Les actions de la banque, au cas de
l'article précédent, seront possédées, quant
à l'hérédité et à la réversibilité, conformément aux dispositions dudit sénatus-consulte,
et au paragraphe 3 de l'article 896 du Code
civil.

7. Les actionnaires qui voudront donner
à leurs actions la qualité d'immeubles en auront la faculté; et, dans ce cas, ils en feront
la déclaration dans la forme prescrite pour
les transferts.

Cette déclaration une fois inscrite sur le
registre, les actions immobilisées resteront
soumises au Code civil et aux lois de privilège et d'hypothèque, comme les propriétés
foncières: elles ne pourront être aliénées et
les privilèges et hypothèques être purgés
qu'en se conformant au Code civil, et aux
lois relatives aux privilèges et hypothèques
sur les propriétés foncières.

8. La banque ne peut, dans aucun cas ni
sous aucun prétexte, faire ou entreprendre
d'autres opérations que celles qui lui sont
permises par les lois et les présens statuts.

9. Les opérations de la banque consistent.

1° A escompter à toutes personnes des
lettres-de-change et autres effets de commerce à ordre, à des échéances déterminées,
qui ne pourront excéder trois mois, et souscrits par des commerçans et autres personnes
notoirement solvables;

2° A se charger, pour le compte des particuliers et des établissemens publics, du recouvrement des effets qui lui sont remis;

3° A recevoir en compte courant les sommes qui lui sont versées par des particuliers et
des établissemens publics et à payer les dispositions faites sur elles et les engagemens
pris à son domicile, jusqu'à concurrence des
sommes encaissées;

4° A tenir une caisse de dépôts volontaires pour tous titres, lingots et monnaies
d'or et d'argent de toute espèce.

10. Il sera établi des *comptoirs d'escompte*
dans les villes de département où les besoins
du commerce en feront sentir la nécessité.

Le conseil général en délibérera l'organisation, pour être soumise à l'approbation du
Gouvernement.

11. La banque, soit à Paris, soit dans les
comptoirs et succursales, n'admet à l'escompte que des effets de commerce à ordre,
timbrés, et garantis par trois signatures au
moins, notoirement solvables.

12. La banque pourra cependant admettre à l'escompte, tant à Paris que dans ses
comptoirs, des effets garantis par deux signatures seulement, mais notoirement solvables,
et après s'être assurée qu'ils sont créés pour
fait de marchandises, si on ajoute à la garantie des deux signatures un transfert d'actions de la banque ou de cinq pour cent
consolidés, valeur nominale.

13. Les transferts faits en addition de garantie ne devant pas arrêter les poursuites
contre les signataires de ces effets, ce ne
sera qu'à défaut du paiement, et après protêt, que la banque se couvrira, en disposant
des effets à elle transférés.

14. L'escompte se fera partout au même
taux qu'à la banque même, s'il n'en est pas
autrement ordonné sur l'autorisation spéciale
du Gouvernement.

15. Il sera pris des mesures pour que les
avantages résultant de l'établissement de la
banque se fassent sentir au petit commerce
de Paris, et qu'à dater du 15 février prochain l'escompte sur deux signatures avec
garantie additionnelle, qui se fait par un intermédiaire quelconque de la banque, n'ait
lieu qu'au même taux que celui de la banque
elle-même.

16. La banque peut faire des avances sur
les effets publics qui lui sont remis en recouvrement, lorsque leurs échéances sont déterminées.

17. La banque peut, avec l'approbation
du Gouvernement, acquérir, vendre ou

échanger des propriétés immobilières, suivant que l'exigera son service. Elle fera construire un palais proportionné à la grandeur de son établissement et à la magnificence de la ville de Paris: ces dépenses ne pourront être prises que sur les fonds de réserve.

18. La banque fournit des récépissés des dépôts volontaires qui lui sont faits.

Le récépissé exprime,

La nature et la valeur des objets déposés,

Les noms et demeure du déposant,

La date où le dépôt a été fait et doit être retiré,

Le numéro du registre d'inscription.

Le récépissé n'est point à ordre, et ne peut être transmis par la voie de l'endossement.

19. La banque perçoit un droit sur la valeur estimative du dépôt; la quotité de ce droit est délibérée par le conseil général, et soumise à l'approbation du Gouvernement.

20. La banque peut faire des avances sur les dépôts de lingots ou monnaies étrangères d'or et d'argent qui lui sont faits.

21. Le dividende est réglé tous les six mois, conformément à l'article 4 de la loi du 22 avril 1806.

En cas d'insuffisance des bénéfices pour ouvrir un dividende dans la proportion de six pour cent sur le capital de mille francs, il y est pourvu en prenant sur les fonds de réserve.

22. Au commencement de chaque semestre, la banque rend compte au Gouvernement du résultat des opérations du semestre précédent, ainsi que du réglement du dividende.

23. La banque tient une caisse de réserve pour ses employés.

Cette réserve se compose d'une retenue sur les traitemens.

La quotité, l'emploi et la distribution de la réserve, sont délibérés par le conseil général, et soumis à l'approbation du Gouvernement.

TITRE II. De l'administration de la banque.

24. L'assemblée générale des actionnaires se réunit dans le mois de janvier de chaque année.

Elle est convoquée par le conseil général.

Elle est présidée par le gouverneur.

25. Les régens et les censeurs sont nommés à la majorité absolue des suffrages des membres votans, par des scrutins individuels.

Si, au premier tour de scrutin, il n'y a pas de majorité, on procède à un second scrutin individuel. Si, au second tour de crutin, il n'y a pas de majorité, on procède

à un scrutin de ballottage entre les deux candidats qui ont réuni le plus de voix.

Celui qui, au scrutin de ballottage, a obtenu la majorité, est proclamé.

Lorsqu'il y a égalité de voix, le plus âgé est préféré.

26. L'exercice des régens et censeurs nommés en remplacement pour cause de retraite ou de décès n'a lieu que pour le temps qui restait à courir à leurs prédécesseurs.

27. L'assemblée générale des actionnaires peut être convoquée extraordinairement,

Lorsque, par retraite ou décès, le nombre des régens est réduit à douze, et celui des censeurs à un seul;

Lorsqu'elle aura été requise par l'unanimité des censeurs et délibérée par le conseil général.

28. Les actions dont le gouverneur et sous-gouverneurs sont propriétaires sont inaliénables pendant la durée de leurs fonctions.

29. La banque pourvoit aux frais de bureau, de logement, d'ameublement et autres accessoires du gouvernement de la banque.

30. Le gouverneur présente, au nom du conseil général, à l'assemblée des actionnaires, le compte annuel des opérations de la banque.

31. Il préside les comités et commissions spéciales auxquels il assiste.

32. La présence du gouverneur ou celle des sous-gouverneurs, est journellement obligatoire à la banque pour l'expédition des affaires.

33. Le gouverneur se fait assister par le conseil général et le conseil d'escompte, pour la classification des crédits.

Cette classification est revisée tous les ans.

34. Le conseil général de la banque est composé du gouverneur, des sous-gouverneurs, des régens, des censeurs; ils doivent être résidens à Paris.

Tous ceux qui assistent au conseil ont un droit de présence.

35. Il détermine le taux des escomptes, ainsi que les sommes à employer aux escomptes.

Il détermine les échéances hors desquelles les effets ne peuvent être admis aux escomptes.

36. Il lui est rendu compte de toutes les affaires de la banque.

Il se réunit au moins une fois chaque semaine.

37. Aucune résolution ne peut être délibérée en conseil général, sans le concours de dix votans au moins et la présence d'un censeur.

Les arrêtés se prennent à la majorité absolue.

38. Toute délibération ayant pour objet

14.

la création ou l'émission de billets de banque doit être approuvée par les censeurs.

Le refus unanime des censeurs en suspend l'effet.

39. Le compte annuel qui doit être rendu à l'assemblée des actionnaires est arrêté par le conseil général.

40. Le conseil général nomme, remplace et réélit, à la majorité absolue, les membres des comités et des commissions spéciales.

41. Les régens et les censeurs sont tenus, avant d'entrer en fonctions, de justifier de la propriété de trente actions au moins, lesquelles sont inaliénables pendant la durée de leurs fonctions.

42. Les censeurs exercent une surveillance sur toutes les opérations de la banque.

Ils se font présenter l'état des caisses, les registres et les portefeuilles, toutes les fois qu'ils le jugent convenable.

43. Les censeurs n'ont point voix délibérative au conseil général.

Ils proposent toutes les mesures qu'ils croient utiles à l'ordre et à l'intérêt de la banque.

Si leurs propositions ne sont point adoptées, ils peuvent en requérir la transcription sur le registre des délibérations.

44. Les censeurs assistent aux comités des billets, des livres et portefeuilles.

45. La nomination des membres du conseil d'escompte par les censeurs sera faite sur une liste de candidats présentés par le conseil général en nombre triple de celui des membres à élire.

46. Les membres du conseil d'escompte doivent justifier, en entrant en fonctions, de la propriété de dix actions de la banque, lesquelles sont inaliénables pendant la durée de leurs fonctions.

47. Les membres du conseil d'escompte sont alternativement appelés au comité des escomptes, suivant l'ordre du tableau.

Ceux qui assistent au comité ont un droit de présence.

48. Les régens et membres du conseil d'escompte qui doivent former le comité sont alternativement choisis suivant l'ordre du tableau.

Leurs fonctions comme membres du comité des escomptes sont de quinze jours.

Le comité des escomptes se réunit au moins trois fois chaque semaine.

49. Les régens et membres du conseil d'escompte composant le comité des escomptes examinent le papier présenté à l'escompte.

Ils choisissent celui qui remplit les conditions voulues et les sûretés de la banque.

50. Tout failli non réhabilité ne peut être admis à l'escompte.

51. Il sera tenu un registre où seront inscrits les noms et demeures des commerçans qui ont fait faillite.

Ce registre contiendra,

La date ou l'époque de la faillite,

L'époque de la réhabilitation, si elle a eu lieu.

52. Le comité des billets est renouvelé par tiers tous les six mois.

Les membres sortans ne peuvent être réélus qu'après un intervalle de six mois.

Les censeurs y assistent.

53. Le comité des billets est spécialement chargé de toutes les opérations relatives à la confection, à la signature et à l'enregistrement des billets, ainsi qu'à leur versement dans les caisses.

54. Il est chargé de surveiller la vérification des billets annulés ou retirés de la circulation, et de toutes les opérations jusques et compris l'annulation et le brûlement.

55. Il dresse procès-verbal de ses opérations sur un registre à ce destiné, en présence du directeur, du contrôleur et du chef de la comptabilité des billets.

Il en fait rapport au conseil général.

56. Le comité des billets est chargé de l'examen et du rapport au conseil général, de toutes les réclamations ou demandes formées pour des billets altérés par l'usage ou par accident.

57. Le comité des livres et portefeuilles se renouvelle par tiers tous les six mois.

Les membres sortant ne peuvent être réélus qu'après un intervalle de six mois.

Les censeurs y assistent.

58. Le comité des livres et portefeuilles est chargé de la surveillance des livres et registres de la banque.

Il examine les effets qui composent les portefeuilles; il prend note de ceux qui auraient été admis en contravention aux lois et statuts.

Il dresse procès-verbal de ses délibérations sur un registre à ce destiné.

Il en fait rapport au conseil général.

59. Le comité des livres et portefeuilles est chargé de la surveillance,

Du registre des faillis,

De la classification annuelle des crédits.

60. Le comité des caisses est renouvelé par tiers tous les trois mois, suivant l'ordre du tableau.

61. Le comité des caisses est chargé de vérifier la situation des caisses au moins une fois par semaine.

Il dresse procès-verbal sur un registre à ce destiné.

Il en fait rapport au conseil général.

62. Le comité des relations avec le Trésor public et les receveurs généraux est renouvelé par cinquième tous les six mois.

Les membres sortans ne peuvent être réélus qu'après un intervalle de six mois.

Il est chargé de la surveillance des relations de la banque avec le Trésor public et les receveurs généraux des contributions publiques.

Il dresse procès-verbal de ses délibérations sur un registre à ce destiné.

Il en fait rapport au conseil général.

63. Le ministre des finances est chargé de l'exécution du présent décret.

---

16 JANVIER 1808. — Décret relatif à la gestion des régisseurs de l'octroi de Marseille durant le dernier trimestre de l'an 12 et pendant la totalité de l'an 13. (Mon. n° 19.)

---

21 JANVIER 1808. — Sénatus-consulte relatif à la conscription de 1809. (4, Bull. 175, n° 2944.)

Art. 1er. Quatre-vingt mille conscrits de la conscription de 1809 sont mis à la disposition du Gouvernement.

2. Ils seront pris parmi les jeunes gens qui sont nés du 1er janvier 1789 au 1er janvier 1790.

3. Ils seront employés, s'il y a lieu, pendant le cours de la présente année, à compléter les légions de réserve de l'intérieur, et les cadres des différens régimens dont les dépôts sont en France.

---

21 JANVIER 1808. — Sénatus-consulte organique portant réunion des villes de Kehl, Cassel, Wesel et Flessingue, au territoire français. (4, Bull. 175, n° 2945.)

Art. 1er. Les villes de Kehl, Cassel, Wesel, Flessingue et leurs dépendances, sont réunies au territoire de l'empire français.

2. Kehl fera partie du département du Bas-Rhin;

Cassel, du département du Mont-Tonnerre;

Wesel, du département de la Roër;

Et Flessingue, du département de l'Escaut.

---

21 JANVIER 1808. — Décrets qui ordonnent le paiement de pensions accordées à des veuves de militaires. (4, Bull. 182, n°s 3075 et 3076.)

---

22 JANVIER 1808. — Décret qui déclare l'article 7, titre XXVIII, de l'ordonnance de 1669, applicable à toutes les rivières navigables de l'empire. (4, Bull. 176, n° 2954.)

Voy. Code civil, art. 556 et 650; avis du Conseil-d'État du 21 FÉVRIER 1822.

Art. 1er. Les dispositions de l'article 7 du titre XXVIII de l'ordonnance de 1669 sont applicables à toutes les rivières navigables de l'empire, soit que la navigation y fût établie à cette époque, soit que le Gouvernement se soit déterminé depuis, ou se détermine aujourd'hui et à l'avenir, à les rendre navigables (1).

2. En conséquence, les propriétaires riverains, en quelque temps que la navigation ait été ou soit établie, sont tenus de laisser le passage pour le chemin de halage (2).

3. Il sera payé aux riverains des fleuves ou rivières où la navigation n'existait pas et où elle s'établira, une indemnité proportionnée au dommage qu'ils éprouveront; et cette indemnité sera évaluée conformément aux dis-

---

(1) On n'est pas fondé à se prétendre propriétaire d'un bras d'une rivière déclarée navigable ou flottable, non plus que du droit exclusif de pêche sur ce bras : en d'autres termes, ces objets ne sont pas, par leur nature, susceptibles de devenir une propriété privée (30 mai 1821, ord. Mac. 1, 608).

(2) Un arrêté du 13 nivose an 5, relatif aux chemins de halage sur les rivières d'Yonne, Seine, Aube et autres affluentes, porte, article 1er : « Les « lois et réglemens de police sur le fait de la na- « vigation et chemins de halage seront exécutés « selon leurs forme et teneur. » L'article 2 remet en vigueur l'article 7, titre XXVIII, de l'ordonnance de 1669 Enfin l'article 3 est ainsi conçu : « Seront également tenus tous propriétaires d'hé- « ritages aboutissant aux rivières et ruisseaux « flottables à bûches perdues, de laisser, le long « des bords, quatre pieds, pour le passage des « employés à la conduite des flots, sous les pei- « nes portées en l'article 2. »

Un chemin vicinal ou de halage est une servitude sur le fonds riverain ; le chemin est une propriété du riverain, non une propriété doma-

niale ou communale (26 novembre 1812, Toulouse ; S. 22, 2, 32).

Un chemin de halage n'a pas le caractère de chemin public, bien que l'ordonnance de 1669 l'ait qualifié chemin royal, pour la navigation ; en conséquence, le propriétaire qui n'a d'issue que par un chemin de halage peut avoir à réclamer sur le fonds voisin un passage à titre d'enclave (19 janvier 1825 ; Toulouse ; S. 25, 2, 119).

Sur les bords des rivières navigables existent deux chemins de navigation, l'un de trente pieds du côté que les bateaux se tirent, l'autre de dix pieds sur l'autre bord. Ce sont là des servitudes au profit du domaine ou de la navigation. L'interception de ces chemins, comme servant à la navigation, doit être réprimée par la juridiction administrative.

Mais ces servitudes domaniales sont-elles, par cela même, servitudes au profit du public ou de tout particulier ? C'est là une question de droit ou de propriété privée, uniquement soumise à la juridiction des tribunaux (22 février 1823 ; S. 24, 2, 98).

positions de la loi du 16 septembre dernier (1).

4. L'administration pourra, lorsque le service n'en souffrira pas, restreindre la largeur des chemins de halage, notamment quand il y aura antérieurement des clôtures en haies vives, murailles ou travaux d'art, ou des maisons à détruire (2).

5. Notre ministre de l'intérieur est chargé de l'exécution du présent arrêté.

———

22 JANVIER 1808. — Décret sur les traitemens, remises et pensions des agens de l'administration générale des poudres. (4, Bull. 177, n° 2957.)

Art. 1er. Les traitemens des agens de l'administration générale des poudres continueront à être composés de sommes fixes et de remises.

2. Les sommes fixes resteront fixées ainsi qu'il suit, savoir :

Pour chacun des administrateurs généraux. 4,000
Pour chaque inspecteur général. . 2,000

Pour chaque commissaire de 1re
classe. 2,400
Pour chaque commissaire de 2e
classe. 2,200
Pour chaque commissaire adjoint
ou de 3e classe. 1,000

3. Les remises ne pourront excéder, pour chaque agent, dans le cours d'une année, les sommes ci-après fixées, savoir :

Pour chacun des administrateurs généraux. 14,000
Pour chaque inspecteur général . . 7,000
Pour chaque commissaire de 1re
classe. 5,400
Pour chaque commissaire de 2e
classe. 3,300
Pour chaque commissaire adjoint
ou de 3e classe. 1,800

4. L'adjoint donné au plus ancien administrateur par la bienveillance de sa majesté est conservé provisoirement dans un emploi tenant lieu de celui de troisième inspecteur, qui continuera de rester vacant. Il aura les deux tiers du traitement fixe et des remises qui seront affectés à un administrateur.

———

Au cas d'empiétement sur un chemin de halage d'une rivière flottable, la contravention doit, comme s'il s'agissait d'une rivière navigable, être poursuivie devant le conseil de préfecture (8 mai 1822, ord. S. 23, 2, 197).

L'exception de force majeure est inadmissible devant les tribunaux de la part de celui qui a halé des bateaux sur un bord de rivière, lorsqu'il existe un réglement administratif qui ordonne de ne haler que sur l'autre bord (22 juillet 1824 ; Cass. S. 24, 1, 279).

La servitude de halage imposée au propriétaire riverain d'une rivière navigable, s'étend sur tout le terrain nécessaire à la navigation, dans toutes les saisons de l'année ; et si la rivière comporte des accroiss-mens habituels par les marées, la servitude doit être réglée, en prenant un terme moyen entre les eaux basses et l'élévation des hautes marées. Ce n'est qu'après avoir ainsi déterminé les bords de la rivière, aux termes de l'article 1er, titre VII, livre IV, de l'ordonnance de 1681, que l'on doit tracer l'espace libre de dix pieds de largeur pour le chemin de halage, aux termes de l'article 7, titre XXVIII, de l'ordonnance de 1669. Le propriétaire ne peut planter des arbres qu'en deçà des deux espaces (24 décembre 1818, ord. S. 20, 2, 233).

(1) L'obligation imposée par la loi aux riverains de fournir le chemin de halage constitue une servitude, et non pas une expropriation.

Ils doivent ledit chemin dans les dimensions fixées par l'ordonnance de 1669, et dans l'état actuel du fleuve ou de la rivière navigable, soit qu'ils aient profité d'une alluvion, soit que l'ac-

tion des eaux ait enlevé une portion de la rive (4 juillet 1827, ord. Mac. 9, 373).

Il n'est dû d'indemnité aux propriétaires riverains, pour l'établissement du chemin de halage, que pour les navigations nouvellement établies dans les rivières qui n'étaient pas navigables par bateaux, trains ou radeaux.

L'indemnité n'est pas due lorsque la rivière était anciennement navigable ; en supposant même qu'il y ait eu interruption momentanée, le droit de l'État n'a pu être prescrit (5 août 1829, ord. Mac. 11, 300).

La servitude de passage établie sur les rivières flottables à bûches perdues ne regarde que les rivières où cette espèce de flottaison fut établie sous l'empire de l'ordonnance de 1669. A l'égard des rivières rendues flottables sous l'empire des lois nouvelles, cette servitude ne peut être établie qu'à la charge d'indemnité pour le riverain (14 janvier 1810, décret; S. 25, 2, 284).

(2) Lorsqu'il est reconnu que les propriétaires riverains d'une rivière navigable ont empiété et même intercepté le chemin de halage, le conseil de préfecture ne peut pas s'abstenir de prononcer, sous prétexte de l'ancienneté des ouvrages, et en se fondant sur le présent décret, qui permet, en certains cas, de réduire les dimensions en largeur, prescrites par l'ordonnance de 1669.

Les contrevenans condamnés peuvent se retirer ultérieurement devant l'administration, pour demander et obtenir, s'il y a lieu, une réduction de largeur du chemin de halage ou du marche-pied (6 février 1828, ord. Mac. 10, 143).

5. Les remises ayant pour objet d'exciter le zèle des agens, de diminuer les dépenses et d'augmenter les produits, le ministre les calculera de manière que, par un bon travail, elles se rapprochent du *maximum* déterminé ci-dessus, en proportion,

1° De la quantité de salpêtre reçu des salpêtriers, ou fabriquée par les commissaires;

2° De la quantité de salin et de potasse provenant de l'intérieur de l'empire, soit qu'elle ait été fabriquée par les soins des commissaires, soit qu'elle ait été achetée à un prix non supérieur à celui de ces matières chez l'étranger;

3° De la quantité des poudres vendues au commerce et aux particuliers, et de celles provenant de saisies;

4° De la quantité des poudres de guerre livrées pour le service des armées;

5° De la diminution des frais de fabrication;

6° De la quantité des produits nets versés au Trésor public.

Si, nonobstant les bases ci-dessus, on éprouvait quelques difficultés pour la formation du traitement des commissaires à poudrerie seulement, il y sera pourvu par une décision ministérielle.

6. Les élèves auront chacun une somme de douze cents francs pour tout traitement, comme cela est aujourd'hui réglé.

7. Les fonds pour l'acquit des pensions continueront d'être formés par une retenue de quatre centimes par franc, tant sur les traitemens fixes que sur les remises; ils seront versés à la caisse d'amortissement.

8. La fixation de la pension sera déterminée ainsi qu'il suit:

On prendra le terme moyen du traitement fixe et éventuel perçu pendant les trois dernières années d'activité de service.

La pension sera de la moitié de ce traitement moyen pour trente années de service, et d'un vingtième de l'autre moitié pour chaque année au dessus de trente ans, sans que, dans aucun cas, ces retraites puissent excéder six mille francs pour les administrateurs, quatre mille francs pour les inspecteurs généraux, trois mille francs pour les commissaires et autres préposés, ni être au-dessous de deux cents francs.

Si, par des causes d'infirmité ou de réforme, un employé se trouvait dans l'impossibilité de continuer ses fonctions jusqu'au terme de trente ans, sa pension sera d'un tiers du traitement moyen pour vingt années de service, et d'un quarantième des deux autres tiers pour chaque année au-dessus de vingt ans.

La moitié des retraites accordées aux divers employés sera accordée à leurs veuves.

Dans le cas où un employé perdrait la vie par un accident provenant de l'exercice de ses fonctions, il sera accordé à sa veuve, à titre de pension, la moitié de la retraite dont aurait joui son mari s'il avait eu trente ans de service.

9. Les ouvriers des poudrières, au bout de trente ans de service, ou en cas de blessures qui les empêcheraient de le continuer, recevront pour pension la moitié de leurs gages. Les veuves de ceux qui périraient par suite d'une explosion jouiront du tiers de ces mêmes gages.

10. Il n'est rien changé à la fixation des pensions qui peuvent avoir été accordées jusqu'à ce jour, conformément aux lois antérieures.

11. La loi du 27 fructidor an 5, et les arrêtés des 27 pluviose an 8 et 10 prairial an 11, continueront d'être exécutés en tout ce qui n'est pas contraire aux dispositions ci-dessus, qui seront exécutées à dater du 1er janvier 1808.

12. Le ministre de la guerre est chargé de l'exécution du présent décret.

---

22 JANVIER 1808. — Décret qui annule des jugemens portant réduction de l'amende réglée par le préfet du département de l'Ardèche contre des conscrits réfractaires. (4, Bull. 177, n° 2958.)

N..... sur le rapport de notre grand-juge, ministre de la justice, ayant pour objet de faire statuer sur la réclamation du préfet du département de l'Ardèche, contre trois jugemens du tribunal de première instance de l'arrondissement de l'Argentière, des 18 novembre 1806, 14 janvier et 28 avril 1807 qui n'ont condamné des conscrits réfractaires qu'à cinq cents francs d'amende, quoique cette amende eût été réglée à une plus forte somme par l'arrêté qui les a déclarés réfractaires.

Vu la réclamation du préfet du département de l'Ardèche, et les jugemens du tribunal de l'Argentière;

Vu l'article 70 de notre décret du 8 fructidor an 13, ainsi conçu:

« Les conscrits réfractaires seront condamnés à être traduits dans un dépôt militaire, et à une amende réglée d'après l'avis du préfet; »

Considérant que le tribunal de première instance séant à l'Argentière a excédé ses pouvoirs en réduisant l'amende réglée par l'autorité administrative;

Notre Conseil-d'État entendu,

Nous avons décrété et décrétons ce qui suit:

Art. 1er. Les jugemens rendus les 18 novembre 1806, 15 janvier et 28 avril 1807, par le tribunal de première instance de l'Argentière, sont considérés comme non avenus, en ce que l'amende contre les conscrits réfractaires est fixée à une somme moindre que celle réglée par l'arrêté du préfet de l'Ardèche.

2. Le grand-juge, ministre de la justice, et le ministre de la guerre, sont chargés de l'exécution du présent décret.

---

22 JANVIER 1808. — Avis du Conseil-d'État sur la durée des inscriptions hypothécaires prises, soit d'office, soit par les femmes, les mineurs et le Trésor public, sur les biens des maris, des tuteurs et des comptables. (4, Bull. 177, n° 2959.)

Voy. Code civil, art. 2154.

Le Conseil-d'État, qui, d'après le renvoi ordonné par sa majesté, a entendu le rapport de la section de législation sur celui du grand-juge, ministre de la justice, concernant la question de savoir si les inscriptions hypothécaires prises d'office, et celles prises par les femmes, les mineurs et le Trésor public, sur les biens des maris, des tuteurs et des comptables, doivent être renouvelées avant l'expiration du délai des dix années,

Est d'avis que la question est décidée par l'article 2154 du Code civil; il est ainsi conçu :

« Les inscriptions *conservent l'hypothèque* « *et le privilège* pendant dix années, à comp- « ter du jour de leur date; *leur effet cesse si* « *ces inscriptions n'ont pas été renouvelées* « *avant l'expiration de ce délai.* »

Cet article ne fut adopté, lors de la discussion du Code, qu'après une mûre délibération.

La section de législation avait proposé de laisser aux inscriptions tout leur effet *pendant tout le temps que dureraient l'obligation et l'action personnelle contre le débiteur, ou pendant tout celui que durerait l'action hypothécaire contre le tiers-détenteur, quand le bien chargé d'hypothèque serait dans ses mains.*

Cette proposition fut rejetée : ce n'est pas qu'on ne trouvât un avantage pour les citoyens à n'être pas obligés de renouveler les inscriptions qu'ils auraient prises; mais l'article de la section présentait de grands inconvéniens dans son exécution; on se réunit même à penser que l'exécution en serait impossible.

En effet, l'obligation personnelle dont le terme devait, suivant l'avis proposé, régler la durée de l'inscription, pouvait se prolonger un siècle peut-être, soit par des actes conservatoires, soit par une suite de minorités; or, comment un conservateur aurait-il pu se retrouver dans cette foule de registres qu'il serait forcé de consulter tous les jours à cha-

que fois qu'on lui demanderait un certificat d'inscription ?

Cette objection parut insoluble; et tout en reconnaissant qu'il eût été à désirer qu'il fût possible d'épargner aux citoyens l'embarras d'un renouvellement d'inscriptions, on pensa qu'il n'y avait pas de moyen pour y parvenir: l'article passa tel qu'il est aujourd'hui, *sans aucune exception;* c'est-à-dire que les inscription ne conservent les hypothèques et les priviléges que pendant dix ans, et que leur effet cesse si elles ne sont pas renouvelées avant l'expiration de ce délai.

Le Code ne fait aucune exception; et c'est en quoi le nouvel article diffère de la disposition de la loi du 11 brumaire an 7 sur la durée des inscriptions.

L'article 23 de cette loi présente d'abord la même disposition que celle de l'article 2154 du Code: il offre ensuite deux exceptions à cette règle; la première, en faveur des inscriptions prises sur les comptables et leurs cautions, *lesquelles,* est-il dit, *auront leur effet jusqu'à l'apurement définitif des comptes et six mois au-delà;* la deuxième, en faveur des inscriptions sur les biens des époux pour leurs droits et conventions, *lesquelles dureront pendant tout le temps du mariage et une année après.*

Si ces exceptions ne sont pas retracées dans le Code civil, ce n'est point par oubli, mais avec réflexion, et par une suite des principes qui sont la base des nouvelles dispositions concernant les hypothèques.

D'abord, les inscriptions relatives aux droits des femmes et des mineurs ne sont plus nécessaires pour la conservation de leurs hypothèques, qui existent indépendamment de toute inscription, suivant l'article 2135 du Code; on n'a donc pas dû ordonner, pour la conservation de cette hypothèque, le renouvellement d'une inscription qui n'était plus nécessaire pour son établissement.

Quant aux inscriptions sur les biens des comptables, il est constant que les créances du Trésor public n'ont pas été affranchies de la formalité de l'inscription par le Code civil. L'article 2135 ne donne ce privilége qu'aux mineurs, aux interdits et aux femmes: l'administration, qui a partout des agens qu'on doit supposer plus actifs et plus éclairés que le commun des citoyens, peut, sans contredit, faire renouveler les inscriptions qu'elle a dû prendre.

On sent, d'ailleurs, que les inconvéniens sans nombre qui ont empêché de donner aux inscriptions un effet indéfini, se trouveraient tous dans une disposition qui affranchirait celles prises sur les comptables, de la nécessité du renouvellement avant l'expiration du terme de dix ans, généralement fixé pour toutes les inscriptions.

On vient de dire que, l'hypothèque légale

des femmes et des mineurs existant indépendamment de l'inscription, il n'y avait pas lieu de leur part à renouveler une mesure dont ils étaient dispensés.

C'est ici le moment de remarquer qu'en affranchissant les droits des femmes et des mineurs de la nécessité d'une inscription pour l'existence de leur hypothèque, on a cependant pris des mesures sévères pour que ces droits fussent rendus publics, et pour que ceux qui traiteraient avec les maris et les tuteurs ne fussent pas les victimes d'une clandestinité que le régime hypothécaire actuel a voulu proscrire.

En conséquence, l'article 2136 du Code porte que les maris et les tuteurs seront tenus de rendre publiques les hypothèques dont leurs biens seront grevés à raison du mariage ou de la tutelle; il leur est ordonné d'en requérir eux-mêmes l'inscription sur leurs propres biens, sous peine d'être réputés stellionnataires, et, comme tels, contraignables par corps.

L'hypothèque n'existe pas moins, à défaut de cette inscription de la part des maris et des tuteurs; mais ceux-ci sont punis personnellement, s'ils ont négligé de faire inscrire l'hypothèque.

C'est ainsi qu'on a cherché à concilier, dans cette occasion, l'intérêt général, qui veut la publicité des hypothèques, et l'intérêt particulier des femmes et des mineurs, qui ne doivent pas être victimes du défaut d'une inscription qu'ils seraient souvent dans l'impossibilité de former.

Mais il est hors de doute que les maris et les tuteurs sont tenus, sous les peines portées en l'article 2136, de renouveler, avant l'expiration du délai de dix ans, les inscriptions des hypothèques dont leurs biens peuvent encore être chargés; le motif qui leur a fait ordonner d'inscrire leur prescrit aussi de renouveler l'inscription toutes les fois que leurs biens continuent d'être grevés, à raison du mariage ou de la tutelle.

Il ne reste plus qu'à s'expliquer sur le renouvellement des inscriptions prises d'office. Le texte de l'article 2154 du Code, et les développemens qu'on vient de donner, ne doivent plus laisser de doute sur la nécessité de ce renouvellement avant l'expiration du délai de dix années : on ne pourrait en élever que sur la personne chargée de prendre ce soin; mais, avec un peu de réflexion, on demeure convaincu que, même sur ce point, il est impossible d'élever un doute sérieux.

L'article 2108 porte que la transcription vaut inscription pour le vendeur; le même article charge le conservateur de faire d'office l'inscription sur son registre. La raison en est sensible : le conservateur trouve dans l'acte de vente qu'on lui présente tous les élémens du bordereau qu'un créancier ordi-

naire doit fournir pour faire inscrire son titre: le conservateur a donc sous les yeux tout ce qu'il peut désirer pour être en état d'inscrire la créance du vendeur: la loi l'oblige à cette inscription, sans qu'il soit nécessaire de lui faire à ce sujet une réquisition particulière; la présentation de l'acte à la transcription équivaut à cette réquisition.

Résulte-t-il de là que l'inscription ainsi faite d'office ne doit pas être renouvelée? en résulte-t-il que, lorsque l'époque du renouvellement est venue, c'est au conservateur à y pourvoir? Il est évident que non. Le conservateur ignore, au bout de dix ans, si la créance du vendeur est ou non soldée; il lui serait d'ailleurs impossible de tenir note de toutes les ventes qu'il aurait transcrites, pour veiller, chaque jour, à ce que chaque inscription d'office fût renouvelée à son terme.

On n'a pas dû, on n'a pas pu imposer une pareille charge au conservateur: on n'a pas pu davantage l'obliger, à chaque demande d'un certificat d'inscription, de consulter tous ses registres depuis quarante ans et plus, pour s'assurer qu'il n'existe pas quelque inscription d'office; recherche qui serait cependant indispensable, si les inscriptions d'office n'étaient pas renouvelées.

Il est donc vrai de dire que l'inscription d'office doit être renouvelée comme toute autre, pour la conservation de l'hypothèque, et que c'est au vendeur à veiller au renouvellement ; il ne doit pas se trouver blessé par une obligation qui lui est commune avec tous les créanciers sans exception, quand ils veulent conserver leurs droits.

Les principes que nous venons d'établir s'appliquent aussi à une autre espèce d'inscription d'office, ordonnée par l'article 7 de la loi du 5 septembre 1807.

Les conservateurs des hypothèques sont tenus, sous peine de destitution et de dommages et intérêts, au vu des actes translatifs de propriété passés par les receveurs généraux et payeurs, de faire d'office une inscription, au nom du Trésor public, pour la conservation de ses droits, et d'en envoyer un bordereau à l'agent du Trésor public.

Il est facile à l'administration de tenir un registre de ces envois, et de faire renouveler ces inscriptions dans les délais prescrits; il n'y a ici aucun motif d'exception à la règle générale.

Ainsi, pour se résumer, 1° toute inscription doit être renouvelée avant l'expiration du laps de dix années;

2° Lorsque l'inscription a été nécessaire pour opérer l'hypothèque, le renouvellement est nécessaire pour sa conservation;

3° Lorsque l'hypothèque existe indépendamment de l'inscription, et que celle-ci n'est ordonnée que sous des peines particulières, ceux qui ont dû la faire doivent la renouveler sous les mêmes peines ;

4° Enfin, lorsque l'inscription a dû être faite d'office par le conservateur, elle doit être renouvelée par le créancier qui a intérêt.

Le présent avis, ensemble celui que le Conseil a adopté le 17 novembre 1807, sur la question de savoir si les héritiers bénéficiaires peuvent transférer sans autorisation les inscriptions au-dessus de cinquante francs de rente, seront imprimés et insérés au Bulletin des Lois (1).

12 JANVIER 1808. — Décret qui ordonne la publication du décret d'union de la ville de Cassel et du bourg de Kosteim au diocèse de Mayence. (4, Bull. 179, n° 2981.)

22 JANVIER 1808. — Décrets qui établissent des foires à Saint-Bonnet-de-Valclérieux, Marseillan, Rye, Henri-Chapelle, Buis et Mortroux. (4, Bull. 182, n°s 3077 à 3082.)

22 JANVIER 1808. — Décrets qui autorisent ; 1° le sieur Laroque à convertir en un martinet à cuivre le moulin à foulon dont il est propriétaire dans la commune d'Alby ; 2° le sieur Posson, propriétaire du haut-fourneau des Vennes, situé à Liége, à ajouter à son usine deux fours à réverbère. (4, Bull. 182, n°s 3083 et 3084.)

22 JANVIER 1808. — Décret portant que la concession du droit d'exploiter pendant vingt-cinq ans les mines de houille de Saint-Beroin-sur-d'Heune, faite au sieur Guyton-Morveau et à ses associés, est renouvelée pour cinquante années, en faveur des sieurs Guyton-Morveau, Champy, Magnien de Chailli, Varenne de Feuille, Poulin de Bergier et Geoffroy de Charenois, dans une étendue de surface de cent vingt kilomètres carrés. (4, Bull. 182, n° 3085.)

22 JANVIER 1808. — Décrets qui autorisent l'acceptation de dons et legs faits à la commune de Beaune et aux pauvres et hospices de Rabastens, etc. (4, Bull. 182, n°s 3086 à 3093, 5095, et 3101 à 3141 ; et Bull. 183, n° 3142 à 3148.)

22 JANVIER 1808. — Décret contenant le tableau des foires du département d'Indre-et-Loire. (4, Bull. 174, n° 3438.)

22 JANVIER 1808. — Décret qui autorisent l'acceptation d'offres de dénoncer au profit des pauvres et hospices de Flins, Voroux-lès-Liers, Hognout, Tournay et Herve, des biens et rentes célés au domaine. (4, Bull. 182, n°s 3096 à 3100.)

23 JANVIER 1808. — Avis du Conseil-d'Etat. (Légion-d'Honneur.) Voy. 2 FÉVRIER 1808.

26 JANVIER 1808. — Avis du Conseil-d'Etat. (Art. 620, Code de comm.) Voy. 2 FÉVRIER 1808.

27 JANVIER 1808. — Décret concernant l'organisation administrative et judiciaire de la ville de Flessingue. (4, Bull. 177, n° 2960.)

29 JANVIER 1808. — Décret qui ordonne le paiement de pensions accordées à des veuves de militaires. (4, Bull. 183, n° 3149.)

2 FÉVRIER 1808. — Décret concernant le dixième du droit de pesage et mesurage destiné au paiement des dépenses de l'établissement des poids et mesures. (4, Bull. 179, n° 2984.)

Art. 1er. Il sera rendu compte du dixième du produit du droit de pesage et mesurage, dont le prélèvement est ordonné sur les communes, et dont le montant est destiné aux dépenses de l'établissement des poids et mesures.

2. Il nous sera fait un rapport, 1° sur les versemens qui ont dû être faits par les villes, de ce dixième, suivant les budgets arrêtés en notre Conseil ou par les préfets ; 2° sur la manière de régulariser le versement et l'emploi de ces sommes.

3. Notre ministre de l'intérieur est chargé de l'exécution du présent arrêté.

2 FÉVRIER 1808. — Avis du Conseil-d'Etat sur le sens de l'article 620 du Code de commerce, relatif à l'éligibilité aux places de juges. (4, Bull. 181, n° 3062.)

Le Conseil-d'Etat, qui, d'après le renvoi ordonné par sa majesté, a entendu le rapport de la section de législation sur celui du ministre de l'intérieur, tendant à fixer le sens de l'article 620 du Code de commerce, et à décider si cet article rend inéligibles aux tri-

(1) L'inscription prise au profit du mineur, sur les biens du tuteur, sous l'empire de la loi du 11 brumaire an 7, conserve son effet jusqu'à l'apurement définitif du compte de tutelle, conformément à l'article 23 de cette loi, bien que l'apurement du compte ait eu lieu sous le Code civil, et qu'il se soit écoulé un temps suffisant pour que l'inscription fût périmée, d'après les dispositions de ce Code, à défaut de renouvellement. Si l'article 23 de la loi du 11 brumaire est abrogé par l'article 2154 du Code civil, ce n'est que relativement aux droits qui se sont formés ultérieurement, et sous l'empire du Code (6 join 1820 ; Cass. S. 20, 1, 372).

bunaux institués pour cette partie, les négocians qui ne font pas actuellement le commerce;

Vu ledit article, ainsi conçu : « Tout commerçant pourra être nommé juge ou suppléant, s'il est âgé de trente ans, s'il exerce le commerce avec honneur et distinction depuis cinq ans. Le président devra être âgé de quarante ans, et ne pourra être choisi que parmi les anciens juges, y compris ceux qui ont exercé dans les tribunaux actuels, et même les anciens juges-consuls des marchands; »

Considérant d'abord qu'il ne peut y avoir de difficulté sérieuse à l'égard du président, la loi n'obligeant qu'à le prendre parmi les anciens juges, ce qui emporte bien la condition d'avoir exercé le commerce pendant plus de cinq ans, puisqu'il n'a pu être antérieurement juge qu'après ce laps de temps, mais ce qui n'établit point textuellement qu'au moment où il est élu président il doive encore exercer le commerce;

Qu'en ce qui concerne le simple juge, ces mots, *s'il exerce depuis cinq ans*, employés par la loi et pris au temps présent, offre littéralement un peu plus de difficulté, qui cependant doit se dissiper en se pénétrant de l'esprit de cette loi;

Que ce que le législateur a voulu, ç'a été que les juges du commerce eussent une expérience garantie par un exercice suffisant, et dont il a fixé la durée; mais qu'il n'est point entré dans ses vues d'exclure les négocians retirés, qui étaient d'ailleurs formellement admis par l'ordonnance de 1673 et par la loi du 9 = 10 août 1791, et dont l'exclusion eût été prononcée sans doute en termes aussi formels, si telle eût été l'intention du législateur;

Qu'au surplus cette exclusion ne pourrait être que nuisible au commerce, en privant ses tribunaux de juges qui, à une expérience également garantie, réunissent plus de loisirs;

Qu'à la vérité, celui qui n'aurait quitté le commerce que pour suivre une autre profession n'aurait plus la capacité requise; mais que cette modification, qui est dans la nature des choses, ne saurait nuire aux principes posés,

Est d'avis que les négocians retirés du commerce, et non livrés actuellement à d'autres professions, sont susceptibles d'être élus aux places mentionnées en l'article 620 du Code de commerce, s'ils ont exercé le commerce pendant le temps prescrit, et s'ils remplissent d'ailleurs les autres conditions imposées par la loi.

———

2 FÉVRIER 1808. — Avis du Conseil-d'Etat sur l'inaliénabilité des soldes de retraite, des traitemens de réforme, et des pensions militaires et de la Légion-d'Honneur. (4, Bull. 182, n° 3069.)

Voy. arrêté du 7 THERMIDOR an 10; avis du Conseil-d'Etat du 11 JANVIER 1808.

Le Conseil-d'Etat, qui, d'après le renvoi ordonné par sa majesté, a entendu le rapport de la section de la guerre sur celui du ministre de ce département, tendant à faire décréter que les traitemens de réforme, soldes de retraite et pensions des veuves ou enfans des militaires, seront inaliénables sous quelque prétexte que ce soit.

Considérant, 1° que l'arrêté du 7 thermidor an 10 a statué qu'il ne serait reçu aucune signification de transport, cession ou délégation de pensions à la charge du Trésor public, et que ces pensions seraient insaisissables;

2° Que le but de cet arrêté a été d'assurer la jouissance de ces pensions aux individus qui les ont obtenues, et ce à l'exclusion de tous autres;

3° Que ces pensions doivent être en effet considérées comme des alimens accordés par l'Etat et destinés spécialement à l'individu qui les obtient; qu'elles ne pourraient devenir, par une vente, la propriété d'un autre, sans que l'objet bien évident de cette institution ne fût manqué, puisque l'intention du Gouvernement a été d'assurer un secours annuel, et non de donner une somme une fois pour toutes;

4° Que ces considérations s'appliquent également aux traitemens de réforme et aux pensions de la Légion-d'Honneur,

Est d'avis, 1° que, d'après l'arrêté du 7 thermidor an 10, et sans qu'il soit besoin d'une nouvelle disposition, les soldes de retraite et pensions militaires et de la Légion-d'Honneur sont inaliénables;

2° Que les traitemens de réforme ne sont pas susceptibles non plus d'aliénation;

3° Que les individus qui peuvent avoir vendu ces pensions ou traitemens depuis le 7 thermidor an 10 doivent être réintégrés dans cette propriété, sauf aux acheteurs, comme il est dit dans l'arrêté précité, à répéter, par les voies et ainsi qu'il appartiendra, contre les cédans, la restitution des sommes qu'ils peuvent leur avoir payées;

N'entendant pas néanmoins déroger par le présent avis à celui du 22 décembre dernier, qui a eu pour objet les retenues à faire sur les pensions de retraite des militaires, au profit de leurs femmes et de leurs enfans, quand ils ne rempliraient pas à leur égard les obligations imposées par le Code civil (1).

2 FÉVRIER 1808. — Sénatus-consulte organique qui érige le gouvernement général des départemens au-delà des Alpes en grande dignité de l'empire. (4, Bull. 178, n° 2975.)

2 FÉVRIER 1808. — Acte du Sénat conservateur qui nomme M. Lefessier-Grandpré membre de la Cour de cassation. (4, Bull. 178, n° 2977.)

2 FÉVRIER 1808. — Sénatus-consulte qui annule l'élection du sieur Feuillant au titre de candidat pour le Corps-Législatif. (4, Bull. 178, n° 2978.)

2 FÉVRIER 1808. — Sénatus-consulte qui annule l'élection du sieur Rigault au titre de candidat pour le Corps-Législatif. (4, Bull. 178, n° 2979.)

2 FÉVRIER 1808. — Décret qui ordonne la publication de la bulle d'institution canonique de M. J.-B. Pie Vital, nommé à l'évêché de Mondovi. (4, Bull. 179, n° 2982.)

2 FÉVRIER 1808. — Décret qui ordonne l'établissement d'un conseil de prud'hommes à Avignon. (4, Bull. 179, n° 2983.)

2 FÉVRIER 1808. — Décret qui ordonne le paiement d'une somme de sept cent dix-neuf francs, pour pensions accordées à six veuves de militaires morts dans les combats. (4, Bull. 183, n° 3152.)

2 FÉVRIER 1808. — Décret qui maintient, pour cinquante années, le sieur Winaud-Vassen dans son exploitation des houillières de Bostrop et de Pech, commune de Kerkraede. (4, Bull. 183, n° 3153.)

2 FÉVRIER 1808. — Décret relatif à l'exploitation des houillières de Saint-Nicolas et de Feldkoul, et de celle de Priekoul. (4, Bull. 183, n° 3154.)

2 FÉVRIER 1808. — Décret qui fait concession, pour cinquante années, aux sieurs Boucher, Olivier, etc., du droit d'exploiter les mines de plomb de Villefort et de Vialas. (4, Bull. 183, n° 3155.)

2 FÉVRIER 1808. — Décrets portant fixation du nombre de foires de la ville de Porentrui, et établissement de foires à Tremblay-Vif et à Crépol. (4, Bull. 183, n°s 3166 à 3118)

2 FÉVRIER 1808. — Décrets qui autorisent l'acceptation de dons et legs faits aux pauvres et hospices de Saint-Valery . Bergues , Douai, Paris, Olmen, Montpellier, Albiez-le-Jeune, Digne, Marvejols, Nozeroy, Rambures, Amiens, Seudat, Coutures. (4, Bull. 183, n°s 3156 à 3165, 3169 à 3171.)

2 FÉVRIER 1808. — Décrets qui autorisent l'acceptation d'offres de dénoncer au profit des pauvres et hospices de Temploux , Snarlée, Bruxelles, Rocour, Anvers et Ucèle, des biens et rentes célés au domaine. (4, Bull. 183, n° 3172 ; Bull. 185, n°s 3181 à 3185.)

7 FÉVRIER 1808. — Décret contenant la répartition des conscrits de la classe de 1809. (4, Bull. 178, n° 2976.)

7 FÉVRIER 1808. — Décret qui ordonne le paiement de pensions accordées à des veuves de militaires. (4, Bull. 185, n° 3186.)

13 FÉVRIER 1808. — Décret qui nomme le prince Camille Borghèse à la dignité de gouverneur général des départemens au-delà des Alpes. (4, Bull. 179, n° 2980.)

13 FÉVRIER 1808. — Avis du Conseil-d'État. (Art. 2098 et 2121, Code civ.) Voy. 25 FÉVRIER 1808.

17 et 18 FÉVRIER 1808. — Acte du Sénat conservateur qui nomme les membres du Corps-Législatif pour quatorze départemens de la 4e série. (4, Bull. 181, n° 3063.)

18 FÉVRIER 1808. — Décrets qui ordonnent le paiment de pensions accordées à des veuves de militaires. (4, Bull. 185, n°s 3187 et 3188.)

19 FÉVRIER 1808. — Sénatus-consulte organique sur l'admission des étrangers aux droits de citoyen français. (4, Bull. 181, n° 3064.)

Voy. constitution du 22 FRIMAIRE an 8, art 3 ; sénatus-consulte du 26 VENDÉMIAIRE an 11 ; décret du 17 MARS 1809 ; Code civil, articles 9 et suivans ; ordonnance du 4 JUIN 1814, et la loi du 14 OCTOBRE 1814.

Art. 1er. Les étrangers qui rendront ou qui auraient rendu des services importans à l'État, ou qui apporteront dans son sein des talens, des inventions ou une industrie utiles, ou qui formeront de grands établissemens, pourront, après un an de domicile, être admis à jouir du droit de citoyen français.

---

(1) Les soldes de retraite et pensions militaires de la Légion-d'Honneur sont inaliénables, soit temporairement, soit partiellement, même par transaction (26 janvier 1809 ; J. C. 1, 252).

2. Ce droit leur sera conféré par un décret spécial, rendu sur le rapport d'un ministre, le Conseil-d'Etat entendu.

3. Il sera délivré à l'impétrant une expédition dudit décret, visé par le grand-juge, ministre de la justice.

4. L'impétrant, muni de cette expédition, se présentera devant la municipalité de son domicile, pour y prêter le serment d'obéissance aux constitutions de l'empire et de fidélité à l'empereur. Il sera tenu registre et dressé procès-verbal de cette prestation de serment.

———

19 FÉVRIER 1808. — Décret relatif à la publication du Code civil à Florence, et à l'organisation judiciaire du pays. (4, Bull. 180, n° 3031.)

———

19 FÉVRIER 1808. — Sénatus-consulte qui annule l'élection des sieurs Gaudin, Portier et Despérichons, au titre de candidats pour le Corps-Législatif. (4, Bull. 181, n° 3065.)

———

21 FÉVRIER 1808. — Décret sur l'emploi des pièces de dix centimes. (4, Bull. 181, n° 3066.)

Art. 1er. La pièce de dix centimes, dont la fabrication a été ordonnée par la loi du 15 septembre 1807, ne sera donnée et reçue qu'à découvert, et seulement pour les appoints d'un franc et au-dessous (1).

2. Notre ministre des finances est chargé de l'exécution du présent décret.

———

21 FÉVRIER 1808. — Décret concernant le jugement des militaires prévenus de délits sous les drapeaux. (4, Bull. 182, n° 3070.)

Art. 1er. Tout militaire sous les drapeaux marchant avec son corps dans un pays ami ou neutre, prévenu d'un délit, doit être traduit au conseil de guerre de la division à laquelle il appartient.

2. Notre grand-juge, ministre de la justice, est chargé de l'exécution du présent décret.

———

21 FÉVRIER 1808. — Décret qui autorise l'administration des hospices de Paris à transiger sur le produit du legs universel fait à ces établissemens par le sieur Cheirouze, et à accepter l'offre faite par le sieur Henri fils de délivrer à ces hospices une somme de mille francs de ses propres deniers, au moment de la signature de la transaction. (4, Bull. 185, n° 3192.)

21 FÉVRIER 1808. — Décret qui ordonne la publication de la loi du 29 décembre 1790, sur le rachat des rentes foncières dans la ci-devant Ligurie. (4, Bull. 182, n° 3071.)

———

21 FÉVRIER 1808. — Décrets qui autorisent l'acceptation d'offres de dénoncer au profit des pauvres et hospices de Dottem, Voroux-lès-Liers, Voltem, Maestricht et Namur, des rentes et biens célés au domaine. (4, Bull. 185, nos 2193, 2194, 2197 et 2198.)

———

21 FÉVRIER 1808. — Décret relatif à la tenue de la foire de Chalabre, et à l'établissement d'une seconde foire à Beaufays. (4, Bull. 185, nos 3189 et 3190.)

———

21 FÉVRIER 1808. — Décrets qui autorisent l'acceptation de dons et legs faits aux pauvres et hospices de Saint-Chaumond, Châtel et Tongres-Notre-Dame, Brantôme, Coulommiers et Bruxelles. (4, Bull. 185, nos 3191, 3195, 3196, et Bull. 188, nos 325 7 à 3259.)

———

23 FÉVRIER 1808. — (Actes de l'état civil.) Voy. 4 MARS 1808.

24 FÉVRIER 1808. — Décret qui organise le gouvernement général des départemens au-delà des Alpes. (4, Bull. 181, n° 3 607.)

24 FÉVRIER 1808. — Décret qui nomme M. Douhet-Dauzers directeur de la police des départemens au-delà des Alpes. (4, Bull. 181, n° 3068.)

25 FÉVRIER 1808. — Avis du Conseil-d'Etat sur l'application des articles 2098 et 2121 du Code civil et de la loi du 5 septembre 1807 au Trésor de la couronne. (4, Bull. 183, n° 3141.)

Le Conseil-d'Etat, qui, d'après le renvoi ordonné par sa majesté, a entendu le rapport de la section de législation sur celui de l'intendant général de la liste civile, ayant pour objet de faire déclarer applicables au Trésor de la couronne les articles 2098 et 2121 du Code civil, et la loi du 5 septembre 1807, qui confirment et règlent le privilège du Trésor public sur les biens meubles et immeubles des comptables;

Vu les articles 2098 et 2121 du Code civil et la loi du 5 septembre 1807;

Considérant que les dépenses nécessaires pour la représentation de la souveraineté sont essentiellement des dépenses publiques toujours à la charge du Trésor public, soit

———

(1) Dans le quarantième, dont il est permis de faire emploi dans les paiemens, il ne faut pas compter les pièces de dix centimes. Elles ne valent que pour appoint d'un franc et au-dessous. Voy. arrêté du 18 vendémiaire an 6, article 3 (28 mai 1810; Cass. S. 10, 1, 225).

directement, soit indirectement, par l'affectation d'une somme quelconque pour y faire face; qu'il résulte de là que le Trésor de la couronne n'est, à proprement parler, qu'une fraction du Trésor public;

Que les priviléges dont jouit le Trésor public doivent être, par une conséquence nécessaire, communs au Trésor de la couronne; que si l'article 2098 du Code civil ne le porte pas textuellement, c'est parce qu'à l'époque de sa rédaction la liste civile n'était pas encore formée, et que le Trésor public en acquittait directement les charges; mais que la séparation survenue depuis n'a pu altérer le privilége d'une portion de ce Trésor, dont la loi du 5 septembre 1807 embrasse l'intégrité dans son esprit et dans son objet,

Est d'avis que les articles 2098 et 2121 du Code civil, et toutes les dispositions de la loi du 5 septembre 1807, concernant les priviléges du Trésor public sur les biens meubles et immeubles des comptables, sont applicables au Trésor de la couronne, et doivent lui assurer les mêmes priviléges et hypothèques sur les biens de ses agens comptables.

En conséquence, les articles 7, 8 et 9 de ladite loi sont communs aux trésoriers, receveurs et payeurs du Trésor de la couronne, et les receveurs de l'enregistrement et les procureurs impériaux sont aussi tenus de se conformer, en ce qui les concerne, aux dispositions de ces articles, dans les cas qui y sont prévus.

---

25 FÉVRIER 1808. — Décret sur la liquidation de la dette publique. (Dépôt des Lois, non inséré au Bulletin des Lois.)

Voy. décret du 13 DÉCEMBRE 1809; loi du 15 JANVIER 1810, tit. VI, art. 12 (1).

N....... sur le rapport du ministre des finances, en conséquence de la délibération du conseil d'administration des finances, voulant pourvoir à une prompte liquidation, nous avons décrété et décrétons ce qui suit:

TITRE Ier.

Art. 1er. La direction générale de liquidation sera dissoute au 1er janvier 1810.

2. Elle devra avoir prononcé, avant cette époque, sur toutes les demandes en liquidation actuellement pendantes.

TITRE II. Anciennes dettes antérieures au 1er vendémiaire an 5.

3. Le conseil général de liquidation n'admettra à la charge de notre Trésor aucune liquidation réclamée pour créances dont l'origine remonte à une date antérieure au 1er vendémiaire an 5, quelles que soient la nature et la cause de ces créances.

4. De même il n'admettra aucune liquidation de créances réclamées par suite de la réunion à l'empire des départemens de la Belgique, de la rive gauche du Rhin, du Piémont, de la Ligurie et des Etats de Parme et de Plaisance, si l'origine de ces créances remonte à une date antérieure à la réunion.

5. Sont seulement exceptées des dispositions des deux articles précédens les créances fondées en titre de constitution de rentes perpétuelles et viagères.

5. Le conseil général de liquidation sera tenu de prononcer, dans le plus court délai, sur toutes les demandes en liquidation de rentes perpétuelles ou viagères, et de rejeter définitivement celles de ces demandes qu'il ne trouvera pas suffisamment justifiées.

7. Il rejettera aussi les demandes formées pour et au nom des villes, communes et établissemens publics, de quelque nature qu'elles soient.

8. Notre ministre du Trésor public fera rayer du grand-livre de l'intégral et de celui de la dette viagère les articles d'inscriptions non délivrées, et il ne pourra à l'avenir être délivré aucun extrait d'inscriptions intégrales.

9. Le ministre d'Etat directeur général de la liquidation de la dette publique fera, sans délai, procéder au triage de toutes les créances qui ne peuvent être admises en liquidation à la charge de notre Trésor, conformément aux dispositions précédentes. Il en fera dresser des états sommaires, qui seront joints, chaque mois, au compte qu'il nous rend, et soumis à notre approbation en Conseil-d'Etat.

10. Il fera procéder de suite à l'annulation de toutes les productions et dépôts sur lesquels il a été statué avant le 1er juillet dernier. Il fera de même procéder successivement, tous les six mois, à l'annulation de toutes les productions et dépôts sur lesquels il aura été définitivement statué, si, dans les six mois de la date de notre décret d'approbation, nous n'en avons pas ordonné un nouvel examen (2).

---

(1) *Voy*. M. de Cormenin, verbo *Liquidation*, Questions de droit administratif.

(2) Le créancier d'émigré qui, par le dépôt de ses titres à fin de liquidation, avait interrompu la prescription de sa créance, n'anéantit pas cette interruption de prescription par le fait seul du retrait de ses pièces.... si toutefois il ne les a retirées qu'après le décret de février, prononçant la déchéance, et conséquemment frappant d'inutilité tout dépôt de pièces (31 juillet 1828, Paris; S. 29, 2, 332).

11. Les parchemins et papiers qui proviendront desdites productions et dépôts, seront vendus pour l'usage du commerce, avec les précautions nécessaires pour prévenir tout abus.

Titre III. Des créances des années 5, 6, 7 et 8.

12. Le conseil général de liquidation sera tenu de prononcer, dans le courant de 1808, et dans l'état où se trouveront les productions, sur les demandes en liquidation pour service des années 5, 6, 7 et 8.

Le travail, divisé par ministères, par années et par chapitres du budget, nous sera remis dans le courant de novembre prochain, afin que nous accordions un crédit spécial à cet effet, entendant qu'il ne soit plus rien inscrit jusqu'à cette époque.

Au conseil qui sera tenu en novembre pour cet objet, les ministres apporteront le relevé du montant de la dépense de chacun des chapitres sur lesquels il sera fait des demandes de crédit en conséquence de la liquidation.

13. Il ne pourra admettre aucune liquidation à la charge de notre Trésor, pour créances prétendues sur les années 5, 6 et 7, en raison de services, réquisitions ou avances faites, soit dans les colonies, soit en Italie, soit en Orient, soit à Malte ou dans les États de Naples, de Rome ou d'Helvétie.

14. De même, il ne pourra admettre en liquidation aucune demande en indemnité pour raison de pertes, préemptions de guerre, pillages, incendies, dévastations, coupes de bois, contributions extraordinaires et réquisitions.

Dispositions générales.

15. Nos ministres arrêteront, à la réception du présent, leurs registres de dépôt de demandes à fin de liquidation de créances antérieures au 1er vendémiaire an 9, et ils adresseront, avant le 1er mai prochain, au ministre l'État directeur général de la liquidation, le registre de dépôt et les productions (1).

16. Les préfets de chaque département se conformeront, pour ce qui les concerne, aux dispositions de l'article précédent.

17. Il ne sera reçu aucune nouvelle demande pour raison des créances desdits exercices.

18. Nos ministres des finances et du Trésor public sont chargés de l'exécution du présent décret.

25 FÉVRIER 1808. — Décrets qui autorisent l'acception de dons et legs faits aux pauvres et hospices de Verneuil, Saint-Maixent, Dijon, Bresseau, Mâcon, Toulouse, Savigné-lès-le-Mans, Saint-Augustin, Saint-Malo et la Voulte. (4, Bull. 186, nos 3212 à 3218; Bull. 188, nos 3266 et 3267.)

25 FÉVRIER 1808. — Décret qui permet l'exportation des bois de chauffage des États de Parme et de Plaisance. (4, Bull. 182, n° 3072.)

25 FÉVRIER 1808. — Décret qui ordonne la publication de plusieurs articles de la loi du 9 novembre 1797 (19 brumaire an 6), sur la garantie des matières d'or et d'argent dans les départemens au-delà des Alpes. (4, Bull. 183, n° 3140.)

25 FÉVRIER 1808. — Décrets qui autorisent l'acceptation d'offres de dénoncer au profit des pauvres et hospices de Louvain et de Vorouxles-Liers, des rentes et biens célés au domaine. (4, Bull. 186 et 189, nos 3219 et 3268.)

1er MARS 1808. — Décret concernant les titres. (4, Bull. 186, n° 3206.)

Voy. décrets du même jour, 1er MARS 1808, sur les majorats, et du 12 MARS 1808.

Art. 1er. Les titulaires des grandes dignités de l'empire porteront le titre de *Prince* et d'*Altesse sérénissime*.

2. Les fils aînés des grands dignitaires auront de droit le titre de *Duc de l'Empire*, lorsque leur père aura institué, en leur faveur, un majorat produisant deux cent mille francs de revenu.

Ce titre et ce majorat seront transmissibles à leur descendance directe et légitime, naturelle ou adoptive, de mâle en mâle, et par ordre de primogéniture.

3. Les grands dignitaires pourront instituer, pour leur fils aîné ou puîné, des majorats auxquels seront attachés des titres de *Comte* ou de *Baron*, suivant les conditions déterminées ci-après.

4. Nos ministres, les sénateurs, nos conseillers d'État à vie, les présidens du Corps-Législatif, les archevêques porteront, pendant leur vie, le titre de *Comte*.

Il leur sera, à cet effet, délivré des lettres-patentes, scellées de notre grand sceau (2).

5. Ce titre sera transmissible à la descendance directe et légitime, naturelle ou adoptive, de mâle en mâle, par ordre de primogéniture, de celui qui en aura été revêtu, et

---

(1) Lorsque les fournitures dont on réclame le paiement ont été effectuées antérieurement au 1er vendémiaire an 9, la réclamation est frappée de déchéance (3 décembre 1831, ord. Mac. 13, 462).

(2) *Voy.* décret du 4 juin 1809.

pour les archevêques, à celui de leurs neveux qu'ils auront choisi, en se présentant devant le prince archi-chancelier de l'empire, afin d'obtenir, à cet effet, nos lettres-patentes, et, en outre, aux conditions suivantes.

6. Le titulaire justifiera, dans les formes que nous nous réservons de déterminer, d'un revenu net de trente mille francs, en biens de la nature de ceux qui devront entrer dans la formation des majorats.

Un tiers desdits biens sera affecté à la dotation du titre mentionné dans l'article 4, et passera avec lui sur toutes les têtes où ce titre se fixera.

7. Les titulaires mentionnés en l'article 4 pourront instituer, en faveur de leur fils aîné ou puîné, un majorat auquel sera attaché le titre de *Baron*, suivant les conditions déterminées ci-après.

8. Les présidens de nos colléges électoraux de département, le premier président et le procureur général de notre Cour de cassation, le premier président et le procureur général de notre cour des comptes, les premiers présidens et les procureurs généraux de nos cours d'appel, les évêques, les maires des trente-sept bonnes villes qui ont droit d'assister à notre couronnement, porteront, pendant leur vie, le titre de *Baron*, savoir : les présidens des colléges électoraux, lorsqu'ils auront présidé le collége pendant trois sessions ; les premiers présidens, procureurs généraux et maires, lorsqu'ils auront dix ans d'exercice, et que les uns et les autres auront rempli leurs fonctions à notre satisfaction.

9. Les dispositions des articles 5 et 6 seront applicables à ceux qui porteront pendant leur vie le titre de *Baron* : néanmoins ils ne seront tenus de justifier que d'un revenu de quinze mille francs, dont le tiers sera affecté à la dotation de leur titre, et passera avec lui sur toutes les têtes où ce titre se fixera.

10. Les membres de nos colléges électoraux de département qui auront assisté à trois sessions des colléges, et qui y auront rempli leurs fonctions à notre satisfaction, pourront se présenter devant l'archi-chancelier de l'empire, pour demander qu'il nous plaise de leur accorder le titre de *Baron* ; mais ce titre ne pourra être transmissible à leur descendance directe et légitime, naturelle ou adoptive, de mâle en mâle, et par ordre de primogéniture, qu'autant qu'ils justifieront d'un revenu de quinze mille francs de rente, dont le tiers, lorsqu'ils auront obtenu nos lettres-patentes, demeurera affecté à la dotation de leur titre, et passera avec lui sur toutes les têtes où il se fixera.

11. Les membres de la Légion-d'Honneur, et ceux qui à l'avenir obtiendront cette distinction, porteront le titre de chevalier.

12. Ce titre sera transmissible à la descendance directe et légitime, naturelle ou adoptive, de mâle en mâle, par ordre de primogéniture, de celui qui en aura été revêtu, en se retirant devant l'archi chancelier de l'empire, afin d'obtenir à cet effet nos lettres patentes, et en justifiant d'un revenu net de trois mille francs au moins.

13. Nous nous réservons d'accorder les titres que nous jugerons convenables, aux généraux, préfets, officiers civils et militaires, et autres de nos sujets qui se seront distingués par les services rendus à l'État.

14. Ceux de nos sujets à qui nous aurons conféré des titres ne pourront porter d'autres armoiries, ni avoir d'autres livrées que celles qui seront énoncées dans les lettres-patentes de création.

15. Défendons à tous nos sujets de s'arroger des titres et qualifications que nous ne leur aurions pas conférés, et aux officiers de l'état civil, notaires et autres, de les leur donner ; renouvelant, autant que besoin serait, contre les contrevenans, les lois actuellement en vigueur.

———

1ᵉʳ MARS 1808. — Décret concernant les majorats. (4, Bull. 186, n° 3207.)

Voy. décret du 30 MARS 1806, et sénatus-consulte du 14 AOUT 1806 ; décrets du 1ᵉʳ MARS 1808, sur les titres ; du 24 JUIN 1808, du 28 OCTOBRE 1808, du 21 DÉCEMBRE 1808, des 4 et 17 MAI 1809, du 4 JUIN 1809, du 3 MARS 1810, du 11 JUIN 1811 ; ordonnance du 7 AOUT 1815.

N....... Nos décrets du 30 mars 1806, et le sénatus-consulte du 14 août de la même année, ont établi des titres héréditaires avec transmission des biens auxquels ils sont affectés.

L'objet de cette institution a été non-seulement d'entourer notre trône de la splendeur qui convient à sa dignité, mais encore de nourrir au cœur de nos sujets une louable émulation, en perpétuant d'illustres souvenirs, et en conservant aux âges futurs l'image toujours présente des récompenses qui, sous un Gouvernement juste, suivent les grands services rendus à l'État.

Désirant de ne pas différer plus long-temps les avantages assurés par cette grande institution, nous avons résolu de régler par ces présentes les moyens d'exécution propres à l'établir et à garantir sa durée :

La nécessité de conserver dans les familles les biens affectés au maintien des titres, impose l'obligation de les excepter du droit commun, et de les assujétir à des règles particulières qui, en même temps qu'elles en empêcheront l'aliénation ou le démembrement, préviendront les abus, en donnant connaissance à tous nos sujets de la condition dans laquelle ces biens sont placés.

En conséquence, et comme l'article 8 du sénatus-consulte du 14 août 1806 porte qu'il sera pourvu par des réglemens d'administration publique à l'exécution dudit acte, et notamment en ce qui touche la jouissance et conservation tant des propriétés réversibles à la couronne, que des propriétés substituées en vertu de l'article ci-dessus mentionné, nous avons résolu de déterminer les principes de la formation des majorats, soit qu'elle ait lieu à raison des titres que nous aurons conférés, soit qu'elle ait pour objet des titres dont notre munificence aurait, en tout ou en partie, composé la dotation.

Nous avons voulu aussi établir les exceptions qui distinguent les majorats, des biens régis par le Code civil, les conditions de leur institution dans les familles, et les devoirs imposés à ceux qui en jouissent.

A ces causes, vu nos décrets du 30 mars, et le sénatus-consulte du 14 août 1806,

Notre Conseil-d'État entendu,

Nous avons décrété et ordonné, décrétons et ordonnons ce qui suit :

TITRE Ier. Des formes à suivre de la part de ceux qui sont autorisés à transmettre leur titre en formant un majorat.

SECTION Ire. Composition des majorats ; forme et examen de la demande en institution.

Art. 1er. Il ne pourra entrer dans la formation d'un majorat que des immeubles libres de tous priviléges et hypothèques, et non grevés de restitution en vertu des articles 1048 et 1049 du Code civil.

2. Les rentes sur l'État et les actions de la banque de France pourront être admises dans la formation d'un majorat, toutes les fois qu'elles auront été immobilisées, savoir : les actions de la banque, en la manière prescrite par l'article 7 de notre décret du 16 janvier dernier ; et les rentes, dans la forme réglée par les articles suivans.

3. Les rentes seront immobilisées par la déclaration que fera le propriétaire, dans la même forme que pour les transferts de rentes.

4. Les rentes ainsi immobilisées continueront à être inscrites sur le grand-livre de la dette publique pour mémoire, avec déclaration de l'immobilisation, et seront en outre portées sur un livre particulier.

5. Les extraits d'inscriptions qui en seront délivrés, ainsi que des actions sur la banque de France, porteront un timbre qui annoncera qu'elles sont affectées à un majorat.

6. La portion du revenu d'un majorat qui sera en rentes sur l'État ou en actions de la banque, sera soumise à une retenue annuelle d'un dixième, qui sera successivement, chaque année, replacée en rentes sur l'État, ou en actions de la Banque, au profit du titulaire du majorat et des appelés après lui. Ces rentes ou actions seront également immobilisées.

SECTION II Des majorats formés par ceux qui ont la faculté de transmettre leur titre.

7. Ceux de nos sujets auxquels les titres de Duc, de Comte, de Baron, sont conférés de plein droit, et qui voudront profiter de la faculté de rendre leur titre transmissible en formant un majorat, adresseront, à cet effet, une requête à notre cousin le prince archi-chancelier de l'empire.

8. La demande sera motivée.

Elle énoncera :

1° La nature et la durée des fonctions qui rendent le requérant capable d'instituer un majorat ;

2° L'espèce de majorat pour lequel la demande est formée ;

3° Les biens que le requérant se propose d'affecter à sa formation ;

4° Le produit de ces biens ;

5° Le certificat du conservateur, portant qu'ils ne sont grevés d'aucune hypothèque ni privilège ;

6° Le nombre des enfans vivans de celui qui forme la demande, avec distinction des mâles et des filles.

9. Le produit des biens sera justifié, s'ils consistent en immeubles, 1° par baux, formant ensemble une durée de vingt-sept ans ; 2° par l'extrait du rôle des impositions.

A défaut de baux, le requérant produira un état estimatif des revenus, et un acte de notoriété donné devant le juge-de-paix ou un notaire, par sept notables de l'arrondissement où les biens sont situés, et constatant la commune renommée.

Toutes ces pièces seront jointes à la requête.

10. L'archi-chancelier fera transcrire la demande sur un registre, par le secrétaire général du conseil mentionné ci-après, et délivrer au requérant un bulletin d'enregistrement.

11. L'archi-chancelier procédera à l'examen de la demande, assisté d'un conseil nommé par nous et composé ainsi qu'il suit :

Trois sénateurs,

Deux conseillers-d'État,

Un procureur général ;

Un secrétaire général.

Ce conseil sera dénommé conseil du sceau des titres (1).

---

(1) Voy. décret du 14 octobre 1811.

Le secrétaire général tiendra registre des délibérations, et en sera dépositaire.

12. Ce conseil délibérera à la majorité, après avoir entendu le rapport du procureur général, fait sur la requête et les pièces jointes.

S'il ne se trouve pas suffisamment éclairé, notre cousin l'archi-chancelier pourra ordonner qu'il sera pris de nouveaux renseignemens, à la diligence du procureur général, qui correspondra, à cet effet, avec les magistrats, fonctionnaires et particuliers.

13. Aussitôt la demande enregistrée, notredit cousin donnera un acte indicatif des biens proposés pour former le majorat.

En vertu de cet acte, et à compter de la quinzaine expirée après sa transcription au bureau des hypothèques de la situation des biens, les biens qui y sont désignés deviendront inaliénables pendant un an, et ne pourront être frappés ni de privilége, ni d'hypothèque, ni des charges mentionnées dans les articles 1048 et 1049 du Code civil, ni d'aucune condition qui en diminuerait la propriété ou le produit.

La transcription aura lieu à la diligence du procureur général du sceau des titres, sur les registres du conservateur des hypothèques, lequel sera tenu de donner avis au procureur général des inscriptions ou transcriptions qui auraient pu survenir, jusqu'à l'expiration de ladite quinzaine.

En même temps que le procureur général du sceau fera faire la transcription pour purger les hypothèques judiciaires et conventionnelles, il fera aussi ses diligences pour purger ou connaître les hypothèques légales, selon les formes voulues par les lois, et il en sera certifié par lui avant la délivrance de l'avis dont il sera parlé à l'article suivant.

14. Si l'avis est favorable à la demande, notre cousin l'archi-chancelier nous présentera, avec la requête, les pièces jointes et ledit avis, un projet de décret conférant le titre demandé, et autorisant la formation du majorat.

15. Quand le conseil sera d'avis que les biens proposés ne remplissent pas les conditions ordonnées pour la formation des majorats, la requête, les pièces produites à l'appui, et ledit avis, seront mis sous nos yeux par l'archi-chancelier.

Si nous approuvons l'avis du conseil, la requête et les pièces seront rendues au requérant par le secrétaire général.

Ladite remise sera mentionnée au registre et le procureur général adressera au conservateur des hypothèques de la situation des biens, une réquisition en vertu de laquelle toute transcription sera rayée.

16. Lorsque nous aurons signé le décret, la requête et les pièces à l'appui seront déposées aux archives du sceau des titres, avec une expédition du décret.

SECTION III. Délivrance, publication et enregistrement des lettres-patentes.

17. Sur la demande de l'impétrant, il lui sera expédié des lettres-patentes.

18. Il sera tenu, à cet effet, de verser à la caisse de la Légion-d'Honneur une somme égale au cinquième d'une année des revenus du majorat.

Moitié de cette somme appartiendra à la Légion-d'Honneur; l'autre moitié sera affectée aux frais du sceau.

19. Les lettres-patentes seront rédigées sur parchemin, revêtues de notre grand-sceau.

20. Elles énonceront:
1° Les motifs de la distinction que nous aurons accordée;
2° Le titre affecté par nous au majorat;
3° Les biens qui en forment la dotation;
4° Les armoiries et livrées accordées à l'impétrant.

21. Les lettres-patentes seront transcrites en entier sur un registre spécialement consacré à cet usage, et qui demeurera déposé aux archives du conseil du sceau des titres. Il sera fait mention du tout sur lesdites lettres-patentes, par le secrétaire général du sceau des titres.

22. Notre cousin l'archi-chancelier de l'empire, d'après nos ordres, se rendra au Sénat, pour, conformément à l'article 7 du sénatus-consulte du 14 août 1806, donner communication de nos lettres-patentes, et les faire transcrire sur les registres.

23. Les lettres-patentes seront, à la diligence tant du procureur général que de l'impétrant, et sur le réquisitoire du ministère public, publiées et enregistrées à la cour d'appel et au tribunal de première instance du domicile de l'impétrant, et de la situation des biens affectés au majorat.

Le greffier de chacune de ces cours et tribunaux fera mention sur l'original des lettres, de la publication à l'audience et de la transcription sur les registres.

Elles seront, en outre, insérées en entier au Bulletin des Lois, et transcrites sur le registre du conservateur des hypothèques de la situation des biens.

24. Les frais de publication et d'enregistrement sont à la charge de l'impétrant.

TITRE II. Des formes à suivre pour les majorats créés, soit de propre mouvement, soit sur la demande de ceux qui n'ont pas le droit de requérir la transmission.

SECTION Ire. Majorats de propre mouvement.

25. Lorsque la totalité de la dotation du titre aura été accordée par nous, notre dé-

cret et l'état des biens affectés au majorat seront adressés à notre cousin l'archi-chancelier, lequel, sur la poursuite de l'impétrant, fera expédier les lettres-patentes. Dans le mois de leur expédition, les lettres seront enregistrées, publiées et transcrites, ainsi qu'il est ordonné par les articles 21 et 22.

26. Lorsque la dotation du titre aura été faite, en tout ou en partie, par le titulaire, les lettres-patentes ne pourront être expédiées qu'après la vérification des dispositions prescrites en la section II du titre II du présent décret, et lorsqu'elles auront été accomplies.

SECTION II. Majorats sur demande.

27. Ceux de nos sujets qui désireront d'instituer dans leur famille un majorat, conformément à la faculté établie par l'article 5 du sénatus-consulte du 14 août 1806, nous adresseront directement une requête à cet effet.

28. Cette requête sera motivée.

Elle contiendra, outre l'énoncé des services du requérant ou de sa famille, les différentes déclarations prescrites par l'article 8.

29. Lorsque la demande nous paraîtra susceptible d'être prise en considération, la requête et les pièces à l'appui seront renvoyées à notre cousin l'archi-chancelier, qui les fera examiner par le conseil du sceau des titres, suivant les formes prescrites aux articles 10, 11 et 12.

30. L'archi-chancelier nous présentera les conclusions du procureur général et l'avis du conseil, non-seulement sur les moyens de formation du majorat, mais encore sur les services, les mœurs et la vie honorable du requérant et de sa famille.

31. L'archi-chancelier, d'après nos ordres, nous présentera, s'il y a lieu, le projet de décret tendant à l'institution du majorat, aux conditions qu'il nous plaira d'imposer.

32. Dans le cas où la demande serait rejetée, l'archi-chancelier ordonnera la remise des pièces au requérant, avec mention de ladite remise aux registres.

33. Lorsque la demande sera accordée, l'archi-chancelier fera expédier les lettres-patentes. S'il nous a plu d'imposer des conditions, l'archi-chancelier, avant l'expédition des lettres-patentes, nous rendra compte de leur accomplissement.

34. Les formes à suivre pour la délivrance, la publication et l'enregistrement des lettres-patentes, seront celles prescrites au titre Iᵉʳ section III.

TITRE III. Des effets de la création des majorats.

SECTION Iʳᵉ. Des effets de la création des majorats, quant aux personnes.

35. Le titre qu'il nous aura plu d'attacher à chaque majorat sera affecté exclusivement à celui en faveur duquel la création aura eu lieu, et passera à sa descendance légitime, naturelle ou adoptive, de mâle en mâle, par ordre de primogéniture (1).

36. Toutefois, aucun de nos sujets revêtus d'un titre ne pourra adopter un enfant mâle, suivant les règles déterminées par le Code civil, ou transmettre le titre qui lui sera accordé ou échu, à un enfant adopté avant qu'il soit revêtu de ce titre, si ce n'est avec notre autorisation, énoncée dans nos lettres-patentes délivrées à cet effet.

Celui qui voudra obtenir ladite autorisation se pourvoira devant notre cousin le prince archi-chancelier, qui prendra à cet égard nos ordres.

37. Ceux de nos sujets auxquels les titres de *Duc*, de *Comte*, ou *Baron* ou *Chevalier*, seront conférés de plein droit, ou ceux qui auront obtenu en leur faveur la création d'un majorat, prêteront, dans le mois, le serment suivant : « Je jure d'être fidèle à l'empereur « et à sa dynastie, d'obéir aux constitutions, « lois et règlemens de l'empire, de servir sa « majesté en bon, loyal et fidèle sujet, « et d'élever mes enfans dans les mêmes sen- « timens de fidélité et d'obéissance, et de « marcher à la défense de la patrie toutes les « fois que le territoire sera menacé, ou que « sa majesté irait à l'armée. »

38. Le même serment sera prêté, dans les trois mois, par ceux qui seront appelés à recueillir un majorat.

39. Les ducs prêteront le serment entre nos mains, et nous seront présentés par l'archi chancelier.

Les comtes, les barons et les chevaliers le prêteront entre les mains de celui ou de ceux que nous aurons désignés à cet effet.

SECTION II. De l'effet de la création des majorats, relativement aux biens qui les composent.

§ Iᵉʳ. De la condition des biens.

40. Les biens qui forment les majorats sont inaliénables ; ils ne peuvent être engagés ni saisis (2).

Néanmoins les enfans du fondateur, qui ne seraient pas remplis de leur légitime sur

---

(1) Les biens composant le majorat passent à l'aîné de la famille, sans tomber dans la succession du titulaire ; l'enfant qui recueille ces biens en renonçant à la succession n'est pas tenu de payer les dettes de cette succession (29 novembre 1808 , Paris ; S. 17, 2, 361).

(2) Les rentes achetées en vertu du titre institutif d'un majorat, avec le produit des prélève-

les biens libres de leur père pourront en demander le complément sur les biens donnés par le père pour la formation du majorat.(1).

41. Tout acte de vente, donation ou autre aliénation de ces biens par le titulaire, tout acte qui les frapperait de privilége ou d'hypothèque, tout jugement qui validerait ces actes, hors les cas ci-après exprimés, sont nuls de plein droit.

42. La nullité des jugemens sera prononcée par notre Conseil-d'Etat, dans la forme réglée par nos décrets des 11 juin et 22 juillet 1806, relatifs aux affaires du contentieux de l'administration, soit à la diligence du titulaire du majorat, soit sur la réquisition du procureur général du sceau des titres (2).

43. Défendons aux notaires de recevoir les actes énoncés en l'article 41, aux préposés de l'enregistrement de les enregistrer, aux juges d'en prononcer la validité.

44. Défendons pareillement à tous agens de change, sous peine de destitution, même de peines plus graves, s'il y échet, et de tous dommages-intérêts des parties, de négocier directement ni indirectement les inscriptions et actions de la banque marquées du timbre établi par l'article 5.

45. Les biens des majorats ne pourront être grevés d'aucune hypothèque légale ni judiciaire.

46. Toutefois, si, en vertu d'une hypothèque légale acquise antérieurement aux formalités dont il est parlé à l'article 13, et non purgée ou remplie, aux termes du Code civil, il y avait lieu à diminution de la valeur des biens du majorat, le titulaire devra, s'il en est requis, compléter ou remplacer les fonds affectés à son titre, et qui en auraient été retranchés par l'effet de ladite hypothèque.

§ II. De la jouissance des biens.

47. La jouissance des biens suivra le titre sur toutes les têtes où il la fixera, d'après les dispositions de l'article 34 (3).

48. Au décès du titulaire, soit qu'il laisse une postérité mâle, soit que, faute de postérité mâle, le majorat se trouve éteint ou transporté hors de la descendance masculine,

sa veuve aura droit à une pension qui sera prise sur le revenu des biens affectés au majorat (4).

49. Cette pension sera de la moitié du produit, si le majorat est éteint ou transféré, et du tiers, si le majorat subsiste encore : dans ce dernier cas, la pension ne sera due :

1° Qu'autant que la veuve ne trouvera pas dans ces biens personnels un revenu égal à celui que la pension lui eût donné;

2° Qu'autant qu'elle restera en viduité, ou ne se remariera qu'avec notre permission (5).

50. Le titulaire du majorat sera tenu :

1° D'acquitter les impositions et autres charges réelles;

2° D'entretenir les biens en bon père de famille;

3° De payer la pension de la veuve du titulaire précédent;

4° De payer les dettes de ce titulaire, pour lesquelles, aux termes de l'art. 52, les revenus auraient pu être délégués, sans néanmoins que le titulaire actuel soit obligé d'y employer plus du tiers du produit des biens, pendant les deux premières années de sa jouissance;

5° De payer, à défaut d'autres biens suffisans, les dettes de la nature de celles qui sont énoncées dans l'article 2101 du Code civil, et qui auraient été laissées par les père et mère décédés du titulaire actuel.

Ces paiemens ne seront forcés que jusqu'à concurrence d'une année du revenu (6).

51. Les revenus du majorat seront insaisissables, hors le cas et les proportions où ils auraient pu être délégués.

52. Ils ne pourront être délégués que pour les dettes privilégiées indiquées par l'article 2101 du Code civil, et par les nos 4 et 5 de l'article 2103; mais la délégation ne sera permise, pour cette dernière cause, qu'autant que les réparations n'excéderont pas celles qui sont à la charge des usufruitiers.

Dans l'un ni dans l'autre cas, la délégation ne pourra avoir lieu que jusqu'à concurrence de la moitié du revenu.

53. S'il survient des cas qui exigent des travaux ou des réparations considérables aux

---

mens annuels sur le revenu, font partie du majorat, et sont censées ne former avec lui qu'un tout indivisible, surtout lorsqu'elles ont été immobilisées et déclarées inaliénables (2 août 1825, ord. Mac. 7, 483).

(1) Une dotation en argent accordée par le chef du Gouvernement (en vertu de sa lettre du 3 septembre 1807) à l'un des généraux pour lesquels il a été ensuite érigé un majorat, ne peut être réputée faite sous la condition d'emploi en acquisition d'un immeuble inaliénable, lorsque

cette condition n'est exprimée ni dans la quittance du donataire, ni dans les lettres-patentes d'institution du majorat; du moins l'arrêt qui le décide ainsi ne donne pas ouverture à cassation (3 août 1824 ; Cass S 26, 1, 128).

(2) Le Conseil-d'Etat est autorisé à annuler de plano, et sans conflit proprement dit, les jugemens tendant à détruire et atténuer les majoratils (8 janvier 1817 ; J. C. 3, 481). — Voy. art. 66/3(

(3, 4, 5, 6) Voy. avis du Conseil-d'Etat du 30-8 janvier 1811.

édifices ou propriétés composant le majorat, et excédant les sommes dont la disposition est ci-dessus autorisée, il y sera pourvu, s'il y a lieu, par un décret rendu par nous en Conseil-d'Etat, sur la demande du titulaire et l'avis du conseil du sceau des titres.

TITRE IV. De l'autorisation d'aliéner les biens affectés aux majorats; des formes de cette aliénation, et du remploi.

SECTION Ire. De l'autorisation d'aliéner les biens affectés à un majorat.

54. Nous nous réservons d'autoriser, et même d'ordonner, quand les circonstances nous paraîtront l'exiger, l'aliénation des biens situés hors de notre empire, et affectés par nous à la dotation d'un titre, pour être remplacés par des biens situés en France.

55. Les personnes revêtues des titres dont il est parlé à l'article précédent auront aussi la faculté de demander l'aliénation et le remploi.

56. Pourront les titulaires qui auront formé eux-mêmes la dotation, obtenir, s'il y a nécessité ou utilité, l'autorisation de changer, en tout ou en partie, les biens qui la composent.

57. Dans l'un et dans l'autre cas, les titulaires adresseront leur demande, avec les pièces justificatives exigées par l'article 8, à l'archi-chancelier de l'empire, qui prendra nos ordres, pour la faire examiner, s'il y a lieu, par le conseil du sceau des titres.

58. Le conseil procédera sur la demande en la forme prescrite par l'article 12.

Si son avis est favorable, l'archi-chancelier nous présentera, avec ledit avis et le rapport du procureur général, un projet de décret tendant à autoriser l'aliénation ou l'échange, et spécifiant le mode et les conditions de la vente, et ordonnant, s'il y a lieu, le dépôt du prix à la caisse d'amortissement, jusqu'à l'accomplissement dudit remploi.

59. La vente pourra être faite de gré à gré, ou aux enchères.

60. Jusqu'à ce qu'elle soit consommée, le titulaire continuera de percevoir les revenus du majorat.

61. L'impétrant soumettra au conseil du sceau des titres le projet, soit de vente, soit d'échange, ou le cahier des charges.

62. Le conseil, après avoir pris les renseignemens nécessaires, donnera, sur les conclusions du procureur général, son avis, qui nous sera présenté par l'archi-chancelier.

63. Quand nous croirons devoir approuver l'avis, il sera expédié des lettres-patentes, lesquelles seront délivrées, enregistrées, publiées et transcrites ainsi qu'il est dit au titre Ier.

Dès ce moment, les biens dont l'aliénation sera permise rentreront dans le commerce.

64. Le contrat de vente ou d'échange, ou l'adjudication, aura lieu en présence du procureur général du conseil du sceau des titres, ou de son délégué.

65. Toute adjudication, vente ou échange dans lesquels quelques-unes des formalités établies dans les articles précédens de la présente action n'auront pas été observées, seront nuls et de nul effet.

66. Les nullités seront prononcées par notre Conseil-d'Etat, qui statuera dans les formes prescrites par nos décrets des 11 juin et 22 juillet 1806, sur la poursuite du procureur général.

Défendons à nos cours et tribunaux d'en connaître (1).

67. L'acquéreur devra de plein droit au titulaire les intérêts du prix jusqu'au paiement, encore qu'ils n'eussent pas été stipulés, et sans qu'il soit besoin de jugement.

Il ne sera libéré qu'en versant le prix, aux termes convenus, dans la caisse d'amortissement, qui en paiera l'intérêt au titulaire.

SECTION II. Du remploi du prix des biens aliénés.

68. Le remploi du prix des biens aliénés sera fait dans les six mois de l'aliénation, en biens de la nature de ceux qui, suivant les articles 1er et 2 du présent décret, doivent former les majorats.

Il sera effectué dans les formes et de la manière suivantes.

69. Le titulaire, s'il se propose de faire le remploi en immeubles réels, présentera au conseil du sceau des titres:

1° L'état des biens qu'il désire d'acquérir;

2° Les titres qui en constatent la propriété et la valeur;

3° Les pièces qui en justifient le produit;

4° Et, s'il y a lieu, les conditions de la vente.

70. Le conseil, après avoir pris les renseignemens nécessaires, formera son avis, qui nous sera présenté par l'archi-chancelier, pour être par nous définitivement statué ainsi qu'il appartiendra.

71. Dans le cas où nous ne jugerions pas à propos d'autoriser l'acquisition, nous nous réservons de proroger le terme qui est accordé au titulaire pour trouver un remploi.

---

(1) Les tribunaux sont compétens pour décider si un immeuble vendu, et dont le prix est distribué entre créanciers, est la représentation d'une dotation en argent, prétendue faite par le chef du Gouvernement, sous la condition d'emploi en acquisition d'un immeuble inaliénable (3 août 1824; Cass. S. 26, 1, 128). — Voy. article 42.

Dans le cas contraire, notre décret approbatif sera revêtu de lettres-patentes, lesquelles seront délivrées, enregistrées, publiées et transcrites ainsi qu'il est dit au titre Iᵉʳ.

72. Les biens admis en remploi prendront la nature et la condition qu'avaient les biens qu'ils remplaceront avant qu'ils eussent été remis dans le commerce.

73. Lorsqu'aux termes du décret d'aliénation, ou par un décret subséquent, le remploi aura été permis, soit en rentes sur l'Etat, soit en actions de la banque, le ministre du Trésor public ou le gouverneur de la banque donnera au titulaire qui aura fait l'acquisition des rentes ou des actions pour le montant du remploi, déclaration de leur immobilisation, suivant les formes prescrites en la section Iʳᵉ du titre Iᵉʳ.

Un double de cette déclaration sera déposé aux archives du sceau, pour être joint à l'état des biens du majorat; et, sur la représentation de l'autre double, le directeur de la caisse d'amortissement effectuera le paiement, jusqu'à concurrence de la valeur desdites rentes ou actions, au cours du moment de leur acquisition.

TITRE V. Dispositions générales.

74. Conformément à l'article 6 du sénatus-consulte du 14 août 1806, les propriétés possédées en majorat n'auront et ne conféreront à ceux en faveur desquels ils sont érigés, aucun privilége, relativement à nos autres sujets et à leurs propriétés.

En conséquence, les titulaires demeureront soumis aux lois civiles et criminelles, et à toutes les lois qui régissent nos Etats, en tant qu'il n'y est point dérogé par ces présentes; ils supporteront les contributions personnelles, mobilières, immobilières, directes et indirectes, dans la même proportion que les autres citoyens.

75. Si la descendance masculine et légitime d'un titulaire qui aura fourni les biens composant la dotation vient à s'éteindre, le titre demeurera supprimé; les biens affectés au majorat deviendront libres dans la succession du dernier titulaire, et seront recueillis par ces héritiers. Nous nous réservons cependant, suivant les circonstances, et sur la demande du titulaire, de transporter le titre et le majorat sur la tête de l'un de ses gendres, ou, s'il n'a pas d'enfans, de l'un de ses héritiers collatéraux, sans que la présente disposition puisse préjudicier aux droits de légitime qui pourraient être dus sur les biens composant la dotation (1).

76. Lorsque la dotation du majorat aura été, en tout ou en partie, accordée par nous, avec condition de retour dans le cas d'extinction de la descendance masculine et légitime, le cas y échéant, la condition s'accomplira sur ces biens, ou sur ceux qui auraient pu être acquis en remploi; et notre procureur général au conseil du sceau des titres, nos procureurs généraux près les cours, nos procureurs près les tribunaux et nos agens du domaine en surveilleront l'exécution.

---

4 MARS 1808. — Avis du Conseil-d'Etat sur le mode de transcription des jugemens portant rectification d'actes de l'état civil, et de délivrance des actes rectifiés. (4, Bull. 184, n° 3173.)

Le Conseil-d'Etat, qui, d'après le renvoi ordonné par sa majesté, a entendu le rapport de la section de la législation sur celui du grand-juge, ministre de la justice, tendant à faire statuer sur la difficulté qui existe à Paris, entre l'autorité administrative et l'autorité judiciaire, relativement au mode de transcription sur le registre de l'état civil des jugemens de rectification, et à la délivrance des actes rectifiés;

Considérant qu'aux termes de l'article 101 du Code civil, les jugemens de rectification des actes de l'état civil doivent être inscrits sur les registres, aussitôt qu'ils ont été remis à l'officier de l'état civil, et que mention en doit être faite en marge de l'acte réformé;

Que le greffier du tribunal de première instance, d'un côté, et de l'autre les maires de Paris, et le préposé au dépôt des registres qui existent à la préfecture, suivent un mode différent dans l'exécution de cet article;

Que le greffier, après avoir, conformément à la disposition du Code, fait mention de la rectification en marge de l'acte réformé, le délivre aux parties avec la mention expresse de sa rectification.

Qu'au contraire les maires et le préposé au dépôt de la préfecture se bornent à indiquer la date du jugement de rectification en marge de l'acte réformé, et délivrent cet acte dans son état primitif, en sorte que les parties ne sont point dispensées de lever une expédition du jugement de rectification;

Que le mode adopté par le greffier du tribunal de première instance est incontestablement plus expéditif et plus économique,

Est d'avis que les maires de Paris et le préposé au dépôt de la préfecture doivent se conformer, dans les transcriptions sur leurs registres, des jugemens de rectification des actes de l'état civil, et dans la délivrance des actes rectifiés, à la méthode adoptée par le greffier du tribunal de première instance du département de la Seine;

---

1) Voy. article 35; voyez aussi décret du 4 juin 1809.

Que le procureur impérial près le tribunal de première instance doit veiller, conformément à l'article 49 du Code civil, à ce que la mention de la rectification soit faite uniformément sur les deux registres.

---

4 MARS 1808. — Décret concernant les alimens des débiteurs de l'Etat détenus en prison. (4, Bull. 184, n° 3176.)

N....... etc.

Sur le rapport de notre ministre du Trésor public, relatif à la question de savoir si les alimens des débiteurs de l'Etat détenus en prison doivent être consignés d'avance par le Trésor public, comme par tout autre créancier, aux termes de l'article 791 du Code de procédure civile;

Considérant que l'Etat pourvoit, par des fonds généraux, aux dépenses des prisons et à la subsistance des prisonniers; qu'il ne peut, par cette raison, être assujéti à des consignations particulières, qui rentrent dans ces mêmes dépenses;

Que conséquemment l'article 791 du Code de procédure civile n'est point applicable au Trésor public; notre Conseil-d'Etat entendu, nous avons décrété et décrétons ce qui suit :

Art. 1er. Les détenus en prison à la requête de l'agent du Trésor public, ou de tout autre fonctionnaire public, pour cause de dette envers l'Etat, recevront la nourriture comme les prisonniers à la requête du ministère public.

2. Il ne sera fait aucune consignation particulière pour la nourriture desdits détenus; la dépense en sera comprise, chaque année, au nombre de celles du département de l'intérieur, pour le service des prisons.

3. Nos ministres sont chargés de l'exécution du présent décret.

---

4 MARS 1808. — Décrets qui ordonnent l'établissement à Nantes et à Reims de cours théoriques et pratiques de médecine, de chirurgie et de pharmacie, spécialement destinés à l'instruction des officiers de santé. (Mon. n° 68.)

---

4 MARS 1808. — Décret qui proroge, pour la ville de Plaisance, les délais concernant la rédaction des actes publics en langue française. (4, Bull. 184, n° 3174.)

---

4 MARS 1808. — Décret qui ordonne la publication dans les Etats de Parme et de Plaisance, de trois lois relatives à des matières criminelles. (4, Bull. 184, n° 3175.)

---

4 MARS 1808. — Décret qui fait concession, pour cinquante années, au sieur Jung d'Obermoschel, des mines de houille d'Alsenz. (4, Bull. 185, n° 3203.)

---

4 MARS 1808. — Décret qui autorise le sieur Mouret, acquéreur des forges de Chenecey, à continuer le roulement de ses mines, ainsi que le pratiquaient les anciens propriétaires, sauf les modifications énoncées. (4, Bull. 185, n° 3204.)

---

4 MARS 1808. — Décret qui ordonne le paiement d'une somme de neuf cents francs pour pensions accordées à quatre veuves de militaires morts à la grande armée. (4, Bull. 185, n° 3205.)

---

4 MARS 1808. — Décrets qui autorisent l'acceptation de dons et legs faits aux pauvres et hospices d'Anvers, Josselin, Gresvre, Briquebec, Beziers. (4, Bull. 186, n°s 3211, 3220 à 3223.)

---

4 MARS 1808. — Décret qui autorise l'acceptation des offres faites par un particulier non connu, de dénoncer au profit des pauvres de Berchem-Sainte-Agathe et d'Andelecht diverses parties de terres et prés soustraites à la connaissance du domaine. (4, Bull. 186, n° 3224.)

---

4 MARS 1808. — Avis du Conseil-d'Etat (Redevances emphytéotiques). Voy. 7 MARS 1808.

---

7 MARS 1808. — Décret qui fixe une distance pour les constructions dans le voisinage des cimetières hors des communes. (4, Bull. 184, n° 3177.)

Art. 1er. Nul ne pourra, sans autorisation élever aucune habitation, ni creuser aucun puits, à moins de cent mètres des nouveaux cimetières transférés hors des communes en vertu des lois et réglemens.

2. Les bâtimens existans ne pourront également être restaurés ni augmentés sans autorisation.

Les puits pourront, après visite contradictoire d'experts, être comblés, en vertu d'ordonnance du préfet du département, sur la demande de la police locale.

3. Le ministre de l'intérieur est chargé de l'exécution du présent décret.

- MARS 1808. — Décret concernant les condamnés aux travaux publics ou au boulet, qui, ayant obtenu leur grace, ne se rendraient pas à leur destination. (4, Bull. 184, n° 3178.)

Art. 1er. Tout condamné aux travaux publics qui, après avoir subi sa peine ou obtenu sa grace, et tout condamné au boulet qui, après avoir obtenu sa grace, ne se serait pas rendu à sa destination huit jours après l'époque qui lui aura été prescrite, sera, conformément à notre décret du 16 février 1807, traduit à un conseil de guerre spécial, jugé au vu des pièces mentionnées aux articles 3 et 4 du présent décret, et condamné au boulet comme déserteur avec récidive, conformément à l'article 69 de l'arrêté du 19 vendémiaire an 12.

2. La durée de la peine du boulet sera augmentée de deux ans pour celui qui avait été condamné à la même peine, dans les cas prévus par l'article 70 de l'arrêté précité.

3. Le chef d'atelier chargé de diriger sur un corps des condamnés qui auraient obtenu leur grace ou qui auraient subi leur peine, formera un double état indiquant les signalemens de ces hommes; il adressera l'un de ces doubles au chef du corps, et l'autre au directeur général des revues et de la conscription, en y indiquant l'époque de leur départ et celle présumée de leur arrivée au corps.

Dans le cas où le condamné qui aurait obtenu sa grace ne ferait pas partie d'un atelier, le commissaire des guerres chargé de lui délivrer une feuille de route, formera en double, l'état indiqué ci-dessus et en fera l'envoi.

4. Si l'un de ces hommes est forcé d'entrer à l'hôpital, le commissaire des guerres chargé de la police de cet hôpital en rendra compte de suite au chef du corps sur lequel l'homme était dirigé; et dès que cet homme pourra supporter la route, le commissaire des guerres donnera avis de son départ au chef du corps et au directeur général des revues et de la conscription, en indiquant la nouvelle époque présumée de l'arrivée au corps.

5. Tout chef du corps auquel un des hommes désignés aux articles 3 et 4 ne se sera point rendu dans le délai qui lui aura été fixé, le dénoncera, conformément à l'article 23 de l'arrêté du 19 vendémiaire an 12, pour qu'il soit jugé par un conseil de guerre spécial, et joindra à la plainte les pièces indiquées par les articles 3 et 4 du présent décret.

6. Le ministre de la guerre est chargé de l'exécution du présent décret.

———

7 MARS 1808. — Avis du Conseil-d'Etat sur une question relative aux redevances emphytéotiques. (4, Bull. 187, n° 3234.)

Le Conseil-d'Etat, qui, d'après le renvoi ordonné par sa majesté, a entendu le rapport de la section des finances sur celui du ministre de ce département, tendant à lever les difficultés qu'éprouve l'exécution du décret du 17 nivose an 13, portant que les redevances originairement imposées au profit

du chapitre de l'église d'Aix, sur les héritages de divers particuliers, continueront d'être servies comme redevances emphytéotiques, et sans la charge des lods et demi-lods qui y avaient été ajoutés indûment et sans titre par les bailleurs;

Vu ce décret, ensemble les lois, décrets, et les avis du Conseil-d'Etat, approuvés par sa majesté, sur la suppression du régime féodal;

Considérant que le vœu du décret précité n'a point pu être d'ordonner le service des rentes auxquelles les lois reconnaîtraient un caractère essentiel de féodalité;

Que si la non-féodalité de ces rentes est contestée, la question doit être portée devant les tribunaux,

Est d'avis, 1° que la disposition du décret du 17 nivose an 13, ci-dessus rappelée, ne peut s'entendre que de l'emphytéose à terme, par laquelle le bailleur, en concédant la jouissance, se réserve la propriété, de manière qu'elle repose toujours sur sa tête, et ne doit pas s'étendre aux titres qui, qualifiés d'emphythéose perpétuelle, abandonnent ensemble la jouissance et la propriété, ce qui n'est autre chose qu'une aliénation absolue, qui fait reposer la propriété sur la tête de l'acquéreur à pareil titre;

2° Qu'à l'égard des redevances créées par des emphytéoses perpétuelles, elles doivent être considérées comme abolies, toutes les fois que des titres y relatifs il résulte que ces redevances sont ou récognitives de la seigneurie directe réservée par le bailleur, ou mélangées de droits récognitifs de cette seigneurie; et qu'en tout autre cas, les redevances sont maintenues;

3° Que si, d'après ce principe, il existait encore des contestations sur la question de féodalité desdites rentes originairement dues au chapitre de l'église d'Aix, et aujourd'hui transférées aux hospices de la même ville, c'est aujourd'hui qu'il appartient de les juger.

———

7 MARS 1808. — Pensions des employés des prisons. (9, Bull. O. 13, n° 183.)

N........ etc.

Sur le rapport de notre ministre de l'intérieur;

Notre Conseil-d'Etat, entendu;

Nous avons décrété et décrétons ce qui suit:

TITRE Ier. Dispositions générales.

Art. 1er. A compter du 1er juillet 1808, il sera fait chaque mois, sur tous les traitemens des employés du service intérieur des prisons, compris dans les états approuvés par les préfets et payés sur les fonds des centimes variables des départemens, une retenue de deux centimes et demi par franc, pour former un fonds de pensions de retraite et de secours en faveur de ceux qui en seront susceptibles, ou de leurs veuves et orphelins.

2. Le montant net des traitemens, pendant les vacances d'emploi qui n'excéderont pas un mois, sera ajouté aux fonds de retraite.

3. Les préfets sont autorisés à prélever sur les fonds des dépenses imprévues de 1808, une somme égale au vingtième des dépenses des traitemens et salaires des concierges et guichetiers et autres agens du service intérieur des prisons, pour former le premier fonds des retraites et pensions, et représenter les services passés sur lesquels il n'y a point eu de retenue; ce fonds, ainsi que le produit des retenues prescrites par l'article 1er, seront versés à la caisse d'amortissement.

TITRE II. Des conditions pour pouvoir obtenir une pension.

4. Les demandes à fin de pension seront adressées par l'intermédiaire des préfets, avec les pièces justificatives, au ministère de l'intérieur.

5. Il sera tenu un registre de ces demandes où elles seront portées par ordre de dates et de numéros.

6. Le ministre fera examiner ces demandes et vérifier les titres à l'appui, et, chaque année, sur son rapport, les pensions seront fixées par nous en Conseil-d'État.

7. Il ne sera accordé de pensions ou secours que jusqu'à concurrence des fonds libres sur le montant des retenues et sur ceux ajoutés par l'article 3 du présent décret.

8. Les employés des prisons auront droit à une pension de retraite après trente ans de service effectif, pour lesquels, après dix ans de service dans les prisons, on comptera tout le temps d'activité des autres services, tant civils que militaires, légalement constatés, dans le cas où ils ne jouiraient d'aucune pension pour raison de ces mêmes services.

La pension pourra cependant être accordée avant trente ans de service à ceux qui auront dix ans de service dans les prisons, et que des accidens ou des infirmités, provenant de leurs services, rendraient incapables de continuer les fonctions de leur place, ou qui se trouveraient réformés, après dix ans de service, par le fait de la suppression de leur emploi.

9. Toutefois les pensions ne pourront être accordées que sur le certificat des procureurs généraux et préfets, attestant que les concierges ou guichetiers ont rempli fidèlement leurs fonctions, et n'ont pas laissé évader les prisonniers par leur faute.

10. Pour déterminer la fixation de la pension, il sera fait une année moyenne des traitemens fixes dont les réclamans auront joui pendant les trois dernières années de leur service. Les gratifications qui leur auraient été accordées pendant ces trois ans ne feront point partie de ce calcul.

11. La pension accordée après trente ans de service ne pourra excéder la moitié de la somme réglée par l'article précédent.

Elle s'accroîtra du vingtième de cette moitié pour chaque année de service au-dessus de trente ans.

Le maximum de la retraite ne pourra excéder les deux tiers du traitement annuel de l'employé réclamant, calculé comme il est dit article 8.

12. La pension accordée avant trente ans de service, dans le cas prévu par le second paragraphe de l'article 8, sera du sixième du traitement, pour dix ans de service et au-dessous.

Elle s'accroîtra d'un soixantième de ce traitement pour chaque année de service au-dessus de dix ans, sans pouvoir excéder la moitié du traitement. Les années de service militaire ne pourront, dans l'espèce, être calculées doubles.

13. La moitié de la pension sera accordée aux veuves des employés décédés en activité de service ou ayant eu pension de retraite.

Les veuves n'y auront aucun droit qu'autant qu'elles auraient été mariées depuis cinq ans et non divorcées, et qu'elles n'auraient pas contracté de nouveau mariage.

Si la veuve décède avant que les enfans provenant de son mariage avec l'employé son défunt mari, aient atteint l'âge de quinze ans, sa pension sera réversible à ses enfans, qui en jouiront comme les autres orphelins jouiraient de la leur, par égale portion, jusqu'à l'âge de quinze ans accomplis, mais sans réversibilité des uns aux autres.

14. Si les employés ne laissent pas de veuves, mais seulement des orphelins, il pourra leur être accordé des pensions de secours jusqu'à ce qu'ils aient atteint l'âge de quinze ans. La quotité sera fixée à la moitié de ce qu'aurait eu leur mère, et ne pourra excéder, pour tous les enfans ensemble, cette même moitié.

La pension qui pourrait revenir, d'après les précédentes dispositions, à un ou plusieurs de ces enfans, leur sera conservée pendant toute leur vie, s'ils sont infirmes, hors d'état de travailler pour subvenir à leurs besoins.

15. En cas de concurrence entre plusieurs employés réclamant la pension, l'ancienneté de service d'abord, et ensuite l'âge et les infirmités décideront de la préférence.

16. Les dispositions du présent décret ne seront applicables qu'aux bénéfices des employés actuellement en activité, ou de ceux qui y seront admis.

TITRE III. Des cas de suspension et de privation des droits à la pension de retraite.

17. Nul employé démissionnaire n'a droit de prétendre au remboursement des retenues exercées sur son traitement, ni à aucune indemnité en conséquence; mais si, par la suite, il était admis à rentrer dans le service des prisons, le temps de ses services compterait pour la pension.

18. Tout employé destitué par suite de jugement perd ses droits à la pension, quand il aurait le temps de service nécessaire pour l'obtenir. Il ne peut prétendre ni au remboursement des sommes retenues sur son traitement pour les pensions, ni à aucune indemnité équivalente.

TITRE IV. Du mode de paiement des pensions, des versemens et de la comptabilité des fonds de retenue.

19. Les pensions accordées sur les fonds de retenue et sur ceux ajoutés par l'article 3 du présent décret seront payées par trimestre.

20. Au commencement de chaque semestre, il sera formé un bordereau général, contenant:

1º L'état des retenues faites pendant le semestre échu et de celles présumées dans le semestre suivant: au total de cet état sera ajouté le montant du prélèvement autorisé par l'article 3 du présent décret;

2º L'état des pensions accordées et de celles éteintes;

3º L'état des nouvelles pensions et des sommes nécessaires pour les acquitter.

21. Si le produit des fonds destinés aux pensions a excédé le montant des paiemens à faire aux pensionnaires, l'excédant sera versé à la caisse d'amortissement, qui en accumulera les intérêts au profit desdits fonds.

22. Les produits des retenues, des versemens à la caisse d'amortissement et des intérêts qui en proviendront, seront uniquement et privativement affectés à la destination prescrite par le présent décret.

23. Une expédition du bordereau général, ordonné par l'article 20, sera remise tant au ministre de l'intérieur qu'au directeur général de la caisse d'amortissement.

24. La caisse d'amortissement rendra, chaque année, au ministre de l'intérieur, compte par écrit des sommes qu'elle aura reçues, payées ou employées, et des extinctions de pensions qui seront survenues. Ce compte arrêté sera mis sous nos yeux, chaque année, par le même ministre.

25. Nos ministres de l'intérieur, des finances et du Trésor public, sont chargés, chacun en ce qui le concerne, de l'exécution du présent décret.

7 MARS 1808. — Décrets qui autorisent l'acceptation de dons et legs faits aux pauvres et hospices de Montpellier, Montpezat, Bruyères, Grandvillers, Viesly, Garney, Rethel, Églantier, Mâcon, Beziers, Barjols, Lagny, Vaiges, Paris, Serverette, Rouen, Anvers, Lamballe, Brie-sur-Hyère, Melun, Boulogne, Poitiers, Paray, Gand, Puligny et Ambierle. (4, Bull. 186, nᵒˢ 3226 à 3243; Bull. 189, nᵒˢ 3269 à 3284 et 3287.)

7 MARS 1808. — Décret qui change les jours de tenue de quatre foires annuelles établies à Barenton. (4, Bull. 186, nº 3225.)

7 MARS 1808. — Décret contenant le tableau des foires du département des Apennins. (4, Bull. 187, nº 3244.)

7 MARS 1808. — Décrets qui autorisent l'acceptation d'offres de dénoncer au profit des pauvres de Waret-la-Chaussée et d'Anderlecht, des rentes célées au domaine. (4, Bull. 189, nᵒˢ 3285 et 3288.)

7 MARS 1808. — Décrets qui établissent des foires à Boussac, Gonneville, Liége et Fournon-le-Comte. (4, Bull. 189, nᵒˢ 3270 à 3272 et 3286.)

8 MARS 1808. — Avis du Conseil-d'Etat. (Féodalité.) *Voy.* 14 MARS 1808.

12 MARS 1808. — Décret qui nomme membres du conseil du sceau des titres les sieurs Germain-Garnier, Saint-Martin et Colchen, sénateurs; d'Hauterive et Portalis, conseillers d'Etat; Pasquier, maître des requêtes, procureur général, et Dudon, auditeur, secrétaire général. (4, Bull. 186, nº 3208.)

12 MARS 1808. — Avis du Conseil-d'Etat. (Prestations féodales.) *Voy.* 19 MARS 1808.

14 MARS 1808. — Décret concernant les vols commis dans les arsenaux maritimes. (4, Bull. 187, nº 3235.)

Art. 1er. Tous vols de valeur de 6 francs et au-dessus commis dans les arsenaux maritimes, par des ouvriers conscrits ou soldats d'artillerie de marine, seront jugés et punis conformément à l'article 15 de la IIIe section du titre Ier du Code pénal militaire du 12 mai 1793.

2. Nos ministres de la marine et de la justice sont chargés de l'exécution du présent décret.

14 MARS 1808. — Décret concernant les gardes du commerce. (4, Bull. 187, nº 3236.)

Voy. lois du 16 = 24 Août 1790, tit. XII ; du 15 GERMINAL an 6, tit. III ; Code de commerce, art. 625.

Art. 1er. Le nombre des gardes du commerce qui doivent être établis dans le département de la Seine, pour l'exécution de la contrainte par corps, en conformité de l'article 625 du Code de commerce, est fixé à dix.

Les fonctions des gardes du commerce sont à vie.

Ils seront nommés par l'empereur.

2. Le tribunal de première instance et le tribunal de commerce présenteront chacun une liste de candidats en nombre égal à celui des gardes à nommer.

3. Le grand-juge, ministre de la justice, nommera un vérificateur, qui sera attaché au bureau des gardes du commerce.

4. Avant d'entrer en fonctions, le vérificateur et les gardes du commerce prêteront serment entre les mains du président du tribunal de première instance.

5. Le vérificateur et les gardes du commerce seront tenus de fournir chacun un cautionnement de 6,000 francs, lequel sera versé à la caisse d'amortissement.

6. Le bureau des gardes de commerce sera établi dans le centre de la ville de Paris.

Il sera ouvert tous les jours, depuis neuf heures du matin jusqu'à trois, et depuis six heures du soir jusqu'à neuf.

Les gardes du commerce seront tenus de s'y trouver alternativement, et aux jours nommés, pour le service réglé entre eux.

7. Les gardes du commerce sont chargés exclusivement de l'exécution des contraintes par corps, et ne pourront en aucun cas, être suppléés par les huissiers, recors et autres personnes quelconques.

Ils pourront être commis par le tribunal de commerce à la garde des faillis, conformément à l'article 455, livre III, du Code de commerce.

8. Les gardes du commerce auront une marque distinctive en forme de baguette, qu'ils seront tenus d'exhiber aux débiteurs condamnés, lors de l'exécution de la contrainte.

9. Avant de procéder à la contrainte par corps, les titres et pièces seront remis au vérificateur, qui en donnera récépissé.

10. Tout débiteur dans le cas d'être arrêté pourra notifier au bureau des gardes du commerce les oppositions ou appels, ou autres actes par lesquels il entend s'opposer à la contrainte prononcée contre lui.

Le vérificateur visera l'original des significations.

11. Le vérificateur ne pourra remettre au garde du commerce les titres et pièces qu'après avoir vérifié qu'il n'est survenu aucun empêchement à l'exécution de la contrainte.

Il en donnera un certificat, qui sera annexé aux pièces.

En cas de difficultés, il en sera préalablement référé au tribunal qui doit en connaître.

12. Il sera tenu par le vérificateur deux registres, cotés et paraphés par le président du tribunal de première instance.

Le premier contiendra, jour par jour, et sans aucun blanc, la mention des titres et pièces remis pour les créances, des noms, qualités et demeure des poursuivans et débiteurs, et de la signification faite de l'arrêt, sentence ou jugement.

Le deuxième servira à inscrire les oppositions ou significations faites par le débiteur, lesquelles oppositions ou significations ne pourront être faites qu'au bureau des gardes du commerce.

13. Dans le cas où la notification faite, par le débiteur, d'aucun acte pouvant arrêter l'exercice de la contrainte, sera faite postérieurement à la remise des titres et pièces au garde du commerce, le vérificateur sera tenu d'en donner avis sur-le-champ au garde saisi des pièces, qui donnera reçu de cet avis, et sera obligé de surseoir à l'arrestation, jusqu'à ce qu'il en ait été autrement ordonné.

14. Si, lors de l'exercice de la contrainte, le débiteur offre de payer les causes de la contrainte, le garde du commerce chargé de faire l'arrestation recevra la somme offerte : mais, dans ce cas, il sera tenu de la remettre, dans les vingt-quatre heures, au créancier qui l'aura chargé ; et, à défaut par le créancier de la recevoir, quel que soit son motif, le garde déposera, dans les vingt-quatre heures suivantes, la somme reçue à la caisse d'amortissement.

15. Dans le cas où, en exécution du paragraphe 5 de l'article 781 du Code judiciaire, le juge-de-paix du canton ne pourrait pas ou refuserait d'ordonner l'arrestation dans la maison *tierce* où se trouverait le débiteur, et de se transporter avec le garde pour procéder à l'arrestation, le garde chargé de l'exécution requerra le juge-de-paix d'un autre canton.

Le garde du commerce n'aura pas besoin de l'autorisation et assistance du juge-de-paix pour arrêter le débiteur dans son propre domicile, si l'entrée ne lui en est pas refusée.

16. En cas de rébellion prévu par l'article 785, le garde chargé de l'arrestation en constatera la nature et les circonstances ; il pourra établir garnison aux portes, et partout où le débiteur pourrait trouver la facilité de s'évader ; il pourra requérir la force armée, qui ne pourra lui être refusée, et, en

sa présence et avec son secours, procéder à l'arrestation.

17. Si le débiteur arrêté allègue avoir déposé ou fait signifier au bureau des gardes, des pièces qu'il prétendrait suffisantes pour suspendre l'arrestation, et qu'il ne justifie pas du récépissé du vérificateur pour la remise desdites pièces, ou de l'original desdites significations, visé par le même vérificateur, il sera passé outre à l'arrestation, sauf néanmoins le cas prévu dans l'article 786 du Code judiciaire.

18. En exécution de l'article 789, la consignation d'un mois d'alimens sera faite par le garde du commerce, qui cependant ne sera jamais tenu d'en faire l'avance, et pourra surseoir tant qu'il ne lui aura pas été remis de deniers suffisans pour effectuer ladite consignation.

19. En exécution de l'article 793, seront observées pour les recommandations, les mêmes formalités que pour les arrestations ordonnées par les articles 783, 784, 789.

Néanmoins le garde n'aura pas besoin de témoins, et, au lieu du procès-verbal d'arrestation, il donnera copie du procès-verbal de recommandation.

Le garde du commerce chargé de l'arrestation sera responsable de la nullité de son arrestation, provenant des vices de forme commis par lui. En conséquence, il tiendra compte aux créanciers, des frais relatifs à l'arrestation annulée.

Le vérificateur sera responsable du dommage-intérêt accordé au débiteur par suite d'erreur ou de fausse énonciation dans les certificats émanés de lui.

20. Le salaire des gardes du commerce qui procéderont à une arrestation ou à une recommandation, est de. 60 00

Dans le cas où l'arrestation n'aurait pu s'effectuer, il en sera dressé procès-verbal, pour lequel il sera payé seulement 20 00

Le droit de garde au domicile d'un failli, sera 5 00

21. Il sera alloué aux gardes du commerce,

1° Pour le dépôt des pièces par le créancier. 3 00

2° Pour le visa apposé sur chaque pièce produite ou signifiée par le créancier ou le débiteur 0 25

3° Pour le certificat mentionné en l'article 11, droit de recherche compris 2 00
outre les droits d'enregistrement.

22. Le tiers des droits attribués aux gardes du commerce par l'article 20 sera par chacun d'eux rapporté chaque semaine, et mis en bourse commune entre les mains de celui d'entre eux qu'ils jugeront à propos de choisir,

pour être ensuite partagé, tous les trois mois, entre les gardes du commerce seulement.

23. Les salaires fixés par l'article 21 seront mis en bourse commune, pour subvenir aux frais de bureau de toute nature.

24. Il sera prélevé sur cette bourse commune une somme de trois mille francs, pour le traitement annuel du vérificateur.

25. Après les prélèvemens prescrits par les deux articles ci-dessus, le surplus sera partagé tous les trois mois, et par portions égales, entre le vérificateur et chacun des gardes du commerce.

26. Le fonds des bourses communes établies par les articles 22 et 23 ci-dessus ne sera susceptible d'opposition que pour fait de charge.

L'opposition ne durera que trois mois après l'époque de la distribution, à moins qu'il n'en soit autrement ordonné par le tribunal.

27. Si une partie a des plaintes à former, pour lésion de ses intérêts, contre un garde du commerce dans l'exercice de ses fonctions, elle pourra porter sa réclamation au bureau, qui vérifiera les faits, et fera réparer le dommage, s'il trouve la plainte fondée. Si la plainte a pour objet une prévarication du garde, le bureau dressera procès-verbal de l'accusation et des dires du plaignant et du garde accusé, lequel procès-verbal il sera tenu de remettre, dans les vingt-quatre heures, au procureur impérial près le tribunal civil du département, pour par lui être pris tel parti qu'il avisera, sans préjudice des diligences réservées à la partie lésée.

Sur les conclusions du procureur impérial, le tribunal pourra interdire pendant un an le garde accusé.

Quel que soit le jugement, le procureur impérial en donnera avis au grand-juge, ministre de la justice.

28. Le grand juge, ministre de la justice, et les ministres de l'intérieur et des finances, sont chargés de l'exécution du présent décret.

14 MARS 1808. — Avis du Conseil-d'Etat sur la compétence en matière de contestations relatives à la féodalité ou non-féodalité des rentes nationales transférées par le Gouvernement. 4, Bull. 188, n° 3250.)

Le Conseil-d'Etat, qui, d'après le renvoi ordonné par sa majesté, a entendu le rapport fait au nom des sections des finances et de législation sur celui du ministre des finances, présentant la question de savoir laquelle des autorités administrative ou judiciaire doit connaitre des contestations élevées sur la féodalité ou non-féodalité des rentes nationales transférées par le Gouvernement entre les acquéreurs et les particuliers auxquels le paiement en est demandé ;

Vu, 1° l'arrêté du 2 nivose an 6, qui déclare que les administrations sont seules compétentes pour statuer sur la validité ou invalidité de la vente d'un domaine national ;

2° La loi du 28 pluviose an 8 sur l'administration ;

3° L'arrêté du Gouvernement du 5 fructidor an 9, sur un conflit d'attribution entre les autorités administrative et judiciaire du département de la Somme ;

4° L'avis du Conseil-d'Etat approuvé par sa majesté le 25 thermidor an 13, relatif aux droits féodaux dans les départemens de la rive gauche du Rhin ;

5° Vu pareillement un arrêt de la Cour de cassation, du 12 février 1806, lequel a annulé des jugemens qui avaient statué sur une contestation de l'espèce dont il s'agit ;

Considérant que les tribunaux ne peuvent connaître des actes de l'administration et notamment des actes de vente des domaines nationaux ;

Mais qu'il convient de faire une distinction entre la vente d'un domaine national et le transfert d'une rente ;

La vente d'un domaine national ne se fait qu'après des affiches et publications qui avertissent tous les intéressés ;

Le transfert d'une rente est consommé sans que le particulier réputé débiteur en ait pu avoir aucune connaissance ;

Considérant que, dans l'espèce, il s'agit principalement de décider si les rentes transférées sont ou non entachées de féodalité ;

Que l'avis du Conseil-d'Etat approuvé par sa majesté le 25 thermidor an 13 déclare formellement que ces sortes de contestations doivent être portées devant les tribunaux,

Est d'avis, 1° que toute question sur la féodalité ou non féodalité d'une rente nationale, soit qu'elle ait été aliénée par voie de transfert, ou qu'elle soit encore entre les mains de la nation, est de la compétence des tribunaux ordinaires (1) ;

Que néanmoins le Trésor public ne doit être tenu à remboursement, remplacement ou indemnité envers les porteurs de transfert, que dans le cas où ces derniers se seront adressés préalablement à l'autorité administrative, aux termes de la loi du 28 octobre = 5 novembre 1790.

---

14 MARS 1808. — Décrets qui autorisent l'existence de trois compagnies d'assurance formées à Gênes sous les titres de *Compagnie de commerce pour les Assurances maritimes*, de *Chambre nationale d'Assurances maritimes*, et de *Compagnie du 1er mai 1802*. (4 , Bull. 188, n°s 3247 à 3249.)

---

14 MARS 1808. — Décrets qui autorisent l'acceptation de dons et legs faits aux pauvres et hospices de Morlaix, Fercé, Clermont-Ferrand, Vendôme, Aubry, Lorris, Beaune et Blois. (4, Bull. 189, n°s 3271, 3292 et 3293 ; Bull. 190, n°s 3297 à 3301.)

---

14 MARS 1808. — Décrets qui autorisent l'acceptation de dons et legs faits aux séminaires de Metz, Nancy, Paris, Versailles, Liége, Rouen et Gand. (4 , Bull. 189, n°s 3289 et 3290; Bull. 190, n° 3302; et Bull. 191, n°s 3310 à 3314.)

---

14 MARS 1808. — Décret qui ordonne le paiement d'une somme de deux mille huit cents francs pour pensions accordées à neuf veuves de militaires. (4, Bull. 191, n° 3309.)

---

(1) Le transfert d'une rente diffère de la vente d'un domaine national, quant à la question de compétence.

S'il s'agit de contestations sur la validité ou la nullité d'une vente faite par l'administration, la connaissance est exclusivement attribuée à l'autorité administrative ; mais les tribunaux seuls sont compétens pour prononcer sur les difficultés relatives à la question de savoir si une rente transférée est abolie ou non par les lois nouvelles (15 janvier 1809, décr t ; J. C. 1, 240. — 12 novembre 1823, ord. Mac. 5, 771).

C'est aux tribunaux qu'il appartient de statuer sur les réclamations faites par un tiers relativement à la propriété d'une rente nationale transférée par le domaine.

Lorsqu'un tribunal saisi d'une pareille contestation en a renvoyé la connaissance à l'administration, et que l'arrêté par lequel le conseil de préfecture l'a ensuite jugée est annulé par le Conseil-d'Etat, pour cause d'incompétence, le jugement du tribunal peut être en même temps annulé, sans conflit, par le Conseil-d'Etat (24 octobre 1821, ord. Mac. 2, 400).

C'est devant les tribunaux, et non devant l'autorité administrative, que doivent être portées les contestations relatives aux rentes transférées par le Gouvernement. Mais si les porteurs de transferts se croient fondés à demander des remboursemens, remplacemens ou indemnités, ils doivent s'adresser préalablement à l'autorité administrative (7 mars 1809 ; J. C. 1, 265).

La question de féodalité d'une redevance originellement nationale, mais acquise de la nation, et donnée par l'acquéreur à un hospice, est de la compétence des tribunaux civils ; peu importe que la redevance ait été aliénée administrativement par voie de transfert ou par voie d'adjudication (1er avril 1812, Rennes ; S. 15, 2, 150).

14 MARS 1808. — Décret qui approuve le projet de transaction arrêté entre la commission administrative des hospices de Valence (Marengo) et le sieur Camurati. (4 , Bull. 191, n° 3315.)

14 MARS 1808. — Décret qui autorise les sieurs Tubeuf à construire deux fours de verrerie dans leur propriété de Lochebelle. (4, Bull. 191, n° 3316.)

14 MARS 1808. — Décrets qui concèdent le droit d'exploitation : 1° des mines de houille de Montigny-le-Tilleul , aux sieurs Cossé, Pouillon et Dorbée ; 2° des terres vitrioliques situées entre l'ancien chemin de Dieppe à Cany, les rivières de Scie, de Suanne et la mer, aux sieurs Hellot. (4,Bull. 191, n°s 3317 et 3319.)

14 MARS 1808. — Décret portant rétablissement des quatre foires qui avaient lieu précédemment à Pleure , arrondissement de Dôle , département du Jura. (4, Bull. 191, n° 3318.)

14 MARS 1808. — Décret contenant le tableau des foires du département des forêts. (4, Bull. 191, n° 3320.)

14 MARS 1808. — Décret qui autorise l'existence de la compagnie d'assurance formée à Gênes sous le nom de *Compagnie Novissime.* (4, Bull. 188, n° 3246.)

16 MARS 1808. — Décret portant création d'un corps de juges-auditeurs près de chaque cour d'appel. (4 , Bull. 186, n° 3209.)

Voy. loi du 20 AVRIL 1810 , chap. II : décrets du 18 AOUT 1810 , tit. Ier, sect. III ; du 22 MARS 1813 ; avis du Conseil-d'État du 27 FÉVRIER 1811 ; ordonnance du 19 NOVEMBRE 1823.

Art. 1er. Il y aura , auprès de chaque cour d'appel, un corps de juges-auditeurs.

Le nombre de ces juges sera de quatre au moins et de six au plus.

2. La nomination des juges-auditeurs sera faite par nous, sur le rapport de notre grand-juge, ministre de la justice, auquel nos cours d'appel présenteront, pour chaque place vacante, trois candidats parmi ceux qui auront été reçus avocats, et qui auront suivi le barreau pendant deux ans au moins ; ils devront avoir en propre ou en pension assurée par leurs parens, un revenu annuel de trois mille francs au moins.

3. Les juges-auditeurs exerceront leurs fonctions soit dans la cour d'appel, soit dans les cours de justice criminelle, et dans les tribunaux du ressort, ainsi qu'il est dit ci-après.

4. Dans les cours d'appel les juges-auditeurs auront séance avec les autres juges, immédiatement après eux, et porteront le costume des juges, à l'exception de la ceinture.

Ils pourront être chargés des enquêtes, des interrogatoires et autres actes d'instruction qui appartiennent au ministère des juges, et suppléer nos procureurs généraux, pourvu qu'ils aient atteint l'âge de vingt-deux ans accomplis.

Ils pourront aussi suppléer les juges, s'ils ont atteint l'âge de trente ans.

5. Dans les cours de justice criminelle et dans les tribunaux de première instance, les juges-auditeurs pourront être envoyés pour y faire le service, d'après nos ordres, par notre grand-juge, ministre de la justice ; alors, ils prendront séance avec les juges, dans l'ordre de leur réception à la cour d'appel, et ils porteront le même costume que les autres juges, soit de la cour de justice criminelle, soit du tribunal de première instance.

6. La carrière de la magistrature judiciaire et de la magistrature administrative sera ouverte aux juges-auditeurs. A cet effet, le tiers des places qui viendront à vaquer dans chaque cour d'appel, tribunal de première instance ou conseil de préfecture, leur sera affecté, sans néanmoins que l'ancienneté suffise pour les obtenir ; nous réservant de choisir ceux qui nous seraient indiqués comme ayant mérité cette distinction ; nous réservant aussi de choisir, lorsque nous le jugerons convenable, parmi les juges-auditeurs, pour remplir les places de préfet, de sous-préfet, de président et de procureur impérial près les tribunaux de première instance.

7. L'article 1er du sénatus-consulte du 18 octobre 1807 sera applicable aux auditeurs auprès de nos cours d'appel : en conséquence, après cinq années d'exercice, ils recevront des provisions à vie, si à l'expiration de ce délai, nous reconnaissons qu'ils méritent d'être maintenus dans leurs fonctions.

8. Les juges-auditeurs auront un traitement qui demeure fixé au quart de celui des juges de la cour d'appel à laquelle ils sont attachés.

17 MARS 1808. — Décret portant organisation de l'Université (1). (4, Bull. 185, n° 3179.)

(1) Les décrets de 1808 et 15 novembre 1811, constitutifs de l'Université, n'ayant pas été attaqués par l'autorité politique compétente , ont force de loi, bien que , d'après l'article 3 de la loi du 10 mai 1806, l'organisation du corps enseignant dût avoir lieu en la forme d'une loi. Toutefois il a pu être dérogé à ces décrets par des ordonnances royales, en ce qui touche l'au-

Voy. loi du 10 MAI 1806 ; décrets du 17 MARS 1808, du 17 SEPTEMBRE 1808 , du 17 FÉVRIER 1809, du 4 JUIN 1809, du 31 JUILLET 1809, du 12 SEPTEMBRE 1811, du 15 NOVEMBRE 1811 ; ordonnances du 22 JUIN 1814, du 17 FÉVRIER 1815, du 15 AOUT 1815, du 21 DÉCEMBRE 1820, du 27 FÉVRIER 1821, du 1ᵉʳ JUIN 1822, du 26 AOUT 1824.

TITRE Iᵉʳ. Organisation générale de l'Université.

Art. 1ᵉʳ. L'enseignement public, dans tout l'empire, est confié exclusivement à l'Université.

2. Aucune école, aucun établissement quelconque d'instruction ne peut être formé hors de l'Université impériale, et sans l'autorisation de son chef (1).

3. Nul ne peut ouvrir d'école, ni enseigner publiquement, sans être membre de l'Université impériale, et gradué par l'une de ses facultés. Néanmoins l'instruction dans les séminaires dépend des archevêques et évêques, chacun dans son diocèse. Ils en nomment et révoquent les directeurs et professeurs. Ils sont seulement tenus de se conformer aux réglemens pour les séminaires, par nous approuvés.

4. L'Université impériale sera composée d'autant d'académies qu'il y a de cours d'appel.

5. Les écoles appartenant à chaque académie seront placées dans l'ordre suivant :

1° Les facultés, pour les sciences approfondies, et la collation des grades;

2° Les lycées, pour les langues anciennes, l'histoire, la rhétorique, la logique, et les élémens des sciences mathématiques et physiques;

3° Les colléges, écoles secondaires communales, pour les élémens des langues anciennes et les premiers principes de l'histoire et des sciences;

4° Les institutions, écoles tenues par des instituteurs particuliers, où l'enseignement se rapproche de celui des colléges;

5° Les pensions, pensionnats, appartenant à des maîtres particuliers, et consacrés à des études moins fortes que celles des institutions.

6° Les petites écoles, écoles primaires, où l'on apprend à lire, à écrire, et les premières notions du calcul.

TITRE II. De la composition des facultés.

6. Il y aura dans l'Université impériale cinq ordres de facultés, savoir :

1° Des facultés de théologie,

2° Des facultés de droit,

3° Des facultés de médecine,

4° Des facultés de sciences mathématiques et physiques;

5° Des facultés des lettres.

7. L'évêque ou l'archevêque du chef-lieu de l'académie présentera au grand-maître les docteurs en théologie, parmi lesquels les professeurs seront nommés. Chaque présentation sera de trois sujets au moins, entre lesquels sera établi le concours sur lequel il

---

torité disciplinaire du corps enseignant, la forme à suivre dans les poursuites de discipline , la composition du conseil chargé de prononcer, et la capacité des personnes appelées à en faire partie.

Le ministre de l'instruction publique, grand-maître de l'Université, et président, en cette dernière qualité, du conseil de l'instruction publique, ne peut être considéré comme *partie* dans la poursuite disciplinaire exercée contre un membre du corps enseignant, à raison d'une condamnation correctionnelle qu'il a encourue, par cela seul que cette condamnation a été prononcée pour avoir excité au mépris et à la haine du Gouvernement, dont est membre le ministre grand-maître. En conséquence, la récusation exercée contre lui sur ce motif ne doit pas être admise (4 mai 1830, décision du conseil royal de l'instruction publique). S. 32, 2, 161).

(1) Il y a école publique par cela seul qu'il y a réunion habituelle d'enfans de différentes familles en un même lieu pour y recevoir l'enseignement. L'expression *école publique* étant prise par opposition à l'*enseignement domestique*, il n'est pas nécessaire, pour constituer l'enseignement public, qu'il y ait eu de la part du maître, distribution de prospectus, ni placement d'en-

seigne ou écriteau, rien qui soit un appel au public (1ᵉʳ juin 1827 ; Cass. S. 27, 1, 406 ; D. 27, 1, 262 ; P. 40, 137).

Ce décret est applicable même aux écoles consacrées à des matières spéciales qui ne sont pas enseignées dans les lycées ; par exemple, à une école de langues vivantes et de droit commercial.

La taxe universitaire est due par celui qui ouvre une école d'instruction avant d'y avoir été autorisé, depuis le jour même de cette ouverture, et non pas seulement depuis le jour où l'autorisation nécessaire lui a été ultérieurement accordée (14 février 1832, Lyon ; S. 32, 2, 666 ; D. 32, 2, 159).

Les dispositions de ce décret et de celui de 1811 ne concernaient que les écoles de garçons, et non celles de filles ; mais l'ouverture de cette dernière espèce d'écoles a été soumise par des ordonnances postérieures à la nécessité d'une autorisation administrative. En conséquence, l'infraction à la disposition de ces ordonnances constitue une contravention punissable , non de l'amende de 100 fr. prononcée par le décret de 1811 (art. 56), mais d'une simple amende de police.

sera prononcé par les membres de la faculté de théologie.

Le grand-maître nommera, pour la première fois, les doyens et professeurs entre les docteurs présentés par l'archevêque ou l'évêque, ainsi qu'il est dit ci-dessus.

Les doyens et professeurs des autres facultés seront nommés, pour la première fois, par le grand-maître.

Après la première formation, les places de professeurs vacantes dans ces facultés seront données au concours.

8. Il y aura autant de facultés de théologie que d'églises métropolitaines, et il y en aura une à Strasbourg et une à Genève pour la religion réformée.

Chaque faculté de théologie sera composée de trois professeurs au moins ; le nombre pourra en être augmenté, si celui des élèves paraît l'exiger.

9. De ces trois professeurs, l'un enseignera l'histoire ecclésiastique, l'autre le dogme, et le troisième la morale évangélique.

10. Il y aura à la tête de chaque faculté de théologie un doyen, qui sera choisi parmi les professeurs.

11. Les écoles actuelles de droit formeront douze facultés du même nom, appartenant aux académies dans les arrondissemens desquelles elles sont situées. Elles resteront organisées comme elles le sont par la loi du 22 ventose an 12, et le décret du quatrième jour complémentaire de la même année.

12. Les cinq écoles actuelles de médecine formeront cinq facultés du même nom, appartenant aux académies dans lesquelles elles sont placées. Elles conserveront l'organisation déterminée par la loi du 19 ventose an 11.

13. Il sera établi auprès de chaque lycée chef-lieu d'une académie une faculté des sciences. Le premier professeur de mathématiques du lycée en fera nécessairement partie. Il sera ajouté trois professeurs, l'un de mathématiques, l'autre d'histoire naturelle, et le troisième de physique et de chimie. Le proviseur et le censeur y seront adjoints. L'un des professeurs sera doyen.

14. A Paris, la faculté des sciences sera formée de la réunion de deux professeurs du collège de France, de deux du muséum d'histoire naturelle, de deux de l'école polytechnique, et de deux professeurs de mathématiques des lycées.

Un de ces professeurs sera nommé doyen.

Le lieu où elle siégera, ainsi que celui de la faculté des lettres, sera déterminé par le chef de l'Université.

15. Il y aura auprès de chaque lycée chef-lieu d'une académie une faculté des lettres : elle sera composée du professeur de belles-

lettres du lycée, et de deux autres professeurs.

Le proviseur et le censeur pourront leur être adjoints.

Le doyen sera choisi parmi les trois premiers membres.

A Paris, la faculté des lettres sera formée de trois professeurs du collège de France et de trois professeurs de belles-lettres des lycées.

Le lieu où elle siégera, ainsi que celui où se tiendront les actes de la faculté des sciences de Paris, sera déterminé par le chef de l'Université.

TITRE III. Des grades des facultés, et des moyens de les obtenir.

§ Ier. Des grades en général.

16. Les grades dans chaque faculté seront au nombre de trois, savoir : le baccalauréat, la licence, le doctorat.

17. Les grades seront conférés par les facultés, à la suite d'examens et d'actes publics.

18. Les grades ne donneront pas le titre de membre de l'Université ; mais ils seront nécessaires pour l'obtenir.

§ II. Des grades de la faculté des lettres.

19. Pour être admis à subir l'examen du baccalauréat dans la faculté des lettres, il faudra : 1° être âgé au moins de seize ans ; 2° répondre sur tout ce qu'on enseigne dans les hautes classes des lycées.

20. Pour subir l'examen de la licence dans la même faculté, il faudra : 1° produire ses lettres de bachelier obtenues depuis un an ; 2° composer en latin et en français sur un sujet et dans un temps donnés.

21. Le doctorat, dans la faculté des lettres, ne pourra être obtenu qu'en présentant son titre de licencié, et en soutenant deux thèses, l'une sur la rhétorique et la logique, l'autre sur la littérature ancienne : la première devra être écrite et soutenue en latin.

§ III. Des grades de la faculté des sciences mathématiques et physiques.

22. On ne sera reçu bachelier dans la faculté des sciences qu'après avoir obtenu le même grade dans celle des lettres, et qu'en répondant sur l'arithmétique, la géométrie, le trigonométrie rectiligne, l'algèbre et son application à la géométrie.

23. Pour être reçu licencié dans la faculté des sciences, on répondra sur la statistique et sur le calcul différentiel et intégral.

24. Pour être reçu docteur dans cette faculté, on soutiendra deux thèses, soit sur la

mécanique et l'astronomie, soit sur la physique et la chimie, soit sur les trois parties de l'histoire naturelle, suivant celle de ces sciences à l'enseignement de laquelle on déclarera se destiner.

§ IV. *Des grades des facultés de médecine et de droit.*

25. Les grades des facultés de médecine et de droit continueront à être conférés d'après les lois et réglemens établis pour ces écoles.

26. A compter du 1er octobre 1815, on ne pourra être admis au baccalauréat dans les facultés de droit et de médecine, sans avoir au moins le grade de bachelier dans celle des lettres.

§ V. *Des grades de la faculté de théologie.*

27. Pour être admis à l'examen du baccalauréat en théologie, il faudra, 1° être âgé de vingt ans; 2° être bachelier dans la faculté des lettres; 3° avoir fait un cours de trois ans dans une des facultés de théologie. On n'obtiendra les lettres de bachelier qu'après avoir soutenu une thèse publique.

28. Pour subir l'examen de la licence en théologie, il faudra produire ses lettres de bachelier obtenues depuis un an au moins.

On ne sera reçu licencié dans cette faculté qu'après avoir soutenu deux thèses publiques, dont l'une sera nécessairement en latin.

Pour être reçu docteur en théologie, on soutiendra une dernière thèse générale.

TITRE IV. De l'ordre qui sera établi entre les membres de l'Université; des rangs et des titres attachés aux fonctions.

§ Ier. *Des rangs parmi les fonctionnaires.*

29. Les fonctionnaires de l'Université impériale prendront rang entre eux dans l'ordre suivant:

RANGS

Rangs.	D'ADMINISTRATION.	D'ENSEIGNEMENT.
1er.	Le grand-maître.	
2e.	Le chancelier.	
3e.	Le trésorier.	
4e.	Les conseillers à vie.	
5e.	Les conseillers ordinaires.	
6e.	Les inspecteurs de l'Université.	
7e.	Les recteurs des académies.	
8e.	Les inspecteurs des académies.	
9e.	Les doyens des facultés.	
10e.		Les professeurs des facultés.
11e.	Les proviseurs.... } des lycées.	
12e.	Les censeurs .... }	
13e.	....	Les professeurs des lycées.
14e.	Les principaux des colléges.	
15e.	....	Les agrégés.
16e.	....	Les régens des colléges.
17e.	Les chefs d'institution.	
18e.	Les maîtres de pension.	
19e.	....	Les maîtres d'études.

30. Après la première formation de l'Université impériale, l'ordre des rangs sera suivi dans la nomination des fonctionnaires, et nul ne pourra être appelé à une place qu'après avoir passé par les places inférieures.

Les emplois formeront aussi une carrière qui présentera au savoir et à la bonne conduite l'espérance d'aspirer aux premiers rangs de l'Université impériale.

31. Pour remplir les diverses fonctions énumérées ci-dessus, il faudra avoir obtenu, dans les différentes facultés, des grades correspondans à la nature et à l'importance de ces fonctions:

1° Les emplois de maîtres d'étude et de pension ne pourront être occupés que par des individus qui auront obtenu le grade de bachelier dans la faculté des lettres;

2° Il faudra être bachelier dans les deux facultés des lettres et des sciences pour devenir chef d'institution;

3° Les principaux et les régens des colléges, les agrégés et professeurs des 6e et 5e, des 4e et 3e classes des lycées, devront avoir le grade de bachelier dans les facultés des lettres ou des sciences, suivant qu'ils enseigneront les langues ou les mathématiques;

4° Les agrégés et professeurs de 2e et 1re classe dans les lycées devront être licenciés dans les facultés relatives à leurs classes;

5° Les agrégés et professeurs de belles-lettres et de mathématiques transcendantes

16.   16

dans les lycées, devront être docteurs dans les facultés des lettres ou des sciences ;

6° Les censeurs seront licenciés dans ces deux facultés;

7° Les proviseurs, au grade de docteur dans les lettres, joindront celui de bachelier dans les sciences;

8° Les professeurs des facultés et les doyens devront être docteurs dans leurs facultés respectives.

§ II. Des titres attachés aux fonctions.

32. Il est créé parmi les gradués fonctionnaires de l'Université des titres honorifiques destinés à distinguer les fonctions éminentes, et à récompenser les services rendus à l'enseignement.

Ces titres seront au nombre de trois, savoir :

1° Les titulaires; 2° les officiers de l'Université; 3° les officiers des académies.

33. A ces titres seront attachés : 1° des pensions qui seront données par le grand-maître; 2° une décoration qui consistera dans une double palme brodée sur la partie gauche de la poitrine. La décoration sera brodée en or pour les titulaires, en argent pour les officiers de l'Université, et en soie bleue et blanche pour les officiers des académies.

34. Seront titulaires de l'Université impériale, dans l'ordre suivant :

1° Le grand-maître de l'Université;

2° Le chancelier *idem;*

3° Le trésorier *idem;*

4° Les conseillers à vie *idem.*

35. Seront, de droit, officiers de l'Université, les conseillers ordinaires de l'Université, les inspecteurs de l'Université, les recteurs, les inspecteurs des académies, les doyens et professeurs des facultés.

Le titre d'officiers de l'Université pourra aussi être accordé par le grand-maître aux proviseurs, censeurs, et aux professeurs des deux premières classes des lycées, les plus recommandables par leurs talens et par leurs services.

36. Seront, de droit, officiers des académies, les proviseurs, censeurs et professeurs des deux premières classes des lycées, et les principaux des colléges.

Le titre d'officier des académies pourra aussi être accordé par le grand-maître aux autres professeurs des lycées, ainsi qu'aux régens des colléges et aux chefs d'institution, dans le cas où ces divers fonctionnaires auraient mérité cette distinction par des services éminens.

37. Les professeurs et agrégés des lycées, les régens des colléges et les chefs d'institution qui n'auraient pas les titres précédens, porteront, ainsi que les maîtres de pension et les maîtres d'étude, le seul titre de membres de l'Université.

Titre V. Des bases de l'enseignement dans les écoles de l'Université.

38. Toutes les écoles de l'Université impériale prendront pour base de leur enseignement.

1° Les préceptes de la religion catholique ;

2° La fidélité à l'empereur, à la monarchie impériale, dépositaire du bonheur des peuples, et à la dynastie napoléonienne, conservatrice de l'unité de la France et de toutes les idées libérales proclamées par les constitutions;

3° L'obéissance aux statuts du corps enseignant, qui ont pour objet l'uniformité de l'instruction, et qui tendent à former, pour l'Etat, des citoyens attachés à leur religion, à leur prince, à leur patrie et à leur famille;

4° Tous les professeurs de théologie seront tenus de se conformer aux dispositions de l'édit de 1682, concernant les quatre propositions contenues en la déclaration du clergé de France de ladite année.

Titre VI. Des obligations que contractent les membres de l'Université.

39. Aux termes de l'article 2 de la loi du 10 mai 1806, les membres de l'Université impériale, lors de leur installation, contracteront par serment les obligations civiles, spéciales et temporaires, qui doivent les lier au corps enseignant.

40. Ils s'engageront à l'exacte observation des statuts et réglemens de l'Université.

41. Ils promettront obéissance au grand-maître dans tout ce qu'il leur commandera pour notre service et pour le bien de l'enseignement.

42. Ils s'engageront à ne quitter le corps enseignant et leurs fonctions qu'après en avoir obtenu l'agrément du grand-maître, dans les formes qui vont être prescrites.

43. Le grand-maître pourra dégager un membre de l'Université de ses obligations, et lui permettre de quitter le corps : en cas de refus du grand-maître, et de persistance de la part d'un membre de l'Université dans la résolution de quitter le corps, le grand-maître sera tenu de lui délivrer une lettre d'*exeat* après trois demandes consécutives, réitérées de deux mois en deux mois.

44. Celui qui aura quitté le corps enseignant sans avoir rempli ces formalités sera rayé du tableau de l'Université, et encourra la peine attachée à cette radiation.

45. Les membres de l'Université ne pourront accepter aucune fonction publique ou particulière et salariée, sans la permission authentique du grand-maître.

46. Les membres de l'Université seront tenus d'instruire le grand-maître et ses officiers de tout ce qui viendrait à leur connaissance de contraire à la doctrine et aux principes du corps enseignant, dans les établissemens d'instruction publique.

47. Les peines de discipline qu'entraînerait la violation des devoirs et des obligations seront :

1° Les arrêts;

2° La réprimande en présence d'un conseil académique ;

3° La censure en présence du conseil de l'Université ;

4° La mutation pour un emploi inférieur;

5° La suspension de fonctions pour un temps déterminé, avec ou sans privation totale ou partielle du traitement;

6° La réforme ou la retraite donnée avant le temps de l'éméritat, avec un traitement moindre que la pension des émérites;

7° Enfin la radiation du tableau de l'Université.

48. Tout individu qui aura encouru la radiation sera incapable d'être employé dans aucune administration publique.

49. Les rapports entre les peines et les contraventions aux devoirs, ainsi que la graduation de ces peines d'après les différens emplois, seront établis par des statuts.

TITRE VII. Des fonctions et attributions du grand-maître de l'Université (1).

50. L'Université impériale sera régie et gouvernée par le grand-maître, qui sera nommé et révocable par nous.

51. Le grand-maître aura la nomination aux places administratives, et aux chaires des colléges et des lycées; il nommera également les officiers des académies et ceux de l'Université, et il fera toutes les promotions dans le corps enseignant.

52. Il instituera les sujets qui auront obtenu les chaires des facultés, d'après des concours dont le mode sera déterminé par le conseil de l'Université.

53. Il nommera, et placera dans les lycées, les élèves qui auront concouru pour obtenir les bourses entières ou partielles.

54. Il accordera la permission d'enseigner et d'ouvrir des maisons d'instruction aux gradués de l'Université qui la lui demanderont, et qui auront rempli les conditions exigées par les réglemens pour obtenir cette permission.

55. Le grand-maître nous sera présenté par notre ministre de l'intérieur, pour nous soumettre, chaque année : 1° le tableau des établissemens d'instruction, et spécialement des pensions, institutions, colléges et lycées ; 2° celui des officiers des académies et des officiers de l'Université; 3° le tableau de l'avancement des membres du corps enseignant qui l'auront mérité par leurs services. Il fera publier ces tableaux à l'ouverture de l'année scolaire.

56. Il pourra faire passer d'une académie dans une autre les régens et principaux des colléges entretenus par les communes, ainsi que les fonctionnaires et professeurs des lycées, en prenant l'avis de trois membres du conseil.

57. Il aura le droit d'infliger les arrêts, la réprimande, la censure, la mutation et la suspension des fonctions (*article* 47), aux membres de l'Université qui auront manqué assez gravement à leurs devoirs pour encourir ces peines.

58. D'après les examens, et sur les rapports favorables des facultés, visés par les recteurs, le grand-maître ratifiera les réceptions. Dans le cas où il croira devoir refuser cette ratification, il en sera référé à notre ministre de l'intérieur, qui nous en fera son rapport, pour être pris par nous, en notre Conseil-d'Etat, le parti qui sera jugé convenable.

Lorsqu'il le jugera utile au maintien de la discipline, le grand-maître pourra faire recommencer les examens pour l'obtention des grades.

59. Les grades, les titres, les fonctions, les chaires, et en général tous les emplois de l'Université impériale, seront conférés aux membres de ce corps, par des diplômes donnés par le grand-maître, et portant le sceau de l'Université.

60. Il donnera aux différentes écoles les réglemens de discipline qui seront discutés par le conseil de l'Université.

61. Il convoquera et présidera ce conseil, et il en nommera les membres, ainsi que ceux des conseils académiques, comme il sera dit aux titres suivans.

62. Il se fera rendre compte de l'état des recettes et des dépenses des établissemens d'instruction, et il le fera présenter au conseil de l'Université par le trésorier.

63. Il aura le droit de faire afficher et publier les actes de son autorité, et ceux du conseil de l'Université : ces actes devront être munis du sceau de l'Université, représentant un aigle portant une palme, suivant le modèle annexé au présent décret.

_____

(1) *Voy.* décret du 12 septembre 1811.

Titre VIII. Des fonctions et attributions du chancelier et du trésorier de l'Université.

64. Il y aura, immédiatement après le grand-maître, deux titulaires de l'Université impériale; l'un aura le titre de *chancelier*, et l'autre celui de *trésorier*.

65. Le chancelier et le trésorier seront nommés et révocables par nous.

66. En l'absence du grand-maître, ils présideront le conseil, suivant l'ordre de leur rang.

67. Le chancelier sera chargé du dépôt et de la garde des archives et du sceau de l'Université; il signera tous les actes émanés du grand-maître et du conseil de l'Université; il signera également les diplômes donnés pour toutes les fonctions. Il présentera au grand-maître les titulaires, les officiers de l'Université et des académies, ainsi que les fonctionnaires, qui devront prêter le serment. Il surveillera la rédaction du grand registre annuel des membres de l'Université, dont il sera parlé au titre XII.

68. Le trésorier sera spécialement chargé des recettes et des dépenses de l'Université; il veillera à ce que les droits perçus dans tout l'empire, au profit de l'Université, soient versés fidèlement dans son trésor; il ordonnancera les traitemens et pensions des fonctionnaires de l'Université. Il surveillera la comptabilité des lycées, des colléges et de tous les établissemens des académies; il en fera son rapport au grand-maître et au conseil de l'Université.

Titre IX. Du conseil de l'Université.

§ Ier. *De la formation du conseil.*

69. Le conseil de l'Université sera composé de trente membres.

70. Dix de ces membres, dont six choisis parmi les inspecteurs et quatre parmi les recteurs, seront conseillers à vie ou conseillers titulaires de l'Université. Ils seront brevetés par nous.

Les conseillers ordinaires, au nombre de vingt, seront pris parmi les inspecteurs, les doyens et professeurs des facultés, et les proviseurs des lycées.

71. Tous les ans, le grand-maître fera la liste des vingt conseillers ordinaires qui doivent compléter le conseil pendant l'année.

72. Pour être conseiller à vie, il faudra avoir au moins dix ans d'ancienneté dans le corps de l'Université, avoir été cinq ans recteur ou inspecteur, et avoir siégé en cette qualité au conseil.

73. Un secrétaire général choisi parmi les conseillers ordinaires, et nommé par le grand-maître, rédigera les procès-verbaux des séances du conseil.

74. Le conseil de l'Université s'assemblera au moins deux fois par semaine, et plus souvent si le grand-maître le trouve nécessaire.

75. Le conseil sera partagé pour le travail en cinq sections:

La première s'occupera de l'état et du perfectionnement des études;

La seconde, de l'administration et de la police des écoles;

La troisième, de leur comptabilité;

La quatrième, du contentieux;

Et la cinquième, des affaires du sceau de l'Université.

Chaque section examinera les affaires qui lui seront renvoyées par le grand-maître, et en fera le rapport au conseil, qui en délibérera.

§ II. Des attributions du conseil.

76. Le grand-maître proposera à la discussion du conseil tous les projets de réglemens et de statuts qui pourront être faits pour les écoles de divers degrés.

77. Toutes les questions relatives à la police, à la comptabilité et à l'administration générale des facultés, des lycées et des colléges seront jugées par le conseil, qui arrêtera les budgets de ces écoles, sur le rapport du trésorier de l'Université.

78. Il jugera les plaintes des supérieurs et les réclamations des inférieurs.

79. Il pourra seul infliger aux membres de l'Université les peines de la réforme et de la radiation (*article 47*), d'après l'instruction et l'examen des délits qui emporteront la condamnation à ces peines.

80. Le conseil admettra ou rejettera les ouvrages qui auront été ou devront être mis entre les mains des élèves, ou placés dans les bibliothèques des lycées ou des colléges; il examinera les ouvrages nouveaux qui seront proposés pour l'enseignement des mêmes écoles.

81. Il entendra le rapport des inspecteurs, au retour de leur mission.

82. Les affaires contentieuses relatives à l'administration générale des académies et de leurs écoles, et celles qui concerneront les membres de l'Université en particulier, par rapport à leurs fonctions, seront portées au conseil de l'Université. Les décisions prises à la majorité absolue des voix, et après une discussion approfondie, seront exécutées par le grand-maître. Néanmoins il pourra y avoir recours à notre Conseil-d'Etat contre les décisions, sur le rapport de notre ministre de l'intérieur.

83. D'après la proposition du grand-maître, et sur la présentation de notre ministre de l'intérieur, une commission du conseil de l'Université pourra être admise à notre Conseil-d'Etat pour solliciter la réforme des ré-

glemens et les décisions interprétatives de la loi.

84. Les procès-verbaux des séances du conseil de l'Université seront envoyés, chaque mois, à notre ministre de l'intérieur : les membres du conseil pourront faire insérer dans ces procès-verbaux les motifs de leurs opinions, lorsqu'elles différeront de l'avis adopté par le conseil.

TITRE X. Des conseils académiques.

85. Il sera établi au chef-lieu de chaque académie un conseil composé de dix membres, désignés par le grand-maître parmi les fonctionnaires et officiers de l'académie.

86. Les conseils académiques seront présidés par les recteurs ; ils s'assembleront au moins deux fois par mois, et plus souvent si les recteurs le jugent convenable. Les inspecteurs des études y assisteront, lorsqu'ils se trouveront dans les chefs-lieux des académies.

87. Il sera traité dans les conseils académiques : 1° de l'état des écoles de leurs arrondissemens respectifs ; 2° des abus qui pourraient s'introduire dans leur discipline, leur administration économique ou dans leur enseignement, et des moyens d'y remédier ; 3° des affaires contentieuses relatives à leurs écoles en général, ou aux membres de l'Université résidant dans leurs arrondissemens ; 4° des délits qui auraient pu être commis par ces membres ; 5° de l'examen des comptes des lycées et des colléges situés dans leurs arrondissemens.

88. Les procès-verbaux et rapports de ces conseils seront envoyés par les recteurs au grand-maître, et communiqués par lui au conseil de l'Université, qui en délibérera, soit pour remédier aux abus dénoncés, soit pour juger les délits et contraventions d'après l'instruction écrite, comme il est dit à l'article 79. Les recteurs pourront joindre leur avis particulier aux procès-verbaux des conseils académiques.

89. A Paris, le conseil de l'Université remplira les fonctions du conseil académique.

TITRE XI. Des inspecteurs de l'Université, et des inspecteurs des académies.

90. Les inspecteurs généraux de l'Université seront nommés par le grand-maître, et pris parmi les officiers de l'Université ; leur nombre sera de vingt au moins, et ne pourra excéder trente.

91. Ils seront partagés en cinq ordres, comme les facultés : ils n'appartiendront à aucune académie en particulier ; ils les visiteront alternativement et sur l'ordre du grand-maître, pour reconnaître l'état des études et de la discipline dans les facultés, les lycées et les colléges, pour s'assurer de l'exactitude et des talens des professeurs, des régens et des maîtres d'études, pour examiner les élèves, enfin pour en surveiller l'administration et la comptabilité.

92. Le grand-maître aura le droit d'envoyer dans les académies, et pour des inspections extraordinaires des membres du conseil, autres que les inspecteurs de l'Université, lorsqu'il y aura lieu d'examiner et d'instruire quelque affaire importante.

93. Il y aura dans chaque académie un ou deux inspecteurs particuliers, qui seront chargés, par ordre du recteur, de la visite et de l'inspection des écoles de leurs arrondissemens, spécialement des colléges, des institutions, des pensions et des écoles primaires. Ils seront nommés par le grand-maître, sur la présentation des recteurs.

TITRE XII. Des recteurs des académies.

94. Chaque académie sera gouvernée par un recteur sous les ordres immédiats du grand-maître, qui le nommera pour cinq ans, et le choisira parmi les officiers des académies.

95. Les recteurs pourront être renommés autant de fois que le grand-maître le jugera utile.

Ils résideront dans les chefs-lieux des académies.

96. Ils assisteront aux examens et réceptions des facultés. Ils viseront et délivreront les diplômes des gradués, qui seront de suite envoyés à la ratification du grand-maître.

97. Ils se feront rendre compte par les doyens des facultés, les proviseurs des lycées et les principaux des colléges, de l'état de ces établissemens ; et ils en dirigeront l'administration, surtout sous le rapport de la sévérité dans la discipline et de l'économie dans les dépenses.

98. Ils feront inspecter et surveiller, par les inspecteurs particuliers des académies, les écoles et surtout les colléges, les institutions et les pensions, et ils feront eux-mêmes des visites le plus souvent qu'il leur sera possible.

99. Il sera tenu, dans chaque école, par l'ordre des recteurs, un registre annuel sur lequel chaque administrateur, professeur, agrégé, régent et maître d'étude, inscrira lui-même, et par colonnes, ses nom, prénoms, âge, lieu de naissance, ainsi que les places qu'il a occupées, les emplois qu'il a remplis dans les écoles.

Les chefs des écoles enverront un double de ces registres aux recteurs de leurs académies, qui les feront parvenir au chancelier de l'Université. Le chancelier fera dresser, avec ces listes académiques, un registre général pour chaque année, lequel sera déposé aux archives de l'Université.

TITRE XIII. Des réglemens à donner aux lycées, aux colléges, aux institutions, aux pensions et aux écoles primaires.

100. Le grand-maître fera revoir, discuter et arrêter au conseil de l'Université, les réglemens existans aujourd'hui pour les lycées et les colléges. Les changemens ou modifications qui pourront y être faits devront s'accorder avec les dispositions suivantes.

101. A l'avenir, et après l'organisation complète de l'Université, les proviseurs et censeurs des lycées, les principaux et régens des colléges, ainsi que les maîtres d'étude de ces écoles, seront astreints au célibat et à la vie commune.

Les professeurs des lycées pourront être mariés, et, dans ce cas, ils logeront hors du lycée. Les professeurs célibataires pourront y loger, et profiter de la vie commune.

Aucun professeur de lycée ne pourra ouvrir de pensionnat, ni faire des classes publiques hors du lycée; chacun d'eux pourra néanmoins prendre chez lui un ou deux élèves qui suivront les classes du lycée.

102. Aucune femme ne pourra être logée ni reçue dans l'intérieur des lycées et des colléges.

103. Les chefs d'institution et les maîtres de pension ne pourront exercer sans avoir reçu du grand-maître de l'Université un brevet portant pouvoir de tenir leur établissement. Ce brevet sera de dix années, et pourra être renouvelé. Ils se conformeront les uns et les autres aux réglemens que le grand-maître leur adressera, après les avoir fait délibérer et arrêter en conseil de l'Université (1).

104. Il ne sera rien imprimé et publié pour annoncer les études, la disciplice, les conditions des pensions, ni sur les exercices des élèves dans les écoles, sans que les divers prospectus et programmes aient été soumis aux recteurs et au conseil des académies, et sans en avoir obtenu l'approbation.

105. Sur la proposition des recteurs, l'avis des inspecteurs, et d'après une information faite par les conseils académiques, le grand-maître, après avoir consulté le conseil de l'Université, pourra faire fermer les institutions et pensions où il aura été reconnu des abus graves et des principes contraires à ceux que professe l'Université.

106. Le grand-maître fera discuter par le conseil de l'Université la question relative aux degrés d'instruction qui devront être attribués à chaque genre d'école, afin que l'enseignement soit distribué le plus unifor-

mément possible dans toutes les parties de l'empire, et pour qu'il s'établisse une émulation utile aux bonnes études.

107. Il sera pris par l'Université des mesures pour que l'art d'enseigner à lire, à écrire, et les premières notions du calcul, dans les écoles primaires, ne soit exercé désormais que par des maîtres assez éclairés pour communiquer facilement et sûrement ces premières connaissances, nécessaires à tous les hommes.

108. A cet effet, il sera établi auprès de chaque académie, et dans l'intérieur des colléges ou des lycées, une ou plusieurs classes normales, destinées à former des maîtres pour les écoles primaires. On y exposera les méthodes les plus propres à perfectionner l'art de montrer à lire, à écrire et à chiffrer.

109. Les frères des écoles chrétiennes seront brevetés et encouragés par le grand-maître, qui visera leurs statuts intérieurs, les admettra au serment, leur prescrira un habit particulier, et fera surveiller leurs écoles.

Les supérieurs de ces congrégations pourront être membres de l'Université.

TITRE XIV. Du mode de renouvellement des fonctionnaires et professeurs de l'Université.

§ Ier. Des aspirans et de l'école normale.

110. Il sera établi à Paris un pensionnat normal, destiné à recevoir jusqu'à trois cents jeunes gens, qui y seront formés à l'art d'enseigner les lettres et les sciences.

111. Les inspecteurs choisiront chaque année dans les lycées, d'après des examens et des concours, un nombre déterminé d'élèves, âgés de dix-sept ans au moins, parmi ceux dont les progrès et la bonne conduite auront été les plus constans, et qui annonceront le plus d'aptitude à l'administration ou à l'enseignement.

112. Les élèves qui se présenteront à ce concours devront être autorisés, par leur père ou par leur tuteur, à suivre la carrière de l'Université. Ils ne pourront être reçus au pensionnat normal, qu'en s'engageant à rester dix années au moins dans le corps enseignant.

113. Ces aspirans suivront les leçons du collège de France, de l'école polytechnique, ou du muséum d'histoire naturelle, suivant qu'ils se destineront à enseigner les lettres ou les divers genres de sciences.

114. Les aspirans, outre ces leçons, auront dans leur pensionnat, des répétiteurs choisis parmi les plus anciens et les plus habiles

____

(1) On ne peut opposer à celui qui se livre, de fait, à l'enseignement comme instituteur, les réglemens particuliers à cette profession, lors-qu'il n'a pas un diplôme de l'Université (23 février 1814; Cass. S. 16, 1, 395).

de leurs condisciples, soit pour revoir les objets qui leur seront enseignés dans les écoles spéciales ci-dessus désignées, soit pour s'exercer aux expériences de physique et de chimie, et pour se former à l'art d'enseigner.

115. Les aspirans ne pourront pas rester plus de deux ans au pensionnat normal. Ils y seront entretenus aux frais de l'Université, et astreints à une vie commune, d'après un réglement que le grand-maître fera discuter au conseil de l'Université.

116. Le pensionnat normal sera sous la surveillance immédiate d'un des quatre recteurs conseillers à vie, qui y résidera et aura sous lui un directeur des études.

117. Le nombre des aspirans à recevoir chaque année dans les lycées, et à envoyer au pensionnat normal de Paris, sera réglé par le grand-maître, d'après l'état et le besoin des collèges et des lycées.

118. Les aspirans, dans le cours de leurs deux années d'études au pensionnat normal, ou à leur terme, devront prendre leurs grades, à Paris, dans la faculté des lettres ou dans celle des sciences. Ils seront de suite appelés par le grand-maître, pour remplir des places dans les académies.

§ II. Des agrégés.

119. Les maîtres d'étude des lycées, et les régens des collèges, seront admis à concourir entre eux pour obtenir l'agrégation au professorat des lycées.

120. Le mode d'examen nécessaire pour le concours des agrégés sera déterminé par le conseil de l'Université.

121. Il sera reçu successivement un nombre d'agrégés suffisant pour remplacer les professeurs des lycées. Ce nombre ne pourra excéder le tiers de celui des professeurs.

122. Les agrégés auront un traitement annuel de quatre cents francs, qu'ils toucheront jusqu'à ce qu'ils soient nommés à une chaire de lycée; ils seront répartis par le grand-maître dans les académies : ils remplaceront les professeurs malades.

TITRE XV. De l'éméritat et des retraites.

123. Les fonctionnaires de l'Université, compris dans les quinze premiers rangs à l'art. 29, après un exercice de trente années sans interruption, pourront être déclarés émérites, et obtenir une pension de retraite qui sera déterminée, suivant les différentes fonctions, par le conseil de l'Université.

Chaque année d'exercice au-dessus de trente ans sera comptée aux émérites, et augmentera leur pension d'un vingtième.

124. Les pensions d'émérite ne pourront pas être cumulées avec les traitemens attachés à une fonction quelconque de l'Université.

125. Il sera établi une maison de retraite où les émérites pourront être reçus et entretenus aux frais de l'Université.

126. Les fonctionnaires de l'Université, attaqués, pendant l'exercice de leurs fonctions, d'une infirmité qui les empêcherait de les continuer, pourront être reçus dans la maison de retraite avant l'époque de leur éméritat.

127. Les membres des anciennes corporations enseignantes, âgés de plus de soixante ans, qui se trouveront dans le cas indiqué par les articles précédens, pourront être admis dans la maison de retraite de l'Université, ou obtenir une pension d'après la décision du grand-maître, auxquels ils adresseront leurs titres.

TITRE XVI. Des costumes.

128. Le costume commun à tous les membres de l'Université sera l'habit noir, avec une palme brodée en soie bleue sur la partie gauche de la poitrine.

129. Les régens et professeurs feront leurs leçons en robe d'étamine noire. Par-dessus la robe, et sur l'épaule gauche, sera placée la chausse, qui variera de couleur suivant les facultés, et de broder seulement suivant les grades.

130. Les professeurs de droit et de médecine conserveront leur costume actuel.

TITRE XVII. Des revenus de l'Université.

131. Les quatre cent mille francs de rentes inscrites sur le grand-livre, et appartenant à l'instruction publique, formeront l'apanage de l'Université impériale.

132. Toutes les rétributions payées pour collation des grades dans les facultés de théologie, des lettres et des sciences, seront versées dans le Trésor de l'Université.

133. Il sera fait au profit du même Trésor, un prélèvement d'un dixième sur les droits perçus dans les écoles de droit et de médecine, pour les examens et réceptions. Les neuf autres dixièmes continueront à être appliqués aux dépenses de ces facultés.

134. Il sera prélevé, au profit de l'Université et dans toutes les écoles de l'empire, un vingtième sur la rétribution payée par chaque élève pour son instruction.

Ce prélèvement sera fait par le chef de chaque école, qui en comptera, tous les trois mois au moins, au trésorier de l'Université impériale.

135. Lorsque la rétribution payée pour l'instruction des élèves sera confondue avec leurs pensions, les conseils académiques détermineront la somme à prélever sur chaque pensionnaire pour le Trésor de l'Université.

136. Il sera établi, sur la proposition du conseil de l'Université, et suivant les formes

adoptées par les réglemens d'administration publique, un droit du sceau pour tous les diplômes, brevets, permissions, etc., signés par le grand-maître, et qui seront délivrés par la chancellerie de l'Université. Le produit de ce droit sera versé dans le trésor de l'Université.

137. L'Université est autorisée à recevoir les donations et legs qui lui seront faits, suivant les formes prescrites par les réglemens d'administration publique.

Titre XVIII. Des dépenses de l'Université.

138. Les chancelier et trésorier auront chacun un traitement annuel de. . 15,000 f
Le secrétaire du conseil. 10,000
Les conseillers à vie. 10,000
Les conseillers ordinaires. . . . 6,000
Les inspecteurs et recteurs . . . 6,000
Les frais de tournées seront payés à part.

139. Il sera alloué, pour l'entretien annuel de chacune des facultés des lettres et des sciences qui seront établies dans les académies, une somme de cinq mille francs à dix mille francs.

140. Il sera fait un fonds annuel de trois cent mille francs pour l'entretien de trois cents élèves aspirans, et pour le traitement des professeurs, ainsi que pour les autres dépenses de l'école normale.

141. La somme destinée à l'entretien de la maison de retraite et à l'acquittement des pensions des émérites, est fixée, pour la première année, à cent mille francs.

Pour chacune des années suivantes, ce fonds sera réglé par le grand-maître, en conseil d'Université.

142. Le grand-maître emploiera la portion qui pourra rester des revenus de l'Université impériale après l'acquittement des dépenses 1° en pensions pour les membres de ce corps qui se rontle plus distingués par leurs services et leur attachement à ses principes ; 2° en placemens avantageux pour augmenter la dotation de l'Université.

Titre XIX. Dispositions générales.

143. L'Université impériale et son grand-maître, chargé exclusivement par nous du soin de l'éducation et de l'instruction publique dans tout l'empire, tendront sans relâche à perfectionner l'enseignement dans tous les genres, à favoriser la composition des ouvrages classiques; ils veilleront surtout à ce que l'enseignement des sciences soit toujours au niveau des connaissances acquises, et à ce que l'esprit de système ne puisse jamais en arrêter les progrès.

144 et dernier. Nous nous réservons de reconnaître et de récompenser d'une manière particulière les grands services qui pourront être rendus par les membres de l'Université pour l'instruction de nos peuples; comme aussi de réformer, et ce par des décrets pris en notre conseil, toute décision, statuts ou acte émané du conseil de l'Université ou du grand-maître, toutes les fois que nous le jugerons utile au bien de l'État.

17 mars 1808. — Décret qui nomme le grand-maître, le chancelier et le trésorier de l'Université. (4, Bull. 185, n° 3180.)

Art. 1er. Le sieur Fontanes, président du Corps-Législatif, est nommé grand-maître de l'Université.

2. Le sieur Villaret, évêque de Casal, est nommé chancelier.

3. Le sieur Delambre, secrétaire perpétuel de la première classe de l'Institut, est nommé trésorier.

17 mars 1808. — Décret concernant les juifs. (4, Bull. 186, n° 3210.)

Voy. décret du 30 mai 1806 (1).

Titre Ier.

Art. 1er. A compter de la publication du présent décret, le sursis prononcé par notre décret du 30 mai 1806, pour le paiement des créances des juifs, est levé.

2. Lesdites créances seront néanmoins soumises au dispositions ci-après.

3. Tout engagement pour prêt fait par des juifs à des mineurs, sans l'autorisation de leur tuteur ; à des femmes, sans l'autorisation de leur mari ; à des militaires, sans l'autorisation de leur capitaine si c'est un soldat ou sous-officier, du chef de corps si c'est un officier, sera nul de plein droit, sans que les porteurs ou cessionnaires puissent s'en prévaloir, et nos tribunaux autoriser aucune action ou poursuite (2).

---

(1) Exceptions au présent décret. Voy. art. 19 du présent décret, et décrets des 16 juin et 22 juillet 1808 ; du 11 avril 1810 ; du 26 décembre 1813.
Anciennement, des dispositions analogues régissaient les juifs dans l'Alsace et le comtat d'Avignon (S. 3, 2, 573, et 7, 2, 719).
Ce décret n'a pas été aboli par la Charte, et continue d'être applicable à toutes les créances souscrites au profit des juifs (25 juin 1817 ; Cass. S. 18, 1, 335). — Voy. dissertation, S. 16, 2, 17. — Voy. aussi S. 18, 1, 22. — Voy. au surplus l'article 18.
(2) Cet article, à la différence de l'article suivant, n'est pas applicable aux engagemens antérieurs à la publication du décret (7 juin 1810 ; Cass. S. 10, 1, 315).

4. Aucune lettre-de-change, aucun billet à ordre, aucune obligation ou promesse (1), souscrits par un de nos sujets non commerçant (2), au profit d'un juif, ne pourra être exigé sans que le porteur prouve que la valeur en a été fournie entière et sans fraude (3).

5. Toute créance dont le capital sera aggravé d'une manière patente ou cachée, par la cumulation d'intérêts à plus de cinq pour cent, sera réduite par nos tribunaux.

Si l'intérêt réuni au capital excède dix pour cent, la créance sera déclarée usuraire, et, comme telle, annulée (4).

6. Pour les créances légitimes et non usu-

---

(1) Cet article n'est pas applicable aux contrats dans lesquels il est fait mention que les espèces ont été comptées, nombrées et délivrées en bonnes espèces sonnantes, à la vue des notaires et des témoins (9 juillet 1811; Cass. S. 11, 1, 328. — 9 novembre 1812; Cass. S. 12, 1, 148. — 21 décembre 1813, Colmar; S. 14, 2, 294. — 6 décembre 1815; Cass. S. 16, 1, 185).

..... Sauf toutefois le cas où des faits articulés par le débiteur, et non désavoués par le juif, font suspecter la vérité du prêt en espèces (4 mai 1813, Colmar; S. 15, 2, 124).

La question de savoir si la numération des espèces résulte des termes de l'acte est abandonnée à la conscience des juges. Leur décision à cet égard ne peut être cassée (6 décembre 1815; Cass. S. 16, 1, 85).

Lorsqu'une obligation notariée mentionne la numération d'espèces de la part d'un juif à son emprunteur, si cette mention n'est pas suffisamment énoncée, il y a lieu d'ordonner une preuve supplétive; on ne peut se permettre d'annuler l'obligation (24 janvier 1815; Cass. S. 15, 1, 260.)

Cet article embrasse les obligations notariées, comme les obligations privées (30 avril 1811; Cass. S. 11, 1, 234).

Il comprend même les obligations authentiques et les transactions antérieures (24 avril 1809, Trèves; S. 10, 2, 3).

(2) Sont considérés comme commerçans, dans le sens de cet article, tous ceux dont les effets sont réputés effets de commerce, notamment les percepteurs des contributions publiques (20 mars 1810, Colmar; S. 10, 2, 237).

Les boulangers ne sont point réputés commerçans dans le sens de cet article (28 février 1811; Cass. S. 11, 1, 234).

Un aubergiste peut être réputé commerçant; le décret ne distingue pas entre les commerçans en gros et les commerçans en détail (26 juin 1821; Cass. S. 21, 1, 302).

Décidé dans le même sens, qu'il n'y a pas de distinction à faire entre les commerçans en gros et les commerçans en détail (24 janvier 1815; Cass. S. 15, 1, 260).

Un aubergiste est commerçant dans le sens de cet article; peu importe, d'ailleurs, pour l'application, que l'obligation ne soit pas commerciale : il suffit que le débiteur soit commerçant (19 avril 1809, Trèves; S. 9, 2, 408).

Le débiteur d'une lettre-de-change, qui n'exerce pas publiquement le commerce, peut exciper de ce décret, quand même la lettre, originairement passée au profit d'un juif, a été endossée à un chrétien (28 avril 1809, Trèves; S. 10, 2, 1).

Si, de deux débiteurs solidaires d'un juif, l'un est commerçant et l'autre non commerçant, on peut opposer les dispositions du décret (25 février 1809, Colmar; S. 11, 2, 9).

(3) L'obligation imposée aux juifs par ce décret n'offre d'exception qu'en faveur de la personne de leurs débiteurs; cette exception n'appartient pas aux créanciers des débiteurs (10 janvier 1809, Colmar; S. 10, 8, 228).

Jugé en sens contraire (22 avril 1813, Colmar; S. 15, 2, 125).

Le débiteur d'un juif doit opposer expressément l'exception que lui offre cet article; les juges ne sont pas obligés d'ordonner d'office que le juif établira que la valeur a été fournie entière et sans fraude (7 juin 1810; Cass. S. 10, 1, 315).

L'exception résultant de cet article peut être proposée par le débiteur, par voie d'action, comme par voie d'exception (29 juin 1810, Colmar; S. 11, 2, 60. — 28 avril 1809, Trèves; S. 10, 2, 6).

L'article est opposable aux cessionnaires du juif, comme au juif même (8 juin 1810, Colmar; S. 12, 2, 381).

Lorsque la créance d'un juif a été souscrite par deux époux communs, et seulement pour la communauté, si le mari a renoncé au bénéfice du décret, la femme ne peut plus, même du consentement de son mari, en exciper (1er août 1810, Trèves; S. 11, 2, 225).

L'article est applicable encore que dans l'acte le débiteur ait renoncé à exciper du décret (23 janvier 1817; Cass. S. 18, 1, 22).

Il est applicable encore bien que la renonciation ait été renouvelée par un acte postérieur (19 août 1831, Colmar; S. 32, 2, 8).

Lorsqu'un débiteur a reconnu la légitimité de la dette par un compromis, il ne peut réclamer la preuve supplétive de l'obligation (1er août 1820; Cass. S. 21, 1, 302).

L'article n'est pas applicable aux créances à l'égard desquelles il y a jugemens ou arrêts passés en force de chose jugée avant la promulgation du décret (19 juin 1811; Cass. S. 11, 1, 269. — 21 décembre 1813, Colmar; S. 14, 2, 290. — 5 février 1812; Cass. S. 12, 1, 228).

Les juifs étrangers sont soumis, comme les juifs français, à l'obligation de prouver qu'ils ont fourni des valeurs entières et sans fraude (10 août 1813; Cass. S. 14, 1, 3).

Encore qu'il s'agisse d'une lettre-de-change souscrite hors du territoire français (11 juin 1811, Colmar; S. 12, 2, 9).

(4) Cet article n'est pas applicable à des créances à l'égard desquelles il y avait jugement acquiescé avant la loi (10 avril 1809, Paris; S. 9, 2, 273).

raires, nos tribunaux sont autorisés à accorder aux débiteurs des délais conformes à l'équité.

TITRE II.

7. Désormais, et à dater du 1er juillet prochain, nul juif ne pourra se livrer à aucun commerce, négoce ou trafic quelconque, sans avoir reçu, à cet effet, une patente du préfet du département, laquelle ne sera accordée que sur des informations précises, et que sur un certificat : 1° du conseil municipal, constatant que le ledit juif ne s'est livré ni à l'usure, ni à un trafic illicite; 2° du consistoire de la synagogue dans la circonscription de laquelle il habite, attestant sa bonne conduite et sa probité.

8. Cette patente sera renouvelée tous les ans.

9. Nos procureurs généraux près nos cours sont spécialement chargés de faire révoquer lesdites patentes, par une décision spéciale de la cour, toutes les fois qu'il sera à leur connaissance qu'un juif patenté fait l'usure, ou se livre à un trafic frauduleux.

10. Tout acte de commerce fait par un juif non patenté sera nul et de nulle valeur (1).

11. Il en sera de même de toute hypothèque prise sur des biens d'un juif non patenté, lorsqu'il sera prouvé que ladite hypothèque a été prise pour une créance résultant d'une lettre-de-change, ou pour un fait quelconque de commerce, négoce ou trafic.

12. Tous contrats ou obligations souscrites au profit d'un juif non patenté, pour des causes étrangères au commerce, négoce ou trafic, pourront être revisés par suite d'une enquête du débiteur. Le débiteur sera admis à prouver qu'il y a usure ou résultat d'un trafic frauduleux; et, si la preuve est acquise, les créances seront susceptibles, soit d'une réduction arbitrée par le tribunal, soit d'annulation, si l'usure excède dix pour cent.

13. Les dispositions de l'article 4, titre Ier, du présent décret, sur les lettres-de-change, billets à ordre, etc., sont applicables à l'avenir comme au passé.

14. Nul juif ne pourra prêter sur nantissement à des domestiques ou gens à gages; et il ne pourra prêter sur nantissement à d'autres personnes, qu'autant qu'il en sera dressé acte par un notaire, lequel certifiera dans l'acte, que les espèces ont été comptées en sa présence et celle des témoins, à peine de perdre tout droit sur les gages, dont nos tribunaux et cours pourront en ce cas ordonner la restitution gratuite.

15. Les Juifs ne pourront, sous les mêmes peines, recevoir en gage les instrumens, ustensiles, outils et vêtemens des ouvriers, journaliers et domestiques.

TITRE III.

16. Aucun juif non actuellement domicilié dans nos départemens du Haut et du Bas-Rhin ne sera désormais admis à y prendre domicile.

Aucun juif non actuellement domicilié ne sera admis à prendre domicile dans les autres départemens de notre empire, que dans le cas où il y aura fait l'acquisition d'une propriété rurale, et se livrera à l'agriculture, sans se mêler d'aucun commerce, négoce ou trafic.

Il pourra être fait des exceptions aux dispositions du présent article, en vertu d'une autorisation spéciale émanée de nous.

17. La population juive, dans nos départemens, ne sera point admise à fournir des remplaçans pour la conscription : en conséquence, tout juif conscrit sera assujéti au service personnel.

Dispositions générales.

18. Les dispositions contenues au présent décret auront leur exécution pendant dix ans, espérant qu'à l'expiration de ce délai, et par l'effet des diverses mesures prises à l'égard des juifs, il n'y aura plus aucune différence entre eux et les autres citoyens de notre empire; sauf néanmoins, si notre espérance était trompée, à en proroger l'exécution, pour tel temps qu'il sera jugé convenable.

19. Les juifs établis à Bordeaux et dans les départemens de la Gironde et des Landes, n'ayant donné lieu à aucune plainte, et ne se livrant pas à un trafic illicite, ne sont pas compris dans les dispositions du présent décret.

20. Les ministres sont chargés de l'exécution du présent décret.

---

17 MARS 1808. — Décret qui ordonne l'exécution d'un réglement du 10 décembre 1806, sur les juifs. (4, Bull. 187, n° 3237.)

Voy. décret du 30 MAI 1806 ; décrets du même jour 17 MARS 1808, du 20 JUILLET 1808 ; avis du Conseil-d'Etat du 10 SEPTEMBRE 1808, du 19 OCTOBRE 1808, du 5 SEPTEMBRE 1810, du 9 FÉVRIER 1811.

Le réglement délibéré dans l'assemblée générale des juifs tenus à Paris, le 10 décembre 1806, sera exécuté et annexé au présent décret.

---

(1) L'endossement d'une lettre-de-change est un acte de commerce : il est nul lorsqu'il est passé par un juif non patenté (21 février 1814; Cass. S. 14, 1, 177).

Les députés composant l'assemblée des israélites, convoqués par décret du 30 mai 1806, après avoir entendu le rapport de la commission des Neuf, nommée pour préparer les travaux de l'assemblée, délibérant sur l'organisation qu'il conviendrait de donner à leurs coréligionnaires de l'empire français et du royaume d'Italie, relativement à l'exercice de leur culte, et à sa police intérieure, ont adopté unanimement le projet suivant.

Art. 1er. Il sera établi une synagogue et un consistoire israélite dans chaque département renfermant deux mille individus professant la religion de Moïse.

2. Dans le cas où il ne se trouvera pas deux mille israélites dans un seul département, la circonscription de la synagogue consistoriale embrassera autant de départemens, de proche en proche, qu'il en faudra pour les réunir. Le siége de la synagogue sera toujours dans la ville dont la population israélite sera la plus nombreuse.

3. Dans aucun cas, il ne pourra y avoir plus d'une synagogue consistoriale par département.

4. Aucune synagogue particulière ne sera établie, si la proposition n'en est faite par la synagogue consistoriale à l'autorité compétente. Chaque synagogue particulière sera administrée par deux notables et un rabbin, lesquels seront désignés par l'autorité compétente.

5. Il y aura un grand rabbin par synagogue consistoriale.

6. Les consistoires seront composés d'un grand rabbin, d'un autre rabbin, autant que faire se pourra, et de trois autres israélites, dont deux seront choisis parmi les habitans de la ville où siégera le consistoire.

7. Le consistoire sera présidé par le plus âgé de ses membres, qui prendra le nom d'*ancien* du consistoire.

8. Il sera désigné par l'autorité compétente, dans chaque circonscription consistoriale, des notables, au nombre de vingt-cinq, choisis parmi les plus imposés et les plus recommandables des israélites.

9. Ces notables procéderont à l'élection des membres du consistoire, qui devront être agréés par l'autorité compétente.

10. Nul ne pourra être membre du consistoire, 1° s'il n'a trente ans; 2° s'il a fait faillite, à moins qu'il ne soit honorablement réhabilité; 3° s'il est connu pour avoir fait l'usure.

11. Tout israélite qui voudra s'établir en France ou dans le royaume d'Italie devra en donner connaissance, dans le délai de trois mois, au consistoire le plus voisin du lieu où il fixera son domicile.

12. Les fonctions du consistoire seront:
1° De veiller à ce que les rabbins ne puissent donner, soit en public, soit en particulier, aucune instruction ou explication de la loi, qui ne soit conforme aux réponses de l'assemblée, converties en décisions doctrinales par le grand-sanhédrin;

2° De maintenir l'ordre dans l'intérieur des synagogues, surveiller l'administration des synagogues particulières, régler la perception et l'emploi des sommes destinées aux frais du culte mosaïque, et veiller à ce que, pour cause ou sous prétexte de religion, il ne se forme, sans une autorisation expresse, aucune assemblée de prières;

3° D'encourager, par tous les moyens possibles, les israélites de la circonscription consistoriale à l'exercice des professions utiles, et de faire connaître à l'autorité ceux qui n'ont pas des moyens d'existence avoués;

4° De donner, chaque année, à l'autorité, connaissance du nombre de conscrits israélites de la circonscription.

13. Il y aura à Paris un consistoire central composé de trois rabbins et de deux autres Israélites.

14. Les rabbins du consistoire central seront pris parmi les grands rabbins; et les autres membres seront assujétis aux conditions de l'éligibilité portée à l'article 10.

15. Chaque année il sortira un membre du consistoire central, lequel sera toujours rééligible.

16. Il sera pourvu à son remplacement par les membres restans. Le nouvel élu ne sera installé qu'après avoir obtenu l'agrément de l'autorité compétente.

17. Les fonctions du consistoire central seront: 1° de correspondre avec les consistoires; 2° de veiller dans toutes ses parties à l'exécution du présent réglement; 3° de déférer à l'autorité compétente toutes les atteintes portées à l'exécution dudit réglement, soit par infraction, soit par inobservation; 4° de confirmer la nomination des rabbins, et de proposer, quand il y aura lieu, à l'autorité compétente, la destitution des rabbins et des membres des consistoires.

18. L'élection du grand rabbin se fera par les vingt-cinq notables désignés dans l'art. 8.

19. Le nouvel élu ne pourra entrer en fonctions qu'après avoir été confirmé par le consistoire central.

20. Aucun rabbin ne pourra être élu: 1° s'il n'est natif ou naturalisé Français ou Italien du royaume d'Italie; 2° s'il ne rapporte une attestation de capacité, souscrite par trois grands rabbins italiens, s'il est Italien, et français, s'il est Français; et, à dater de 1820, s'il ne sait la langue française en France, et l'italienne dans le royaume d'Italie: celui qui joindra à la connaissance de la langue hébraïque quelque connaissance des langues grecque et latine sera préféré, toutes choses égales d'ailleurs.

21. Les fonctions des rabbins sont : 1° d'enseigner la religion; 2° la doctrine renfermée dans les décisions du grand san-hédrin; 3° de rappeler en toute circons-tance l'obéissance aux lois, notamment et en particulier à celles relatives à la défense de la patrie, mais d'y exhorter plus spéciale-ment tous les ans, à l'époque de la conscrip-tion, depuis le premier appel de l'autorité jusqu'à la complète exécution de la loi ; 4° De faire considérer aux israélites le service militaire comme un devoir sacré, et de leur déclarer que, pendant le temps où ils se consacreront à ce service, la loi les dis-pense des observances qui ne pourraient point se concilier avec lui ; 5° de prêcher dans les synagogues, et réciter les prières qui s'y font en commun pour l'empereur et la famille impériale; 6° de célébrer les maria-ges, et de déclarer les divorces, sans qu'ils puissent, dans aucun cas, y procéder que les parties requérantes ne leur aient bien et dû-ment justifié de l'acte civil de mariage ou de divorce.

22. Le traitement des rabbins membres du consistoire central est fixé à six mille francs; celui des grands rabbins des synagogues con-sistoriales, à trois mille francs; celui des rabbins des synagogues particulières sera fixé par la réunion des israélites qui auront demandé l'établissement de la synagogue; il ne pourra être moindre de mille francs. Les israélites des circonscriptions respectives pourront voter l'augmentation de ce traite-ment.

23. Chaque consistoire proposera à l'auto-rité compétente un projet de répartition en-tre les israélites de la circonscription, pour l'acquittement du salaire des rabbins; les au-tres frais du culte seront déterminés et ré-partis, sur la demande des consistoires, par l'autorité compétente. Le paiement des rab-bins membres du consistoire central sera prélevé proportionnellement sur les som-mes perçues dans les différentes circonscrip-tions.

24. Chaque consistoire désignera hors de son sein un israélite non rabbin, pour re-cevoir les sommes qui devront être perçues dans la circonscription.

25. Ce receveur paiera par quartier les rabbins, ainsi que les autres frais du culte, sur une ordonnance signée au moins par trois membres du consistoire. Il rendra ses comptes chaque année, à jour fixe, au con-sistoire assemblé.

26. Tout rabbin qui, après la mise en ac-tivité du présent réglement, ne se trouvera pas employé, et qui voudra cependant con-server son domicile en France ou dans le royaume d'Italie, sera tenu d'adhérer, par une déclaration formelle, et qu'il signera, aux décisions du grand-sanhédrin. Copie de cette déclaration sera envoyée par le con-sistoire qui l'aura reçue au consistoire cen-tral.

27. Les rabbins membres du grand-san-hédrin seront préférés, autant que faire se pourra, à tous autres pour les places de grands rabbins.

28. Les ministres de l'intérieur et des cul-tes sont chargés de l'exécution du présent décret.

---

17 MARS 1808. — Décret qui prescrit des me-sures pour l'exécution du réglement du 10 dé-cembre 1806 concernant les juifs. (4 , Bull. 187, n° 3238.)

Voy. décret du même jour 17 MARS 1808, et le réglement du 10 DÉCEMBRE 1806.

Art. 1er. Pour l'exécution de l'art. 1er du réglement délibéré par l'assemblée générale des juifs, exécution qui a été ordonnée par notre décret de ce jour, notre ministre des cultes nous présentera le tableau des synago-gues consistoriales à établir, leur circonscrip-tion, et le lieu de leur établissement.

Il prendra préalablement l'avis du con-sistoire central.

Les départemens de l'empire qui n'ont pas actuellement de population israélite se-ront classés, par un tableau supplémentaire, dans les arrondissemens des synagogues con-sistoriales, pour les cas où, des israélites ve-nant à s'y établir, ils auraient besoin de re-courir à un consistoire.

2. Il ne pourra être établi de synagogue particulière, suivant l'article 4 dudit régle-ment, que sur l'autorisation donnée par nous en Conseil-d'État, sur le rapport de notre ministre des cultes, et sur le vu : 1° de l'avis de la synagogue consistoriale, 2° de l'avis du consistoire central, 3° de l'avis du préfet du département, 4° de l'état de la po-pulation israélite que comprendra la synago-gue nouvelle.

La nomination des administrateurs des synagogues particulières sera faite par le consistoire départemental, et approuvé par le consistoire central.

Le décret d'établissement de chaque syna-gogue particulière en fixera la circonscrip-tion.

3. La nomination des notables dont il est parlé en l'article 8 dudit réglement sera faite par notre ministre de l'intérieur, sur la pré-sentation du consistoire central, et l'avis des préfets.

4. La nomination des membres des consis-toires départementaux sera présentée à notre approbation par notre ministre des cultes, sur l'avis des préfets des départemens compris dans l'arrondissement de la synagogue.

5. Les membres du consistoire central dont il est parlé à l'article 13 dudit réglement,

seront nommés pour la première fois par nous, sur la présentation de notre ministre des cultes, et parmi les membres de l'assemblée générale des juifs ou du grand-sanhédrin.

6. Le même ministre présentera à notre approbation le choix du nouveau membre du consistoire central, qui sera désigné chaque année selon les articles 15 et 16 dudit réglement.

7. Le rôle de répartition dont il est parlé à l'article 23 dudit réglement sera dressé par chaque consistoire départemental, divisé en autant de parties qu'il y aura de départemens dans l'arrondissement de la synagogue, soumis à l'examen du consistoire central et rendu exécutoire par les préfets de chaque département (1).

8. Les ministres de l'intérieur et des cultes sont chargés de l'exécution du présent décret.

19 MARS 1808. — Avis du Conseil-d'Etat sur les rentes, redevances et prestations féodales supprimées dans les 27ᵉ et 28ᵉ divisions militaires. (4, Bull. 188, n° 3251.)

Le Conseil-d'Etat, qui, d'après le renvoi ordonné par sa majesté, a entendu le rapport de la section des finances sur celui du ministre de ce département, tendant à faire distinguer les rentes et redevances qui ne doivent point être comprises dans l'abolition des droits féodaux dans les départemens composant le ci-devant Piémont ;

Considérant que les lois, réglemens, décrets, et les avis du Conseil-d'Etat approuvés par sa majesté, relatifs aux redevances et prestations féodales, ont été publiés dans les départemems des 27ᵉ et 28ᵉ divisions militaires, en vertu d'un décret de sa majesté, du 4 thermidor an 13; qu'en conséquence toutes les questions de féodalité qui peuvent s'élever en Piémont doivent être résolues d'après le droit commun qui régit la matière,

Est d'avis que toutes les rentes, redevances et prestations féodales, supprimées dans l'ancienne France, le sont également dans les départemens composant les 27ᵉ et 28ᵉ divisions militaires.

19 MARS 1808. — Décret qui ordonne la publication de plusieurs articles de la loi du 1ᵉʳ décembre 1790, sur les domaines nationaux, dans les 27ᵉ et 28ᵉ divisions militaires. (4, Bull. 188, n° 3252.)

Art. 1ᵉʳ. Les articles 1, 2, 3, 4, 5 de la

loi du 1ᵉʳ décembre 1790, concernant la nature du domaine national et ses principales divisions : les articles 8, 9, 13 de la même loi, indiquant comment et à quelles conditions les domaines nationaux peuvent être aliénés, et les articles 32, 33, 34, 36 et 38, contenant des dispositions générales sur les domaines nationaux, seront publiés dans les départemens qui composent les 27ᵉ et 28ᵉ divisions militaires, ainsi que dans l'arrondissement de San-Remo.

2. Le grand-juge, ministre de la justice, et le ministre des finances, sont chargés de l'exécution du présent décret.

19 MARS 1808. — Décret sur la délivrance des certificats de vie exigés des militaires pour le paiement de leur solde de retraite. (4, Bull. 188, n° 3253.)

Art. 1ᵉʳ. Les certificats de vie exigés des militaires pour le paiement de leur solde de retraite seront délivrés par les maires de leurs communes respectives, sans l'intervention de deux témoins, sauf à eux à prendre les mesures nécessaires pour s'assurer de l'identité des individus dont ils certifient l'existence.

2. Nos ministres de la guerre et du Trésor public sont chargés de l'exécution du présent décret.

19 MARS 1808. — Décret qui réduit et fixe à cent cinquante le nombre des avoués près le tribunal de première instance du département de la Seine. (Mon. n° 86.)

N....... vu les arrêtés consulaires des 9 prairial et 3 messidor an 8, portant fixation du nombre des avoués près la cour de justice criminelle et le tribunal de première instance du département de la Seine, et la loi du 29 pluviose an 9, qui autorise les avoués près les tribunaux civils à exercer leurs fonctions près les tribunaux criminels;

Considérant que le nombre des avoués au tribunal de première instance du département de la Seine est hors de toute proportion avec les affaires existantes, et qu'il en résulte des abus et des désordres préjudiciables également et au public et à ceux des avoués qui exercent leur profession avec honneur.

Nous avons décrété et décrétons ce qui suit :

Art. 1ᵉʳ. Le nombre des avoués près le tribunal de première instance du département

(1) Encore que les lois des 28 avril 1816 et 25 mars 1817 aient interdit toutes contributions autres que celles autorisées ou maintenues par lesdites lois, et qu'il n'y soit point question des frais du culte israélite, les préfets ont dû néan-

moins rendre les exécutoires des rôles de répartition dressés par les consistoires en la forme prescrite par le décret du 10 décembre 1806 (28 juillet 1819, ord. J. C. 5, 181).

de la Seine demeure réduit et fixé à cent cinquante. Dans ce nombre sont compris les avoués exerçant près la cour de justice criminelle.

2. Les cent cinquante avoués compris dans l'état que nous aurons approuvé de ceux qui seront conservés, déposeront dans le délai de trois mois, au plus tard, à la caisse d'amortissement, le montant des cautionnemens fournis par les avoués supprimés.

Ceux-ci seront remboursés en remplissant les formalités prescrites par les réglemens.

19 MARS 1808. — Décrets qui ordonnent le paiement de pensions accordées à des veuves de militaires. (4, Bull. 191, n°ˢ 3321 et 3322.)

19 MARS 1808. — Avis du Conseil-d'Etat (Registres de l'état civil.) *Voy.* 30 MARS 1808.

24 MARS 1808. — Décret qui ordonne la publication de la loi du 22 ventose an 12, etc., dans les écoles de droit, dans les arrondissemens de Parme , de Plaisance et de Fiorenzola. (4, Bull. 187, n° 3239.)

25 MARS 1808. — Décret contenant la liste des cent cinquante avoués près le tribunal de première instance du département de la Seine, maintenus dans leurs fonctions d'après le décret du 19 mars , et relatif à l'indemnité des avoués supprimés en vertu du même décret. (Mon. n° 86.)

Art. 1ᵉʳ. Sont maintenus dans leurs fonctions d'avoués près la cour de justice criminelle et le tribunal de première instance du département de la Seine, les dénommés ci-après , savoir :

Avoué nommé avant la loi du 29 pluviose an 9, pour exercer ses fonctions près la cour de justice criminelle.

Duprat.

Avoués qui ont été nommés pour exercer leurs fonctions près le tribunal de première instance.

Angelot, Ballot, Barbier, Bastard, Baudeloque, Bergeron-d'Anguy, Bligny, Boisgarnier, Boivin aîné (Louis-Quentin), Boucault, Bouilly de Doré, Bourdon, Bouriau, Bouricart, Bournizet, Boutin, Brice-d'Uzy, Briden, Brunel, Bureau, Camuzet, Candou de Sarry, Caumartin, Cavaignac, Cavilier, Cazin, Champagnon, Chappe, Charpentier, Chasseray, Chauveau, Chevalier, Chignard, Cirodde, Cloiseau, Coppeau, Cousin, Crépin, Decagny, Dechatonru, Decormeille, Degendron, Delahaye aîné (Jean-Pierre), Delamotte-Bevières (Claude-Antoine), Delamotte jeune (Pierre-Nicolas), Denise, Deroucy, Desaul-

les, Deschamps, Deseffeuillées, Desrez, Desvignes, Ducancel , Despréaux-Saint-Sauveur, Ducluzeau-Chenevière, Ducrot, Dupuis aîné (Brice-Jean), Duvergier, Fureau-Latour , Fleuran, Folâtre, Foulon jeune (Louis-François-Charles), François aîné (Claude-Jacques-Philippe), François jeune (Jean-Claude), Froidure, Gellé, Genreau, Geuffron aîné (Eloi-François), Geuffron jeune (Pierre-Denis), Girault, Glaizot, Glandaz , Godard , Godot, Goujet-Desfontaines, Gracien, Grandjean jeune (Pierre-Etienne-Henri), Grandpierre, Guillonet-Merville, Hardy, Hésèque, Hocquet, Hubert, Huguin, Jacquinot, Juge, Laboissière, Labarre, Labite, Lallemand, Lambert-de-Sainte-Croix, Laurant-du-Rozay, Lefèbvre d'Aumale (Charles-François-Félix), Lefèvre aîné (Claude), Lefèvre de Saint-Marie (Michel-Toussaint), Lemit, Lepage, Lorélut, Lot, Malafait, Margueré, Martin (Jean-Frédéric), Martinon, Massé - Decormeille, Masson, Mauny, Maurey aîné (Jean-François), Maurey jeune (François-André, Meyssin, Mérigot, Miroffle, Mizeron, Noël aîné (Joseph), Nonclair, Normand, Pantin, Paris aîné (Jean-Simon), Paris jeune (François-Marie), Passé, Paty, Perache, Perin - Serigny, Petel, Pezé, Picot, Pillaut-Debit, Pillettes, Prud'hommes Quenescourt, Quillaux, Rainville, Regley, Richomme, Rose, Royer, Ruelle, Sagnier, Sainte-Marthe, Sandrin, Simon aîné (Pierre - Nicolas), Taillandier, Tripier, Turpin, Valton, Vavasseur-Desperiers, Viault, Violette, Voisin.

2. Ceux des avoués actuellement en exercice près la cour de justice criminelle et le tribunal de première instance du département de la Seine qui ne se trouvent point compris au nombre des cent cinquante avoués ci-dessus dénommés, cesseront leurs fonctions à dater du 1ᵉʳ juillet prochain.

3. Les avoués supprimés par notre présent décret seront indemnisés de la perte de leur pratique par ceux qui sont maintenus, sans préjudice aux recouvremens qu'ils pourront avoir à exercer à l'époque où ils cesseront leurs fonctions, lesquels leur sont réservés.

4. Cette indemnité sera fixée en masse, et supportée, à portions égales, par les cent cinquante avoués maintenus ; elle sera pareillement répartie à portions égales entre tous les avoués supprimés.

5. Il sera incessamment procédé à la fixation de ladite indemnité, ainsi qu'aux répartitions dont elle sera suivie, par les sieurs Berthereau , président de notre tribunal de première instance séant à Paris ; Lebeau , vice-président, et Sylvestre de Chanteloup, juge au même tribunal.

6. Lesdits commissaires prendront toutes les mesures et se feront remettre toutes les pièces, renseignemens et documens qu'ils ju-

geront nécessaires pour exécuter, de la manière la plus équitable, les opérations dont ils sont chargés par notre présent décret ; ils statueront définitivement et en dernier ressort, sur toutes les difficultés qui pourraient s'élever.

7. Pour faciliter aux cent cinquante avoués maintenus le paiement de l'indemnité dont ils sont tenus envers les avoués supprimés, nous leur faisons remise de l'augmentation de cautionnement ordonnée par l'article 2 de notre décret du 19 de ce mois.

25 MARS 1808. — Décret contenant la liste des avoués près le tribunal de première instance du département de la Seine , supprimés en vertu du décret du 19 mars, et qui leur accorde les places d'avoués à Paris , et celles de greffiers près les cours, les tribunaux et justices de paix , qui viendront à vaquer jusqu'au 1er janvier 1815. (Mon. n° 92.)

Art. 1er. Les places d'avoués à Paris , et celles de greffiers près nos cours, tribunaux et justice de paix , qui viendront à vaquer d'ici au 1er janvier 1815, seront accordées à ceux des avoués ci-après dénommés, qui perdent leur état en conséquence de notre décret de ce jour, et contre lesquels aucune plainte ne nous est parvenue :

Du tribunal de première instance.

Aviat, Bagault, Razin, Boivin jeune, Boussière, Brunot, Chaslin jeune, Choel, Choslin, Contant, Corbin, Dassonvillers, Debruges, Delhomel, Desbois, Desétangs, Devercy, Dourif, Duparc, Duquenel, Duvant, Favier, Foignet, Gaillon, Grandjean l'aîné (Pierre-Anselme), Guérignon, Jacquotot, Joly, Lacan, Lauthenois, Launoyla-Creuse, Laurent (François), Leclerc, Legendre, Lesieur, Lobjois, Maigret, Maris, Martin-Saint-Sémera, Poujol, Pomageot, Prague, Templier, Remy, Trecourt, Vains-Lasaussaye.

De la cour de justice criminelle.

(De Lorme Roussial.)

2. Notre grand-juge, ministre de la justice, nous fera un rapport sur chacun des trentesept avoués qui ont été portés sur les listes mises sous nos yeux, comme n'ayant donné lieu, de la part du public, qu'à quelques plaintes légères, afin que ceux dont la probité et les lumières seront reconnues obtiennent de nous un emploi qui les dédommage de la perte de leur état.

3. Quant à ceux qui, selon les notes transmises par les différens officiers de nos tribunaux, ont donné lieu à des plaintes graves, ils seront écartés de toutes fonctions judiciaires.

4. Toutes les fois que notre grand-juge, ministre de la justice, nous proposera de nommer à des places d'avoués à Paris, ou de greffier près de nos cours, tribunaux et justices de paix, il nous fera connaître ou que les avoués auxquels il est dans notre intention d'accorder des emplois en exécution des articles 1er et 2 du présent décret sont placés, ou que les emplois alors vacans ne sont point à leur convenance.

29 MARS 1808. — Avis du Conseil-d'Etat. (Timbre.) Voy. 1er AVRIL 1808.

30 MARS 1808. — Décret contenant réglement pour la police et la discipline des cours et tribunaux. (4, Bull. 188, n° 3245.)

Voy. loi du 27 VENTOSE an 8 ; loi du 20 AVRIL 1810 ; décrets du 6 JUILLET 1810, du 18 AOUT 1810, du 22 MARS 1813.

TITRE Ier. Des cours d'appel.

SECTION Ire. Du rang des juges entre eux et pour leur service.

Art. 1er. Le premier président d'une cour d'appel composée de plusieurs chambres présidera celle à laquelle il voudra s'attacher : il présidera les autres chambres au moins une fois par semestre, et quand il le jugera convenable.

2. Lorsque le premier président sera dans le cas d'être suppléé pour des fonctions qui lui sont spécialement attribuées, il sera remplacé par le plus ancien des présidens.

Si la cour n'est pas divisée en plusieurs chambres, le président sera suppléé par le doyen.

3. Le premier président et les présidens seront, en cas d'empêchement, remplacés, pour le service de l'audience, par le juge présent le plus ancien dans l'ordre des nominations.

4. En cas d'empêchement d'un juge, il sera, pour compléter le nombre indispensable, remplacé par un juge d'une autre chambre qui ne tiendrait pas audience, ou qui se trouverait avoir plus de juges que le nombre nécessaire (1).

5. Il sera fait chaque année un roulement de juges, d'une chambre à l'autre, à l'exception du doyen, qui en sera dispensé, et

(1) Lorsqu'une chambre d'une cour manque de juges, elle peut se compléter avec les juges d'une autre chambre ; elle est légalement composée, encore que la majorité des juges, et même le président, soient appelés des autres chambres. Voy. articles 18 et 40 , décret du

qui restera attaché à la chambre présidée habituellement par le premier président.

Ce roulement aura lieu de telle manière qu'il sorte de chaque chambre la majorité des membres, qui seront répartis dans les autres chambres le plus également possible, et encore de manière que les juges passent successivement dans toutes les chambres (1).

6. Néanmoins celui qui aurait été nommé rapporteur dans la chambre dont il serait ensuite sorti par le roulement, reviendra dans cette chambre pour y faire les rapports dont il aurait été chargé.

7. Il sera, en conséquence, dressé deux listes des juges, l'une de rang, l'autre de service.

La première, formée suivant l'ordre des nominations, établira le rang dans les cérémonies publiques, dans les assemblées de la cour, et même entre les juges se trouvant ensemble dans une même chambre.

La seconde liste sera dressée pour régler l'ordre du service ; elle sera renouvelée chaque année dans la huitaine qui précédera les vacances (2).

8. Chaque juge sera, lors de sa nomination, placé le dernier dans la liste de rang : il remplacera, sur la liste de service, le juge dont la démission ou le décès a donné lieu à sa nomination (3).

Section II. De la tenue des audiences.

9. Il sera fait, dans chaque cour d'appel, sur le nombre des audiences nécessaires pour la plus prompte expédition des affaires, un réglement particulier, qui sera soumis à notre approbation.

10. Chaque audience sera au moins de trois heures.

Le temps destiné aux audiences ne devra être employé ni à d'autres fonctions ni aux assemblées générales de la cour.

11. Chaque juge sera tenu, avant l'heure fixée pour l'audience, de se faire inscrire sur le registre de pointe. Ce registre sera, avant de commencer l'audience, arrêté et signé par le président de la chambre, ou par le juge qui le remplacera.

12. Sera aussi soumis à la pointe, comme s'il avait été absent d'une audience, le juge qui ne se rendrait pas à une assemblée générale des membres de la cour, que le premier président pourra convoquer, pour ce qui tient au service intérieur et à la discipline des officiers ministériels.

13. Les droits d'assistance, ainsi qu'ils sont réglés par la loi, n'appartiendront qu'aux membres présens. Néanmoins les absens pour cause de maladie attestée par un officier de santé, dont le certificat demeurera déposé au greffe, ne perdront point leur droit d'assistance, mais ils ne participeront à aucun accroissement.

14. Les absens, pour quelque cause que ce soit, même par un congé, si ce n'est pour un service public, ne jouiront point, pendant leur absence, des droits d'assistance, et ne participeront point à ceux qui seront distribués à raison de l'absence des autres.

L'absent ne pourra s'excuser sur ce que les juges se seraient trouvés en nombre suffisant.

Le juge qui ne se trouvera pas au moment de la signature du registre de pointe perdra son droit de présence à cette audience, lors même qu'il y aurait assisté.

6 juillet 1810 (18 mai 1814; Cass. S. 15, 1; 29).

L'arrêt auquel ont concouru des conseillers étrangers à la chambre qui a statué énonce suffisamment que les conseillers remplacés étaient dans le cas d'un empêchement légitime, par cela seul qu'il porte que les conseillers étrangers à la chambre ont été appelés pour la compléter ; il n'est pas nécessaire d'exprimer quel est l'empêchement qui a légitimé le remplacement (19 février 1819; Cass. S. 19, 1, 306 — 19 mai 1830; Cass. S. 30, 1, 216) .....ni de suivre l'ordre du tableau (29 juin 1825, Cass. S. 26, 1, 410; D. 25, 1, 353. — 19 mai 1828, Cass. S. 28, 1, 440; D. 28, 1, 248. — 6 juillet 1829; Cass. S. 29, 1, 399; D. 29, 1, 290; P. 46, 333)

Cet article n'est pas applicable au mode d'adjonction de nouveaux juges pour le cas de partage d'opinions dans une cour royale (6 avril 1831; Cass. S. 31, 1, 173; D. 31, 1, 117). — Voy. décret du 6 juillet 1810, article 9.

(1) Lorsque, par l'effet du roulement annuel, un ou plusieurs conseillers seront sortis d'une chambre devant laquelle les plaidoiries auront eu lieu, ils pourront y être rappelés pour la pro-

nonciation de l'arrêt (1er juillet 1818; Cass. S. 19, 1, 258). — Voy. décret du 6 juillet 1810, article 15.

On peut même appeler tous ceux qui ont assisté aux plaidoiries, et non pas seulement ceux qui sont nécessaires pour compléter le nombre de sept (18 août 1818; Cass. S. 19, 1, 33).

(2) La liste de service pour le roulement annuel doit être arrêtée chaque année, dans la huitaine qui précède les vacances : elle ne peut être arbitrairement changée à d'autres époques (15 juin 1831; Cass. S. 31, 1, 290).

(3) Quand un conseiller-auditeur, attaché à l'une des chambres d'une cour royale, en a été détaché pour le service du parquet, le premier président peut appeler en remplacement un conseiller-auditeur d'une autre chambre, lors même que la chambre dont faisait partie l'auditeur remplacé serait composée d'un nombre de juges suffisant. La coopération à un arrêt du juge-auditeur ainsi appelé en remplacement n'entraîne pas nullité de la décision (16 novembre 1825; Cass. S. 26, 1, 453; D. 26, 1, 56; P. 35, 289.) — Voy. décret du 6 juillet 1810, art. 13 et 37.

15. Lorsque l'ouverture n'en aura pas été faite à l'heure prescrite, le président ne pourra être excusé par aucun motif.

Si néanmoins c'était par défaut de juges, il en dressera procès-verbal, qui devra être envoyé, par le procureur général, au grand-juge, ministre de la justice.

16. Il sera dressé, au commencement de chaque mois, par le greffier, un procès-verbal de répartition des sommes qui, pour cette cause, seront à distribuer entre ceux qui y auront droit. Ce procès-verbal sera signé et certifié par le premier président et par le procureur général impérial.

Le greffier tiendra registre de cette comptabilité, qui sera surveillée par le procureur général.

17. La cour n'accordera de congé, ainsi qu'il est réglé par l'article 5 de la loi du 27 ventose an 8, que pour cause nécessaire, et qu'autant que l'absence du juge qui le demandera ne fera pas manquer le service.

Dans le cas où la demande du congé doit être adressée au grand-juge, on devra également justifier, par un certificat du premier président et du procureur-général, que le service ne souffrira point de l'absence.

SECTION III. De la distribution des causes.

18. Lorsqu'il s'agira d'abréger les délais des assignations, les requêtes seront présentées au premier président, et par lui répondues: néanmoins les requêtes présentées après la distribution de la cause, et dans le cours de l'instruction, seront répondues par le président de la chambre à laquelle la cause aura été distribuée.

19. Il sera tenu au greffe un registre ou rôle général coté et paraphé par le premier président, et sur lequel seront inscrites toutes les causes dans l'ordre de leur présentation.

Les avoués seront tenus de faire cette inscription le veille au plus tard du jour où l'on se présentera à l'audience.

Chaque inscription contiendra les noms des parties, ceux de l'avoué; et en marge sera la distribution faite par le premier président.

20. Toutes les citations seront données à l'heure fixée pour la première des audiences, s'il y a plusieurs chambres.

21. Au jour de l'échéance des assignations, l'huissier audiencier fera successivement, à l'ouverture de l'audience, l'appel des causes, dans l'ordre de leur placement au rôle général.

Sur cet appel, et à la même audience, seront donnés les défauts, sur les conclusions signées de l'avoué qui le requerra, et déposées sur le bureau, en se conformant au Code de procédure.

22. Si les avoués des deux parties, se présentent pour poser des qualités, les causes resteront à la chambre qui tiendra l'audience.

Sont exceptées les contestations sur l'état civil des citoyens, à moins qu'elles ne doivent être décidées à bref délai, ou avec des formes particulières qui ne comportent pas une instruction solennelle, les prises à partie, et les renvois après cassation d'un arrêt, qui seront portés aux audiences solennelles (1).

_____

(1) Aucune autre affaire que celles dont parle cet article ne peut, à peine de nullité de l'arrêt, être jugée en audience solennelle. L'incompétence des chambres réunies, dans ce cas, est une incompétence d'ordre public, qui peut être invoquée pour la première fois devant la Cour de cassation (28 décembre 1830 ; Cass. S. 31, 1, 345. — 10 novembre 1830 ; Cass. S. 30, 1, 383 ; D. 30, 1, 370 ; P. 49, 161. — 7 janvier 1831, Dijon ; S. 31, 2, 270 ; D. 31, 2, 207. — 17 janvier 1832 ; Cass. S. 32, 1, 257 ; D. 32, 1, 78).

Les questions d'État ne doivent être jugées en audience solennelle qu'autant qu'elles sont la matière d'une action principale. Si la question d'état ne se présente qu'incidemment, alors même qu'elle pourrait avoir pour résultat d'influer sur l'état d'une personne, elle ne doit pas être portée en audience solennelle : la chambre de cour royale, saisie de la question principale, peut très-bien juger elle seule la question d'état incidente (23 mars 1825 ; Cass. S. 26, 1, 229 ; D. 25, 1, 238. — 10 juillet 1827 ; Cass. S. 27, 1, 407 ; P. 39, 250. — 29 novembre 1826 ; Cass. S. 27, 1, 207 ; D. 27, 1, 71 ; P. 38, 245. — 13 août 1828 ; Cass. S. 29, 1, 26 ; D. 28, 1, 383).

Le déclinatoire proposé par une partie dans une contestation relative à l'état d'une personne ne peut être jugé qu'en audience solennelle, si la question de compétence dépend elle-même de l'état qui sera attribué à cette personne, par exemple, de la question de savoir si elle doit être considérée comme française ou comme étrangère (16 juillet 1832 ; Cass. S. 32, 1, 553 ; D. 32, 1, 294 ; P. 53, 557).

Les causes de séparation de corps doivent être portées en audience solennelle (1808, Angers ; S. 15, 2, 201. — 27 décembre 1831 ; Cass. S. 32, 1, 106 ; D. 32, 1, 394). — Jugé en sens contraire (9 mars 1808, Rouen ; S. 15, 2, 201. — 26 mars 1828 ; Cass. S. 28, 1, 339 ; D. 28, 1, 193 ; P. 42, 517. — 28 mai 1828 ; Cass. S. 28, 1, 234 ; D. 28, 1, 258 ; P. 42, 345).

Une ordonnance du Roi du 16 mai 1835 a tranché la difficulté en décidant que désormais les instances en séparation de corps seront jugées en audience ordinaire.

La nécessité de porter certaines affaires en audience solennelle cesse au cas où le huis-clos a été ordonné. Le huis-clos est une forme particulière dans le sens du décret de 1808, qui exclut la solennité, puisque la publicité est un

16.

Ces audiences se tiendront à la chambre que préside habituellement le premier président, en y appelant la deuxième chambre dans les cours composées de deux chambres, et alternativement la deuxième et la troisième chambre dans les cours qui se divisent en trois chambres (1).

23. Chaque jour d'audience, le premier président fera, entre les chambres, la distribution de toutes les autres causes inscrites sur le rôle général.

24. Une heure sera employée dans chaque audience ordinaire pour l'expédition des affaires sommaires.

Il sera extrait pour chaque chambre, sur le rôle général, un rôle particulier des affaires qui lui seront distribuées ou renvoyées.

Ce rôle particulier sera remis au greffier de la chambre qu'il concerne.

25. S'il s'élève des difficultés, soit sur la distribution, soit sur la litispendance ou la connexité, les avoués seront tenus de se retirer devant le premier président, à l'heure ordinaire de la distribution; il statuera sans forme de procès et sans frais.

26. Les réceptions du premier président, des présidens, des juges, de notre procureur général, de ses substituts et du greffier, se feront devant la cour, chambres assemblées.

Les réceptions des juges de première instance et de commerce, de nos procureurs impériaux et de leurs substituts, celle des officiers ministériels près la cour, et autres, seront faites à l'audience où siége le premier président, ou à l'audience de la chambre des vacations, si ces réceptions se trouvent pendant le temps des vacances.

27. Les homologations d'avis de la chambre de discipline des officiers ministériels seront portées devant la cour entière, lorsqu'ils intéresseront le corps de ces officiers.

SECTION IV. De l'instruction et du jugement.

28. Le premier jour d'audience de chaque semaine, le président de la chambre fera appeler un certain nombre de causes, dans lesquelles il fera poser les qualités et prendre les conclusions, en indiquant un jour pour plaider.

S'il y a des obstacles à ce que les défenseurs ou l'un d'eux se trouvent au jour indiqué, ils devront en faire sur-le-champ l'observation, et, si la cour la trouve fondée, il sera indiqué un autre jour.

Si l'avoué qui poursuit l'audience ne comparait pas, la cause sera retirée du rôle, et il sera responsable de tous dommages et intérêts envers sa partie, s'il y a lieu.

29. Si, au jour indiqué, aucun avoué ne se présente, ou si celui qui se présente refuse de prendre jugement, la cause sera retirée du rôle, sans que l'on puisse accorder aucune remise, si ce n'est pour cause légitime, auquel cas il sera indiqué un autre jour.

Une cause retirée du rôle par le motif ci-dessus énoncé ne pourra y être rétablie que sur le vu de l'expédition du jugement de radiation, dont le coût restera à la charge personnelle des avoués, qui seront en outre tenus de tous dommages et intérêts, et auxquels il pourra encore être fait des injonctions suivant les circonstances.

30. Lorsqu'il aura été formé opposition à un arrêt par défaut, la cause reprendra le rang qu'elle occupait au rôle particulier, à moins qu'il ne soit accordé, par le président de la chambre, un jour fixe pour statuer sur les moyens d'opposition.

des élémens constitutifs des audiences solennelles (16 novembre 1825; Cass. S. 26, 1, 453; D. 26, 1, 56; P. 35, 289).

Les tribunaux de première instance composés de plusieurs sections n'ont pas la faculté, comme les cours royales, de juger en *sections réunies* les contestations qui leur sont soumises, de quelque nature et de quelque importance qu'elles soient. La nullité d'un jugement ainsi rendu par les sections réunies d'un tribunal, est d'ordre public, et doit être prononcée nonobstant le silence des parties (25 décembre 1825, Aix; S. 27, 2, 239. — 28 février 1828; Cass. S. 28, 1, 191; D. 28, 1, 155).

(1) Une audience solennelle est tenue régulièrement par une seule chambre civile, lorsque dans la cour royale il n'existe pas d'autre chambre civile; le président peut se dispenser d'y appeler la chambre des appels en matière de police correctionnelle (26 février 1816; Cass. S. 16, 1, 373. — 13 mai 1824; Cass. S. 25, 1, 59. — 29 novembre 1826; Cass. S. 27, 1, 207; D. 27, 1, 71; P. 38, 245. — 13 août 1828; Cass. S.

29, 1, 26; D. 28, 1, 383. — 24 août 1831; Cass. S. 31, 1, 321; P. 51, 513).

Dans les cours royales où il n'existe qu'une chambre civile, l'audience solennelle peut être tenue par cette chambre à elle seule, alors même qu'il existerait aussi une chambre temporaire jugeant les affaires civiles (4 décembre 1827; Cass. S. 28, 1, 206. — D. 28, 1, 44; P. 41, 238). — *Voy.* décret du 6 juillet 1810, article 7.

Lorsque le président d'une cour royale qui n'a qu'une seule chambre civile juge nécessaire, pour la tenue d'une audience solennelle, de s'adjoindre la chambre des appels en matière correctionnelle, il doit s'adjoindre cette chambre tout entière, de manière à former une réunion de douze juges au moins. L'audience serait irrégulièrement composée, si aux sept juges formant la chambre civile se joignaient seulement quelques-uns des cinq juges formant la chambre correctionnelle (19 août 1822; Cass. S. 22, 1, 440). — *Voy.* décret du 6 juillet 1810, article 7.

31. Les causes dans lesquelles il aura été prononcé un arrêt interlocutoire, préparatoire, ou d'instruction, seront, après l'instruction faite, jugées dans l'ordre où elles avaient d'abord été placées.

32. Les causes mises en délibéré, ou instruites par écrit, seront distribuées par le président de la chambre entre les juges.

33. Dans toutes les causes, les avoués, avant d'être admis à requérir défaut ou à plaider contradictoirement, remettront au greffier de service à l'audience leurs conclusions motivées, et signées d'eux, avec le numéro du rôle d'audience de la chambre (1).

Lorsque les avoués changeront les conclusions par eux déposées, ou qu'ils prendront sur le barreau des conclusions nouvelles, ils seront tenus d'en remettre également les copies signées d'eux au greffier, qui les portera sur les feuilles d'audience.

34. Lorsque les juges trouveront qu'une cause est suffisamment éclaircie, le président devra faire cesser les plaidoiries.

35. Le président recueillera les opinions après que la discussion sera terminée.

Les juges opineront à leur tour, en commençant par le dernier reçu.

Dans les affaires jugées sur rapport, le rapporteur opinera le premier.

Si différens avis sont ouverts, on ira une seconde fois aux opinions.

36. Le greffier portera sur la feuille d'audience du jour les minutes de chaque jugement, aussitôt qu'il sera rendu; il fera mention en marge des noms des juges et du procureur général impérial ou de son substitut qui y auront assisté.

Celui qui aura présidé vérifiera cette feuille à l'issue de l'audience, ou dans les vingt-quatre heures, et signera, ainsi que le greffier, chaque minute de jugement, et les mentions faites en marge (2).

37. Si, par l'effet d'un accident extraordinaire, le président se trouvait dans l'impossibilité de signer la feuille d'audience, elle devra l'être, dans les vingt-quatre heures suivantes, par le plus ancien des juges ayant assisté à l'audience. Dans le cas où l'impossibilité de signer serait de la part du greffier, il suffira que le président en fasse mention en signant.

38. Si les feuilles d'une ou de plusieurs audiences n'avaient pas été signées dans les délais et ainsi qu'il est dit ci-dessus, il en sera référé à la chambre que tient le premier président, laquelle pourra, suivant les circonstances, et sur les conclusions par écrit de notre procureur général, autoriser un des juges qui ont concouru à ces jugemens, à les signer.

39. Les feuilles d'audience seront de papier de même format, et réunies par année en forme de registre.

SECTION Ire. Des chambres de vacations.

40. Dans les cours d'appel, la chambre des vacations sera composée d'un président et de sept juges.

Si la cour n'est pas divisée en plusieurs chambres, les fonctions du président seront remplies par les deux juges les plus anciens alternativement.

Si la cour est divisée en deux chambres, le second président et le plus ancien des juges feront alternativement ce service.

Si le nombre des chambres excède celui de deux, le même service sera fait alternativement par le second et troisième présidens.

Le ministère public sera rempli par notre procureur général, s'il n'a pas de substitut, ou alternativement par notre procureur général ou par son substitut, ou alternativement par les substituts, s'il y en a plusieurs.

Le premier président fera l'ouverture de la chambre des vacations, et notre procureur général y assistera.

41. La chambre des vacations sera renouvelée chaque année, de manière que tous les membres de la cour y fassent le service chacun à leur tour, en commençant par les derniers, dans l'ordre des nominations.

42. En cas d'absence du président, il sera remplacé par celui des juges le premier inscrit dans l'ordre du tableau, ou, en cas d'empêchement, par celui qui suivra.

A défaut d'un ou de plusieurs juges, il en sera appelé en nombre suffisant parmi ceux qui ne sont pas de vacation.

43. Il y aura un rôle particulier pour la tenue des vacations : ce rôle sera coté et paraphé par celui qui devra y présider.

Les causes portées en vacation, et qui n'y auront pas été jugées, seront reportées à la chambre à laquelle elles avaient précédemment appartenu: celles qui auraient été portées directement à la chambre des vacations seront distribuées à la rentrée par le premier président, en suivant l'ordre des inscriptions au rôle.

44. La chambre des vacations est uniquement chargée des matières sommaires et de celles qui requièrent célérité.

---

(1) Les conclusions ne sont pas soumises au timbre (décision du ministre des finances du 15 juillet 1825; S. 25, 2, 296).

(2) Un jugement ou arrêt n'est pas nul par cela seul que, dans l'expédition de ce jugement ou arrêt, la mention de la date ne se trouve qu'après la mention de la signature du président et du greffier; lorsque d'ailleurs il est reconnu que la minute est datée et signée (29 novembre 1831; Cass. S. 32, 1, 34; D. 31, 1, 366).

Elle donnera au moins deux audiences par semaine. Les jours en seront indiqués lors de son ouverture (1).

45. Seront, au surplus, les dispositions du présent réglement exécutées en vacations, dans tous les cas où elles pourront être appliquées.

TITRE II. Des tribunaux de première instance.

SECTION Ire. Du rang des juges entre eux et pour le service.

46. Le président d'un tribunal de première instance composé de plusieurs chambres présidera celle à laquelle il voudra s'attacher: il présidera les autres chambres quand il le jugera convenable.

47. Lorsque le président sera dans le cas d'être suppléé pour des fonctions qui lui sont spécialement attribuées, il sera remplacé par le plus ancien des vice-présidens.

Si le tribunal n'est pas divisé en plusieurs chambres, le président sera suppléé par le plus ancien des juges.

48. Le président et les vice-présidens seront, en cas d'empêchement, remplacés, pour le service de l'audience, par le juge président le plus ancien dans l'ordre des nominations.

49. En cas d'empêchement d'un juge, il sera, pour compléter le nombre indispensable, remplacé ou par un juge d'une autre chambre qui ne tiendrait pas audience dans le même temps, ou par un des juges suppléans, en observant, dans tous les cas, et autant que faire se pourra, l'ordre des nominations.

A défaut de suppléans, on appellera un avocat attaché au barreau, et, à son défaut, un avoué, en suivant aussi l'ordre du tableau (2).

5o. Il se fera chaque année un roulement, de manière que tous les juges fassent consécutivement le service de toutes les chambres.

---

(1) Les chambres des vacations sont absolument incompétentes pour connaître des affaires autres que les affaires purement sommaires ou qui requièrent célérité; l'incompétence ne peut en un tel cas être couverte par le silence des parties (14 juillet 1830; Cass. S. 3o, 1, 247; P. 48, 422).

Un incident sur l'exécution d'un arrêt qui ordonnait une expertise peut, surtout lorsque les parties plaident depuis long-temps, être considéré comme une affaire requérant célérité (16 février 1832; Cass. S. 32, 1, 752; D. 32, 1, 376).

(2) Lorsqu'il s'agit de compléter le nombre des juges au cas d'empêchement de quelques-uns d'eux, l'appel selon l'ordre du tableau n'est pas rigoureusement nécessaire; la loi s'en rapporte à la prudence des tribunaux. Conséquemment, le défaut d'énonciation, dans un jugement, du motif qui a fait appeler tel magistrat titulaire suppléant, n'est point une cause de nullité de ce jugement (7 novembre 1826; Cass. S. 27, 1, 12; D. 27, 1, 34; P. 37, 16).

Un jugement auquel a concouru un avocat pour compléter le nombre de juges exigé par la loi, peut n'être pas nul, quoique les juges d'une autre chambre du même tribunal, et à défaut les juges suppléans, n'aient pas été préalablement appelés (22 juin 1826; Cass. S. 27, 1, 214; D. 26, 1, 352; P. 37, 16).

Décisions en sens contraire. Un jugement auquel a concouru un juge suppléant, à défaut de juges titulaires, est nul, s'il ne constate pas que les juges titulaires aient été empêchés (17 août 1824, Montpellier; S. 26, 2, 429).

Un jugement auquel a concouru un avocat, à défaut de l'un des juges titulaires, doit, à peine de nullité, constater que tous les juges suppléans qui devaient siéger avant l'avocat ont été appelés, et que l'avocat n'a siégé qu'à leur défaut (19

janvier 1825; Cass. S. 25, 1, 280; D. 25, 1, 71. — 11 avril 1826; Cass. S. 27, 1, 433; D. 27, 1, 199).

Il faut aussi qu'il constate que l'avocat a siégé à défaut d'avocats plus anciens (4 juin 1828; Cass. S. 28, 1, 346; D. 28, 1, 264. — 31 janvier 1828, Riom; S. 28, 2, 251; D. 28, 2, 220).

Un jugement qui énonce qu'un avocat le plus ancien, présent à l'audience, y a concouru sur l'abstention d'un juge suppléant, ou par le motif qu'un juge auditeur présent n'a pu y concourir, constate par cela même suffisamment qu'il y avait absence de juge en titre et de juge suppléant, et que l'avocat plus ancien n'a été appelé qu'à leur défaut (3o juillet 1828; Cass. S. 28, 1, 414; D. 28, 1, 362; P. 43, 326).

Lorsque la nullité du jugement n'a pas été proposée en appel, elle est par cela même couverte, et elle ne peut plus être présentée comme moyen de cassation (9 mai 1827; Cass. S. 27, 1, 471; D. 27, 1, 237; P. 39, 497).

Un jugement auquel a concouru un avoué, à défaut de juges et d'avocats, doit, à peine de nullité, constater que tous les juges et avocats qui devaient siéger avant l'avoué ont été appelés, et que l'avoué n'a siégé qu'à leur défaut.

Il ne peut être suppléé à cette preuve par des attestations du président et des juges (16 juin 1824; Cass. S. 24, 1, 284. — 22 mars 1824, Montpellier; S. 24, 2, 209. — 20 août 1825, Riom; S. 26, 2, 113).

Un jugement rendu par un tribunal de commerce n'est pas nul par cela seul qu'un suppléant appelé pour compléter le tribunal n'a pas été appelé dans l'ordre du tableau. L'article 49 ne s'applique pas aux tribunaux de commerce (18 août 1825; Cass. S. 26, 1, 125; D. 25, 1, 413; P. 34, 427).

S'il y a plusieurs vice-présidens, ils passent aussi tous les ans d'une chambre à l'autre.

51. Dans les tribunaux où il n'y a que trois juges, chacun deux fera tour à tour, pendant trois mois, les fonctions de directeur du jury.

Dans les tribunaux où il y a plus de trois juges, ces fonctions seront successivement remplies, pendant six mois, du 1er mai au 1er novembre, et du 1er novembre au 1er mai, par chacun des juges autres que les présidens et vice-présidens, et suivant l'ordre des nominations.

Le directeur du jury sera, en cas d'empêchement, remplacé par le juge qui le suivra dans l'ordre du tableau; il ne pourra l'être par un suppléant qu'à défaut de tous les autres juges.

Le directeur du jury assistera aux audiences de la chambre à laquelle il sera attaché, lorsque ses fonctions le lui permettront.

Les juges sortant du service de directeur du jury au 1er mai rentreront dans la chambre où le roulement de l'année les a placés.

Ceux sortant du même service au 1er novembre rentreront dans la chambre où le roulement les placera.

52. Il sera dressé deux listes, l'une de rang et l'autre de service, conformément aux articles 7 et 8 ci-dessus.

SECTION II. De la tenue des audiences.

53. Les dispositions des articles 10 et suivans, concernant la tenue des audiences, et composant la seconde section du titre Ier du présent règlement, seront aussi exécutées dans les tribunaux de première instance.

SECTION III. De la distribution des affaires.

54. Toutes requêtes à fin d'arrêt ou de revendication de meubles ou de marchandises, ou autres mesures d'urgence; celles pour mise en liberté, ou pour obtenir permission d'assigner sur cession de biens ou sur homologation de concordat et délibération de créanciers, et celles pour assigner à bref délai, en quelque matière que ce soit, seront présentées au président du tribunal, qui les répondra par son ordonnance, après la communication, s'il y a lieu, au procureur impérial.

Néanmoins les requêtes présentées après la distribution de la cause, et dans le cours de l'instruction, seront répondues par le vice-président de la chambre à laquelle la cause aura été distribuée.

55. Il sera tenu au greffe un registre ou rôle général coté et paraphé par le président, sur lequel seront inscrites, dans l'ordre de leur présentation, toutes les causes, en ex-

ceptant seulement celles dont est mention aux articles suivans.

Les avoués seront tenus de faire cette inscription la veille au plus tard du jour où l'on se présentera.

Chaque inscription contiendra les noms des parties, ceux des avoués, et en marge sera la distribution faite par le président.

56. Dans les tribunaux de première instance composés de plusieurs chambres, il sera tenu deux autres rôles, dont l'un pour les citations libellées en forme de plainte, et visées par le directeur du jury, et pour les contraventions aux lois et réglemens de police, et l'autre, pour les affaires relatives aux lois forestières, aux droits d'enregistrement, aux loteries, aux droits d'hypothèque, de greffe, et en général aux contributions, le tout en ce qui est de la compétence du tribunal.

Les affaires ci-dessus énoncées seront, par ordre de numéros, portées à la chambre indiquée par le président pour ces sortes d'affaires.

57. Le président du tribunal tiendra l'audience des référés, à laquelle seront portés tous référés, pour quelque cause que ce soit.

58. Toutes les autres assignations en matière civile, soit aux délais ordinaires, soit à bref délai, en vertu d'ordonnance, seront données à la chambre où siége habituellement le président.

59. Au jour où l'on se présentera, l'huissier audiencier fera successivement, à l'ouverture de l'audience tenue par le président, l'appel des causes dans l'ordre de leur placement au rôle général.

Sur cet appel, et à la même audience, seront donnés les défauts sur les conclusions signées de l'avoué qui le requerra, et déposées sur le bureau, en se conformant au Code de procédure.

60. Les contestations relatives aux avis de parens, aux interdictions, à l'envoi en possession des biens des absens, à l'autorisation des femmes pour absence ou refus de leurs maris, à la réformation d'erreurs dans les actes de l'état civil et autres de même nature, seront, ainsi que les affaires qui intéresseront le Gouvernement, les communes et les établissemens publics, réservées à la chambre où le président siége habituellement.

Il en sera de même des renvois de référés à l'audience, sauf au président à renvoyer à une autre chambre, s'il y a lieu.

61. Les affaires autres que celles exceptées par les articles précédens seront, chaque jour d'audience, distribuées par le président entre les chambres sur le rôle général, de la manière qu'il trouvera la plus convenable pour l'ordre du service et l'accélération des affaires.

Il renverra aussi à chaque chambre les affaires dont elle doit connaître, par motif de litispendance ou de connexité.

62. Il sera extrait pour chaque chambre, sur le rôle général, un rôle particulier des affaires qui lui auront été distribuées ou renvoyées.

Ce rôle particulier sera remis au greffier de la chambre qu'il concerne.

63. S'il s'élève des difficultés, soit sur la distribution, soit sur la litispendance ou la connexité, les avoués seront tenus de se retirer devant le président, à l'heure ordinaire de la distribution; il statuera sans forme de procès et sans frais.

64. Les homologations d'avis des chambres de discipline des officiers ministériels seront portées devant le tribunal entier, lorsqu'ils intéressent le corps de ces officiers (1).

65. Les prestations de serment qui doivent se faire devant le tribunal de première instance seront reçues à l'audience de la chambre que tient le président, ou à l'audience de la chambre des vacations, si on se présente pour ces prestations de serment pendant les vacances.

SECTION IV. De l'instruction et du jugement.

66. Les causes introduites par assignation à bref délai, celles pour déclinatoires, exceptions et réglemens de procédures qui ne tiennent point au fond, celles renvoyées à l'audience en état de référé, celles à fin de mise en liberté, de provision alimentaire, ou toutes autres de pareille urgence, seront appelées sur simples mémoires, pour être plaidées et jugées sans remise et sans tour de rôle.

Si, par considération extraordinaire, le tribunal croit devoir accorder remise, elle sera ordonnée contradictoirement, à jour fixe; et, au jour indiqué, il n'en pourra être accordé une nouvelle.

Aux appels des causes, celles ci-dessus énoncées sont retenues pour être jugées avant celles des affiches.

67. Il sera fait, dans l'ordre des causes du rôle particulier de la chambre, et par les soins de celui qui la présidera, des affiches d'un certain nombre de causes.

Chacune de ces affiches sera exposée dans la salle d'audience et au greffe, huit jours avant que les causes soient appelées.

68. Un certain nombre des causes affichées sera appelé le premier jour d'audience de chaque semaine qui suit celle de l'exposition de l'affiche.

69. En cas de non comparution des deux avoués à cet appel, la cause sera retirée du rôle, et l'avoué du demandeur sera responsable envers sa partie de tous dommages et intérêts, s'il y a lieu.

Si un seul des avoués se présente, il sera tenu de requérir jugement.

Si les deux avoués sont présens, ils seront tenus de poser les qualités et de prendre des conclusions; il leur sera indiqué un jour pour plaider.

S'il y a des obstacles à ce que les avoués ou défenseurs, ou l'un d'eux, se trouvent au jour indiqué, ils devront en faire sur-le-champ l'observation, et, si le tribunal la trouve fondée, il sera indiqué un autre jour.

70. Les avoués seront tenus, dans les affaires portées aux affiches, de signifier leurs conclusions trois jours au moins avant de se présenter à l'audience, soit pour plaider, soit pour poser les qualités.

71. En toutes causes, les avoués ou défenseurs ne seront admis à plaider contradictoirement ou à prendre leurs conclusions, qu'après que les conclusions, respectivement prises, signées des avoués, ont été remises au greffier.

72. S'il est pris des conclusions sur le barreau, l'avoué ou les avoués seront tenus de les remettre, après les avoir signées, au greffier, qui les portera sur les feuilles d'audience.

Les avoués seront tenus d'ajouter à leurs conclusions l'indication de la section où la cause est pendante, et son numéro dans le rôle général.

73. Les dispositions des articles 29, 30, 31, 32, 33, 34, 35, 36, 37 et 39 du présent réglement, relatives à l'instruction et au jugement dans les cours d'appel, seront aussi observées dans les tribunaux de première instance.

74. Si les feuilles d'une ou de plusieurs audiences n'avaient pas été signées dans les délais, et ainsi qu'il est réglé par les articles 36 et 37 du présent réglement, il en sera référé par le procureur impérial à la cour d'appel devant la chambre que tient le premier président. Cette chambre pourra, suivant les circonstances, et sur les conclusions par écrit de notre procureur général, autori-

---

(1) Ces deux articles et l'article 70 du décret de 1813 n'ont autorisé que des dispositions spéciales pour chaque cas particulier ; ils n'ont pas permis de prendre des mesures générales et réglementaires.

Ainsi, est nul comme statuant par voie de dispositions générales et réglementaires, le jugement par lequel un tribunal a homologué l'arrêté pris par les huissiers de l'arrondissement, dans le but d'assurer à leur corporation la jouissance exclusive, et sans concurrence avec les avoués, du droit de faire les copies de pièces à signifier hors le cours d'une instance, et d'établir des peines contre les huissiers contrevenans (24 juillet 1832; Cass. S. 32, 1, 546).

ser un des juges qui ont concouru à ces jugemens, à les signer.

SECTION V. Des vacations.

75. Dans les tribunaux de première instance composés de plusieurs chambres, le service, pendant les vacations, se fait chaque année alternativement par le président et le vice-président, ou par l'un des vice-présidens, et par deux des juges qui n'ont point été directeurs du jury dans le cours de l'année, et qui ne sont point et ne doivent point être de service à la section chargée de la police correctionnelle, de manière que tous les juges fassent aussi successivement ce service.

Le directeur du jury n'a point de vacances.

76. Le ministère public sera rempli par notre procureur impérial, s'il n'a pas de substitut, ou alternativement par notre procureur impérial et par son substitut, ou alternativement par les substituts, s'il y en a plusieurs.

77. Le président fera l'ouverture de la chambre des vacations, et notre procureur impérial y assistera,

78. Les articles 42, 43, 44 et 45 du présent réglement, concernant les chambres des vacations des cours d'appel, seront observées dans les tribunaux de première instance.

Néanmoins la chambre des vacations de première instance, à Paris, tiendra au moins quatre audiences par semaine.

TITRE III. Des procureurs généraux et impériaux.

79. Notre procureur général en chaque cour d'appel et notre procureur impérial près chaque tribunal de première instance doivent veiller à ce que les lois et réglemens y soient exécutés; et lorsqu'ils auront des observations à faire à cet égard, le premier président de la cour d'appel et le président du tribunal de première instance seront tenus, sur leur demande, de convoquer une assemblée générale.

80. Notre procureur général en chaque cour sera tenu d'envoyer à notre grand-juge, ministre de la justice, en avril et septembre de chaque année, un état contenant, 1º le nombre des causes portées sur le rôle dans le semestre précédent; 2º le nombre des instances d'ordre entre des créanciers; 3º celui des rapports d'affaires instruites par écrit; 4º le nombre des affaires qui auront été jugées contradictoirement, et celui des affaires jugées par défaut; le nombre des affaires restant à juger; 6º les causes du retard des jugemens des affaires arriérées.

Sont réputées arriérées les causes d'audience qui seraient depuis plus de trois mois sur le rôle général, ainsi que les ordres ou procès par écrit qui ne seraient pas vidés dans quatre mois.

81. Nos procureurs impériaux des arrondissemens du ressort de chaque cour seront tenus d'adresser, dans les huit premiers jours des mêmes mois, un semblable état à notre procureur général, qui l'enverra à notre grand-juge, ministre de la justice, avec ses observations.

82. Le service du ministère public auprès des chambres de nos cours d'appel sera distribué par notre procureur général entre lui et ses substituts.

Il en est de même pour notre procureur impérial dans les tribunaux de première instance.

83. Dans toutes les causes où il y aura lieu de communiquer au ministère public, les avoués seront tenus de faire cette communication avant l'audience où la cause devra être appelée, et même, dans les causes contradictoires, de communiquer trois jours avant celui indiqué pour la plaidoirie.

Ces communications se feront au parquet, dans la demi-heure qui précède ou qui suit l'audience.

Si la communication n'a pas été faite dans le temps ci-dessus, elle ne passera point en taxe.

84. Lorsque celui qui remplit le ministère public ne portera pas la parole sur-le-champ, il ne pourra demander qu'un seul délai, et il en sera fait mention sur la feuille d'audience.

85. Dans les procès où l'instruction est par écrit, le juge-rapporteur devra veiller à ce que les communications au ministère public soient faites assez à temps pour que le jugement ne soit pas retardé.

86. Notre procureur général ou impérial, ou son substitut, après avoir pris communication des pièces, les fera remettre, dans le plus bref délai, au rapporteur, quand il les aura prises de ses mains, sinon au greffe.

87. Le ministère public une fois entendu, aucune partie ne peut obtenir la parole après lui, mais seulement remettre sur-le-champ de simples notes, comme il est dit à l'article 111 du Code de procédure (1).

---

(1) Lorsque le ministère public a été entendu et que l'audience a été indiquée pour la prononciation du jugement ou de l'arrêt, il ne peut plus être pris de conclusions nouvelles (25 juin 1825, Paris; S. 25, 2, 258).

Cet article n'est applicable que lorsque le ministère public, dans ses conclusions, n'a point changé l'état de l'affaire, ni créé une contestation nouvelle; cet article ne saurait être applicable au cas où, par un réquisitoire spécial, le ministère public porterait une dénonciation, une imputation imprévue, soit contre l'une des par-

88. Notre procureur général ou impérial ni ses substituts n'assisteront point aux délibérations des juges, lorsqu'ils se retireront à la chambre du conseil pour les jugemens ; mais ils seront appelés à toutes les délibérations qui regardent l'ordre et le service intérieur : ils auront le droit de faire inscrire sur les registres de la cour ou du tribunal les réquisitions qu'ils jugeront à propos de faire sur cette matière (1).

89. Nos procureurs généraux ou impériaux et leurs substituts sont soumis à la pointe de la même manière que les juges, lorsqu'ils sont remplacés par un juge.

Titre IV. Des greffiers.

90. Les greffes de nos cours d'appel et ceux de nos tribunaux de première instance seront ouverts tous les jours, excepté les dimanches et fêtes, aux heures réglées par la cour ou par le tribunal de première instance, de manière néaumoins qu'ils soient ouverts au moins huit heures par jour.

91. Le greffier ou l'un de ses commis assermentés tiendra la plume aux audiences depuis leur ouverture jusqu'à ce qu'elles soient terminées.

Le greffier en chef assistera aux audiences solennelles et aux assemblées générales.

92. Le greffier est chargé de tenir dans le meilleur ordre les rôles et les différens registres qui sont prescrits par le Code de procédure, et celui des délibérations de la Cour ou du tribunal.

93. Il conservera avec soin les collections des lois et autres ouvrages à l'usage de la cour ou du tribunal. Il veillera à la garde des pièces qui lui sont confiées et de tous les papiers du greffe.

Titre V. Des huissiers (2).

94. Nos tribunaux de première instance désigneront pour le service intérieur ceux de leurs huissiers qu'ils jugeront les plus dignes de leur confiance (3).

95. Les huissiers audienciers de nos cours et de nos tribunaux de première instance feront tour à tour le service intérieur, tant aux audiences qu'aux assemblées générales ou particulières, aux enquêtes et autres commissions.

96. Les huissiers qui seront de service se rendront au lieu des séances, une heure avant l'ouverture de l'audience; ils prendront au greffe l'extrait des causes qu'ils doivent appeler.

Ils veilleront à ce que personne ne s'introduise à la chambre du conseil sans s'être fait annoncer, à l'exception des membres de la cour ou du tribunal.

Ils maintiendront, sous les ordres des présidens, la police des audiences.

97. Les huissiers audienciers auront, près la cour ou le tribunal, une chambre ou un banc où se déposeront les actes et pièces qui se notifieront d'avoué à avoué.

98. Les émolumens des appels des causes et des significations d'avoué à avoué se partageront également entre eux.

99. Les huissiers désignés par le premier président de la cour, ou par le président du tribunal de première instance, assisteront aux cérémonies publiques, et marcheront en avant des membres de la cour ou du tribunal.

Titre VI. Dispositions générales.

100. Les présidens, les juges, tant de nos cours d'appel que de nos tribunaux de première instance, nos procureurs généraux et impériaux et leurs substituts, les greffiers et leurs commis de service aux audiences, seront tenus de résider dans la ville où est établie la cour ou le tribunal. Le défaut de résidence sera considéré comme absence.

101. Tous les ans, à la rentrée de nos cours d'appel, chambres réunies, il sera fait, par notre procureur général, un discours sur l'observation des lois et le maintien de la discipline.

102. Les officiers ministériels qui seraient en contravention aux lois et réglemens pourront, suivant la gravité des circonstances, être punis par des injonctions d'être plus exacts ou circonspects, par des défenses de récidiver, par des condamnations de dépens en leur nom personnel, par des suspensions à temps : l'impression et même l'affiche des jugemens à leurs frais pourront aussi être or-

---

ties, soit contre l'un des officiers ministériels constitués dans la cause (7 août 1822; Cass. S. 23, 1, 65).

L'avocat d'une partie ne peut prendre la parole après le ministère public, alors même que, d'office, le ministère public a proposé une fin de non-recevoir dans l'intérêt de la partie adverse (20 décembre 1824, Agen; S. 25, 2, 329).

(1) Il paraît résulter d'un arrêt du 27 février 1821 que la présence du magistrat exerçant les fonctions du ministère public, à la délibération des juges dans la salle du conseil, n'est pas une cause de nullité du jugement (27 février 1821 ; Cass. S. 22, 1, 336).

(2) *Voy.* décret du 14 juin 1813.

(3) Le traité par lequel les huissiers d'un chef-lieu d'arrondissement conviennent que l'un d'eux demeurera seul chargé du service intérieur du tribunal, est nul et non-obligatoire comme contrevenant au présent article (28 août 1830, Montpellier; S. 31, 2, 71; D. 31, 2, 59).

données, et leur destitution pourra être provoquée, s'il y a lieu (1).

103. Dans les cours et dans les tribunaux de première instance, chaque chambre connaîtra des fautes de discipline qui auraient été commises ou découvertes à son audience (2).

Les mesures de discipline à prendre sur les plaintes des particuliers ou sur les réquisitoires du ministère public, pour cause de faits qui ne se seraient point passés ou qui n'auraient pas été découverts à l'audience, seront arrêtées en assemblée générale, à la chambre du conseil, après avoir appelé l'individu inculpé (3). Ces mesures ne seront point sujettes à l'appel, ni au recours en cassation, sauf le cas où la suspension serait l'effet d'une condamnation prononcée en jugement (4).

Notre procureur général impérial rendra compte de tout les actes de discipline à notre grand-juge, ministre de la justice, en lui transmettant les arrêtés, avec ses observations, afin qu'il puisse être statué sur les réclamations, ou que la destitution soit prononcée, s'il y a lieu (5).

104. Notre procureur impérial en chaque tribunal de première instance sera tenu de rendre, sans délai, un pareil compte à notre procureur général en la cour du ressort, afin que ce dernier l'adresse à notre grand-juge ministre de la justice, avec ses observations.

105. Les avocats, les avoués et les greffiers porteront dans toutes leurs fonctions, soit à l'audience, soit au parquet, soit aux comparutions et aux séances particulières devant les commissaires, le costume prescrit (6).

106. Les réglemens de discipline particuliers à aucune de nos cours ou tribunaux continueront d'être exécutés en ce qu'ils n'auraient rien de contraire au présent.

107. Le grand-juge, ministre de la justice, est chargé de l'exécution du présent décret.

---

(1) Le conseil donné, par un avoué, de soutenir un procès, ne peut, en cas de perte du procès, autoriser une condamnation aux dépens contre l'avoué personnellement, à moins qu'il ne soit constaté en fait, par le jugement, que le conseil a été donné insidieusement et de mauvaise foi (13 juillet 1824; Cass. S. 25, 1, 33).

Un avoué peut être condamné personnellement aux dépens d'une instance, lorsqu'il est reconnu que cette instance, intentée sous le nom d'un tiers, l'a été dans le seul intérêt de l'avoué et de sa compagnie (22 mai 1832; Cass. S. 32, 1, 630; D. 32, 1, 230).

(2) Des peines de discipline ne peuvent être prononcées contre un officier ministériel, pour fautes commises et découvertes à l'audience, que par la chambre devant laquelle elles ont été commises.

Ultérieurement, il ne peut être prononcé aucune peine, à raison de ces mêmes fautes, par les chambres réunies en la chambre du conseil (8 septembre 1821, Aix; S. 22, 2, 306).

(3) Une cour royale ne forme pas assemblée générale, dans le sens légal, si elle omet d'y appeler ceux de ses membres qui composent une cour d'assises (24 novembre 1825; Cass. S. 26, 1, 93; D. 26, 1, 13; P. 37, 560).

(4) La juridiction qui appartient aux conseils de discipline de l'ordre des avocats n'est pas exclusive de la juridiction des tribunaux; ainsi, les avocats, comme les avoués, sont passibles des peines de discipline de la part des tribunaux, au cas d'inconvenance dans leurs plaidoiries (27 avril 1820; Cass. S. 20, 1, 297).

L'avocat condamné par défaut, par une cour d'assises, à une peine de discipline, est recevable à attaquer l'arrêt par voie d'opposition. Le droit de former opposition est la conséquence du droit de défense (20 février 1823; Cass. S. 23, 1, 179).

Jugé en sens contraire, que les jugemens prononçant des peines de discipline, telles que la réprimande contre un avocat, pour fautes commises à l'audience, ne sont pas sujets à appel. Ils ne le seraient qu'autant qu'ils prononceraient des peines graves, comme la suspension (7 mai 1828; Cass. S. 28, 1, 331; D. 28, 1, 248; P. 43, 503).

Les condamnations disciplinaires rendues par les tribunaux en la chambre du conseil, contre les officiers ministériels, ne sont pas susceptibles d'appel, alors même qu'elles prononcent la suspension de l'officier ministériel; il n'en est pas comme de celles qui sont prononcées instantanément à l'audience (18 janvier 1828, Grenoble; S. 28, 1, 201; P. 41, 290. — 31 janvier 1831, Nîmes; S. 31, 2, 231; D. 31, 2, 177; P. 52, 210).

Les contestations entre le ministère public et les chambres d'avoués, relativement à l'étendue des fonctions de ces officiers ministériels, doivent être jugées à l'audience, en la forme ordinaire, et non en assemblée générale des chambres, à la chambre du conseil, comme en matière de discipline (31 décembre 1824, Amiens; S. 25, 2, 190; D. 25, 2, 12).

(5) La Cour de cassation ne peut connaître d'une demande en réglement de juges formée par des officiers ministériels poursuivis en matière de discipline; leur demande ne peut être portée que devant le ministre de la justice. Peu importe que l'attribution de juges, dont se plaignent les officiers ministériels, ait été fixée par le ministre (29 juillet 1823; Cass. S. 23, 1, 416). — Voy. loi du 20 avril 1810, art. 56.

(6) Les avocats ont le droit, comme les avoués, d'assister leurs cliens, et d'être présens aux enquêtes qui se font devant un juge-commissaire (26 décembre 1827, Rouen; S. 28, 2, 136; D. 28, 2, 153).

30 MARS 1808. — Avis du Conseil-d'Etat sur les cas dans lesquels la rectification des registres de l'état civil par les tribunaux n'est pas nécessaire. (4, Bull. 188, n° 3254.)

Le Conseil-d'Etat, qui, d'après le renvoi ordonné par sa majesté, a entendu le rapport de la section de législation sur celui du grand-juge, ministre de la justice, tendant à prévenir les inconvéniens qui résultent, pour les personnes qui veulent se marier, de l'obligation de faire rectifier par les tribunaux les actes qu'elles sont obligées de produire dans plusieurs occasions où cependant la rectification sur les registres n'est pas nécessaire;

Considérant que, s'il est important de ne procéder à la rectification des registres de l'état civil que par l'autorité de la justice, et en vertu de jugemens rendus à cet effet, il n'est pas moins convenable de ne pas jeter les citoyens dans les frais d'une rectification sur les registres, lorsqu'elle n'est pas absolument nécessaire,

Est d'avis que, dans le cas où le nom d'un des futurs ne serait pas orthographié dans son acte de naissance comme celui de son père, et dans celui où l'on aurait omis quelqu'un des prénoms de ses parens, le témoignage des pères et mères ou aïeux assistant au mariage, et attestant l'identité, doit suffire pour procéder à la célébration du mariage;

Qu'il doit en être de même dans le cas d'absence des pères et mères ou aïeux, s'ils attestent l'identité dans leur consentement donné en la forme légale;

Qu'en cas de décès des pères, mères ou aïeux, l'identité est valablement attestée, pour les mineurs, par le conseil de famille ou par le tuteur *ad hoc*; et pour les majeurs, par les quatre témoins de l'acte de mariage;

Qu'enfin, dans le cas où les omissions d'une lettre ou d'un prénom se trouvent dans l'acte de décès des pères, mères ou aïeux, la déclaration à serment des personnes dont le consentement est nécessaire pour les mineurs, et celles des parties et des témoins pour les majeurs, doivent aussi être suffisantes, sans qu'il soit nécessaire, dans tous ces cas, de toucher aux registres de l'état civil, qui ne peuvent jamais être rectifiés qu'en vertu d'un jugement.

Les formalités susdites ne sont exigibles que lors de l'acte de célébration, et non pour les publications, qui doivent toujours être faites conformément aux notes remises par les parties aux officiers de l'état civil.

En aucun cas, conformément à l'article 100 du Code civil, les déclarations faites par les parens ou témoins ne peuvent nuire aux parties qui ne les ont point requises, et qui n'y ont point concouru.

30 MARS 1808. — Décret sur le costume des officiers du conseil des prises. (4, Bull. 188, n° 3255.)

Art. 1er. Les officiers de notre conseil des prises, séant à Paris, porteront sur les poches et autour de l'habit la même broderie qu'au collet et aux paremens.

2. Le grand-juge, ministre de la justice, est chargé de l'exécution du présent décret.

30 MARS 1808. — Décret relatif à la formation à Paris d'un marché et d'un entrepôt franc pour les vins et eaux-de-vie. (Mon. n° 92.) *Voy.* décrets du 11 AVRIL 1813, du 5 DÉCEMBRE 1813 et du 2 JANVIER 1814.

30 MARS 1808. — Décret contenant le tableau des foires du département du Rhône. (4, Bull. 191, n° 3323.)

30 MARS 1808. — Décrets qui ordonnent le paiement de pensions accordées à des veuves de militaires. (4, Bull. 191, n°s 3324 et 3325.)

30 MARS 1808. — Décrets qui autorisent l'acceptation de dons et legs faits aux pauvres et hospices de Diest, Ermont, Cernay, Saint-Chamond, Aix, Guérande, Poitiers, Verneuil, Metz, Grenade, Sibret, Villeroux, Jodenville, Boulogne et Campagnac. (4, Bull. 191, n°s 3326 à 3337.)

30 MARS 1808. — Décrets qui autorisent l'acceptation d'offres de dénoncer, au profit des pauvres et hospices d'Aisch-en-Refait, Bruxelles, Louvain, Bierbeck, Halle, Anderlecht, Lubbeck, Auch, Genval, Lavaur, des rentes et biens célés au domaine. (4, Bull. 191, n°s 3338 à 3342.)

1er AVRIL 1808. — Décret concernant la taxe des citations et autres actes des gardes-forestiers. (4, Bull. 188, n° 3256.)

N....... sur le rapport de notre ministre des finances;

Vu l'avis de notre Conseil-d'Etat, en date du 16 mai de l'année dernière, approuvé par nous, et d'après lequel les gardes-forestiers sont autorisés à faire toutes citations, notifications et significations en matière d'eaux et forêts, à l'exception des saisies et exécutions, conformément aux dispositions des articles 4 et 15 du titre X de l'ordonnance de 1669;

Considérant qu'il est juste d'indemniser les gardes, des écritures extraordinaires auxquelles les assujétit la forme de procéder en matière de citations et assignations;

Notre Conseil-d'Etat entendu,

Nous avons décrété et décrétons ce qui suit:

Art. 1ᵉʳ. Tous les actes des gardes-forestiers dans lesquels ils remplacent les huissiers seront taxés comme ceux faits par les huissiers des juges-de-paix.

2. Le grand-juge, ministre de la justice, et le ministre des finances, sont chargés de l'exécution du présent décret.

***

1ᵉʳ AVRIL 1808. — Avis du Conseil-d'État sur une question relative au droit de timbre proportionnel auquel les reconnaissances de dépôt sont assujéties. (4, Bull. 189, n° 3262.)

Le Conseil-d'État, qui, d'après le renvoi ordonné par sa majesté, a entendu le rapport de la section des finances sur celui du ministre de ce département, tendant à faire statuer sur la question de savoir si l'article 6 de la loi du 6 prairial an 7, sur le timbre, s'applique aux reconnaissances de dépôts faits entre les mains de particuliers, et dans lequel cas ces reconnaissances sont sujettes au timbre proportionnel;

Vu les observations de l'administration de l'enregistrement et des domaines;

Vu les articles 12 et 14 de la loi du 13 brumaire an 7, sur le timbre, et l'article 6 de la loi du 6 prairial suivant;

Considérant, 1° que l'article 14 de la loi du 13 brumaire an 7 ne déclare assujétis au droit de timbre proportionnel que les billets à ordre ou au porteur, les rescriptions, mandats, mandemens, ordonnances, et tous autres effets *négociables* ou de commerce;

2° Que l'article 6 de la loi du 6 prairial suivant a étendu cette même disposition aux billets et obligations *non négociables*, et aux mandats à terme ou de place en place;

3° Que les reconnaissances de dépôts ne sont point nominativement désignées dans ces deux lois, et que rien ne prouve que l'intention du législateur ait été de les comprendre indistinctement dans la dénomination générale de *billets et obligations non négociables*, insérée dans la loi du 6 prairial;

4° Que néanmoins toute reconnaissance de dépôt qui, soit par son énonciation, soit par toute autre circonstance, présenterait les caractères d'une obligation ordinaire, quoique qualifiée de dépôt, ne peut jouir de l'exception de la loi, puisque alors elle rentre dans la classe des obligations,

Est d'avis que toute obligation déguisée sous le nom de reconnaissance de dépôt, entre toutes sortes de personnes, est assujétie au droit de timbre proportionnel comme les autres obligations désignées en l'article 6 de la loi du 6 prairial an 7.

***

1ᵉʳ AVRIL 1808. — Avis du Conseil-d'État portant que les notaires, greffiers et autres gens de loi et de pratique, peuvent, nonobstant les anciens réglemens, écrire pour autres et signer comme témoins des actes sous seing privé. (S. 10, 2, 264.)

Le Conseil-d'État, qui, d'après le renvoi ordonné par sa majesté, a entendu le rapport de la section de législation sur celui du grand-juge, ministre de la justice, tendant à renouveler les anciens réglemens qui défendaient à tous notaires, greffiers, procureurs, huissiers, et autres gens de pratique et de loi, d'écrire pour autrui, ou de signer, comme témoins, des actes sous seing privé,

Est d'avis qu'il n'y a point lieu de remettre en vigueur les dispositions de ces anciens réglemens.

Dans tous les cas où la loi n'exige pas que le consentement des parties pour une convention soit rédigé dans la forme authentique, la convention peut être faite sous signature privée; mais la valeur de l'acte sous seing privé est indépendante de la signature des témoins; d'où il résulte que la défense de signer, comme témoin, un acte privé, est illusoire dans l'état actuel de la législation.

Cette défense ne peut pas non plus s'appliquer au cas où la partie, ne sachant pas signer, se borne à mettre une croix au bas de l'acte sous seing privé. La signature des témoins ne donne aucune valeur à cet acte, qui ne peut avoir de foi qu'autant que la partie qui n'a pu signer consent à la reconnaître.

Quant aux dispositions qui défendaient d'écrire pour autrui des actes sous signature privée, elles blessent également la liberté naturelle et l'intérêt des citoyens. Si quelquefois des hommes cupides ont abusé de la confiance des gens simples qui les avaient chargés de rédiger leurs actes, il ne s'ensuit pas que le droit naturel de donner ou de demander des conseils puisse être interdit par une mesure générale; il arrive souvent, d'ailleurs, que des individus peu éclairés trouvent autant d'instruction et de lumières dans des particuliers que dans des officiers publics de leur domicile; et si quelques-uns ont dû se repentir d'avoir mal placé leur confiance, ce ne peut être un motif pour priver toutes les personnes sans instruction de l'avantage de l'économie des actes sous seing privé.

On craint que les parties ne soient portées, par leurs conseils, à déguiser la valeur ou le prix des biens qu'elles veulent aliéner, afin d'éluder tout ou partie des droits d'enregistrement; mais on ne saurait se dissimuler qu'il existe, même chez les officiers publics, une tendance à rédiger les actes de la manière qui doit donner ouverture aux droits le moins possible. La surveillance de la régie doit rasurer à cet égard; les actes sous seing privé, lorsqu'ils emportent mutation, et, dans tous les cas, lorsqu'on veut en faire usage en justice, sont sujets à l'enregistrement, comme les actes authentiques, et la fraude peut être également reconnue dans les deux cas.

Quand même il serait vrai, d'ailleurs, que le Trésor public éprouvât quelque léger préjudice, ce mal ne saurait être mis en balance avec l'inconvénient de forcer les personnes incapables de rédiger elles-mêmes un acte privé, à passer leurs contrats dans la forme authentique, et de leur interdire la faculté naturelle de recourir aux personnes plus éclairées à qui elles ont donné leur confiance.

Les anciennes ordonnances dont on demande le renouvellement ont été expressément abrogées par les lois des 19 décembre 1790 et du 22 frimaire an 7. Les motifs ci-dessus exprimés déterminent à ne rien statuer sur l'objet du rapport, et à maintenir la législation sur cette matière dans son état actuel.

1ᵉʳ AVRIL 1808. — Décret portant établissement d'un conseil de prud'hommes à Aix-la-Chapelle. (4, Bull. 189, nº 3261.)

1ᵉʳ AVRIL 1808. — Décret qui ordonne la promulgation du décret d'union de la ville de Flessingue au diocèse de Gand. (4, Bull. 189, nº 3263.)

1ᵉʳ AVRIL 1808. — Décret qui ordonne la publication du décret d'union de la ville de Wesel au diocèse d'Aix-la-Chapelle. (4, Bull. 189, nº 3264.)

1ᵉʳ AVRIL 1808. — Décrets qui autorisent l'acceptation de dons et legs faits aux pauvres et hospices de Condom, etc. (4, Bull. 191, nᵒˢ 3342 à 3360, et Bull. 192, nᵒˢ 3366, 3372 à 3375.)

1ᵉʳ AVRIL 1808. — Décrets qui autorisent l'acceptation d'offres de dénoncer, au profit des pauvres et hospices de Rocourt, Genval, Voroux-lès-Liers, Lautremange et Ruremonde, des rentes et biens célés au domaine. (4, Bull. 192, nᵒˢ 3366 à 3369, et 3376 à 3378.)

1ᵉʳ AVRIL 1808. — Décrets relatifs à la tenue de la foire d'Ecommoy, et au rétablissement de la foire qui existait anciennement à Tignée. (4, Bull. 192, nᵒˢ 3370 et 3371.)

1ᵉʳ AVRIL 1808. — Décret qui supprime des mémoires publiés par les sieurs Lemercier et Bergasse, et dirigés contre le sieur Turpin, ci-devant administrateur du Trésor public, et le sieur Alein, agent judiciaire. (Mon. nº 93.)

12 AVRIL 1808. — Décret qui établit un nouveau mode pour le paiement de l'indemnité de logement et d'ameublement à la charge de la masse du casernement, et de l'indemnité de fourrage. (4, Bull. 189, nº 3265.)

12 AVRIL 1808. — Décrets qui autorisent l'acceptation de dons et legs faits aux pauvres et hospices d'Essencourt et de Saint-Bertrand. (4, Bull. 192, nᵒˢ 3379 à 3380.)

12 AVRIL 1808. — Décrets relatifs à l'établissement et à la tenue des foires de Beauvais, Preuilly, Hommes, Furnes, Tours, Chinon et Céré. (4, Bull. 192, nᵒˢ 3381 à 3383.)

12 AVRIL 1808. — Décret qui fait concession, pour cinquante années, au sieur Lancry, du droit d'exploiter, pour la fabrication du sulfate de fer, les terres vitrioliques renfermées dans sa propriété et dans celles de Promleroy. (4, Bull. 192, nº 3384.)

12 AVRIL 1808. — Décrets qui ordonnent le paiement de pensions accordées à des veuves de militaires. (4, Bull. 192, nᵒˢ 3385 et 3386.)

24 AVRIL 1808. — Décret sur la confection des balanciers adoptés pour la fabrication des monnaies de France. (4, Bull. 190, nº 3294.)

Art. 1ᵉʳ. Les balanciers adoptés pour la fabrication des monnaies de l'empire ne pourront être confectionnés que dans notre hôtel des monnaies à Paris, et sous la surveillance de notre administration des monnaies.

2. Il est défendu à tous artistes d'établir de pareils balanciers, sous peine d'être poursuivis et jugés d'après les lois rendues contre les faux monnayeurs.

3. Le grand-juge, ministre de la justice, et le ministre des finances, sont chargés de l'exécution du présent décret,

24 AVRIL 1808. — Décret contenant proclamation des brevets d'invention délivrés, pendant le premier trimestre de 1808, aux sieurs Bordier, Williams-Rogers, Négasseck, John-Madden et Patrik-O-Néal, Renaud-Blanchet et Muncret, Risler père, Legros d'Anisy-Stone et Coquerel, Roumieu frères, Julien-le-Roy, Bordié et Malpas, Templier veuve Gatteaux, Le Brun, Lambertin et Debais, Sutorius, Lietz, Perrin, la dame Dubois et le sieur Schey. (4, Bull. 191, nº 3303.)

24 AVRIL 1808. — Décrets qui ordonnent le paiement de pensions accordées à des veuves de militaires. (4, Bull. 192, nᵒˢ 3393 à 3395.)

24 AVRIL 1808. — Décrets qui autorisent l'acceptation de dons et legs faits aux pauvres et hospices de Baugé, Prigné, Guedeniau, B dé Neuville, Saint-Germain, Saint-Mauric oc-Gourgeois, Bruyères, Monistrol, Anvers-lès-Amon et Blandy. (4, Bull. 192, n°s 3387 à 3392.)

24 AVRIL 1808. — Décret qui établit deux nouvelles foires à Benc. (4, Bull. 192, n° 3396.)

25 AVRIL 1808. — Décret concernant la ville de Bordeaux. (4, Bull. 190, n° 3295.)

TITRE Ier. Hôtel-de-ville.

Art. 1er. L'hôtel-de-ville sera transféré à l'hôtel actuellement occupé, sur le Cours, par le commissaire général de police, et par le tribunal de première instance.

2. L'hôtel actuellement occupé par la municipalité sera concédé à la ville par le domaine, à titre gratuit, et affecté au logement du commissaire général de police et de ses bureaux.

Il est fait remise à la ville des loyers échus dudit hôtel dont le paiement serait arriéré.

TITRE II. Préfecture.

3. La préfecture sera transférée à l'hôtel Saige, lequel hôtel sera en conséquence acheté, après avoir été préalablement réparé et approprié à sa nouvelle destination, aux frais du propriétaire actuel.

TITRE III. Cours et tribunaux.

4. Il sera construit, sur les terrains du Château-Trompette, un palais de justice, propre à recevoir les cours d'appel et criminelle, et le tribunal de première instance.

5. Les cours et tribunaux seront placés provisoirement de la manière suivante, savoir :

La cour d'appel et le tribunal de première instance, dans le bâtiment dit *Théâtre-Français*,

La cour criminelle, les prisons et la caserne de la gendarmerie, dans le bâtiment dit *des Minimes*.

TITRE IV. Hôpitaux, hospices et établissemens de charité.

§ Ier. *Grand hôpital.*

6. Un grand hôpital sera fondé sur l'emplacement de la caserne dite *Notre-Dame*, laquelle caserne sera transférée dans les bâtimens de l'hôpital Saint-André.

7. Cet établissement sera disposé de manière à recevoir mille lits, afin que désormais, et dans aucun cas, deux malades ne soient pas placés dans le même lit.

8. Des salles et des quartiers particuliers seront affectés au logement des malades payans, et au traitement de la gale, de la teigne et des maladies vénériennes.

9. Les travaux se feront sous la direction et la surveillance du corps municipal. Ils seront conduits de manière à ce qu'avant la fin de la présente année, les malades dont le nombre surpasse celui des lits de l'hôpital Saint-André soient transférés dans le grand hôpital, et placés dans des lits séparés.

§ II. Hôpital des incurables.

10. L'hôpital des incurables sera maintenu dans le local qu'il occupe actuellement, et dont la construction et les agrandissemens sont dus à la bienfaisance privée.

§ III. Hospice de bienfaisance.

11. L'hospice de bienfaisance sera réduit successivement au nombre de cent quatre-vingt-onze habitués, égal à celui des lits qu'il renferme.

En conséquence, et jusqu'à ce que cette réduction ait été opérée, il ne sera plus disposé des places qui viendront à vaquer.

12. Le produit de l'économie résultant de l'article ci-dessus sera employé à l'augmentation des secours à domicile.

§ IV. Hospices des aliénés.

13. Il sera construit à l'hospice des aliénés un bâtiment séparé propre à recevoir dix ou douze malades payans.

§ V. Sœurs de la Charité et de Notre-Dame.

14. La portion du couvent des Orphelines actuellement occupée par les sœurs de la Charité leur sera concédée par le domaine, à titre gratuit.

15. La portion actuellement libre du même couvent sera concédée par le domaine, et à titre gratuit, à l'association des sœurs de Notre-Dame, qui se livrent à l'éducation des filles indigentes.

§ VI. Maison de la Miséricorde.

16. L'établissement de la Miséricorde, fondé et dirigé par la demoiselle Lamourous, dans l'ancien couvent de l'Annonciade, est approuvé. Les statuts de cet établissement seront soumis à notre conseil dans le plus bref délai.

17. La demoiselle Lamourous sera dispensée du paiement de la somme de vingt-deux mille huit cents francs restant à acquitter du prix de l'adjudication desdits bâtimens, dont il lui sera donné quittance.

Notre ministre des cultes mettra à la disposition de ladite demoiselle la somme de douze mille francs, pour le paiement des réparations faites ou à faire dans ledit établissement. Cette somme sera imputée sur le chapitre VII du budget du ministère des cultes pour l'exercice courant.

TITRE V. Maison de la mendicité.

18. Il sera fondé une maison de mendicité pour tout le département.

Cette maison sera établie sur l'emplacement du dépôt actuel, lequel sera agrandi, si cela est jugé nécessaire, par l'acquisition de terrains voisins.

TITRE VI. Culte.

19. Les grosses réparations qu'exige l'église métropolitaine de Bordeaux, pour la conservation de cet édifice, seront faites sans délai, ainsi que les travaux nécessaires pour l'établissement définitif des logemens de l'archevêque, du curé de la cathédrale et du séminaire.

20. Les maisons actuellement occupées par les curés de Saint-Louis et de Saint-Vincent-de-Paule, aux ci-devant couvens de Notre-Dame et des Chartreux, seront concédées par le domaine à la ville, à titre gratuit, et affectées au logement desdits curés.

21. Le surplus des bâtimens de la Chartreuse tombant en ruine sera démoli, les matériaux vendus au profit du domaine, et le terrain affecté à l'agrandissement du cimetière et du jardin de botanique.

22. L'ancien bâtiment des prêtres de la paroisse Notre-Dame, actuellement affecté à la manutention des vivres de la guerre, sera rendu à sa première destination, aussitôt qu'une manutention des vivres aura été établie sur les terrains du Château-Trompette.

TITRE VII. Instruction publique.

23. L'amphithéâtre de Saint-Côme sera concédé à la ville par le domaine, à titre gratuit, pour être irrévocablement affecté aux cours de chirurgie.

24. Le manége sera également concédé par le domaine à titre gratuit, à la ville, à charge d'y faire donner gratuitement l'instruction à seize élèves du lycée, et à seize officiers ou soldats de nos troupes désignés par notre ministre de la guerre.

TITRE VII. Embellissemens et salubrité.

§ Ier. Château-Trompette.

25. Le Château-Trompette, avec ses dépendances, sera démoli.

Il sera formé sur cet emplacement, indépendamment des établissemens ordonnés par les articles 4, titre III; 20 et 22, titre VI du présent décret, des places et rues, et un jardin public.

26. Les plans et projets des travaux et de la distribution des terrains seront présentés à notre approbation, avant le 1er janvier prochain.

§ II. Fort-Louis.

27. Le Fort-Louis, avec ses dépendances, sera démoli.

28. Toutes les dispositions nécessaires à l'assainissement du quartier Sainte-Croix seront faites sur ledit terrain, d'ici au 1er janvier.

Les plans et projets des travaux et de la disposition du terrain seront présentés à notre approbation, avant le 1er juillet prochain.

§ III. Fossés et remparts.

29. Les emplacemens formant les anciens fossés de la ville et leurs dépendances, qui n'ont été ni aliénés ni donnés à loyer par le domaine, sont concédés à la ville, à titre gratuit.

30. Les douves ou lagunes marécageuses qui se sont formées dans lesdits fossés et leurs dépendances seront comblées avant le 1er janvier.

§ IV. Desséchemens.

31. Le desséchement des marais de Bordeaux et de Bruges sera terminé avant le 1er juillet 1809.

32. A cet effet, les digues de la Jalle et de la Garonne seront renforcées.

L'ancien canal connu sous le nom d'*Estey-des-Moines* sera rouvert et curé pour l'écoulement des eaux qui affluent de la ville et des sources du Bouscat. Il sera fait des portes neuves au pont sur la Jalle.

33. Dans le cas où ces travaux ne produiront pas un desséchement complet, le canal connu sous le nom d'*Estey-de-Lauzun* sera ouvert et dirigé de manière à ce qu'il conserve les eaux extérieures jusqu'à leur issue à la Garonne.

Une écluse sera construite avec les contre-fossés et accessoires nécessaires.

34. La ville contribuera à ces travaux pour la portion qui la concerne, et en concurrence avec la communauté et les syndics des propriétaires.

TITRE IX. Communications.

35. Le pavé de la ville de Bordeaux sera réparé à neuf.

Le premier tiers de cette réparation, appliquée aux parties où les travaux sont les plus urgens, sera terminé avant le 1er janvier 1809.

TITRE X. Dispositions administratives.

36. Le secrétaire de la municipalité de Bordeaux sera rétabli sous le titre de *secrétaire de la ville.*

37. Il sera nommé et ses attributions seront déterminées conformément aux lois et réglemens.

38. Le passage pour bacs et bateaux de la Bastide à Bordeaux, sera sous la police et la surveillance de la municipalité.

39. La police municipale de la ville de Bordeaux s'étendra jusqu'à trois mille mètres de rayon au-delà de ses limites actuelles.

TITRE XI. Moyens d'exécution.

40. Nous faisons donation à la ville de Bordeaux des matériaux provenant de la démolition du Château-Trompette et de ses dépendances, et des terrains compris entre les rues, les places et le jardin public à former sur cet emplacement.

41. Lesdits matériaux et terrains seront mis en vente. Le produit des ventes sera versé dans la caisse municipale, pour être employé comme il sera dit ci-après à l'article 44.

42. La ville de Bordeaux demeure chargée de remettre les portions de terrain, ou d'accorder une suffisante indemnité aux sous-acquéreurs qui les auraient acquises à prix d'argent, du 7 octobre 1786 au 22 janvier 1789, et dont les titres auront été reconnus exempts de fraude, fiction ou simulation, conformément à ce qui est prescrit par l'article 3 de notre décret du 28 juillet 1806.

43. La ville de Bordeaux demeure également chargée d'acquitter les indemnités qui pourraient être dues aux architectes ou autres prétendans-droits sur lesdits terrains, conformément à l'article 4 du décret ci-dessus cité.

44. Le produit des ventes sera distribué conformément aux dispositions suivantes :

1° Pour l'acquisition de l'hôtel Saige, destiné à l'établissement de la préfecture, conformément à l'article 3, titre II, et jusqu'à la concurrence de la somme de 750,000 fr.

A l'effet d'accélérer cette acquisition, elle pourra avoir lieu par voie d'échange et de gré à gré contre une portion équivalente de terrains situés le long de la rue ci-devant porte Richelieu.

2° Pour la construction d'un palais de justice, conformément à l'article 4, titre III, et jusqu'à la concurrence de la somme de 1,200,000 fr.

3° Pour le placement provisoire des cours et tribunaux, conformément à l'article 5, titre III, et jusqu'à la concurrence de la somme de 300,000 fr.

4° Pour la construction d'un grand hôpital et la translation de la caserne Notre-Dame dans les bâtimens de l'hôpital Saint-André, conformément à l'article 6, titre IV, et jus-

qu'à la concurrence de six cent mille francs ; d'où il faut déduire quarante mille francs portés dans le budget de la commune, exercice 1808, pour réparations projetées à l'hôpital Saint-André, 560,000 fr.

5° Pour la construction d'un bâtiment destiné aux malades payans, à l'hospice des aliénés, conformément à l'article 13, titre IV, et jusqu'à la concurrence de 40,000 fr.

6° Pour les grosses réparations de la cathédrale, et l'établissement définitif des logemens de l'archevêque, du curé de la cathédrale et du séminaire, conformément à l'article 19, titre VI, et jusqu'à la concurrence d'une somme de 200,000 fr.

7° Pour les réparations extraordinaires du pavé, conformément à l'article 35, titre IX, et jusqu'à la concurrence de la somme de 600,000 fr.

8. Pour le desséchement des marais de Bordeaux et Bruges, conformément aux articles 31, 32, 33 et 34, titre VIII, et jusqu'à la concurrence de la somme de 50,000 fr.

9° Pour la construction d'une manutention et magasin des vivres, conformément à l'article 22, titre VI, et jusqu'à la concurrence d'une somme de 300,000 fr.

10° Pour la construction d'une maison de mendicité, conformément à l'article 18, titre V, et jusqu'à la concurrence d'une somme de 800,000 fr. — Total, 4,800,000 fr.

45. Il sera employé dans le cours de la présente année, à la totalité ou partie des dépenses réglées par l'article précédent, les sommes ci-après désignées, savoir :

A l'établissement provisoire des cours et tribunaux, 300,000 fr.

A la construction du grand hôpital :

1° Quarante mille francs portés au budget de la ville pour 1808, 40,000 fr.

2° Sur les produits de la vente des terrains du Château-Trompette, 560,000 fr.

Pour la cathédrale et le logement de l'archevêque, du curé et du séminaire, 200,000 fr.

A la réparation du pavé, 200,000 fr.

A la construction d'un nouveau bâtiment à l'hospice des aliénés, 40,000 fr.

Au desséchement des marais, 50,000 fr.

Pour la construction d'une maison de mendicité, 300,000 fr. — Total, 1,650,000 fr.

46. Il sera pourvu aux dépenses ci-dessus de la manière suivante :

1° Par le versement qui sera fait à la caisse de la commune, d'une somme de trois cent cinquante mille francs, sur le fonds de quatre cent mille francs affecté aux travaux du pont de la Garonne par le budget de 1807, ci, 350,000 fr.

Cette somme sera remboursée par la commune à la caisse des ponts-et-chaussées, lorsque les travaux de la construction du pont seront mis en activité, et sur le produit des ventes de terrains du Château-Trompette ;

2° Par une avance de trois cent mille francs que la caisse d'amortissement fera à la ville de Bordeaux, sur le fonds des communes destiné à l'établissement des maisons de mendicité, 300,000 fr.

Cette somme, spécialement affectée à la maison de mendicité, sera employée sans délai au commencement des travaux. Elle sera remboursée à la caisse d'amortissement, sur le produit des ventes des terrains du Château-Trompette.

3° Par un emprunt d'un million, dont il est parlé ci-après, titre XII, 1,000,000 fr. — Total, 1,650,000 fr.

47. Les travaux qui resteront à faire, savoir :

La construction du palais de justice et de la manutention et magasin des vivres ; l'achèvement de la maison de mendicité et de la réparation extraordinaire du pavé, formant ensemble la somme de 2,400,000 fr., seront exécutées à fur et à mesure du produit des ventes des terrains du Château-Trompette, déduction préalablement faite :

1° De la valeur des terrains donnés en échange de l'hôtel de la préfecture, 750,000 fr.

2° Du remboursement de l'avance faite par le ministre de l'intérieur sur le crédit affecté par le budget de 1807, à la construction du pont, 350,000 fr.

3° Du remboursement de l'avance faite par la caisse d'amortissement sur le fonds des communes affecté aux maisons de mendicité, 300,000 fr.

4° Du remboursement de l'emprunt, 1,000,000 fr.

Total égal à l'emploi du produit des ventes des terrains du Château-Trompette, déterminés par l'article 40 ci-dessus, 4,800,000 fr.

48. Si les ventes donnent un produit supérieur à la dépense indiquée ci-dessus, l'excédant sera employé à d'autres objets d'utilité, d'amélioration et d'embellissement pour la ville de Bordeaux. Cet emploi sera autorisé par notre ministre de l'intérieur, après que les plans et projets auront été soumis à notre approbation.

TITRE XII. De l'emprunt.

49. Il sera ouvert, pour le compte de la ville de Bordeaux, un emprunt d'un million divisé en cent bons ou actions de dix mille francs chacun, numérotés depuis un jusqu'à cent, et distribués en dix séries.

50. Ces bons seront faits par le receveur de la commune, signés par le maire, et dressés conformément au modèle annexé à notre présent décret.

51. Le remboursement desdits bons aura lieu à raison de cent mille francs ou d'une série par une année, à commencer au 1er janvier 1810.

52. Le remboursement pourra être effectué avant les époques fixées, et à fur et à mesure du produit des ventes des terrains du Château-Trompette.

53. Les bons porteront intérêt à cinq pour cent, à dater du 1er juillet de la présente année.

54. La caisse d'amortissement est autorisée à recevoir la totalité des bons ou actions dudit emprunt, en échange de la somme d'un million, dont elle fera le versement dans la caisse du receveur de la commune, au 1er juillet prochain.

55. Le grand-juge, ministre de la justice, les ministres de l'intérieur, des finances, de la guerre et de l'administration de la guerre, sont chargés de l'exécution du présent décret.

25 AVRIL 1808. — Décret qui destine une somme de trois millions à faire des prêts aux propriétaires de vignobles du département de la Gironde. (Mon. n° 122.)

26 AVRIL 1808. — Décrets qui approuve deux décisions du ministre des finances sur le mode d'évaluation des rentes et des baux stipulés payables en nature. (4, Bull. 190, n° 3296.)

Art. 1er. Les décisions de notre ministre des finances, des 10 messidor an 10 et 3 vendémiaire an 13, portant que, pour les rentes perpétuelles ou viagères et pour les baux à loyer ou à ferme, lorsque ces rentes ou baux sont stipulés payables en nature, ainsi que pour les transmissions, par décès, des biens dont les baux sont également stipulés payables en nature, l'évaluation, soit du montant des rentes, soit du prix des baux, sera faite d'après le taux commun résultant des mercuriales des trois dernières années, sont approuvées et maintenues (1).

2. Le grand-juge, ministre de la justice, et le ministre des finances, sont chargés de l'exécution du présent décret.

26 AVRIL 1808. — Avis du Conseil-d'Etat sur le mode de partage des bois possédés en indivis par plusieurs communes. (4, Bull. 194, n° 3432.)

(1) Dans les déclarations de mutation par décès, la valeur foncière des biens affermés en nature doit être déterminée par les *mercuriales*. La loi ne permet pas de recourir à l'expertise (14 juin 1809; Cass. S. 10, 1, 283).

Voy. avis du Conseil-d'Etat du 20 JUILLET 1807 et du 29 MAI 1808.

Le Conseil-d'Etat, qui, d'après le renvoi ordonné par sa majesté, a entendu le rapport de la section de l'intérieur sur celui du ministre de ce département, tendant à faire décider si l'on peut appliquer au partage des bois possédés en indivis par plusieurs communes, l'avis du Conseil-d'Etat du 4 juillet 1807, approuvé par sa majesté le 20 du même mois, qui ordonne de partager, à raison du nombre de feux, les biens communaux dont les communes veulent faire cesser l'indivis, et s'il est nécessaire de rapporter à cet effet un arrêté du 19 frimaire an 10, qui décide, article 2, que le partage des bois autres que les futaies doit se faire par tête d'habitant;

Vu la loi du 10 juin 1793, la loi du 26 nivose an 2;

Vu l'arrêté du 19 frimaire an 10, le décret du 20 juin 1806, et l'avis du Conseil-d'Etat ci-dessus énoncé;

Vu l'article 542 du Code civil;

Considérant que, par le décret du 20 juin 1806, et par l'avis du 20 juillet 1807, on est revenu au seul mode équitable de partage en matière d'affouages, puisqu'il proportionne les distributions aux vrais besoins des familles, sans favoriser exclusivement, ou les plus gros propriétaires, ou les prolétaires; et que d'ailleurs l'article 542 du Code civil ne laisse aucune distinction à faire entre les bois des communes et les autres biens communaux, puisqu'il dit:

Les biens communaux sont ceux à la propriété ou au produit desquels les habitans d'une ou de plusieurs communes ont un droit acquis.

Est d'avis que les principes de l'arrêté du 19 frimaire an 10 ont été modifiés par les décrets postérieurs, et que l'avis du 20 juillet 1807 est applicable au partage des bois, comme à celui de tous autres biens dont les communes veulent faire cesser l'indivis;

Qu'en conséquence, les partages se feront par feux, c'est-à-dire par chefs de famille ayant domicile.

6 AVRIL 1808. — Décret qui ordonne la publication du décret d'union de la ville de Khel au diocèse de Strasbourg. (4, Bull. 191, n° 3304.)

6 AVRIL 1808. — Décret qui autorisent l'acceptation de dons et legs faits aux pauvres et hospices de Compiègne, Bure, Pierre, Crépol, Saint-Mihiel, Thiviers, Settimo-Vittone, Bolsengo, Nerac, Brienon et Basse-Goulaine. (4, Bull. 192, n°s 3398 à 3407, et Bull. 193, n° 3411.)

26 AVRIL 1808. — Décret qui ordonne la publication de la bulle d'institution canonique de M. de Bausset, évêque de Vannes. (4, Bull. 191, n° 3305.)

5 MAI 1808. — Traité par lequel le roi Charles IV cède à l'empereur Napoléon tous ses droits sur le trône des Espagnes et des Indes. (Mon. n° 251.)

7 MAI 1808. — Décret concernant les obligations souscrites par les titulaires de cautionnemens. (4, Bull. 191, n° 3307.)

Art. 1er. Les titulaires de cautionnement qui, d'après les lois des 7 et 27 ventose an 8, ont souscrit des obligations à échéance fixe, pour une partie de leurs cautionnemens, et qui ne peuvent les représenter acquittées pour obtenir leur titre de la caisse d'amortissement, seront tenus, pour remplacer ces obligations et pour obtenir leur titre définitif, de produire une déclaration par laquelle ils affirmeront qu'ils les ont acquittées, et un certificat du receveur général de leur département, constatant qu'il n'a pas eu connaissance que ces obligations soient revenues protestées, et qu'elles ne sont point restées en dépôt à la recette générale.

2. A dater du 1er octobre 1808, les porteurs de ces obligations qui auraient négligé de se les faire rembourser par les souscripteurs ne pourront avoir aucun recours contre le Trésor public, faute d'avoir fait en temps utile les diligences nécessaires pour en obtenir le remboursement.

3. Les ministres des finances et du Trésor public sont chargés de l'exécution du présent décret.

7 MAI 1808. — Déclaration du Conseil-d'Etat et décision de sa majesté sur le mariage du grand-oncle avec la petite-nièce. (4, Bull. 191, n° 3308.)

Le Conseil-d'Etat, ayant délibéré dans sa séance du 23 avril 1808, d'après le renvoi de sa majesté sur le rapport du grand-juge, ministre de la justice, tendant à faire décider la question de savoir si le mariage est permis entre le grand-oncle et la petite-nièce,

Sa majesté impériale et royale a rendu la décision suivante:

Le mariage entre un grand-oncle et sa petite-nièce ne peut avoir lieu qu'en conséquence de dispenses accordées conformément à ce qui est prescrit par l'article 164 du Code.

7 MAI 1808. — Décret qui ordonne l'établissement d'un comité de prud'hommes à Troyes. (4, Bull. 192, n° 3362.)

7 MAI 1808. — Décret qui ordonne l'établissement d'un conseil de prud'hommes à Mulhausen. (4, Bull. 192, n° 3363.)

7 MAI 1808. — Décret qui ordonne la publication de la loi du 18 messidor an 7, sur l'aliénation des domaines nationaux tenus par baux emphytéotiques, dans les quatre nouveaux départemens de la rive gauche du Rhin. (4, Bull. 191, n° 3306.)

7 MAI 1808. — Décret qui change le jour de la tenue de la foire de Chenay. (4, Bull. 193, n° 3412.)

7 MAI 1808. — Décret qui autorise le sieur Prolaz à établir et maintenir en activité, pendant douze années, sur le ruisseau d'Ire, commune de Doussard, un martinet pour réduire la gueuse en fer. (4, Bull. 193, n° 3413.)

7 MAI 1808. — Décret qui autorise la commission administrative de l'hospice de Joigny à concéder pour vingt-sept années une pièce de vigne. (4, Bull. 193, n° 3414.)

7 MAI 1808. — Décrets qui autorisent l'acceptation de dons et legs faits aux pauvres et hospices d'Orgon, Courtomer, Dunkerque, Oliergues, Mont-de-Marsan, Eygalières, Agen, Foucquevilliers, Pignans, Montpazier, Marseille et Vaux - Champagne. (4, Bull. 193, n°s 3415, 3416, 3423 à 3431, et Bull. 194, n° 3439.)

7 MAI 1808. — Décrets qui autorisent l'acceptation d'offres de dénoncer, au profit des pauvres et hospices de Montaigu, Bruxelles, Braine-le-Comte, Louvain, Huldenbergh, Voroux-lès-Liers, Dhuz et Waret-la-Chaussée, des biens et rentes célés au domaine. (4, Bull. 193, n°s 3417 à 3421, et Bull. 194, n°s 3440 et 3441.)

7 MAI 1808. — Décret qui autorise l'acceptation d'une donation faite par le sieur Cavazza au séminaire du diocèse de Verceil. (4, Bull. 193, n° 3422.)

7 MAI 1808. — Décret qui établit à Marseille des cours théoriques et pratiques de médecine, de chirurgie et de pharmacie, spécialement destinés à l'instruction des officiers de santé. (Mon. n° 138.)

7 MAI 1808. — Avis du Conseil-d'État. (Biens communaux.) Voy. 29 MAI 1808.

10 MAI 1808. — Décret portant création de bourses, demi-bourses et trois-quarts de bourse dans les lycées, et concernant les fondations de bourses par des particuliers. (Mon. n° 138.)

Art. 1er. Il sera créé, dans chaque lycée,

dix bourses, vingt demi-bourses, vingt trois-quarts de bourse. — Total, cinquante.

2. Ces bourses et demi-bourses seront payées par les communes, conformément au tableau qui suit, et seront destinées aux écoles secondaires des villes qui fourniront lesdites bourses.

3. En conséquence, venant la bourse à vaquer, soit par fin des études, soit par mort, le grand-maître de l'Université nommera à ladite bourse parmi les jeunes gens qui se seraient le plus distingués dans la commune, en conséquence de l'examen qui sera fait par l'inspecteur des études.

4. Il sera fait, dans chaque lycée, un tableau des individus appartenant aux communes qui ont des bourses ou des demi-bourses. Le préfet fera connaître à chacun des maires les individus de sa commune auxquels seront accordées lesdites bourses.

5. Pour les communes dont les budgets sont arrêtés, et qui n'auraient pas de fonds pour cet objet, l'avance leur en sera faite par la caisse d'amortissement, qu'elles rembourseront sur leur budget prochain.

6. Tout individu qui voudra fonder une bourse ou une partie de bourse dans un lycée sera admis à le faire, et pourra s'en conserver la nomination. Il sera statué ultérieurement sur le mode de fondation de ces bourses.

10 MAI 1808. — Traité par lequel le prince des Asturies adhère à la cession faite par le roi Charles IV. (Mon. n° 251.)

12 MAI 1808. — Décret qui nomme M. la Tour du Pin préfet du département de la Dyle. (4, Bull. 192, n° 3364.)

12 MAI 1808. — Décret qui nomme M. Goyon préfet du département de l'Aveyron. (4, Bull. 192, n° 3365.)

18 MAI 1808. — Décret contenant organisation des comptoirs de la Banque de France. (4, Bull. 193, n° 3409.)

Voy. décrets du 16 JANVIER 1808, du 24 JUIN 1808, du 29 MAI 1810; ordonnances du 7 MAI 1817, du 11 MARS 1818, du 23 NOVEMBRE 1818.

TITRE Ier. De la formation des comptoirs d'escompte.

Art. 1er. Les comptoirs que la Banque établira seront sous sa direction immédiate, et prendront le titre de Comptoirs d'escompte de la Banque de France.

2. Le conseil général de la Banque fera connaître successivement les villes dans lesquelles il se proposera d'établir des comptoirs d'escompte : aucun établissement ne sera fait si

que sur notre approbation donnée en Conseil-d'État.

Le fonds capital de chaque comptoir d'escompte sera fixé par le conseil général.

Il sera fourni par la Banque.

3. Les comptoirs d'escompte rendront compte, chaque semaine, à la Banque, de leurs opérations.

Ils fourniront, à la fin de chaque semestre, un état général balancé du résultat des opérations du semestre.

Ces comptes feront partie de ceux qui doivent être rendus au Gouvernement et aux actionnaires de la Banque.

4. Le bénéfice acquis par chaque comptoir d'escompte sera réglé tous les six mois, et porté au crédit de la Banque.

5. Les dépenses annuelles de chaque comptoir d'escompte seront arrêtées par le conseil général de la Banque.

TITRE II. Des opérations des comptoirs d'escompte.

6. Les opérations des comptoirs d'escompte seront les mêmes que celles déterminées par l'article 9 des statuts de la Banque.

7. Le taux de l'escompte dans les comptoirs est fixé provisoirement à cinq pour cent l'an.

Chaque année, notre ministre des finances nous fera un rapport, pour nous présenter les résultats des opérations de chaque comptoir, et nous proposer, s'il y a lieu, la réduction du taux de l'escompte.

8. Les comptoirs feront provisoirement compte avec le numéraire qui leur sera fourni par la Banque.

Le directeur et les administrateurs proposeront, lorsqu'ils le jugeront utile et convenable, l'émission des billets ; et, après avoir pris l'avis de la chambre de commerce, le conseil général de la Banque délibérera sur cette proposition, sur la quotité de l'émission des coupures en billets de deux cent cinquante francs et au-dessus : il soumettra sa délibération à notre ministre des finances, pour obtenir notre approbation en Conseil-d'État.

9. La Banque de France aura le privilège exclusif d'émettre des billets de banque dans les villes où elle aura établi des comptoirs.

10. Les billets à émettre par les comptoirs sont fournis par la Banque.

Ils porteront en titre le nom du comptoir qui les devront être émis.

Le conseil général de la Banque déterminera la forme des billets, et les signatures dont ils devront être revêtus.

11. Les billets émis par les comptoirs d'escompte seront payables aux caisses des comptoirs

dans les circonstances ordinaires, et lorsque les sommes ne seront pas assez considérables pour qu'il en résulte la moindre gêne, soit pour la Banque, soit pour les comptoirs, les billets des comptoirs pourront être échangés à la Banque de France, soit contre de l'argent, soit contre des billets de banque, et les billets de banque pourront être escomptés par tous les comptoirs d'escompte.

TITRE III. De l'inscription des actions de la Banque dans les comptoirs d'escompte, et des certificats de transfert de cinq pour cent consolidés.

12. Les actions de la Banque inscrites dans un comptoir d'escompte seront seules admises avec le cinq pour cent consolidé, valeur nominale, pour la garantie additionnelle des effets à deux signatures escomptés par le comptoir, conformément aux articles 12 et 13 des statuts de la Banque.

13. Les propriétaires d'actions de la Banque, résidant ou qui éliront domicile dans les villes où des comptoirs d'escompte seront établis, pourront y faire inscrire leurs actions sur les registres à ce destinés dans chaque comptoir.

14. Les actions de la Banque qu'on voudra faire inscrire dans un comptoir d'escompte seront transférées sur les registres de la Banque, au nom du comptoir où l'inscription devra être faite.

Elles seront transférables dans le comptoir où elles auront été inscrites, dans les formes voulues par les statuts de la Banque.

15. Les actions de la Banque inscrites dans les comptoirs d'escompte seront retransférables sur les registres de la Banque, si elles ne sont engagées au comptoir pour la garantie des effets escomptés.

16. Le nombre des actions de la Banque inscrites dans les comptoirs d'escompte ne pourra excéder la représentation du capital fixé pour chaque comptoir, que par une délibération du conseil général de la Banque.

17. Le cinq pour cent consolidé qu'on voudra affecter pour la garantie additionnelle des effets à deux signatures à escompter dans les comptoirs sera transféré au nom de la Banque de France.

Il en sera délivré un certificat énonçant le capital transféré ;

Les nom et demeure de celui pour le compte duquel le transfert aura été fait ;

Le nom du comptoir où cette garantie devra être donnée.

Ce certificat sera déposé dans le comptoir : il en sera fait mention sur ses registres.

18. Le dividende des actions de la Banque inscrites dans un comptoir d'escompte, et les arrérages du cinq pour cent consolidé transféré à la Banque pour la garantie des effets escomptés par un comptoir, seront payés aux caisses du comptoir.

TITRE IV. De la composition des comptoirs
d'escompte.

19. L'administration de chaque comptoir
d'escompte sera composée :
D'un directeur,
De douze administrateurs au plus, et de
six au moins, suivant l'importance du comptoir,
Et de trois censeurs.
Ils devront être résidans dans la ville où
le comptoir d'escompte sera établi.

20. Les censeurs seront nommés par le conseil général de la Banque.

21. Les administrateurs des comptoirs d'escompte seront nommés par le gouverneur,
sur une liste de présentation en nombre double de celui des membres à élire.

22. Le choix des candidats, pour la nomination des administrateurs, sera provisoirement fait par le conseil général de la Banque.
Lorsqu'il y aura un nombre d'actions de la
Banque de France inscrites dans un comptoir,
représentant au moins la moitié du capital
fixé pour un comptoir, la liste double, pour
le choix des administrateurs, sera faite de la
manière suivante :
Les cinquante plus forts actionnaires inscrits dans les registres du comptoir éliront
un nombre de candidats égal à celui des membres à nommer.
Le conseil général de la Banque formera
une liste d'un même nombre de candidats.

23. L'assemblée des actionnaires ayant droit
de voter sera convoquée par le directeur du
comptoir aux époques fixées par le gouverneur.
Elle sera présidée par le directeur.
Elle procédera, pour les élections, dans
les formes prescrites par les articles 25 et 26
des statuts de la Banque.

24. La durée des fonctions des administrateurs et des censeurs des comptoirs d'escompte
sera de trois ans.
Ils seront renouvelés par tiers chaque
année.
Pendant les deux premières années, les administrateurs et les censeurs sortant seront
désignés par le sort.
Les administrateurs et les censeurs pourront être réélus.

25. Les fonctions des administrateurs et
des censeurs seront gratuites, sauf les droits
de présence.

26. Le directeur de chaque comptoir sera
nommé par nous, sur le rapport de notre ministre des finances, et sur la présentation qui
lui sera faite de trois candidats par le gouverneur de la Banque.
La nomination, la révocation et destitution
des employés des comptoirs d'escompte seront
exercées par le gouverneur.

27. En cas de mort, de maladie ou autre
empêchement légitime du directeur d'un
comptoir, le conseil d'administration nommera
un de ses membres pour en remplir provisoirement les fonctions.
Avant d'entrer en fonction :
Le directeur de chaque comptoir sera tenu
de justifier de la propriété de trente actions
de la Banque ;
Les administrateurs et les censeurs, de
celle de quinze actions ;
Lesquelles seront inaliénables pendant
toute la durée de leurs fonctions.

TITRE V. De la direction de l'administration
des comptoirs d'escompte.

28. La direction des affaires des comptoirs
d'escompte sera exercée par le directeur.
Il signera la correspondance, ainsi que les
endossemens et acquits des effets actifs du
comptoir.
Il présidera le conseil d'administration et
tous les comités.
Les actions judiciaires seront exercées au
nom des régens de la Banque, à la requête du
gouverneur, poursuites et diligences du directeur.

29. Le directeur d'un comptoir ne pourra
présenter à l'escompte aucun effet revêtu de
sa signature, ou lui appartenant.

30. Le conseil d'administration de chaque
comptoir sera composé :
Du directeur,
Des administrateurs,
Et des censeurs.
Il surveillera toutes les parties de l'éta-
blissement.
Il délibérera ses réglemens intérieurs.
Il fixera les sommes à employer aux es-
comptes.
Il proposera l'état annuel des dépenses du
comptoir.
Il veillera à ce que le comptoir ne fasse
d'autres opérations que celles qui lui sont
permises par les statuts, et autorisées par la
Banque.

31. Nul effet ne pourra être escompté dans
un comptoir que sur la proposition des administrateurs composant le comité des escomptes, et l'approbation formelle du directeur.

32. Le conseil d'administration de chaque
comptoir d'escompte se réunira au moins
deux fois chaque mois.
Il lui sera rendu compte de toutes les affaires du comptoir.
Ses arrêtés se prendront à la majorité absolue des membres présens.

33. Aucune résolution ne pourra être délibérée dans le conseil d'administration sans
le concours d'un nombre d'administrateurs
égal aux deux tiers de ceux composant le
comptoir, et la présence d'un censeur.

34. Nulle délibération ne pourra être exécutée, si elle n'est revêtue de la signature du directeur.

35. Les fonctions des censeurs des comptoirs d'escompte seront les mêmes que celles déterminées par les articles 42, 43 et 44 des statuts, pour les censeurs de la Banque.

Les censeurs des comptoirs adresseront directement un rapport au conseil général de la Banque de France, de l'exercice de leur surveillance, au moins une fois chaque mois.

36. Les administrateurs de chaque comptoir d'escompte seront répartis en trois comités :

Le comité des escomptes,
Le comité des livres et portefeuilles,
Le comité des caisses.

37. L'organisation des comités sera réglée par le conseil général de la Banque, sur la proposition du conseil d'administration de chaque comptoir.

TITRE VI. Dispositions générales.

38. Toutes dispositions ou traites des comptoirs d'escompte sur la Banque, ou de la Banque sur les comptoirs d'escompte, ne pourront être faites à plus de quinze jours le terme, sans autorisation de la Banque.

39. Les comptoirs d'escompte ne pourront faire entre eux aucune opération, sans une autorisation expresse de la Banque.

40. La surveillance particulière du gouvernement de la Banque sur les comptoirs d'escompte sera exercée par un ou plusieurs inspecteurs nommés par le gouverneur.

Les inspecteurs pourront être pris parmi les régens.

Les honoraires ou indemnités des inspecteurs seront fixés par le conseil général de la Banque.

41. Les réglemens intérieurs de chaque comptoir d'escompte seront soumis à l'approbation du conseil général de la Banque.

42. Les dispositions de la loi du 24 germinal an 11,

Art. 6 et 7, concernant les escomptes ;
13 et 14, concernant les assemblées d'actionnaires ;
31 et 32, concernant les émissions de billets,
et 33, concernant les comptes courans, et l'art. 21 de la loi du 22 avril 1806, concernant la compétence, sont applicables aux comptoirs d'escompte.

43. Les dispositions des statuts de la Banque de France,

Art. 4, concernant le transfert des actions et les oppositions dont elles peuvent être frappées ;

5, 6 et 7, concernant la dotation des titres héréditaires, et l'immobilisation des actions ;
8 et 9, concernant les opérations de la Banque ;
11, 12, 13, 49, 50 et 51, concernant les escomptes ;
18, 19 et 20, concernant les dépôts volontaires,
25 et 26, concernant les élections ;
42, 43 et 44, concernant les censeurs, sont aussi applicables aux comptoirs d'escompte.

44. Notre ministre des finances est chargé de l'exécution du présent décret.

---

18 MAI 1808. — Décret qui nomme M. Jourdan préfet du département des Forêts. (4, Bull. 193, n° 3410.)

19 MAI 1808. — Décrets qui ordonnent le paiement de pensions accordées à des veuves de militaires. (4, Bull. 194, n°s 3442 à 3444.)

21 MAI 1808. — Décret qui prohibe l'exportation des cotons en laine et des cotons filés. (4, Bull. 192, n° 3361.)

L'exportation des cotons en laines et des cotons filés est prohibée jusqu'à ce qu'il en soit autrement ordonné.

---

24 MAI 1808. — Sénatus-consulte organique qui réunit à la France les duchés de Parme, de Plaisance, et les Etats de Toscane. (4, Bull. 193, n° 3408.)

Art. 1er. Les duchés de Parme et de Plaisance sont réunis à l'empire français, sous le titre de département du Taro ; ils feront partie intégrante du territoire français, à dater de la publication du présent sénatus-consulte organique.

2. Les Etats de Toscane sont réunis à l'empire français, sous le titre de département de l'Arno, département de la Méditerranée et département de l'Ombrone ; ils feront partie intégrante de l'empire français, à dater de la publication du présent sénatus-consulte.

3. Les lois qui régissent l'empire français seront publiées dans les départemens de l'Arno, de la Méditerranée et de l'Ombrone, avant le 1er janvier 1809, époque à laquelle commencera pour ces départemens, le régime constitutionnel.

4. Le département du Taro aura six députés au Corps-Législatif.

Le département de l'Arno aura six députés au Corps-Législatif.

Le département de la Méditerranée aura trois députés au Corps-Législatif.

Le département de l'Ombrone aura trois députés au Corps-Législatif.

Ce qui portera le nombre des membres de ce corps à trois cent quarante-deux.

5. Les députés du département du Taro seront nommés sans délai. Ils entreront au Corps-Législatif pour la session de 1808.

6. Les députés des départemens de l'Arno, de la Méditerranée et de l'Ombrone, entreront au Corps-Législatif pour la session de 1809.

7. Les députés des départemens du Taro ; de l'Arno, de la Méditerranée et de l'Ombrone, seront renouvelés dans l'année de la série où sera compris le département par lequel ils auront été nommés.

8. Le département du Taro sera classé dans la seconde série,

Le département de l'Arno dans la troisième,

Le département de la Méditerranée dans la quatrième,

Le département de l'Ombrone dans la cinquième.

9. Il sera établi une sénatorerie dans les départemens de l'Arno, de la Méditerranée et de l'Ombrone.

10. Les villes de Parme, Plaisance, Florance et Livourne, seront comprises parmi les principales villes dont les maires sont présens au serment de l'empereur à son avénement.

---

29 MAI 1808. — Avis du Conseil-d'Etat sur les formalités à observer pour les demandes d'un nouveau mode de jouissance des biens communaux. (4, Bull. 194, n° 3434.)

Voy. avis du Conseil-d'Etat du 20 JUILLET 1807 et du 26 AVRIL 1808.

Le Conseil-d'Etat, qui, en exécution du renvoi ordonné par sa majesté, a entendu le rapport de la section de l'intérieur sur celui du ministre de ce département, tendant à lever les difficultés qu'éprouve l'exécution du décret impérial du 9 brumaire an 13, portant :

1° Que, dans le cas où les habitans d'une commune, n'ayant pas profité du bénéfice de la loi du 10 juin 1793, ont conservé, postérieurement à la promulgation de cette loi, le mode de jouissance des biens communaux anciennement établi, ce mode ne pourra être changé que par un décret impérial, rendu sur la demande des conseils municipaux, et de l'avis des préfets et sous-préfets;

2° Que, dans le cas où les habitans d'une commune ont exécuté la loi du 10 juin 1793, et introduit en conséquence parmi eux un nouveau mode de jouissance des biens communaux, ce mode ne pourra être changé que sur la demande des conseils municipaux, la-

quelle sera approuvée, modifiée ou rejetée en conseil de préfecture par le préfet;

Considérant que l'existence d'un acte relatif au changement intervenu dans le mode de jouissance des biens communaux, si cet acte a été suivi d'une exécution paisible et de bonne foi, doit suffire pour établir le changement du mode de jouissance de ces biens, puisque l'existence d'un acte de partage, quoique irrégulier dans sa forme, suffit pour faire valider le partage;

Considérant que, dans ce cas, on a toujours procédé en exécution de la loi du 10 juin 1793, soit qu'on l'ait plus ou moins régulièrement exécutée,

Est d'avis, lorsqu'en vertu de la loi du 10 juin 1793, il s'est opéré un changement dans le mode de jouissance des biens communaux d'une commune, et que ce changement a été exécuté, les demandes d'un nouveau mode de jouissance doivent être présentées au conseil de préfecture, et soumises de droit, comme les affaires de biens communaux, au Conseil-d'Etat.

---

29 MAI 1808. — Décret impérial concernant la police générale de la rivière de Sèvre. (4, Bull. 194, n° 3433.)

N...... sur le rapport de notre ministre des l'intérieur;

Notre Conseil-d'Etat entendu,

Nous avons décrété ce qui suit :

Art. 1er. La police générale de la Sèvre, rivières, ruisseaux et canaux y affluant, restera sous la surveillance des préfets des Deux-Sèvres, de la Charente-Inférieure et de la Vendée, chacun dans son département respectif. Le préfet des Deux-Sèvres est seul chargé de la direction des travaux relatifs à l'entretien et à l'amélioration de la navigation, au flottage de cette rivière et affluens, et au curage de ladite rivière.

2. Le cours de la Sèvre sera libre, et entretenu continuellement dégagé de tous obstacles quelconques depuis la ville de Niort jusqu'à la mer; la largeur de cette rivière est fixée à vingt-quatre mètres, à la hauteur de l'étiage des eaux; partout où elle n'aura pas cette largeur, elle lui sera donnée.

3. Il sera pratiqué, sur chacune de ses rives, un chemin de halage de six mètres de largeur, non compris le talus des bermes de la rivière; lesdits chemins seront tracés par l'ingénieur, sur tous les terrains nécessaires pour leur donner cette largeur, sans que les propriétaires puissent prétendre à aucune indemnité, à raison de la perte desdits terrains, aux termes de l'art. 7, titre XXVIII de l'ordonnance de 1669, et de l'art. 650 du Code Napoléon; tous les arbres, buissons et souches seront en conséquence arrachés sur cette

largeur, pour faciliter le halage des bateaux, et décombrer les bords de cette rivière des branches qui gênent sa navigation : les chemins de halage ou francs-bords ne pourront être labourés ou plantés en aucun temps, ni traversés par des fossés, si ce n'est en cas de nécessité d'écoulement des eaux, avec autorisation de l'administration, et à la charge de construire un pont pour le halage.

4. Il sera fait chaque année, vers la fin de la belle saison, une visite générale par l'ingénieur en chef, et deux autres visites par l'ingénieur d'arrondissement, dont il sera dressé des procès-verbaux, pour être remis aux préfets chacun en ce qui le concerne.

5. L'ingénieur en chef fera un rapport au préfet, pour déterminer le cours principal de la rivière de Sèvre, le plus favorable au service de la navigation. Le préfet ordonnera l'exécution des projets qui auront été reconnus, par le directeur général des ponts-et-chaussées, être les plus utiles au redressement de son cours, et notamment au dessèchement des marais qui bordent les rives.

6. Il dressera, tous les ans, un état de dépense pour le balisage à faire dans la Sèvre et ruisseaux adjacens, pour être remis aux préposés ou à l'entrepreneur, qui frétera des bateaux et équipages, rassemblera des mariniers pour visiter pied à pied la rivière dans toute sa largeur, suivant l'indication de l'ingénieur, à l'effet de dégager la rivière de tous obstacles qui pourraient nuire à sa navigation. Il fera en même temps le travail nécessaire au cezelage ou coupe des herbes, volinage et curage de la rivière, et à la sûreté de la navigation.

7. Toutes les marchandises enlevées seront rendues à leurs propriétaires, d'après l'exhibition de leurs titres en bonne forme, en payant les frais du tirage de l'eau desdites marchandises, et de leur transport en lieu de sûreté, entre les mains du préposé ou de l'entrepreneur de la navigation, qui en rendra compte.

Les objets qui n'auront pas été réclamés, ou dont la propriété n'aura pas été légalement constatée, seront vendus par les ordres du préfet ; et le montant en sera versé à la caisse des droits réunis, comme produits accessoires à l'octroi de la navigation.

8. Pendant la durée du balisage, ledit préposé ou entrepreneur tiendra un livre coté et paraphé par l'ingénieur, sur lequel seront inscrits, jour par jour, les noms et prénoms des ouvriers employés, ainsi que le lieu et la nature des travaux faits, la dépense qu'ils auront occasionée, afin de pouvoir répéter contre les particuliers, communes et sociétés, ce qu'il écherra de mettre à leur charge.

9. Les ingénieurs et conducteurs de la navigation veilleront, de leur côté, à la police desdites rivières et ouvrages en dépendant, et dresseront, conformément à la loi du 29 floréal an 10, procès-verbaux des contraventions.

10. Les maires et leurs adjoints voisins desdites rivières ou ruisseaux seront tenus de prêter main-forte et assistance aux ingénieurs, conducteurs et entrepreneurs des travaux de la navigation, ainsi qu'aux équipages du balisage de la rivière, lorsqu'ils en seront par eux requis.

11. Il est défendu à tous riverains, mariniers, chefs d'équipage et autres, d'arracher les pieux et balises qui indiqueraient le meilleur cours d'eau de la navigation ; de jeter dans le lit de la rivière, canaux ou ruisseaux y affluant, des objets qui pourraient les encombrer, détourner et affaiblir le cours de la rivière de quelque manière que ce soit ; d'y mettre rouir des chanvres, d'enlever aucune espèce de matériaux, bois ou pierres provenant des ouvrages publics, en quelques lieux qu'ils soient.

12. Il est également défendu de déposer des matériaux, marchandises, etc., sur les bords des chemins de halage, plus près de dix mètres des bords desdits chemins et ailleurs que sur les ports et lieux destinés à les recevoir.

13. Toutes les îles, îlots, rivages, grèves actuellement plantés sur les bords et dans le lit de la rivière de Sèvre et ses affluens, seront visités par les ingénieurs, lesquels dresseront procès-verbaux de ceux qui auront été reconnus nuisibles à la navigation, dont ils rendront compte, pour, sur lesdits procès-verbaux, être statué ce qu'il appartiendra.

14. Dans le cas où il serait jugé nécessaire d'arracher partie ou totalité desdites plantations, les propriétaires particuliers ou sociétaires seront tenus d'y procéder dans le délai de deux mois, du jour qu'ils en auront reçu l'ordre, passé lequel délai les destructions seront faites à leurs frais, sauf les réclamations devant le conseil de préfecture, et le recours à la commission du contentieux de notre Conseil-d'Etat.

15. Quant aux îles, rivages et grèves qui ne sont point plantés, il ne pourra être fait aucune plantation qu'avec l'autorisation du préfet, sur l'avis de l'ingénieur en chef ; celles qui seraient faites sans ladite autorisation seront arrachées à la diligence des ingénieurs, et aux frais des planteurs.

16. Il est fait défense de planter des arbres ou arbustes, et de faire des constructions plus près de dix mètres des rivages et des bords extérieurs des chemins de halage, sans avoir demandé préalablement l'alignement et l'autorisation du préfet : les contrevenans seront condamnés à l'abattage desdits arbres, et à la démolition desdites constructions.

17. Il est enjoint aussi aux propriétaires des terres riveraines de ne laisser paître aucuns bestiaux, ni de les laisser errans sur les chemins de halage, à peine de tous dépens et dommages, pour le paiement desquels lesdits bestiaux seront saisis et vendus.

18. Il n'est permis d'établir aucun moulin ou usine, gord, pertuis et bondes qui pourraient nuire à la navigation, au flottage, et même au libre écoulement des eaux, ou autre construction sur les rives et dans le lit de la rivière de Sèvre, canaux et rivières y affluant, sans y avoir été autorisé par notre décret rendu en Conseil-d'État, sur l'avis du préfet constatant que les établissemens proposés ne peuvent nuire au plan général qui aura lieu pour la navigation et le desséchement des marais.

19. Défenses sont faites de gêner le cours de cette rivière par des barrages, pieux, piquets, terres, fascines ou roulis, soit pour pêche, soit pour toute autre cause.

20. Défenses sont également faites à tous bateliers, pilotes et mariniers, de placer des ancres ou piquets sur les levées, sur les rives, talus ou glacis des ouvrages, et de se servir des arbres, pièces de charpente ou grosses pierres, déposées sur les chantiers, pour y amarrer leurs bateaux, radeaux, canots ou navires, et de gêner en aucune manière la navigation, tant de l'intérieur des ports que dans les rivières.

21. Les ingénieurs des ponts-et-chaussées seront chargés d'examiner, dans une visite générale, qui aura lieu chaque année, les digues et canaux de desséchement des marais, les bondes d'écoulement et de prise d'eau dans la rivière, pour s'assurer si leurs cours sont libres, bien curés; s'ils ne retiennent pas trop d'eau pendant l'été, pour rafraîchir les terres au préjudice de la navigation; de déterminer rigoureusement la prise d'eau à faire dans ces circonstances; il est enjoint aux directeurs de ces marais de ne pas outre-passer cette quantité.

La largeur des bondes sera fixée et entretenue dans les dimensions convenables pour fournir la quantité d'eau nécessaire au rafraîchissement des marais dans le temps de sécheresse; le tout sauf le recours comme il est dit article 14, conformément à la loi du 29 floréal an 10, et sauf l'exécution provisoire.

22. Il est encore enjoint aux ingénieurs de visiter, pendant leurs tournées, les fossés, terres et canaux situés le long des rives de la Sèvre, pour indiquer ceux qu'il serait indispensable de conserver pour l'écoulement des eaux; ceux qui ne serviront qu'à la division des propriétés seront supprimés dans toute la largeur du chemin de halage, et comblés à leur niveau; les particuliers et sociétés pro-

priétaires des fossés et canaux conservés seront tenus d'y mettre et entretenir, en tous temps, des ponts et pontons, et enfin de maintenir, en tous temps, des passages solides, pour ne point retarder la marche des haleurs, sous peine d'y être pourvu à leurs dépens par les ingénieurs.

23. Les chemins de halage, fixés à six mètres de largeur, sont réduits à quatre le long des murs de clôture, et des maisons dans la traverse des villes, bourgs et villages. Si lesdits murs ou maisons viennent à être démolis, ils ne pourront être reconstruits qu'à la distance de six mètres, à peine de démolition.

24. Tous les fermiers de bacs seront tenus de faire afficher, sur un poteau placé dans un lieu apparent, le tarif du péage; ils entretiendront, pour le service des bacs et bateaux, des hommes capables de les conduire. Les fermiers tiendront leurs bacs et bateaux et leurs abords en bon état; ils livreront passage aux bateaux, bâtimens de commerce, sans leur faire éprouver le moindre retard, empêchement ou avarie.

Les ingénieurs et conducteurs sont encore chargés, lors de leurs tournées, de visiter les bacs et bateaux avec leurs agrès, et de rendre compte au préfet, par des procès-verbaux en forme, des négligences qui pourraient s'introduire dans leur service, pour y être statué.

25. Les préfets, sous-préfets, maires et adjoints, ainsi que les officiers de police des villes et villages voisins de la Sèvre et de ses affluens, sont chargés de veiller à la conservation des ponts, écluses, chaussées et chemins de halage. Ceux qui y occasioneront des dégradations seront punis et condamnés à telle indemnité qu'il appartiendra, et aux réparations d'icelles, conformément aux lois et réglemens relatifs à la navigation des rivières, et notamment à celle du 29 floréal an 10.

26. Les bâtimens qui navigueront sur la Sèvre ne pourront jeter dans ce fleuve leur lest; il leur sera indiqué un emplacement pour le déposer.

27. Conformément aux articles 2 et 3 de la loi du 29 floréal an 10, relative aux contraventions en matière de grande voirie, toutes les contraventions au présent règlement seront constatées concurremment par les maires et adjoints, les ingénieurs des ponts-et-chaussées, leurs conducteurs, les agens de la navigation, les commissaires de police, et par la gendarmerie; les procès-verbaux en seront adressés au sous-préfet, qui ordonnera par provision, et sauf le recours au préfet, ce que de droit pour faire cesser les dommages.

Toutes les contraventions aux dispositions ci-dessus seront punies, suivant l'exigence des cas, des peines portées dans les lois et réglemens.

En cas de recours, il sera définitivement statué en conseil de préfecture, conformément à la loi du 29 floréal an 10.

28. Nos ministres sont chargés, chacun en ce qui le concerne, de l'exécution du présent décret.

---

29 MAI 1808. — Décret qui supprime la foire établie à Toulouse pour la vente des laines provenant de moutons de race pure espagnole, et la remplace par deux autres foires destinées au même objet. (4, Bull. 194, n° 3445.)

---

29 MAI 1808. — Décrets qui autorisent l'acceptation de dons et legs faits aux pauvres et hospices de Saint-Quentin, Paris, Saint-Etienne, Vallée-Française, Toulouse, Ouckene, Coulatto, Aigue-Perse, la Ferrière, Castel-Sarrazin, Beaune, Clermont, Caraglio, Rouen, Aix-Lyon, Wilrick, Commercy, Metz, Paris, Ernée, Poitiers, Ricamarie, St.-Georges-le-Fléchard, Mayence, Charlieu, Mâcon, Vienne, Longiumeau, Santoliet, Gavi, Pontarlier, Ambroney, Hoves, Serverettes, Epinal, Tretz, Peynier, Montigny-Lencoup, Villeneuve-les-Bordes et Vineuil. (4, Bull. 194, n°s 3446 à 3452; Bull. 195, n°s 3472 à 3481, 3483 à 3486, et Bull. 196, n°s 3496 à 3512.)

---

29 MAI 1808. — Décret qui envoie le bureau de bienfaisance de Putte en possession d'un bois inconnu à la régie du domaine. (4, Bull. 194, n° 3454.)

---

29 MAI 1808. — Décrets qui autorisent l'acceptation d'offres de dénoncer, au profit des pauvres et huspices de Sullenberg, Wert-Saint-Georges, Blois, Herstal, Savigné-l'Evêque, Kempan, Begue-Heufay, Bruges et Liers, des rentes et biens célés au domaine. (4, Bull. 194, n°s 3455 à 3460; Bull. 195, n°s 3470 et 3482.)

---

29 MAI 1808. — Décret portant établissement d'une foire à Salon, et fixation des jours de la tenue des foires établies à Quillan. (4, Bull. 195, n°s 3467 et 3468.)

---

29 MAI 1808. — Décret relatif aux usines d'Underviller et de Belle-Fontaine. (4, Bull. 195, n° 3471.)

---

30 MAI 1808. — Décrets qui nomment M. Jubé préfet du département de la Doire, et M. de Plancy préfet du département de la Nièvre. (4, Bull. 194, n°s 3435 et 3436.)

---

6 JUIN 1808. — Acte par lequel l'empereur Napoléon proclame son frère Joseph roi d'Espagne. (Mon. n° 174.)

---

9 JUIN 1808. — Décret qui réunit trois vicairies toscanes au département des Apennins. (4, Bull. 196, n° 3487.)

---

16 JUIN 1808. — Décret qui excepte les Juifs établis à Livourne des dispositions du décret du 17 mars 1808. (4, Bull. 194, n° 3437.)

Art. 1er. Les Juifs établis à Livourne, ne se livrant à aucun trafic illicite, ne sont pas compris dans les dispositions prescrites par notre décret du 17 mars 1808, contre les Juifs de quelques parties de l'empire.

2. L'exception accordée par l'article 19 dudit décret aux Juifs de Bordeaux, leur est applicable.

3. Notre ministre des finances est chargé de l'exécution du présent décret.

---

16 JUIN 1808. — Décret relatif à la culture, à la fabrication et à la vente du tabac. (4, Bull. 195, n° 3461.)

Voy. lois du 20 = 27 MARS 1791 et du 5 VENTOSE an 12; décrets du 28 AOUT 1808, du 29 DÉCEMBRE 1810, du 12 JANVIER 1811, du 24 DÉCEMBRE 1824.

Art. 1er. A compter du 1er janvier 1809, tout particulier qui voudra cultiver du tabac sera tenu d'en faire la déclaration au plus prochain bureau de la régie des droits réunis, depuis le 1er mars jusqu'au dernier jour du mois de mai.

Cette déclaration énoncera la situation et la contenance des terres destinées à cette culture.

Sont dispensés de la déclaration les particuliers dont la culture ne s'élèverait pas à plus de vingt pieds de tabac.

2. A l'époque qui sera fixée chaque année, dans chaque département, par un arrêté du préfet, il sera fait, par les employés de la régie, un inventaire des feuilles provenant de la dernière récolte, ainsi que de celles existant des récoltes précédentes.

Les employés prendront les feuilles au poids, et les porteront sur leurs registres portatif, au compte de chaque cultivateur. A cet effet, les granges, greniers, hangars, et *magasins* de ceux qui auront récolté du tabac ou qui l'auront reçu en dépôt, seront ouverts aux employés de la régie.

Il sera fait un inventaire avant la fin de 1808, et sans attendre les déclarations de 1809.

3. Les feuilles inventoriées ne pourront sortir des magasins du cultivateur, que pour être expédiées soit aux entrepôts de la régie, soit aux fabricans, *négocians* et marchands en gros pourvus de licences, soit aux lieux ordinaires de foire ou de marché, et avec acquit-à-caution.

4. Tout cultivateur sera obligé, lors du récolement et des visites et exercices des employés, de représenter la même quantité de feuilles inventoriées, ou de justifier de son expédition légale : au cas contraire, il sera soumis, pour le montant du déficit, au paiement du triple droit.

5. Il sera accordé aux cultivateurs, négocians et marchands en gros de tabac indigène, pour déchet provenant de la dessication, les déductions ci-après, savoir :

Pour le tabac nouveau, vendu du 1er mars au 31 mai, six pour cent; du 1er juin au 31 août, neuf pour cent; et douze pour cent après cette dernière époque, sans qu'il soit permis d'excéder ce taux, sous quelque prétexte que ce soit.

Il ne sera rien accordé pour le tabac nouveau vendu du 15 décembre au 28 février.

Les fabricans n'auront droit à aucune des déductions ci-dessus.

Il sera tenu compte aux cultivateurs, négocians, marchands en gros et aux fabricans, des quantités de tabac détériorées, lorsque leur état sera constaté par les employés, qui en dresseront procès-verbal, et assisteront au brûlement.

Il pourra être accordé, s'il y a lieu, un dixième pour déchet sur le tabac expédié à une destination éloignée, et lorsque le temps fixé pour la route sera d'un mois et au-delà.

6. Il ne sera désormais accordé de licence pour l'établissement d'aucune nouvelle fabrique de tabac, si ce n'est à la distance de dix lieues de la frontière, à moins que ce ne soit dans une ville close et ayant un octroi.

7. Le registre tenu par les fabricans, en exécution de l'article 36 de la loi du 5 ventose an 12, énoncera jour par jour, sans aucun blanc ni interligne, non-seulement la quantité des tabacs vendus, mais encore la qualité et l'espèce de ces tabacs, ainsi que les noms et demeures des acheteurs.

8. A compter de la publication du présent décret, la fabrication des carottes pointues faites à la main, et connues sous le nom de Saint-Vincent ou andouilles de Clairac, est formellement interdite.

9. Toute quantité de tabacs fabriqués au-dessus de dix kilogrammes ne pourra circuler qu'avec acquit-à-caution.

10. Les tabacs fabriqués exportés à l'étranger sont exempts de la taxe des deux décimes par kilogramme, établie par l'article 46 de la loi du 24 avil 1806.

11. Il sera payé, par les fabricans de tabac, un centime pour chaque vignette qui leur sera délivrée par la régie.

12. En exécution de l'article 47 de la loi du 24 avril 1806, les débitans ne pourront recevoir chez eux que des tabacs revêtus de marques et vignettes de la régie, et des types de la fabrique qui les aura expédiés.

13. Il est défendu à tous débitans d'avoir des tabacs en feuilles.

14. Toute licence de débitant qui ne s'élèvera pas à vingt-cinq francs sera acquittée en un seul paiement dans le cours du mois de janvier de chaque année, ou au moment d'une nouvelle déclaration.

L'administration des droits réunis est autorisée à retirer les licences de débitant à tout fabricant ou débitant pris en fraude, en remboursant le prix au prorata du temps qui resterait à courir.

15. Lorsque le poids de la matière fabriquée excédera de cinq pour cent celui de l'entrée des feuilles, le surplus sera assujéti aux droits de fabrication et de vente.

16. Toute contravention aux dispositions du présent décret sera punie conformément à la loi du 5 ventose an 12.

17. Le ministre des finances est chargé de l'exécution du présent décret.

---

16 JUIN 1808. — Décret concernant les cartes à jouer. (4, Bull. 195, n° 3462.)

Voy. décrets du 4 PRAIRIAL et 13 FRUCTIDOR an 13, du 9 FÉVRIER 1810.

Art. 1er. La régie des droits réunis fera faire des moules uniformes pour la fabrication des cartes à jouer. Ces moules seront à vingt-quatre cartes; les figures porteront le nom du fabricant, et un numéro particulier pour chaque lieu de fabrication.

2. Aussitôt l'émission des nouveaux moules, les anciens seront supprimés; il est défendu de contrefaire les moules de la régie, et de fabriquer aucun moule particulier : les prévenus seront poursuivis devant les tribunaux ordinaires, et punis des peines portées par les lois, sans préjudice des amendes et' confiscations prononcées par notre décret du 4 prairial an 13.

3. Sont exceptés de la suppression, et demeureront déposés dans les bureaux de la régie, les moules des tarots et autres dont la forme ou la dimension diffère des cartes usitées en France.

4. Les cartes mentionnées en l'article précédent seront fabriquées en papier libre, et ne pourront circuler dans l'intérieur qu'autant qu'elles porteront, sur toutes les cartes à figure, la légende *France*, et le nom du fabricant. Ces cartes continueront d'acquitter le droit de demi-centime par carte, à l'instar de celles fabriquées en papier filigrané, et d'être soumises à la bande de contrôles de la régie.

5. Les cartes mentionnées aux deux articles précédens qui seront destinées à l'exportation ne seront assujéties à aucune légende : elles paieront un droit particulier de cinq centimes par jeu exporté. Les fabricans qui feront des

exportations de ces cartes seront tenus de faire les déclarations et les justifications prescrites par les lois et réglemens.

6. Les cartes usitées en France ne pourront circuler qu'autant qu'il en sera fait déclaration au bureau des droits réunis du lieu de l'expédition, et qu'elles seront accompagnées d'un congé portant le nom de l'expéditeur, le lieu de la destination et le nom de celui à qui elles sont destinées.

7. A compter du jour de l'émission des nouveaux moules de la régie, qui sera fixé par notre ministre des finances, il sera accordé un an pour l'écoulement des cartes fabriquées avant cette émission: ce délai passé, toutes les cartes d'ancien moulage seront détériorées et mises hors de la consommation, sauf la restitution du droit qui aurait été perçu par la régie.

8. La vente et la distribution de toutes les cartes fabriquées en papier libre, et marquées des timbres humides en usage avant le décret du 1er germinal an 13, sont interdites à partir du jour de la publication du présent décret. Toutes celles existant à cette époque chez les fabricans et débitans seront détériorées, et le droit de demi-centime par carte sera restitué par la régie, en suite du procès-verbal de détérioration.

9. La remise du onzième, fixée par l'article 2 du décret du 13 fructidor an 13, ne sera pas accordée aux fabricans surpris en contravention.

10. La recoupe des cartes est interdite aux fabricans et débitans, ainsi que la vente, entrepôt et colportage sous bande ou sans bande des cartes recoupées ou réassorties.

11. Toutes contraventions au présent décret seront punies conformément au décret du 4 prairial an 13.

12. Le ministre des finances est chargé de l'exécution du présent décret.

16 JUIN 1808. — Décret concernant le mariage des militaires en activité de service. (4, Bull. 125, n° 3463.)

Voy. décrets du 3 et du 28 AOUT 1808; avis du Conseil-d'Etat du 21 DÉCEMBRE 1808.

Art. 1er. Les officiers de tout genre en activité de service ne pourront à l'avenir se marier qu'après en avoir obtenu la permission par écrit du ministre de la guerre.

Ceux d'entre eux qui auront contracté mariage sans cette permission encourront la destitution et la perte de leurs droits, tant pour eux que pour leurs veuves et leurs enfans, à toute pension ou récompense militaire.

2. Les sous-officiers et soldats en activité de service ne pourront de même se marier qu'après en avoir obtenu la permission du conseil d'administration de leur corps.

3. Tout officier de l'état civil qui, sciemment, aura célébré le mariage d'un officier, sous-officier ou soldat en activité de service, sans s'être fait remettre lesdites permissions, ou qui aura négligé de les joindre à l'acte de célébration du mariage, sera destitué de ses fonctions.

4. Le grand-juge, ministre de la justice, et les ministres de l'intérieur et de la guerre, sont chargés de l'exécution du présent décret.

16 JUIN 1808. — Décret concernant la manière dont peuvent être suppléés les membres des conseils de préfecture en cas d'empêchement de la totalité. (4, Bull. 195, n° 3464.)

Art. 1er. Les membres des conseils de préfecture qui, tous à la fois, seraient forcément empêchés d'exercer leurs fonctions, seront suppléés par un égal nombre de membres du conseil général, autres que ceux qui seraient en même temps juges dans nos tribunaux.

2. Seront désignés par notre ministre de l'intérieur les membres du conseil général, sur la présentation du préfet.

3. Le ministre de l'intérieur est chargé de l'exécution du présent décret.

16 JUIN 1808. — Décret qui ordonne l'établissement de plusieurs maisons de détention. (4, Bull. 195, n° 3465.)

Art. 1er. Les départemens désignés en l'état annexé au présent décret seront divisés en neuf arrondissemens, dans chaacun desquels il sera formé une maison centrale de détention, pour la réunion des condamnés par les tribunaux criminels de ces départemens.

2. Les condamnés par voie de police correctionnelle, lorsque la peine à subir ne sera pas moindre d'une année, seront également transférés dans ces maisons, pour y être reclus dans des emplacemens distincts et séparés des autres.

3. Les édifices nationaux dont l'aliénation n'a point encore eu lieu, et qui pourront convenir pour former les établissemens prescrits par les articles qui précèdent, seront mis à la disposition de notre ministre de l'intérieur par notre ministre des finances.

4. Ceux dont les propriétaires offriraient de faire la rétrocession pour les arrondissemens où il n'existerait plus d'édifices nationaux disponibles seront rachetés par notre ministre de l'intérieur, sur et d'après les autorisations spéciales qui lui en seront par nous données.

5. Les frais de premier établissement de ces maisons seront supportés par les départemens pour lesquels elles seront formées, dans

la proportion de leur population respective, et par une addition au rôle des contributions de chacun d'eux.

6. Les dépenses annuelles de consommation, d'entretien et d'administration, seront également supportées par chacun de ces départemens, d'après le tarif du prix de journée qui sera fait par notre ministre de l'intérieur, et compris à cet effet, et par distinction, dans leurs budgets de chaque exercice.

7. Dans le cas où les fonds alloués par les budgets, pour les dépenses mentionnées en l'article qui précède, ne suffiraient pas aux besoins, le déficit sera reporté sur l'exercice suivant.

8. Les ministres de l'intérieur, des finances, de la justice et de la police générale, sont chargés de l'exécution du présent décret.

Etat des Maisons centrales de détention qui restent à établir pour compléter l'organisation de ces établissemens dans tout l'empire.

DÉSIGNATION des lieux où l'on propose d'établir ces maisons.	DÉPARTEMENS pour lesquels elles seront formées.	POPULATION présumée de ces maisons.
CLERMONT (Puy-de-Dôme)	Creuse. Allier. Loire. Rhône. Puy-de-Dôme. Haute-Loire. Cantal. Corrèze.	400
ENSISHEIM (Haut-Rhin).	Doubs. Jura. Haute-Saône. Haut-Rhin. Vosges. Meurthe. Moselle. Bas-Rhin.	600
MELUN (Seine-et-Marne · ·	Aisne. Oise. Seine-et-Oise. Seine-et-Marne. Loiret.	500
Ex-abbaye de CLAIRVAUX (Aube). · · ·	Marne. Ardennes. Meuse. Haute-Marne. Aube. Côte-d'Or. Yonne. Nièvre. Saône-et-Loire.	1,000

DÉSIGNATION des lieux où l'on propose d'établir ces maisons.	DÉPARTEMENS pour lesquels elles seront formées.	POPULATION présumée de ces maisons.
Château DE MONTBAREIL (Côt.-du-Nord).	Manche. Ille-et-Vilaine. Côtes-du-Nord. Morbihan. Finistère.	400
La maison n'est pas encore désignée	Somme. Seine-Inférieure. Eure. Calvados. Orne. Eure-et-Loir.	300
La maison n'est pas encore désignée	Cher. Indre. Haute-Vienne. Charente. Charente-Inférᵉ.	400
On propose l'établissement de deux maisons centrales de détention pour les treize départemens ci-contre . . .	Apennins. Gênes. Montenotte. Doire. Marengo. Mont-Tonnere. Le Pô. La Sésia. Stura. Tanaro. L'Arno. La Méditerranée. L'Ombrone.	

16 JUIN 1808. — Décret qui ordonne l'établissement d'une maison de détention dans la ci-devant abbaye de Clairvaux. (4, Bull. 195, n° 3466.)

Art. 1ᵉʳ. Les bâtimens, usines, fabriques, jardins, enclos et dépendances de l'ancienne abbaye de Clairvaux, département de l'Aube, seront rachetés par notre ministre de l'intérieur pour la somme de trois cent cinquante mille francs.

2. Il sera formé, dans ces bâtimens, une maison centrale de détention pour les condamnés par les tribunaux criminels des départemens désignés en l'état joint au présent décret.

Les condamnés par voie de police correctionnelle, lorsque la peine à subir ne sera pas moindre d'une année, seront également transférés dans cette maison, pour y être reclus dans des emplacemens distincts et séparés.

3. La somme mentionnée en l'article 1ᵉʳ, ensemble les frais de premier établissement,

seront supportés par chacun des départemens désignés, dans la proportion de leur population respective, et par une addition au rôle de leurs contributions de 1809.

4. Les dépenses annuelles de consommation, d'entretien et d'administration, seront également supportées par ces départemens, d'après un prix de journée qui sera réglé par notre ministre de l'intérieur, et comprises à cet effet, et par distinction, dans les budgets de chaque exercice. ●

5. Il sera réservé dans l'établissement, un emplacement distinct pour servir de dépôt aux mendians qui seront arrêtés dans le département de l'Aube. Il sera pourvu à la dépense de ces mendians sur les fonds qui seront affectés au service des dépôts de mendicité.

6. Les ministres de l'intérieur, de la justice, de la police générale et des finances, sont chargés de l'exécution du présent décret.

Noms des départemens dont les condamnés seront envoyés à la maison centrale de détention à former dans les bâtimens de l'ancienne abbaye de Clairvaux, département de l'Aube.

Marne, Ardennes, Meuse, Haute-Marne, Aube, Côte-d'Or, Yonne, Nièvre, Saône-et-Loire.

16 JUIN 1808. — Décret qui fixe les droits de pesage, mesurage et jaugeage à Paris. (Dépôt des Lois, n° 532.)

Voy. décret du 6 PRAIRIAL an 11.

SECTION Ire. Réformation du tarif.

Art. 1er. Le droit de pesage, fixé uniformément, par le *tarif du 6 prairial an 11,* à vingt centimes par cent kilogrammes de toute espèce de marchandises, ne sera perçu désormais qu'à raison de dix centimes par cent kilogrammes, en ce qui concerne les marchandises ci-après désignées, savoir :

Blé, orge, avoine, farine de toute espèce, beurre frais ou salé, huiles communes à brûler, charbons, cendres, bourre, étoupes, filasses, blanc d'Espagne, blanc de céruse, craie, fruits frais, herbes potagères, ocre, brai, houblon, graisse, goudron, foin, paille, fer en verge, ferraille, fonte en gueuse, potasse, soudé, son, recoupe, remoulage, suif, poix résine, poix blanche, noire et grasse, plomb en saumon, étain, sel ordinaire.

2. Le droit de mesurage, fixé uniformément à deux centimes par boisseau ou décalitre de graines, graines et grenailles, et autres marchandises qui se vendent au litre, ne sera perçu désormais, savoir : qu'à raison d'un demi-centime par boisseau ou décalitre, pour avoine, son, recoupe et remoulage, charbon de terre, plâtre et chaux, et à raison d'un centime par boisseau ou décalitre, pour blé, orge, graines et grenailles.

3. Le droit de cubage, dont la fixation n'a pas été arrêtée dans le tarif du 6 prairial an 11, sera perçu à raison de cinq centimes par mètre cube.

4. Le droit de jaugeage, fixé uniformément par le tarif du 6 prairial an 11 à un centime par décalitre, sera perçu à l'avenir dans les proportions suivantes :

Les vins de France, la bière, le cidre, le vinaigre et les huiles communes, paieront, savoir :

Pour une pièce de cent cinquante litres et au-dessous, vingt centimes.

Pour une pièce de cent cinquante à deux cents litres, vingt-cinq centimes.

Pour une pièce de deux cent un à trois cents litres, trente centimes.

Pour une pièce de trois cent un à quatre cents litres, quarante centimes.

Pour une pièce de quatre cent un à cinq cents litres, cinquante centimes.

Pour une pièce de cinq cent un à six cents litres et au-dessus, soixante centimes.

Les vins étrangers, les esprits, eaux-de-vie, liqueurs et huiles fines, paieront savoir :

Pour une pièce de cent litres et au-dessous, vingt centimes.

Pour une pièce de cent un à cent cinquante litres, vingt-cinq centimes.

Pour une pièce de cent cinquante-un à deux cents litres, trente centimes.

Pour une pièce de deux cent un à trois cents litres, quarante centimes.

Pour une pièce de trois cent un à quatre cents litres, cinquante centimes.

Pour une pièce de quatre cent un à cinq cents litres, soixante centimes.

Pour une pièce de cinq cent un à six cents litres et au-dessus, soixante-dix centimes.

5. Les droits à percevoir pour les opérations de pesage et mesurage des marchandises ou denrées non désignées dans les articles précédens continueront à être payés conformément au tarif du 6 prairial an 11.

SECTION II. Dispositions réglementaires sur l'exercice et la perception du droit.

6. Le préposé public ne peut intervenir dans les ventes qui se font dans les maisons, boutiques ou magasins des particuliers, s'il n'y est appelé par l'une des parties contractantes, et si le pesage se fait par un des intéressés à la vente ou à l'achat.

7. Il intervient nécessairement, et sans pouvoir être suppléé, sauf l'exception ci-après, pour toutes les ventes qui se font au poids avec de grandes balances, à la mesure d'hectolitre, le stère, le mètre et la jauge, dans les halles, places, marchés, chantiers de bois

à brûler, ports, bateaux, et autres lieux publics soumis à la surveillance permanente de la police municipale. En conséquence, nul marchand ne peut avoir, dans les lieux publics sus-désignés, des balances à fléaux ou romaines, ni des hectolitres, stères ou jauges, servant à peser pour les particuliers.

8. Sont exceptées, sauf d'ailleurs au préposé public l'obligation d'y intervenir lorsqu'il y est requis par l'une des parties intéressées, les ventes en détail qui se font dans les lieux publics sus-désignés, avec des balances à la main, quant aux marchandises qui se vendent au poids; celles qui se font au boisseau ou décalitre, quant aux graines et autres marchandises qui se vendent à la mesure de capacité; et les ventes de liquides, lorsque les pièces sont prises de gré à gré pour leur contenance, sans être mesurées ou jaugées.

9. L'acheteur et le vendeur sont passibles, chacun pour moitié, des droits établis par les articles précédens; mais ils sont solidaires envers le préposé public, et les marchandises ne peuvent être enlevées, si les droits n'ont été préalablement acquittés.

10. Le préposé public fournira les poids, balances, mesures, et généralement tous les instrumens nécessaires aux opérations du pesage, mesurage et jaugeage.

Il fournira de même les gens de service pour le transport et desserte de ces instrumens; mais, quant aux gens de service pour transporter les marchandises de la place dans les mesures ou membrures et sur les plateaux, ils seront fournis et salariés par les parties pour le compte desquelles se feront les opérations.

Le salaire de ces gens de service sera réglé par un arrêté du ministre de l'intérieur.

11. Il sera établi des préposés de pesage, mesurage et jaugeage dans les halles et marchés, et sur les ports et places de notre bonne ville de Paris, qui seront désignés par notre ministre de l'intérieur, sur l'avis des préfets du département et de police.

12. Il sera de plus établi, pour le service du public, et pour satisfaire aux demandes du commerce, un bureau central de pesage, mesurage et jaugeage, dont l'emplacement sera déterminé par le préfet du département.

13. Enfin, dans les lieux et places où il se tient des foires et marchés à diverses époques de l'année, il sera établi, pendant la durée seulement desdites foires et marchés, des bureaux assortis à la nature des objets exposés en vente.

14. Le service, dans les divers marchés publics, se composera des opérations de pesage, mesurage et jaugeage qui doivent y être faites aux termes de l'article 7 du présent décret, ou qui peuvent y être requises conformément à l'article 8 de ce décret.

Ce service sera fait par des préposés nommés par le préfet de police. Ces préposés pourront être les mêmes que ceux actuellement employés sous ses ordres, dans les halles, marchés, places, chantiers de bois à brûler, sur les ports et bateaux. Le tableau de leur nombre et de leurs traitemens sera dressé par le préfet de police, communiqué au préfet du département, et arrêté par le ministre de l'intérieur, provisoirement, jusqu'à la fixation du budget.

15. Le préfet de police déterminera et assignera les emplacemens que lesdits employés devront occuper dans les lieux qui seront indiqués en conséquence de l'article 13, et les bureaux qu'ils auront, s'il est besoin.

16. Le service du bureau central se composera principalement des opérations qui se requièrent volontairement par une seule partie ou de gré à gré par plusieurs.

Il en sera de même de celles qui doivent se faire, soit par suite de contestation, soit par suite de saisie-exécution, ou de décès et inventaire, s'il y a des absens ou s'il y a des mineurs, à moins que le tuteur ne soit autorisé à faire procéder au pesage et mesurage par l'avis de parens, conformément à l'article 588 du Code de procédure civile.

Ce service sera fait par des agens et employés qui seront nommés par le préfet du département, et dont le nombre et les traitemens seront, sur sa proposition, fixés par notre ministre de l'intérieur, comme il est dit à l'article 14 ci-dessus.

17. Le service extraordinaire dans les foires et marchés qui n'ont lieu qu'à diverses époques de l'année sera fait à l'instar de celui des halles et marchés ordinaires.

18. Au moyen de l'établissement des divers employés publics de pesage, mesurage et jaugeage ci-dessus désignés, nul ne pourra faire, dans Paris, les fonctions de peseur pour autrui, à peine d'être poursuivi par voie de police correctionnelle, par la confiscation, tant des poids et mesures que des marchandises trouvées dans son domicile ou bureau, conformément aux lois et réglemens concernant l'octroi municipal et de bienfaisance de la ville de Paris, lesquels lois et réglemens sont déclarés communs à la perception des droits de pesage, mesurage et jaugeage publics.

Les marchands fréquentant les halles et marchés publics ne pourront, sous la même peine, avoir dans lesdites halles et marchés ou lieux voisins d'iceux, d'autres poids et mesures que ceux dont l'usage leur est permis par le présent décret.

19. Dans toutes les contestations relatives au défaut de poids ou de mesures, les bulletins délivrés par les préposés du poids public, et certifiés conformes aux registres, feront foi en justice.

20. Les préposés du poids public pourront porter, dans l'exercice de leurs fonctions, une marque distinctive.

SECTION III. De la comptabilité et de l'inspection des perceptions.

21. Le montant des perceptions du droit de pesage et mesurage sera versé, chaque semaine, entre les mains du receveur municipal de notre bonne ville de Paris.

22. A cet effet, il sera arrêté par notre ministre de l'intérieur, sur l'avis des deux préfets : 1° un mode de tenue de registres ; 2° une proportion de cautionnement de la part des receveurs, s'il y a lieu ; 3° une forme de comptabilité pour les employés à la perception.

23. Il sera nommé, par le préfet du département, un inspecteur-général et quatre inspecteurs particuliers du pesage, mesurage et jaugeage, chargés d'inspecter et de vérifier, dans les divers bureaux, les registres de perception, la régularité de leur tenue et l'exactitude de la comptabilité et des versemens. Leur traitement sera fixé par notre ministre de l'intérieur, sur la proposition du même préfet, comme il est dit article 14.

L'inspecteur général sera le chef du bureau central.

SECTION IV. De la suppression de la régie actuelle.

24. La régie existante sera supprimée à compter du 1er juillet prochain.

Les administrateurs et les régisseurs sont renvoyés, pour leurs demandes en indemnité, devant le préfet de la Seine, qui prononcera sur l'avis du conseil municipal.

25. Les ustensiles, instrumens et mobilier appartenant aux régisseurs, seront par eux cédés à la ville de Paris. Le prix en sera payé sur la représentation des mémoires ou factures quittancés ; et pour les objets qui ne pourront être justifiés de cette manière, conformément à l'estimation qui sera faite par experts, dont l'un sera nommé par le préfet du département, le second par les régisseurs, et le troisième par le préfet du département, en cas de partage.

26. Les dispositions de l'arrêté du 6 prairial an 11, auxquelles il n'a point été dérogé par les articles précédens, sont maintenues.

16 JUIN 1808. — Décrets qui autorisent l'acceptation de dons et legs faits aux pauvres et hospices de Rennes, Ostende, Nideggen, Montjoie, Duren, Chabeciel, Arras, Beaulieu, Avignon, Toulouse, Meslay, la Chapelle-Moche, Sens, Ormoy et Chevilley. (4, Bull. 196, nos 3513 à 3521 et 3516 à 3528, et Bull. 197, n° 3529.)

16 JUIN 1808. — Décret qui établit une foire annuelle à Saint-Olièse. (4, Bull. 196, n° 3524.)

16 JUIN 1808. — Décret qui fait concession, pour cinquante années, aux sieurs Bragouse de Saint-Sauveur, du droit d'exploiter les mines de plomb existantes dans les communes de Saint-Sauveur et de Bonheur, et dans celles de Meyrueis et de Gatuzières. (4, Bull. 196, n° 3525.)

16 JUIN 1808. — Décret qui autorise l'acceptation de legs faits à la fabrique d'Ormoy et aux séminaires de Nancy et de Besançon. (4, Bull. 197, n° 3526.)

16 JUIN 1808. — Décrets qui ordonnent le paiement de pensions accordées à des veuves de militaires. (4, Bull. 197, nos 3530 à 3533.)

24 JUIN 1808. — Décret concernant les droits d'enregistrement et de transcription des actes relatifs à l'institution des majorats. (4, Bull. 196, n° 4488.)

Voy. décret du 1er MARS 1808.

Art. 1er. L'acte indicatif des biens, déterminé par l'article 13 de notre décret du 1er mars 1808, sera fait sur papier timbré, et enregistré.

Il ne sera payé pour l'enregistrement, que le droit fixe d'un franc, et pour la transcription aux hypothèques que le salaire du conservateur.

2. Nos lettres-patentes portant institution de majorats, devant être enregistrées dans nos cours et tribunaux, les ampliations qui en seront délivrées à cet effet ne seront pas soumises au timbre et au droit d'enregistrement.

£ Il sera perçu :

1° Lors de leur enregistrement dans les cours d'appel, savoir :

Pour les majorats duchés. . . . . 72 fr.
Pour les majorats comtés. 48
Pour les majorats baronies. . . . 24

Les deux tiers du droit seront pour l'enregistrement.

L'autre tiers pour le gref.

Il ne sera payé, pour l'enregistrement dans les tribunaux de première instance, que moitié du droit ci-dessus.

2°. Lors de leur transcription aux registres des hypothèques, un droit égal à celui attribué aux greffes des tribunaux de première instance pour l'enregistrement.

3. L'acte de constitution ou le procès-verbal de désignation des biens composant les majorats de propre mouvement, tant ceux dont la totalité de la dotation aura été accordée par nous, que ceux dont la dotation

n'aura été faite par nous qu'en partie, sera sur papier timbré, et ne paiera aucun droit d'enregistrement.

La transcription aux registres des hypothèques ne sera assujétie qu'aux salaires du conservateur, et l'enregistrement dans les cours des tribunaux, qu'au paiement des droits ordinaires de greffe.

4. Dans le cas où il serait tenu un procès-verbal d'acceptation des conditions qu'il nous plaira d'imposer, lors de l'érection d'un majorat sur demande, il sera sur papier timbré, et soumis à l'enregistrement fixe d'un franc.

5. Les actes portant acquisition d'immeubles passés en conformité de nos ordres ou de notre autorisation, pour effecter le remplacement en France de propriétés situées hors de l'empire, et les échanges des biens situés en France, seront assujétis aux mêmes droits d'enregistrement et d'hypothèque que les transactions de pareille nature entre particuliers.

6. Les mutations, par décès, des biens composant un majorat ne donneront ouverture qu'à un droit égal à celui qui est perçu pour les transmissions de simple usufruit en ligne directe; il sera à la charge du majorat, et payé par l'appelé et la veuve, par proportion, sans qu'il puisse être réclamé contre la succession du titulaire décédé.

7. Notre ministre des finances est chargé de l'exécution du présent décret.

24 JUIN 1808. — Décret concernant l'instruction des demandes relatives aux majorats. (4, Bull. 196, n° 3489.)

Voy. décret du 1er MARS 1808.

Art. 1er. Les demandes en création de majorats formées en vertu de l'art. 7 de notre deuxième statut du 1er mars 1808; celles en aliénation et en remploi, et en général toutes les demandes relatives aux majorats, et susceptibles d'être examinées au conseil du sceau des titres, soit directement, soit après le renvoi que nous en aurons fait, seront formées, instruites et suivies par le ministère d'un des avocats à notre Conseil-d'Etat.

Il en sera usé de même pour toutes les affaires où le conseil du sceau des titres est appelé à délibérer.

2. Seront également fournis par le ministère des avocats au conseil, les renseignemens que le procureur général du conseil du sceau des titres pourrait demander à l'impétrant ou au titulaire, et les justifications que les uns et les autres seront tenus de faire, sans néanmoins qu'il soit dérogé à l'article 12 de notre deuxième statut, en ce qui concerne la correspondance du procureur général avec les autorités locales, pour les mêmes objets.

3. Lorsque la dotation d'un titre aura été accordée par nous, soit en totalité, soit en partie, et qu'il s'agira de procéder à l'acte de constitution des biens affectés au majorat, le titulaire sera asisté de l'un des avocats à notre Conseil, ou pourra même se faire représenter par lui, avec l'autorisation de notre cousin le prince archi-chancelier de l'empire.

Dans ce dernier cas, le titulaire sera tenu de fournir une procuration spéciale, contenant pouvoir à l'avocat qu'il aura constitué, de se soumettre, en son nom, à l'accomplissement des conditions qu'il nous aurait plu d'imposer.

4. L'expédition et la délivrance de toutes lettres-patentes seront également poursuivies par le ministère des avocats au conseil, lesquels néanmoins ne pourront, en aucun cas, joindre le projet d'icelles à leur requête.

5. Lorsque les lettres-patentes contiendront l'institution d'un majorat, le secrétaire général en délivrera une expédition certifiée par notre cousin l'archi-chancelier à l'avocat constitué, lequel sera personnellement tenu de faire, au nom de l'impétrant, les diligences nécessaires pour l'enregistrement desdites lettres-patentes dans les cours d'appel et tribunaux de première instance, ainsi que pour leur transcription sur le registre du conservateur des hypothèques.

6. Si l'avocat constitué ne justifie point, dans le délai de deux mois, de l'enregistrement, en représentant à notre procureur général la copie certifiée des lettres-patentes, avec mention qu'elles ont été publiées et enregistrées, et de la transcription par le certificat du conservateur, il sera procédé à l'accomplissement desdites formalités, à la diligence du procureur général, aux frais de l'avocat constitué, sauf son recours contre son commettant.

7. Les dispositions des deux précédens articles sont applicables aux actes de constitution des biens affectés à un majorat.

8. La constitution d'avocat, et le dépôt des demandes, pièces et mémoires, seront faits au secrétariat du sceau des titres, dans la forme prescrite par l'art. 27 du règlement du 11 juin 1806, et par les art. 1, 2 et 5 du règlement du 22 juillet, sur les affaires contentieuses portées au Conseil-d'Etat.

9. Le secrétaire général du conseil du sceau des titres présentera à notre cousin l'archi-chancelier de l'empire, les demandes qui doivent lui être adressées dans tous les cas prévus par nos deux status impériaux du 1er mars: et il fera le renvoi au procureur général, de l'ordre de notredit cousin, desdites requêtes, ainsi que les pièces et mémoires fournis par les impétrans ou par les titulaires, lorsqu'il y aura lieu à la communication.

10. Les droits des avocats au conseil employés dans les cas énoncés au présent décret seront les mêmes que ceux qui leur sont ou pourront être alloués pour les affaires qu'ils suivent au Conseil-d'État, jusqu'au réglement qui sera définitivement arrêté.

24 JUIN 1808.— Décret qui prescrit des formalités pour l'admission, dans le commerce, de différentes marchandises provenant des prises faites sur l'ennemi. (4, Bull. 196, n° 3490.)

Art. 1er. Les marchandises *autres que les toiles, mousselines, étoffes, et bonneteries de coton,* dont l'entrée, quelle que soit leur origine, est prohibée en France par les lois sur les douanes, seront admises dans la consommation, lorsqu'elles proviendront de prises faites sur les ennemis de l'État par les vaisseaux de notre marine impériale, ou par les bâtimens armés en course, sous les conditions et formalités ci-après prescrites.

2. Les tabacs fabriqués acquitteront les droits d'entrée auxquels sont assujétis les tabacs en feuilles, et en outre ceux de fabrication.

Les autres marchandises paieront un droit de quarante pour cent de la valeur.

Celles dont l'importation n'est pas défendue continueront à acquitter les droits ordinaires du tarif.

3. Les marchandises dont l'admission est autorisée par l'article 1er ne pourront être introduites que par les douanes de Bayonne, Bordeaux, La Rochelle, Rochefort, Nantes, Lorient, Brest, Quimper, Saint-Malo, Cherbourg, Caen, Le Havre, Dieppe, Saint-Valery-sur-Somme, Boulogne, Calais, Dunkerque, Ostende, Anvers, Gênes, Nice, Toulon, Marseille, Cette, Agde, Port-Venre et Livourne.

Lorsque les prises seront conduites dans d'autres ports, les marchandises seront expédiées pour celui des ports désignés le plus voisin, sous acquit-à-caution, et sous le convoi des préposés des douanes, dont les frais de route seront payés par les armateurs.

4. Il sera apposé dans les bureaux d'introduction, aux deux bouts de chaque pièce d'étoffes et bonneterie de laine, un plomb portant d'un côté : *Douanes impériales,* et de l'autre, *Marchandises de prises.*

La bonneterie sera mise en paquets d'une demi-douzaine de pièces réunies par un cordon ou ruban de fil, et chaque paquet sera revêtu d'un plomb.

Il ne sera payé que dix centimes pour chaque plomb.

5. Le grand-juge, ministre de la justice, et les ministres des finances et de la marine et des colonies, sont chargés de l'exécution du présent décret.

16.

24 JUIN 1808. — Décret qui autorise l'établissement de comptoirs d'escompte à Lyon et à Rouen. (4, Bull. 196, n° 3491.)

Art. 1er. La Banque de France est autorisée à établir un comptoir d'escompte dans chacune des villes de Lyon et Rouen, en se conformant à ce qui a été déterminé à ce sujet par notre décret du 18 mai dernier.

2. Le ministre des finances est chargé de l'exécution du présent décret.

24 JUIN 1808. — Décret relatif aux créanciers pour une des causes énoncées au décret du 20 juin 1807, concernant Saint-Domingue. (4, Bull. 196, n° 3492.)

Voy. loi du 2 DÉCEMBRE 1814.

Art. 1er. Tout créancier pour une des causes prévues par l'article 1er de notre décret impérial du 20 juin 1807, concernant Saint-Domingue, pourra, en justifiant de son indigence, faire payer à son débiteur une provision alimentaire et annuelle qui ne pourra excéder l'intérêt du capital à lui dû, et qui sera arbitrée, dans cette limite, par les tribunaux, d'après la position respective du créancier et du débiteur.

2. Les jugemens qui interviendront en cette matière à défaut de convention entre les parties seront rendus sommairement et sans frais.

3. A défaut de convention à l'amiable entre les parties, il y sera pourvu par nos tribunaux, sommairement, et sans autres frais que ceux des citations et jugemens à intervenir.

4. Ces jugemens seront exécutés provisoirement, nonobstant oppositon ou appel, et sans donner caution.

5. Le grand-juge, ministre de la justice, le ministre de la marine et des colonies, sont chargés de l'exécution du présent décret.

24 JUIN 1808.—Décret concernant le rachat des redevances connues sous la dénomination de *leibgewin,* dans les quatre nouveaux départemens de la rive gauche du Rhin. (4, Bull. 196, n° 3493.)

Art. 1er. Les débiteurs des redevances connues sous la dénomination de *leibgewin,* dans les quatre nouveaux départemens de la rive gauche du Rhin, seront seuls admis, pendant trois mois à compter de la publication du présent décret, à faire le rachat direct desdites redevances, à raison de quinze fois la rente, ainsi qu'il est prescrit par l'art. 1er de la loi du 21 nivose an 8.

2. Il sera, à cet effet, tenu des registres de soumission et de liquidation dans les bureaux de l'enregistrement et des domaines,

19

dans l'arrondissement desquels lesdites redevances sont dues.

Aucune rente ne pourra être rachetée que sur la liquidation faite par le receveur de l'enregistrement et des domaines, et approuvée par le directeur.

3. Le prix des rachats devra être acquitté en rescriptions négociées par la caisse d'amortissement, et en trois paiemens égaux, de mois en mois, à partir du jour de la liquidation : il sera versé à la caisse d'amortissement, ou entre les mains de ses préposés.

Les débiteurs directs qui feront le rachat pendant le délai à eux accordé par l'art. 1er ci-dessus obtiendront une remise de cinq pour cent, sur la totalité de leur liquidation.

4. Les arrérages des redevances de *leibgewin*, dus sur les années antérieures à l'an 12, sont appliqués au paiement des dettes des communes dans lesquelles sont situés les biens concédés à titre de *leibgewin*, conformément à ce qui a été prescrit par notre décret du 9 vendémiaire an 13; et lesdits arrérages seront, en conséquence, acquittés dans les délais prescrits par le décret.

Quant aux arrérages de l'an 12 et années postérieures, qui appartiennent au Trésor public, ils sont exigibles, et devront être payés, lors du rachat, en même temps que le capital.

5. Pour opérer la liquidation des arrérages échus, et celle du capital des rentes *leibgewin*, payables en nature, on prendra pour base le prix commun des mercuriales des trois dernières années.

6. Les redevables de *leibgewin* pourront exercer sur les arrérages la retenue des contributions, si l'exemption n'en a pas été stipulée dans les actes de concession.

7. Passé le délai de trois mois énoncé en l'article 1er, les redevances *leibgewin* pourront être aliénées indistinctement à tous les acquéreurs qui se présenteront, et au même taux de quinze fois la rente, prescrit par l'article 1er de la loi du 21 nivose an 8.

8. Le ministre des finances est chargé de l'exécution du présent décret.

24 JUIN 1808. — Décret qui nomme M. Saint-Wallier président du Sénat. (4, Bull. 196, n° 3494.)

24 JUIN 1808. — Décret qui ordonne le paiement de douze cent quatre-vingts francs, pour pensions accordées à des veuves de militaires. (4, Bull. 197, n° 3534.)

24 JUIN 1808. — Décret contenant le tableau des foires du département de la Roër. (4, Bull. 197, n° 3568.)

24 JUIN 1808. — Décrets qui autorisent l'acceptation de dons et legs faits aux pauvres et hospices de Chiaverano, Alais, Riez, Rivoli, Broc, Gozée, Lavenay, Celles-Molembaix, Amiens, Lectoure, Saint-Nicolas-de-la-Grave, Castel-Mayran, Paris, Aiguillon, Agen, Limoges, Alais, Fayence, Lyon, Rochegude, la Coulonche, Chirens, Montélimart, Mayenne, Lyon, Toulouse, Tavagnasco, Pammatone, Brinon et Laon. (4, Bull. 197, n°s 3534 à 3556, 3560 à 3566.)

24 JUIN 1808. — Décrets qui autorisent l'acceptation d'offres de dénoncer, au profit des pauvres et hospices de Louvain, Bruxelles et Voroux-lès-Liers, des biens célés au domaine. (4, Bull. 197, n°s 3556 à 3559.)

28 JUIN 1808. — Avis du Conseil-d'État. (Application de la loi du 9 ventose an 12.) (Landes et terrains vagues.) *Voy.* 17 JUILLET 1808.

2 JUILLET 1808. — Décret qui autorise la continuation de la société anonyme formée à Paris pour l'entreprise générale des messageries. (4, Bull. 197, n° 3522.)

Art. 1er. La société anonyme formée à Paris, département de la Seine, rues Notre-Dame-des-Victoires et Montmartre, pour l'entreprise générale des messageries, est autorisée à continuer de subsister, conformément aux dispositions du contrat passé par-devant Boileau, notaire, le 28 fructidor an 6.

2. Le grand-juge, ministre de la justice, et le ministre de l'intérieur, sont chargés de l'exécution du présent décret.

2 JUILLET 1808. — Décrets qui ordonnent le paiement de pensions accordées à des veuves de militaires. (4, Bull. 197, n°s 3569 et 3570.)

2 JUILLET 1808. — Décret qui permet au sieur Goujon de construire une forge à traiter le fer, et une fonderie, sur les bords de la rivière de Veuvre, entre les communes de la Bouxière et de Liffré. (4, Bull. 197, n° 3571.)

2 JUILLET 1808. — Décrets qui autorisent l'acceptation de dons et legs faits aux pauvres et hospices d'Illiers, Ath, Marseille, Chambéry, Lokeren, Saint-Girons, Toulouse, Bois-de-Villiers. (4, Bull. 197, n°s 3572 à 3578 et 3580.)

2 JUILLET 1808. — Décrets qui autorisent l'acceptation d'offres de dénoncer, au profit des hospices de Bruxelles et des pauvres de Isooz, des biens et rentes célés au domaine. (4, Bull. 197, n°s 3579 à 3581.)

3 JUILLET 1808. — Avis du Conseil-d'Etat sur les actions à intenter contre les communes en matière de banalité conventionnelle (1). (Dépôt des Lois, ms.)

Voy. avis du Conseil-d'Etat du 11 BRUMAIRE an 14.

Le Conseil-d'Etat, après avoir entendu le rapport des sections de l'intérieur et de législation, sur celui du ministre de l'intérieur, relatif au rétablissement des banalités conventionnelles,

Est d'avis,

1° Que les demandeurs qui se proposent d'intenter contre les communes des actions pour créances chirographaires ou hypothécaires sont, aux termes de l'arrêté du 17 vendémiaire an 10, tenus à prendre l'autorisation du conseil de préfecture, mais que, pour former, soit au pétitoire, soit au possessoire, une action à raison d'un droit de propriété, il n'y a pas lieu à demander ladite autorisation;

2° Que, par l'avis du Conseil-d'Etat du 11 brumaire an 14, il n'a point été entendu que les banalités conventionnelles déclarées rachetables par la loi du 28 août 1792, ne pussent être rétablies par transaction ou par jugement des tribunaux; mais seulement que les communes ne peuvent à présent, par aucune stipulation, établir des banalités nouvelles, ni convertir en banalités conventionnelles des banalités supprimées comme féodales.

JUILLET 1808. — Décret sur l'extirpation de la mendicité. (4, Bull. 211, n° 3828.)

Voy. loi du 24 VENDÉMIAIRE an 2; décrets du 22 DÉCEMBRE 1808.

TITRE Ier.

Art. 1er. La mendicité sera défendue dans tout le territoire de l'empire.

2. Les mendians de chaque département seront arrêtés et traduits dans le dépôt de mendicité dudit département, aussitôt que ledit dépôt sera établi, et que les formalités ci-après auront été remplies.

3. Dans les quinze jours qui suivront l'établissement et l'organisation de chaque dépôt de mendicité, le préfet du département fera connaître, par un avis, que ledit dépôt étant établi et organisé, tous les individus mendiant et n'ayant aucun moyen de subsistance sont tenus de s'y rendre.

Cet avis sera publié et répété dans toutes les communes du département pendant trois dimanches consécutifs.

4. A dater de la troisième publication, tout individu qui sera trouvé mendiant dans ledit département sera arrêté d'après les ordres de l'autorité locale, ou par les soins de la gendarmerie ou de toute autre force armée.

Il sera aussitôt traduit au dépôt de mendicité.

5. Les mendians vagabonds seront arrêtés et traduits dans les maisons de détention.

TITRE II. Des dépôts de mendicité.

6. Chaque dépôt de mendicité sera créé et organisé par un décret particulier. Les sexes et les âges y seront placés d'une manière distincte.

7. Les dépenses de l'établissement des dépôts de mendicité seront faites concurremment par le Trésor public, les départemens et les villes.

8. Dans le mois de la publication du présent décret, les préfets adresseront à notre ministre de l'intérieur un rapport sur l'établissement de la maison du dépôt de mendicité de leur département.

Ce rapport fera connaître le nom de la maison proposée, le montant et le devis des dépenses à faire pour la rendre propre à sa destination; le montant des fonds qui pourront être fournis à cet effet par le département et par les communes du département, et celui des fonds à faire par le Trésor public, le nombre présumé des mendians du département; celui des individus que la maison pourra recevoir; la force armée à établir pour sa garde; les employés qui composeront son administration; les ateliers et travaux qui pourront être établis pour occuper les détenus; le réglement d'administration tant pour la discipline et la nourriture que pour toutes les autres parties du régime intérieur de la maison; enfin les dépenses d'entretien annuel de la maison, et les moyens d'y pourvoir aux frais du département et des communes.

9. Au premier travail de chaque mois, notre ministre de l'intérieur nous rendra compte de toutes les dispositions prises pour la formation des dépôts de mendicité dans les départemens, et des difficultés qui peuvent survenir dans leur établissement.

10. Les ministres sont chargés de l'exécution du présent décret.

9 JUILLET 1808. — Avis du Conseil-d'Etat. (Préposés de l'enregistrement.) *Voy.* 20 JUILLET 1808.

(1) Cet acte a été appliqué par plusieurs ordonnances qui lui donnent la date du 3 juillet 1806. *Voy.* les notes sur l'arrêté du 17 vendémiaire an 10, et sur l'article 4 de la loi du 28 pluviose an 8.

12 JUILLET 1808. — Décret concernant les droits de greffe. (4, Bull. 197, n° 3523.)

Voy. loi du 21 VENTOSE an 7; décret du 6 JANVIER 1814.

Art. 1er. Les actes qui sont assujétis sur la minute au droit de greffe, de rédaction et de transcription, sont ceux ci-après désignés :

1° Acceptation de succession sous bénéfice d'inventaire ;

Acte de voyage ;

Consignation de sommes au greffe, dans les cas prévus par l'art. 301 du Code de procédure civile, et autres déterminés par les lois ;

Déclaration affirmative et autres faites au greffe, à l'exception de celles à la requête du ministère public ;

Dépôt de registres, répertoires, et autres titres ou pièces, fait au greffe, de quelque nature et pour quelque cause que ce soit ; dépôt de signature et paraphe des notaires, conformément à l'art. 49 de la loi du 25 ventose an 11 ;

Enquêtes ;

Interrogatoire sur faits et articles ;

Procès-verbaux, actes et rapports faits ou rédigés par le greffier ;

Publication de contrats de mariage, divorces, jugemens de séparation, actes et dissolutions de société, et de tous autres actes, prescrite par les Codes : il ne sera perçu aucun droit de dépôt pour la remise au greffe desdits actes.

Récusations de juges ;

Renonciation à une communauté de biens ou à une succession ;

Soumission de caution ;

Transcription et enregistrement sur les registres du greffe, d'oppositions et autres actes désignés par les Codes (à l'exception de la transcription de saisie immobilière, dont il sera parlé ci-après) : *le droit ne sera dû qu'autant qu'il sera délivré expédition de la transcription.*

Il sera payé, pour chacun des actes ci-dessus, un franc vingt-cinq centimes.

Les enquêtes seront en outre assujéties à un droit de cinquante centimes pour chaque déposition de témoins, ainsi qu'il est réglé par l'art. 5 de la loi du 21 ventose an 7.

2° Adjudications faites en justice ;

Dépôt de l'état certifié par le conservateur des hypothèques, de toutes les inscriptions existantes, et qui, aux termes de l'article 752 du Code de procédure civile, doit être annexé au procès-verbal ;

Dépôt de titres de créance pour la distribution de deniers par contribution ou par ordre ;

Mandemens sur contributions, ou bordereaux de collocation ;

Radiation de saisie immobilière ;

Surenchère faite au greffe ;

Transcription au greffe de la saisie immobilière.

Il sera payé pour chacun de ces actes, savoir :

Trois francs pour la transcription de la saisie ; même droit pour le dépôt de l'état des inscriptions existantes ;

Un franc cinquante centimes pour dépôt de titres de créance, et ce pour chaque production ; même droit pour chaque acte de surenchère, et de radiation de saisie ;

Pour la rédaction des adjudications un demi pour cent sur les cinq premiers mille, et vingt-cinq centimes par cent francs sur ce qui excédera cinq mille francs (1) ;

Sur chaque mandement ou bordereau de collocation délivré, vingt-cinq centimes par cent francs du montant de la créance colloquée.

2. Les actes de dépôt seront transcrits à la suite les uns des autres, sur un registre en papier timbré, coté et paraphé par le président du tribunal.

Les actes de décharge de ces mêmes dépôts seront portés sur le registre, en marge de l'acte de dépôt, et soumis au même droit de rédaction et de transcription.

3. Le droit de rédaction, en cas de revente à la folle-enchère, n'est dû que sur ce qui excède la première adjudication.

Il n'est exigible, pour les licitations, que sur la valeur de la part acquise par le colicitant, s'il reste adjudicataire.

Dans aucun cas la perception ne pourra être au-dessous du droit fixe d'un franc vingt-cinq centimes, déterminé, pour les moindres actes, par l'article 5 de la loi du 21 ventose an 7.

4. Lorsque, par suite d'appel, une adjudication sera annulée, il y aura lieu de restituer le droit proportionnel de rédaction.

Le droit fixe de rédaction et de transcription, et celui d'expédition, étant le salaire de la formalité, ne seront, dans aucun cas, restituables.

5. Le droit de mise au rôle et celui d'expédition continueront d'être perçus comme le prescrit la loi du 21 ventose an 7.

Les référés qui sont l'objet du titre XVI, livre V, du Code de procédure civile, ne sont pas assujétis au droit de mise au rôle.

---

(1) Le droit de greffe ou de rédaction est dû sur un jugement d'adjudication de biens situés en pays étranger, bien que ce jugement lui-même ne soit passible d'aucun droit de mutation (11 décembre 1820; Cass. S. 21, 1, 168).

6. Les prescriptions établies par l'article 61 de la loi du 22 frimaire an 7 sont applicables aux droits de greffe comme à ceux d'enregistrement.

7. Notre grand-juge, ministre de la justice, et notre ministre des finances, sont chargés de l'exécution du présent décret.

---

12 JUILLET 1808. — Extrait d'un décret sur les travaux publics. (9, Bull. O. 14, n° 198.)

TITRE II. Travaux publics.

CHAPITRE II. *Port de Peyrehorade.*

Art. 11. La commune de Peyrehorade est autorisée à faire rétablir, à ses frais, le port de Peyrehorade, situé sur la rive droite du Gave, et à y faire les changemens et améliorations nécessaires, sous la direction et surveillance de l'ingénieur en chef du département des Landes, et conformément aux plans et projets estimatifs qui en portent la dépense à trente-cinq mille francs.

12. Les constructions seront entièrement achevées au 1er avril 1809.

13. Pour pourvoir aux dépenses de construction, la commune de Peyrehorade est autorisée à percevoir, pendant sept années, sur tous les objets d'importation et d'exportation audit port, un droit dont le tarif est fixé ainsi qu'il suit :

Pour chaque quintal métrique de marchandises débarquantes, dix centimes ;

Pour chaque personne qui s'embarquera dans les bateaux, cinq centimes ;

Pour chaque personne débarquant, cinq centimes ;

14. Le transport de la pierre est modéré à quatre francs par bateau, quelle que soit la quantité embarquée.

15. Les objets soit d'importation, soit d'exportation, appartenant directement au Gouvernement, jouiront d'une entière franchise, sans cependant qu'elle puisse s'étendre au bénéfice des compagnies qui auraient traité avec lui.

Les conducteurs des bateaux et matelots nécessaires à la conduite des bateaux jouiront également d'une entière franchise.

16. La commune de Peyrehorade sera tenue d'entretenir le port en bon état, et de se conformer, à cet égard, aux avis et instructions qui seront donnés par l'ingénieur en chef, et approuvés par le préfet du département.

---

12 JUILLET 1808. — Décrets qui autorisent l'acceptation d'offres de dénoncer, au profit des pauvres et hospices de Tongres, Lille, Flaviennes, Varcoing et Lasne, des biens et rentes célés au domaine. (4, Bull. 198, nos 3597 à 3601.)

12 JUILLET 1808. — Décrets qui autorisent l'acceptation de dons et legs faits aux pauvres et hospices de Revigny, Gand, Sorgues, Maisnil, Gray. (4, Bull. 198, nos 3502 à 3596.)

12 JUILLET 1808. — Décrets contenant des changemens et établissemens de foires dans les communes de Senlis, Varennes-sur-Tesche, Saint-Jean-d'Angely, Blanzac, Thors et Lagrasse. (4, Bull. 198, nos 3602 et 3603, et Bull. 199, nos 3608 et 3609.)

17 JUILLET 1808. — Décret concernant les droits de timbre et d'enregistrement à la charge des communes et établissemens publics. (4, Bull. 198, n° 3582.)

Art. 1er. Notre ministre des finances est autorisé à accorder aux communes et établissemens publics pour lesquels il le jugera nécessaire, la facilité de s'acquitter par à-comptes, dans un temps déterminé, des droits arriérés de timbre et d'enregistrement qu'ils doivent aux termes du décret du 4 messidor an 13.

2. Il est également autorisé à accorder l'exemption totale de l'acquittement des droits ouverts avant la publication du décret du 4 messidor an 13, à ceux des communes et établissemens publics dont le défaut de ressources suffisantes sera attesté par le préfet.

3. Ne pourront, à l'avenir, les communes et établissemens publics faire usage public d'aucun de ces actes non timbrés ni enregistrés, sans préalablement être tenus de le faire revêtir des formalités, et d'acquitter les droits prescrits par les lois.

4. Notre ministre des finances est chargé de l'exécution du présent décret.

---

17 JUILLET 1808. — Avis du Conseil-d'Etat sur l'application de l'art. 9 de la loi du 9 ventose an 12 aux biens communaux non partagés. (4, Bull. 198, n° 3585.)

Le Conseil-d'Etat, qui, en exécution du renvoi ordonné par sa majesté, a entendu le rapport de la section de l'intérieur, sur ceux du grand-juge, ministre de la justice, et du ministre de l'intérieur, tendant à faire décider si l'article 9 de la loi du 9 ventose an 12, qui prononce sur la restitution des fruits dans le cas de réintégration d'un propriétaire dans les biens communaux *partagés* ou *occupés* par des particuliers comme biens communaux, est applicable lorsque les biens communaux *n'ont pas été partagés ;*

Vu la lettre du préfet du département du Nord, du 30 novembre 1807, le rapport du grand-juge, ministre de la justice, du 2 avril 1808, et celui du ministre de l'intérieur, relatif à l'application de l'article 9 de la loi du 9 ventose an 12, touchant le partage des biens communaux;

Considérant qu'il n'existe aucune raison d'établir une différence entre les biens communaux partagés ou occupés par des particuliers à titre de biens communaux, et ceux non partagés,

Est d'avis que l'article 9 de la loi du 9 ventose an 12 est également applicable aux uns et aux autres.

———

17 JUILLET 1808. — Décret qui autorise l'acceptation d'une rente léguée aux pauvres de Seurre, et payable au six pour cent par l'usufruitier (4, Bull. 198, n° 3587.)

N...... sur le rapport de notre ministre de l'intérieur;

Vu le testament du sieur Hugues-Jean-Baptiste Dufour, en date du 30 juin 1806;

Considérant que la condition imposée de servir une rente au *six pour cent*, remboursable aux pauvres de Seurre, département de la Côte-d'Or, n'est qu'une charge à l'usufruitier d'un capital légué aux pauvres, et ne peut être regardée comme fixant un intérêt à un taux prohibé par les lois;

Notre Conseil-d'Etat entendu,

Nous avons décrété et décrétons ce qui suit:

Art. 1er. Le legs évalué au capital de neuf mille quatre cent quatre-vingt-dix-neuf francs quatre-vingt-huit centimes, fait aux pauvres de Seurre, département de la Côte-d'Or, par le sieur Hugues-Jean-Baptiste Dufour, suivant son testament du 30 juin 1806, sera accepté par le bureau de bienfaisance de cette commune, aux conditions imposées.

2. Le receveur de ce bureau fera tous les actes conservatoires qui seront jugés nécessaires.

3. Notre ministre de l'intérieur est chargé de l'exécution du présent décret.

———

17 JUILLET 1808. — Avis du Conseil-d'Etat sur une transaction passée entre une commune et un ci-devant seigneur, relativement à des landes et terrains vagues. (4, Bull. 198, n° 3586.)

Le Conseil-d'Etat, qui, d'après le renvoi ordonné par sa majesté a entendu le rapport de la section de l'intérieur sur celui du ministre de ce département, tendant à confirmer la transaction passée, le 14 mai 1806, entre la commune d'Ouville, arrondissement de Coutances, département de la Manche, et le sieur Michel, ci-devant seigneur d'Annoville, par laquelle ledit sieur d'Annoville propose de céder à la commune ses prétendus droits de propriété et d'usage sur les trois quarts des landes et terrains vagues d'Ouville, et se réserve le quart restant, franc et exempt de toute servitude, usage, parcours, etc.

Considérant, 1° que, d'après l'article 8, section IV de la loi du 10 juin 1793, la possession paisible et quadragénaire ne suffit pas pour constater les droits de propriété en faveur des ci-devant seigneurs;

2° Que le sieur d'Annoville ne justifie d'aucun titre primordial et légitime qui constate ses droits de propriété des landes et terrains vagues d'Ouville;

3° Que, par conséquent, la commune en doit être regardée, aux termes de la loi, comme seule et légitime propriétaire;

4° Enfin que, quand le droit d'une commune n'est pas douteux, il n'y a pas lieu à transaction,

Est d'avis, 1° que la transaction passée le 14 mai 1806, entre la commune d'Ouville et le sieur Michel d'Annoville, soit regardée comme non-avenue;

2° Que la commune d'Ouville continuera à posséder ou prendra possession des landes et terrains vagues existant dans son enceinte.

———

17 JUILLET 1808. — Décret sur les constructions et réparations des bâtimens communaux. (Recueil officiel de l'intérieur, t. 2, p. 95.)

Sur le rapport du ministre de l'intérieur;

Vu le décret du 10 brumaire an 14, relatif aux constructions, reconstructions et réparations de bâtimens appartenant aux hospices et autres établissemens de charité;

Le Conseil-d'Etat entendu:

Art. 1er. Le décret du 10 brumaire an 14 est déclaré applicable aux villes, bourgs et villages. Le conseil municipal délibérera sur tous les travaux à exécuter, sans déroger aux réglemens sur les budgets qui doivent être réglés au Conseil d'Etat.

2. Le ministre de l'intérieur est chargé de l'exécution du présent décret.

———

17 JUILLET 1808. — Décret qui ordonne la publication, dans plusieurs départemens, de lois relatives au rachat et à l'aliénation des rentes foncières. (4, Bull. 198, n° 3583.)

———

17 JUILLET 1808. — Décret contenant proclamation des brevets d'invention et de perfectionnement délivrés pendant le deuxième trimestre de 1808, aux sieurs Bordier, Marcet de Versoix, Lange, Sagnier, Gallias frères, Deloge, Foucaud, Deroine, Biette, Huart, Liard, le Grand et Bernard, Xavier, Bucher, Touboulie, James White, Coutau et Guibert. (4, Bull. 198, n° 3584.)

———

17 JUILLET 1808. — Décret contenant le tableau des foires du département du Lot. (4, Bull. 199, n° 3612.)

———

17 JUILLET 1808. — Décrets qui ordonnent le changement des jours de la tenue des foires établies à Alet, et le rétablissement de la foire qui avait lieu anciennement à Crissolo. (4, Bull. 199, nᵒˢ 3610 et 3611.)

17 JUILLET 1808. — Décrets qui ordonnent le paiement de pensions accordées à des veuves de militaires. (4, Bull. 199, nᵒˢ 3613 et 3614.)

17 JUILLET 1808. — Décrets qui autorisent l'acceptation de dons et legs faits aux pauvres et hospices de Crestet, Empuragny, Bar, Anvers, Velle-Faux, Saint-Claude, Toulouse, Villefranche et Puy. (4, Bull. 199, nᵒˢ 3615, 3616, 3619 à 3624, et Bull. 200, nᵒ 3629.)

17 JUILLET 1808. — Décrets qui autorisent l'acceptation d'offres de dénoncer, au profit des pauvres de Pellemberg, Goyck et Louvain, des biens célés au domaine. (4, Bull. 199, nᵒˢ 3617 et 3618.)

20 JUILLET 1808. — Décret concernant les procès-verbaux d'expertise en matière de partage de bois indivis entre le Gouvernement et des particuliers, et sur demandes en échange ou aliénation. (4, Bull. 198, nᵒ 3588.)

N...... sur le rapport de notre ministre des finances, considérant que les procès-verbaux d'expertise fournis à l'appui des demandes en partage de bois indivis entre le Gouvernement et des particuliers, ou à fin d'échange et aliénation, ne présentent souvent qu'un avis rédigé d'après la conviction des experts, et n'offrent point le résultat de preuves matérielles; et qu'il est utile de prescrire des mesures qui mettent l'autorité supérieure à même de juger du mérite de ces opérations, et évitent les abus qui pourraient naître de la manière actuelle d'opérer;

Notre Conseil-d'Etat entendu,

Nous avons décrété et décrétons ce qui suit :

Art. 1ᵉʳ. Lorsque des demandes en partage de bois indivis entre le Gouvernement et des particuliers, ou des demandes en échange ou aliénation, donneront lieu à des expertises, elles ne seront admissibles qu'autant que les experts se seront conformés aux dispositions suivantes.

2. Les procès-verbaux des experts feront mention :

1ᵒ De la contenance du bois;

2ᵒ De l'évaluation du fonds;

3ᵒ De l'évaluation de la superficie, en distinguant le taillis d'avec la vieille écorce, et mentionnant les claires-voies, s'il y en a;

4ᵒ De l'indication des rivières flottables ou navigables qui servent aux débouchés, et des villes et usines à la consommation desquelles les bois sont employés (1).

3. Notre ministre des finances est chargé de l'exécution du présent décret.

20 JUILLET 1808. — Décret concernant les juifs qui n'ont pas de noms de famille et de prénoms fixes. (4, Bull. 198, nᵒ 3589.)

Voy. loi du 11 GERMINAL an 11.

Art. 1ᵉʳ. Ceux des sujets de notre empire qui suivent le culte hébraïque, et qui jusqu'à présent n'ont pas eu de nom de famille et de prénoms fixes, seront tenus d'en adopter dans les trois mois de la publication de notre présent décret, et d'en faire la déclaration pardevant l'officier de l'état civil de la commune où ils sont domiciliés.

2. Les juifs étrangers qui viendraient habiter dans l'empire, et qui seraient dans le cas prévu par l'article 1ᵉʳ, seront tenus de remplir la même formalité dans les trois mois qui suivront leur entrée en France.

3. Ne seront admis comme noms de famille aucun nom tiré de l'Ancien-Testament, ni aucun nom de ville. Pourront être pris comme prénoms ceux autorisés par la loi du 11 germinal an 11.

4. Les consistoires, en faisant le relevé des juifs de leur communauté, seront tenus de justifier et de faire connaître à l'autorité s'ils ont individuellement rempli les conditions prescrites par les articles précédens.

Ils seront également tenus de surveiller et de faire connaître à l'autorité ceux des juifs de leur communauté qui auraient changé de nom sans s'être conformés aux dispositions de la susdite loi du 11 germinal an 11.

5. Seront exceptés des dispositions de notre présent décret les juifs de nos Etats ou les juifs étrangers qui viendraient s'y établir, lorsqu'ils auront des noms et prénoms connus, et qu'ils ont constamment portés, encore que lesdits noms et prénoms soient tirés de l'Ancien-Testament ou des villes qu'ils ont habitées.

6. Les juifs mentionnés à l'article précédent, et qui voudront conserver leurs noms et prénoms, seront néanmoins tenus d'en faire la déclaration, savoir : les juifs de nos

(1) Ce décret n'est pas nécessairement applicable aux rapports relatifs à des demandes en cantonnement formées par des usagers dans les forêts de l'Etat. Dans ce dernier cas, le rapport peut n'être fait que selon le mode ordinaire. (20 août 1828; Cass. S. 29, 1, 34; D. 28, 1, 393; P. 43, 600).

Etats, par-devant la mairie de la commune où ils sont domiciliés ; et les juifs étrangers, par-devant celle où ils se proposeront de fixer leur domicile : le tout dans le délai porté en l'article 1er.

7. Les juifs qui n'auraient pas rempli les formalités prescrites par le présent décret, et dans les délais y portés, seront renvoyés du territoire de l'empire : à l'égard de ceux qui, dans quelque acte public ou quelque obligation privée, auraient changé de nom arbitrairement et sans s'être conformés aux dispositions de la loi du 11 germinal, ils seront punis conformément aux lois, et même comme faussaires, suivant l'exigence des cas.

8. Notre grand-juge, ministre de la justice, et nos ministres de l'intérieur et des cultes, sont chargés de l'exécution du présent décret.

20 JUILLET 1808. — Avis du Conseil-d'Etat sur les intérêts à payer par les préposés de l'administration de l'enregistrement et des domaines qui se trouvent en débet. (4, Bull. 201, n° 3677.)

Le Conseil-d'Etat, qui, d'après le renvoi ordonné par sa majesté, a entendu le rapport de la section des finances sur celui du ministre de ce département, relatif à la question de savoir si les préposés de l'administration de l'enregistrement et des domaines qui se trouvent en débet doivent, en soldant, payer les intérêts, et de quelle époque ces intérêts doivent courir ;

Vu les observations et avis du ministre du Trésor public et du conseiller d'Etat directeur général de l'administration de l'enregistrement et des domaines ;

La loi du 28 pluviose an 3 et l'article 1996 du Code civil ;

Considérant que tout comptable de deniers publics, quel qu'il soit, doit l'intérêt des sommes qu'il a tardé de verser ou d'employer conformément aux instructions, et des sommes qu'il a détournées, à dater du jour où il aurait dû les verser ou les employer ;

Que les débets réels, ou ceux qui constituent le comptable reliquataire, par suite de vérifications de calculs ou de la situation de la caisse, et ceux qui constatent qu'il a commis des soustractions de recettes, sont les seuls passibles d'intérêts, et que ces intérêts doivent être calculés à partir des époques auxquelles les instructions et le régime particulier des diverses régies et administrations imposent aux comptables l'obligation de verser le produit de leurs recouvremens, et les constituent en retard,

Est d'avis,

1° Que l'article 1996 du Code civil est applicable de plein droit aux débets des préposés de l'administration de l'enregistrement et des domaines, qui doivent en payer les intérêts à cinq pour cent d'intérêt par an ;

2° Que, lorsqu'il s'agira de soustraction de recettes ou de déficit quelconque dans la caisse au moment où les préposés devront solder leurs comptes, les intérêts commenceront à courir du moment où devait se faire le versement ;

3° Que, pour les erreurs de calcul qui, par leur modicité, ne peuvent être considérées comme des infidélités, les intérêts ne doivent courir qu'à dater du jour de la signification du procès-verbal qui en constatera le montant, déduction faite de celles à la perte du préposé (1) ;

4° Que, pour les débets par force majeure, tels que vols de caisse, les intérêts ne doivent commencer à courir qu'à dater du jour où la somme volée est mise à la charge du comptable ;

5° Qu'il n'est pas dû d'intérêts pour les débets fictifs provenant de paiemens faits par ordre, mais pour un autre service, et dont la régularisation ne peut s'opérer que sur l'ordonnance d'un ministre ou résultant de l'inadmission des pièces de dépenses, lorsque leur régularisation ne dépend pas du préposé, ou que, si elle en dépend, les intérêts ne commencent à courir que du jour où il a été mis en demeure ;

6° Que toutes les contestations qui s'élèveront entre l'administration et les préposés, tant sur les demandes d'intérêts dont il s'agit que sur toute autre question relative à leur comptabilité, doivent être soumises à la décision du ministre des finances, sauf le recours au Conseil-d'Etat.

7° Que toutes les dispositions ci-dessus sont applicables à toutes les administrations et régies des contributions directes.

20 JUILLET 1808.—Décret portant que la société anonyme formée en 1758, pour acquérir et exploiter les moulins à scier les bois établis à Slikes près d'Ostende et d'Anvers, est autorisée à continuer d'exister conformément aux clauses et conditions de son acte constitutif. (4, Bull. 200, n° 3630.)

20 JUILLET 1808. — Décrets qui autorisent l'acceptation de legs faits aux pauvres de Viry-Châtillon et de Saligny. (4, Bull. 200, n°s 3631 et 3632.)

(1) Application dans une ordonnance du roi du 10 janvier 1819 (S. 20, 2, 234).

22 JUILLET 1808.— Extrait du décret concernant les juifs du département des Basses-Pyrénées. (4, Bull. 207, n° 3779.)

Voy. décret du 17 MARS 1808.

Art. 29. Les juifs du département des Basses-Pyrénées sont compris dans l'exception portée par l'article 19 de notre décret du 17 mars dernier.

23 JUILLET 1808.— Décret concernant le département du Taro. (4, Bull. 198, n° 3590.)

Art. 1er. Le département du Taro cesse de former un département particulier.

Il fera partie du gouvernement des départemens au-delà des Alpes, que nous avons confié au prince Borghèse.

2. Nos ministres sont chargés de l'exécution du présent décret.

27 JUILLET 1808. — Décret qui applique à tous les individus, appartenant autrefois à l'état ecclésiastique, l'article 1er du décret du 3 prairial an 10, relatif aux pensions. (4, Bull. 198, n° 3591.)

N...... vu l'article premier du décret du 3 prairial an 10, ainsi conçu :

« Les prêtres français qui, faute d'avoir « fait les promesses ou prêté les sermens or- « donnés par les lois antérieures, seraient « dans les cas de perdre la pension ecclésias- « tique à laquelle ils pourraient avoir droit, « seront admis, pendant une année à compter « de ce jour, à faire liquider leur pension, « en justifiant qu'ils sont réunis à leur évêque, « conformément à la loi du 18 germinal an 10.

« Le défaut de prestation des anciennes « promesses ou sermens ne pourra être oppo- « sé aux ex-religieuses comme obstacle à la « liquidation de leurs pensions.

« Les pensions ne courront qu'à dater du « jour de la liquidation. »

Sur le rapport de notre ministre des cultes, nous avons décrété et décrétons ce qui suit :

Art. 1er. L'article premier du décret du 3 prairial an 10 est applicable à tous les individus appartenant autrefois à l'état ecclésiastique, lesquels, d'après les lois, ont droit à des pensions.

2. Nos ministres des cultes, de la justice, des finances et du Trésor public, sont chargés de l'exécution du présent décret.

27 JUILLET 1808. — Décret relatif à l'alignement des villes. (Recueil officiel de l'intérieur, t. 2, p. 96.)

N...... sur le rapport du ministre de l'intérieur ;

Vu l'article 52 de la loi du 16 septembre 1807, sur les plans d'alignement pour l'ouverture des nouvelles rues dans les villes, ou l'élargissement des anciennes, qui ne font point partie d'une grande route ;

Le Conseil-d'État entendu,

Nous avons décrété et décrétons ce qui suit :

Art. 1er. Les alignemens qui seront donnés par les maires dans les villes , après l'avis des ingénieurs, et sous l'approbation du préfet, seront exécutés, jusqu'à ce que les plans d'alignemens aient été arrêtés en Conseil-d'État, et, au plus tard, pendant deux années à compter de ce jour (1).

2. En cas de réclamations de tiers intéressés, il y sera statué en notre Conseil, sur le rapport de notre ministre de l'intérieur.

3. Notre ministre de l'intérieur est chargé de l'exécution du présent décret.

27 JUILLET 1808. — Décret qui nomme M. Dupont-Delporte préfet de l'Ariége. (4, Bull. 200, n° 3625.)

27 JUILLET 1808. — Décret qui fait concession, pour cinquante années, au sieur Dugas l'aîné, du droit d'exploiter les mines de houille existant sur le territoire des communes de Tartaras et d'Argoire. (4, Bull. 200, n° 3633.)

27 JUILLET 1808. — Décrets qui autorisent l'acceptation d'offres de dénoncer, au profit des pauvres et hospices de Louvain, de Bruxelles et de Coupoigne, des biens et rentes célés au domaine. (4, Bull. 200, n°s 3634 et 3635.)

27 JUILLET 1808. — Décrets qui autorisent l'acceptation de dons et legs faits aux pauvres et hospices de Paris , Louviers, Sarre - Louis, Pouillon, Saint-Aulaye, Chartres, Rodez, Villefranche, Carpentras, Stavelot, Coulommiers, Moroux, Blaye, Guingamp, Millau, Vautouleurs, Chalaine, Rigny-la-Salle, Tarascon, Mâcon, Saint-Mo, Mons, Saint-Etienne, Flayose, Toulouse, Mézières, Paulnay, Saulnay, Saint - Gemme, Villiers. (4, Bull. 200, n°s 3636 à 3660.)

(1) Lorsqu'il n'existe pas de plan général d'alignement approuvé par le roi , le préfet peut, en matière de grande voirie, déterminer un alignement partiel.

Des tiers n'ont pas qualité pour attaquer cet arrêté, sous le prétexte qu'il est contraire à un précédent alignement et contraire aux intérêts de la voirie (26 août 1829, ord. Msc. 11, 349). Voy. notes sur l'art. 52 de la loi du 16 septembre 1807.

3 AOUT 1808. — Décret qui applique aux officiers de marine, etc. les dispositions du décret du 16 juin 1808, relatif au mariage des militaires en activité de service. (4, Bull. 199, n° 3604.)

Voy. décret du 28 AOUT 1808.

Art. 1er. Les dispositions de notre décret du 16 juin 1808, relatif au mariage des militaires en activité de service, sont applicables aux officiers et aspirans de notre marine impériale, aux officiers des troupes d'artillerie de la marine, aux officiers du génie maritime, aux administrateurs de la marine, et enfin à tout officier militaire et civil du département de la marine nommé par nous.

En conséquence, nul desdits officiers ne pourra désormais se marier sans avoir obtenu la permission par écrit de notre ministre de la marine.

2. Nous autorisons toutefois les capitaines généraux de nos colonies et les chefs coloniaux à consentir au mariage des officiers qui leur sont respectivement subordonnés, si les circonstances ne permettaient pas d'attendre la permission de notre ministre, à la charge par eux de lui en rendre compte par la plus prochaine occasion.

3. Les sous-officiers et soldats des troupes appartenant au département de la marine ne pourront de même se marier qu'après en avoir obtenu la permission du conseil d'administration de leur corps.

4. Notre ministre de la marine et des colonies est chargé de l'exécution du présent décret.

3 AOUT 1808. — Décret contenant des dispositions pénales pour refus de voitures et de chevaux destinés aux transports militaires. (4, Bull. 199, n° 3605.)

Art. 1er. Les individus qui, ayant à leur disposition des voitures et des chevaux, refuseront de les fournir pour les transports militaires lorsqu'ils en seront requis par le maire, dans la forme prescrite par notre décret du 10 avril 1806, seront condamnés par les tribunaux compétens à payer, au profit du Trésor public, une amende égale au prix qu'aura coûté la fourniture qu'ils auront refusé d'effectuer.

2. Notre grand-juge, ministre de la justice, et notre ministre directeur de l'administration de la guerre, sont chargés de l'exécution du présent décret.

3 AOUT 1808. — Décret qui autorise l'association des Sœurs de la Doctrine chrétienne à Nancy, dites Sœurs Vatelottes. (4, Bull. 199, n° 3607.)

3 AOUT 1808. — Décret portant établissement d'une bourse à Flessingue. (4, Bull. 199, n° 3606.)

3 AOUT 1808. — Décrets qui ordonnent le paiement de pensions accordées à des veuves de militaires. (4, Bull. 200, n°s 3661 à 3663.)

3 AOUT 1808. — Décrets qui autorisent à exister comme sociétés anonymes, les associations formées : 1° à Evaux, sous la désignation de Société conservatrice de l'école secondaire de cette ville; 2° à Paris, pour l'exploitation des fonderies de Romilly, sous la désignation de Fonderies de Romilly; 3° à Carpentras, sous la dénomination de Société des mines de houille de Méthamis. (4, Bull. 200, n°s 3664 à 3666.)

3 AOUT 1808. — Décrets qui concèdent, dans une étendue déterminée, le droit d'exploitation : 1° des mines de houille existant sur le territoire de Gourde-Marin, aux sieurs Delay, Gilibert, Romadier, etc.; 2° des mines de houille existant sur les territoires de Sardon, de Grands-Flaches et de Martouray, aux sieurs Bonaperex, Maniquet, Teillard et à la dame Trollier, veuve Roubé. (4, Bull. 200, n°s 3667 et 3668.)

3 AOUT 1808. — Décrets qui autorisent l'acceptation de dons et legs faits aux pauvres et hospices de Narbonne, Arras, Rouffach, Pézenas, Paris, Tassillé, Voghera, Orléans, Montesquieu, Volvestre, Bra, Bourges, Ennemont, Couffé, Saint-Amand-Roche-Savine et Strasbourg. (4, Bull. 200, n°s 3669 à 3676, et Bull. 201, n°s 3682 à 3689.)

3 AOUT 1808. — Décrets concernant le changement des jours de la tenue des foires de Vautebis, Saint-Hilaire, Joyeuse, et l'établissement d'une foire annuelle à Arles. (4, Bull. 201, n°s 3690 à 3693.)

9 AOUT 1808. — Avis du Conseil-d'Etat (Application de la loi du 14 ventose an 7.) *Voy.* 19 AOUT 1808.

11 AOUT 1808. — Décret qui fixe le droit à percevoir par les consuls pour certificats d'origine. (4, Bull. 200, n° 3626.)

Art. 1er. Le droit à percevoir par nos consuls généraux, consuls et vice-consuls en pays étrangers, à raison des certificats d'origine, qu'ils sont chargés de délivrer par la loi du 22 ventose an 12 et de notre décret du 23 novembre 1807, est fixé ainsi qu'il suit, savoir :

Pour le chargement d'un bâtiment dont le port est au-dessous de deux cents quintaux décimaux (environ quatre cents quintaux ou vingt tonneaux), six francs. 6f

Pour un bâtiment de deux cents à quatre
cents quintaux décimaux, dix francs. . . . 10
De quatre cents à sept cent cinquante,
quinze francs. 15
De sept cent cinquante à mille, vingt francs. 20
De mille à quinze cents, trente francs. . . . 30
De quinze cents à deux mille, quarante francs. 40
De deux mille et au-dessus, cinquante francs. 50

Pour les marchandises transportées par
terre et qui seront sujettes au certificat d'origine, deux francs pour le premier quintal
décimal, et vingt-cinq centimes pour chaque
quintal décimal excédent.

2. Le certificat d'origine comprendra la totalité du chargement.

3. Il ne sera délivré de certificats partiels
que sur la réquisition des expéditeurs; ces
certificats partiels contiendront l'extrait requis du certificat général, et ne seront soumis qu'au droit d'expédition, lequel droit
est fixé à un franc cinquante centimes.

4. Le montant du droit perçu, tant pour
le certificat d'origine que pour les certificats
partiels, sera énoncé en toutes lettres en
marge desdits certificats.

5. Notre ministre des relations extérieures
est chargé de l'exécution du présent décret.

11 AOUT 1808. — Décrets qui autorisent l'acceptation de dons et legs faits aux pauvres et
hospices d'Alice, Marche-les-Ecaussines, Ta-
mise, Créteuil, Pô, Revello, Toulon, la Tour,
Murat, Peyrus, Bra, Saint-Prient, Lyon, Sé-
rignan, Mirepoix, Limoux, Dudzeele, Blois,
Vineuil, Maux, Alise, Saluggia. (4, Bull. 201,
nᵒˢ 3694 à 3711.)

11 AOUT 1808. — Décrets qui autorisent l'acceptation d'offres de dénoncer, au profit des
pauvres et hospices de Gand, Mortain et
Bruxelles, des biens et rentes célés au domaine. (4, Bull. 201, nᵒˢ 3712 à 3715.)

11 AOUT 1808. — Décret qui établit deux foires
annuelles à Chennebrun. (4, Bull. 201, nᵒ 3716.)

16 AOUT 1808. — Décrets qui autorisent l'acceptation d'offres de découvrir, au profit des
pauvres et hospices de Bruxelles, Lierre et
Wilrick, des rentes et biens célés au domaine.
(4, Bull. 201, nᵒ 3725, et Bull. 202, nᵒˢ 3730
et 3731.)

16 AOUT 1808. — Décret qui autorise l'acceptation d'une maison léguée par la dame Va-
noutrice aux pauvres de Crayvvick, département du Nord. (4, Bull. 201, nᵒ 3718.)

16 AOUT 1808. — Décret qui autorise le bureau
de bienfaisance de Hontvenne à se mettre en
possession d'une rente célée à la régie du domaine. (4, Bull. 202, nᵒ 3732.)

16 AOUT 1808. — Décrets qui autorisent l'acceptation de dons et legs faits aux pauvres et
hospices d'Arras, Nimes, Ivrée, Wavre, Sainte-
Catherine, Burasse, Haron, Strasbourg, Bordeaux, Marseille, Decise, Provins et Villeréal.
(4, Bull. 201, nᵒˢ 3719 à 3725; Bull. 202,
nᵒˢ 3730 à 3735, et Bull. 203, nᵒˢ 3739 à
3740.)

18 AOUT 1808. — Décrets qui ordonnent le
paiement de pensions accordées à des veuves
de militaires. (4, Bull. 203, nᵒˢ 3741 et 3742.)

19 AOUT 1808. — Avis du Conseil-d'Etat sur
l'application de la loi du 14 ventose an 7, aux
droits domaniaux incorporels aliénés. (4, Bull.
200, nᵒ 3628.)

Le Conseil-d'Etat, qui, d'après le renvoi
ordonné par sa majesté, a entendu le rapport
des sections des finances et de législation sur
celui du ministre des finances, tendant à décider si la loi du 14 ventose an 7, a compris
dans ses dispositions les droits incorporels
ou aliénés ou engagés par le domaine;

Vu la loi du 14 ventose an 7;

Vu les lois des 16 frimaire an 2 et 22 frimaire an 3, le décret du 24 germinal an 3, et
la loi du 7 nivose an 5, relative aux domaines
aliénés;

Considérant que la loi du 10 frimaire an 2
avait prononcé la révocation des engagements
des domaines tant incorporels que corporels,
mais que celle du 22 frimaire an 3 en sus-
pendit l'exécution, et ordonna qu'il serait
présenté un nouveau projet de loi sur les domaines aliénés;

Que le décret du 24 germinal an 3, et surtout les dispositions de la loi du 7 nivose
an 5, par lesquelles les échangistes dépossédés, d'après la loi du 10 frimaire an 2, fu-
rent rétablis dans la jouissance des biens donnés en échange, prouvent qu'aucune loi, sur
cette matière, n'avait encore rempli les vues
du législateur;

Que ce n'est que dans la loi du 14 ventose
an 7, que l'on doit chercher un système fixe
et complet de législation sur les domaines engagés ou aliénés;

Que les expressions de la loi du 14 ventose an 7, relativement aux aliénations du
domaine, sont générales, et par conséquent
applicables non moins aux droits incorporels
qu'à toute autre espèce d'aliénation;

Que l'article 36 de cette loi a abrogé les
lois précédentes en ce qu'elles contiennent de
contraire à ses dispositions,

Est d'avis,

1° Que la loi du 14 ventose an 7 est applicable aux droits domaniaux incorporels aliénés, comme aux engagemens et concessions
de domaines corporels.

19 AOUT 1808. — Décret portant établissement d'un conseil de prud'hommes à Thiers, département du Puy-de-Dôme. (4, Bull. 200, n° 3627.)

19 AOUT 1808. — Décret qui ordonne la publication, dans les neuf départemens réunis, de trois articles du décret du 24 juillet 1790, concernant les possesseurs de maisons canonicales. (4, Bull. 201, n° 3678.)

19 AOUT 1808. — Décret portant que la ville de Wesel et ses dépendances formeront un arrondissement de justice de paix. (4, Bull. 201, n° 3679.)

19 AOUT 1808. — Décrets relatifs à la tenue de la foire de Bolbec, et à l'établissement de dix foires à Saëns. (4, Bull. 203, n°s 3743 et 3744.)

19 AOUT 1808. — Décret qui fait concession au sieur Conrad Hildenbrand du droit d'exploiter, pendant cinquante années, les mines de houille existant sur les bancs de Schiersfeld et d'Unkenbach. (4, Bull. 203, n° 3745.)

19 AOUT 1808. — Décrets qui autorisent l'acceptation de dons et legs faits aux pauvres et hospices d'Agen, Auxerre, Ollioutes, Amiens, Vallerangues, Die, Chamaloc, Vigan, Sennecy-le-Grand, Cette et Saint-Lizier. (4, Bull. 203, n°s 3746 et 3747, et Bull. 204, n°s 3750 à 3755, 3758 et 3759.)

19 AOUT 1808. — Décrets qui envoient le bureau de bienfaisance d'Anvers en possession de bois célés à la régie du domaine et à l'administration forestière. (4, Bull. 204, n°s 3756 et 3757.)

23 AOUT 1808. — Décret portant établissement d'un conseil de prud'hommes à Sedan. (4, Bull. 401, n° 3680.)

28 AOUT 1808. — Décret additionnel à celui du 19 juin 1808, relatif au mariage des militaires. (4, Bull. 201, n° 3681.)

Art. 1er. Les dispositions de notre décret du 16 juin 1808, relatif au mariage des militaires en activité de service, sont applicables aux commissaires-ordonnateurs et ordinaires des guerres et aux adjoints, aux officiers de santé, militaires de toutes classes et de tous grades, aux officiers de nos bataillons des équipages.

En conséquence, nul d'entre eux ne pourra désormais se marier sans en avoir obtenu la permission par écrit de notre ministre directeur de l'administration de la guerre.

2. Les sous-officiers et soldats en activité de service dans nos bataillons des équipages ne pourront de même se marier qu'après en

avoir obtenu la permission du conseil d'administration de leurs bataillons.

3. Notre ministre-directeur de l'administration de la guerre est chargé de l'exécution du présent décret.

28 AOUT 1808. — Décret qui prescrit les formalités pour l'acquisition d'un privilége de la part des prêteurs de fonds pour cautionnement. (4, Bull. 202, n° 3727.)

Voy. loi du 25 NIVOSE an 13.

Art. 1er. Les prêteurs de fonds pour cautionnemens qui n'auraient pas fait remplir à l'époque de la prestation les formalités exigées par les articles 2, 3 et 4 de la loi du 25 nivose an 13 pour s'assurer de la jouissance du privilége du second ordre pourront l'acquérir à quelque époque que ce soit, en rapportant au bureau des oppositions établi à la caisse d'amortissement, en exécution de la susdite loi du 25 nivose, la preuve de leur qualité, et main-levée des oppositions existantes sur le cautionnement ou le certificat de non-opposition du tribunal de première instance.

2. Il sera délivré aux prêteurs de fonds inscrits sur les registres des oppositions et déclarations à la caisse d'amortissement, et sur leur demande, un certificat conforme au modèle annexé au présent.

3. Les prêteurs de fonds ne pourront exercer le privilége du second ordre qu'en représentant le certificat mentionné en l'article précédent, à moins cependant que leur opposition ou la déclaration faite à leur profit ne soit consignée aux registres des oppositions et déclarations de la caisse d'amortissement; faute de quoi, ils ne pourront exercer de recours contre la caisse d'amortissement que comme les créanciers ordinaires, en vertu des oppositions qu'ils auraient formées au greffe des tribunaux indiqués par la loi.

4. Notre ministre des finances est chargé de l'exécution du présent décret.

Modèle du certificat.

Je soussigné, chef du bureau des oppositions à la caisse d'amortissement, certifie que N..... s'est conformé aux dispositions prescrites par les lois des 25 nivose et 6 ventose an 13 pour acquérir le privilége du second ordre; qu'en conséquence, il est inscrit sur le registre à ce destiné comme bailleur de fonds du cautionnement de N.... pour la totalité ou jusqu'à la concurrence de la somme de... qu'il a prêtée audit N...... pour acquitter partie de son cautionnement.

Vu par nous, administrateur.

28 AOUT 1808. — Décret relatif aux cautionnemens en numéraire des receveurs particuliers
de la régie des droits réunis. (4, Bull. 202,
n° 3728.)

Art. 1er. A dater de ce jour, les cautionnemens en numéraire qui seront versés à la
caisse d'amortissement par les receveurs particuliers, tant sédentaires qu'ambulans, de
la régie des droits réunis, seront considérés
comme des consignations représentatives
des cautionnemens en immeubles qu'ils sont
tenus de fournir, en exécution de notre décret du 29 août 1807.

2. Ces cautionnemens en numéraire sont,
comme ceux fournis en immeubles, affectés
à la garantie de la gestion du titulaire, quel
que soit le lieu où il exerce ses fonctions : il
ne pourra, en conséquence, être formé d'oppositions motivées sur ces cautionnemens au
greffe des tribunaux de première instance,
mais seulement à la caisse d'amortissement.

3. Lors de la cessation des fonctions d'un
titulaire, ou lorsqu'en usant de la faculté qui
lui est accordée par le décret du 29 août
1807, il remplacera par un immeuble le cautionnement en numéraire, le remboursement de ce dernier sera fait par la caisse
d'amortissement, sur la demande du titulaire
ou des ayans-droit, d'après le consentement
de la régie des droits réunis, en la même
forme que s'effectue celui d'une consignation.

4. Pour que les cautionnemens en numéraire déjà versés à la caisse d'amortissement
d'après notre décret du 29 août 1807 puissent être assimilés à une consignation repré-
sentative des cautionnemens en immeubles,
et que la caisse d'amortissement puisse délivrer un nouveau certificat d'inscription de
cautionnement, les titulaires produiront à
cette caisse le certificat d'inscription qu'ils
en ont déjà reçu, un certificat de non-opposition du greffier du tribunal de première
instance, visé par le président de l'arrondissement indiqué dans le certificat d'inscription
de cautionnement qu'ils avaient déjà obtenu,
et le consentement du prêteur, s'il y en a un.

5. Nos ministres des finances et du Trésor public sont chargés de l'exécution du
présent décret.

28 AOUT 1808. — Décret concernant les voitures
publiques allant à destination fixe. (4, Bull.
207, n° 4005.)

Voy. loi du 9 VENDÉMIAIRE an 6, tit. VII;
décret du 23 JUIN 1806; ordonnance du 24
DÉCEMBRE 1814.

Art. 1er. Les propriétaires ou entrepreneurs de diligences, de messageries et autres
voitures publiques allant à destination fixe,
se présenteront, dans la quinzaine de la publication de notre présent décret, dans le
troisième arrondissement de la police de
l'empire, devant le préfet de police, et, dans
les autres arrondissemens, devant les préfets
et sous-préfets, pour faire la déclaration de
leurs voitures, du nombre des places qu'elles contiennent, du lieu de leur destination, du jour et de l'heure de leur départ,
de leur arrivée et de leur retour, à peine de
5o francs d'amende, conformément à l'article 3 du titre III de la loi du 26 = 29 août
1790.

Lorsqu'ils augmenteront ou diminueront
le nombre de leurs voitures, qu'ils changeront le lieu de leur résidence, ou transfére-
ront leur entreprise dans une autre commune,
ils en feront également la déclaration.

2. Chaque voiture portera à l'extérieur,
le nom du propriétaire ou de l'entrepreneur,
le numéro d'estampillage, conformément aux
lois des 3 nivose et 9 vendémiaire an 6.

3. Elle portera aussi, dans l'intérieur, l'indication du nombre de places qu'elle contient,
le numéro et le prix de chaque place.

4. Les propriétaires et entrepreneurs se
feront déclarer les noms et prénoms des
voyageurs, leur profession, le lieu de leur
domicile habituel, et en tiendront registre.

Ils enregistreront également les ballots,
malles et paquets dont le transport leur sera
confié : ils donneront extrait de cet enregistrement aux voyageurs, avec le numéro de
leur place.

Les registres seront sur papier timbré, cotés
et paraphés.

5. Les conducteurs ne pourront prendre,
en route, aucun voyageur, ni recevoir aucun
paquet, sans en faire mention sur leur feuille,
en la forme indiquée par l'article précédent.

6. Il est défendu d'admettre dans les voitures un plus grand nombre de voyageurs
que celui énoncé dans la déclaration, et d'en
laisser monter sur l'impériale (1).

7. Le poids des paquets, ballots et autres
fardeaux sur l'impériale, ne pourra excéder
vingt-cinq kilogrammes (cinquante livres)
par chaque voyageur, sur une voiture à
quatre roues, et dix kilogrammes (vingt livres)
sur une voiture à deux roues.

L'élévation de la charge sera, au plus, de
quarante centimètres (quinze pouces), sur les
voitures à quatre roues, et de vingt-sept

(1) La contravention à cet article ne peut être
excusée par le motif que les personnes admises
en plus, par exemple des enfans, le proprié-

taire de la voiture ou les domestiques ne payaient
pas leurs places (15 octobre 1819; Cass. S. 20,
1, 91).

centimètres (dix pouces), sur les voitures à deux roues.

8. Les voitures seront d'une construction solide, et pourvues de tout ce qui est nécessaire à la sûreté des voyageurs.

Les propriétaires ou les entrepreneurs sont garans de tous les accidens qui pourraient arriver par leur négligence.

9. Les voitures auront au moins un mètre soixante-deux centimètres (cinq pieds) de voie entre les jantes de la partie des roues posant sur le sol.

La voie des roues de devant ne pourra être moindre d'un mètre 59 centimètres (4 pieds 11 pouces).

10. Les essieux seront en fer corroyé, percés à chaque extrémité, et fermés d'un écrou assujetti par une clavette goupillée, fixée dans le corps de l'écrou.

11. La conduite des voitures ne pourra être confiée qu'à des hommes pourvus de livrets.

Elles seront dirigées par deux postillons, toutes les fois qu'elles seront attelées soit de six chevaux, soit même de cinq, lorsque le cinquième sera en arbalète.

12. Les décrets et arrêtés concernant les voitures publiques ou messageries continueront de recevoir leur exécution en tout ce qui n'est pas contraire à notre présent décret.

13. Les employés aux ponts à bascule, soit aux barrières de Paris, soit ailleurs, seront tenus sous peine de destitution, de peser, au moins une fois par trimestre, une des voitures publiques par chaque route desservie, pour assurer l'exécution de l'article 6 de notre décret du 23 juin 1806, et d'en justifier auprès des fonctionnaires désignés en l'article 1er, qui en rendront compte à nos ministres de la police et des finances.

En cas de contravention, ils en dresseront procès-verbal ; et il y sera statué par le maire du lieu où le procès-verbal aura été dressé, et, à Paris, par le préfet de police, conformément aux titres VIII et IX de notre même décret du 23 juin.

14. Les dispositions des articles 3, 4, 5, 7, 9 et 13 ci-dessus, ne seront pas applicables aux voitures dites des environs de Paris.

15. Il sera fait, dans les trois mois pour tout délai, par nos ministres de la police générale et des finances réunis, un rapport sur la police desdites voitures, les articles des lois générales touchant les finances sur les voitures publiques, qui doivent leur être appliqués, et la désignation desdites voitures par le lieu précis de leur destination.

16. Les rouliers, voituriers, charretiers, seront tenus de céder la moitié du pavé aux voitures des voyageurs, à peine de 50 francs d'amende, et du double en cas de récidive, sans préjudice des peines personnelles portées aux réglemens de police. Les conducteurs

des diligences et postillons sont autorisés à faire, en cas de contravention, leurs déclarations à l'officier de police, à leur arrivée, en faisant connaître le nom du roulier ou voiturier, d'après sa plaque; et notre procureur impérial, sur l'envoi de ce procès-verbal, sera tenu de poursuivre le roulier ou voiturier.

17. Nos ministres de la police générale, de l'intérieur et des finances, sont chargés de l'exécution du présent décret.

---

28 AOUT 1808. — Décret sur la culture du tabac. (4, Bull. 264, n° 5157.)

Voy. loi du 20 = 27 MARS 1791 ; décrets du 16 JUIN 1808, du 29 DÉCEMBRE 1810.

Art. 1er. A compter du 1er janvier 1809, tout particulier qui voudra cultiver du tabac sera tenu d'en faire la déclaration au plus prochain bureau de la régie, depuis le 1er mars jusqu'au dernier jour du mois de mai.

Cette déclaration énoncera la situation et la contenance des terres destinées à cette culture.

Sont dispensés de la déclaration, les particuliers dont la culture ne s'élèverait pas à plus de vingt pieds de tabac.

2. A l'époque qui sera fixée chaque année dans chaque département, par un arrêté du préfet, il sera fait, par les employés de la régie, un inventaire des feuilles provenant de la dernière récolte, ainsi que de celles existantes des récoltes précédentes.

Les employés prendront les feuilles au poids, et les porteront sur leurs registres portatif au compte de chaque cultivateur. A cet effet, les granges, greniers, hangars et magasins de ceux qui auront récolté du tabac, ou qui l'auront reçu en dépôt, seront ouverts aux employés de la régie.

Il sera fait un inventaire avant la fin de 1808, et sans attendre les déclarations de 1809.

3. Les feuilles inventoriées ne pourront sortir des magasins du cultivateur que pour être expédiées, soit aux manufactures de la régie des sels et tabacs, soit hors des départemens au-delà des Alpes ; et, s'ils vont en France, aux fabricans négocians et marchands en gros, pourvus de licence, soit aux lieux ordinaires de foire ou de marché, et avec acquit-à-caution.

4. Tout cultivateur sera obligé, lors du récolement et des visites et exercices des employés, de représenter la même quantité de feuilles inventoriées, ou de justifier de son expédition légale : au cas contraire, il sera soumis, pour le montant du déficit, au paiement du triple droit.

5. Il sera accordé aux cultivateurs, négocians et marchands en gros de tabac indi-

gène, pour déchet provenant de la dessication, les déductions ci-après, savoir :

Pour le tabac nouveau, vendu du 1er mars au 31 mai, six pour cent; du 1er juin au 31 août, neuf pour cent; et douze pour cent après cette dernière époque, sans qu'il soit permis d'excéder ce taux, sous quelque prétexte que ce soit.

Il ne sera rien accordé pour le tabac nouveau vendu du 15 décembre au 28 février.

Les fabricans n'auront droit à aucune des déductions ci-dessus.

Il sera tenu compte aux cultivateurs, négocians, marchands en gros et aux fabricans, des quantités de tabac détérioré, lorsque leur état sera constaté par les employés, qui en dresseront procès-verbal et assisteront au brûlement.

Il pourra être accordé, s'il y a lieu, un dixième pour déchet sur le tabac expédié à destination éloignée, et lorsque le temps fixé pour la route sera d'un mois et au-delà.

6. Les cultivateurs auront un registre où ils énonceront, jour par jour, sans aucun blanc ni interligne, non-seulement la quantité des tabacs vendus, mais encore la qualité et l'espèce de ces tabacs, ainsi que les noms et demeures des acheteurs.

7. Toute quantité de tabacs fabriqués au-dessus de dix kilogrammes ne pourra circuler qu'avec acquit-à-caution.

8. Il est défendu à tous particuliers, autres que les cultivateurs, d'avoir du tabac en feuilles.

9. Toute contravention aux dispositions du présent décret sera punie conformément à la loi du 5 ventose an 12.

10. Notre ministre des finances est chargé de l'exécution du présent décret.

---

28 Août 1808. — Décrets relatifs à l'établissement de douze foires à Dixmude, et au rétablissement de quatre foires existant autrefois à Gennep. (4, Bull. 204, nos 3760 et 3761.)

---

28 Août 1808. —Décret qui autorise l'acceptation d'une donation faite pour la fondation de places gratuites dans la maison des écoles de charité, et dans l'hospice de St-Jean d'Angely, département de la Charente-inférieure. (4, Bull. 202, n° 3729.)

---

2 Septembre 1808. — Avis du Conseil-d'Etat. (Droit de mutation.) Voy. 10 Septembre 1808.

---

3 Septembre 1808. — Décret qui approuve une délibération du comité général de la Banque de France sur les dépôts volontaires. (4, Bull. 203, n° 3738.)

Voy. décret du 16 janvier 1808.

Délibération du comité général de la Banque.

« Art. 1er. Les dépôts volontaires admis à « la Banque de France, en conséquence des « articles 9, 18 et 19 des statuts, sont:

« 1° Les effets publics nationaux et étran-« gers;

« 2° Les actions, contrats et obligations « de toute espèce;

« 3° Les lettres-de-change, billets et tous « engagemens à ordre ou au porteur;

« 4° Les lingots d'or et d'argent;

« 5° Toutes monnaies d'or et d'argent na-« tionales et étrangères;

• 6° Les diamans;

« 2. Au moment où le dépôt est fait, la « Banque perçoit un droit de garde sur la va-« leur estimative du dépôt.

« Ce droit ne peut excéder un huitième « d'un pour cent de la valeur du dépôt, pour « chaque période de six mois et au-dessous: « le dépôt sera censé renouvelé, par cela seul « qu'il n'aura pas été retiré à l'expiration du « sixième mois.

« Le droit de garde sur les dépôts d'une « valeur au-dessous de cinq mille francs, est « perçu sur le pied de cinq mille francs.

« 3. Si les déposans veulent retirer le dé-« pôt avant le délai, le droit perçu reste ac-« quis à la Banque. »

Sur le rapport de notre ministre des finances, notre Conseil-d'Etat entendu, nous avons décrété et décrétons ce qui suit:

Art. 1er. La délibération du conseil général de la Banque de France, du 18 août dernier, est approuvée.

2. Notre ministre des finances est chargé de l'exécution du présent décret.

---

3 Septembre 1808. — Décret qui fixe les dépenses variables, administratives et judiciaires du département du Taro. (4, Bull. 204, n° 3749.)

---

3 Septembre 1808. — Décret qui autorise l'acceptation d'une somme de mille francs, offerte par le curé de la paroisse Saint-Louis de Versailles au bureau de bienfaisance de cette ville. (4 Bull. 204, n° 3762.)

---

3 Septembre 1808. — Décrets qui ordonnent le paiement de pensions accordées à des veuves de militaires. (4, Bull. 204, nos 3763 et 3764.)

---

3 Septembre 1808. — Décrets qui autorisent l'acceptation d'offres de découvrir, au profit des pauvres et hospices de Louvain, des rentes et biens célés à la régie du domaine. (4, Bull. 204, nos 3765 et 3766.)

3 SEPTEMBRE 1808. — Décrets relatifs à la tenue de la foire de Céret, et à l'établissement de deux foires annuelles à Laffrey. (4, Bull. 207, n°s 3783 et 3784.)

4 SEPTEMBRE 1808. — Message de l'empereur au Sénat, sur les mesures à prendre pour pousser les affaires d'Espagne avec la plus grande activité, et détruire les armées que l'Angleterre a débarquées dans ce pays. (4, Bull. 202, n° 3726.)

6 SEPTEMBRE 1808. — Avis du Conseil-d'Etat. (Juifs d'Alexandrie.) *Voy.* 10 SEPTEMBRE 1808.

10 SEPTEMBRE 1808. — Sénatus-consulte qui met à la disposition du Gouvernement quatre-vingt mille conscrits des classes de 1806, 1807, 1808, 1809, et pareil nombre de la classe de 1810. (4, Bull. 203, n° 3736.)

TITRE I.er. Appel sur les classes des années 1806, 1807, 1808 et 1809.

Art. 1.er. Il est mis à la disposition du Gouvernement quatre-vingt mille conscrits, qui seront répartis ainsi qu'il suit : entre les différentes classes ci-après désignées, savoir :

Sur celle de 1806. 20,000
Sur celle de 1807. 20,000
Sur celle de 1808. 20,000
Sur celle de 1809. 20,000

2. Ces quatre-vingt mille conscrits pourront être de suite mis en activité.

3. Les conscrits des classes des années 1806, 1807, 1808 et 1809, mariés avant l'époque de la publication du présent sénatus-consulte, ne concourront point à la formation du contingent de ces quatre-vingt mille hommes.

Il en sera de même de tous les conscrits des quatre classes qui auront été réformés légalement.

4. Les conscrits des classes des années 8, 9, 10, 11, 12, 13 et 14, qui ont satisfait à la conscription, et n'ont pas été appelés à faire partie de l'armée, sont libérés.

Il ne sera levé sur ces classes aucun nouveau contingent.

TITRE II. Appel sur la classe de 1810.

5. Il est également mis à la disposition du Gouvernement quatre-vingt mille conscrits pris sur la classe de 1810.

6. Ces quatre-vingt mille conscrits seront destinés à former des camps pour la défense des côtes, et ne pourront être levés qu'après le 1er janvier prochain, à moins qu'avant cette époque de nouvelles puissances ne se mettent en état de guerre contre la France.

Dans ce dernier cas, le Gouvernement aura la faculté d'appeler sur-le-champ ces quatre-vingt mille conscrits.

10 SEPTEMBRE 1808. — Décret qui modifie l'article 26 de la loi du 13 fructidor an 5, relative aux poudres et salpêtres. (4, Bull. 205, n° 3769.)

Art. 1er. L'article 26 de la loi du 13 fructidor an 5, relative à l'exploitation, à la fabrication et à la vente des salpêtres et poudres, est modifié comme suit, en ce qu'au lieu de deux officiers municipaux dont il exige la présence pour la saisie des poudres prohibées, la présence d'un seul suffira,

« La municipalité sera tenue de déférer à « cette réquisition : en conséquence, elle fera « procéder à une visite dans la maison dé- « signée. Cette visite ne pourra s'exécuter « qu'en plein jour, par le maire ou son ad- « joint, assisté d'un commissaire de police « ou de la gendarmerie. Dans le cas de con- « viction, l'affaire sera renvoyée aux tribu- « naux, qui feront la poursuite selon les « lois. »

2. Notre grand-juge, ministre de la justice, et nos ministres de la guerre, de l'intérieur, et de la police générale, sont chargés de l'exécution du présent décret.

10 SEPTEMBRE 1808. — Avis du Conseil-d'Etat sur une question relative au paiement du droit proportionnel, dans le cas où des sommes d'argent léguées ne se trouvent pas dans la succession. (4, Bull. 206, n° 3772.)

Le Conseil-d'Etat, qui, en exécution du renvoi ordonné par sa majesté l'empereur et roi, a entendu le rapport des sections des finances et de législation sur celui du ministre des finances, présentant la question de savoir,

Si, lorsqu'un légataire universel est grevé de legs particuliers de sommes d'argent qui ne se trouvent pas dans la succession, le droit proportionnel dû par lui sur la valeur entière des biens qui la composent, doit être perçu indépendamment des droits dus pour chacun de ces legs particuliers ;

Vu les art. 14, 15, 27, 29 et 32 de la loi du 22 frimaire an 7 ;

Les articles 1016 et 1017 du Code civil,

Considérant que la déclaration des héritiers ou légataires à titre universel devant comprendre l'universalité des biens de la succession, le droit proportionnel qui est perçu d'après cette déclaration, remplit le vœu de la loi, puisqu'il porte sur la totalité de la succession ;

Que la délivrance des legs particuliers, soit qu'ils consistent en effets réellement existant dans la succession, soit que les légataires universels ou les héritiers doivent les payer de leurs propres deniers, n'opèrent point de mutation de ces derniers aux légataires particuliers ; que, dans les deux cas, la loi ne regarde les héritiers ou légataires universels que comme simples intermédiaires entre le testateur, qui est censé donner lui-même, et les légataires particuliers, qui reçoivent;

Que du système contraire il résulterait que le même objet serait en définitive assujéti à deux droits de mutation, ce qui n'est ni dans le texte ni dans l'esprit de la loi;

Qu'enfin on ne doit pas assimiler le legs particulier payé d'après la volonté du testateur à une dette de sa succession,

Est d'avis que lorsque des héritiers ou légataires universels sont grevés de legs particuliers de sommes d'argent non existantes dans la succession, et qu'ils ont acquitté le droit proportionnel sur l'intégralité des biens de cette même succession, le même droit n'est pas dû pour ces legs; conséquemment, que les droits déjà payés par les légataires particuliers doivent s'imputer sur ceux dus par les héritiers ou légataires universels (1).

10 SEPTEMBRE 1808. — Avis du Conseil-d'Etat sur plusieurs réclamations des Juifs d'Alexandrie et du ci-devant Piémont. (4, Bull. 206, n° 3773.)

Le Conseil-d'Etat, qui, d'après le renvoi à lui fait par ordre de sa majesté, a entendu le rapport des sections de législation et des finances sur celui du grand-juge, ministre de la justice, tendant à faire statuer sur plusieurs réclamations des Juifs d'Alexandrie et du ci-devant Piémont, contre les propriétaires des maisons qu'ils habitent en vertu d'un décret du ci-devant roi de Sardaigne, du 23 décembre 1796;

Vu lesdites réclamations, dans lesquelles les Juifs d'Alexandrie et du ci-devant Piémont exposent qu'aux termes des constitutions sardes, ils avaient dans les villes où on tolérait leur présence, un quartier dans lequel ils étaient obligés de fixer leur demeure, et que les propriétaires des maisons étaient contraints de ne louer qu'à eux, moyennant un prix fixé par le Gouvernement; qu'en raison de cette obligation, beaucoup d'entre eux avaient passé avec les propriétaires des baux à longues années, pour le paiement desquels leur communauté était solidaire; qu'ils étaient

tenus de toutes les réparations, moins celles des quatre gros murs; qu'au moyen de ces baux, sur lesquels ils hypothéquaient les dots et les reprises des femmes, ils avaient pu observer entre eux un droit fondé sur les principes de leur religion, droit qu'ils appellent *casaca* (qui défend à tout juif de louer la maison précédemment louée par un autre juif ou habitée par lui, si ce n'est de son consentement); que si, par le fait de la réunion du Piémont à la France, sans qu'il y ait un acte du Gouvernement qui détruise celui du ci-devant roi de Sardaigne, les propriétaires des maisons qu'ils habitent pouvaient augmenter les loyers ou donner congé, ils se verraient tout-à-coup sans asile, et privés de la jouissance des droits qu'ils avaient hypothéqués sur leurs baux; que, leur communauté n'existant plus, ils doivent être déchargés de la responsabilité solidaire qui pesait sur eux; qu'étant chargés de toutes les réparations, moins celles des quatre gros murs, ils ont droit à une partie de l'indemnité que la loi a accordée aux propriétaires des maisons qu'ils habitaient, dont l'utilité publique a exigé la démolition;

Vu l'extrait d'un jugement du tribunal de première instance de Verceil, qui, sur les poursuites d'un propriétaire tendant à faire expulser un juif de sa maison, déclare qu'aux termes de l'art. 8 du Code civil, tout individu jouissant des droits civils pouvant prendre un logement où bon lui semble, les liens et obligations dépendant de la gêne qui forçait les juifs à habiter dans un quartier, et les propriétaires des maisons à ne louer qu'à des juifs, devaient être dissous;

Vu les réponses et observations des propriétaires des maisons habitées par les juifs,

Le décret susmentionné du ci-devant roi de Sardaigne;

Considérant que la permission d'habiter en Piémont était donnée aux Juifs par des lois temporaires qui n'existent plus; que par conséquent, les Juifs ne pouvaient raisonnablement se former des droits d'une permission qui ne pouvait n'être pas renouvelée;

Considérant, d'un autre côté, que nul ne pouvant s'enrichir aux dépens d'autrui, si les Juifs avaient fait dans les maisons qu'ils habitaient, des dépenses qui auraient augmenté

---

(1) La règle s'applique aux legs de rentes viagères, comme aux legs de sommes fixes une fois payées (7 mars 1822; Cass. 13, 1, 423).

Lorsqu'une mère donne des biens-immeubles à l'un de ses enfans, à la charge de payer des sommes en argent à ses sœurs, il n'est pas dû de droit particulier pour ces donations secondaires (21 janvier 1808; Cass. S. 12, 1, 158).

Les rentes sur l'Etat qui passent exemptes de tout droit d'enregistrement entre les mains de

l'héritier ou légataire universel ne donnent ouverture à aucun droit de mutation, à raison de l'emploi qui peut être fait ensuite du capital de ces mêmes rentes, à l'acquittement des legs particuliers de sommes d'argent qui n'existaient pas en nature dans la succession; dans ce cas, le paiement intégral des droits de mutation, par l'héritier ou le légataire universel, a libéré les légataires particuliers (28 janvier 1824; Cass. S. 24, 1, 100).

ces maisons de valeur, il serait équitable de leur en tenir compte,

Est d'avis que les prétentions respectives des propriétaires, contre les Juifs locataires, ou de ceux-ci contre les propriétaires, doivent être décidées par les règles ordinaires, et que la connaissance de tous ces différends appartient aux tribunaux.

10 SEPTEMBRE 1808. — Sénatus-consulte qui proroge la suspension du jury dans les départemens du ci-devant Piémont et de la Corse. (4, Bull. 203, n° 3737.)

10 SEPTEMBRE 1808. — Décret qui ordonne la publication des dispositions législatives concernant les répertoires des notaires dans les départemens de Gênes, de Montenotte, des Apennins et du Taro. (4, Bull. 205, n° 3770.)

10 SEPTEMBRE 1808. — Décret qui accorde un nouveau délai pour les déclarations et soumissions à faire par les acquéreurs de domaines engagés du département du Taro. (4, Bull. 206, n° 3771.)

10 SEPTEMBRE 1808. — Décret qui ordonne la publication de la bulle d'institution canonique de M. de Boulogne, nommé à l'évêché de Troyes. (4, Bull. 207, n° 3780.)

10 SEPTEMBRE 1808. — Décret qui porte à vingt le nombre des courtiers créés pour le service de la bourse d'Amiens. (4, Bull. 202, n° 3781.)

10 SEPTEMBRE 1808. — Lettres-patentes qui confèrent à M. Anthoine, maire de Marseille, le titre de baron de l'empire, sous la dénomination de baron de Saint-Joseph. (4, Bull. 214, n° 3939.)

10 SEPTEMBRE 1808. — Décrets relatifs à la tenue des foires de Brie-sur-Hières, de Bressuire et de Châtillon, et à l'établissement de foires annuelles à Gbenck et à Beck. (4, Bull. 207, n° 3785, et Bull. 208, n°s 3803 à 3805.)

10 SEPTEMBRE 1808. — Décrets qui autorisent l'acceptation de dons et legs faits aux pauvres et hospices de Mirande, Château-Redon, Saint-Mihiel, Oléron, Mantes, Beaulieu et la Voute-sur-Loire, Donchery, Fossano, Campagnac, Montpellier, Esprit-Fille, Paris et Sarzanne. (4, Bull. 207, n°s 3785 à 3797, et Bull. 208, n° 3801.)

10 SEPTEMBRE 1808. — Décrets qui autorisent l'acceptation d'offres faites aux pauvres et hospices de Bruxelles, Tournay, Ucèle et Mons. (4, Bull. 207, n°s 3798 et 3799, et Bull. 208, n° 3802.)

11 SEPTEMBRE 1808. — Décret sur la comptabilité de la caisse d'amortissement. (4, Bull. 206, n° 3774.)

Voy. loi du 23 MESSIDOR an 9; décret du 22 OCTOBRE 1808; loi du 28 AVRIL 1816, art. 98 et suiv.

TITRE Ier. De l'examen de la gestion de la caisse d'amortissement.

Art. 1er. Indépendamment du bilan ou état général de situation de la caisse d'amortissement, il sera formé chaque année des états de situation particuliers, et relatifs aux attributions qu'elle a reçues comme caisse d'amortissement proprement dite, comme caisse de garantie et comme caisse de dépôt.

2. La commission de notre Conseil-d'Etat chargée d'examiner la gestion administrative, et de vérifier les comptes de la caisse, prendra connaissance des écritures sur lesquelles ces situations ont été établies, et se fera donner tous les renseignemens et explications qu'elle jugera nécessaires pous s'assurer de leur exactitude.

3. La commission vérifiera particulièrement : 1° si les fonds versés à la caisse pour l'amortissement de la dette ont été employés conformément à leur destination ;

2° Le montant des obligations de receveurs généraux remboursées par ladite caisse pendant l'année ;

3° Si les intérêts des cautionnemens sont payés exactement aux titulaires ;

4° Elle constatera le nombre et le montant des cautionnemens remboursés dans l'année, et vérifiera si les formalités ordonnées par les lois pour ces remboursemens ont été soigneusement exigées, et si les garanties auxquelles les cautionnemens sont affectés ont été remplies par la caisse, conformément à son institution; elle se fera aussi rendre compte du nombre de cautionnemens dont le remboursement est demandé, et des motifs qui retardent l'expédition des objets en suspens.

4. La commission vérifiera le montant des dépôts faits à la caisse, et examinera si les conditions relatives à chaque espèce de dépôt ont été fidèlement remplies.

Elle se fera rendre compte des motifs de toutes les dépenses ordonnancées par le directeur, et de l'emploi des fonds libres. Elle examinera la nature des valeurs acquises pour le compte de la caisse, le choix des placemens de fonds, comparera le montant habituel du restant en caisse avec celui des dépenses journalières, et se fera fournir tous les détails nécessaires pour juger si cette partie du service a été dirigée avec l'intelligence et les soins convenables.

5. La commission fera un rapport sur l'ensemble des objets mentionnés aux articles précédens, et nous présentera son opinion

sur la gestion administrative de la caisse d'amortissement pendant l'année.

TITRE II. De la comptabilité et du jugement des comptes.

SECTION Iʳᵉ. *De la nomination du caissier, de ses fonctions, et du jugement de ses comptes.*

6. Le caissier de la caisse d'amortissement est nommé par nous.

7. Il est chargé de la recette, garde et conservation des deniers et valeurs actives déposés entre ses mains, à quelque titre que ce soit. Il est comptable de toutes les recettes et dépenses faites à Paris.

8. Le caissier peut, sous sa responsabilité, se faire suppléer par un sous-caissier : ce sous-caissier sera présenté par le caissier, et nommé par notre ministre des finances sur le rapport du directeur de la caisse d'amortissement.

9. Les effets et valeurs actives seront passés à l'ordre du caissier, et lui seront adressés sous le couvert du directeur général; il en accusera réception, et donnera récépissé des fonds versés à la caisse.

10. Le caissier sera tenu de faire viser les accusés de réception et récépissés qu'il aura délivrés, par le directeur ou par un des administrateurs; il n'y aura recours contre la caisse d'amortissement que pour le montant de ceux qui seront revêtus de cette formalité. Le caissier restera personnellement responsable envers les ayans-droit pour les récépissés et les accusés de réception qui ne seraient revêtus que de sa signature.

11. Conserveront néanmoins leurs recours contre la caisse d'amortissement, ceux dont les fonds se trouveront portés dans les écritures de la caisse, et ceux qui feront parvenir leur réclamation, soit à notre ministre des finances, soit au directeur de la caisse d'amortissement, dans les quatre mois après l'envoi des traites, et dans les trois mois après le versement des fonds, pour lequel ils auront reçu un accusé de réception ou un récépissé qui ne serait pas revêtu du visa mentionné en l'article précédent.

12. Les recettes et dépenses du caissier seront vérifiées tous les mois par l'administration. Elle recevra et arrêtera son cómpte chaque année, et le remettra à la commission de notre Conseil-d'Etat, pour être jugé définitivement. Le compte de la présente année sera présenté à ladite commission le 1ᵉʳ février 1809.

SECTION II. Du service à faire pour le compte de la caisse d'amortissement par les receveurs généraux et autres agens intermédiaires.

13. Le directeur général de la caisse d'amortissement est autorisé à se servir de l'intermédiaire des receveurs généraux et autres agens dépendans du ministère des finances ou du ministère du Trésor public, pour effectuer les recettes et les dépenses à faire dans les départemens, pour la caisse d'amortissement.

14. L'indemnité qui leur sera accordée à raison de ce service sera réglée par notre ministre des finances, qui se concertera, lorsqu'il y aura lieu, avec notre ministre du Trésor public.

15. Les receveurs généraux et autres agens chargés de ce service sont comptables, envers la caisse d'amortissement, des recettes et dépenses qui leur seront confiées par ladite caisse.

16. Ils enverront par trimestre, à l'administration de la caisse d'amortissement, les états de recettes par eux certifiés, et les pièces justificatives des dépenses par eux faites, avec un bordereau en double expédition.

Ces comptes seront arrêtés provisoirement par l'administration, et présentés par elle à la commission de notre Conseil-d'Etat, dans le septième mois après le service expiré, pour être jugés définitivement.

17. Pour se conformer aux dispositions de notre présent décret pour le service de la présente année, les receveurs généraux et autres agens ci-dessus dénommés adresseront à la caisse d'amortissement, au plus tard dans le courant de juillet prochain, les états de leurs recettes depuis le 1ᵉʳ janvier de la présente année, et les pièces justificatives des dépenses par eux faites depuis la même époque, avec un bordereau en double expédition, pour être, ledit compte et les pièces justificatives à l'appui, remis à la commission de notre Conseil-d'Etat dans le cours de juillet 1809.

18. Le premier article du compte des receveurs généraux et autres agens intermédiaires de la caisse d'amortissement sera le solde de l'arrêté de compte au 1ᵉʳ janvier 1808, qui aura été réglé contradictoirement avec l'administration de la caisse d'amortissement, lequel réglement leur servira de décharge pour les années antérieures.

SECTION III. De la vérification et du jugement des comptes.

19. La commission de notre Conseil-d'Etat vérifiera les recettes et dépenses du caissier et des receveurs généraux; elle examinera si les dépenses sont régulières et constatées par des pièces probantes, si elles doivent être allouées aux comptables : elle remettra à l'administration l'état des articles rejetés, pour qu'elle fasse les poursuites nécessaires.

20. La commission, dans son rapport, proposera le *quitus* du caissier pour la recette qui aura été trouvée exacte, et pour la

dépense dont il aura été justifié par pièces régulières ou par versemens au crédit des receveurs généraux. Les receveurs généraux seront également déchargés du montant de ces versemens sur le vu des pièces justificatives de paiement. Le caissier et les receveurs généraux demeureront responsables envers le Gouvernement, conformément aux lois sur la comptabilité, des recettes et dépenses qui n'auront pas été suffisamment justifiées.

21. En cas d'erreur de paiement faite au préjudice de ceux qui auront obtenu une ordonnance, le caissier et les receveurs généraux en demeureront responsables jusqu'au jugement définitif de leurs comptes.

22. La commission de notre Conseil-d'Etat nous rendra compte des résultats de la vérification du compte du caissier et des receveurs généraux, et en proposera le jugement définitif.

23. Les pièces de comptabilité seront brûlées deux ans après l'expiration de l'exercice auquel elles appartiennent, distraction faite préalablement de celles qui pourraient être utiles à l'administration comme renseignemens.

24. Notre ministre des finances est chargé de l'exécution du présent décret.

12 SEPTEMBRE 1808. — Décret relatif à la levée de quatre-vingt mille conscrits pris sur les classes de 1806, 1807, 1808, 1809, et de pareil nombre pris sur la classe de 1810. (4, Bull. 204, n° 3748.)

14 SEPTEMBRE 1808. — Décret qui fixe au 25 octobre l'ouverture des séances du Corps-Législatif pour la session de 1808. (4, Bull. 205, n° 3767.)

16 SEPTEMBRE 1808. — Décret qui fixe au 1er octobre prochain la réunion, à Paris, des commissions du Corps-Législatif pour la discussion préalable des lois. (4, Bull. 205, n° 3768.)

16 SEPTEMBRE 1808. — Décret qui établit une cinquième foire à Limoux, département de l'Aude. (4, Bull. 208, n° 3806.)

16 SEPTEMBRE 1808. — Décrets qui ordonnent le paiement de pensions accordées à des veuves de militaires. (4, Bull. 208, n°s 3807 et 3808.)

16 SEPTEMBRE 1808. — Décret qui fait concession, pour cinquante années, aux sieurs Didier et Tremblay, du droit d'exploiter la mine d'argent des Chalances, dans une étendue de surface de cent treize kilomètres quatre-vingt-six hectares cinquante-quatre ares soixante-onze mètres carrés. (4, Bull. 210, n° 3826.)

16 SEPTEMBRE 1808. — Décrets qui autorisent l'acceptation de dons et legs faits aux pauvres et hospices de Ruydschoot, Biberac, la Ferté-sous-Jouarre, Furnes, Douai, Nice et Hyères. (4, Bull. 210, n°s 3819 à 3825.)

16 SEPTEMBRE 1808. — Décret relatif à la tenue de la foire de Hillesheim. (4, Bull. 210, n° 3827.)

17 SEPTEMBRE 1808. — Décret contenant règlement pour l'Université impériale. (4, Bull. 206, n° 3775.)

Voy. décret du 17 MARS 1808.

TITRE Ier.

Art. 1er. Le grand-maître de l'Université prêtera serment entre nos mains.

Il nous sera présenté par le prince archichancelier, dans la chapelle impériale, avec le même cérémonial que les archevêques.

La formule du serment sera ainsi conçue :

« Sire, je jure devant Dieu, à votre majesté, de remplir tous les devoirs qui me « sont imposés; de ne me servir de l'autorité qu'elle me confie, que pour former « des citoyens attachés à leur religion, à leur « prince, à leur patrie, à leur parens; de favoriser par tous les moyens qui sont en « mon pouvoir, les progrès des lumières, des « bonnes études et des bonnes mœurs; d'en « perpétuer les traditions pour la gloire de « votre dynastie, le bonheur des enfans et le « repos des pères de famille. »

TITRE II.

2. A dater du 1er janvier 1809, l'enseignement public dans tout l'empire sera confié exclusivement à l'Université.

3. Tout établissement quelconque d'instruction qui, à l'époque ci-dessus, ne serait pas muni d'un diplôme exprès du grand-maître, cessera d'exister.

4. Pour la première formation seulement, il ne sera pas nécessaire que les membres enseignans de l'Université soient gradués dans une faculté; ils ne seront tenus de l'être qu'à dater du 1er janvier 1815.

TITRE III.

5. Avant le 1er décembre prochain l'archevêque ou évêque du chef-lieu de chacune des académies où il y aura une faculté de théologie, présentera au grand-maître les sujets parmi lesquels les doyens et les professeurs de théologie seront nommés.

6. A l'égard des deux facultés de théologie de Strasbourg et de Genève, et de celle qui sera incessamment établie à Montauban, les candidats seront présentés, dans le même dé-

lai, par les présidens du consistoire de ces trois villes.

7. Le grand-maître nommera, pour la première fois, les doyens et les professeurs entre les sujets portés en nombre triple de celui des places auxquelles il faudra pourvoir ; et cette nomination sera faite avant le 1er janvier 1809.

8. Le grand-maître nommera également, pour la première fois, et avant le 1er janvier 1809, les doyens et professeurs des autres facultés.

9. Les chaires des facultés de théologie ne seront données au concours qu'à dater du 1er janvier 1815, et celle de lettres et sciences, qu'à compter du 1er janvier 1811 : jusque là, il y sera nommé par le grand-maître.

Titre IV.

10. Jusqu'au 1er janvier 1815, époque à laquelle les personnes qui se destinent à l'instruction publique auront pu acquérir les qualités requises, l'ordre des rang ne sera pas suivi dans les nominations des fonctionnaires, mais nul ne pourra être officier de l'Université, ou officier d'académie, avant l'âge de trente ans révolus.

11. Toutefois, tous les individus qui ont exercé pendant dix ans des fonctions dans l'instruction publique, pourront recevoir du grand-maître le diplôme du grade correspondant aux fonctions qu'ils remplissent.

Toutes les nominations du grand-maître qui ne seront pas faites parmi les individus ci-dessus désignés seront soumises à notre approbation ; et lorsqu'elle aura été accordée, il sera délivré aux fonctionnaires un diplôme du grade correspondant aux fonctions auxquelles ils auront été promus.

Les conseillers titulaires seront nommés par nous incessamment : ils jouiront, dès à présent, des honneurs et traitemens attachés à leur titre ; ils recevront un brevet de conseiller à vie, dans cinq ans, si d'ici à cette époque ils ont justifié nos espérances et notre confiance.

12. Avant le 1er janvier 1809, le grand-maître nommera les conseillers ordinaires, les inspecteurs de l'Université, les recteurs et inspecteurs des académies, les proviseurs et censeurs des lycées, en se conformant aux règles qui viennent d'être établies.

Titre V.

13. Tous les inspecteurs, proviseurs, censeurs, professeurs et autres agens actuels de l'instruction publique, seront tenus de déclarer au grand-maître s'ils sont dans l'intention de faire partie de l'Université impériale, et de contracter les obligations imposées à ses membres.

Ces déclarations devront être faites avant le 1er novembre prochain.

14. Avant le 15 janvier 1809, tous les membres de l'Université devront avoir prêté le serment prescrit par l'article 39 de notre décret du 17 mars dernier, faute de quoi ils ne pourront continuer leurs fonctions.

Titre VI.

15. Le grand-maître est autorisé à nommer, sur la présentation de trois sujets par le trésorier, un caissier général de l'Université, chargé, sous la surveillance du trésorier, de la totalité des recettes et de l'acquittement des dépenses sur les ordonnances du trésorier.

Le caissier général rendra le compte annuel.

Titre VII.

16. Les articles 90 et 94 du décret du 17 mars, en ce qui concerne le choix des inspecteurs de l'Université, et des recteurs des académies, n'auront de même leur exécution qu'à partir du 1er janvier 1811.

Titre VIII.

17. Le pensionnat normal sera mis en activité dans le cours de l'année 1809 : le nombre des élèves pourra n'être porté qu'à cent la première année, à deux cents la seconde, et ne sera complété que la troisième année.

18. Le chef de l'école normale pourra être choisi par le grand-maître parmi les conseillers à vie, indistinctement, jusqu'à ce qu'il y ait quatre recteurs parmi les conseillers à vie.

Titre IX.

19. La maison des émérites sera ouverte dans le cours de l'année 1809.

20. La retenue du vingt-cinquième faite jusqu'à ce jour sur les traitemens des proviseurs, censeurs et professeurs, pour les pensions de retraite, aura lieu sur tous les traitemens de l'Université.

Titre X.

21. Les fonds des bourses dans les lycées fournis par le Gouvernement seront versés par douzième dans la caisse de l'Université, sur l'ordonnance de notre ministre de l'intérieur, et en vertu de la quittance du caissier de l'Université visée par le trésorier.

22. Le contingent annuel des villes pour les bourses destinées, dans chaque lycée, aux élèves des écoles secondaires, sera versé par le caissier de la commune, et aussi par douzième, dans la caisse du lycée où les bourses seront établies, sur l'ordonnance des préfets, et à Paris, sur l'ordonnance du ministre de l'intérieur.

23. Les bâtimens des lycées et collèges, ainsi que ceux des académies, seront entretenus annuellement aux frais des villes où ils sont établis : en conséquence, les communes porteront chaque année, à leur budget, pour être vérifiée, réglée et allouée par l'autorité compétente, la somme nécessaire à l'entretien et aux réparations de ces établissemens, selon les états qui en seront fournis.

TITRE XI.

24. La caisse d'amortissement est autorisée à ouvrir à l'Université impériale un crédit d'un million, avec intérêt de cinq pour cent pendant une année. L'Université, au fur et à mesure de ses rentrées, remboursera la caisse d'amortissement, jusqu'à libération entière.

TITRE XII.

25. La rétribution annuelle des étudians, mentionnée en l'article 137 de notre décret du 17 mars dernier, est fixée ainsi qu'il suit, savoir :

Pour les pensionnaires, dans les pensions, institutions, collèges, lycées et séminaires, au vingtième du prix de la pension payée pour chaque élève (1) ;

Pour les élèves à demi-pension, pour les externes et pour les élèves gratuits ou non gratuits, à une somme égale à celle que paient les pensionnaires de l'établissement où ils sont admis.

26. Les élèves de pension ou d'institution qui suivent et paient comme externes les cours d'un lycée ne paieront point la rétribution ci-dessus au lycée, mais seulement dans leur pension ou institution.

TITRE XIII.

27. Il sera payé pour les diplômes portant permission d'ouvrir une école, accordés par le grand-maître, en vertu des articles 2, 54 et 103 de notre décret du 17 mars, savoir :

Deux cents francs, par les maîtres de pension ; à Paris, trois cents francs.

Quatre cents francs, par les instituteurs ; à Paris, six cents francs.

Ce paiement sera effectué de dix ans en dix ans, à l'époque du renouvellement des diplômes (2).

28. Le droit de sceau pour ces diplômes est compris dans les sommes ci-dessus.

29. Les maîtres de pensions et instituteurs, paieront chaque année, au 1er novembre, le quart de la somme ci-dessus fixée (3).

30. Les rétributions mentionnées aux deux titres précédens seront exigibles à dater du 1er novembre 1808.

18 SEPTEMBRE 1808. — Décret qui nomme M. d'Houdetot préfet du département de l'Escaut. (4, Bull. 207, n° 3782.)

21 SEPTEMBRE 1808. — Sénatus-consulte qui nomme les députés du département du Taro au Corps-Législatif. (4, Bull. 207, n° 3776.)

21 SEPTEMBRE 1808. — Sénatus-consulte qui annule les élections de MM. Mongiardino et Tanlongo au titre de candidats pour le Corps-Législatif. (4, Bull. 207, n° 3777.)

21 SEPTEMBRE 1808. — Sénatus-consulte contenant désignation des candidats au Corps-Législatif à faire partie de la présentation du département de Morbihan. (4, Bull. 207, n° 3778.)

21 SEPTEMBRE 1808. — Décret qui supprime, à dater du 1er janvier prochain, la cour de justice criminelle séant à Plaisance. (4, Bull. 210, n° 3813.)

28 SEPTEMBRE 1808. — Acte du Sénat conservateur qui nomme les membres du Corps-Législatif pour les départemens de la Loire et de la Stura. (4, Bull. 208, n° 3800.)

3 OCTOBRE 1808. — Actes du Sénat conservateur qui nomment les membres du Corps-Législatif pour les départemens des Apennins, de Gênes, de Marengo, de Montenotte, du Morbihan et de l'Orne. (4, Bull. 209, n°s 3809 et 3810.)

5 OCTOBRE 1808. — Décrets qui ordonnent le paiement de pensions accordées à des veuves de militaires. (4, Bull. 211, n°s 3834 et 3835.)

5 OCTOBRE 1808. — Décrets qui autorisent l'acceptation de dons et legs faits aux pauvres et hospices du Puy, de Bléré, Bruxelles, Vinon, Gy, Verviers, Marolle, Bourg-Saint-Andéol et Barjac. (4, Bull. 211, n°s 3836 à 3840, 3843 à 3846 et 3848.)

5 OCTOBRE 1808. — Décrets qui autorisent l'acceptation d'offres de découvrir, au profit des pauvres de Cambron-Casteau et des hospices de Malines, des rentes célées à la régie du domaine. (4, Bull. 211, n°s 3841 et 3842.)

---

(1) La taxe universitaire, même depuis les ordonnances des 17 février et 15 août 1815, est du vingtième du prix de la pension entière, et non pas seulement du vingtième des frais d'étude (27 juin 1831, Paris ; S. 31, 2, 335 ; D. 31, 2, 251 ; P. 51, 182).

(2 et 3) Le décret du 15 novembre 1811 n'a pas dispensé les maîtres de pension de la rétribution établie au profit de l'Université par les articles 27 et 29 de ce décret, maintenus par l'ordonnance du roi du 17 février 1815 (21 août 1815 ; Cass. 16, 1, 111).

5 OCTOBRE 1808. — Décret qui confirme l'association établie à Toulon, sous le nom d'*Œuvre de Bienfaisance pour les prisons*, et autorise les administrateurs de cette institution à accepter une maison donnée à cet établissement par le sieur Reinery. (4, Bull. 211, n° 3847.)

18 OCTOBRE 1808. — Avis du Conseil - d'Etat. (Droit d'enregistrement.) *Voy.* 22 OCTOBRE 1808.

19 OCTOBRE 1808. — Décret sur l'installation des membres du consistoire des Juifs établi à Paris, et formule du serment qu'ils doivent prêter. (4, Bull. 210, n° 3814.)

Voy. décret du 17 MARS 1808.

Art. 1er. Les membres du consistoire général des Juifs établi dans notre bonne ville de Paris, par notre décret du 17 juillet dernier, seront installés par notre conseiller d'Etat préfet du département de la Seine, entre les mains duquel ils prêteront, sur la Bible, le serment prescrit par l'article 6 de la loi du 18 germinal an 10, dont la formule est annexée au présent décret.

2. Les membres des consistoires des synagogues israélites qui seront établis dans les départemens de l'empire seront installés par le préfet de l'établissement de chaque synagogue, entre les mains duquel ils prêteront le serment ci-dessus prescrit.

3. Le ministre des cultes est chargé de l'exécution du présent décret.

Formule du serment des membres des consistoires juifs.

Je jure et promets à Dieu, sur la sainte Bible, de garder obéissance aux constitutions de l'empire et fidélité à l'empereur. Je promets aussi de faire connaître tout ce que j'apprendrai de contraire aux intérêts du souverain ou de l'Etat.

19 OCTOBRE 1808. — Décret sur la peine encourue par les militaires et marins condamnés aux fers, en cas d'évasion ou de récidive. (4, Bull. 210, n° 3815.)

Art. 1er. Les militaires et marins condamnés aux fers pour désertion ou insubordination, et qui s'évaderont, seront condamnés à une détention dont la durée sera double de celle qui leur restait à subir, à compter du jour de leur évasion.

2. Ceux desdits condamnés qui, après avoir subi leur peine ou obtenu leur grâce, se rendraient de nouveau coupables de désertion, seront condamnés à dix ans de fers.

3. Notre ministre de la marine et des colonies est chargé de l'exécution du présent décret.

19 OCTOBRE 1808. — Décret concernant la surveillance de l'exploitation des mines du département de l'Ourte. (4, Bull. 210, n° 3611.)

19 OCTOBRE 1808. — Décret concernant le paiement de la redevance imposée sur les exploitations de mines du département de l'Ourte. (4, Bull. 210, n° 3812.)

19 OCTOBRE 1808. — Décret qui ordonne le paiement d'une somme de dix-sept cent quarante francs, pour pensions accordées à neuf veuves de militaires. (4, Bull. 211, n° 3849.)

19 OCTOBRE 1808. — Décrets qui autorisent l'acceptation de dons et legs faits aux pauvres et hospices de Paris, Reims, Orléans, Montpasier, Soissons, Aire, Beveren, Saint-Pompon, Château (île d'Oléron), Precy, Verdigny, Toulouse, Barjac, Montréal, la Ferté-Vidame, Libourne, Provins, Albi, Flins, Beziers, Amiane, Montmerle, Lyon, Mirepoix, Bonneuil, Vibray, Pierrelatte, Mortagne, Lignerolles, Isola-Bella, Aurillac, Reilhac, Servian, Ceva, Gênes, Beauvais, Bressuire, Estival, Paris, Polminhac, Rabastens, Montbrison et Gueldres. (4, Bull. 211, n°s 3850 à 3866, et Bull. 213, n°s 3889 à 3909 et 3911 à 3914.)

19 OCTOBRE 1808. — Décrets qui autorisent l'acceptation d'offres de découvrir, au profit des pauvres et hospices de Dinant, Rocour, Voroux-lès-Liers, Beauvechain, Homme, Ixelles, Bierbeck, Winkel, Corbech-Eyle, la Hulpe, Lannes, la Chapelle-Saint-Laurent, Vieux-Héverlé, Biez, Louvain, Moumalle et Itancourt, des biens et rentes célés au domaine. (4, Bull. 211, n°s 3867 à 3872; Bull. 213, n°s 3910 et 3915 à 3918.)

19 OCTOBRE 1808. — Décret qui permet au sieur Méjean de construire, sur les bords du chemin de Vallerangue, et sur la rivière de l'Hérault, au-delà du pont de Peyre-Grosse, commune de Saint-André de Majencoules, une usine pour le traitement du minerai de fer par lui découvert dans l'arrondissement du Vigan. (4, Bull. 211, n° 3873.)

19 OCTOBRE 1808. — Décret portant : 1° que la commune de Croix-Chapeaux est distraite de l'arrondissement de Rochefort, et réunie à l'arrondissement de La Rochelle et au canton de la Jarrie ; 2° que les portions du bourg de Croix-Chapeaux, qui font actuellement partie des communes de Salles et de la Jarrie, seront réunies avec la partie du même bourg qui formait la commune dépendant de l'arrondissement de Rochefort, pour ne plus former qu'une seule commune de l'arrondissement de La Rochelle, canton de la Jarrie. (4, Bull. 211, n° 3880.)

19 OCTOBRE 1808. — Décrets relatifs à la tenue et à l'établissement des foires à Conchey, Genay, Buchy, Pavilly, Mauvezin, Gimont, Labatie-Mongascon, Éclose, Nicolas, Serezin et Venissieux. (4, Bull. 211, n°⁵ 3874 à 3879.)

19 OCTOBRE 1808. — Décret qui approuve le projet de transaction arrêté, le 6 fructidor an 13, entre la commission administrative de bienfaisance d'Anvers et les parens de la dame Declerek, veuve Van-den-Steene. (4, Bull. 212, n° 3885.)

22 OCTOBRE 1808. — Décret concernant les décomptes d'acquéreurs de domaines nationaux. (4, Bull. 210, n° 3817.)

Voy. décret du 22 PRAIRIAL an 10; loi du 12 MARS 1820.

Art. 1er. Sont définitives toutes quittances pour solde délivrées aux acquéreurs de domaines nationaux, par suite et en conformité de décomptes arrêtés définitivement, soit par l'administrateur de la caisse de l'extraordinaire, soit par la commission des revenus nationaux, soit par l'administration de l'enregistrement et des domaines (1).

2. A l'avenir, et pour les décomptes non soldés, l'intérêt à cinq pour cent ne pourra être capitalisé d'année en année pour produire un intérêt des intérêts. Ce qui restera dû tant en principal qu'intérêts, après chaque échéance fixée par le contrat, ne sera susceptible que d'un intérêt simple de cinq pour cent par an jusqu'au jour de l'acquittement (2).

3. Les mandats donnés en paiement pour assignats, et qui, aux termes de l'arrêté du Gouvernement du 22 prairial, an 10, n'étaient admis que pour leur valeur nominale, seront désormais imputés ainsi qu'il suit:

La somme que l'acquéreur restait devoir en assignats lorsqu'il a effectué son paiement en mandats sera réduite en numéraire au cours du jour de la vente; et les mandats qu'il a versés seront pareillement réduits en numéraire au cours du jour du versement, pour en faire imputation jusqu'à due concurrence (3).

4. Toute somme résultant d'un décompte définitif produira un intérêt de cinq pour cent, lequel ne commencera à courir que depuis le mois qui suivra la notification de ce décompte, jusqu'au jour du paiement définitif.

5. Les quittances pour solde ou dernier terme, délivrées aux acquéreurs par les préposés du domaine chargés de recevoir leurs paiemens, vaudront comme décomptes définitifs, s'il s'est écoulé six ans à dater de la publication de notre présent décret, sans que l'administration générale leur ait fait notifier de décompte (4).

6. A l'avenir, ceux des acquéreurs qui auront reçu une quittance pour solde, du préposé de l'administration, ne pourront être poursuivis pour le résultat d'un décompte fait par cette administration, si ce décompte ne leur a été signifié avant l'expiration des six ans qui suivront la date de la dernière quittance.

7. Notre ministre des finances est chargé de l'exécution du présent décret.

22 OCTOBRE 1808. — Décret concernant la légende des monnaies qui seront fabriquées à compter du 1er janvier 1809. (4, Bull. 210, n° 3818.)

Art. 1er. Les monnaies qui seront fabriquées à compter du 1er janvier 1809 porteront pour légende, sur le revers de la pièce, les mots, *Empire français*, au lieu de ceux de *République française*.

2. Notre ministre des finances est chargé de l'exécution du présent décret.

---

(1) Ne sont réputées quittances définitives que les quittances pour solde, données en vertu d'un décompte définitif, c'est-à-dire d'un décompte arrêté, soit par l'administration de la caisse de l'extraordinaire, soit par la commission des revenus nationaux, soit par l'administration des domaines et de l'enregistrement (9 septembre 1818, ord. J. C. 4, 447).

(2) Le calcul des intérêts doit être fait conformément à cet article (18 juillet 1821, ord. Mac. 2, 159).

(3) En conséquence, on doit confirmer tous les décomptes dans lesquels ces dispositions ont été suivies exactement (29 janvier 1823, ord. Mac. 5, 37).

Les dispositions de ce décret ne sont pas applicables aux paiemens faits antérieurement à la loi du 29 messidor an 4. et suivant l'échelle de dépréciation donnée par la loi du 15 germinal précédent (10 janvier 1821, ord. Mac. 1, 19).

En matière de décompte, l'imputation de paiement doit être faite de la manière la plus favorable au débiteur, conformément à son intention et à la loi sous l'empire de laquelle le paiement a été fait (15 mai 1815; J. C. 3, 110).

(4) L'autorité administrative est compétente pour statuer sur la prescription en matière de décompte de biens nationaux.

La prescription, en matière de décompte, n'est applicable que dans le cas de la représentation de la quittance *pour solde* (12 janvier 1825, ord. Mac. 7, 15).

Une quittance délivrée par le receveur des domaines ne peut être invoquée par un acquéreur d'un bien national, comme complétant sa libération définitive (30 mai 1821, ord. Mac. 1, 628); à moins qu'un nouveau décompte n'ait été signifié par l'administration des domaines, avant l'expiration du délai fixé par cet article (18 juillet 1821, ord. Mac. 2, 158).

22 OCTOBRE 1808. — Décret concernant la gestion et la comptabilité de la caisse d'amortissement. (4, Bull. 211, n° 3829.)

Voy. décret du 11 SEPTEMBRE 1808.

Art. 1er. Le caissier de la caisse d'amortissement est pleinement déchargé des recettes et dépenses faites pendant les années 8, 9, 10, 11, 12, 13, 14, 1806 et 1808.

2. La gestion des directeurs et administrateurs, pendant les mêmes années, est approuvée.

3. Il sera disposé des pièces de dépense, conformément à l'art. 23 de notre décret du 11 septembre 1808.

4. Notre ministre des finances est chargé de l'exécution du présent décret.

---

22 OCTOBRE 1808. — Décret relatif aux peines encourues pour crime de désertion, par les individus incorporés dans les bataillons de marine impériale. (4, Bull. 211, n° 3830.)

Art. 1er. Les individus incorporés dans nos bataillons de marine impériale, provenant de la conscription militaire, seront jugés, pour le crime de désertion, d'après les dispositions de nos arrêtés des 5 germinal et 1er floréal an 12.

Ils seront, en outre, passibles de l'amende de quinze cents francs prononcée contre les déserteurs par la loi du 17 ventose an 8, et notre arrêté du 19 vendémiaire an 12.

2. Notre ministre de la marine et des colonies est chargé de l'exécution du présent décret.

---

22 OCTOBRE 1808. — Avis du Conseil-d'Etat sur l'enregistrement des adjudications d'immeubles faites en justice, et sur les cas où ce droit est restituable. (4, Bull. 211, n° 3831.)

Voy. loi du 22 FRIMAIRE an 7, articles 60 et 69, § 7.

Le Conseil-d'Etat, qui, d'après le renvoi ordonné par sa majesté a entendu le rapport des sections des finances et de législation sur celui du ministre des finances, présentant la question de savoir si les adjudications d'immeubles, faites en justice, doivent être en-

registrées dans les vingt jours de leur date, lorsqu'elles sont attaquées par la voie d'appel, et s'il y a lieu à restitution du droit dans le cas où ces adjudications sont annulées (1).

Vu les art. 7, 28 et 60 de la loi du 22 frimaire an 7, ensemble les observations de l'administration de l'enregistrement et des domaines;

Considérant, 1° que l'article 7 de la loi susdatée assujétit à l'enregistrement dans les vingt jours, les jugemens portant transmission de propriété d'immeubles; que la même loi, ni aucune autre, ne contient d'exception pour les jugemens dont il est interjeté appel, et que l'article 28 dit expressément que le paiement des droits ne peut être différé par quelque motif que ce soit, sauf aux parties à se pourvoir en restitution, s'il y a lieu;

2° Que l'article 60 porte, à la vérité, que tout droit d'enregistrement régulièrement perçu ne peut être restitué, *quels que soient les événemens ultérieurs*, mais que, par ces derniers mots, l'intention de la loi n'a pu être que d'empêcher l'annulation des actes par des collusions frauduleuses, et de tarir, dans leur source, les abus qui pourraient en résulter pour le Trésor public et pour les particuliers;

Que ces motifs cessent d'être applicables à une adjudication légalement annulée, et qu'il est juste alors de restituer le droit,

Est d'avis,

1° Que les adjudications d'immeubles faites en justice doivent être enregistrées dans les vingt jours de leur date, et sur la minute, soit qu'on en ait, ou non, interjeté appel;

2° Que le droit perçu est restituable, lorsque l'adjudication est annulée par les voies légales.

---

22 OCTOBRE 1808. — Décret portant établissement d'un conseil de prud'hommes à Carcassonne. (4, Bull. 213, n° 3888.)

---

22 OCTOBRE 1808. — Décret concernant l'organisation des douanes en Toscane, et l'établissement d'entrepôts à Livourne et à Florence. (4, Bull. 210, n° 3816.)

---

(1) La nullité prononcée d'une adjudication volontaire ne donne pas lieu (comme la nullité d'une adjudication judiciaire) à la restitution du droit d'enregistrement (10 février 1812; Cass. S. 12, 1, 174).

Un acte transmissif de propriété (notamment un acte de démission de biens) donne ouverture à un droit de mutation, encore qu'ultérieurement, et après la contrainte décernée, l'acte soit déclaré nul par jugement (24 mars 1813; Cass. S. 15, 1, 427).

Le droit de mutation par décès n'est pas dû pour un immeuble qui se trouvait dans la succession au moment du décès, par suite de l'adjudication faite au défunt, mais qui, depuis, a été revendu sur folle-enchère (2 février 1819; Cass. S. 19, 1, 346).

Les actions en restitution des droits de mutation pour adjudications annulées se prescrivent par deux ans. — *Voy.* article 61, loi du 22 frimaire an 7 (16 février 1813; Cass. S. 15, 1, 425).

22 OCTOBRE 1808. — Décrets qui autorisent l'acceptation d'offres de découvrir des biens et rentes célés à la régie du domaine, au profit des pauvres et hospices de Coutances, Cerexhe-Heuseux, Couture-Saint-Germain, Bruxelles, Goyek, Lackert, Anderlecht, Beauvechin, Nethen, Paris, Louvain, Florennes, Andennes, Baulers, la Hulpe, Tervueren, Haeren et Herent. (4, Bull. 213, nᵒˢ 3920, 3932 à 3934, et Bull. 214, nᵒˢ 3953 à 3959.)

22 OCTOBRE 1808. — Décret qui fait concession aux sieurs Preux du droit d'exploiter, pendant cinquante années, les mines de houille existant dans les bois de Wartoutien, commune de Viesseville, dans une étendue de surface de quatre-vingt-neuf hectomètres carrés. (4, Bull. 213, nᵒ 3919.)

22 OCTOBRE 1808. — Décret qui autorisent l'acceptation de dons et legs faits aux pauvres et hospices de Soignies, Bourg-Saint-Andéol, Alby, Valenciennes, Goncy-le-Château, Mirande, Nomain, Harcourt, Courgmard, le Mans, Villy-Bocage, Epinay-sur-Odon, Tracy-Bocage, Bremoy, Gand, Roanne, Clermont, Villefranche, Elbœuf, Dunkerque, Quetteville, Robec, Nesle, Mézières, Paris, Roannes, Condom, Auch, Quinto, Bordeaux, Bosco, Cahors, Lyon, Nantes, Gênes, Ernée, Montenay, Vantorle, Saint-Denis, Saint-Pierre-des-Landes, Carelles, Loverich, Floverich, Immendorf, Montgirod, Sarlat, Paris, Dagland, Quimper et Montluel. (4, Bull. 213, nᵒˢ 3921 à 3931; Bull. 214, nᵒˢ 3942 à 3952, et Bull. 215, nᵒˢ 3963 à 3979.)

22 OCTOBRE 1808. — Décret qui établit une nouvelle foire à Montellier. (4, Bull. 214, nᵒ 3960.)

27 OCTOBRE 1808. — Décret contenant un nouveau tarif des droits de voirie pour la ville de Paris. (4, Bull. 212, nᵒ 3881.)

Art. 1ᵉʳ. A compter du 1ᵉʳ janvier prochain, les droits dus dans la ville de Paris, d'après les anciens réglemens sur le fait de la voirie pour les délivrances d'alignemens, permissions de construire ou réparer, et autres permis de toute espèce, qui se requièrent en grande ou en petite voirie, seront perçus conformément au tarif joint au présent décret.

2. La perception de ces droits sera faite à la préfecture du département, pour les objets de grande voirie, et à la préfecture de police, pour les objets de petite voirie, par le secrétaire général de chacune de ces administrations, à l'instant même qu'il délivrera les expéditions des permis accordés.

3. Il sera tenu dans chacune des deux préfectures, 1ᵒ un registre à souche, où seront inscrites, sous une seule série de numéros pour le même exercice, les minutes desdits permis, et d'où se détacheront les expéditions à en délivrer; 2ᵒ un registre de recette, où s'inscriront, jour par jour, les recouvremens opérés.

Ces deux registres seront cotés et paraphés par les préfets, chacun pour ce qui concerne son administration.

4. Le versement des sommes recouvrées s'effectuera de quinze jours en quinze jours, à la caisse du receveur municipal de la ville de Paris.

5. Il sera, de plus, adressé audit receveur, dans les dix premiers jours de chaque mois, et par chacun des préfets pour son administration, un bordereau indicatif des permis accordés dans le mois précédent, du montant des droits dus pour chacun, du recouvrement qui en a été fait ou qui reste à faire.

6. A l'envoi du bordereau prescrit par l'article ci-dessus seront jointes les expéditions de permis qui se trouveraient n'avoir pas encore été retirées par les demandeurs, et dont les droits resteraient à acquitter. Le receveur de la ville en poursuivra le recouvrement dans les formes usitées en matière de contribution directe.

7. Il ne sera rien perçu en sus des droits portés au tarif, ou pour autres causes que celles y énoncées, même sous prétexte de droit de quittance, frais de timbre ou autres, à peine de concussion.

8. Le ministre de l'intérieur est chargé de l'exécution du présent décret.

Tarif pour la grande voirie.

Alignemens, pour chaque mètre de longueur de face, savoir :

D'un bâtiment dans une rue de moins de huit mètres de large, 5 fr.
De huit mètres jusqu'à dix, 6 fr.
De dix et au-dessus, 7 fr.
D'un mur de clôture, 1 fr.
D'une clôture provisoire en planches, 25 c.
Réparations partielles. (*Voy.* jambe étrière, pied-droit, etc.)
Avant-corps en pierre et pilastres (*voy.* colonnes), droit fixe pour chaque, 10 fr.
Balcon (petit) avec construction nouvelle, pour chaque croisée, 5 fr.
Balcon (grand), pour chaque mètre de longueur, 10 fr.
Barrières au-devant des fouilles, cour, constructions et réparations, 5 fr.
Bâtimens. (*Voy.* alignemens.)
Colonnes engagées en pierre formant support, droit fixe pour chaque cinq centimètres de saillie en pierre. (Rien, attendu qu'on ne permettra pas de prendre sur la voie publique.)
Colonnes isolées en pierre, droit fixe. (*Même observation qu'à l'article précédent.*)
Contrefiches pour constructions et réparations, droit fixe, 5 fr.

Dosserets, droit fixe, 10 fr.

Encorbellement pour chaque cinq centimètres de saillie, 5 fr.

Entablement avec échafaud, droit fixe, 10 fr.

Idem en partie, 5 fr.

Etais ou étrésillons. (*Voy.* contrefiches.) 5 fr.

Exhaussement d'un bâtiment aligné, droit fixe, 10 fr.

Idem d'un bâtiment non aligné. (*Voy.* alignemens.)

Jambe étrière reconstruite en la face d'une maison alignée, droit fixe, 10 fr.

Jambe étrière à reconstruire suivant l'alignement. (*Voy.* alignemens.)

Linteau, 10 fr.

Mur. (*Voy.* alignemens.)

Ouverture ou percement de boutiques ou croisées, 10 fr.

Pans de bois neuf, droit fixe, non compris l'alignement, 20 fr.

Idem pour rétablissement partiel, droit fixe, 10 fr.

Pied-droit à reconstruire en la face d'une maison alignée, droit fixe, 10 fr.

Idem à reconstruire suivant l'alignement. (*Voy.* alignemens.)

Pilastres en pierre. (*Voy.* colonnes.)

Poitrail, droit fixe, 10 fr.

Idem, 10 fr.

Réparations en la face d'un bâtiment. (*Voy.* alignemens.)

Ravalement avec échafaud, droit fixe, 10 fr.

Idem partiel, 5 fr.

Tour creuse ou enfoncement, 10 fr.

Tour ronde, ne sera plus autorisée. (*Mémoire.*)

Trumeaux à reconstruire en la face d'une maison alignée, droit fixe, 10 fr.

Idem à reconstruire suivant l'alignement. (*Voy.* alignemens.)

Tarif pour la petite voirie.

Abat-jour, 4 fr.

Abat-vent des boutiques, 4 fr.

Appui à demeure, compris les soubassemens, 4 fr.

Appui sur les croisées ou fenêtres, 2 fr.

Appui mobile, 4 fr.

Auvent ordinaire en menuiserie, 4 fr.

Auvent (petit) au-dessus des croisées, 2 fr.

Auvents cintrés en plâtre, avec fers et fentons, 12 fr. 50 c.

Baldaquin, 50 fr.

Balcons (petits) ou balustres aux fenêtres sans construction nouvelle, 2 fr.

Nota. Pour les grands et petits balcons avec construction nouvelle, l'avis du préfet de police sera demandé.

Banc, 4 fr.

Bannes, 4 fr.

Barreaux de boutiques ou de croisées, 4 fr.

Barres de support, 4 fr.

Barrière au-devant des maisons, 50 fr.

Barrière au-devant des démolitions pour cause de péril, 5 fr.

Bornes appuyées contre le mur en quelque nombre qu'elles soient, 4 fr.

Bornes isolées, 4 fr.

Bouchons de cabarets, ou couronnes, 4 fr.

Bustes formant étalages, 4 fr.

Cadran. (*Voy.* tableau.) 4 fr.

Cage. (*Voy.* étalage.)

Changement de menuiserie des croisées, 4 fr.

Chardons de fers ou herses, 4 fr.

Châssis à verre, sédentaires ou mobiles, 4 fr.

Clôture ou fermeture de rue pour bâtir. (*Voy.* pieux.)

Colonnes engagées en menuiserie, et parement de décorations, 20 fr.

Colonnes isolées, 20 fr.

Comptoirs ou établis mobiles, 4 fr.

Conduites ou tuyaux de plomb pour conduire les eaux des maisons, 4 fr.

Contrefiches à placer en cas de péril, 5 fr.

Contrevent ou fermeture de boutiques et croisées, 4 fr.

Corniches en bois, 4 fr.

Corniches en plâtre, 10 fr.

Cuvettes. (*Voy.* conduites.) 4 fr.

Degrés. (*Voy.* marches.) 4 fr.

Devanture de boutique en menuiserie, 25 fr.

Dos d'âne ou étalage. (*Voy.* étaux.) 4 fr.

Echoppes sédentaires ou demi-sédentaires, 10 fr.

Echoppes mobiles, 4 fr.

Enseigne. (*Voy.* tableau.) 4 fr.

Etablis. (*Voy.* comptoirs.) 4 fr.

Etais ou étrésillons. (*Voy.* contrefiches.)

Etalage, 4 fr.

Etaux de boucher, 4 fr.

Eviers et gargouilles, 4 fr.

Fermetures de boutiques. (*Voy.* portes.) 4 fr.

Fermetures de croisées fixées. (*Voy.* châssis.) 4 fr.

Gargouilles d'éviers. (*Voy.* éviers.) 4 fr.

Grilles de boutiques ou de croisées. (*Voy.* barreaux.) 4 fr.

Grilles de cave, 4 fr.

Herses ou chardons de fer. (*Voy.* chardons.) 4 fr.

Jalousies. (*Voy.* châssis de verre.) 4 fr.

Marches, pour chaque, 5 fr.

S'il n'y en a qu'une, 4 fr.

Montre ou étalage, 4 fr.

Moulinet de boulanger, 4 fr.

Perches, pour chacune, 10 fr.

Perron, 50 fr.

Pieux pour barrer les rues, 25 fr.

Pilastres en bois, 4 fr.

Plafonds, 4 fr.

Poêles ou tuyaux de poêle, 4 fr.

Portes ouvrant en dehors, 4 fr.

Potence de fer ou en bois, 4 fr.

Poulies, 4 fr.

Seuil, 4 fr.

Sièges de pierre ou de bois, 4 fr.

Soubassemens, 5 fr.

Stores, 4 fr.

Tableau servant d'enseigne, 4 fr.

Tapis d'étalage. (*Voy.* étalage.) 4 fr.

Tuyaux de poêle. (*Voy.* poêle.) 4 fr.

Volets servant d'enseigne, 4 fr.

---

27 OCTOBRE 1808. — Décret impérial portant création de neuf auditeurs près la direction générale des ponts-et-chaussées, et d'une commission sous le nom de magistrat du Rhin. (4, Bull. 212, n° 3882.)

Voy. décret du 26 DÉCEMBRE 1809.

TITRE Ier. Auditeurs auprès de la direction générale des ponts-et-chaussées.

Art. 1er. Neuf auditeurs, pris dans notre
Conseil-d'Etat, seront attachés à la direction
générale des ponts-et-chaussées : leur service
commencera au 1er janvier 1807 ; ils pourront être nommés maîtres des requêtes, lorsqu'ils auront six ans d'exercice au moins.

2. Les fonctions des auditeurs sont ci-après
déterminées.

Ils feront des tournées dans les départemens
aux époques et selon les désignations et instructions arrêtées par le directeur général ;
à cet effet, les quinze inspections divisionnaires des ponts-et-chaussées sont partagées
en neuf arrondissemens, ainsi qu'il suit :

1er Arrondissement, 1re inspection
2e *Idem*. . . . . . . 2e *Idem.*
3e *Idem*. . . . . . . 3e et 4e *Idem.*
4e *Idem*. . . . . . . 5e, 6e et 7e *Idem.*
5e *Idem*. . . . . . . 8e *Idem*, y compris la
Toscane et le Taro.
6e *Idem*. . . . . . . 9e et 10e *Idem.*
7e *Idem*. . . . . . . 11e et 12e *Idem.*
8e *Idem*. . . . . . . 13e *Idem.*
9e *Idem*. . . . . . . 14e et 15e *Idem.*

3. Ils seront chargés de l'examen de toutes
les affaires contentieuses de l'administration,
de tout ce qui a rapport aux indemnités, de
proposer les projets de tarifs de bacs, de
ponts, de canaux et de navigation fluviale,
de réglemens pour les *polders* et autres associations, et de toutes les autres affaires qui
leur sont renvoyées par le directeur général.

4. Ils feront, sur tous les objets dont ils
auront été chargés, leur rapport au directeur
général.

5. Ils seront chargés, par le ministre de
l'intérieur, de l'examen de toutes les questions
qui leur sont renvoyées relativement au desséchement des marais, et de l'inspection de
toutes les affaires relatives aux projets et à
l'exécution desdits desséchemens, selon les
formes ordonnées par la loi du 16 septembre 1807.

6. Les auditeurs, dans leurs tournées,
prendront connaissance des opérations des
inspecteurs divisionnaires, et de celles des
ingénieurs de tous les grades ; ils examineront les travaux, les prix et l'exécution des
entreprises, l'avancement des ouvrages, les
paiemens faits, les sommes dues à la situation des crédits ; à cet effet, ils prendront communication de tous registres et papiers auprès
des préfets et des ingénieurs.

7. Ils exerceront sur les ingénieurs, concurremment avec les inspecteurs divisionnaires, les mesures de police et de discipline

portées aux paragraphes I, II, III et IV de
l'art. 17 de notre décret du 7 fructidor an 12.

8. Les auditeurs prendront en communication, dans les bureaux des ponts-et-chaussées, les papiers nécessaires à l'instruction
des affaires dont ils seront chargés.

9. Les auditeurs prendront rang et place
au conseil des ponts-et-chaussées, suivant la
date de leur nomination au Conseil-d'Etat, et
immédiatement après le directeur général.

10. Les auditeurs recevront, sur les fonds
des ponts-et-chaussées, un traitement annuel
de quatre mille francs ; ils seront remboursés
de leurs frais de voyage et de tournées sur
le pied réglé par le § 3 de l'article 32 du décret précité.

TITRE II. Etablissement d'une commission pour
les travaux du Rhin.

11. Il sera établi à Strasbourg une commission centrale qui portera le nom de *magistrat
du Rhin*, composée d'un maître des requêtes,
président, et de deux auditeurs pris dans notre
Conseil-d'Etat, chargés de l'examen et de la
décision de toutes les questions relatives à la
conservation de la rive gauche du Rhin, depuis
Huningue jusqu'à la frontière du royaume de
Hollande, et de la conservation de la rive
droite du même fleuve à Kehl, Cassel et
autres territoires appartenant à l'empire.

12. Les projets de digues, épis et autres
travaux, continueront d'être rédigés par les
ingénieurs des ponts-et-chaussées ; ils seront
soumis par ces derniers au magistrat du
Rhin, qui, seul, correspondra avec le conseiller d'Etat directeur général des ponts-et-
chaussées ; et, dans des cas pressés, le magistrat fera commencer les travaux de réparation sans retard.

13. Avant d'arrêter les projets, le magistrat du Rhin pourra se transporter sur les
lieux, entendre les ingénieurs et les inspecteurs divisionnaires des ponts-et-chaussées ;
il entendra pareillement les maires des communes et ceux des propriétaires riverains des
fleuves qui s'adresseront à lui.

14. Il se concertera, toutes les fois que la
chose sera nécessaire, avec les administrateurs
et officiers des princes et souverains, possessionnés sur la rive droite, tant à raison des
travaux à faire sur la rive gauche que sur
ceux faits ou à faire sur la rive droite.

15. A cet effet, le ministre des relations
extérieures accréditera le président du magistrat pour qu'il puisse correspondre avec
les Etats souverains de la rive droite.

16. Le magistrat prendra pour base uni-
verselle des projets que les travaux faits ou
à faire sur les deux rives ne doivent être que
défensifs, et que leur direction doit être telle

qu'elle ne puisse jamais nuire à la rive opposée.

17. Les projets arrêtés par le magistrat seront adressés par son président, à notre ministre de l'intérieur, pour nous être soumis.

18. Les projets définitivement arrêtés seront exécutés par les ingénieurs des ponts-et-chaussées, sous la surveillance du magistrat.

19. Lorsque le magistrat n'aura pu demeurer d'accord avec les Etats de la rive droite, il nous sera fait un rapport sur les difficultés par notre ministre de l'intérieur. Le président pourra même correspondre avec notre ministre des relations extérieures.

28. Le magistrat connaîtra du contentieux qui pourrait naître, relativement à l'établissement des contributions locales de la propriété des terrains délaissés par le fleuve; de la propriété, possession et affermage des digues, et des indemnités des quantités de fascines et autres bois nécessaires aux travaux, des lieux où les bois sont pris, soit qu'ils dépendent de nos forêts, de celles des communes ou des particuliers; des époques auxquelles les exploitations devront être faites, et des indemnités dues à raison desdites exploitations. Ces indemnités seront réglées sur des rapports d'experts nommés par les parties, sur ceux des ingénieurs nommés par le magistrat. En cas de partage, le magistrat nommera des tiers-experts : il décidera les questions de cette espèce qui lui seront soumises par les préfets, les communes et les particuliers. Les arrêtés seront exécutés par provision, sauf le recours à notre Conseil-d'Etat; notre ministre de l'intérieur pourra, dans certains cas, suspendre l'exécution provisoire.

21. Le magistrat siégera à Strasbourg; néanmoins il se transportera chaque année, au mois de mai, pour tenir des sessions dans les villes de Mayence, Cologne et Wesel.

La tenue de ses sessions est ainsi fixée : du 1er au 15 mai, à Mayence; du 20 mai au 5 juin, à Cologne; du 10 au 25 juin, à Wesel.

22. Il y aura auprès du magistrat un greffier qui tiendra les plans, devis, titres de propriété, etc.

23. Dans les cas où, par absence ou maladie, le magistrat ne serait pas complet, il appellera un membre du conseil de préfecture.

24. Le président du magistrat rendra compte au ministre de l'intérieur, et lui adressera tous les trois mois le résumé de ses opérations.

25. Le magistrat entrera en exercice au 1er janvier 1809.

26. Notre ministre de l'intérieur nous fera un rapport sur le traitement des commissaires et sur la fixation des frais de bureau.

TITRE III. Service des ponts-et-chaussées au Trésor public.

27. A compter de l'exercice de 1809, notre ministre du Trésor portera en distribution le treizième, tous les mois, de tous les fonds que nous aurons accordés par le budget, pour dépenses des ponts-et-chaussées.

Notre ministre de l'intérieur ordonnancera, sur ce crédit, les sommes nécessaires, aux époques et dans les proportions conformes à l'exécution et à l'avancement des travaux divers des ponts-et-chaussées.

TITRE IV.

28. Nos ministres de l'intérieur, de la justice, des finances et du Trésor public, sont chargés de l'exécution du présent décret.

---

27 OCTOBRE 1808. — Décrets qui autorisent l'acceptation de dons et legs faits aux pauvres et hospices de Paris, Salignac, Saint-André-de-Cubzac, Saint-Jean-de-Marvejols, Mannas, Rochegude, Ersdorff, Troyes et Cognac. (4, Bull. 215, nos 3980 à 3984 et 3990.)

---

27 OCTOBRE 1808. — Décrets qui autorisent l'acceptation d'offres de découvrir, au profit des pauvres et hospices d'Erpsquarebbe, Bruxelles et Paris, des biens et rentes célés à la régie du domaine. (4, Bull. 215, nos 3985, 3986, 3989 et 3991.)

---

27 OCTOBRE 1808. — Décret qui envoie les hospices de Rapallo en possession de divers biens nationaux usurpés et célés à la régie du domaine, par des particuliers inconnus. (4, Bull. 215, n° 3987.)

---

27 OCTOBRE 1808. — Décret qui autorise à admettre, moyennant deux mille quatre cents francs, Marie-Anne Gier, comme pensionnaire à l'hôpital général d'Orléans. (4, Bull. 215, n° 3988.)

---

27 OCTOBRE 1808. — Décret portant que la société formée à Paris pour l'entreprise des canaux d'Aigues-Mortes, à Beaucaire, est autorisée à continuer d'exister, comme société anonyme, sous la dénomination d'entreprise de l'achèvement du canal d'Aigues-Mortes à Beaucaire, et de celui de la Radelle entre Aigues-Mortes et l'étang de Maugnio. (4, Bull. 215, n° 3992.)

---

27 OCTOBRE 1808. — Décrets qui ordonnent le paiement de pensions accordées à des veuves de militaires. (4, Bull. 215, nos 3993 et 3994.)

---

27 OCTOBRE 1808. — Décret qui approuve l'existence de la société anonyme formée sous le nom de Compagnie des fonderies de Vaucluse. (4, Bull. 215, n° 3995.)

---

28 OCTOBRE 1808. — Décret concernant les biens domaniaux de l'Allemagne, formant la dotation des majorats. (4, Bull. 211, n° 3832.)

Voy. décret du 1er MARS 1808.

Art. 1er. Les biens domaniaux de l'Allemagne qui nous ont été cédés par les divers traités, et dont il nous a plu de disposer en faveur de quelques-uns de nos sujets, pour former la dotation de majorats, ne peuvent être ni engagés, ni saisis, ni grevés d'hypothèques.

2. Lesdits biens ne pourront être aliénés ou échangés que dans les formes et aux conditions déterminées par le titre IV de notre deuxième statut du 1er mars dernier.

3. Notre cousin le prince archi-chancelier de l'empire adressera une copie du présent décret, de lui certifiée, à nos ministres près les cours dans le territoire desquelles les biens ci-dessus mentionnés sont situés; et nos ministres seront tenus d'en assurer l'exécution par tous les moyens qui sont en leur pouvoir.

29 OCTOBRE 1808.—Décret qui nomme M. Riouffe préfet du département de la Meurthe. (4, Bull. 211, n° 3833.)

4 NOVEMBRE 1808. — Sénatus-consulte organique qui ordonne la formation d'un nouveau département, sous le titre de *département de Tarn-et-Garonne.* (4, Bull. 212, n° 3884.)

Voy. décret du 21 NOVEMBRE 1808.

Art. 1er. Il sera formé un nouveau département, dont la ville de Montauban sera le chef-lieu, sous le nom de département de *Tarn-et-Garonne.*

2. Ce département sera divisé en trois arrondissemens, savoir :

1° L'arrondissement de Montauban, lequel sera composé des cantons de Montauban, est et ouest, Négreplisse, Caussade, Caylux, Monclar, La Française, Montpezat, Molières, tous pris du département du Lot; et du canton de Saint-Antonin, du département de l'Aveyron ;

2° L'arrondissement de Moissac, lequel sera composé des cantons de Moissac, Lauzerte, le Bourg-de-Viza, pris du département du Lot; des cantons de Montaigu, Auvillard et Valence, du département de Lot-et-Garonne ;

3° L'arrondissement de Castel-Sarrazin, composé des cantons de Castel-Sarrazin, Beaumont, Grisolles, Montech, Saint-Nico-las, Verdun, Villebrunier, du département de la Haute-Garonne, et du canton de Lavit, du département du Gers.

3. Le département de Tarn-et-Garonne sera placé dans la quatrième série.

4. La ville de Montauban sera au nombre des bonnes villes dont les maires assistent au couronnement de l'empereur.

5. Le nombre des députés au Corps-Législatif sera de deux.

4 NOVEMBRE 1808. — Sénatus-consulte qui augmente le nombre des députés à fournir au Corps-Législatif pour le département des Basses-Pyrénées. (4, Bull. 212, n° 3883.)

12 = Pr. 22 NOVEMBRE 1808. — Loi relative au privilége du Trésor public pour le recouvrement des contributions directes. (4, Bull. 213, n° 3886 ; motifs, S. 9, 2, 9.)

Voy. loi des 23 et 28 OCTOBRE = 5 NOVEMBRE 1790.

Art. 1er. Le privilége du Trésor public pour le recouvrement des contributions directes est réglé ainsi qu'il suit, et s'exerce avant tout autre :

1° Pour la contribution foncière de l'année échue et de l'année courante, sur les récoltes, fruits, loyers et revenus des biens immeubles sujets à la contribution ;

2° Pour l'année échue et l'année courante des contributions mobilières, des portes et fenêtres, des patentes, et toute autre contribution directe et personnelle, sur tous les meubles et autres effets mobiliers appartenant aux redevables, en quelque lieu qu'ils se trouvent (1).

2. Tous fermiers, locataires, receveurs, économes, notaires, commissaires-priseurs, et autres dépositaires et débiteurs de deniers provenant du chef des redevables, et affectés au privilége du Trésor public, seront tenus, sur la demande qui leur en sera faite, de payer, en l'acquit des redevables et sur le montant des fonds qu'ils doivent, ou qui sont en leurs mains, jusqu'à concurrence de tout ou partie des contributions dues par ces derniers. Les quittances des percepteurs pour les sommes légitimement dues leur seront allouées en compte.

3. Le privilége attribué au Trésor public pour le recouvrement des contributions directes ne préjudicie point aux autres droits qu'il pourrait exercer sur les biens des redevables, comme tout autre créancier.

_____

(1) Le privilége du Trésor, soit pour la contribution foncière, soit pour la contribution mobilière, ne porte point sur les immeubles; les droits du Trésor ne sont, à cet égard, que ceux d'un créancier ordinaire obligé de venir par concurrence (23 juin 1819, ord. S. 20, 2, 3502).

4. Lorsque, dans le cas de saisie de meubles et autres effets mobiliers pour le paiement des contributions, il s'élèvera une demande en revendication de tout ou partie desdits meubles et effets, elle ne pourra être portée devant les tribunaux ordinaires qu'après avoir été soumise, par l'une des parties intéressées, à l'autorité administrative, aux termes de la loi des 23 et 28 octobre = 5 novembre 1790 (1).

───────────

14 = Pr. 24 NOVEMBRE 1808. — Loi relative à la saisie immobilière des biens d'un débiteur, situés dans plusieurs arrondissemens. (4, Bull. 213, n° 3887.)

Art. 1er. La saisie immobilière des biens d'un débiteur situés dans plusieurs arrondissemens pourra être faite simultanément, toutes les fois que la valeur totale desdits biens sera inférieure au montant réuni des sommes dues tant au saisissant qu'aux autres créanciers inscrits.

2. La valeur des biens sera établie d'après les derniers baux authentiques, sur le pied du denier *vingt-cinq*.

A défaut de baux authentiques, elle sera calculée d'après le rôle des contributions foncières, sur le pied du denier *trente*.

3. Le créancier qui voudra user de la faculté accordée par l'article 1er sera tenu de présenter requête au président du tribunal de l'arrondissement où le débiteur a son domicile, et d'y joindre, 1° copie en forme des baux authentiques, ou, à leur défaut, copie également en forme du rôle de la contribution foncière; 2° l'extrait des inscriptions prises sur le débiteur dans les divers arrondissemens où les biens sont situés, ou le certificat qu'il n'en existe aucune.

La requête sera communiquée au ministère public, et répondue d'une ordonnance portant permis de faire la saisie de tous les biens situés dans les arrondissemens et départemens y désignés.

4. Les procédures relatives tant à l'expropriation forcée qu'à la distribution du prix des immeubles seront portées devant les tribunaux respectifs de la situation des biens (2).

───────────

15 = Pr. 25 NOVEMBRE 1808. — Loi relative aux demandes en expertise d'immeubles situés dans le ressort de plusieurs tribunaux. (4, Bull. 214, n° 3935; motifs, S. 9, 2, 28.)

Voy. loi du 22 FRIMAIRE an 7.

Art. 1er. Lorsque, dans les cas prévus par les articles 17, 18 et 19 de la loi du 22 frimaire an 7, il y aura lieu à expertise de biens immeubles situés dans le ressort de plusieurs tribunaux, la demande en sera portée au tribunal de première instance dans le ressort duquel se trouve le chef-lieu de l'exploitation, ou, à défaut de chef-lieu, la partie des biens qui présente le plus grand revenu d'après la matrice du rôle.

Ce même tribunal ordonnera l'expertise partout où elle sera jugée nécessaire, à la charge néanmoins de nommer pour experts des individus domiciliés dans le ressort des tribunaux de la situation des biens, et il prononcera sur leur rapport.

Les experts seront envoyés, pour la prestation du serment, devant le juge-de-paix du canton où les biens sont situés.

2. Il n'est rien innové en ce qui concerne les expertises d'immeubles dont la mutation s'opère par décès, et dont la déclaration se fait au bureau dans l'arrondissement duquel ils sont situés.

───────────

17 NOVEMBRE = Pr. 9 DÉCEMBRE 1808. — Code d'instruction criminelle. (4, Bull. 214 *bis*; Mon. du 10.) *Voy*. la note mise sous la première loi du Code civil. (14 VENTOSE an 11.)

───────────────────────────

(1) Lorsqu'une saisie-exécution est faite pour le recouvrement des contributions directes, la demande en distraction des meubles réputés insaisissables ne peut être soumise à l'autorité judiciaire qu'après avoir été portée devant l'autorité administrative (29 août 1809, décret; S. 17, 2, 187, et J. C. 1, 303.)

La connaissance des demandes en revendication de meubles et effets saisis pour recouvrement de contributions appartient exclusivement aux tribunaux. De ce que la loi du 12 novembre 1808 dispose que les demandes en cette matière ne peuvent être portées devant les tribunaux qu'après avoir été soumises à l'autorité administrative, il ne s'ensuit pas que cette disposition change l'ordre des juridictions; elle prescrit seulement une formalité préalable au jugement, et ne peut donner lieu qu'à une action pour annulation de la procédure (1er novembre 1820, ord. J. C. 5, 482. — 20 février 1822, ord. Mac. 3, 137.)

Les acquéreurs de plusieurs coupes successives de bois représentent le propriétaire, et peuvent, en cette qualité, être poursuivis, à raison de la contribution foncière, due par lui pour cette propriété. Les conseils de préfecture sont compétens pour le déclarer. En cette matière, les questions relatives à l'illégalité et à la nullité de la contrainte sont du ressort des tribunaux (15 octobre 1826, ord. Mac. 8, 595).

Cette disposition n'autorise pas les préfets à juger le fond ni à élever le conflit (20 janvier 1809, ord. J. C. 5, 58. — 18 mars 1818, ord. J. C. 4, 281. — 20 novembre 1816, ord. J. C. 3, 436).

(2) L'ordre entre créanciers doit être fait par les juges de la situation des biens, même dans le cas où l'adjudication a été et a dû être faite devant d'autres juges (3 septembre 1812; Cass. S. 13, 1, 257).

18 NOVEMBRE 1808. — Décret qui autorise l'acquisition d'un terrain dépendant de l'enclos des ci-devant capucins de Lyon, pour y construire le bâtiment destiné à la condition des soies. (4, Bull. 214, n° 3961.)

21 NOVEMBRE = 1ᵉʳ DÉCEMBRE 1808. — Loi relative au droit sur les vins et eaux-de-vie à percevoir dans le port de Cette, et dans les autres ports du golfe, depuis l'embouchure du Rhône, jusqu'aux côtes d'Espagne. (4, Bull. 214, n° 3936; Mon. du 22 novembre 1808.)

Art. 1ᵉʳ. Le droit établi par la loi du 13 floréal an 11, sur les vins et eaux-de-vie dans le port de Cette, est prorogé pendant cinq ans.

2. Un semblable droit sera perçu pendant le même espace de temps, dans les autres ports du golfe, depuis l'embouchure du Rhône jusqu'aux côtes d'Espagne.

3. Les produits de ces droits formeront, dans chacun des départemens où sont situés ces ports, une masse particulière; et, conformément à l'article 2 de la loi du 13 floréal an 11, le montant de chacune de ces masses sera exclusivement appliqué aux besoins respectifs desdits ports.

21 NOVEMBRE = 1ᵉʳ DÉCEMBRE 1808. — Décret concernant l'organisation du département de Tarn-et-Garonne. (4, Bull. 214, n° 3940.)

Voy. sénatus-consulte du 4 NOVEMBRE 1808.

Art. 1ᵉʳ. L'organisation du département de Tarn-et-Garonne sera faite sans délai; mais les divers établissemens ne seront mis en activité qu'au 1ᵉʳ janvier 1809.

2. Le département de Tarn-et-Garonne fera partie :
De la 10ᵉ division militaire,
De la 13ᵉ conservation forestière,
Du 2ᵉ arrondissement forestier de la marine,
De la 9ᵉ légion de gendarmerie,
De la 10ᵉ cohorte de la Légion-d'Honneur,
De la 10ᵉ inspection divisionnaire des ponts-et-chaussées.
Ce département est placé dans le ressort de la cour d'appel séant à Toulouse.
Il sera établi un tribunal de première instance dans la ville de Moissac.
Il sera établi un évêché à Montauban.

3. La distance légale de Paris à tous les chefs-lieux des départemens, pour régler le jour où la promulgation des lois est réputée connue dans chaque chef-lieu de l'empire, conformément à l'article 1ᵉʳ du Code civil, est fixée, pour la ville de Montauban, à huit cent cinquante-huit kilomètres, ou quatre-vingt-cinq myriamètres huit kilomètres (cent soixante-dix lieues anciennes).

4. Les contestations qui intéressent les habitans du département de Tarn-et-Garonne, et qui sont actuellement pendantes, ou qui s'introduiront d'ici au 1ᵉʳ janvier 1809 devant les tribunaux du ressort desquels les anciens cantons se trouvaient, seront jugées par ces tribunaux, sauf l'appel à la cour d'où ils relèvent.

5. Il en sera de même des affaires portées devant les divers conseils de préfecture.

6. Le conseil de préfecture sera composé de trois membres, et le conseil général du département de seize membres.

7. Le chef-lieu de sous-préfecture du deuxième arrondissement sera établi à Moissac.

8. Les pièces, documens, renseignemens et papiers nécessaires à l'administration du nouveau département, seront remis par les préfets et sous-préfets, directeurs des contributions directes, des droits réunis, de l'enregistrement et des domaines, et autres employés des différentes administrations, au préfet, aux sous-préfets et aux directeurs de chaque administration, avant le 1ᵉʳ décembre prochain.

9. Nos ministres sont chargés de l'exécution du présent décret.

21 NOVEMBRE 1808. — Loi qui distrait une portion du territoire des Échaubroignes (Deux-Sèvres), pour la réunir à celui de Maulevrier (Maine-et-Loire). (4, Bull. 214, n° 3937.)

21 NOVEMBRE 1808. — Décrets qui autorisent l'acceptation de dons et legs faits aux pauvres et hospices de Marseille, Saint-Maximin, Jegun, Saint-Germain de Vespian, Anvers et Saint-Florentin. (4, Bull. 215, n° 3996, et Bull. 217, n°ˢ 4007 à 4011.)

21 NOVEMBRE 1808. — Décret qui autorise l'acceptation de l'offre faite par le sieur le Roy, de dénoncer au profit des pauvres de Liers diverses parties de rentes en grains célées à la régie du domaine. (4, Bull. 215, n° 3997.)

22 NOVEMBRE 1808. — Loi qui autorise une levée de centimes additionnels aux contributions directes des départemens de l'Escaut, pour concourir à la réparation des polders. (4, Bull. 214, n° 3938.)

22 NOVEMBRE 1808. — Avis du Conseil-d'Etat. (Rentes.) *Voy.* 21 DÉCEMBRE 1808.

23 NOVEMBRE = 3 DÉCEMBRE 1808. — Loi qui autorise des aliénations, acquisitions, concessions à rentes, et échanges en faveur des pauvres et hospices de différentes communes. (4, Bull. 221, n° 4037; Mon. du 18 décembre 1808.)

TITRE VI. Dispositions générales.

Art. 5o. Les impositions accordées aux communes auront lieu sur les contributions foncière, mobilière, personnelle et somptuaire, au centime le franc.

51. Toutes les fois qu'un des preneurs à rente voudra l'amortir, il en aura la faculté, en payant vingt années du montant de la rente.

52. Si la somme que chaque hospice aura à sa disposition, provenant de remboursement, aliénation ou soulte d'échange, par suite de la présente loi, n'a pas d'affectation spéciale, et peut suffire à acquérir cinquante francs de rente sur l'Etat, cette acquisition sera faite sous la surveillance du préfet, à moins qu'il n'y ait autorisation contraire et spéciale. Si elle n'est pas suffisante pour acheter cinquante francs de rente, le préfet en réglera l'emploi.

53. Tous les travaux qu'un hospice aura à faire en vertu de la présente loi, seront, si fait n'a déjà été, évalués par devis, adjugés au rabais, et ensuite faits, reçus et payés comme les travaux publics nationaux, sous l'inspection gratuite d'un ingénieur du département, et sous la surveillance du préfet (1).

———

23 NOVEMBRE 1808. — Décret portant que le diocèse de Pontrémoli fait partie de l'église gallicane. (4, Bull. 216, n° 4001.)

23 NOVEMBRE 1808. — Décret qui ordonne le paiement de mille quatre cent dix francs, pour pensions accordées à neuf veuves de militaires. (4, Bull. 218, n° 4012.)

23 NOVEMBRE 1808. — Décrets contenant des changemens et établissemens de foires à Vermantois, Châtillon, Reuves, Fourques, Totes, Saint-Alban, Pourmier et Solaise. (4, Bull. 218, n°s 4013 à 4017.)

25 NOVEMBRE = Pr. 5 DÉCEMBRE 1808. — Loi relative au budget de l'Etat pour l'année 1809. (4, Bull. 215, n° 3962; Mon. du 26 novembre 1808.)

Voy. lois du 15 SEPTEMBRE 1807 et du 15 JANVIER 1810.

TITRE Ier. De l'exercice an 14 = 1806.

Art. 1er. La somme de sept millions neuf cent huit mille cent trente-un francs sur les recettes de l'exercice an 14 = 1806, faisant avec celle de huit cent quatre-vingt-quatorze millions deux cent quarante mille trois cent cinquante-neuf francs, portée article 63 de la loi du 24 avril 1806, celle de neuf cent deux millions cent quarante-huit mille quatre cent quatre vingt-dix mille francs, est mise à la disposition du Gouvernement, pour l'entier acquittement des dépenses de cet exercice. Le surplus des recettes provenant du même exercice sera porté au compte de l'exercice courant.

TITRE II. De l'exercice 1807.

2. La somme de onze millions sept cent vingt-cinq mille six cent quatre-vingt-six francs sur les recettes de l'exercice 1807, faisant avec celle de sept cent vingt millions portée article 6 de la loi du 15 septembre 1807, celle de sept cent trente-un millions sept cent vingt-cinq mille six cent quatre-vingt-six francs, est mise à la disposition du Gouvernement, pour l'acquittement des dépenses de cet exercice. Le surplus des recettes provenant du même exercice sera porté au compte de l'exercice courant.

TITRE III. De l'exercice 1808.

3. La somme de cent trente millions, faisant avec celle de six cents millions, portée en l'article 15 de la loi du 15 septembre 1807, la somme totale de sept cent trente millions, est mise à la disposition du Gouvernement.

4. Cette somme sera prise sur le produit des contributions décrétées par les lois et sur les autres ressources de 1808.

5. Elle sera employée au paiement, d'abord de la dette publique, et ensuite des dépenses générales du service, comme il suit :

Dette publique.

Dette perpétuelle	55,500,000 f	
Idem viagère	16,256,000	
Idem perpétuelle du ci-devant Piémont	1,100,000	
Idem viagère	340,000	74,000,000
Idem perpétuelle de la ci-devant Ligurie	720,000	
Idem de Parme et Plaisance	730,000	
Pensions civiles	5,000,000	32,000,000
Idem ecclésiastiques	27,000,000	
Liste civile, y compris trois millions aux princes		28,000,000
A reporter		134,000,000

———

(1) Les autres articles contiennent les noms des hospices et bureaux de bienfaisance autorisés.

Dépenses générales du service.

Report. . . . 134,000,000

Grand-juge	22,000,000	
Relations extérieures.	9,000,000	
Intérieur. . . . { Service ordinaire. . . . . . . 16,017,100 / Idem des travaux publics et des ponts-et-chaussées. . . . . . 35,983,000 }	52,000,000	
Finances.	29,100,000	
Trésor public.	8,000,000	
Guerre.	201,649,000	596,000,000
Administration de la guerre	134,880,000	
Marine	110,000,000	
Cultes	14,000,000	
Police générale.	1,055,000	
Frais de négociations.	8,000,000	
Fonds de réserve	6,316,000	

Total général. 730,000,000

TITRE IV. Fixation des contributions de 1809.

6. La contribution foncière et la contribution personnelle et mobilière, celle sur les portes et fenêtres, et les patentes, seront perçues en principal, pour l'année 1809, sur le même pied qu'en 1808; et pour les pays nouvellement réunis à la France, conformément à l'état annexé à la présente loi, n° 1.

7. Il sera imposé en 1809, tant pour les dépenses fixes, que pour les dépenses variables, administratives et judiciaires, le nombre de centimes déterminé par les tableaux n°s 2 et 3 annexés à la présente loi, et, en outre, un trentième du principal de la contribution foncière, seulement comme fonds spécial, pour les frais de confection des parcellaires pour le cadastre.

8. Les centimes additionnels imposés en 1808, d'après l'autorisation de l'article 68 de la loi de 1806 sur les finances, et ceux autorisés par des lois spéciales, seront perçus pour 1809.

9. Les contributions indirectes perçues en 1808 sont prorogées pour 1809.

TITRE V. Crédit provisoire pour 1809.

10. La somme de six cents millions est mise à la disposition du Gouvernement, à compte des dépenses de 1809.

11. Cette somme sera prise sur le produit des contributions directes et sur les autres ressources de 1809.

TITRE VI. Suppression et remplacement, tant du droit d'inventaire, que de celui de vente et revente en gros des boissons (1).

12. L'inventaire prescrit par les articles 49

et suivans de la première section du chapitre II de la loi du 5 ventôse an 12, et le droit établi à la vente des vins, cidres et poirés, par l'article 56 de la même loi, sont abolis, à dater du 1er janvier 1809.

13. Le droit à la vente et revente en gros des boissons, créé par l'article 25 de la loi du 24 avril 1806, est pareillement supprimé, à partir de la même époque.

14. Le droit d'inventaire est néanmoins acquis pour toutes les quantités reconnues manquantes au récolement des divers inventaires, jusques et compris le récolement de la récolte de 1807.

15. A dater du 1er janvier 1809, il sera payé à chaque enlèvement ou mouvement des boissons ci-après désignées, savoir :

Par hectolitre de vin en cercles, dans les départemens de première classe, suivant le tableau ci-annexé, n° IV, 30 c.
Dans ceux de seconde classe, 40 c.
Dans ceux de troisième classe, 50 c.
Dans ceux de quatrième classe, 80 c.
Par hectolitre de cidre ou de poiré, sans distinction de classe, 15 c.
Par hectolitre d'eau-de-vie ou d'esprit en cercles, 1 fr. 20 c.
Par hectolitre de vin en bouteilles, 3 fr.
Par hectolitre d'eau-de-vie ou d'esprit en bouteille, ou de liqueurs composées d'eau-de-vie ou d'esprit, 5 fr.

16. Le propriétaire qui fera enlever des boissons du pressoir, pour être conduites chez lui, ou qui les fera transporter de l'une de ses caves dans une autre, ne sera point assujéti au droit de mouvement établi par l'article 15, et n'acquittera que le timbre de

(1) Les marchands en gros de boissons sont restés, après cette loi, soumis à la surveillance des préposés, comme ils l'étaient sous l'empire de la loi du 24 avril 1806 (20 octobre 1809; Cass. S. 10, 1, 303).

Voy. lois du 5 ventôse an 12, chap. II, sect. Ire, et du 24 avril 1806. Voy. décret du 21 décembre 1808; loi du 8 décembre 1814.

cinq centimes, pourvu que le transport ait lieu dans l'étendue du même canton.

17. Il ne sera dû qu'un seul droit de mouvement pour le transport, jusqu'à la destination déclarée, lors même qu'il y aura changement de voies ou de moyens de transport.

18. A dater du 1er janvier 1809, il sera perçu, au profit du Trésor public, dans les villes ou bourgs de deux mille ames et au-dessus, un droit d'entrée sur les boissons destinées à la consommation, conformément au tarif ci-annexé, n° 5.

Les vins en bouteilles seront soumis à un droit double de celui fixé pour les vins en cercles.

L'eau-de-vie rectifiée à vingt-deux degrés et au-dessus, celle de toute espèce en bouteilles, et les liqueurs composées d'eau-de-vie ou d'esprit, seront soumises à un droit double de celui fixé pour l'eau-de-vie simple (1).

19. Les vendanges et fruits en nature seront soumis au même droit d'entrée de ville, à raison de trois hectolitres de vendange pour deux hectolitres de vin, et de cinq hectolitres de pommes ou poires, pour deux hectolitres de cidre ou poiré.

20. Les vins, cidres et poirés inventoriés en 1808, dans les villes ou bourgs assujétis aux droits d'entrée par la présente, seront soumis à ces droits, à moins qu'il ne soit justifié que le droit d'inventaire en a été acquitté.

21. A la même époque du 1er janvier 1809, le droit à la vente en détail des boissons spécifiées en l'article 15 sera perçu à raison de quinze centimes pour francs de leur valeur.

L'article 36 de la loi du 24 avril 1806 est rapporté (2).

22. Les droits établis aux entrées de plusieurs villes, en remplacement de celui à la vente en détail, seront augmentés dans la proportion de l'augmentation du droit à la vente en détail ordonnée par la présente.

23. Toute contravention aux dispositions du présent titre sera punie des peines portées par l'article 37 de la loi du 24 avril 1806.

TITRE VII. Fixation du droit à la fabrication des bières.

24. A l'avenir, il sera perçu à la fabrica-tion des bières un droit fixe de deux francs par hectolitre, quelle qu'en soit l'espèce ou la qualité, en remplacement des droits perçus jusqu'à ce jour, tant à la fabrication qu'aux ventes en gros et en détail.

25. La petite bierre, telle qu'elle est définie en l'article 3 du décret du 20 floréal an 13, continuera d'être exempte de tout droit, pourvu qu'en sortant de la cuve-matière elle ne subisse aucune autre opération; que la quantité n'excède pas le huitième de la fabrication soumise au droit, et qu'elle soit livrée immédiatement au consommateur, sans être mélangée d'aucune autre espèce de bière.

26. Il sera accordé une déduction de vingt pour cent pour la bière qui aura été tenue en ébullition pendant vingt heures au moins, et une déduction de quinze pour cent pour les autres (3).

27. L'exception accordée par l'art. 65 de la loi du 5 ventose an 12, à celui qui ne brasse que pour la consommation de sa maison, est fixée à dix-huit hectolitres par an pour la famille, y compris les serviteurs à gages.

Cette exemption n'est applicable qu'au propriétaire de la brasserie domestique brassant chez lui.

28. Les bières destinées à être converties en vinaigres seront assujéties, comme les bières ordinaires, au droit établi par l'article 24.

29. Il est défendu à tout brasseur de changer, modifier ou altérer la contenance de ses chaudières, cuves et bacs, sans en avoir fait la déclaration par écrit au plus prochain bureau : cette déclaration contiendra la soumission du brasseur de ne faire usage desdits ustensiles qu'après qu'ils auront été jaugés de nouveau par les employés de la régie (4).

30. Les brasseries et les distilleries de grains seront ouvertes aux employés de la régie, même avant le lever et après le coucher du soleil. Dans ces derniers cas les employés seront assistés d'un officier de police, et les visites seront bornées aux bâtimens de la brasserie ou de la distillerie, et aux magasins en dépendans (5).

31. Il sera tenu par les brasseurs un registre de vente sur lequel ils inscriront, jour

---

(1) Les communes imposées aux droits sur les boissons, et qui doivent en être dispensées d'après la loi du 25 novembre 1808, n'ont de recours qu'auprès de l'administration active (31 juillet 1812; J. C. 2, 121).

(2) La vente de la liqueur dite piquette, composée d'eau passée sur du marc de raisin, est, comme la vente des boissons ordinaires, passible du droit de vente en détail (16 janvier 1816; Cass. S. 17, 1, 40.— 28 octobre 1812; Cass. S. 20, 1, 501).

(3) La loi n'accorde l'exemption du droit à la petite bière qu'autant qu'en sortant de la cuve-matière elle ne subit aucune autre opération; ainsi le droit est dû sur la petite bière, quoique faite sans ébullition, si elle a passé dans les bacs refroidissoirs, sur le houblon et dans la cuve guilloire (14 mai 1816; S. 16, 1, 455).

(4) Voy. loi du 20 avril 1810, titre V.

(5) Pendant le jour, les distillateurs sont obligés de souffrir les visites des employés, sans assistance d'un officier de police, non-seulement

par jour, les quantités de bières vendues, ainsi que le nom et le domicile des acheteurs.

32. Les bières sujettes aux droits, qui existeront chez les fabricans, marchands en gros et détaillans, au moment de l'exécution de la présente loi, seront reconnues par les employés, et soumises à un droit d'un franc soixante centimes par hectolitre, en remplacement des droits à la vente en gros et en détail, auxquels elles eussent été assujéties.

33. Il sera fait à chaque contribuable une remise de six pour cent sur les quantités reconnues à sa charge, d'après l'article précédent.

34. Les sommes qui seront dues à l'Etat en vertu des articles 24 et 32 pourront être acquittées en obligations dûment cautionnées, à trois, six et neuf mois de date, pourvu que chaque obligation soit au moins de trois cents francs.

Le compte des brasseurs sera réglé et payé à la fin de chaque mois.

35. Les articles 24, 32, 33, et 34 de la présente loi ne sont point applicables aux bières fabriquées dans la ville de Paris.

36. Les contraventions aux dispositions de l'article 29 seront punies d'une amende de trois cents francs; et toutes contraventions aux dispositions du présent titre seront punies des peines portées par l'article 76 de la loi du 5 ventose an 12 (1).

TITRE VIII. Nouvelles mesures relatives aux distilleries de grains (2).

37. Le droit fixé par l'article 69 de la loi du 5 ventose an 12, pour la fabrication des eaux-de-vie de grains, pommes de terre, et autres substances farineuses, est remplacé par un droit de vingt francs par mois, par hectolitre de la contenance des chaudières en activité dans chaque atelier de distillation (3).

38. Tous les distillateurs, quel que soit leur procédé, obtiendront une déduction: elle sera d'un huitième pour ceux dont la chaudière ou les chaudières réunies n'excéderont pas au total une capacité de seize hectolitres; cette déduction sera d'un tiers en faveur des autres distillateurs, pourvu

que chacune de leurs chaudières soit de la contenance de douze hectolitres au moins.

39. Ceux des distillateurs dont les chaudières réunies n'excéderont pas seize hectolitres pourront, dans leurs déclarations, exprimer qu'ils n'entendent distiller consécutivement que pendant le tiers ou les deux tiers du mois; et, dans ce cas, ils ne devront que le tiers ou les deux tiers du droit fixé pour le mois entier.

40. Au moyen de la faculté accordée par l'article précédent, tous les abonnemens accordés aux distillateurs cesseront à dater de la mise à exécution de la présente loi, et il n'en sera plus accordé.

41. Les distillateurs sont tenus de déclarer, douze heures à l'avance dans les villes, et vingt-quatre heures dans les campagnes, le moment où ils voudront allumer le feu sous leurs chaudières.

Lorsqu'ils déclareront vouloir cesser la distillation, le scellé sera apposé sur les chaudières par les employés de la régie, qui en dresseront acte: il ne pourra être levé que par eux et d'après une nouvelle déclaration.

42. Les distillateurs pourront acquitter les droits de fabrication en obligations dûment cautionnées, à trois, six et neuf mois de date, pourvu que cette obligation soit au moins de trois cents francs.

43. Les produits des distillations seront pris en charge par les commis de la régie, et les distillateurs responsables du droit, au mouvement des quantités qu'ils ne représenteront pas, et dont ils ne justifieraient pas avoir acquitté les droits.

La prise en charge sera établie sur le produit des distillations, lorsqu'il sera reconnu qu'il surpasse le sixième, par jour, de la contenance totale des chaudières en activité: dans le cas contraire, elle sera du sixième au douzième de cette contenance, suivant la fixation qui en sera faite par la régie, d'après les produits habituels des distilleries de chaque département.

Il sera accordé dix pour cent d'ouillage, coulage et consommation de famille.

44. Les contraventions aux dispositions du présent titre seront punies des peines portées par l'article 76 de la loi du 5 ventose an 12.

dans leurs ateliers et magasins, mais encore dans toutes les parties et dépendances de leurs maisons (5 août 1813; Cass. S. 20, 1, 490). Voy. loi du 20 avril 1810, titre V.

(1) Voy. loi du 20 avril 1810, titre V.
(2) Voy. décret du 22 mars 1812.
(3) Voy. loi du 20 avril 1810, titre V.

N° Ier.

Fixation du Principal des Contributions directes de 1809, dans les pays nouvellement réunis à l'empire français.

DÉPARTEMENS ET VILLES.	CONTRIBUTION foncière.	CONTRIBUTION personnelle et mobilière.	PORTES et fenêtres.
Arno.	1,825,000 f	244,000 f	258,000 f
Ombrone.	675,000	66,800	50,000
Méditerranée	1,500,000	139,200	142,000
Ville de Flessingue (départ{t} de l'Escaut).	15.000	7,000	4,500
Commune de Cassel (Mont-Tonnerre). .	8,893	2,420	690
Wesel (Roër).	16,400	6,900	5,640

N° II.

Tableaux du nombre des centimes destinés, dans chaque départe·ment, aux dépenses fixes, pour les préfets, les secrétaires généraux, les membres des conseils de préfecture, les sous·préfets, l'instruction publique, les tribunaux de première instance, d'appel, criminels;, de commerce, spéciaux, de paix, de police, les traitemens et remises des receveurs généraux et particuliers.

Ain, sept centimes soixante-sept centièmes; Aisne, dix centimes quarante-un centièmes; Allier, cinq centimes vingt centièmes; Basses-Alpes, trois centimes; Hautes-Alpes, un centime soixante-six centièmes; Alpes-Maritimes, un centime; Apennins, cinq centimes cinquante-trois centièmes; Ardèche, cinq centimes vingt - trois centièmes; Ardennes, dix centimes vingt-sept centièmes; Ariége, cinq centimes soixante-quatre centièmes; Arno, trois centimes onze centièmes; Aube, neuf centimes quatre-vingt-seize centièmes; Aude, dix centimes quatre-vingt-douze centièmes; Aveyron, neuf centimes dix-neuf centièmes; Bouches - du - Rhône, deux centimes trente-trois centièmes; Calvados, neuf centimes quatre-vingt-douze centièmes; Cantal, six centimes soixante-seize centièmes; Charente, onze centimes dix-neuf centièmes; Charente-Inférieure, neuf centimes dix-huit centièmes; Cher, cinq centimes soixante-dix centièmes; Corrèze, huit centimes cinquante-trois centièmes; Côte-d'Or, onze centimes trente centièmes; Côtes-du-Nord, huit centimes quarante-cinq centièmes; Creuse, trois centimes quatre-vingt-trois centièmes; Doire, deux centimes cinquante-cinq centièmes; Dordogne, dix centimes cinquante centièmes; Doubs, quatre centimes trente-cinq centièmes; Drôme, six centimes soixante-dix-sept centièmes; Dyle, un centime; Escaut, onze centimes trente

centièmes; Eure, douze centimes quatre-vingt-neuf centièmes; Eure-et-Loir, douze centimes trente-cinq centièmes; Finistère, cinq centimes cinquante-cinq centièmes; Forêts, cinq centimes soixante - treize centièmes; Gard, huit centimes quatre-vingt-six centièmes; Haute-Garonne, neuf centimes soixante-trois centièmes; Gênes, neuf centimes quatre-vingt-dix-sept centièmes; Gers, huit centimes cinquante-six centièmes; Gironde, huit centimes quatre-vingt-sept centièmes; Golo, un centime; Hérault, onze centimes deux centièmes; Ille-et-Vilaine, cinq centimes soixante-quatre centièmes; Indre, huit centimes cinquante centièmes; Indre-et-Loire, dix centimes trente-neuf centièmes; Isère, huit centimes trente-sept centièmes; Jemmape, dix centimes quatre-vingt-dix-sept centièmes; Jura, neuf centimes vingt-cinq centièmes; Landes, un centime quatre-vingt-dix centièmes; Léman, un centime; Liamone, un centime; Loir-et-Cher, dix centimes trente centièmes; Loire, dix centimes quatre-vingt-seize centièmes; Haute-Loire, sept centimes trente-cinq centièmes; Loire-Inférieure, neuf centimes vingt-trois centièmes; Loiret, neuf centimes vingt-six centièmes; Lot, onze centimes quatorze centièmes; Lot - et - Garonne, onze centimes soixante-sept centièmes; Lozère, deux centimes soixante - dix - huit centièmes; Lys, onze centimes quatre - vingt - dix - huit centièmes; Maine-et-Loire, onze centimes neuf centièmes; Manche, neuf centimes quarante-cinq centièmes; Marengo, sept centimes soixante-trois centièmes; Marne, neuf centimes vingt-sept centièmes; Haute-Marne, neuf centimes quarante centièmes; Mayenne, onze centimes huit centièmes; Méditerranée, six centimes soixante - quatre centièmes; Meurthe, cinq centimes dix-neuf centièmes; Meuse, sept centimes vingt - trois centièmes;

Meuse-Inférieure, sept centimes dix centièmes; Mont-Blanc, un centime quatre-vingt-treize centièmes; Montenotte, seize centimes vingt centièmes; Mont-Tonnerre, neuf centimes vingt-un centièmes; Morbihan, six centimes trente-deux centièmes; Moselle, huit centimes quatre-vingt-six centièmes; Deux-Nèthes, sept centimes quatre-vingt-quatre centièmes; Nièvre, neuf centimes quatre-vingt-trois centièmes; Nord, neuf centimes dix centièmes; Oise, onze centimes cinquante-quatre centièmes; Ombrone, un centime; Orne, neuf centimes deux centièmes; Ourte, huit centimes neuf centièmes; Pas-de-Calais, dix centimes vingt-neuf centièmes; Pô, quatre centimes dix-sept centièmes; Puy-de-Dôme, neuf centimes vingt-cinq centièmes; Basses-Pyrénées, un centime; Hautes-Pyrénées, trois centimes quatre-vingt-un centièmes; Pyrénées-Orientales, quatre centimes vingt-deux centièmes; Bas-Rhin, sept centimes quatre-vingt-treize centièmes; Haut-Rhin, sept centimes quatre-vingt-quinze centièmes; Rhin-et-Moselle, sept centimes trois centièmes; Rhône, trois-centimes quatre-vingt-seize centièmes; Roër, onze centimes soixante-douze centièmes; Sambre-et-Meuse, cinq centimes trente-sept centièmes; Haute-Saône, neuf centimes soixante-deux centièmes; Saône-et-Loire, onze centimes quatre-vingt-douze centièmes; Sarre, cinq centimes soixante-quatorze centièmes; Sarthe, dix centimes cinquante centièmes; Seine, trois centimes quatre-vingt-sept centièmes; Seine-Inférieure, neuf centimes quarante-cinq centièmes; Seine-et-Marne, onze centimes soixante-dix-huit centièmes; Seine-et-Oise, onze centimes quatre-vingt-dix-neuf centièmes; Sésia, sept centimes soixante-treize-centièmes; Deux-Sèvres, onze centimes vingt-trois centièmes; Somme, dix centimes vingt-trois centièmes; Stura, neuf centimes dix-sept-centièmes; Tarn, onze centimes soixante-seize centièmes; Taro, vingt-deux centimes cinquante-un centièmes; Var, trois centimes cinquante-cinq centièmes; Vaucluse, quatre centimes un centième; Vendée, dix centimes soixante centièmes; Vienne, six centimes quatre-vingt-un centièmes; Haute-Vienne, six centimes vingt-sept centièmes; Vosges, huit centimes soixante-dix-neuf centièmes; Yonne, neuf centimes trente-cinq centièmes.

N° III.

Tableau du *maximum* des centimes destinés, dans chaque département, aux dépenses variables, pour les préfectures et sous-préfectures, l'instruction publique, les enfans trouvés, les prisons, et les réparations extraordinaires, les menues dépenses des tribunaux et les dépenses imprévues.

Ain, neuf centimes trente-trois centièmes;

Aisne, six centimes cinquante-neuf centièmes; Allier, onze centimes quatre-vingts centièmes; Basses-Alpes, quatorze centimes; Hautes-Alpes, quinze centimes trente-quatre centièmes; Alpes-Maritimes, seize centimes; Apennins, vingt-quatre centimes quarante-sept centièmes; Ardèche, onze centimes soixante-dix-sept centièmes; Ardennes, six centimes soixante-treize centièmes; Ariége, onze centimes trente-six centièmes; Arno, treize centimes quatre-vingt-neuf centièmes; Aube, sept centimes quatre centièmes; Aveyron, sept centimes quatre-vingt-un centièmes; Bouches-du-Rhône, quatorze centimes soixante-sept centièmes; Calvados, sept centimes huit centièmes; Cantal, dix centimes vingt-quatre centièmes; Charente, cinq centimes quatre-vingt-un centièmes; Charente-Inférieure, sept centimes quatre-vingt-deux centièmes; Cher, onze centimes trente centièmes; Corrèze, huit centimes quarante-sept centièmes; Côte-d'Or, cinq centimes soixante-dix centièmes; Côtes-du-Nord, huit centimes cinquante-cinq centièmes; Creuse, treize centimes dix-sept centièmes; Doire, quatorze centimes quarante-cinq centièmes; Dordogne, six centimes cinquante centièmes; Doubs, douze centimes soixante-cinq centièmes; Drôme, dix centimes vingt-trois centièmes; Dyle, seize centimes; Escaut, cinq centimes soixante-dix centièmes; Eure, quatre centimes onze centièmes; Eure-et-Loir, quatre centimes soixante-cinq centièmes; Finistère, onze centimes quarante-cinq centièmes; Forêts, onze centimes vingt-sept centièmes; Gard, huit centimes quatorze centièmes; Haute-Garonne, sept centimes trente-sept centièmes; Gênes, seize centimes vingt-huit centièmes; Gers, huit centimes quarante-quatre centièmes; Gironde, huit centimes treize centièmes; Golo, vingt-neuf centimes; Hérault, cinq centimes quatre-vingt-dix-huit centièmes; Ille-et-Vilaine, onze centimes trente-six centièmes; Indre, huit centimes cinquante centièmes; Indre-et-Loire, six centimes soixante-un centièmes; Isère, huit centimes soixante-trois centièmes; Jemmape, six centimes trois centièmes; Jura, sept centimes soixante-quinze centièmes; Landes, quinze centimes dix centièmes; Léman, seize centimes; Liamone, vingt-neuf centimes; Loir-et-Cher, six centimes soixante-dix centièmes; Loire, six centimes quatre centièmes; Haute-Loire, neuf centimes soixante-cinq centièmes; Loire-Inférieure, sept centimes soixante-dix-sept centièmes; Loiret, sept centimes soixante-quatorze centièmes; Lot, cinq centimes quatre-vingt-six centièmes; Lot-et-Garonne, cinq centimes trente-trois centièmes; Lozère, quatorze centimes vingt-deux centièmes; Lys, cinq centimes deux centièmes; Maine-et-Loire, cinq centimes quatre-vingt-onze centièmes ; Manche, sept centimes cinquante-cinq centièmes ; Marengo, neuf centimes trente-sept centièmes ; Marne, sept centimes soixante - treize centièmes ; Haute - Marne, sept centimes soixante centièmes ; Mayenne, cinq centimes quatre-vingt-douze centièmes ; Méditerranée, dix centimes trente-six centièmes ; Meurthe, onze centimes quatre-vingt-un centièmes ; Meuse, neuf centimes soixante - dix - sept centièmes ; Meuse-Inférieure, neuf centimes quatre-vingt-dix centièmes ; Mont-Blanc, quinze centimes sept centièmes ; Montenotte, treize centimes quatre - vingt centièmes ; Mont - Tonnerre, sept centimes soixante-dix-neuf centièmes ; Morbihan, dix centimes soixante - huit centièmes ; Moselle, huit centimes quatorze centièmes ; Deux - Nèthes, neuf centimes seize centièmes ; Nièvre, sept centimes cinquante-sept centièmes ; Nord, sept centimes quatre-vingt-dix centièmes ; Oise, cinq centimes quarante-six centièmes ; Ombronne, seize centimes ; Orne, sept centimes quatre-vingt-dix-huit centièmes ; Ourte, huit centimes quatre-vingt-onze centièmes ; Pas-de-Calais, six centimes soixante-onze centièmes ; Pô, douze centimes quatre-vingt-trois centièmes ; Puy-de-Dôme, sept centimes soixante-quinze centièmes ; Basses - Pyrénées, seize centimes ; Hautes-Pyrénées, treize centimes dix - neuf centièmes ; Pyrénées - Orientales, douze centimes soixante-dix-huit centièmes ; Bas-Rhin, neuf centimes sept centièmes ; Haut-Rhin, neuf centimes cinq centièmes ; Rhin-et-Moselle, neuf centimes quatre-vingt-dix-sept centièmes ; Rhône, treize centimes quatre centièmes ; Roër, cinq centimes vingt-huit centièmes ; Sambre - et - Meuse, onze centimes soixante-trois centièmes ; Haute-Saône, sept centimes trente-huit centièmes ; Saône-et-Loire, cinq centimes huit centièmes ; Sarre, onze centimes vingt-six centièmes ; Sarthe, six centimes cinquante centièmes ; Seine, treize centimes treize centièmes ; Seine-Inférieure, sept centimes cinquante - cinq centièmes ; Seine-et-Marne, sept centimes vingt-deux centièmes ; Seine-et-Oise, cinq centimes un centième ; Sésia, neuf centimes vingt-sept centièmes ; Deux - Sèvres, cinq centimes soixante-dix-sept centièmes ; Somme, six centimes soixante - dix - sept centièmes ; Stura, sept centimes quatre - vingt - trois centièmes ; Tarn, cinq centimes vingt - quatre centièmes ; Taro, vingt - un centimes cin-

quante-six centièmes ; Var, treize centimes quarante-cinq centièmes ; Vaucluse, douze centimes quatre - vingt - dix - neuf centièmes ; Vendée, six centimes quarante centièmes ; Vienne, dix centimes dix-neuf centièmes ; Haute-Vienne, dix centimes soixante-treize centièmes ; Vosges, huit centimes vingt-un centième ; Yonne, sept centimes soixante-cinq centièmes.

Nº IV.

Tableau des départemens classés conformément à l'article 4 de la loi.

1re CLASSE (30 *centimes*).

Basses - Alpes, Hautes - Alpes, Ardèche, Ariége, Aude, Aveyron, Cantal, Charente, Charente-Inférieure, Corrèze, Creuse, Dordogne, Gard, Gers, Gironde, Golo, Hérault, Landes, Liamone, Haute- Loire, Loire-Inférieure, Loiret, Lot, Lot-et-Garonne, Lozère, Haute-Marne, Mont-Blanc, Puy-de-Dôme, Hautes - Pyrénées, Sarthe, Deux - Sèvres, Vendée, Vienne.

2e CLASSE (40 *centimes*).

Ain, Allier, Apennins, Arno, Aube, Bouches-du-Rhône, Cher, Côtes-du-Nord, Doubs, Drôme, Finistère, Haute-Garonne, Ille-et-Vilaine, Indre-et-Loire, Isère, Jura, Loire, Loir-et-Cher, Maine-et-Loire, Méditerranée, Meurthe, Meuse, Morbihan, Ombrone, Basses-Pyrénées, Pyrénées-Orientales, Haute-Saône, Seine-et-Marne, Tarn, Var, Vaucluse, Vosges.

3e CLASSE (50 *centimes*).

Aine, Alpes-Maritimes, Ardennes, Côte-d'Or, Doire, Eure, Eure-et-Loir, Forêts, Gênes, Léman, Marengo, Marne, Mayenne, Montenotte, Mont-Tonnerre, Moselle, Nièvre, Oise, Pô, Bas-Rhin, Haut-Rhin, Rhin-et-Moselle, Rhône, Sarre, Saône-et-Loire, Seine, Seine-et-Oise, Sésia, Stura, Taro, Haute-Vienne, Yonne.

4e CLASSE (80 *centimes*).

Calvados, Dyle, Escaut, Jemmape, Lys, Manche, Meuse-Inférieure, Deux-Nèthes, Nord, Orne, Ourte, Pas-de-Calais, Roër, Sambre-et-Meuse, Seine-Inférieure, Somme.

N° V.

PAR HECTOLITRE DE			VIN en cercle.	CIDRE ou poiré.	EAU-DE-VIE simple.
Dans les villes ou bourgs de	{	2 à 4,000 ames . .	0ᶠ 30ᶜ	0ᶠ 15ᶜ	0ᶠ 90ᶜ
		4 à 6,000.	0 40	0 20	1 30
		6 à 10,000.	0 60	0 30	1 80
		10 à 15,000.	0 80	0 40	2 40
		15 à 20,000.	1 00	0 50	3 00
		20 à 30,000.	1 50	0 75	4 50
		30 à 50,000.	2 00	1 00	6 00
		50,000 et au - dessus.	2 50	1 25	7 50

26 NOVEMBRE 1808. — Décret portant qu'il ne pourra être fait, sans un décret, aucun changement au tarif des douanes. (4, Bull. 214, n° 3941.)

Art. 1ᵉʳ. Aucun changement ne pourra être fait, même momentanément, au tarif de nos douanes, sans un décret de nous.

Les facultés accordées à notre ministre des finances et à notre directeur général des douanes sur cet objet sont rapportées.

2. Sous quelque prétexte que ce soit, aucun de nos ministres ne pourra se permettre de faire, de son propre mouvement, aucun réglement de prohibition ou de législation de nos douanes.

Toute mesure prise sans notre décret est de fait rapportée ; et notre directeur général des douanes fera exécuter strictement toutes les mesures des douanes prescrites par nos décrets, et expédiées par notre ministre secrétaire d'Etat.

3. Tous nos ministres sont chargés de l'exécution du présent décret.

---

26 NOVEMBRE 1808. — Décret concernant les députations des colléges électoraux de département. (4, Bull. 216, n° 4003.)

Art. 1ᵉʳ. Les députations nommées par les colléges électoraux de département, pour se rendre au pied du trône, et y porter l'hommage de leurs sentimens, seront composées de cinq membres au plus et de trois au moins.

2. Les députés seront nommés à la majorité relative des suffrages, et choisis exclusivement parmi les électeurs qui résident habituellement dans le département.

3. Les membres des colléges électoraux qui résident dans la capitale, pour y exercer des fonctions temporaires ou inamovibles, pourront accompagner la députation lorsqu'elle sera admise à notre audience ; mais ils n'en feront point partie.

4. Le président de l'assemblée fera délivrer à la députation une expédition du procès-verbal de l'élection des députés, et une copie de l'adresse du collége.

5. Celui des députés qui aura réuni le plus de suffrages sera président de la députation.

6. Les députés des colléges électoraux ne recevront aucune indemnité pour leurs frais de voyage.

7. Les présidens des colléges électoraux donneront avis à notre ministre de l'intérieur, de la nomination des députés, et lui enverront une expédition du procès-verbal qui la constate.

8. Les procès-verbaux seront transmis, par le ministre, au prince grand-électeur.

9. Notre ministre de l'intérieur fera connaître aux députations l'époque à laquelle elles doivent arriver pour remplir leur mission.

10. Les députations, à leur arrivée, se présenteront chez notre ministre de l'intérieur, qui fera ce qui est nécessaire pour leur présentation.

11. Le jour indiqué, elles seront introduites dans la salle du trône par notre grand-maître des cérémonies, et nous seront présentées par le prince grand-électeur.

---

26 NOVEMBRE 1808. — Avis du Conseil-d'Etat sur plusieurs questions relatives au supplément du budget de la ville de Grenoble, pour l'année 1808. (4, Bull. 221, n° 4035.)

Le Conseil-d'Etat, qui, d'après le renvoi ordonné par sa majesté, a entendu le rapport de la section de l'intérieur sur celui du ministre de ce département, relatif à un supplément au budget de 1808 de la ville de Grenoble, département de l'Isère ;

Vu l'avis du préfet, les délibérations du conseil municipal, le rapport du ministre de l'intérieur,

Est d'avis, sur l'article 1er, qu'attendu que le décret sur l'Université, et l'intention manifestée par sa majesté, touchant les frères des écoles chrétiennes, préjugent leur établissement.

Quoique l'établissement à Grenoble eût dû être proposé à l'autorité avant d'être effectué, et qu'il y ait violation en cela des règles administratives seulement,

Il y a lieu d'allouer deux mille cent soixante francs demandés pour compléter leur traitement, attendu que, dans le budget de 1808, les souscriptions volontaires ne sont pas fixées;

Sur l'article 2, que le Conseil-d'Etat ayant adopté un traitement provisoire pour les vicaires, il n'y a lieu de rien changer jusqu'à ce que de nouvelles bases soient fixées à cet égard par un réglement général, qui peut être provoqué, s'il y a lieu, par la proposition du ministre de l'intérieur ou de celui des cultes;

Sur le troisième article, que nulle députation ne pouvant être faite par les villes sans autorisation du ministre de l'intérieur, et la seule députation à Chambéry paraissant avoir été autorisée, il n'y a lieu d'allouer que deux cent quatre-vingt-huit francs pour la députation à Chambéry, et que les autres ne peuvent être payées qu'autant qu'on justifiera de l'autorisation préalable du ministre, et, en outre, d'un état de dépenses arrêté par lui;

Sur le quatrième article, qu'il y a lieu d'allouer les 18,000 francs pour la tuerie;

Sur les articles 5 et 6, qu'il y a lieu de modérer le premier de ces articles à cinq cent francs par individu, et d'allouer deux mille cinq cents francs, plus deux mille quatre cents francs sur les dépenses au bâtiment des écoles, à la charge de faire connaître pourquoi on a deux maisons pour cinq frères;

Sur l'article 7, que l'existence de la dette paraît avoir eu lieu, pour ce qui regarde la partie postérieure à l'an 8, faute d'avoir observé les plus sages règles de l'administration; qu'on paraît, pour les halles seules, avoir déboursé soixante-dix-huit mille neuf cent trente-quatre francs, selon divers articles portés en l'état, sans qu'il apparaisse de devis et d'autorisation; que cependant nulle recette n'a encore été portée;

Que d'autres articles sont énoncés en masse et sans détails justificatifs ni autorisation;

Qu'il y a lieu conséquemment d'ajourner jusqu'à un nouvel examen et production de pièces justificatives;

Que le receveur qui n'a pas versé à la caisse d'amortissement, où les fonds sont à la disposition de la ville, la somme prescrite, doit être forcé en recette du montant des intérêts dont le retard a fait tort à la ville, et qu'il doit y verser le restant des quarante-deux mille francs dont il n'est pas disposé par le présent avis.

---

26 NOVEMBRE 1808. — Avis du Conseil-d'Etat. (Mariages d'officiers.) *Voy.* 21 DÉCEMBRE 1808.

---

26 NOVEMBRE 1808. — Décret qui nomme M. Lepelletier d'Aunay préfet du département de Tarn-et-Garonne. (4, Bull. 216, n° 4002.)

---

26 NOVEMBRE 1808. — Décret contenant proclamation des brevets d'invention délivrés, pendant le troisième trimestre de 1808, aux sieurs Legras, Xavier, Bucher, Biard, Forget, Devilliers, Valérien Camus, Leseure et Bréchot, Valrin, Coutau, Dufaud fils, Delahaye-Dumeny, Dupieu, Coquerel, Legros d'Anisy et Stone, Charlier, Dabet, Remi et Bordier-Marret de Versoix. (4, Bull. 217, n° 4006.)

---

26 NOVEMBRE 1808. — Décrets contenant des changemens et établissemens de foires à Trèves, Lamballe et Romorantin. (4, Bull. 218, n°s 4018 à 4020.)

---

26 NOVEMBRE 1808. — Décrets qui autorisent l'acceptation de dons et legs faits aux pauvres et hospices de Nauphle-le-Vieux, Belfort, Castelnovo-d'Asti et Rabastens. (4, Bull. 219, n°s 4023 à 4027.)

---

26 NOVEMBRE 1808. — Loi qui autorise des aliénations, acquisitions, concessions à rente, échanges et impositions extraordinaires, en faveur des départemens de Seine-et-Oise, de la Vienne, de la Sarre, de Gênes, d'Ille-et-Vilaine, de la Lys, de la Haute-Garonne, de la Nièvre, et des communes d'Escuveiler, etc. (4, Bull. 221, n° 4038.)

---

26 NOVEMBRE 1808. — Loi qui autorise des aliénations, acquisitions, concessions à rente, échanges et impositions extraordinaires, en faveur du département de la Sésia et des communes de Sainte-Croix-en-Plaine, etc. (4, Bull. 221, n° 4036.)

---

26 NOVEMBRE 1808. — Décrets qui autorisent l'acceptation de l'offre faite par le maire de Borsbeech de dénoncer au profit du bureau de bienfaisance de cette commune divers cens et rentes célés au domaine. (4, Bull. 221, n° 4045.)

---

26 NOVEMBRE 1808. — Décret qui autorise l'acceptation de dons et legs faits par le sieur Celery aux pauvres et aux sœurs de Saint-Vincent-de-Paule d'Aurillac. (4, Bull. 221, n° 4044.)

10 = Pr. 20 DÉCEMBRE 1808. — Loi qui autorise la ville de Paris à faire un emprunt de huit millions. (4, Bull. 226, n° 3999.)

Art. 1er. La ville de Paris est autorisée à emprunter une somme de huit millions, dont les fonds seront employés à des travaux d'utilité et d'embellissement désignés dans le budget de cette ville, exercice 1808.

2. Ledit emprunt sera remboursable en seize années, à raison de cinq cent mille francs par an, à commencer de 1809.

3. Les intérêts en sont fixés à cinq pour cent.

4. Le mode de l'emprunt et celui de son remboursement seront réglés par le Gouvernement.

___

11 DÉCEMBRE 1808.— Décret qui donne à l'Université des biens restés disponibles des anciens établissemens d'instruction publique. (4, Bull. 216, n° 4004.)

Voy. décret du 17 MARS 1808.

Art. 1er. Tous les biens meubles, immeubles et rentes ayant appartenu au ci-devant prytanée français, aux universités, académies et collèges tant de l'ancien que du nouveau territoire de l'empire, qui ne sont point aliénés ou qui ne sont point définitivement affectés par un décret spécial à un autre service public, sont dévolus à l'Université impériale (1).

2. Dans tous les chefs-lieux des anciennes universités où il existerait encore des biens suffisans pour la fondation et l'entretien d'un lycée ou d'un collège, l'Université impériale entretiendra un de ces deux établissemens, et des bourses y seront données par nous, suivant la destination des fondateurs, et, de préférence, aux familles de ceux-ci, sans déroger toutefois aux dispositions particulières prises par nos précédens décrets, pour les universités de Gênes, Turin, Genève ou autres.

Ces universités prendront seulement le nom d'académies.

3. Nos ministres sont chargés de l'exécution du présent décret.

___

11 DÉCEMBRE 1808. — Décret relatif aux concessionnaires de cours et prises d'eau dans la 27e division militaire (4, Bull. 219, n° 4021.)

N....... vu les dispositions de l'article 3 de l'arrêté de l'administrateur-général de la 27e division militaire, du 27 germinal an 13,

portant que les concessionnaires de cours et prises d'eau ne pourront en devenir propriétaires, même en payant le quart de leur estimation, sauf à leur rembourser la finance payée ;

Considérant que la plus grande partie des canaux d'irrigation qui existent dans le ci-devant Piémont, sont des ouvrages d'art construits aux frais des particuliers, sur la permission qui leur en avait été accordée par l'ancien Gouvernement ;

Que ces concessions doivent être protégées en ce qu'elles sont objet d'utilité publique, et que par leur révocation, on pourrait nuire à l'agriculture et au commerce dans la 27e division ; notre Conseil-d'État entendu, nous avons décrété et décrétons ce qui suit :

Art. 1er. Les concessionnaires de cours et prises d'eau, canaux et filets d'irrigation, dérivés des torrens et rivières autres que les canaux servant à la navigation, continueront d'en jouir aux termes et aux conditions de leurs contrats consentis avec l'ancien Gouvernement sarde, et sans que les dispositions de la loi du 14 ventose an 7 leur soient applicables.

2. Quant aux engagemens qui comprennent à la fois des droits de cours d'eau avec des biens ruraux dont ils font partie, ils sont soumis aux dispositions de la dernière loi ; et les engagistes ne pourront devenir propriétaires que moyennant le paiement du quart de l'estimation de tout ce qui fait partie de la concession.

3. Notre ministre des finances est chargé de l'exécution du présent décret.

___

11 DÉCEMBRE 1808. — Décrets qui autorisent l'acceptation de dons et legs faits aux pauvres et hospices de Narbonne, Frabouse-Supérieure, Murol, Chambon, Senectère, Saint-Victor, Oropa, Bielle, Meir, Puyricard, Montpellier et Luzarches (4, Bull. 221, n°s 4045 à 4052.)

___

11 DÉCEMBRE 1808. — Décret qui fait concession, pour cinquante années, au sieur Derriard, du droit d'exploiter les mines de plomb et argent existant dans ses propriétés situées à Courmayeur, et dans la vallée dite l'Allée-Blanche, dans une étendue de surface de quatre-vingt-dix-sept kilomètres et demi carrés. (4, Bull. 221, n° 4053.)

___

11 DÉCEMBRE 1808.— Décrets qui établissent des foires à Champigneul et à Hautecourt, et contenant le tableau des foires du département de Montenotte. (4, Bull. 221, n°s 4054 à 4056.)

___

(1) Les fondations de tout bénéfice ecclésiastique, pour dotation duquel le fondateur et ses héritiers étaient dépouillés du droit de propriété des objets donnés, sont tombées en main-morte, et comme telles supprimées au profit de l'État. L'Université n'a rien à y réclamer, bien que ces bénéfices fondés fussent destinés à des étudians de l'Université (18 janvier 1813; J. G. 2, 233).

11 DÉCEMBRE 1808. — Décrets qui ordonnent le paiement de pensions accordées à des veuves de militaires. (4, Bull. 221, n°ˢ 4057 et 4058.)

13 DÉCEMBRE 1808. — Loi qui établit une taxe sur les maisons de la ville d'Anvers. (4, Bull. 216, n° 4000.)

14 DÉCEMBRE 1808. — Décret qui fixe au 31 décembre la clôture de la session du Corps-Législatif. (4, Bull. 216, n° 3998.)

15 DÉCEMBRE 1808. — Loi qui autorise des aliénations, acquisitions, concessions à rente et échanges, en faveur des pauvres et hospices de Heinsberg, Aix-la-Chapelle, Châtellerault, etc. (4, Bull. 221, n° 4040.)

17 DÉCEMBRE 1808. — Décret qui proroge jusqu'au 1ᵉʳ janvier 1810 le conseil extraordinaire de liquidation établi à Turin. (4, Bull. 226, n° 4129.)

17 DÉCEMBRE 1808. — Loi qui autorise des aliénations, acquisitions, concessions à rente, échanges et impositions extraordinaires, en faveur des communes de Koerick, Brand, Charmes, Ollainville, etc. (4, Bull. 221, n° 4041.)

21 DÉCEMBRE 1808. — Décret concernant les boissons. (4, Bull. 219, n° 4022.)

Voy. lois du 25 NOVEMBRE 1808, titre VI; du 8 DÉCEMBRE 1814.

TITRE Iᵉʳ. Droit au mouvement des boissons.

Art. 1ᵉʳ. L'article 1ᵉʳ du réglement du 5 mai 1806 continuera à être exécuté, sauf la déclaration du prix de la vente, qui ne sera pas exigée.

2. L'obligation de déclarer l'enlèvement de boissons, et de prendre des congés ou passavans, n'est point applicable aux transports de vendanges ou de fruits.

3. Le propriétaire ou le négociant qui fera transporter des boissons, de l'une de ses caves dans une autre, située dans l'étendue du même canton, jouira de l'exemption de droits accordée par l'article 16 de la loi du 25 novembre 1808.

Il en sera de même à l'égard des transports effectués par le propriétaire ou le négociant, de l'une de ses caves dans une autre, dans l'étendue d'une même commune, lors même qu'elle serait divisée en plusieurs cantons de justice de paix.

4. Les boissons devront être conduites sans interruption à la destination déclarée. Lorsqu'un changement de moyens de transport, ou toute autre cause, nécessitera un séjour de plus de vingt-quatre heures, le conducteur sera tenu d'en faire la déclaration dans ce délai, au plus prochain bureau de la régie, avec indication du jour où le transport sera repris : dans ce cas, le congé sera soumis au visa des employés, sans qu'il y ait ouverture à un nouveau droit de mouvement (1).

5. Lorsqu'un transport de boissons sera interrompu par une force majeure, telle que glaces, inondation ou autre cause de ce genre, sans qu'il soit possible de déclarer le jour où il pourra être repris, il en sera fait déclaration, conformément à l'article précédent, et le congé sera déposé au bureau, pour n'être visé et remis qu'au moment du départ.

6. Les boissons dont le transport éprouvera quelque retard dans les cas prévus par les articles précédens seront représentées aux employés, à toute réquisition afin qu'ils puissent vérifier s'il n'en a point été enlevé sans déclaration.

TITRE II. Droits aux entrées.

7. Les droits d'entrée établis par l'article 18 de la loi du 25 novembre ne seront perçus que dans les lieux dont la population agglomérée sera de deux mille ames au moins, non compris celle éparse dans les hameaux ou villages dépendans de la commune.

8. En cas de difficulté sur la question de savoir si, par sa population, une ville ou un bourg doit être sujet aux droits d'entrée, ou s'il doit être rangé dans telle ou telle autre des classes déterminées par la loi du 25 novembre, la réclamation de la commune sera soumise au préfet, et, sur son avis, il sera statué par notre ministre des finances, dont la décision sera exécutée provisoirement, sauf le recours au Conseil-d'Etat en définitif.

9. Tout conducteur de boissons destinées à la consommation d'un lieu sujet aux droits d'entrée sera tenu, avant de les y introduire, de représenter le congé d'acquitter les droits d'entrée, dont il lui sera délivré quittance.

10. Les boissons passant debout dans les lieux sujets aux droits d'entrée ne seront pas soumises à ces droits; mais le conducteur sera tenu de représenter le congé, et de le faire viser aux bureaux d'entrée et de sortie. En cas de séjour, il en sera fait déclaration, conformément aux articles 4 et 5.

(1) En matière de droits sur les boissons, tous évènemens étrangers à la volonté du conducteur constituent la force majeure, lorsqu'ils sont tels qu'ils ne permettent pas de continuer la route, encore qu'on ait pu les prévoir (comme la fermeture périodique d'un canal) (28 avril 1813; Cass. S. 13, 1, 275).

11. Tout propriétaire ou négociant qui fera conduire des boissons dans un lieu sujet aux droits d'entrée, pour n'y être qu'entreposées jusqu'à leur sortie ultérieure, sera tenu d'en faire la déclaration avant l'enlèvement, de désigner les maisons, caves ou celliers où il entendra les déposer, et de faire viser le congé au bureau d'entrée.

Il sera tenu d'avoir un registre coté et paraphé, sur lequel seront portées les quantités introduites et celles enlevées successivement pour des destinations extérieures.

Il sera sujet aux visites et aux exercices des commis dans ses magasins, caves et celliers, et soumis au paiement des droits d'entrée, pour toutes les boissons manquantes à ses charges, et qu'il ne justifiera pas avoir fait sortir de la commune.

12. Les boissons existantes au 1er janvier prochain dans les entrepôts d'octroi et dans les magasins, caves ou celliers des dénommés en l'article 31 de la loi du 24 avril 1806, seront considérées comme pouvant avoir une destination extérieure, et soumises aux dispositions de l'article précédent.

13. Les dispositions de l'article 11 sont également applicables aux personnes qui introduiront, dans des lieux sujets aux droits d'entrée, des vendanges ou fruits, et qui destineront les boissons en provenant à être transportées hors de la commune.

14. Toutes les fois qu'il existera dans une ville un entrepôt général, les propriétaires et négocians seront tenus d'y déposer les boissons pour lesquelles ils voudront jouir de l'entrepôt.

15. Les boissons conduites à un marché, dans un lieu où les droits d'entrée sont perçus, ne seront soumises au paiement de ces droits qu'autant que la sortie ultérieure n'en serait pas justifiée.

16. Les boissons introduites dans les lieux sujets aux droits d'entrée, pour y être converties en eau-de-vie ou esprit, ne seront pas soumises à ces droits, pourvu que la déclaration en ait été préalablement faite, conformément aux dispositions de l'article 11.

Le produit de la distillation, constaté par l'exercice des commis chez les bouilleurs et distillateurs, sera considéré comme pouvant avoir une destination extérieure, et ne sera soumis aux droits d'entrée que dans le cas déterminé par le même article.

Il en sera de même du produit des distillations de grains et autres substances farineuses.

Titre III. Droits à la vente en détail.

17. Les vendans en détail ne pourront établir le débit des vins et eaux-de-vie sur des vaisseaux d'une contenance supérieure à cinq hectolitres.

18. Ils ne pourront jamais mettre en vente ni avoir en perce plus de trois pièces à la fois.

19. Les débitans seront tenus de représenter aux employés, lors de leurs exercices, les quittances des droits de mouvement et d'entrée des boissons qu'ils auront reçues; et ceux-ci les relateront dans leurs actes de charge.

20. Dans aucun cas, les pièces vides ne pourront être enlevées des caves, qu'elles n'aient été préalablement démarquées par les employés.

21. S'il est reconnu par les employés de la régie que la déclaration du prix de la vente en détail soit frauduleuse, la régie pourra prendre les boissons pour son compte au prix déclaré, déduction faite du droit de détail : dans ce cas, la futaille sera payée au débitant, d'après la valeur courante.

22. Tous ceux qui, ayant fait la profession de vendans en détail, auront déclaré cesser leur débit, seront, pendant les trois mois suivans, soumis aux exercices et au paiement du droit de détail des boissons consommées.

23. Toutes les fois qu'un habitant occupant un appartement commun avec un vendant en détail de profession, ou ayant seulement ses portes ou escaliers communs, il y aura impossibilité d'interdire la communication, conformément à l'article 25 du réglement du 5 mai 1806, cet habitant sera soumis aux exercices des commis, et au paiement du droit de détail pour toutes les boissons qu'il logera.

24. Toute personne qui débite des boissons, de quelque espèce que ce soit, est sujette aux visites des employés de la régie.

25. En conséquence de l'augmentation du droit à la vente en détail, les abonnemens consentis par la régie avec ses débitans, et qui ne seront pas expirés au 1er janvier 1809, subiront l'accroissement proportionnel, si mieux n'aiment les débitans demander la résiliation desdits abonnemens.

Titre IV. Dispositions générales.

26. Les personnes voyageant à pied, à cheval ou en voitures particulières et suspendues, ne seront pas assujéties aux visites des commis.

27. Les commis pourront néanmoins, en cas de soupçon de fraude, et en requérant l'assistance d'un officier de police, faire les visites qu'ils jugeront nécessaires.

28. Les voyageurs ne seront pas tenus de se munir de congés pour les boissons destinées à leur usage pendant le voyage, pourvu

qu'ils ne transportent pas au-delà de trois bouteilles de vin par personne.

29. Toute contravention aux dispositions du présent décret sera punie conformément à l'article 37 de la loi du 24 avril 1806.

30. Toutes dispositions contraires, et notamment celles des articles 3, 4, 7, 8, 9, 10, 13, 31, 32, 38, 39, 40, 41 et 42 du réglement du 5 mai 1806, sont rapportées.

31. Notre ministre des finances est chargé de l'exécution du présent décret.

---

21 DÉCEMBRE 1808. — Décret sur les conseils d'administration des régimens. (4, Bull. 220, n° 4028.)

Voy. lois des 19 et 24 VENTOSE an 2.

Art. 1er. Les conseils d'administration de nos régimens d'infanterie de ligne et légère, de carabiniers, de cuirassiers, dragons, chasseurs, hussards, d'artillerie à pied et à cheval, et ceux de nos régimens étrangers ou hors de ligne, qui n'ont pas de capitulation particulière, seront composés à l'avenir ainsi qu'il suit, savoir :

Dans l'infanterie de ligne et légère.....
- Le colonel, président;
- Les deux plus anciens chefs de bataillon;
- Le plus ancien capitaine ;
- Un sous-officier.

Dans les carabiniers, cuirassiers, dragons, chasseurs et hussards................
- Le colonel, président;
- Les deux plus anciens chefs d'escadron;
- Le plus ancien capitaine;
- Un sous-officier.

Dans les régimens d'artillerie à pied......
- Le colonel, président;
- Les deux plus anciens chefs de bataillon;
- Le plus ancien capitaine;
- Un sous-officier.

Dans les régimens d'artillerie à cheval.....
- Le colonel, président;
- Les deux plus anciens chefs d'escadron ?
- Le plus ancien capitaine;
- Un sous-officier.

Dans les régimens auxiliaires ou hors de ligne.

A TROIS BATAILLONS.
- Le colonel, président;
- Les deux plus anciens chefs de bataillon ;
- Le plus ancien capitaine;
- Un sous-officier.

A DEUX BATAILLONS.
- Le colonel, président;
- Les deux chefs de bataillon ;
- Le plus ancien capitaine ;
- Un sous-officier.

Dans les corps qui n'ont qu'un bataillon....
- Le chef de bataillon ;
- Les trois plus anciens capitaines, ou commandans des compagnies, lorsqu'elles n'ont pas de capitaine ;
- Un sous-officier.

2. Les officiers désignés par l'art. 1er pour être membres de ce conseil, qui ne pourront y assister pour raison d'absence, maladie ou autre cause, seront remplacés par les officiers de leur grade respectif les plus anciens, et, à leur défaut, par ceux tirés des grades suivans.

Lorsque les membres du conseil n'auront pas obtenu de congé, ils ne pourront se dispenser d'y assister que lorsqu'ils seront détachés à plus de dix lieues de l'endroit où le conseil se tiendra.

Notre ministre de la guerre prononcera sur les autres motifs qui pourront dispenser un officier d'être membre du conseil d'administration.

Le sous-officier sera toujours pris parmi ceux présens aux lieux où se tiendra le conseil d'administration.

3. Le sous-officier membre du conseil sera

élu pour un an, à la pluralité des suffrages, par les officiers membres de ce conseil, à l'exception du président; il ne pourra être pris que parmi ceux qui seront portés sur une liste composée d'un sous-officier par compagnie, choisi par le commandant de cette compagnie.

Il pourra être réélu les années suivantes. Il aura deux suppléans: ils seront élus de la même manière.

4. En cas d'absence ou de maladie, le colonel sera remplacé par le major, et, si ce dernier est absent, par le plus ancien chef de bataillon ou d'escadron présent.

5. Le major sera chargé de la tenue des contrôles; et, hors l'absence du colonel, il ne fera près du conseil, où il aura voix consultative, que les fonctions de rapporteur.

Le quartier-maître y remplira celles de

secrétaire, à moins qu'il n'en ait été autrement ordonné.

6. En cas d'absence ou de maladie, le major sera remplacé, dans la tenue des contrôles, par un capitaine, et le quartier-maître par un lieutenant ou sous-lieutenant.

Ces deux officiers seront désignés à l'avance par les membres du conseil d'administration, à la pluralité des suffrages.

7. Les trois plus anciens capitaines présens, après les membres du conseil, ou, à défaut, les officiers les plus élevés en grade, et les plus anciens de grade, et les sous-officiers suppléans, seront appelés à toutes les séances du conseil, et y assisteront; mais ils n'y auront voix ou action qu'en cas d'absence des membres qu'ils doivent remplacer.

8. Le quartier-maître ni les officiers chargés des divers détails ne pourront, dans aucun cas, faire partie du conseil d'administration.

9. Toutes les sommes appartenant au corps tant en deniers qu'en effets actifs, le registre de caisse et les papiers essentiels à conserver, continueront d'être enfermés dans une caisse à trois serrures, qui sera déposée chez le commandant du corps. Des trois clefs, il en demeurera une entre les mains du commandant du corps; la seconde sera confiée au membre du conseil le plus élevé en grade après le président; et, à parité de grade, au plus ancien; la troisième le sera au quartier-maître, à moins qu'il n'en ait été autrement ordonné.

Ces trois officiers seront solidairement responsables des fonds déposés dans la caisse, d'où il ne doit jamais rien sortir sans une délibération expresse du conseil, préalablement consignée sur le registre des délibérations.

10. Les conseils d'administration éventuels des bataillons ou escadrons détachés à plus de trois journées de marche du corps seront composés ainsi qu'il suit:

Le chef de bataillon ou d'escadron, président;

Les trois plus anciens capitaines présens;

Un sous-officier.

Les deux officiers présens, les plus élevés en grade, et dans ce grade les plus anciens, suppléeront les membres absens.

Le sous-officier et ses suppléans seront élus par les capitaines membres du conseil, ainsi qu'il est prescrit ci-dessus, article 3.

Un capitaine sera chargé de la tenue des contrôles: il aura un lieutenant pour suppléant. Un lieutenant ou sous-lieutenant sera suppléant du quartier-maître.

Ces officiers seront élus ainsi qu'il est prescrit article 6.

11. Les conseils d'administration des bataillons de dépôt des régimens d'infanterie de ligne et légère, lorsque ces bataillons seront séparés du régiment, seront composés ainsi qu'il suit:

Le major, président;

Les trois capitaines autres que celui de l'habillement;

Un sous-officier.

Les lieutenans, par ancienneté de grade, remplaceront les membres absens.

Le sous-officier et ses suppléans seront élus ainsi qu'il est prescrit article 3.

Un lieutenant sera suppléant du major pour la tenue des contrôles; et un lieutenant ou sous-lieutenant sera suppléant du quartier-maître.

Ces officiers seront élus ainsi qu'il est prescrit article 6.

12. Les conseils d'administration des bataillons du train seront composés ainsi qu'il suit:

Le capitaine commandant, président;

L'adjudant major;

Les deux officiers de compagnie, du grade le plus élevé, dans ce grade les plus anciens;

Un sous-officier.

Les deux officiers présens les plus élevés en grade, et dans ce grade les plus anciens, suppléeront les officiers membres du conseil, qui seront absens.

Le sous-officier membre du conseil et ses suppléans seront élus par les officiers membres du conseil, autres que le président, ainsi qu'il est dit article 3.

Un lieutenant ou sous-lieutenant sera chargé de la tenue des contrôles, et élu par les officiers membres du conseil.

13. Les conseils d'administration des compagnies d'ouvriers et de canonniers vétérans seront composés ainsi qu'il suit:

Le premier capitaine, président;

Le second capitaine;

Et un sous-officier.

Le sous-officier sera élu tous les ans, et, lorsqu'il sera nécessaire, par le second capitaine et les deux lieutenans de la compagnie.

14. Il y aura dans le chef-lieu de la direction d'artillerie un conseil d'administration pour toutes les compagnies de canonniers garde-côtes de cette direction.

Il sera composé:

D'un directeur d'artillerie;

De l'adjudant des côtes;

Du quartier-maître;

Du plus ancien des capitaines des compagnies en garnison au chef-lieu de la direction, et d'un sous-officier pris dans la première des compagnies en garnison dans le chef-lieu de la direction qui suivra le numéro de celle qui a fourni le capitaine.

Ce conseil revisera la comptabilité de chaque compagnie, et l'arrêtera.

15. Les conseils d'administration des détachemens ou dépôts, soit d'infanterie, soit de cavalerie, qui se trouveront au-dessous

d'un bataillon ou d'un escadron, et qui auront plus de deux officiers, seront composés des deux officiers les plus élevés en grade, et d'un sous-officier. Le sous-officier sera choisi parmi les membres du conseil, sur la liste formée par le choix des commandans des compagnies du détachement, parmi les sous-officiers présens lorsque le détachement aura moins de trois officiers. Le commandant du détachement sera chargé de la gestion de la comptabilité de ce détachement, sous la surveillance du sous-inspecteur aux revues, de l'arrondissement et du conseil d'administration de son corps.

Si dans les dépôts des bataillons du train, il ne se trouvait qu'un officier, le conseil serait composé de cet officier et des deux plus anciens sous-officiers présens.

16. Les conseils d'administration des demi-brigades de vétérans continueront à être composés ainsi qu'il est prescrit par l'arrêté du 8 floréal an 8, et ceux de la gendarmerie, par la loi du 28 germinal an 6.

17. On suivra pour la formation des conseils d'administration des corps hors ligne, dont la composition diffère de celle des régimens, bataillons, escadrons et compagnies de troupes de ligne, les principes posés dans ce décret, dont on leur appliquera les dispositions qui pourront leur convenir.

18. Lorsque, dans les corps, un ou plusieurs bataillons, escadrons ou détachemens seront séparés du dépôt, toutes les pièces de comptabilité seront renvoyées au conseil d'administration de ce dépôt, pour y être régularisées et définitivement arrêtées.

19. Toutes les dispositions de l'arrêté du 8 floréal an 8 et du décret du 2 germinal an 13 qui ne sont pas contraires au présent décret continueront à recevoir leur exécution.

20. Notre ministre de la guerre est chargé de l'exécution du présent décret.

21 DÉCEMBRE 1808. — Décret sur la disponibilité des inscriptions de cinq pour cent consolidés, et des actions de la Banque affectées à une institution de majorat qui avait été rejetée ou retirée (1). (4, Bull. 220, n° 4029.)

Voy. décret du 1er MARS 1808.

Art. 1er. Les inscriptions de cinq pour cent consolidés qui, en exécution de notre décret du 1er mars 1808, auront été comprises dans la déclaration faite par le propriétaire afin d'être immobilisées, rendues inaliénables et affectées à la dotation d'un majorat, reprendront leur nature primitive d'effets mobiliers, lorsque la demande en institution de majorat aura été rejetée ou retirée.

2. La disponibilité desdites inscriptions sera rendue aux propriétaires, et l'annotation d'immobilisation, faite tant sur le grand-livre que sur l'extrait d'inscriptions, sera rayée, sur le rapport d'un certificat du secrétaire général du conseil du sceau des titres, visé par notre procureur général du conseil du sceau, après avoir pris les ordres de notre cousin le prince archi-chancelier, constatant le rejet de la demande, ou qu'elle a été retirée.

3. Au moyen des dispositions précédentes, l'article 13 de notre décret du 1er mars 1808, relatif à l'acte indicatif, est sans application aux inscriptions de cinq pour cent consolidés.

4. Les dispositions des trois articles ci-dessus seront communes aux actions de la Banque de France, dont le propriétaire aura déclaré vouloir en faire l'affectation à un majorat, lesquelles ne peuvent être grevées ni d'opposition, ni d'hypothèque, jusqu'à la radiation de la déclaration.

5. Notre ministre du Trésor public est chargé de l'exécution du présent décret.

21 DÉCEMBRE 1808. — Avis du Conseil-d'Etat sur les formalités exigées pour le mariage des officiers réformés. (4, Bull. 220, n° 4032.)

Voy. décret du 16 JUIN 1808.

Le Conseil-d'Etat, qui, en exécution du renvoi ordonné par sa majesté l'empereur et roi, a entendu la section de la guerre sur un rapport du ministre de ce département, tendant à faire appliquer aux officiers réformés le décret du 16 juin 1808, d'après lequel les militaires en activité de service ne peuvent se marier sans la permission du Gouvernement;

Considérant, 1° que le motif du décret a été d'empêcher que les officiers ne pussent contracter des mariages inconvenans, susceptibles d'altérer la considération due à leur caractère; 2° que les officiers réformés pouvant être remis en activité d'un moment à l'autre, et jouissant du droit de porter l'uniforme, les mariages inconvenans qu'ils pourraient contracter auraient la même influence,

Est d'avis qu'il y a lieu d'appliquer aux officiers réformés, et jouissant d'un traitement de réforme, le décret du 16 juin 1808.

21 DÉCEMBRE 1808. — Avis du Conseil-d'Etat sur le mode de remboursement des rentes et créances des communes et fabriques. (4, Bull. 221, n° 4034.)

Le Conseil-d'Etat, qui, d'après le renvoi

(1) *Voy.* erratum au Bull. CCXXVIII.

ordonné par sa majesté, a entendu le rapport de la section de l'intérieur sur celui du ministre de ce département, relatif à la question de savoir en vertu de quelle autorisation le remboursement des rentes et créances des communes et fabriques peut avoir lieu,

Est d'avis, 1° que le remboursement des capitaux dus aux hospices, communes et fabriques, et autres établissemens dont les propriétés sont administrées et régies sous la surveillance du Gouvernement, peut toujours avoir lieu quand les débiteurs se présentent pour se libérer;

Mais qu'ils doivent avertir les administrateurs un mois d'avance, pour que ceux-ci avisent, pendant ce temps, aux moyens de placement, et requièrent les autorisations nécessaires de l'autorité supérieure;

2° Que l'emploi des capitaux en rentes sur l'Etat n'a pas besoin d'être autorisé, et l'est de droit par la règle générale déjà établie;

3° Que l'emploi en biens-fonds, ou de toute autre manière, doit être autorisé par un décret rendu en Conseil-d'Etat, sur l'avis du ministre de l'intérieur, pour les communes et hospices, et du même ministre ou de celui des cultes, pour les fabriques.

---

21 DÉCEMBRE 1808. — Décret portant établissement d'un conseil de prud'hommes à Saint-Quentin. (4, Bull. 220, n° 4031.)

21 DÉCEMBRE 1808. — Décret contenant une nouvelle prorogation du délai accordé pour le dépôt des actes des notaires et autres officiers des cantons de Bardé et de Compiano. (4, Bull. 221, n° 4030.)

21 DÉCEMBRE 1808. — Décrets qui autorisent l'acceptation de dons et legs faits aux pauvres et hospices de Salerans, Limoux, Cherasco, Nîmes, Arnay-sur-Arroux, Lokeren, Commercy, Beynes, Saint-Calais et Rochefort. (4, Bull. 221, n°s 4059 à 4062 ter, 4063 bis, 4063 ter, 4064 et 4064 bis.)

21 DÉCEMBRE 1808. — Décret qui autorise l'acceptation d'une offre de dénoncer, au profit des hospices de Strasbourg, une rente en grains et une maison célées à la régie du domaine. (4, Bull. 221, n° 4063.)

21 DÉCEMBRE 1808. — Décret qui établit une quatrième foire à Mane. (4, Bull. 221, n° 4064 ter)

22 DÉCEMBRE 1808. — Lettres de création du dépôt de mendicité du département de la Seine au château de Villers-Cotterêts. (4, Bull. 218, n° 4010.)

Voy. décret du 15 JUILLET 1808.

Art. 1er. Le château de Villers-Cotterêts

sera disposé sans délai, et mis en état de recevoir mille mendians de l'un et de l'autre sexe.

2. Il sera pourvu à cette dépense, au moyen :

1° Du fonds de cent mille francs qui sera versé par le Trésor public, en exécution de notre décret du 31 juillet 1807;

2° D'une pareille somme de cent mille francs qui sera payée par la ville de Paris, moitié sur les dépenses diverses et imprévues de son budget de 1808, moitié sur le même article de son budget de 1809;

3° D'une pareille somme qui sera prise sur le fonds commun de mendicité, existant à la caisse d'amortissement.

3. Il sera pourvu au paiement de la dépense d'administration et du régime économique, tant par la caisse départementale que par celle de notre bonne ville de Paris, dans les proportions qui seront ultérieurement fixées.

4. Tous les individus qui se livrent à la mendicité, soit dans notre bonne ville de Paris, soit dans l'étendue du département de la Seine, seront tenus de se rendre, avant le 15 janvier 1809, à ladite maison de mendicité, pour y être admis. Ils s'adresseront, à cet effet, au préfet de police et aux commissaires de police et de quartier.

5. A dater du 1er février, tout individu qui sera trouvé mendiant, soit à Paris, soit dans l'étendue du département de la Seine, sera conduit, soit par les soins des officiers de police, soit par la gendarmie ou autre force armée, dans ladite maison.

6. Tous les individus ainsi conduits dans ladite maison y seront écroués en vertu d'une décision du sous-préfet constatant le fait de la mendicité; ils seront retenus dans ladite maison jusqu'à ce qu'ils se soient rendus habiles à gagner leur vie par leur travail; et au moins pendant une année.

7. Le réglement provisoire dressé par notre ministre de l'intérieur est approuvé, pour être exécuté pendant le cours de l'année 1809 et jusqu'à ce que notre Conseil-d'Etat ait rédigé un projet de réglement définitif qui s'applique à toutes les maisons de mendicité, et qui concilie les mesures nécessaires pour la répression de la mendicité, et les formalités à suivre pour garantir de tous les abus, et assurer que la liberté des citoyens ne sera pas compromise.

8. Les présentes lettres de création seront insérées au Bulletin des Lois, et mises à l'ordre de la gendarmerie.

9. Nos ministres de l'intérieur, des finances, du Trésor public, de la guerre, et de la police générale, sont chargés de l'exécution du présent décret.

31 DÉCEMBRE 1808. — Décret qui dissout la junte militaire en Toscane, et ordonne l'établissement d'un conseil extraordinaire de liquidation des objets antérieurs à 1809. (4, Bull. 221, n° 4036.)

1ᵉʳ JANVIER 1809. — Décret qui ordonne la levée de quatre-vingt mille conscrits de 1810. (4, Bull. 222, n° 4065.)

3 JANVIER 1809. — Décret concernant le timbre des lettres de voiture, connaissemens, chartes-parties et polices d'assurance. (4, Bull. 222, n° 4066.)

Art. 1ᵉʳ. Les lettres de voiture, connaissemens, chartes-parties et polices d'assurance, continueront d'être assujéties au timbre de dimension. Les parties, pour rédiger ces actes, pourront se servir de telle dimension de papier timbré qu'elles jugeront convenable, sans être tenues d'employer exclusivement à cet usage du papier frappé du timbre d'un franc.

2. Ne sont point assujétis à se pourvoir de lettres de voiture timbrées, les propriétaires qui font conduire, par leurs voituriers et leurs propres domestiques ou fermiers, les produits de leurs récoltes.

3. Notre ministre des finances est chargé de l'exécution du présent décret.

3 JANVIER 1809. — Décret qui ordonne le paiement de quatre cent quatre-vingts francs, pour pensions accordées à quatre veuves de militaires. (4, Bull. 222, n° 4067.)

3 JANVIER 1809. — Décrets qui autorisent l'acceptation de dons et legs faits aux pauvres et hospices, etc. de Rabastens, Bully, Agrasca, Chaumerac, Puy, Paris, Camera Vohgera, Cretteville, Gyzegem, Limbourg, Bilstain, Besançon, Saint-Denis d'Ourques, Bruxelles, Saint-Rambert, île Barbe, Bayonne, Toulouse, Gressan, Aire, Crehen et Toulon. (4, Bull. 223, n°ˢ 4070 à 4087, et Bull. 224, n°ˢ 4017 à 4019.)

3 JANVIER 1809. — Décrets qui autorisent l'acceptation d'offres de découvrir, au profit des pauvres et hospices de Luxembourg, Anvers, Waret-la-Chaussée, Termonde, Louvain, Herent, Longueville, Rhodès-Sainte-Agathe, Wilselle, Erbsquarobbe et Arqucsmes, des biens célés à la régie du domaine. (4, Bull. 223, n°ˢ 4085 à 4090; Bull. 224, n°ˢ 4100 à 4106, et Bull. 226, n°ˢ 4144 et 4148.)

5 JANVIER 1809. — Décret qui continue, jusqu'au 10 février 1810, MM. Le Gout, Bourguignon et Fouquet dans leurs fonctions près la cour impériale. (4, Bull. 220, n° 4033.)

15 JANVIER 1809. — Décret qui fixe le mode de paiement des traitemens et pensions dans les trois vicairies de Pontremoli, Bagnone et Fivizzano, réunis au département des Apennins. (4, Bull. 224, n° 4091.)

15 JANVIER 1809. — Décret qui ordonne le paiement de six cents francs, pour pensions accordées à cinq veuves de militaires. (4, Bull. 224, n° 4110.)

15 JANVIER 1809. — Décret contenant le tableau des foires du département de la Loire-Inférieure. (4, Bull. 224, n° 4111.)

15 JANVIER 1809. — Décret portant suppression des deux foires de Brusasco, et rétablissement de la foire qui se tenait anciennement à Vensobres. (4, Bull. 224, n°ˢ 4112 et 4113.)

15 JANVIER 1809. — Décrets qui autorisent l'acceptation de donations faites aux séminaires diocésains de Turin, de Quimper et de Paris. (4, Bull. 224, n°ˢ 4114 à 4116.)

15 JANVIER 1809. — Décrets qui autorisent l'acceptation de dons et legs faits aux pauvres et hospices de Beuvry, Orléans, Tressan, Tonnerre, Saint-Bonnet-le-Château, Montfort, Montour, Poilley, Miniac-Morvan, Saint-Malo, la Mezeire, Trebœuf, Fougères et Olney-la-Réole. (4, Bull. 231, n°ˢ 4139 à 4144, 4146, 4147 et 4149.)

15 JANVIER 1809. — Décret qui rejette la demande en concession des mines de fer de Rancié formée par le sieur Tournier, et renouvelée par les sieurs Rousse, Viviés et compagnie. (4, Bull. 226, n° 4145.)

21 JANVIER 1809. — Avis du Conseil-d'État. (Contributions.) Voy. 2 FÉVRIER 1809.

26 JANVIER 1809. — Lettres de création des dépôts de mendicité des départemens de Jemmape et des Forêts. (4, Bull. 223, n°ˢ 4068 et 4069.)

26 JANVIER 1809. — Décret qui prolonge le brevet d'invention accordé aux sieurs Moor et Armitage, pour un métier à bas et une machine à faire la dentelle ou tulle. (4, Bull. 224, n° 4092.)

26 JANVIER 1809. — Décret qui change le jour de la tenue de la foire dite de Saint-Jouin, à Vihiers. (4, Bull. 224, n° 4119.)

26 JANVIER 1809. — Décret qui autorise l'acceptation d'une donation faite à l'hospice de Craponne. (4, Bull. 226, n° 4150.)

16.

22

26 JANVIER 1809. — Décrets qui autorisent l'acceptation d'offres de découvrir, au profit des hospices de Vire, de l'hôpital général de Douai et des pauvres d'Hognoul, des biens et rentes célés à la régie du domaine. (4, Bull. 224, n°ˢ 4117, 4118, et Bull. 228, n° 4161.)

30 JANVIER 1809. — Décret qui permet l'exportation des cotons filés. (4, Bull. 224, n° 4094.)

Art. 1ᵉʳ. L'exportation à l'étranger des cotons filés est permise.

2. Au 1ᵉʳ mai prochain, il nous sera fait, par notre ministre de l'intérieur, un rapport sur la question de savoir si l'importation en France des cotons filés étrangers devra être prohibée.

3. Nos ministres de l'intérieur et des finances sont chargés de l'exécution du présent décret.

30 JANVIER 1809. — Avis du Conseil - d'État sur plusieurs questions relatives aux acquéreurs de biens nationaux. (4, Bull. 229, n° 4188.)

Le Conseil-d'État, qui, d'après le renvoi ordonné par sa majesté, a entendu le rapport de la section des finances sur celui du ministre de ce département, tendant à la répression d'abus préjudiciables aux intérêts de l'État, commis dans plusieurs départemens par des acquéreurs de domaines nationaux, et par lequel le ministre propose :

1° De limiter la faculté d'élire les commands ou amis à un seul individu;

2° D'appliquer aux adjudicataires de biens dans lesquels il se trouve de la tourbe, les dispositions des lois relatives au mode de jouissance des maisons, usines et bois;

3° En cas de déchéance de la part des acquéreurs, quels que soient les biens par eux acquis, d'annuler les baux consentis par eux ou leur command, s'ils sont au-dessous du prix stipulé par les derniers baux;

Considérant, sur le premier point, que la loi du 16 octobre 1791, qui a fixé un délai pour la nomination de command ou élection d'ami, n'énonce, dans sa disposition, que la personne au profit de laquelle elle aura été faite, ce qui prouve que l'intention du législateur a été qu'il n'y eût jamais qu'un seul individu élu ou nommé;

Sur le second point, qu'on doit appliquer le même droit où il y a à même raison de décider, et que les terrains qui fournissent de la tourbe, pouvant perdre beaucoup de leur valeur par le fait des acquéreurs de ces terrains, avant qu'ils en aient soldé le prix, il est juste de prendre à leur égard les précautions consacrées par les lois pour les biens susceptibles de dégradations;

Sur le troisième point, que, s'il y aurait de l'inconvénient à déclarer nuls, à l'avance

et généralement, des actes qui intéressent des tiers, on peut prévenir la fraude, et mettre en garde les citoyens qui seraient dans le cas de traiter avec des acquéreurs de mauvaise foi, en faisant insérer dans les clauses d'enchères et d'adjudications, que les baux consentis par les acquéreurs à un prix inférieur à celui des baux précédens ne seront pas confirmés par l'administration, dans le cas de déchéance des acquéreurs; qu'ainsi il n'y a de sûreté à devenir leur fermier à de pareilles conditions, que lorsqu'ils sont devenus eux-mêmes propriétaires incommutables par l'acquittement du prix entier de l'adjudication,

Est d'avis que le ministre des finances soit autorisé à faire insérer, à l'avenir, dans les clauses d'enchères et d'adjudication des domaines nationaux :

1° Que la faculté d'élire des amis ou commands ne pourra être exercée par l'acquéreur qu'au profit d'un seul individu;

2° Que l'article 22 de la loi du 16 brumaire an 3, qui défend aux acquéreurs de maisons, usines, futaies et bois taillis, de faire aucune coupe ou démolition avant d'avoir soldé le prix entier de la vente, et ce à peine d'exigibilité de ce qui restera dû, à moins qu'ils n'en aient obtenu l'autorisation, à la charge de donner bonne et valable caution, est applicable aux acquéreurs de biens où se trouvent des tourbes et charbons de terre;

3° Que, dans le cas de déchéance des acquéreurs, l'administration ne sera pas tenue de maintenir les baux qu'ils auront consentis à un prix inférieur à celui des baux précédens.

30 JANVIER 1809. — Décret contenant proclamation des brevets d'invention délivrés, pendant le quatrième trimestre de 1808, aux sieurs Dufour, Bretel aîné, Bertrand, Rousseau, Schulder, Despiau, Pinabel, Bodmer, Landelle, Touboulie, Fouet et Le Tellier. (4, Bull. 224, n° 4093.)

30 JANVIER 1809. — Décret qui fixe le délai après lequel les actes publics seront écrits en français dans les villes de Flessingue, Wesel, Cassel et Kehl. (4, Bull. 224, n° 4095.)

30 JANVIER 1809. — Décrets relatifs au changement du jour de la tenue de la foire de Crécy, et à l'établissement de foires à Saint-Julien-sur-Reyssouze, Oullins, Montville et Troissy. (4, Bull. 228, n°ˢ 4162 à 4166.

30 JANVIER 1809. — Décrets qui autorisent l'acceptation de dons et legs faits aux pauvres et hospices de Marnac, Berbignières, Anzecourt, Paris, Châlons-sur-Marne, Marseille, Mont-

pellier, Lyon, Gondrecourt, Rambures, Wittaineglise, Villeroy. Molliens-aux-Bois, Puquigny, Saint-Germain d'Amiens, Longpré-lès-Amiens, Villeréal, Chaumont, Noisy-le-Grand, Saint-Omer, Metz et Saint-Goudens. (4, Bull. 228, nᵒˢ 4167 à 4182; Bull. 229, nᵒˢ 4196 à 4200, et Bull. 230, nᵒˢ 4209 et 4213.)

---

30 JANVIER 1809. — Décrets qui autorisent l'acceptation d'offres de découvrir, au profit des pauvres et hospices de Liége, Lille, Bruxelles, Watermael et Boisfort, des biens et rentes célés à la régie du domaine. (4, Bull. 230, nᵒˢ 4210 à 4212.)

---

2 FÉVRIER 1809. — Décret qui change le nom de l'*Ile de la Réunion* et des deux ports de l'*Ile de France*. (4, Bull. 224, n° 4097.)

Art. 1ᵉʳ L'île de la Réunion aura le nom d'île Bonaparte.

2. Le port Nord-Ouest, chef lieu de l'île de France, s'appellera port Napoléon, et le port Sud-Est, de la même île, port Impérial.

3. Notre ministre de la marine est chargé de l'exécution du présent décret.

---

2 FÉVRIER 1809. — Décret relatif au mode d'instruction des affaires criminelles jusqu'au 1ᵉʳ janvier 1810. (4, Bull. 224, n° 4098.)

Voy. décret du 17 DÉCEMBRE 1809.

N...... sur le rapport de notre grand-juge, ministre de la justice;

Considérant que les autorités judiciaires dont le nouveau Code d'instruction criminelle nécessite l'existence ne pourront pas être organisées avant le 1ᵉʳ janvier 1810, et que les cours et tribunaux actuellement chargés des poursuites, instructions et jugemens, ne sont pas supprimés; notre Conseil-d'Etat entendu, nous avons décrété et décrétons ce qui suit :

Art. 1ᵉʳ. Nos cours et nos tribunaux continueront d'exécuter comme par le passé, jusqu'au 1ᵉʳ janvier 1810, les lois relatives à la recherche, à la poursuite et au jugement des affaires criminelles, de police correctionnelle et de simple police.

2. Notre grand-juge, ministre de la justice, est chargé de l'exécution du présent décret.

---

2 FÉVRIER 1809. — Décret concernant les droits d'enregistrement dans les cours et tribunaux, des lettres-patentes portant institution des majorats. (4, Bull. 224, n° 4099)

Voy. décret du 24 JUIN 1808.

Art. 1ᵉʳ. Les droits fixés par l'article 2 de notre décret du 24 juin dernier, continueront à être perçus pour l'enregistrement, dans les cours et tribunaux, de nos lettres-patentes portant institution de majorats.

Ces droits seront perçus sur la minute de l'arrêt ou jugement qui ordonnera l'enregistrement.

Les actes de constitution des biens qui forment les majorats de notre propre mouvement ne paieront que les droits attribués au greffier par ledit article.

2. Les greffiers de nos cours et tribunaux percevront, pour frais de transcription des lettres-patentes et des procès-verbaux ou actes de constitution des biens composant les majorats, trois francs par rôle de l'expédition délivrée par le secrétaire général de notre conseil du sceau des titres, et certifiée par notre cousin le prince archi-chancelier de l'empire, conformément à l'article 5 de notre décret du 24 juin 1808, concernant l'instruction des demandes relatives aux majorats.

3. Le secrétaire général de notre conseil du sceau des titres fera mention du nombre des rôles, au bas de chaque expédition.

4. Notre grand-juge, ministre de la justice, est chargé de l'exécution du présent décret.

---

2 FÉVRIER 1809. — Avis du Conseil-d'Etat sur deux questions relatives à la contribution foncière des héritages possédés à titre d'emphytéose. (4, Bull. 225, n° 4121.)

Le Conseil-d'Etat, qui, d'après le renvoi ordonné par sa majesté, a entendu le rapport de la section des finances sur celui du ministre de ce département, relatif à la question de savoir :

1° Si la contribution foncière des héritages possédés à titre d'emphytéose doit être supportée par le preneur qui paie la rente, ou par le bailleur qui la perçoit;

2° Si l'emphytéote est autorisé à retenir, sur le montant de la redevance, un cinquième pour représenter les contributions dues par le bailleur pour sa jouissance de la rente;

Vu la loi du 23 novembre = 1ᵉʳ décembre 1790;

Considérant que, le paiement des contributions étant une charge inséparable de la propriété utile, il ne doit être supporté que par celui qui en jouit, c'est-à-dire, par le preneur ou ses ayans-droit; que cette jurisprudence, conforme au droit commun, a été reconnue par une décision du ministre des finances rendue le 10 avril 1792;

Considérant que la disposition de la loi de 1790, qui autorise le débiteur de rente à la retenue du cinquième sur la redevance, est textuelle et précise; que, par conséquent, le bailleur ne peut lui contester ce droit, à moins qu'un pacte contraire n'ait été stipulé dans l'acte emphytéotique.

Considérant, pour ce qui regarde les emphytéoses consenties par les ci-devant corps ecclésiastiques, pour lors exempts des impositions, qu'il n'y a nul motif pour supposer qu'ils eussent stipulé la condition de l'exemption de toute retenue, lorsque cette condition n'a point été expressément énoncée dans leur contrat,

Est d'avis, 1º que les contributions imposées sur les propriétés tenues à bail emphytéotique doivent être à la charge de l'emphytéote, lors même qu'il n'a point été astreint expressément à ce paiement par l'acte de bail ;

2º Que l'emphytéote est autorisé à la retenue du cinquième sur le montant de la redevance, pour représenter la contribution due par le bailleur, à moins que le contraire n'ait été expressément stipulé.

2 FÉVRIER 1809. — Avis du Conseil-d'État relatif aux biens concédés par les ducs de Lorraine, et devenus propriétés du prince de Salm. (S. 9, 2, 205.)

Le Conseil-d'État, qui, d'après le renvoi ordonné par sa majesté, a entendu le rapport de la section des finances sur celui du ministre de ce département, relatif à l'inexécution de la loi du 14 ventose an 7, dans l'étendue de la ci-devant principauté de Salm, réunie à la France par décret du 2 mars 1793, et tendant à faire décider, en conformité de l'art. 2 de la même loi du 14 ventose, par quelles lois doivent être réglées :

1º Les concessions de domaines faites par les princes de Salm ;

2º Celles faites par les ducs de Lorraine de domaines provenant originairement de la maison de Salm, et rentrés dans la même maison par l'effet de la convention passée entre le roi de Pologne, duc de Lorraine, et le prince de Salm, le 21 décembre 1751, portant partage définitif ;

Vu, 1º l'article 2 du 14 ventose an 7, ainsi conçu :

« En ce qui concerne les pays réunis postérieurement à la publication de l'édit de février 1566, les aliénations des domaines faites avant les époques respectives des réunions seront réglés suivant les lois alors en usage dans les pays réunis, et suivant les traités de paix ou de réunion ; »

2º Le décret du 2 mars 1793, susénoncé ;

3º La convention du 21 décembre 1751, aussi énoncée ;

4º Le pacte du traité de famille fait entre les deux princes de la maison de Salm, le 5 juillet 1771, ratifié les 18 et 20 du même mois ;

5º I 'avis du conseil de préfecture du département des Vosges, ensemble des observations de l'administration de l'enregistrement et des domaines.

Considérant, 1º en ce qui concerne les concessions faites par les princes de Salm, que le principe d'inaliénabilité du domaine n'a été établi dans la principauté de Salm que par le traité de famille passé entre les princes de la maison de Salm, le 5 juillet 1771, d'où il suit que les aliénations faites postérieurement par cette maison sont seules dans le cas de la révocation ;

2º Relativement aux biens concédés par les ducs de Lorraine, pendant leur possession provisoire, et restés définitivement propriétés du prince de Salm, par la concession du 21 décembre 1751 ; que ce dernier acte n'est qu'une suite du partage provisoire de famille fait entre le duc de Lorraine et le prince de Salm, en 1598 ; que les biens dont il s'agit restèrent dans un état d'indivision, jusqu'à la convention de 1751 ; que leur sort n'a été définitivement fixé que par ce traité ; d'où il suit qu'ils n'ont été sous la loi d'inaliénabilité que par le traité de famille de 1771,

Est d'avis,

Que la loi du 14 ventose an 7 n'est applicable ni aux biens originairement concédés par les ducs de Lorraine, et qui sont devenus définitivement propriétés du prince de Salm, par l'effet de la convention du 21 décembre 1751, ni même aux concessions faites par les princes de Salm, si elles ne sont d'une date postérieure au 5 juillet 1771.

2 FÉVRIER 1809. — Lettres de création du dépôt de mendicité du département de la Manche. (4, Bull. 224, nº 4096.)

2 FÉVRIER 1809. — Décrets relatifs à la tenue et à l'établissement des foires de Corlay, Saint-André, Manderscheid, Saint-Vigor, Bayeux, et de diverses communes du département d'Indre-et-Loire. (4, Bull. 228, nºˢ 4183 à 4186, et Bull. 230, nº 4214.)

2 FÉVRIER 1809. — Décret qui ordonne le paiement de trois cent quarante-sept francs, pour pensions accordées à trois veuves de militaires. (4, Bull. 224, nº 4120.)

2 FÉVRIER 1809. — Décrets qui autorisent l'acceptation de dons et legs faits aux pauvres et hospices d'Arnay-sur-Arroux, Alize, Dunkerque, Mirecourt, Valenciennes, Ruelle, Paris, Chabanais, Dijon, Darney, Assions, Treguier, Pré-en-Pail, Toulon, St.-Gaudens, Craponne, Séez, Ecke, Agen, Riom, Meymac, Roanne, Saint-Gilles, Riez, Saint-Junien, Forcalquier, Bobbio, Saint-Vaast et Malmédy. (4, Bull. 230, nºˢ 4215 à 4221, 4223 à 4228, 4230 à 4242 et 4244 à 4247.)

2 FÉVRIER 1809. — Décrets qui autorisent l'acceptation d'offres de dénoncer, au profit des pauvres de Longueville et d'Anderlecht, des biens célés à la régie du domaine. (4, Bull. 230, n°⁵ 4242 et 4243.)

2 FÉVRIER 1809. — Décret portant que l'association formée à Metz (Moselle) est autorisée à exister comme société anonyme, sous la raison de société des fonderies de cuivre et manufactures de fer-blanc de Dilling. (4, Bull. 230, n° 4229.)

2 FÉVRIER 1809. — Décrets qui ordonnent le paiement de pensions accordées à des veuves de militaires. (4, Bull. 230, n° 4248.)

3 FÉVRIER 1809. — Décret impérial sur les salaires des gardes des bois des communes. (Non inséré au Bulletin.)

N....... sur le rapport de notre ministre des finances, vu, 1° la loi du 22 mars 1805, portant, article 1er, que « le montant des salai-« res des gardes des bois et communes qui « n'auront ni revenus ni affouages suffisans « pour l'acquitter, sera ajouté aux centimes « additionnels des contributions de ces com-« munes ; »

Et art. 2, « que l'imposition ne pourra « avoir lieu que sur l'autorisation du Gou-« vernement, par décret d'administration « publique ; »

2° Les délibérations des conseils municipaux des communes de Rogale, Encourthiech, Eicheil, Saint-Félix de Rieutard, Rieucros, Laroque, les Issards, Theilh et les Allemens, la Bastide sur l'Hers, Crampagna et Montégut, département de l'Ariége, par lesquelles lesdits conseils municipaux ont reconnu que leurs communes n'ont ni revenus ni affouages suffisans pour acquitter les salaires de leurs gardes, et ont, en conséquence, voté une addition aux centimes de leurs contributions, équivalente au montant desdits salaires ;

3° Les budgets desdites communes ;

4° Les arrêtés pris d'après l'avis des sous-préfets, par le préfet du département de l'Ariége, les 10, 15 et 25 novembre et 14 décembre 1808, et 5 et 6 janvier 1809, approbatif des délibérations susénoncées, et tendant à obtenir l'autorisation voulue par l'article 2 de la même loi du 22 mars 1806 ;

5° Les tableaux des centimes additionnels à ajouter aux contributions desdites communes, pour le paiement de leurs gardes, dressé par le conservateur des forêts, le 24 mai 1809, d'après les bases fixées par le préfet ;

6° L'avis approbatif du conseiller d'État directeur général des forêts ;

Notre Conseil-d'État entendu, nous avons décrété ce qui suit :

Art. 1er. Les arrêtés du préfet du département de l'Ariége sus-énoncés sont approuvés, et seront exécutés selon leurs forme et teneur.

2. Notre ministre est chargé de l'exécution du présent décret.

7 FÉVRIER 1809. — Décret sur l'exécution des jugemens rendus au profit des étrangers dans les matières pour lesquelles il y a eu recours au Conseil-d'État. (4, Bull. 225, n° 4122.)

Art. 1er. Les jugemens rendus, au profit des étrangers qui auraient obtenu des adjudications dans les matières pour lesqueles il y a, d'après notre décret du 22 juillet 1806, recours à notre Conseil-d'État, ne pourront être exécutés pendant le délai accordé pour ce recours, qu'autant que l'étranger aura préalablement fourni en France une caution bonne et solvable.

2. Notre grand-juge, ministre de la justice, est chargé de l'exécution du présent décret.

7 FÉVRIER 1809. — Décret qui établit une chambre de commerce à Dieppe. (4, Bull. 226, n° 4130.)

7 FÉVRIER 1809. — Décrets qui autorisent l'acceptation de dons et legs faits aux pauvres et hospices d'Oosvleteren, Esquermes, Agen, Merville, Corbie en Haveskerque, Nozeroy, Fresnay, Loudun, Thiange, Villers-le-Peuplier et Acosse. (4, Bull. 230, n°⁵ 4251 à 4258.)

7 FÉVRIER 1809. — Décrets relatifs à la tenue et à l'établissement des foires de la Faye-Montjault, Saint-Dier et Nueil-sous-les-Aubiers. (4, Bull. 230, n°⁵ 4259 à 4261.)

9 FÉVRIER 1809. — Lettres de création des dépôts de mendicité des départemens de la Marne et du Mont-Blanc. (4, Bull. 225, n°⁵ 4123 et 4124.)

11 FÉVRIER 1809. — Décret qui nomme M. Bourdon préfet du département de Gênes. (4, Bull. 226, n° 4131.)

12 FÉVRIER 1809. — Décret qui nomme MM. Merlet préfet du département de Maine-et-Loire, et Barante préfet du département de la Vendée. (4, Bull. 226, n° 4132.)

17 FÉVRIER 1809. — Décret concernant les droits du sceau de l'Université impériale. (4, Bull. 226, n° 4133.)

Voy. décret du 17 MARS 1808.

TITRE 1er. *Des droits relatifs aux grades.*

Art. 1er. Les droits relatifs aux grades sont de trois sortes, savoir :

Les droits d'inscription aux cours, lesquels seront perçus même dans les facultés où l'inscription n'est pas déclarée nécessaire par notre décret du 17 mars 1808;

Les droits d'examen;

Les droits de diplôme.

2. Les inscriptions et les droits y relatifs ne sont point exigibles des élèves des lycées; le droit de vingtième sur leur pension en tiendra lieu.

3. Les droits d'inscription, lorsqu'ils n'auront pas été payés en s'inscrivant aux cours des facultés, et les droits d'examen, seront versés d'avance dans les caisses des académies : ceux de diplôme le seront après l'examen.

4. Chaque caisse d'académie recevra tous les droits quelconques, et en comptera sans rétribution avec le trésorier de l'Université.

5. Le recteur de chaque académie sera chargé d'obtenir du grand-maître et de faire délivrer aux candidats, sans nouveaux frais, les ratifications des réceptions, les expéditions des diplômes.

6. Les académies fourniront le local, et seront chargées des frais de police pour les examens et thèses; les autres frais, et notamment ceux de l'impression des thèses, seront supportés par les candidats.

7. Lorsque le grand-maître aura jugé à propos de faire recommencer l'examen d'un candidat admis par une faculté, le second examen sera gratuit.

8. Le candidat qui se représenterait après avoir été jugé par une faculté n'être pas suffisamment instruit paiera de nouveau les droits d'examen.

9. Les droits à payer dans les facultés des lettres et des sciences sont fixés ainsi qu'il suit :

Bacchalauréat.	Droit d'examen.	24f
	Droits de diplôme	26
Licence.	Droits des quatre inscriptions	12
	Droits d'examen.	24
	Droits de diplôme.	36
Doctorat . . .	Droits d'examen	48
	Droits de diplôme	72

10. Il sera payé par les candidats des facultés de droit et de médecine, aux caisses des académies, pour droits de *visa* et ratification ordonnés par l'article 96 du décret du 17 mars 1808, en sus de ce que les décrets existans leur prescrivent de payer aux facultés, et nonobstant le prélèvement du dixième prescrit par l'article 133 du décret du 17 mars, savoir :

Pour le baccalauréat de droit. . . . 36 fr.
Pour la licence de droit. 48
Pour le doctorat de droit. 48
Pour le doctorat de médecine et de chirurgie 100

11. Les réceptions d'officiers de santé et de pharmaciens seront visées par les doyens des facultés de médecine et par les recteurs des académies; il sera payé pour ce *visa* cinquante francs, et à Paris cent francs.

12. Les droits d'examen en théologie seront de dix francs pour chacun; les droits de diplôme seront :

Pour le baccalauréat, de. . . . . . 15 fr.
Pour la licence, de. 15
Pour le doctorat, de. 50

13. Les personnes que l'art. 11 du décret du 17 septembre 1808 met dans le cas d'obtenir des diplômes sans examen préalable, et qui auraient été graduées des anciennes universités, ne paieront, comme les gradués eux-mêmes, que les droits de diplôme.

Celles de ces personnes qui n'auraient point été graduées dans les anciennes universités seront tenues, pour obtenir les diplômes correspondans à leurs grades, de payer les droits d'examen et ceux de diplôme.

TITRE II. *Des droits relatifs aux emplois.*

14. Tous les officiers et autres employés de l'Université, des académies et des lycées, qui entrent dans des fonctions salariées, ou qui passeront à des fonctions supérieures, paieront, une fois pour toutes, pour droit de sceau de leurs diplômes et brevets, le vingt-cinquième de leur traitement fixe.

15. Ce droit pourra être acquitté en trois paiemens égaux, par une retenue faite sur les trois premiers mois de leur traitement.

16. Les personnes qui seront confirmées dans leurs emplois actuels seront exemptes de ce droit.

17. La formule de diplôme, pour la collation des grades, sera conforme à celle annexée à notre présent décret.

18. Notre ministre de l'intérieur est chargé de l'exécution du présent décret.

UNIVERSITÉ IMPÉRIALE.

Diplôme d

AU NOM DE NAPOLÉON, EMPEREUR DES FRANÇAIS, ROI D'ITALIE, ET PROTECTEUR DE LA CONFÉDÉRATION DU RHIN.

Nous,   grand-maître de l'Université impériale, comte de l'empire,

Vu le certificat d'aptitude au grade de accordé le   par le doyen et les professeurs de la faculté de   , académie de   au sieur   né à   , département d   le

Vu l'approbation donnée à ce certificat par   recteur de ladite académie ;

Ratifiant le susdit certificat,

Donnons, par ces présentes, au sieur   le diplôme de   pour en jouir avec les droits et prérogatives qui y sont attachés par les lois, décrets et réglemens, tant dans l'ordre civil que dans l'ordre des fonctions de l'Université.

Donné au chef-lieu et sous le sceau de l'Université.

A Paris, le

Le grand-maître ;

Le chancelier,

Par son excellence le grand-maître:
Le Secrétaire général,

Délivré par nous,
Recteur de l'académie,

----

17 FÉVRIER 1809. — Décret concernant les biens cédés à la caisse d'amortissement. (4 , Bull. 227, n° 4134.)

Art. 1er. Les biens cédés à la caisse d'amortissement ne sont plus censés faire partie du domaine public : chacun de nos ministres peut cependant nous demander qu'on mette à sa disposition les bâtimens et domaines nécessaires ou utiles à un service public dans son département, mais à la charge de faire verser à la caisse d'amortissement une somme égale à celle pour laquelle le domaine demandé sera entré dans l'état des biens cédés à la caisse d'amortissement.

2. Tous les ministres sont chargés de l'exécution du présent décret.

----

17 FÉVRIER 1809. — Décret qui proroge le délai accordé pour le dépôt de titres d'acquisitions aux concessionnaires ou détenteurs de biens nationaux, dans les départemens des 27e et 28e divisions militaires et dans l'arrondissement de San-Rémo. (4, Bull. 225, n° 4125.)

----

17 FÉVRIER 1809. — Décrets qui autorisent l'acceptation de dons et legs faits aux pauvres et hospices d'Aire, Lyon, Rochefort, Monastier, Cortiamble, Cheilard, Saint-Andéule-de-Fourchade, Baisieux, Paris. (4, Bull. 230, nos 4262 à 4268, et Bull. 231, n° 4277.)

----

17 FÉVRIER 1809. — Lettres de création de dépôt de mendicité du département de l'Aube. (4, Bull. 225, n° 4126.)

----

17 FÉVRIER 1809. — Décrets qui autorisent l'acceptation d'offres de découvrir, au profit des pauvres de Gondregnies, Hérent et Erpsquarebbe, des biens et rentes célés à la régie du domaine. (4, Bull. 231, nos 4278 et 4279.)

----

17 FÉVRIER 1809. — Décrets qui changent le jour de la tenue des foires de Sablé et de Celles. (4, Bull. 231, nos 4280 et 4281.)

----

18 FÉVRIER 1809. — Décret relatif aux congrégations ou maisons hospitalières de femmes. (4, Bull. 225, n° 4127.)

Voy. loi du 18 AOUT 1792; décrets du 3 MESSIDOR an 12; avis du Conseil-d'État du 6 FÉVRIER 1811, du 25 MARS 1811, du 3 JANVIER 1812, du 23 JANVIER 1813; loi du 2 JANVIER 1817, du 24 MAI 1825.

SECTION Ire: Dispositions générales.

Art. 1er. Les congrégations ou maisons hospitalières de femmes, savoir, celles dont l'institution a pour but de desservir les hospices de notre empire, d'y servir les infirmes, les malades et les enfans abandonnés, ou de porter aux pauvres des soins, des secours, des remèdes à domicile, sont placées sous la protection de *Madame,* notre très-chère et honorée mère.

2. Les statuts de chaque congrégation ou maison séparée seront approuvés par nous, et insérés au Bulletin des Lois, pour être reconnus, et avoir force d'institution publique.

3. Toute congrégation d'hospitalières dont les statuts n'auront pas été approuvés et publiés avant le 1er janvier 1810 sera dissoute.

4. Le nombre des maisons, le costume et les autres priviléges qu'il est dans notre intention d'accorder aux congrégations hospitalières, seront spécifiés dans les brevets d'institution.

5. Toutes les fois que des administrations des hospices ou des communes voudraient étendre les bienfaits de cette institution aux hôpitaux de leurs communes ou arrondissemens, les demandes seront adressées par les préfets à notre ministre des cultes, qui, de concert avec les supérieures des congrégations, donnera des ordres pour l'établissement des nouvelles maisons, quand cela sera nécessaire : notre ministre des cultes soumettra l'institution des nouvelles maisons à notre approbation.

SECTION II. Noviciats et vœux.

6. Les congrégations hospitalières auront des noviciats, en se conformant aux règles établies à ce sujet par leurs statuts.

7. Les élèves ou novices ne pourront contracter des vœux si elles n'ont seize ans accomplis. Les vœux des novices âgées de moins de vingt-un ans ne pourront être que pour un an. Les novices seront tenues de présenter les consentemens demandés pour contracter mariage, par les articles 148, 149, 150, 159 et 160 du Code civil.

8. A l'âge de vingt-un ans, ces novices pourront s'engager pour cinq ans. Ledit engagement devra être fait en présence de l'évêque (ou d'un ecclésiastique délégué par l'évêque), et de l'officier civil qui dressera l'acte, et le consignera sur un registre double, dont un exemplaire sera déposé entre les mains de la supérieure, et l'autre à la municipalité (et pour Paris, à la préfecture de police).

SECTION III. Revenus, biens et donations.

9. Chaque hospitalière conservera l'entière propriété de ses biens et revenus, et le droit de les administrer et d'en disposer conformément au Code civil.

10. Elle ne pourra, par actes entre-vifs, ni y renoncer au profit de sa famille, ni en disposer, soit au profit de la congrégation, soit en faveur de qui que ce soit.

11. Il ne sera perçu, pour l'enregistrement des actes de donations, legs ou acquisitions, légalement faits en faveur des congrégations hospitalières, qu'un droit fixe d'un franc.

12. Les donations seront acceptées par la supérieure de la maison, quand la donation sera faite à une maison spéciale, et par la supérieure générale, quand la donation sera faite à toute la congrégation.

13. Dans tous les cas, les actes de donation ou legs, doivent pour la demande d'autorisation à fin d'accepter, être remis à l'évêque du lieu du domicile du donateur ou testateur, pour qu'il les transmette, avec son avis, à notre ministre des cultes.

14. Les donations, revenus et biens des congrégations religieuses, de quelque nature qu'ils soient, seront possédés et régis conformément au Code civil; et ils ne pourront être administrés que conformément à ce Code, et aux lois et réglemens sur les établissemens de bienfaisance.

15. Le compte des revenus de chaque congrégation ou maison séparée sera remis, chaque année, à notre ministre des cultes.

SECTION IV. Discipline.

16. Les dames hospitalières seront, pour le service des malades ou des pauvres, tenues,

s'il y en a, de se conformer, dans les hôpitaux ou dans les autres établissemens d'humanité, aux réglemens de l'administration.

Celles qui se trouveront hors de service par leur âge ou par leurs infirmités seront entretenues aux dépens de l'hospice dans lequel elles seront tombées malades ou dans lequel elles auront vieilli.

17. Chaque maison, et même celle du chef-lieu, sera, quant au spirituel, soumise à l'évêque diocésain, qui la visitera et réglera exclusivement.

18. Il sera rendu compte à l'évêque de toutes peines de discipline autorisées par les statuts, qui auraient été infligées.

19. Les maisons des congrégations hospitalières, comme toutes les autres maisons de l'Etat, seront soumises à la police des maires, des préfets et officiers de justice.

20. Toutes les fois qu'une sœur hospitalière aurait à porter des plaintes sur des faits contre lesquels la loi prononce des peines de police correctionnelle ou autres plus graves, la plainte sera renvoyée devant les juges ordinaires.

21. Notre grand-juge, ministre de la justice, et nos ministres des cultes, des finances, de l'intérieur, de la police générale, sont chargés de l'exécution du présent décret.

———

19 FÉVRIER 1809. — Décret qui nomme MM. Lecoulteux préfet du département de la Côte-d'Or, et Héli-d'Oissel préfet du département de Maine-et-Loire. (4, Bull. 226, n° 4135.)

———

19 FÉVRIER 1809. — Décret qui nomme MM. Alexandre Lameth préfet du département du Pô, et Merlet préfet du département de la Roër. (4, Bull. 226, n° 4136.)

———

20 FÉVRIER 1809. — Décret concernant les manuscrits des bibliothèques et autres établissemens publics. (4, Bull. 226, n° 4137.)

Art. 1er. Les manuscrits des archives de notre ministère des relations extérieures, et ceux des bibliothèques impériales, départementales et communales, ou des autres établissemens de notre empire, soit que ces manuscrits existent dans les dépôts auxquels ils appartiennent, soit qu'ils en aient été soustraits, ou que leurs minutes n'y aient pas été déposées, aux termes des anciens réglemens, sont la propriété de l'Etat, et ne peuvent être imprimés et publiés sans autorisation.

2. Cette autorisation sera donnée par notre ministre des relations extérieures, pour la publication des ouvrages dans lesquels se trouveront des copies, extraits ou citations des manuscrits qui appartiennent aux archives de son ministère; et par notre ministre de l'intérieur, pour celle des ouvrages

dans lesquels se trouveront des copies, extraits ou citations des manuscrits qui appartiennent à l'un des autres établissemens publics mentionnés dans l'article précédent.

3. Nos ministres des relations extérieures et de l'intérieur sont chargés de l'exécution du présent décret.

25 FÉVRIER 1809. — Décret concernant les discours ou adresses faits au nom d'un corps de l'Etat. (4, Bull. 226, n° 4138.)

Art. 1er. Tout discours ou adresse fait au nom d'un des corps de l'Etat, politiques, administratifs, judiciaires, savans ou littéraires, par leur président, ne pourra être prononcé qu'après avoir été préalablement soumis à l'approbation respective de chaque corps.

2. Lorsque la rédaction du projet de discours ou d'adresse n'aura pas été confiée à une commission, le président en sera chargé de droit.

3. Lorsqu'une commission en aura été chargée, elle désignera un de ses membres pour la rédaction ; elle entendra ensuite la lecture, discutera, s'il y a lieu, arrêtera les changemens, additions ou retranchemens, que le rédacteur exécutera ; et le projet, adopté par la commission, sera ensuite soumis à l'approbation de l'assemblée générale.

4. Lorsque le président sera chargé de la rédaction, une commission de cinq membres sera formée par le sort, et l'on procédera comme il est dit à l'article précédent.

5. Les discours et adresses lus et approuvés dans l'assemblée générale seront inscrits sur les registres du secrétariat, ou sur le procès-verbal, et expédition en sera remise au président chargé de porter la parole.

6. Nos ministres sont chargés de l'exécution du présent décret.

23 FÉVRIER 1809. — Décret qui ordonne le paiement de mille quatre cent quarante-quatre francs, pour pensions accordées à des veuves de militaires. (4, Bull. 231, n° 4282.)

25 FÉVRIER 1809. — Avis du Conseil - d'Etat. (Centimes additionnels.) Voy. 28 FÉVRIER 1809.

28 FÉVRIER 1809. — Décret relatif au jugement des conscrits réfractaires qui s'évadent. (4, Bull. 227, n° 4153.)

Art. 1er. Tout homme arrêté comme réfractaire qui, après avoir été conduit au dépôt d'un chef-lieu de département, en exécution de notre décret du 8 juin 1808, y aura été reconnu réfractaire et annoté comme tel par le préfet, sera jugé et condamné comme déserteur, conformément à l'arrêté du

19 vendémiaire an 12, s'il s'évade de ce dépôt, ou de l'hôpital où il aura été laissé, ou s'il abandonne le convoi périodique dont il faisait partie.

2. Le commandant du dépôt de conscrits établi en exécution de notre décret du 8 juin 1808, à la réception des procès-verbaux d'évasion, ou du contrôle signalétique, constatant l'absence non autorisée du conscrit réfractaire, portera plainte en désertion au commandant d'armes, contre le conscrit évadé.

3. Au vu de la plainte et des pièces indiquées en l'article 2 du présent décret, le conseil de guerre spécial sera convoqué pour juger l'accusé, soit par contumace, soit contradictoirement ; et il prononcera contre le délinquant les peines encourues par les conscrits réfractaires, en exécution de l'article 16 de l'arrêté du 19 vendémiaire an 12.

4. Tout réfractaire mentionné en l'article 1er, qui, avant le départ du convoi périodique dont il devait faire partie, rejoindra volontairement le dépôt du chef-lieu de département où il avait été conduit, ne sera puni, en arrivant au dépôt général, que d'un mois de prison. Celui qui n'aura rejoint qu'après le départ du détachement, ou qui aura été arrêté après son évasion, sera toujours déposé à la prison pendant la route, et jugé contradictoirement au dépôt, conformément à l'article 3 du présent décret.

5. Notre ministre de la guerre est chargé de l'exécution du présent décret.

28 FÉVRIER 1809. — Avis du Conseil - d'Etat sur des questions relatives aux centimes additionnels aux patentes. (4, Bull. 228, n° 4158.)

Le Conseil-d'Etat, qui, d'après le renvoi ordonné par sa majesté, a entendu le rapport de la section de l'intérieur sur celui du ministre des finances, sur la portion des centimes additionnels aux patentes qui peut revenir à la ville de Lyon ;

Vu l'article 4 de la loi du 2 ventose an 13 ;

Vu l'état des centimes restant disponibles pour la ville de Lyon, sur l'an 1806, montant à seize cent quinze francs huit centimes, remis par le ministre des finances,

Est d'avis, 1° qu'il y a lieu de faire verser à la caisse de la ville de Lyon, par le receveur général, les seize cent quinze francs huit centimes restant disponibles, après le prélèvement des décharges, pour l'an 1806 ;

2° Qu'il y a lieu de faire faire également le versement des sommes qui restent sur les centimes de 1807 ;

3° Et qu'à l'avenir il y a lieu, chaque année, sur le décompte qui sera fait au 1er juillet par le directeur des contributions, de faire verser, dans chaque commune de l'empire, ce qui restera après les décharges et dégrèvemens sur les treize centimes, comme revenant aux villes, sans qu'en cas d'excédant des décharges sur le total des treize centimes, il puisse y avoir imputation ou rejet sur les centimes de l'année suivante.

28 FÉVRIER 1809. — Décrets qui autorisent l'acceptation de dons et legs faits aux pauvres et hospices de Fourqueux, Rueil, Toulouse, Lokeren, Cézères, Magnano, Namur, Montfort Pont-de-Gennes, Pontoise, Montaut, Montlaur, Dijon, Lyon, Hoorebeke-Sainte-Marie, Savillon, Cadillac, Steenwerck, Gordes, St.-Malo, Gimont, Paris et Nemours. (4, Bull. 231, nᵒˢ 4283 à 4290, 4293 à 4295; Bull. 233, nᵒˢ 4310 à 4316, et Bull. 234, nᵒˢ 4321 à 4323.)

28 FÉVRIER 1809. — Décrets relatifs à l'établissement de six foires à Anse, et au changement du jour de la tenue de la foire dite de Saint-Mathieu établie à Angerville-le-Martel. (4, Bull. 231, nᵒˢ 4291 et 4292.)

28 FÉVRIER 1809. — Décrets qui autorisent l'acceptation d'offres de découvrir, au profit des pauvres et hospices de Jemmape, Mons, Desselghem, Lasne et Bruxelles, des biens et rentes célés au domaine. (4, Bull. 234, nᵒˢ 4324 à 4328.)

2 MARS 1809. — Sénatus-consulte organique qui érige le gouvernement général du département de la Toscane en grande dignité de l'empire. (4, Bull. 226, nᵒ 4128.)

3 MARS 1809. — Décret qui confère à la princesse Elisa le gouvernement général de la Toscane. (4, Bull. 227, nᵒ 4151.)

3 MARS 1809. — Décret concernant les attributions de la grande duchesse de la Toscane, et l'organisation du gouvernement général. (4, Bull. 227, nᵒ 4152.)

3 MARS 1809. — Lettres de création des dépôts de mendicité des départemens des Basses-Alpes, du Bas-Rhin et de la Haute-Saône. (4, Bull. 227, nᵒˢ 4154, 4155 et 4156.)

3 MARS 1809. — Décret qui nomme M. Destouches préfet du département du Jura. (4, Bull. 228, nᵒ 4159.)

3 MARS 1809. — Lettres-patentes qui cèdent le grand-duché de Berg et de Clèves au fils du roi de Hollande. (4, Bull. 229, nᵒ 4187.)

6 MARS 1809. — Acte du Sénat conservateur qui nomme MM. Lafaurie-Monbadon et Mérode Westerloo membres du Sénat. (4, Bull. 228, nᵒ 4160.)

8 MARS 1809. — Décret portant organisation d'une école militaire spéciale de cavalerie à Saint-Germain-en-Laye. (Dépôt des Lois, nᵒ 640.)

Art. 1er. Il sera formé une école militaire qui sera établie dans le château de Saint-Germain.

2. Cette école portera le nom d'*Ecole militaire spéciale de cavalerie*; il n'y sera admis que des jeunes gens pensionnaires qui se destinent au service de la cavalerie. Ils devront être âgés de plus de seize ans. La durée de leurs exercices à l'école sera de trois ou quatre ans.

Cette école sera organisée pour recevoir six cents élèves; des écuries seront préparées pour quatre cents chevaux.

3. Les élèves panseront eux-mêmes leurs chevaux. Ils iront au manége, à des écoles d'instruction analogues à celles d'Alfort et de Charenton, à une école de ferrage, et en général seront instruits de tout ce qui concerne le détail de la cavalerie.

4. Il y aura deux espèces de chevaux: des chevaux de manége et des chevaux d'escadron. Cent seront destinés au manége, et quatre cents à l'escadron.

Aussitôt qu'un élève aura fait son cours de manége et reçu la première instruction, il lui sera donné un cheval qu'il pansera lui-même; et pendant le temps qu'il sera à l'escadron, il apprendra l'exercice et les manoeuvres d'infanterie.

Notre intention est de tirer, tous les ans, de l'école de Saint-Germain, cent cinquante élèves pour remplir les emplois de sous-lieutenans vacans dans nos régimens de cavalerie.

5. Chaque élève de l'école militaire de cavalerie paiera deux mille quatre cents francs de pension.

6. Le château de Saint-Germain sera mis à la disposition de notre ministre de la guerre, qui y fera faire les réparations et arrangemens nécessaires sur les fonds du casernement; de manière qu'au premier juin prochain, les élèves puissent entrer à l'école.

10 MARS 1809. — Décret qui prohibe l'introduction en France du tissu connu sous la dénomination de *tulle anglais*. (4, Bull. 228, nᵒ 4157.)

Art. 1er. Le tissu connu dans le commerce sous la dénomination de *tulle anglais*, de gaze ou de tricot de Berlin, est déclaré faire partie des marchandises dont la loi du 10 brumaire de l'an 5 prononce la prohibition: en conséquence, ce tissu ne pourra plus entrer sur le territoire de l'empire.

2. Notre ministre des finances est chargé de l'exécution du présent décret.

10 MARS 1809. — Décret contenant réglement pour les constructions de fosses d'aisances dans la ville de Paris. (4, Bull. 229, n° 4190.)

Voy. ordonnance du 24 SEPTEMBRE 1819.

Art. 1er. Dans toutes les constructions de maisons neuves qui auront lieu à l'avenir dans notre bonne ville de Paris, il ne pourra être pratiqué ni construit de fosses d'aisances dans d'anciens puits ou puisards, sans refaire les constructions suivant le mode prescrit par le présent réglement.

2. Les fosses d'aisances ne seront placées, autant que faire se pourra, que sous le sol des caves ayant communication avec l'air extérieur.

3. Aucune fosse d'aisances ne sera pratiquée sous le sol des seconds berceaux de caves, si ces berceaux n'ont une communication immédiate avec l'air extérieur.

4. Les caves sous lesquelles seront construites les fosses d'aisances devront être assez spacieuses, lorsque l'étendue du terrain le permettra, pour contenir quatre travailleurs et leurs ustensiles.

5. Lorsqu'il sera pratiqué des fosses sous le sol des premiers berceaux de caves, elles ne pourront être construites que dans un massif de glaise corroyée.

6. Il est défendu d'établir des compartimens ou divisions dans les fosses.

7. Le fond des fosses d'aisances sera fait en forme de cuvette concave, avec des arrondissemens pour effacer les angles du tour avec le fond.

8. Toutes les fosses d'aisances à angles rentrans, carrées ou barlongues, auront tous leurs angles effacés par des arrondissemens de dix-huit à vingt centimètres de rayon.

9. Le fond des fosses sera établi en pavé ordinaire sur forme de chaux et ciment. Il est défendu d'y employer de la brique.

10. Les paremens des fosses seront construits en moellons piqués ou pierre de taille, liés à chaux et ciment. Il est défendu d'y employer le plâtre.

11. La hauteur des fosses, quelle que soit leur capacité, ne pourra être moindre de deux mètres sous voûte.

12. Les fosses seront fermées par une voûte à plein cintre.

13. L'ouverture d'extraction des matières sera placée au milieu de la voûte, autant que les localités le permettront.

14. Cette ouverture ne pourra avoir moins d'un mètre en longueur sur soixante-cinq centimètres en largeur.

15. Il sera en outre placé à la voûte, du côté opposé à la chûte, un tampon mobile, dont le diamètre ne pourra être moindre de cinquante centimètres.

16. Le tuyau de chute sera placé dans une direction verticale; son diamètre intérieur ne pourra être moindre de trente centimètres.

17. Il sera en outre établi, parallèlement au tuyau de chute, un tuyau d'évent, lequel sera conduit jusqu'à la hauteur des souches de cheminées, si elles sont plus élevées.

18. L'orifice intérieur des tuyaux de chute et d'évent ne pourra être descendu au-dessous des points les plus élevés de l'intrados de la voûte.

19. Dans toutes les constructions actuellement existantes, toutes les fois qu'il y aura lieu à reconstruire les murs auxquels sont adossés les tuyaux de chute, le propriétaire sera tenu de faire établir le tuyau d'évent prescrit par l'article 17 ci-dessus.

Toutes les dispositions ci-dessus sont applicables aux constructions de maisons nouvelles, et ne pourront être appliquées, dans les maisons existantes, qu'aux fosses qui auront besoin de construction, ou aux parties seulement qui seront réparées.

20. Toutes les fois cependant qu'il sera fait des réparations à une fosse d'aisance, le propriétaire sera tenu de faire établir à la voûte le tampon prescrit par l'article 15.

21. Les fosses actuellement pratiquées dans les puits ou puisards, celles à compartimens ou étranglemens, celles dont la vidange ne peut avoir lieu que par des tuyaux, ne pourront être réparées; elles seront vidées, supprimées et remblayées lorsqu'elles seront hors de service.

22. Il en sera de même des fosses pratiquées sous le sol des seconds berceaux de caves, lorsqu'elles n'auront aucune communication immédiate avec l'air extérieur.

23. Les propriétaires des maisons dont les fosses seront supprimées en vertu des deux articles précédens seront tenus d'en faire construire de nouvelles, conformément aux dispositions prescrites par les articles précédens.

24. En cas de contravention au présent réglement et de procès-verbaux dressés en conséquence, ou en cas d'opposition de la part des propriétaires aux mesures prescrites par l'administration, il sera procédé, conformément aux formes prescrites, devant les tribunaux de police ou le tribunal civil, selon la nature de l'affaire.

25. Notre grand-juge, ministre de la justice, et notre ministre de l'intérieur, sont chargés de l'exécution du présent décret.

10 MARS 1809. — Décret qui proroge de cinq années le brevet accordé pour l'importation des tableaux circulaires appelés *Panorama*. (4, Bull. 229, n° 4189.)

10 MARS 1809. — Décrets qui autorisent l'acceptation de dons et legs faits aux pauvres et hospices de Mons, Zele, Chimay. (4, Bull. 235, n°s 4333 à 4336.)

10 MARS 1809. — Décrets qui autorisent l'acceptation d'offres de découvrir ou de dénoncer, au profit des pauvres et hospices de Louvain, Molsheim, Anvers, Chapon-Seraing, Voroux-lès-Liers, Creutznach, Braine-le-Comte et Enghien, des biens et rentes célés à la régie du domaine. (4, Bull. 235, n°s 4337 à 4345.)

16 MARS 1809. — Décret concernant les lettres-patentes portant institution de majorats. (4, Bull. 229, n° 4193.)

Art. 1er. Nos lettres-patentes portant institution de majorats ne seront insérées que par extrait au Bulletin des Lois.

2. Notre grand-juge, ministre de la justice, est chargé de l'exécution du présent décret.

16 MARS 1809. — Lettres de création du dépôt de mendicité du département de l'Aisne. (4, Bull. 230, n° 4191.)

16 MARS 1809. — Décret qui nomme M. Fauchet préfet du département de l'Arno. (4, Bull. 229, n° 4192.)

17 MARS 1809. — Décret concernant les militaires faits prisonniers par l'ennemi. (4, Bull. 229, n° 4194.)

Art. 1er. Les officiers de notre armée de terre qui, après avoir épuisé tous les moyens de défense, seront tombés entre les mains de l'ennemi, pourront obtenir, pour tout le temps de leur captivité, un traitement qui sera fixé par notre ministre de la guerre, et qui ne pourra s'élever au-delà de la moitié des appointemens d'activité attribués à leurs grades respectifs.

2. A leur arrivée en France, il leur sera payé, pour leur faciliter les moyens de faire leur route deux mois de la demi-solde attribuée à leur grade, s'ils sont restés au moins deux mois au pouvoir de l'ennemi : il sera fait mention de ce paiement sur la feuille de route qui leur sera délivrée. S'ils sont restés moins de deux mois chez l'étranger, on leur fera seulement le décompte de ce qui leur sera dû de demi-solde, avec la même mention.

3. Ils continueront à recevoir, pour le temps de leur route, l'indemnité fixée par les arrêtés des 22 messidor an 5 et 1er fructidor an 8.

4. Lorsqu'ils seront arrivés à leur corps ou dans leurs foyers, ils seront rappelés du traitement qui leur aura été fixé par le ministre de la guerre, en vertu de l'article 1er, en déduisant ce qui leur aura été payé en vertu de l'article 2.

5. Ceux d'entre eux qui reviendront sur parole, et qui seront autorisés à se retirer dans leurs foyers pour y attendre leur échange, recevront, à compter du jour de leur arrivée à leur domicile, le traitement de réforme réglé par la loi du 8 floréal an 7, jusqu'au jour où ils seront échangés ou rappelés au service (1).

6. Il pourra être accordé des congés de convalescence à ceux qui, étant échangés, auraient besoin de quelques semaines de repos pour se remettre de leurs fatigues. Ils jouiront, pendant la durée de ces congés, de la solde d'activité entière; mais ils n'en seront rappelés qu'à leur retour à leur poste ou à leur corps, et que quand ils l'auront rejoint dans les délais prescrits.

7. Les sous-officiers et soldats qui auront séjourné plus de deux mois dans les prisons de l'ennemi recevront à leur retour en France, deux mois de leur solde, à titre de secours, pour se rendre à leur destination, indépendamment de leur indemnité de route ou d'étape; et, quand ils y seront restés moins de deux mois, ils seront payés de la solde qui sera échue pour tout le temps qu'ils y auront été, indépendamment des mêmes indemnités.

8. Au moyen de ces dispositions, les prisonniers de guerre français ne pourront prétendre à aucun autre décompte pour le temps de la captivité.

9. Nos ministres de la guerre et du Trésor public sont chargés de l'exécution du présent décret.

17 MARS 1809. — Décret qui prescrit les formalités relatives à la naturalisation des étrangers. (4. Bull. 229, n° 4195.)

Voy. acte du 22 FRIMAIRE an 8, art. 3.

Art. 1er. Lorsqu'un étranger, en se conformant aux dispositions de l'acte des constitutions de l'empire du 22 frimaire an 8, aura rempli les conditions exigées pour devenir citoyen français, sa naturalisation sera prononcée par nous.

2. La demande en naturalisation et les pièces à l'appui seront transmises par le maire du domicile du pétitionnaire au préfet, qui les adressera, avec son avis, à notre grand-juge, ministre de la justice, qui demeure chargé de l'exécution du présent décret.

(1) *Voy.* décret du 3 juin 1811.

17 MARS 1809. — Décret concernant les limites des départemens de l'Ardèche et de la Drôme. (4, Bull. 239, n° 4269.)

Art. 1er. En exécution de l'article 3 de la loi du 4 mars 1790, et en conformité des dispositions de l'arrêté du Directoire exécutif du 29 nivose an 7, et de l'article 4 de notre arrêté du 3 ventose an 10, les départemens de l'Ardèche et de la Drôme sont délimités par le milieu du Rhône.

2. En conséquence, la portion de terrain réclamée par la commune du Peuzin, département de l'Ardèche, sur la rive gauche du Rhône, et attenante à la commune de Loriol, département de la Drôme, fera partie du territoire de la commune de Loriol.

La portion de terrain située sur la même rive gauche, attenante au territoire de la commune d'Albon, département de la Drôme, et réclamée par la commune de Champagne, département de l'Ardèche, fera partie du territoire de la commune d'Albon.

Les portions de terrain attenantes au territoire de la commune de Pierrelatte, département de la Drôme, et situées sur la rive gauche du Rhône, réclamées par les communes de Saint-Marcel et de Saint-Andéol, feront partie du territoire de la commune de Pierrelatte.

L'ilot non habité situé sur la gauche du Rhône, et réclamé par la commune de Meisse, fera partie de la commune de Savane, département de la Drôme.

Le domaine appelé la Grande-Ile, situé sur la rive gauche du Rhône, réclamé par la commune de Cruax, département de l'Ardèche, fera partie du territoire de la commune de Teurette, département de la Drôme.

Les portions de terrain attenantes au territoire de la commune d'Etoile, département de la Drôme, réclamées par les communes de Charmes et Beauchâtel, département de l'Ardèche, feront partie de la commune d'Etoile, département de la Drôme.

La portion de terrain réclamée par la commune de la Voute, département de l'Ardèche, et situé sur la rive gauche du Rhône, attenante à la commune de Livron, département de la Drôme, fera partie du territoire de la commune de Livron.

Les portions de terrain réclamées par les communes de Mauve et de Glun, département de l'Ardèche, et situées sur la rive gauche du Rhône, attenantes au territoire de la commune de la Rochefleur, feront partie de ce territoire et du département de la Drôme.

La portion de territoire réclamée par la commune de Rochemaure, département de l'Ardèche, située sur la rive gauche du Rhône, et contiguë au territoire d'Anconne, fera partie de ce territoire et de ce département.

La portion de terrain réclamée par la commune de Baix, département de l'Ardèche, et située sur la rive gauche du Rhône, fera partie du territoire de la commune de Mirmande, département de la Drôme, dont elle est contiguë.

Et la portion de terrain située sur la rive gauche du Rhône, réclamée par la commune de Viviers, département de l'Ardèche, fera partie du territoire de Châteauneuf-du-Rhône, département de la Drôme, auquel territoire elle est contiguë.

3. Les départemens, arrondissemens communaux ou communes, qui perdront une portion de leur territoire, seront dégrevés de la portion de contributions à laquelle ladite portion de territoire était assujétie, et le montant desdits dégrèvemens sera reporté sur le contingent des départemens, arrondissemens ou communes auxquels le territoire imposé sera réuni.

4. Tous arrêtés précédemment rendus qui pourraient être contraires aux dispositions du présent décret sont rapportés.

5. Notre grand-juge, ministre de la justice, et nos ministres de l'intérieur et des finances, sont chargés de l'exécution du présent décret.

17 MARS 1809. — Décrets qui autorisent l'acceptation de dons et legs faits aux pauvres et hospices de Brignolles, Toulouse, Angers, Neufchâtel, Privas, Cambon, Vlerembeck, Berrac, Vienne, Paris, Avrainville et Chermisey. (4, Bull. 235, nos 4346 à 4349, 4354 à 4358 et 4364.)

17 MARS 1809. — Décret qui fait concession, pour cinquante années, aux sieurs Aigoin et compagnie, du droit d'exploiter les mines de houille de Soulanon, près Sumène, dans une étendue de surface de vingt-deux kilomètres quatre-vingt-quinze hectomètres. (4, Bull. 235, n° 4350.)

17 MARS 1809. — Décrets relatifs à la tenue des foires de Montrichard, Cussy, Bar-sur-Aube et Ricey. (4, Bull. 235, nos 4351 à 4353.)

17 MARS 1809. — Décrets qui autorisent l'acceptation d'offres de dénoncer, au profit des pauvres et hospices de Louvain, Pellembergh, Beyssem, Rillaer et Erpsquerbs, des biens et rentes célés au domaine. (4, Bull. 235, nos 4361 et 4363.)

17 MARS 1809. — Décret qui approuve une transaction passée entre l'administration des hospices de Paris et les sieur et dame Boulenier de la Martinière, au sujet du legs universel fait par le sieur de Rebergue aux pauvres de la paroisse Saint-Germain-l'Auxerrois, et qui autorise l'acceptation d'une donation faite par le même testateur aux pauvres de cette paroisse. (4, Bull. 235, n° 4359.)

24 MARS 1809. — Avis du Conseil-d'Etat sur les intérêts arriérés à payer par la caisse d'amortissement. (4, Bull. 230, n° 4208.)

Le Conseil-d'Etat, qui, d'après le renvoi ordonné par sa majesté, a entendu le rapport de la section des finances sur celui du ministre de ce département, tendant à faire statuer sur les réclamations proposées par les titulaires de cautionnemens pour leurs intérêts arriérés, rentrés à la caisse d'amortissement ;

Vu l'article 2277 du Code civil, par lequel il est établi que les intérêts de tout ce qui est payable par année ou à des termes périodiques plus courts, se prescrivent par cinq ans,

Est d'avis que la caisse d'amortissement doit rejeter à l'avenir toute demande d'intérêts qui remonteraient au-delà de cinq ans, si la prescription n'a été interrompue.

---

24 MARS 1809. — Décret qui prescrit une nouvelle formalité à remplir par les commissaires-priseurs et les huissiers qui réclament le remboursement de leur cautionnement. (4, Bull. 231, n° 4271.)

Voy. loi du 25 NIVOSE an 13 ; décret du 18 SEPTEMBRE 1806 ; ordonnances du 9 JANVIER 1818, du 22 AOUT 1821.

Art. 1er. Les commissaires - priseurs et les huissiers de Paris et des départemens qui réclameront le remboursement de leur cautionnement, devront produire, indépendamment des autres pièces exigées d'eux jusqu'à présent, un certificat de *quitus* du produit des ventes dont ils auront été chargés.

2. Ce certificat leur sera délivré par leur chambre, sur le vu des quittances du produit de toutes les ventes qu'ils ont faites, ou du récépissé de consignation des fonds restés entre leurs mains ; et il devra être visé par le président ou le procureur impérial du tribunal dans le ressort duquel ils exercent.

3. Notre ministre des finances est chargé de l'exécution du présent décret.

---

24 MARS 1809. — Décret concernant l'organisation de l'imprimerie impériale. (4, Bull. 237, n° 4398.)

Voy. arrêté du 19 FRIMAIRE an 10 ; ordonnances des 28 et 30 DÉCEMBRE 1814.

TITRE Ier. Dispositions générales.

Art. 1er. L'imprimerie impériale restera chargée exclusivement de toutes les impressions des divers départemens du ministère, du service de la maison impériale, du Conseil-d'Etat, et de l'impression et distribution du Bulletin des Lois.

2. A compter de la publication du présent décret, l'imprimerie impériale étant destinée à pourvoir au service du Gouvernement et de l'administration générale, ne pourra faire aucun travail pour le compte des particuliers.

3. Elle sera organisée, quant au nombre des employés, premiers protes, protes et ouvriers, de manière à pourvoir aux besoins courans et ordinaires des divers services dont elle est chargée ; et en cas de travaux extraordinaires et urgens, il y sera pourvu par notre grand juge, ministre de la justice, sur la demande de l'inspecteur de l'établissement.

TITRE II. De l'administration de l'imprimerie impériale.

4. L'inspection et la police de l'imprimerie impériale seront confiées, sous la surveillance et l'autorité de notre grand-juge, ministre de la justice, à un inspecteur nommé par nous parmi les auditeurs de notre Conseil-d'Etat, sur la présentation de notre grand-juge.

5. Il prêtera serment entre nos mains.

6. L'imprimerie impériale sera régie et administrée par un directeur nommé par nous ; comme l'inspecteur il prêtera serment.

7. La garde des poinçons et frappes des caractères, la comptabilité générale en matières, caractères, meubles, ustensiles, outils et autres objets, seront confiées à un agent comptables, responsable.

8. La comptabilité en deniers sera confiée à un caissier.

9. Un employé spécial sera chargé de la tenue des livres en partie double.

10. Trois employés spéciaux seront chargés de la direction et surveillance immédiate.

Le premier, de l'imprimerie, et de tous ses détails ;

Le second, de la gravure des poinçons de la fonderie, et de tous ses détails ;

Le troisième, de la reliure et réglure, et de tous ses détails.

11. Les employés désignés aux articles 7, 8, 9 et 10, seront nommés par notre grand-juge, ministre de la justice, et prêteront serment entre les mains de l'auditeur inspecteur.

TITRE III. Du conseil d'administration.

12. Il y aura un conseil d'administration, lequel sera composé de l'auditeur inspecteur, président, de quatre secrétaires généraux des ministères, et du directeur de l'imprimerie.

L'employé chargé de la tenue des livres y tiendra la plume.

Le conseil d'administration s'assemblera ordinairement une fois par semaine, et extraordinairement toutes les fois qu'il sera convoqué par le président.

Les secrétaires généraux des ministères de la justice, de l'intérieur, des finances et du Trésor public, entreront les premiers en fonctions.

13. Chaque année, deux des secrétaires généraux membres du conseil d'administration seront remplacés par deux autres, de manière que tous les secrétaires généraux des ministères deviennent successivement et tour-à-tour membres de ce conseil.

14. Les marchés pour achats de tout genre, pour fabrication de machines ou ustensiles, pour réparations aux bâtimens, les demandes de fabrication de poinçons ou frappes, de fontes ou refontes de caractères; le nombre d'exemplaires à tirer des ouvrages qui seront imprimés, le prix auquel ils seront vendus, seront délibérés par le conseil d'administration, sur la proposition du directeur.

15. La fixation de tous les traitemens des employés non déterminés par nous, du prix de toutes les journées, ou de tous les travaux à la tâche ou à l'entreprise, sera également délibérée par le conseil d'administration.

16. Tous les états de dépenses courantes dressés par les préposés à chaque partie, et certifiés par le directeur, seront présentés chaque mois au conseil d'administration, pour être par lui examinés, et en proposer l'acquittement ou le réglement préalable.

17. Les délibérations du conseil d'administration, dont il est parlé aux trois articles précédens, seront soumises par l'auditeur inspecteur à la décision de notre grand-juge, ministre de la justice, lequel autorisera, s'il y a lieu, les marchés, approuvera la fixation des traitemens, prix des journées ou travaux, et ordonnera chaque mois les dépenses.

18. Toutes les difficultés qui s'élèveraient de la part des employés et des ouvriers, touchant leur travail, leur paiement, leur salaire, leur responsabilité, pourront être portées par l'inspecteur au conseil d'administration pour donner son avis, sur lequel le grand-juge décidera.

19. Chaque année, dans le mois de janvier, le directeur de l'imprimerie impériale mettra sous les yeux du conseil d'administration : 1° l'inventaire et le récolement d'inventaire de tout le matériel de l'imprimerie impériale ; 2° le compte en matières, meubles, ustensiles, etc. rendu par l'agent comptable ; 3° le compte en deniers rendus par le caissier. Le conseil d'administration y fera telles observations qu'il jugera convenables, réglera et arrêtera le compte en matières, sauf l'approbation du ministre de la justice, et renverra le compte en deniers à la cour des comptes.

20. Avant le 1er décembre de chaque année, l'inspecteur rédigera et remettra à notre grand-juge, ministre de la justice, pour nous être présentés : 1° le budget de l'établissement pour l'année suivante ; 2° un rapport général sur la situation de l'établissement, les améliorations dont son organisation lui paraîtra susceptible, et sur les employés en chef ou employés ordinaires dont le zèle et l'habileté auront mérité des encouragemens.

21. Dans les six mois qui suivront son entrée en fonctions, le conseil d'administration, sur la proposition de l'inspecteur, rédigera un projet de réglement définitif sur l'administration et la police de l'établissement.

Ce projet sera remis à notre grand-juge, ministre de la justice, pour y être par nous statué en notre Conseil-d'État.

22. L'inspecteur présentera également, pour être délibéré au conseil d'administration, un projet pour l'organisation d'une caisse destinée à subvenir aux besoins des ouvriers malades, et à leur assurer des secours pour le cas d'infirmités ou de vieillesse.

TITRE IV. De l'inspecteur.

23. L'inspecteur sera chargé de la surveillance, de l'inspection et de la police du matériel et du personnel de l'établissement.

Le directeur lui rendra compte de tous les travaux qui auront été adressés à l'imprimerie impériale, et de tout ce qui est relatif à leur exécution et à leur paiement.

Il lui fera connaître toutes les mesures prises, les ordres donnés en conséquence, et les besoins de l'établissement, afin qu'il y soit pourvu.

Il lui remettra, aux époques fixées, les états de situation des magasins et de la caisse.

24. L'inspecteur donnera au directeur, pour la police des lieux et des individus, tous les ordres qu'il jugera convenables, et le directeur sera chargé de leur exécution.

Les réclamations des employés et ouvriers pourront être adressées à l'inspecteur, qui y statuera provisoirement, sauf l'intervention du conseil d'administration, dans les cas prévus par l'article 18.

25. L'inspecteur aura la correspondance avec notre grand-juge, ministre de la justice.

26. L'inspecteur donnera son avis sur la nomination de tous les emplois qui seront au choix de notre grand-juge.

27. Il cotera et paraphera tous les registres de caisse et de comptabilité en deniers ou matières.

TITRE V. Du directeur.

28. Le directeur sera chargé et responsable, sous la surveillance et l'autorité de l'inspecteur, de tout ce qui concerne l'administration et la direction de toutes les parties de l'établissement.

29. Il aura, sous les ordres de l'inspecteur, la police des lieux et des individus.

30. Il recevra tous les ordres et commandes pour les impressions et autres travaux des di-

vers ateliers, en tiendra registre jour par jour, par ordre de numéros, en rendra compte à l'inspecteur, et donnera les ordres aux employés chargés en chef de chaque partie, désignés en l'article 10 du présent décret.

31. Il surveillera tous les employés et ouvriers, ainsi que tous les détails de l'établissement.

32. Il signera tous les marchés, après l'autorisation prescrite, et les fera viser par l'inspecteur. Il certifiera tous les états d'appointemens, journées et travaux, toutes les feuilles ou états de dépenses, et les fera viser par l'inspecteur.

33. Il visera tous les états de situation des magasins et de la caisse.

34. Il donnera tous les ordres, tiendra la correspondance pour les recouvremens des dettes actives de l'imprimerie, et délivrera les mandats de paiement à l'ordre du caissier, qui sera chargé du recouvrement.

TITRE VI. De l'agent comptable du matériel.

35. L'agent comptable du matériel sera chargé et responsable de tout le matériel de l'établissement; à l'effet de quoi, il sera fait, lors du déplacement qui va avoir lieu de l'imprimerie impériale, un inventaire descriptif et estimatif de tous les objets formant le matériel de ladite imprimerie.

36. Cet inventaire sera dressé en présence de l'agent comptable en matières, par un commissaire spécial, et avec les experts nommés par l'inspecteur.

37. L'agent comptable dressera les registres d'après ledit inventaire, en conséquence duquel il sera chargé de tous les objets y contenus, sauf la remise qu'il fera à chaque employé en chef des objets relatifs à la partie dont il est chargé, et desquels chacun sera responsable.

38. Les poinçons et frappes de caractères seront déposés dans un lieu séparé; et l'agent comptable qui en sera le gardien ne pourra les confier qu'en vertu d'une autorisation spéciale de l'inspecteur, ou du directeur en son absence.

39. Chaque année, il y aura un récolement d'inventaire, avec estimation, en la forme exprimée article 36.

Chaque mois, l'agent comptable présentera un état de situation du matériel, selon la forme qui sera réglée.

40. L'agent chargé de la comptabilité en matières, meubles, etc. sera chargé de la réception des objets confectionnés, achetés ou fournis; il en sera dressé par lui, en présence du directeur, un procès-verbal double, dont une copie, visée par l'inspecteur, restera à chacun d'eux, et les objets seront portés sur les registres d'entrée et de sortie.

41. L'agent comptable des matières ne remettra rien que sur l'autorisation du directeur, sur le récépissé de l'employé chargé de chaque service, qui en sera comptable, et tiendra également un registre, ou sur le reçu des parties prenantes.

42. L'agent comptable des matières fournira en immeubles un cautionnement de la valeur de cinquante mille francs.

TITRE VII. Du caissier.

43. Le caissier sera chargé du recouvrement de tout l'actif de l'imprimerie impériale, sur les mandats, ordres ou ordonnances qui lui seront remis à cet effet par le directeur, ou par l'agent comptable du matériel, de la recette du prix des ventes d'ouvrages et des abonnemens au Bulletin des Lois. Il sera responsable de tous les fonds de la caisse.

44. Il sera chargé du paiement de toutes les ordonnances délivrées par notre grand-juge, ministre de la justice, de tous les appointemens, salaires, gages, journées, dépenses, sur les états et feuilles régulièrement dressés.

45. Il dressera et signera le compte annuel en deniers, qui devra être présenté au conseil d'administration, et soumis au jugement de la cour des comptes.

46. Il remettra, chaque mois, un état de situation de la caisse, et des recouvremens dont il aura été chargé.

47. Ses livres seront tenus en partie double.

48. Il fournira en immeubles un cautionnement de cinquante mille francs.

TITRE VIII. Du teneur de livres.

49. Le teneur de livres sera obligé de les tenir en partie double et toujours à jour.

50. Il les fera coter et parapher par l'inspecteur.

51. Il tiendra un compte ouvert: 1° pour chaque département ou division des ministères qui auront ordonné des impressions particulières; 2° pour le Bulletin des Lois; 3° pour chaque ouvrage imprimé par ordre du Gouvernement, et susceptible d'être mis dans le commerce.

52. Il remettra, chaque mois, au directeur, un relevé des comptes ouverts au grand-livre, présentant: 1° le résultat de chaque compte en actif ou passif; 2° le résultat général de tous les comptes en actif et passif, présentant la situation effective de l'établissement.

TITRE IX.

53. Les fonctions et devoirs des employés spéciaux chargés en chef de l'atelier de l'imprimerie, de celui de la gravure et fonderie, et de l'employé préposé à l'atelier de la reliure, des premiers protes et autres employés de première classe, les frais de bureau de

toutes les parties de l'établissement, seront déterminés par le réglement dont il est parlé à l'article 21.

En attendant, les règles et usages établis seront observés, et il sera pourvu aux cas urgens, provisoirement, par les ordres de l'inspecteur ou par les délibérations du conseil d'administration, approuvés par notre grand-juge, ministre de la justice.

TITRE X. Des traitemens et logemens.

54. L'auditeur inspecteur de notre imprimerie impériale aura un traitement de huit mille francs.

55. Le directeur sera logé dans l'établissement.

Son traitement sera de huit mille francs.

56. Seront aussi logés dans l'établissement l'agent comptable du matériel et le caissier.

57. Nul autre employé, excepté les concierge, gardiens et portiers, ne sera logé dans l'établissement sans notre autorisation spéciale, sous peine de responsabilité de la part du directeur.

58. Les autres traitemens resteront provisoirement sur le pied actuel, et seront réglés ultérieurement comme il est dit aux articles 15 et 17 du présent décret.

59. Nos ministres sont chargés de l'exécution du présent décret.

24 MARS 1809. — Décret qui autorise l'aliénation des maisons urbaines appartenant aux hospices de Paris. (4, Bull. 223, n° 4297.)

Voy. décret du 27 FÉVRIER 1811.

Art. 1er. Il sera procédé, dans les formes prescrites par nos décrets des 18 mai et 12 décembre 1806, à l'aliénation des maisons urbaines appartenant aux hospices de Paris, département de la Seine, qui sont désignées dans l'état annexé au présent décret. (*Cet état ne s'imprime point.*)

2. Le produit de la vente de ces maisons sera versé dans la caisse du mont-de-piété de Paris; et dans le cas où il y aurait lieu d'employer une partie de ce produit à rembourser les capitaux de rentes perpétuelles dont sont chargés les hospices auxquels lesdites maisons appartiennent, l'administration des hospices de Paris ne pourra effectuer ce remboursement qu'en se conformant aux dispositions de notre décret du 13 novembre 1807.

3. Notre ministre de l'intérieur est chargé de l'exécution du présent décret.

24 MARS 1809. — Lettres de création du dépôt de mendicité du département des Vosges. (4, Bull. 231, n° 4370.)

24 MARS 1809. — Décret qui nomme M. Gary préfet de la Gironde. (4, Bull. 230, n° 4207.)

24 MARS 1809. — Décrets qui autorisent l'acceptation de dons et legs faits aux pauvres et hospices d'Aix, Blois, Romorantin, Oberviller, Valence. Braine-le-Comte, Orléans, Seneceyle-Grand, Souche, Saint-Chamond, Riom, Vendôme, Clermont (Hérault) et Vesoul. (4, Bull. 235, n°s 4365, 4366, 4368 à 4370, 4373 à 4379 et 4384.)

24 MARS 1809. — Décrets qui autorisent l'acceptation d'offres de dénoncer, au profit des pauvres et hospices de Fontaine-Valmont, Hautes-Wiheries, Merbes-le-Château, Sulsique, Gand et Louvain, des biens et rentes célés à la régie du domaine. (4, Bull. 235, n°s 4367, 4371, 4380 et 4381.)

24 MARS 1809. — Décret qui établit une foire annuelle à Charnècle. (4, Bull. 235, n° 4383.)

24 MARS 1809. — Décret qui autorise le ministre de l'intérieur à accepter l'offre faite par le sieur Decourde, au nom de personnes qui ne veulent pas être connues, de dénoncer, au profit des établissemens qu'il se réserve de désigner, des biens célés à la régie du domaine. (4, Bull. 237, n° 4399.)

25 MARS 1809. — Avis du Conseil-d'État. (Tontines.) *Voy.* 1er AVRIL 1809.

27 MARS 1809. — Décret relatif au mode de communication à la commission du contentieux, de pièces justificatives déposées aux archives de la cour des comptes, dont la représentation sera jugée nécessaire dans le cas de pourvoi au Conseil-d'État contre un arrêt de cette cour. (4, Bull. 223, n° 4298.)

Art. 1er. Dans le cas de pourvoi au Conseil-d'État contre un arrêt de la cour des comptes, conformément à l'article 17 de la loi d'organisation du 16 septembre 1807, lorsque la commission du contentieux pensera qu'il est nécessaire pour l'instruction de se faire représenter quelques pièces justificatives, le grand juge en fera la demande au procureur général impérial près la cour des comptes.

2. Le secrétaire de la commission du contentieux se transportera au greffe de la cour des comptes, pour recevoir les pièces demandées, dont il sera fait par le greffier un inventaire double; l'un sera laissé au greffier pour sa décharge, avec le reçu du secrétaire de la commission, et l'autre sera joint aux pièces communiquées.

3. Après la décision du Conseil-d'État, le secrétaire de la commission rétablira les pièces au greffe de la cour des comptes, et

retirera le double qu'il avait laissé au greffier, avec son reçu.

4. Notre grand-juge, ministre de la justice, est chargé de l'exécution du présent décret.

---

27 MARS 1809. — Décret qui nomme M. Dubois directeur de la police des départemens composant le gouvernement général de la Toscane. (4, Bull. 231, n° 4272.)

---

27 MARS 1809. — Décret qui ordonne le paiement d'une somme de sept cent cinquante francs, pour pensions accordées à six veuves de militaires. (4, Bull. 237, n° 4400.)

---

27 MARS 1809. — Décrets qui autorisent l'acceptation de legs faits à l'hospice de Saint Pol et aux pauvres de Reims. (4, Bull. 237, n°s 4401 et 4402.)

---

28 MARS 1809. — Actes du Sénat conservateur qui nomment MM. Carbonara et de L'Apparant membres du Sénat. (4, Bull. 230, n°s 4203 et 4204.)

---

28 MARS 1809. — Actes du Sénat conservateur qui nomment MM. Benvenuti et Chabot (de l'Allier) membres de la Cour de cassation. (4, Bull. 230, n°s 4205 et 4206.)

---

29 MARS 1809. — Décret portant organisation des maisons impériales Napoléon d'Ecouen et de Saint-Denis. (Dépôt des Lois, n° 641.)

Voy. ordonnance du 3 MARS 1816.

Art. 1er. L'institut des maisons impériales Napoléon sera sous la protection spéciale d'une princesse de notre famille, qui devra inspecter ces maisons, veiller à ce que les réglemens y soient strictement exécutés, et nous exposer tous les besoins de ces établissemens. Elle prendra le titre de protectrice.

TITRE Ier. Nombre des élèves et conditions de leur admission.

2. Six cents demoiselles, filles, sœurs, nièces ou cousines-germaines de membres de la Légion-d'Honneur, seront élevées dans deux maisons séparées appartenant à la Légion, savoir : trois cents dans la maison impériale d'Ecouen, et trois cents dans la maison impériale de Saint-Denis.

3. Sur ce nombre de six cents demoiselles :

Deux cents seront élevées aux frais des familles,

Trois cents seront à demi-pension de la Légion,

Et cent à pension entière, aussi de la Légion.

4. Les élèves aux frais de la Légion, soit à pension entière, soit à demi-pension, devront être filles ou sœurs des membres de la Légion-d'Honneur.

Les élèves pensionnaires devront être filles, sœurs, nièces ou cousines-germaines de membres de la Légion.

5. Le prix de la pension est fixé à mille francs par an.

Le prix de la demi-pension est fixé à cinq cents francs.

6. A leur entrée dans la maison, les élèves gratuites et pensionnaires verseront dans la caisse la somme de quatre cents francs, représentant la valeur du trousseau qui leur sera fourni par la maison.

7. Les parens des élèves devront s'engager à verser, chaque année, au Trésor de la Légion, une somme de quatre cents francs qui sera employée en achat d'inscriptions sur le grand-livre. Le capital, avec les intérêts au taux de cinq pour cent, seront accumulés pendant dix ans, pour le montant en être remis à l'élève après ce laps de temps.

8. Les parens des élèves pensionnaires ne seront pas tenus de payer cette dot annuelle ; mais ils devront présenter une personne connue, ayant domicile à Paris, qui s'engagera à recevoir la pensionnaire à sa sortie de la maison.

9. Aucune élève ne pourra être retirée par ses parens avant qu'elle ait atteint l'âge de dix-huit ans accomplis, ou que son éducation ait été achevée.

10. Aucune élève âgée de plus de vingt ans ne pourra rester dans la maison, à moins que la protectrice n'en ait accordé l'autorisation spéciale.

TITRE II. Organisation et distinction des grades.

11. Chaque maison sera régie par une *surintendante*, qui sera nommée par nous, sur la présentation de la protectrice.

12. La surintendante prêtera, entre les mains de la protectrice, le serment suivant :

« Madame, je jure devant Dieu à V. . . .
« de remplir les obligations qui me sont prescrites, et de ne me servir de l'autorité qui
« m'est confiée que pour former des élèves
« attachées à leur religion, à leur souverain,
« à leur patrie, à leurs parens ; d'être pour
« chaque élève une seconde mère, et de les
« préparer, par l'exemple des bonnes mœurs
« et du travail, aux devoirs d'épouse vertueuse et de bonne mère de famille, qu'elles
« seront un jour appelées à remplir. »

13. Il y aura pour chaque maison six dames dignitaires, dix dames de première classe, et vingt demoiselles ou dames de deuxième classe, qui porteront le titre de *demoiselles*.

14. A compter de l'an 15, les dames dignitaires, les dames de première classe et les demoiselles seront choisies parmi les élèves sortant de l'une et l'autre maison.

Il n'y aura d'exception que pour les personnes comprises dans la première organisation, sans que cela puisse servir d'exemple pour l'avenir; et dans cette première organisation ne pourra être conservée aucune femme en puissance de mari.

15. La surintendante choisira les demoiselles ou dames de seconde classe parmi les élèves, sous le consentement des parens et l'approbation de la protectrice.

Les dames de première classe seront choisies parmi les demoiselles ou dames de seconde classe. A cet effet, les dames dignitaires, réunies en conseil, présenteront trois demoiselles pour chaque place vacante. Cette présentation sera soumise par la surintendante à la protectrice, qui nommera.

Les dames dignitaires seront nommées par la protectrice, avec notre approbation.

16. Les élèves qui seront nommées demoiselles contracteront l'obligation de remplir les devoirs de cette classe pendant dix années consécutives.

Les demoiselles qui passeront au grade de dame de première classe contracteront également l'obligation d'un service de dix années en cette nouvelle qualité.

Enfin les dames de première classe qui deviendront dames dignitaires, contracteront l'obligation de rester pendant leur vie entière dans la maison.

Nous réservant à nous seul le droit de dispenser les demoiselles, dames et dames dignitaires, de l'obligation qui leur est imposée, par le présent article.

17. Les dames dignitaires, dames et demoiselles seront présentées par la surintendante à la protectrice, entre les mains de laquelle elles prêteront le serment suivant :

« Madame, je jure devant devant Dieu à V. . . . . de remplir les obligations qui me sont prescrites, de concourir de tous mes moyens à former des élèves attachées à leur religion, à leur prince, à leur patrie et à leurs parens, et d'obéir à madame la surintendante dans tout ce qu'elle me commandera pour le service de sa majesté l'empereur et roi et le bien de la maison. »

TITRE III. Régime intérieur. — Police et discipline.

18. La surintendante nommera : 1° parmi ses dames dignitaires, une inspectrice qui aura autorité dans la maison après la surintendante, une trésorière, une économe et trois dépositaires; 2° parmi les dames de première classe, les surveillantes et les maîtresses; 3° parmi les demoiselles, les sous-maîtresses, les tourières et les infirmières.

19. Les divers détails de chaque service seront ordonnés par des réglemens qui seront rédigés en conseil par les dames dignitaires, et approuvés par la protectrice.

20. Les demoiselles, dames et dames dignitaires mangeront à la même table que les élèves.

La surintendante seule pourra avoir à ses frais une table particulière.

21. Les demoiselles et les dames de première classe seront sujettes à la clôture.

La surintendante et les dames dignitaires n'y seront pas assujéties.

Les dames de première classe pourront sortir avec la permission de la surintendante.

La clôture sera de rigueur pour la seconde classe; la protectrice seule pourra les en dispenser toutes les fois que des causes majeures l'exigeront.

22. Il y aura un parloir particulier pour les élèves, et un autre pour les dames.

La surintendante et les dames dignitaires ne pourront également recevoir qu'au parloir.

23. Aucun homme ne pourra être admis dans l'intérieur de la maison.

Auront seuls ce droit les princes de notre sang, les grands dignitaires de l'empire, notre grand-aumônier, l'archevêque de Paris, et le grand-chancelier de la Légion-d'Honneur.

TITRE IV. Conseil d'administration, traitemens et dépenses.

24. Les six dames dignitaires, présidées par la surintendante, composeront le conseil d'administration de la maison.

25. La trésorerie de la Légion-d'Honneur versera dans la caisse de chaque maison huit cents francs par an pour chaque élève admise gratuitement, et quatre cents francs pour chaque élève à demi-pension.

26. Sur le produit des versemens ordonnés par l'article précédent, sur celui des pensions et demi-pensions, enfin sur le produit des quatre cents francs payés par chaque élève à son entrée dans la maison, seront prélevées toutes les dépenses de nourriture, d'habillement, d'instruction, d'entretien de mobilier et de lingerie, les salaires de femmes à gages, et toutes autres dépenses de la maison.

27. Les comptes des recettes et dépenses seront arrêtés, chaque mois, en conseil d'administration.

28. La trésorière, l'économe et les dépositaires remettront, chaque année, dans le courant de novembre, les comptes généraux de leur gestion, et les propositions d'achats nécessaires l'année suivante pour l'entretien du mobilier et de la lingerie.

Ces comptes généraux et états de proposition seront reçus et arrêtés en conseil d'administration, et, après avoir été approuvés

23.

par le conseil, seront remis au grand-chancelier de la Légion-d'Honneur, qui nous en fera le rapport.

TITRE V. Dispositions générales.

29. Le grand-chancelier de la Légion-d'Honneur est chargé de faire, au moins une fois par an, une visite générale des maisons impériales Napoléon, pour nous rendre compte de leur état et de leurs besoins; il fera tenir le conseil d'administration en sa présence, et recevra les plaintes qui pouraient lui être adressées.

30. Les demoiselles, dames et dames dignitaires pourront, en vertu d'un ordre spécial de la protectrice, passer d'une maison à l'autre, lorsque le bien du service l'exigera.

31. Nous nous réservons d'accorder une distinction honorifique aux dames de l'institut des maisons impériales Napoléon, qui nous auront rendu des services importans dans l'administration des susdites maisons.

32. Nous nous réservons également de statuer, par un décret spécial, sur les moyens d'accorder, dans ces maisons, des places aux veuves de membres de la Légion-d'Honneur, et une retraite momentanée aux femmes de membres de la Légion-d'Honneur qui seraient absens pour notre service.

---

29 MARS 1809. — Décret qui nomme le chevalier Voyer-d'Argenson préfet du département des Deux-Nèthes. (4, Bull. 231, n° 4273.)

---

29 MARS 1809. — Avis du Conseil-d'Etat. (Compagnies d'assurances.) *Voy.* 1ᵉʳ AVRIL 1809.

---

31 MARS 1809. — Décret qui nomme M. La Doucette préfet du département de la Roër. (4, Bull. 231, n° 4274.)

---

31 MARS 1809. — Lettres de création du dépôt de mendicité du département du Pô. (4, Bull. 231, n° 4275.)

---

31 MARS 1809. — Décret qui ordonne le paiement de deux mille onze francs, pour pensions accordées à neuf veuves de militaires. (4, Bull. 237, n° 4463.)

1ᵉʳ AVRIL 1809. — Avis du Conseil-d'Etat sur les associations de la nature des tontines. (4, Bull. 233, n° 4299.)

Voy. décret du même jour 1ᵉʳ AVRIL 1809; avis du Conseil-d'Etat du 15 OCTOBRE 1809; ordonnance du 14 NOVEMBRE 1821.

Le Conseil-d'Etat, qui, d'après le renvoi ordonné par sa majesté, a entendu le rapport des sections réunies des finances et de législation sur les associations dites *tontines;*

Considérant qu'une association de la nature des tontines sort évidemment de la classe commune des transactions entre citoyens, soit que l'on considère la foule des personnes de tout état, de tout sexe et de tout âge, qui y prennent ou qui peuvent y prendre des intérêts, soit que l'on considère le mode dont ces associations se forment, mode qui ne suppose entre les parties intéressées ni ces rapprochemens, ni ces discussions si nécessaires pour caractériser un consentement donné avec connaissance, soit que l'on considère la nature de ces établissemens, qui ne permet aux associés aucun moyen efficace et réel de surveillance, soit enfin que l'on considère leur durée toujours inconnue, et qui peut se prolonger pendant un siècle;

Qu'une association de cette nature ne peut, par conséquent, se former sans une autorisation expresse du souverain, qui la donne sur le vu des projets de statuts de l'association, et qui lui impose des conditions telles, que les intérêts des actionnaires ne se trouvent compromis ni par l'avidité, ni par la négligence, ni par l'ignorance de ceux à qui ils auraient confié leurs fonds sans aucun moyen d'en suivre et d'en vérifier l'emploi, sur la foi de promesses presque toujours fallacieuses;

Que l'expérience n'a que trop démontré les conséquences funestes de l'oubli de ces maximes, et du défaut d'une autorisation spéciale donnée par le Gouvernement; que, dans la tontine Lafarge, par exemple, ce défaut d'autorisation spéciale et de toutes mesures contre les abus a laissé les actionnaires sans défense, et la gestion sans surveillance réelle,

Est d'avis: 1° qu'aucune association de la nature des tontines ne peut être établie sans une autorisation spéciale donnée par sa majesté, dans la forme des réglemens d'administration publique;

2° Qu'à l'égard de toutes les associations de cette nature qui existeraient sans autorisation légale, il n'y a pas un moment à perdre pour suppléer à ce qu'on aurait dû faire dans le principe;

Qu'il est par conséquent urgent de leur donner un mode d'administration qui calme toute inquiétude de la part des actionnaires, soit par le choix d'administrateurs faits pour réunir toute leur confiance, soit par la régularité et la publicité des comptes;

Qu'en ce qui regarde les difficultés qui pourraient s'élever au sujet de la gestion et comptabilité des administrateurs jusqu'à ce jour, on ne pourrait rien faire de plus avantageux aux intéressés que d'en soumettre les jugement à des magistrats dont les lumières garantiraient une justice entière à toutes les parties;

Que le bienfait d'une pareille mesure ne pourrait être contesté que par ceux qui auraient intérêt à la prolongation des abus, ou par ceux qui, voulant les arrêter, auraient spéculé sur les avantages qu'ils pourraient retirer d'une administration nouvelle dont ils feraient partie.

1er AVRIL 1809. — Décret qui ordonne la restitution d'une somme placée sur des biens ruraux par la commission administrative de l'hospice de Sommières, et l'emploi de cette somme en acquisition de rentes sur l'État. (4, Bull. 235, n° 4330.)

N...... sur le rapport de notre ministre de l'intérieur, tendant à régulariser et approuver le placement irrégulier fait avec hypothèque sur biens ruraux, et pour des temps limités, par la commission administrative de l'hospice de Sommières, département du Gard, d'une somme de quatre mille francs, donnée à cet hospice par plusieurs personnes qui ont voulu rester inconnues;

Attendu que cette donation ne pouvait être acceptée ni la somme placée, quelque solidement que ce fût, sans notre autorisation préalable;

Notre Conseil-d'Etat entendu,

Nous avons décrété et décrétons ce qui suit:

Art. 1er. Le placement fait par la commission administrative, de l'hopice de Sommières, département du Gard, au sieur Isaac Brouve et à la dame veuve Provence, née Mauclerc, sur leurs obligations respectives de deux mille francs chacune, l'une du 27 mai 1808, pour six années, l'autre du 16 juillet de la même année, pour un an, l'une et l'autre à l'intérêt de cinq pour cent par an, est annulé.

En conséquence, lesdites sommes seront restituées par les emprunteurs et rétablies dans la caisse de l'hospice, avec les intérêts encourus jusqu'au jour du remboursement.

2. Cette restitution sera effectuée au plus tard dans le délai de trois mois, à dater du jour de la notification qui sera faite du présent décret aux détenteurs des fonds; et les inscriptions prises sur leurs biens seront maintenues jusqu'au parfait remboursement des capitaux et intérêts.

3. La commission administrative de l'hospice de Sommières est autorisée à accepter ladite donation de la somme de quatre mille francs, laquelle sera versée à la caisse d'amortissement, et employée, par l'intermédiaire du directeur général, en acquisitions de rentes sur l'Etat au profit de l'hospice donataire.

4. Notre ministre de l'intérieur est chargé de l'exécution du présent décret.

1er AVRIL 1809. — Décret relatif à la caisse d'épargnes connue sous la dénomination de Caisse Lafarge. (Dépôt des Lois, n° 642.)

Voy. avis du Conseil-d'Etat du même jour 1er AVRIL 1809; décrets du 9 FÉVRIER 1810, du 22 OCTOBRE 1810, du 18 NOVEMBRE 1810.

N...... sur le rapport fait en exécution de nos ordres, par les membres de notre Conseil-d'Etat, section des finances et de législation, et des maîtres des requêtes formant une commission spéciale;

Vu nos décrets des 21 décembre 1808 et 15 janvier 1809, par lesquels nous avons prescrit des mesures provisoires pour l'administration de la caisse d'épargnes connue aussi sous la dénomination de caisse Lafarge;

Vu les mémoires fournis tant par les actionnaires de ladite caisse que par ledit Lafarge et consorts;

Vu l'avis de notre Conseil-d'Etat du 25 mars dernier, approuvé par nous aujourd'hui 1er avril;

Notre Conseil-d'Etat entendu,

Nous avons décrété et décrétons ce qui suit:

Art. 1er. La tontine de la caisse d'épargnes sera désormais régie par trois administrateurs, qui seront pris dans le conseil municipal de la commune de Paris, et nommés par le préfet du département de la Seine; ces administrateurs géreront l'établissement au plus grand avantage des actionnaires.

2. Les arrérages à payer par le Trésor public, pour chaque semestre de rentes appartenant à la caisse d'épargnes, seront remis au caissier qui sera établi pour l'administration et nommé par le préfet du département de la Seine, sur la présentation du conseil municipal.

Les états de distribution, certifiés par les administrateurs et visés par le préfet de la Seine, seront remis au caissier, qui fera les paiemens à chaque actionnaire.

3. Le compte général du caissier, avec les pièces à l'appui et les observations des administrateurs, sera présenté, dans le mois de janvier de chaque année, au conseil municipal de la commune, pour être vérifié et apuré.

L'arrêté du conseil sera soumis à l'approbation du préfet de la Seine.

4. Dans le mois de janvier de chaque année, le résultat de la situation de la tontine, tant sous le rapport des extinctions que sous celui de l'augmentation du nombre des actions portant rentes par le produit des bonifications, sera présenté au conseil municipal, et imprimé et affiché.

5. Les dépenses d'administration seront délibérées par le conseil municipal, sur la proposition des administrateurs, et définiti-

vement arrêtées par le préfet; elles ne pourront excéder soixante mille francs.

6. Le *maximum* des rentes, fixé à trois mille livres par l'article 25 des statuts, est élevé à six mille francs dans les combinaisons et proportions établies par les statuts.

1er AVRIL 1809.—Avis du Conseil-d'Etat. (Prises.) *Voy.* 4 AVRIL 1809.

1er AVRIL 1809. — Décret qui prescrit des mesures provisoires pour l'instruction et le jugement des procès relatifs aux crimes et délits commis dans le département de Tarn-et-Garonne. (4, Bull. 231, n° 4276.)

1er AVRIL 1809. — Extrait des lettres-patentes portant institution de majorats en faveur de MM. Perregaux, Laforest, Darjuzon, Lascases, Séguier, Desportes, Roger, Freteau et Nougarède de Fayet. (4, Bull. 233, n° 4309.)

1er AVRIL 1809. — Décret qui autorise la dame Menard, veuve du sieur Duclaux, à continuer l'exploitation de la verrerie de verre vert établie dans sa propriété au pont dit de Barrière, commune de Saint-Jean-de-Valeriscle. (4, Bull. 237, n° 4404.)

1er AVRIL 1809. — Décrets qui autorisent l'acceptation de dons et legs faits aux pauvres et hospices de Toulouse, Malmédy, Dax et Damazan. (4, Bull. 237, n°s 4405 à 4408.)

1er AVRIL 1809. — Décret qui autorise le ministre de l'intérieur à accepter l'offre faite par la dame veuve Sans, au nom d'une personne qui veut rester inconnue, de dénoncer, au profit de tel hospice de Paris qu'il plaira au Gouvernement de désigner, divers immeubles, valant ensemble quatre-vingt mille francs, qui seront versés dans l'hospice des Quinze-Vingts. (4, Bull. 234, n° 4409.)

4 AVRIL 1809. — Avis du Conseil-d'Etat sur les droits des garnisons de forts et batteries de terre, et des préposés des douanes, qui auraient contribué à la prise de vaisseaux ennemis. (4, Bull. 233, n° 4300.)

Le Conseil-d'Etat, qui, d'après le renvoi ordonné par sa majesté, a entendu le rapport de la section de législation, sur celui du grand-juge, ministre de la justice, présentant la question de savoir si les troupes faisant le service des batteries de la côte ont sur les bâtimens ennemis qu'elles forcent par le feu de leur artillerie à s'échouer ou à amener leur pavillon, les mêmes droits qui sont attribués soit aux bâtimens de guerre, soit aux corsaires ou aux navires de commerce;

Considérant que, bien qu'une batterie de terre qui tire sur un bâtiment ennemi ne remplisse à la rigueur que son devoir, cette réflexion n'a point été appliquée aux bâtimens de l'Etat, et qu'il y a de suffisans motifs pour assimiler les uns aux autres, et pour accorder aux militaires qui servent les batteries une prise qui n'eût pas eu lieu sans leur fait;

Qu'en cas de concurrence avec des vaisseaux de l'Etat ou des bâtimens armés en course, le même principe doit conduire à établir le partage entre les uns et les autres, eu égard au nombre respectif des canons et des hommes, et dans les proportions de leur grade, de la manière qui est observé eentre plusieurs vaisseaux capteurs,

Est d'avis :

1° Que les garnisons des forts et batteries de la côte, qui, par l'effet seul de leur artillerie, font échouer un bâtiment ennemi, ou l'obligent à amener son pavillon, ont droit à la prise de la même manière qu'un bâtiment de l'Etat qui eût fait ladite prise, et sous la même déduction envers la caisse des invalides de la marine;

2° Que, lorsque les batteries auront contribué à la prise de vaisseaux ennemis, concurremment avec un ou plusieurs vaisseaux de la marine impériale ou des bâtimens armés en course, les garnisons au service desdites batteries doivent concourir au partage de la prise avec les vaisseaux ou bâtimens cocapteurs, en raison du nombre respectif des canons et des hommes, et en proportion des grades, de la manière qui est prescrite par les lois et réglemens généraux pour les prises qui auraient été faites concurremment par plusieurs bâtimens de l'Etat ou armés en course, et toujours sous les déductions de droit envers la caisse des invalides de la marine;

3° Que, lorsque le fait de la coopération est contesté par quelques-unes des parties intéressées, notamment lorsqu'il s'agit de savoir si un détachement ou partie d'un détachement de troupe de terre a contribué à la prise, c'est au conseil des prises à y statuer, d'après la nature des armes employées par le détachement, la distance à laquelle il se trouvait de l'ennemi, et d'après toutes les circonstances de la capture, et à régler quels sont ceux qui ont droit à la prise;

4° Que les mêmes dispositions, dans les mêmes circonstances, doivent s'appliquer aux préposés des douanes qui ont fait une prise ou y ont concouru.

6 AVRIL 1809. — Décret relatif aux Français qui auront porté les armes contre la France, et à ceux qui, rappelés de l'étranger, ne rentreront pas en France. (4, Bull. 232, n° 4296.)

Voy. décret du 26 AOUT 1811; avis du Conseil-d'État du 21 JANVIER 1812; extraits des lettres-patentes des 27 FÉVRIER et 17 AVRIL 1812.

TITRE Ier. Des Français qui auront porté les armes contre la France (1).

Art. 1er. Tous les Français qui, ayant porté les armes contre nous depuis le 1er septembre 1804, ou qui, les portant à l'avenir, auront encouru la peine de mort conformément à l'art. 3 de la section Ire du titre Ier de la deuxième partie du Code pénal du 25 septembre = 6 octobre 1791, seront justiciables des cours spéciales.

Pourront néanmoins ceux qui seront pris les armes à la main être traduits à des commissions militaires, si le commandant de nos troupes le juge convenable (2).

2. Seront considérés comme ayant porté les armes contre nous, tous ceux qui auront servi dans les armées d'une nation qui était en guerre contre la France; ceux qui seront pris sur les frontières, ou en pays ennemi, porteurs de congés des commandans militaires ennemis; ceux qui, se trouvant au service militaire d'une puissance étrangère, ne l'ont pas quitté ou ne le quitteront pas pour rentrer en France aux premières hostilités survenues entre la France et la puissance qu'ils ont servie ou qu'ils servent; ceux enfin qui, ayant pris du service militaire à l'étranger, rappelés en France par un décret publié dans les formes pour la publication des lois, ne rentreront pas conformément audit décret, dans le cas toutefois où, depuis la publication, la guerre aurait éclaté entre les deux puissances.

3. Les dispositions des deux articles précédens sont applicables même à ceux qui auraient obtenu des lettres de naturalisation d'un Gouvernement étranger.

4. Nos procureurs généraux des cours spéciales des départemens dans lesquels sont domiciliés les Français désignés aux articles précédens seront tenus, sur la dénonciation qui leur en sera faite, et même d'office, de dresser contre eux une plainte, et de requérir qu'il soit informé des faits qui y seront portés.

Il sera procédé à l'instruction et au jugement suivant les dispositions des lois criminelles et celles du présent décret.

5. Notre procureur général de la cour spéciale de Paris sera pareillement tenu de rendre plainte sur la dénonciation à lui faite, ou même d'office, contre les Français qui, n'ayant pas de domicile en France depuis dix ans, seraient dans un des cas prévus par les trois premiers articles du présent décret.

TITRE II. Du devoir des Français qui sont chez une nation étrangère, lorsque la guerre éclate entre la France et cette nation.

§ Ier. *Des Français au service militaire chez l'étranger.*

6. Les Français qui sont au service militaire d'une puissance étrangère, avec ou sans autorisation, et qui n'auraient pas porté les armes contre nous depuis le 1er septembre 1804, sont tenus de le quitter du moment où les hostilités commencent entre cette puissance et la France, de rentrer en France, et d'y justifier de leur retour dans le délai de trois mois, à compter du jour des premières hostilités.

7. Ils seront tenus de se présenter devant les procureurs impériaux des tribunaux de première instance du lieu de leur domicile, dans le délai fixé par l'article précédent, et d'y requérir acte de leur présence, lequel acte sera transcrit au greffe.

8. Ceux desdits Français qui n'auraient plus de domicile en France seront tenus de se présenter devant notre procureur impérial du tribunal de première instance de Paris, pour y requérir acte de leur présence, dans le délai qui sera prescrit, lequel acte sera transcrit au greffe.

9. Ceux qui auraient un domicile en France pourront aussi se présenter, s'ils le préfèrent, à notre procureur impérial du tribunal de première instance de Paris, qui leur donnera acte de leur présence, et instruira de suite de cette présentation notre procureur impérial du tribunal de première instance du lieu du domicile de celui qui aura comparu; l'acte de présence sera transcrit au greffe.

10. S'ils ne se sont pas présentés dans le susdit délai, le procureur impérial donnera son réquisitoire, à l'effet de faire ordonner la saisie de tous les biens meubles et immeubles qu'ils possèdent, ainsi que de ceux qui pourraient leur advenir dans la suite. Le jugement qui interviendra leur ordonnera pareillement de comparaître, dans le mois, devant le procureur général de la cour spéciale.

(1) *Voy.* décret du 24 avril 1810.
(2) La disposition de ce paragraphe embrasse les non militaires comme les militaires.
Depuis la Charte, c'est devant les conseils de guerre permanens que doivent être traduits les individus qui l'auraient été précédemment devant des commissions militaires.

Le ministre de la guerre, en sa qualité de commandant général des troupes, a qualité pour ordonner la traduction devant les conseils de guerre (18 septembre 1824; Cass. S 25, 1, 83. — 5 février 1824; Cass. S. 24, 1, 431).

11. Nos procureurs impériaux transmettront de suite à notre procureur général de la cour spéciale de leur ressort, les noms, qualités et demeures de ceux qui, domiciliés dans leur arrondissement, ne se seront pas présentés pour requérir acte de leur présence; ils joindront copie du jugement qui aura ordonné le séquestre, avec les procès-verbaux qui en constateront l'apposition.

12. Le mois expiré sans que l'individu se soit présenté devant nos procureurs généraux, ceux-ci requerront acte de la plainte qu'ils rendront contre ceux qui seront dénoncés comme n'ayant pas obéi à l'article 6 du présent décret, et au jugement rendu en exécution de l'article 10 ci-dessus; ils requerront qu'il soit informé contre eux comme prévenus du crime d'avoir porté les armes contre la France.

13. Notre cour donnera acte de sa plainte au procureur général, et commettra un de ses membres pour procéder à l'audition des témoins et à l'instruction entière du procès.

14. Le juge d'instruction réunira toutes les pièces qui pourront servir à conviction, telles que lettres, contrôles des régimens, états militaires des puissances ennemies, et autres de cette nature qui lui seront remises, soit par nos ministres, soit par tous autres; il entendra en déposition les déserteurs étrangers, les soldats français, et tous autres qui pourraient lui être indiqués par notre procureur général, ou qu'il croirait devoir entendre d'office.

15. Lorsque l'instruction sera complète, elle sera communiquée à notre procureur général, qui dressera, s'il y a lieu, l'acte d'accusation : dans le cas où il sera déclaré qu'il y a lieu à accusation, notre cour décernera une ordonnance de prise de corps contre l'accusé.

16. L'acte d'accusation et l'ordonnance de prise de corps sont notifiés à l'accusé, à son dernier domicile connu; il en sera fait une annonce dans le journal *le Moniteur*, et dans ceux de l'arrondissement et du département, s'il y en a.

17. Si l'accusé ne se présente pas dans les dix jours de la notification mentionnée en l'article précédent, le président de notre cour rendra une ordonnance portant que, si, dans un nouveau délai de dix jours, l'accusé ne se constitue pas, il est déclaré rebelle à l'empereur, et qu'il sera procédé contre lui par contumace.

18. Cette ordonnance sera publiée dans les formes prescrites; et, après l'expiration du nouveau délai de dix jours, il sera procédé au jugement de la contumace, le tout conformément aux dispositions des lois sur l'instruction criminelle.

19. S'il résulte de l'instruction et de l'examen, que l'accusé n'est pas rentré en France dans le délai prescrit, et qu'il était au service militaire de l'ennemi à l'époque où les hostilités ont éclaté, nos cours appliqueront les dispositions de l'article 3, section Ire, titre Ier de la deuxième partie du Code pénal du 25 septembre = 6 octobre 1791, et prononceront la confiscation des biens du condamné.

§ II   Des Français qui occupent des emplois et exercent des fonctions politiques, administratives et judiciaires chez l'étranger.

20. Les dispositions de l'article 6 ci-dessus sont applicables aux Français qui ont des fonctions politiques, administratives ou judiciaires chez l'étranger; ils seront tenus de rentrer en France dans les délais, et de justifier de leur rentrée dans les formes prescrites par les articles 7, 8 et 9.

21. Faute d'avoir satisfait aux dispositions de ces articles, ils seront poursuivis conformément à ce qui est prescrit par les articles 10 et suivans jusques et compris l'article 18.

22. S'il résulte de l'instruction et de l'examen, que les accusés occupaient des emplois ou exerçaient des fonctions politiques, administratives ou judiciaires à l'époque des premières hostilités, et s'ils n'ont pas justifié de leur retour en France, nos cours les déclareront morts civilement, et prononceront contre eux la confiscation de leurs biens.

TITRE III. Des Français rappelés d'un pays étranger avec lequel la France n'est pas en guerre.

§ Ier. *Des Français au service militaire de l'étranger.*

23. Tous les Français au service militaire de l'étranger sont tenus de rentrer en France, lorsqu'ils sont rappelés par un décret publié dans les formes prescrites pour la promulgation des lois.

24. Ils sont tenus, dans les délais fixés par le décret de rappel, de justifier de leur retour, ainsi qu'il est dit ci-dessus, articles 7, 8 et 9.

25. Faute par eux d'avoir justifié de leur retour, ils seront poursuivis ainsi qu'il est dit articles 10, 11, 12, 13, 14, 15, 16, 17 et 18.

26. S'il résulte de l'instruction que l'accusé était au service militaire de la puissance étrangère désignée dans le décret de rappel, et qu'il n'y a pas obéi, il sera, dans le cas où la guerre aurait éclaté entre la France et cette puissance, puni conformément à l'article 3, section Ire, deuxième partie du Code pénal du 25 septembre = 6 octobre 1791, et ses biens seront confisqués.

Si la guerre n'a pas éclaté entre les deux puissances, l'accusé sera mort civilement, et ses biens seront confisqués.

§ II. Des Français qui exercent des fonctions politiques, administratives ou judiciaires à l'étranger.

27. Les dispositions de l'article 23 du présent décret sont applicables aux Français qui exercent des fonctions politiques, administratives ou judiciaires chez l'étranger; ils sont tenus de rentrer en France, et de justifier de leur retour, conformément aux dispositions des articles 7, 8 et 9 du présent décret, sous peine d'être poursuivis et mis en accusation, ainsi qu'il est expliqué aux articles 10 et suivans.

28. S'il résulte de l'instruction que les accusés n'ont pas obéi au décret de rappel, et qu'ils exercent des emplois ou fonctions politiques, administratives ou judiciaires dans le pays duquel ils sont rappelés, nos cours les déclareront morts civilement en France, et prononceront la confiscation de tous leurs biens meubles et immeubles.

§ III. Des Français qui n'ont ni service militaire, ni fonctions politiques, administratives ou judiciaires chez l'étranger.

29. Les dispositions des deux articles précédens ne seront applicables aux Français qui n'ont pas de service militaire chez l'étranger, ou qui n'y exercent aucune fonction politique, administrative ou judiciaire, qu'autant qu'ils auront été nominativement rappelés par un décret publié dans la forme prescrite pour la promulgation des lois.

Dans ce cas, ils sont tenus de se présenter dans les délais et dans la forme ci-dessus prescrits, sous les peines exprimées en l'article 26.

30. Les Français mentionnés en l'article précédent et en l'article 28 ci-dessus seront admis à se représenter et à purger leur contumace dans les cinq ans, lesquels ne commenceront à courir que du jour de la publication de la paix.

TITRE IV. Dispositions transitoires relatives aux pays réunis à la France.

31. Les dispositions de l'article 1er ne sont applicables aux habitans des pays réunis à la France depuis le 1er septembre 1804, que du jour de leur réunion.

32. Nos ministres sont chargés de l'exécution du présent décret.

———

7 AVRIL 1809. — Décret concernant les ci-devant chevaliers de l'ordre de Malte nés dans le Piémont. (4, Bull. 233, n° 4301.)

Art. 1er. Les ci-devant chevaliers de l'ordre de Malte, nés dans le Piémont, et devenus Français par la réunion du Piémont à la France, qui jouissaient de commanderies et bénéfices dont les biens étaient situés dans ce pays, seront admis à la liquidation, et recevront intégralement une pension annuelle et viagère dont le *maximum* est fixé, savoir:

A six cents francs, pour chacun des individus qui ont soixante ans accomplis;

A cinq cents francs, pour chacun de ceux dont l'âge est inférieur.

Néanmoins, lorsqu'ils auront joui d'un revenu au-dessous de l'un ou l'autre *maximum*, la pension ne pourra excéder le montant net de ce revenu.

A l'effet de quoi, l'arrêté du 29 nivose an 12, et celui du 20 prairial an 10, concernant les membres d'établissemens ecclésiastiques et titulaires de bénéfices supprimés dans le ci-devant Piémont et dans les départemens de la rive gauche du Rhin, leur sont déclarés communs et applicables.

2. Ceux desdits chevaliers qui n'avaient que l'expectative sur les bénéfices de l'ordre seront admis à la liquidation, et recevront intégralement, à titre de pension, pour raison des avances relatives à leur réception, constatées par titres authentiques, dix pour cent des capitaux, conformément à l'art. 5 de la loi du 19 septembre 1792, qui leur est déclaré commun et applicable.

Néanmoins ces pensions ne pourront pas excéder l'un ou l'autre *maximum* fixé par l'article précédent à raison de l'âge.

3. Nos ministres des finances et du Trésor public sont chargés de l'exécution du présent décret.

———

7 AVRIL 1809. — Décret portant qu'à dater du 1er mai prochain, l'île d'Elbe fera partie du gouvernement général de la Toscane, et sera comprise dans la 29e division militaire. (4, Bull. 233, n° 4302.)

———

8 AVRIL 1809. — Avis du Conseil-d'État. (Prescription.) *Voy.* 13 AVRIL 1809.

———

9 AVRIL 1809. — Décret concernant les élèves des séminaires. (4, Bull. 233, n° 4304.)

Voy. décret du 15 NOVEMBRE 1811, tit. IV, ch. 1er; ordonnances des 5 OCTOBRE 1814 et 17 OCTOBRE 1821, art. 1er.

Art. 1er. Pour être admis dans les séminaires maintenus par l'article 3 de notre décret du 17 mars comme écoles spéciales de théologie, les élèves devront justifier qu'ils ont reçu le grade de bachelier dans la faculté des lettres.

2. Les élèves actuellement existans dans lesdits séminaires pourront y continuer leurs

études, quoiqu'ils n'aient pas rempli la condition ci-dessus.

3. Aucune autre école, sous quelque dénomination que ce puisse être, ne peut exister en France, si elle n'est régie par des membres de l'Université impériale, et soumise à ses règles.

4. Le grand-maître de notre Université impériale et son conseil accorderont un intérêt spécial aux écoles secondaires que les départemens, les villes, les évêques ou les particuliers voudront établir, pour être consacrées plus spécialement aux élèves qui se destinent à l'état ecclésiastique.

5. La permission de porter l'habit ecclésiastique pourra être accordée aux élèves desdites écoles dont les prospectus et les réglemens seront approuvés par le grand-maître et le conseil de l'Université, toutes les fois qu'ils ne contiendront rien de contraire aux principes généraux de l'institution.

6. Le grand-maître pourra autoriser dans nos écoles secondaires ou lycées, des fondations de bourses, demi-bourses ou toutes autres dotations, pour des élèves destinés à l'état ecclésiastique.

7. Nos ministres des cultes et de l'intérieur sont chargés de l'exécution du présent décret.

9 AVRIL 1809. — Décret contenant diverses dispositions relatives aux départemens de la Toscane. (4, Bull. 233, n° 4303).

9 AVRIL 1809. — Avis du Conseil-d'État. (Fiefs impériaux.) *Voy.* 13 AVRIL 1809.

11 AVRIL 1809. — Décret concernant la place des membres de la Légion-d'Honneur dans les cérémonies publiques civiles et religieuses (4, Bull. 233, n° 4305.)

Art. 1er. Les commandans, officiers et membres de la Légion-d'Honneur qui assisteront aux cérémonies publiques civiles ou religieuses, y occuperont un banc qui sera établi ou une place qui leur sera assignée, après les autorités constituées.

2. Le ministre de l'intérieur et le grand chancelier de la Légion-d'Honneur sont chargés de l'exécution du présent décret.

11 AVRIL 1809. — Décret qui réunit le territoire de Lommel, cédé à la France, au canton d'Achal, département de la Meuse-Inférieure. (4, Bull. 234, n° 4318.)

11 AVRIL 1809. — Décrets qui autorisent l'acceptation de dons et legs faits aux pauvres et hospices de Richerence, Prades, Gournay, Frasinetto, Ceva, Bollène, Hognoul, Toulouse, Rhodès, Verviers et Douzi. (4, Bull. 237, n°s 4401 à 4419.)

13 AVRIL 1809. — Avis du Conseil-d'État sur les formalités à remplir par les réclamans d'arrérages de rentes sur l'État, pour interrompre la prescription de cinq ans. (4, Bull. 234, n° 4320.)

Le Conseil-d'État, qui, d'après le renvoi ordonné par sa majesté, a entendu le rapport de la section des finances sur celui du ministre du Trésor public, relativement aux formalités à remplir par les réclamans d'arrérages de rentes sur l'État, pour interrompre la prescription de cinq ans;

Vu l'article 56 de la loi du 24 août 1793, portant que, dans tous les cas, aucun créancier ne pourra réclamer que les cinq dernières années des rentes sur l'État avant le semestre courant;

Vu l'article 2277 du Code civil, qui porte que les arrérages de rentes perpétuelles et viagères se prescrivent par cinq ans;

Considérant que des réclamations non justifiées ne peuvent mettre le Trésor public en demeure d'acquitter ce qu'il est toujours prêt à payer,

Est d'avis que les réclamations non appuyées de toutes les pièces justificatives présentées par des créanciers d'arrérages de rentes sur l'État, ne peuvent interrompre la prescription qu'autant que, dans le délai d'un an, du jour de la réclamation, le créancier se mettra en règle, et présentera toutes les pièces justificatives de la légitimité de sa demande.

13 AVRIL 1809. — Avis du Conseil-d'État portant que les détenteurs des biens composant les anciens fiefs impériaux de la Ligurie sont tenus de se conformer aux dispositions de l'article 34 de la loi du 1er décembre 1790. (S. 9, 2, 312.)

Le Conseil-d'État, qui, d'après le renvoi à lui fait par sa majesté, a entendu le rapport de la section des finances sur celui du ministre de ce département, tendant à faire décider les questions suivantes :

1° Si la loi du 14 ventose an 7 est applicable aux détenteurs des biens dont se composaient les anciens fiefs impériaux de la ci-devant Ligurie;

2° Si les détenteurs desdits fiefs doivent être remis en possession des moulins et autres biens séquestrés en vertu du décret du Gouvernement ligurien du 20 novembre 1797;

Vu l'avis du Conseil-d'État du 21 mai 1808, approuvé par sa majesté le 16 juin, par lequel il a été établi que toutes les contestations sur l'application de la loi du 14 ventose an 7 sont du ressort des tribunaux ordinaires;

Considérant que les biens composant les anciens fiefs impériaux relèvent, dans leur origine, de l'empire germanique, et qu'ils doivent, par conséquent, être présumés domaniaux;

Que néanmoins, aucun titre constitutif de ces concessions n'ayant pas encore été présenté, les clauses et les époques de ces concessions faites en des temps divers et sous différentes lois étant encore inconnues, il serait prématuré d'ordonner une application de la loi du 14 ventose au 7 à ces sortes de biens,

Est d'avis,

1° Que les détenteurs de biens composant les anciens fiefs impériaux sont tenus de se conformer aux dispositions de l'article 34 de la loi du 1er décembre 1790, qui prescrit aux concessionnaires de biens domaniaux de déposer au secrétariat du département des copies de leurs titres;

2° Que toutes les contestations que l'examen de ces titres pourrait faire naître entre la régie des domaines et les tenanciers, au sujet de l'application de la loi du 14 ventose an 7, doivent être renvoyées aux tribunaux;

3° Qu'il doit être donné main-levée du séquestre ordonné par le décret du ci-devant Gouvernement ligurien, le 29 novembre 1797, sur les moulins et autres biens appartenant à ces détenteurs, et que ces derniers doivent être autorisés à se faire rendre compte par les agens chargés de l'administration de ces biens des produits qui en seront résultés pendant la durée du séquestre, sans pourtant qu'il lui soit accordé aucun recours contre le Trésor public.

13 AVRIL 1809. — Décrets qui nomment MM. Baude préfet du département du Tarn, Defermon préfet du département des Hautes-Alpes, et Cossé de Brissac préfet du département de Marengo. (4, Bull. 233, nos 4306, 4307 et 4308.)

13 AVRIL 1809. — Décret contenant proclamation des brevets d'invention délivrés, pendant le premier trimestre de 1809, aux sieurs Girard frères, Bordier-Marcet de Versoix, Ravalet, Biallez, Guinchet et Pierrugues, Neppel, d'Hesnin, Favre, Landel, Legrand et Bernard. (4, Bull. 234, n° 4319.)

13 AVRIL 1809. — Décrets qui autorisent l'acceptation de legs faits aux pauvres et hospices de Douai et de Novi. (4, Bull. 237, nos 4420 et 4421.)

13 AVRIL 1809. — Décret qui change le jour de la tenue des foires d'Avrille et de Moutiers-les-Maufaits. (4, Bull. 237, n° 4422.)

18 AVRIL 1809. — Sénatus-consultes qui annulent les élections des sieurs Noaro et Guislain Duvoors au titre de candidats pour le Corps-Législatif. (4, Bull. 235, nos 4331 et 4332.)

25 AVRIL 1809. — Sénatus-consulte qui met à la disposition du Gouvernement trente mille conscrits de la classe de 1810 et dix mille conscrits pris sur les classes de 1806 à 1809, pour faire partie de la garde impériale. (4, Bull. 234, n° 4317.)

Art. 1er. Trente mille conscrits de la classe de 1810 sont mis à la disposition du Gouvernement.

2. Dix mille conscrits seront pris sur les classes de 1806, 1807, 1808 et 1809, pour faire partie des régimens de la garde impériale qui accompagnent l'empereur à l'armée.

25 AVRIL 1809. — Avis du Conseil-d'État. (Biens nationaux.) Voy. 17 MAI 1809.

29 AVRIL 1809. — Avis du Conseil-d'État. (Société. — Navires saisis.) Voy. 17 MAI 1809.

1er MAI ET 2 MAI 1809. — Acte du Sénat-Conservateur qui nomme les membres du Corps-Législatif pour les départemens de la 3e série. (4, Bull. 237, n° 4395.)

2 MAI 1809. — Avis du Conseil-d'État. (Agens de change.) Voy. 17 MAI 1809.

3 MAI 1809. — Décret qui met les bâtimens des anciens Dominicains de Savone à la disposition du département de Montenotte, pour y placer les autorités judiciaires de cette ville, à la charge d'en payer le loyer annuel, sauf la faculté d'acquérir postérieurement les mêmes bâtimens. (4, Bull. 237, n° 4423.)

4 MAI 1809. — Décret qui annule l'autorisation donnée par un conseil de préfecture à un maire pour recevoir un legs fait aux habitans de sa commune, et ordonne que ce legs sera accepté par le bureau de bienfaisance. (4, Bull. 236, n° 4386.)

Art. 1er. La décision du conseil de préfecture du département du Gers, en date du 24 brumaire an 9, par laquelle le maire de la commune de Montgardin a été autorisé à recevoir, au nom des habitans de cette commune, et à placer à leur profit sur des particuliers, le montant du legs qui leur a été fait par le sieur Bernard-Louis Abadie-de-Saint-Germier, est déclarée nulle et non avenue pour cause d'incompétence.

2. En conséquence, le legs fait par le sieur Bernard-Louis Abadie-de-Saint-Germier, suivant son testament du 4 novembre 1785, de deux sommes, l'une de huit mille et l'autre de deux mille livres, pour les intérêts du tout servir au paiement des impositions des habitans pauvres de Montgardin, département

du Gers, sera accepté par le bureau de bien-faisance de Montgardin, à charge d'en faire la répartition entre les légataires, sur le vu du rôle des contributions de la commune.

Dans le cas où il n'y aurait pas de bureau de bienfaisance dans cette commune, il en sera établi un sans délai.

3. Le maire de Montgardin rendra compte au préfet de la gestion des dix mille livres léguées, à partir de l'époque à laquelle il les aura reçues et placées : cette reddition de compte sera soumise à notre ministre de l'in-térieur.

4. Au fur et à mesure de la rentrée des placemens qui ont été faits de cette somme sur des particuliers, le montant en sera versé, par le receveur du bureau de bienfaisance, à la caisse d'amortissement, et, par le direc-teur général de cette caisse, employé en ac-quisition de rentes sur l'Etat, au profit exclu-sif des légataires.

5. Notre ministre de l'intérieur est chargé de l'exécution du présent décret.

4 MAI 1809. — Décret relatif à la conservation des biens affectés à la donation des majorats. (4, Bull. 271, n° 5251.)

Voy. décrets du 1er MARS 1808, du 17 MAI 1809, du 5 AOUT 1809.

Art. 1er. Dans les pays hors de notre em-pire, où il existe des biens qui ont été par nous affectés à la dotation de majorats, nous aurons des *agens conservateurs* chargés de remplir les fonctions attribuées aux agens du domaine par l'article 76 de notre deuxième statut du 1er mars 1808, et celles qui seront ci-après déterminées.

2. Ces agens veilleront :

1° A ce que, pendant sa vie, le titulaire jouisse en bon père de famille des biens affec-tés au majorat, ainsi qu'il sera réglé dans les articles suivans;

2° A ce qu'ils retournent dans leur intégrité et sans retard à notre couronne, échéant le cas de retour.

3. Toutes les fois que nos conservateurs auront reconnu que les intérêts du majorat sont compromis, ils en informeront notre procureur général près le conseil du sceau des titres, lequel en rendra compte à notre cousin le prince archi-chancelier de l'empire, pour y être pourvu administrativement, s'il y a lieu, par notre conseil du sceau des titres.

4. La connaissance de toutes les contesta-tions qui pourront s'élever entre les posses-seurs de majorats situés en pays étranger, au sujet de la propriété ou de la jouissance des-dits majorats, est attribuée à notre Conseil-d'Etat, sur l'avis du conseil du sceau des titres.

5. Les contestations de même nature qui pourront s'élever dans l'intérieur de notre empire seront portées devant les tribunaux ordinaires, à la réserve de celles qui auraient pour objet l'interprétation des clauses de l'acte d'institution des majorats relatives à l'étendue et à la valeur desdits majorats, aux-quelles il sera pourvu comme il est dit à l'ar-ticle précédent.

6. Si le titulaire n'a point encore pris pos-session, en la forme usitée jusqu'à présent, des biens composant la dotation, il sera tenu de le faire dans l'année de la date de l'acte de constitution, par lequel notre cousin le prince archi-chancelier lui aura donné, en notre nom, l'investiture des biens.

7. Les titulaires auxquels nous aurons ac-cordé une dotation seront tenus, dans les six mois qui suivront l'avis qu'ils en auront reçu de notre ministre des finances, de se retirer par-devant notre cousin le prince archi-chan-celier, pour requérir la formation de l'acte de constitution de ladite dotation.

8. A l'avenir, cette prise de possession se fera par un procès-verbal dressé contradic-toirement entre le conservateur et le titulaire ou son fondé de pouvoir spécial, sur la repré-sentation de l'acte d'investiture, lequel sera annexé au procès-verbal.

9. La minute de ce procès-verbal sera adressée, par le conservateur, à notre pro-cureur général du conseil du sceau des titres, et déposée aux archives de ce conseil.

10. A défaut de prise de possession dans l'année de l'investiture, la jouissance du titu-laire sera suspendue jusqu'à ce qu'il ait satis-fait à ce qui est prescrit par les articles pré-cédens. Aussitôt après la prise de possession, les fruits perçus pendant la suspension de la jouissance lui seront restitués, après toutefois le prélèvement des frais d'entretien et d'ad-ministration durant ce temps, lesquels seront réglés par l'agent conservateur, sauf le re-cours au Conseil-d'Etat, comme il est dit ci-dessus, article 4.

11. S'il arrivait que des tiers eussent com-mis quelque empiétement ou usurpation sur les biens du majorat, le conservateur en donnera sur le-champ avis au titulaire et à notre procureur général du conseil du sceau des titres ; en cas d'urgence, le conservateur sera tenu, sans autre autorisation, de faire en son propre nom, aux frais du titulaire, les actes conservatoires nécessaires pour in-terrompre la prescription.

12. Tout acte de décès de nos sujets, revêtu de l'un des titres établis par nos statuts du 1er mars 1808, sera notifié dans le mois, à notre procureur général du sceau des titres, par les maires, par le chef de l'état-major de chaque division d'armée de terre et de mer pour ceux de son corps, et par le chef de l'état-major général pour les officiers sons

ses ordres : les procureurs généraux près nos cours, et nos procureurs impériaux, y tiendront la main.

Le juge-de-paix, le notaire ou autre officier public qui procédera à la levée des scellés ou à l'inventaire après le décès d'un titulaire, se fera représenter, avant la levée des scellés, le certificat constatant la notification du décès, et fera mention dudit certificat dans l'intitulé du procès-verbal de levée de scellés, ou de l'inventaire, à peine d'interdiction.

13. Notredit procureur général vérifiera si le titulaire décédé possédait un des majorats dotés par nous; et dans le cas où les biens de tout ou partie de la dotation seraient situés en pays étranger, il donnera avis du décès à notre conservateur dans ce pays.

14. Le successeur appelé à recueillir un majorat sera tenu de se présenter au conseil du sceau des titres, de faire sa soumission de remplir les charges portées aux articles 50 et 52 de notre statut du 1er mars 1808, de joindre ses quittances du paiement du cinquième d'une année de revenu du majorat, entre les mains des trésoriers de la Légion-d'Honneur et du sceau des titres;

Il sera inscrit au sceau des titres, comme ayant succédé à la possession du majorat; et extrait de cette inscription lui sera délivré, au moyen duquel extrait, visé par notre cousin le prince archi-chancelier, il sera admis au serment en sa qualité.

Il sera payé par chaque délivrance d'extrait, à la caisse du conseil du sceau des titres, le tiers de la somme fixée par notre décret du 1er mars 1808, pour l'expédition des lettres-patentes.

15. Le nouveau titulaire des majorats constitués par nous, muni de cet extrait, sera tenu de faire rapporter procès-verbal des biens dépendant du majorat, en présence du conservateur et des héritiers du précédent titulaire appelé, s'il n'en est le seul héritier.

16. S'il y a des réparations ou dégradations dont le titulaire décédé dût être garant, l'action sera exercée par le nouveau titulaire, devant nos cours et tribunaux.

17. Si la succession ne présente aucune ressource pour faire face aux réparations et dégradations, le conservateur en rendra compte à notre procureur général du sceau, pour y être pourvu par le conseil du sceau des titres conformément à l'article 53 du statut du 1er mars.

18. En cas de contestation sur les droits de l'appelé, de la part d'un tiers, il sera procédé devant les tribunaux et cours, dans les formes ordinaires, nos procureurs entendus.

19. En cas de vacance du même majorat plus d'une fois dans la même année, il ne sera dû qu'un seul droit du cinquième; et le montant en sera réparti entre les divers appelés, au *prorata* du temps de leur jouissance.

20. Dans le cas où il y aurait lieu au retour desdits biens, le conservateur se mettra en possession de ces biens, et il en versera provisoirement les revenus entre les mains du trésorier du sceau des titres.

21. Pour l'exécution des dispositions du statut du 1er mars, relatives aux veuves, elles se pourvoiront par-devant notre cousin le prince archi-chancelier de l'empire, à l'effet de faire régler par le conseil du sceau des titres : 1° leurs droits à la pension ; 2° sa quotité.

Il leur sera délivré extrait de la délibération prise par notre conseil du sceau des titres, sur les conclusions de notre procureur général; lequel extrait, visé par le prince archi-chancelier, servira de titre auxdites veuves pour la jouissance de leur pension.

22. La pension leur sera payée, à compter du décès de leur mari, par le trésorier du sceau des titres, pour tout le temps que les revenus dudit majorat seront versés dans la caisse du sceau, conformément à l'article 20.

23. En cas de disposition du majorat en faveur d'un nouveau titulaire, il sera chargé de la pension affectée en faveur de la veuve.

24. Les fermages et revenus que le conservateur pourra percevoir dans les cas prévus par l'article 10 du présent statut seront versés entre les mains du trésorier du sceau des titres.

25. Les héritiers ou représentans d'un titulaire qui auraient indûment perçu des fermages, revenus ou fruits quelconques du majorat, échus postérieurement au décès, seront contraignables solidairement à la restitution des sommes ou valeurs qu'ils auront ainsi reçues, sans préjudice des poursuites à exercer contre les fermiers et détenteurs des biens du majorat, pour raison desdits fermages et revenus.

26. Les dispositions du présent statut, pour la conservation des biens des majorats en pays étranger, sont applicables aux majorats dotés par nous dont les biens sont situés dans l'étendue de notre empire, si ce n'est qu'à l'égard de ces derniers la régie de l'enregistrement et des domaines, et l'administration forestière pour la partie de forêts et bois composant le majorat, rempliront, chacune en ce qui la concerne, les fonctions attribuées à l'agent conservateur.

27. Quant aux dotations qui seraient faites par nous en rentes ou actions de la banque de France, ou autres effets de même nature, la prise de possession du titulaire et de chacun de ses successeurs, ainsi que l'extinction et retour à notre couronne, s'opéreront par une simple notification au directeur de la dette publique, ou au directeur de la banque, laquelle sera faite à la diligence de notredit procureur général.

28. Les bois futaies seront coupés, quand ils seront dans les taillis, dans les cas où ils

le sont dans nos forêts domaniales ; et quand ils seront en réserve ou en pièces sans taillis, ils seront aménagés s'ils en sont susceptibles ; enfin, si leur étendue ne permet pas l'aménagement, ils ne pourront être coupés qu'après autorisation donnée par nous, en notre Conseil-d'Etat, sur l'avis du conseil du sceau des titres.

29. Les dispositions des articles 12, 14, 15, 18, 19 et 28, sont applicables aux majorats formés avec des biens appartenant à ceux de nos sujets auxquels nous aurons accordé des titres, d'après nos précédens statuts.

30. Nos ministres sont chargés, chacun en ce qui le concerne, de l'exécution du présent statut.

———

4 MAI 1809.—Décret qui substitue la maison de répression de Rennes au château de Montbareil, pour servir à la détention des condamnés des départemens de la Manche, d'Ille-et-Vilaine, des Côtes-du-Nord, du Morbihan et du Finistère. (4, Bull. 236, n° 4385.)

———

4 MAI 1809. — Décrets qui ordonnent le paiement de pensions accordées à des veuves de militaires. (4, Bull. 237, n°s 4424 à 4425.)

———

4 MAI 1809. — Décret qui divise en deux arrondissemens les départemens désignés pour former la circonscription des maisons de détention de Gand et de Vilvorde. (4, Bull. 236, n° 4387.)

———

4 MAI 1809. — Décrets qui autorisent l'acceptation d'offres de dénoncer, au profit des pauvres de Forêt, Louvain, Alby, Forest, Arcq-Ainières, Bruxelles, et de la commune de Cordes, des biens et rentes célés au domaine. (4, Bull. 237, n°s 4426 à 4428, et Bull. 240, n°s 4453 et 4455.)

———

4 MAI 1809. — Décrets qui autorisent l'acceptation de dons et legs faits aux pauvres et hospices de Saint-Jean de Vedas, Ardes, Marvejols, Mâcon et Bonnieux. (4, Bull. 237, n° 4439; Bull. 238, n°s 4445 et 4446, et Bull. 240, n°s 4452 et 4454.)

———

9 MAI 1809. — Avis du Conseil-d'Etat. (Sel.) Voy. 4 JUIN 1809.

———

16 MAI 1809.—Avis du Conseil-d'Etat. (Eglises.) Voy. 4 JUIN 1809.

———

17 MAI 1809. — Avis du Conseil-d'Etat relatif aux paiemens par anticipation faits par les acquéreurs de biens nationaux. (4, Bull. 236, n° 4389.)

Le Conseil-d'Etat, qui, en exécution du renvoi ordonné par sa majesté, a entendu le rapport de la section des finances sur celui du ministre de ce département, tendant à faire statuer :

1° Sur la validité des paiemens faits par anticipation, par quelques acquéreurs de biens nationaux, dans les caisses des receveurs des domaines de Bruxelles et de Paris, qui ont disparu, laissant un déficit dans leurs caisses ;

2° Sur les mesures à prendre pour l'avenir, afin que les articles 7 et 8 de la décision du ministre des finances, du 8 novembre 1806, portant que les paiemens au-dessus de dix mille francs, et les paiemens faits par anticipation, doivent être versés par les acquéreurs de domaines nationaux dans les caisses des receveurs des contributions ;

Vu la susdite décision, ensemble les procès-verbaux d'adjudication passés dans les départemens de la Dyle et de la Seine ;

Considérant que la condition de verser les paiemens dont il s'agit dans la caisse du receveur des contributions n'a pas été insérée au cahier des charges dans les ventes qui ont eu lieu dans ces deux départemens ;

Considérant que la disposition contenue dans la décision du ministre sus énoncée a pu être ignorée par les acquéreurs ; et que les versemens par eux faits dans la bonne foi doivent, dans cette supposition, être regardés comme valables ;

Que néanmoins il importe de prévenir par la suite ces irrégularités, et d'assurer l'exécution de la décision du ministre,

Est d'avis :

1° Que le paiement de trente-quatre mille cent neuf francs anticipé par des acquéreurs de domaines dans le dépa tement de la Dyle, et pour lequel le receveur des domaines fut constitué en débet lors de sa disparution, et le paiement de dix-huit mille deux cent trente-cinq francs fait, pour la même cause, entre les mains du receveur des domaines de Paris, et pour lequel ce receveur fut également constitué en débet, doivent être regardés comme bons et valables, si toutefois il n'existe aucune preuve de fraude et de collusion ;

2° Qu'à dater de la publication du présent avis, les paiemens faits par anticipation, et à valoir sur le prix des ventes de domaines nationaux, ne pourront être faits que conformément à l'article 8 de la décision du ministre du 8 novembre 1806, quoique cette condition n'ait point été expressément insérée au cahier des charges, et que tout paiement anticipé, fait en opposition à cette disposition, ne pourra libérer l'acquéreur de sa garantie envers le Trésor ;

3° Qu'à l'avenir, la disposition contenue en l'article 8 de la décision du ministre devra constamment être insérée au cahier des charges dans les ventes de domaines nationaux.

———

17 MAI 1809. — Avis du Conseil-d'Etat en interprétation des articles 27 et 28 du Code de commerce, relatifs aux associés commanditaires. (4, Bull. 236, n° 4390.)

Le Conseil-d'Etat, qui, en exécution du renvoi ordonné par sa majesté, a entendu le rapport de la section de l'intérieur sur celui du ministre de ce département, tendant à faire décider si la défense portée aux articles 27 et 28 du Code de commerce, aux associés commanditaires, de faire aucun acte de gestion des affaires de la société en commandite, sous peine d'être obligés solidairement, s'applique aux transactions commerciales réciproques, étrangères à la gestion de la maison commanditée,

Est d'avis que les articles 27 et 28 du Code de commerce ne sont applicables qu'aux actes que les associés commanditaires feraient en représentant comme gérans la maison commanditée, même par procuration, et qu'ils ne s'appliquent pas aux transactions commerciales que la maison commanditée peut faire pour son compte avec le commanditaire, et réciproquement le commanditaire avec la maison commanditée, comme avec toute autre maison de commerce.

17 MAI 1809. — Avis du Conseil-d'Etat portant que la connaissance des ventes des navires saisis appartient aux tribunaux ordinaires. (4, Bull. 236, n° 4391.)

Le Conseil-d'Etat, qui, d'après le renvoi ordonné par sa majesté, a entendu le rapport de la section de législation sur celui du grand-juge, ministre de la justice, tendant à faire décider à qui, des tribunaux ordinaires ou des tribunaux de commerce, il appartient de connaître des ventes des navires saisis;

Considérant qu'aux termes de l'article 442 du Code de procédure civile, les tribunaux de commerce ne peuvent connaître de l'exécution de leurs jugemens;

Que la vente des navires saisis ne peut être faite sans le ministère d'avoués, puisque l'article 204 du Code de commerce porte expressément que le nom de l'avoué du poursuivant doit être désigné dans les criées, publications et affiches;

Que le ministère des avoués est interdit dans les tribunaux de commerce par l'article 414 du Code de procédure, et par l'article 627 du Code de commerce;

Que de ces diverses dispositions il résulte que la vente des navires saisis ne peut avoir lieu devant les tribunaux de commerce;

Qu'enfin il ne peut être établi aucune assimilation entre les tribunaux de commerce actuels et les amirautés; qu'il existait auprès des amirautés un officier du ministère public; que le ministère des procureurs, loin d'y être interdit, y était nécessaire, et qu'elles connaissaient de l'exécution de leurs jugemens; que si, dans cet état, les amirautés ont dû connaître des ventes des navires saisis, la raison contraire en exclut les tribunaux de commerce,

Est d'avis que la connaissance des ventes des navires saisis appartient aux tribunaux ordinaires, et que le présent avis soit inséré au Bulletin des Lois.

17 MAI 1809. — Avis du Conseil-d'Etat relatif aux moyens de réprimer l'exercice illicite des fonctions d'agent de change et de courtiers sur les places de commerce, par des individus non commissionnés. (4, Bull. 236, n° 4392.)

Voy. loi du 28 VENTOSE an 9.

Le Conseil-d'Etat, qui, d'après le renvoi ordonné par sa majesté, a entendu le rapport de la section de l'intérieur sur celui du ministre de ce département, relatif aux moyens de réprimer l'exercice illicite des fonctions d'agens de change et de courtiers sur les places de commerce, par des individus non commissionnés à cet effet, et en contravention aux dispositions de la loi du 28 ventose an 9, qui a réorganisé les bourses de commerce;

Considérant qu'il importe, sans doute, de garantir aux agens de change et aux courtiers de commerce patentés et institués légalement, l'exercice des fonctions qui leur sont attribuées par la loi exclusivement à tous autres; mais que la mesure proposée de faire prononcer administrativement sur les délits qui sont de la compétence des tribunaux n'atteindrait pas même le but qu'on désire, puisque les maires et les conseils de préfecture ne seraient pas investis, pour constater les contraventions, et appliquer les peines de la loi, de moyens plus puissans que les tribunaux de première instance jugeant correctionnellement, à qui cette compétence appartient,

Est d'avis que le projet de décret présenté par le ministre, tendant à donner à l'autorité administrative locale l'attribution de la police de l'agence de change et du courtage, ne peut être adopté;

Qu'il convient d'appliquer à toutes les bourses de commerce les dispositions des articles 2 et 3 du décret du 10 septembre 1808, rendu pour l'établissement de la bourse d'Amiens, portant, article 2, que « le grand-« juge, ministre de la justice, donnera aux « procureurs généraux et impériaux l'ordre « de poursuivre, selon la rigueur des lois, « tous agens de change, courtiers et négo-« cians contrevenant aux lois sur les bourses « de commerce, et au Code de commerce, « même par information et sans procès-ver-« baux préalables, ni dénonciation des syn-« dics et adjoints, des courtiers et agens de « change; »

Que le ministre de la police générale donnera des ordres particuliers aux commissaires de police, pour veiller à l'exécution des lois sur cette matière, et informera les cours et tribunaux des faits parvenus à sa connaissance.

17 MAI 1809. — Décret relatif aux biens qui peuvent être constitués en majorats. (4, Bull. 236, n° 4393.)

Voy. décret du 4 MAI 1809.

Art. 1er. La femme mariée peut constituer en majorat, en faveur de son mari et de leurs descendans communs, les biens à elle propres, sans qu'il soit besoin d'autre autorisation que de celle requise par l'article 217 du Code civil.

2. Les biens grevés d'inscriptions hypothécaires, ayant pour cause des rentes non exigibles, ou des créances non actuellement remboursables, pourront entrer dans la formation d'un majorat, nonobstant la disposition de l'article 1er de notre deuxième statut du 1er mars 1808, auquel il est dérogé à cet égard, pourvu que le requérant puisse fournir, sur ses autres biens, une sûreté suffisante pour garantir le majorat de l'effet desdites inscriptions.

3. Si l'inscription a pour cause un droit non ouvert, ou une rente non exigible qui n'excède pas le cinquantième du revenu exigé pour le titre attaché au majorat, la garantie sera jugée suffisante, lorsque la somme des biens proposés présentera un surplus de valeur égal au capital de la rente, calculé sur le pied du denier trente.

4. Dans tous les autres cas, notre conseil du sceau des titres indiquera les conditions et les formalités qui, selon les circonstances où se trouvera le requérant, paraîtront les plus propres à assurer la garantie mentionnée en l'article 1er du présent décret; et il ne délivrera l'avis prescrit par les articles 13 et 14 de notre deuxième statut, qu'après qu'il lui aura été certifié par le procureur général que les conditions et les formalités ont été remplies.

5. Nos ministres sont chargés de l'exécution du présent décret.

17 MAI 1809. — Règlement relatif aux octrois municipaux et de bienfaisance. (4, Bull. 239, n° 4447.)

Voy. lois du 27 VENDÉMIAIRE an 7, du 2 VENDÉMIAIRE an 8, du 27 FRIMAIRE an 8, du 5 VENTOSE an 8; avis du Conseil-d'État du 26 AVRIL 1811; décrets du 29 JUIN 1811, du 8 FÉVRIER 1812; avis du Conseil-d'État du 7 DÉCEMBRE 1813; loi du 8 DÉCEMBRE 1814, art. 121; ordonnance du 9 DÉCEMBRE 1814; loi du 28 AVRIL 1816, titre II.

TITRE Ier. Établissement des octrois.

Art. 1er. Les octrois sont établis pour subvenir aux dépenses qui sont à la charge des communes.

2. Ils continueront d'être délibérés par les conseils municipaux.

3. La surveillance immédiate de la perception des octrois appartient aux maires, sous l'autorité de l'administration supérieure.

4. Les préfets qui, à l'examen du budget d'une commune, reconnaîtront l'insuffisance de ses revenus ordinaires, pourront provoquer le conseil municipal à délibérer l'établissement d'un octroi, après avoir reçu l'autorisation du ministre de l'intérieur pour les communes dont les revenus sont au-dessus de vingt mille francs.

5. En procédant à la rédaction des projets de réglemens et tarifs des octrois, les conseils municipaux appliqueront les dispositions du présent décret, et choisiront celui des modes de perception ci-après indiqués qui paraîtra le mieux convenir à la population, au commerce, à l'industrie, à l'agriculture, aux arrivages par terre ou par eau, à la nature des lieux, et à l'espèce, quantité des objets qui s'y consomment.

6. Les préfets, après avoir pris les avis des sous-préfets, adresseront à nos ministres des finances et de l'intérieur les projets de réglemens et de tarifs délibérés par les conseils municipaux, et y joindront leurs observations et les modifications qu'ils jugeront convenables.

7. Si les conseils municipaux refusent ou négligent de délibérer, s'ils votent négativement, les préfets en feront également rapport à nos ministres de l'intérieur et des finances; ce dernier, après avoir pris l'avis de notre ministre de l'intérieur, nous fera, dans le plus court délai, son rapport, pour nous être soumis en Conseil-d'État.

8. Dans tous les cas, les préfets appuieront leurs propositions du tableau comparatif des recettes et dépenses, de l'état des dettes arriérées et des besoins indispensables de la commune, de la déclaration des maires, et de l'avis des sous-préfets.

9. Les banlieues et dépendances des villes, bourgs et villages, et, s'il y a lieu, les portions de banlieue appartenant à autre territoire, pourront être assujéties à la perception des droits d'octroi, avec les modifications que les circonstances ou les localités pourraient exiger dans l'exécution.

10. Lorsqu'une ville ou commune se trouvera dans le cas de l'article précédent, les préfets provoqueront les conseils municipaux desdites communes à délibérer sur la réunion, ou autre moyen de garantir la perception des droits d'octroi établis ou à établir.

11. Les préfets soumettront à nos ministres des finances et de l'intérieur, avec leurs observations et avis, et ceux des sous-préfets et des maires, les délibérations des conseils municipaux, pour être par nous définitivement statué.

12. Les maires, et même les conseils municipaux, ne pourront faire ou permettre aucun changement aux tarifs et réglemens d'octroi qui auront été approuvés, qu'il n'ait été délibéré et approuvé de la manière prescrite par les articles précédens.

13. Le produit des amendes et confiscations prononcées pour cause de contravention aux réglemens de l'octroi, soit par jugement, soit par suite de transaction, déduction faite des frais et prélèvemens autorisés, sera partagé ainsi qu'il suit : une moitié appartiendra aux préposés de l'octroi, conformément au mode de partage qui sera déterminé, et l'autre moitié sera versée dans la caisse municipale, pour être appliquée, soit aux préposés, soit aux pauvres recevant des secours à domicile.

14. L'administration de l'octroi sera tenue d'avoir une comptabilité particulière pour le produit des amendes, et pour justifier de l'emploi de la recette.

15. Il sera également tenu par l'administration de l'octroi une comptabilité particulière pour le timbre, les plombs et autres fournitures.

TITRE II. Des tarifs.

16. Aucun tarif ne pourra porter que sur les objets compris dans les cinq divisions suivantes, savoir :

1° Boissons et liquides;
2° Comestibles;
3° Combustibles;
4° Fourrages;
5° Matériaux.

1ᵉ DIVISION. Des boissons et liquides.

17. Sont compris dans la première division, les vins, cidres, poirés, bières, hydromels, eaux-de-vie, esprits, liqueurs et eaux spiritueuses.

18. Lorsque les vins, cidres et poirés seront imposés, les fruits servant à la confection de ces boissons seront taxés dans la proportion de ces liquides. Cette proportion sera la même que celle fixée pour les droits réunis.

19. Les réglemens détermineront l'espèce de raisins et de fruits susceptible de l'exemption des droits, et la quantité qui pourra jouir de cette exemption.

20. Les eaux-de-vie et esprits de toute espèce pourront être divisés, pour le paiement des droits, en deux et même en trois classes, suivant les degrés.

Le droit sera fixe pour chaque classe, sans

taxe intermédiaire. Les degrés seront constatés d'après l'aréomètre.

21. Les eaux-dites de Cologne, de la reine d'Hongrie, de mélisse et autres, dont la base est l'alcool, seront considérées comme esprits, et paieront les droits comme tels.

22. Dans les pays où la bière est la boisson habituelle et générale, la taxe sur la bière importée, quelle que soit sa qualité, ne pourra être au plus portée qu'au quart en sus du droit sur la bière fabriquée dans l'intérieur.

23. Lorsque les conseils municipaux voudront faire porter les octrois sur les huiles, ils seront tenus de les désigner nominativement, et de fixer la taxe selon leur qualité et leur emploi.

2ᵉ DIVISION. Des comestibles.

24. Sont compris dans la deuxième division, et passibles des droits, les objets servant habituellement à la nourriture des hommes, à l'exception toutefois des grains et farines, fruits, beurre, lait, légumes et autres menues denrées.

25. Les exceptions portées à l'article précédent ne sont point applicables aux fruits secs et confits, aux pâtes, aux oranges, limons et citrons, lorsque ces objets seront introduits dans les villes, en caisses, tonneaux, barils, paniers et sacs, ni aux beurres et fromages venant de l'étranger.

26. Les bêtes vivantes seront taxées par tête. A l'égard des viandes dépecées, fraîches, séchées ou salées, le droit sera payé par kilogramme, conformément à la taxe qui sera déterminée par le tarif.

27. Dans les communes où l'on élève des bestiaux, et dans celles où il s'en fait commerce sur les marchés publics, il sera accordé par les réglemens, aux propriétaires et aux marchands, toutes les facilités compatibles avec la sûreté de la perception.

28. Les coquillages, le poisson de mer frais, sec ou salé, de toute espèce, et celui d'eau douce, pourront être assujétis aux droits d'octroi, suivant les usages locaux, soit en raison de leur valeur vénale, soit en raison du nombre ou du poids, soit par panier, baril ou tonneau.

3ᵉ DIVISION. Des combustibles.

29. Sont compris dans la troisième division :

1° Toute espèce de bois à brûler, les charbons de bois, de terre, la houille, la tourbe, et généralement toutes les matières propres au chauffage;
2° Les suifs, cires, et huiles à brûler.

30. Si les localités et la nature des combustibles ne permettent pas d'asseoir le droit

par stère, hectolitre, cent ou millier, il sera exactement déterminé par bateau, charge ou voiture.

4e DIVISION. Des fourrages.

31. Sont compris dans la quatrième division les pailles, avoines, et tous les fourrages, verts et secs, de quelque nature, espèce ou qualité qu'ils soient.

Le droit sur les pailles et fourrages sera réglé par botte et au poids.

Le droit sur l'avoine sera fixé par hectolitre.

Si lesdits droits ne peuvent être perçus ainsi, ils seront réglés par voiture, charge ou bateau.

5e DIVISION. Des matériaux.

32. Sont compris dans la cinquième division, les bois, soit en grume, soit équarris, façonnés ou non, propres aux charpentes, constructions, menuiserie, ébénisterie, tour, tonnellerie, vannerie et charronnage.

Y sont également compris, les pierres de taille, moellons, pavés, marbres, ardoises, tuiles de toute espèce, briques, craies, plâtres.

33. Les droits seront fixés et perçus par stère, hectolitre, mètre cube ou carré, et d'après les fractions du stère, de l'hectolitre ou du cube, par millier ou par cent.

Ils pourront être également perçus, s'il y a lieu, par voiture, par charge ou par bateau.

Dispositions générales pour le tarif.

34. Les mesures décimales seront seules en usage dans la perception des droits d'octroi.

35. Les poids, mesures et jauges, employés par les droits réunis, le seront également par l'octroi.

36. Les préfets veilleront à ce que les objets portés au tarif soient, autant que possible, taxés à la même quotité dans les communes d'un même arrondissement.

TITRE III. Des perceptions.

§ Ier. Perception à l'entrée.

37. Tous les objets assujétis aux droits ne pourront être introduits que par les barrières ou bureaux désignés à cet effet, et après paiement des droits, ou soumission valable de les acquitter.

38. Tout porteur ou conducteur d'objets assujétis aux droits d'octroi sera tenu d'en faire la déclaration par écrit au bureau de recette le plus voisin, et d'acquitter les droits avant de les faire entrer, sous les peines énoncées au présent réglement.

S'il ne sait ou ne veut signer, il en sera fait mention au registre.

39. Pour éviter aux redevables toute surprise relativement aux déclarations, les préposés de chaque bureau d'entrée sont tenus de demander aux conducteurs et voituriers, au moment où ils passent ou s'arrêtent devant le bureau, s'ils ont quelque chose à déclarer.

40. Après cette demande, les préposés pourront faire toutes les recherches, visites et perquisitions nécessaires pour s'assurer de la sincérité et de l'exactitude des déclarations. Les conducteurs sont tenus de souffrir et même de faciliter toutes les opérations nécessaires auxdites vérifications. En cas de fraude, les préposés sont autorisés à arrêter et saisir tous les objets non déclarés ou faussement déclarés. Dans le même cas, il sera fait mention au procès-verbal de l'interpellation prescrite par l'article précédent.

41. Les individus voyageant à pied, à cheval, ou en voiture de voyage, ne pourront être arrêtés, questionnés ou visités sur leurs personnes, ni à raison de leurs malles.

42. Tous actes contraires à la précédente disposition seront réputés actes de violence; les délinquans seront poursuivis correctionnellement, et condamnés aux peines prononcées par l'article 12 de la loi du 27 frimaire an 8.

43. Les diligences, fourgons, fiacres, cabriolets et autres voitures de louage sont soumis aux visites des préposés de l'octroi, ainsi que tout ce qui peut servir à transporter et conduire des matières soumises à l'octroi.

44. Les individus soupçonnés de faire la fraude à la faveur de l'exemption prononcée par l'article 41 pourront être conduits devant un officier de police, ou devant le maire, pour y être interrogés, et la visite de leurs effets autorisée, s'il y a lieu.

45. Les courriers ne pourront être arrêtés à leur passage, sous prétexte de la perception; mais ils seront obligés d'acquitter les droits des objets qui y sont sujets, dont le transport leur aura été confié.

46. Des employés pourront assister à l'arrivée des courriers et à la remise des paquets, pour s'assurer qu'ils n'introduisent rien en fraude.

47. Tous courriers et employés des postes et des administrations publiques convaincus d'avoir fait ou favorisé la fraude seront poursuivis comme fraudeurs, et leur destitution sera prononcée par l'autorité compétente.

§ II. Des perceptions dans l'intérieur d'une commune.

48. Dans les communes où la perception à l'entrée ne peut avoir lieu sans de trop grands frais, il sera établi un bureau, autant que possible, au centre de la commune; et, en cas

d'insuffisance, il en sera établi plusieurs. Les objets venant du dehors devront, avant d'être transportés à domicile, être conduits directement à ce bureau, pour y être déclarés, et les droits y être acquittés, si la déclaration n'a été faite et les droits acquittés préalablement. Les réglemens particuliers fixeront, en outre, le nombre nécessaire de préposés ambulans pour la surveillance et la conservation des droits, et pour faciliter la perception dans les pays vignobles au temps des vendanges.

49. Devront également être déclarés et seront passibles des droits, les objets compris au tarif qui seraient fabriqués, préparés ou récoltés dans l'intérieur de leur commune, ainsi que les bestiaux qui n'auraient pas acquitté le droit, et que l'on abattrait pour la consommation.

§ III. Dispositions communes.

50. Il sera placé au-dessus de la porte extérieure de chaque bureau, un tableau portant ces mots : *Bureau de l'octroi.*

51. Toute introduction d'objets soumis à l'octroi par d'autres points que ceux désignés dans le réglement local sera considérée comme frauduleuse, et punie comme telle.

52. Les tarifs et réglemens seront affichés dans l'intérieur et à l'extérieur de chaque bureau.

53. Les limites du territoire sujet à l'octroi seront indiquées par des poteaux, sur lesquels seront écrit ces mots : *Octroi de. . . .*

54. Il est défendu aux employés, sous peine de destitution et de tous dommages-intérêts, de faire usage de la sonde dans la visite des malles, caisses et ballots annoncés contenir des étoffes, linges et objets susceptibles d'être endommagés.

55. Dans ce cas, comme dans tous ceux où le contenu des caisses ou ballots serait inconnu, et ne pourrait être vérifié immédiatement, la vérification en sera faite, soit à domicile, soit dans les emplacemens à ce désinés.

56. Tous conducteurs ou porteurs d'objets assujétis aux droits seront tenus, outre les déclarations prescrites, d'exhiber aux préposés de l'octroi, les lettres de voiture, connaissemens, chartes-parties, acquits-à-caution, congés, passavans, et toutes autres expéditions délivrées par les administrations des droits réunis, des douanes et tous autres.

57. Les expéditeurs qui voudront être exempts des visites des préposés d'octroi établis dans tous les lieux de passage, et qu'à leur arrivée au lieu de la destination, la visite des caisses, malles et ballots ne se fasse qu'en présence du consignataire ou de son représentant, pourront demander que lesdites caisses, malles et ballots soient plombés

ou marqués par les préposés du lieu du départ ou du lieu le plus voisin.

Lesdites caisses, malles, ballots et paniers seront déclarés à leur arrivée, soit au bureau de l'octroi, soit à celui des droits réunis, pour être vérifiés en présence des propriétaires ou de leurs représentans, et les droits acquittés, s'il y a lieu.

Les frais de marque ou de plomb seront à la charge des expéditeurs, ainsi que les cordes qui pourront être employées. Ces frais seront déterminés par un réglement particulier.

58. La faculté accordée par l'article précédent ne pourra exempter les expéditeurs de satisfaire à la demande de congés, de passe-debout, de passavans, et autres expéditions qui peuvent être exigées par l'administration des droits réunis, ou par celle des douanes, et des autres formalités prescrites par l'une ou l'autre administration.

59. Les objets arrivant par eau ne pourront être déchargés avant la déclaration préalable qui contiendra la désignation du lieu du déchargement, lequel ne pourra s'effectuer avant le paiement des droits, ou soumission valable de les acquitter.

TITRE IV. Du passe-debout.

60. Le passe-debout est le passage non interrompu par une commune, en exemption de droits.

Pour jouir de cette exemption, les propriétaires, conducteurs ou porteurs seront tenus de faire, au premier bureau, une déclaration par écrit, indicative du lieu de départ, du nom de l'expéditeur, de sa qualité ou profession, de sa demeure, et des quantité, qualité, nature ou espèce des objets à passer debout, du lieu de leur destination, des noms, profession et domicile des destinataires. Il leur sera remis une ampliation de leur déclaration, qu'ils seront tenus de présenter et faire viser au bureau de sortie, dans le délai qui aura été fixé.

61. Les préposés de l'octroi pourront vérifier la sincérité de la déclaration; ils pourront faire accompagner par l'un d'eux les objets introduits en passe-debout.

62. On pourra, au bureau de sortie, faire une nouvelle vérification.

63. Dans les communes où la perception se fait dans l'intérieur, les réglemens détermineront les mesures propres à prévenir les abus qui pourraient résulter de la faculté du passe-debout.

64. Si, par le résultat des vérifications, la déclaration est trouvée fausse dans la quantité, l'excédant non déclaré sera saisi. Toute fausse déclaration dans l'espèce, et même dans la quantité, lorsque l'excédant non dé-

24.

claré dépasse du tiers cette quantité, sera punie de la saisie totale.

65. Toute soustraction ou décharge frauduleuse pendant la durée du passe-debout sera encourir la saisie des objets déchargés, ou la confiscation de la valeur des objets soustraits.

66. Ne sont pas considérés comme contrevenans les individus qui justifieront, par une déclaration faite devant les autorités locales, avoir été retenus au-delà du délai fixé, par accident ou par force majeure.

Dans ce dernier cas, les objets en passe-debout seront mis sous la surveillance des préposés de l'octroi, jusqu'à leur sortie. Les frais de loyer ou de garde, s'il y en a, seront à la charge des déclarans.

TITRE V. Du transit.

67. Le transit est la faculté de passer dans une commune, et d'y séjourner suivant les besoins des circonstances, mais seulement pendant un délai qui ne peut excéder trois jours, sauf les cas de prolongation, dont l'administration de l'octroi sera juge.

68. Les déclarations prescrites pour les objets en passe-debout auront également lieu pour le transit.

69. Les objets admis en transit resteront sous la surveillance des préposés jusqu'au moment de leur départ : ils ne pourront être ni déchargés, ni changés de place, sans déclaration préalable.

70. Les marchandises revêtues des plombs des douanes ou des droits réunis, et accompagnées d'acquits-à-caution, passavans ou autres expéditions, jouiront de la faculté de transit sur le seul visa des expéditions en règle, sans autre vérification que celle des plombs ou marques, et sans qu'il y ait lieu à consignation ou à cautionnement des droits.

TITRE VI. De l'entrepôt.

71. L'entrepôt est la faculté de faire entrer et séjourner en franchise, dans l'intérieur d'une commune, des marchandises sujettes par leur nature à l'octroi, auxquelles le propriétaire veut se réserver de donner une destination ultérieure.

L'entrepôt est réel ou fictif.

§ Ier. De l'entrepôt réel.

72. L'entrepôt réel se fait dans un magasin public.

73. L'administration des octrois sera tenue, à peine d'en répondre, de représenter les objets déposés à l'entrepôt réel.

74. La durée de l'entrepôt réel ne sera pas au-dessus de trois ans; l'administration de de l'octroi autorisera, s'il y a lieu, des prolongations d'entrepôt.

75. Les personnes qui voudront entreposer réellement représenteront les lettres de voiture, connaissemens, chartes-parties, et autres expéditions d'usage (pour ce qui arrivera du dehors), aux préposés de l'octroi. Elles feront en outre une déclaration détaillée des objets contenus dans les pièces, ballots et paquets, et de leur valeur. Les préposés feront la vérification avant l'entrée à l'entrepôt.

A l'égard des objets dont il est parlé aux articles 57 et 70, ils pourront être admis à l'entrepôt sans vérification préalable, si les marques et plombs sont trouvés sains et entiers : mais, dans ce cas, l'administration de l'octroi ne sera tenue de représenter lesdits objets que dans l'état où ils auront été remis.

76. Après la vérification faite des objets entreposés, les pièces seront marquées et rouannées, et les ballots et paquets empreints de marques particulières à l'octroi. Les entreposeurs pourront prendre des échantillons desdits objets : ces échantillons seront cachetés ou marqués par les préposés de l'entrepôt.

77. Les objets reçus en entrepôt réel seront, aussitôt après leur vérification et leur réception, inscrits sur un registre à souche. Une expédition détachée de la souche sera remise à l'entreposeur, dont elle énoncera les nom, prénoms, qualité, profession et demeure, ainsi que la qualité, la quantité, la valeur des objets entreposés, et toutes les autres circonstances propres à les faire reconnaître.

78. La souche du registre sera signée par l'entreposeur : s'il ne sait ou ne veut écrire, il en sera fait mention.

79. Les objets entreposés réellement ne pourront être retirés qu'en représentant l'expédition à l'entrepôt, et après une déclaration préalable, indicative de la destination desdits objets : dans le cas où cette expédition serait adirée, l'entreposeur se pourvoira à l'administration de l'octroi, qui statuera ce qu'il appartiendra.

80. Ceux de ces objets déclarés sortir de la commune seront accompagnés d'une expédition particulière : ceux livrés pour l'intérieur, acquitteront les droits avant de sortir de l'entrepôt.

81. Les acheteurs ou cessionnaires d'objets entreposés seront admis à faire reconnaître leurs droits de propriété; et ladite reconnaissance sera constatée en marge de l'enregistrement prescrit par l'article 77.

82. Il sera établi, pour la sortie des objets entreposés, un registre à souche qui indiquera l'époque des sorties et la destination des objets sortis.

La souche du registre sera signée par l'entreposeur ou son représentant; sa signature opérera la décharge du conservateur de l'entrepôt.

83. Les propriétaires ou leurs fondés de pouvoir pourront, en tout temps, demander l'entrée des entrepôts publics de l'octroi, tant pour y soigner les objets qu'ils y auront déposés, que pour y conduire les acheteurs, de la conduite desquels ils répondront.

84. A défaut par les propriétaires ou les fondés de pouvoir de veiller à la conservation des objets entreposés, les régisseurs de l'octroi se feront autoriser par le maire à y pourvoir.

Les dépenses d'entretien et de conservation seront remboursées aux régisseurs par lesdits propriétaires, sur les mémoires et états que ces premiers présenteront, réglés par le maire.

85. L'administration de l'octroi sera responsable des altérations ou avaries qui seront prouvées provenir de la faute de ses préposés.

86. Les rouliers et conducteurs qui entreposeront réellement, faute d'acceptation de la part des destinataires ou de vente, pourront obtenir de l'administration de l'octroi le paiement de ce qui leur serait dû pour voiture et déboursés dont ils justifieront.

87. Les marchandises entreposées pour les causes ci-dessus ne seront rendues aux propriétaires qu'après acquittement des avances, des frais de magasinage, et, s'il y a lieu, d'entretien.

88. Il sera fait un réglement des frais de magasinage, qui sera basé sur la dépense de location et d'entretien du magasin général. Ce réglement sera fait sur les avis et observations des chambres de commerce, et ne deviendra exécutoire que par l'approbation de notre ministre des finances.

89. Si, dans les trois mois après le délai fixé pour l'entrepôt, lesdites marchandises n'ont été réclamées et retirées, elles seront vendues publiquement et par ministère d'huissier. Le prix en provenant servira à payer les avances et frais faits par l'administration de l'octroi, les indemnités qui pourront être dues, et enfin cinq pour cent d'intérêt des sommes avancées.

Cette dernière recette fera partie des produits de l'octroi.

Le surplus du prix de la vente sera déposé dans la caisse municipale, pour être remis aux propriétaires ou à leurs fondés de pouvoir, lorsqu'ils se présenteront.

§ II. De l'entrepôt fictif.

90. L'entrepôt fictif est l'admission en franchise des marchandises dans des magasins, caves et domiciles particuliers, à défaut de magasin public pour l'entrepôt réel.

91. Les propriétaires domiciliés, les négocians, marchands, facteurs et commissionnaires aussi domiciliés et ayant patentes, pourront seuls être admis à recevoir chez eux et dans leurs magasins, à titre d'entrepôt, et sans acquittement préalable des droits, les marchandises soumises à l'octroi.

92. Les réglemens locaux détermineront les objets qui pourront être admis à la faveur de l'entrepôt à domicile. Ils détermineront les quantités qui devront être allouées pour ouillage et coulage.

93. Les conditions pour l'entrepôt fictif ou à domicile sont, de faire une déclaration par écrit au bureau de l'octroi, avant l'entrée des objets à entreposer; de permettre les visites, vérifications et exercices des préposés; de leur ouvrir, en tout temps et à toute réquisition, les caves, magasins et autres lieux de dépôt; de faire, de la manière et dans les formes voulues par les réglemens locaux, les déclarations d'expédition pour le dehors ou pour l'intérieur; de remplir les autres conditions imposées par lesdits réglemens; de ne faire aucune altération des objets en entrepôt, de les vendre et faire sortir tels qu'ils auront été constatés à l'arrivée; enfin de payer exactement les droits acquis à l'octroi.

94. Les comptes de charge et décharge des objets entreposés à domicile seront réglés et arrêtés au moins une fois par trimestre.

95. Toute déclaration reconnue infidèle, soit à l'entrée, soit à la sortie, soit lors des vérifications, visites et récolemens que feront les préposés, soit dans l'apurement des comptes, privera l'entreposeur du bénéfice de l'entrepôt. Le droit sur les quantités restant en magasin sera de suite exigible, sans préjudice de l'amende pour celles soustraites, introduites en fraude, ou trouvées en contravention de toutes les autres manières.

96. Tout refus de souffrir les visites et vérifications des préposés de l'octroi, de les recevoir lorsqu'ils se présentent pour leurs exercices, entraînera, indépendamment des peines prononcées par la loi, la déchéance de la faculté d'entrepôt, et rendra exigibles les droits sur tous les objets existant en magasin, comme sur ceux qui y seront introduits ultérieurement.

97. La durée de l'entrepôt à domicile sera fixée, selon les circonstances, par les réglemens locaux.

TITRE VII. Dispositions générales sur les passe-debout, transit et entrepôt.

98. Il sera établi des registres à souche, pour recevoir les déclarations de passe-debout et de transit.

99. Les marchandises sur bâtimens, navires, bateaux, coches, barques, trains, diligences, et autres servant à la navigation, seront assujéties aux mêmes formalités que celles arrivant par roulage.

Néanmoins, dans les villes où il y a des

bureaux spéciaux d'octroi auprès des lieux d'arrivée, elles pourront être conduites à ces bureaux, qui seront considérés, dans ce seul cas, comme point de départ.

100. Les voitures et transports militaires chargés d'objets assujétis aux droits, sont soumis aux conditions ci-dessus prescrites pour le transit et le passe-debout.

Titre VIII. Crédits et restitutions.

101. Il pourra être accordé aux marchands négocians et autres faisant le commerce en gros, et ayant la patente, s'ils fournissent bonne et valable caution, un crédit plus au moins long, suivant la nature et l'importance de leur commerce.

Les réglemens locaux détermineront les conditions d'après lesquelles le crédit pourra être obtenu et conservé.

Titre IX. De l'administration des octrois.

§ Ier. De la régie simple.

102. La régie simple est la perception de l'octroi, sous l'administration immédiate des maires.

103. Les frais d'exploitation et de premier établissement seront réglés par les autorités locales, et communiqués à l'administration des droits réunis, pour être soumis à l'approbation de notre ministre des finances, qui ne la donnera qu'après avoir pris l'avis de notre ministre de l'intérieur.

§ II. Des régies intéressées.

104. La régie intéressée consiste à traiter avec un régisseur, à la condition d'un prix fixe et d'une portion déterminée dans les produits excédant le prix principal et la somme abandonnée pour les frais.

105. L'abonnement pour les frais ne pourra excéder, autant que faire se pourra, douze pour cent du prix fixe du bail.

106. Le partage des bénéfices sera fait à la fin de chaque année; il ne sera que provisoire : à l'expiration du bail, il sera fait le compte de la totalité des bénéfices, pour établir une année commune, d'après laquelle la réparation sera définitivement arrêtée, conformément aux proportions déterminées par le cahier des charges (1).

107. Dans le premier mois de la deuxième année de sa jouissance, l'adjudicataire présentera son compte, à la vérification et à l'arrêté duquel il sera procédé le plus promp-

tement possible, et au plus tard dans le deuxième mois de cette seconde année, en présence du directeur des droits réunis, ou d'un préposé de cette administration par lui désigné à cet effet; de manière que ledit compte soit apuré avant la fin de ce deuxième mois.

Il en sera de même chaque année pour l'année précédente.

§ III. De la ferme.

108. La ferme est l'adjudication pure et simple des produits d'un octroi, moyennant un prix convenu, sans partage de bénéfice et sans allocation de frais.

109. L'adjudicataire ne pourra transférer son droit au bail, en tout ou en partie, sans le consentement exprès de l'autorité locale, approuvé par notre ministre des finances. Il ne pourra, en aucun cas, faire aux contribuables les remises des droits, ni consentir aucun abonnement avec eux.

Dispositions communes aux régies intéressées et aux fermes.

110. Les adjudications des octrois des villes ayant une population de cinq mille ames et au-dessus, seront faites par le maire, sur les lieux mêmes, à l'hôtel de la mairie : dans celles d'une population moindre, elles le seront à la sous-préfecture par le sous-préfet, en présence du maire.

111. Aucune adjudication ne peut être faite qu'en présence du directeur des droits réunis, ou d'un préposé délégué par ce dernier, lesquels signeront le procès-verbal.

112. Aucune adjudication ne pourra excéder trois ans, sauf les cas où l'on aura à y comprendre ce qui resterait à courir de l'année commencée; et, dans tous les cas, elle devra toujours avoir pour terme le 31 décembre.

113. Les adjudications seront toujours précédées au moins de deux affiches, de quinzaine en quinzaine, lesquelles seront insérées dans les journaux du département; elles seront faites aux enchères publiques, à l'extinction des bougies, au plus offrant et dernier enchérisseur.

114. Ne seront admises aux enchères que les personnes d'une moralité, d'une solvabilité et d'une capacité reconnues par le maire, sauf le recours au préfet.

115. A cet effet, trois mois au moins avant le renouvellement du bail, il en sera donné avis dans les journaux, avec invitation

---

(1) La régie intéressée de l'octroi municipal ne peut pas demander, à l'expiration du bail, qu'il soit établi un compte des bénéfices, pour établie une année commune d'après laquelle la répartition sera définitivement arrêtée, confor-

mément aux proportions déterminées par le bail, lorsque ce bail contient un article spécial qui déclare que les comptes seront réglés et soldés tous les six mois (27 août 1823, ord. Mac. 5, 656).

à tous ceux qui voudraient concourir, de se présenter au secrétariat de la municipalité, pour satisfaire aux dispositions précédentes.

116. Les adjudicataires feront par écrit, au moment de l'adjudication, avant de la signer, la déclaration indicative des noms, prénoms, professions et demeures de leurs associés, s'il y a lieu: ils joindront au procès-verbal l'acte de société, s'il en existe; sinon, les associés présens signeront, avec les adjudicataires, le procès-verbal.

117. Après l'adjudication, aucune enchère ne sera reçue si elle n'est faite dans les vingt-quatre heures, et signifiée, par le ministère d'un huissier, à l'autorité qui aura procédé à cette adjudication, et s'il n'est offert un douzième en sus du prix auquel cette adjudication aura été portée. Dans ce cas, les enchères seront rouvertes sur la dernière offre.

118. Les adjudicataires se conformeront, pour la perception et pour tout ce qui est relatif à l'octroi, aux tarifs et réglemens approuvés. Ils seront également tenus de se conformer, sous peine de dommages-intérêts, et même de résiliement, aux lois et réglemens concernant les rapports des administrations d'octroi avec la régie des droits réunis.

119. Les adjudicataires auront le libre choix de leurs préposés, et pourront les révoquer à volonté. Néanmoins, les préfets, sur la demande des sous-préfets, des maires ou des directeurs des droits réunis, et après avoir entendu les régisseurs, pourront donner ordre à ces derniers de destituer ceux des préposés qui auraient donné lieu à des plaintes fondées.

120. Tout préposé qui, étant en fonctions depuis un an, ne sera pas conservé par le fermier au moment de sa mise en jouissance, recevra à titre d'indemnité, aux frais du nouvel adjudicataire, deux mois de son traitement.

121. L'adjudicataire sera tenu, avant d'être mis en possession, de fournir un cautionnement, dont la quotité et l'espèce auront été déterminées dans le cahier des charges.

122. L'administration des droits réunis pourra charger, pour chaque octroi, un de ses préposés d'en surveiller la perception.

123. Le prix de bail sera payé de mois en mois et d'avance: en cas de retard du paiement du prix stipulé du bail aux époques fixées, l'adjudicataire pourra être poursuivi par toutes voies de droit, et même par corps.

124. L'adjudicataire sera tenu de donner connaissance aux maires et aux préposés de l'administration des droits réunis de tous les procès-verbaux de contravention. Il ne pourra transiger avec les contrevenans sans l'autorisation du maire; le préposé des droits réunis chargé de la surveillance de l'octroi sera présent à toutes les transactions, et donnera son avis.

125. Dans tous les cas où l'adjudicataire en régie intéressée aura plaidé sans autorisation, les frais seront à sa charge: autrement, ils seront à la charge de la commune.

Le fermier, quoique autorisé, supportera toujours les dépens auxquels il sera condamné.

126. La moitié des produits nets des amendes, ainsi que ceux des ventes des objets saisis ou confisqués, soit que ces amendes aient été prononcées par jugement, soit qu'il y ait eu transaction, appartiendra à l'adjudicataire. Il versera l'autre moitié, et le décime par franc, aux époques et de la manière prescrites.

127. Aucune personne attachée à l'administration des droits réunis, aux administrations civiles, ou aux tribunaux ayant une surveillance ou juridiction quelconque sur l'octroi, ne pourra, sous peine de résiliation du bail sans indemnité, et de tous dommages-intérêts, être adjudicataire ni associée de l'adjudicataire.

128. Le cahier des charges portera la réserve, dans les cas où des changemens ou des modifications seraient jugés nécessaires, de réduire ou d'augmenter le prix de bail en raison desdits changemens ou modifications. On pourra imposer à l'adjudicataire l'obligation de compter de clerc-à-maître des augmentations faites aux tarifs.

129. Hors ce cas, l'adjudicataire ne pourra être reçu, sous aucun prétexte que ce soit, à demander à compter de clerc-à-maître, ni le résiliement, ou des indemnités.

Il est même interdit aux conseils municipaux de délibérer sur les demandes qui pourraient en être faites.

130. Le cahier des charges portera aussi la réserve des cas où le Gouvernement ordonnerait le résiliement d'un bail, et fixera l'indemnité qui pourrait être accordée à l'adjudicataire pour le temps de non-jouissance.

131. A défaut d'exécution, de la part de l'adjudicataire, des clauses du cahier des charges, la commune pourra, après une sommation ou commandement à lui fait, provoquer une nouvelle adjudication à la folle-enchère.

132. Des copies de baux d'adjudication, des tarifs et réglemens, seront remises aux directeurs des droits réunis.

133. Tous les frais résultant de l'adjudication seront à la charge de l'adjudicataire.

134. Les droits d'octroi sur les marchandises mises en entrepôt appartiendront à l'adjudicataire sortant, si le terme de l'entrepôt est expiré avant le terme de sa jouissance; autrement ils appartiendront au nouvel adjudicataire.

135. L'adjudication ne sera définitive et l'adjudicataire mis en possession, qu'après l'approbation de notre ministre des finances.

136. Les contestations qui pourront s'élever sur l'administration ou la perception des octrois en régie intéressée entre les communes et les régisseurs de ces établissemens, seront déférées au préfet, qui statuera en conseil de préfecture, après avoir entendu les parties, sauf le recours à notre Conseil-d'Etat, dans la forme et le délai prescrits par notre décret du 22 juillet 1806.

Il en sera de même des contestations qui pourraient s'élever entre les communes et les fermiers des octrois, sur le sens des clauses des baux.

Toutes autres contestations qui pourront s'élever entre les communes et les fermiers des octrois seront portées devant les tribunaux (1).

TITRE X. Rapport des octrois avec l'administration des droits réunis.

137. Les fermiers, les régisseurs intéressés, et tous autres dirigeant les octrois, seront tenus de permettre le concours des employés des droits réunis, dans tous les cas où il doit avoir lieu; de leur laisser faire toutes les vérifications et opérations relatives à leur service, de leur présenter et donner communication de tous états, bordereaux et renseignemens dont ils auront besoin.

Ils seront, en outre, tenus de faire concourir au service des droits réunis leurs propres préposés, toutes les fois qu'ils en seront requis, sous les peines de droit, sans pourtant pouvoir les déplacer du lieu ordinaire de leur service.

TITRE XI. Du personnel.

138. Les préposés de l'octroi seront âgés au moins de vingt ans accomplis; ils seront tenus de prêter serment devant le tribunal civil de la ville dans laquelle ils exercent, et, dans les lieux où il n'y a pas de tribunal, devant le juge-de-paix : ce serment sera enregistré au greffe, et sans qu'il soit nécessaire d'employer le ministère d'avoués.

Il sera payé seulement un droit fixe d'enregistrement de trois francs.

139. Le cas de changement de résidence ou de grade d'un préposé arrivant, il n'y a pas lieu à une prestation de serment : il lui suffira de faire viser sa commission sans frais par le juge-de-paix ou le président du tribunal du lieu où il devra exercer.

140. Ne pourront être nommés préposés d'octrois les individus qui ne justifieraient pas avoir satisfait à la conscription, ceux qui ne pourront pas présenter des certificats authentiques de capacité et de bonnes vie et mœurs.

141. La nomination des préposés des octrois en régie simple sera faite par les préfets, sur une liste triple, présentée par les maires pour chaque place.

Les commissions leur seront données par les préfets.

Lorsqu'il s'agira de la nomination du directeur ou préposé en chef, la nomination du préfet sera soumise à l'approbation de notre ministre des finances.

142. Les préposés de l'octroi seront toujours porteurs de leurs commissions, et tenus de les représenter lorsqu'ils en seront requis.

143. Tout préposé de l'octroi qui favorisera la fraude, soit en recevant des présens, soit de toute autre manière, sera poursuivi, et condamné aux peines portées par le Code pénal contre les fonctionnaires prévaricateurs.

144. Les préfets pourront autoriser la mise en jugement des simples préposés de l'octroi.

145. Il est défendu aux fermiers, régisseurs ou préposés de faire commerce des objets compris au tarif.

146. Le port d'armes est accordé aux préposés de l'octroi, dans l'exercice de leurs fonctions.

147. Il pourra être établi, sur la demande

---

(1) Le préfet, en conseil de préfecture, est seul compétent pour statuer sur les difficultés élevées, relativement à un bail d'octroi, entre une ville et son fermier (12 avril 1829, ord. Mac. 11, 139. — 22 juin 1825, ord. Mac. 7, 341. — 9 décembre 1831, ord. Mac. 13, 475).

Lorsqu'il s'agit d'une contestation entre le fermier et plusieurs habitans, relative à l'application du tarif, c'est au juge-de-paix qu'il appartient d'en connaître, d'après les dispositions de l'article 81 de l'ordonnance royale du 9 décembre 1814 (20 mars 1828, ord. Mac. 10, 258. — 3 février 1830, ord. Mac 12,, 159).

Les préfets ne doivent être assistés des conseils de préfecture, pour statuer sur les contestations qui s'élèvent sur l'administration ou la perception des octrois, qu'autant qu'il existe une régie intéressée ou un bail à ferme.

Dans le cas contraire, il ont le droit de statuer sans être assistés des conseils de préfecture, et leurs arrêtés doivent être déférés au ministre de l'intérieur (15 décembre 1824, ord. Mac. 6, 697).

On ne peut, en matière administrative, déroger, par des conventions particulières, aux lois et réglemens sur la compétence. Ainsi est nulle et sans effet la disposition d'un acte d'adjudication de droits d'octroi, par laquelle il est stipulé que les contestations qui pourront s'élever, entre la commune et l'adjudicataire ou fermier sur le sens des clauses de l'adjudication, seront soumises au conseil de préfecture, contrairement à cet article, qui veut que ces contestations soient déférées au préfet en conseil de préfecture (9 mars 1832, ord. S. 32, 2, 317).

des communes, une caisse de retraite et de secours. Les fonds de cette caisse seront faits par une retenue sur les appointemens fixes et remises, ainsi que sur le produit des amendes.

148. Un réglement particulier déterminera le mode d'administration de cette caisse, et de distribution des pensions et secours auxquels elle sera affectée.

149. Les créanciers des préposés des octrois ne pourront saisir que les sommes déterminées par les lois et décrets, sur les appointemens des préposés des droits réunis.

150. Les surnuméraires dans l'administration de l'octroi auront droit aux places vacantes, de préférence à tous autres.

151. Tout préposé destitué ou démissionnaire sera tenu, sous peine d'y être contraint par corps, de remettre de suite sa commission, ainsi que les registres et autres effets dont il aura été chargé; et, s'il est receveur, de rendre ses comptes.

152. Tous les préposés comptables des octrois seront tenus de fournir un cautionnement, soit en immeubles, soit en numéraire, dont l'espèce et la quotité seront déterminées par l'administration municipale, et qui sera versé à la caisse communale.

153. Les préposés de l'octroi sont placés sous la protection de l'autorité publique; il est défendu de les injurier, maltraiter, et même de les troubler dans l'exercice de leurs fonctions, sous les peines de droit.

154. La force armée sera tenue de prêter secours et assistance aux préposés des octrois, dans l'exercice de leurs fonctions, toutes les fois qu'elle en sera requise.

155. Tous les préposés à la perception des octrois ayant serment en justice sont autorisés à dresser procès-verbal des fraudes qu'ils découvriront contre les droits réunis; et de même les préposés de la régie des droits réunis pourront rapporter procès-verbal pour les fraudes qu'ils découvriront contre les octrois.

156. Les préposés de l'octroi concourront, lorsqu'ils en seront requis, à la répression et à la découverte des délits de police.

TITRE XII. De la comptabilité.

§ Ier. De la tenue des registres.

157. Tous les registres qui servent à la perception de l'octroi devront être à souche, préalablement cotés et paraphés par le maire: tous les actes y seront portés jour par jour, article par article, sans y laisser aucun blanc.

158. L'administration des droits réunis déterminera la forme et le modèle des registres et des expéditions, et prendra les mesures convenables pour s'assurer de leur uniformité.

Il ne pourra être exigé par l'administration de l'octroi, pour toute expédition ou bulletin qu'elle aurait délivré, plus de cinq centimes, outre le remboursement du timbre de la quittance au-dessus de dix francs.

159. Les maires vérifieront ou feront vérifier la tenue exacte des registres de perception, et s'assureront du versement des produits à la caisse municipale.

160. Les registres de perception seront arrêtés par le maire le dernier jour de chaque année; ils seront renouvelés tous les ans, et les comptes, tant en quantités qu'en sommes, apurés dans les trois mois qui suivront l'expiration de chaque année.

§ II. Des états de produits.

161. Tous les états et bordereaux de recettes et de dépenses des octrois seront dressés aux époques déterminées par les instructions, en présence du maire, concurremment avec les préposés principaux des octrois et des droits réunis.

La forme et le modèle des états et bordereaux seront déterminés par l'administration des droits réunis.

Un double des états et bordereaux, signé du maire, sera remis aux préposés des droits réunis, pour être transmis au directeur, et par celui-ci à son administration.

Le versement de la retenue des dix pour cent sur le produit des octrois en régie simple sera fait à la caisse des droits réunis, par le receveur de la commune, dans les trois premiers jours qui suivront l'expiration de chaque mois.

Pour les octrois en ferme ou régie intéressée, ce versement sera opéré aux époques fixées par les baux pour le paiement de chaque douzième du prix de l'adjudication.

Quant au versement de la retenue des dix pour cent sur les portions de bénéfices revenant aux communes, aux termes des traités de régie intéressée, il sera fait par les receveurs de la commune, aussitôt après que le montant de ces mêmes portions de bénéfices aura été versé dans la caisse municipale.

162. Le recouvrement de la retenue des dix pour cent se poursuivra par la saisie des deniers de l'octroi, et même par voie de contrainte.

163. Les bordereaux dressés et arrêtés conformément aux dispositions du présent décret seront la seule base régulière des comptes du recouvrement de la retenue des dix pour cent.

TITRE XIII. Du contentieux.

164. Il sera procédé pour les octrois conformément aux lois des 2 vendémiaire et 27 frimaire an 8.

Néanmoins, dans le cas où une contestation, soit sur le fonds du droit ou l'application du tarif, soit sur des contraventions, aurait à la fois pour objet des droits d'octroi et des droits réunis, il sera procédé sur le tout conformément aux dispositions du chapitre VI de la loi du 5 ventose an 12, concernant les droits réunis (1).

Titre XIV. Dispositions générales.

165. La surveillance générale de la perception de tous les octrois de l'empire est exercée, sous l'autorité de notre ministre des finances, par l'administration des droits réunis.

166. Tous les tarifs et réglemens seront successivement régularisés conformément aux dispositions du présent, et soumis par notre ministre des finances à notre approbation.

167. Il ne pourra être renouvelé aucune adjudication que les tarifs et réglemens n'aient été soumis à notre approbation par notre ministre des finances.

168. Dans les trois mois de la publication du présent, les conseils municipaux des communes dont les octrois sont en régie simple seront tenus de proposer la rectification des dispositions de leurs tarifs et réglemens contraires aux dispositions du présent; et, à leur défaut, lesdites rectifications devront être proposées par les préfets.

169. Il sera fait un réglement particulier pour l'octroi de notre bonne ville de Paris, qui sera soumis à notre approbation par notre ministre des finances.

170. Notre grand-juge, ministre de la justice, et nos ministres des finances et de l'intérieur sont chargés de l'exécution du présent décret.

17 MAI 1809. — Décret qui ordonne l'établissement d'écoles d'équitation. (Mon. n° 165.)

Art. 1er. Il sera établi à Paris, auprès de notre ministre de l'intérieur, un comité central qui s'occupera de tout ce qui est relatif à la propagation des races de chevaux, à l'amélioration des établissemens de haras et étalons, à l'hippiatrique, à l'art vétérinaire et à l'équitation.

2. Les inspecteurs généraux des haras et le commissaire du Gouvernement chargé de l'inspection générale des écoles vétérinaires feront partie de ce comité.

Les autres membres de ce comité, dont le nombre pourra être porté jusqu'à vingt, seront pris parmi les officiers supérieurs de cavalerie, les propriétaires qui se seront distingués dans l'élève des chevaux, et les hommes distingués par leurs connaissances dans l'art vétérinaire.

3. Notre ministre de l'intérieur nous présentera les autres dispositions relatives à l'exécution de celles qui précèdent, pour y être statué.

Titre Ier. Création d'écoles impériales d'équitation.

4. A dater du 1er janvier prochain, il sera établi successivement des écoles impériales d'équitation.

5. Elles seront placées dans les villes désignées dans le présent décret. Elles seront sous la direction, inspection et surveillance de notre ministre de l'intérieur.

6. Les fonds qui leur seront alloués seront fournis par le Trésor public, les départemens et les villes où elles seront situées, ainsi qu'il sera réglé ci-après, indépendamment des rétributions des élèves.

Titre II. Désignation des lieux où seront placées ces écoles impériales.

7. Il pourra être établi dans tout l'empire onze écoles impériales d'équitation.

Elles seront placées ainsi qu'il suit :

Une à Paris, à Lyon, à Caen, à Angers, à Strasbourg, à Turin, à Bruxelles, à Bordeaux, à Toulouse, à Rennes, à Sienne.

Elles seront divisées en trois classes.

8. L'école impériale de Paris ne sera point classée, et aura une organisation particulière.

Les écoles impériales de Lyon, Caen, Angers et Strasbourg seront rangées dans la première classe; celles de Turin, Bruxelles, Bordeaux, Rennes et Sienne composeront la deuxième classe; celle de Toulouse sera dans la troisième.

Titre III. Organisation de l'école impériale d'équitation de Paris.

9. L'école impériale d'équitation de Paris sera dirigée par un chef ayant le titre de commandant; il aura un adjoint, qui portera le titre d'écuyer.

10. Le commandant et son adjoint seront à la nomination de l'empereur, sur la présentation du ministre.

11. Un sous-écuyer chargé des détails du manége et des écuries; un maître maréchal, artiste vétérinaire; un maître sellier, un nombre suffisant de palefreniers seront attachés à l'établissement.

Leur nomination et leur révocation dépendront du commandant.

(1) Voy. décret du 10 août 1809.

12. Le commandant sera tenu de faire faire deux cours d'hippiatrique par an.

Il y aura aussi, auprès de cette école, un maître de voltige et un maître d'escrime, lesquels seront à la nomination du ministre, sur la présentation du commandant.

Les leçons de ces deux maîtres seront volontaires et aux frais des élèves.

Titre IV. Traitemens et salaires.

13. Le commandant de l'école impériale d'équitation de Paris recevra sur le Trésor public un traitement annuel de six mille francs.

L'écuyer-adjoint recevra aussi sur le Trésor public un traitement annuel de trois mille francs.

Titre V. Matériel de l'établissement.

14. Le local pour l'école impériale d'équitation de Paris sera fourni par la ville de Paris, ou, si elle n'en possède pas de propre à cet établissement, elle sera chargée du loyer des bâtimens dans lesquels le ministre de l'intérieur autorisera le commandant à placer son école.

15. Le nombre de chevaux destiné au service de l'école impériale de Paris est fixé à trente-six au *minimum*, et cinquante au *maximum*.

16. Ce *minimum* et ce *maximum* serviront de base pour la contribution annuelle fournie par le Trésor public et la ville de Paris pour les dépenses de cet établissement, qui sera réglé ci-après.

17. La portion contributive du Trésor public, et celle de la ville de Paris est fixée, indépendamment du traitement du commandant et de l'adjoint, ainsi qu'il suit :

Trésor public. . .	*Minimum.* . . .	15,000^f
	Maximum . . .	20,000
Ville de Paris. . .	*Minimum.* . . .	10,000
	Maximum . . .	20,000

18. Les ordonnances délivrées tous les mois par le ministre de l'intérieur sur notre Trésor, et par le préfet sur la caisse de Paris, le seront sur des contrôles fournis par le commandant de l'école, certifié par le préfet, qui proposera au ministre de l'intérieur un réglement contenant le moyen de vérifier le *maximum* ou le *minimum* des chevaux existans dans l'école.

19. Les rétributions payées par les élèves seront provisoirement fixées à trois francs par leçon; mais le commandant de l'école impériale de Paris, dans le cours de l'année qui suivra son installation, présentera au préfet un projet de tarif pour l'avenir, sur lequel il donnera son avis, et qui sera soumis à l'approbation de notre ministre de l'intérieur.

Titre VI. Surveillance exercée par le Gouvernement sur l'école, sur l'instruction et sur la police.

20. Le commandant remettra tous les mois au préfet un tableau présentant la situation de l'école, le nombre des élèves qui l'auront fréquentée, le nombre et l'espèce des leçons données.

Il remettra de plus au préfet, chaque mois, un état nominatif des employés, et un état numératif des chevaux attachés à l'école.

Le préfet transmettra tous ces rapports et états certifiés et appuyés de son avis, à notre ministre de l'intérieur.

21. Le commandant soumettra, dans l'année qui suivra son installation, au préfet, un projet de réglement relatif à l'enseignement, à la police, discipline des élèves et employés de l'école impériale d'équitation.

Le préfet transmettra, avec son avis, ce réglement à notre ministre de l'intérieur.

Ce réglement, après avoir reçu notre approbation, sera exécuté pour les autres écoles impériales d'équitation de l'empire.

22. Notre ministre de l'intérieur chargera un inspecteur général des haras, ou toute autre personne qu'il déléguera à cet effet, d'inspecter tous les trois mois l'école impériale d'équitation de Paris, sous les rapports du matériel, de l'instruction, de la police, discipline, et tous autres détails qu'il jugera convenable, et de lui en rendre compte.

Titre VII. Ecoles impériales dans les villes de département.

23. Les commandans des écoles impériales d'équitation dans les villes de l'empire seront à la nomination de l'empereur, sur la présentation du ministre de l'intérieur.

Le traitement de ces commandans est réglé ainsi qu'il suit :

Pour ceux de 1re classe.	3,000^f
2e classe	2,500
3e classe.	2,000

24. Le nombre des chevaux que le commandant de ces écoles sera tenu d'entretenir est fixé de la manière suivante, et conformément à la classe dans laquelle est rangé l'établissement.

	1re cl.	2e cl.	3e cl.
Minimum . . .	20	15	10
Maximum. . .	25	20	15

25. Les villes auxquelles il est accordé une école impériale d'équitation seront tenues de fournir un local ou une indemnité équivalente au loyer du local désigné par le préfet, et approuvé par notre ministre de l'intérieur.

26. La portion contributive du Trésor public, indépendamment du traitement du com-

mandant, et celle du département sont réglées ainsi qu'il suit, et conformément à la classe dans laquelle est rangée l'école :

	1re cl.	2e cl.	3e cl.
Minimum. . .	2,500	1,875	1,250
Maximum. . .	3,250	2,625	2,000

27. Les préfets et les commandans se conformeront, pour les ordonnances de paiement, les états de situation, l'instruction, la police et discipline, à tout ce qui est prescrit par le présent décret pour l'école impériale d'équitation de Paris.

17 MAI 1809.— Décret sur les armoiries des villes et corporations. (Recueil officiel de l'intérieur, t. 2, p. 148.)

Vu l'avis du conseil du sceau des titres du 11 mars 1809;
Le Conseil-d'Etat entendu.

Art. 1er. Aucune ville, commune, corporation ou association civile, ecclésiastique ou littéraire, ne jouira du droit d'armoiries qu'après en avoir reçu la concession expresse par lettres-patentes délivrées à cet effet. En conséquence, les sceaux des villes, communes ou corporations qui n'auront pas obtenu de concession pareille, ne porteront, pour toute empreinte, que le nom ou la désignation littérale desdites villes, communes ou corporations.

2. Les villes, communes ou corporations qui désireront obtenir des lettres-patentes portant concession d'armoiries, pourront en solliciter, après s'être fait préalablement autoriser, en la forme ordinaire, par les autorités administratives compétentes.

3. Ces demandes seront formées par le ministère d'un avocat au Conseil-d'Etat, selon qu'il est ordonné par le décret du 24 juin 1808, concernant les demandes en institution des majorats.

4. Les frais d'expédition des lettres-patentes portant concession d'armoiries à des villes, communes ou corporations, seront réglés ainsi qu'il suit, savoir: pour les bonnes villes, comme il est fixé pour les ducs au décret du 17 mars 1808; pour les villes dont les maires sont nommés par le Gouvernement, comme il est fixé pour les comtes, si elles ont plus de 20,000 francs de revenu, et comme il est fixé, au même décret, pour les barons, si elles ont un revenu moindre, et pour les autres villes ou communes, comme il est fixé pour les chevaliers.

Les corporations acquitteront les frais d'expédition, suivant le taux fixé pour les barons dans ledit décret du 17 mars 1808.

5. Les ministres de l'intérieur, de la police générale et des cultes, sont chargés, chacun en ce qui le concerne, de l'exécution du présent décret.

17 MAI 1809. — Décret sur les amendes de police. (Recueil officiel de l'intérieur, t. 2, p. 148.)

Sur le rapport du ministre des finances;
Le Conseil-d'Etat entendu.

Art. 1er. L'administration de l'enregistrement et des domaines cessera de faire verser, par ses préposés, dans les caisses communales le montant des amendes de police municipale, correctionnelle et rurale, qui auront été recouvrées depuis le 1er janvier dernier.

2. A compter de la même époque, les attributions des communes dans ces amendes seront des deux tiers du produit net.

3. L'autre tiers de ce produit sera attribué aux hospices du chef-lieu du département.

4. Les inspecteurs de l'enregistrement feront compter les receveurs de la totalité de ces amendes, et en verseront le produit net, avec le décime par franc, savoir : pour les deux tiers du principal revenant aux communes, et pour la totalité du décime, à la caisse du receveur général du département; et pour le tiers affecté à la nourriture des enfans abandonnés, dans celle du receveur de l'hospice, ainsi qu'il est prescrit par l'arrêté du 25 floréal an 8 (15 mai 1800).

5. Les deux tiers du principal desdites amendes versées à la caisse du receveur général formeront un fonds commun, qui sera réparti par le préfet, sur ses mandats proportionnellement aux besoins de chaque commune.

6. Les ministres des finances et de l'intérieur sont chargés, chacun en ce qui le concerne, de l'exécution du présent décret.

17 MAI 1809. — Décret qui autorise l'acceptation d'une donation faite par le général Savary, duc de Rovigo, à l'hospice de Sedan. (4, Bull. 236, n° 4388.)

17 MAI 1809. — Décret portant création d'une garde municipale à Bordeaux. (4, Bull. 237, n° 4396.)

17 MAI 1809. — Décrets qui autorisent l'acceptation de dons et legs faits aux pauvres et hospices de Chambéry, Aoste, Salto, Roye, Bingen, Plan, Beaumont, Vertus, Villefranche, Sarlat, Jallieu, Ruy, Vizille, Montegnée, Grace et Saint-Georges-le-Gaultier. (4, Bull. 240, nos 4458 à 4461, 4460 à 4474; Bull. 241, nos 4483 et 4484, et Bull. 242, nos 4497 à 4499.)

17 MAI 1809. — Décrets qui autorisent l'acceptation d'offres de dénoncer, au profit des pauvres et hospices de Bruxelles, Tournay, Louvain, Lahulpe, Grammont, Nederhasselt, Apelaère, Pellemberg et Erpsquerbs, des biens et rentes célés à la régie du domaine. (4, Bull. 240, nos 4462 à 4469.)

17 MAI 1809. — Décrets relatifs à la tenue de la foire du Bec-Hellouin, et à l'établissement d'une foire à Binas. (4, Bull. 240, nᵒˢ 4456 et 4457.)

28 MAI 1809. — Lettres de création du dépôt de mendicité du département de la Nièvre. (4, Bull. 236, nᵒ 4394.)

28 MAI 1809. — Décret qui autorise l'acceptation d'un legs fait par M. Perregaux aux pauvres de l'église réformée de Paris. (4, Bull. 237, nᵒ 4397.)

28 MAI 1809. — Extraits des lettres-patentes portant institution de majorats en faveur de MM. Salm-Dych de Contade, Daucourt de Plancy, Lemercier, d'Astorg, Girod, Lostanges-Beduer et Montguyon-Hardouin. (4, Bull. 238, nᵒ 4444.)

28 MAI 1809. — Décrets qui ordonnent le paiement de pensions accordées à des veuves de militaires. (4, Bull. 242, nᵒˢ 4500 à 4502.)

28 MAI 1809. — Décrets qui autorisent l'acceptation de dons et legs faits aux pauvres et hospices de St-Pont, Ancines, Gué-d'Hossus, Avignon, Paris, Meymac, Montréal, Penne et Saint-Paul. (4, Bull. 242, nᵒˢ 4503 à 4510, 4512 à 4514.)

28 MAI 1809. — Décret qui autorise l'acceptation d'offres de dénoncer, au profit des hospices de Louvain, des rentes célées au domaine. (4, Bull. 242, nᵒ 4511.)

30 MAI 1809. — Avis du Conseil-d'Etat. (Code de procédure.) Voy. 18 JUIN 1809.

3 JUIN 1809. — Avis du Conseil-d'Etat. (Biens communaux.) Voy. 18 JUIN 1809.

4 JUIN 1809. — Avis du Conseil-d'Etat sur l'exemption de l'impôt du sel en faveur des fabriques de soude. (4, Bull. 238, nᵒ 4430.)

Le Conseil-d'Etat, qui, d'après le renvoi ordonné par sa majesté, a entendu le rapport de la section des finances sur celui du ministre de ce département, tendant à faire statuer sur la question de savoir s'il convient d'affranchir de l'impôt du sel celui employé à la fabrication des produits chimiques, tels que la soude, l'ammoniaque, les blanchimens, les verreries et poteries et les objets concernant le métier d'hongroyeur et de tanneur;

Vu le rapport fait sur le même objet par le ministre de l'intérieur, ensemble les observations et l'avis du directeur général de l'administration des douanes;

Considérant que la fabrication de la soude en France affranchit l'empire d'un tribut considérable payé à l'étranger;

Qu'elle favorise un grand nombre de fabriques d'espèces différentes, et les met à même de lutter, dans les marchés étrangers, contre les produits de nos rivaux;

Qu'on peut empêcher que la fraude ne soit faite sur les sels employés dans ces fabriques, et que, quand il y aurait quelque risque à cet égard, les avantages immenses qu'on obtiendra ne permettraient pas de les arrêter par cette considération;

Est d'avis qu'il y a lieu d'exempter les fabriques de soude de l'impôt du sel, à la charge:

1ᵒ Que toutes les fabriques qui voudront jouir de l'exemption feront la déclaration de leur établissement et du lieu où il sera;

2ᵒ Qu'elles fabriqueront une quantité de soude qui sera déclarée par elles, et approuvée par le Gouvernement;

3ᵒ Qu'elles souffriront l'exercice des douanes sur les sels qu'elles emploieront, et qu'elles paieront la dépense que coûtera cet exercice, selon le mode qui sera réglé.

4 JUIN 1809. — Décret concernant différentes dispositions relatives à la transmission et à la cumulation des titres. (4, Bull. 238, nᵒ 4431.)

Voy. décret du 1ᵉʳ MARS 1808.

N...... notre cousin le prince archi-chancelier de l'empire nous ayant présenté un rapport du conseil du sceau des titres, dans lequel sont discutées plusieurs questions relatives à la transmission et à la cumulation des titres, qui se sont élevées à l'occasion de diverses requêtes à nous adressées, et dont la solution ne peut se trouver que dans une interprétation précise des articles 2, 3, 4, 5 et 7 du présent statut du 1ᵉʳ mars 1808, et de l'article 75 du second statut de même date;

Ayant égard aux observations qui nous ont été exposées dans ce rapport, et qui ont pour objet de favoriser les titulaires des titres d'offices et de majorats conférés par nous; sans néanmoins qu'il soit porté atteinte, soit aux droits communs réservés par l'article 74 du second statut, soit à l'esprit et aux principes généraux de l'institution;

Et enfin voulant établir sur ce point les principes qui doivent servir de règle aux délibérations de notre conseil du sceau, dans l'examen qu'il aura à faire des requêtes en obtention de titres et en formation de majorats qui lui seront par nous renvoyées;

Notre Conseil-d'Etat entendu,

Nous avons décrété et décrétons ce qui suit:

Art. 1ᵉʳ. Le titulaire de deux titres de droit qui n'aura pas de majorat ne pourra porter que le titre qui est attaché au plus éminent des deux offices auxquels il a été successivement nommé : néanmoins, si, par la suite, il fondait un majorat conformément aux articles 5, 6, 7, 8, 9 et 10 de notre premier statut du 1er mars 1808, il acquerrait le droit de cumuler les deux titres.

2. Ceux de nos sujets qui réuniront les qualités et rempliront les conditions prescrites par les statuts pourront successivement solliciter et obtenir la faculté de fonder plusieurs majorats. La transmission de ces majorats s'opérera dans la même ligne, ou se divisera dans les diverses branches de la descendance du titulaire, selon qu'il aura été statué dans nos lettres-patentes de formation.

3. Le titulaire d'un majorat devenant par succession héritier d'un nouveau majorat recueillera l'héritage de ce majorat; mais il ne pourra cumuler les deux titres que lorsqu'il aura justifié de ses droits devant notre conseil du sceau des titres, dans la forme déterminée par l'article 14 de notre décret du 4 mai dernier.

4. Si le titulaire d'un majorat et celui d'un titre de droit sont en même temps ou deviennent membres de la Légion-d'Honneur, ils joindront à leur titre de droit, ou à celui de leur majorat, le titre de chevalier.

5. Immédiatement après qu'en conformité de l'article 2 du premier statut du 1er mars 1808, nous aurons donné nos lettres-patentes pour la formation d'un duché transmissible dans la famille d'un des grands dignitaires de notre empire, le fils aîné de ce grand dignitaire portera le titre de duc, soit que le majorat ait été doté de notre munificence, soit qu'il ait été institué par fondation volontaire.

Le fils d'un duc portera également le titre de comte, et celui d'un comte le titre de baron, immédiatement après qu'il aura été institué un majorat dont la transmission sera assurée à l'un ou à l'autre par nos lettres-patentes.

6. Nos ministres sont chargés de l'exécution du présent décret.

---

4 JUIN 1809. — Décret qui soumet à la retenue du dixième les arrérages des inscriptions de cinq pour cent consolidés affectées à la dotation des majorats. (4, Bull. 238, n° 4432.)

Voy. décret du 1er MARS 1808.

Art. 1er. Les arrérages des inscriptions de cinq pour cent consolidés qui, au moyen de la faculté accordée par notre décret du 1er mars 1808, auraient été ou seraient par la suite immobilisées pour être affectées à la dotation des majorats, seront soumis à la retenue du dixième ordonnée par l'article 6 du même décret, à compter du premier jour du semestre pendant lequel le majorat aura été

accordé, sans néanmoins qu'en aucun cas il puisse être perçu aucun droit, à raison de l'immobilisation des inscriptions.

2. Pour l'exécution de cette disposition, le secrétaire général du conseil du sceau des titres donnera connaissance à notre ministre du Trésor public de l'expédition des lettres-patentes qui auront été obtenues pour l'érection des majorats, et ce, dans le cas seulement où tout ou partie des biens devant servir à la dotation serait en cinq pour cent consolidés.

3. Sur cette notification, le ministre du Trésor public fera opérer d'office, par le directeur du grand-livre, le transfert de la rente sur le grand-livre qui sera ouvert conformément à ce qui est prescrit par l'article 4 du décret du 1er mars : les neuf dixièmes de l'inscription seront portés au compte du titulaire, et l'autre dixième à un compte particulier qui aura le titre de *compte d'accroissement.*

4. Il sera délivré au titulaire du majorat un extrait de sa nouvelle inscription, lequel constatera son droit au dixième de retenue porté au compte d'accroissement : cet extrait sera expédié sur parchemin, et dans la forme du modèle joint au présent.

5. Les arrérages des rentes portées au compte d'accroissement seront touchés par la caisse d'amortissement, et employés en entier par elle en acquisition de nouvelles rentes, jusqu'à ce que, sur la portion provenant de l'inscription de chaque titulaire, il puisse être distrait, pour être réunie à cette inscription, une somme capable de l'élever d'un dixième au-dessus de sa quotité primitive, en conservant toujours la même retenue du dixième au compte particulier qui a été spécifié dans l'article 3, et qui ne doit jamais cesser d'opérer par cette retenue le même accroissement successif au profit de l'inscription principale.

6. Dans les cas prévus par notre décret du 1er mars 1808, où la rente affectée à la dotation d'un majorat devrait être aliénée ou reprendre sa nature primitive d'inscription mobilière et disponible, la portion afférente à cette rente dans le compte d'accroissement, en sera distraite en entier, et réunie à l'inscription principale.

7. Lors des réunions à faire aux inscriptions principales, toutes les fractions au-dessous d'un franc seront négligées, et resteront jointes aux fonds d'accroissement; dans le cas de réunion totale, prévu par l'article précédent, cette fraction, s'il en existe, sera perdue pour le titulaire.

8. Nos ministres des finances et du Trésor public sont chargés de l'exécution du présent décret.

MINISTÈRE DU TRÉSOR PUBLIC.

RENTES IMMOBILIÈRES ET INALIÉNABLES

Affectées à la dotation des majorats.

Extrait du grand-livre des cinq pour cent consolidés.

N°   RENTE

Je soussigné, directeur du grand-livre de la dette publique, certifie que M.
est inscrit au grand-livre de la dette publique, sur le registre des cinq pour cent consolidés affectés à la dotation des majorats, pour une somme de rentes de
avec jouissance des arrérages, à compter du
laquelle rente est immobilière et inaliénable, aux termes du décret du 1er mars 1808.

Paris, ce
                     Le directeur du grand-livre,
Vu et vérifié :

Nota. Le titulaire a droit, en outre, à une rente de . . . . . dont le produit est annulé à son profit à compter du . . . . . conformément aux dispositions contenues dans le décret du 4 juin 1809.

---

4 JUIN 1809. — Décret concernant le paiement des pensions accordées sur les revenus des communes. (4, Bull. 238, n° 4435.)

Art. 1er. Aucunes pensions ne seront ordonnancées par les maires, payées par les receveurs municipaux, ni allouées par notre cour des comptes ou nos préfets, dans les comptes des communes, si la pension n'a été accordée par un décret rendu en notre Conseil-d'État, sur l'avis du conseil municipal, la proposition du préfet, et le rapport de notre ministre de l'intérieur, et s'il n'en est justifié par les parties prenantes, lors du paiement, et par le receveur, lors de la reddition du compte.

2. Notre grand-juge, ministre de la justice, et notre ministre de l'intérieur, sont chargés de l'exécution du présent décret.

---

4 JUIN 1806. — Avis du Conseil-d'État sur un échange proposé pour avoir le droit de faire construire une tribune particulière dans le chœur d'une église. (4, Bull. 238, n° 4436.)

Le Conseil-d'État, qui, d'après le renvoi ordonné par sa majesté, a entendu le rapport de la section de l'intérieur sur celui du ministre de ce département, tendant à faire autoriser le maire de la Ferrière-sur-Rille, département de l'Eure, à consentir, au profit du sieur Pierre Agis, l'aliénation d'une partie du chœur de l'église de ladite commune, où ce particulier se propose d'établir, à ses frais, une tribune et un escalier pour y monter, et à recevoir en échange un terrain clos pour l'établissement d'un cimetière, et l'engagement, de la part du sieur Agis, de concourir annuellement pour un millier de tuiles, évalué quinze francs, à l'entretien de la toiture de l'église ;

Considérant que les aliénations à perpétuité d'une portion d'église tendent à démembrer successivement une propriété dont la destination rend la jouissance en commun nécessaire ;

Que le résultat de ces morcellemens serait, à la longue, de priver une partie des fidèles d'une place dans l'église ;

Que, d'ailleurs, le droit exclusif de jouir d'une tribune dans l'église se rattache à des idées de prééminence, et que la loi du 18 germinal an 10, article 47, a accordé aux seuls fonctionnaires civils ou militaires le droit d'avoir dans l'église une place distinguée,

Est d'avis que l'échange proposé ne peut être approuvé, et que le présent avis soit inséré au Bulletin des Lois.

---

4 JUIN 1809. — Décret contenant diverses dispositions pour accorder le régime des anciennes écoles avec celui de l'Université. (4, Bull. 240, n° 4448.)

Voy. décret du 17 MARS 1808.

TITRE Ier. Des facultés de droit.

Art. 1er. Conformément à l'article 91 du décret du 17 mars 1808, les inspecteurs actuels des écoles de droit deviendront inspecteurs généraux de l'Université formant l'ordre des facultés de droit.

Les fonctions qu'ils exerçaient pour régler l'enseignement du droit, et pour viser les diplômes des facultés de ce nom, seront réparties suivant les règles établies dans le même décret, ainsi qu'il va être dit.

2. Conformément aux articles 60 et 76 de ce décret, l'enseignement du droit sera réglé, comme celui de toutes les autres facultés, par le conseil de l'Université. Cependant le grand-maître pourra y appeler les inspecteurs des facultés de droit, quand il jugera leurs lumières nécessaires. Il pourra aussi réunir ces inspecteurs, comme ceux des autres facultés, sous la présidence de l'un des conseillers titulaires, pour avoir leur avis sur les matières relatives à l'enseignement du droit.

3. Aux termes de l'article 96, les diplômes seront visés par les recteurs, qui les enverront à la ratification du grand-maître, et les délivreront aux gradués.

Les recteurs coteront, parapheront et clôront, chaque trimestre, les registres des inscriptions tenus par les secrétaires des écoles.

4. Conformément aux articles 87 et 97, les fonctions des conseils particuliers de discipline et d'enseignement des facultés de droit, et la surveillance de leurs comités d'administration, appartiendront aux conseils des académies dont elles font partie.

5. Conformément aux articles 62 et 77 du décret précité, le projet annuel des budgets des facultés de droit, dont la rédaction était confiée aux bureaux d'administration, sera proposé par les doyens de ces facultés, remis par eux aux recteurs, qui les soumettront avec leur avis aux conseils académiques.

Ces budgets seront ensuite adressés au trésorier de l'Université, pour être soumis à l'approbation du conseil de l'Université.

6. Les budgets des facultés de droit, comme ceux des autres facultés, seront, après avoir reçu l'approbation du conseil de l'Université, renvoyés par le trésorier de l'Université aux recteurs, qui les adresseront aux caissiers des académies dont il est parlé aux articles 3 et 4 du décret du 17 février 1809.

Les caissiers paieront les dépenses portées aux budgets, sans pouvoir excéder la quotité fixée pour chaque article, sur les états d'appointemens ou pièces de dépenses régulièrement établis.

7. Toutefois, sur l'autorisation du grand-maître, après délibération du conseil, le secrétaire de l'école de droit pour cette faculté, et un membre des autres facultés pour chacune d'elles, seront autorisés : 1° à l'effet de recevoir les droits à y percevoir; 2° à payer les traitemens fixes et les supplémens, ainsi que les autres dépenses de la faculté autorisées par le budget, selon les articles 6 et 11 du présent décret, autant que le montant des fonds par eux reçus le permettra, et sans préjudice du versement qui doit être fait par le Trésor public, pour le paiement des traitemens fixes et autres dépenses.

En conséquence, ils feront le versement tant en deniers qu'en pièces de dépenses.

8. Le compte des dépenses des facultés de droit sera rendu et compris dans le compte général de chaque académie, qui sera, chaque année, après avoir été soumis au conseil académique, envoyé au trésorier de l'Université, pour être, sur son rapport, jugé et approuvé par le conseil de l'Université, en exécution de l'article 77 du décret du 17 mars 1808.

9. Les budgets des facultés de droit formeront un titre des budgets généraux des académies dans lesquelles ces facultés seront comprises.

10. Le supplément de traitement et le droit de présence indiqués dans les articles 16 et 65 du décret du 4° jour complémentaire

an 12 seront déterminés par le conseil de l'Université, d'après l'avis des recteurs et sur la proposition du grand-maître.

11. Les fonds déjà versés à la caisse d'amortissement, et ceux qui auraient dû y être versés en vertu de l'article 65 de notre décret du 4° jour complémentaire an 12, après le paiement des dépenses annuelles ordinaires et extraordinaires de chaque faculté, seront versés dans la caisse de l'Université, les premiers, pour être employés d'abord aux dépenses des facultés de même ordre, et les seconds pour servir aux dépenses de l'Université.

TITRE II. Des facultés de médecine.

12. Les dispenses d'examen pour être reçu à soutenir une thèse, à l'effet d'obtenir le diplôme de docteur, dans les cas prévus par l'article 11 de la loi du 19 ventôse an 11, et par les articles 31 et 32 de l'arrêté du 20 prairial de la même année, *portant règlement pour l'exercice de la médecine*, seront données par le grand-maître, sur le rapport du recteur de l'académie où le diplôme sera demandé : ces dispenses ne pourront être accordées que jusqu'au 1er janvier 1815.

13. Les dispenses d'inscriptions mentionnées aux articles 27, 28 et 29 dudit arrêté du 20 prairial an 11, seront aussi délivrées par le grand-maître, sur le rapport du recteur.

14. Le recteur cotera, paraphera et clôra le registre des inscriptions, tenu par le secrétaire de la faculté.

Il visera et délivrera les diplômes des gradués, conformément à l'article 96 du décret du 17 mars 1808.

15. Il sera procédé, pour la formation des budgets des facultés de médecine, et pour le paiement de leurs dépenses, ainsi qu'il a été réglé par les articles 5, 6, 8, 9 et 10 ci-dessus pour les facultés de droit.

TITRE III. Des universités de Turin et de Gênes; de la manière d'agréger ces universités à l'Université impériale.

16. L'université de Turin formera, avec les écoles du ressort de la cour d'appel du même nom, conformément au décret du 11 décembre 1808, l'une des académies dont l'Université impériale doit se composer.

17. Son grand conseil d'administration sera remplacé par un conseil académique, dans la forme et avec les fonctions prescrites par le titre X du décret du 17 mars 1808.

18. Les écoles de droit et de médecine de cette académie formeront deux facultés de ces noms;

Les écoles des sciences naturelles et mathématiques seront réunies pour former la faculté des sciences.

L'école des langues et d'antiquités sera organisée en faculté des lettres.

Il y sera établi une faculté de théologie.

19. Les fonctions des conseils particuliers de discipline établis près de chaque faculté, remplies par le conseil académique de Turin, seront conservées.

20. L'université de Gênes formera, comme celle de Turin, l'une des académies de l'Université impériale, comme il est dit aux articles 18 et 19.

21. Les écoles de droit et de médecine formeront les deux facultés du même nom.

L'école de pharmacie sera conservée et annexée à la faculté de médecine.

Les écoles des sciences et de littérature seront organisées en facultés des sciences et des lettres.

L'école des sciences commerciales sera annexée à la faculté des sciences.

Il y sera formé une faculté de théologie.

22. Le conseil de l'Université fera les réglemens nécessaires pour l'exécution complète du présent titre.

TITRE IV. *Des bureaux d'administration des lycées et des colléges.*

23. Les bureaux d'administration établis près des lycées seront remplacés par les conseils académiques; et dans les lycées éloignés du chef-lieu, par des délégués du recteur, présidés par un inspecteur d'académie.

24. Les bureaux d'administration des colléges seront nommés par les recteurs, et présidés par un inspecteur d'académie.

25. Les dépenses des colléges à la charge des communes seront réglées, chaque année, avant la rédaction du budget de ces communes, par le conseil de l'Université, sur l'avis des recteurs des académies et la proposition du grand-maître.

TITRE V. *Dispositions générales.*

26. Les diplômes donnés par le grand-maître aux gradués ne sont point assujétis au timbre.

TITRE VI. *Dispositions transitoires sur les écoles vétérinaires et de musique de Turin; les écoles des arts du dessin de Turin et de Gênes.*

27. Notre ministre de l'intérieur nous fera un rapport dont l'objet sera d'assimiler l'école vétérinaire de Turin à nos écoles impériales d'Alfort et de Lyon.

28. L'école de musique de Turin sera organisée de manière à être rattachée au conservatoire de musique de Paris.

29. Les écoles des arts du dessin de Turin et de Gênes seront rattachées aux écoles spéciales qui existent à Paris au palais des Sciences et des Arts.

30. Notre ministre de l'intérieur nous proposera la quotité de la retenue à faire sur la dotation de l'Université de Turin, pour former celle de l'école vétérinaire et de musique, de l'école des arts du dessin de Turin; pareille mesure sera prise sur les fonds de l'académie de Gênes, pour l'école des arts du dessin de cette ville, et au besoin le supplément qui serait nécessaire pour améliorer le système de ces établissemens.

31. Chacun d'eux conservera la jouissance du local qu'il possède maintenant.

32. Notre ministre de l'intérieur est chargé de l'exécution du présent décret.

4 JUIN 1809. — Décret qui annule, pour incompétence et fausse application de la loi, un arrêté pris par un conseil de préfecture en matière de domaines engagés. (4, Bull. 240, n° 4449.)

N....... vu la requête à nous présentée par le sieur Julien-François-Joseph Thobois, tendant à ce qu'il nous plaise annuler un arrêté du conseil de préfecture du département du Nord, lequel, statuant sur le renvoi fait par-devant lui par arrêt de notre cour d'appel séant à Douai, a déclaré un domaine soumissionné par la dame Thobois, en exécution de la loi du 14 ventose an 7, affranchi de toutes rentes, hypothèques et prestations quelconques, et notamment des droits de terrage dus à l'exposant;

Vu ledit arrêté en date du 22 juillet 1808;

Vu l'arrêté du préfet du département du Nord, en date du 14 brumaire an 13, portant vente, au nom de l'État, à la dame Thobois, du domaine par elle soumissionné, à la charge de payer le quart de la valeur estimative dudit domaine, et, en outre, de continuer le paiement de toutes les charges auxquelles il pouvait être assujéti;

Vu l'article 14 de la loi du 14 ventose an 7, et les avis du Conseil-d'État en date des 16 frimaire an 12 et 22 messidor an 13, ensemble les mémoires et pièces fournis par le sieur Thobois;

Considérant, 1° qu'il s'agissait, dans l'espèce, de déterminer les effets et les conséquences de l'article 14 de la loi du 14 ventose an 7, et que cela rentrait dans les attributions des tribunaux, auxquels il appartient incontestablement de connaître du sens et de l'exécution des lois, sous le rapport des contestations auxquelles elles donnent lieu entre particuliers; que la compétence des tribunaux était d'autant moins douteuse, que l'avis de notre Conseil-d'État, en date du 16 fructidor an 13, approuvé par nous le 22 du même mois, le décidait d'une manière formelle;

Considérant, en second lieu, que, s'il était question de statuer au fond, il y aurait encore lieu de réformer, sous ce rapport, l'arrêté du conseil de préfecture; qu'en effet, en déclarant le bien soumissionné par la dame Thobois affranchi de toutes rentes, hypothèques et prestations quelconques, il a été plus loin que la loi elle-même, qui ne porte pas une pareille disposition, assez importante néanmoins pour devoir être exprimée d'une manière formelle;

Qu'il faut donc distinguer entre les charges et les hypothèques dues par l'engagiste au domaine, au moment de la soumission, et celles dues à des tiers; que les premières ont été éteintes et confondues dans le nouveau prix du contrat intervenu entre l'État et le soumissionnaire; mais qu'il n'a été rien préjugé sur les autres, ni par l'article 14 de la loi du 14 ventose an 7, ni par les avis du Conseil-d'État des 16 frimaire an 12 et 22 messidor an 13, qui n'ont statué que dans des affaires intentées, et dans l'intérêt du domaine;

Ouï le rapport de notre commission du contentieux, notre Conseil-d'État entendu, nous avons décrété et décrétons ce qui suit:

Art. 1er. L'arrêté du conseil de préfecture du département du Nord, en date du 22 juillet 1808, est annulé.

2. Les parties sont renvoyées devant notre cour d'appel séant à Douai, pour y procéder suivant les derniers erremens.

3. Notre grand-juge, ministre de la justice, est chargé de l'exécution du présent décret.

4 JUIN 1809. — Décret concernant l'affranchissement des lettres et paquets pour le royaume de Hollande. (4, Bull. 238, n° 4433.)

4 JUIN 1809. — Décret qui accorde un délai pour le paiement du cautionnement des notaires, greffiers, avoués et huissiers de trois départemens de la Toscane. (4, Bull. 238, n° 4434.)

4 JUIN 1809. — Lettres de création du dépôt de mendicité de Gênes. (4, Bull. 238, n° 4437.)

4 JUIN 1809. — Décret relatif aux maisons, bâtimens, terrains et emplacemens nécessaires pour les fortifications et les établissemens militaires de la place et citadelle de Mayence. (4, Bull. 239 bis, n° 4447 bis.)

4 JUIN 1809. — Décret additionnel à celui du 9 vendémiaire an 13, concernant les établissemens militaires de Mayence. (4, Bull. 242, n° 4515.)

4 JUIN 1809. — Décrets qui autorisent l'acceptation de dons et legs faits aux pauvres et hospices de Saint-Paul, Riabella, Bourgueil, Lille, Orange, Pontacq, Tours, Toulouse, Nivelles, Cuceglio, Chollet, Châlons-sur-Saône, Mougellafreid, Belleville, Lucé, Gap, Billom, Saint-Laurent, Pontoise, Trino, Cherasco, Paris, Bourg-Saint-Andéol, Mirande et Geest-Saint-Remy. (4, Bull. 242, n°s 4516 à 4520, 4525 à 4540, et Bull. 243, n°s 4550 à 4553.)

4 JUIN 1809. — Décrets qui concèdent, dans une étendue déterminée, le droit d'exploitation : 1° de la mine de houille dite de Caylus, commune de Neffies, aux sieurs Giscard, Bonnemarie, Maury, Sales et à la veuve Mariavale; 2° des mines de houille existant sur le territoire des communes d'Arache, Maglau et autres du département du Léman, au sieur Albanis-Beaumont. (4, Bull. 242, n°s 4521 à 4523.)

4 JUIN 1809. — Décret qui change le jour de la tenue de la foire de Saint-Lupicin. (4, Bull. 242, n° 4524.)

11 JUIN 1809. — Décret contenant réglement sur les conseils de prud'hommes (1). (4, Bull. 240, n° 4450.)

Voy. loi du 18 MARS 1806.

N......, vu la loi du 18 mars 1806, portant création des conseils de prud'hommes,

Décrète :

TITRE Ier. Composition des conseils de prud'-hommes; mode et époque du renouvellement de leurs membres.

Art. 1er. Les conseils de prud'hommes ne seront composés que de marchands fabricans, de chefs d'ateliers, de contre-maitres, de teinturiers et d'ouvriers patentés. Le nombre de ceux qui en feront partie pourra être plus ou moins considérable; mais, en aucun cas, les chefs d'ateliers, les contre-maitres, les teinturiers ou les ouvriers ne seront égaux en nombre aux marchands fabricans; ceux-ci auront toujours, dans le conseil, un membre de plus que les chefs d'ateliers, les contremaitres, les teinturiers ou les ouvriers.

2. Les conseils de prud'hommes seront établis sur la demande motivée des chambres de commerce ou des chambres consultatives de manufactures. Cette demande sera d'abord communiquée au préfet, qui examinera si elle est de nature à être accueillie; il la transmettra ensuite à notre ministre de l'intérieur qui, avant de nous en rendre compte, s'assurera si l'industrie qui s'exerce dans la ville est

---

(1) *Voy.* la nouvelle rédaction de ce décret au 20 février 1810; nous avons cru devoir conserver celle-ci, parce que la comparaison des deux peut être utile, et servir, dans certains cas, à manifester le sens des dispositions.

assez importante pour faire autoriser la création du conseil de prud'hommes.

3. Les conseils de prud'hommes seront renouvelés en partie chaque année, le 1er jour du mois de janvier, dans les proportions qui suivent :

Si le conseil est composé de cinq membres, il ne sera renouvelé, la première année, qu'un prud'homme marchand fabricant.

La seconde année, il sera renouvelé un prud'homme marchand fabricant et un prud'homme chef d'atelier, contre-maître, teinturier ou ouvrier patenté,

La troisième année, *idem*.

Si le conseil est composé de sept membres, il sera renouvelé, la première année, deux prud'hommes marchands fabricans, et un prud'homme chef d'atelier ou contre-maître, etc.;

La deuxième année, un prud'homme marchand fabricant et un prud'homme chef d'atelier;

La troisième année, *idem*.

Si le conseil est composé de neuf membres, il sera renouvelé, la première année, un prud'homme marchand fabricant et deux prud'hommes chefs d'atelier;

La deuxième année, deux prud'hommes marchands fabricant et un prud'homme chef d'atelier;

La troisième année, *idem*.

Si le conseil est composé de quinze membres, il sera renouvelé, la première année, deux prud'hommes marchands fabricans et un prud'homme chef d'atelier;

La deuxième année, trois prud'hommes marchands fabricans et trois prud'hommes chefs d'atelier;

La troisième année, *idem*.

Le sort désignera ceux des prud'hommes qui seront renouvelés la première et la deuxième année. Dans les autres années ce sera les plus anciens nommés.

Les prud'hommes sont toujours rééligibles.

TITRE II. Attributions et juridiction des conseils de prud'hommes.

SECTION Ire. *Des attributions des conseils de prud'hommes.*

4. Les conseils de prud'hommes seront chargés de veiller à la conservation et observation des mesures conservatrices de la propriété des marques empreintes aux différens produits de fabrique.

5. Tout marchand fabricant qui voudra pouvoir revendiquer, devant les tribunaux, la propriété de sa marque, sera tenu de l'établir d'une manière assez distincte des autres marques pour qu'elles ne puissent être confondues et prises l'une pour l'autre.

6. Les conseils de prud'hommes réunis sont arbitres de la suffisance ou insuffisance de différence entre les marques déjà adoptées et les nouvelles qui seraient déjà proposées, ou même entre celles déjà existantes; et, en cas de contestation, elle sera portée au tribunal de commerce, qui prononcera après avoir vu l'avis du conseil de prud'hommes.

7. Nul ne sera admis à intenter action en contrefaçon de sa marque, s'il n'a déposé un modèle de cette marque au secrétariat du conseil des prud'hommes.

8. Il sera dressé procès-verbal de ce dépôt sur un registre en papier timbré, ouvert à cet effet, et qui sera coté et paraphé par le conseil des prud'hommes. Une expédition de ce procès-verbal sera remise au fabricant pour lui servir de titre contre les contrefacteurs.

9. S'il était nécessaire, comme dans les ouvrages de quincaillerie et de coutellerie, de faire empreindre la marque sur des tables particulières, celui à qui elle appartient paiera une somme de six francs entre les mains du receveur de la commune. Cette somme, ainsi que toutes les autres qui seraient comptées pour le même objet, seront mises en réserve, et destinées à faire l'acquisition des tables, et à les entretenir.

SECTION II. De la juridiction des conseils de prud'hommes.

10. Nul ne sera justiciable des conseils de prud'hommes, s'il n'est marchand fabricant, chef d'atelier, contre-maître, teinturier, ouvrier, compagnon ou apprenti : ceux-ci cesseront de l'être, dès que les contestations porteront sur des affaires autres que celles qui sont relatives à la branche d'industrie qu'ils cultivent et aux conventions dont cette industrie aura été l'objet. Dans ce cas, ils s'adresseront aux juges ordinaires.

11. La juridiction des conseils de prud'hommes s'étend sur tous les marchands fabricans, les chefs, d'atelier, contre-maîtres, teinturiers, ouvriers, compagnons et apprentis travaillant pour la fabrique du lieu ou du canton de la situation de la fabrique, suivant qu'il sera exprimé dans les décrets particuliers d'établissement de chacun de ces conseils, à raison des localités, quel que soit l'endroit de la résidence desdits ouvriers.

12. Les conseils de prud'hommes ne connaîtront que comme arbitres des contestations entre fabricans ou marchands pour les marques, comme il est dit article 6, et entre un fabricant et ses ouvriers contre-maîtres, des difficultés relatives aux opérations de la fabrique.

TITRE III. Mode de nomination et d'installation des prud'hommes.

13. Les prud'hommes seront élus dans une

assemblée générale tenue à cet effet : cette assemblée sera convoquée huit jours à l'avance par le préfet, présidée par lui ou par celui des fonctionnaires publics de l'arrondissement qu'il désignera.

14. Tout marchand fabricant, tout chef d'atelier, tout contre-maître, tout teinturier, tout ouvrier désigné dans la loi du 18 mars 1806, qui voudra voter dans l'assemblée, sera tenu de se faire inscrire sur un registre à ce destiné qui sera ouvert à l'Hôtel-de-Ville. Nul ne sera inscrit que sur la présentation de sa patente. Les faillis seront exclus.

15. Pour la première année seulement de la création du conseil, le maire dressera la liste des votans, qui seront seuls admis à l'assemblée.

16. En cas de contestation sur le droit d'assistance à l'assemblée, soit cette année, soit les années suivantes, il sera statué par le préfet, sauf le recours à notre Conseil-d'État.

17. Il sera nommé par le préfet ou par celui des fonctionnaires publics qu'il aura désigné pour présider l'assemblée, un secrétaire et deux scrutateurs. L'élection des prud'hommes sera faite au scrutin individuel, à la majorité absolue des suffrages : nul ne pourra être élu s'il n'a trente ans accomplis.

18. Afin de remplacer les prud'hommes qui viendraient à mourir ou à donner leur démission pendant l'exercice de leurs fonctions, il sera nommé deux suppléans, dont l'un sera choisi parmi les marchands fabricans, et l'autre parmi les chefs d'atelier, les contre-maîtres, les teinturiers ou les ouvriers patentés.

19. L'élection terminée, il en sera dressé procès-verbal qui sera déposé à la mairie. L'assemblée ne pourra délibérer ni s'occuper d'aucune autre chose que de l'élection.

20. Les prud'hommes prêteront, entre les mains du préfet ou du fonctionnaire public qui le remplacera, serment d'obéissance aux lois, de fidélité à l'empereur, et de remplir leurs devoirs avec zèle et intégrité.

TITRE IV. Du bureau particulier et du bureau général des prud'hommes.

21. Le bureau particulier des prud'hommes sera composé de deux membres, dont l'un sera marchand fabricant et l'autre chef d'atelier, contre-maître, teinturier ou ouvrier patenté.

Dans les villes où le conseil est de cinq ou de sept membres, ce bureau s'assemblera tous les deux jours depuis onze heures du matin jusqu'à une heure.

Si le conseil est composé de neuf ou de quinze membres, le bureau particulier tiendra tous les jours une séance qui commencera et finira aux mêmes heures.

22. Les fonctions du bureau particulier

sont de concilier les parties; s'il ne le peut, les renverra devant le bureau général.

23. Le bureau général se réunira une fois par semaine au moins. Il prendra connaissance de toutes les affaires qui n'auront être terminées par la voie de conciliation, quelle que soit la quotité de la somme dont elles seraient l'objet; mais ses jugemens ne seront définitifs qu'autant qu'ils porteront sur des différends qui n'excéderont pas soixante francs en principal et en accessoires. Dans tous autres cas, il sera libre d'en appeler.

24. Le bureau général ne pourra prendre de délibérations que dans une séance où les deux tiers au moins de ses membres se trouveront présens. Ces délibérations seront formées par l'avis de la majorité absolue des membres présens (de la moitié plus un).

25. Il sera nommé, par le bureau général des prud'hommes, un président et un vice-président. Ce président et ce vice-président ne seront en exercice que pendant une année, à l'expiration de laquelle il sera procédé à une nouvelle élection. L'un et l'autre sont toujours rééligibles.

26. Il sera attaché au bureau général des prud'hommes un secrétaire pour avoir soin des papiers et tenir la plume pendant leurs séances; il sera nommé à la majorité absolue des suffrages : il pourra être révoqué à volonté; mais, dans ce cas, la délibération devra être signée par les deux tiers des prud'hommes.

27. Les jugemens rendus par le bureau général des prud'hommes, lorsque les parties n'auront pu être conciliées par le bureau particulier, seront mis à exécution vingt-quatre heures après la signification, et provisoirement, sauf l'appel devant le tribunal de commerce, ou, à défaut de tribunal de commerce, devant le tribunal de première instance. Ils seront signés par le président ou le vice-président, et contre-signés par le secrétaire. Ils seront signifiés à la partie condamnée, par un huissier qui sera attaché au conseil des prud'hommes.

28. Dans les cas urgens, les conseils de prud'hommes, de même les bureaux particuliers, pourront ordonner telles mesures qui seront jugées nécessaires, pour empêcher que les objets qui donnent lieu à une réclamation ne soient enlevés, ou déplacés, ou détériorés.

TITRE V. Des citations.

29. Tout marchand fabricant, tout chef d'atelier, tout contre-maître, tout teinturier, tout ouvrier compagnon ou apprenti, appelé devant les prud'hommes, sera tenu, sur une simple lettre de leur secrétaire, de s'y rendre en personne au jour et à l'heure fixés, sans

pouvoir se faire remplacer, hors le cas d'absence ou de maladie : alors seulement il sera admis à se faire représenter par l'un de ses parens, négociant ou marchand exclusivement porteur de sa procuration.

30. Si le particulier qui aurait été invité par le secrétaire à se rendre au bureau particulier ou au bureau général des prud'hommes ne paraît point, il lui sera envoyé une citation qui lui sera remise par l'huissier attaché au conseil. Cette citation, qui contiendra la date des jour, mois, et an, les noms, profession et domicile du demandeur, les noms et demeure du défendeur, énoncera sommairement les motifs qui le font appeler.

31. La citation sera notifiée au domicile du défendeur ; et il y aura un jour au moins entre celui où elle aura été remise et le jour indiqué pour la comparution, si la partie est domiciliée dans la distance de trois myriamètres ; si elle est domiciliée au-delà de cette distance, il sera ajouté un jour par trois myriamètres.

Dans le cas où les délais n'auraient pas été observés, si le défendeur ne paraît point, les prud'hommes ordonneront qu'il lui soit envoyé une nouvelle citation. Alors, les frais de la première citation sont à la charge du demandeur.

TITRE VI. Des séances du bureau particulier et du bureau général des prud'hommes, et de la comparution des parties.

32. Au jour fixé par la lettre du secrétaire ou par la citation de l'huissier, les parties comparaîtront devant le bureau particulier des prud'hommes, sans pouvoir être admises à faire signifier aucunes défenses.

33. Elles seront tenues de s'expliquer avec modération, et de se conduire avec respect : si elles ne le font point, elles seront d'abord rappelées à leurs devoirs par un avertissement d'un prud'homme marchand fabricant. En cas de récidive, le bureau particulier pourra les condamner à une amende qui n'excédera pas dix francs, avec affiches du jugement dans la ville où siége le conseil.

34. Dans le cas d'insulte ou d'irrévérence grave, le bureau particulier en dressera procès-verbal, et pourra condamner celui qui s'en sera rendu coupable à un emprisonnement dont la durée ne pourra excéder trois jours.

35. Les jugemens, dans les cas prévus par les deux articles précédens, seront exécutoires par provision.

36. Les parties seront d'abord entendues contradictoirement ; le bureau particulier ne négligera rien pour les concilier : s'il ne peut y parvenir, il les renverra, ainsi qu'il est dit article 22, devant le bureau général, qui statuera sur-le-champ.

27. Lorsque l'une des parties déclarera vouloir s'inscrire en faux, déniera l'écriture, ou déclarera ne pas la reconnaître, le président du bureau général lui en donnera acte; il paraphera la pièce, et renverra la cause devant les juges auxquels en appartient la connaissance.

38. L'appel des jugemens des conseils des prud'hommes ne sera pas recevable après les trois mois de la signification faite par l'huissier attaché à ce conseil.

39. Les jugemens des conseils de prud'hommes, jusqu'à concurrence de trois cents francs, seront exécutoires par provision, non-obstant l'appel, et sans qu'il soit besoin, par la partie qui aura obtenu gain de cause, de fournir caution.

40. Les minutes de tout jugement seront portées par le secrétaire sur la feuille de la séance, signées par les prud'hommes qui auront été présens et contre-signées par lui.

TITRE VII. Des jugemens par défaut, et des oppositions à ces jugemens.

41. Si, au jour indiqué par la lettre du secrétaire, ou par la citation de l'huissier, l'une des parties ne comparaît pas, la cause sera jugée par défaut, sauf l'envoi d'une nouvelle citation, dans le cas prévu au dernier paragraphe de l'article 31.

42. La partie condamnée par défaut pourra former opposition dans les trois jours de la signification faite par l'huissier du conseil. Cette opposition contiendra sommairement les moyens de la partie, et assignation au premier jour de séance de conseil de prud'hommes, en observant toutefois les délais prescrits pour les citations ; elle indiquera en même temps les jour et heure de la comparution, et sera notifiée ainsi qu'il est dit ci-dessus.

43. Si le conseil de prud'hommes sait par lui-même, ou par les représentations qui lui seront faites par les proches voisins ou amis du défendeur, que celui-ci n'a pu être instruit de la contestation, il pourra, en adjugeant le défaut, fixer, pour le délai de l'opposition, le temps qui lui paraîtra convenable ; et, dans le cas où la prorogation n'aurait été ni accordée d'office, ni demandée, le défaillant pourra être relevé de la rigueur du délai, et admis à opposition, en justifiant qu'à raison d'absence ou de maladie grave, il n'a pu être instruit de la contestation.

44. La partie opposante qui se laisserait juger une seconde fois par défaut ne sera plus admise à former une nouvelle opposition.

TITRE VIII. Des jugemens qui ne sont pas définitifs, et de leur exécution.

45. Les jugemens qui ne seront pas définitifs ne seront point expédiés quand ils au-

ront été rendus contradictoirement, et prononcés en présence des parties.

Dans les cas où le jugement ordonnerait une opération à laquelle les parties devraient assister, il indiquera le lieu, le jour et l'heure, et la prononciation vaudra citation.

46. Toutes les fois qu'un ou plusieurs prud'hommes jugeront devoir se transporter dans une manufacture ou dans les ateliers, pour apprécier par leurs propres yeux l'exactitude de quelques faits qui auraient été allégués, ils seront accompagnés de leur secrétaire, qui apportera la minute du jugement préparatoire.

47. Il n'y aura lieu à l'appel des jugemens préparatoires qu'après le jugement définitif, et conjointement avec l'appel de ce jugement; mais l'exécution des jugemens préparatoires ne portera aucun préjudice aux droits des parties sur l'appel, sans qu'elles soient obligées de faire à cet égard aucune protestation ni réserve.

TITRE IX. Des enquêtes.

48. Si les parties sont contraires en faits de nature à être constatés par témoins, et dont le conseil de prud'hommes trouve la vérification utile et admissible, il ordonnera la preuve, et en fixera précisément l'objet.

49. Au jour indiqué, les témoins, après avoir dit leurs noms, profession, âge et demeure, feront le serment de dire la vérité, et déclareront s'ils sont parens ou alliés des parties, et à quel degré, et s'ils sont leurs serviteurs ou leurs domestiques.

50. Ils seront entendus séparément, hors comme en la présence des parties, ainsi que le conseil l'avisera bien : les parties seront tenues de fournir leurs reproches avant la déposition, et de les signer; si elles ne le savent, ou ne le peuvent, il en sera fait mention.

51. Les parties n'interromprompt point les témoins. Après la déposition, le président du conseil de prud'hommes pourra, sur la réquisition des parties, et même d'office, faire aux témoins les interpellations qu'il jugera convenables.

52. Dans les causes sujettes à l'appel, le secrétaire du conseil dressera procès-verbal de l'audition des témoins : cet acte contiendra leurs nom, prénoms, âge, profession et demeure, leur serment de dire la vérité, leur déclaration s'ils sont parens, alliés, serviteurs ou domestiques des parties, et les reproches qui auraient été fournis contre eux. Lecture de ce procès-verbal sera faite à chaque témoin, pour la partie qui le concerne. Il signera sa déposition, ou mention sera faite qu'il ne sait ou ne peut signer. Le procès-verbal sera, en outre, signé par le président du conseil, et

contresigné par le secrétaire. Il sera procédé immédiatement au jugement, ou, au plus tard, à la première séance.

53. Dans les causes de nature à être jugées en dernier ressort, il ne sera point dressé procès-verbal; mais le jugement énoncera les noms, âge, profession et demeure des témoins, leur serment, leur déclaration s'ils sont parens, alliés, serviteurs ou domestiques des parties, les reproches, et le résultat des dépositions.

TITRE X. De la récusation des prud'hommes.

54. Un ou plusieurs prud'hommes pourront être récusés :

1° Quand ils auront un intérêt personnel à la contestation;

2° Quand ils seront parens ou alliés de l'une des parties jusqu'au degré de cousin-germain inclusivement;

3° Si, dans l'année qui a précédé la récusation, il y a eu procès criminel entre eux et l'une des parties ou son conjoint ou ses parens et alliés en ligne directe;

4° S'il y a procès civil existant entre eux et l'une des parties ou son conjoint;

5° S'ils ont donné un avis écrit dans l'affaire.

55. La partie qui voudra récuser un ou plusieurs prud'hommes sera tenue de former la récusation, et d'en exposer les motifs par un acte qu'elle fera signifier au secrétaire du conseil par le premier huissier requis. L'exploit sera signé sur l'original, et la copie par la partie ou son fondé de pouvoir. La copie sera déposée sur le bureau du conseil, et communiquée immédiatement au prud'homme qui sera récusé.

56. Le prud'homme sera tenu de donner au bas de cet acte, dans le délai de deux jours, sa déclaration par écrit, portant, ou son acquiescement à la récusation, ou son refus de s'abstenir, avec ses réponses au moyen de récusation.

57. Dans les trois jours de la réponse du prud'homme qui refuse de s'abstenir, ou faute par lui de répondre, une expédition de l'acte de récusation et de la déclaration du prud'homme, s'il y en a, sera envoyée, par le président du conseil, au président du tribunal de commerce dans le ressort duquel le conseil est situé. La récusation y sera jugée en dernier ressort dans la huitaine, sans qu'il soit besoin d'appeler les parties.

TITRE XI. Des sommes qui seront payées aux secrétaires des conseils de prud'hommes, aux greffiers des mairies lorsque les maires rempliront les fonctions de ces conseils, aux greffiers des tribunaux de commerce et aux huissiers.

58. Les parties pourront toujours se pré-

senter volontairement devant les prud'hommes, et à leur défaut, devant les maires, pour être conciliées par eux : dans ce cas, elles seront tenues de déclarer qu'elles demandent leurs bons offices. Cette déclaration sera signée par elles, ou mention en sera faite si elles ne savent signer. Il ne sera rien payé pour cet objet, ni pour tout autre acte du secrétariat.

59. Il sera payé aux secrétaires des conseils de prud'hommes les sommes suivantes :

Pour la lettre d'invitation de se rendre au conseil, trente centimes, ci. . . . . of 30c

Pour chaque rôle d'expédition qu'ils délivreront, et qui contiendra vingt lignes à la page et dix syllabes à la ligne, quarante centimes, ci. . . . . of 40c

Pour l'expédition du procès-verbal qui constatera que les parties n'ont pu être conciliées, et qui ne doit contenir qu'une mention sommaire qu'elles n'ont pu s'accorder, quatre-vingts centimes, ci. . . . . . of 80c

Pour l'expédition du procès-verbal qui constatera le dépôt du modèle d'une marque, trois francs, ci. 3f 00c

60. Les taxations ci-dessus sont communes à ceux qui feront fonctions de secrétaires de mairies, mais seulement lorsque les maires rempliront les fonctions de conseils de prud'hommes.

61. Il est alloué les sommes suivantes :

Au greffier du tribunal de commerce, pour l'expédition du procès-verbal qui constatera le dépôt du modèle d'une marque, trois francs, ci. 3f 00c

A l'huissier attaché au conseil des prud'hommes pour chaque citation, un franc vingt-cinq centimes, ci. 1f 25c

Au même pour la signification du jugement, un franc soixante-quinze centimes, ci. 1f 75c

S'il y a une distance de plus d'un demi-myriamètre entre la demeure de l'huissier et le lieu où devront être remises la citation et la signification, il sera payé par myriamètre, aller et retour :

Pour la citation, un franc soixante-quinze centimes, ci. 1f 75c

Pour la signification, deux fr., ci. . 2f 00c

Pour la copie des pièces qui pourra être donnée avec les jugemens rendus, il sera payé à l'huissier, par chaque rôle d'expédition de vingt lignes à la page et de dix syllabes à la ligne, vingt centimes, ci. . of 20c

62. Il sera taxé aux témoins entendus par les conseils de prud'hommes, ou par les maires, une somme équivalente à une journée de travail, même à une double journée, si le témoin a été obligé de se faire remplacer dans sa profession. Cette taxation est laissée à la prudence des conseils et des maires.

Si le témoin n'a pas de profession, il lui sera taxé deux francs, ci. 2f 00c

Il ne lui sera point passé de frais de voyage, s'il est domicilié dans le canton où il est entendu. S'il est domicilié hors du canton, et à une distance de plus de deux myriamètres et demi du lieu où il fera sa déposition, il lui sera alloué autant de fois une somme double de journées de travail, ou une somme de quatre francs, qu'il y aura de fois cinq myriamètres de distance entre son domicile et le lieu où il aura déposé.

63. Au moyen de la taxation dont il est question dans les articles 59, 61 et 62, les frais de papiers, de registre et d'expédition, seront à la charge des secrétaires des conseils de prud'hommes, des greffiers des mairies et des tribunaux de commerce.

64. Tout secrétaire des conseils de prud'hommes, tout greffier de mairies et de tribunaux de commerce, tout huissier, convaincus d'avoir exigé une taxe plus forte que celle qui leur est allouée, sera puni comme concussionnaire.

TITRE XII. Dispositions générales.

SECTION Ire. De l'inspection des prud'hommes dans les ateliers, et du livret dont les ouvriers doivent être pourvus.

65. L'inspection dans les ateliers autorisée par l'article 29, titre IV de la loi du 18 mars 1806, n'aura lieu qu'après que le propriétaire de l'atelier aura été prévenu deux jours avant celui où les prud'hommes devront se rendre dans son domicile : celui-ci est tenu de leur donner un état exact du nombre de métiers qu'il a en activité, et des ouvriers qu'il occupe.

66. L'inspection des prud'hommes a pour objet unique d'obtenir des informations sur le nombre de métiers et d'ouvriers ; et, en aucun cas, ils ne peuvent en profiter pour exiger la communication des livres d'affaires et des procédés nouveaux de fabrication que l'on voudrait tenir secrets.

67. Si, pour effectuer leur inspection, les prud'hommes ont besoin du concours de la police municipale, cette police est tenue de leur fournir tous les renseignemens et toutes les facilités qui sont en son pouvoir.

68. Les conseils de prud'hommes ne peuvent s'immiscer dans la délivrance des livrets dont les ouvriers doivent être pourvus, aux termes de la loi du 22 germinal an XI. Cette attribution est exclusivement réservée aux maires ou à leurs adjoints.

SECTION II. Du local où seront placés les conseils de prud'hommes, et des frais qu'entraînent la tenue de leurs séances.

69. Le local nécessaire aux conseils de

prud'hommes pour la tenue de leurs séances sera fourni par les villes où ils seront établis.

70. Les dépenses de premier établissement seront pareillement acquittées par ces villes; il en sera de même des dépenses ayant pour objet le chauffage, éclairage, et autres menus frais.

71. Le président du conseil des prud'hommes présentera, chaque année, au maire, l'état des dépenses désignées dans l'article ci-dessus : celui-ci les comprendra dans son budget, et lorsqu'elles auront été approuvées, il en ordonnancera le paiement d'après les demandes particulières qui lui seront faites.

72. Notre ministre de l'intérieur et le grand-juge, ministre de la justice, sont chargés de l'exécution du présent décret.

---

11 JUIN 1809. — Lettres de création du dépôt de mendicité du département de la Haute-Marne. (4, Bull. 238, n° 4438.)

---

11 JUIN 1809. — Décret portant que les diocèses des départemens de l'Arno, de la Méditerranée et de l'Ombrone, font partie de l'église gallicane. (4, Bull. 238, n° 4439.)

---

11 JUIN 1809. — Décrets qui ordonnent le paiement de pensions accordées à des veuves de militaires. (4, Bull. 243, nᵒˢ 4554 et 4555.)

---

11 JUIN 1809. — Décrets qui autorisent l'acceptation de dons et legs faits aux pauvres et hospices de Cokenaère, Chroothe, Nibas, Sainte-Colombe-sur-l'Hers, Carcassonne, St.-Gaudens, Lacroix, Bléré, Langeac, Parnans, Romans, Marseille, Beaujeu, Martigné, Briant. (4, Bull. 243, nᵒˢ 4556 à 4566.)

---

11 JUIN 1809. — Décrets qui autorisent l'acceptation d'offres de découvrir, au profit des pauvres et hospices d'Anderlecht, Louvain, Ixelles, Tournay et Grand-Rozoy, des biens et rentes célés à la régie du domaine. (4, Bull. 243, nᵒˢ 4567 à 4571.)

---

18 JUIN 1809. — Avis du Conseil-d'Etat en interprétation de l'art. 696 du Code de procédure. (4, Bull. 238, n° 4440.)

Le Conseil-d'Etat, qui, d'après le renvoi ordonné par sa majesté, a entendu le rapport de la section de législation sur celui du grand-juge, ministre de la justice, ayant pour objet de faire décider si la notification d'une saisie aux créanciers inscrits, notification prescrite par les articles 695 et 696 du Code de procédure, doit être nécessairement enregistrée en marge de la saisie immobilière, ou s'il suffit au contraire que mention d'un en-

registrement de ladite notification sur un registre particulier soit faite en marge de ladite saisie;

Vu les articles 681, 695 et 696 du Code de procédure, ainsi conçus :

Art. 681. « La saisie immobilière, enregistrée comme il est dit aux articles 677 et « 680 sera dénoncée au saisi, dans la quin- « zaine du jour du dernier enregistrement, « outre un jour par trois myriamètres de dis- « tance entre le domicile du saisi et la situa- « tion des biens; elle contiendra la date de « la première publication. L'original de cette « dénonciation sera visé, dans les vingt-qua- « tre heures, par le maire du domicile du « saisi, et enregistré dans la huitaine, outre « un jour pour trois myriamètres, au bureau « de la conservation des hypothèques de la « situation des biens; et mention en sera faite « en marge de l'enregistrement de la saisie « réelle.

695. « Un exemplaire du placard imprimé « prescrit par l'article 684 sera notifié aux « créanciers inscrits, aux domiciles élus par « leurs inscriptions, huit jours au moins avant « la première publication de l'enchère, outre « un jour pour trois myriamètres de distance « entre la commune du bureau de la conser- « vation et celle où se fait la vente.

696. « La notification prescrite par l'ar- « ticle précédent sera enregistrée en marge « de la saisie, au bureau de la conservation : « du jour de cet enregistrement, la saisie ne « pourra plus être rayée que du consente- « ment des créanciers, ou en vertu de juge- « mens rendus contre eux. »

Vu les instructions données par la régie de l'enregistrement aux conservateurs des hypothèques, leur prescrivant de tenir deux registres séparés, dont l'un est destiné à recevoir l'enregistrement des saisies immobilières, avec mention, en marge, de l'enregistrement fait sur l'autre registre des notifications de la saisie aux créanciers inscrits;

Considérant que, d'après les dispositions des articles précités, les saisies immobilières, les dénonciations de ces saisies aux personnes sur qui elles sont faites, et les notifications aux créanciers inscrits doivent être publiques, et par conséquent enregistrées; qu'il a paru convenable et utile qu'un même registre offrît la certitude de tous ces enregistremens, mais qu'il n'était pas nécessaire, pour obtenir cet avantage, de forcer l'enregistrement de la saisie, des dénonciations et des notifications, sur un registre unique; qu'il suffit que mention soit faite en marge de l'enregistrement de la saisie, des enregistremens qui auront été faits sur d'autres registres, des dénonciations et des notifications; que l'article 681 dit expressément, non pas que les enregistremens des dénonciations à la partie saisie seront faits sur le même registre que les enregistremens des saisies, mais que mention des enregistremens de ces dénonciations *sera faite en marge de l'enregistrement de la saisie réelle*; qu'il est sensible que l'article suivant, en parlant de l'enregistrement des notifications aux créanciers, en marge de la saisie, n'a pas voulu faire une obligation expresse d'enregistrer ces notifications sur le même registre et en marge des saisies réelles, mais qu'il a voulu seulement que mention de l'enregistrement des notifications aux créanciers inscrits, fût faite comme pour les dénonciations à la partie, en marge de l'enregistrement de la saisie; qu'il pourrait même y avoir quelquefois de l'inconvénient à enregistrer les notifications sur le même registre et en marge des saisies, parce que, ces notifications pouvant être très-nombreuses, la marge de la saisie pourrait n'être pas toujours suffisante pour recevoir l'enregistrement en entier de toutes les notifications; ce qui obligerait à intercaler des feuilles dans le registre, et ce qui pourrait entraîner quelques abus;

Considérant enfin que l'objet et le vœu de la loi sont parfaitement remplis par les mentions faites en marge de la saisie, de l'enregistrement des dénonciations et notifications, avec indication de la page et du numéro du registre où elles sont enregistrées,

Est d'avis que, pour l'entière exécution de l'art. 696 du Code de procédure, il suffit qu'en marge de l'enregistrement des saisies, mention soit faite de l'enregistrement qui aura été fait des dénonciations et notifications sur un autre registre, avec indication de la page et du numéro de chaque enregistrement.

---

18 JUIN 1809. — Décret qui assigne une place particulière aux agens de l'administration forestière dans les audiences des tribunaux correctionnels. (4, Bull. 238, n° 4442.)

Voy. loi du 15 = 29 SEPTEMBRE 1791, titre IX, et les notes.

Art. 1er. Dans les audiences publiques tenues par nos tribunaux correctionnels pour le jugement des délits de bois poursuivis à la requête de l'administration des eaux et forêts, les conservateurs, inspecteurs, sous-inspecteurs et les gardes généraux chargés de pour-

suivre au nom de leur administration, auront une place particulière à la suite du parquet de notre procureur impérial et de ses substituts. Ils se tiendront découverts.

2. Notre grand-juge, ministre de la justice, et notre ministre des finances, sont chargés de l'exécution du présent décret.

---

18 JUIN 1809. — Avis du Conseil-d'État sur la compétence en matière d'usurpation de biens communaux. (4, Bull. 249, n° 4790.)

Voy. ordonnance du 10 FÉVRIER 1816.

Le Conseil-d'État, qui, d'après le renvoi ordonné par sa majesté, a entendu le rapport de la section de l'intérieur sur celui du ministre de ce département, tendant à faire décider si les usurpateurs des biens communaux doivent, comme les détenteurs de ces biens en vertu d'un partage, être poursuivis en éviction devant le conseil de préfecture;

Vu le décret du 12 juillet 1808, rendu pour la commune de Quessy, département de l'Aisne;

Vu les articles 6 et 8 de la loi du 9 ventose an 12,

Est d'avis que toutes les usurpations de biens communaux, depuis la loi du 10 juin 1793 jusqu'à la loi du 9 ventose an 12, soit qu'il y ait ou n'y ait pas eu de partage exécuté, doivent être jugées par les conseils de préfecture, lorsqu'il s'agit de l'intérêt de la commune contre les usurpateurs;

Et qu'à l'égard des usurpations d'un copartageant vis-à-vis d'un autre, elles sont du ressort des tribunaux (1).

---

18 JUIN 1809. — Décret qui autorise l'acceptation d'un legs de deux mille francs fait à la diaconie réformée de Paris, par le sieur Vanhoorn de Vlloofvvrick. (4, Bull. 238, n° 4441.)

---

18 JUIN 1809. — Décrets qui autorisent l'acceptation de dons et legs faits aux pauvres et hospices de Staden, Marseille, St.-Barthélemy-Lestra, Angers, Avignon, Savignac, Cavaillon, Cadillac, Alais, Breteuil, Plumelet, Saint-Saturnin, Montils, Paris, Tonnerre, Mâcon et Château-Gontier. (4, Bull. 243, n°s 4572 à 4586, et Bull. 244, n°s 4589 à 4591.)

---

(1) Cet avis du Conseil-d'État n'est applicable, d'après l'ordonnance du 10 février 1816, qu'aux usurpations de terres dont la qualité communale ne serait pas contestée (1er décembre 1819, ord. S. 20, 2, 271. — 22 décembre 1824, ord. Mac. 6, 706. — 27 septembre 1827, ord. Mac. 9, 507. — 13 mai 1829, ord. Mac. 11, 156).

Lorsque le détenteur prétend que le terrain en litige lui appartient en vertu d'anciens titres et de la prescription, il s'élève dès lors entre les parties une question de propriété dont les tribunaux seuls peuvent connaître (13 mai 1829, ord. Mac. 11, 156).

Lorsqu'un détenteur de biens communaux se prétend propriétaire en vertu d'un acte de vente nationale, il y a lieu de surseoir et de renvoyer les parties devant le conseil de préfecture, à l'effet de faire décider si le terrain en litige a été ou non compris dans la vente nationale (16 juin 1831, ord. Mac. 13, 250).

18 JUIN 1809. — Lettres de création du dépôt de mendicité du département des Deux-Nèthes. (4, Bull. 238, n° 4443.)

18 JUIN 1809. — Décret qui autorise l'acceptation de l'offre de découvrir, au profit des pauvres de Flins, deux rentes soustraites à la régie du domaine. (4, Bull. 244, n° 4592.)

21 JUIN 1809. — Décret relatif à la comptabilité de l'arriéré.

N...... sur le rapport de notre ministre de l'intérieur,

Notre Conseil-d'Etat entendu,

Nous avons décrété et décrétons ce qui suit :

Art. 1er. Les comptabilités arriérées mentionnées dans notre arrêté du 14 fructidor an 8 sont attribuées à notre cour des comptes.

2. Les livres, registres et feuilles journalières des opérations du Trésor jusqu'à l'an 8, ainsi que tous comptes et bordereaux des receveurs et payeurs adressés au Trésor sur les exercices antérieurs de l'an 8 seront remis, par les ordres de notre ministre du Trésor, à notre cour des comptes.

3. Les acquits et pièces au soutien desdits comptes et bordereaux seront conservés dans leurs dépôts pour y avoir recours au besoin.

4. Le premier président formera, de cinq membres pris dans les trois chambres, une commission qui pourra prononcer, par voie d'arbitrage, le *quitus* définitif de ceux qu'elle croira y avoir droit, en comparant les résultats de leurs bordereaux et états avec les renseignemens qu'elle aura recueillis à ce sujet par le préfet.

5. Elle pourra aussi, si elle le juge nécessaire, faire procéder à une vérification sommaire des acquits des comptables contre lesquels il resterait quelques préventions.

6. Elle ordonnera la main-levée des inscriptions et oppositions formées sur les biens des comptables au profit desquels elle prononcera des *quitus* définitifs.

7. Elle fera terminer, dans le plus court délai, tout ce qui concerne ces comptabilités arriérées.

8. Les comptables qui se prétendraient en droit de réclamer contre les arrêts de notre cour des comptes seront tenus de se pourvoir à notre Conseil-d'Etat, dans les délais et dans les formes prescrites par notre décret du 4 juin 1806 sur le contentieux.

9. Nos ministres des finances et du Trésor sont chargés de l'exécution du présent décret.

1er JUILLET 1809. — Décret sur les causes et le mode d'exclusion des élèves des lycées. (4, Bull. 240, n° 4451.)

§ Ier. Dispositions générales sur l'exclusion des élèves des lycées.

Art. 1er. Les causes d'exclusion d'un élève des lycées sont la désobéissance obstinée et continue à ses maîtres et à ses supérieurs, les menaces et les voies de fait contre eux, les atteintes aux mœurs et à la probité, l'insubordination habituelle, la provocation de ses camarades à la désobéissance.

§ II. Du mode d'application aux élèves du Gouvernement, des dispositions de l'article 1er du présent décret.

2. Les parens des élèves qui, après des avertissemens de changer de conduite, ne se seront pas amendés, seront prévenus par les proviseurs, et invités à les retirer, pour les soustraire aux effets fâcheux de l'exclusion : celle-ci ne pourra être provoquée que lorsque les parens n'auront pas eu égard à l'invitation qui leur aura été faite, et seulement un mois après qu'ils auront été avertis de la nécessité de retirer leurs enfans des lycées.

3. L'exclusion d'un élève ne pourra être prononcée que dans les formes suivantes.

4. Le proviseur adressera au recteur de son académie les motifs qui lui paraîtront devoir donner lieu à l'exclusion, et pourra séquestrer préalablement l'élève dont il se plaint.

5. Le recteur fera vérifier les faits énoncés, par un inspecteur ou un officier de l'académie, qui, après avoir entendu le prévenu, ainsi que ceux qui auront connaissance des faits, en dressera procès-verbal, auquel le proviseur pourra joindre ses observations.

6. Le procès-verbal sera communiqué par le recteur au conseil académique, qui donnera son avis sur l'exclusion proposée.

7. Les pièces seront adressées par le recteur au grand-maître de l'Université, qui les communiquera au conseil de l'Université.

8. Lorsque la section du conseil chargée de la police des écoles, dans le rapport qu'elle fera sur l'examen des pièces, sera d'avis qu'il y a lieu à l'exclusion de l'élève, cette exclusion sera prononcée par le grand-maître.

9. Le grand-maître fera parvenir au ministre de l'intérieur les pièces et le rapport du conseil de l'Université, relatifs à l'exclusion de l'élève ; et, si le ministre ne fait pas connaître, dans le délai d'un mois, que l'empereur n'approuve pas l'exclusion, elle sera définitive.

§ III. De l'exclusion des élèves du Gouvernement pour cause de maladie contagieuse incurable.

10. Dans le cas de maladie contagieuse incurable, l'élève sera examiné par les officiers de santé en chef du lycée.

Le rapport de ces officiers de santé sera

envoyé au recteur, qui fera faire un examen contradictoire par un docteur en médecine et un docteur en chirurgie, nommés par lui; et l'élève sera remis à ses parens, sur une décision du grand-maître, rendue sur l'avis du conseil de l'Université.

Le proviseur pourra séquestrer ou placer en ville l'élève dont il est question, provisoirement et en attendant la décision.

§ IV. De l'exclusion des élèves pour défaut de paiement de moitié ou du quart de la pension.

11. Dans le cas où la pension d'un élève qui n'est pas à la bourse entière ne serait point payée par les parens, après soumission par eux faite de l'acquitter, le proviseur prendra toutes les mesures convenables, même les voies judiciaires, pour en procurer le paiement; à l'effet de quoi il s'adressera au procureur impérial, pour qu'il suive sans frais à la chambre du conseil, comme pour les affaires du domaine.

12. Le délai d'un an passé, il en fera son rapport au recteur, lequel en rendra compte au grand-maître.

13. L'élève sera renvoyé à sa famille, contre laquelle le proviseur pourra d'ailleurs se pourvoir pour le paiement des trimestres échus.

14. Si le grand-maître le juge convenable, il pourra nous demander l'envoi de l'élève dans une école d'arts et métiers.

§ V. Dispositions diverses.

15. Les enfans des personnes employées au service public qui ont obtenu des bourses qui ne sont pas entières, et dont les parens seront reconnus hors d'état d'acquitter la portion restée à leur charge, pourront être admis à concourir, avec les pensionnaires et les externes, pour les bourses communales.

16. Il nous sera rendu compte, chaque année, des exclusions que le grand-maître de l'Université aura été obligé de prononcer.

17. Notre grand-juge, ministre de la justice, et notre ministre de l'intérieur, sont chargés de l'exécution du présent décret.

1ᵉʳ JUILLET 1809. — Décret concernant la retenue qui se fait dans le commerce sous le nom de *passe de sacs*. (4, Bull. 241, n° 4475.)

N...... sur le rapport de notre ministre des finances, relatif à la retenue opérée dans les paiemens en espèces, connue dans le commerce sous la dénomination de *passe de sacs*;

Considérant, 1° que, d'après l'usage généralement adopté dans le commerce et les caisses publiques, le débiteur fournit, dans les paiemens en pièces d'argent, les sacs destinés

à les contenir, et retient sur la somme la valeur de ces sacs et de la ficelle;

2° Que le mode de paiement de sacs a l'avantage de dispenser le créancier d'envoyer des sacs pour contenir les espèces, et de donner la facilité d'accélérer les paiemens; que cette retenue faite sur celui qui reçoit n'est qu'une avance de sa part, puisqu'il la prélève à son tour sur ceux à qui il paie;

3° Que néanmoins cette retenue, dont l'objet n'était et ne doit être que d'indemniser les débiteurs de la dépense des sacs, a fait naître des abus; qu'elle a dégénéré en spéculation de bénéfice, puisqu'on fait payer les sacs plus qu'ils n'ont coûté, et qu'on se permet même la retenue lorsqu'on ne fournit pas les sacs;

4° Enfin que, si l'avantage du commerce demande que la *passe de sacs* soit maintenue dans les paiemens en pièces d'argent, le bon ordre exige aussi que cet usage ne soit pas étendu aux paiemens faits en toutes autres valeurs, et que l'indemnité accordée à celui qui paie ne puisse excéder la valeur des sacs, ni donner lieu à aucun gain illicite;

Qu'il convient en conséquence d'établir, à ce sujet, des règles fixes et générales;

Notre Conseil-d'Etat entendu,

Nous avons décrété et décrétons ce qui suit:

Art. 1ᵉʳ. Le prélèvement qui sera fait par le débiteur, sous le nom de *passe de sacs*, en remboursement de l'avance faite par lui des sacs contenant les espèces qu'ils donnent en paiement, ne pourra avoir lieu, à compter de la publication du présent décret, que dans les cas et aux taux exprimés dans les articles suivans.

2. Dans les paiemens en pièces d'argent de sommes de cinq cents francs et au-dessus, le débiteur est tenu de fournir le sac et la ficelle.

Les sacs seront d'une dimension à contenir au moins mille francs chaque, ils seront en bon état, et faits avec la toile propre à cet usage.

3. La valeur des sacs sera payée par celui qui reçoit, ou la retenue en sera exercée par celui qui paie, sur le pied de quinze centimes par sac.

4. Le mode de paiement en sacs et au poids ne prive pas celui qui reçoit de la faculté d'ouvrir les sacs, de vérifier et de compter les espèces, en présence du payeur.

5. Nos ministres des finances et du Trésor public sont chargés de l'exécution du présent décret.

1ᵉʳ JUILLET 1809. — Décret concernant les justifications à faire par les héritiers des officiers décédés, pour obtenir le paiement des sommes acquises à ces militaires à l'époque de leur décès, à titre de solde d'activité, solde de retraite, traitement de réforme ou autres attributions d'un service personnel. (4, Bull. 241, n° 4476.)

Art. 1er. A dater de la publication du présent décret, les héritiers des officiers décédés devront, pour obtenir le paiement des sommes acquises à ces militaires à l'époque de leur décès, à titre de solde d'activité, solde de retraite, traitement de réforme ou autres attributions d'un service personnel, faire les justifications prescrites par les articles suivans.

2. Si l'officier décédé n'a point fait de dispositions testamentaires, les héritiers présenteront, avec l'acte de décès du titulaire, un acte de notoriété dressé par le juge-de-paix du domicile de l'officier décédé, sur l'attestation de deux témoins. Cet acte constatera que ceux qui se présentent sont seuls et uniques héritiers du défunt.

3. Si le défunt n'a pas laissé d'enfans, et qu'il existe un testament par-devant notaire, portant nomination d'un héritier ou d'un légataire universel, l'héritier ou le légataire rapportera un extrait de ce testament, qui lui aura été délivré par le notaire.

5. Si le testament est olographe ou mystique, l'héritier ou le légataire rapportera l'expédition d'envoi en possession qui aura été délivrée par le président du tribunal de première instance, conformément à l'art. 1008 du Code civil.

5. Quant aux successions ouvertes à l'étranger, les certificats délivrés par les magistrats autorisés par les lois du pays seront admis lorsqu'ils seront apportés dûment légalisés par les agens du Gouvernement français.

6. Les formes voulues par les articles ci-dessus seront aussi suivies à l'égard des pensions ou soldes de retraite des sous-officiers et soldats décédés.

7. Toute disposition antérieure contraire au présent décret est abrogée.

8. Nos ministres de la guerre, du Trésor public, sont chargés de l'exécution du présent décret.

1er JUILLET 1809. — Décret qui autorise l'acceptation d'un legs fait aux hospices et aux pauvres de Bar, département du Var, par le sieur Joseph Jaume. (4, Bull. 241, n° 4477.)

1er JUILLET 1809. — Décret qui autorise l'acceptation d'un legs de cinq mille francs, pour l'établissement d'une école gratuite de jeunes filles à Dun, département de la Meuse. (4, Bull. 241, n° 4478.)

1er JUILLET 1809. — Décrets qui ordonnent le paiement de pensions accordées à des veuves de militaires. (4, Bull. 244, n°s 4593 et 4594.)

1er JUILLET 1809. — Lettres de création des dépôts de mendicité des départemens de Seine-et-Marne et de l'Hérault. (4, Bull. 241, n°s 4479 et 4480.)

1er JUILLET 1809. — Décrets qui concèdent les droits d'exploitation : 1° des mines de houille existant sur le territoire des communes de Tretz et d'Auriol, aux sieurs Sicard et Rougnier ; 2° des mines de houille existant sur le territoire des communes de Peypin et de Saint-Savournin, aux sieurs et demoiselles de Gerin-Ricard ; 3° des mines de houille existant à Belcodenne et de Gréasque, au sieur de Castellanne et à la dame Massol, veuve du sieur de Cabre ; 4° des mines de houille existant sur le territoire des communes de Gardannes, Faveau, Peynier, Gréasque, Roquevaire et Belcodenne, aux sieurs Lacombe, Dubreuil et compagnie. (4, Bull. 244, n°s 4595 à 4598.)

1er JUILLET 1809. — Décrets qui autorisent l'acceptation de dons et legs faits aux pauvres et hospices de Provins, Verceil, Thiell, Villiers-Saint-Frédéric, Toulouse, Abbeville, Amiens, Saint-Savin, Grasse, Vintimille, Morlaas, Chaumes, Manrevret, Bruyères, Freyming, Lovendegem, Pitgam, Epchy, Epernay, Couesmes, Poligny, Allegre, Bollène, Angers, Montdoubleau, Gerbeviller, Saint-Pierre-Eglise, Avignon, Ternay, Lampernisse, Paris, Montrouge, Beaune et Rhodes-Sainte-Agathe. (4, Bull. 244, n°s 4599 à 4632.)

1er JUILLET 1809. — Décrets qui autorisent l'acceptation d'offres de découvrir, au profit des pauvres et hospices de Louvain, Bruxelles, Erpsquerbs et Juprelle, des biens et rentes célés à la régie du domaine. (4, Bull. 244, n°s 4633 à 4638.)

1er JUILLET 1809. — Décret qui envoie le bureau de bienfaisance d'Hove en possession d'une terre labourable, provenant du ci-devant chapitre de Saint-Rombault, et célée à la régie du domaine. (4, Bull. 244, n° 4639.)

1er JUILLET 1809. — Décret qui change le jour de la tenue de la foire de Cailly. (4, Bull. 244, n° 4640.)

5 JUILLET 1809. — Sénatus-consulte qui nomme les députés à fournir au Corps-Législatif par les départemens de l'Arno, de la Méditerranée, et de l'Ombrone. (4, Bull. 241, n° 4481.)

7 JUILLET 1809. — Décrets qui autorisent l'acceptation de dons et legs faits aux pauvres et hospices de Saint-Chamond, Pont-Audemer, Gadagne, Mauriac, Loches, Peveragno, Yssengeaux, Rodez, Sedan, Vezelise, Rozières et Haubourdin. (4, Bull. 244, n°s 4641 à 4653.)

7 JUILLET 1809. — Décret qui ordonne la publication, dans les départemens du Pô, de la Doire, etc. d'un article de la loi concernant les ventes d'armes et d'équipemens par les soldats. (4, Bull. 241, n° 4482.)

7 JUILLET 1809. — Décret qui permet au sieur Frèrejan, maire de Pré-Saint-Didier, de construire sur les bords de la Doire, et en face de cette commune, une usine à traiter le fer. (4, Bull. 244, n° 4654.)

8 JUILLET 1809. — Avis du Conseil - d'Etat. (Majorals.—Avoués.—Enregistrement.) *Voy.* 5 AOUT 1809.

18 JUILLET 1809. — Décret contenant proclamation des brevets d'invention délivrés pendant le deuxième trimestre de 1809, aux sieurs Barrou-Canson, Jecker frères, Hénault, Adam, Dervieu et Piaud, Duval, Albert - Sakosky, Marcel, Couder, Pouillot, Fayolle et Hullin, Albert et Martin, Desouches, Lange, Keyser-Delisle, Elzéard-Degrand, Dubois, Richard-Ward, Girard frères, Main et Derepas. (4, Bull. 242, n° 4485.)

18 JUILLET 1809. — Décrets qui autorisent l'acceptation de dons et legs faits aux pauvres et hospices de Château-Double, Orthez, Lyon, Sens, Aigues-Mortes, Bonn, Paris et Soulègre. (4, Bull. 244, n°¹ 4655 à 4663.)

18 JUILLET 1809. — Décret qui établit à Yvias, au lieu dit de Kerfot, deux foires annuelles pour la vente des chevaux et des bestiaux. (4, Bull. 244, n° 4664.)

31 JUILLET 1809. — Décret qui détermine le costume des titulaires et officiers de l'Université. (Mon. n° 219.)
Voy. décret du 17 MARS 1808.

Art. 1er. Les membres de l'Université impériale porteront, dans l'exercice de leurs fonctions et dans les cérémonies publiques, le costume dont la description suit :

Le grand-maître.

2. Simarre de soie violette, ceinture pareille à glands d'or, robe pareille, bordée d'hermine, l'épitoge en hermine, cravate de dentelle, toque violette, brodée d'or à deux rangs.
Pour l'exécution de l'article 33 du décret du 17 mars 1808, qui accorde comme décoration deux palmes brodées sur la poitrine, on se conformera, pour le grand-maitre, au modèle n° 1, broderie en or.

Le chancelier, le trésorier.

3. Même costume, sans épitoge, chausse violette, hermine de seize centimètres, toque galonnée d'or à deux rangs, palmes en or, même modèle qu'à l'article 2.

Les conseillers titulaires, et le secrétaire général.

4. Même costume, mais avec la robe noire, palmes comme à l'article 2.

Conseillers ordinaires et inspecteurs généraux.

5. Même forme de costume, simarre et robe noires, sans hermine, ceinture violette, glands d'argent, chausse violette herminée de douze centimètres, toque noire avec deux galons d'argent, palmes en argent du modèle n° 1er.

Recteurs des académies et inspecteurs.

6. Même costume, glands de soie à la ceinture, chausse violette herminée de huit centimètres, un seul galon à la toque, cravate de batiste, palmes en argent, du modèle n° 3.

Doyens et professeurs des facultés.

7. Les doyens et professeurs des facultés porteront, savoir :
Pour les facultés de droit et de médecine, le costume déja réglé pour elles;
Pour les facultés de théologie, des sciences et des arts, le même costume, quant à la forme, que les deux autres facultés, seulement la couleur noire sera affectée à la faculté de théologie, la couleur amarante à la faculté des sciences, et la couleur orange à celle des arts; palmes en argent, modèle n° 4, chausse de la couleur de chaque faculté, herminée comme à l'article 6.

Membres de l'Université, et officiers des académies.

8. Les officiers des académies et les simples membres de l'Université porteront la robe et la toque noires, cravate de batiste; pour les officiers des académies, chausse avec un passe-poil d'hermine, et pour les membres de l'Université sans passe-poil, palmes en soie bleue et blanche, du modèle n° 2 pour les premiers, et du modèle n° 4 pour les seconds.

Appariteurs de l'Université et des académies.

9. Robe noire, toque pareille, bordure violette à la robe et à la toque, pour l'Université.

Massier en argent.

Sur la poitrine une médaille aux armes qui seront réglées pour l'Université, avec une légende indicative.

5 AOUT 1809. — Avis du Conseil-d'Etat relatif au régime des bois affectés aux majorats. (4, Bull. 242, n° 4487.)

Le Conseil-d'Etat, qui, d'après le renvoi ordonné par sa majesté, a entendu le rapport de la section des finances sur celui du ministre de ce département, présentant la question de savoir si les bois concédés à titre de majorat, avec clause de retour à la couronne à défaut de descendance mâle, doivent rester soumis au régime forestier et être régis par les agens de l'administration générale des forêts:

Vu le statut du 4 mai 1809, pour la conservation des biens composant les majorats dotés par sa majesté, et qui peuvent faire retour à la couronne;

Vu pareillement la loi du 9 floréal an 11, relative au régime des bois appartenant aux particuliers, aux communes ou à des établissement publics;

Considérant, 1° que, d'après l'article 2 du statut précité, les fonctions des agens conservateurs créés par l'article 1er, pour les majorats situés hors de l'empire, sont, entre autres choses, de veiller à ce que, pendant sa vie, le titulaire jouisse en bon père de famille des biens affectés au majorat;

2° Que l'article 3 du même statut ordonne aux agens conservateurs qui auront reconnu que les intérêts du majorat sont compromis, d'en informer le procureur général près le conseil du sceau des titres;

3° Que, d'après l'article 26, les dispositions du même statut, pour la conservation des biens des majorats en pays étranger, sont applicables aux majorats dotés par sa majesté, dont les biens sont situés dans l'étendue de l'empire; qu'à l'égard de ces derniers, la régie de l'enregistrement et des domaines, et l'administration forestière, pour la partie des forêts et bois composant le majorat, sont chargées de remplir, chacune en ce qui la concerne, les fonctions attribuées à l'agent conservateur;

4° Que l'article 28 porte que les bois futaies seront coupés quand ils seront dans les taillis, dans les cas où ils le sont dans les forêts domaniales; et quand ils seront en réserve ou en pièce, sans taillis, ils seront aménagés, s'ils en sont susceptibles; enfin que, si leur étendue ne permet pas l'aménagement, ils ne pourront être coupés qu'après autorisation donnée par sa majesté en son Conseil-d'Etat, sur l'avis du conseil du sceau des titres;

5° Que, suivant l'article 29, les dispositions de l'article 28 ci-dessus sont applicables aux majorats formés avec des biens appartenant aux particuliers à qui sa majesté aura accordé des titres.

6° Que la loi du 9 floréal an 11 a prescrit des règles pour le régime des bois appartenant aux particuliers; que, d'après l'article 9 notamment, aucune coupe de futaie ne peut avoir lieu sans déclaration faite six mois d'avance à l'administration forestière,

Est d'avis :

1° Que la question proposée par le ministre est résolue par les articles précités du statut du 4 mai 1809, et par la loi du 9 floréal an 11;

En conséquence, que, dans la surveillance qui est accordée à l'administration forestière, par le même statut, cette administration doit se borner à veiller à ce que le titulaire d'un majorat doté par sa majesté jouisse en bon père de famille et sans dégrader; qu'elle doit seulement constater les dégradations et anticipations de coupes, lorsqu'elles ont lieu, et en informer le procureur général du conseil du sceau des titres;

2° Que l'administration forestière n'a que la même surveillance à exercer sur les bois faisant partie des majorats que sa majesté a permis aux particuliers de former.

5 AOUT 1809. — Avis du Conseil-d'Etat sur plusieurs questions relatives à la perception du droit d'enregistrement sur les actes judiciaires. (4, Bull. 242, n° 4488.)

Le Conseil-d'Etat, qui, d'après le renvoi ordonné par sa majesté a entendu le rapport de la section des finances sur celui du ministre de ce département, tendant à faire statuer sur plusieurs questions relatives à la perception du droit d'enregistrement sur les actes judiciaires;

Vu la loi du 22 frimaire an 7, ensemble les observations de l'administration de l'enregistrement et des domaines,

Est d'avis,

1° Que, lorsqu'un jugement contient plusieurs dispositions dont les unes le rendent sujet à l'enregistrement sur la minute, et les autres seulement sur l'expédition, le droit ne peut être exigé que pour les dispositions sujettes à l'enregistrement sur la minute, sauf à percevoir le droit pour les autres dispositions sujettes à l'enregistrement sur l'expédition, lorsque cette expédition est requise;

2° Que, lorsqu'un jugement par lequel il est prononcé des condamnations sur des conventions verbales est présenté à la formalité après le délai fixé par l'article 20 de la loi du 22 frimaire an 7, il y a lieu de percevoir le double droit sur le montant de la condamnation prononcée, et seulement le droit simple sur la convention qui fait la matière de la demande, à moins que cette convention n'ait pour objet une transmission de propriété, d'usufruit ou de jouissance d'immeubles, susceptible par elle-même de la peine du double droit à défaut d'enregistrement dans les délais fixés par la loi; auquel cas seulement le double droit est aussi perçu sur la convention.

5 Aout 1809. — Avis du Conseil-d'Etat portant que les fonctions d'avoué sont incompatibles avec celles de conseiller de préfecture (1). (4, Bull. 242, n° 4489.)

Le Conseil-d'Etat, qui, d'après le renvoi ordonné par sa majesté, a entendu le rapport de la section de législation sur celui du ministre de l'intérieur, ayant pour objet de faire décider si les fonctions d'avoué près les tribunaux sont incompatibles avec celles de conseiller de préfecture,

Est d'avis que ces deux fonctions sont incompatibles.

5 Aout 1809. — Décret portant prorogation du délai accordé pour l'inscription des priviléges et hypothèques dans les trois départemens de la Toscane. (4, Bull. 242, n° 4486.)

5 Aout 1809. — Décrets qui autorisent l'acceptation de dons et legs faits aux pauvres et hospices de Suresne, Lille, Chaillot et Mongiscard. (4, Bull. 244, n°s 4665, 4666, 4676 et 4677.)

5 Aout 1809. — Décrets qui autorisent l'acceptation d'offres de découvrir, au profit des pauvres et hospices de Chièvres, Enghien, Beyssem, Bruxelles, Flins, des biens et rentes célés à la régie du domaine. (4, Bull. 244, n°s 4667 à 4671 et 4675.)

5 Aout 1809. — Décrets qui établissent des foires à Perouges, Bacquoy et Neuville-sur-Saône. (4, Bull. 244, n°s 4672 à 4674.)

6 Aout 1809. — Avis du Conseil-d'Etat portant qu'un décret qui accorde un nouveau délai pour l'inscription des anciennes hypothèques en Toscane, est applicable aux trois vicairies de Pontremoli, Bagnone et Fivizzano. (4, Bull. 242, n° 4490.)

6 Aout 1809. — Décret portant que les archives des tribunaux supprimés de Florence demeureront réunies au greffe de la cour d'appel de cette ville. (4, Bull. 242, n° 4491.)

6 Aout 1809. — Lettres de création des dépôts de mendicité des départemens de l'Orne et de la Somme. (4, Bull. 242, n°s 4492 et 4493.)

6 Aout 1809. — Décret concernant l'exploitation des mines d'Aumetz et d'Autun-le-Tiche. (4, Bull. 243, n° 4541.)

6 Aout 1809. — Décret qui autorise l'acceptation d'offres de découvrir, au profit des pauvres et hospices de Chièvres, Jette, Granshoren, Berthem, Godechain, Perwez, Chaumont-Gistoul, Limal et Rhodes-Sainte-Agathe, des biens et rentes célés au domaine. (4, Bull. 244, n°s 4678, 4681, 4695 à 4698.)

6 Aout 1809. — Décret qui autorise l'acceptation de l'offre faite, par un anonyme, de verser dans la caisse de l'hospice civil de Pontarlier (Doubs), une somme de quinze cent quatre-vingts francs vingt-quatre centimes, aux conditions prescrites. (4, Bull. 244, n° 4679.)

6 Aout 1809. — Décrets qui autorisent l'acceptation de dons et legs faits aux pauvres et hospices d'Ezemael, Valperga, Saint-Jean, Leke, Hyères, Amiens, Rouvenac, Saint-Jean de Paracol, Gand, Beaugency, Sainte-Catherine-Capele, Nancy, Chilly et Bruges. (4, Bull. 244, n°s 4680 et 4683 à 4694.)

6 Aout 1809. — Décret qui ordonne le paiement de neuf cent quarante-cinq francs, pour pensions accordées à cinq veuves de militaires. (4, Bull. 244, n° 4682.)

6 Aout 1809. — Décret qui fait concession, pour cinquante années, au sieur Pantaléon-Argentière, du droit d'exploiter les mines de plomb et d'argent situées dans la commune de la Thuile. (4, Bull. 244, n° 4699.)

6 Aout 1809. — Décrets relatifs à l'établissement de foires à Ysserpeut, Bizonnes et Bouvesse, et à la tenue des foires de Braine-le-Comte. (4, Bull. 244, n°s 4700 à 4702.)

10 Aout 1809. — Décret qui autorise l'école polytechnique à accepter deux ouvrages dont la propriété lui a été léguée par le sieur et dame Durand. (4, Bull. 242, n° 4495.)

N....... sur le rapport de notre ministre de l'intérieur ;

Vu l'acte passé devant Bertrand, notaire impérial à Paris, le 2 mars 1809, par le sieur Jean-Nicolas-Louis Durand, professeur d'architecture à l'école impériale polytechnique, et dame Geneviève-Prudence Desforges, son épouse, dûment autorisée par lui à cet effet, lesdits donateurs demeurant à Choisy-sur-Seine ; par lequel ils offrent de faire donation, en toute propriété, à notre école impériale polytechnique, de la propriété des deux ou-

(1) Lorsqu'un fonctionnaire public pourvu de deux emplois déclarés incompatibles, a fait son option, il ne peut plus s'immiscer dans l'exercice des fonctions de l'emploi pour lequel il n'a pas opté : il est alors sans capacité pour agir, et les actes auxquels il concourt sont nuls (16 février 1811, décret; J. C. 1, 465).

vrages désignés ci-après, à dater du jour du décès du survivant des sieur et dame Durand, savoir :

Le premier ouvrage intitulé *Recueil et Parallele des édifices de tout genre anciens et modernes, remarquables par leur beauté, par leur grandeur ou par leur singularité*, et dessinés sur une même échelle, *grand in-folio*, contenant quatre-vingt-douze planches ;

Le second intitulé *Précis des leçons d'architecture données à l'école polytechnique par Jean-Nicolas-Louis Durand, professeur à cette école;* deux volumes *in-4°*, contenant chacun trente-deux planches ;

Ainsi que des planches de cuivre dépendant des deux ouvrages ci-dessus indiqués ;

Ladite donation faite sous la seule condition que le produit que l'école pourra retirer de ladite donation sera employé à payer des pensions d'élèves peu fortunés qui ne pourraient avoir part aux bienfaits du Gouvernement ;

Vu pareillement l'extrait de la délibération du conseil d'admission de notre école impériale polytechnique, en date du 13 janvier même année, par laquelle il a voté pour l'acceptation pure et simple de ladite donation ;

Vu enfin l'extrait de la délibération du même conseil en date du 13 mars même année, par laquelle l'administration de ladite école a été autorisée à faire tous les actes et demandes nécessaires pour ladite acceptation ; notre Conseil-d'Etat entendu, nous avons décrété et décrétons ce qui suit :

Art. 1er. L'administrateur de notre école impériale polytechnique est autorisée à accepter, au nom de ladite école, la donation faite par les sieur et dame Durand, par acte passé devant Bertrand, notaire impérial à Paris, le 2 mai de cette année, aux clauses et conditions portées dans ledit acte.

2. La susdite donation sera exempte de droit d'enregistrement, sauf les droits personnels du conservateur.

3. L'emploi du produit des deux ouvrages concédés en propriété à l'école sera déterminé par nous, conformément à l'acte de donation, dans un réglement qui nous sera soumis par notre ministre de l'intérieur.

4. Nos ministres de l'intérieur et des finances sont chargés de l'exécution du présent décret.

---

10 AOUT 1809. — Décret qui annule deux arrêts de la cour d'appel de Metz, portant renvoi au Conseil-d'Etat de contestations relatives aux droits d'octroi. (4, Bull. 242, n° 4496.)

N....... sur le rapport de notre ministre des finances ;

Vu les réglemens pour la perception de l'octroi de la commune de Rocroy, département des Ardennes, approuvés par notre ministre des finances le 12 messidor an 13 et 11 avril 1808 ;

Vu les jugemens rendus par le juge-de-paix du canton de Couvin et par le suppléant du juge-de-paix du canton de Rocroy, qui condamnent plusieurs individus de cette dernière commune au paiement des droits portés au tarif de l'octroi, pour les fourrages qu'ils avaient fait entrer chez eux ;

Vu les actes par lesquels ces particuliers ont interjeté appel desdits jugemens devant la cour d'appel de Metz ;

Vu les deux arrêts rendus par cette cour le 28 juillet 1808, par lesquels elle se déclare incompétente, et renvoie les causes et les parties par devant notre Conseil-d'Etat ;

Lesdits arrêts motivés sur ce que la cour ne peut prononcer si c'est à l'autorité administrative ou aux tribunaux à statuer *lorsqu'on soutient n'être pas assujéti au droit;*

Vu l'article 13 de la loi du 27 frimaire an 8, ainsi conçu :

« Les contestations qui pourront s'élever « sur l'application du tarif ou sur la quotité « des droits exigés par les receveurs d'octroi « seront portées devant le juge-de-paix dans « l'arrondissement duquel siège l'administra- « tion municipale, à quelque somme que le « droit contesté puisse s'élever, pour être par « lui jugées sommairement et sans frais, soit « en dernier ressort, soit à la charge de l'ap- « pel, suivant la quotité du droit réclamé. »

Considérant que, d'après les dispositions de l'article 13 ci-dessus rapportées, les juges-de-paix doivent connaitre de toutes les contestations relatives à l'octroi, soit qu'il s'agisse de l'application du droit, soit qu'il s'agisse de sa perception ; que la cour d'appel de Metz a mis en question un point décidé par la loi ;

Notre Conseil-d'Etat entendu, nous avons décrété et décrétons ce qui suit :

Art 1er. Les deux arrêts de la cour d'appel de Metz, du 28 juillet 1808, qui ont renvoyé devant notre Conseil-d'Etat les contestations relatives aux droits d'octroi de la commune de Rocroy, seront regardés comme non-avenus.

2. Les parties sont renvoyées devant les juges compétens, pour procéder sur l'appel des jugemens rendus par le juge-de-paix du canton de Couvin et par le suppléant du juge-de-paix du canton de Rocroy.

3. Notre grand-juge, ministre de la justice, et notre ministre des finances, sont chargés de l'exécution du présent décret.

---

10 AOUT 1809. — Lettres de création du dépôt de mendicité du département de la Meuse-Inférieure. (4, Bull. 242, n° 4494.)

10 AOUT 1809. — Décrets qui autorisent l'acceptation de dons et legs faits aux pauvres et
hospices de Killem, Ile-Bouchard, Anvers,
Carcassonne, Toulouse, Cluny et Sallon. (4,
Bull. 244, n°ˢ 4703 à 4709.)

10 AOUT 1809. — Décrets qui autorisent l'acceptation d'offres de découvrir diverses rentes
au profit des pauvres de Waret-la-Chaussée,
Cortil-Wodon, Othée, Voroux-lès-Liers, Liers
et Ciplet. (4, Bull. 244, n°ˢ 4710 et 4711.)

15 AOUT 1809. — Lettres-patentes qui confèrent
le titre de duc à MM. le comte Regnier, le
comte Nompère de Champagny, le comte
Gaudin, le comte Fouché, le comte Maret, et
à M. Clarke, comte d'Hunebourg. (4, Bull.
247, n°ˢ 4764 à 4769.)

15 AOUT 1809. — Message de l'empereur au
Sénat, relatif à l'érection de la principauté de
Wagram en faveur du prince de Neufchâtel,
de la principauté d'Ekmulh en faveur du maréchal duc d'Auerstaedt, de la principauté
d'Essling, en faveur du maréchal prince de
Rivoli. (Mon. n° 275.)

15 AOUT 1809. — Décret qui crée l'ordre des
trois Toisons-d'Or (non inséré au Bulletin).
Voy. 14 OCTOBRE 1810.

19 AOUT 1809. — Avis du Conseil-d'Etat. (Contumaces.) *Voy.* 20 SEPTEMBRE 1809.

28 AOUT 1809. — Extrait des lettres-patentes
portant institution de majorats en faveur de
MM. Galard-Béarn, Saint-Simon Courtomer,
de Brigode, d'Houdelot, Thabaud, Bonnefoy,
Tesnier de Brémesnil, Destouff, Milet-Mureau,
Dal Posso, Prouveur, Rollet, Deurbroucq et
du Mesnil. (4, Bull. 244, n° 4588.)

29 AOUT 1809. — Décret qui supprime un mémoire du sieur Moreau, et ordonne l'exécution de deux arrêtés du préfet de la Sarthe,
concernant le service de la garde nationale.
(4, Bull. 243, n° 4548.)

Voy. loi du 29 SEPTEMBRE = 14 OCTOBRE
1791.

N....... sur le rapport de notre commission du contentieux;

Vu la requête du sieur Moreau, marchand
faïencier au Mans, tendant à faire annuler
deux arrêtés du préfet de la Sarthe, des
17 mars 1807 et 24 janvier 1809, qui déclarent exécutoires contre lui les rôles de recouvrement montant à vingt-cinq francs vingt-
cinq centimes, plus six francs quarante huit
centimes pour frais, à cause d'indemnité pour
remplacement dans le service de la garde nationale; se fondant le sieur Moreau sur le
motif que, les lois sur la garde nationale se

trouvant éteintes de droit depuis l'établissement de l'empire, toute contribution exigée
des habitans de la ville du Mans, sous prétexte
de remplacement de service dans la garde nationale, est illégale et abusive; ledit sieur
Moreau demandant, en outre, qu'il lui soit
alloué une somme de trois mille francs à titre de dommages et intérêts;

Vu les deux arrêtés dont est appel;

Vu les observations du préfet de la Sarthe
sur la requête du sieur Moreau, qui lui a été
communiquée par ordonnance de notre grand-
juge, ministre de la justice, le préfet de la
Sarthe concluant au maintien de ses deux arrêtés, à ce que le sieur Moreau soit tenu de
faire une réparation authentique au maire de
la ville du Mans, contre lequel il s'est permis
des insinuations outrageantes et calomnieuses,
en imprimant dans un mémoire répandu avec
profusion, que la somme perçue pour frais de
garde nationale dans la ville du Mans s'éle-
vait à quarante-deux mille francs, tandis
qu'il est constaté, par pièces authentiques,
que jamais la recette n'a excédé pour cet
objet la somme de sept mille francs; concluant,
en outre, à ce qu'il soit enjoint au sieur Moreau d'être plus circonspect à l'avenir, et à
ce qu'il soit prononcé contre lui telle peine
qu'il nous plaira;

Vu la loi du 29 septembre = 14 octobre 1791, et l'arrêté du 13 floréal an 7;

Considérant qu'aucune loi n'a abrogé celle
du 29 septembre = 14 octobre 1791; que,
loin de là, l'existence de la garde nationale a
été maintenue par une foule de lois, de décisions et de décrets subséquens; que la garde
nationale est même l'objet de l'article 48 de
l'acte constitutionnel du 22 frimaire an 8;
que les gardes nationales de tout l'empire ont
été appelées à envoyer un détachement à la
cérémonie de notre couronnement; que, si le
sénatus consulte du 2 vendémiaire an 14 et
le décret du 8 du même mois ont apporté
quelque innovation à l'organisation de la
garde nationale, ces innovations n'ont lieu
que dans les seuls départemens où il nous a
plu d'en appliquer les dispositions par un
décret spécial; que partout ailleurs la garde
nationale existe telle qu'elle a été constituée
dès son origine;

Considérant, en outre, que tous les faits
avancés dans le mémoire du sieur Moreau
sont entièrement dénués de preuves, et que
plusieurs sont évidemment faux; qu'ils pourraient tendre, par l'extrême publicité qui
leur a été donnée dans un mémoire imprimé
et répandu avec profusion dans le département de la Sarthe, à altérer le respect que
les citoyens doivent porter aux principaux
magistrats, et notamment aux maires; que la
publication de ce mémoire est doublement
répréhensible, d'abord par son contenu, ensuite parce qu'il a été jeté dans le public dans

16.

26

l'instant même où les gardes nationales du département de la Sarthe pouvaient être appelées par les maires de ce département pour le maintien de l'ordre public;

Notre Conseil-d'Etat entendu,

Nous avons décrété et décrétons ce qui suit :

Art. 1er. La requête du sieur Moreau est rejetée; les arrêtés du préfet de la Sarthe sont maintenus.

2. Le mémoire publié par le sieur Moreau, commençant par ces mots, *Tout bon Français*, et finissant à la page 8, par ceux-ci, *lesdits dommages et intérêts seront payés, signé* MOREAU, est supprimé.

3. Enjoignons au sieur Moreau d'être plus circonspect à l'avenir.

4. Notre grand-juge, ministre de la justice, et notre ministre de l'intérieur et des finances, sont chargés de l'exécution du présent décret.

29 AOUT 1809. — Décrets qui ordonnent le paiement de pensions accordées à des veuves de militaires. (4, Bull. 244, nos 4712 à 4714.)

29 AOUT 1809. — Lettres de création du dépôt de mendicité des départemens du Doubs, du Taro, de Sambre - et - Meuse, du Mont-Tonnerre, de la Vendée et des Ardennes. (4, Bull. 243, nos 4542, 4543, 4544, 4545, 4546 et 4547.)

29 AOUT 1809. — Décret qui autorise l'acceptation d'un legs fait par la dame Gioffredi aux pauvres de San - Rémo, département des Alpes-Maritimes. (4, Bull. 243, n° 4549.)

29 AOUT 1809. — Décrets relatifs à l'exploitation des mines de houille situées à la Pleau et à Janoneix. (4, Bull. 244, nos 4716 et 4717.)

29 AOUT 1809.—Décret qui maintient la société charbonnière dite de la Louvière, dans le droit d'exploiter les mines de houille existantes dans l'étendue des ci-devant fiefs de la Louvière et de Falnuelz, et l'autorise à étendre son exploitation sur une portion de terrains situés dans la commune de Saint-Vaast, dépendant de l'ancien charbonnage de Bouay. (4, Bull. 244, n° 4724.)

29 AOUT 1809. — Décrets relatifs à la tenue et à l'établissement des foires de Roche-de-Condrieux, Saint - Porquier, Langoat, Orléans, Châteauneuf-de-Mazeuc, Saint-Maurice, Diepenbeck et Vincennes. (4, Bull. 244, nos 4715 et 4718 à 4723.)

29 AOUT 1809. — Décrets qui autorisent l'acceptation de dons et legs faits aux pauvres et hospices de Montpellier, Chollet, Saint-Pierre-des-Bois, Blangy, Anvers, Oye, Parigny, Sens, Angelès de Sainte-Marie, Saint-Savin, Combran, Montellier, Fauconnière, Samazan, Cavour, Rumilly, Chailly, Buix, Saint-Lô, Besançon, Avignon, Trèves, Bar-sur-Ornain, Yssengeaux, Rennes, Noyon, Tarbes, Beaucaire, Gimont, Saint-Damien, Bordeaux, Castel-Jaloux, Port-Liberté, Besançon, Craponne, Tonnerre, Mons, Provins, Vintimille, Buix, Menil-sur-Oger, Lyon et Castelviel. (4, Bull. 244, nos 4725 à 4740; Bull. 245, nos 4747 à 4750; Bull. 248, nos 4781 à 4788; Bull. 249, nos 4794 à 4796; Bull. 250, nos 4801 à 4804, 4806, 4807, 4816, 4820, et Bull. 251, nos 4831 à 4834.)

29 AOUT 1809. — Décrets qui autorisent l'acceptation d'offres de découvrir, au profit des pauvres et hospices de Bruxelles, Hertaing, Cortemberg, Liége, Halle, Namur, Vilvorde, Pellemberg, Aerstelaer et Beyssem, des biens et rentes célés au domaine. (4, Bull. 250, nos 4805, 4807 à 4815, 4818, 4819, et Bull. 251, nos 4828 à 4830.)

19 SEPTEMBRE 1809. — Avis du Conseil-d'Etat. (Successions vacantes.) *Voy.* 13 OCTOBRE 1809.

20 SEPTEMBRE 1809. — Avis du Conseil-d'Etat qui détermine les effets de l'art. 28 du Code civil, relativement aux condamnations par contumace prononcées, soit avant, soit depuis la publication du Code, en ce qui concerne l'administration des biens des condamnés. (4, Bull. 245, n° 4742.)

Le Conseil-d'Etat, qui a vu le rapport fait par le grand-juge, ministre de la justice, et les observations du ministre des finances, sur les difficultés survenues depuis l'émission du Code civil, relativement au régime d'administration des biens des condamnés par contumace, après avoir entendu les sections de législation et des finances sur les questions proposées, savoir, 1° si l'article 28 du Code civil dispose seulement pour les contumaces à juger, ou s'il a disposé pour les contumaces jugées antérieurement à la publication de la loi du 27 ventose an 11; 2° à qui, du domaine ou des présomptifs héritiers, appartient la régie et administration des biens dont fait mention l'article 28 précité, et à compter de quelle époque ces héritiers pourraient la demander,

Est d'avis,

Que, conformément à l'article 2 du titre préliminaire du Code civil, portant, *La loi ne dispose que pour l'avenir, et n'a pas d'effet rétroactif*, on doit se régler par la disposition de la loi sous l'empire de laquelle la condamnation a été prononcée;

Qu'à l'égard des contumaces dont le jugement est antérieur à la publication du Code civil, il y a lieu de suivre les dispositions, soit de la loi du 16 = 29 septembre 1791, soit du Code pénal du 3 brumaire an 4;

Quant aux accusations et condamnations emportant mort civile, postérieures à la publication du Code civil, comme l'article 28 porte que les biens seront administrés de même que ceux des absens, et que, suivant l'article 120, les héritiers présomptifs des absens ont la faculté d'obtenir l'envoi en possession provisoire, à la charge de donner caution, il en résulte que l'administration du domaine est tenue de faire toutes les démarches et actes nécessaires pour mettre sous le séquestre les biens et droits du contumax; et qu'elle doit les gérer et administrer au profit de l'Etat, jusqu'à l'envoi en possession en faveur des héritiers;

Qu'enfin, dans le régime antérieur et postérieur à la publication du Code civil, les droits des créanciers légitimes peuvent être exercés après avoir été reconnus par les tribunaux, et qu'il peut être accordé, par l'administration, des secours aux femmes et enfans, pères et mères dans le besoin.

20 SEPTEMBRE 1809. — Décret rendu en exécution de la loi du 16 septembre 1807, sur la question de savoir s'il y a lieu à la contrainte par corps pour le paiement des frais de justice criminelle. (4, Bull. 245, n° 4743.)

Voy. loi du 19 = 22 JUILLET 1791, art. 41, titre II.

N....... sur le rapport de notre grand-juge, ministre de la justice;

Vu le jugement rendu, le 15 floréal an 11, par le tribunal criminel du département d'Ille-et-Vilaine, qui condamne correctionnellement la femme Silvestre Kmabou, veuve Darlemont, à quatre années d'emprisonnement, et déclare qu'il n'y a pas lieu à prononcer contre elle la contrainte par corps pour garantie du remboursement des frais avancés par le Trésor public, à raison de cette condamnation;

Vu le pourvoi du commissaire du Gouvernement contre cette dernière disposition du jugement;

L'arrêt rendu par la Cour de cassation, le 11 frimaire an 12, portant annulation du jugement précité, quant à la disposition attaquée par le commissaire du Gouvernement près le tribunal criminel du département d'Ille-et-Vilaine, et renvoie la cause devant le tribunal criminel du Morbihan;

Vu le jugement du tribunal criminel de ce département, en date du 6 pluviose an 12, conforme à celui du tribunal criminel d'Ille-et-Vilaine, du 15 floréal an 11;

Le pourvoi du commissaire du Gouvernement près le tribunal criminel du Morbihan contre ce jugement;

Le second arrêt de la Cour de cassation, du 19 ventose an 12, qui, d'après les motifs énoncés dans son arrêt du 11 frimaire précédent', annule le jugement du tribunal criminel du Morbihan, et renvoie l'affaire devant le tribunal criminel de la Loire-Inférieure;

Vu le jugement de ce tribunal, du 24 floréal an 12, également conforme à ceux d'Ille-et-Vilaine et du Morbihan;

Vu le pourvoi contre ce dernier jugement;

Vu l'arrêté pris par la Cour de cassation, sections réunies, le 29 janvier 1808, par lequel elle provoque, conformément à la loi du 16 septembre 1807, l'interprétation de la loi, sur la question de savoir *si la contrainte par corps peut avoir lieu pour le recouvrement des frais de justice dont la condamnation est prononcée au profit du Trésor public en matière de police correctionnelle;*

Vu l'article 41, titre II, de la loi du 19 = 22 juillet 1791, ainsi conçu: « Les dom-« mages et intérêts, ainsi que la restitution et « les amendes qui seront prononcées en ma-« tière de police correctionnelle, emporte-« ront la contrainte par corps; »

Vu la loi du 18 germinal an 7, portant que les frais de justice criminelle et de police correctionnelle seront à la charge des parties condamnées;

Considérant que l'art. 41 du titre II de la loi du 19 = 22 juillet 1791 ne distingue point entre les restitutions et amendes que les juges auraient le droit de prononcer lors de la publication de la loi, et celles qui pourraient être prononcées en exécution des lois postérieures; qu'ainsi les amendes établies depuis 1791, par exemple celles prononcées par la loi du 19 brumaire an 6 contre les fabricans et marchands d'ouvrages d'or et d'argent, qui contreviennent à ses dispositions, et celles prononcées par la loi du 15 ventose an 13 contre les entrepreneurs de voitures en cas de contravention à cette loi, ont toujours été considérées par les tribunaux comme devant emporter la contrainte par corps en vertu de la loi seule de 1791, et quoique les lois particulières précitées ne contiennent aucune disposition spéciale à cet égard; qu'il doit en être de même, et à plus forte raison, à l'égard des restitutions; qu'une restitution est une dette encore plus rigoureuse que l'amende, puisqu'il n'en résulte aucun bénéfice, et qu'elle n'a pour objet que de rendre indemne la partie à qui elle est due; que la restitution des frais de justice avancés par le Trésor public doit être d'autant plus protégée par la loi, que l'instruction qui donne lieu à ces frais opère la découverte du crime, et assure tout à la fois la punition du coupable et la réparation due à la partie lésée; et qu'il serait contre toute raison que le paiement des frais, sans lesquels le délit serait resté impuni, n'emportât point la contrainte par corps, tandis que la contrainte aurait lieu pour le paiement de l'amende, c'est-à-dire, pour la peine infligée au délit;

26.

Notre Conseil-d'Etat entendu,

Nous avons décrété et décrétons ce qui suit :

Art. 1er. La disposition de l'article 41 du titre II de la loi du 19 = 29 juillet 1791 est applicable à la loi du 18 germinal an 7; en conséquence, il y a lieu à la contrainte par corps pour le paiement des frais de justice correctionnelle.

2. Notre grand-juge, ministre de la justice, est chargé de l'exécution du présent décret.

20 SEPTEMBRE 1809. — Décret rendu en exécution de la loi du 16 septembre 1807, pour fixer le sens de l'article 6 du titre X et de l'article 36 du titre XIII de la loi du 6 = 22 août 1791, relative aux douanes, et le sens de l'article 12 de la loi du 10 brumaire an 5, qui prohibe l'importation et la vente des marchandises anglaises. (4, Bull. 245, n° 4744.)

Voy. loi du 6 = 22 AOUT 1791, titre X, art. 6; titre XIII, art. 36.

N..... sur le rapport de notre grand-juge, ministre de la justice;

Vu le procès-verbal dressé par les préposés des douanes d'Anvers et brigades environnantes, les 11 et 12 prairial an 5;

L'ordonnance du directeur du jury, du 29 brumaire an 6, portant renvoi de l'affaire au tribunal de police correctionnelle d'Anvers;

Le jugement du 6 frimaire suivant, par lequel le tribunal de police correctionnelle rejette la demande des parties saisies, tendant à faire entendre des témoins contre le contenu au procès-verbal, sans être inscrites en faux contre cet acte;

Le jugement du 16 du même mois, portant condamnation par défaut, contre elles;

L'arrêt de la cour criminelle du département des deux-Nèthes, en date du 2 ventose suivant, qui, statuant sur l'appel, infirme le jugement du tribunal de police correctionnelle d'Anvers, et fait main-levée de la saisie;

L'arrêt de la Cour de cassation du 4 floréal suivant, qui casse celui des Deux-Nèthes, et renvoie l'affaire à la cour criminelle de l'Escaut;

L'arrêt de cette dernière cour, du 6 messidor suivant, qui prononce de la même manière et par les mêmes motifs que la cour criminelle des Deux-Nèthes;

L'arrêt de la Cour de cassation, du 22 vendémiaire an 7, qui, jugeant par défaut, casse l'arrêt de la cour criminelle de l'Escaut, et renvoie l'affaire à la cour criminelle de Jemmape;

L'arrêt contradictoire de la Cour de cassation, du 15 frimaire an 10, rendu sur l'opposition des parties saisies à celui par défaut; lequel, par les mêmes motifs que les précédens arrêts de la même cour, casse l'arrêt de la cour criminelle du département de l'Es-

caut, et renvoie l'affaire à la cour criminelle du département de la Dyle;

L'arrêt de cette cour, en date du 24 messidor an 10, qui prononce de la même manière et par les mêmes motifs que ceux des deux autres cours criminelles;

L'arrêté pris par la Cour de cassation le 29 janvier 1808, sections réunies, qui déclare qu'il y a lieu à interprétation de la loi, et en conséquence, conformément à la loi du 16 septembre 1807, dit qu'il en sera référé au Conseil-d'Etat;

Vu la loi du 6 = 22 août 1791 et celle du 10 brumaire an 5;

Considérant que, si l'article 4 du titre X de la loi du 6 = 22 août 1791 porte que, *lorsqu'il y aura lieu de saisir dans une maison, la description* (des marchandises saisies) *y sera faite et le procès-verbal y sera rédigé*, cette disposition est modifiée par l'article 6 du même titre, ainsi conçu: *s'il y a opposition des parties à ce que le procès-verbal soit rédigé dans la maison, cet acte sera fait dans le bureau le plus voisin;*

Considérant que le cas prévu par ce dernier article existe, lorsqu'il est constaté par le procès-verbal que les préposés des douanes n'auraient pu le rédiger dans la maison sans compromettre leur sûreté, ce qui résulte quelquefois d'une seule circonstance, quelquefois de la réunion de plusieurs: si par exemple il arrive, comme dans l'affaire qui a donné lieu aux arrêts susénoncés, que la fraude a été commise avec attroupement, de nuit et en même temps dans plusieurs maisons, et que les contrebandiers inspiraient une telle frayeur dans le lieu, que ni le juge-de-paix ni l'officier municipal n'ont voulu assister aux opérations des préposés, malgré les réquisitions que ceux-ci leur ont faites, et que l'officier municipal a même déclaré qu'en se présentant il courrait le plus grand risque de perdre la vie et ses propriétés;

Considérant qu'à la vérité l'article 36 du titre XIII de la loi du 6 = 22 août 1791, et l'article 12 de la loi du 10 brumaire an 5, exigent que les préposés des douanes se fassent assister, pour les opérations qu'ils sont autorisés à faire dans les maisons des particuliers, d'un juge ou d'un officier municipal du lieu; mais qu'aucune loi ne prévoit le cas où, lorsqu'il n'y aura dans le lieu qu'un seul juge et un seul officier municipal, l'un et l'autre, ayant été requis, auront refusé;

Considérant que les préposés ne peuvent être tenus de faire remplacer les refusans, puisque la loi ne leur en impose point l'obligation; que, s'ils provoquent ce remplacement, et s'adressent à cet effet à l'administration départementale, c'est une précaution surabondante dont l'omission n'aurait point emporté la nullité de leurs actes; qu'à plus forte raison, les parties saisies ne peuvent se faire un moyen de nullité contre eux, de ce que, parmi les fonctionnaires désignés par l'administration pour que l'un d'eux assistât au procès-verbal, les préposés ont appelé le dernier désigné au lieu du premier, ni de ce que celui qu'ils ont appelé et qui a comparu était un lieutenant de gendarmerie, puisque ces officiers, considérés comme officiers de police judiciaire, ont qualité pour dresser eux-mêmes des procès-verbaux à l'effet de constater les délits ;

Notre Conseil-d'Etat entendu,

Nous avons décrété et décrétons ce qui suit :

Art. 1er. L'article 6 du titre X de la loi du 6 = 22 août 1791 doit être entendu dans ce sens, qu'il y a opposition des parties à ce que le procès-verbal des préposés des douanes soit rédigé dans la maison où ils ont fait la saisie, non-seulement lorsque les parties elles-mêmes empêchent les préposés, par des voies de fait ou des actes de violence, de procéder à leurs opérations, mais encore lorsqu'il résulte des circonstances constatées par le procès-verbal, qu'ils ne pouvaient y procéder sans compromettre leur sûreté.

2. L'article 36 du titre XIII de la loi du 6 = 22 août 1791, et l'article 12 de la loi du 10 brumaire an 5, doivent être entendus en ce sens, que, si le juge et l'officier municipal refusent d'assister au procès-verbal des préposés des douanes, sur la réquisition que ceux-ci leur auront faite, il suffit, pour la régularité de leurs opérations, que le procès-verbal contienne la mention de la réquisition et du refus.

3. Notre grand-juge, ministre de la justice, est chargé de l'exécution du présent décret.

20 SEPTEMBRE 1809. — Avis du Conseil-d'Etat sur la question de savoir si une demande en dommages et intérêts, formée par un particulier, par suite d'une contravention à des réglemens de police, doit être jugée en conseil de préfecture, comme la contravention dont elle résulte. (Mon. n° 296.)

Le Conseil-d'Etat, qui, d'après le renvoi ordonné par sa majesté, a entendu le rapport de la section de l'intérieur sur celui du ministre de ce département, tendant à faire statuer sur la question de savoir si une demande en dommages et intérêts, formée par un particulier contre un particulier, par suite d'une contravention à des réglemens de police, doit être jugée en conseil de préfecture, comme la contravention dont elle résulte ;

Vu les lois des 28 pluviose an 8 et 29 floréal an 10, sur la compétence des conseils de préfecture ;

Considérant qu'il appartient aux conseils de préfecture de prononcer sur les contraventions aux réglemens de police, et sur les amendes ou autres peines qui peuvent en être la suite ; mais qu'aucune loi ne leur a attribué la connaissance des actions purement civiles résultant de ces contraventions,

Est d'avis, que les demandes en dommages et intérêts, et toutes autres actions civiles résultant d'une contravention à des réglemens de police, doivent être jugées par les tribunaux.

20 SEPTEMBRE 1809. — Décret qui proroge le délai accordé aux habitans du canton de Wesel, pour l'inscription des privilèges et hypothèques. (4, Bull. 245, n° 4745.)

20 SEPTEMBRE 1809. — Lettres de création du dépôt de mendicité des départemens de la Stura, de la Loire, d'Ille-et-Vilaine et de la Haute-Vienne. (4, Bull. 245 et 246, nos 4746, 4752, 4753 et 4754.)

20 SEPTEMBRE 1809. — Décrets contenant fixation et distribution des municipalités, justices de paix, villages et hameaux du département du Taro. (4, Bull. 246, nos 4762 et 4763.)

20 SEPTEMBRE 1809. — Décrets qui autorisent l'acceptation de dons et legs faits aux pauvres et hospices de Saint-Martin de Limeuil, Posanges, Sainte-Marie, Capestang, Nîmes, Béziers, Venterol, Noveizan, Vinsobres, Gimont, Malmédy, Lamenoy, Bar-sur-Seine, La Rochelle, Gray, Saint-Chamassy, Reims, Saint-Marcoul, Barjac. (4, Bull. 251, nos 4835 à 4837; Bull. 253, nos 4847 à 4850; Bull. 254, nos 4853 à 4858 et 4867 à 4872.)

20 SEPTEMBRE 1809. — Décrets qui autorisent l'acceptation d'offres de découvrir, au profit des pauvres et hospices de Verlaine, Bruxelles, Jette, Gaushoren et Lennick-Saint-Quentin, des biens et rentes célés à la régie du domaine. (4, Bull. 254, nos 4859 à 4861, et 4873 à 4875.)

20 SEPTEMBRE 1809. — Décret qui concède aux sieurs Lassale, Dissez, Massebian et Dangnac, formant la compagnie dite Lassale, deux arrondissemens situés dans le département de l'Aveyron, commune d'Aubin, pour y extraire et traiter les sulfates d'alumine et de fer. (4, Bull. 254, n° 4866.)

20 SEPTEMBRE 1809. — Décret qui accorde aux sieurs Flauguergues et Slack une permission provisoire de six mois, à l'effet de continuer leurs travaux relatifs à l'extraction des sulfates d'alumine et de fer, dans un arrondissement situé au département de l'Aveyron. (4, Bull. 254, n° 4867.)

20 SEPTEMBRE 1809. — Décrets relatifs à la tenue et à l'établissement des foires de Caluso, Asti et San-Fruttuoso. (4, Bull. 254, n⁰ˢ 4862 à 4864.)

20 SEPTEMBRE 1809. — Décret qui ordonne le paiement d'une somme de deux mille deux cent quatre-vingt-dix-sept francs, pour pensions accordées à dix veuves de militaires. (4, Bull. 254, n° 4865.)

29 SEPTEMBRE 1809. — Extraits de lettres-patentes portant institution de majorats en faveur de MM. Molé, Vischer-de-Celles, Demun, Chassiron, Janzé, Rolland-de-Chambaudouin, Malet et Montesquiou-Fezensac. (4, Bull. 248, n° 4780.)

29 SEPTEMBRE 1809. — Décrets qui autorisent l'acceptation de dons et legs faits aux pauvres et hospices de Rumbeke, Martigues, Oostvinkeel, Orange, Réalmont, Bieuzy, St.-Mihiel, Aix, Deerlyk, Toulouse, Sassello, Raconnis, Turin, Rivoly, Savigliano, Villa-Falletto, Châlons-sur-Marne, Boulogne-sur-Mer, Nice, Sarlat, Bibiane, Cavour, Bricherasio, Cahors, Mâcon, Fayence, Abbeville, Bene, Blois. (4, Bull. 254, n⁰ˢ 4876 à 4887, 4889 à 4892, 4895 à 4902.)

29 SEPTEMBRE 1809. — Décret qui autorise le sieur Moreau, propriétaire du domaine de Neuvy-sur-Loire (Nièvre), à convertir le moulin dépendant de ce domaine en un martinet ou petite forge, pour le traitement des vieux fers et aciers aimantés. (4, Bull. 254, n° 4888.)

29 SEPTEMBRE 1809. — Décret qui autorise l'acceptation de l'offre faite par un anonyme, de découvrir, au profit de l'hospice de Château-du-Loir, une rente célée à la régie du domaine. (4, Bull. 254, n° 4893.)

29 SEPTEMBRE 1809. — Décret qui ordonne le paiement d'une somme de dix-sept cent soixante-dix-sept francs, pour pensions accordées à dix veuves de militaires. (4, Bull. 254, n° 4894.)

1ᵉʳ OCTOBRE 1809. — Décret qui nomme M. le comte Montalivet, ministre de l'intérieur. (4, Bull. 244, n° 4587.)

5 OCTOBRE 1809. — Sénatus-consulte qui met à la disposition du Gouvernement trente-six mille conscrits, pris dans les classes de 1806, 1807, 1808, 1809 et 1810. (4, Bull. 245, n° 4741.)

6 OCTOBRE 1809. — Décret concernant l'organisation des tribunaux de commerce. (4, Bull. 275, n° 5270.)

Voy. Code de commerce, art. 615 et suivans; loi du 16 = 24 AOUT 1790, titre XII.

Art. 1ᵉʳ. Il y aura un tribunal de commerce dans chacune des villes désignées dans le tableau annexé à notre présent décret.

2. Ces tribunaux seront composés du nombre de juges et de suppléans fixé par le même tableau.

3. Dans les ressorts des tribunaux civils où il se trouve plusieurs tribunaux de commerce, l'arrondissement de chacun d'eux sera composé des cantons désignés au tableau mentionné dans les articles précédens.

4. Lorsque, par des récusations ou des empêchemens, il ne restera pas dans les tribunaux de commerce un nombre suffisant de juges ou de suppléans, ces tribunaux seront complétés par des négocians pris sur la liste formée en vertu de l'article 619 du Code de commerce, et suivant l'ordre dans lequel ils y sont portés, s'ils ont d'ailleurs les qualités énoncées en l'article 620 de la même loi (1).

5. Le tribunal de commerce de Paris sera divisé en deux sections, et aura quatre huissiers.

6. Les autres tribunaux de commerce n'auront que deux huissiers.

Les huissiers seront, autant que faire se pourra, choisis parmi ceux déjà nommés par nous.

7. Les procès-verbaux d'élection des membres des tribunaux de commerce seront transmis à notre grand-juge, ministre de la justice, qui nous proposera l'institution des élus, lesquels ne seront admis à prêter serment qu'après avoir été par nous institués.

8. Les membres des tribunaux de commerce porteront dans l'exercice de leurs fonctions, et dans les cérémonies publiques, la robe de soie noire avec des paremens de velours.

9. Notre grand-juge, ministre de la justice, est chargé de l'exécution du présent décret.

---

(1) Le principe qui, en matière ordinaire, veut que l'adjonction d'hommes de loi appelés pour concourir à un jugement soit faite de manière qu'ils se trouvent toujours en nombre inférieur aux juges, afin de compléter et non de constituer le tribunal, n'est pas applicable en matière commerciale: ainsi n'est pas nul le jugement rendu par un tribunal de commerce composé d'un juge titulaire et de deux négocians notables. Au surplus, il n'est pas nécessaire que le jugement constate, à peine de nullité, que les notables ont été appelés dans l'ordre de la liste; la présomption est que l'ordre a été observé (2 décembre 1824, Poitiers; S. 25, 2, 409).

TABLEAU DES TRIBUNAUX DE COMMERCE (1).

COURS D'APPEL.	DÉSIGNATION des DÉPARTEMENS.	TRIBUNAUX.	NOMBRE DES JUGES et des suppléans pour chaque tribunal.	OBSERVATIONS.
Agen . . .	Gers	Auch	1 pr. 3 jug. 2 sup.	
	Tarn-et-Garonne .	Moissac	1 pr. 4 jug. 4 sup.	Le ressort de ce tribunal s'étend sur Bourg-de-Vissac, la Française, Lauzerte, Moissac, Molière.
		Montauban	*Idem.*	Le ressort de ce tribunal comprend Caussade, Caylus, Monclar, Montauban (est, ouest), Montpezat, Nègrepelisse.
	Lot	Cahors	1 pr. 3 jug. 2 sup.	
		Souilhac	*Idem.*	
	Lot-et-Garonne . .	Agen	1 pr. 4 jug. 4 sup.	
		Marmande	1 pr. 3 jug. 2 sup.	
		Nérac	*Idem.*	
Aix	Alpes-Maritimes .	San-Remo	1 pr. 4 jug. 4 sup.	
		Nice	*Idem.*	
	Bouc.es-du-Rhône.	Aix	*Idem.*	
		Arles	*Idem.*	
		La Ciotat	1 pr. 3 jug. 2 sup.	
		Marseille	1 pr. 6 jug. 4 sup.	
		Martigues	1 pr. 3 jug. 2 sup.	
		Tarascon	*idem.*	
	Alpes (Basses) . .	Manosque	*Idem.*	
	Var	Antibes	*Idem.*	
		Brignolles	1 pr. 2 jug. 2 sup.	
		Fréjus	1 pr. 3 jug. 2 sup.	
		Grasse	*Idem.*	
		Saint-Tropez . . .	*Idem.*	
		Toulon	1 pr. 4 jug. 4 sup.	
		Draguignan	*Idem.*	
Ajaccio . . .	Golo	Bastia	*Idem.*	
	Liamone	Ajaccio	1 pr. 3 jug. 2 sup.	
		Bonifacio	*Idem.*	
Amiens . . .	Aisne	Saint-Quentin . .	1 pr. 4 jug. 4 sup.	
		Soissons	1 pr. 3 jug. 2 sup.	
		Vervins	*Idem.*	
	Oise	Beauvais	1 pr. 4 jug. 2 sup.	
		Compiègne	1 pr. 3 jug. 2 sup.	
	Somme	Abbeville	1 pr. 4 jug. 4 sup.	Ressort du tribunal d'Abbeville : Abbeville, Ailly-le-haut-Clocher, Crécy, Gamaches, Hallencourt, Moyenneville, Nouvion.
		Saint-Valéry . . .	1 pr. 4 jug. 2 sup.	Ressort du tribunal de Saint-Valéry : Ault, Rue, Saint-Valéry.
		Amiens	*Idem.*	
		Montdidier	1 pr. 3 jug. 2 sup.	

(1) *Voy.* décret du 18 novembre 1810, contenant rectification de ce tableau.

DÉSIGNATION des			NOMBRE DES JUGES et des suppléans pour chaque tribunal.	OBSERVATIONS.
COURS D'APPEL.	DÉPARTEMENS.	TRIBUNAUX.		
Angers....	Maine-et-Loire ..	Angers.........	1 pr. 4 jug. 4 sup.	
		Saumur	Idem.	
		Cholet.......	1 pr. 2 jug. 2 sup.	
	Mayenne	Laval	1 pr. 4 jug. 4 sup.	
		Mayenne	1 pr. 3 jug. 2 sup.	
	Sarthe......	Le Mans.	1 pr. 4 jug. 4 sup.	
		Mamers	1 pr. 2 jug. 2 sup.	
Besançon ..	Doubs......	Besançon	1 pr. 4 jug. 4 sup.	
	Saône (Haute) ..	Gray.	1 pr. 3 jug. 2 sup.	
	Jura	Dôle........	Idem.	
		Lons-le-Saulnier .	Idem.	
Bordeaux ..	Charente	Angoulême	1 pr. 4 jug. 4 sup.	
		Cognac	1 pr. 3 jug. 2 sup.	
	Dordogne....	Belvès	1 pr. 3 jug. 2 sup.	
		Bergerac	Idem.	
		Périgueux.	Idem.	
		Sarlat	Idem.	
	Gironde....	Blaye	Idem.	
		Bordeaux	1 pr. 6 jug. 4 sup.	
		Libourne	1 pr. 3 jug. 2 sup.	
Bourges ...	Cher.......	Bourges.....	1 pr. 4 jug. 4 sup.	
	Indre	Châteauroux ...	Idem.	
		Issoudun	Idem.	
	Nièvre......	Nevers	Idem.	
		Clamecy.	1 pr. 2 jug. 2 sup.	
Bruxelles ..	Dyle	Bruxelles	1 pr. 6 jug. 4 sup.	
		Louvain	1 pr. 4 jug. 4 sup	
	Escaut......	Gand	Idem.	
		Flessingue. ...	Idem.	
		Saint-Nicolas ..	1 pr. 3 jug. 4 sup.	
	Jemmape	Mons	1 pr. 4 jug. 4 sup.	
		Tournay.	Idem.	
	Lys	Ostende	Idem.	
		Bruges.	Idem.	
		Courtray	Idem.	
	Nèthes (Deux) ..	Anvers	Idem.	
Caen....	Calvados	Baïeux	Idem.	
		Caen.	Idem.	
		Falaise	Idem.	
		Honfleur	Idem.	
		Isigny	1 pr. 3 jug. 2 sup.	
		Lisieux	1 pr. 4 jug. 4 sup.	
		Vire.	1 pr. 3 jug. 2 sup.	
		Condé-sᵣ-Noireau.	Idem.	
	Manche	Cherbourg.	1 pr. 4 jug. 4. sup.	
		Coutances.....	1 pr. 3 jug. 2 sup.	
		Granville	Idem.	
		Saint-Lô	Idem.	
	Orne........	Alençon.	1 pr. 4 jug. 3 sup.	
		L'Aigle	1 pr. 3 jug. 2 sup.	
		Tinchebray	Idem.	

COURS D'APPEL.	DÉSIGNATION des DÉPARTEMENS.	TRIBUNAUX.	NOMBRE DES JUGES et des suppléans pour chaque tribunal.	OBSERVATIONS.
Colmar.	Rhin (Bas)	Strasbourg	1 pr. 4 jug. 4 sup.	
		Belfort	1 pr. 3 jug. 2 sup.	
	Rhin (Haut)	Mulhausen	Idem.	
		Colmar	Idem.	
		Auxonne	1 pr. 4 jug. 4 sup.	Le ressort de ce tribunal s'étend sur Auxonne, Fontaine-Française, Genlis, Mirebeau, Pontalier-sur-Saône.
Dijon	Côte-d'Or	Beaune	Idem.	
		Châtillon-s.-Seine	1 pr. 3 jug. 2 sup.	
		Dijon	1 pr. 4 jug. 4 sup.	Ressort du tribunal de Dijon : Dijon , trois cantons; Gevrey, Grancey-en-Montagne, Is-sur-Tille, Sainte-Seine, Selongey, Sombernon.
		Saulieu	1 pr. 3 jug. 2 sup.	
		Nuits	Idem.	
	Marne (Haute)	Chaumont	Idem.	
		Langres	Idem.	
		Saint-Dizier	Idem.	
	Saône-et-Loire	Autun	1 pr. 4 jug. 4 sup.	
		Châlons-s.-Saône	Idem.	
		Charolles	1 pr. 3 jug. 2 sup.	
		Mâcon	1 pr. 4 jug. 4 sup.	
		Tournus	1 pr. 3 jug. 2 sup.	
		Louhans	Idem.	
Douai	Nord	Lille	1 pr. 4 jug. 4 sup.	
		Dunkerque	Idem.	
		Valenciennes	Idem.	
		Cambrai	Idem.	
	Pas-de-Calais	Arras	Idem.	
		Saint-Omer	Idem.	
		Boulogne	Idem.	Ressort du tribunal de Boulogne : Boulogne, Desvres, Samer.
		Calais	1 pr. 3 jug. 2 sup.	Ressort du tribunal de Calais : Calais , Guines , Marquise.
Grenoble	Drôme	Romans	Idem.	
	Isère	Vienne	1 pr. 4 jug. 4 sup.	
		Grenoble	Idem.	
Liége	Ourte	Liége	Idem.	
		Verviers	1 pr. 3 jug. 2 sup.	
	Roër	Aix-la-Chapelle	1 pr. 4 jug. 4 sup.	
		Creveldt	1 pr. 3 jug. 2 sup.	
		Cologne	1 pr. 4 jug. 4 sup.	
	Sambre-et-Meuse	Namur	Idem.	
Limoges	Corrèze	Tulle	1 pr. 4 jug. 4 sup.	
	Vienne (Haute)	Limoges	Idem.	
Lyon	Léman	Genève	Idem.	
	Loire	Saint-Etienne	Idem.	
	Rhône	Lyon	1 pr. 6 jug. 6 sup.	
		Villefranche	1 pr. 2 jug. 2 sup.	

DÉSIGNATION des			NOMBRE DES JUGES et des suppléans pour chaque tribunal.	OBSERVATIONS.
COURS D'APPEL.	DÉPARTEMENS.	TRIBUNAUX.		
Metz	Ardennes	Sédan	1 pr. 4 jug. 4 sup.	
		Charleville . . .	1 pr. 3 jug. 2 sup.	
	Forêts	Luxembourg . .	1 pr. 4 jug. 4 sup.	
	Moselle	Metz	Idem.	
Montpellier . .	Aude	Carcassonne . . .	1 pr. 4 jug. 4 sup.	
		Castelnaudary . .	1 pr. 3 jug. 2 sup.	
		Limoux	Idem.	
		Narbonne	1 pr. 4 jug. 4 sup.	
	Aveyron	Saint-Geniez . .	1 pr. 3 jug. 2 sup.	
		Saint-Affrique . .	Idem.	
		Milhau	Idem.	
		Rodez	Idem.	
	Hérault	Agde	Idem.	Ressort du tribunal d'Agde : Agde, Florensac, Montagnac.
		Clermont	Idem.	
		Lodève	Idem.	
		Beziers	1 pr. 4 jug. 4 sup.	Ressort du tribunal de Beziers : Bédarieux, Beziers, 1re et 2e sections; Capestang, Saint-Germain-la-Ville, Murviel, Roujan Serrian.
		Montpellier . . .	Idem.	Ressort du tribunal de Montpellier : Auiane, Castries, Claret, Ganges, Lunel-la-Ville, Saint-Martin-de-Londres, les Matelles, Mauguir, Montpellier.
		Pézénas	1 pr. 3 jug. 2 sup.	
		Cette	Idem.	Ressort du tribunal de Cette : Frontiguan, Mèze, Cette.
	Pyrénées-Orient. .	Perpignan	1 pr. 4 jug. 4 sup.	
Nancy	Meurthe	Nancy	Idem.	
	Meuse	Bar-sur-Ornain . .	Idem.	
		Verdun	1 pr. 3 jug. 2 sup.	
	Vosges	Mirecourt	Idem.	
Nîmes	Ardèche	Annonay	1 pr. 4 jug. 4 sup.	
		Abenas	1 pr. 3 jug. 2 sup.	
	Gard	Anduze	Idem.	
		Alais	Idem.	
		Nîmes	1 pr. 4 jug. 4 sup.	
	Vaucluse	Avignon	Idem.	
		Pertuis	1 pr. 3 jug. 2 sup.	
Orléans . . .	Indre-et-Loire . .	Tours	1 pr. 4 jug. 4 sup.	
	Loir-et-Cher . .	Blois	Idem.	
		Romorantin . . .	1 pr. 3 jug. 2 sup.	
	Loiret	Orléans	1 pr. 6 jug. 4 sup.	
		Montargis	1 pr. 3 jug. 2 sup.	

COURS D'APPEL.	DÉPARTEMENS.	TRIBUNAUX.	NOMBRE DES JUGES et des suppléans pour chaque tribunal.	OBSERVATIONS.
Pau	Pyrénées (Basses).	Bayonne.	1 pr. 4 jug. 4 sup.	
		Pau	Idem.	
	Pyrénées (Hautes).	Tarbes	Idem.	
		Bagnères	1 pr. 2 jug. 2 sup.	
Paris. . . .	Aube	Troyes.	1 pr. 4 jug. 4 sup.	
	Eure-et-Loir . . .	Chartres.	Idem.	
		Dreux.	1 pr. 3 jug. 2 sup.	
	Marne	Reims	1 pr. 4 jug. 4 sup.	
		Epernay.	1 pr. 3 jug. 2 sup.	
		Châlons	1 pr. 3 jug. 2 sup.	
	Seine	Paris	1 pr. 8 jug. 16 sup.	
	Seine-et-Oise. . .	Versailles	1 pr. 4 jug. 4 sup.	
		Dourdan	1 pr. 3 jug. 2 sup.	
	Seine-et-Marne. .	Meaux	Idem.	
		Provins	Idem.	
		Montereau	Idem.	
	Yonne.	Joigny.	Idem.	
		Avallon	Idem.	
		Sens.	1 pr. 4 jug. 4 sup.	
		Auxerre	Idem.	
Poitiers . . .	Charente-Infér . .	S.-J.-d'Angély . .	1 pr. 3 jug. 2 sup.	
		St.-Martin (île de Ré).	Idem.	Les tribunaux de S.-Martin et de Saint-Pierre n'étendent leur ressort que sur les îles où ils sont placés.
		Saint - Pierre (île d'Oléron	Idem.	
		Marennes	Idem.	
		Rochefort	Idem.	
		La Rochelle. . . .	1 pr. 4 jug. 4 sup.	
		Saintes	Idem.	
	Sèvres (Deux) . .	Niort	1 pr. 4 jug. 4 sup.	
	Vendée	Sables - d'Olonne .	1 pr. 3 jug. 2 sup.	
	Vienne	Châtelleraut . . .	1 pr. 4 jug. 4 sup.	
		Poitiers	Idem.	
Rennes . . .	Côtes-du-Nord . .	Paimpol.	1 pr. 3 jug. 2 sup.	
		Quintin	Idem.	
		Saint-Brieuc . . .	Idem.	
	Finistère.	Brest	1 pr. 4 jug. 4 sup.	
		Morlaix	Idem.	
		Quimper	1 pr. 3 jug. 2 sup.	
	Ille-et-Vilaine . .	Rennes	1 pr. 4 jug. 4 sup.	
		Saint-Malo . . .	Idem.	
	Loire-Inférieure	Nantes.	1 pr. 6 jug. 4 sup.	
	Morbihan	Lorient	1 pr. 4 jug. 4 sup.	
		Vannes	Idem.	

COURS D'APPEL.	DÉPARTEMENS.	TRIBUNAUX.	NOMBRE DES JUGES et des suppléans pour chaque tribunal.	OBSERVATIONS.
Riom.	Allier	Moulins	1 pr. 4 jug. 4 sup.	
	Cantal	Aurillac	Idem.	
		Saint-Flour	1 pr. 3 jug. 2 sup.	
		Mauriac	Idem.	
	Loire (Haute).	Brioude	Idem.	
		Le Puy	1 pr. 4 jug. 4 sup.	
	Puy-de-Dôme.	Ambert	1 pr. 3 jug. 2 sup.	
		Billom	Idem.	
		Clermont	1 pr. 4 jug. 4 sup.	
		Issoire	1 pr. 3 jug. 2 sup.	
		Riom	Idem.	
		Thiers	1 pr. 4 jug. 4 sup.	
Rouen	Eure.	Bernay	1 pr. 4 jug. 4 sup.	
		Louviers	1 pr. 3 jug. 2 sup.	
		Pont-Audemer	Idem.	
	Seine-Inférieure.	Gournay	1 pr. 3 jug. 2 sup.	
		Dieppe	1 pr. 4 jug. 4 sup.	
		Le Havre	Idem.	
		Yvetot	Idem.	
		Rouen	1 pr. 6 jug. 4 sup.	
		Eu et Tréport	1 pr. 3 jug. 2 sup.	
		Fécamp	Idem.	
		Saint-Valery	Idem.	
Toulouse.	Garonne (Haute.	Toulouse	1 pr. 4 jug. 4 sup.	
	Tarn.	Alby	Idem.	
		Castres	Idem.	
Trèves	Mont-Tonnerre.	Mayence	Idem.	
	Rhin-et-Moselle.	Coblentz	Idem.	
	Sarre	Trèves	Idem.	
Turin	Pô.	Turin	1 pr. 6 jug. 4 sup.	
Gênes	Gênes	Gênes	Idem.	
		Novi	1 pr. 4 jug. 4 sup.	
	Apennins	Chiavari	1 pr. 3 jug. 2 sup.	
	Montenotte	Port-Maurice	1 pr. 4 jug. 4 sup.	
		Savone	Idem.	
	Taro.	Parme	Idem.	
		Plaisance	Idem.	
	Ile d'Elbe.	Porto-Ferrajo.	Idem.	

7 OCTOBRE 1809. — Décret concernant les dépenses variables des départemens pour 1809. (4, Bull. 246, n° 4755.)

TITRE Ier. Des centimes affectés aux dépenses variables.

Art. 1er. Les dépenses départementales variables sont réglées conformément aux tableaux n^{os} I, II, III, IV, V, VI et VII (1), à la récapitulation générale par département, qui en est faite au tableau n° VIII, et à la récapitulation par nature de dépense qui en est faite au tableau n° IX, lesquels tableaux sont joints au présent décret.

TITRE II. Des centimes facultatifs, et de leur emploi.

2. Il sera perçu, d'après les dispositions de la loi du 15 septembre 1807, article 13, le nombre de centimes additionnels facultatifs portés aux tableaux n^{os} X et XI.

3. L'emploi en sera fait conformément au tableau n° X, récapitulé par nature de dépenses et fonds de réserve, au tableau n° XII.

TITRE III. Dispositions diverses communes à tous les départemens.

4. Aucune dépense, de quelque genre qu'elle soit, ne pourra être autorisée sur les sommes restant disponibles, provenant des centimes facultatifs; lesquelles sommes seront mises en réserve, pour n'être employées, avec notre autorisation, qu'aux objets qu'auront votés les conseils généraux.

5. Les frais du bureau des domaines, alloués en sus de l'abonnement des préfets dans plusieurs départemens, pourront continuer d'être alloués tant qu'ils seront nécessaires;

A l'effet de quoi, nos ministres de l'intérieur et des finances nous feront connaître l'état du travail des décomptes d'acquéreurs de biens nationaux et des biens à vendre dans chaque département, et nous proposeront ce qu'ils croiront convenable pour la fixation et la durée de la dépense du bureau des domaines.

6. Il nous sera fait un rapport, lors de la présentation du budget des départemens de 1810, sur la fixation des dépenses des dépôts de mendicité.

Les conseils généraux émettront leur opinion sur le contingent de chaque département.

Il sera statué, pour chaque dépôt de mendicité, en notre Conseil-d'État, 1° sur les dépenses de constructions, réparations, etc.,

conformément au décret sur les hospices; 2° sur le contingent de chaque département; 3° sur celui de chaque commune.

7. Il en sera de même pour les maisons centrales de détention.

8. Les inspecteurs des poids et mesures ne pourront, en 1811, être payés sur les fonds des départemens.

En cas d'insuffisance du prélèvement qui a lieu sur le produit du droit de pesage et mesurage, il y sera pourvu sur un rapport de notre ministre de l'intérieur.

9. A cet effet, il sera fait un fonds commun du produit de ce prélèvement, et le compte total de son emploi sera mis sous nos yeux (2).

10. Les dispositions de la loi du 11 frimaire an 7, portant classification des dépenses publiques, seront exécutées; en conséquence, les dépenses de premier établissement ou de grosses réparations des prisons, palais de justice ou prétoires des tribunaux, ne seront pas à la charge des départemens, s'il n'y a un vote exprès du conseil général.

Ils pourront réclamer les sommes avancées à cet effet sur les centimes additionnels variables ou facultatifs, et ils en seront remboursés par le Trésor.

11. Il nous sera fait un rapport sur l'application du produit des expéditions délivrées au secrétariat général de la préfecture, conformément à la loi du 7 messidor an 2, et à l'avis de notre Conseil, de nous approuvé le 4 août 1807.

Jusqu'à ce qu'il y ait été statué en notre conseil, le produit restera déposé, pour en être disposé ainsi qu'il appartiendra et qu'il sera par nous réglé.

12. Dans les préfectures où il existe des ameublemens, soit de bureaux, soit d'appartemens, appartenant à la préfecture, il en sera fait un inventaire, et, si l'inventaire existe, un récolement au 1er janvier prochain.

En cas de décès ou mutation, les inventaires seront reconnus par les successeurs des préfets décédés ou remplacés, qui s'en chargeront, ou pourvoiront au remplacement des objets qui ne se retrouveraient pas, à moins qu'ils n'aient péri par l'usage.

TITRE IV. Dispositions particulières à divers départemens.

Côtes-du-Nord.

13. En 1810, le département des Côtes-du-Nord pourvoira, d'après un vote que le con-

---

(1) Ces tableaux, pouvant être considérés comme transitoires, n'ont point été imprimés dans cette Collection.

(2) *Voy.* décret du 3 août 1810.

seil général sera tenu d'émettre, aux besoins du culte diocésain et aux dépenses diverses à sa charge; faute de quoi, il y sera pourvu d'office par notre décret sur les dépenses départementales de 1810.

Doubs.

14. La demande de cinq mille six cent vingt-quatre francs, pour fourrages préparés dans le département du Doubs pour le passage des troupes, sera payée : mais le préfet en suivra le remboursement au département de la guerre.

Escaut.

15. Le traitement des ministres du culte protestant, dans le département de l'Escaut, sera payé par l'État, selon les règles générales, et rayé des dépenses départementales; sauf à pourvoir seulement, sur les centimes facultatifs, aux dépenses extraordinaires, comme pour le culte catholique.

16. En 1810, les centimes votés par le département de l'Escaut pour les dépenses annuelles seront également répartis entre tous les arrondissemens : aucun n'en paiera, à cet égard, plus que l'autre, sauf ce qui a été ou sera réglé pour les travaux publics et dépenses extraordinaires spécialement votés ou ordonnés.

Gers.

17. Le conseil général du département du Gers votera, pour 1810, sur le contingent qu'il doit payer pour les travaux de la navigation de la Bayse, ordonnés par notre décret du 12 juillet 1808, faute de quoi il y sera pourvu par nous.

Loire.

18. Les dépenses pour l'hôtel de la préfecture de la Loire ne seront effectuées qu'après que le devis en aura été approuvé par nous en notre conseil, sur le rapport de notre ministre de l'intérieur.

Morbihan.

19. Il sera pourvu, par le département du Morbihan, au paiement de son contingent, dans les dépenses du dépôt central de Rennes; à l'effet de quoi son conseil général votera, et, dans tous les cas, notre ministre de l'intérieur nous proposera les dispositions nécessaires lors de la présentation du budget de 1810.

Pô.

20. Le casernement de la gendarmerie, dans la ville de Turin, ne sera pas, en 1810, à la charge du département du Pô; il y sera pourvu par la ville de Turin, à qui nous avons concédé, à cet effet, les bâtimens attenant au lycée.

Seine.

21. La somme allouée au budget de 1808, pour les membres du conseil de préfecture du département de la Seine, leur sera payée en sus de la gratification à eux précédemment accordée, et comme supplément de traitement pour ladite année 1808 et pour l'année courante 1809. Ce paiement sera continué ainsi annuellement; à l'effet de quoi, il sera alloué une somme de quinze mille francs par année.

Il en sera de même du supplément de six mille francs alloué au secrétaire général du même département.

Deux-Sèvres.

22. La somme votée pour les travaux des routes en 1808 et 1809, par le conseil général du département des Deux-Sèvres, sera partagée ainsi qu'il paraîtra convenable et nonobstant toutes dispositions antérieures au présent décret, entre les routes désignées en notre décret du 7 août 1808, et la route de Nantes à Bordeaux par Niort, Beauvoir-sur-Niort et Villeneuve-la-Comtesse.

23. La quotité des centimes affectés aux dépenses variables sera augmentée, et la quotité des centimes affectés aux dépenses fixes diminuée dans la même proportion pour 1810, dans les départemens et d'après les fixations qui suivent, pour établir la balance entre les dépenses et les recettes ordinaires.

Départemens		
de la Loire	2 c 1/2
de la Haute-Loire	1 00
du Lot	1 00
de la Lozère	0 78/100
de la Mayenne	1 00
du Bas-Rhin	1 00
de Tarn-et-Garonne	1 00

24. Nos ministres de l'intérieur et des finances sont chargés de l'exécution du présent décret.

7 OCTOBRE 1809. — Lettre de création du dépôt de mendicité du département de Montenotte. (4, Bull. 248, n° 4770.)

7 OCTOBRE 1809. — Décrets qui autorisent l'acceptation de dons et legs faits aux pauvres et hospices de Beauvais, Hornaing, Ruez, Paris, Cisterna, Zelsaete, Mirabel, Lyon, Lédringhem, Séez, Vaudeloges, Réveillon, Savone, Varezze, Calosso, San-Damiano, Blois, Esley et Bourgueil. (4, Bull. 254, n°ˢ 4904 à 4906, et 4908 à 4922.)

7 OCTOBRE 1809. — Décrets relatifs à la tenue et à l'établissement des foires de Groslittgen, l'Absie - Chapelle - Seguin et Fontevrault. (4, Bull. 254, n°ˢ 4923 à 4925.)

7 OCTOBRE 1809. — Décret qui autorise l'acceptation d'une offre de découvrir, au profit du Refuge des incurables de Bruxelles, des biens célés à la régie du domaine. (4, Bull. 254, n° 4907.)

_____

7 OCTOBRE 1809. — Décret relatif aux limites de la concession de la mine de houille dite des Grandes-Flaches. (4, Bull 254, n° 4926.)

_____

7 OCTOBRE 1809. — Décret qui fait concession, pour cinquante années, aux sieurs Dugas père et fils, du droit d'exploiter les mines de houille existantes sur les territoires de la Catonnière, des Durantières et des Grandes-Flaches, communes de Saint-Martin-la-Plaine et Rive-de-Gier, dans une étendue de surface de vingt-huit hectomètres cinquante-un décamètres quinze mètres carrés. (4, Bull. 254, n° 4927.)

_____

7 OCTOBRE 1809. — Avis du Conseil - d'État. (Ventes. — Domaines engagés.) *Voy.* 21 OCTOBRE 1809.)

_____

13 OCTOBRE 1809. — Décret qui exempte de l'impôt le sel employé dans les fabriques de soude. (4, Bull. 246, n° 4758.)

Art. 1er. Les fabriques de soude ne seront pas assujéties à l'impôt du sel sur celui qu'elles emploieront dans leur fabrication.

2. Tout fabricant qui voudra jouir de l'exemption devra déclarer le lieu de son établissement, et la quantité de soude qu'il se propose de fabriquer par année.

Cette déclaration sera faite à notre conseiller d'État directeur général des douanes, pour les fabriques qu'on voudra établir dans l'étendue des côtes et frontières soumises à la police des douanes, ainsi que dans les villes où il existe un entrepôt réel de sels, en exécution de l'article 24 du décret du 11 juin 1806, et à notre conseiller d'État directeur général des droits réunis, pour celles qui seront établies dans les autres parties de l'empire.

3. Les sels qui sortiront hors de la ligne des douanes, pour les fabriques de soude, seront mis en sacs, et expédiés sous plombs et acquits-à-caution, portant obligation de les conduire directement dans la fabrique pour laquelle ils auront été déclarés.

4. A défaut de transport desdits sels dans la fabrique, et d'en justifier au bureau d'enlèvement en rapportant les acquits-à-caution revêtus d'un certificat d'arrivée, qui en sera délivré par les préposés à l'exercice, et visé par le directeur des douanes ou des droits réunis, suivant le lieu où la fabrique sera située, ceux qui auront fait leur soumission pour la délivrance des acquits-à-caution seront tenus de payer le quadruple des droits imposés sur le sel manquant.

5. Les préposés à l'exercice desquels les fabriques de soude seront soumises vérifieront l'état des cordes et plombs apposés aux sacs de sel, reconnaitront, par une pesée exacte, si les quantités présentées sont égales à celles portées sur les acquits-à-caution, et feront ensuite vider les sacs, pour s'assurer qu'ils ne contiennent que du sel.

6. Lorsque lesdits préposés auront fait les vérifications prescrites par l'article précédent, les sels seront mis, en leur présence, dans un magasin fourni par le fabricant, qui sera fermé à deux clefs, dont l'une restera entre les mains du fabricant, et l'autre en celles des préposés.

7. Il sera tenu par les fabricans et préposés des registres en double, sur lesquels seront portées les quantités de sel mises en magasin; et celles qui en sortiront pour la fabrication, les quantités de soude fabriquées et celles qui seront vendues.

8. Les soudes vendues par le fabricant ne pourront être livrées et sortir de la fabrique qu'après qu'il aura fait la déclaration de vente aux préposés à l'exercice, et qu'ils auront délivré un permis.

9. La quantité de sel accordée pour la fabrication d'un quintal métrique de soude ne pourra excéder cinquante kilogrammes.

10. Tout fabricant qui ne pourra justifier que le sel qui lui aura été livré en exemption des droits a été employé à la fabrication de la soude, indépendamment du paiement du droit auquel il sera assujéti, pourra être privé de l'exemption.

11. Pour indemniser le Gouvernement des frais de l'exercice auquel est attachée la faveur accordée aux fabriques de soude, chaque fabricant paiera, par année, une somme de quatre mille francs entre les mains du receveur des douanes ou des droits réunis, suivant le lieu où la fabrique sera située.

12. Notre grand-juge, ministre de la justice, et notre ministre des finances, sont chargés de l'exécution du présent décret.

_____

13 OCTOBRE 1809. — Avis du Conseil-d'État portant que les sommes provenant de successions vacantes doivent être consignées à la caisse d'amortissement. (4, Bull. 246, n° 4759.)

Le Conseil-d'État, qui d'après le renvoi ordonné par sa majesté, a entendu le rapport de la section des finances sur celui du ministre de ce département, relatif à la question de savoir dans laquelle des deux caisses, des domaines ou d'amortissement doivent être versés le numéraire qui se trouve dans une succession vacante, ainsi que les deniers provenant du prix des meubles et immeubles vendus;

Considérant, 1° qu'à la vérité l'article 813 du Code civil, faisant partie de la loi du 29 germinal an 11 sur les successions, autorise le versement du numéraire qui se trouve dans une succession vacante, ainsi que des deniers provenant du prix des meubles ou immeubles vendus, *dans la caisse de la régie nationale;* mais qu'une loi postérieure, du 28 nivose an 13, a chargé *la caisse d'amortissement* du service des consignations;

2° Qu'il est de l'intérêt des particuliers que ces fonds soient versés de préférence à la caisse d'amortissement, qui en paie les intérêts;

3° Et qu'enfin, par le versement des fonds à la caisse d'amortissement, l'intention du législateur est également remplie, puisqu'il n'a eu d'autre objet que d'autoriser une caisse de dépôt pour la conservation des droits, et à la charge de rendre compte à qui il appartiendra,

Est d'avis que les sommes provenant de successions vacantes doivent être consignées à la caisse d'amortissement (1).

13 OCTOBRE 1809. — Décret qui modifie les dispositions du décret du 22 octobre 1808, concernant l'organisation des douanes en Toscane. (4, Bull. 246, n° 4756.)

13 OCTOBRE 1809. — Décret relatif à l'exécution du Code de procédure civile en Toscane. (4, Bull. 246, n° 4757.)

13 OCTOBRE 1809. — Lettres de création du dépôt de mendicité du département de Tarn-et-Garonne. (4, Bull. 248, n° 4771.)

13 OCTOBRE 1809. — Décrets qui autorisent l'acceptation d'offres de découvrir, au profit des pauvres et hospices de Bruxelles, Avignon, Longueville, Gand, Huy, Liége, Waremme et Saint-Trond. (4, Bull. 255, n°s 4929, 4930, 4932 à 4934; Bull. 256, n°s 4940, 4941 à 4943, et 4956.)

13 OCTOBRE 1809. — Décrets qui autorisent l'acceptation de dons et legs faits aux pauvres et hospices de Toulouse, Nice, Notre-Dame-de-Mont, La Barre, Grenoble, Aix, Cheverny, Cour-Cheverny, Malmédy, Toul, Beaune, Châtillon-sur-Seine et Strasbourg. (4, Bull. 255, n° 4931; Bull. 256, n°s 4944 à 4955.)

13 OCTOBRE 1809. — Décret qui permet au sieur Gaétan-Gervason d'établir sur le bord du torrent dit Monlina, au lieu dit Montgeron, commune de Pontey, un haut-fourneau pour la fonte du minerai de fer.(4, Bull. 256, n° 4942.)

14 OCTOBRE 1809. — Décret qui ordonne que le cercle Villach, la Carniole, etc., porteront le nom de Provinces-Illyriennes. (4, Bull. 246, n° 4760.)

Le cercle de Villach, la Carniolle, la province d'Istrie, ci-devant autrichienne; les provinces de Furne et de Trieste, les pays connus sous le nom du Littoral, la partie de la Croatie, et tout ce qui nous a été cédé sur la droite de la Save, la Dalmatie et ses iles, porteront désormais le nom de Provinces-Illyriennes.

14 OCTOBRE 1809. — Décret qui nomme M. Dauchy intendant général des finances des Provinces-Illyriennes. (4, Bull. 246, n° 4761.)

14 OCTOBRE 1809. — Avis du Conseil-d'État. (Déshérence.) *Voy.* 3 NOVEMBRE 1809.

15 OCTOBRE 1809. — Avis du Conseil-d'État sur les compagnies d'assurances qui intéressent l'ordre public (annexé à l'ordonnance du 14 novembre 1821). (7, Bull. 491, n° 11676.)

Le Conseil-d'Etat, qui, d'après le renvoi ordonné par sa majesté, a entendu le rapport de la section de l'intérieur sur celui du ministre de ce département, concernant: 1° les statuts d'une compagnie d'assurance mutuelle établie à Toulouse contre les ravages de la grêle et des épizooties; 2° l'organisation projetée d'une société analogue dans le département des Landes; 3° et enfin la formation éventuelle de toutes les associations du même genre qui peuvent ou pourront désormais s'établir dans tous les départemens, à l'instar de la société existant à Toulouse;

Vu, 1° les anciennes lois et ordonnances relatives à la mortalité des bestiaux, jusques et compris les arrêts du Conseil du 7 avril 1780 et du 16 août 1784;

2° L'arrêté du Directoire exécutif du 27 messidor an 5;

3° Les arrêtés du Gouvernement du 9 floréal an 9 et du 17 vendémiaire an 11;

4° Les articles, depuis le 29e jusqu'au 38e du Code de commerce, relatifs à l'organisation

(1) L'officier ministériel qui a procédé à la vente d'objets appartenant à une succession vacante, et en a retiré le prix, est tenu de consigner, même lorsqu'il n'y a pas d'opposition; à défaut de consignation, il peut, à titre de réparation de dommages, être condamné à payer aux créanciers les intérêts qu'eût produits la consignation. Il n'est pas nécessaire que l'officier ministériel soit mis en demeure: les intérêts courent de plein droit (21 juin 1825; Cass. S. 27, 1, 83; D. 25, 1, 341).

des sociétés anonymes, et les trois sections du titre X du même Code, concernant les assurances;

5° La loi du 12 juillet 1803(1), et le décret en date du 12 juillet 1808,

Est d'avis,

1° Que la formation et l'existence des associations d'assurance mutuelle contre les ravages de la grêle et des épizooties ont un objet utile, et que ces établissemens méritent la faveur et la protection du Gouvernement;

2° Que ces sociétés d'assurances mutuelles ne peuvent remplir le but de leur institution qu'autant que les statuts de leur organisation ont pourvu, par des règles prévoyantes, à déterminer, d'une manière positive et précise, la variété et la mesure des engagemens réciproques des associés, et toutes les formes de l'exécution de ces engagemens;

3° Que, ces engagemens et leur exécution pouvant, par leur mesure comme par leur mode, *intéresser l'ordre public*, les statuts qui les expriment doivent préalablement être soumis à l'approbation du Gouvernement, et qu'ainsi aucune société d'assurances, tant contre les ravages de la grêle et des épizooties, que contre le danger des incendies, ne peut se former que ses réglemens n'aient été soumis au ministre de l'intérieur, et, sur son rapport, approuvés par sa majesté en Conseil-d'Etat;

4° Que, dans la formation des statuts, les rédacteurs doivent principalement s'attacher à bien déterminer la manière dont on doit procéder à la vérification de la valeur des propriétés assurées, et à celle des dommages, pour éviter, dans cette partie importante de l'exécution du réglement, toute occasion d'injustice et de fraude, et pour prévenir tout sujet de contestation et de discorde entre les intéressés;

5° Que, les statuts de la société établie à Toulouse manquant sur ce point de développement et d'étendue, et ne présentant d'ailleurs aucune des règles qu'il paraît cependant que cette association a adoptées relativement à l'assurance contre la mortalité des bestiaux, le Conseil ne peut pas prononcer l'autorisation de cette société; mais qu'en considération du bien qu'il paraît qu'elle a produit depuis la dernière époque de sa formation, en septembre 1805, elle peut être autorisée à continuer ses opérations pendant l'année courante, et celle qui doit suivre cet espace de temps nécessaire pour que les associés soient en mesure de réformer et de perfectionner leurs statuts d'après les observations et les règles qui viennent d'être indi-

quées, et pour que les préfets des sept départemens sur lesquels cette société est établie puissent recueillir et envoyer, avec les projets des statuts, des renseignemens, et leur avis sur les avantages qui résultent ou peuvent résulter de cette association.

Pour copie annexée à l'ordonnance royale du 14 novembre 1821, sur les entreprises relatives au remplacement des jeunes gens appelés à l'armée par la loi du 10 novembre 1818.

---

15 OCTOBRE 1809. — Décret portant établissement d'un conseil de prud'hommes à Limoux, département de l'Aude. (4, Bull. 248, n° 4772.)

---

15 OCTOBRE 1809. — Décrets qui autorisent l'acceptation de dons et legs faits aux pauvres et hospices de Strasbourg, Rouen, Sergines, Saint-Briac, Castelnuovo-Bello, Mayence, Valence, Bourges et Arbois. (4, Bull. 256, n°s 4957 à 4965.)

---

15 OCTOBRE 1809. — Lettres de création du dépôt de mendicité du département de l'Ariége. (4, Bull. 248, n° 4773.)

---

15 OCTOBRE 1809. — Lettres de création du dépôt de mendicité du département des Deux-Sèvres. (4, Bull. 248, n° 4774.)

---

15 OCTOBRE 1809. — Décret qui autorise l'acceptation de l'offre faite par le sieur Jeanne, de découvrir, au profit des pauvres de Flaviennes, deux rentes célées à la régie du domaine. (4, Bull. 256, n° 4966.)

---

15 OCTOBRE 1809. — Décret qui autorise le ministre de l'intérieur à accepter au profit d'un établissement de bienfaisance, un immeuble de trente à quarante mille francs, provenant de la succession d'un émigré non amnistié, qu'un anonyme a offert d'indiquer aux conditions prescrites. (4, Bull. 256, n° 4967.)

---

15 OCTOBRE 1809. — Décret qui établit une foire champêtre ou ballade au Bourg, chef-lieu de la commune d'Argenton-l'Eglise. (4, Bull. 256, n° 4968.)

---

15 OCTOBRE 1809. — Décret qui fait concession, pour cinquante années, aux sieurs Colombin et Gastaldi, du droit d'exploiter les mines de fer dites de Ferrières, commune de Salbertrand, dans une étendue de surface de vingt-cinq kilomètres carrés, et autorise les concessionnaires à établir un haut-fourneau à fondre le minerai, une forge catalane et un martinet. (4, Bull. 256, n° 4669.)

---

(1) *Lisez* 24 germinal an 11. (*Erratum*, 7°, Bulletin 494.)

21 OCTOBRE 1809. — Avis du Conseil-d'Etat sur plusieurs questions relatives aux quittances et décharges données aux officiers publics qui ont procédé à des ventes à l'encan d'objets mobiliers. (4, Bull. 248, n° 4775.)

Le Conseil-d'Etat, qui, d'après le renvoi ordonné par sa majesté, a entendu le rapport de la section des finances sur celui du ministre de ce département, relatif aux quittances et décharges données par les parties aux notaires, greffiers, commissaires-priseurs et huissiers qui ont procédé à des ventes à l'encan d'objets mobiliers, et présentant les questions de savoir :

1° Si l'on peut placer ces décharges sur les minutes des ventes, sans contrevenir à l'article 23 de la loi du 13 brumaire an 7, relative au timbre;

2° Et, dans le cas où ce placement serait permis, si l'officier public est tenu de faire enregistrer les décharges ainsi données dans le délai accordé par la loi pour l'enregistrement des ventes;

Vu, 1° l'article 23 de la loi du 13 brumaire an 7, ainsi conçu :

« Il ne pourra être fait ni expédié deux « actes à la suite l'un de l'autre sur la même « feuille de papier timbré, nonobstant tout « usage ou réglement contraire.

« Sont exceptées les ratifications des actes « passés en l'absence des parties, les quit-« tances de prix des ventes, etc. »

2° L'article 42 de la loi du 22 frimaire an 7, ainsi conçu :

« Aucun notaire, huissier, greffier, secré-« taire, ou autre officier public, ne pourra « faire ou rédiger un acte en vertu d'un acte « sous signature privée, ou passé en pays « étranger, l'annexer à ses minutes, ni le « recevoir en dépôt, ni en délivrer extrait, « copie ou expédition, s'il n'a été préalable-« ment enregistré, à peine de cinquante « francs d'amende, etc. »

3° Les numéros 22 et 27 de l'article 68 de la même loi du 22 frimaire an 7, qui assujé-tissent au droit fixe d'un franc les décharges pures et simples données aux officiers publics;

Considérant : 1° en ce qui concerne la première question, que l'article 23 de la loi du 13 brumaire an 7 porte formellement que les quittances de prix de ventes peuvent être mises à la suite de l'acte qui y a rapport; que cette forme offre un avantage pour les officiers publics et leurs ayans-cause, en ce qu'une décharge ainsi donnée n'est pas susceptible de s'égarer;

2° Relativement à la deuxième question, qu'aux termes de l'article 42 de la loi du 22 frimaire an 7, un officier public ne peut annexer à ses minutes un acte quelconque non enregistré; que la quittance ou décharge qui

est donnée par la partie, du prix de ventes d'effets mobiliers, est un acte qui cesse d'être privé du moment où il est porté à la suite d'un procès-verbal rédigé par un officier public; que cette décharge réunit alors tous les caractères d'un acte public, et qu'elle doit être rédigée et assujétie aux droits comme les autres actes de cette espèce;

Considérant qu'un usage presque général a jusqu'à présent fait oublier ces principes, et que leur application rigoureuse pour le passé exposerait les officiers publics qui ont négligé de se conformer à la loi, à supporter personnellement les peines qu'elle prononce, par l'impossibilité où ils seraient de découvrir les parties qui ont requis les ventes,

Est d'avis :

1° Que les quittances et décharges de prix de ventes mobilières faites par les notaires, greffiers, commissaires-priseurs et huissiers, peuvent être mises à la suite ou en marge des procès-verbaux de ventes;

2° Que, dans ce cas, les quittances et décharges doivent être rédigées en forme authentique, c'est-à-dire que l'officier public attestera que la partie est comparue devant lui pour régler le reliquat de la vente, dont elle lui donnera décharge, et que cet acte sera signé tant par l'officier que par la partie, et, si la partie ne sait pas signer, par un second officier de la même qualité, ou par deux témoins;

3° Que les quittances et décharges ainsi rédigées doivent être enregistrées dans les délais fixés par l'article 20 de la loi du 22 frimaire an 7, savoir : pour les notaires, dans les dix ou quinze jours de leur date; pour les greffiers, dans les vingt jours, et pour les commissaires-priseurs, dans les quatre jours;

Qu'il n'est dû que le droit fixe d'un franc, conformément aux numéros 22 et 27 de l'article 68 de la même loi;

4° Qu'il ne doit être fait aucune recherche pour les quittances et décharges sous seing privé données antérieurement à la publication du présent avis.

---

21 OCTOBRE 1809. — Avis du Conseil-d'Etat sur plusieurs questions relatives aux engagistes de domaines dans le ci-devant Piémont. (4, Bull. 248, n° 4776.)

Le Conseil-d'Etat, qui, d'après le renvoi ordonné par sa majesté, a entendu le rapport de la section des finances sur celui du ministre de ce département, présentant les questions de savoir,

1° Si les engagistes de domaines, dans le ci-devant Piémont, qui sont reliquataires de tout ou partie des finances d'engagement, et qui sont dans le cas d'être maintenus en payant le quart de la valeur desdits domaines, conformément à la loi du 14 ventose an 7, sont tenus d'acquitter, indépendamment du paiement de ce quart, les portions qu'ils redoivent sur leurs finances;

2° Si, d'après le décret du 19 septembre 1806, qui ordonne le recouvrement de ce qui resterait dû sur le prix des ventes faites par l'ancien Gouvernement sarde, qui ont moins de trente ans, il doit être établi une distinction entre les engagemens de domaines et les ventes, faits par le même Gouvernement, et si, par suite, il convient de se borner, quant aux ventes, à n'exiger des acquéreurs que le restant du prix, sans les astreindre à payer le quart de la valeur, aux termes de la loi du 14 ventose an 7;

Vu, 1° la loi du 14 ventose an 7;

2° L'avis du Conseil-d'Etat approuvé par sa majesté le 22 fructidor an 13, lequel a décidé que les détenteurs de domaines engagés, qui ont été maintenus en payant le quart de la valeur de ces biens, ne sont pas tenus de servir la rente d'engagement;

3° L'avis du Conseil-d'Etat, approuvé par sa majesté le 23 juin 1806, lequel a décidé qu'il n'y avait lieu à la restitution des arrérages de rentes d'engagement, acquittés antérieurement à l'avis du Conseil approuvé par sa majesté le 22 fructidor an 13, par les angagistes qui ont été admis au paiement du quart;

4° L'article 10 du décret du 19 septembre 1806, rendu spécialement pour le Piémont, et dont la teneur suit:

« Quant aux ventes faites sous l'ancien Gouvernement, dont le prix ne serait pas entièrement acquitté, il y aura lieu au recouvrement de ce qui resterait dû sur celles qui auraient moins de trente ans de date. »

5° Les observations du Conseil-d'Etat ayant le département des domaines nationaux, celles du conseiller d'Etat directeur général de l'administration de l'enregistrement et des domaines, et la délibération du conseil de la même administration;

Considérant, sur la première question:

1° Que l'avis du Conseil-d'Etat approuvé par sa majesté le 22 fructidor an 13, a établi en principe que la loi du 14 ventose an 7 avait définitivement révoqué les engagemens désignés dans l'article 4; que la maintenue de l'engagiste, au moyen du paiement du quart, opère un nouveau contrat qui l'assimile en tout aux acquéreurs de domaines nationaux, et que la loi ne lui impose pas l'obligation de supporter encore les charges annuelles de l'ancien contrat;

Que ces mêmes principes s'appliquent aux capitaux des finances d'engagemens comme aux rentes;

2° Que néanmoins les acquéreurs doivent compte au Gouvernement de la jouissance qu'ils ont eue des domaines engagés, jusqu'au jour où ils en sont déclarés propriétaires incommutables;

Considérant, sur la seconde question:

1° Que le décret du 19 septembre 1806, en ordonnant que le restant du prix des ventes de domaines faites depuis trente ans par l'ancien Gouvernement sarde serait recouvré, a *confirmé* par là même ces aliénations;

Que la loi du 14 ventose an 7 n'ordonne le paiement du quart que pour les aliénations *révoquées;*

2° Que la confirmation accordée par le décret susdaté ne s'applique qu'aux ventes faites par l'ancien Gouvernement sarde depuis *trente ans seulement;* qu'il suit de là que les ventes qui remontent au-delà de trente ans sont exceptées de la disposition;

Que le même décret ne fait aucune mention des engagemens dans le ci-devant Piémont, à quelque date qu'ils aient été faits,

Est d'avis:

1° Que l'avis du Conseil-d'Etat approuvé par sa majesté le 22 fructidor an 13 s'applique aux capitaux de ventes comme aux rentes d'engagement;

Qu'en conséquence ce qui reste dû sur lesdits capitaux par les acquéreurs qui ont obtenu d'être déclarés propriétaires incommutables, au moyen du paiement du quart, est éteint, et ne peut être exigé, sans néanmoins qu'il y ait lieu à la restitution des sommes qui peuvent avoir été acquittées avant le paiement du quart;

Que les mêmes acquéreurs sont tenus, pour le prix de leur jouissance, au paiement des intérêts des capitaux restant dus, et ce jusqu'au jour de leur envoi en possession par l'administration des domaines, après le paiement du quart;

2° Qu'au moyen de la confirmation accordée par l'article 10 du décret du 19 septembre 1806, les acquéreurs dont les ventes faites par l'ancien Gouvernement sarde *ont moins de trente ans de date* ne sont pas tenus de se conformer aux dispositions de la loi du 14 ventose an 7, et que l'administration doit se borner à recouvrer ce qui reste dû sur les capitaux;

3° Que, pour les ventes qui *ont plus de trente ans de date*, les acquéreurs sont assujétis aux formalités et aux obligations prescrites par la même loi;

4° Que tous engagemens, *à quelque date qu'ils aient été faits* par l'ancien Gouvernement sarde, sont de même soumis aux dispositions de la loi du 14 ventose an 7.

_____

27.

21 OCTOBRE 1809. — Décret contenant proclamation des brevets d'invention délivrés pendant le troisième trimestre de 1809, aux sieurs Cagniard-la-Tour, Bully, Erard frères, Vincent Mazzioni, Joachim et Vincent Pacchioni, Hervais, Blanchard, Elzéart-Degrand, Ravvle, Bamet et Paisant de Lamothe. (4, Bull. 248, n° 4777.)

21 OCTOBRE 1809. — Lettres de création des dépôts de mendicité des départemens du Calvados et de la Sesia. (4, Bull. 249 et 250, n°s 4791 et 4797.)

21 OCTOBRE 1809. — Décrets qui ordonnent le paiement de pensions accordées à des veuves de militaires. (4, Bull. 256, n°s 4970 et 4971.)

21 OCTOBRE 1809. — Décrets qui autorisent l'acceptation de dons et legs faits aux pauvres et hospices de Nîmes, Pommerio, Rouen, Montauban, Montpezat, Espalais, Puy-Laurent, Lyon, Liége, Villemur, Marsas, Beziers, Millau, Rochetaillée, Felletto, Asti et Châteaudun. (4, Bull. 256, n°s 4972 à 4989.)

21 OCTOBRE 1809. — Décrets qui autorisent l'acceptation d'offres de découvrir, au profit des pauvres et hospices de Louvain, Ruremonde et Bruxelles, des biens et rentes célés au domaine. (4, Bull. 258, n°s 5113, 5115 et 5116.)

21 OCTOBRE 1809. — Décret qui autorise l'acceptation de l'offre faite par les sieurs Léopold et Justin de Labeville, d'abandonner, conformément aux intentions de la demoiselle de Grofey, aux pauvres de Marche, plusieurs rentes en argent et en nature. (4, Bull. 258, n° 5114.)

21 OCTOBRE 1809. — Décret qui permet aux sieurs Jeanson et Artaud d'établir sur le ruisseau Loberchelle, commune de Saint-Denis, une usine pour la confection de machines à vapeur, de laminoirs, pangres, cylindres et autres, et de construire et mettre en activité deux fourneaux à réverbère, pour y mettre en fusion des fontes de fer ou de cuivre. (4, Bull. 258, n° 5117.)

29 OCTOBRE 1809. — Traité de paix conclu entre sa majesté l'empereur des Français, roi d'Italie, protecteur de la confédération du Rhin, médiateur de la confédération Suisse, et sa majesté l'empereur d'Autriche, roi de Hongrie et de Bohême. (4, Bull. 249, n° 4789.)

N....... nous avons proclamé et proclamons loi de l'État le traité de paix conclu entre nous et l'empereur d'Autriche, roi de Hongrie et de Bohême, à Vienne, le 14 octobre 1809, dont les ratifications ont été échangées à Vienne, le 20 octobre, et dont il a été donné connaissance au Sénat le 28 du même mois, duquel traité la teneur suit:

Sa majesté l'empereur des Français, roi d'Italie, protecteur de la confédération du Rhin, médiateur de la confédération suisse, et sa majesté l'empereur d'Autriche, roi de Hongrie et de Bohême, également animés du désir de mettre fin à la guerre qui s'est allumée entre eux, ont résolu de procéder sans délai à la conclusion d'un traité de paix définitif, et ont, en conséquence, nommé pour leurs plénipotentiaires, savoir:

Sa majesté l'empereur des Français, roi d'Italie, protecteur de la confédération du Rhin, M. Jean-Baptiste Nompère, comte de Champagny, duc de Cadore, grand-aigle de la Légion-d'Honneur, commandeur de l'ordre de la Couronne-de-Fer, chevalier de l'ordre de Saint-André de Russie, grand dignitaire de l'ordre des Deux-Siciles, grand'croix des ordres de l'aigle noir et de l'aigle rouge de Prusse, des ordres de Saint-Joseph de Würtzbourg, de la fidélité de Bade, de l'ordre de Hesse-Darmstadt, son ministre des relations extérieures;

Et sa majesté l'empereur d'Autriche, roi de Hongrie et de Bohême, M. le prince Jean de Liechtenstein, chevalier de l'ordre de la Toison-d'Or, grand'croix de l'ordre militaire de Marie-Thérèse, chambellan, maréchal des armées de sadite majesté l'empereur d'Autriche, et propriétaire d'un régiment de hussards à son service;

Lesquels, après avoir échangé leurs pleins-pouvoirs, sont convenus des articles suivans:

Art. 1er. Il y aura, à compter du jour de l'échange des ratifications du présent traité, paix et amitié entre sa majesté l'empereur des Français, roi d'Italie, protecteur de la confédération du Rhin, et sa majesté l'empereur d'Autriche, roi de Hongrie et de Bohême, leurs héritiers et successeurs, leurs Etats et sujets respectifs, à perpétuité.

2. La présente paix est déclarée commune à sa majesté le roi d'Espagne, sa majesté le roi de Hollande, sa majesté le roi de Naples, sa majesté le roi de Bavière, sa majesté le roi de Wurtemberg, sa majesté le roi de Saxe, sa majesté le roi de Westphalie, S. A. Em. le prince primat, à LL. AA. RR. le grand-duc de Bade, le grand-duc de Berg, le grand-duc de Hesse-Darmstadt, et le grand-duc de Wurtzbourg, et à tous les princes et membres de la confédération du Rhin, alliés de sa majesté l'empereur des Français, roi d'Italie, protecteur de la confédération du Rhin, dans la présente guerre.

3. Sa majesté l'empereur d'Autriche, roi de Hongrie et de Bohême, tant pour lui, ses héritiers et successeurs, que pour les princes de sa maison, leurs héritiers et successeurs respectifs, renonce aux principautés, seigneu-

ries, domaines et territoires ci-après désignés, ainsi qu'à tout titre quelconque qui
pourrait dériver de leurs possessions, et aux
propriétés soit domaniales, soit possédées par
eux à titre particulier, que ces pays renferment.

1° Il cède et abandonne à sa majesté l'empereur des Français, pour faire partie de la
confédération du Rhin, et en être disposé en
faveur des souverains de la confédération,

Les pays de Salzbourg et de Berchtolsga-
den, la partie de la Haute-Autriche située
au-delà d'une ligne partant du Danube auprès du village de Strass, et comprenant Wei-
zenkirch, Wiedersdorff, Michelbach, Greist,
Muckenhoffen, Helft, Jeding, de là la route
jusqu'à Schwanstadt, la ville de Schwanstadt
sur l'Alter, et continuant en remontant le
cours de cette rivière et du lac de ce nom
jusqu'au point où ce lac touche la frontière
du pays de Salzbourg.

Sa majesté l'empereur d'Autriche conservera la propriété seulement des bois dépendans du Salz-Cammer-Gut et faisant partie de
la terre de Mondsée, et la faculté d'en exporter la coupe, sans avoir aucun droit de souveraineté à exercer sur ce territoire.

2° Il cède également à sa majesté l'empereur des Français, roi d'Italie, le comté de Go-
rice, le territoire de Montefalcone, le gouvernement et la ville de Trieste, la Carniole
avec ses enclaves sur le golfe de Trieste, le
cercle de Willach en Carinthie, et tous les
pays situés à la droite de la Save, en partant du point où cette rivière sort de la Carniole, et la suivant jusqu'à la frontière de la
Bosnie, savoir: partie de la Croatie provin-
ciale, six districts de la Croatie militaire,
Fiume et le littoral hongrois, l'Istrie autrichienne ou district de Castua, les îles dépendantes des pays cédés et tous autres pays,
sous quelque dénomination que ce soit, sur
la rive droite de la Save, le talweg de cette
rivière servant de limite entre les deux États;

Enfin la seigneurie de Radzum enclavée
dans le pays des Grisons.

3° Il cède et abandonne à sa majesté le roi
de Saxe les enclaves dépendantes de la Bohême
et comprises dans le territoire du royaume de
Saxe, savoir: les paroisses et villages de Gun-
tersdorff, Taubentranke, Gerlachsheim, Leu-
kersdorff, Schirgiswalde, Vinkel, etc.

4° Il cède et abandonne à sa majesté le
roi de Saxe, pour être réunis au duché de
Varsovie, toute la Gallicie occidentale ou
nouvelle Gallicie, un arrondissement autour
de Cracovie, sur la rive droite de la Vistule,
qui sera ci-après déterminé, et le Cercle de
Zamosc dans la Gallicie orientale.

L'arrondissement autour de Cracovie sur
la rive droite de la Vistule, en avant de Podgorze, aura partout pour rayon la distance de
Podgorze à Wieliczka; la ligne de démarcation passera par Wieliczka, et s'appuiera à
l'ouest sur la Scawina, et à l'est sur le ruisseau qui se jette dans la Vistule à Brzdegy.

Wieliczka et tout le territoire des mines de
sel appartiendront en commun à l'empereur
d'Autriche et au roi de Saxe. La justice y
sera rendue au nom de l'autorité municipale.
Il n'y aura de troupes que pour la police, et
elles seront en égal nombre de chacune des
deux nations. Les sels autrichiens de Wieliczka pourront être transportés sur la Vistule à
travers le duché de Varsovie, sans être tenus
à aucun droit de péage. Les grains provenant
de la Gallicie autrichienne pourront être exportés par la Vistule.

Il pourra être fait, entre sa majesté l'empereur d'Autriche et sa majesté le roi de Saxe,
une fixation de limites telle, que le San, depuis le point où il touche le cercle de Zamosc
jusqu'à son confluent dans la Vistule, serve
de limite aux deux États.

5° Il cède et abandonne à sa majesté l'empereur de Russie, dans la partie la plus orientale de l'ancienne Gallicie, un territoire renfermant quatre cent mille âmes de population, dans lequel la ville de Brody ne pourra être comprise. Ce territoire sera déterminé à l'amiable entre les commissaires des deux
empires.

4. L'ordre teutonique ayant été supprimé
dans les États de la confédération du Rhin, sa
majesté l'empereur d'Autriche renonce, pour
S. A. I. l'Archiduc Antoine, à la grande
maîtrise de cet ordre dans ces États, et reconnaît la disposition faite des biens de l'ordre
situés hors du territoire de l'Autriche. Il sera
accordé des pensions aux employés de l'ordre.

5. Les dettes hypothéquées sur le sol des
provinces cédées et consenties par les états
de ces provinces, ou résultant des dépenses
faites pour leur administration effective, suivront seules le sort de ces provinces.

6. Les provinces restituées à sa majesté
l'empereur d'Autriche seront administrées à
son compte par les autorités autrichiennes, à
partir du jour de l'échange des ratifications du
présent traité, et les domaines impériaux à
compter du 1er novembre prochain, quelque
part qu'ils soient situés. Il est bien entendu
toutefois que l'armée française prendra dans
le pays ce que ses magasins ne pourront lui
fournir pour la nourriture des troupes, l'entretien des hôpitaux, ainsi que ce qui sera
nécessaire pour l'évacuation de ses malades
et de ses magasins.

Il sera fait par les hautes puissances contractantes un arrangement relatif à toutes les contributions quelconques de guerre, précédemment imposées sur les provinces autrichiennes occupées par les armées françaises et alliées; arrangement en conséquence duquel la

levée desdites contributions cessera entièrement à compter du jour de l'échange des ratifications.

7. Sa majesté l'empereur des Français, roi d'Italie, s'engage à ne mettre aucun empêchement au commerce d'importation et d'exportation de l'Autriche par le port de Fiume, sans que cela puisse s'entendre des marchandises anglaises ou provenant du commerce anglais. Les droits de transit seront moindres pour les marchandises ainsi importées ou exportées, que pour celles de toute autre nation que la nation italienne.

On examinera s'il peut être accordé quelques avantages au commerce autrichien dans les autres ports cédés par le présent traité.

8. Les titres domaniaux, archives, les plans et cartes des pays, villes et forteresses cédés, seront remis dans l'espace de deux mois après l'échange des ratifications.

9. Sa majesté l'empereur d'Autriche, roi de Hongrie et de Bohême, s'engage à acquitter les intérêts annuels et arriérés des capitaux placés, soit sur le Gouvernement, soit sur les états, la Banque, la loterie et autres établissemens publics, par les sujets, corps et corporations de la France, du royaume d'Italie et du grand-duché de Berg.

Des mesures seront prises pour acquitter aussi ce qui est dû au mont Sainte-Thérèse, devenu le mont Napoléon, à Milan.

10. Sa majesté l'empereur des Français s'engage à faire accorder un pardon plein et entier aux habitans du Tyrol et du Vorarlberg qui auront pris part à l'insurrection, lesquels ne pourront être recherchés ni dans leurs personnes ni dans leurs biens.

Sa majesté l'empereur d'Autriche s'engage également à accorder un pardon plein et entier à ceux des habitans des pays dont il recouvre la possession en Gallicie, soit militaires, soit civils, soit fonctionnaires publics, soit particuliers, qui auraient pris part aux levées de troupes ou à l'organisation des tribunaux et administrations, ou à quelque acte que ce soit qui ait eu lieu pendant la guerre; lesquels habitans ne pourront être recherchés ni dans leurs personnes ni dans leurs biens.

Ils auront, pendant six ans, la liberté de disposer de leurs propriétés, de quelque nature qu'elles soient, de vendre leurs terres, même celles qui sont censées inaliénables, comme les fidéi-commis et les majorats, de quitter le pays, et d'exporter le produit de ces ventes ou dispositions en argent comptant ou en fonds d'une autre nature, sans payer aucun droit sur leur sortie, et sans éprouver ni difficultés ni empêchement.

La même faculté est réciproquement réservée aux habitans et propriétaires des pays cédés par le présent traité, et pour le même espace de temps.

Les habitans du duché de Varsovie possessionnés dans la Gallicie autrichienne, soit fonctionnaires publics, soit particuliers, pourront en tirer leurs revenus, sans avoir aucun droit à payer et sans éprouver d'empêchement.

11. Dans les six semaines qui suivront l'échange des ratifications du présent traité, des poteaux seront placés pour marquer l'arrondissement de Cracovie, sur la rive droite de la Vistule : des commissaires autrichiens, français et saxons, seront nommés à cet effet.

Il en sera également placé, et dans un délai semblable, sur la frontière de la Haute-Autriche, sur celles de Salzbourg, de Willach et de la Carniole jusqu'à la Save. Les îles de la Save qui doivent appartenir à l'une ou à l'autre puissance seront déterminées d'après le thalveg de la Save : des commissaires français et autrichiens seront nommés à cet effet.

12. Il sera conclu immédiatement une convention militaire pour régler les termes respectifs de l'évacuation des différentes provinces restituées à sa majesté l'empereur d'Autriche. Ladite convention sera calculée de manière à ce que la Moravie soit évacuée dans quinze jours; la Hongrie, la partie de la Gallicie que conserve l'Autriche, la ville de Vienne et ses environs, dans un mois; la Basse-Autriche dans deux mois, et le surplus des provinces et districts non cédés par le présent traité, dans deux mois et demi, et plus tôt, si faire se peut, à compter du jour de l'échange des ratifications, tant par les troupes françaises que par celles des alliés de la France.

La même convention réglera tout ce qui est relatif à l'évacuation des hôpitaux et des magasins de l'armée française, et à l'entrée des troupes autrichiennes sur le territoire abandonné par les troupes françaises et alliées, ainsi qu'avec l'évacuation de la partie de la Croatie cédée à sa majesté l'empereur des Français par le présent traité.

13. Les prisonniers de guerre faits par la France et ses alliés sur l'Autriche, et par l'Autriche sur la France et ses alliés, et qui n'ont pas encore été restitués, le seront dans quarante jours, à dater de l'échange des ratifications du présent traité.

14. Sa majesté l'empereur des Français, roi d'Italie, protecteur de la confédération du Rhin, garantit l'intégrité des possessions de sa majesté l'empereur d'Autriche, roi de Hongrie et de Bohême, dans l'état où elles se trouvent d'après le présent traité.

15. Sa majesté l'empereur d'Autriche reconnaît tous les changemens survenus ou qui pourraient survenir en Espagne, en Portugal et en Italie.

16. Sa majesté l'empereur d'Autriche voulant concourir au retour de la paix maritime,

adhère au système prohibitif adopté par la France et la Russie vis-à-vis de l'Angleterre, pendant la guerre maritime actuelle. Sa majesté impériale fera cesser toute relation avec la Grande-Bretagne, et se mettra, à l'égard du Gouvernement anglais, dans la position où elle était avant la guerre présente.

17. Sa majesté l'empereur des Français, roi d'Italie, et sa majesté l'empereur d'Autriche, roi de Hongrie et de Bohême, conserveront entre eux le même cérémonial, quant au rang et autres étiquettes, que celui qui a été observé avant la présente guerre.

18. Les ratifications du présent traité seront échangées dans l'espace de six jours, ou plus tôt, si faire se peut.

29 OCTOBRE 1809. — Lettres de création du dépôt de mendicité des départemens de la Loire-Inférieure et de la Vienne. (4, Bull. 250 et 251, n° 4798 et 4821.)

29 OCTOBRE 1809. — Décrets qui autorisent l'acceptation de dons et legs faits aux pauvres et hospices de Tours, Douzel, Carcassonne, Estaires, Péronne, Paris, Sainte-Geneviève, la Bastide-Lauquié, Grenoble, Calosso, Toulouse, Tartas, Montreuil, Gouzenville, Ollioules, Stalhille, Sanghin-en-Weppes, Busca, Anvers-le-Hamon, Craponne, Bruxelles, Saint-Priest, Alissas et Netro. (4, Bull. 257, n°s 4994 à 5013, et Bull. 258, n°s 5118 et 5119.)

29 OCTOBRE 1809. — Décrets qui autorisent l'acceptation d'offres de découvrir, au profit des pauvres et hospices de Bruxelles et de Pellemberg, des biens et rentes célés à la régie du domaine. (4, Bull. 257, n°s 5014 à 5016.)

29 OCTOBRE 1809. — Décret qui fait concession, pour cinquante années, au sieur Delattre et compagnie, du droit d'exploiter les mines de houille situées sur partie des territoires de Pâturage, Quaregnon et Franceries, dans une étendue de surface de trois cinquièmes et demi de kilomètre carré. (4, Bull. 257, n° 5017.)

29 OCTOBRE 1809. — Décret relatif à la séparation et à l'emploi des biens provenant des deux fondations faites en faveur de la paroisse de Lohn (Roër), l'une pour la tenue d'une école gratuite destinée aux enfans des différentes communes qui composent cette paroisse, et l'autre pour la célébration d'une messe. (4, Bull. 257, n° 5018.)

19 OCTOBRE 1809. — Décret qui ordonne le paiement d'une somme de deux mille sept cents francs, pour pensions accordées à neuf veuves de militaires. (4, Bull. 257, n° 5019.)

31 OCTOBRE 1809. — Décret qui fixe au 1er décembre l'ouverture de la session du Corps-Législatif pour l'année 1809. (4, Bull. 246, n° 4751.)

3 NOVEMBRE 1809. — Avis du Conseil-d'Etat sur les droits à exercer relativement aux effets mobiliers d'une personne décédée dans un hospice, et dont la succession est tombée en déshérence. (4, Bull. 248, n° 4778.)

Le Conseil-d'Etat, qui, d'après le renvoi ordonné par sa majesté, a entendu le rapport des sections des finances et de législation sur celui du ministre des finances, présentant la question de savoir si l'administration des domaines est en droit de réclamer les effets mobiliers d'une personne décédée dans un hospice, et dont la succession est tombée en déshérence;

Vu, 1° l'édit du mois de juillet 1566, rendu pour l'hôpital du Saint-Esprit, à Paris, portant que, dans le cas de décès des enfans pendant qu'ils sont nourris et entretenus audit hôpital, les biens meubles et choses qui sont réputées mobilières, qu'ils auront ou qui leur seront échues, appartiendront à cet hôpital, et que les héritiers de ces enfans ne pourront y prétendre;

2° Un autre édit du mois d'avril 1656, portant (article 44) que l'hôpital général de Paris a droit, à l'exclusion des collatéraux, aux biens meubles des pauvres qui décéderont tant audit hôpital que dehors;

3. Des lettres-patentes du 13 septembre 1744, suivant lesquelles le mobilier qui, dans la maison des Incurables, se trouvera appartenir aux malades, appartiendra, en cas de décès, à l'hôpital, quelque disposition qu'ils en aient faite;

4° Un jugement du tribunal de première instance de la Seine, du 24 nivose an 7, prononcé contre les héritiers du sieur Morondat, évêque de Babylone, décédé aux Incurables, lequel atteste la possession de l'administration des hospices dans le droit de recueillir, à son profit, les effets mobiliers des malades décédés dans ces établissemens;

Vu les art. 1er et 3 de la loi du 22 novembre = 1er décembre 1790, portant que les biens et effets, meubles ou immeubles, demeurés vacans et sans maître, et ceux des personnes qui décèdent sans héritiers légitimes, ou dont les successions sont abandonnées, appartiendront à l'Etat;

Vu l'article 768 du Code civil, ainsi conçu :
« A défaut de conjoint survivant, la succession est acquise à l'Etat; »

Vu pareillement les observations et mémoires, tant de l'administration des domaines que de l'administration des hospices civils de Paris;

Considérant que les droits de l'État sur les successions tombées en déshérence ont été reconnus de tout temps, et que la loi du 22 novembre = 1er décembre 1790 et le Code civil n'ont fait que confirmer ce principe incontestable;

Que néanmoins les édits et les lettres-patentes susénoncés ont établi, en faveur des hospices, une exception pour les effets apportés par les malades décédés dans ces établissemens;

Que cet avantage a toujours été considéré comme un léger dédommagement des dépenses occasionnées par les malades;

Est d'avis :

1° Que les effets mobiliers apportés par les malades décédés dans les hospices, et qui y ont été traités gratuitement, doivent appartenir auxdits hospices, à l'exclusion des héritiers et du domaine, en cas de déshérence;

2° Qu'à l'égard des malades ou personnes valides, dont le traitement et l'entretien ont été acquittés de quelque manière que ce soit, les héritiers et légataires peuvent exercer leurs droits sur tous les effets apportés dans les hospices par lesdites personnes malades ou valides; et que, dans le cas de déshérence, les mêmes effets doivent appartenir aux hospices au préjudice du domaine;

3° Qu'il ne doit être rien innové à l'égard des militaires décédés dans les hospices.

3 NOVEMBRE 1809. — Décrets qui autorisent l'acceptation de dons et legs faits aux pauvres et hospices de Montbrison, Azay-sur-Thoué, Toulouse, Peault, Coheim, Montpazier, Zubiena, Mâcon, le Mans, Villefranche et Nancy. (4, Bull. 257, nos 5020 à 5031.)

7 NOVEMBRE 1809. — Lettres de création du dépôt de mendicité du département de la Méditerranée. (4, Bull. 251, n° 4822.)

7 NOVEMBRE 1809. — Décrets qui autorisent le paiement de pensions accordées à des veuves de militaires. (4, Bull. 257, nos 5032 à 5033.)

8 NOVEMBRE 1809. — Décret qui confirme les lettres-patentes du mois de novembre 1657, concernant les sœurs hospitalières de la charité dites Saint-Vincent-de-Paul. (4, Bull. 252, n° 4838.)

12 NOVEMBRE 1809. — Décrets qui autorisent l'acceptation de dons et legs faits aux pauvres et hospices de Puy-Laurent, Sordevolo, Villiers-le-Sec, Beaune, Bagnols, Corbie, Fouilloy, Châlons-sur-Marne et Corcelles. (4, Bull. 257, nos 5034 à 5042.)

12 NOVEMBRE 1809. — Décrets qui autorisent l'acceptation d'offres de découvrir, au profit des pauvres et hospices de Bruxelles, Soignies, Huy, Rocourt, Treis, Mézières, Eckeren, Beyssem, Vossem, Pellemberg, Corbeck, Vieux-Hervelé, Waelbeck et Nereyssche, des biens et rentes célés à la régie du domaine. (4, Bull. 257, nos 5043, 5053 et 5055.)

12 NOVEMBRE 1809. — Décret qui fixe le jour de la tenue des trois foires annuelles établies à Kirchheimboland. (4, Bull. 257, n° 5054.)

12 NOVEMBRE 1809. — Décret qui autorise le bureau de bienfaisance du canton de Thuin, à se mettre en possession d'une rente provenant de l'abbaye d'Aulne, et célée à la régie du domaine. (4, Bull. 257, n° 5056.)

12 NOVEMBRE 1809. — Décret qui établit deux foires annuelles à Longueville. (4, Bull. 257, n° 5057.)

12 NOVEMBRE 1809. — Décret qui autorise les sieurs Tubeuf frères, concessionnaires des mines situées dans l'arrondissement d'Alais, à construire un troisième four de verrerie en verre blanc et en cristaux, dans leur propriété de Rochebelle. (4, Bull. 257, n° 5058.)

12 NOVEMBRE 1809. — Décrets qui autorisent l'acceptation de dons et legs faits aux pauvres et hospices de Pouilly-en-Montagne, Mende, Tours, Semur, Armey-sur-Arroux, St.-Julien-le-Montagnier, Arlay, Carpentras, Chevreuse, Herve, Templeuve-en-Sevèle, Aubervilliers, Mézières, Rethel, Mollonfosse et Calamandrana. (4, Bull. 257, nos 5059 à 5072.)

12 NOVEMBRE 1809. — Décret qui autorise l'acceptation d'offres de découvrir, au profit de l'hôpital général de Mollonfosse et des pauvres de Calamandrana, une rente et deux pièces de terre célées à la régie du domaine. (4, Bull. 257, nos 5073 et 5074.)

12 NOVEMBRE 1809. — Décret qui établit deux foires annuelles à Mars-la-Tour. (4, Bull. 257, n° 5075.)

16 NOVEMBRE 1809. — Décret qui attribue au conseil des prises le jugement des contraventions relatives aux saisies faites par la ligne des douanes françaises établie depuis Réez jusqu'à Travemunde. (4, Bull. 248, n° 4779.)

Art. 1er. Toutes les contestations relatives aux saisies faites par la ligne des douanes françaises établie depuis Réez, sur la rive droite du Rhin, jusqu'à Travemunde, seront jugées par notre conseil des prises.

2. Notre grand-juge, ministre de la justice, et notre ministre des finances, sont chargés de l'exécution du présent décret.

16 NOVEMBRE 1809. — Lettres de création du dépôt de mendicité du département de la Roër. (4, Bull. 251, n° 4823.)

20 NOVEMBRE 1809. — Décret qui ordonne la publication d'une loi et d'un arrêté sur le dépôt des minutes d'actes des juges-de-paix, dans les départemens formés du ci-devant Piémont. (4, Bull. 249, n° 4792.)

20 NOVEMBRE 1809. — Décret qui proroge la faculté accordée aux gardes-forestiers des départemens de la rive gauche du Rhin, de rédiger leurs procès-verbaux dans l'idiôme du pays. (4, Bull. 249, n° 4793.)

20 NOVEMBRE 1809. — Décrets qui concèdent les droits d'exploitation : 1° des mines de houille existantes sur le territoire de la Chapelle-sous-Dun, à la demoiselle Chambon ; 2° des mines de houille de Pétrole ou de Malthe, près Lobsann, au sieur Rosentrill ; 3° de la mine de houille dite Saint-Jacques, située à Adembach, aux sieurs Zinc et Samsel. (4, Bull. 257, n°s 5076 à 5078.)

28 NOVEMBRE 1809. — Décret concernant les prix décennaux pour les ouvrages de sciences, de littérature et d'arts. (4, Bull. 250, n° 4799.)

Voy. décret du 24 FRUCTIDOR an 12.

N...... nous étant fait rendre compte de l'exécution de notre décret du 24 fructidor an 12, qui institue des prix décennaux pour les ouvrages des sciences, de littérature et d'arts,

Du rapport du jury institué par ledit décret ;

Voulant étendre les récompenses et les encouragemens à tous les genres d'études et de travaux qui se lient à la gloire de notre empire ;

Désirant donner aux jugemens qui seront portés le sceau d'une discussion approfondie et celui de l'opinion du public ;

Ayant résolu de rendre solennelle et mémorable la distribution des prix que nous nous sommes réservé de décerner nous-mêmes ;

Nous avons décrété et décrétons ce qui suit :

TITRE Ier. De la composition des prix.

Art. 1er. Les grands prix décennaux seront au nombre de trente-cinq, dont dix-neuf de première classe et seize de seconde classe.

2. Les grands prix de première classe seront donnés :

1° Aux auteurs des deux meilleurs ouvrages de sciences mathématiques : l'un, pour la géométrie et l'analyse pure ; l'autre, pour les sciences soumises aux calculs rigoureux, comme l'astronomie, la mécanique, etc. ;

2° Aux auteurs des deux meilleurs ouvrages de sciences physiques : l'un pour la physique proprement dite, la chimie, la minéralogie, etc.; l'autre, pour la médecine, l'anatomie, etc. ;

3° A l'inventeur de la machine la plus importante pour les arts et les manufactures ;

4° Au fondateur de l'établissement le plus avantageux à l'agriculture ;

5° Au fondateur de l'établissement le plus utile à l'industrie ;

6° A l'auteur de la meilleure histoire ou du meilleur morceau d'histoire générale, soit ancienne, soit moderne ;

7° A l'auteur du meilleur poëme épique ;

8° A l'auteur de la meilleure tragédie représentée sur nos grands théâtres ;

9° A l'auteur de la meilleure comédie en cinq actes, représentée sur nos grands théâtres ;

10° A l'auteur de l'ouvrage de littérature qui réunira, au plus haut degré, la nouveauté des idées, le talent de la composition et l'élégance du style ;

11° A l'auteur du meilleur ouvrage de philosophie en général, soit de morale, soit d'éducation ;

12° Au compositeur du meilleur opéra représenté sur le théâtre de l'Académie impériale de musique ;

13° A l'auteur du meilleur tableau d'histoire ;

14° A l'auteur du meilleur tableau représentant un sujet honorable pour le caractère national ;

15° A l'auteur du meilleur ouvrage de sculpture, sujet héroïque ;

16° A l'auteur du meilleur ouvrage de sculpture, dont le sujet sera puisé dans les faits mémorables de l'histoire de France ;

17° A l'auteur du plus beau monument d'architecture.

3. Les grands prix de seconde classe seront décernés :

1° A l'auteur de l'ouvrage qui fera l'application la plus heureuse des principes des sciences mathématiques ou physiques à la pratique ;

2° A l'auteur du meilleur ouvrage de biographie ;

3° A l'auteur du meilleur poëme en plusieurs chants, didactique, descriptif, ou, en général, d'un style élevé ;

4° Aux auteurs des deux meilleurs petits poëmes, dont les sujets seront puisés dans l'histoire de France ;

5° A l'auteur de la meilleure traduction en vers de poëmes grecs ou latins ;

6° A l'auteur du meilleur poëme lyrique mis en musique et exécuté sur un de nos grands théâtres ;

7° Au compositeur du meilleur opéra-comique, représenté sur un de nos grands théâtres;

8° Aux traducteurs de quatre ouvrages, soit manuscrits, soit imprimés en langue orientale ou en langue ancienne, les plus utiles soit aux sciences, soit à l'histoire, soit aux belles-lettres, soit aux arts;

9° Aux auteurs des trois meilleurs ouvrages de gravure en taille-douce, en médaille et sur pierre fine;

10° A l'auteur de l'ouvrage topographique le plus exact et le mieux exécuté.

4. Outre le prix qui lui sera décerné, chaque auteur recevra une médaille qui aura été frappée pour cet objet.

Titre II. Du jugement des ouvrages.

5. Conformément à l'article 7 du décret du 24 fructidor an 12, les ouvrages seront examinés par un jury composé des présidens et des secrétaires perpétuels de chacune des quatre classes de l'Institut. Le rapport du jury, ainsi que le procès-verbal de ses séances et de ses discussions, seront remis à notre ministre de l'intérieur, dans les six mois qui suivront la clôture du concours.

Le concours de la seconde époque sera fermé le 9 novembre 1818.

6. Le jury du présent concours pourra revoir son travail jusqu'au 15 février prochain, afin d'y ajouter tout ce qui peut être relatif aux nouveaux prix que nous venons d'instituer.

7. Notre ministre de l'intérieur, dans les quinze jours qui suivront la remise qui lui aura été faite du rapport du jury, adressera à chacune des quatre classes de l'Institut la portion de ce rapport et du procès-verbal relative au genre des travaux de la classe.

8. Chaque classe fera une critique raisonnée des ouvrages qui ont balancé les suffrages, de ceux qui ont été jugés, par le jury, dignes d'approcher des prix, et qui ont reçu une mention spécialement honorable.

Cette critique sera plus développée pour les ouvrages jugés dignes du prix; elle entrera dans l'examen de leurs beautés et de leurs défauts, discutera les fautes contre les règles de la langue ou de l'art, ou les innovations heureuses : elle ne négligera aucun des détails propres à faire connaître les exemples à suivre et les fautes à éviter.

9. Ces critiques seront rendues publiques par la voie de l'impression.

Les travaux de chaque classe seront remis par son président au ministre de l'intérieur, dans les quatre mois qui suivront la communication faite à l'Institut.

10. Notre ministre de l'intérieur nous soumettra, dans le cours du mois d'août suivant, un rapport qui nous fera connaître le résultat des discussions.

11. Un décret impérial décerne les prix.

Titre III. De la distribution des prix.

12. La première distribution des prix aura lieu le 9 novembre 1810, et la seconde distribution le 9 novembre 1819, jour anniversaire du 18 brumaire. Ces distributions se renouvelleront ensuite tous les dix ans, à la même époque de l'année.

13. Elles seront faites par nous, en notre palais des Tuileries, où seront appelés les princes, nos ministres et nos grands officiers, des députations des grands corps de l'Etat, le grand-maître et le conseil de l'Université impériale, et l'Institut en corps.

14. Les prix seront proclamés par notre ministre de l'intérieur; les auteurs qui les auront obtenus recevront de notre main les médailles qui en consacreront le souvenir.

15. Notre ministre de l'intérieur est chargé de l'exécution du présent décret.

---

28 NOVEMBRE 1809. — Décret qui dissout l'état-major général de l'armée d'Allemagne, et déclare le prince de Neufchâtel major général de l'armée d'Espagne. (4, Bull. 250, n° 4800.)

28 NOVEMBRE 1809. — Décret portant établissement d'un conseil de prud'hommes à Reims, département de la Marne. (4, Bull. 251, n° 4824.)

---

28 NOVEMBRE 1809. — Décrets qui autorisent l'acceptation de dons et legs faits aux pauvres et hospices de Saint-Pol, Sens, Coblentz, Abbeville et Nice. (4, Bull. 257, n°ˢ 5079 à 5083.)

---

28 NOVEMBRE 1809. — Décrets qui autorisent l'acceptation d'une offre de découvrir, au profit des pauvres de Flavvinnes et de Ronet, trois rentes célées au domaine. (4, Bull. 257, n° 5084.)

---

28 NOVEMBRE 1809. — Décret qui autorise la commission administrative des hospices d'Orléans (Loiret), à procéder, suivant les formes prescrites par le décret du 12 août 1807, à la concession, par baux de vingt-sept ans, de divers biens appartenant à ces hospices. (4, Bull. 279, n° 5339.)

---

28 NOVEMBRE 1809. — Décrets qui établissent des foires à Assigliana et à Montajone. (4, Bull. 257, n°ˢ 5085 et 5086.)

---

4 DÉCEMBRE 1809. — Décret concernant le tarif des droits dus aux avocats au Conseil-d'Etat, pour les affaires sur lesquelles le conseil du

sceau des titres est appelé à délibérer. (4, Bull. 252, n° 4839.)

Voy. décret du 22 JUILLET 1806, art. 41; ordonnance du 18 JANVIER 1826.

Art. 1er. Les droits dus aux avocats en notre Conseil-d'Etat pour les affaires sur lesquelles le conseil du sceau des titres est appelé à délibérer, sont fixés conformément au tarif ci-annexé.

2. Notre conseil du sceau des titres est chargé de l'exécution du présent décret.

———

Tarif des droits dus aux avocats pour les affaires sur lesquelles le conseil du sceau est appelé à délibérer.

SECTION Ire. *Poursuite d'expédition des lettres-patentes.*

Art. 1er. Les frais de poursuites d'expédition de lettres-patentes pour les chevaliers sont fixés à 50 fr.

2. Les frais de poursuite d'expédition des lettres-patentes pour les barons et pour les comtes sont fixés à 150 fr.

3. Les frais de poursuite d'expédition de lettres-patentes pour les ducs sont fixés à 300 fr.

Et ce, non compris les déboursés, avances, ports de lettres, etc.

SECTION II. *Poursuite d'expédition des actes de constitution des dotations faites par sa majesté.*

4. Les frais de poursuite de l'acte de constitution des dotations de deux mille francs sont fixés à 50 fr.

5. Les frais de poursuite de l'acte de constitution des dotations au-dessus de deux mille francs jusqu'à quatre mille francs inclusivement, sont fixés à 100 fr.

6. Les frais de poursuite de l'acte de constitution des dotations au-dessus de quatre mille francs, sont fixés à 150 fr.

Les frais de poursuite de certificats d'inscription, tant pour l'héritier d'une dotation que pour la veuve poursuivant la fixation de sa pension sur une dotation, sont fixés à la moitié des sommes portées dans les trois articles précédens, suivant le montant des dotations sur lesquelles s'exerce le droit d'hérédité ou de pension.

SECTION III. *Des actes qui doivent être frappés par la taxation, et dont l'ensemble s'applique aux demandes et poursuites de majorats, et à toutes les espèces de demandes qui, aux termes des statuts et décrets, peuvent être dans le cas d'être soumises au conseil, hors celles prévues dans la 1re et la 2e section.*

7. Pour la consultation et l'examen des pièces avant de dresser la requête, il sera alloué 50 fr.

8. La requête ne pourra, dans aucun cas, excéder quatre rôles: chaque rôle, au nombre de lignes et de syllabes fixé par le règlement du Conseil-d'Etat, sera taxé à 5 fr.

9. La copie des pièces, quand il sera nécessaire qu'elles ressent annexées à la production, et qu'elles ne pourront être produites en original ou en expédition, chaque rôle, y compris la collation et le certificat de conformité à l'original, sera taxé à 50 c.

10. Pour la vacation au secrétariat, à l'effet de faire la production, il sera alloué 10 fr.

11. Pour la vacation au secrétariat, à l'effet de retirer l'acte indicatif délivré par le prince archi-chancelier, le présenter à la régie de l'enregistrement, le rapporter au secrétariat général du conseil, et en retirer l'expédition qui doit être transcrite au bureau des hypothèques, 25 fr.

12. Pour la requête à laquelle est joint l'acte indicatif transcrit aux hypothèques, tendant à la délivrance des lettres-patentes, y compris les soins et démarches pour avoir fait transcrire l'acte indicatif, 50 fr.

13. Pour la vacation à l'effet de retirer les lettres-patentes, 10 fr.

14. Pour la vacation à l'effet de retirer les pièces, il sera alloué 10 fr.

15. Pour la vacation chez M. le procureur général, il sera alloué dix francs pour chaque enregistrement dans chaque cour et tribunal et bureau d'hypothèques; dans ladite vacation est compris le paiement de toutes les démarches faites pour arriver auxdits enregistrement et transcription, 10 fr.

16. Ces taxations sont indépendantes des frais de poursuite d'expédition des lettres-patentes, qui devront, dans tous les cas, être payés à l'avocat, ainsi qu'il est porté en la première section.

17. Dans celles des affaires pour poursuite de majorats, sur demandes qui se trouveraient, par leur nature et les difficultés qu'elles auraient présentées, pouvoir donner lieu à un paiement extraordinaire pour peines et soins; dans le cas où la partie et l'avocat ne seraient pas d'accord, le montant de l'émolument de ce dernier, pour cette partie de la taxation, sera fixé par celui de MM. les membres du conseil qui aurait fait le rapport de l'affaire.

18. Dans tous les cas, les frais et déboursés seront payés séparément.

———

4 DÉCEMBRE 1809. — Décret portant établissement d'un nouveau mont-de-piété à Gênes. (4, Bull. 327, n° 6115.)

———

4 DÉCEMBRE 1809. — Décret contenant règlement pour l'administration du mont-de-piété à Gênes. (4, Bull. 327, n° 6116.)

———

4 DÉCEMBRE 1809. — Décret portant suppression des maisons de prêt établies à Gênes. (4, Bull. 327, n° 6117.)

———

4 DÉCEMBRE 1809. — Décrets qui ordonnent le paiement de pensions accordées à des veuves de militaires. (4, Bull. 257, n°s 5087 et 5088.)

———

4 DÉCEMBRE 1809. — Décrets relatifs à la tenue et à l'établissement des foires de Toulon et de Charmes. (4, Bull. 257, n°s 5089 et 5090.)

———

4 DÉCEMBRE 1809. — Décret qui homologue la cession faite par le sieur Gottfred-Meiner au sieur Binninger, de la moitié du droit d'établir à Lucelle un haut-fourneau pour la fabrication du fer. (4, Bull. 257, n° 5091.)

5 DÉCEMBRE 1809. — Acte du Sénat conservateur qui nomme M. Favart membre de la Cour de cassation. (4, Bull. 251, n° 4825.)

9 DÉCEMBRE 1809. — Décret concernant les droits à percevoir, en faveur des pauvres, des hospices, sur les spectacles, bals, concerts, danses et fêtes — Annexé au décret du 13 février 1812. (4, Bull. 222, n° 7694.)

Voy. lois d'17 FRIMAIRE an 5, du 25 MARS 1807, art. 131.

Art. 1er. Les droits qui ont été perçus jusqu'à ce jour en faveur des pauvres ou des hospices, en sus de chaque billet d'entrée et d'abonnement dans les *spectacles*, et sur la recette brute des *bals, concerts, danses* et *fêtes publiques,* continueront à être indéfiniment perçus, ainsi qu'ils l'ont été pendant le cours de cette année et des années antérieures, sous la responsabilité des receveurs et contrôleurs de ces établissemens.

2. La perception de ces droits continuera, pour Paris, d'être mise en ferme ou régie intéressée, d'après les formes, clauses, charges et conditions qui en seront approuvées par notre ministre de l'intérieur. En cas de régie intéressée, le receveur comptable de ces établissemens et le contrôleur des recettes et dépenses seront spécialement chargés du contrôle de la régie, sous l'autorité de la commission exécutive des hospices, et sous la surveillance du préfet de la Seine.

3. Dans le cas où la régie intéressée jugerait utile de souscrire des abonnemens, ils ne pourront avoir lieu qu'avec notre approbation en Conseil-d'Etat, comme pour les biens des hospices à mettre en régie; et cette approbation ne sera donnée que sur l'avis du préfet de la Seine, qui consultera la commission exécutive et le conseil des hospices.

4. Les représentations gratuites et à bénéfice seront, au surplus, exemptes des droits mentionnés aux articles qui précèdent, sur l'augmentation mise au prix ordinaire des billets.

5. Notre ministre de l'intérieur est chargé de l'exécution du présent décret.

9 DÉCEMBRE 1809. — Décret qui autorise l'aliénation des rentes sur particuliers dont la caisse d'amortissement est cessionnaire. (4, Bull. 253, n° 4841.)

Art. 1er. La caisse d'amortissement est autorisée à aliéner, par voie d'enchères publiques, les rentes sur particuliers dont elle est cessionnaire par le décret du 5 mars 1806.

2. Lesdites ventes ne seront ouvertes que dans trois mois de la publication du présent; et les débiteurs des rentes auront, pendant ledit délai, la faculté d'en effectuer le rachat en payant le capital d'après les bases suivantes, savoir:

De douze fois la rente, pour celles à prix d'argent sujettes à retenue;

De quinze fois la rente, pour celles à prix d'argent exemptes de retenues;

De dix-huit fois la rente, pour celles en denrées sujettes à retenue;

De vingt fois la rente, pour celles en denrées exemptes de retenue.

Leurs soumissions seront même admises jusqu'à l'époque de la mise en vente des rentes qu'ils servent.

3. Pour l'évaluation des rentes en nature, il sera fait un prix commun des trois années 1806, 1807 et 1808, d'après les mercuriales du département, conformément au décret du 26 avril 1808.

4. Les débiteurs de rentes qui auront déclaré vouloir les racheter, et qui ne satisferaient pas en temps utile aux conditions de paiement imposées dans l'article 9 ci-dessous, seront soumis aux mêmes peines que les adjudicataires de biens nationaux.

5. Après l'expiration du délai porté en l'article 2, il sera dressé un état des rentes à aliéner aux enchères: cet état indiquera si les rentes sont sujettes ou non à la retenue, si elles sont payables en argent ou en denrées, et la fixation de leur mise à prix, conformément aux dispositions des articles 2 et 3.

6. Les rentes au-dessous de vingt francs pourront être réunies par lots jusqu'à la somme de cent francs, en ayant soin de ne joindre que celles payables dans un même canton.

Mention des lots sera faite dans l'état voulu par l'article précédent.

7. L'état ainsi dressé sera déposé dans le bureau de la direction des domaines, et affiché dans la salle publique du département où les rentes sont payables, pour que les particuliers puissent en prendre communication.

Chacun pourra provoquer la mise aux enchères des rentes qu'il voudra acquérir, en faisant soumission de se rendre adjudicataire aux taux fixés par l'état formé en exécution de l'article 5.

8. Les adjudicataires des rentes, et les débiteurs qui en auront opéré le rachat, ne seront tenus d'aucuns autres frais que du paiement du timbre et du droit fixe d'un franc pour l'enregistrement de chaque procès-verbal d'adjudication ou de rachat: ces frais seront payés comptant. L'adjudication de plusieurs rentes, faite le même jour à un seul

adjudicataire, pourra être portée dans un seul procès-verbal.

9. Les prix d'adjudication et de rachat seront payables en numéraire, et dans les délais ci-après :

Les prix d'adjudication de cinq cents francs et au-dessous seront payés sans intérêt dans le mois de la vente. Ceux de cinq cents francs à deux mille francs seront acquittables de trois en trois mois, en deux, trois ou quatre termes, suivant leur quotité, de manière que le premier paiement sera toujours de cinq cents francs, et que ceux qui suivront, excepté le dernier, ne pourront être moindres. Les premiers cinq cents francs seront payables dans le mois, sans intérêt ; le surplus de la somme due portera intérêt à cinq pour cent, à compter de l'échéance du premier mois de l'adjudication jusqu'à celui du paiement. Ceux au-dessus de deux mille francs seront payables par quarts ; le premier dans le mois de l'adjudication, sans intérêts, et les autres de six en six mois, à compter de l'échéance du premier mois : les trois derniers quarts produiront intérêt à cinq pour cent depuis la même échéance.

10. Il sera loisible à tout acquéreur d'anticiper ses paiemens pour faire cesser le cours des intérêts de son prix, et pour obtenir la remise définitive de son contrat d'adjudication, afin de disposer des rentes adjugées comme de sa propriété.

11. Les adjudications seront consenties par les préfets comme pour les immeubles : mais les procès-verbaux d'adjudication portant transmission de la propriété des rentes ne pourront être remis aux mains de l'adjudicataire qu'après le paiement entier du prix de l'adjudication. Jusqu'alors ils resteront déposés aux mains du directeur des domaines, lequel, au surplus, à la vue de la quittance du paiement du premier terme dudit prix, donnera à l'acquéreur, sans autres frais que le timbre, un certificat portant les pouvoirs nécessaires pour assurer et exiger le service des rentes adjugées : ce certificat sera enregistré *gratis*.

12. L'adjudicataire aura droit à la jouissance des arrérages qui ne seront devenus exigibles que depuis le jour de son adjudication inclusivement, de manière qu'il n'y ait à faire entre lui et la caisse aucun partage de termes. Les stipulations des titres pour les époques de paiement seront prises pour base des droits réciproques, et devront être mentionnées sur l'état affiché.

13. L'article 8 de la loi du 15 floréal an 10, concernant la déchéance des acquéreurs d'immeubles, sera commun aux acquéreurs de rentes.

14. Notre ministre des finances est chargé de l'exécution du présent décret.

9 DÉCEMBRE 1809. — Décret sur la manière de constater l'enlèvement d'eaux salées, dans les départemens au-delà des Alpes où la régie des sels et tabacs exerce un privilége. (4, Bull. 253, n° 4842.)

Art. 1er. Tous enlèvemens d'eaux salées, dans les puits, sources, réservoirs, conduits et magasins des salines comprises dans la régie des sels et tabacs, dans les départemens de l'empire situés au-delà des Alpes où la régie des sels et tabacs exerce son privilége, pourront être constatés dans les formes prescrites par l'article 57 de la loi du 24 avril 1806, et punis des peines portées par l'article 5 de la même loi, lesquels articles seront au besoin promulgués dans ces départemens.

2. Notre grand-juge, ministre de la justice, et notre ministre des finances, sont chargés de l'exécution du présent décret.

———

9 DÉCEMBRE 1809. — Décret qui ordonne le recouvrement provisoire des contributions directes de 1810, pour les trois premiers douzièmes. (4, Bull. 251, n° 4826.)

Art. 1er. Provisoirement, et en attendant la promulgation de la loi de 1809 sur les finances, les rôles des contributions directes de 1810 seront mis en recouvrement pour les trois premiers douzièmes, à l'époque ordinaire du 1er janvier prochain.

2. Notre ministre des finances est chargé de l'exécution du présent décret.

———

9 DÉCEMBRE 1809. — Décret portant concession de mines de fer, plomb et calamine, dites Tupelingen, et interdiction de toute exploitation particulière de calamine établie dans les départemens de la Roër, de l'Ourte et circonvoisins. (4, Bull. 253, n° 4843.)

———

9 DÉCEMBRE 1809. — Décret relatif à la tenue des foires de Cherac. (4, Bull. 257, n° 5092.)

———

13 DÉCEMBRE 1809. — Décret qui fixe un terme pour la remise des titres des créanciers de la ci-devant université de Louvain, et de la dette des départemens de la rive gauche du Rhin, mise à la charge de la France. (4, Bull. 253, n° 4844.)

Art. 1er. Les créanciers de la ci-devant université de Louvain sont tenus d'adresser, d'ici au 1er mars 1810, à notre ministre d'Etat directeur général de la liquidation, les titres de leurs créances ; faute de quoi, et ledit délai passé, ils seront déchus définitivement.

2. Les créanciers de la dette des départemens de la rive gauche du Rhin mise à la charge de la France, sans division ni partage

avec les Gouvernemens de la rive droite, sont tenus de remettre, dans le même délai ci-dessus fixé, leurs titres de créances aux préfets de leurs départemens, à peine de déchéance définitive.

3. Notre ministre des finances est chargé de l'exécution du présent décret.

13 DÉCEMBRE 1809. — Décret relatif à la suppression du conseil de liquidation, et aux créances arriérées des années 5, 6, 7, 8 et 9, dots, reprises et droits héréditaires sur confiscation d'émigrés, etc. (Dépôt des Lois, ms.)

Voy. décret du 25 FÉVRIER 1808 ; loi du 15 JANVIER 1810, tit. VI, et les notes.

N....... sur le rapport de la commission spéciale chargée de l'examen des exceptions proposées à notre décret du 25 février 1808 par notre ministre d'Etat directeur général de la liquidation de la dette publique ;

Vu notre décret du 25 février 1808 ;

Notre Conseil-d'Etat entendu,

Nous avons décrété et décrétons ce qui suit :

Art. 1er. Le conseil de liquidation sera définitivement supprimé au 1er janvier prochain.

2. Les états des créances arriérées sur les années 5, 6, 7 et 8, liquidées par le conseil général de la liquidation, depuis le 1er mars 1808 jusqu'au 31 décembre dernier, sont approuvés ; en conséquence, les vingt-huit mille quatre cent soixante-dix-neuf articles des dettes de cette nature compris aux états pour quatre cent quarante-deux mille sept francs de rentes, dites cinq pour cent consolidés, seront inscrits au grand-livre avec jouissance du semestre courant.

3. Les états composés de 98 articles de créances de l'an 9 liquidées pendant ce temps par le conseil général de liquidation, montant ensemble à la somme de cent soixante-dix-sept mille six cent quarante-sept fr. en capital, sont approuvés.

4. Notre ministre d'Etat directeur général de la liquidation est chargé de faire procéder, d'ici au 1er juillet 1810, à l'examen de toutes les demandes en liquidation, dans le cas des exceptions que notre commission spéciale nous a proposé d'admettre, savoir : 1o les dots, reprises et droits héréditaires sur confiscation d'émigrés, pourvu toutefois qu'elles aient été formées avant l'époque de déchéance du 1er germinal an 7, et que les justifications prescrites par l'arrêté du Gouvernement du 3 floréal an 11 aient été faites ; 2o le prix des ventes d'immeubles faites à l'Etat, les

créances résultant des travaux de constructions et de réparations faites à des édifices publics appartenant au Gouvernement, et qui en ont augmenté la valeur ; 3o les réclamations ayant pour objet l'indemnité qui peut être due aux engagistes et échangistes qui n'ont été dépossédés que depuis la loi du 11 pluviose an 12 ; 4o les créances sur émigrés données en paiement de domaines nationaux, ou autres compensations ; 5o les créances qui résultent des paiemens faits à la charge du Trésor public ; 6o les réclamations individuelles renvoyées à la liquidation par nos décrets spéciaux ; 7o les actions dans l'emprunt de vingt mille florins ouvert en Hollande pour les Etats de Liége, en 1794 ; 8o les créances sur la ci-devant université de Louvain, et celles provenant de la dette des départemens de la rive gauche du Rhin, mises exclusivement à la charge de la France, dont les titres auront été produits avant le 1er mars 1810 ; 9o les créances dont les productions n'ont pu être admises par le conseil général de liquidation, parce qu'elles lui sont parvenues depuis le décret du 25 février 1808 ; 10o les créances comprises aux états de rejet, et qui, par les productions faites depuis, se trouveront susceptibles d'être liquidées.

5. Notre ministre d'Etat directeur général de la liquidation nous soumettra audit jour, 1er juillet 1810, au plus tard, le résultat du travail prescrit par l'article précédent.

6. Les préfets des quatre départemens de la rive gauche du Rhin arrêteront au 1er mars 1810 les registres des productions, et procéderont, dans le délai de deux mois à compter de la même époque, à la liquidation provisoire de toutes les créances constituées ou portant intérêt dont les titres leur auront été produits en temps utile.

Ils comprendront dans les états sommaires les créances exigibles, non susceptibles d'être liquidées d'après les dispositions du décret du 25 février 1808.

Ils adresseront le tout successivement, et avant le 1er mai 1810, au bureau de liquidation, à Mayence, lequel sera supprimé au 1er juillet 1810.

7. Notre ministre d'Etat directeur général de la liquidation procédera, d'ici au 1er juillet 1810, à l'examen définitif de toutes les comptabilités qui n'auront pas encore été jugées par le conseil général de liquidation, et nous en soumettra ledit jour, 1er juillet, au plus tard, le résultat.

8. Les comptables qui n'auront pu être apurés avant ladite époque seront renvoyés à notre cour des comptes (1).

_____

(1) Les questions de comptabilité publique doivent être portées devant l'autorité administrative, nonobstant la clause insérée dans un marché fait avec le Gouvernement, qui attribue à

9. Les liquidations qui resteront à faire au-dit jour des créances données en paiement de domaines nationaux seront renvoyées à la direction générale des domaines, pour par elle être liquidées provisoirement, et soumises à notre ministre des finances, qui les présentera à notre approbation (1).

10. Il en sera de même pour les rembour-semens réclamés par des engagistes ou échangistes dépossédés depuis la loi de pluviose an 12 (2).

11. A compter dudit jour, 1er janvier, les opérations dont se trouvait chargé le conseil général de liquidation, par l'arrêté du 15 floréal an 11, pour la fixation des nouvelles pensions à accorder, pour services civils, seront attribuées à notre ministre des finances.

12. Les demandes en rétablissement des pensions rejetées du registre du Trésor, en exécution de l'article 9 du même arrêté, lui seront également attribuées : il en sera de même des demandes en pensions ecclésiastiques.

13. Il ne pourra être inscrit au Trésor aucune rente perpétuelle et viagère, ni pension, qu'elles n'aient été préalablement comprises dans un état par nous approuvé, sur la proposition de notre ministre des finances.

14. Les registres, états et archives du conseil général de liquidation seront mis à la disposition de notre ministre des finances le 1er juillet prochain.

13 DÉCEMBRE 1809. — Décret portant proroga-tion du conseil extraordinaire de liquidation institué à Turin. (4, Bull. 264, n° 5149.)

14 DÉCEMBRE 1809. — Acte du Sénat conserva-teur qui nomme MM. de la Ville, Pastoret et Orillard de Villemanzy, membres du Sénat. (4, Bull. 253, n° 4845.)

16 DÉCEMBRE 1809. — Sénatus-consulte portant dissolution du mariage contracté entre l'em-pereur Napoléon et l'impératrice Joséphine (3). (4, Bull. 253, n° 4840.)

Le Sénat conservateur, réuni au nombre de membres prescrit par l'article 90 de l'acte des constitutions, en date du 13 décembre 1799;

Vu l'acte dressé le 15 du présent mois par l'archi-chancelier de l'empire, dont la teneur suit :

L'an 1809, et le quinzième jour du mois de décembre, à neuf heures du soir, nous, Jean-Jacques Régis Cambacérès, prince, archi-chancelier de l'empire, duc de Parme, exerçant les fonctions qui nous sont attribuées par le titre II, article 14, des statuts de la famille impériale, et en vertu des ordres qui nous ont été adressés par sa majesté l'empereur et roi, dans sa lettre close en date de ce jour, dont la teneur suit :

« Mon cousin, notre intention est que
« vous vous rendiez aujourd'hui, 15 décem-
« bre, à neuf heures du soir, dans notre
« grand cabinet du palais des Tuileries, as-
« sisté du secrétaire de l'état civil de notre
« famille impériale, pour y recevoir de notre
« part, et de celle de l'impératrice, notre chère
« épouse, une communication de grande
« importance. A cet effet, nous avons or-
« donné que la présente lettre close vous soit
« expédiée. Sur ce, nous prions Dieu qu'il
« vous ait, mon cousin, en sa sainte et di-
« gne garde. A Paris, le 15 décembre 1809,
« Et au dos est écrit : à notre cousin le prince
« archi-chancelier, duc de Parme. »

Nous nous sommes rendus dans la salle du trône, au palais des Tuileries, assistés de Michel-Louis-Etienne Regnault de Saint-Jean d'Angely, comte de l'empire, ministre d'Etat, secrétaire de l'état de la famille impériale.

Un quart d'heure après, nous avons été introduits dans le grand cabinet de l'empereur, où nous avons trouvé sa majesté l'empereur et roi avec sa majesté l'impératrice, et accompagné de leurs majestés les rois de Hollande, de Westphalie et de Naples, de son altesse impériale le prince vice-roi, des reines d'Espagne, de Naples, de Hollande, et de Madame, et de son altesse sérénissime la princesse Pauline.

Sa majesté l'empereur et roi a daigné nous adresser la parole en ces termes :

« Mon cousin le prince archi-chancelier,
« je vous ai expédié une lettre close en date
« de ce jour, pour vous ordonner de vous
« rendre dans mon cabinet, afin de vous faire
« connaître la résolution que moi et l'impéra-
« trice, ma chère épouse, nous avons prise.
« J'ai été bien aise que les rois, reines et
« princesses, mes frères et sœurs, beaux-frè-
« res et belles-sœurs, ma belle-fille, et mon
« beau-fils, devenu mon fils d'adoption

---

des arbitres la connaissance des difficultés qui pourront survenir (19 février 1823, ord. S. 24, 2, 144).

(1 et 2) *Voyez* M. de Cormenin, *Questions de droit administratif*, v° *Liquidation*, p. 281, où se trouvent expliquées les raisons qui ont motivé

ces dispositions, et le sens dans lequel doit être entendue celle relative aux engagistes et échangistes; *voy.* d'ailleurs la loi du 28 avril 1816, art. 116.

(3) *Voy.* les discours prononcés dans le Sénat (Sirey, 10, 2, 34).

« ainsi que ma mère, fussent présens à ce
« que j'avais à vous faire connaître.

« La politique de ma monarchie, l'intérêt
« et le besoin de mes peuples, qui ont cons-
« tamment guidé toutes mes actions, veulent
« qu'après moi je laisse à des enfans, héritiers
« de mon amour pour mes peuples, ce trône
« où la Providence m'a placé. Cependant,
« depuis plusieurs années, j'ai perdu l'espé-
« rance d'avoir des enfans de mon mariage
« avec ma bien-aimée épouse l'impératrice
« Joséphine; c'est ce qui me porte à sacri-
« fier les plus douces affections de mon cœur,
« à n'écouter que le bien de l'État, et à vou-
« loir la dissolution de notre mariage.

« Parvenu à l'âge de quarante ans, je puis
« concevoir l'espérance de vivre assez pour
« élever dans mon esprit et dans ma pensée
« les enfans qu'il plaira à la Providence de
« me donner. Dieu sait combien une pareille
« résolution a coûté à mon cœur; mais il n'est
« aucun sacrifice qui soit au-dessus de mon
« courage, lorsqu'il m'est démontré qu'il est
« utile au bien de la France.

« J'ai le besoin d'ajouter que, loin d'avoir
« jamais eu à me plaindre, je n'ai au con-
« traire qu'à me louer de l'attachement et de
« la tendresse de ma bien-aimée épouse; elle
« a embelli quinze ans de ma vie, le souve-
« nir en restera toujours gravé dans mon
« cœur. Elle a été couronnée de ma main : je
« veux qu'elle conserve le rang et le titre
« d'impératrice; mais, surtout, qu'elle ne
« doute jamais de mes sentimens, et qu'elle
« me tienne toujours pour son meilleur et
« son plus cher ami. »

Sa majesté l'empereur et roi ayant cessé
de parler, sa majesté l'impératrice-reine a
pris la parole en ces termes :

« Avec la permission de notre auguste
« et cher époux, je dois déclarer que, ne
« conservant aucun espoir d'avoir des en-
« fans qui puissent satisfaire les besoins de
« sa politique et l'intérêt de la France, je me
« plais à lui donner la plus grande preuve
« d'attachement et de dévouement qui ait
« jamais été donnée sur la terre. Je tiens tout
« de ses bontés; c'est sa main qui m'a cou-
« ronnée, et, du haut de ce trône, je n'ai
« reçu que des témoignages d'affection et d'a-
« mour du peuple français.

« Je crois reconnaître tous ces sentimens
« en consentant à la dissolution d'un mariage
« qui désormais est un obstacle au bien de la
« France, qui la prive du bonheur d'être un
« jour gouvernée par les descendans d'un
« grand homme si évidemment suscité par la
« Providence pour effacer les maux d'une ter-
« rible révolution, et de rétablir l'autel, le
« trône et l'ordre social. Mais la dissolution
« de mon mariage ne changera rien au sen-
« timent de mon cœur : l'empereur aura tou-

« jours en moi sa meilleure amie. Je sais
« combien cet acte, commandé par la politi-
« que et par de si grands intérêts, a froissé
« son cœur; mais l'un et l'autre nous sommes
« glorieux du sacrifice que nous faisons au
« bien de la patrie. »

Sur quoi, leurs majestés impériales et royales nous ayant demandé acte de leurs déclarations respectives, ainsi que du consentement mutuel qu'elles contiennent, et que
leurs majestés donnent à la dissolution de leur
mariage, comme aussi du pouvoir que leurs
majestés nous confèrent de suivre partout où
besoin serait, et près de qui il appartien-
drait, l'effet de leur volonté, nous, prince,
archi-chancelier de l'empire, déférant aux
ordres et réquisitions de leurs majestés, nous
avons donné le susdit acte, et dressé, en conséquence, le présent procès-verbal, pour
servir et valoir ainsi que de droit; auquel
procès-verbal leurs majestés ont apposé leur
signature, et qui, après avoir été signé par
les rois, reines, princesses, et prince présens, a été signé par nous, et contre-signé par
le secrétaire de l'état de la famille impériale,
qui l'a écrit de sa main.

Fait au palais des Tuileries, les jour, heure
et an que dessus.

Signé *Napoléon, Joséphine, Madame,
Louis, Jérôme Napoléon, Joachim
Napoléon, Eugène Napoléon, Julie,
Hortense, Catherine, Pauline-Caro-
line, Cambacérès,* prince archi-chan-
celier, le comte *Regnault de Saint-
Jean d'Angely.*

Vu le projet du sénatus-consulte rédigé en
la forme prescrite par l'article 57 de l'acte
des constitutions du 4 août 1802;

Après avoir entendu, sur les motifs dudit
projet, les orateurs du Conseil-d'État et le
rapport de sa commission spéciale nommée
dans la séance de ce jour;

L'adoption ayant été délibérée au nombre
de voix prescrit par l'art. 56 de l'acte des
constitutions du 4 août 1802,

Décrète :

Art. 1er. Le mariage contracté entre l'empereur Napoléon et l'impératrice Joséphine
est dissous.

2. L'impératrice Joséphine conservera les
titre et rang d'impératrice-reine couronnée.

3. Son douaire est fixé à une rente annuelle de deux millions de francs sur le Trésor de l'État.

4. Toutes les dispositions qui pourront être
faites par l'Empereur en faveur de l'impératrice Joséphine, sur les fonds de la liste civile, seront obligatoires pour ses successeurs.

5. Le présent sénatus-consulte sera transmis par un message à sa majesté impériale
et royale.

17 DÉCEMBRE 1809. — Décret qui proroge jusqu'au 1er janvier 1811, le délai fixé pour la mise en activité du Code d'instruction criminelle. (4, Bull. 253, n° 4846.)

Voy. décrets du 13 MARS 1810, du 23 JUILLET 1810, du 25 NOVEMBRE 1810.

N..... sur le rapport de notre grand-juge, ministre de la justice;

Considérant que les motifs qui ont donné lieu au décret du 2 février dernier, relatif à la mise en activité du Code d'instruction criminelle, subsistent encore aujourd'hui; que les autorités judiciaires dont ce Code nécessite l'existence ne peuvent être organisées qu'après diverses opérations sans lesquelles leur marche serait entravée dès les premiers pas; que ces opérations exigent un grand nombre de renseignemens qu'il n'a pas encore été possible de recueillir; qu'il est indispensable de connaître les ressources et les besoins de chaque localité; qu'enfin le délai prononcé par le décret du 2 février est insuffisant pour terminer un travail dont les détails sont aussi multipliés que son objet est important;

Notre Conseil-d'Etat entendu,

Nous avons décrété et décrétons ce qui suit :

Art. 1er. Nos cours et nos tribunaux continueront d'exécuter comme par le passé, jusqu'au 1er janvier 1811, les lois relatives à la poursuite, à l'instruction et au jugement des affaires criminelles, de police correctionnelle, et de simple police.

2. Notre grand-juge, ministre de la justice, est chargé de l'exécution du présent décret.

---

17 DÉCEMBRE 1809. — Décret qui ordonne le paiement d'une somme de quinze cent trente-huit francs, pour pensions accordées à sept veuves de militaires. (4, Bull. 257, n° 5093.)

---

19 DÉCEMBRE 1809. — Avis du Conseil-d'Etat. (Droit d'enregistrement.) *Voy.* 22 DÉCEMBRE 1809.

---

22 DÉCEMBRE 1809. — Décret qui défend d'introduire dans le vinaigre des acides minéraux ou des mèches soufrées. (4, Bull. 256, n° 4936.)

N....... sur le rapport de notre ministre de l'intérieur;

Vu les dispositions de la loi du 19 = 22 juillet 1791, relatives aux peines à infliger aux falsificateurs de boissons, etc.;

Considérant que, dans certains départemens, les fabricans et marchands de vinaigre, sous prétexte d'augmenter la force et la qualité acide de ce liquide, sont dans l'usage d'y introduire des acides minéraux, ou des mèches soufrées qui, lors de leur combustion, produisent l'acide sulfurique;

Considérant que l'usage intérieur d'un vinaigre contenant de l'acide sulfurique est nuisible à la santé;

Notre Conseil-d'Etat entendu,

Nous avons décrété et décrétons ce qui suit :

Art. 1er. Il est défendu aux fabricans et marchands de vinaigre d'ajouter, sous quelque prétexte que ce soit, des acides minéraux, et spécialement de l'acide sulfurique, à leurs vinaigres, ni d'y introduire des mèches soufrées.

2. Notre ministre de l'intérieur fera publier une instruction pour indiquer les moyens de reconnaître la présence et estimer la quantité de l'acide sulfurique qui pourrait avoir été ajoutée au vinaigre.

3. Les contrevenans seront poursuivis comme falsificateurs de boissons, conformément à la loi du 19 = 22 juillet 1791.

4. Notre grand-juge, ministre de la justice, et les ministres de l'intérieur et de la police générale, sont chargés de l'exécution du présent décret.

---

22 DÉCEMBRE 1809. — Avis du Conseil-d'Etat sur une question relative à la perception du droit proportionnel pour les donations de biens présens faites par contrat de mariage. (4, Bull. 256, n° 4938.)

Le Conseil-d'Etat, qui, d'après le renvoi ordonné par sa majesté, a entendu le rapport des sections des finances et de législation sur celui du ministre des finances, présentant la question de savoir si, dans une donation de biens présens et à venir, faite par contrat de mariage, le droit proportionnel d'enregistrement est dû pour les biens présens, *lorsqu'il est stipulé que le donateur entrera de suite en jouissance*;

Vu, 1° l'art. 4 de la loi du 22 frimaire an 7; 2° les art. 1084, 1085, 1089 et 1090 du Code civil;

Vu les observations de l'administration des domaines et de l'enregistrement;

Considérant,

1° Qu'aux termes de l'art. 4 de la loi du 22 frimaire an 7, le droit proportionnel d'enregistrement est dû lorsqu'il y a transmission réelle de propriété, d'usufruit ou de jouissance;

2° Que le droit de retour, en cas de survie de la part du donateur, conformément à l'article 1089 du Code, ni la réduction à la quotité disponible, aux termes de l'art. 1090, n'empêchent pas que la jouissance qui serait accordée de suite par le contrat de mariage ne soit une véritable mutation, et conséquemment passible du droit proportionnel,

Est d'avis,

Que, pour les donations de biens présens et à venir, faites par contrat de mariage, soit qu'elles soient faites cumulativement ou par des dispositions séparées, le droit proportionnel est dû pour les biens présens toutes les fois qu'il est stipulé que le donataire entrera de suite en jouissance (1).

22 DÉCEMBRE 1809. — Décret qui ordonne l'établissement d'un conseil de prud'hommes à Tarare, département du Rhône. (4, Bull. 256, n° 4937.)

22 DÉCEMBRE 1809. — Décrets qui autorisent l'acceptation de dons et legs faits aux hospices de Bressuire et de Mussidan. (4, Bull. 257, n°s 5094 et 5095.)

22 DÉCEMBRE 1809. — Décret qui autorise l'acceptation d'une offre de découvrir, au profit des hospices de Bruxelles, des terres célées à la régie du domaine. (4, Bull. 257, n° 5096.)

23 DÉCEMBRE 1809. — Loi qui autorise la vente de plusieurs canaux appartenant à l'État. (4, Bull. 256, n° 4935; Mon. du 24 décembre 1809.)

Art. 1er. Le Gouvernement est autorisé à vendre les vingt-une portions deux tiers appartenant à l'État dans le canal du Midi.

Seront également vendus les canaux d'Orléans et de Loing, le canal du Centre et celui de Saint-Quentin.

2. Le produit de la vente de ces canaux sera versé à la caisse d'amortissement; il sera d'abord employé à terminer:

1° Le canal Napoléon, qui joint le Rhin à la Saône;

2° Le canal de Bourgogne, qui joint la Seine à la Saône;

3° Le grand canal du Nord, qui joint l'Escaut au Rhin.

Le surplus des fonds sera destiné à des travaux relatifs à la communication du canal de l'Ourcq avec la Meuse, à l'amélioration de la navigation de la Seine, de la Marne, et à l'accroissement des moyens de communication avec Paris, ainsi qu'à des travaux d'utilité publique.

3. L'évaluation et estimation des canaux et portions de canaux désignés en l'article 1er, les conditions générales et la forme de la vente, le mode de transmission de la propriété aux acquéreurs, le mode de jouissance par les actionnaires, le régime de leur asso-

ciation, et le mode d'administration des canaux aliénés, seront fixés par des réglemens d'administration publique.

23 DÉCEMBRE 1809. — Loi qui autorise des aliénations, acquisitions, concessions à rentes et échanges en faveur des pauvres et hospices de différentes communes. (4, Bull. 258, n° 5111; Mon. du 24 décembre.)

TITRE IV. Dispositions générales.

Art. 46. Les impositions accordées aux communes auront lieu sur les contributions foncière, mobilière, personnelle et somptuaire, au centime le franc.

47. Toutes les fois qu'un des preneurs à rente voudra l'amortir, il en aura la faculté, en payant vingt années du montant de la rente.

48. Si la somme que chaque hospice aura à sa disposition provenant du remboursement, aliénation ou soulte d'échange, par suite de la présente loi, n'a pas d'affectation spéciale, et peut suffire à acquérir cinquante francs de rente sur l'État, cette acquisition sera faite sous la surveillance du préfet, à moins qu'il n'y ait autorisation contraire et spéciale. Si elle n'est pas suffisante pour acheter cinquante francs de rente, le préfet en réglera l'emploi.

49. Tous les travaux qu'un hospice aura à faire en vertu de la présente loi seront, si fait n'a déjà été, évalués par devis, adjugés au rabais, et ensuite faits, reçus et payés comme les travaux publics nationaux, sous l'inspection gratuite d'un ingénieur du département et sous la surveillance du préfet (2).

25 DÉCEMBRE 1809. — Décret contenant organisation du gouvernement des provinces d'Illyrie. (4, Bull. 265, n° 5162.)

26 DÉCEMBRE 1809. — Décret concernant l'organisation et le service des auditeurs près le Conseil-d'État. (4, Bull. 254, n° 4852.)

Voy. arrêté du 19 GERMINAL an 11; décret du 11 JUIN 1806, chap. III, du 7 AVRIL 1811; ordonnance du 26 AOUT 1824, chap. IV.

TITRE Ier. Des capacités et conditions requises pour obtenir le titre d'auditeur.

Art. 1er. Le titre d'auditeur ne sera conféré désormais qu'à ceux,

Qui seront âgés de vingt ans au moins,

(1) Lorsqu'à une donation de biens présens et à venir n'a pas été annexé l'état des dettes et charges du donateur, exigé par l'article 1084 du Code civil, et que l'usufruit a été réservé au donateur, il n'y a pas lieu à la perception actuelle

du droit d'enregistrement (17 mai 1815; Cass. S. 15, 1, 349).

(2) Les autres articles contiennent les noms des bureaux et hospices autorisés.

Qui auront satisfait au devoir de la conscription,

Qui jouiront d'une pension assurée par leurs parens, ou d'un revenu de six mille francs au moins.

2. Dans trois ans, à compter du 1er janvier 1810, ceux qui aspireront au titre d'auditeur devront, en outre, être licenciés en droit ou licenciés ès-sciences, et subir, avant leur prestation de serment, un examen de capacité devant trois membres de notre Conseil-d'Etat nommés par nous.

3. Les candidats justifieront, à notre grand-juge, ministre de la justice, de l'accomplissement des conditions avant que le décret de leur nomination soit présenté à notre signature.

TITRE II. De l'organisation et du service des auditeurs.

4. Les auditeurs près de notre Conseil-d'Etat continueront d'être, les uns en service ordinaire, les autres en service extraordinaire.

SECTION Ire. Des auditeurs en service ordinaire.

5. Les auditeurs en service ordinaire près notre Conseil-d'Etat seront divisés en deux classes.

6. L'une comprendra les auditeurs remplissant près des ministres et des sections du Conseil les fonctions déterminées par l'arrêté du 19 germinal an 11.

7. L'autre comprendra les auditeurs attachés au ministère de la police, aux préfets du département de la Seine et de police, et aux diverses administrations, et désignés en l'article 11.

8. Tous les auditeurs en service ordinaire, à quelque classe qu'ils appartiennent, continueront d'avoir séance au Conseil-d'Etat, en la manière réglée par l'arrêté du 19 germinal an 11, et sous la distinction établie par l'article 12 de notre décret du 11 juin 1806. Les auditeurs désignés en l'article 7 pourront être appelés aux sections toutes les fois que les résidens le jugeront convenable.

9. Le nombre des auditeurs attachés aux ministres et aux sections demeure fixé à quarante, lesquels seront distribués ainsi qu'il suit :

Huit auprès du grand-juge, ministre de la justice, et de la section de législation;

Huit auprès du ministre des finances, du ministre du Trésor public, et de la section des finances;

Dix auprès du ministre et de la section de l'intérieur;

Deux auprès du ministre des cultes et de section de l'intérieur;

Huit auprès du ministre de la guerre, du ministre-directeur de l'administration de la guerre, et de la section de la guerre;

Quatre auprès du ministre et de la section de la marine.

10. Le service de la commission du contentieux, de la commission des pétitions et de celle de haute police sera fait par les auditeurs attachés aux sections, d'après les désignations qui seront faites sur les listes de trimestre.

11. Les auditeurs en service ordinaire non attachés aux sections seront au nombre de cent vingt, et demeureront placés comme il suit :

Auprès du ministre de la police, douze (1);

Auprès du directeur général des revues et de la conscription, six;

Auprès de l'administration des ponts-et-chaussées, douze (2);

Auprès de celle de l'enregistrement et des domaines, douze;

Auprès de celle des douanes, douze;

Auprès de celle des bois et forêts, huit;

Auprès de celle des droits réunis, huit;

Auprès de celle des vivres, douze;

Auprès de celle des postes, huit;

Auprès de celle de la loterie, quatre;

Auprès du conseil des prises, quatre;

Auprès du conseil des mines, six;

Auprès de la caisse d'amortissement, quatre;

Auprès de l'administration des poudres, quatre;

Auprès du préfet du département de la Seine, quatre;

Auprès du préfet de police, quatre (3).

12. Il sera incessamment statué par nous sur les fonctions et les traitemens des auditeurs dont il est parlé en l'article précédent ; sans qu'il soit néanmoins dérogé à nos décrets antérieurs relatifs aux auditeurs établis près le ministre de la police et le préfet de police de Paris, près l'administration des ponts-et-chaussées, et à l'inspecteur de l'imprimerie impériale.

13. Les auditeurs non attachés aux sections feront le service des voyages, pour nous apporter le portefeuille de notre conseil, lorsque les auditeurs attachés aux sections ne pourront y suffire.

SECTION II. Des auditeurs en service extraordinaire.

14. Les auditeurs qui, se trouvant classés dans le service ordinaire, seraient nommés à une fonction permanente qui les obligerait de résider hors de notre capitale, passeront de plein droit en service extraordi-

---

(1 et 3) *Voy.* décret du 21 janvier 1810.   (2) *Voy.* décret du 27 octobre 1808.

naire, du jour de leur nomination, à quelque époque qu'elle soit faite.

Lorsque la mission ne sera que temporaire, nous nous réservons de déterminer à quel service l'auditeur appartiendra.

15. Il sera placé, près du préfet de chaque département, un auditeur qui aura le titre et qui fera les fonctions de sous-préfet de l'arrondissement du chef-lieu. Nous nous réservons de statuer sur la portion des frais d'abonnement qui devra être affectée aux besoins des bureaux de la sous-préfecture.

16. Il y aura de plus un auditeur, en service extraordinaire, auprès des préfets de chacun des départemens dont l'état est joint au présent décret. Ces auditeurs auront séance aux conseils de préfecture, sans voix délibérative.

Ils prendront place en face du préfet ou du président.

Leur nombre, ou celui des départemens destinés à en recevoir, pourra être augmenté par des décrets spéciaux, si le besoin l'exige.

17. Ils seront à la disposition du préfet, qui pourra les charger de remplacer provisoirement, en cas de mort, de vacance, de congé ou de tout autre empêchement légitime, les sous-préfets du département; qui pourra leur confier l'instruction de toute affaire contentieuse, soit qu'elle exige ou non des déplacemens dans l'intérieur du département, enfin l'exercice des fonctions qui seront ultérieurement déterminées par nous, comme il est dit article 12.

Il n'est pas dérogé néanmoins aux dispositions qui règlent la manière dont le préfet sera remplacé en cas d'absence ou d'empêchement.

Nous nous réservons de régler le traitement qui sera accordé aux auditeurs dont il est question au présent titre.

18. Les préfets rendront compte chaque année, à notre ministre de l'intérieur, du service des auditeurs placés près d'eux.

Notre ministre de l'intérieur nous fera un rapport d'après lequel nous nous réservons d'appeler près de notre Conseil-d'État ceux des auditeurs employés auprès des préfets qui se seront distingués, ou de leur accorder d'autres récompenses.

TITRE III. Des prérogatives attachées au titre d'auditeur.

19. Tous les auditeurs, à quelque service et quelque classe qu'ils appartiennent, jouiront du rang, des distinctions et des prérogatives attachés à ce titre jusqu'à ce jour, et notamment de celles qui suivent :

Il prêteront tous serment entre nos mains.

Ils nous seront présentés.

Ils seront admis dans nos palais conformément à l'usage.

20. Le quart des sous-préfectures qui viendront à vaquer ne sera conféré, à mesure qu'elles viendront à vaquer, qu'à ceux qui auront été auditeurs près de notre Conseil-d'État, en service ordinaire ou extraordinaire, pendant l'espace de deux ans au moins, et aux auditeurs qui auront été pendant quatre ans en service auprès des préfets.

21. Notre décret du 31 mars 1806, qui appelle les auditeurs aux places de secrétaires d'ambassade et de légation, est applicable à tous les auditeurs sans distinction.

TITRE IV. Des traitemens des auditeurs.

22. Tous les auditeurs en service près de nos ministres et des sections, désignés en l'article 6, et dont le nombre est fixé en l'art. 9, recevront un traitement annuel de deux mille francs sur les fonds affectés aux dépenses de notre Conseil-d'État.

Tous les autres recevront, sur les mêmes fonds, un traitement annuel de cinq cents francs. A cet effet, la somme portée cette année au budget pour notre Conseil-d'État sera augmentée du montant desdits traitemens.

23. Les auditeurs désignés en l'article 7, et dont le nombre est fixé en l'article 11, recevront en outre le traitement qui leur a été assigné déjà par nos décrets, ou qui le sera par le réglement dont il est parlé aux articles 12 et 17 du présent décret.

TITRE V. Dispositions générales.

24. Les dispositions des arrêtés et décrets antérieurs relatifs aux auditeurs, auxquelles il n'est pas dérogé par le présent décret, continueront de recevoir leur exécution.

25. Nos ministres sont chargés de l'exécution du présent décret.

———

État des départemens dont les préfets auront près d'eux un auditeur en service extraordinaire.

Aisne, Arno, Bouches-du-Rhône, Calvados, Charente-Inférieure, Côte-d'Or, Dyle, Escaut, Finistère, Haute-Garonne, Gênes, Gironde, Ille-et-Vilaine, Jemmape, Loire-Inférieure, Lys, Manche, Meurthe, Mont-Tonnerre, Nord, Ourte, Pas-de-Calais, Pô, Puy-de-Dôme, Bas-Rhin, Rhône, Roër, Sarthe, Seine-Inférieure, Somme, Seine-et-Oise.

26 DÉCEMBRE 1809. — Loi qui autorise des aliénations, acquisitions, concessions à rente, échanges et impositions extraordinaires en faveur de divers départemens et communes. (4, Bull. 258, n° 5112; Mon. du 27 décembre.)

TITRE VII. Dispositions générales.

Art. 208. Les impositions accordées aux

communes auront lieu sur les contributions foncière, mobilière, personnelle et somptuaire, au centime le franc.

209. Toutes les fois qu'un des preneurs à rente voudra l'amortir, il en aura la faculté, en payant vingt années du montant de la rente.

210. Si la somme que chaque commune aura à sa disposition provenant de remboursement, aliénation ou soulte d'échange, par suite de la présente loi, n'a pas d'affectation spéciale, et peut suffire à acquérir cinquante francs de rente sur l'État, cette acquisition sera faite sous la surveillance du préfet, à moins qu'il n'y ait autorisation contraire et spéciale. Si elle n'est pas suffisante pour acheter cinquante francs de rente, le préfet en réglera l'emploi.

211. Tous les travaux qu'une commune ou un département aura à faire en vertu de la présente loi seront, si fait n'a déjà été, évalués par devis, adjugés au rabais, et ensuite faits, reçus et payés comme les travaux publics nationaux, sous l'inspection gratuite d'un ingénieur du département, et sous la surveillance du préfet (1).

27 DÉCEMBRE 1809. — Loi contenant des impositions pour confection de routes, etc. (4, Bull. 257, n° 4990.)

28 DÉCEMBRE 1809. — Décret qui ordonne le paiement d'une somme de dix-sept cent quarante-huit francs, pour pensions accordées à sept veuves de militaires. (4, Bull. 257, n° 5097.)

30 DÉCEMBRE 1809. — Loi contre les recéleurs des déserteurs et conscrits réfractaires du royaume d'Italie. (4, Bull. 257, n° 4991; Mon. du 31 décembre.)

Les peines portées contre les recéleurs des déserteurs ou conscrits réfractaires, par les lois des 24 brumaire an 6 et 17 ventose an 8, auront lieu contre tout Français qui recevra et gardera chez lui des déserteurs ou conscrits réfractaires du royaume d'Italie, avec connaissance de leur désobéissance aux lois de leur pays.

30 DÉCEMBRE 1809. — Décret concernant les fabriques des églises. (4, Bull. 303, n° 5777.)

Voy. lois du 24 AOUT 1793, art. 24; du 13 BRUMAIRE an 2, du 18 GERMINAL an 10, art. 76; arrêté du 7 THERMIDOR an 11; décret du 31 JUILLET 1806; avis du Conseil-d'État du 30 AVRIL 1807; décret du 12 AOUT 1807; avis du Conseil-d'État du 21 DÉCEMBRE 1808; loi du 14 FÉVRIER 1810; décret du 16 JUILLET 1810; avis du Conseil-d'État du 9 DÉCEMBRE

1810; avis du Conseil-d'État du 22 FÉVRIER 1813; décrets du 6 NOVEMBRE et 26 DÉCEMBRE 1813; ordonnances du 28 MARS 1820, du 12 JANVIER 1825.

CHAPITRE Ier. De l'administration des fabriques.

Art. 1er. Les fabriques dont l'article 76 de la loi du 18 germinal an 10 a ordonné l'établissement sont chargées de veiller à l'entretien et à la conservation des temples; d'administrer les aumônes et les biens, rentes et perceptions autorisées par les lois et réglemens, les sommes supplémentaires fournies par les communes, et généralement tous les fonds qui sont affectés à l'exercice du culte; enfin d'assurer cet exercice et le maintien de sa dignité, dans les églises auxquelles elles sont attachées, soit en réglant les dépenses qui y sont nécessaires, soit en assurant les moyens d'y pourvoir.

2. Chaque fabrique sera composée d'un conseil et d'un bureau de marguilliers.

SECTION Ire. Du conseil.

§ Ier. De la composition du conseil.

3. Dans les paroisses où la population sera de cinq mille ames ou au-dessus, le conseil sera composé de neuf conseillers de fabrique; dans toutes les autres paroisses, il devra l'être de cinq : ils seront pris parmi les notables; ils devront être catholiques, et domiciliés dans la paroisse.

4. De plus, seront de droit membres du conseil :

1° Le curé ou desservant, qui y aura la première place, et pourra s'y faire remplacer par un de ses vicaires;

2° Le maire de la commune du chef-lieu de la cure ou succursale; il pourra s'y faire remplacer par l'un de ses adjoints : si le maire n'est pas catholique, il devra se substituer un adjoint qui le soit, ou, à défaut, un membre du conseil municipal, catholique. Le maire sera placé à la gauche, et le curé ou desservant à la droite du président.

5. Dans les villes où il y aura plusieurs paroisses ou succursales, le maire sera de droit membre du conseil de chaque fabrique; il pourra s'y faire remplacer comme il est dit dans l'article précédent.

6. Dans les paroisses ou succursales dans lesquelles le conseil de fabrique sera composé de neuf membres, non compris les membres de droit, cinq des conseillers seront, pour la première fois, à la nomination de l'évêque, et quatre à celle du préfet : dans celles où il ne sera composé que de cinq membres, l'évêque en nommera trois, et le préfet deux. Ils en-

treront en fonctions le premier dimanche du mois d'avril prochain.

7. Le conseil de la fabrique se renouvellera partiellement tous les trois ans, savoir : à l'expiration des trois premières années dans les paroisses où il est composé de neuf membres, sans y comprendre les membres de droit, par la sortie de cinq membres qui, pour la première fois, seront désignés par le sort, et des quatre plus anciens après les six ans révolus, pour les fabriques dont le conseil est composé de cinq membres, non compris les membres de droit, par la sortie de trois membres désignés par la voie du sort, après les trois premières années, et des deux autres après les six ans révolus. Dans la suite, ce seront toujours les plus anciens en exercice qui devront sortir.

8. Les conseillers qui devront remplacer les membres sortans seront élus par les membres restans.

Lorsque le remplacement ne sera pas fait à l'époque fixée, l'évêque ordonnera qu'il y soit procédé dans le délai d'un mois, passé lequel délai il y nommera lui-même, et pour cette fois seulement.

Les membres sortans pourront être réélus.

9. Le conseil nommera au scrutin son secrétaire et son président : ils seront renouvelés le premier dimanche d'avril de chaque année, et pourront être réélus. Le président aura, en cas de partage, voix prépondérante.

Le conseil ne pourra délibérer que lorsqu'il y aura plus de la moitié des membres présens à l'assemblée, et tous les membres présens signeront la délibération, qui sera arrêtée à la pluralité des voix.

§ II. Des séances du conseil.

10. Le conseil s'assemblera le premier dimanche du mois d'avril, de juillet, d'octobre et de janvier, à l'issue de la grand'messe ou des vêpres, dans l'église, dans un lieu attenant à l'église ou dans le presbytère.

L'avertissement de chacune de ses séances sera publié, le dimanche précédent, au prône de la grand'messe.

Le conseil pourra de plus s'assembler extraordinairement, sur l'autorisation de l'évê-que ou du préfet, lorsque l'urgence des affaires ou de quelques dépenses imprévues l'exigera.

§ III. Des fonctions du conseil.

11. Aussitôt que le conseil aura été formé, il choisira au scrutin, parmi ses membres, ceux qui, comme marguilliers, entreront dans la composition du bureau; et, à l'avenir, dans celle de ses sessions qui répondra à l'expiration du temps fixé par le présent réglement pour l'exercice des fonctions de marguilliers, il fera également, au scrutin, élection de celui de ses membres qui remplacera le marguillier sortant.

12. Seront soumis à la délibération du conseil :

1° Le budget de la fabrique;

2° Le compte annuel de son trésorier;

3° L'emploi des fonds excédant les dépenses du montant des legs et donations, et le remploi des capitaux remboursés;

4° Toutes les dépenses extraordinaires au-delà de cinquante francs dans les paroisses au-dessous de mille ames, et de cent francs dans les paroisses d'une plus grande population;

5° Les procès à entreprendre ou à soutenir, les baux emphytéotiques ou à longues années, les aliénations ou échanges, et généralement tous les objets excédant les bornes de l'administration ordinaire des biens des mineurs (1).

SECTION II. Du bureau des marguilliers.

§ Ier. De la composition du bureau des marguilliers.

13. Le bureau des marguilliers se composera :

1° Du curé ou desservant de la paroisse ou succursale, qui en sera membre perpétuel et de droit;

2° De trois membres du conseil de fabrique.

Le curé ou desservant aura la première place, et pourra se faire remplacer par un de ses vicaires.

14. Ne pourront être en même temps membres du bureau les parens ou alliés, jusques et compris le degré d'oncle et de neveu.

(1) La nullité des emprunts contractés par les fabriques sans autorisation préalable du Gouvernement n'est pas absolue, les prêteurs ne peuvent s'en prévaloir; elle ne peut être invoquée que par les fabriques. A cet égard, les fabriques sont assimilées aux mineurs (2 mars 1829, Orléans; S. 29, 2, 226).

C'est aux fabriques, et non aux communes, qu'il appartient d'intenter et de soutenir les actions relatives à la propriété ou à l'usage des églises (18 mai 1827, Nancy; S. 27, 2, 218).

Les fabriques ne peuvent former une demande en justice sans y être autorisées : ce sont des établissemens publics dans le sens de l'art. 1032 du Code de procédure. La nullité résultant du défaut d'autorisation est d'ordre public : elle peut être proposée pour la première fois devant la Cour de cassation, et par la fabrique elle-même (7 juin 1826; Cass. S. 27, 1, 55; D. 26, 1, 300).

15. Au premier dimanche d'avril de chaque année, l'un des marguilliers cessera d'être membre du bureau, et sera remplacé.

16. Des trois marguilliers qui seront pour la première fois nommés par le conseil, deux sortiront successivement par la voie du sort, à la fin de la première et de la seconde année, et le troisième sortira de droit, la troisième année révolue.

17. Dans la suite, ce seront toujours les marguilliers les plus anciens en exercice qui devront sortir.

18. Lorsque l'élection ne sera pas faite à l'époque fixée, il y sera pourvu par l'évêque.

19. Ils nommeront entre eux un président, un secrétaire et un trésorier.

20. Les membres du bureau ne pourront délibérer s'ils ne sont au moins au nombre de trois.

En cas de partage, le président aura voix prépondérante.

Toutes les délibérations seront signées par les membres présens.

21. Dans les paroisses où il y avait ordinairement des marguilliers d'honneur, il pourra en être choisi deux par le conseil parmi les principaux fonctionnaires publics domiciliés dans la paroisse. Ces marguilliers et tous les membres du conseil auront une place distinguée dans l'église ; ce sera le banc de l'œuvre : il sera placé devant la chaire, autant que faire se pourra. Le curé ou desservant aura, dans ce banc, la première place, toutes les fois qu'il s'y trouvera pendant la prédication.

§ II. Des séances du bureau des marguilliers.

22. Le bureau s'assemblera tous les mois, à l'issue de la messe paroissiale, au lieu indiqué pour la tenue des séances du conseil.

23. Dans les cas extraordinaires, le bureau sera convoqué soit d'office par le président, soit sur la demande du curé ou desservant.

§ III. Fonctions du bureau.

24. Le bureau des marguilliers dressera le budget de la fabrique, et préparera les affaires qui doivent être portées au conseil ; il sera chargé de l'exécution des délibérations du conseil et de l'administration journalière du temporel de la paroisse.

25. Le trésorier est chargé de procurer la rentrée de toutes les sommes dues à la fabrique, soit comme faisant partie de son revenu annuel, soit à tout autre titre.

26. Les marguilliers sont chargés de veiller à ce que toutes fondations soient fidèlement acquittées et exécutées suivant l'intention des fondateurs, sans que les sommes puissent être employées à d'autres charges.

Un extrait du sommier des titres contenant les fondations qui doivent être desservies pendant le cours d'un trimestre sera af-

fiché dans la sacristie, au commencement de chaque trimestre, avec les noms du fondateur et de l'ecclésiastique qui acquittera chaque fondation.

Il sera rendu compte à la fin de chaque trimestre, par le curé ou desservant, au bureau des marguilliers, des fondations acquittées pendant le cours du trimestre.

27. Les marguilliers fourniront l'huile, le pain, le vin, l'encens, la cire, et généralement tous les objets de consommation nécessaires à l'exercice du culte ; ils pourvoiront également aux réparations et achats des ornemens, meubles et ustensiles de l'église et de la sacristie.

28. Tous les marchés seront arrêtés par le bureau des marguilliers, et signés par le président, ainsi que les mandats.

29. Le curé ou desservant se conformera aux réglemens de l'évêque pour tout ce qui concerne le service divin, les prières et les instructions, et l'acquittement des charges pieuses imposées par les bienfaiteurs, sauf les réductions qui seraient faites par l'évêque, conformément aux règles canoniques, lorsque le défaut de proportion des libéralités et des charges qui en sont la condition l'exigera.

3o. Le curé ou desservant agréera les prêtres habitués, et leur assignera leurs fonctions.

Dans les paroisses où il en sera établi, il désignera le sacristin-prêtre, le chantre-prêtre et les enfans de chœur.

Le placement des bancs ou chaises dans l'église ne pourra être fait que du consentement du curé ou desservant, sauf le recours à l'évêque.

31. Les annuels auxquels les fondateurs ont attaché des honoraires, et généralement tous les annuels emportant une rétribution quelconque, seront donnés de préférence aux vicaires, et ne pourront être acquittés qu'à leur défaut par les prêtres habitués ou autres ecclésiastiques, à moins qu'il n'en ait été autrement ordonné par les fondateurs.

32. Les prédicateurs seront nommés par les marguilliers, à la pluralité des suffrages, sur la présentation faite par le curé ou desservant, et à la charge par lesdits prédicateurs d'obtenir l'autorisation de l'ordinaire.

33. La nomination et la révocation de l'organiste, des sonneurs, des bedeaux, suisses ou autres serviteurs de l'église, appartiennent aux marguilliers, sur la proposition du curé ou desservant.

34. Sera tenu le trésorier de présenter, tous les trois mois, au bureau des marguilliers, un bordereau signé de lui, et certifié véritable, de la situation active et passive de la fabrique pendant les trois mois précédens : ces bordereaux seront signés de ceux qui auront assisté à l'assemblée, et déposés dans la caisse ou armoire de la fabrique pour être

présentés lors de la reddition du compte annuel.

Le bureau déterminera, dans la même séance, la somme nécessaire pour les dépenses du trimestre suivant.

35. Toute la dépense de l'église et les frais de sacristie seront faits par le trésorier; en conséquence, il ne sera rien fourni par aucun marchand ou artisan sans un mandat du trésorier, au pied duquel le sacristin, ou toute autre personne apte à recevoir la livraison, certifiera que le contenu audit mandat a été rempli.

CHAPITRE II. Des revenus, des charges, du budget de la fabrique.

SECTION Ire. Des revenus de la fabrique.

36. Les revenus de chaque fabrique se forment :

1° Du produit des biens et rentes restitués aux fabriques, des biens des confréries, et généralement de ceux qui auraient été affectés aux fabriques par nos divers décrets;

2° Du produit des biens, rentes et fondations qu'elles ont été ou pourront être par nous autorisées à accepter;

3° Du produit des biens et rentes celés au domaine, dont nous les avons autorisées ou dont nous les autoriserions à se mettre en possession;

4° Du produit spontané des terrains servant de cimetières (1);

5° Du prix de la location des chaises (2);

6° De la concession des bancs placés dans l'église;

7° Des quêtes faites pour les frais du culte;

8° De ce qui sera trouvé dans les troncs placés pour le même objet;

9° Des oblations faites à la fabrique;

10° Des droits que, suivant les réglemens épiscopaux approuvés par nous, les fabriques perçoivent, et de celui qui leur revient sur le produit des frais d'inhumation (3);

11° Du supplément donné par la commune, le cas échéant.

SECTION II. Des charges de la fabrique.

§ Ier. Des charges en général.

37. Les charges de la fabrique sont :

1° De fournir aux frais nécessaires du culte, savoir : les ornemens, les vases sacrés, le linge, le luminaire, le pain, le vin, l'encens, le paiement des vicaires, des sacristains, chantres, organistes, sonneurs, suisses, bedaux et autres employés au service de l'église, selon la convenance et les besoins des lieux;

2° De payer l'honoraire des prédicateurs de l'avent, du carême et autres solennités;

3° De pourvoir à la décoration et aux dépenses relatives à l'embellissement intérieur de l'église;

4° De veiller à l'entretien des églises, presbytères et cimetières; et, en cas d'insuffisance des revenus de la fabrique, de faire toutes diligences nécessaires pour qu'il soit pourvu aux réparations et reconstructions, ainsi que le tout est réglé au paragraphe III.

§ II. De l'établissement et du paiement des vicaires.

38. Le nombre de prêtres et de vicaires habitués à chaque église sera fixé par l'évêque, après que les marguilliers en auront délibéré, et que le conseil municipal de la commune aura donné son avis.

39. Si, dans le cas de la nécessité d'un vicaire, reconnue par l'évêque, la fabrique n'est pas en état de payer le traitement, la décision épiscopale devra être adressée au préfet; et il sera procédé ainsi qu'il est expliqué à l'article 49, concernant les autres dépenses de la célébration du culte, pour lesquelles les communes suppléent à l'insuffisance des revenus des fabriques.

40. Le traitement des vicaires sera de cinq cents francs au plus, et de trois cents francs au moins (4).

§ III. Des réparations.

41. Les marguilliers et spécialement le trésorier seront tenus de veiller à ce que toutes les réparations soient bien et promptement

---

(1) Voy. décret du 23 prairial an 12.

(2) L'autorité judiciaire n'est pas compétente pour statuer sur le placement et la forme des bancs dans les églises; elle l'est seulement pour statuer sur les droits résultant de la concession à titre onéreux faite par la fabrique, et sur les dommages-intérêts résultant de l'inexécution de la concession (12 décembre 1827, ord. Mac. 9, 590).

La question de savoir si une fabrique a droit de louer les bancs de l'église, pour ajouter à ses revenus le produit de la location, ou bien s'ils ont été valablement concédés à des particuliers qui prétendent en avoir acquis la jouissance à titre onéreux, n'est pas de la compétence de l'autorité administrative. Les questions relatives à la validité ou à l'exécution de l'acte de concession sont dans les attributions des tribunaux (4 juin 1826, ord. Mac. 8, 274. — 12 décembre 1827, ord. Mac. 9, 590).

(3) Voy. décret du 23 prairial an 12.

(4) Voy. avis du Conseil-d'Etat du 19 mai 1811.

faites. Ils auront soin de visiter les bâtimens avec des gens de l'art, au commencement du printemps et de l'automne.

Ils pourvoiront sur-le-champ, et par économie, aux réparations locatives ou autres qui n'excéderont pas la proportion indiquée en l'article 12, et sans préjudice toutefois des dépenses réglées pour le culte.

42. Lorsque les réparations excéderont la somme ci-dessus indiquée, le bureau sera tenu d'en faire rapport au conseil, qui pourra ordonner toutes les réparations qui ne s'élèveraient pas à plus de cent francs dans les communes au-dessous de mille ames, et de deux cents francs dans celles d'une plus grande population.

Néanmoins ledit conseil ne pourra, même sur le revenu libre de la fabrique, ordonner les réparations qui excéderaient la quotité ci-dessus énoncée, qu'en chargeant le bureau de faire dresser un devis estimatif, et de procéder à l'adjudication au rabais ou par soumission, après trois affiches renouvelées de huitaine en huitaine.

43. Si la dépense ordinaire arrêtée par le budget ne laisse pas de fonds disponibles, ou n'en laisse pas de suffisans pour les réparations, le bureau en fera son rapport au conseil, et celui-ci prendra une délibération tendant à ce qu'il y soit pourvu dans les formes prescrites au chapitre IV du présent réglement : cette délibération sera envoyée par le président au préfet.

44. Lors de la prise de possession de chaque curé ou desservant, il sera dressé, aux frais de la commune, et à la diligence du maire, un état de situation du presbytère et de ses dépendances. Le curé ou desservant ne sera tenu que des simples réparations locatives, et des dégradations survenues par sa faute. Le curé ou desservant sortant, ou ses héritiers ou ayans-cause, seront tenus desdites réparations locatives et dégradations.

SECTION III. Du budget de la fabrique.

45. Il sera présenté chaque année au bureau, par le curé ou desservant, un état par aperçu des dépenses nécessaires à l'exercice du culte, soit pour les objets de consommation, soit pour réparations et entretien d'ornemens, meubles et ustensiles d'église.

Cet état, après avoir été, article par article, approuvé par le bureau, sera porté en bloc, sous la désignation de dépenses intérieures, dans le projet du budget général : le détail de ces dépenses sera annexé audit projet.

46. Ce budget établira la recette et la dépense de l'église. Les articles de dépense seront classés dans l'ordre suivant :

1° Les frais ordinaires de la célébration du culte ;

2° Les frais de réparation des ornemens, meubles et ustensiles d'église ;

3° Les gages des officiers et serviteurs de l'église ;

4° Les frais de réparations locatives.

La portion de revenus qui restera après cette dépense acquittée servira au traitement des vicaires légitimement établis ; et l'excédant, s'il y en a, sera affecté aux grosses réparations des édifices affectés au service du culte.

47. Le budget sera soumis au conseil de la fabrique, dans la séance du mois d'avril de chaque année ; il sera envoyé, avec les dépenses de la célébration du culte, à l'évêque diocésain, pour avoir sur le tout son approbation.

48. Dans le cas où les revenus de la fabrique couvriraient les dépenses portées au budget, le budget pourra, sans autres formalités, recevoir sa pleine et entière exécution.

49. Si les revenus sont insuffisans pour acquitter soit les frais indispensables du culte, soit les dépenses nécessaires pour le maintien de sa dignité, soit les gages des officiers et des serviteurs de l'église, soit les réparations des bâtimens, ou pour fournir à la subsistance de ceux des ministres que l'État ne salarie pas, le budget contiendra l'aperçu des fonds qui devront être demandés aux paroissiens pour y pourvoir, ainsi qu'il est réglé dans le chapitre IV.

CHAPITRE III.

SECTION Ire. De la régie des biens de la fabrique.

50. Chaque fabrique aura une caisse ou armoire fermant à trois clefs, dont une restera dans les mains du trésorier, l'autre dans celles du curé ou desservant, et la troisième dans celles du bureau.

51. Seront déposés dans cette caisse tous les deniers appartenant à la fabrique, ainsi que les clefs des troncs des églises.

52. Nulle somme ne pourra être extraite de la caisse sans autorisation du bureau, et sans un récépissé qui y restera déposé.

53. Si le trésorier n'a pas dans les mains la somme fixée à chaque trimestre, par le bureau, pour la dépense courante, ce qui manquera sera extrait de la caisse ; comme aussi ce qu'il se trouverait avoir d'excédant sera versé dans cette caisse.

54. Seront aussi déposés dans une caisse ou armoire les papiers, titres et documens concernant les revenus et affaires de la fabrique, et notamment les comptes avec les pièces justificatives, les registres de délibérations autres que le registre courant, le sommier des titres et les inventaires ou récolemens dont il est mention aux deux articles qui suivent.

55. Il sera fait incessamment, et sans frais, deux inventaires, l'un des ornemens, linges, vases sacrés, argenterie, ustensiles, et en général de tout le mobilier de l'église; l'autre, des titres, papiers et renseignemens, avec mention des biens contenus dans chaque titre, du revenu qu'ils produisent, de la fondation à la charge de laquelle les biens ont été donnés à la fabrique. Un double inventaire du mobilier sera remis au curé ou desservant.

Il sera fait, tous les ans, un récolement desdits inventaires, afin d'y porter les additions, réformes ou autres changemens : ces inventaires et récolemens seront signés par le curé ou desservant, et par le président du bureau.

56. Le secrétaire du bureau transcrira, par suite de numéros et par ordre de dates, sur un registre sommier :

1° Les actes de fondation, et généralement tous les titres de propriété ;

2° Les baux à ferme ou loyer.

La transcription sera entre deux marges, qui serviront pour y porter, dans l'une les revenus, et dans l'autre les charges.

Chaque pièce sera signée et certifiée conforme à l'original par le curé ou desservant, et par le président du bureau.

57. Nul titre ni pièce ne pourra être extrait de la caisse sans un récépissé qui fera mention de la pièce retirée, de la délibération du bureau pour laquelle cette extraction aura été autorisée, de la qualité de celui qui s'en chargera et signera le récépissé, de la raison pour laquelle elle aura été tirée de la caisse ou armoire; et, si c'est pour un procès, le tribunal et le nom de l'avoué seront désignés.

Ce récépissé, ainsi que la décharge au temps de la remise, seront inscrits sur le sommier ou registre des titres.

58. Tout notaire devant lequel il aura été passé un acte contenant donation entre-vifs ou disposition testamentaire au profit d'une fabrique sera tenu d'en donner avis au curé ou desservant.

59. Tout acte contenant des dons ou legs à une fabrique sera remis au trésorier, qui en fera son rapport à la prochaine séance du bureau. Cet acte sera ensuite adressé par le trésorier, avec les observations du bureau, à l'archevêque ou évêque diocésain, pour que celui-ci donne sa délibération s'il convient ou non d'accepter.

Le tout sera envoyé au ministre des cultes, sur le rapport duquel la fabrique sera, s'il y a lieu, autorisée à accepter : l'acte d'acceptation, dans lequel il sera fait mention de l'autorisation, sera signé par le trésorier, au nom de la fabrique.

60. Les maisons et biens ruraux appartenant à la fabrique seront affermés, régis et administrés par le bureau des marguilliers, dans la forme déterminée pour les biens communaux.

61. Aucun des membres du bureau des marguilliers ne peut se porter soit pour adjudicataire, soit même pour associé de l'adjudicataire, des ventes, marchés de réparations, constructions, reconstructions, ou baux des biens de la fabrique.

62. Ne pourront les biens immeubles de l'église être vendus, aliénés, échangés, ni même loués pour un terme plus long que neuf ans, sans une délibération du conseil, l'avis de l'évêque diocésain, et notre autorisation.

63. Les deniers provenant de donations ou legs dont l'emploi ne serait pas déterminé par la fondation, les remboursemens de rentes, le prix de ventes ou soultes d'échanges, les revenus excédant l'acquit des charges ordinaires, seront employés dans les formes déterminées par l'avis du Conseil-d'Etat, approuvé par nous le 21 décembre 1808.

Dans le cas où la somme serait insuffisante, elle restera en caisse, si on prévoit que dans les six mois suivans il rentrera des fonds disponibles, afin de compléter la somme nécessaire pour cette espèce d'emploi : sinon le conseil délibérera sur l'emploi à faire, et le préfet ordonnera celui qui paraîtra le plus avantageux.

64. Le prix des chaises sera réglé, pour les différens offices, par délibération du bureau, approuvée par le conseil : cette délibération sera affichée dans l'église.

65. Il est expressément défendu de rien percevoir pour l'entrée de l'église, ni de percevoir, dans l'église, plus que le prix des chaises, sous quelque prétexte que ce soit.

Il sera même réservé dans toutes les églises une place où les fidèles qui ne louent pas de chaises ni de bancs puissent commodément assister au service divin, et entendre les instructions.

66. Le bureau des marguilliers pourra être autorisé par le conseil, soit à régir la location des bancs et chaises, soit à la mettre en ferme.

67. Quand la location des chaises sera mise en ferme, l'adjudication aura lieu après trois affiches de huitaine en huitaine : les enchères seront reçues au bureau de la fabrique par soumission, et l'adjudication sera faite au plus offrant, en présence des marguilliers ; de tout quoi il sera fait mention dans le bail, auquel sera annexé la délibération qui aura fixé le prix des chaises.

68. Aucune concession de bancs ou de places dans l'église ne pourra être faite, soit par bail pour une prestation annuelle, soit au prix d'un capital ou d'un immeuble, soit pour un temps plus long que la vie de ceux

qui l'auront obtenue, sauf l'exception ci-après.

69. La demande de concession sera présentée au bureau, qui préalablement la fera publier par trois dimanches, et afficher à la porte de l'église pendant un mois, afin que chacun puisse obtenir la préférence par une offre plus avantageuse.

S'il s'agit d'une concession pour un immeuble, le bureau le fera évaluer en capital et en revenu, pour être cette évaluation comprise dans les affiches et publications.

70. Après ces formalités remplies, le bureau fera son rapport au conseil.

S'il s'agit d'une concession par bail pour une prestation annuelle, et que le conseil soit d'avis de faire cette concession, sa délibération sera un titre suffisant.

71. S'il s'agit d'une concession pour un immeuble, il faudra, sur la délibération du conseil, obtenir notre autorisation dans la même forme que pour les dons et legs. Dans le cas où il s'agirait d'une valeur mobilière, notre autorisation sera nécessaire lorsqu'elle s'élèvera à la même quotité pour laquelle les communes et les hospices sont obligés de l'obtenir.

72. Celui qui aurait entièrement bâti une église pourra retenir la propriété d'un banc ou d'une chapelle pour lui et sa famille, tant qu'elle existera.

Tout donateur ou bienfaiteur d'une église pourra obtenir la même concession, sur l'avis du conseil de fabrique, approuvé par l'évêque et par le ministre des cultes (1).

73. Nul cénotaphe, nulles inscriptions, nuls monumens funèbres ou autres, de quelque genre que ce soit, ne pourront être placés dans les églises que sur la proposition de l'évêque diocésain et la permission de notre ministre des cultes.

74. Le montant des fonds perçus pour le compte de la fabrique, à quelque titre que ce soit, sera, à fur et à mesure de la rentrée, inscrit, avec la date du jour et du mois, sur un registre coté et paraphé, qui demeurera entre les mains du trésorier.

75. Tout ce qui concerne les quêtes dans les églises sera réglé par l'évêque, sur le rapport des marguilliers, sans préjudice des quêtes pour les pauvres, lesquelles devront toujours avoir lieu dans les églises toutes les fois que les bureaux de bienfaisance le jugeront convenable.

76. Le trésorier portera parmi les recettes en nature les cierges offerts sur les pains bénit, ou délivrés pour les annuels, et ceux qui, dans les enterremens et services funèbres appartiennent à la fabrique.

77. Ne pourront les marguilliers entreprendre aucun procès, ni y défendre, sans une autorisation du conseil de préfecture, auquel sera adressée la délibération qui devra être prise à ce sujet par le conseil et le bureau réunis.

78. Toutefois le trésorier sera tenu de faire tous actes conservatoires pour le maintien des droits de la fabrique, et toutes diligences nécessaires pour le recouvrement de ses revenus.

79. Les procès seront soutenus au nom de la fabrique, et les diligences faites à la requête du trésorier, qui donnera connaissance de ces procédures au bureau.

80. Toutes contestations relatives à la propriété des biens, et toutes poursuites à fin de recouvrement des revenus seront portées devant les juges ordinaires (2).

81. Les registres des fabriques seront sur papier non timbré. Les dons et legs qui leur seraient faits ne supporteront que le droit fixe d'un franc.

Section II. Des comptes.

82. Le compte à rendre chaque année par le trésorier sera divisé en deux chapitres, l'un de recette, et l'autre de dépense.

Le chapitre de recette sera divisé en trois sections : la première, pour la recette ordinaire ; la deuxième, pour la recette extraordinaire, et la troisième, pour la partie des recouvremens ordinaires ou extraordinaires qui n'auraient pas encore été faits.

Le reliquat d'un compte formera toujours le premier article du compte suivant. Le chapitre de dépense sera aussi divisé en dépenses ordinaires, dépenses extraordinaires, et dépenses tant ordinaires qu'extraordinaires non encore acquittées.

---

(1) Dans le cas où un particulier aurait créé sur ses biens une rente foncière pour s'assurer un droit de séance pour lui et ses *successeurs* dans une chapelle construite par lui, il ne faudrait pas entendre nécessairement par ce mot *successeurs* les détenteurs successifs de l'immeuble grevé de la rente ; il faudrait plutôt l'appliquer aux *héritiers* du fondateur, alors même que l'immeuble ne serait pas dans leurs mains (1er février 1825 ; Cass. S. 25, 1, 189).

(2) En renvoyant aux juges ordinaires les contestations relatives à la propriété des biens et les poursuites à fin de recouvremens des revenus, ce décret n'a pas entendu attribuer juridiction aux tribunaux, relativement aux difficultés sur la mise en possession des biens non-aliénés, ordonnée par l'arrêté du 7 thermidor an 10. Il appartient exclusivement à l'administration d'exécuter les dispositions de cet arrêté, lors de la cession des biens qui avaient été réunis au domaine de l'Etat (8 juillet 1818, ord. S. 18, 2, 292).

Voy. aussi ordonnance du 1er décembre 1819 ; S. 20, 2, 302.

83. A chacun des articles de recette, soit des rentes, soit des loyers ou autres revenus, il sera fait mention des débiteurs, fermiers, ou locataires, des noms et situation de la maison et héritage, de la qualité de la rente foncière ou constituée, de la date du dernier titre-nouvel ou du dernier bail, et des notaires qui les auront reçus; ensemble de la fondation à laquelle la rente est affectée, si elle est connue.

84. Lorsque, soit par le décès du débiteur, soit par le partage de la maison ou de l'héritage qui est grevé d'une rente, cette rente se trouve due par plusieurs débiteurs, il ne sera néanmoins porté qu'un seul article de recette, dans lequel il sera fait mention de tous les débiteurs, et sauf l'exercice de l'action solidaire, s'il y a lieu.

85. Le trésorier sera tenu de présenter son compte annuel au bureau des marguilliers, dans la séance du premier dimanche du mois de mars.

Le compte, avec les pièces justificatives, leur sera communiqué, sur le récépissé de l'un d'eux. Ils feront au conseil, dans la séance du premier dimanche du mois d'avril, le rapport du compte: il sera examiné, clos et arrêté dans cette séance, qui sera, pour cet effet, prorogée au dimanche suivant, si besoin est.

86. S'il arrive quelques débats sur un ou plusieurs articles du compte, le compte n'en sera pas moins clos, sous la réserve des articles contestés.

87. L'évêque pourra nommer un commissaire pour assister, en son nom, au compte annuel; mais, si ce commissaire est un autre qu'un grand vicaire, il ne pourra rien ordonner sur le compte, mais seulement dresser procès-verbal sur l'état de la fabrique et sur les fournitures et réparations à faire à l'église.

Dans tous les cas, les archevêques et évêques en cours de visite, ou leurs vicaires généraux, pourront se faire représenter tous comptes, registres et inventaires, et vérifier l'état de la caisse.

88. Lorsque le compte sera arrêté, le reliquat sera remis au trésorier en exercice, qui sera tenu de s'en charger en recette. Il lui sera en même temps remis un état de ce que la fabrique a à recevoir par baux à ferme, une copie du tarif des droits casuels, un tableau par approximation des dépenses, celui des reprises à faire, celui des charges et fournitures non acquittées.

Il sera, dans la même séance, dressé, sur le registre des délibérations, acte de ces remises; et copie en sera délivrée, en bonne forme, au trésorier sortant, pour lui servir de décharge.

89. Le compte annuel sera en double copie, dont l'une sera déposée dans la caisse ou armoire à trois clefs; l'autre à la mairie.

90. Faute par le trésorier de présenter son compte à l'époque fixée, et d'en payer le reliquat, celui qui lui succédera sera tenu de faire, dans le mois au plus tard, les diligences nécessaires pour l'y contraindre; et, à son défaut, le procureur impérial, soit d'office, soit sur l'avis qui lui en sera donné par l'un des membres du bureau ou du conseil, soit sur l'ordonnance rendue par l'évêque en cours de visite, sera tenu de poursuivre le comptable devant le tribunal de première instance, et le fera condamner à payer le reliquat, à faire régler les articles débattus, ou à rendre son compte, s'il ne l'a été, le tout dans un délai qui sera fixé; sinon, et ledit temps passé, à payer provisoirement, au profit de la fabrique, la somme égale à la moitié de la recette ordinaire de l'année précédente, sauf les poursuites ultérieures (1).

71. Il sera pourvu, dans chaque paroisse, à ce que les comptes qui n'ont pas été rendus le soient dans la forme prescrite par le présent règlement, et six mois au plus tard après la publication.

CHAPITRE IV. Des charges des communes relativement au culte.

92. Les charges des communes relativement au culte sont:

1° De suppléer à l'insuffisance des revenus de la fabrique, pour les charges portées en l'article 37;

2° De fournir au curé ou desservant un presbytère, ou, à défaut de presbytère, un logement, ou, à défaut de presbytère et de logement, une indemnité pécuniaire;

3° De fournir aux grosses réparations des édifices consacrés au culte.

93. Dans le cas où les communes sont obligées de suppléer à l'insuffisance des revenus des fabriques pour ces deux premiers chefs, le budget de la fabrique sera porté au conseil municipal dûment convoqué à cet effet, pour y être délibéré ce qu'il appartiendra. La délibération du conseil municipal devra être adressée au préfet, qui la communiquera à l'évêque diocésain, pour avoir son

(1) Les comptes des trésoriers des fabriques doivent être rendus, débattus et réglés en la forme administrative, et non devant les tribunaux. Il n'y a lieu de s'adresser aux tribunaux que pour ordonner la reddition du compte ou du paiement du reliquat, si le trésorier s'y refuse, ou pour faire juger les contestations élevées sur des articles du compte (9 juin 1823; Cass. S. 24, 1, 36).

avis. Dans le cas où l'évêque et le préfet seraient d'avis différens, il pourra en être référé, soit par l'un, soit par l'autre, à notre ministre des cultes.

94. S'il s'agit de réparations des bâtimens, de quelque nature qu'elles soient, et que la dépense ordinaire arrêtée par le budget ne laisse pas de fonds disponibles on n'en laisse pas de suffisans pour ces réparations, le bureau en fera son rapport au conseil, et celui-ci prendra une délibération tendant à ce qu'il soit pourvu par la commune : cette délibération sera envoyée par le trésorier au préfet.

95. Le préfet nommera les gens de l'art par lesquels, en présence de l'un des membres du conseil municipal et de l'un des marguilliers, il sera dressé, le plus promptement qu'il sera possible, un devis estimatif des réparations. Le préfet soumettra ce devis au conseil municipal, et, sur son avis, ordonnera, s'il y a lieu, que ces réparations soient faites aux frais de la commune, et, en conséquence, qu'il soit procédé par le conseil municipal, en la forme accoutumée, à l'adjudication au rabais.

96. Si le conseil municipal est d'avis de demander une réduction sur quelques articles de dépense de la célébration du culte, et dans le cas où il ne reconnaîtrait pas la nécessité de l'établissement d'un vicaire, sa délibération en portera les motifs.

Toutes les pièces seront adressées à l'évêque, qui prononcera.

97. Dans le cas où l'évêque prononcerait contre l'avis du conseil municipal, ce conseil pourra s'adresser au préfet; et celui-ci enverra, s'il y a lieu, toutes les pièces au ministre des cultes, pour être par nous, sur son rapport, statué en notre Conseil-d'Etat ce qu'il appartiendra.

98. S'il s'agit de dépenses pour réparations ou reconstructions qui auront été constatées, conformément à l'article 95, le préfet ordonnera que ces réparations soient payées sur les revenus communaux, et, en conséquence, qu'il soit procédé par le conseil municipal, en la forme accoutumée, à l'adjudication au rabais.

99. Si les revenus communaux sont insuffisans, le conseil délibérera sur les moyens de subvenir à cette dépense, selon les règles prescrites par la loi.

100. Néanmoins, dans le cas où il serait reconnu que les habitans d'une paroisse sont dans l'impuissance de fournir aux réparations, même par levée extraordinaire, on se pourvoira devant nos ministres de l'intérieur et des cultes, sur le rapport desquels il sera fourni à cette paroisse tel secours qui sera par eux déterminé, et qui sera pris sur le fonds commun établi par la loi du 15 septembre 1807, relative au budget de l'Etat.

101. Dans tous les cas où il y aura lieu au recours d'une fabrique sur une commune, le préfet fera un nouvel examen du budget de la commune, et décidera si la dépense demandée pour le culte peut être prise sur les revenus de la commune, ou jusqu'à concurrence de quelle somme : sauf notre approbation pour les communes dont les revenus excèdent vingt mille francs.

102. Dans le cas où il y a lieu à la convocation du conseil municipal, si le territoire de la paroisse comprend plusieurs communes, le conseil de chaque commune sera convoqué, et délibérera séparément.

103. Aucune imposition extraordinaire sur les communes ne pourra être levée pour les frais du culte, qu'après l'accomplissement préalable des formalités prescrites par la loi.

CHAPITRE V. Des églises cathédrales, des maisons épiscopales et des séminaires.

104. Les fabriques des églises métropolitaines et cathédrales continueront à être composées et administrées conformément aux réglemens épiscopaux qui ont été réglés par nous.

105. Toutes les dispositions concernant les fabriques paroissiales sont applicables, en tant qu'elles concernent leur administration intérieure, aux fabriques des cathédrales.

106. Les départemens compris dans un diocèse sont tenus, envers la fabrique de la cathédrale, aux mêmes obligations que les communes envers leurs fabriques paroissiales.

107. Lorsqu'il surviendra de grosses réparations ou des reconstructions à faire aux églises cathédrales, aux palais épiscopaux et aux séminaires diocésains, l'évêque en donnera l'avis officiel au préfet du département dans lequel est le chef-lieu de l'évêché; il donnera en même temps un état sommaire des revenus et des dépenses de sa fabrique, en faisant sa déclaration des revenus qui restent libres après les dépenses ordinaires de la célébration du culte.

108. Le préfet ordonnera que, suivant les formes établies pour les travaux publics, en présence d'une personne à ce commise par l'évêque, il soit dressé un devis estimatif des ouvrages à faire.

109. Ce rapport sera communiqué à l'évêque, qui l'enverra au préfet avec ses observations.

Ces pièces seront ensuite transmises par le préfet, avec son avis, à notre ministre de l'intérieur; il en donnera connaissance à notre ministre des cultes.

110. Si les réparations sont à la fois nécessaires et urgentes, notre ministre de l'intérieur ordonnera qu'elles soient provisoire-

ment faites sur les premiers deniers dont les préfets pourront disposer, sauf le remboursement avec les fonds qui seront faits pour cet objet par le conseil général du département, auquel il sera donné communication du budget de la fabrique de la cathédrale, et qui pourra user de la faculté accordée aux conseils municipaux par l'article 96.

111. S'il y a dans le même évêché plusieurs départemens, la répartition entre eux se fera dans les proportions ordinaires, si ce n'est que le département où sera le chef-lieu du diocèse paiera un dixième de plus.

112. Dans les départemens où les cathédrales ont des fabriques ayant des revenus dont une partie est assignée à les réparer, cette assignation continuera d'avoir lieu, et seront, au surplus, les réparations faites conformément à ce qui est prescrit ci-dessus.

113. Les fondations, donations ou legs faits aux églises cathédrales, seront acceptés, ainsi que ceux faits aux séminaires, par l'évêque diocésain; sauf notre autorisation, donnée en Conseil-d'Etat, sur le rapport de notre ministre des cultes.

114. Nos ministres de l'intérieur et des cultes sont chargés de l'exécution du présent décret.

---

30 DÉCEMBRE 1809. — Sénatus-consulte qui proroge dans leurs fonctions au Corps-Législatif les députés de la 5ᵉ série. (4, Bull. 255, n° 4028.)

---

30 DÉCEMBRE 1809. — Décret qui autorise le bureau de bienfaisance de Wilryck, à se mettre en possession de quatre cens provenant de l'abbaye supprimée de Saint-Michel d'Anvers. (4, Bull. 257, n° 5098.)

---

30 DÉCEMBRE 1809. — Décrets qui autorisent l'acceptation d'offres de découvrir, au profit des pauvres d'Anderlecht et Lutzerath, des biens célés à la régie du domaine. (4, Bull. 257, n°ˢ 5099 et 5100.)

---

30 DÉCEMBRE 1809. — Décrets qui autorisent l'acceptation de dons et legs faits aux pauvres et hospices de Paris, Mâcon, Mayence, San-Benigno, Nontron, Couches, Bourg-du-Péage, Meix-de-Brenot, Wattrelos et Trèves. (4, Bull. 257, n°ˢ 5101 à 5110.)

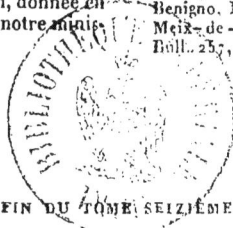

FIN DU TOME SEIZIÈME.